METZ

Documents Généalogiques

ARMÉE, NOBLESSE, MAGISTRATURE, HAUTE BOURGEOISIE

D'APRÈS

LES REGISTRES DES PAROISSES

1561-1792

METZ
Documents
Généalogiques

ARMÉE, NOBLESSE, MAGISTRATURE, HAUTE BOURGEOISIE

D'APRÈS

LES REGISTRES DES PAROISSES
1561-1792

Par l'Abbé F.-J. POIRIER

CURÉ DE PELTRE
MEMBRE DE LA SOCIÉTÉ D'HISTOIRE ET D'ARCHÉOLOGIE LORRAINE

Ouvrage couronné par l'Académie de Metz

PARIS
LAMULLE & POISSON, LIBRAIRES-ÉDITEURS
14, Rue de Beaune, 14

1899

Introduction

L'OCCUPATION française en 1552 marque une ère nouvelle dans l'histoire de la cité de Metz. Sous la suprématie, très affaiblie d'ailleurs, du Saint-Empire, les Paraiges, qui étaient le corps de la noblesse messine, étaient investis de toute l'autorité ; à eux appartenaient exclusivement les magistratures et les charges de Maître-Échevin, d'Échevins, de Treize[1], de Maires[2] ; seuls, ils composaient les diverses commissions des Sept, chargées des services publics. Le Clergé était réduit à un semblant d'intervention des abbés bénédictins et du princier de la cathédrale dans l'élection du Maître-Échevin. La Bourgeoisie et le Populaire n'avaient de prérogative que la possession des Comtés des paroisses, institution originairement d'ordre judiciaire, antérieure aux Paraiges, mais dont l'action, dans le gouvernement ultérieur de la cité, avait été réduite à des attributions de police urbaine dénuées de toute importance.

Au lendemain de 1552, le mécanisme des anciennes institutions est progressivement et savamment modifié. Ce sont encore les mêmes magistratures, mais entre les mains des bourgeois et sous l'autorité du Roi. Le Roi nomme par lui-même ou par son gouverneur le Maître-Échevin ; c'est au nom du Roi que sont créés chaque année les Conseillers-Échevins et les Treize. Les Treize se partagent les anciens offices des trois Maires et des commissions des Sept ; mais leur rôle principal est de rendre la justice en première instance : on appelle de leur jugement au Petit Conseil formé de Conseillers-Échevins. Les Conseillers-Échevins, unis aux Treize, constituent le Grand Conseil qui décide de certaines affaires d'ordre politique et administratif. Les questions les plus graves sont portées à l'Assemblée des Trois-Ordres, corps nouvellement constitué où la Cité conserve encore provisoirement un peu d'autorité.

Toute cette juridiction si restreinte de la Cité est encore ébranlée par l'établissement du Président royal, auquel est adjoint, en 1592, un Procureur général, tous deux agissant au nom du Roi. Dans le principe, le Président royal connaît des causes entre Français résidant actuellement à

---

(1) Les Treize formaient le corps de la justice : leur nom venait du nombre des membres de ce corps.

(2) Les Maires occupaient le premier rang parmi les officiers qui aidaient les Treize dans leurs fonctions si multiples. Ils étaient au nombre de trois, administrant les trois quartiers de la ville, Porte-Muzelle, Portsailli, Outre-Muzelle. Leurs fonctions consistaient surtout à faire les criées, les ventes aux enchères, à défendre les droits de la cité, à siéger les jours des plaids-annaux pour prendre les bans de tresfond et d'exurement. KLIPPFEL, *Metz, cité épiscopale et impériale*, p. 170.

Metz ; puis, avec le concours des Treize; des causes mixtes entre Français et Messins ; enfin des causes entre Messins eux-mêmes, en tant qu'il convient à ceux-ci de porter leurs différends devant lui. Il attire bientôt ces dernières causes à lui, notamment par la simplification des procédures, et opère ainsi graduellement la destruction de l'ancienne magistrature, définitivement supprimée à la création du Parlement en 1633 et à l'installation en 1641 du Bailliage royal institué en 1634.

Sous l'influence de ces institutions nouvelles dont nous empruntons le tableau succinct à la science si sûre de M. Auguste Prost[1], la société messine se transforme. L'aristocratie des Paraiges, réduite déjà à un petit nombre de membres, quitte en majorité le pays pour s'établir surtout en Lorraine. Une nouvelle noblesse surgit : ce sont les riches bourgeois qui acquièrent des terres et un nom ; c'est la garnison, toujours forte[2] dans une ville frontière, qui compte de nombreux officiers, tous fils de famille ; c'est ensuite la noblesse de robe : l'édit royal de septembre 1658 octroie la noblesse aux membres du Parlement, pourvu qu'ils aient vingt années de charges ou qu'ils décèdent revêtus de leurs offices.

Bientôt l'armée ne se borne pas aux troupes de la garnison. Pour la sûreté de la conquête, on bâtit la citadelle ; on y établit plus tard une compagnie de cadets gentilshommes. Puis viennent les écoles militaires : l'école d'artillerie au pavillon de Haute-Seille[3] avec le corps royal de la même arme et le corps du génie, plus tard le Collège royal militaire de Saint-Louis sur la paroisse nouvelle de Saint-Simon. Les casernes sont occupées, non seulement par des régiments de France, mais aussi par des régiments étrangers, suisses, allemands ou autres, au service de la France. Ajoutez le service de l'intendance, les trésoriers des troupes ; la régie des étapes et convois, celle des vivres ; l'administration des hôpitaux militaires, les lieutenants des maréchaux de France, les commissaires des guerres. Que d'éléments nouveaux dans la société de Metz ! Que de grands noms !

Au Parlement, les charges se multiplient. L'édit de création du mois de janvier 1633 établit un premier président, six présidents à mortier, quarante-huit conseillers laïcs, six conseillers clercs, deux avocats généraux, un procureur général, un garde des sceaux, un greffier en chef civil et six conseillers d'honneur. L'édit de septembre de la même année ajoute deux nouveaux offices de conseiller laïc ; celui de décembre suivant, deux offices de conseiller chevalier. La réunion de la Chambre de Bresse au Parlement de Metz en 1661 donne lieu à la création de quatre nouveaux présidents à mortier, vingt offices de conseiller laïc, un office de garde des sceaux, un office de greffier en chef, deux offices de conseiller auditeur des comptes et deux offices de conseiller chevalier, l'un laïc, l'autre d'église. L'édit de 1691 ajoute deux offices de président à mortier, quatre de conseiller laïc, deux de conseiller auditeur des comptes, deux de conseiller correcteur des comptes. La bonne administration des forêts immenses qui couvraient les territoires de la juridiction du Parlement nécessita la création d'une table de marbre[4] : un édit de décembre 1679 établit cette

---

(1) *Chronique de Buffet*, Introduction, p. XXIII à XXVIII.
(2) Vers 1585, la garnison comprenait 15 compagnies environ, soit d'hommes de pied, soit de chevaux. *Ibid.*, p. XXVIII.
(3) Aujourd'hui le pénitencier militaire.
(4) Ce nom fut donné à cette juridiction à cause d'une grande table de marbre qui tenait autrefois tout le travers de la salle des réunions à Paris.

juridiction, qui connaissait seule tant au civil qu'au criminel des appels des sentences des maîtrises particulières des eaux et forêts et des grueries seigneuriales; elle se composait du grand-maître des forêts pour le département de Metz, d'un lieutenant général, de trois conseillers, d'un procureur général et d'un avocat général : un moment abolie par un édit de février 1704, elle fut maintenue sur la réclamation du Parlement. L'année 1694 vit la création au mois de mars d'une Chambre des requêtes : elle se composa d'un président et de six conseillers; en décembre le nombre des conseillers fut porté à dix, en novembre 1695 à quatorze. Le Parlement supprimé en 1771 fut rétabli en 1775 avec un premier président, sept présidents à mortier, quarante-cinq conseillers dont quatre clercs, deux conseillers d'honneur, deux conseillers chevaliers d'honneur, deux avocats généraux, un procureur général, six substituts, un greffier en chef civil, un greffier en chef criminel, un greffier des requêtes. — Il sera fait encore dans notre ouvrage mention de divers offices de rang inférieur, au Parlement, parce qu'ils étaient souvent un marchepied vers les hautes charges. Nous les mentionnons ici : les greffiers commis à la peau qui mettaient en grosse les arrêts et sentences; les greffiers garde-sacs dépositaires des productions des parties, les commis des greffes ou greffiers commis qui tenaient le plumitif à l'audience, le greffier des présentations au greffe duquel les procureurs faisaient l'acte de présentation pour les parties, le greffier des insinuations qui tenait les registres où se transcrivaient les donations et les substitutions dans les Justices royales, les secrétaires interprètes surtout en langue germanique, le commissaire aux saisies réelles chargé de l'administration de toutes les terres, maisons et autres immeubles saisis réellement, le contrôleur aux saisies réelles, le receveur des épices[1], le receveur des consignations, le receveur des amendes. — La chancellerie du Parlement comportait, outre le garde des sceaux, les conseillers secrétaires du Roi maison et couronne de France, les receveurs des émoluments du sceau, les greffiers garde-minutes, les scelleurs, les chauffe-cire, etc. Toutes ces charges, quand elles ne sont pas déjà occupées par des personnages nobles d'origine, sont, nous l'avons dit, autant d'échelons vers la noblesse. Dès lors on comprend que les Messins ne se soient pas fait faute d'y parvenir. Dès lors aussi, pour quiconque veut donner une idée de la société de Metz, la nécessité de ne pas négliger la haute bourgeoisie[2], source de cette noblesse dite de robe.

Le clergé, quoique jouant un rôle assez effacé dans la cité de Metz, occupait cependant une place considérable dans la société. Les dignitaires des chapitres de la cathédrale, de Saint-Sauveur et de Saint-Thiébaut, étaient des personnages. Les abbayes abritaient de grands noms dans leurs murs. A Metz, comme ailleurs, les cadets de famille se réfugiaient jusque dans le clergé des cam-

---

[1] Le mot d' « épices » vient de ce qu'autrefois celui qui gagnait son procès donnait au rapporteur et aux juges du sucre, des dragées, des confitures par pure gratification. Cette gratification devint un droit et fut commuée en une somme d'argent.

[2] On peut comprendre dans cette haute bourgeoisie, en dehors des charges secondaires de l'armée et du parlement, les Treize et les conseillers-échevins de l'hôtel de ville, l'administration des hôpitaux civils, les directeur et employés de la monnaie, la direction des postes, les familles du grand commerce et des métiers, les chefs de la milice bourgeoise, les receveurs de la ville, le receveur de la bullette, autrement dit de l'enregistrement, les grainetiers de la ville, etc. — Nous nous sommes fait un devoir de relever aussi les familles des hommes qui se sont distingués par leur savoir, leurs talents, leurs services.

pagnes. Il résulte toutefois de nos observations, disons-le en passant, que l'habitude de pousser les cadets dans l'état ecclésiastique y était moins générale qu'en d'autres contrées : le parlement et l'armée attiraient davantage.

La noblesse, l'armée, la magistrature, la haute bourgeoisie, le clergé : tels sont donc les éléments de la société messine que nous essayons de faire revivre dans cet ouvrage. Nous avons puisé ces éléments, non point dans ces livres où, selon l'expression d'un de nos honorables souscripteurs, « on pratique l'horticulture généalogique, avec application de l'art de la greffe, quand il ne s'agit pas des phénomènes de la génération spontanée », mais aux sources les plus authentiques, dans les registres des paroisses formant l'état-civil avant la Révolution. Nous indiquerons soigneusement, à la suite de cette Introduction, l'origine et l'état actuel de ces registres à Metz, afin que chacun puisse vérifier nos dires, rectifier aux sources mêmes les erreurs ou oublis inévitables parmi tant de noms et de dates, mais aussi s'épargner des recherches là où il n'y a que des lacunes.

Qu'il nous soit permis avant de finir d'attirer l'attention du lecteur sur les avantages à tirer de l'étude des dits registres, en dehors même de l'intérêt généalogique que nous avons recherché ici. C'est bien avec raison qu'on a dit qu'ils sont une des sources de l'histoire locale.

Ainsi la mention du domicile souvent insérée dans les actes, malgré l'irrégularité de son inscription selon les années et selon les paroisses, est un élément précieux au point de vue topographique. En groupant les rues indiquées pour chaque paroisse, on arrive naturellement à fixer les limites de celle-ci : et ce n'est pas là une question purement d'ordre ecclésiastique. La paroisse, jusque vers la fin du siècle dernier, était un centre d'action et de vie politique ; elle avait ses comtes élus pour assister les Treize dans l'exercice de la justice, ses amans ou notaires pour les actes concernant la propriété, ses douzainiers chargés de recueillir les impôts. C'est groupés par paroisse que les citoyens marchaient à la défense des murs quand ils n'appartenaient pas à un corps de métier. La division de la ville au civil n'était autre que la division par paroisses. Aussi ces limites de paroisse étaient-elles gardées avec un soin jaloux. Qu'on lise les notes assez nombreuses à ce sujet intercalées dans les actes, qu'on parcoure en particulier les registres de la paroisse Saint-Georges de 1707 à 1741 : on sera libre sans doute d'interpréter d'une façon plus ou moins maligne les sentiments des auteurs de ces notes, mais on ne pourra contester la valeur de celles-ci pour nous au point de vue topographique.

L'histoire de l'instruction publique à Metz en dehors des couvents n'a pas, que nous sachions, d'autres documents à consulter que les notices extraites de nos registres. Là est établie l'existence des écoles par la suite des maîtres dont la liste pourrait fournir les éléments d'un pouillé scolaire. Le programme des écoles élémentaires est tracé dans les traités ou accords faits entre les curés et les maîtres ; ainsi on lit aux registres de la paroisse Saint-Marcel : « Nicolas Lemaire (12 août 1708) s'engage à tenir l'école paroissiale, être régent de la jeunesse, apprendre les enfants à lire, écrire, à faire l'ortographe, à chiffrer et chanter le plain-chant ou chant grégorien..., à instruire de son mieux les écoliers dans les mystères de la religion catholique, apostolique et romaine, suivant le catéchisme imprimé par les ordres de l'Évêque ». D'autres notes nous donnent une idée de la situation des maîtres par les fonctions de « clerc chantre, gardien des ornements de l'église, maître d'école et petit marguillier », qu'ils s'engagent à remplir, et ce moyennant 30 écus messins par an (Saint-Livier 8 juin 1681). Chaque paroisse a son école de filles [1]. Maîtres et maîtresses d'école font profession de foi en présence de témoins et prêtent serment de fidélité à leurs devoirs et aux règlements scolaires édictés par l'Évêque. — Un travail très curieux, et que vraiment nous nous reprochons de ne pas avoir fait, serait un relevé des signatures des divers actes, afin de compter les personnes ne sachant écrire et d'établir ainsi, pour la ville en général et pour chaque paroisse en particulier, la moyenne de l'instruction à des époques successives. Ce travail tentera peut-être quelqu'un : nous le désirerions vivement. On remarquera, non peut-être sans quelque étonnement, des membres de familles nobles ignorant encore aux derniers siècles l'art d'écrire. On ne négligera pas de noter bon nombre de maîtres donnant « des leçons en ville », sans être attachés à telle ou telle école en particulier.

Nous ne dirons rien des éléments que pourraient fournir nos registres à l'histoire militaire et religieuse, comme à l'histoire statistique de la ville. Recueillons seulement l'écho de quelques événements principaux de l'histoire générale. Dans les *Mémoires de l'Académie de Metz* (année 1846 à 1847, page 109), il a été publié un « Extrait des registres de la ville de Metz : Annotations relatives aux événements du temps » d'une étendue de cinq pages. On pourrait croire que l'auteur, M. Emmanuel Michel, a donné toutes les annotations des registres : on se tromperait gravement. Outre celles qu'il a citées, il aurait pu noter entre autres, aux registres de la paroisse Saint-Martin la mort du Roi de France Charles IX en 1574; aux registres de la paroisse Saint-Eucaire, l'arrivée à Metz de Madame de Candale en qualité d'abbesse de Sainte-Glossinde en 1599, le mariage de Henry IV en 1600, la description des fêtes à l'occasion de la naissance d'un Dauphin en 1601. Il eût pu trouver, à la paroisse Saint-Livier, la mention de l'assassinat de Henry IV en 1610, avec cette réflexion typique du greffier : « Ce fut un vendredi ». Les décès de la paroisse Saint-Eucaire déjà citée, offrent aux années 1635 à 1639, des pages vraiment lugubres : on est en pleine guerre de Trente Ans et en pleine épidémie, suite de la guerre; voici le texte de plusieurs de ces actes : « Aujourd'hui est morte une femme inconnue..... un homme inconnu..... une suite de pauvres hommes et de pauvres femmes, dont quelques-uns de Saint-Avold ». A la fin de 1635, une note est conçue avec ce laconisme qui émeut : « Oultre les susdits, sont inhumés au dit cimetière plusieurs aultres tant soldats des nouvelles garnisons que suisses et paysans jusqu'au nombre de plus de cent personnes, les noms desquels ne sont pas connus ». Mais le point incontestablement le plus intéressant, relaté aux registres de la paroisse Saint-Victor, est le récit de la maladie de Louis XV à Metz : véritable document d'histoire, comme relation de la conduite du Roi et preuve des sentiments des Messins pour le Souverain [2].

---

[1] Les paroisses de Sainte-Croix, Saint-Gorgon et Saint-Simon sont les seules où nous n'ayons pu constater la présence d'écoles paroissiales de filles. Il est bien difficile de croire que les deux premières surtout en aient été privées, alors que de petites paroisses, comme Saint-Étienne et Saint-Georges, avaient chacune la leur.

[2] 1744. Séjour du Roi à Metz. — La présente année, le Roy Louis XV arrivé à Metz le 4 août logea au gouvernement, et y étant tombé malade quelques jours après, le mal devint si sérieux que le jeudy 13ᵉ du mesme mois, il jugea

LES REGISTRES PAROISSIAUX DE METZ

Dans les deux siècles qui nous occupent, les paroisses de Metz étaient au nombre de quinze : Saint-Eucaire, Saint-Maximin et Saint-Étienne le Dépenné sur la rive droite de la Seille ; Saint-Jean-Baptiste de la Citadelle, Saint-Martin, Saint-Gengoulph, Saint-Simplice, Sainte-Ségolène, Sainte-Croix, Saint-Gorgon et Saint-Victor sur la rive droite de la Moselle, entre cette rivière et la Seille ; Saint-Georges, Saint-Marcel, Saint-Livier et plus tard Saint-Simon sur la rive gauche de la Moselle [1]. Les registres de ces paroisses devraient tous remonter à 1564, dernière année du Concile de Trente, qui en ordonna la tenue au moins en ce qui concerne les baptêmes et les mariages ; ceux de la paroisse Saint-Martin seuls commencent en 1566.

Une ordonnance du Roi d'avril 1667, titre 20, art. 7 et 8, prescrivit que les actes seraient reçus sur deux registres tenus en bonne forme et faisant pleine foi : l'un qui serait l'original demeurerait aux archives de la cure, l'autre tenant lieu de grosse serait déposé au greffe du bailliage. Conformément à ces prescriptions, les registres existent aujourd'hui encore en double à partir de 1667 : un exemplaire, portant les signatures apposées aux actes, est aux archives de l'hôtel de ville ; l'autre, qui n'est qu'une copie, est aux archives départementales à la Présidence ; pour la paroisse Saint-Jean de la Citadelle, la grosse est à l'hôtel de ville et le registre original à la Présidence. Aux archives départementales les actes de l'année 1686 manquent à la paroisse Saint-Maximin, ceux du 5 juin à la fin de l'année 1688 à la paroisse Saint-Livier. Une seconde ordonnance du

à propos de se confesser et de recevoir le Saint-Viatique. On commença d'abord dans cette paroisse comme étant celle de Sa Majesté les prières des Quarante Heures à midi trois quarts ; et vers les trois heures les Princes, les Seigneurs et toute la Cour s'étant rendus dans cette église avec des cierges et des flambeaux, le Curé, précédé des vicaires et du clergé de la paroisse, porta le Saint Viatique au château, à la porte duquel il trouva Monsieur de Soissons, premier aumônier, en rochet, camail et étole, accompagné des clercs de la chapelle du Roy, auquel le dit sieur Curé remit le St Viatique, l'accompagnant ensuite en marchant à la gauche de Mr de Soissons jusque dans la chambre du Roy. Après l'administration du St Viatique faite par mon dit seigneur de Soissons, le curé l'assistant, mon dit sgr reporta lui même le St Viatique jusque dans l'église, le curé l'accompagnant sous le dais et disant avec Luy les prières et psaumes accoutumés auxquels répondaient les Clercs qui précédaient. Les cierges et flambeaux furent laissez comme de droit à l'église. La maladie du Roy augmentant toujours, il demanda l'Extrême-Onction qui lui fut portée la nuit du 14 au 15 du même mois par le dit s^r curé et administrée comme le St Viatique par Monsieur de Soissons, vers deux heures après minuit. Tant qu'a duré le danger de cette maladie, le Curé entrait et se tenait autant qu'il le jugeait à propos dans la chambre du Roy, surtout depuis l'administration du dernier sacrement.

Dieu ayant enfin accordé aux prières et aux larmes de son peuple la guérison du Roy, sa convalescence fut assez longue et Sa Majesté ne partit de Metz que le 29e septembre suivant. Le 27 de ce mois, dimanche avant son départ, il se rendit avec toute sa cour à la Cathédrale où il entendit la messe qui fut dite par M. de Metz, et assista au *Te Deum* qui fut chanté en actions de grâces pour l'heureux rétablissement de sa santé. — Le lendemain lundy, veille de son départ, 28e du même mois, Sa Majesté vint aussy entendre la messe dans cette église sa paroisse d'où il avait reçu les Sacrements pendant sa maladie. Le Curé en chape, accompagné de ses vicaires et du reste du clergé aussy en chape le reçut et le complimenta à la porte de l'église. — Le dit s^r Curé a aussy reçu de Monseigneur le cardinal de Rohan grand aumônier, par les mains d'un aumônier altariste, la somme de 98 livres pour ses droits et offrandes pendant le séjour du Roy, sur le pied de 35 sous par jour. Dupuy curé de Saint-Victor.

[1] Plusieurs de nos lecteurs pourront regretter de ne pas voir adjointe à notre ouvrage une carte de Metz avec la division de la ville en paroisses. Ils en trouveront une excellente dans l'*Atlas historique du diocèse de Metz*, par MM. Dorvaux, professeur au Grand Séminaire de Metz, et G. Bourgeat, curé de Sainte-Ruffine, ouvrage sous presse.

9 avril 1736 régla que les deux registres de chaque année seraient réputés authentiques et devraient porter les signatures ; à partir de cette année, en effet, les registres se ressemblent aux archives départementales et à l'hôtel de ville : on trouve les signatures aux uns et aux autres.

De 1564 à 1667 les registres n'existent qu'aux archives de l'hôtel de ville. En voici l'état exact par ordre de paroisses :

Les registres de *Sainte-Croix* sont une copie faite de la même main et d'une belle écriture. Ils relatent les baptêmes depuis le 10 octobre 1597, les mariages à partir de 1633, mais d'une façon très succincte au début : rien que les noms des époux jusqu'en 1652 ; les décès ne commencent qu'en 1632, également avec simple indication des noms des défunts. A la fin du registre de 1667, le greffier ou le curé écrit : « En 1668 on a commencé à faire la déposition des registres au greffe de la ville ».

Les registres de *Saint-Étienne le Dépenné* commencent en 1608. Il y a une lacune de 1623 à 1661, sauf pour les mariages de l'année 1641.

Les registres de *Saint-Eucaire* commencent au 28 mars 1599 ; les actes de baptêmes et de sépultures manquent de 1653 à 1668.

Les registres de *Saint-Gengoulph* commencent, par les baptêmes seuls, en 1639 : il y a cependant en tête un acte du 15 décembre 1632. Les mariages commencent au 9 juin 1645, les décès au 10 juin 1651, ces derniers sont sous forme de tables en quelques feuillets.

Les registres de *Saint-Georges* commencent en 1627. Les actes sont défectueux. Il y a une lacune pour les baptêmes de 1629 à 1646.

Les registres de *Saint-Gorgon* commencent, par les mariages, en 1615. Les baptêmes ne commencent qu'au 22 janvier 1618. Les décès ne commencent qu'en 1629 et manquent de 1636 à 1641. Les mariages ne se retrouvent plus après 1636, sauf quelques-uns en 1641 et un en 1660.

Les registres de *Saint-Jean de la Citadelle*, comme il a été dit ci-dessus, n'existent aux archives de la ville qu'à partir de 1667. Ils sont aux archives départementales à partir de 1645.

Les registres de *Saint-Livier* comprennent : baptêmes depuis le 29 juillet 1604 ; décès, à part quelques-uns plus anciens, depuis 1642 ; mariages, de 1618 à 1632, avec lacune jusqu'au 4 mai 1642.

Les registres de *Saint-Marcel* rapportent les baptêmes depuis 1607 : les actes sont bien incomplets. Les mariages ne commencent qu'en 1632 ; de même les décès, chaque acte ne comprenant qu'un nom et une date. En 1622, on trouve une liste des bienfaiteurs de la paroisse.

Les registres de *Saint-Martin* sont les plus anciens parmi ceux des paroisses catholiques. Ils commencent en 1566. Il y a une lacune de 1579 à 1600 : il y a pourtant un acte de 1599.

Les registres de *Saint-Maximin* commencent en 1604 ; les trois premiers registres ne renferment que des baptêmes ; les décès ne sont donnés qu'à partir du 25 mars 1747, les mariages à partir de 1654[1].

---

[1] A la fin des registres de Saint-Maximin, on trouve une déclaration des rentes, loyers et cens de la confrérie des curés de la ville, extrait du compte-rendu de 1658.

Les registres de *Sainte-Ségolène* commencent en juin 1624 : « les registres antérieurs, nous dit le greffier, ont été perdus sous le curé Peltre ». Les actes de décès n'existent qu'à partir de 1638 : n'y sont mentionnés que les morts inhumés dans l'église. Les mariages ne commencent qu'en 1656. Les registres de Sainte-Ségolène sont en grande partie sur trois colonnes : baptêmes, décès, mariages.

La paroisse *Saint-Simon* n'a de registres qu'à partir de sa fondation en 1710; ils sont complets.

Les registres de *Saint-Simplice* commencent au 16 octobre 1605. Il y a des lacunes pour les baptêmes du 2 novembre 1621 au 11 juin 1634, ainsi que pour l'année 1640. Les décès commencent seulement en avril 1613. Les mariages manquent de 1641 au 6 juillet 1666, puis pour l'année 1667 tout entière [1].

Les registres de *Saint-Victor* commencent en 1600 ; mais de 1600 à 1632, ils sont à peu près réduits à l'état d'amadou, ayant pourri dans l'humidité ; cependant la fin de chaque acte de 1600 à 1608 est lisible, le bas des pages seulement de 1613 à 1628 ; les années 1629 à 1632 ne sont guère en meilleur état. Il n'y a qu'une simple nomenclature des décès de 1632 à 1645.

Les registres de l'*Église Réformée* sont tous aux archives de la ville, sauf quelques feuillets de l'église de Courcelles-Chaussy qui se trouvent aux archives départementales. Ils remontent plus haut que les plus anciens registres des paroisses catholiques, commencent au 27 avril 1561 et finissent au 17 octobre 1685, quelques jours avant la Révocation de l'Édit de Nantes. Ils offrent une lacune de 1569 à 1576. « Je ne treuve, dit le greffier, nuls baptêmes escript ny mariaiges et ce à cause des persécutions qui ont duré en ces années là contre les enfants de Dieu, comme il est à présumer ». Jusqu'en l'année 1580, les actes sont groupés par ordre alphabétique des prénoms. Au commencement, l'on trouve pour chaque baptême plusieurs parrains et marraines, et ce sont dans les premières années souvent les mêmes personnes, sans doute les tenants les plus ardents des doctrines nouvelles ; la parenté entre les parrains ou marraines et les enfants n'est presque jamais indiquée : ce qui en rend la mention sans intérêt généalogique. Les baptêmes et les mariages se font à Metz, à Montoy, à Silly, à Courcelles-Chaussy, souvent à la Horgne au Sablon ; les enfants sont apportés des divers villages où la Réforme a ses adeptes. Les actes de mariage au registre onzième (1655 à 1667 inclusivement) se réduisent à une simple liste des époux, sans indication aucune de filiation ni de témoins. Il n'y a inscription des décès qu'à partir de 1668. Jusque-là aussi aucune signature aux actes, quels qu'ils soient. Les greffiers protestants sont très sobres d'annotations entremêlées aux actes : ils se bornent à signaler l'arrivée à Metz ou l'installation des ministres, leur rentrée après la persécution. En 1579, le greffier fait mention de 3197 communiants aux deux cènes de Pâques à Montoy. — Notons que les registres de l'Église réformée ne donnent que des dates de baptême, sans date de naissance, jusqu'en l'an 1632.

---

(1) En 1641 et en 1668, un fascicule porte comme titre : *Liber Innocentium et Martyrum*. A la fin du fascicule de 1668, on lit : *Fin du nombre des Martyrs*. C'est là la fin des mariages de l'année !

NOS AUTRES SOURCES

Il nous a été possible de combler en partie les lacunes des registres des paroisses catholiques, en puisant à d'autres sources manuscrites ou imprimées.

I. — Un REGISTRE DES ARCHIVES MUNICIPALES (n° 1636 de l'Inventaire de 1880), contenant « le relevé par paroisses de toutes les personnes décédées à Metz en 1636, ainsi que de toutes les maisons fermées par suite de la grande épidémie qui a régné en cette année. Ce registre compte 1782 personnes mortes de contagion, 2648 de maladies ordinaires et 1350 maisons fermées. »

Un manuscrit de la bibliothèque de la ville (n° 215 du catalogue Clerx) nous a été plus utile. C'est le RECUEIL DES ÉPITAPHES de toutes les églises de Metz, « telles qu'on les voyait en 1770, rangées dans l'ordre chronologique de leurs dates avec la suite des armoiries qui en font l'ornement, par dom Sébastien Dieudonné, religieux de Saint-Arnould, rectifiées par M. J. Clerx, d'après des documents authentiques tirés de M. Dupré de Geneste et des manuscrits de M. le comte de Gourcy. » Ce recueil forme un in-folio de 34 cent. sur 23 cent., relié en veau, contenant 434 pages, plus un cahier intercalé vers le milieu et renfermant les épitaphes plus anciennes du couvent des Célestins. Le nombre total des épitaphes est de 746; la plus ancienne, de 1227, est aux Récollets. Il n'y a point d'épitaphes de la paroisse Saint-Gorgon, qui venait d'être supprimée et réunie à la paroisse Saint-Victor en 1769. — A cette source on pourrait joindre utilement le manuscrit n° 217 du même catalogue.

Nous désignons sous le titre abrégé de MANUSCRIT EMMERY, le manuscrit 204 de la même bibliothèque, in-folio de 34 cent. sur 22 cent., cartonné, 144 pages, XIX° siècle, contenant des « mémoires historiques et généalogiques sur quelques familles de Metz, suivis de notes historiques sur les noms des rues de cette ville, tirés des actes des amans, des contrats de mariage, des testaments, des partages, des ventes de biens, par M. Emmery, d'après des notes communiquées par M. Guelle, ancien notaire, avec la table, in-8°, des noms de lieux et des personnes indiquées dans ces mémoires ». — Les deux manuscrits suivants n°s 205 et 206, formant un recueil de pièces pour servir à l'histoire généalogique des familles de Metz et pays voisins, etc., ne devront être consultés qu'avec réserve et critique. Le catalogue de M. Clerx dit que les écritures sont de différentes époques : il eût pu ajouter que plus d'une de ces écritures est tombée de mains très complaisantes.

Le manuscrit n° 153, comprenant le tome III des MÉMOIRES SUR METZ, par dom Sébastien Dieudonné, nous offre, à côté d'autres documents très intéressants : 1° la liste de toutes les religieuses de chœur, professes du monastère de Sainte-Ursule, depuis son établissement jusqu'en 1770 ; 2° la liste des religieuses de la congrégation de N.-D. ; 3° la liste des supérieures et religieuses de la Visitation ; 4° les nécrologes des Dames Prêcheresses, des Carmélites, des sœurs de Sainte-Claire, des Madelaines, des abbayes de Saint-Vincent, de Saint-Arnould et de Saint-Clément. Nous avons tiré de ce manuscrit plus d'un renseignement.

II. — Trois ouvrages imprimés nous ont été d'un grand secours, surtout le dernier :

1º LE JOURNAL DE DOM SÉBASTIEN FLORET, religieux bénédictin de l'abbaye royale de Saint-Arnould, de Metz. Extraits relatifs à l'histoire de Metz et au Pays-Messin avec préface et notes explicatives, publiés par F. M. Chabert dans l'Austrasie, année 1863. Ce journal (1587-1638) contient bien des mentions de décès à une époque où les lacunes sont nombreuses dans les registres paroissiaux.

2º LA BIOGRAPHIE DE LA MOSELLE, par Émile Auguste Bégin, 4 vol. in-8º, Metz, Verronnais, 1829. Cet ouvrage contient par ordre alphabétique des notices, quelques-unes assez étendues, sur les personnes nées au département de la Moselle, qui se sont fait remarquer par leurs actions, leurs talents, leurs écrits, leurs vertus ou leurs crimes. Le 4e volume renferme un supplément.

3º LA BIOGRAPHIE DU PARLEMENT DE METZ, par Emmanuel Michel, conseiller honoraire à la Cour impériale de Metz, membre de l'Académie de cette ville, chev. de la Légion d'honneur. Metz, Nouvian, 1853. On trouve dans ce livre des notices historiques et généalogiques sur les membres du parlement, avec les dates de leurs réceptions aux diverses charges. A la fin du volume est publié un *genuit* ou liste des membres du parlement de Metz, suivant l'ordre de leur succession dans les charges, depuis sa création en 1633 jusqu'à sa suppression en 1771, et depuis son rétablissement en 1775 jusqu'à sa suppression définitive en 1790.

Nous avons aussi, pour quelques familles anciennes de Metz, utilisé le savant ouvrage de feu M. le baron d'Hannoncelles : METZ ANCIEN, 2 volumes in-folio. Le second volume est entièrement consacré aux détails généalogiques concernant les familles de Metz avant 1552. — Ces deux volumes ne sont que la première partie du travail du laborieux magistrat. Une seconde partie, *Metz moderne*, contenant des renseignements généalogiques sur les familles messines à partir de l'occupation française, reste inédite aux mains de M. Léon Tardif de Moidrey, au château d'Hannoncelles, près Etain (Meuse). On a bien voulu dire que notre travail remplacerait *Metz moderne*. La chose n'est pas tout à fait exacte. M. le baron d'Hannoncelles avait à sa disposition, outre les registres des paroisses, toutes les archives du parlement et les actes des notaires, que nous n'avons pas compulsés ; de plus, ses recherches sur les origines des familles l'avaient amené à d'intéressants résultats que les amateurs de la science et du vrai ne pardonneront pas à ses héritiers de maintenir dans l'ombre.

Pour compléter certains articles de notre ouvrage, nous avons parfois dépassé la limite de 1792 : nous indiquons chaque fois la source spéciale où nous puisons. Qu'il nous suffise de mentionner ici : NOTICE GÉNÉALOGIQUE SUR LA FAMILLE BOUDET DE PUYMAIGRE, par M. le comte de Puymaigre[1], Metz, Even frères, 1887. — GÉNÉALOGIE HISTORIQUE DE LA MAISON DE GARGAN, Metz, impr. Thomas, 1881. — GÉNÉALOGIE autographiée DE LA FAMILLE DE TINSEAU, par feu M. l'abbé de Tinseau, chanoine honoraire de la Cathédrale de Metz, 1887. — La FAMILLE DE COURTEN. Généalogie et Services militaires. Metz, Even frères et Cie, 1885. — Les FAMILLES NOEL DU LYS ET VILLEROY. Généalogies dressées par M. A. Ott, publiées par G. de Braux. Nancy, Grosjean-Maupin, 1892.

---

[1] M. le comte de Puymaigre s'est acquis un titre particulier à notre reconnaissance en nous donnant l'appui si puissant de sa recommandation, au moment de l'ouverture de notre souscription.

Enfin il nous faut ranger parmi nos sources certaines communications plus abondantes, pour lesquelles nous sommes heureux d'exprimer ici notre respectueuse gratitude. Nous les avons indiquées au cours de l'ouvrage, comme :

NOTES DE FEU M. EUGÈNE DE COURTEN, de Bazoncourt [1] ; — NOTES DE M. D'HANNONCELLES, président de chambre honoraire de la cour de Nancy, notre digne et vénéré paroissien, résidant au château de Crépy-lès-Peltre. Ces notes sont extraites en grande partie de *Metz moderne*, du baron d'Hannoncelles, son oncle, et en partie des archives de famille ; — NOTES DE M. LE COMTE DE RIOCOUR, au château de Vitry-la-Ville (Marne), concernant la famille Morel et les familles qui lui furent alliées ; — Renseignements pris aux ARCHIVES DE M. MAXIME DE LA VERNETTE, demeurant à Metz, rue des Clercs, concernant la seigneurie de Luttange.

Nous devons des remerciements tout particuliers à M. l'abbé Dorvaux, directeur du Grand Séminaire de Metz, qui, non content de nous communiquer ses notes sur diverses familles, a bien voulu, malgré ses nombreuses occupations, nous guider dans notre travail et nous donner l'appui de sa critique impartiale et de sa collaboration dans la longue correction des épreuves.

Nous devons aussi, en terminant, rendre témoignage à la complaisance que nous n'avons cessé de rencontrer aux Archives de la Présidence, ainsi qu'aux Archives municipales et à la Bibliothèque de la ville de Metz, pendant les neuf années qu'ont duré nos recherches.

Peltre, 10 novembre 1899.

---

[1] Ces notes, devenues notre propriété, forment deux volumes in-4° d'environ 280 pages chacun ; elles renferment, outre l'analyse des archives de la famille de Jobal et des archives du château de Peltre, les généalogies des familles du pays de Metz, publiées, soit dans *Metz ancien*, soit dans la *Biographie du Parlement*, soit ailleurs, corrigées et complétées avec une scrupuleuse loyauté.

Avertissement

1º Comme cet ouvrage prétend s'appuyer directement sur les registres des paroisses, tout détail puisé à une autre source est indiqué entre [ ].

2º Les crochets [ ], sans indication d'aucune source, désignent ce que nous empruntons à la *Biographie du Parlement* (v. plus haut, p. x). Nous prévenons le lecteur que, lorsqu'il nous trouvera en contradiction avec la dite Biographie, il peut croire à une vérification plus soigneusement faite de notre texte.

3º Quand nous parlons *sine addito* de la cathédrale, du parlement, du bailliage, de l'Évêché, d'une paroisse, etc., il s'agit toujours de la cathédrale, du parlement, etc., de Metz.

4º Nous avons réglé toute la disposition de cet ouvrage d'après l'ordre alphabétique des noms de famille, sans tenir compte des particules dont ils peuvent être précédés (de, du, de la, le, la, les); mais parfois nous avons pu confondre une simple particule avec la première syllabe du nom : qu'on cherche alors celui-ci sous les lettres D ou L.

5º Nous avons distingué, autant que nous l'avons pu, les différents degrés de la généalogie d'une famille, et marqué, à chaque degré, d'un caractère particulier (*petites italiques*) les noms des enfants qui font souche au degré suivant.

6º Pour faciliter la recherche des alliances, nous marquons en *italiques grasses* les noms des femmes entrant dans une famille, et quand nous n'indiquons point alors les parents d'une femme, c'est que ceux-ci se trouvent dans un article spécial à leur nom, ou nous sont inconnus. C'est toujours sous le nom du mari que nous plaçons la date du mariage et même celle du décès de la femme quand ce dernier nous est connu.

7º Nous avons évité de répéter inutilement les titres et qualités d'un homme, qui reviennent parfois dans un grand nombre d'actes ; de plus, au lieu de les citer isolément, selon qu'ils apparaissaient dans les actes, nous les avons groupés en un tableau d'ensemble de la vie de cet homme.

8º En présence des variantes très nombreuses, infligées aux noms de famille ou de lieu dans les registres, deux cas se présentaient : ou nous pouvions identifier ces noms avec certitude, et alors nous avons conservé les variantes sérieuses, en les marquant du mot *alias* ; ou nous restions incertains sur l'identification, et alors nous prévenons de sa possibilité ou, au contraire, du danger de quelque confusion possible, par un renvoi indiqué sous la forme *cfr*.

ABRÉVIATIONS

b^{on}	baron.	févr.	février.	p.	parrain.
b^{onne}	baronne.	gén^l	général.	par.	paroisse.
cap.	capitaine.	gouv^t	gouvernement.	parl^t	parlement.
cfr	comparer.	g^d	grand.	préc.	précédent.
chan.	chanoine.	ibid.	même paroisse.	rég^t	régiment.
chan^{esse}	chanoinesse.	intend^t	intendant.	R. P. R.	Religion prétendue réformée.
chap.	chapelle.	janv.	janvier.		
chev.	chevalier.	juil.	juillet.	sept.	septembre.
chir.	chirurgien.	lieut.	lieutenant.	sgr	seigneur.
command^t	commandant.	m.	marraine.	sgrie	seigneurie.
c^{te}	comte.	mat.	maternel.	s^r	sieur.
c^{esse}	comtesse.	m^d	marchand.	s^t, s^{te}	saint, sainte.
déc.	décembre.	m^e	maître.	suiv.	suivant.
dem^t	demeurant.	Mgr	Monseigneur.	trés.	trésorier.
dép^t	département.	m^{is}	marquis.	V.	voir.
dir.	directeur.	m^{ise}	marquise.	v^{ve}	veuve.
d^r	docteur.	nov.	novembre.	†	mort, morte, défunt, défunte.
éc.	écuyer.	oct.	octobre.		

PRÉNOMS

Ch^{les}	Charles.	J^n-B^{te}	Jean-Baptiste.	M^{ie}	Marie.
D^{que}	Dominique.	J^{ne}	Jeanne.	M^{te}	Marguerite.
F^{ois}	François.	J^{ph}	Joseph.	N^{as}	Nicolas.
F^{oise}	Françoise.	J^{ques}	Jacques.	P^{re}	Pierre.
J^n	Jean.	L^{se}	Louise.		

OUVRAGES CITÉS

Metz msc.	Manuscrit de la bibliothèque municipale de Metz, avec numéro du catalogue Clerx.
Msc. Emmery.	Manuscrit n° 204 de la même bibliothèque.
Msc. Epit.	Manuscrit des Épitaphes, n° 215 ibid.
Biog. du Parl^t	Biographie du parlement.
Biog. de la Mos.	Biographie de la Moselle.
Journ. de Séb. Floret	Journal de dom Sébastien Floret.

ERRATA ET ADDENDA

P. 4. ALLIANCE. — *Lire* : Favonne de Layans.
P. 7. ANCILLON XIII. — *Lire* : FRANÇOISE.
P. 13. ARMOISES. — *Ajouter* à IV : 6. NICOLAS. V. de Roucel I, 10.
P. 17. AUBERT (D'). — La famille d'Aubert est à identifier avec la famille Dobet.
P. 24. AUMAISTRE. — Cet article est à placer avant Aumale; *lire* : J^{ph} Gillot.
P. 29. XII, 3. — *Lire* : Besser.
P. 30. XXVII, 2. — *Lire* : Jassoy.
P. 38. BARAT II. — *Lire* : Charuel de Sainte-Croix.
P. 43. BARTON III. — Ce n° III se rapporte à la famille Barthélemy et non à la famille Barton de Montbas.
P. 45. BAUFFREMONT. — *Ajouter* : BÉATRIX-THÉRÈSE. V. Raigecourt.
P. 47. BEAUCLAIR. — *Lire* : de Madron.
P. 60. BÉRARD I. — *Lire* : M^{ie}-LOUISE. V. Beaudesson (note).
P. 66. 2e colonne, 6. d'Aguesseau. — *Lire* : d'Argenson.
P. 69. 1re colonne, 4. - *Lire* : Jeoffroy.
P. 71. *Au lieu de* : Bézier, *lire* : Besser et voir Besser IV.
P. 74. Note. *Au lieu de* : Moring, *lire* : Maring.
P. 78. Ars-Laqueneny. — *Lire* : Ars-Laquenexy.
P. 90. BOUCHELET. — L'article est à supprimer.
P. 93. BOUFFARD II, 2. — *Lire* : Jacquiesson.
P. 97. BOURGO. — Cette famille est la même que la famille de Burgo.
P. 104. BRASSELET. — L'article est à supprimer.
P. 106. BRETON VI, 2. — *Lire* : du Parc.
P. 109. BROUART. — *Ajouter* : V. LUCIE. V. de la Mouche.
P. 124. A intercaler entre Castan et Castella : CASTEL JEAN, éc., natif de Carcassonne, lieut. au rég^t de Languedoc, † à 21 ans, par. St-Martin 8 août 1769 : à son enterrement, les lieut. du même rég^t : Itier, de Bonnefau, Belair de Carminel.
P. 135. CHASTENAY. — *Lire* : Lanty.
P. 135. CHATELET DU THORS. — *Lire* : de Madeleine du Châtelet ci-dessus.
P. 143. CHOART. — *Lire* : L^{se}.
P. 145. CLÉMENT II. — *Lire* : sgrie de Delme.
P. 147. COCHOIS. — *Lire* : Henry Claude (sans trait).
P. 154. CONSET. — *Lire* : V. du Val.
P. 157. CORNUEL. — *Lire* : cfr. COMNEL.
P. 173. CUSTINES XII. — *Lire au lieu de* Journal de Séb. Floret : Metz, msc. 153, p. 257.
P. 219. ESTELLA. — *Lire* : Stella, et Stella de Rascache.
P. 233. FICQUELMONT III, 6. — *Lire* : de Lamezan.
P. 246. FOUCQUET II, 1. — *Lire* : Berthier de Sauvigny.
P. 296. GRANDEAU I, 2. — *Lire* : Elle mourut...
P. 354. KOPPENSTEIN. — Supprimer II et *lire* : KORNBERG CHRISTOPHE-FRÉDÉRIC.
P. 369. LANDRES DE BRIEY. — *Ajouter* : III. LÉONARD-CLAUDE. V. de Roucel V, 2.
P. 385. IV. — *Lire* : de Cailloux, sgr de Valmont.
P. 480. VI. — THÉODORE : supprimer II, 3.
P. 578. SAULNY (DE). — JEAN-B^{te} est le même que Jean-B^{te} de Villers, sgr de Saulny; voir de Villers IV, 1.

METZ

Documents Généalogiques

D'APRÈS

LES REGISTRES DES PAROISSES

1561-1792

ABE

ABEL DE POILBOIS CLAUDE, sgr de la Grange-le-Mercier, cap. des portes, puis lieut. du Roi au gouv^t de Metz, l'un des cent gentilshommes ordinaires de la maison du Roi, † par. St-Gorgon 4 août 1719, à 78 ans, inhumé par. St-Eucaire ; à son enterrement, « une foule de gens de condition avec concours de peuple ». Il avait épousé, par. St-Victor 23 mai 1675, Barbe *Michelet de Vatimont*, † par. St-Eucaire 15 sept. 1712, à 72 ans. De leur mariage étaient nés :

1. F^{oise}-Marguerite, par. St-Marcel 21 mars 1676.
2. Louis-F^{ois}, ibid. 20 avril 1677.
3. Gabrielle, ibid. 27 juin 1678.
4. Thomas, par. St-Gorgon 17 juin 1686 : p. Thomas de Choisy, gouverneur de Sarrelouis ; m. Louise-Charlotte Pellard de Givry.
5. Barbe, mariée à N^{as}-François d'Auburtin.

ABRAHAM M^{ie}-JEANNE. V. de Lorme VI.

ABRAM DE ZINCOURT CHARLOTTE-HYACINTHE. V. Georgin de Mardigny VI, 2.

ABT (D') CHARLES. V. de Villedonné.

ADA

ACHARD JEANNE-F^{oise}. V. Charcot de Cluzi.

ACHARD (D') RENÉ, R. P. R., éc., sgr de Bonvouloir, fils de noble homme Jacques, sgr de Bonvouloir et Loyauté en Normandie, épousa, 4 mai 1608, M^{ie} *Voisard*, fille de † Jⁿ-Jacques Voisard, orfèvre.

ACHEUX (D'), *alias* D'ACHET. I. TOUSSAINT, *alias* SÉBASTIEN, entrepreneur des travaux du Roi, † à 62 ans, par. St-Marcel 24 nov. 1707. Il avait épousé Barbe *Fumet*, dont il eut ibid. :

1. Antoinette, 17 janv. 1699 : p. Ferdinand, b^{on} de Freyberg ; m. Antoinette, b^{onne} d'Eltz, chan^{esse} de Ste-Marie.
2. Charles, 5 avril 1700.
3. Pierre, 10 févr. 1702.
4. Magdeleine, † 29 déc. 1702.
5. François, au décès de son père.

II. ÉTIENNE eut de Marie *Cachet*, son épouse, Barbe, par. St-Marcel 29 avril 1700.

ADAM. I. GASTON-Jⁿ-B^{te}, sgr des Noyers, fils de Jacques, sgr des Noyers, de Normandie, épousa, étant âgé de 30 ans, par. Ste-Croix 9 nov. 1693, J^{ne} *Saunier*, âgée de 25 ans, de laquelle il eut Barbe, ibid. 14 sept. 1695.

II. Nicolas, [d^r en théologie, prévôt et chan. de St-Thiébault, † 11 août 1731, à 69 ans, inhumé en l'église de St-Thiébaut. Msc. Epit.]

III. Georges, avocat à la cour souveraine de Nancy, en exercice en la prévôté du bailliage de Bouzonville, fils de J^n-Étienne, procureur en la dite prévôté, et de Catherine Gobin, épousa, étant âgé de 22 ans, par. St-Simplice 15 janv. 1743, J^{ne}-M^{te}-Rosalie *Risch*, âgée de 19 ans, fille de N^{as} Risch, ancien avocat en la même prévôté, receveur des finances de S. M. le Roi de Pologne, et de Barbe Louis.

IV. Divers.
1. Catherine-Bonne. V. d'Engelgen.
2. Girarde. V. le Bonhomme V, 2.
3. Jeanne. V. Dauphin II.
4. Judith. V. Saltzer.
5. Lucie-Henriette. V. Dattel IV.

ADDÉE Hilaire, R. P. R., conseiller au parl^t, sgr du Mesnil et de Buchy(1), fils de † Emmanuel, sgr du Petit Val, conseiller secrétaire du Roi maison et couronne de France et de ses finances, et de Marie Berger, épousa : 1° 26 août 1640, Marguerite *Le Goullon*; 2° 20 août 1651, L^{se}-Magdelaine *Quadt de Landskron*, † 19 sept. 1670.

Du premier mariage naquirent :
1. Charles, 8 oct. 1641.
2. Marie, 13 févr. 1643.

Du second mariage naquirent :
3. Hilaire, 27 juin 1652 : p. Jean-Rimbert Streuff de Lawenstein; m. Juliane-Magdelaine Quadt de Landskron, v^{ve} de Philippe Streuff de Lawenstein, chef du Conseil d'État de S. A. E. Palatine et son ambassadeur à l'Assemblée de Munster, représentée par Judith de Schelandre, épouse du parrain. — L'enfant mourut 24 sept. 1669.
4. L^{se}-Magdelaine, 4 févr. 1654.
5. Charles, 11 nov. 1655.
6. Élisabeth, 2 août 1658.
7. Frédéric, 15 août 1659.
8. Pierre, 24 déc. 1660.
9. Judith, 7 mai 1662.
10. Marie, 29 août 1663.
11. Daniel, 3 oct. 1666.
12. Paul, 1er avril 1668.
13. Jean-Louis, 27 avril 1669.
14. Anne-Catherine, † âgée de 20 jours, 25 sept. 1670.

ADDES M^{ie}-Josèphe. V. de Grassmann.

ADELING (d') Louis-Ch^{les}, chev. de St-Louis, ancien cap. au rég^t d'Alsace, fils des † Charles, cap. au même rég^t, et Barbe Péligard, épousa : 1° étant âgé de 42 ans, par. Ste-Croix 16 févr. 1762, Barbe *Croisille*, âgée de 27 ans, fille de † Jean Croisille, m^d, et de Marie Dorvaux ; à ce mariage, Lazare Dupuy, chev. de St-Louis, cap. au rég^t de la Couronne, son beau-frère, et J^{ques}-Isidore de Ballières, chev. de St-Louis ; — 2° par. St-Victor 28 déc. 1776, M^{ie}-Anne *Dilleman*, v^{ve} de J^n-Baptiste Marien, lieut.-colonel au rég^t de St-Germain.

ADOLSHEIM (d') Sophie-F^{oise}-J^{ne}-Julienne. V. Nitsch.

ADONCOURT (d') Nicolas, R. P. R., sire d'Adoncourt, eut un fils Daniel, 11 oct. 1579.

AFFRICQ (d')(1). I. J^n-Louis, cap. aux gardes suisses, eut de F^{oise} *de Roucel*, son épouse, par. St-Martin :
1. Catherine. Les cérémonies du baptême lui furent suppléées le 6 déc. 1647 : p. François de Roucel d'Aubigny, jeune fils ; m. Catherine de Gourcy, b^{onne} de Mérode et de Vehy.
2. Christine-F^{oise}, 4 mai 1657.
3 et 4. F^{ois}-Louis et Anne-Catherine, qui furent parrain et marraine, même par. 31 août 1657. Leur père est dit noble, conseiller et cap. de la ville et du canton de Fribourg.

II. Catherine, † à 50 ans, par. St-Victor 2 nov. 1734.

AGARD Jean, chev., s^r des Tréveaux, † à 83 ans, par. St-Victor 19 avril 1739 ; à

---

(1) Non de Buy, comme il est dit *Biographie du Parl^t*.

(1) D'Affry, selon *Metz ancien* du baron d'Hannoncelles. Nous avons lu dans tous les actes et en signature : d'Affricq.

son enterrement, Clément Agard, chev., s^r des Tréveaux, chev. de St Louis, cap. au rég^t de la marine, son neveu.

AIGNEVILLE ROMENAY DE LIERCOURT (D') PIERRE-N^{AS}, d'Abbeville en Picardie, de la compagnie des gentilshommes-cadets de la Citadelle, † par. St-Jean de la Citadelle 19 mai 1733, à 20 ans.

AIGREMONT (D') ANTOINE. V. Dupuy II.

AINAUT JEAN-LOUIS. V. Rabignau de Montelou.

ALAMONT (D'). I. CHARLES, chev., sgr d'Alamont, major de Sarrelouis, épousa, étant âgé de 45 ans, par. Ste-Ségolène 5 nov. 1686, Marthe *Jeoffroy*, âgée de 22 ans, dont il eut Marthe, née à Sarrelouis 18 sept. 1687, baptisée à Metz par. Ste-Ségolène 8 mai 1688, mariée à Paul le Goullon de Borny.

II. MARIE. V. Mainhulle.

III. NICOLAS. V. Vigy.

ALANÇON (D'). V. Dalançon.

ALBERDINY D'ICHTERSHEIM (D').
I. LOUIS, major au rég^t de Courten suisse, † à 30 ans, par. St-Martin 2 juin 1742; à son enterrement, Georges Sprecher, chev. de St Louis, ancien major; J^{ph}-Théodore Keller, cap.; Jacques de Courbevois, aide-major : tous du rég^t du défunt.

II. N^{AS}-F^{OIS}-ANTOINE. V. Goujon.

ALBRONS (DES) JEANNON. V. Praillon.

ALÉMONT (D') FRANÇOISE. V. de Drée.

ALEXANDRE. I. PHILIPPE, R. P. R., procureur au palais, épousa Suzanne *de Marsal*, dont il eut :
1. Sara, 7 févr. 1620.
2. Jean, 20 févr. 1622.
3. Suzanne, 14 mai 1623.
4. Anne, 20 juin 1625.
5. Philippe, 27 juin 1627.
6. Jean, 6 sept. 1628; le père est notaire royal et procureur.
7. Pierre, 4 sept. 1630.
8. *Charles*, 26 avril 1632; lequel suit.

9. Anne, 2 févr. 1635.
10. Magdelaine, 12 mai 1637; mariée à Pierre Bancelin.
11. Philippe, 25 juin 1640; † 30 janv. 1679.

II. CHARLES, R. P. R., avocat, fils du préc., [† 6 mai 1707. Msc. Emmery 511]. Il avait épousé, 26 juin 1661, Judith *le Bachelé*, † en 1693. De leur mariage étaient nés :
1. Anne, 26 mars 1662; le père est aman.
2. Jean, 28 oct. 1663.
3. Suzanne, 19 oct. 1664.
4. Anne, 12 janv. 1667; le père est avocat au parl^t.
5. Judith, 17 juin 1668.
6. Rachel, 15 déc. 1669.
7. Philippe, 30 nov. 1671; avocat au parl^t, sgr de Jouy aux Arches, il abjura par. Ste-Ségolène 21 déc. 1711.
8. Magdelaine, 26 mai 1673.
9. Anne, 1er mars 1675.
10. Charlotte, 28 avril 1676; † 16 juil. suiv.
11. Élisabeth, 2 déc. 1677; † 14 déc. suiv.
12. Charles, 12 juin 1679; † 5 juil. suiv.
13. P^{re}-Charles, 23 sept. 1680; † 4 déc. suiv.
14. Marie, 20 nov. 1681; † 30 janv. 1682.
15. J^n-Charles, 17 mars 1683; † 16 avril suiv.

III. PIERRE, président des juges consulaires de Metz et m^e des marchands, eut de Magdelaine *Julien*, son épouse :
1. Bonne-M^{ie}, par. Ste-Croix 9 mars 1766.
2. F^{ois}-Dieudonné-Alexis, ibid. 2 oct. 1767.
3. M^{ie}-Marguerite, mariée à François Vallet de Merville.
4. Magdelaine, mariée à J^n-Pierre Tiercet.

IV. JEAN, frère du préc., m^e apothicaire sous les arcades de la place St-Louis, eut de Magdelaine *Possélius*, son épouse :
1. François, † par. St-Simplice 17 mars 1741, à l'âge d'un mois.
2. Marguerite, par. St-Simplice 1er juin 1742; mariée à J^n-Baptiste Cunin.
3. Magdelaine-Alexise, par. Ste-Croix 27 août 1743.

4. Jean, ibid. 16 nov. 1744.
5. Anne-J^{ne}, ibid. 28 juil. 1748.

V. HUMBERT, [chan. de la cathédrale et principal maître du collège St-Éloy, † 16 mai 1622. Journ. de Séb. Floret].

VI. Divers.
1. ANNE. V. Petitjean I.
2. LOUISE. V. Turpin et de la Houssaye.
3. MAGDELAINE. V. Bancelin IX.
4. MAGDELAINE. V. Plessy V.
5. MARGUERITE. V. Cunin II.
6. MARIE. V. de St-Jure.
7. MARIE. V. Jassoy.
8. N***. V. du Rocheret I, 5.

ALIGRE (D'). I. P^{RE}-AUGUSTIN, chev., sgr de Vovelle, eut de F^{oise}-Charlotte *Doublet de Neuvillette*, son épouse, Étienne-Louis-Augustin, par. St-Victor 18 avril 1785 : p. N^{as}-Isaïe d'Aligre, sgr de Blanville, chan. de St-Sauveur; m. M^{ie}-Louise-F^{oise} d'Aligre; oncle et tante de l'enfant.

II. FRANÇOIS. V. de Hart.

ALIX-DUVAL. I. THOMAS *Alix*, R. P. R., éc., s^r du Val, de Burtoncourt et Bockange, cap. au rég^t de Languedoc, [né à Alençon en Normandie, 28 juin 1648, † le 20 oct. 1688 à Burtoncourt. Metz, msc. 206]. Il avait épousé Élisabeth *Lespingal*, dont il eut :
1. *Pierre*, 13 déc. 1679; lequel suit.
2. Jeanne, 27 déc. 1680; † 15 févr. 1681.
3. Thomas, 27 mai 1682; † 13 août suiv.
4. Thomas, baptisé par. Ste-Ségolène 8 déc. 1685, les parents étant encore de la R. P. R.
5. Suzanne-Louise, baptisée par. Ste-Ségolène 18 juil. 1687, les parents étant convertis à la religion catholique.

II. PIERRE, fils du préc., éc., cap. au rég^t de Varennes, sgr de Burtoncourt et Bockange, eut de Marthe *Rollin*, son épouse, par. St-Livier :
1. Regnauld, 22 avril 1715.
2. Charlotte-Élisabeth, 3 mars 1716 : p. Ch^{les} le Goullon, procureur gén^l au parl^t; m. Élisabeth Lespingal, épouse de M. Tercy, aïeule de l'enfant. — Elle fut mariée à Henry-J^n Poutet.
3. Charles-P^{re}, 2 juil. 1718 : p. Charles Gautier, sgr de Gondreville; m. Élisabeth Thorel, fille de Jean Thorel.
4. Louis, 16 avril 1721 : p. Louis Lançon de Ste-Catherine, m^e échevin de Metz; m. Judith de Montigny, épouse de Louis Jeoffroy, sgr de Méy. — Il mourut 12 juin 1722.

III. MICHEL-P^{RE}, fils de Nicolas, natif de Heumaison, diocèse de Toul, épousa, par. St-Livier 29 sept. 1631, Jenon *Maubuche*, v^{ve} de Simon Bourgeois.

ALLEGRIN (D') J^n-LOUIS, sgr c^{te} de Dian, † à 76 ans, par. St-Maximin 27 janv. 1742. Il avait épousé M^{te} *de St-Aubin*, † à 72 ans, ibid. 16 oct. 1753. De leur mariage étaient nés :
1. Dominique, par. St-Eucaire 26 oct. 1708; à l'enterrement de sa mère, il est chev. de St-Louis, commissaire ordinaire d'artillerie.
2. Marc-René, à l'enterrement de son père.

ALLEOU JEANNE. V. de Chazelles.

ALLIANCE (DE L') SUZANNE. V. de Valentin.

ALLIGER DE BOURGNEUF NOEL, fils de † Michel, baillif et lieut^t gén^l de police de Rochefort, et de Magdelaine Genot, de la par. St-Étienne du Mont à Paris, épousa, étant âgé de 35 ans, par. Ste-Ségolène 13 mars 1742, Anne-M^{te} *Grandjambe*, âgée de 71 ans (*sic*), v^{ve} de Nicolas Cunin.

ALLION. I. MARC, R. P. R., m^d bourgeois de Metz, fut le père de :
1. Marie, mariée à J^n le Braconnier VII.
2. *Marc*, qui suit.

II. MARC, R. P. R., fils du préc., épousa, 26 juil. 1620, Suzanne *Le Bey de Batilly*, dont il eut, 21 déc. 1622, *Marc*, qui suit.

III. MARC, R. P. R., fils du préc., eut de J^{ne} *Joly*, son épouse :
1. Marc, 10 août 1657.
2. Marie, 30 oct. 1658.
3. Jeanne, 20 juin 1660.
4. Louis, 3 août 1661.

IV. JEAN, R. P. R., conseiller du m^e échevin, épousa, 28 janv. 1618, Élisabeth *d'Inguenheim*, † à 83 ans, 31 mai 1682. De leur mariage naquirent :
1. Anne, 28 déc. 1618; mariée à Charles de Couët du Vivier.
2. Paul, 7 juin 1620.
3. *Gédéon*, 2 août 1626; lequel suivra VI.
4. Rachel, 10 juin 1629.
5. Suzanne, 29 oct. 1631.
6. Jérémie, 25 févr. 1633; le père est sgr de Maizeroy. Il mourut 4 mars 1673.
7. *Jean*, qui suit.
8. Élisabeth, mariée à Jacob le Duchat VIII.

V. JEAN le jeune, R. P. R., fils du préc., avocat au parl^t, † à 54 ans, 19 sept. 1667. Il avait épousé, le 27 juin 1649, Marie *de Persode*, † par. St-Gorgon 18 janv. 1713. De leur mariage étaient nés :
1. Jean, 8 août 1650.
2. Marie, 28 avril 1653; mariée à Gustave-Adolphe de Saint-Just.
3. Anne, 14 sept. 1654; le père est sgr de Maizeroy.
4. Suzanne, 5 mars 1657.
5. Catherine, 1er août 1660.

VI. GÉDÉON, R. P. R., d^r en médecine, frère du préc., épousa, 2 mars 1666, Esther *Le Duchat*, dont il eut :
1. Élisabeth, 27 févr. 1667; † 19 août 1668.
2. Suzanne, 27 févr. 1668; † 26 juil. 1668.
3. Élisabeth, 21 mars 1669.
4. Catherine, 4 sept. 1670.
5. Gédéon, 25 mai 1672; † 4 août suiv.
6. Esther, 21 janv. 1674.
7. Gédéon, 7 avril 1675.
8. Anne, 9 juil. 1677; † 7 sept. 1678.
9. Gustave-Adolphe, 18 juil. 1679.
10. Suzanne, 13 oct. 1680.
11. Charles, 26 sept. 1682.

VII. JEAN, R. P. R., sgr de la Grange-aux-Dames, eut d'Anne *Braconnier*, son épouse, Théodore, † à 26 ans, 8 nov. 1674, son père et sa mère étant défunts.

VIII. Divers.
1. JUDITH. V. de Caradreux.
2. MARIE. V. de Bouffard de la Garrigue.
3. MARIE. V. Lamotte-Dorez.

ALLONEAU (D'). V. de Grateloup.

ALSACE DE HENNIN LIÉTARD (D').
I. J^{ques}-ANTOINE de Hennin Liétard, m^{is} de Blaincourt, sous-lieut. des gens d'armes bourguignons du Roi, fils d'Antoine, c^{te} de Blaincourt, et de † Gionne de Gaunes, épousa, étant âgé de 29 ans, par. Ste-Ségolène 23 févr. 1698, Anne-Nicole *de Belloy*, âgée de 17 ans, dont il eut ibid. :
1. Claudine-Charlotte, 8 janv. 1700.
2. Jⁿ-Louis, 13 oct. 1701 : p. Jⁿ-Louis de Bonnefoy, chev., sgr de Villers; m. Antoinette Racle, son épouse.
3. Claude-Antoine, 7 nov. 1702.
4. Pierre, 3 mars 1705.
5. D^{que}-Charlotte, 4 juil. 1706.
6. Pierre, 21 juin 1708.

II. J^x-LOUIS d'Hennin d'Alsace, m^{is} de Salle, avait épousé Catherine-Élisabeth *Thiébaut*, † par. Ste-Ségolène 28 août 1724. De leur mariage étaient nés ibid. :
1. J^{ques}-Antoine, 22 mai 1722 : p. J^{ques}-Antoine d'Alsace Hennin Liétard; m. M^{te}-Élisabeth Maclot, épouse de Jⁿ-Nicolas Thiébaut, président à mortier au parl^t. — L'enfant mourut 28 sept. 1724.
2. Jⁿ-Louis, 10 sept. 1723.

III. JEAN-F^{ois}-J^{ph}, m^{is} d'Alsace Hennin Liétard, c^{te} de Bourlemont, b^{on} de Fosseux, chambellan « actuel » de LL. MM. II. et RR. d'Autriche, lieut.-colonel d'infanterie sans service, chev., sgr de Dion-Leval, Waveaux et autres lieux, épousa Albertine-F^{oise}, née c^{esse} *Vanderwerve de Vorsseleur*, dame de l'ordre de la Croix étoilée de S. M. l'Impératrice Reine, dont il eut, par. St-Victor 5 avril 1781, J^{ph}-Antoine-Baudouin : p. Thierri-Gaston-Antoine-J^{ph}, c^{te} d'Alsace Hennin Liétard, son oncle pat.; m. M^{ie}-Anne-Josèphe, c^{esse} de Roose de Baisy, née c^{esse} Wanderwerve de Vorsseleur, sa tante mat. : tous deux représentés.

IV. HENRY-F^{ois}. V. de Refuge.

ALTAN (D') F^{ois}-LÉOPOLD-MICHEL, c^{te} d'Altan, fut parrain par. St-Simplice 12 avril 1688.

ALVAREDO (D') Antoinette-Foise. V. de Barandiéry-Montmayeur.

AMAT DU LAUZA. I. Catherine. V. Pottier I.

II. Félicie, sœur de la préc. V. Pottier II.

AMBLY (D') Ch^les-Louis, c^te d'Ambly, sgr de Suzémont, major au rég^t de cavalerie de Bourgogne, eut de Claudine-Agnès *Chastel de Villemont*, son épouse, Ch^les-Eugène-Gabriel, par. St-Martin 10 janv. 1771 : p. Ch^les-Eugène-Gabriel de la Croix de Castries, m^is de Castries, chev. des ordres du Roi, lieut. gén^l de ses armées, m^e de camp gén^l de la cavalerie, cap. lieut. des gendarmes écossais, gouverneur de Montpellier et lieut. gén^l du Lionnois ; m. F^oise-Pauline-Luce du Pasquier de Dommartin, épouse de J^n-B^te-Ignace Chastel de Villemont : représentés par Antoine-Louis-Benjamin Chastel de Villemont et Agnès-Charlotte-Claudine Chastel de Villemont, oncle et tante de l'enfant.

AMELIN DE ROCHEMORIN DE BEAUREPAIRE[1]. I. Florent, éc., cap. de dragons au rég^t de Sommery, épousa M^le *Monicart*, † à 84 ans, par. St-Livier 15 nov. 1776. De leur mariage naquirent :

1. *François*, parrain de François son frère ci-dessous; lequel suit.
2. Ameline, par. St-Victor 2 sept. 1724 : p. J^n-François Lamy, président au bureau des finances; m. M^ie-Sabine Jacquesson, v^ve de messire d'Harquel, gouverneur de Sierck.
3. François, par. St-Livier 21 sept. 1730; cap. de dragons, chev. de St Louis, il épousa[2] Suzanne *Hymen*, et en eut, entre autres enfants, Christine-Charlotte, qui abjura le protestantisme par. St-Livier 4 avril 1785, à l'âge de 18 ans.
4. P^re-Charles, ibid. 6 mai 1738; chan. de la cathédrale, [† 2 févr. 1809].
5. J^ne-Charlotte, mariée à F^ois de Lauzières de Thémines.
6. M^te-Adélaïde, [qui fit profession au couvent de la Visitation 28 août 1765, à l'âge de 33 ans. Metz msc. 153, p. 146.]

II. François, fils du préc., chev., sgr de Rochemorin, de Beaurepaire et de Silly, major au rég^t de Thiange, chev. de St Louis, de la par. de Puyguillon en Périgord, épousa, étant âgé de 35 ans, par. St-Maximin 3 avril 1753, Philippine-F^oise *de Muzac*, dont il eut :

1. Jeanne-M^te, par. St-Livier 7 janv. 1754 : p. J^n-Ange du Teil, cap. au rég^t royal artillerie, représenté par Joseph de Gassaud, major au rég^t royal artillerie; m. Jeanne Cagnard de Gourdin, aïeule de l'enfant. — Elle fut mariée à J^ques-Henry-F^ois Lefebvre de Ladonchamps.
2. M^te-Charlotte, ibid. 20 déc. 1754; mariée à Hugues-Josué, c^te de Lauzières de Thémines.
3. M^ie-Suzanne-Charlotte-Nicole, ibid. 21 déc. 1755 : p. N^as-François Gourdin, conseiller au parl^t; m. M^ie-Suzanne de Buzelet, épouse de P^re-Nicolas de Belchamps. — Elle mourut 23 nov. 1757.
4. Louise-Félicité, ibid. 22 nov. 1757; mariée à P^re-Hugues de Lauzières de Thémines, avec dispense du second degré de parenté.
5. M^te-Louise, ibid. 21 déc. 1758; mariée à F^ois-Henry de Cognon.
6. *Nicolas-M^ie*, par. St-Simplice 23 sept. 1761 ; lequel suit.
7. Agathe-Anastasie, par. Ste-Croix 12 déc. 1764.
8. F^ois-Louis-Anselme, ibid. 19 avril 1766 : p. François, chev. d'Amelin de Beaurepaire, cap. de dragons au rég^t de Belsunce, son oncle; m. Louise de Muzac, épouse de Henry Hermant.
9. Louise-Hyacinthe, ibid. 13 avril 1769; † par. St-Livier 10 nov. 1780.
10. M^ie-Claudine-J^ne-Ursule, par. St-Livier 22 oct. 1771 ; mariée à Louis-René, chev. de Gohin.

III. Nicolas-M^ie, fils du préc., vic^te d'Amelin, sgr de Beaurepaire, Dain et autres lieux, sous-lieut. à la suite du rég^t de dragons de Condé en 1781, puis cap. de cavalerie au rég^t royal Champagne, eut de son épouse Henriette-Louise *du Lau*

---

[1] Plusieurs fois en signature : Hamelin.
[2] Par suite d'un duel, il dut s'expatrier; il était conseiller à la régence de Clèves quand il épousa Suz. Hymen.

d'Allemans, Amélie-F^oise^, par. St-Livier 16 déc. 1787 : p. François d'Amelin de Beaurepaire, son aïeul pat. ; m. M^ie^-Claude de Murat, épouse de J^n^-Armand-Marie du Lau, c^te^ d'Allemans, ancien officier au rég^t^ des gardes françaises, chev. de St Louis, b^on^ de Milly, m^is^ de Laumary, sgr de Chabannes et autres lieux, son aïeule mat., représentée par M^ie^-J^ne^-Claude-Ursule d'Amelin de Beaurepaire, sa tante.

AMIDAILLANCE LOUISE. V. Robert II.

AMIOT MICHEL, éc., mourut à 22 ans, par. St-Marcel 4 mai 1692.

AMONCOURT (D') PHILIBERTE. V. Barillon de Morangis.

AMYOT. V. de Loesch.

ANCEL MARIE-ANNE-DIEUDONNÉE. V. Labiche.

ANCILLON. I. NICOLAS, R. P. R., écrivain et procureur au palais, fut le père de :
1. Marthe, née 13 oct. 1581.
2. *Abraham*, qui suit.

II. ABRAHAM, R. P. R., fils du préc., procureur et aman, épousa, 18 janv. 1615, Esther *de Marsal*, dont il eut :
1. Marie, 20 déc. 1615.
2. *David*, 22 mars 1617; lequel suit.
3. Paul, 23 août 1620.
4. Magdelaine, 18 janv. 1623.
5. *Joseph*, 18 nov. 1626; lequel suivra VI.
6. Benjamin, 14 janv. 1629.
7. Anne, 24 août 1631.
8. Anne, 2 sept. 1633.

III. DAVID, ministre de la R. P. R., fils du préc., eut de Marie *Malchar*, son épouse :
1. Marguerite, 2 août 1655; mariée à David de Montigny.
2. Paul, 10 août 1657.
3. *Charles*, 30 juil. 1659; lequel suit.
4. Jacques, 3 déc. 1660; † catholique, par. Ste-Croix 8 août 1689.
5. Benjamin, 14 juin 1662.
6. Pierre, 2 sept. 1663.
7. Judith, 26 déc. 1664.
8. Jean, 27 janv. 1666.
9. Louis, 9 mars 1667.
10. Marie, 14 sept. 1668.
11. David, 22 févr. 1670.
12. Anne, 26 avril 1672.
13. Jean, 6 juil. 1675; † 29 mai 1676.

IV. CHARLES, R. P. R., fils du préc., avocat au parl^t^, premier président et juge supérieur des Français réfugiés à Berlin (1709), avait épousé, 10 mars 1680, Élisabeth *Ancillon*, sa cousine germaine, dont il eut :
1. *David*, 20 janv. 1681, lequel suit.
2. Marie, 22 août 1682.
3. Joseph, 7 nov. 1683; † 1er août 1685.
4. Élisabeth, 4 août 1685.

V. DAVID, fils du préc., cap. réformé au rég^t^ de Redon allemand, épousa dans l'église de la Visitation, par. St-Maximin 9 avril 1709, M^ie^-Anne *Poiré*, fille de Christophe Poiré, cornette des gardes du gouv^t^ de Metz, et de M^te^ Jacques, de laquelle il eut :
1. Charlotte, par. St-Maximin 4 févr. 1710; le père est cap. au rég^t^ de Média.
2. Christophe, ibid. 4 mars 1712; † le 18 suiv.
3. Anne-Gabrielle, ibid. 31 oct. 1713; † 20 févr. 1714.
4. Jean, par. St-Simplice 7 avril 1716; le père est cap. au rég^t^ royal Bavière.
5. Paul-David, par. Ste-Croix 16 mars 1717.
6. Hippolyte, ibid. 27 janv. 1718; † 2 févr. suiv.

VI. JOSEPH, R. P. R., grand-oncle du préc., avocat au parl^t^, conseiller de cour et d'ambassade du Roi de Prusse (1719), avait épousé : 1° 29 oct. 1651, Elisabeth *Ferry*; 2° 3 févr. 1664, Marie *de Flavigny*.

Du premier mariage naquirent :
1. David, 17 avril 1655.
2. Élisabeth, 7 mars 1656.
3. Marie, 17 mars 1658; mariée à Paul le Bachelé.
4. Élisabeth, 23 févr. 1659; mariée à Charles Ancillon, son cousin germain.

Du second mariage naquirent :
5. Pierre, 5 déc. 1664.
6. *Paul*, 1er janv. 1666; lequel suit.

7. Suzanne, 15 mai 1668.
8. Anne, 28 mai 1669.
9. Frédéric, 21 oct. 1670; † 20 mai 1675.
10. Louis, jumeau du précédent.
11. Judith, 7 janv. 1672; convertie au catholicisme, elle épousa Benjamin de Flavigny.

VII. PAUL, fils du préc., fut le père de :
1. J^{ph}-Louis, [né 9 sept. 1702]; lequel suit.
2. Auguste-Ch^{les}-Louis, [né 7 mars 1711]; lequel suivra.

VIII. J^{ph}-LOUIS, fils du préc., signait Ancillon de Cheuby; éc., conseiller au parl^t, il mourut par. St-Martin 12 déc. 1788.

IX. AUGUSTE-CH^{LES}-LOUIS, frère du préc., signait Ancillon de Jouy. Écuyer, conseiller au parl^t, sgr de Jouy aux Arches, Buy et Châtel St-Blaise, il mourut en son domicile rue Chaplerue, par. St-Martin 27 mars 1792. Il avait épousé Anne Le Duchat, † à 76 ans, même par. 24 nov. 1791. De leur mariage étaient nés ibid. :
1. Antoinette-Louise, 21 avril 1747.
2. Judith, 14 avril 1748.
3. Benjamin-M^{ie}, 19 mars 1749; † 16 août 1760.
4. Charles, 11 avril 1750; il eut de F^{oise}-Nicole Durand d'Aunoux, son épouse, Clémentine, mariée à Louis Durand VII, 2. Il signait Ancillon d'Aveu.
5. Jean, 13 mars 1751; au décès de son frère Joseph ci-dessous, il est dit Ancillon de Cordemange.
6. J^n-Baptiste, 14 juin 1752; au décès de son frère Joseph, il est dit Ancillon de Ruchelois.
7. Joseph, 23 mai 1754; † 5 mai 1767.
8. Anne, 2 juin 1755.
9. Suzanne, 11 janv. 1757.
10. Jeanne, 30 avril 1758.

X. FRANÇOIS, R. P. R., écrivain, fils de † Georges, praticien au palais, sans doute le frère de Nicolas I, épousa, 23 janv. 1583, Marie Rollin, fille de † Joseph Rollin, m^d, bourgeois de Metz. De cette union naquirent :
1. Marie, 3 mars 1585.
2. Sara, 27 févr. 1587.
3. Salomée, 5 juil. 1589.
4. David, 22 sept. 1591, lequel suit.

XI. DAVID, R. P. R., fils du préc., épousa, 1er mars 1620, Magdelaine Belon, fille de Pierre Belon, apothicaire, de laquelle il eut :
1. David, 12 janv. 1624.
2. Marie, 6 août 1625.
3. Magdelaine, 30 janv. 1628.
4. Judith, 13 janv. 1630; mariée à Isaac de Mézières.
5. Esther, 25 janv. 1632; le père est huissier royal.
6. Marie, 5 mars 1634; le père est sergent royal.
7. David, 29 août 1636.

XII. SUZANNE, dame de Jouy, mourut à 78 ans, par. St-Martin 15 déc. 1741, et fut inhumée devant l'autel de la Ste-Vierge.

XIII. Divers.
1. FRANÇOIS. V. de Sayvelles.
2. MAGDELAINE-CATHERINE. V. Hullin.
3. NICOLE. V. Humbert VI, 6.

ANDLAU (D') ÉLISABETH. V. Faure de Fayolle.

ANDRAS (D') LOUIS-GUILLAUME-F^{ois}, cap. au rég^t de Neustrie, fils des † Louis-Philippe-Albert d'Andras et Catherine-Hyacinthe de Montigny, de la par. de Villiers St-Benoît, au diocèse de Sens, épousa, par. St-Martin 15 avril 1790, M^{ie}-Élisabeth Kesler, fille de Jean-Philippe Kesler et de † Anne-M^{ie} Keslerin, de la par. Notre-Dame-de-l'Echelle de Landau en Basse-Alsace, diocèse de Spire.

ANDRAY (D') JEAN-CÉSAR, éc., cap. de cavalerie dans St-Germain-Beaupré, dem^t à Besançon, par. Ste-Magdelaine, épousa, par. St-Marcel 21 juil. 1714, M^{ie}-Rose Hunnique, de Schlestadt.

ANDRÉ. I. NICOLAS, substitut du procureur du Roi au bailliage, mourut, par. St-Victor 8 oct. 1679, âgé de 48 ans. Il avait épousé Dieudonnée Lochon, dont il eut Anne, mariée à Pierre Jourdin de Pontbillot.

II. PIERRE, procureur au bailliage, fils de

Charles, bourgeois, et de M^ie Dosquet, dem^t par. St-Georges, épousa, 7 juil. 1716, Élisabeth *Rivier*, fille de N^as Rivier, bourgeois, et d'Élisabeth Soury.

III. CLAUDE, praticien, épousa, par. St-Eucaire 24 juin 1710, Isabelle *Guillaume*, fille de Daniel Guillaume, chev., sgr de Courcelles et Colligny en Champagne, et d'Anne-F^oise de Balmosiry.

IV. Divers.
1. ANNE-MADELAINE. V. Formé III.
2. ANTOINE. V. Perrin de Brichambeau.
3. MARIE. V. Harquel.
4. MARIE. V. Bouchard.
5. MICHELLE. V. de Lescure.

ANDRÉ DE LA NESLE ALEXANDRE-LOUIS, éc., avocat en parl^t, fils de Claude-Alexandre André, officier commensal de la maison du Roi, inspecteur gén^l de la grande fauconnerie de France et secrétaire des commandements de S. A. S. le Prince de Conty, et d'Élisabeth Martin, épousa, étant âgé de 24 ans, par. St Martin 21 oct. 1756, M^ie-Françoise *de Cabouilly*.

ANDRÉS (DES) THIÉBAUT eut d'Anne *Périsse*, son épouse, par. St-Gorgon 30 nov. 1633, Henriette : p. Claude Fagnier, chan. de la cathédrale et prévôt de St-Thiébaut. — Elle épousa P^re Audinot, puis P^re-Thomas Evrard.

ANDRIEUX JEAN, R. P. R., s^r de la Merlette, fils de † Pierre, lieut. d'une compagnie au rég^t de Périgord, épousa, 19 août 1640, Élisabeth *Braconnier*, dont il eut Élisabeth, née posthume, 5 sept. 1641.

ANDRY. I. ANTOINE, treize et changeur en la justice de Metz, puis conseiller au bailliage, † par. St-Livier 21 avril 1688. Il avait épousé Barbe *Geoffroy*, † ibid. 8 déc. 1690. De leur mariage étaient nés ibid. :

1. François, 16 oct. 1640 ; chan. de St-Sauveur (1666).
2. *Mathieu*, 30 janv. 1643 ; lequel suit.
3. Pauline, 25 juil. 1646 ; † 30 janv. 1657.
4. Magdelaine, † à 39 ans, 14 août 1673.

5. Françoise, marraine par. St-Simplice 8 mars 1650. [Ce fut elle sans doute qui fit profession au couvent des Carmélites en 1652, sous le nom de Thérèse de l'Enfant Jésus, et mourut en 1685. Metz msc. 153.]
6. Pépine-M^te, mariée à Claude-N^as d'Auburtin de Chesny.

II. MATHIEU, fils du préc., conseiller garde-des-sceaux en la chancellerie du parl^t, † par. St-Livier 30 août 1700. Il avait épousé : 1° ibid. 21 nov. 1678, M^te *d'Auburtin*, † 3 avril 1691 ; 2° par. St-Victor 8 sept. 1692, M^te *de Paulo*, † ibid. 17 août 1727, à 79 ans. — Du premier mariage naquirent par. St-Livier :

1. Magdelaine, 25 nov. 1679 ; mariée à Étienne du Buat.
2. Christophe-Antoine, 5 oct. 1681 ; † 6 déc. 1685.
3. Jean, 22 oct. 1683 ; † par. St-Marcel 4 juin 1684.
4. Françoise, 1er juil. 1686 ; † 29 suiv.
5. *Antoine-Christophe*, 14 févr. 1688 ; lequel suit.
6. Christophe, 19 mars 1689.

III. ANTOINE-CHRISTOPHE, fils du préc., cap. au rég^t de Picardie, † par. St-Martin 20 nov. 1757. Il avait épousé, ibid. 5 déc. 1718, F^oise *Durand de Distroff*, † 8 févr. 1767. De leur mariage naquirent ibid. :

1. F^ois-Jacques, 13 mars 1722 ; doyen de St-Thiébaut au décès de son père.
2. Marguerite, 13 juil. 1723 ; mariée à F^ois des Robert.
3. Samuel-Étienne, 7 août 1724.
4. J^n-F^ois-Louis, 1er nov. 1726.
5. Frédéric-Louis-Ch^les, 21 avril 1730.
6. Charles-F^ois, 15 août 1732.

IV. ÉLISABETH. V. Blaise V.

ANETH JEAN, [natif d'Etain, doyen de la cathédrale, † 23 févr. 1598, à 80 ans environ. Msc. Epit.]

ANGELAS DE VERNOVIC JACQUES-FERDINAND, lieut. au rég^t de Bourret troupes d'Espagne, mourut à 20 ans, par. Ste-Ségolène 12 déc. 1707.

ANGENOUST (d'). V. d'Augenoust.

ANGLE (de l') Louis-Vincent-Mⁱᵉ. V. des Forges III.

ANGLEBERT (d') Jean mourut 21 mars 1691 et fut inhumé dans l'église de St-Victor. Il avait épousé M^{ie}-Thérèse *du Bourcq*, dont il eut même par. :
1. Étienne, 26 avril 1681 : p. Étienne Lemaire, avocat au parl^t ; m. Angélique Ravaulx.
2. Claude, 28 févr. 1684 : p. Jⁿ-Claude de Cussigny, c^{te} de Viange ; m. M^{ie} de Ligny du Charmel, dame de Ste-Marie.
3. Tristan-J^{ph}, 27 mars 1685.
4. Ch^{les}-Henry, 4 juil. 1687 : p. Charles Ruaux, éc., sgr du Tronchet ; m. Henriette de Pouilly-Lançon.
5. Étienne, 3 août 1689 : p. Ch^{les} d'Anglebert ; m. M^{ie} d'Anglebert.

ANGLURE (d'). I. Isabeau, épouse 1° de F^{ois} Baudoche, m^e échevin en 1554, 2° de Ch^{les} de Poisieux, sgr de Pavant, lieut. de la compagnie de Mr de Lorraine, mourut au château de Moulins 20 janv. 1573. « Une messe du St Esprit (*sic*) fut célébrée à la par. St-Martin de Metz le lendemain, après avoir conduit son corps depuis le grand Pont des Morts passant le long de la ville jusque hors la porte des Allemands pour être inhumée à Ste-Barbe. »

II. Charles. V. Hue de St-Remy.

III. Barbe et Louis-Saladin. V. de Saint-Remy.

ANGRAVE. I. Julien-Louis, avocat au parl^t, contrôleur des vingtièmes de la généralité de Metz, fils de † André, conseiller du Roi, dir. et trés. de la monnaie de Montpellier, ancien premier secrétaire de l'intendance de la généralité du Bourbonnais, et de J^{ne}-M^{ie} de Lanot, épousa, par. St-Martin 14 mars 1782, F^{ois}-Barbe *Pasquier*, dont il eut, par. St-Maximin 2 févr. 1784, Hubert-Jⁿ-Louis.

II. M^{ie}-Claire-Antoinette. V. Cantat et Ferrand de Peltre.

III. Jeanne-M^{ie}. V. Cantat.

ANGUENET Benjamin, ministre de la R.P.R. à Lixheim, épousa, 27 sept. 1620, Anne *de Savigny*.

ANNE Philippe. V. de Rostaing.

ANNEL. I. Gérard, treize de la justice de Metz, épousa : 1° Magdelaine N***, marraine par. Ste-Croix 19 févr. 1608 ; 2° Humblotte *Le Labriet*, qui épousa en 2des noces Guillaume de Bariton.

II. Pierson. V. le Bachelé I.

ANNIBAL. I. Pierre *Robert*, dit Annibal, † à 84 ans, par. St-Gorgon 23 mars 1699. Il avait épousé Barbe *Morhain*, † à 72 ans, par. St-Marcel 15 avril 1694. De leur mariage était né *Claude* qui suit.

II. Claude, fils du préc., bourgeois de Metz, mourut par. Ste-Croix 15 juil. 1701. Il avait épousé F^{oise} *Coquard*, † ibid. 26 févr. 1705. De leur mariage était né, entre autres enfants, *Pierre* qui suit.

III. Pierre, fils du préc., conseiller notaire, secrétaire du Roi en la chancellerie du parl^t, mourut par. Ste-Croix 16 mai 1739, à 66 ans. Il avait épousé : 1° par. St-Gorgon 2 oct. 1703, Esther-J^{ne} *Beaudesson*, † ibid. 15 févr. 1709 ; 2° Geneviève *d'Arancy*, † ibid. 10 mars 1742.
Du premier mariage naquirent par. Ste-Croix :
1. N^{as}-François, 28 juil. 1704.
2. P^{re}-Jean, 13 juin 1707.
Du second mariage naquirent ibid. :
3. J^{ne}-Geneviève, 23 juin 1715 ; mariée à André-Ch^{les} de Belchamps.
4. Barbe-Thérèse, 23 juil. 1716 ; † 16 sept. 1718.
5. Barbe-Ursule-Pélagie, 21 sept. 1718 ; mariée à Georges-F^{ois} de Vaux.
6. Monique, 14 févr. 1722 ; mariée 1° à Jⁿ-B^{te} Maclot ; 2° à Michel-Simon Strzyzousky.
7. F^{oise}-Nicole, 30 mai 1728.
8. Marguerite, 28 août 1729 ; mariée à Louis Masson.

IV. Pierre eut de Françoise *Lhuillier*, son épouse, Gilles, par. St-Gorgon 4 mars 1631.

ANSIOT Catherine. V. Suby.

ANSSEY (d') François eut de Claude *de Valette*, son épouse :
1. François, par. Ste-Croix 28 août 1671.

p. J^{ph} d'Espinay, sgr de Vignery; m. F^{oise} d'Haraucourt, abbesse de St-Pierre.
2. Charles, par. St-Simplice 5 août 1674 : p. F^{ois} de Belchamps, chan. de la cathédrale; m. M^{te} de Barisey.

ANTESSANTI (D') CATHERINE. V. Passerat de la Chapelle.

ANTIGNAC (D') PHILBERT, major au rég^t de Boufflers cavalerie, eut de Catherine-Éléonore *du Pillard*, son épouse :
1. Antoinette, par. St-Simplice 25 sept. 1691.
2. Magdelaine, ibid. 20 oct. 1692.
3. Anne, par. St-Victor 20 nov. 1694.

ANTILLY LA ROCHEFOUCAULT (D') CHARLES mourut à 20 ans, par. St-Simplice 23 sept. 1684; à son enterrement Alexandre de Cherge, sgr de l'Angle.

ANTOINE, *aliàs* **ANTHOINE** [1].
I. JEAN, imprimeur du Roi, [né 1er sept. 1609 de Gury, entrepreneur de bâtiments, et d'Anne Deuzé, † en 1697. Il avait épousé, par contrat du 7 févr. 1633, M^{te} *Berthier*, fille de † J^n Berthier, imprimeur à Troyes, de laquelle il eut 20 enfants], entre autres :
1. Nicolas, sans doute le père de Jean ci-dessous VI.
2. *Brice*, [le dernier des 20 enfants]; lequel suit.

II. BRICE, fils du préc., imprimeur du Roi, mourut sous les arcades de la place d'Armes, par. St-Gorgon 21 mai 1725. Il avait épousé : 1° [Magdelaine *Collignon*]; 2° Magdelaine *Grandjean*, † à 65 ans, ibid. 26 avril 1742.

Du premier mariage étaient nés :
1. François, imprimeur du Roi, † sans alliance, par. St-Victor 17 oct. 1755.
2. *Dominique*, qui suit.

Du second mariage naquirent :
3. *Joseph*, qui suivra.
4. Brice, curé de Herny, à l'enterrement de sa mère.

III. DOMINIQUE, fils du préc., imprimeur et libraire dans la cour du palais, † à 40 ans par. St-Gorgon 3 oct. 1751. Il avait épousé M^{te} *Carrière*, fille de Guillaume Carrière, bourgeois, et de Claudine Regnault, de laquelle il eut par. St-Gorgon :
1. François, 28 déc. 1747.
2. Marguerite, posthume, 27 avril 1752.

IV. JOSEPH, frère du préc., imprimeur du Roi et contrôleur en la ferme du tabac au dép^t de Metz, † à 71 ans, par. St-Maximin 8 nov. 1785. Il avait épousé M^{te} *Toussaint*, dont il eut ibid. de nombreux enfants, entre autres :
1. Ch^{les}-M^{ie}-Brice, 11 sept. 1758; lequel suit.
2. Pierre, 22 déc. 1759.

V. CH^{LES}-M^{IE}-BRICE, fils du préc., imprimeur du Roi, rue de la Chèvre, par. St-Simplice, eut de Judith *Perin*, son épouse, Marguerite, 7 avril 1790.

VI. JEAN, cousin de François II, 1, m^d libraire, imprimeur, † à 90 ans, par. St-Gorgon 27 févr. 1753. Il avait épousé Barbe *Barat*, † ibid. à 81 ans, 13 janv. 1742.

De leur mariage étaient nés :
1. Pierre, imprimeur ordinaire du roi de Pologne duc de Lorraine, membre de la Société littéraire de Nancy, à l'enterrement de son père.
2. N***, mariée à Pierre Barbier, libraire.

VII. MARC, conseiller du Roi, receveur des consignations à Nancy, fut le père de :
1. Anne, mariée à Bernard Fleutot.
2. Jeanne. V. Fleutot.
3. Claude-F^{oise}. V. Perrin de Brichambeau.

VIII. Divers.
1. CATHERINE. V. Vernier V, 2.
2. CLAUDE-F^{OISE}. V. Masson.
3. ÉLISABETH. V. le Braconnier XXV.
4. ÉLISABETH. V. Suby et Langlois de St-Marc.
5. FRANÇOISE. V. Vassart.
6. MAGDELAINE. V. Jeoffroy VIII, 3.
7. MARC-SIGISBERT. V. Chastel de Villemont.
8. MARGUERITE. V. Buchoz.
9. N***, épousa M^{ie} de Vigneulles, † par. Ste-Croix 26 févr. 1734, à 80 ans.

---

[1] Les détails entre parenthèses sont tirés de l'*Essai philologique sur les commencements de la Typographie à Metz*, par TEISSIER.

10. Suzanne. V. du Pasquier.

ANTRÈS (d') Christophe, de la par. Notre-Dame de Nancy, fils d'honorable homme Pierre, m^d, épousa, par. St-Gorgon 5 juin 1628, F^oise *Crespin*, fille d'honorable homme J^n Crespin, m^d.

APCHON (d') Ambroise-Louis. V. de Lauzières de Thémines.

APREMONT (d'). V. d'Aspremont.

APRIX de BONNIER. V. du Rouvray.

ARAMBOUR Fanchon. V. Mahuet.

ARANCY (d'). I. Étienne, sgr de Dombasle, conseiller du Roi, premier échevin de l'hôtel de ville de Verdun, eut de Barbe *Vaillant*, son épouse :

1. J^ne-Monique, [née à Verdun 4 mai 1693] ; mariée à Louis-J^ph Georgin de Mardigny.
2. *Joseph*, qui suit.

II. Joseph, fils du préc., conseiller du Roi et lieut. particulier au bailliage et siège présidial de Verdun, épousa, par. St-Martin 17 déc. 1715, J^ne *Guichard*, dont il eut [à Verdun 30 janv. 1721] J^ph-*Étienne*, qui suit.

III. J^n-Étienne, fils du préc., conseiller au parl^t, avait épousé, par. St-Victor 14 juil. 1750, Marie (*alias* F^oise)-Marthe *Lefebvre de Ladonchamps*, âgée de 18 ans, dont il eut :

1. J^ne-Henriette-Monique, par. St-Victor 27 mai 1751.
2. M^ie-Thérèse, par. St-Marcel 18 déc. 1752.
3. Barbe-Ursule, ibid. 23 déc. 1753.
4. Victor-Augustin, par. St-Victor 5 janv. 1760 ; [reçu avocat au parl^t 22 nov. 1784, conseiller 17 août 1786, il mourut à Metz en 1832, le dernier de sa famille.]

IV. Geneviève. V. Annibal III.

ARBALESTE de MELUN François-Nicolas, chev., sgr de la Boissière, cap. sous-lieut. de la compagnie des cadets-gentilshommes de la citadelle en 1732, puis command^t du château de Sedan, mourut à 84 ans, par. St-Gengoulph 13 déc. 1773.

Il avait épousé, par. St-Martin 16 août 1732, M^ie-Ange-Catherine *de Rostaing* ; à ce mariage, Antoine du Bochet, lieut. du Roi à la citadelle, et command^t de la compagnie des cadets-gentilshommes ; Henry de Birague, lieut. de la dite compagnie ; J^n-J^ques du Pérille, éc., chev. de St-Louis, lieut. d'artillerie, command^t en chef l'école d'artillerie de Metz ; J^n-B^te-Ange de Marillac, chev., sgr de Bone, cap. au rég^t de Languedoc infanterie. — Du dit mariage naquit, par. St-Jean de la Citadelle 29 juin 1733, J^ne-Elisabeth-Victoire-M^ie : p. Philippe-J^ph de Rostaing, commissaire d'artillerie, oncle de l'enfant, représentant J^n-B^te de Gaumont, chev., conseiller d'État ordinaire, conseiller d'honneur en tous les parlements (*sic*) et intend^t des finances ; m. J^ne-Elisabeth-Victoire de Senneville, g^d mère de l'enfant.

ARBAMONT (d'), *alias* Darbamont. I. Jacques, R. P. R., m^d, eut de Marthe *de Maye*, *alias* Denaix, son épouse :

1. Paul, 20 avril 1622.
2. Marthe, 25 févr. 1624 ; mariée à Bertrand Foës de Chelaincourt.
3. Suzanne, 16 févr. 1625 ; mariée à Mathieu Jeoffroy.
4. Anne, 18 nov. 1626.
5. Jacques, 28 janv. 1628.
6. Jean, 5 août 1629.

II. Jeanne. V. Fleutot V.

ARBOY (d'). V. Darboy.

ARCHANGÉLY. I. Louis, [fils de Louis, avocat à Toul, et de Jeanne N***, échevin de Toul, puis] procureur au parl^t de Metz, épousa M^ie *Caillier*, † par. St-Gorgon 13 févr. 1696, à 67 ans. De leur mariage étaient nés :

1. *Nicolas-F^ois*, qui suit.
2. Marie-F^oise, par. St-Gorgon 24 mai 1660.
3. Louis, ibid. 22 janv. 1662 ; [reçu avocat au parl^t 2 avril 1693, nommé conseiller au bailliage 15 juin suiv.]
4. J^ne-Marie, ibid. 17 août 1664 ; mariée à J^n-N^as Lefebvre de Ladonchamps.
5. Anne-F^oise, ibid. 18 sept. 1666.
6. M^ie-Antoinette, ibid. 6 déc. 1667.

7. Charles, ibid. 5 juin 1669.
8. Anne, ibid. 10 juin 1673.
9. Ch^{les}-Alexandre, par. St-Victor 16 avril 1678.

II. N^{as}-François, fils du préc., conseiller au bailliage, mourut par. St-Gorgon 10 janv. 1689. Il avait épousé, par. St-Martin 8 févr. 1682, Barbe-M^{te} *Grenet*; à ce mariage les deux oncles de l'époux : N^{as} Caillier, chan. de la cathédrale de Toul; F^{ois} Caillier, chan. de St-Gengoulph de Toul. Du dit mariage naquirent par. St-Gorgon :
1. Louis, 6 nov. 1682.
2. Louis, 9 févr. 1684.

III. Louis avait épousé Barbe *le Moyne*, † par. St-Victor 13 mars 1686.

ARCHE (d') Jeanne. V. de Werth.

ARCHEVILLE (d'). V. de Blair II, 3.

ARCICOURT (d'). V. de Récicourt.

AREMBERG (d') Marie. V. d'Elbecuto Orlandiny 3.

ARGELÉ (d') Élisabeth-Charlotte. V. de Haën.

ARGENT de DEUX-FONTAINES (d').
I. Benoit-Louis-Ch^{les}, chev., sgr de la Cerleau près Mézières, de Girondelle, Havi, La Forgette et autres lieux, cap. aide-major au corps royal du génie, commandant en second l'école de Mézières, y résidant, fils de † Charles, sgr de Deux-Fontaines et Chevigny, ancien officier au rég^t royal artillerie, et de M^{ie}-Joachim Chedel, épousa, par. Ste-Ségolène 3 juin 1777, M^{ie}-Suzanne-Charlotte *de Belchamps*, v^{ve} de Laurent-Adolphe Durand, sgr de Crépy. — Le mariage fut bénit par Claude-Ch^{les}-Antoine d'Argent, d^r en Sorbonne, chan. théologal et trés. en dignité de la cathédrale de Châlons-sur-Marne, official et vicaire gén^l de Châlons.

II. Claude-J^n-B^{te}-Arnould, frère du préc., chev., sgr d'Antilly, ancien cap. au corps royal du génie, lieut. des maréchaux de France au dép^t de Metz, avait épousé Anne-M^{ie} *de Chazelles*, v^{ve} d'Antoine Goussaud, conseiller au parl^t, laquelle mourut à 60 ans, par. St-Martin 27 juil. 1785.

ARGOULD DE LA VALLE Antoine. V. du Fort de la Pripanne.

ARIBAT (d') Nicolas, éc., fils d'Antoine, éc., cap. au rég^t de Mgr le Dauphin, fut parrain, et son épouse Yolande *d'Hermaille* marraine, par. St-Marcel 24 janv. 1709.

ARLES DE CHAMBERLIN (d') Guillaume, éc., cap. au rég^t de Navarre, ingénieur ordinaire du Roi, dem^t à Metz à l'hôtel de la Monnaie, fils d'Antoine, chev. de St-Louis, et de Claire de Mongenel, natif du diocèse d'Agde, épousa, par. St-Simplice 28 mai 1740, Anne-M^{ie}-Louise *Coulet*, dont il eut ibid. :
1. Antoinette, 27 juil. 1740; † 15 oct. 1741.
2. Anne-Claire-Louise, 20 mai 1741; † 15 oct. 1742.
3. M^{ie}-Anne-Josèphe, 19 juin 1742 : p. César Coulet, son oncle; m. Catherine-Josèphe Pérolle, son aïeule mat.
4. Antoine-Auguste-Bernard, 17 oct. 1743.

ARLON (d') Marguerite. V. le Braconnier XI.

ARMÈNE (d'). V. Darmène.

ARMENTIÈRES (d'). V. de Conflans d'Armentières.

ARMINOT Jeanne. V. de Souvert.

ARMOISES (des). I. Claude-Henry, éc., sgr b^{on} d'Anderny, épousa en secondes noces M^{ie} *Grandjambe*. Leur mariage fut réhabilité par. Ste-Croix 7 juin 1700 : le marié est âgé de 52 ans, la mariée est dite v^{ve} du s^r Forneau et âgée de 70 ans.

II. Gabrielle, c^{esse}, † à 70 ans, par. St-Livier 27 janv. 1768.

III. Henriette-Charlotte, dame de Ste-Marie, fut marraine par. St-Simplice 26 janv. 1653.

IV. Divers.
1. Agnès. V. de Valentin.
2. Antoine-Bernard et Louise-Antoinette. V. de Raigecourt IX, 5 et 6.
3. F^{oise}-Catherine-Gertrude V. de Raigecourt VII.
4. Louise. V. de la Falquière.
5. Marie. V. le Goullon XIII.

ARMUR DE GERBÉVILLE Gabriel-F^{ois}, sgr de Maizey, conseiller au parl^t, eut de M^{te} *Oryot,* son épouse, Gérard, par. St-Gorgon 15 déc. 1687.

ARNAULD. I. Jean-Louis, commis à l'extraordinaire des guerres, épousa, par. Ste-Croix 16 août 1693, Bonne *Liégeault,* dont il eut Magdelaine, ibid. 8 janv. 1698.

II. Nicolas, sgr de Montigny, ancien lieut. au rég^t de Bagey, épousa, par. St-Marcel 20 sept. 1699, M^{ie}-Éléonore *Liégeault,* v^{ve} de F^{ois} Asse.

III. Divers.
1. Jⁿ-J^{ques}-Philippe. V. de Guerschin.
2. Jean. V. de Blair II.

ARNAULD (d') Jⁿ-J^{ques}. V. de Guérin.

ARNOULD. I. Jean, procureur au bailliage, eut de Claude *de Saint-Chaumont,* son épouse, par. Ste-Croix :
1. Mathieu, 19 déc. 1647 : p. noble homme Mathieu Jeoffroy, conseiller du Roi et lieut. criminel au bailliage; m. Anne Pantaléon, fille de noble homme Claude Pantaléon, conseiller du Roi au bailliage.
2. Magdelaine, 14 sept. 1653.
3. Jⁿ-Baptiste, 14 sept. 1655.
4. Louis, 8 mars 1657.
5. Charles, 27 oct. 1658.
6. Anne, 12 janv. 1660.

II. Henry, ancien quartier-juré de la ville de Metz, † par. St-Marcel 31 déc. 1739. Il avait épousé Scholastique *Philippe,* dont il eut *Henry-Jacques,* qui suit.

III. Henry-J^{ques}, fils du préc., épousa, par. St-Marcel 3 nov. 1739, M^{ie} *Régnier,* † par. St-Martin 18 janv. 1790, à 69 ans. De leur mariage étaient nés :
1. Jacques, par. St-Marcel 2 nov. 1740; † par. St-Gorgon 29 févr. 1744.
2. Marguerite, par. St-Gorgon, rue du Cloître de la Cathédrale, 24 juil. 1742; † 16 juin 1747.
3. Jeanne, ibid. 21 nov. 1743; le père est dit procureur au parl^t. — L'enfant mourut 31 déc. 1750.
4. Anne-M^{ie}, ibid. 26 août 1746.
5. Louise, ibid. 5 déc. 1747; † par. St-Marcel 8 mars 1751.
6. Élisabeth, ibid. 12 janv. 1749.
7. Marie-F^{oise}, ibid. 24 juil. 1751.
8. Jⁿ-Laurent, par. St-Marcel 2 févr. 1754.
9. Victoire, par. St-Gorgon 28 févr. 1755.
10. Louis-Jérôme, ibid. 15 avril 1756.
11. André, ibid. 25 avril 1758.
12. Jacques, ibid. 18 sept. 1759.
13. Élisabeth, ibid. 22 juil. 1762.
14. Élisabeth, ibid. 26 avril 1765.

IV. Nicolas, R. P. R., procureur au palais, dem^t à la Croix-Outre-Moselle, eut un fils Charles, 4 févr. 1632.

V. N*** eut de F^{oise} *de Bonnefoy,* son épouse, par. St-Maximin 29 mai 1649, Catherine, sans doute l'épouse de Jⁿ-Louis Marc.

VI. Pierre, sgr de Vaudreville, † à 44 ans, par. St-Simplice 24 mai 1758.

VII. Divers.
1. Barbe. V. de Chazelles.
2. Élisabeth. V. Clément II.
3. Magdelaine. V. Roucour II.
4. M^{ie}-Anne. V. d'Augenoust.
5. M^{ie}-Anne. V. Dattel VIII, 5.
6. M^{ie}-Michelle. V. du Séjeal.

ARNOUX Edmée. V. Beaucard.

ARNOVILLE (d') Louis, natif du village d'Arnoville au pays du Mans, lieut. au rég^t de Bar, † par. St-Livier 27 avril 1696.

ARRAS (d') Jeanne. V. Tarsis.

ARRAS d'HAUDRECY (d') Robert, éc., sgr en partie de la baronnie du Châtelet et vicomté de Pouilly et des terres d'Haudrecy, Montigny et Bussy-le-Pierrepont, chev. de St Louis, cap. au rég^t d'Orléans infanterie, † à 39 ans, par. St-Martin 13 oct. 1755. Il avait épousé Rose-F^{oise} *France,* dont il eut :
1. Louise-Rose-Aubertine, † en nourrice par. St-Eucaire après le 19 mai 1756 (l'acte est sans date).
2. M^{ie}-Françoise, mariée à Hyacinthe-N^{as}-J^{ph} de la Garde.

ARROS (d'). I. Jean, chev., sgr et b^{on} de

Virens, eut de Catherine *Montaut de Nauvailles*, son épouse :
1. Pierre, lequel, sgr d'Argelos, épousa, par. Ste-Croix 5 déc. 1681, Anne-Théodore *de Clervaux de Lanois*, fille de Eugène-Albert de Clervaux, c^te de Lanois, et de M^te de Retz.
2. *Jean,* [né 10 janv. 1656]; lequel suit.

II. JEAN, R. P. R., fils du préc., sgr de la Mothe, d'Auviar, de Jouy, de Ban-St-Pierre et de Blenod-lès-Pont-à-Mousson, cap. au rég^t de Languedoc, puis conseiller chev. d'honneur d'épée au parl^t, † par. Ste-Croix 21 oct. 1728, inhumé dans le chœur de la chap. Ste-Catherine. Il avait épousé, 13 déc. 1680, J^ne *Le Bachelé*, dont il eut :
1. Jean, R. P. R., 29 oct. 1681; † 27 oct. suiv.
2. Philippe, R. P. R., 9 avril 1684; † 8 juin suiv.
3. Jean, par. Ste-Croix 30 déc. 1685; officier au rég^t de Languedoc, † ibid. 4 juil. 1702.
4. Anne, par. St-Martin 4 juil. 1687; mariée à Étienne-Louis Jobal.
5. *Armand,* ibid. 29 déc. 1688; lequel suit.
6. Appolline, par. St-Eucaire 26 juin 1691; † 7 août suiv.
7. J^ne-Esther, par. St-Maximin 15 oct. 1693 : p. David d'Arros, cap. au rég^t de Languedoc. — Elle mourut par. St-Eucaire 24 janv. 1694.
8. M^ie-Anne, par. St-Maximin 8 janv. 1695.
9. Alexandre, par. Ste-Croix 29 sept. 1696.
10. Louise-Dorothée, ibid. 27 mai 1698; † par. St-Eucaire 15 août suiv.
11. J^n-Pierre, par. Ste-Croix 23 déc. 1699 : p. J^n-Alexandre de Filhol de Cama; m. Élisabeth le Bachelé.
12. P^re-Théodore, ibid. 13 juin 1707; † 16 août 1713.

III. ARMAND, fils du préc., colonel au rég^t de Languedoc, puis lieut. gén^l des armées du Roi, † à Marly près Metz 7 août 1772. Il avait épousé également à Marly, 20 sept. 1718, Anne-Catherine-F^oise *de Pillement*; à ce mariage, Claude Jobal de Villé, conseiller au parl^t; Étienne Jobal de Pagny, président à mortier au parl^t; Christophe Rouaut, conseiller de S. A. R. de Lorraine en sa cour souveraine de Lorraine et de Barrois. — Anne-Catherine-F^oise de Pillement mourut par. St-Gorgon 29 juil. 1749. — De leur mariage étaient nés :
1. J^ne-Dorothée, par. Ste-Croix 30 août 1719.
2. Louise-Charlotte, ibid. 1er déc. 1720.
3. M^ie-Henriette, par. St-Victor 7 avril 1722 : p. Claude-Henry de Tschoudy, lieut. au rég^t de Villers suisse; m. M^ie d'Orthe, fille de M. d'Orthe, lieut. des maréchaux de France. Le père est dit sgr de Marly, Jouy, Blenod, Ossainville et autres lieux.
4. Charles, ibid. 17 juil. 1723 : p. Ch^les Redoubté de Mortagne, gouverneur de St-Hyppolite; m. M^ie Rouaut. — Il mourut 26 juil. 1724.
5. Anne-M^te, ibid. 19 sept. 1725; mariée à Claude-Judith-Michel de Sagey.
6. J^n-Armand, par. St-Victor 25 déc. 1726; à l'enterrement de sa mère, il est cap. de grenadiers au rég^t de Languedoc.
7. J^ques-Louis, ibid. 17 avril 1728.
8. M^ie-Anne, par. St-Gorgon 27 juin 1729.
9. *Charles,* ibid. 15 août 1730; lequel suit.
10. Hubert, ibid. 6 déc. 1731.
11. Barbe, ibid. 22 sept. 1733.
12. M^ie-Louise, ibid. 24 août 1735.
13. J^n-B^te-Hector, cornette au régt^t de Fleury cavalerie, à l'enterrement de sa mère; puis m^e de camp, aide-major des gardes du corps, mort sans postérité.
14. M^ie-Esther, mariée à Louis le Goullon.

IV. CHARLES, fils du préc., b^on d'Arros et de Virens, sgr de Marly, Valleroy, Doncourt et Meraumont, chev., lieut.-colonel de cavalerie, chev. de St Louis, [mourut à Longeville-lès-Metz 2 déc. 1813.] Il avait épousé : 1° à Marly 6 juil. 1766, M^ie-Catherine *Champion d'Ancy*, † par. Ste-Croix 27 sept. 1769; 2° M^ie-Anne-Charlotte-Cécile *de Barat de Boncourt*.

Du premier mariage naquit par. Ste-Croix :
1. Dorothée-Félicité, 11 sept. 1769 : p. Armand d'Arros, son g^d père; m. Do-

rothée d'Arros, chan^{esse} de l'abbaye royale de Poulangis : tous deux furent représentés.

Du second mariage naquirent par. St-Livier :

2. J^{ph}-Philippe-Ch^{les}, 19 sept. 1779. [Il épousa, 14 janv. 1815, Anne-Victoire-Louise-Henriette-Delphine *de Parseval*, fille de Philibert de Parseval, officier d'artillerie et chambellan du Roi de Prusse, de laquelle il n'eut qu'une fille, Charlotte-Léonie, dernière de son nom, qui a épousé à Bar-le-Duc, 26 mars 1840, Hippolyte Hallez, lequel fut autorisé, par ordonnance royale du mois d'avril 1841, à prendre le nom de Hallez d'Arros.]
3. Henriette-Cécile-Dorothée, [née en 1781; elle épousa, 17 juin 1806, Jⁿ-Antoine-Madeleine de Patornay du Fied, d'une famille de Franche-Comté.]
4. M^{ie}-Ch^{les}-Armand, † à 2 ans 3 mois, ibid. 31 déc. 1785.
5. Alexandre-Judith-Alexis, 12 févr. 1787 : p. F^{ois}-Xavier-Judith de Sagey, archidiacre et chan. de la cathédrale du Mans et vicaire gén^l du même diocèse, son cousin ; m. M^{ie}-Joséphine-Alexandrine, c^{esse} de Rozières, chan^{esse} de Poulangis, sa cousine : tous deux furent représentés.

ARROS D'AURIO (D') Henry. V. de Blair II, 4.

ARTAULD, *alias* ARTAUX. I. Gabriel, entrepreneur des fortifications et réparations des chemins et routes des pays de Lorraine, Barrois et Trois-Évêchés, natif de Terre-Basse-Ville-sous-Enjoue en Dauphiné; † par. St-Martin 8 sept. 1695, à 45 ans.

II. Cécile. V. Wacquet-Fontaine.

ARTELLE Anne-Marie. V. Gallois IX.

ARTENAY (D'). V. Dartenay.

ARTIGUE (D'), *alias* D'ARTIQUE Jean, s^r du Saulx, cap. major au rég^t de Cézanne, puis command^t au 2e bataillon d'Agenois, † par. St-Gengoulph 18 déc. 1706, à 60 ans et demi. Il avait épousé M^{ie} *Brussenne*, dont il eut M^{ie}-Marthe, par. Ste-Croix 26 sept. 1698.

ARTOIS (D'). I. Marie-Adélaïde et F^{ois} V. Pierre VI.

II. F^{oise}-Agnès. V. de Légier.

ARVISENET de Lavant (D') Antoinette. V. de Monnier.

ASPREMONT (D'), *aliàs* D'APREMONT. I. Robert eut de F^{oise} *de Gournay de Talange*, son épouse :

1. Goméric, par. St-Marcel 9 févr. 1662.
2. Ch^{les}-François, par. St-Livier 28 sept. 1664 : p. Ch^{les}, c^{te} d'Aspremont; m. F^{oise} d'Haraucourt, abbesse de St-Pierre.

II. Henry-Gilles, chevau-léger de la garde ordinaire du Roi, fils des † Henry-Gilles, c^{te} d'Aspremont, sgr et m^{is} de Vandy, et M^{ie} Damblay, mourut par. St-Martin 10 juil. 1782, à 78 ans. Il avait épousé, par. St-Gengoulph 18 janv. 1746, F^{oise}-Agathe *Régnier Dumesnil*, † ibid. à 50 ans, 1er juil. 1770.

De leur mariage étaient nés :

1. Henry-J^{ph}-N^{as}, par. St-Gengoulph 5 déc. 1746 : p. Henry-Ange, c^{te} d'Aspremont; m. Monique-Mélanie-Joséphine les Contestes d'Orvaux, son épouse. — Il est sous-diacre à l'enterrement de sa mère.
2. Catherine, par. St-Martin 19 mai 1749 : p. messire... c^{te} d'Aspremont de Lynden, maréchal des camps et armées du Roi et colonel d'un rég^t de cavalerie hongroise; m. M^{ie} Labbé de Courcy ou de Coussey, son épouse : tous deux sont représentés.
3. Louise-Magdelaine-Augustine, ibid. 15 sept. 1750 : p. Henry d'Aspremont, curé de St-Martin et chan. de St-Thiébaut; m. Louise-M^{ie}-Augustine d'Aspremont, v^{ve} de Jⁿ-B^{te}-Gratien de Villongne, sgr de la Horgne : tous deux représentés.
4. F^{ois}-Henry-N^{as}, ibid. 9 avril 1752.
5. Louise-M^{te}, ibid. 4 mars 1754; † par. St-Gengoulph 31 mars 1772.
6. Louis-J^{ph}-Augustin, ibid. 4 juin 1756.

III. Henry, c^{te} d'Aspremont, sgr de Vandy,

curé de St-Martin, chan. de St-Thiébaut, † 1er févr. 1761, à 60 ans, après 24 ans de ministère à la paroisse. Il fut inhumé au chœur de l'église.

IV. Divers.
1. JEAN. V. Fabert III, 12.
2. LOUISE. V. de Gournay.
3. MARIE. V. de Fontaine IV, 1.

ASPREMONT D'ORTÈS (D'). V. de Blair II, 3.

ASSE. I. ANTOINE, premier huissier au parl^t, clerc commis à l'audience et receveur de la chancellerie, sgr en partie d'Ancy-sur-Moselle, † à 72 ans, par. St-Eucaire 3 juil. 1668, inhumé devant l'entrée de la chap. St-Sébastien : à son enterrement J^n Asse, chan. de la cathédrale de Toul. — Antoine fut le père de :
1. Louise-Diane, mariée à N^{as}-F^{ois} Courcol.
2. François, huissier audiencier au parl^t, † par. St-Marcel 1er mai 1696, à 59 ans : à son enterrement N^{as} Courcol, son neveu, éc., cap. au rég^t de Robecq. — F^{ois} Asse avait épousé M^{ie} *Liégeault*.

II. MADELEINE. V. Liégeault II.

ASSIER (D') J^n-THOMAS. V. de Haitze.

ASSOY (D') GABRIEL, fils de Louis, chev., fut parrain par. St-Eucaire 17 avril 1679.

ASSY (D') MADELEINE. V. du Perroux des Mazières.

ASTIER (D') PIERRE, chev., lieut. colonel au service de l'Impératrice Reine de Hongrie, dem^t par. St-Marcel, fils de † Antoine, chev., et de M^{te} de Bernier, d'Aix-en-Provence, épousa, étant âgé de 45 ans, par. St-Gengoulph 16 avril 1771, Julie *de Lasalle de Vitry*, âgée de 23 ans.

ASTRUC (D') HENRIETTE-ÉLISABETH-CHARLOTTE-JOSÈPHE. V. de Buzelet IV.

AUBERON. V. Aubron.

AUBERT. I. FRANÇOIS, fils de Jean, ancien juge de la prévôté de Briey, et de Catherine des Bernard, [avocat au parl^t, juge-garde de la monnaie], sgr de Gourcy, † par. St-Simplice 18 janv. 1739, à 83 ans.

Il avait épousé en l'église des Ursulines, par. St-Marcel 25 août 1687, Magdelaine *Michelet*, de laquelle il eut par. St-Gorgon :
1. Anne-M^{ie}, 18 août 1688.
2. Pétronille, 23 juin 1690.
3. Julienne, 30 sept. 1691.
4. M^{ie}-Madeleine, 18 oct. 1692.
5. *Jacques*, 30 déc. 1693 ; lequel suit.
6. Anne-M^{ie}-M^{te}, 31 déc. 1694.
7. Paul-F^{ois}, 27 sept. 1696.
8. Madeleine, 15 janv. 1698.

II. JACQUES, fils du préc., conseiller-secrétaire du Roi maison et couronne de France, contrôleur en la chancellerie du parl^t, † par. St-Gengoulph 11 mai 1769. Il avait épousé : 1° par. St-Simplice 9 mai 1719, M^{ie}-Louise *Desprez* ; 2° par. St-Martin 20 sept. 1746, Barbe *Goussaud*, v^{ve} de F^{ois} de l'Isle, cap. d'artillerie, laquelle mourut par. St-Gengoulph 13 déc. 1769, à 80 ans. Du premier mariage naquirent :
1. Jeanne, par. St-Simplice 27 juil. 1720.
2. Madeleine-Pétronille, ibid. 20 juin 1721.
3. M^{te}-Louise, par. St-Gorgon 31 oct. 1723 ; mariée à F^{ois}-Philippe de St-Aubin.
4. Antoine, par. St-Martin 4 juin 1725.
5. F^{ois}-Jacques, ibid. 19 juil. 1726.
6. Suzanne, par. St-Simplice 2 oct. 1728 ; mariée à Paul-Louis de St-Aubin.
7. François, ibid. 19 août 1732 : p. F^{ois} Tardif, éc., ingénieur ordinaire du Roi, cap. au rég^t de la couronne, sgr de Hamonville ; m. Jeanne Fion, épouse de M. Georges de Lesseville.

III. CLAUDE, chev. de St-Louis, ancien lieut. en second des grenadiers au rég^t de Picardie, † à 64 ans, par. St-Eucaire 22 sept. 1789 : à son enterrement, N^{as} Forestier et N^{as}-Grégoire Bruyant, tous deux chev. de St-Louis et aides-majors de la place de Metz.

IV. FRANÇOISE et MARGUERITE, [toutes deux de Ste-Ruffine, moururent, la première 31 août 1677, la seconde 1er févr. 1688 et furent inhumées aux Carmélites. Msc. Epit.]

V. LUCIE. V. d'Avrange.

AUBERT (D') MICHEL, receveur des constitutions (*sic*) du bailliage, épousa Catherine *Le Duc*, † par. Ste-Ségolène 15 mars

1725, à 34 ans. De leur mariage était né Claude-Michel-Louis, ibid. 13 oct 1723.

AUBERTIN. V. après Auburtin.

AUBIGNY (d'). I. Nicolas, m^d faïencier, bourgeois de Metz, veuf de Marie *de la Cour*, † à 90 ans, par. St-Simplice 12 juil. 1759 : à son enterrement, ses fils J^{ph}, chan. de St-Sauveur, et N^{as}, procureur au parl^t.

II. Louis et Théodore. V. Lallouette.

AUBIGNY de MAINTENON (d') Françoise. V. de Blair II, 3.

AUBRON, *alias* **AUBERON** J^n-Louis, éc., conseiller du Roi, commissaire ordinaire et ancien provincial des guerres, servant à l'armée de la Moselle, puis dir. gén^l des fermes du Roi aux Trois-Évêchés, avait épousé Onésime du *Chauffour*, dont il eut J^{ne}-F^{oise}-Charlotte, † à 72 ans, par. St-Victor 8 mars 1772 : à l'acte de décès, le père est dit défunt et sgr de la Ducherie.

AUBRY. I. Timothée, R. P. R., fils de Jean, épousa, 29 sept. 1591, M^{ie} *le Poince*, fille de J^n le Poince, orfèvre à Nancy.

II. Étienne, R. P. R., orfèvre, fut le père de :
1. Gédéon, 18 juil. 1618.
2. Samuel, 28 août 1619.
3. Suzanne, 1er août 1621.
4. Rachel, 18 mai 1624.

III. Jean, avocat au parl^t, procureur du roi au bailliage de Sarrelouis, puis au bailliage de Metz, † par. Ste-Croix 29 août 1726. Il avait épousé : 1° Anne *Tillemont de Pinaux*; 2° 11 févr. 1692 dans la chapelle épiscopale, étant âgé de 38 ans, Anne *Mamiel*, † par. Ste-Croix 4 mars 1727. Du premier mariage était né *François*, qui suit.

IV. François, fils du préc., conseiller au bailliage, épousa, par. Ste-Croix 18 juil. 1712, Thérèse *Mamiel*, sœur de la seconde femme de son père, laquelle mourut ibid. 18 nov. 1717.

V. Divers.
1. Catherine. V. Lorin.
2. Émilie. V. d'Ernecourt III.
3. Joseph. V. de St-Denys II.

4. Judith. V. le Bachelé XX.
5. Marie. V. Boissard II.
6. Suzanne. V. Morel X.

AUBURTIN. I. Jean, sgr de Charly, treize et conseiller en la justice de Metz, conseiller du duc Henry de Lorraine, [† par. St-Simplice 17 août 1617, à 65 ans. Msc. Epit.$^{(1)}$] Il avait épousé Barbe N***, dont il eut :
1. *Nicolas*, qui suit.
2. Anne, mariée à N*** Marien.

II. Nicolas, fils du préc., sgr de Charly, Chesny, Rupigny, etc., aman de St-Jacques, treize, conseiller lieut. du m^e-échevin, gentilhomme ordinaire de la chambre du Roi, † à 75 ans, par. St-Simplice 30 sept. 1656. Il avait épousé : 1° Catherine Dommary, alias Lambert, † par. Ste-Croix 21 nov. 1634; 2° ibid. 7 janv. 1636, M^{te} *Laurent*, † ibid. 1er sept. 1637; 3° Philippe *Wilmin*, v^{ve} de Bernard Floze, aman de St-Maximin, laquelle mourut 10 mai 1660. Du premier mariage étaient nés :
1. *Jean*, qui suit.
2. *Nicolas*, 20 nov. 1611, qui suivra VI.
3. Pierre, par. Ste-Croix 5 janv. 1617; sans doute l'ancien religieux de St-Symphorien, † par. St-Marcel 20 août 1667.
4. François, ibid. 17 oct. 1620; [cap. d'infanterie, tué en 1665 à la bataille de Nordlingen. Msc. Epit.]
5. Christophe, ibid. 26 mars 1623 : p. Christophe Martelly, chan. de la cathédrale; m. Gabrielle Lescuyer, épouse de Fleury de Gournay de Talange.
6. Henry, ibid. 12 juin 1625 : p. Henry d'Haraucourt de Chambley-Charolles; m. Jeanne Marescat, épouse du s^r de Caroussey, cap.; [cap. comme son frère F^{ois}, il fut tué avec lui à la même bataille].
7. *Christophe*, ibid. 25 mars 1628; lequel suivra XIII.
8. J^n-Philippe, [chan. de St-Sauveur, † 28 déc. 1672, après 35 ans de canonicat.]
9. Anne, mariée à P^{re}-F^{ois} d'Herbelet.

(1) Voir aussi notre Notice sur la paroisse de St-Simplice : *Annuaire de la Soc. d'hist. et d'archéol. lorraine*, IVe année.

10. Françoise, † âgée de plus de 90 ans, 15 déc. 1708, sans avoir contracté d'alliance.

III. JEAN, fils du préc., sgr de Chesny, † par. St-Victor 10 avril 1644. Il avait épousé M^{te} *Regnauldin*, dont il eut Philippe qui suit.

IV. PHILIPPE, fils du préc., sgr de Chesny, Bionville et Loyville, aman, conseiller-échevin de l'hôtel de ville et lieut. du m^e-échevin, † par. Ste-Croix 24 oct. 1689. Il avait épousé : 1° par. Ste-Croix 2 mars 1658, F^{oise} *Teissier*, † ibid. 14 févr. 1667; 2° ibid. 9 mai 1668, Barbe *Maguin*, v^{ve} de F^{ois} Hennequin, d^r en médecine : le mariage fut revalidé 3 janv. 1669; 3° par. St-Gorgon 4 janv. 1679, Anne-Philippe *Sartorius*, † par. Ste-Croix 24 nov. 1693.

Du premier mariage naquirent par. Ste-Croix :

1. *Claude-Philippe*, 15 mars 1659; lequel suit.
2. Marguerite, 22 août 1660.
3. Nicolas; les cérémonies du baptême lui furent suppléées 19 févr. 1662.
4. François, 5 avril 1663. Il signait d'Auburtin de Vandale; fut cap. au rég^t de Vaubecourt, puis command^t à Sierck, et au fort de St-Martin à Trèves; il mourut par. St-Victor 10 janv. 1724.
5. Anne, 22 mars 1664.
6. Anne-F^{oise}, 22 juin 1665; mariée à Mathias Liégeault.
7. Philippe, 25 janv. 1667.

Du second mariage naquirent également par. Ste-Croix :

8. Marguerite, 20 avril 1669 : p. Jⁿ Maguin, chan. de St-Sauveur. — Elle fut mariée à F^{ois} Vigneron.
9. Louis-N^{as}, 16 août 1670; lieut. au rég^t de... en 1691.
10. Bernard-Philippe, 7 août 1671.
11. Charles, 3 avril 1673; il vivait encore en 1692.
12. Catherine, 30 avril 1674.
13. Gabrielle-Michel, 26 août 1675; [† religieuse de la Visitation 5 févr. 1751, après 59 ans de profession. Metz msc, 153, p. 146.]

V. CLAUDE-PHILIPPE, fils du préc., sgr de Bionville et Loyville, etc., conseiller du Roi, maire, m^e-échevin perpétuel et lieut.-gén^l de police de la ville de Metz, † par. St-Victor 1er sept. 1738, inhumé au chœur. Il avait épousé, par. Ste-Croix 17 févr. 1686, M^{te} *Darmène*, † 16 déc. 1736. De leur mariage étaient nés :

1. Anne-Philippe, par. Ste-Croix 3 mars 1687; mariée à Antoine Mey de Vallombre.
2. Claude-Gédéon, par. St-Martin 8 mai 1688.
3. Marguerite, ibid. 12 oct. 1689.
4. Anne-M^{te}, par St-Victor 25 avril 1691; † par. St-Marcel 29 janv. 1692.
5. Jean-Antoine, ibid. 6 août 1692 : p. Jⁿ Hennequin, chan. de la cathédrale de Verdun; m. Marthe-Ant^{te} Darmène. — Il mourut par. St-Marcel le 28 suiv.
6. Françoise, par. Ste-Croix 26 févr. 1695.

VI. NICOLAS, g^d-oncle du préc., sgr de Chesny et Rupigny, premier échevin et centurion, † à 66 ans, par. St-Victor 4 oct. 1678. Il avait épousé, ibid. 11 oct. 1632, Béatrix *d'Herbelet*, † ibid. à 79 ans, 24 avril 1696. De leur mariage étaient nés par. St-Victor :

1. *Nicolas*, qui suivra.
2. Philippe, fille, 3 nov. 1641.
3. Louis-Gaston, 10 mars 1644.
4. François, 25 août 1645.
5. *Charles*, 28 janv. 1647; lequel suit.
6. Marguerite, 16 janv. 1648.
7. Michel, 9 mai 1650; lieut. au rég^t de Picardie en 1675, cap. au rég^t royal en 1676, au rég^t de Touraine en 1679; puis conseiller au bailliage et au parl^t, il avait épousé Anne *Oury*.
8. Françoise, 12 nov. 1651.
9. Simon, 12 juin 1655.
10. Anne, mariée à Louis Leurye du Proy.
11. Pierre, chan. de St-Thiebaut, au mariage de la précédente sa sœur.

VII. CHARLES, fils du préc., conseiller au bailliage, conseiller-échevin de l'Hôtel de Ville, † par. St-Victor 11 déc. 1679. Il avait épousé : 1° par. St-Victor 8 oct. 1668, Nicole *Conrard*, † par. Ste-Croix 15 mai 1675; 2° par. St-Gorgon 1er juil. 1677, Laurette *Jeanjean*. Du premier mariage naquirent par. St-Gorgon :

1. Béatrix, 27 janv. 1670; mariée à Balthasar de Belchamps.
2. Anne-M^{ie}, 6 juil. 1671; † par. St-Victor 26 août 1691.
3. Charlotte, 29 mars 1673.

VIII. NICOLAS, frère du préc., sgr de Chesny, d'abord avocat et administrateur de l'abbaye de St-Symphorien, puis conseiller au parl^t, † 18 janv. 1721, à 86 ans, inhumé au chœur de l'église Ste-Ségolène. Il avait épousé Pépine-M^{te} *Andry*, † à 80 ans, par. St-Victor 6 mai 1707. De leur mariage étaient nés :

1. Béatrix, par. St-Marcel 14 juil. 1660.
2. M^{ie}-Thérèse, par. St-Gorgon 4 sept. 1661.
3. Madeleine-Charlotte, ibid. 6 nov. 1663.
4. N^{as}-Ch^{les}-Henry, ibid. 3 juin 1665 : p. Ch^{les} Duret de Chevry, conseiller au parl^t; m. Henriette de Chesny, dame de Remiremont.
5. *Nicolas-F^{ois}*, ibid. 23 juin 1666; lequel suit.
6. Anne-M^{te}, ibid. 12 nov. 1667; mariée à Jacques-Remy du Pillard de Requin.
7. Marguerite, ibid. 13 janv. 1669.
8. Anne-Charlotte, ibid. 28 févr. 1670; † par. St-Martin 5 mars 1750.
9. Mathieu, par. St-Gorgon 30 avril 1671; chan. de St-Sauveur au mariage de la préc.
10. Nicole-Charlotte, par. St-Marcel 5 juin 1672.
11. J^{ph}-Étienne, ibid. 12 août 1673.
12. Gabrielle, par. St-Victor 31 janv. 1675.
13. Louis-Ch^{les}, ibid. 9 févr. 1676.
14. Bernard-J^n, ibid. 25 mars 1678; religieux de l'abbaye de Beaupré, ordre de Cîteaux, à l'enterrement de son père.
15. P^{re}-Michel, chan. de St-Thiébaut, à l'enterrement de sa mère.

IX. NICOLAS-FRANÇOIS, fils du préc., commissaire des requêtes, puis conseiller au parl^t, † doyen des conseillers par. St-Victor 1er févr. 1760, à 94 ans. Il avait épousé, par. St-Eucaire 24 juin 1697, Barbe *Abel de Poilbois*, † à 71 ans, par. St-Victor 28 sept. 1751. De leur mariage naquirent :

1. Nicolas, par. St-Eucaire 26 mars 1698.
2. Marguerite, ibid. 17 févr. 1699.
3. Barbe, par. St-Martin 3 mars 1700; mariée à P^{re}-F^{ois} d'Hauteval, puis à Ch^{les}-César de Bry d'Arcy.
4. Madeleine, ibid. 28 août 1701.
5. N^{as}-Claude, par. St-Victor 15 janv. 1703.
6. Jeanne, ibid. 21 oct. 1704 : p. F^{ois} Michelet; m. J^{ne} de Courcelles de Lucy. Elle fut mariée à Sébastien-N^{as} Besser.
7. Anne-F^{oise}, ibid. 29 déc. 1705.
8. M^{ie}-Anne, ibid. 2 sept. 1707 : p. Ch^{les}-Henry Hallot, conseiller au parl^t; m. Anne d'Auburtin, épouse du s^r d'Arcquin, éc., président, lieut. gén^l civil et criminel au bailliage de Sarrelouis.
9. N^{as}-F^{ois}-*Xavier*, ibid. 21 avril 1710; lequel suit.
10. Marguerite, ibid. 17 févr. 1721 : p. J^{ques} du Pillard, lieut.-gén^l au bailliage de Sarrelouis; m. M^{te} de Paulo, v^{ve} de Mathieu Andry.
11. Barbe-M^{ie}-Nicole, ibid. 16 sept. 1723; † 8 mars 1728.
12. P^{re}-*Mathieu-Victor*, ibid. 4 déc. 1724; lequel suivra.

X. NICOLAS-FRANÇOIS-XAVIER, fils du préc., éc., sgr de Chesny et de la Grange-le-Mercier, † par. St-Victor 10 août 1755. Il avait épousé, par. St-Gengoulph 29 janv. 1743, Barbe *Doré*, dont il eut par. St-Victor :

1. M^{ie}-Anne-Nicole, 27 déc. 1743.
2. Barbe-Luce, 18 mai 1745.
3. N^{as}-André-Ch^{les}, 21 mars 1748; lieut. au corps royal artillerie, † par. St-Martin 17 avril 1766.
4. N^{as}-Joseph, 14 juil. 1749; † le surlendemain.
5. J^{ne}-Barbe-Victoire, posthume, 10 sept. 1755; mariée à J^{ques} Dumoulin.

XI. PIERRE-MATHIEU-VICTOR, frère du préc., éc., sgr de Chesny, cap. au rég^t de Saintonge, épousa, par. Ste-Croix 5 juil. 1757, Anne-Catherine *La Croix*, dont il eut :

1. Catherine-Suzanne-M^{ie}-Victoire, par. Ste-Croix 21 mai 1758; † 27 août 1760.
2. J^n-Ch^{les}-N^{as}-Victor, ibid. 24 mai 1759.
3. Barbe-Ève-Victoire, ibid. 7 mai 1760; † 22 janv. 1764.

4. César-Auguste-Victor, ibid. 4 avril 1761 ; † par. Ste-Ségolène 6 sept. 1766.
5. Louise-Élisabeth-Victoire-Laurent, par. Ste-Croix 4 mai 1762.
6. M^{ie}-Anne-Victoire, ibid. 8 mai 1763.
7. J^{n}-Louis-Victor, par. Ste-Ségolène 23 oct. 1764.
8. Anne-Victoire, ibid. 9 févr. 1766.
9. M^{ie}-Victoire, ibid. 1er août 1767.
10. Louis-M^{ie}-Victor, ibid. 19 août 1768.
11. Louise-Élisabeth-Fortunat, ibid. 13 oct. 1769.

XII. FRANÇOIS, *aliàs* CHRISTOPHE, sgr de Charly, neveu de N^{as} VIII, conseiller au parl^{t}, † par. St-Martin 4 août 1730, à 79 ans. Il avait épousé à Nancy 8 févr. 1684 (l'acte aux registres de la par. St-Marcel), Catherine *de Mahuet* laquelle mourut par. St-Gorgon 9 mai 1710. De leur mariage naquirent :

1. J^{n}-Christophe, par. St-Marcel 26 nov. 1684 ; † ancien conseiller d'État du duc Léopold de Lorraine, par. St-Martin 10 juil. 1756.
2. Madeleine-J^{ne}, par. St-Gorgon 21 juil. 1687 ; mariée à J^{ques} le Bachelé.
3. M^{ie}-Françoise, ibid. 11 févr. 1694 ; mariée à Charles-Ignace Bonnet.

XIII. CHRISTOPHE, fils de Nicolas II, sgr de Charly, Chesny et Arraincourt, avocat en parl^{t}, syndic de la ville de Metz, † par. St-Marcel 30 sept. 1705. Il avait épousé Madeleine *Floze*, † par. St-Marcel 16 oct. 1694, âgée de plus de 60 ans. De leur mariage étaient nés :

1. Charles, par. Ste-Croix 23 mai 1654 ; [† chantre et chan. de Gorze en 1723. <small>Chaussier, L'*Abbaye de Gorze*, p. 507.</small>]
2. Nicolas, ibid. 21 sept. 1655.
3. Jean, ibid. 15 nov. 1656.
4. Simon, ibid. 27 févr. 1658.
5. Antoine-Marthe, par. St-Marcel 27 oct. 1660 : p. Antoine de Bretagne, conseiller au parl^{t} ; m. Marthe Foës de Chelaincourt.
6. Michel, ibid. 23 août 1661.
7. Abraham-Henry, ibid. 11 déc. 1663.
8. Marguerite, ibid. 15 janv. 1665.
9. Louis-Bertrand, ibid. 25 août 1666.

10. F^{oise}-Thérèse, ibid. 14 sept. 1668 : p. Bernard de Pellard de Givry, maréchal des camps et armées du Roi ; m. F^{oise}-Thérèse d'Haraucourt, dame de Remiremont. — Elle épousa Albert Duplessis.
11. Anne-Thérèse, ibid. 22 sept. 1669.
12. Gabrielle, mariée à Callixte de Pugeol.

XIV. DOMINIQUE, sgr de Charly, épousa, par. Ste-Ségolène 8 févr. 1637, Dorothée *Xaubé* d'Ennery.

XV. BERNARD, maître-huilier, eut de Suzanne *Auburtin*, son épouse, par. St-Marcel :

1. Nicolas, 27 janv. 1671 : p. N^{as} Auburtin, éc., sgr de Chesny ; m. Anne Auburtin, v^{ve} de F^{ois} Herbelet.
2. Georges, 26 oct. 1672.

XVI. MARIE. V. Andry.

XVII. MADELEINE, *aliàs* JEANNE. V. Michelet XX.

AUBURTIN, *aliàs* AUBERTIN OU AUBEURTIN. I. DIDIER, receveur du bureau des pauvres, † à 73 ans, par. St-Eucaire 4 sept. 1685. Il fut le père de :

1. *Nicolas*, qui suit.
2. Jean, vicaire de St-Eucaire, † 2 févr. 1673, à 34 ans, inhumé au chœur de la chap. St-Nicolas.

II. NICOLAS, fils du préc., doyen des procureurs au bailliage, † par. St-Eucaire 19 mars 1689. Il avait épousé Catherine *Coquard*, † ibid. 28 déc. 1713. De leur mariage étaient nés :

1. Barbe-F^{oise}, mariée à Ch^{les}-Dieudonné Clément, puis à J^{n} Bruillard.
2. Henry, d^{r} en théologie, curé de St-Jean de la Citadelle, aumônier du Roi, † 16 janv. 1749, à 84 ans, après 38 ans de ministère à la paroisse.
3. Nicolas, par. St-Victor 2 sept. 1670.
4. M^{ie}-Catherine, ibid. 15 févr. 1673 ; mariée à F^{ois} le Payen.
5. Jacques, ibid. 17 mars 1675.
6. Anne, par. St-Eucaire 7 oct. 1677.
7. Anne-Catherine, ibid. 27 juin 1680.
8. Marguerite, ibid. 2 févr. 1682.

III. JEAN, fils de J^{n} de la par. Ste-Ségolène, épousa, par. St-Gorgon en 1617, J^{ne} *la Mouche*, dont il eut :

1. Antoine, par. St-Maximin 5 févr. 1621 : p. Didier Herbelet ; m. Gabrielle, épouse du sr Jacob.
2. Elisabeth, ibid. 8 juil. 1622 : p. Pre de Rosières, conseiller du me-échevin ; m. Elisabeth, épouse de Humbert Bertrand.
3. Nicolas, ibid. 2 nov. 1623.

IV. WIRIAT, sergent de MMrs les Treize, huissier de Mr le Président, eut de Catherine *Honnet*, son épouse, par. St-Martin :
1. Jeanne, 1er juin 1606 : p. Nas Aubertin.
2. Catherine, 14 oct. 1611.
3. Anne, 17 nov. 1612 : p. Jn Aubertin, secrétaire de S. A. de Lorraine ; m. Anne, épouse de Pre Mangin, avocat.

V. JACQUES, greffier de l'officialité diocésaine, eut de Mie *Hermant*, son épouse, par. St-Maximin 26 janv. 1640, Nicolas : p. Nas Martigny, chan. de la cathédrale, conseiller et aumônier du Roi, official génl de l'Évêché ; m. Anne Martigny, épouse de Nas Conrard, procureur du Roi.

VI. DOMINIQUE, bourgeois, eut de Catherine *Boulanger*, son épouse :
1. Mic-Josèphe, mariée à Jn-Fois-Nas Potot.
2. *François*, qui suit.

VII. FRANÇOIS, fils du préc., avocat en parlt, âgé de 30 ans, épousa, par. St-Simplice 10 juin 1766, Anne-Mte *Panot* : au mariage, Louis-Henry-Hyacinthe de Tailfumyr, président à mortier au parlt. Mte Panot mourut ibid. 9 déc. 1779. De leur mariage naquirent par. St-Simplice :
1. Anne-Mte, 10 mars 1767.
2. Nas-Fois-Dominique, 2 mai 1768 ; † 4 nov. 1780.
3. Nas-Eustache, 7 déc. 1770.
4. Louis-Xaxier, 9 déc. 1771.

VIII. DANIEL-CHles, md, sgr en partie de Paouilly, époux d'Anne *Brablin*, † à 49 ans, par. St-Simplice 16 avril 1783.

IX. PIERRE-CHles, md, sgr en partie de Paouilly, épousa : 1° Barbe *Brunet*, † à 26 ans, par. St-Victor 7 mai 1788 ; 2° Claire *Lenebach*, † à 22 ans, ibid. 7 oct. 1789.

X. AUBURTIN Aubertin (*sic*) eut de Foise *Petitjean*, son épouse, par. St-Martin :
1. Jn-Louis, 4 avril 1659.
2. Jean, 24 avril 1660.

XI. JEAN, chir., eut de Gabrielle N***, son épouse, Barbe, par. St-Martin 27 mai 1631.

XII. Divers.
1. ANNE-CLAUDE. V. de Bélestin et de Silly.
2. ÉLISABETH et JACQUES. V. de Nettancourt.
3. NICOLAS. V. Jeoffroy VI.
4. SIMÉON. V. Poirson.

AUBUSSON DE LA FEUILLADE (D') GEORGES, [archevêque d'Embrun, évêque de Metz, † 12 mai 1697, inhumé à la cathédrale. Msc. Epit.].

AUCKERHIELM (D') ALEXANDRE-Fois-MARTIN-GUILLEMIN, chev. de St-Louis, fils des † Martin Christian, gouverneur pour S. M. I. du fort St-Philippe proche Ostende, et de Mie Béranger de Blaidfaim, épousa, étant âgé de 45 ans, par. St-Simplice 3 févr. 1767, Barbe *Halaisen*, âgée de 46 ans, fille d'Antoine Halaisen, bourgeois, et de Mie Mathieu.

AUCLERC. I. CLAUDINE. V. Trouet de Coutalliou.
II. Nas-FERDINAND. V. de Blair (note).

AUCLERC DE MONTSERRIER MARGUERITE. V. Gauvain VII.

AUDENS CHARLES, dir. des hospices du Roi, eut de Barbe *Raveny*, son épouse, Jne-Madeleine, par. St-Victor 8 juin 1679.

AUDIFFRET (D') CLAUDE-ALEXANDRE, éc., fut parrain par. St-Jean de la Citadelle 13 nov. 1727.

AUDINOT. I. JEAN, avocat, épousa, par. St-Victor 9 févr. 1638, Mte *Tiercelin*.
II. PIERRE. V. des Andrés et Évrard.

AUDOIN DES CHAMPS DE VILLERS PHILIPPE, éc. dans les actes précédant son décès, chev. dans son acte mortuaire, avocat au parlt, fils de Philippe, lieut. génl du Clermontois, et de Jne Gaudinet, † à 75 ans, par. St-Victor 17 mars 1785, inhumé sous le porche de l'église. Il avait épousé Mie-Thérèse *Blouet*, † ibid. à 49 ans, 6 mars 1779. De leur mariage naquirent par. St-Victor :

1. M^ie-Anne, 12 déc. 1752.
2. J^n-Balthasar-Philippe, 10 mai 1756; avocat au parl^t, il signait Audouin des Champs de Luzancourt.
3. J^ques-Benoît, 17 mai 1758.
4. J^n-Victor-Ferdinand, 30 août 1759.
5. Marie-F^oise, 16 oct. 1761.

AUDOUL de SAINT-JULIEN J^x-Paul, éc., conseiller du Roi, commissaire des guerres, eut pour épouse M^ie-Joachime-Maurice *Dulerain*, † par. St-Livier 7 mars 1790.

AUGADIO M^ie-Thérèse. V. Gerard d'Hannoncelles.

AUGENOUST (d'), *aliàs* d'ANGENOUST Claude-Louis, lieut. au corps royal artillerie et génie, bat. de Soucy, en garnison au Hâvre de Grâce, âgé de 32 ans, fils de Louis-Antoine, lieut. gén^l des eaux et forêts du comté de Brieux, et de M^ie-Anne Arnould, épousa, par. St-Marcel 5 oct. 1756, Anne-Madeleine *Berteaux*, âgée de 23 ans, fille de J^n Berteaux, greffier au bailliage, et de J^ne Contant. De ce mariage naquirent par. St-Marcel :

1. Joseph, 12 juil. 1757; † par. St-Simon 11 août suiv.
2. Ch^les-J^ph-Étienne, 3 août 1758; lieut. en second au corps royal artillerie, dir. des forges, rue du Séminaire St-Simon, † par. St-Martin 20 avril 1777 : à son enterrement, Edme-Guillaume le Caruyer de Linsecq, Ch^les-Étienne Lefebvre des Épinais, tous deux capitaines au même corps; N^as Berteaux, recev. des domaines du Roi.
3. Ch^les-Joseph, 15 août 1763.
4. M^ie-Catherine, sa jumelle; † 27 oct. 1767.
5. Ch^les-J^ph-Étienne-Gabriel, † âgé de 2 jours, 24 oct. 1769.

AUGER Denis-René, gruyer, cap. des chasses de S. A. le prince de Guise au comté de Réchicourt-le-Château et baronnie de Marimont, ancien garde du corps, compagnie de Noailles, veuf de Catherine *Prouvé*, de la par. de Maizières, épousa, par. St-Martin 30 mai 1747, J^ne-M^te *Cabouilly* : à ce mariage, Anselme Prouvé, sgr d'Atteviller et gouverneur de la Saline de Dieuze, beau-père du marié. Du dit mariage naquit Claudine-Catherine, mariée à Paul de Bonnafos de la Tour.

AUGIER (d') Marguerite. V. Guy.

AUGIER Lucie. V. Lasalle (note).

AUGERON de la TANCHÈRE Marie-Prosper, chev., sgr de la Tanchère et autres lieux, chev. de St-Louis, major de la ville de Sedan, eut d'Angélique-Béatrix-Charlotte *d'Elliée de Belleau*, son épouse, par. St-Livier 13 sept. 1757, Georges-M^ie-Prosper : p. Georges Mamiel, éc., chev. de St-Louis, cap. d'infanterie au corps détaché du corps royal, dir. en chef pour le génie à Sedan, représenté par Claude-J^ph-Mamiel de Marieulle, lieut. pour le Roi au gouv^t de la citadelle de Metz; m. M^ie-Anne-Suzanne Augeron de la Tanchère, représentée par M^ie-Anne de la Tanchère, fille de Prosper Augeron de la Tanchère.

AULANHIER (l') J^ph-Louis. V. de la Chesserie de Trémoulet.

AUMALE (d'). I. Benjamin, R. P. R., sgr de Marchet et de la Horgne au Sablon, fils de N^as, éc., sgr de Hancourt et Riaix, épousa, 5 août 1607, Aimée *de Barisey*, v^ve de René de Savigny, *aliàs* de Sickingen, sgr de Landstuhl. De ce mariage naquirent :

1. Aimée, 2 mai 1608 : p. N^as d'Aumale, sgr de Hancourt, g^d-père de l'enfant; m. Aimée de Chastenay, fille de Mr de Lanty.
2. Benjamin, 10 mai 1609 : p. J^ques de Chastenay, sgr de Lanty; m. Judith de Barisey, son épouse.
3. Paul, 6 mars 1611.
4. Ermengarde, 6 avril 1612; mariée à Henry de Raigecourt.
5. Philippe, 31 mai 1613.
6. Anne, 6 juil. 1614.
7. Judith, 3 juin 1615.
8. Angélique, 19 oct. 1622.

II. Paul, R. P. R., éc., frère du préc., épousa, 4 déc. 1611, Judith *Travault*, âgée de 16 ans, de laquelle il eut :

1. *Louis*, 22 mars 1617 ; lequel suit.
2. Anne, 18 mai 1618.
3. Jeanne, née en 1620 ; mariée à Auguste Lespingal.
4. Anne, 25 août 1621.
5. Gabriel, 14 août 1622.
6. Judith, 17 sept. 1623 ; mariée à Jⁿ de Proissy.
7. Anne, 18 oct. 1624.
8. Madeleine, 28 janv. 1626.
9. Anne, 12 mars 1628 ; le père est sgr de Chignolles, Gravelotte et Peltre.
10. Marguerite, 13 mai 1629.

III. Louis, R. P. R., fils du préc., sgr de Chignolles, Gravelotte, Peltre et Gondreville, épousa, 29 mai 1650, J^{ne} *du Pas de Feuquières*, dont il eut :
1. Judith, 20 mars 1651.
2. Louis, 22 mai 1652.

IV. Judith-Élisabeth. V. Maubert de Boisgibaut.

V. Ch^{les}-Joseph, chev. d'Aumale, chev. de St-Louis, chef de brigade au rég^t de Toul, corps royal artillerie, en garnison à Metz, † par. St-Simplice 31 mai 1785 : à son enterrement, Ch^{les}-Théodore, b^{on} de Malseigne, lieut.-colonel, chev. de St-Louis et de St-Georges ; Ambroise de Filhol de Cama, chef de brigade, tous deux du même rég^t.

AUMAISTRE Antoine, fils de † Antoine, sgr de Langadière, et de M^{ie} Petitjean, né à Moulins en Bourbonnais, épousa, étant âgé de 31 ans, par. St-Simplice 11 juil. 1701, Madeleine *de Valette*, âgée de 38 ans, v^{ve} de J^{ph} Gilet, conseiller du Roi, intéressé dans ses fermes, laquelle mourut par. St-Gengoulph 24 janv. 1709.

AUMONT (D') Denis. V. Pacquin IV, 2.

AUPIC Catherine. V. de Boursaut du Tronçay.

AUPOIX P^{re}-Henry-F^{ois}, chev. de Montfort, cap. au rég^t de Bourgogne infanterie, † par. St-Marcel 29 janv. 1777 : à son enterrement, P^{re}-Louis de Blottefier, chev. de Voyenne, cap. ; Jⁿ-F^{ois}, c^{te} de Duret, major et command^t ; P^{re}-Antoine le Beau de Montour, cap., tous du même rég^t.

AUROUYN (D') Jeanne. V. Praillon.

AUSSANT (D') Jeanne. V. Claude.

AUSSY des COUTURES (D') Jean, R. P. R., chev., maréchal des camps et armées du Roi et lieut. de l'artillerie au dép^t des Trois-Évêchés, sgr des Coutures et de Passavant, épousa en deuxièmes noces, 23 déc. 1646, Suzanne *Fériet*, v^{ve} de P^{re} Pierrat, un des anciens magistrats de Metz. D'un premier mariage étaient nés :
1. Jeanne, 3 févr. 1627.
2. Marguerite, mariée à Henry le Bey de Batilly.
3. Marie, mariée à P^{re} du Vivant.

AUTEL (D'). I. Élisabeth. V. de Fuzelier et Huyn VI.

II. Charlotte, chan^{esse} de Ste-Marie, fut marraine par. St-Martin 13 févr. 1681.

AUTEVILLE (D') Léger, dit la Fontaine, cap. major, natif de Lyon, † par. St-Gengoulph 30 oct. 1680. Il avait épousé Suzanne *Pellisson*, *aliàs Pullisson*, † ibid. 8 nov. 1680. De leur mariage naquit Régnault, par. St-Martin 12 déc. 1639 : p. F^{ois} de Campetz au nom de Regnauld de Campetz, cap. et major de la garnison de Metz ; m. Élisabeth Rollet, épouse de Claude Senocq, sgr de Flévy.

AUTRECOURT le CHENERCIER (D') Charles-F^{ois}. V. le Braconnier XXII, 2.

AUTRICHE (D') Georges-F^{ois}, né au château de Berlize, fils de † Claude et de Mangeon Parmentier, fut baptisé à l'âge de 22 ans, par. St-Simplice 18 févr. 1685 : p. Mgr d'Aubusson de la Feuillade, archevêque d'Embrun, év. de Metz ; m. Mme l'abbesse de St-Pierre. Il épousa, le 27 du même mois en la même paroisse, F^{oise} *de Pleiche*, dame de Moncheux la petite, âgée de 32 ans, v^{ve} de Claude de Greiche : au mariage, Jⁿ-Paul de Greiche, fils de l'épouse.

AUTRISY (D') Anne. V. le Duchat.

AUVITY. V. Bertrand VIII, 7.

AUXIN (D') Anne. V. Rollin IV.

AVELINE Anne-Marie. V. Sergent.

AVIGNON (d') Jn-Baptiste, dir. des fermes du Roi en la généralité de Metz, fils de † René, bourgeois de Metz, et de Jne Guillemin, épousa, par. St-Martin 16 avril 1721, Catherine-Charlotte *Mangetaire*.

AVIS Mie-Claude. V. de Vernon.

AVRANGE (d'). I. Claude, hôtelier à l'enseigne du Loup, † par. St-Maximin 12 juil. 1684, à 60 ans. Il avait épousé : 1º Lucie *Aubert*; 2º Catherine *Royer*, † à 60 ans, par. St-Eucaire 27 mars 1674; 3º en cette dernière par. 23 avril 1674, Mie *Patience*, † ibid. à 86 ans, 20 juil. 1721.

Du premier mariage étaient nés :
1. Nicole, mariée à Pre Lossin, de Hayes, par. St-Eucaire 12 juil. 1665.
2. *Pierre*, qui suit.
3. Anne, mariée à Claude de la Paulme, par. St-Eucaire 30 déc. 1663.

Du second mariage, peut-être encore du premier, était né :
4. Adrien, tanneur; il épousa, étant âgé de 20 ans, par. St-Maximin 22 nov. 1678, Anne-Barbe *Henviller*, âgée de 16 ans, fille de Jn Henviller, officier de Faulquemont.

Du troisième mariage étaient nés par. St-Maximin :
5. Suzanne, 24 juin 1675.
6. *Claude*, qui suivra.
7. Jean, 30 mai 1679.
8. Barthélemy, 7 sept. 1681.

II. Pierre, fils du préc., âgé de 22 ans, épousa, par. St-Maximin 8 oct. 1684, Foise *Burte*, âgée de 20 ans, fille de Philippe Burte et de Mte Munère, dont il eut par. St-Eucaire :
1. Claude, † 28 févr. 1690.
2. Françoise, 12 juin 1691.
3. Charles, 1er juil. 1695.
4. Marguerite, † à 1 an 1/2, 24 juin 1698.

III. Claude, frère du préc., châtelain de la porte des Allemands, † par. St-Eucaire 14 juin 1722, à 46 ans. Il avait épousé, ibid. 27 avril 1706, Pierrette *Mouzin*, dont il eut ibid. :

1. Philippotte, 15 juil. 1710; † 16 juin 1718.
2. François, 14 avril 1713 ; † 21 juin 1722.
3. Claude-Fois, 6 mars 1715.

IV. Pierre, oncle des deux préc., hôtelier proche la porte des Allemands, † par. St-Eucaire 7 juil. 1685, inhumé devant l'autel de St-Étienne. Il avait épousé Marthon *Bataille*, dont il eut :
1. Pierre-Fois, par. St-Eucaire 18 juin 1668.
2. *Jean*, à l'enterrement de son père ; lequel suit.
3. Étienne, au même enterrement.

V. Jean, fils du préc., sgr de Noisseville, conseiller au bailliage, procureur syndic de l'hôtel de ville, † à 54 ans, par. St-Maximin 16 déc. 1725. Il avait épousé Anne *Rabuat*, † ibid. 30 mai 1739, à 65 ans. De leur mariage étaient nés :
1. Marthe, par. St-Maximin 16 mars 1699; mariée à Jn-Fois Gourdin.
2. *Étienne*, par. St-Victor 10 avril 1700; lequel suit.

VI. Étienne, fils du préc., sgr de Noisseville, conseiller au bailliage, intendt de la généralité, † par. St-Maximin 5 sept. 1771. Il avait épousé Barbe *Brizac*, originaire de Courcelles-sur-Nied, de laquelle il eut par. St-Maximin :
1. Mie-Barbe, 4 juil. 1736.
2. François, 30 oct. 1737.
3. Anne, 22 févr. 1739.
4. Étienne, 18 mai 1740.
5. François, 10 déc. 1741.
6. Pre-Benoît, 21 mars 1743.
7. Jean-Nas, 17 mars 1745.
8. Louise-Agathe, 23 sept. 1746; mariée à Claude-Augustin Vignon.
9. Jeanne, 30 janv. 1749.
10. Pierre-Chies, 6 avril 1751.
11. Benjamine-Mte-Victoire, 25 déc. 1753.
12. Jn-Fois-Louis-Théodore, 11 mars 1755 ; † par. St-Simplice 9 févr. 1763.
13. Nas-François, 6 juil. 1758.
14. Théodore-Henry-Louis, 10 mars 1761.

VII. Étienne, de la famille des préc., [chapelain d'Oron jusque 1684, vicaire de Servigny en 1693, aumônier de l'hôpital St-Georges de Metz de 1695 à 1697, curé de Corny de 1697 à 1710, fut nommé à la cure de St-Simplice 20 janv. 1710. <small>Notre Notice sur la par. St-Simplice.</small>] Il y mourut 1er mars 1720.

VIII. JACQUES, fils de Jean, tabellion à Courcelles-Chaussy, et de M^{ie} Roger, épousa, par. St-Victor 11 janv. 1729, M^{te} *Jacquot*, *aliàs Jacob*, v^{ve} de Louis Pillat, m^d chapelier : à ce mariage Paul, frère du marié. — Du dit mariage naquit Catherine, ibid. 21 août suiv.

AYDES (DES) Jⁿ-BAPTISTE, chev., sgr de Vaux, colonel d'un rég^t de dragons, chev. de St-Louis, épousa, par. St-Martin 26 févr. 1696, Marthe *Herbin* : au mariage, Jⁿ-B^{te} des Aydes, commd^t à Luxembourg, père du marié; Daniel de Péchonne, cap. au rég^t de Champagne.

B

BABAUD ARMAND-J^N-M^{IE}, sgr de Cursay et de la Fouquetière, entrepreneur-gén^l des hôpitaux militaires du dép^t de Metz, † à 46 ans, par. St-Martin 22 nov. 1735. Il avait épousé Anne-M^{ie}-Thérèse Catherine *Treggur d'Orival*.

BABET JEANNE. V. Boissard I.

BABIN. I. CLAUDE, avocat au parl^t, puis au bailliage de Vic, eut d'Anne-Barbe *Briat*, son épouse, par. St-Gorgon :
1. Marc, 13 juil. 1694.
2. Antoine, 18 juin 1695.

II. MARIE. V. Jeoffroy VIII, 3.

BABUT. V. Peytes de Montcabrié.

BACALAN (DE). I. JACQUES, chev., lieut.-colonel d'infanterie, ancien command^t du rég^t d'Auvergne, eut de Catherine-Elisabeth *Cottin*, son épouse, rue des Prisons Militaires, par. St-Gengoulph :
1. Samuel-Jⁿ-J^{ph}, 18 mai 1756 : p. Samuel de Bacalan la Motte, son oncle; m. M^{ie}-Elisabeth de Bacalan l'aînée, sa tante; représentés par. Jⁿ-J^{ph} de Berry, chev. sgr de Son; et par M^{ie}-M^{te} Poncet, tante de l'enfant.
2. Marie-M^{te}-Elisabeth-Julie, 16 mars 1758 : p. J^{ph} de Bacalan, conseiller au parl^t de Bordeaux, représenté par J^{ques} le Vasolle, ancien cap. au corps royal artillerie; m. M^{ie}-M^{te} Poncet, épouse de Paul de Bacalan, qui suit.
3. Sophie-Charlotte, 20 juil. 1759 : p. Christian-Louis, c^{te} de Vidronhec et Créhange, représenté par Paul de Bacalan, oncle de l'enfant; m. Sophie-Charlotte, princesse de Nassau-Sarrebrück, née c^{tesse} d'Herben, également représentée. — L'enfant mourut par. Ste-Ségolène 7 nov. 1760.
4. Anne-Elisabeth, 22 oct. 1760.

II. PAUL, frère du préc., sgr de Goetzenbrück, cap. au rég^t de Bricqueville, † à 63 ans, par. St-Gengoulph 14 déc. 1771. Il avait épousé M^{ie}-M^{te} *Poncet*, dont il eut, par. St-Martin 21 mars 1749, Geneviève-Charlotte : p. Henry-F^{ois}, c^{te} de Ségur, lieut.-gén^l et command^t en chef dans les Trois-Évêchés, représenté par Louis de Ségur, cap. au rég^t de son nom; m. Geneviève-Charlotte Badains, épouse de Henry-F^{ois} de Bombelles, gouverneur au comté de Bitche, représentée par Josèphe Schlmenzer, fille de J^{ph} Schlmenzer, bailli de Bliescastel. Geneviève-Charlotte de Bacalan mourut par. St-Gengoulph 9 mai 1784, à 37 ans.

BACHELARD (en signature BACHELAR). I. JEAN, tailleur d'habits, eut d'Élisabeth *Berthault*, son épouse, par. St-Gorgon :
1. Claude, 19 août 1639 : p. Claude de Grateloup, chan. de la cathédrale; m. Élisabeth Berthault, épouse de Henry Humbert, fourbisseur.
2. Georges, 23 avril 1641 : p. Georges Mamiel, procureur de la ville; m. Mathiotte le Goullon, épouse de Jⁿ de Corny.

3. Anne, 10 oct. 1642 : p. Léonard de St-Chaumont ; m. M^{ie}-Anne de Raigecourt.

II. JEAN, tailleur d'habits, sans doute le même que le préc., âgé de 54 ans, épousa, par. St-Victor 27 mai 1668, M^{te} *Rossignol*, v^{ve} de Claude Pottier, âgée de 32 ans, dont il eut par. St-Gorgon :

1. Christophe-F^{ois}, 24 févr. 1669 : p. Christophe Cadeau, procureur-gén^l du Roi au parl^t ; m. \F^{oise} d'Haraucourt, dame de Remiremont.
2. Élisabeth, 9 avril 1670 : p. André de Belchamps, avocat au parl^t ; m. Élisabeth Jeoffroy.
3. Jean, 16 août 1671.
4. Louis, 27 juil. 1672 : p. Jⁿ-Christophe Fremyn, fils du conseiller Fremyn ; m. N*** Pellard de Givry.
5. *Jean*, 21 juin 1673 ; lequel suit.
6. Jⁿ-Gabriel, 25 nov. 1674 : p. Jⁿ Thiersant, secrétaire de Mgr le Président ; m. Gabrielle d'Auburtin.
7. Marguerite, 27 déc. 1675 : p. Claude-Abel de Poilbois, aide-major et cap. des portes ; m. M^{te} Bourgeois.
8. Anne, 17 mars 1677 : p. Daniel Cabouilly, secrétaire de M^r le lieut. pour le Roi en la ville de Metz ; m. Anne Collignon, femme du m^e d'hôtel du même.

III. JEAN, fils du préc., juge consul, m^d magasinier, conseiller-échevin de l'hôtel de ville, † par. Ste-Croix 2 août 1745. Il avait épousé F^{oise} *Salomon*, † ibid. à 55 ans, 20 juin 1735. De leur mariage étaient nés ibid. :

1. Marguerite, 23 juil. 1704.
2. Barbe, 2 sept. 1706 ; sans doute l'épouse de Christophe Hugon.
3. Françoise, 21 déc. 1707.
4. Catherine-Thérèse, 28 nov. 1708.
5. Anne, 5 mars 1710 : p. J^{ph} Bachelard, fils de Jⁿ ; m. Anne Varlet, jeune fille. — Elle fut mariée à Louis-P^{re} Charel.
6. Jean, 29 avril 1711 : p. Jⁿ Bachelard, m^d ; m. M^{te} Maillefert. — Il mourut 14 août 1719.
7. Étienne, 27 juil. 1712 : p. Étienne François, conseiller au bailliage ; m. Anne la Fargue, épouse de J^{ph} Bachelard.
8. Nicolas, 12 oct. 1713.
9. Charles, 19 sept. 1714.
10. Anne-F^{oise}, 26 déc. 1715 ; mariée à F^{ois} Pasquier d'Estrées.
11. Nicolas, 3 mai 1718.
12. M^{te}-Françoise, 6 févr. 1719 ; mariée à Jⁿ-B^{te}Bonnard, puis à Jⁿ de Verthamon.
13. M^{ie}-Catherine, 29 mars 1720.
14. M^{ie}-Catherine, 5 août 1722.
15. M^{ie}-Catherine, 24 mai 1724 ; † 9 oct. 1775.
16. Nicolas, 14 juin 1727.
17. Catherine, mariée à N^{as}-F^{ois} Thomas.

IV. JEAN, fils de Jⁿ, âgé de 21 ans, épousa, par. St-Simplice 2 janv. 1672, Catherine *Varlet*, âgée de 18 ans, fille d'Adrien Varlet.

V. BARBE. V. François VIII et Roubis.

BACHELÉ (LE). I. MANGIN, R. P. R., treize, receveur de la ville, aman de St-Jean, sgr de Crépy-lès-Peltre, épousa : 1° Annon, v^{ve} de Pierresson Annel ; 2° F^{oise} *Blanchart*, fille de Claude Blanchart et de Barbe N***. De ce dernier mariage naquirent :

1. Pierre, 21 avril 1563.
2. *Israël*, 2 déc. 1565, qui suivra XIII.
3. Élisabeth, 20 avril 1568.
4. *Jean*, qui suit.
5. Débora, 19 juin 1583 ; mariée à Abraham Lecoq.
6. Judith, mariée à Josias Lecoq.

II. JEAN, R. P. R., fils du préc., aman, receveur de la ville, treize, sgr de Servigny-lès-Raville, épousa, 18 juin 1581, Judith *Busselot*, dont il eut, entre autres enfants :

1. Judith, 11 avril 1582 ; mariée à Jⁿ Pérignon.
2. Marie, 25 mars 1584.
3. Suzanne, 9 déc. 1586 ; mariée à P^{re} Peltre.
4. Anne, 24 juil. 1589 ; mariée à Adam le Duchat.
5. *Jean*, 5 févr. 1592 ; lequel suit.
6. *Pierre*, 14 sept. 1594 ; lequel suivra IV.
7. *Jacques*, 24 févr. 1597 ; lequel suivra VI.
8. *Paul*, 29 déc. 1599 ; lequel suivra X.
9. Jérémie, 20 févr. 1605.

10. *Philippe*, 9 janv. 1608; qui suivra XI.

III. JEAN le jeune, R. P. R., fils du préc., m^d, receveur de la ville, épousa : 1° 23 déc. 1612, Madeleine *Goffin*; 2° 10 mai 1643, Élisabeth *Virot*, fille de † noble Michel Virot, baudelier du comté de Montbéliard.

Du premier mariage naquirent :
1. Madeleine, 29 déc. 1613; mariée à Ch^{les} des Guillons.
2. Charles, en 1621; cap. au rég^t de Turenne, sgr de Servigny, † 2 oct. 1683. Il avait épousé, 31 déc. 1662, Madeleine *Goffin*, † 4 juil. 1679.
3. Judith, 18 mars 1622.

Du second mariage naquirent :
4. Jean, 1er mars 1644.
5. *Pierre*, 10 mars 1645; lequel suit.
6. Élisabeth, 18 oct. 1646.
7. Suzanne, 17 févr. 1648.
8. Jacques, 21 août 1650.
9. Charles, 2 nov. 1652; † 12 janv. 1674.
10. Judith, 20 déc. 1654.

IV. PIERRE, ministre de la R. P. R., fils du préc., épousa, 27 mai 1629, Élisabeth *de Pérignon*, dont il eut :
1. Judith, 25 mai 1631; mariée à Élie Corvisier.
2. Pierre, 6 nov. 1633.
3. Jean, 2 févr. 1636.
4. Philippe, 8 janv. 1637.
5. Élisabeth, 15 janv. 1639.
6. Élisabeth, 14 oct. 1640.
7. Jeanne, 15 avril 1646.
8. *Charles*, 20 déc. 1649; lequel suit.
9. Jean, 21 juil. 1652.

V. CHARLES, R. P. R., fils du préc., d^r en médecine, épousa, 16 août 1682, Esther *Duclos*, dont il eut :
1. Élisabeth, 19 oct. 1683; mariée à Balthasar de Belchamps.
2. Alexandre, 8 juin 1685; sgr en partie de Distroff, bachelier de Sorbonne, avocat au parl^t, † par. St-Maximin 26 mai 1762.

VI. JACQUES, R. P. R., oncle du préc., licencié ès-droits, aman, conseiller du m^e-échevin, avocat au parl^t, épousa, 9 août 1620, Rachel *Goffin*, † 3 avril 1682, à 85 ans. De leur mariage naquirent :

1. Jean, 4 juin 1621.
2. Jacques, 4 juin 1623.
3. Rachel, 10 juil. 1624; mariée à Barthélemy Morel.
4. Pierre, 20 sept. 1626.
5. *Paul*, 12 nov. 1627; lequel suit.
6. Théophile, 9 déc. 1629.
7. Louis, 1er déc. 1630.

VII. PAUL, R. P. R., fils du préc., avocat au parl^t, † 2 déc. 1684. Il avait épousé, 27 janv. 1658, Esther *de Serrières*⁽¹⁾, dont il eut :
1. Paul, 24 nov. 1658; † 27 nov. 1678.
2. *Jacques*, 21 mars 1660; lequel suit.
3. Jeanne, 11 mars 1663; mariée à Jⁿ d'Arros.

VIII. JACQUES, R. P. R., fils du préc., éc., cap. au rég^t de la Ferté (1684), sgr de Malroy, Vigny et autres lieux, † lieut.-colonel au rég^t d'Egrigny, par. St-Martin 23 janv. 1733. Il avait épousé, 30 sept. 1715, J^{ne}-Madeleine *d'Auburtin* de Charly, † par. St-Martin 18 oct. 1753. De leur mariage naquirent par. St-Martin :
1. Jⁿ-François, 1er nov. 1716.
2. J^{ne}-Françoise, 7 févr. 1718 : p. Jⁿ-B^{te} de Mahuet, chev., b^{on} de Drouville, sgr du ban de Saulcy et autres lieux, conseiller d'État de S. A. R. de Lorraine, premier président de Sa Cour Souveraine et son envoyé extraordinaire auprès du Roi. — Elle mourut 31 août suivant.
3. *André-Ch^{les}*, 17 juil. 1719; lequel suit.
4. Christophe-Ch^{les}, 12 déc. 1720.
5. M^{ie}-Marguerite, 24 août 1725; † 13 sept. 1747.

IX. ANDRÉ-CH^{LES}, fils du préc., conseiller au parl^t, sgr de Malroy, Vigny et autres lieux, † par. St-Martin 28 mai 1758. Il avait épousé Thérèse-Marquise *Jobal*, dont il eut par. St-Martin :
1. M^{ie}-Anne-Marquise-Christine, 25 mars 1751; mariée à Jⁿ-B^{te}-J^{ph} de Maud'huy.

---

(1) Nous lisons également de Serrières au manuscrit de la Bibl. municipale de Metz, n° 205 : *Généalogie le Bachelé*.

2. Étienne-Louis [1], 24 juin 1753.
3. Charlotte-L^{se}-Théodore, 6 nov. 1756; mariée à Gabriel-Philippe-de-Néry de Marien de Frémery.

X. PAUL le jeune, R. P. R., fils de Jean II, m^d en Fournirue, sgr de la Hautonnerie, épousa : 1° 14 juin 1626, Anne *le Goullon*, v^{ve} de J^{ques} Servais, m^d; 2° 8 févr. 1637, Élisabeth *Thiedrich*, fille de † Abraham, m^d; 3° 11 févr. 1652, Suzanne *Dauphin*, fille de F^{ois} Dauphin, bourgeois; 4° 28 déc. 1659, Suzanne *de St-Aubin*, v^{ve} de P^{re} de Persode, laquelle mourut à 85 ans, 30 déc. 1681.

Du premier mariage naquirent :
1. Anne, 25 avril 1629.
2. Marthe, 16 mai 1632; mariée à J^n Richier.

Du troisième mariage naquirent :
3. Élisabeth, 10 mars 1652; mariée à P^{re} Michelet.
4. Suzanne, 24 avril 1654.

XI. PHILIPPE, R. P. R., frère du préc., aman, sgr de Crépy, † 21 août 1681. Il avait épousé, 18 janv. 1637, Anne *Mathé*, dont il eut :
1. Anne, 28 janv. 1638; mariée à David Ferry.
2. Jean, 13 avril 1639; conseiller au bailliage au mariage de son frère Paul, [sgr de Colombé. Msc. Emmery 512.]

---

(1) ÉTIENNE-LOUIS, éc., sgr de Malroy, Charly et autres lieux, lieut. au rég^t de Vivarais, eut de N*** *la Lance*, son épouse :
1. Antoine, percepteur à Fresnes, marié à D^{elle} N*** de Vassart.
2. Joseph, marié à D^{elle} N*** Martin de Julvécourt, fille de Jean-B^{te}-Ch^{les} Martin de Julvécourt et d'Anne-Caroline-Eugénie-Rosalie de Villers. De leur mariage est née M^{ie} le Bachelé, mariée au c^{te} de Beaurepaire.
3. Charles, m^e de forges à Dammartin-le-Franc, par Nassy (Haute-Marne), marié à D^{elle} N*** de Château-Vieux, dont il a eu Alexandre, m^e de forges à Dammartin. Ce dernier a épousé Sophie-Louise Addenet, † à Dammartin 10 janv. 1854.
4. Anne-L^{se}, mariée à F^{ois}-Auguste le Blanc, officier supérieur de cavalerie, chev. de St-Louis, lequel est mort à Verdun, 30 mai 1866.
5 N***, mariée à M. de Watronville, propriétaire à Verdun. De ce mariage est née une fille qui a épousé M. Joseph Huyn de Vernéville.
6. N***, mariée au baron de Malvoisin. De ce mariage, une fille qui a épousé M. de St-Vincent, dont elle a eu un fils marié à M^{ie} Gizancourt près Ste-Menehould, et une fille mariée au c^{te} d'Essoffy, lequel habite Verdun. N. DE C. ET D'H.

---

3. Judith, née en 1641; mariée à Ch^{les}-Alexandre.
4. Raphaël, 10 janv. 1644.
5. Suzanne, jumelle du préc.
6. Marthe, 21 juil. 1646.
7. Esther, 15 juil. 1647.
8. Suzanne, 31 déc. 1649.
9. Philippe, 20 juin 1652.
10. Pierre, 18 sept. 1653.
11. Esther, 2 déc. 1655.
12. Madeleine, 23 févr. 1657.
13. *Paul*, 15 sept. 1658; lequel suit.
14. Philippe, 29 déc. 1660.

XII. PAUL, R. P. R., fils du préc., sgr en partie de Charly, Villers, Poix, conseiller secrétaire du Roi en la chancellerie du parl^t, † par. St-Marcel 14 août 1729. Il avait épousé, 17 sept. 1681, M^{ie} *Ancillon*, dont il eut :
1. Marie, 26 avril 1685; † le 3 juin suiv.
2. Henry-Ch^{les}, 3 août 1687; avocat au parl^t, † par. St-Maximin 19 janv. 1709.
3. Anne, mariée à N^{as}-Sébastien Beser.

XIII. ISRAEL, R. P. R., fils de Mangin I, épousa, 16 nov. 1586, Idon *Provost*, dont il eut :
1. Pierre, 3 juin 1590.
2. *Paul*, 1er nov. 1591; lequel suit.

XIV. PAUL l'aîné, R. P. R., fils du préc., m^d, receveur de l'église réformée, épousa, 28 avril 1613, M^{ie} *Duchal*, dont il eut :
1. Marie, 28 mars 1614.
2. Israël, 1er juin 1618.
3. *Gédéon*, 20 oct. 1619; lequel suit.
4. Paul, 13 janv. 1621.
5. Marie, 22 juin 1622.
6. Louis, 1er oct. 1623.
7. Charles, 28 nov. 1624.
8. Rachel, 8 mars 1626.
9. Paul, 20 oct. 1627.
10. Louis, 12 août 1629.
11. Paul, 8 oct. 1632.
12. Charles, 12 nov. 1636.
13. Suzanne, mariée à Daniel d'Ozanne.

XV. GÉDÉON, R. P. R., fils du préc., conseiller au bailliage, † 21 juin 1677. Il avait épousé, 27 juil. 1642, M^{ie} *Goffin*, † 25 août 1678. De leur mariage étaient nés :

1. Paul, 28 juil. 1643.
2. Charles, 19 sept. 1644.
3. Marie, 14 janv. 1646.
4. *Gédéon*, 17 sept. 1649; lequel suit.
5. Judith, 24 sept. 1651; † 7 mai 1669.
6. Suzanne, 9 août 1654.
7. *Louis*, 8 déc. 1655; lequel suivra.
8. Paul, 12 déc. 1657; † 27 janv. 1674.
9. Daniel, 7 oct. 1661; † 17 mars 1677.

XVI. Gédéon, R. P. R., fils du préc., avocat au parl^t, épousa, 5 mai 1675, Ève de *Vigneulles*, dont il eut :
1. Gédéon, 16 juin 1676.
2. David, 5 juin 1677; † 29 mai 1680.
3. Anne-M^{ie}, 27 oct. 1678; † 2 déc. 1682.
4. Charles, 26 oct. 1679; † 2 avril 1680.
5. David, 12 mai 1681.
6. Suzanne, 6 août 1682.
7. Paul, 3 oct. 1683.
8. Louis, 5 nov. 1684.
9. Anne-Ève, par. St-Martin 2 févr. 1686; le père étant encore de la R. P. R.

XVII. Louis, R. P. R., frère du préc., bourgeois, épousa, 17 sept. 1679, M^{ie} *Malchar*, âgée de 32 ans, v^{ve} de Gédéon le Duchat, sgr de Dorville, de laquelle il eut :
1. Marie, 10 juil. 1680, † 1er sept. suiv.
2. Louis, 26 août 1681.
3. Ch^{les}-Louis, par. St-Martin 11 déc. 1685; le père étant encore de la R. P. R.

XVIII. Jean, ministre de la R. P. R. à Ludweiler, puis à St-Lambert au Palatinat, eut de Sara *Mangeot*, son épouse :
1. Jean, 22 août 1640.
2. Henry-Ernest, 23 déc. 1649.
3. *Jacques*, qui suit.

XIX. Jacques, R. P. R., fils du préc., enseigne au rég^t suisse de Phiphvre, épousa, 19 juin 1678, Judith *Aubry*, fille d'Étienne, m^e-orfèvre, bourgeois, et de † Edme Herment, de laquelle il eut Judith, 13 avril 1679, † 29 suiv.

XX. Jean, R. P. R., avocat, puis conseiller au bailliage, sans doute fils de Philippe XI, sgr de Crépy, épousa, 26 sept. 1666, Suzanne *Ferry*, dont il eut :
1. David, 7 oct. 1667.
2. Marie, 13 mars 1669; † 4 juin suiv.
3. Anne, 18 juil. 1670; † 12 mars 1673.
4. Madeleine, 9 déc. 1671; † 20 févr. 1674.
5. Anne, 12 févr. 1674; mariée à Frédéric de Spanheim, puis à Henry-F^{ois} Berre.
6. Judith, 3 janv. 1676.
7. Esther, 26 févr. 1679.
8. Madeleine, 13 juil. 1681.
9. Jean, 8 juil. 1683.
10. J^{ne}-Suzanne, par. Ste-Ségolène 8 déc. 1685; la mère étant encore de la R. P. R.

XXI. Georgin, R. P. R. eut :
1. Suzanne, 7 mars 1565.
2. Jean, 8 mars 1579.

XXII. Jean, R. P. R., m^d, eut d'Elisabeth *Jacobé*, son épouse :
1. Jean, 16 août 1626.
2. Élisabeth, 11 févr. 1629; mariée à Jⁿ de Vian.
3. Jean, 7 nov. 1631.
4. Anne, mariée à Abraham Danoue.

XXIII. Georges, R. P. R., fils de Jⁿ, épousa, 6 févr. 1564, Quintinne, fille d'Ancillon *Prilla*, de Failly.

XXIV. Georges, R. P. R., receveur de la ville, fut le père de M^{ie}, 3 mai 1579.

XXV. Isaac, R. P. R., fut le père de Jⁿ, 11 avril 1588.

XXVI. Jean, m^d mercier, bourgeois, mourut à 88 ans, par. St-Livier 22 juin 1707. Il avait épousé Gabrielle *Frische*, † par. St-Livier 1er déc. 1700; à son enterrement, J^{ph} le Bachelé, chir. stipendié de la ville, son fils.

XXVII. Divers.
1. Élisabeth, V. Regnault de la Baulme, Vian et Goffin V.
2. Judith. V. Janoy IX.
3. Marguerite, † à 74 ans, par. St-Livier 30 août 1732.
4. Simone. V. le Goullon I.

BACHELIER Anne-M^{ie}. V. Stemer.

BACHOUÉ (de) Constantin-Félix, éc., cap. au rég^t d'Anhalt, chev. de St-Louis, lieut. des chasses de la capitainerie royale de Chambord, fils de † J^n Bernard, éc., m^e de camp de dragons et lieut-gén[1] à la capitainerie des chasses, château et parc du dit Chambord, et de † F^{oise} Duvergne, † par. Ste-Croix 24 févr. 1765. Il avait épousé, par. St-Gorgon 14 déc. 1762, Antoinette *Croisille*.

BACON DE RIFFE M^{ie}-ANNE. V. Baudin.

BACONNIÈRE DE SALVERTE. I. N^{as}-P^{re}-François, éc., dir. des domaines du Roi, conseiller secrétaire du Roi maison et couronne de France, † par. St-Gengoulph 8 avril 1766, à 68 ans. Il avait épousé Pierrette-Jacquette *Morfonace*, † ibid. 26 mars 1766, à 63 ans. De leur mariage étaient nés :
1. Anne-Nicole, † à 16 ans, par. St-Simplice 3 juil. 1745.
2. N^{as}-Eusèbe, éc., cap. au rég^t de Berry infanterie, conseiller du Roi, commissaire des guerres au dép^t de Sarrelouis, à l'enterrement de sa mère.
3. Anne-M^{ie}-Joséphine; mariée à 19 ans à Bernard Perruchot.

II. J^n-M^{ie}-EUSÈBE, éc., dir. des domaines et intéressé dans les affaires du Roi, résidant à Paris, eut pour épouse Élisabeth *Faure*, qui fut marraine par représentation, par. St-Étienne-le-Dépenné 5 mars 1767.

BADAINS (DE), *aliàs* BADUIN GENEVIÈVE-CHARLOTTE. V. de Bombelles III, 1.

BADEN-BADEN (DE) LOUIS-GEORGES. V. d'Elbecuto Orlandiny 3.

BADDA (DE) GABRIEL. V. de Hurdt.

BADROT (DE) ÉLISE-F^{oise}. V. de St-Germain.

BADSALE (DE) HENRY, chev. sgr d'Eply (Espiez?) et de Castillon, cap. des grenadiers du rég^t de Navarre, fils de Philippe, b^{on} d'Espiez (?) et de Chorisande de Bossillon, † par. St-Maximin 8 déc. 1700. Il avait épousé, R. P. R., 18 janv. 1683, Anne *de Couët*, v^{ve} de Paul de Chenevix, laquelle mourut par. St-Maximin 13 mars 1732.

BAGARD M^{ie}-FRANÇOISE. V. Geoffroy II.

BAGARIS (DE) J^n-FRANÇOIS, chev., sgr de Bagaris, épousa, par. St-Martin 17 nov. 1682, Barbe *Husson*, v^{ve} de F^{ois} Cornillot : à ce mariage, Robert de Paviot, chev., sgr de Paviot au comté de Clermont, et J^{ques} de Paviot, chev., sgr de la prévôté de Rémelfang, bailliage d'Allemagne. Du dit mariage naquirent par. St-Martin :
1. M^{ie}-Lucie, 10 août 1684.
2. Anne-Barbe, 25 nov. 1685 ; mariée à Bénigne de Requeleyne.
3. M^{te}-Françoise, 30 sept. 1687.
4. Anne-L^{se}, 3 mars 1689.

BAGANUS ANNE. V. Bouchez.

BAGNEUX (DE) JOSEPH. V. de Londeix.

BAGNON (DE) ANNE. V. de Gentard de Gontin.

BAGUE. I. ISAAC, d^r ès lois de Paris, aman, treize, m^e-échevin, † par. St-Victor 10 avril 1640, à 77 ans. Il avait épousé en secondes noces Barbe *Rousselot*, † 9 sept. 1641, à 69 ans.

D'un premier mariage était né :
1. *Claude*, qui suit.

Du second mariage naquirent :
2. Antoinette, mariée à J^n Bertrand, aman de St-Ferroy.
3. Charlotte, mariée à Jacob Maulry, contrôleur et clerc juré en la par. de Briey.
4. Marguerite, mariée à N^{as} Thouvenin.
5. Reine, mariée à Regnauld Regnauldin, *aliàs* Renaudin ; peut-être la même que Reine, † épouse de N*** Palland, par. St-Marcel 5 déc. 1667.

II. CLAUDE, fils du préc., aman, greffier de l'officialité, conseiller du m^e-échevin, † 30 août 1636. Il avait épousé Laurette *Rulland*, † par. St-Martin 5 mars 1658. De leur mariage étaient nés par. St-Gorgon :
1. Jean, 24 juin 1620.
2. Jean-F^{ois}, 29 janv. 1623.
3. Anne, 16 janv. 1625 ; mariée à P^{re} Lançon III.
4. Jacques, 24 sept. 1629.
5. J^n-Jonas, 8 déc. 1631.
6. Madeleine, 10 janv. 1633 : p. N^{as} d'Auburtin, treize et changeur ; m.

Madeleine de la Verne, épouse de M. de Thérouanne.

7. Barbe, mariée à Bernardin de Mageron.

BAGUENAULT DE HAUTERIVE MARIN, [conseiller notaire, secrétaire du Roi en la chancellerie du parl^t, † 30 juin 1750].

BAIGNAULT (DE). I. DANIEL-N^{as}, sgr d'Aubigny, cap. au rég^t du Roi dragons, épousa Anne *Couët du Vivier de Lorry*, † v^{ve} de lui, par St-Martin 6 avril 1748, à 50 ans. De leur mariage étaient nés :

1. Anne-M^{ie}-Claire, par. St-Marcel 15 nov. 1717; mariée à Gédéon le Duchat d'Aubigny.
2. Daniel-Paul, par. St-Eucaire 26 oct. 1718; cap. de cavalerie au rég^t de Foucquet, à l'enterrement de sa mère.

II. BÉATRIX-ANGÉLIQUE, marraine de Daniel-Paul ci-dessus, fut mariée à Adrien de Monsure de Cany.

III. NICOLAS, [conseiller auditeur de la chambre des comptes, puis conseiller au parl^t, † en 1690].

IV. MADELEINE, fut marraine par. St-Eucaire 17 janv. 1605; elle est dite dans l'acte « bonne chrétienne, bonne catholique et remplie de toute religion, sainte et honnête. »

BAIGNEUX DE COURCIVAL J^N-BAPTISTE, natif du Mans, par. de la Couture, lieut. au rég^t Dauphin, † par. Ste-Croix 15 juin 1764, à 22 ans.

BAILLARD DE HAUTOT CLAUDE-N^{as}, cadet à la citadelle, natif de Normandie, † par. St-Jean de la Citadelle 19 oct. 1731.

BAILLET. I. LÉONARD, sgr de Halanzy et de Piémont, eut d'Anne *de Chailly*, son épouse, N^{as}-Léonard, † à 3 mois 1/2, par. St-Victor 21 févr. 1705.

II. LÉONARD, sgr de Halanzy, peut-être le même que le préc., eut d'Anne-M^{ie} *Sisay*, son épouse, Anne, par. Ste-Croix 9 sept. 1706, † 10 avril 1708.

III. CATHERINE-REINE. V. le Bastie de Rivry.

BAILLEUL D'ANCERVILLE (DE) CLAUDE-J^N-M^{IE}-P^{RE}-BRUNO-LOUIS-EMMA-NUEL, cadet, natif de Bailleul proche Fauville, pays de Caux en Normandie, † par. St-Jean de la Citadelle 12 févr. 1733, à 20 ans.

BAILLEUX ANNE-M^{TE}. V. Poirot.

BAILLIVY (DE). I. NICOLAS-F^{ois}, fils de N^{as}-F^{ois} et de Dorothée *de Gournay*, sgr de Sigismond, Xonville et Merville, épousa M^{ie}-Barbe-F^{oise} *de Haut de Rodange*, dont il eut :

1. N^{as}-François, † par. St-Gengoulph 14 juin 1759, à 13 ans.
2. Charles, à l'enterrement du préc.
3. Barbe, † à 7 ans 1/2, par. St-Gengoulph 9 juil. 1759.
4. Louise, mariée à F^{ois} de Curel.
5. Marie-F^{oise}, par. St-Gengoulph 23 janv. 1754.
6. F^{ois}-Ignace, parrain de la préc.
7. Charlotte-Henriette-M^{ie}, marraine de la préc.

II. Divers.
1. ANTOINETTE. V. Foës et de Viserny.
2. BARBE. V. Jobal.
3. MARIE. V. Dattel.
4. M^{ie}-ANNE et ANNE-GERMAINE-ROSALIE. V. Potier I.

BAILLON THÉRÈSE. V. de la Tournelle.

BAILLOT SARA. V. Cellier III.

BAILLY. I. GABRIEL, [d^r en Sorbonne, abbé de St-Léon de Toul, chan. de la cathédrale, successeur de Bossuet comme archidiacre en 1667, g^d chantre en 1679, † 15 janv. 1709, à 81 ans. Deux de ses neveux furent chan. de la Cathédrale : N^{as}, reçu 30 oct. 1664, † 22 févr. 1723 ; un autre du même nom reçu 30 juin 1694. Biog. du Parl^t et registres de l'Evêché].

II. J^N-GORGON, greffier commis au parl^t, eut d'Anne *Poinsignon*, son épouse, par. Ste-Croix :

1. Catherine, 16 juil. 1708.
2. Anne-M^{ie}, 10 avril 1710.

III. ANNE, épouse de N*** de Brion, cap. au rég^t de Piémont, fut marraine par. St-Jean de la Citadelle 4 déc. 1677.

IV. M^{IE}-ANNE-ÉLISABETH. V. de Cosne.

V. M^te-Gilette. V. de Chinot.

BAINE (de) M^ie-Anne-Nicole. V. de Verpy.

BAINVILLE (de) Charlotte. V. des Guyots.

BAJET (de) J^n-B^te-Alexandre, lieut. au rég^t royal cavalerie, natif de la Vis de Lomaigne en Guyenne, fils des † Antoine, chev. de St-Louis, ancien cap. au dit rég^t, et M^te de Massot, domicilié à Belfort, épousa, étant âgé de 32 ans, par. St-Maximin 13 janvier 1778, Suzanne *de Godernaux*, âgée de 22 ans, fille de J^n-F^ois de Godernaux, chev. de St-Louis, ancien cap. de dragons dans la légion royale, et d'Anne-F^oise-Antoinette-Suzanne de Grassy; à ce mariage, Ch^les-Mathieu, b^on de Lavaux, cap.; J^n-Ch^les de Maclot, lieut.: tous deux du rég^t du défunt; J^n Laliman, lieut. au rég^t de Limozin; Henry Chautant, substitut honoraire au parl^t; F^ois-Godefroy-Maximilien Goulet de Montlibert, ancien cap. d'infanterie au rég^t royal Wallon, à la suite de Metz.

BALANNES (de) François, cap. de cavalerie, gentilhomme de Mgr le Prince de Parme, eut de Théodore-M^ie *Lechastel de Vianne*, son épouse, M^ie-Anne, 2 août 1682; les cérémonies du baptême lui furent suppléées, par. Ste-Croix 2 sept. 1689.

BALAY Denise. V. Raillard de Granvelle.

BALBO. I. Didier, natif de Pareid en Woëvre, prévôté d'Étain, treize de la justice de Metz, chev. de St-Pierre et de St-Paul de Rome, † 21 avril 1646, à 86 ans, inhumé en l'église de St-Vincent. Il avait épousé [25 avril 1615, Metz Msc 206] Urbane, fille de Balthasar de Gournay de Talange, et de Quentine Munier, laquelle mourut par. St-Marcel 15 janv. 1667. De leur mariage étaient nés ibid.:

1. *Nicolas*, 5 mars 1620; lequel suit.
2. Bertrand, 12 mai 1623; sgr de St-Jean, lieut. d'infanterie, † par. St-Martin 18 févr. 1703.
3. Madeleine, mariée à N*** de Pencisque, puis à F^ois de Pugeol.

II. Nicolas, fils du préc., éc., sgr de Colligny, † par. St-Marcel 15 mars 1670. Il avait épousé [par contrat du 24 mai 1667, Metz Msc. 206] Suzanne *de Lespingal*, dont il eut par. St-Marcel:
1. *Auguste-N^as*, 15 avril 1668; lequel suit.
2. Bernard-Louis, 13 juin 1669.
3. Anne-Suzanne, 26 juil. 1670.

III. Auguste-N^as, fils du préc., éc., sgr de Colligny, cap. au rég^t de Boufflers, épousa, par. Ste-Ségolène 22 nov. 1695, Anne *Besser*, † par. St-Marcel 2 mars 1734. De leur mariage était née Ameline, mariée à J^n-N^as Maclot.

IV. Nicolas eut d'Anne *Barthélemy*, son épouse, Laurette, par. St-Georges 7 sept. 1649.

V. Louise. V. du Halt.

BALESTRIE (de) Anne-Charlotte. V. de Zouche de la Lande.

BALET (de) Salomée. V. Richard.

BALLARD D'INVILLERS M^ie-Anne-Catherine-Madeleine. V. Perrin des Almons II, 8.

BALLAZE Madeleine. V. Revoirat.

BALLIÈRES (de) J^ques-Isidore, chev. de St-Louis, cap. au rég^t royal Barrois, † par. Ste-Ségolène 27 août 1773. Il avait épousé M^te *Perdrix*, † par. Ste-Croix 15 janv. 1753; à son enterrement, son fils d'un premier mariage, J^n-B^te Maclot, anc. cap. des grenadiers au rég^t d'Alsace.

BALLON Catherine. V. Louis.

BALON Jeanne. V. Cabouilly III.

BALONFAU (de) Anne-Philippe-Xavier. V. de Mathelin.

BALTHASAR (de). I. Jérôme, éc., sgr de St-Goin de la Toison d'or, fut parrain représenté, par. St-Eucaire 24 juin 1667.

II. Armand-Louis, chev., cap. au rég^t royal Allemand cavalerie, fils des † J^n-Armand, chev., b^on de Prangin, sgr de Vezancy, command^t un bataillon suisse au service de Sa Majesté et command^t au pays de Gex, et M^ie-Louise de Roset, épousa, par. St-Gengoulph 10 juin 1733, Anne-Louise

3

Le Vayer ; le mariage fut célébré en l'église Ste-Glossinde en présence de Mlle-Éléonore Hotmant, abbesse de Ste-Glossinde. — Anne-Louise le Vayer mourut par. St-Gengoulph 27 mars 1766. Du susdit mariage étaient nés par St-Martin :

1. P^{re}-Éléonore-Louis-Armand, 10 mars 1734 : p. Marc-Louis-Isaac de Balthasar, chev., major au rég^t suisse de Diesbach, sgr de Vezancy ; m. Pierrette-M^{ie}-Anne Beaudesson, v^{ve} de Philippe-Charles Le Vayer, conseiller au parl^t, g^d-mère mat. de l'enfant.
2. *Louis - Armand - Thérèse - Alexandre*, 10 août 1736 : p. Alexandre de Balthasar, chev., command^t un bataillon du rég^t de Bourguis ; m. Thérèse de Verthamon, épouse de Marc-Louis-Isaac de Balthasar, major au rég^t de Diesbach. — Lequel suit.
3. Louise, m. de sa nièce ci-dessous III, 2.

III. Louis-Armand-Alexandre-Thérèse *de Balthasar de Gachéo*, fils du préc., cap. au rég^t suisse de Diesbach, chef de bataillon (1774), lieut.-colonel (1781), épousa [à Hayange 7 janv. 1767⁽¹⁾] Anne-M^{ie}-Louise *de Wendel*, dont il eut :

1. Anne-M^{te}-J^{ne}-Caroline, par. Ste-Croix 31 oct. 1767 : p. Jⁿ-Ch^{les} Le Vayer, conseiller chev. d'honneur au parl^t ; m. Anne-M^{te} d'Hausen, épouse de Mr de Wendel, sgr d'Hayange et autres lieux. [Elle mourut à Florange près Thionville en 1836.]
2. Casimire-Charlotte-L^{se}, par. St-Gorgon, rue du H^t-Poirier, 24 juin 1769 : p. Ch^{les} de Wendel d'Hayange, son aïeul ; m. Louise de Balthasar, sa tante.
3. F^{ois}-Louis-Ignace, par. St-Victor 23 avril 1771 : p. F^{ois} de Wendel, cap. au corps royal artillerie ; m. Reine de Wendel ; oncle et tante de l'enfant. — [Cap. d'artillerie, il mourut sur l'échafaud révolutionnaire, place de l'Égalité à Metz, 25 oct. 1793.]
4. P^{re}-Louis-Victor, ibid. 24 oct. 1774 : p. P^{re} d'Hausen, éc., ancien cap. de cavalerie au rég^t de Nassau, représenté par Benoît de Wendel d'Hayange, lieut.

au rég^t de Foix infanterie, oncle mat. de l'enfant ; m. Catherine de Wendel d'Hayange, tante mat. de l'enfant, épouse de Jⁿ-Louis-Victor de Jacob de la Cottière, cap. aide-major au même rég^t.
5. Alexandre-Georges-Louis⁽¹⁾, ibid. 31 oct. 1781 : p. Georges, v^{te} de la Tournelle, brigadier des armées du Roi, représenté par Louis-Ignace-F^{ois}, frère de l'enfant ; m. Louise de Marion, c^{esse} de la Tournelle, représentée par Casimire-L^{se}, sœur de l'enfant.

BALTHAZARD Marguerite et Jean. V. de Maidy III.

BALTUS. I. Jean, successivement aman de St-Georges (1652), de St-Livier (1658), de St-Eucaire (1661), † par. St-Martin 2 mai 1683. Il avait épousé : 1° Catherine N***, qui fut marraine par. St-Victor 30 janv. 1648 ; 2° par. St-Martin 23 sept. 1658, Mlle *Charpentier*, † proche la collégiale de St-Thiébaut, 6 mars 1684, à 54 ans.

Du premier mariage naquirent par. St-Victor :

1. Dieudonnée, 21 avril 1652.
2. Jⁿ-Philippe, 2 juin 1655.
3. Balthasar-Michel, 3 oct. 1656.

---

(1) Alexandre-Georges-Louis, chev. de la Légion d'honneur, officier supérieur, receveur gén^l du dép^t de la Loire à Montbrison, y mourut 28 juin 1848. Il avait épousé Charlotte Thürck, dont il eut :
1. *Léopold-Victor-Alexandre*, né à Hayange 4 févr. 1810 ; lequel suit.
2. Casimir-Victor-Alexandre, ibid. 11 nov. 1811 ; peintre d'histoire, chev. de la Légion d'honneur, il épousa, à Toul 30 sept. 1856, Joséphine Berthemot, et mourut à Paris 8 févr. 1876, sans laisser de postérité.
3. F^{ois}-Casimir-Louis, né au château de la Quint, 2 juin 1816 ; sergent des zouaves, tué en Afrique 15 mai 1840.
4. Caroline, née 22 avril 1820 ; mariée 8 févr. 1842 au v^{te} de Pina ; † à Bazas (Gironde) en 1858, sans postérité.

Léopold-Victor-Alexandre, fils du préc., receveur des finances à Réthel (Ardennes), épousa, 22 avril 1840, Mlle Despine, dont il eut :
1. Georges-P^{ie}, né à Gap (Hautes-Alpes) 26 nov. 1841 ; officier de cavalerie, marié 30 juin 1874 à Mlle Decruejouls, dont postérité.
2. Félix-Armand, né à Annecy 2 mai 1850, ingénieur.
3. Louis-Joseph, né à Bazas (Gironde) 26 févr. 1852 ; d^r en médecine, aide-major attaché au 4e chasseurs d'Afrique à Mascara.
4. Un jumeau du préc., mort en bas âge.
5. 6. 7. Deux fils et une fille, morts en bas-âge.
8. Armand-Joseph-Léopold, né 8 janvier 1858 ; en 1881 élève à l'École de cavalerie de Saumur (*Généalogie de Gargan*).

---

(1) Voir, pour les détails entre [ ], la *Généalogie historique de la Maison de Gargan*, Metz, 1881, p. 184-185.

Du second mariage naquirent par. St-Martin :

4. *Louis*, 10 août 1659; lequel suit.
5. Jacques, 5 juin 1661.
6. Jean, 27 oct. 1663.
7. M^{ie}-Marguerite, 30 avril 1666.
8. François, 10 juin 1667. [C'est le célèbre jésuite qui fit une réponse à l'Histoire des Oracles de Fontenelle. Il mourut bibliothécaire du collège de Rheims en 1743. Biog. du Parl^t, et Biog. de la Moselle par Bégin.]

II. LOUIS, fils du préc., notaire, † par. St-Martin 30 déc. 1720. Il avait épousé, par. St-Marcel 18 févr. 1688, Catherine *Fornachon*, † par. St-Martin 21 janv. 1719. De leur mariage naquirent par. St-Martin :

1. *Jacques*, 28 janv. 1690; lequel suit.
2. Louis, 18 févr. 1691.
3. Anne-Adriane, 25 févr. 1692.
4. Nicolas, 1er mars 1693 : p. N^{as} Binot, chev., sgr de Soulteville, commandeur des ordres royaux de N.-D. du Mont-Carmel et de St-Lazare, conseiller du Roi et gentilhomme ordinaire de sa maison; m. M^{te} Jeoffroy, épouse de F^{ois} Raffy.
5. Élisabeth, 25 avril 1694.
6. Antoine-F^{ois}, 30 juin 1695.
7. Catherine-Honorée, 13 avril 1699.
8. Alexandrine-Maximilienne, 22 août 1702.
9. Claude, 10 juin 1704.

III. JACQUES⁽¹⁾, fils du préc., avocat au parl^t, puis notaire et échevin de l'hôtel de ville, † par. St-Martin 18 août 1760. Il avait épousé M^{te}-J^{ne} *Collin*, dont il eut :

1. *Ch^{les}-François*, par. St-Martin 5 mars 1727; lequel suit.
2. Jacques, lequel suivra V.
3. Agnès, mariée à Guillaume-F^{ois} de Cabanes.
4. M^{ie}-Madeleine, mariée à P^{re}-Étienne Darlu de Roissy.

IV. CH^{LES}-FRANÇOIS⁽¹⁾, fils du préc., conseiller au bailliage, puis conseiller honoraire, avait épousé, par. St-Marcel 13 févr. 1753, Madeleine *Morgue*, dont il eut ib:d. :

1. Antoine-J^{ques}, 3 déc. 1753.
2. Jacques-F^{ois}, 28 nov. 1755.
3. Charles, 11 avril 1757.
4. P^{re}-Étienne, 11 juin 1758.
5. Anne-Élisabeth, 16 janv. 1760; † 12 janv. 1762.
6. M^{ie}-Catherine, 11 janv. 1762.
7. Agnès-M^{te}-Bonne, 6 avril 1763.
8. Agnès-Élisabeth-Nicole, 23 janv. 1766.
9. Agnès-Anne, 2 août 1767.
10. Antoine, 19 nov. 1770.
11. Robert, 20 nov. 1771.
12. Anne-Élisabeth, 5 août 1774.

V. JACQUES, frère du préc., contrôleur des guerres, sgr de Pouilly, eut de M^{ie}-Virginie *Perrot de Galbert*, son épouse :

1. Auguste-J^{ques}-N^{as}, par. St-Gengoulph 6 mai 1763; il fut baptisé par Brice-N^{as} Baltus, chan. de St-Antoine; son parrain fut Ch^{les}-N^{as}-Baltus, curé de Grandchamp au diocèse de Sens.
2. Ambroise-Michelle-Agnès-M^{ie}, ibid. 2 avril 1764.
3. Basile-Guy-M^{ie}-Victor⁽²⁾, ibid. 2 janv. 1766 : p. Guy Perrot de Galbert, curé de Châtillon-sur-Broué, diocèse de Troyes, représenté par Jⁿ-Victor-Léon Fère de Rouville, aspirant à l'école d'artillerie, fils de Ch^{les} chev. de Rouville, ancien cap. au rég^t de la marine.
4. Abel-Bernard-F^{ois}, ibid. 3 mars 1767.
5. Adélaïde-M^{ie}-Madeleine-Sophie, par. St-Martin 9 oct. 1769; † à Pouilly, 16 sept. 1770.
6. Alexandre-Michel, ibid. 28 mars 1771.
7. Adélaïde-J^{ne}-M^{ie}, ibid. 4 mai 1772.

---

(1) L'auteur du *Journal de ce qui s'est fait à Metz au passage de la Reine* Marie Leczinska en 1725, et des *Annales de Metz*, 1724 à 1759. (Biog. du Parl^t.)

(1) Pendant la Terreur, il fut poursuivi devant le tribunal criminel du dépt de la Moselle, qui, par jugement du 27 juin 1793, le condamna au bannissement à perpétuité et à la confiscation de ses biens, comme coupable d'avoir fait passer des secours à des émigrés. (Biog. du Parl^t.)

(2) Cap. d'artillerie quand la révolution éclata, il gagna la croix d'officier de la légion d'honneur à Austerlitz, fut créé baron de l'Empire en 1811, fit comme général de brigade les campagnes de 1812 et 1813, et commanda en 1815 l'école d'application de Metz. Il est inhumé au cimetière de Pouilly près Metz. Son nom est inscrit sur le côté nord de l'arc de triomphe de l'Étoile à Paris. (Biog. du Parl^t.)

VI. JACQUES, intéressé dans les affaires du Roi, épousa Victoire-Benoîte *Depival*, † à 22 ans, par. St-Simplice 11 oct. 1760 : à son enterrement, Ch^{les}-F^{ois} Baltus, ci-dessus IV, son cousin ; Étienne Darlu de Roissy, son cousin par alliance.

VII. ODILE, † par St-Eucaire 3 mars 1661, à 30 ans.

BAMCHELT N***, chev., b^{on} de Rivierre, avait épousé Mlle *Couvreur*, † par. Ste-Croix 27 janv. 1738, à 92 ans.

BAN (DE) OU DE BANNE THOMAS, cap. de cavalerie au rég^t de St-Germain-Beaupré, en garnison à Verdun, natif de Londres, fils de mylord Henry, chev. b^{on}, et de M^{ie} Harvy, épousa, par. St-Martin 16 mars 1717, Anne-Catherine *de Montagnac*, dont il eut Ch^{les}-Gabriel, par. St Gengoulph 7 sept. 1723 : p. Ch^{les}, c^{te} d'Estaing ; m. Gabrielle Georges, v^{ve} du s^r Redoubté, représentée par Mlle-Suzanne Redoubté, aïeule de l'enfant.

BANATÉ FRANÇOIS. V. Prévost.

BANCELIN. I. CHRISTOPHE, R. P. R., orfèvre, épousa, 3 nov. 1596, Rachel *Lallemand*, fille de † Philippe Lallemand, de laquelle il eut :
1. Anne, 4 janv. 1602 ; mariée à Abraham Grandjambe.
2. Samuel, 22 juil. 1612.
3. Suzanne, mariée à Jⁿ de Bize.
4. Philippe, marié [par contrat du 30 mars 1623] à Gédéon de Hégin, tailleur d'habits.

II. JEAN, R. P. R., m^e-orfèvre, épousa, 20 janv. 1602, M^{ie} *Willaume*, fille de † Claude Willaume, cordonnier, de laquelle il eut :
1. Marie, 1er nov. 1602 ; mariée à Samuel de Magny.
2. Esther, 21 mai 1606.
3. *David*, 18 juin 1608 ; lequel suit.
4. *Jean*, qui suivra.
5. Paul, 13 oct. 1613 ; il épousa, 19 déc. 1638, Judith *Sio*, v^{ve} de Jⁿ Roc, m^d, et mourut par. St-Eucaire, rue du Champé, 29 janv. 1715.

III. DAVID, R. P. R., fils du préc., m^e-orfèvre, épousa, 22 nov. 1637, Anne *Werillon, aliàs Woirillon*, v^{ve} de Jⁿ Halloy, tanneur, laquelle mourut 13 août 1685, à 71 ans. De leur union naquirent :
1. Paul, 18 sept. 1638.
2. David, 27 août 1641.
3. Judith, 10 janv. 1645.
4. Jean, 10 sept. 1649.

IV. JEAN, R. P. R., frère du préc., m^e-orfèvre, épousa, 23 août 1637, Esther *Marchand*, fille de Jean Marchand, bourgeois, de laquelle il eut :
1. Esther, 29 nov. 1638.
2. Jean, 30 oct. 1639.
3. Esther, 12 avril 1643.
4. Aimée, jumelle de la préc.
5. Louis, 5 sept. 1644.
6. Judith, 2 sept. 1645.
7. Pierre, 11 janv. 1648 ; il épousa, 18 nov. 1671, Suzanne *Monlaigu*, dont il eut, 11 août 1672, Suzanne, † 22 suiv.
8. *Paul*, 10 janv. 1650, lequel suit.
9. Esther, 13 janv. 1653.

V. PAUL, R. P. R., fils du préc., sgr de Nouilly, épousa, 26 août 1674, Judith *Volleben*, âgée de 20 ans, fille de † Jean Volleben, bourgeois, et d'Anne Chevillette, de laquelle il eut :
1. Pierre, 26 avril 1677.
2. Pierre, 14 juin 1678 ; à un enterrement par. St-Simplice 22 sept. 1723, il est sgr en partie de Nouilly et lieut. au rég^t de dragons Dauphin.
3. Anne, 19 févr. 1680 ; † 8 juil. suiv.
4. Louis, 15 févr. 1681 ; † par. St-Eucaire, rue Mabile, 16 juin 1751.
5. Paul, 25 févr. 1683 ; officier dans la milice de Metz, † par St-Eucaire 12 oct. 1762.
6. Anne, 9 mars 1685 ; † par St Eucaire 8 mai 1766.
7. Barbe, † à 43 ans, par. St-Eucaire 9 juin 1739.
8. Jean, à l'enterrement de la préc.

VI. GÉDÉON, R. P. R., m^d, fils d'Étienne, bourgeois, épousa, 19 janv. 1603, Anna *Jacobé*, fille de N^{as} Jacobé, m^d, de laquelle il eut :

1. *François*, 22 mars 1606; lequel suit.
2. Pierre, 31 août 1608.
3. Anne, 4 avril 1612; mariée à Jⁿ Blaise.
4. Élisabeth, 3 août 1614; mariée à P^{re} Jassoy, diacre.
5. Sara, 4 oct. 1615.
6. Jeanne, 30 août 1617.
7. Suzanne, 3 mars 1619.
8. Gédéon, 17 déc. 1621.
9. Charles, 24 sept. 1623.
10. Marie, 7 mai 1628.
11. Marie, 17 mars 1630.
12. *Jean*; lequel suivra.

VII. FRANÇOIS, R. P. R., fils du préc., treize, conseiller du m^e-échevin, † 25 oct. 1680. Il avait épousé : 1° 8 oct. 1628, Mlle *Gauvain*; 2° Mlle *Dommangin*, fille de F^{ois} Dommangin, bourgeois, laquelle mourut 19 août 1682.

Du premier mariage naquirent :
1. François, 7 oct. 1629.
2. Anne, 6 juil. 1631.
3. François, 22 sept. 1632; ministre à Meaux, il épousa, 1er mai 1661, Anne *Ferry*, dont il eut Paul, qui abjura le protestantisme, par. St-Gorgon 16 avril 1728.

Du second mariage naquirent :
4. Marie, 3 juil. 1638.
5. Charles, 24 juin 1640; cy-devant cap. au rég^t de Navarre, au décès de sa mère.
6. Louis, 30 août 1644.
7. Marie, 13 avril 1648.
8. Esther, 7 juin 1649.
9. Judith, 19 oct. 1650.
10. Anne, 23 janv. 1652.
11. Paul, 19 juin 1653.
12. Marie, 11 sept. 1655.
13. Jeanne, 7 avril 1658.
14. Jeanne, 23 mai 1660.

VIII. JEAN, R. P. R., frère du préc., épousa, 22 nov. 1637, Anne *Gauvain*, dont il eut :
1. Anne, 25 mars 1639.
2. Jean, 18 mars 1640.
3. *Pierre*, 30 mai 1641; lequel suivra.

IX. PIERRE, R. P. R., fils du préc., magistrat de la ville, épousa : 1° 27 sept. 1665, Madeleine *Alexandre*; 2° 26 janv. 1676, Madeleine *Vernier*, âgée de 27 ans, fille de David Vernier, dem^t à Bussy-au-Bois en Champagne, et de J^{ne} Morel.

Du premier mariage naquirent :
1. Élisabeth, 4 juil. 1666.
2. Marie, 26 déc. 1669.
3. Judith, 1er nov. 1671.
4. Élisabeth, 30 mars 1674.

Du second mariage naquirent :
5. Madeleine, 21 avril 1677; † 29 suiv.
6. David, 5 juil. 1681; † 23 oct. 1682.
7. Elvire-P^{re}, par. Ste-Croix 29 janv. 1690 : p. Elvire de Saintignon, chev., sgr de Villers-le-Prudhomme; m. Mlle de Givry.

X. PAUL, R. P. R., m^d, épousa, 27 déc. 1658, F^{oise} *Mangeol*, dont il eut :
1. Louis, 7 déc. 1659.
2. Paul, 9 juil. 1662; éc.; cap. d'infanterie, † par. Ste-Croix 2 déc. 1735.
3. Françoise, 22 nov. 1665.
4. Esther, 2 mars 1668; † 16 juin 1669.

XI. JEAN, R. P. R., eut pour épouse M^{te} N***, marraine 27 sept. 1562.

XII. BASTIEN, R. P. R., eut d'un premier mariage Abraham, 2 juil. 1564. Il épousa en secondes noces, 17 mai 1592, M^{te} N***, v^{ve} de Marc Baudinat.

XIII. PIERRE, alias ERIC, ancien cap. d'infanterie au rég^t de Piffonde, † à 50 ans, par. Ste-Croix 11 mai 1738. Il avait épousé F^{oise}-Élisabeth *le Grand*.

XIV. Divers.
1. EDMÉE. V. Boudat.
2. JEAN. V. de Vigneulles II.
3. JUDITH. V. Jassoy X.
4. MARIE. V. François XIII, 1.
5. PHILIPPE. V. de Hodin.

BANNAY (DE). I. ANNE, épouse du s^r de Frénicourt, fut marraine par. Ste-Croix 22 mai 1603.

II. MADELEINE, fut marraine ibid. 13 juil. 1603.

BANSENEL DE MION (DE), alias BENCENEL GENEVIÈVE. V. de St-Germain et le Maillot II.

BANT DE LA COUR (DU). I. M¹ᵉ-LOUISE. V. de Belchamps VII.

II. CATHERINE-HENRIETTE. V. de Belchamps VIII et de la Cour IV.

BAPTISTE M¹ᵉ-CATHERINE. V. de Malarme.

BAQUÉ GRATIANE. V. de Narbonne.

BAR CATHERINE. V. de Ville VI.

BAR (DE). I. ARMAND-RAYMOND, éc., chev. de N.-D. du Mont-Carmel et de St-Lazare de Jérusalem, lieut. au rég^t de Béarn, † à 30 ans, par. St-Jean de la Citadelle 8 oct. 1771.

II. JEAN, [prévôt de St-Thiébaut, d^r *in utroque jure*, † à 65 ans, 28 nov. 1700, inhumé en l'église collégiale de St-Thiébault. Msc. Epit.]

III. ANTOINE, [chapelain de l'hôpital St-Nicolas, † à 40 ans, 5 juin 1766, inhumé en la chapelle dudit hospice. Msc. Epit.]

IV. JACQUES, huissier au bureau des finances, lieut. command^t la compagnie de bourgeois de la par. St-Étienne, † à 66 ans, ibid. 1er mars 1710. Il avait épousé Barbe *Barthélemy*, † par. Ste-Ségolène 12 nov. 1698, à 53 ans.

V. Divers.
1. JEAN. V. de Laborde.
2. J^n-BAPTISTE. V. Sainsère.
3. MARGUERITE. V. Renaudin III.
4. RENÉ. V. d'Orléans.

BARAIL (DU). V. du Barrail.

BARAL (DE) CLAUDE, éc., sgr. de St-Germain, jadis cap. en la garnison de Metz, † par. St-Martin 21 sept. 1623, à 81 ans.

BARALIS (DE) M^{te}-CHARLOTTE. V. Jeoffroy XIII.

BARANDIÉRY DE MONTMAYEUR DES HUILES J^n-FRANÇOIS, c^{te} Dessuile, *aliàs* d'Esseville, *aliàs* des Huiles, chev. de St-Louis, cap. au rég^t de Touraine infanterie, âgé de 40 ans, fils des † F^{ois}-Louis, v^{te} de la Gorge, gén^l de l'artillerie de S. M. le Roi de Sardaigne, et M^{ie}-Anne-Joséphine de la Chaussée d'Eu, née v^{tesse} héréditaire et perpétuelle du comté d'Eu,

épousa, par. St-Simplice, 15 avril 1760, Claire-Anne-Louise *Bertrand* : au mariage, René-F^{ois} Foucquet, ami de l'époux et oncle à la mode de Bretagne par alliance de l'épouse ; Henry Royer, b^{on} de Monclot, chev. de St-Louis ; Claude-F^{ois} Bertrand, éc., et N^{as}-Louis Bertrand, éc., lieut. au rég^t de Touraine, frères de l'épouse ; Louis-Claude de Lescure, éc., conseiller au parl^t, son oncle ; Louis-F^{ois} Bertrand, éc., conseiller au parl^t, et Louis-Claude-Gabriel, avocat au parl^t, ses oncles à la mode de Bretagne ; P^{re} de Beausire, éc., chev. de St-Louis, colonel brigadier de la brigade de son nom au corps royal artillerie, son oncle à la mode de Bretagne par alliance. — Claire-Anne-Louise Bertrand mourut par. St-Maximin 4 juin 1769. De leur mariage naquirent :

1. M^{ie}-Louis-F^{ois}, par. St-Simplice 18 sept. 1761 : p. Louis-P^{re} Bertrand de Chailly, son aïeul ; m. Antoinette-F^{oise} d'Alvaredo, épouse de messire Roger, b^{on} de Chefdoël, sa g^d tante, représentée. Il était cap. au rég^t royal Champagne cavalerie en 1781.

2. Louise-M^{te}, par. St-Martin, rue Chaplerue, 26 sept. 1763 : p. Louis-Claude de Lescure, éc., conseiller au parl^t, g^d-oncle mat. ; m. M^{ie}-Henriette Salomon, épouse de Louis-P^{re} Bertrand de Chailly, conseiller au parl^t, son aïeule mat.

3. F^{oise}-Anne-Louise, par. St-Maximin 17 janv. 1767 : p. F^{ois}-Bruno de Barandiéry, chev., c^{te} de la Chaussée d'Eu, chev. de St-Louis, oncle pat., représenté par N^{as}-Louis Bertrand d'Oberwies, oncle mat. ; m. Anne Bertrand, épouse de Louis-Claude de Lescure, conseiller au parl^t, g^d tante mat.

BARAT, *aliàs* **BARRAT**. I. JEANNE. V. Huot de Grandcour.

II. MARGUERITE. V. Charuel.

III. SÉBASTIENNE. V. Hussenot.

BARAT DE BONCOURT (DE). I. J^{PR}-FLORIMOND, chev., sgr d'Ozerailles, cap. au rég^t de Pont cavalerie, † à 81 ans, par. St-Livier 13 déc. 1767. Il avait épousé M^{ie}-Catherine *d'Escrot d'Estrée*, † à

71 ans, ibid. 16 déc. 1763. De leur mariage étaient nés :

1. J^{ph}-Philippe, qui suit.
2. Nicole, mariée à Alexandre de Chièvres.

II. J^{ph}-PHILIPPE, fils du préc., cap. au rég^t de marine infanterie, épousa : 1° Barbe-Nicole de Rosières; 2° par. St-Marcel 7 janv. 1763, M^{te} Bernard, âgée de 32 ans, fille de J^{ques} Bernard et de M^{te} Hennequin, de Bouligny, diocèse de Verdun. Du premier mariage naquit Henry-Louis, † par. St-Marcel 2 mars 1766.

III. LOUIS-F^{ois}, ancien commissaire de marine, † à 83 ans, par. Ste-Croix 30 mars 1721.

IV. Divers.
1. FRANÇOISE. V. de Sampy.
2. LOUISE. V. Joly.
3. M^{ie}-ANNE-CHARLOTTE-CÉCILE. V. d'Arros IV.

BARAU DE PEUGHÉ HENRY-LOUIS, éc., chev. de St-Louis, sgr de Peughé, command^t le second bataillon du rég^t royal infanterie en garnison à la citadelle, † par. St-Jean de la Citadelle 7 avril 1749, à 68 ans, « après 49 ans de service sous les rois Louis XIV et Louis XV » : à son enterrement, ses neveux N*** de Froment, N*** chev. de Froment et N*** de Champau, tous trois cap. au susdit rég^t ; de Sorin, major; de Frouard, cap.

BARAUD (DE) PIERRE, sgr de Lugny, épousa, par. St-Eucaire 5 janv. 1660, M^{ie}-F^{oise} de Tillon.

BARBA. I. JEAN, sergent royal au parl^t, eut de Mlle Monise, son épouse :
1. Marguerite, par. St-Gorgon 11 juin 1737.
2. Anne, ibid. 5 juil. 1740.
3. Catherine, par. St-Victor 18 juil. 1743.
4. F^{ois}-Alexis, qui suit.

II. F^{ois}-ALEXIS, fils du préc., sergent royal au parl^t, épousa, étant âgé de 34 ans, par. Ste-Croix 21 mai 1765, Anne le Bugnet, âgée de 29 ans, fille de † Antoine-F^{ois} le Bugnet, greffier en chef de la juridiction consulaire, et de M^{ie}-J^{ne} Brussaux. De leur mariage naquirent ibid. :

1. M^{ie}-Anne, 16 mai 1766.
2. N^{as}-F^{ois}-de-Paule, 26 juin 1767.
3. M^{ie}-Josèphe, 3 juin 1768.
4. J^n-B^{te}-Dieudonné, 3 juil. 1769.
5. Barbe-Appolline, 9 févr. 1773.
6. J^n-Alexis, 21 juil. 1775.

BARBÉ. I. MATHIEU [eut pour épouse J^{ne} Goulot; tous deux † en 1667, inhumés par. St-Marcel. Msc. Epit.]

II. JEAN, maire royal de Borny, épousa : 1° F^{oise} Mathieu; 2° par. St Livier 9 nov. 1699, Catherine Lapied, v^{ve} de Louis Henrion, cultivateur.

III. CHARLES, frère du préc., sgr en partie de Borny, épousa : 1° Eve de la Cour, † à 58 ans, par. St-Étienne-le-Dépenné 31 oct. 1714; 2° Barbe Pierson, † à 37 ans, ibid. 28 nov. 1716. Du premier mariage naquirent :

1. Ch^{les}-Jean, quartier-juré, à l'enterrement de sa mère.
2. Jean, qui suit.

IV. JEAN, fils du préc., sgr voué en partie du ban St-Vincent de Borny, bourgeois, un des quartiers-jurés de la ville, épousa : 1° par. St-Livier 22 févr. 1707, M^{ie}-M^{te} Collin, fille de Christophe Collin, de son vivant greffier à Thiaucourt, et de M^{ie} Guillaume ; 2° par. Ste-Croix 20 avril 1717, Catherine Job, † par. St-Étienne-le-Dépenné 28 août 1765.

Du premier mariage étaient nés :
1. Charles, au mariage de J^n Sébastien, son frère.
2. F^{ois}-Étienne, qui suit.

Du second mariage étaient nés :
3. J^n-Sébastien, par. Ste-Croix 30 nov. 1718; officier au rég^t royal Bavière, il épousa, par. Ste-Ségolène 24 juil. 1753, M^{ie}-Madeleine Laurendeaux, âgée de 29 ans, fille de † Vincent Laurendeaux, m^d à Soissons, et d'Anne Bourache : au mariage, F^{ois}-N^{as} Laurendeaux, m^d à Soissons, frère de la mariée; Philippe-César de Longeville, officier d'artillerie, son cousin issu de germain. — M^{ie}-Madeleine Laurendeaux mourut par. Ste-Ségolène 24 sept. 1755. De leur mariage était né J^n-F^{ois}, † par. St-Maximin 14 oct. 1757, à 3 ans.

V. F^ois-Étienne, fils du préc., m^d magasinier, puis conseiller du Roi, dir. et trés. particulièr de la monnaie, † par. St-Simplice 24 juin 1783, à 70 ans. Il avait épousé, ibid. 4 oct. 1740, Anne *Mary*, fille de J^ques Mary, m^d, et de M^ie Vaudois, de laquelle il eut :

1. *François*, par. Ste-Croix 31 janv. 1745 ; lequel suit.
2. Ch^les-François, par. St-Simplice 19 juil. 1750.
3. Étienne, ibid. 7 août 1755.
4. Étienne, ibid. 2 mars 1758.
5. Ch^les-César, curé de St-Georges de 1762 à 1779.
6. Nicolas, à l'enterrement de son frère ci-dessous 9.
7. M^ie-Anne, mariée à F^ois-Christophe de Kellermann.
8. Marguerite, mariée à J^n-Louis Sauvage.
9. François, † à 15 ans, par. St-Simplice 27 août 1763.

VI. François, fils du préc.; le célèbre Barbé de Marbois(1), fut conseiller au parl^t, puis député de la même cour à Paris. Etant consul gén^l de France et chargé des affaires de S. M. Très-Chrétienne auprès des États-Unis, il avait épousé Élisabeth *Moore*, dont il eut :

1. M^ie-Anne-Sophie, née en Amérique 2 avril 1785 : p. P^re-F^ois Barbé de Marbois, vice-consul de France dans l'État de Rhode-Islande ; m. Catherine Fitz-Simons, épouse du sieur Fitz-Simons, éc., ancien député du congrès américain. Elle était morte à la date du 10 avril 1788. — L'acte de baptême fut inscrit aux registres de la par. St-Simplice de Metz par l'entremise de J^n-Louis Sauvage, avocat au parl^t, oncle par alliance de l'enfant, lequel fit inscrire de même l'acte de baptême de la suivante.
2. Élisabeth-Laure-Étienne, née à la par. de N.-D. du Port-au-Prince, île et côte St-Domingue, 29 sept. 1787 ; mariée au fils du duc de Plaisance, Lebrun.

VII. Marguerite. V. Pérolle.

(1) Voir sur l'origine de son nom de Marbois la *Biographie de la Moselle*, par Begin, article Barbé de Marbois.

BARBENOY Christine. V. Grandjean.

BARBERIE de SAINT-CONTEST Dominique. V. Robin.

BARBIER. I. Pierre, éc., premier huissier du parl^t, fils de P^re, bourgeois, et de Suzanne Pierson, épousa F^oise *Deshayes*, † à 24 ans, par. St-Martin 8 déc. 1788. De leur mariage étaient nés :

1. L^se-Suzanne, par. St-Victor 27 févr. 1784 ; † par. St-Maximin 31 juil. suiv.
2. Étienne-F^ois, par. St-Martin 5 févr. 1787.
3. Marie, ibid. 18 oct. 1788.

II. Divers.

1. Anne. V. de Bastogne.
2. J^n-Baptiste. V. le Chastel de Villemont.
3. M^ie-Thérèse. V. le Duc du Lardet.
4. Pierre. V. Antoine VI, 2.

BARBIER (de) J^ph-Marc-Antoine, âgé de 38 ans, natif de Béziers, cap. command^t au rég^t royal Roussillon infanterie, fils de Louis-J^n-B^te, président ci-devant présidial de Béziers, et de M^ie de Massane, épousa, par. St-Simplice 14 mars 1791, Lucie *Henry*, âgée de 22 ans : à ce mariage Henry Stanislas de Cossette, officier au rég^t de Béarn, beau-frère de l'épouse.

BARDE Marie. V. Pichon de Fontanière.

BARDOT. I. Jean, avocat, aman, notaire royal, fils de Jacques, huissier au bailliage, † à 70 ans, 9 août 1669. Il avait épousé : 1° par. St-Eucaire 15 juin 1648, M^ie *Brussaux*, fille de † Antoine Brussaux, de Lorry-devant-Metz, laquelle mourut 14 juil. 1684, à 56 ans; 2° par. St-Livier 11 févr. 1686, M^ie *Chastellier*, v^ve de N^as Henry.

II. Marie. V. le Braconnier V.

BARDOU du HAMEL Ch^les-Louis, éc., avocat au parl^t, fils de Charles, lieut.-colonel de cavalerie, et de F^oise Busselot, [† à Nancy en 1759]. Il avait épousé, par. St-Martin 6 nov. 1731, avec dispense du second degré de consanguinité, Agnès-Dieudonnée *Busselot*, dont il eut par. St-Simplice, rue de la Chèvre :

1. J^ph-Louis, 20 août 1732 : p. J^ph-Thomas

de la Rivière, éc., sgr de Redigny et Vatimont en partie, lieut. au rég^t royal artillerie ; m. M^{ie}-Anne Busselot.

2. Anne-Rose, 17 sept. 1733 : p. Michel Perot, ancien cap. de cavalerie au rég^t de Villeroy ; m. Anne-Rose Busselot.

3. D^{que}-Hyacinthe-N^{as}-Louis, 27 oct. 1734 ; [littérateur distingué, † bibliothécaire de la ville de Metz 25 août 1811. Biog. de la Moselle, I, 398 ; IV, 511].

4. Élie-F^{ois}-Antoine, 31 janv. 1737.

5. M^{ie}-Anne-Nicole, 9 avril 1738 ; [elle entra en religion chez les Sœurs de la Propagation 24 avril 1758. Metz, Arch. dép. G. 1281].

6. Paul, 3 mars 1741.

7. Anne-F^{oise}, 13 déc. 1742 ; † par. Ste-Ségolène 20 août 1785.

8. Ch^{les}-Xavier, 2 nov. 1744 ; † 25 mai 1746.

BARÉ Françoise. V. Potot.

BARETTE (DE). V. Barrette.

BARHON Françoise. V. Hébert.

BARILLON DE MORANGIS Antoine, [conseiller du Roi en ses conseils et m^e des requêtes ordinaires de son hôtel, fut l'un des commissaires nommés par Louis XIII pour l'établissement du parl^t de Metz en 1633 et pour y remplir par commission la charge de président. Il avait épousé Philiberte *d'Amoncourt*], dont il eut Antoine, intend^t de justice, police et finances en la généralité de Metz, Luxembourg et frontières de Champagne [de 1674 à 1677]. L'intend^t Antoine Barillon épousa Catherine *de Boucherat*, dont il eut une fille N***, par. Ste-Croix 30 mai 1676.

BARISEY (DE). V. de Barisy.

BARISIEN DE MARNE J^n-ADAM, fils de Jean, cy-devant avocat gén^l fiscal du comté de Ligny en Barrois, et de Claude Remy, épousa, étant âgé de 25 ans, par. Ste-Croix 20 mars 1720, Catherine-D^{que} *Marien*.

BARISY (DE), *alias* DE BARISEY.
I. MICHEL, [d'une famille originaire du Barrois, était venu au commencement du XVIe siècle s'établir à Metz, où il fut reçu au Paraige de Jurue et nommé deux fois m^e-échevin en 1532 et en 1536. Il embrassa la Réforme et mourut en 1563. Chronique de Buffet, p. 112 et 113 ; note de M. Prost]. Il avait épousé une fille de Regnault de Gournay, s^r de Villers, dont il eut :

1. *Regnault*, qui suit.

2. François, qui épousa, 26 mars 1565, Ermengarde *de Gournay*, v^{ve} de Philippe Desch.

3. *Daniel*, qui suivra.

4. Jean.

II. REGNAULT, R. P. R., fils du préc., sgr de Vandières, fut le père de :

1. Marie, 20 janv. 1563 : p. Thierry de Gournay, sgr de Talange ; m. Melle de Montjean et Mme la Présidente Senneton.

2. Salomon, 16 avril 1564.

3. Rachel, 28 avril 1567.

III. DANIEL, R. P. R., frère du préc., sgr de Verny, Augny, Charly, voué de Montigny, [† en 1587. Chronique de Buffet, p. 110]. Il eut trois filles :

1. Marie, née en 1571 ; mariée : 1° à Bon de Roucy, et 2° à Onuffrien de Son ; elle était dame de Pournoy-la-Grasse, Augny et Jouy.

2. Judith, née en 1572 ; mariée à J^{ques} de Chastenay, sgr de Lanty ; elle était dame de Verny, Berlize, Voisage, etc.

3. Aimée, née 24 août 1578 ; mariée : 1° à René de Savigny, *alias* de Sickingen, sgr de Landstuhl, et 2° à Benjamin d'Aumale ; elle était dame de la Horgne-au-Sablon.

IV. HENRY-GÉRARDIN, R. P. R., épousa, 16 déc. 1566, Didotte N***, v^{ve} de Colas Humbert, serrurier.

V. MARGUERITE. V. d'Anssey.

BARITON (DE) GUILLAUME, éc., cap. enseigne à la citadelle, épousa, par. St-Martin 28 févr. 1615, Humblotte *le Labriet*, v^{ve} de Gérard Annel, sgr treize.

BARJAQ (DE) DENIS, éc., sgr de Rocoule, ingénieur ordinaire du Roi, fils de † Antoine, sgr de Rocoule, et d'Hélène de Suffise, épousa, par. St-Jean de la Citadelle 25 janv. 1694, Anne-F^{oise} *des*

Bigors, fille de † Étienne des Bigors, commissaire pour le Roi, et de Salomée Lucie Beuvelet : au mariage, Ch^les Beuvelet, curé de la paroisse, oncle de la mariée; J^ques Beuvelet, receveur des émoluments de la chancellerie du parl^t.

BARNEWAL (DE) GEORGES. V. O'Brien III.

BAROILLE (DE) P^re-ÉTIENNE, chev. de Baroille, natif de Picardie, cap. au rég^t de Strasbourg corps royal artillerie, chev. de St-Louis, † au pavillon d'artillerie, par. St-Simplice 20 août 1771, à 47 ans : à son enterrement, J^ques-Antoine d'Héliot, lieut.-colonel et major; Laurent Pillon de St-Paul, J^ques-Henry-F^ois de Ladonchamps, Paul-Irénée de Vanel, tous trois cap. au rég^t du défunt. Il avait épousé Agnès *de Monsure*.

BAROIS (LE), *aliàs* LE BARROIS.
I. ANNE. V. Valladier.
II. MARGUERITE. V. Gauguin.

BAROT DE POURRU. I. LAURENT, chev., sgr de Pourru-aux-Bois près d'Ivoy-Carignan et d'Hannoncelles, [né 13 juil. 1682], contrôleur de la maison du Roi, premier président au bureau des finances de la généralité de Metz et d'Alsace, † par. St-Martin 4 juin 1748, à 66 ans, inhumé dans la nef de l'église. Il avait épousé : 1° F^oise *Bennequin*; 2° par. St-Victor 24 mai 1729, Pauline *Georges de Chelaincourt*. A ce dernier mariage : J^ph de la Congerie de Fez, command^t à la citadelle; Antoine du Bochet, chev. de St-Louis, m^e de camp, command^t une compagnie de 300 gentilshommes; J^ph Faure de Fayole, éc., commissaire provincial d'artillerie, sgr de Louvigny; N^as Collignon, conseiller au parl^t, oncle de la mariée; Arnould-P^re de la Croix, éc., cap. de cavalerie au rég^t d'Orléans, sgr du fief d'Evry, son beau-frère. Du dit mariage naquirent :

1. Nicolas, par. St-Marcel 18 déc. 1734; † par. St-Eucaire 13 juil. 1735.
2. *Antoine-Laurent*, par. St-Martin 7 déc. 1737; lequel suit.
3. Nicolas, posthume, ibid. 17 oct. 1748.

II. ANTOINE-LAURENT, fils du préc., avocat au parl^t, premier président du bureau des finances de la généralité de Metz, [† à Nancy 12 déc. 1776]. Il avait épousé Catherine *Ebaudy*, fille d'Antoine Ebaudy, éc., conseiller honoraire en la chancellerie de Besançon, sgr de Bricon, Moncourt, Frênes, Échenat, Martirovalle et autres lieux, de laquelle il eut M^ie-Pauline, mariée à Antoine Georges de Chelaincourt.

BAROTTE MARGUERITE. V. Sellier II.

BARRAIL (DU). I. PIERRE, lieut. de S. M. aux ville et pays de Toul, eut d'Anne *Jobal*, son épouse, Barbe, mariée à F^ois Mercès de Champerieux.

II. CHARLES, [chan. de la cathédrale, † subitement 6 oct. 1703, à 48 ans, inhumé à la cathédrale. Msc. Epit.]

III. F^oise-MARGUERITE. V. de Maud'huy.
IV. LOUIS. V. le Vayer.

BARRAU (DE) OTTO-HENRY, cap. au rég^t de la Mark, eut de Gertrude *Dammane*, son épouse, par. St-Maximin 7 juil. 1727, J^n-Charles : p. J^n-Charles de Barrau, chev. de Benque, lieut. au rég^t de Moussy; m. Henriette de Barrau, fille du parrain.

BARRE (DE) CATHERINE. V. de St-Chaumont VII.

BARRE (DE LA). I. N***, sous-lieut. au rég^t de la Reine, compagnie de St-Martin, eut de J^ne *de Raigecourt*, son épouse, Anne, par. St-Martin 3 oct. 1693.

II. L^se-AGATHE. V. Chambeau et de Montholon.

BARRE DE MARTIGNY (DE LA). V. de Thésière.

BARRELLE (DE) JEANNE. V. O'Brien.

BARRELLE D'ALBERTEAU, *alias* BARREL CH^les-ANTOINE, lieut. de cavalerie, command^t les brigades de maréchaussée en résidence à Metz, eut d'Anne *Philippe*, son épouse, M^ie-Louise, par. St-Victor 15 déc. 1788.

BARRES (DES) MARGUERITE. V. de Bretagne.

BARRETTE, alias BARRET. I. Pierre, sgr de Raville, cap. et prévôt d'Ainville, eut de Dieudonnée-F^{oise} *Humbert,* son épouse, Élisabeth-F^{oise}, mariée à Regnault Thorel.

II. Ch^{les}-Joseph, sgr de Raville et de la Petite-Bionville, conseiller du Roi, substitut du procureur gén^l au parl^t, eut de J^{ne}-Claude *le Fort,* son épouse, par. Ste-Croix 19 nov. 1692, Charlotte-F^{oise}, † le 28 suiv.

III. Anne, sœur du préc. V. Thorel.

IV. Barbe-M^{te}. V. de Villeneuve II.

BARREY (de) P^{re}-Victor, sous-lieut. au rég^t de Neustrie, né à Breteuil en Normandie, † par. St-Livier 29 oct. 1778, à 18 ans.

BARREYRES Joseph, chev., cap. au rég^t de Bourgogne infanterie, natif de Bordeaux, † par. St-Livier 1er déc. 1774, à 35 ans : à son enterrement, Jⁿ-F^{ois}, c^{te} de Durat, chev. de St-Louis, major command^t le rég^t du défunt ; Jⁿ-B^{te} Dupleix de Cadignan, cap. au même rég^t.

BARROIS Anne. V. Esselin.

BARROIS de SARRIGUE (de) Antoine. V. Pyrot.

BARROIS (le). V. le Barois.

BARRUEL M^{ie}-Madeleine et Claude. V. de Frohard.

BARSAULX Nicolas, [chan. de la cathédrale, de Boncourt près Aspremont, prélat de la Curie Romaine, familier de St Charles Borromée, à l'influence duquel il dut son canonicat à Metz, † à 92 ans, 12 oct. 1634. Msc. Epit.]

BART (la). I. Abraham, R. P. R., sergent, eut de J^{ne} *Olry,* son épouse :
1. Abraham, 23 sept. 1637.
2. Jeanne, 4 sept. 1641.

II. Suzanne. V. Beaudesson XI.

BARTELLE Philippe. V. de Rozières.

BARTHE de BESANDY (la) N***, natif de Ceton en Gascogne, cadet dans la compagnie de M. de Mossou, † par. St Jean de la Citadelle 1er déc. 1682.

BARTHÉLEMY. I. Louis, dir. de l'hôpital militaire de St-Simon, fils de Pierre, bourgeois, et de Barbe Stoffel, épousa, étant âgé de 38 ans, par. St-Simplice 15 sept. 1778, Christine *Colchen* : au mariage, F^{ois} Barthélemy, négociant, frère de l'époux, et Henry-Claude Verpy de Blettange, oncle de l'épouse.

II. Divers.
1. Anne. V. Balbo.
2. Barbe. V. de Bar IV.
3. Jeanne. V. Gravisset.
4. Jeanne. V. d'Herbin II.
5. Marie. V. de Vigneulles XVI, 5.
6. M^{ie}-Barbe et Jⁿ-Nicolas. V. Séchehaye.

BARTHOMINAT Claude. V. Gueau de Gravelle de Rouvray.

BARTON de MONTBAS (de). I. Antoine, alias Gaston, sgr du Buis, commissaire des vivres, épousa Anne *de Fabert,* † 7 mai 1671, inhumée à Moulins. De leur mariage naquirent par. St-Gorgon :
1. Jean, 12 janv. 1642.
2. Dieudonné-Hyacinthe, 6 juin 1643.
3. Hippolyte, 1er oct. 1644.
4. Joseph, 4 juin 1647.

II. Madeleine. V. de St-Remy.

III. Marie. V. Olry III, 5.

BARVILLE (de) Jacques épousa F^{oise} *d'Ernecourt,* v^{ve} de Ch^{les} de Chérisey. Leur mariage fut réhabilité, « autant que besoin aurait pu être », par. St-Victor 30 juin 1694.

BARY Barbe. V. de Parchappe.

BAS du PLESSY (le). I. Michel, éc., sgr de Clevant, trés. extraordinaire des guerres au dép^t de Metz, eut de Charlotte *de Serre, alias Sert,* son épouse, par. St-Gorgon :
1. Antoine, † à 5 mois, 20 juin 1701.
2. Jⁿ-Ch^{les}, 18 août 1702.
3. Claude, 6 févr. 1704.
4. Nicolas, 7 avril 1705.
5. M^{ie}-Élise-Gabrielle, 13 oct. 1708.

II. Louis, chev. du Plessy, fils de F^{ois}-N^{as}, chev., m^e de camp d'infanterie, chev. de St-Louis, cap. de grenadiers au rég^t des gardes françaises, et de Louise-Catherine Choart; † à 15 ans, au collège St-Symphorien, par. St-Simplice 6 juil. 1784.

BASCHER Marie. V. de Blair X, 1.

BASSALAIGNE Alexis, aide-major de la ville et citadelle de Nancy, fils de † Michel et de M^ie Ganosse, épousa, étant âgé de 45 ans, par. St-Simplice 29 juin 1761, M^ie-Anne *Brignot*, âgée de 48 ans, v^ve de F^ois Pelletier, avocat en parl^t, ancien lieut. civil et criminel en la prévôté de Void.

BASSE Thérèse. V. Hébert de Maison-Noire.

BASSECOUR (de) M^ie-Antoinette. V. O'Brien.

BASSELIN Jeanne. V. Lalance.

BASSET (de) Marguerite. V. de Bénévent.

BASSOMPIERRE Catherine. V. Potier-Dumenil

BASSY Guisberte. V. de Lixier.

BASTIE de RIVRY (le) Charles, officier d'artillerie, eut de Catherine-Reine *Baillet*, son épouse, M^ie-Antoinette, † à 17 ans, par. Ste-Croix 9 janv. 1750.

BASTIEN. I. Suzanne. V. Dattel I (note).
II. Marie. V. Malchar.

BASTOGNE (de). I. Simon, prévôt du palais, dem^t rue des Prêcheresses, eut une fille Marguerite, qui reçut l'honneur du chapeau (?), au jour de la Pentecôte 1572, des mains du curé de St-Martin.
II. Philippe, aman, épousa : 1° Anne *Barbier*, marraine par. St-Martin 6 mai 1621; 2° Renée N***, dont il eut, par. St-Maximin 4 sept. 1640, Mahaut-Françoise.
III. Jacques, aman, eut pour épouse Odile N***, † par. St-Martin 5 janv. 1632.
IV. Gabriel eut de F^oise *des Couleurs*, son épouse, Barbe, par. St-Martin 3 mai 1632 : m. Barbe de Bastogne.

V. Divers.
1. Barbe. V. Laroiche.
2. Salomée. V. de Bouler.

BATAILLE Marthon. V. d'Avrange IV.

BATH Suzanne. V. de Pessoles.

BAUBÉ de GRAMMONT Joseph, cap. en second dans la compagnie Damoiseau au rég^t de Ségur, † à 23 ans, par. St-Jean de la Citadelle 13 oct. 1749 : à son enterrement, de Bercy, lieut.-colonel audit rég^t, brigadier des armées du Roi; de Mérence, cap. en second ; de Vales, cap. major; de Guillier, aide-major au même rég^t.

BAUCLIN Nicolas. V. de Laisée.

BAUDE Thyphine. V. d'Ortoman.

BAUDE (de) Claude-F^ois. V. de Custines V, 2.

BAUDIMONT de MAISLÉ Urbain-P^re-Louis. V. de Bonneval de la Place.

BAUDIN. I. Joseph, substitut du procureur du Roi au bailliage de Longwy, † par. St-Martin 24 mars 1757, à 68 ans. Il avait épousé M^ie-Anne *Bacon de Riffe*, † 27 juin 1758, à 65 ans.
II. Madeleine. V. Boulay de la Barre.

BAUDIN de la PIERRE. V. Bodin de la Pierre.

BAUDINET de COURCELLES Claude-F^ois-Pascal, éc., cap. au rég^t de Hainault infanterie, sgr de Puville, fils de J^n-Joseph, chev., sgr de Courcelles, de Baymont et de Baffenicourt, conseiller à la cour de Lorraine et Barrois, et juge souverain pour le Roi des principautés comté de Salm et baronnie de Fénétrange, et de M^ie-Claire Marcel, de la par. St-Roch de Nancy, épousa, étant âgé de 24 ans, par. Ste-Ségolène 18 janv. 1752, F^oise *Brandebourg de Léoville*, dont il eut :
1. J^n-J^ph-Pierre, par. Ste-Ségolène 9 déc. 1752.
2. M^te-Victoire, par. St-Martin, rue des Prêcheresses, 2 juil. 1756.

3. P^re-Charles^(1), par. St-Gorgon 11 août 1758.
4. Anne-M^ie-Reine, ibid. 7 sept. 1762.
5. Pierre, par. St-Simplice 22 mai 1764 : p. P^re de la Chèze ; m. M^te Brandebourg de Léovillé, v^ve de J^n-B^te de la Chèze, mère du parrain, tante de l'enfant. Celui-ci mourut ibid. 30 juil. 1764.

BAUDOCHE François. V. d'Anglure.

BAUDOUIN. I. Jean, R. P. R., s^r de Montachis, avocat au conseil privé du Roi, fils de † Pierre, s^r de Montachis et baillif de Sedan, avocat au parl^t de Paris, épousa, 13 août 1623, Suzanne *Louis*.
II. Divers.
 1. Anne. V. Lecoq.
 2. Anne-Louise. V. Pantaléon.
 3. Élisabeth. V. du Lac de Montereau.
 4. M^ie-Catherine. V. Jacquinot II.
 5. Rachel. V. de Marsal XI.

BAUDRILLARD. I. Anne. V. Lallemand.
II. Nicole. V. Hébert.

BAUDUYN André, [conseiller au parl^t, † en 1646. Il avait épousé Madeleine *Robillard* et ne laissa point de postérité].

BAUER Adolphe. V. Gouvy de Foleck.

BAUFFREMONT (de) Joseph et Louise-Bénigne-F^oise-Octave-M^ie-Jacqueline-Laurence. V. Gaillande.

---

(1) Pierre-Charles, éc., chev. de St-Louis, épousa Madeleine le Musnier de Moulineuf, fille de Louis-Ch^les-Omer-Alexandre le Musnier, chev., sgr de Moulineuf, mousquetaire des gardes du Roi, chev. de St-Louis, de laquelle il eut :
1. *Victor*, qui suit.
2. Thérèse-Charlotte-Caroline, † sans postérité 22 avril 1828.
Victor, fils du préc., chev. de la Légion d'honneur, officier de cavalerie, épousa Émilie Bouchotte, dont il eut :
1. *Gustave*, né au château de Montigny-lès-Metz en 1828 ; lequel suit.
2. Adrienne, mariée à Jules Carrey d'Asnières, dont un fils, Charles, marié à Jeanne la Comble, mort sans postérité au château de Villers-au Bois.
Gustave, fils du préc., épousa, à Paris, 16 avril 1860, M^ie-Thérèse de Manne, fille du command^t de Manne, officier supérieur d'artillerie, officier de la Légion d'honneur, de laquelle il eut au château de Montigny-lès-Metz :
1. M^ie-Lucie, 23 juil. 1862 ; mariée 22 oct. 1883 à Barthélemy-Henry-Denis baron de Nogaret, dont postérité.
2. Henry, 27 mai 1868.

BAUGARD Christine. V. Rabel.

BAULME (la). V. Regnault.

BAUMEL Marie. V. de Brian.

BAUMONT. V. de Valette.

BAUMONT (de) Brandelis. V. de Saignes.

BAUQUEL. I. Philippe, avocat au parl^t, lieut. gén^l de police à Vic, épousa F^oise *Maire*, dont il eut par. St-Victor :
 1. Claude-Valentin-Philippe-Ambroise, 17 déc. 1736.
 2. P^re-Augustin, 27 févr. 1738.
 3. Benoît-Étienne, 16 oct. 1739.
 4. Antoinette-Louise, 13 oct. 1741.
 5. Paul-N^as-Pascal, [frère des précédents, † doyen des avocats de la cour royale 21 déc. 1842, à 71 ans].
II. Christine. V. Hugon d'Arraincourt V, 1.
III. P^re-Philippe. V. Godefroy IV.

BAUQUET de SAINT-AMAND.
 I. Anne. V. de Mouret.
II. Françoise. V. Niquel et Bonnet de Beaudeduit.
III. Scholastique. V. Niquel.

BAUSSENCOURT (de) Antoine, cap. au rég^t de Beauvoisin, épousa Anne *de Laguerle*, alias *de Gueldre*, † par. St-Victor 4 avril 1713. De leur mariage naquirent :
 1. Antoine-N^as, par. St-Simplice 7 oct. 1702.
 2. Marc-Antoine-César, ibid. 22 août 1705.
 3. F^ois-Pierre, par. St-Victor 4 oct. 1707.

BAUVILLIER (de) Claude, chev. de St-Louis, aide-major de Lille en Flandre, avait épousé F^oise *Soret*, † par. Ste-Croix 27 avril 1726, à 56 ans.

BAVIÈRE (de). I. J^ne-Nicole. V. Fabert VI, 5.
II. J^n-Valentin. V. de Guerchin.
III. Philippe-Eberhard. V. de Bourgo.
IV. Eléonore. V. de Poitiers.

BAYER Catherine. V. Rulland IV.

BAYET Prisque. V. de Belvaux.

BAYON de RICHEBOIS Alexise. V. Roger.

BAZAS (de) Simon-Jude, sgr de Favoli et Lavande, cap. au rég^t de Champagne, fils de † André et de J^{ne} de Moncourier, † par. St-Gengoulph 30 juin 1744. Il avait épousé, par. St-Simplice 30 déc. 1727, Charlotte *Courtaille*, v^{ve} de Daniel Marsal, laquelle mourut par. St-Eucaire, rue du Champé, 15 mars 1762, et fut inhumée par. St-Gengoulph.

BAZELAIRE de COLROY (de) Marc-Sigisbert-Antoine, chev., conseiller en la cour souveraine de Lorraine et de Barrois, fils de Florent J^{ph}, sgr de Lesseux et autres lieux, conseiller du Roi, lieut. gén^l au bailliage de St-Dié, et de Charlotte Redoubté, de la par. St-Epvre de Nancy, épousa, étant âgé de 30 ans, par. St-Victor de Metz 21 sept. 1769, M^{ie}-Catherine *Faure de Fayole* : au mariage, Louis-J^{ph} de Bazelaire de Lesseux, lieut. au rég^t de Navarre infanterie, frère du marié ; J^{ph} b^{on} Redoubté de Bamont, m^e de camp de cavalerie, chev. de St-Louis, exempt des gardes du corps de † S. M. le Roi de Pologne, oncle du marié. M^{ie}-Catherine Faure de Fayole mourut à 38 ans, par. St-Victor 3 déc. 1789. Du dit mariage naquirent :

1. Hubert-Amable, † par. St-Victor 15 juin 1788, à 5 ans.
2. Amable-Ch^{les}-F^{ois}, né ibid. 20 sept. 1789 : p. J^n-Ch^{les} Hallot, chev. de St-Louis, maréchal des camps et armées du Roi, son cousin mat. ; m. M^{ie}-F^{oise} Hallot, douairière de † le baron de Feriet, conseiller d'État de † S. M. le Roi de Pologne, sa g^d-tante mat. — Il mourut par. St-Simon 17 janv. 1790.
3. Ch^{les}-Joseph, sous-lieut. au rég^t de Monsieur infanterie, représentant le parrain du préc.
4. M^{ie}-Thérèse, représentant la marraine du même.

BAZIN. I. Théodore, R. P. R., conseiller du Roi et trés. principal de l'extraordinaire des guerres aux Trois-Évêchés, résidant à Paris, épousa, 31 août 1614, Élisabeth *Renel*, fille de Benjamin Renel et de sa 1re femme Élisabeth *le Mercier*.

II. François. V. de Pernet.

III. J^{ques}-Gabriel. V. Foucquet.

BAZIN de BOULON Nicolas, commissaire d'artillerie, † à 29 ans, par. St-Martin 19 juin 1750.

BAZOCHE Claude-Hubert, conseiller du Roi et son avocat au bailliage de St-Mihiel, fils de Sébastien, conseiller du Roi et son procureur au dit bailliage, et subdélégué de l'intendance de Lorraine au dépt de St-Mihiel, et d'Élisabeth Marchal, épousa à Herbeuville, diocèse de Verdun, 1er août 1780 (l'acte aux registres de la par. St-Simplice de Metz), Madeleine *Marly*, fille de F^{ois} Marly, ancien juge-consul, sgr en partie de Vallières, et d'Anne Marchal. De leur mariage naquit, par. St-Simplice 10 juin 1783, Hubert-F^{ois}, † le 14 suiv.

BAZOGE Ch^{les}-François, [avocat au parl^t, fils de Ch^{les}, conseiller du Roi, trés. de France, résidant à Fresne-en-Voëvre, et d'Anne Gossin, † 28 févr. 1782, à 28 ans.]

BAZOILLE (de). I. Jean, procureur, puis substitut et premier avocat au parl^t, † de la contagion, par. St-Martin 8 oct. 1625, à 78 ans, inhumé devant les degrés de la chap. Notre-Dame « où il y a l'épitaphe de son fils Jean de Bazoilles ». Il avait épousé Anne N***, † ibid., après le 25 oct. 1620.

II. Jean le jeune, fils du préc., épousa, par. St-Martin 16 nov. 1608, Bastienne N***, sa sœur utérine. De leur mariage naquirent ibid. :

1. Catherine, 8 mars 1610 : p. Ch^{les} de Senneton, abbé de St Arnould ; m. Claude de Montaud.
2. J^n-Antoine, 3 août 1611 : p. Antoine de Roucel, princier et chan. de la cathédrale ; m. M^{te} de Bazoille, v^{ve} de Danyot Royer.

III. Marguerite. V. Piersony.

BEAU (de) François, sgr de Brouls et de Vrémy, cap., † par. Ste-Croix 30 juil. 1646.

Il avait épousé Anne *de Bourneuf*, † ibid. 12 déc. 1632. De leur mariage étaient nées :
1. Catherine, par. Ste-Croix 27 oct. 1626.
2. Louise, mariée à Louis de Mercure de Vecchi, puis à Louis Maguin et à F^{ois} de Vars de Vaussereuil.

BEAU (le) Judith. V. Bertrand XI.

BEAU DE MONTOUR (le) P^{re}-Antoine. V. Aupoix.

BEAUCARD Georges, ancien lieut. de cavalerie, garde du corps de Monsieur frère du Roi, fils des † François, m^d à Etain, et J^{ne} Dehan, épousa, étant âgé de 48 ans, par. St-Victor 24 avril 1786, Edmée *Arnoux*, âgée de 21 ans, fille d'Edme Arnoux, ancien dir. caissier de la Gazette de France au dép^t du ministre des affaires étrangères, et de J^{ne} le Breton.

BEAUCHAMP (DE) Pascal, lieut. au rég^t de La Tour du Pin, † à 28 ans, par. St-Gorgon 19 juil. 1757.

BEAUCHART Nicolas. V. Olier.

BEAUCLAIR (DE) Joseph, c^{te}, colonel d'infanterie, lieut.-colonel au rég^t de Vexin, † à 46 ans, par. St-Simplice 13 nov. 1776 : à son enterrement, les capitaines dudit rég^t P^{re}-Paul, chev. de Madion, et P^{re}-Augustin Dayssenne.

BEAUDESSON. I. Jean, R. P. R., fut le père de :
1. Rébecca, 5 janv. 1568.
2. Marie, 16 juil. 1581.
3. Abraham, 6 mars 1592.
4. Abraham, 8 déc. 1593.

II. Jean le jeune, R. P. R., fils de François, m^d drapier, épousa, 6 mai 1601, Annon N***, v^{ve} de Jⁿ-Abel Grosjean, de laquelle il eut :
1. *Jean*, 20 févr. 1602 ; lequel suit.
2. Jⁿ-Philippe, 1er déc. 1602.
3. Sara, 21 sept. 1603.
4. François, 5 juin 1605.

III. Jean, R. P. R., fils du préc., m^d drapier, diacre de l'église réformée, épousa en secondes noces, 27 nov. 1633, Suzanne *Gentilhomme*.

Il avait eu d'un premier mariage :
1. Judith, 2 oct. 1626.
2. Jean, 14 mars 1629.
3. David, 5 sept. 1631.

Du second mariage naquirent :
4. Jean, 1er juil. 1635.
5. Suzanne, 22 nov. 1636.
6. Abraham, 28 déc. 1637.
7. Anne, 28 févr. 1639.
8. Paul, 18 mai 1641.
9. Élisabeth, 29 janv. 1644 ; mariée à Jⁿ Pacquin, m^d.
10. Marie, 10 oct. 1645.
11. *Jean*, 26 mars 1649 ; lequel suit.
12. Marie, 21 août 1655.

IV. Jean, R. P. R., fils du préc., m^d drapier, épousa, 29 déc. 1669, Esther *des Meulles*, dont il eut :
1. Suzanne, 30 déc. 1671.
2. Jean, 19 sept. 1673.
3. Paul, 2 oct. 1674 ; † 11 nov. suiv.
4. *Jean*, 2 janv. 1676 ; lequel suit.
5. Daniel, 30 avril 1677 ; † 8 sept. 1678.
6. Paul, 14 août 1678 ; aide-major de la ville, puis cap. au rég^t d'Alsace, † par. St-Victor 9 mai 1731. Il avait épousé, ibid. 16 févr. 1712, M^{te} *Ladrague*, v^{ve} de Ch^{les} Friard, laquelle mourut à 90 ans, ibid. 5 avril 1766. Il signait Beaudesson de Stinberg.
7. David, 26 déc. 1679 ; † 29 août suiv.
8. Esther-J^{ne}, 15 juin 1681 ; mariée à P^{re}-Robert Annibal.
9. Pierre, 7 mai 1683 ; † 7 août suiv.
10. Marie, posthume, 29 juil. 1684 ; † 14 août suiv.

V. Jean, fils du préc., m^d, échevin de l'hôtel de ville et juge-consul, † par. St-Gorgon 11 juil. 1734. Il avait épousé, par. Ste-Croix 8 mai 1703, Anne *Dedon*, † à 69 ans, rue Tête-d'Or, par. St-Simplice 18 mars 1754. De leur mariage étaient nés ibid. :
1. *Charles*, 17 févr. 1704 ; lequel suit.
2. Nicolas, 2 avril 1705.
3. Jean, 29 mars 1706 ; d^r en théologie, vicaire à la par. St-Gorgon en 1731 ; administrateur de la par. St-Maximin 24 févr. 1733 ; curé de la même par.

dès le mois de mai 1734; puis chan. de Sarrebourg en 1750; † en oct. 1751.

4. Anne-Élisabeth, 22 févr. 1707; mariée à F^{ois} Fromentin.

5. André-Humbert, 16 févr. 1708; [il fut officier au rég^t de la Fère infanterie.]

6. Françoise, 6 avril 1709; mariée à Louis Bernard, notaire.

7. Christophe, 6 mai 1710.

8. Anne-Élisabeth, 3 juin 1711; [† supérieure des Ursulines. Metz msc. 153.]

9. Jⁿ-François, 26 juin 1712.

10. Catherine, 17 déc. 1713; [religieuse de la Congrégation, † 4 nov. 1765. Metz msc. 153.]

11. M^{ie}-Anne, 10 févr. 1715; [† religieuse de la Congrégation. Metz msc. 153.]

12. Pierre, 11 mars 1716.

13. Madeleine, 14 mai 1717; mariée à D^{que} Poinsignon.

14. Ch^{les}-Joseph, 19 juin 1718; greffier en chef du bureau des finances, il épousa, par. St-Livier 20 févr. 1748, Anne-M^{te} *Dupin*, dont il eut Ch^{les}-J^{ph}-Claude, par. St-Gorgon, rue des Clercs, 23 janv. 1751.

15. Jⁿ-Pierre, 19 nov. 1722; dit de Marivat.

16. *Louis-Humbert*, 26 nov. 1724; lequel suivra.

VI. CHARLES, fils du préc., conseiller-échevin de l'Hôtel-de-Ville, conseiller receveur des émoluments du sceau de la chancellerie du parl^t, † par. Ste-Croix 21 févr. 1776. Il avait épousé ibid. : 1° 23 juil. 1736, Anne *Berne*, † 31 août 1737, à 22 ans; 2° 24 févr. 1756, Anne *Gérardon*, v^{ve} de Jⁿ-César Fenouil, dir. de l'Académie de peinture à Marseille, [laquelle mourut à Scy 29 janv. 1808.]

Du premier mariage naquit :

1. Anne, par St-Gorgon 29 mai 1737.

Du second mariage naquirent par. Ste-Croix :

2. Anne-M^{te}, 19 déc. 1756; [† à Scy 15 sept. 1839.]

3. Françoise, 25 juin 1758.

4. Ch^{les}-Louis, 2 juil. 1759.

5. Jⁿ-Baptiste, 14 avril 1761⁽¹⁾.

VII. LOUIS-HUMBERT, frère du préc., avocat au parl^t, avait épousé, par. St-Livier 13 janv. 1756, Reine-F^{oise} *Dupin*, dont il eut :

1. Louis-F^{ois}, par. St-Martin 22 déc. 1756; lequel suit.

2. Gabriel-Claude, ibid. 23 nov. 1757; † 24 sept. 1762.

3. M^{ie}-Madeleine-Reine-Charlotte, ibid. 28 avril 1760; † 16 oct. 1765.

4. Gabrielle-Charlotte-Pélagie, ibid. 3 juil. 1761.

5. P^{re}-César, ibid. 5 janv. 1765.

6. Charlotte-F^{oise}, par. St-Gorgon 5 sept. 1766.

VIII. LOUIS-F^{ois}, fils du préc., signait Beaudesson de Chanville; avocat au parl^t, puis avocat du roi au bailliage, il épousa, par. Ste-Ségolène 5 févr. 1782, Madeleine *Dubreuil*, † ibid 31 juil. 1787, à 28 ans. De leur mariage étaient nés par. St-Victor :

1. Louis-Victor, 15 févr. 1784.

(1) JEAN-BAPTISTE, lieut. au rég^t de Nassau en 1780, administrateur gén^l des vivres des trois armées de terre et de mer pour les provinces de l'Ouest en 1793, chev. de la Légion d'honneur en 1809, chef d'état-major au gouv^t de Metz en 1816, † à Scy près Metz 12 juin 1836. Il avait épousé à Thouars (Deux-Sèvres), 18 janv. 1788, M^{ie}-Louise Bérard, née 20 nov. 1762, † v^{ve} du s^r Angignard, ancien lieut. de Roi à Thouars, 9 mars 1809. Du mariage de Jⁿ-B^{te} Beaudesson et de M^{ie}-L^{se} Bérard naquit à Saumur, 8 août 1788, *Jean-Baptiste-Louis-Hubert*, qui suit :

JEAN-BAPTISTE-LOUIS HUBERT, fils du préc., dir. des contributions directes, † à Troyes 1er oct. 1851. Il avait épousé à Chaumont, 20 févr. 1816, M^{ie}-Anne-Adélaïde Humbert, dont il eut : 1° *Louis-Alexandre*, né à Chaumont 3 sept. 1829, lequel suit; 2° Adélaïde-Caroline, née à Metz 14 janv. 1817, † à la Rochelle 3 mai 1896, ayant épousé, 20 mai 1840, Léon Mesnager, né à Fontainebleau en 1807, mort chef du bureau central du Trésor au ministère des finances à Paris 26 nov. 1876; 3° Scholastique-M^{ie}-L^{se}, née à Metz 10 mars 1818, † 10 févr. 1887 sans alliance; 4° Anne-M^{te}-Caroline, née à Scy 16 oct. 1821, † à Cahors 1er avril 1896, ayant épousé, à Niort, 17 avril 1846, Bernard Lagarde, dir. des contributions directes.

LOUIS-ALEXANDRE, fils du préc., chev. de la Légion d'honneur, dir. des contributions directes, aujourd'hui en retraite à Châtillon-sur-Seine (Côte-d'Or), épousa à Sanzay près Saumur, 16 nov. 1857, Elise de Rey de Baron, née à Chinon 20 avril 1837, † au château de la Brideries-Marcé (Maine-et-Loire) 18 oct. 1869. De leur mariage sont nés : 1° Jⁿ-B^{te}-Louis-Ch^{les}, par. St-Pierre de Saumur 31 août 1858, contrôleur principal attaché au ministère des finances à Paris, marié 31 janv. 1888, à Paris, à M^{ie}-M^{te}-J^{ne} Gayot, fille d'Émile Gayot, membre de l'Institut, sénateur de l'Aube; 2° Albert-Louis, né par. St-Pierre de Saumur 29 oct. 1861, lieut. au 5e rég^t de hussards. (Notes de M. Louis-Alexandre Beaudesson.)

2. F^ois-René, 8 août 1785; [conseiller à la cour royale de Metz].
3. Claude-Victor, 29 juil. 1787.

IX. ABRAHAM, R. P. R., frère de Jean le jeune II, m^d drapier, épousa, 17 janv. 1597, Salomée *Mathieu*, fille de † Fremy Mathieu, de laquelle il eut :

1. *Abraham*, 20 déc. 1600; sans doute celui qui suit.
2. Anna, 20 déc. 1602.
3. Marie, 29 déc. 1604.
4. Suzanne, 24 mai 1607.
5. Jean, 25 déc. 1609.
6. Sara, 2 sept. 1618.
7. Abraham, 8 déc. 1619.
8. *Daniel*, 26 déc. 1621; sans doute celui qui suivra XI.

X. ABRAHAM, R. P. R., sans doute fils du préc., épousa Anne *Modéra*, † v^ve de lui, à 70 ans, 11 févr. 1672. De leur mariage étaient nés :

1. Esther, 18 août 1621.
2. Isaac, 3 mars 1623.
3. Esther, 25 août 1624.
4. Jérémie, 13 avril 1626.
5. Paul, 17 déc. 1627.
6. Suzanne, 1er juil. 1629.
7. Abraham, 29 janv. 1634.
8. Isaïe, 20 déc. 1634.
9. Samuel, 3 oct. 1636.
10. Josué, 27 janv. 1638.
11. Abraham, 18 janv. 1640.

XI. DANIEL, R. P. R., sans doute frère du préc., m^e-monteur d'arquebuses, épousa, 30 avril 1645, Suzanne *la Bart*, alias *la Barre*, fille de J^n la Bart, m^d tapissier, de laquelle il eut :

1. Suzanne, 20 déc. 1645.
2. Daniel, 30 mars 1647; m^e-armurier, il épousa, 16 août 1676, Marie *Doucet*, âgée de 27 ans, fille de Christophe Doucet, m^e-orfèvre, et de Marthe Roucel.
3. Sara, 9 sept. 1649.
4. Suzanne, 7 août 1652.
5. Abraham, 27 mai 1654.
6. Paul, 20 juin 1655.
7. Paul, 25 nov. 1657; † 29 août 1677.
8. Louis, 6 mars 1660.

9. Anne, 16 avril 1662.
10. Anne, 11 janv. 1665.
11. David, 25 juin 1668.
12. Marie, 2 avril 1671; † 31 mars 1673.

XII. FRANÇOIS, alias ISAAC-F^ois, R. P. R., drapier, de Courcelles, † à 77 ans, 3 oct. 1677; il avait épousé Suzanne *Marchand*, dont il eut :

1. Jean, 4 janv. 1648.
2. Jacob; m^e-tailleur d'habits à Courcelles, il épousa : 1° 31 mai 1671, Mlle *Pilla*, fille d'Abraham Pilla, laboureur à Chaussy près Courcelles, et de † Elisabeth Seroge ; 2° 10 mars 1675, J^ne *Marcard*.
3. *Daniel*, qui suit.
4. *David*, qui suivra.
5. Isaac, au mariage de son frère Daniel.

XIII. DANIEL, R. P. R., fils du préc., m^e-tonnelier, épousa, 2 mai 1674, Anne *Faron* ou *Taron*, v^ve de J^n Ador, tonnelier, de laquelle il eut :

1. Suzanne, † 28 déc. 1677.
2. David, 8 sept. 1678; † 23 oct. suiv.

XIV. DAVID, R. P. R., frère du préc., m^e-cordonnier, épousa, étant âgé de 25 ans, 4 juin 1679, Mlle *Faron* ou *Taron*, âgée de 24 ans, fille de † Jacques, boucher à Courcelles-Chaussy, et de M^ie Fourbillon, de laquelle il eut :

1. Élisabeth, 24 avril 1680.
2. Esther, 17 mai 1682.
3. Louise, 23 oct. 1684.
4. Jeanne, par. St-Simplice 15 août 1695.

XV. DANIEL, R. P. R., archer du s^r prévot, épousa, 13 déc. 1626, Sara *du Pont*, fille de Jacob, bourgeois, de laquelle il eut :

1. *Paul*, 14 nov. 1627; lequel suit.
2. Daniel, 18 févr. 1629.
3. Marie, 26 mai 1632.
4. Pierre, 9 juin 1634.
5. Suzanne, 19 sept. 1635.
6. Esther, 25 avril 1639.

XVI. PAUL, R. P. R., fils du préc., m^e-boucher, épousa : 1° 12 déc. 1649, Suzanne *Camu*, fille de J^n Camu, barrier des grilles de Rhinport, laquelle mourut à 52 ans, 14 juil. 1680; 2° 29 déc. suiv., Esther *Blancbois*, âgée de 38 ans, v^{ve} de P^{re} Salomon, m^d boucher.

XVII. SAMUEL, R. P. R., m^d, épousa, 9 févr. 1659, Suzanne *Gallois*, dont il eut :
1. *Samuel*, 30 janv. 1660; lequel suit.
2. Louis, 26 mars 1662.

XVIII. SAMUEL, R. P. R., fils du préc., épousa, 3 août 1681, Esther *Philippe*, âgée de 22 ans, dont il eut :
1. Élisabeth, 23 avril 1682.
2. Jean, 6 janv. 1684; † 20 suiv.
3. Louis, 23 nov. 1684.
4. Madeleine, par. St-Marcel 8 oct. 1687; † 27 juil. suiv.

XIX. JEAN, R. P. R., drapier, fils de Jean, m^d, † 8 juin 1677. Il avait épousé, 15 janv. 1651, Suzanne *Pilon*, fille de † Jérémie Pilon, m^d, de laquelle il eut :
1. Abraham, 19 nov. 1652.
2. Isaac, 7 sept. 1655.
3. Jean, 5 mai 1658.
4. Samuel, 30 janv. 1660.
5. David, 12 oct. 1664.
6. Louis, 17 août 1667.

XX. ISAAC, R. P. R., épousa, 23 mars 1659, Salomée *Guerlange*, dont il eut :
1. Isaac, 23 juin 1660.
2. Élisabeth, 5 mars 1662.
3. Suzanne, 8 févr. 1664.
4. Marie, 17 oct. 1666.
5. Judith, 10 oct. 1671.

XXI. PIERRE, R. P. R., m^d boucher, épousa, 30 juil. 1662, Mlle *Toussaint*, dont il eut :
1. Sara, 23 déc. 1663.
2. Marie, 1er août 1666.
3. Élisabeth, 2 août 1668; † 19 suiv.
4. Pierre, 4 févr. 1672; † 19 mars suiv.
5. Anne, 12 oct. 1673; † 6 mars suiv.

XXII. PAUL, R. P. R., épousa, 17 mai 1665, Judith *Guyot*, † à 32 ans, 25 févr. 1677. De leur mariage naquirent :
1. Judith, 17 oct. 1666.
2. Paul, 21 oct. 1669; † 21 janv. suiv.
3. Paul, 30 mars 1671; † 23 août 1675.
4. Élie, 27 sept. 1672.
5. Anne, 2 mai 1674.
6. Marie, 27 oct. 1675; † 14 avril 1677.

XXIII. DAVID, R. P. R., m^d mercier, épousa Anne *Braconnier*, † à 25 ans, 19 déc. 1678. De leur mariage étaient nés :
1. Anne, 7 oct. 1674; † 2 avril 1675.
2. David, 6 mai 1676; † 9 juin suiv.
3. Suzanne, 12 juil. 1677.
4. Anne, 28 août 1678.

XXIV. DAVID, R. P. R., eut de Suzanne *Montaigu*, son épouse :
1. Marie, 6 mars 1683.
2. Rachel, 2 juil. 1684; † 12 août suiv.
3. Rachel, 3 juil. 1685.
4. Marie, mariée à J^n Bécœur.

XXV. JEAN, R. P. R., m^d tanneur, eut de Suzanne *Thomassin*, son épouse :
1. Jean, 30 mai 1684; † 29 juin suiv.
2. Suzanne, 27 sept. 1685; † 3 oct. suiv.
3. Anne, par. St-Simplice 18 sept. 1686.
4. Jean, ibid. 25 janv. 1688.

XXVI. CHARLES, m^e d'hôtel de M^r le premier Président, épousa, par. St-Simplice 24 janv. 1682, Madeleine *Rousselot*, v^{ve} de Raymond du Pont.

XXVII. JEANNE, [converse du couvent de la Propagation de la Foi, † 26 sept. 1739, ayant 66 ans d'âge et 40 de profession. <small>Metz, Archives dép. G., 1281</small>].

XXVIII. Divers.
1. MADELEINE. V. Poinsignon III.
2. Mlle ANNE-PIERRETTE. V. le Vayer II.
3. PAUL, sgr de Domangeville, fut témoin, par. St-Martin 8 août 1719.
4. RACHEL. V. de Boriat.

BEAUDRAP (DE) BERNARDIN-ADRIEN-F^{ois}, chev. de Malte, aspirant au corps royal artillerie, fils de Thomas-Adrien, chev., sgr du Mesnil, des Moittiers et autres lieux, et de Madeleine-Adrienne-F^{oise} Gigault de Bellefort; † à 18 ans, par. St-Victor 27 mai 1770 : à son enterrement, P^{re}-F^{ois} de Beaudrap, éc., sgr de Sotteville, lieut. au corps royal artillerie, son cousin ; Claude-Clément Carmesnel le Mouton, éc., cap. au même corps.

BEAUDRILLARD NICOLE. V. Hébert de Maison-Noire.

BEAUDVILLE (de) François. V. du Rocheret I, 9.

BEAUFILS du CHENEST Joseph, natif de Saumier en Anjou, lieut. au rég^t de la marine, compagnie de la Cocherie, † par. St-Livier 11 mai 1763, à 31 ans.

BEAUFORT (de). I. Louis-Hermand, m^e d'hôtel de M^r le premier Président, fut parrain par. St-Simplice 16 déc. 1695.

II. Anne-F^{oise}, de Thionville, épouse de N^{as} Mandré, † avec son petit enfant, par. St-Victor 1er oct. 1712.

III. Catherine, épouse de Louis de Blache de Belle-Rose, † à 28 ans, par. St-Gorgon 12 déc. 1734.

IV. Jean épousa, par. St-Gorgon 5 nov. 1641, Jacqueline *de Marne*.

V. Amélie. V. Goullet.

BEAULIEU Marie-Thérèse. V. de Resancourt.

BEAUME (de la). V. Regnault.

BEAUMENY (de). V. Brossart.

BEAUMONT, cfr. BAUMONT, Jⁿ-Baptiste, avocat au parl^t, eut d'Anne *Dégoutin*, son épouse, par. St-Marcel :

1. Jⁿ-N^{as}-Antoine, 1er mai 1771 : p. N^{as} Dégoutin, curé de Vionville, son oncle; m. M^{ie}-Thérèse-Antoinette Beaumont, épouse de D^{que}-Benoît de la Pierre, ancien chir.-major au service de France, sa tante.
2. Jⁿ-Baptiste, 8 mars 1773.
3. M^{ie}-Anne, 17 mai 1774.

BEAUMONT (de). I. P^{re}-Louis, m^{is} de Beaumont, sgr de St-Quentin, Montaux, Lisle et autres lieux, eut d'Anne-Charlotte *Duprat*, son épouse, par. St-Simplice 21 févr. 1758, M^{ie}-Louise-Juste-Charlotte-Fortunée : p. Juste-Bertrand de Châtronnière, sgr de Châtronnière ; m. M^{ie}-Louise Evrard, v^{ve} de Thomas-Roger Duprat.

II. Louis-Varion, ancien receveur gén^l de Lorraine, † à 83 ans, par. St-Victor 22 avril 1763.

III. Étienne, chev., commis au bureau des comptes des vivres, † par. St-Gorgon 15 avril 1760, à 46 ans : à son enterrement, Michel-Louis de Lavallière, dir. dudit bureau.

IV. Louise-Renée. V. des Robert.

BEAUPOUYET (de) Hilaire. V. de Rantzau.

BEAUREGARD. I. Nicolas, prévôt de la monnaie, † par. St-Simplice 27 déc. 1770. Il avait épousé J^{ne} *Soudieux*, dont il eut :

1. Jean, avocat au parl^t ; à l'enterrement de son père.
2. Madeleine, mariée à Jⁿ-F^{ois} Dufresne.

II. Élisabeth. V. Gattebois des Forges III, 2.

III. M^{ie}-Sébastienne-Nicole. V. Mamiel III.

BEAUREGARD (de) Jⁿ-Baptiste, lieut. de grenadiers au rég^t de Belzunce, avait épousé Élisabeth *Gubin*, † v^{ve} de lui, par. St-Maximin 4 mai 1746.

BEAUSIRE (de)⁽¹⁾. I. François *Beausire*, menuisier, concierge des prisons de la ville, [† en 1632]. Il avait épousé Madeleine *Gravot*, dont il eut :

1. *Pierre*, qui suit.
2. [François, m^d, cité au testament de son frère, le précédent.
3-6. Nicolas, Madeleine, Anne ; et Marie, mariée à Étienne Bonneton, ibid.]

II. Pierre, fils du préc., procureur au parl^t, † en janv. 1672 ; [son testament est du 1er déc. 1671], son service funèbre fut célébré le 21 janv. suiv. Il avait épousé : 1° [par contrat du 1er juin 1638] Madeleine *Michel*, fille de † Georges Michel, échevin en la justice de Toul, et de M^{te} Odam ; 2° [par contrat du 14 nov. 1653] M^{te} *Diez*, † par. St-Gorgon 8 mai 1709.

Du premier mariage étaient nés, d'après le testament du père :

1. [Pierre, curé de Jarny.
2. Anne-Thérèse, religieuse de la Congrégation au couvent de Neufchâteau.
3. François, curé de Neufville, prieur de St-Hilaire.]

---

(1) Les détails entre [ ] sont tirés du msc. Emmery n° 204, et des notes de M. Eugène de Courten.

Du second mariage étaient nés :

4. F^oise-Marguerite, par. St-Victor 27 oct. 1662.
5. M^te-Thérèse, ibid. 22 avril 1664.
6. Michelette-M^te, ibid. 4 juil. 1665; [religieuse de la Congrégation à Neufchâteau vers 1709].
7. Louise-M^te, ibid. 24 août 1666.
8. Marie-M^te, ibid. 20 juil. 1670; [religieuse de Ste-Claire à Metz].
9. F^ois-Bénigne, avocat au parl^t, puis chan. de St-Sauveur.
10. *Claude-Sébastien*, qui suit.
11. M^ie-Anne, mariée à Claude Causse de la Forest, sgr de Bening.
12. Ch^les-François, prieur commendataire de Fricourt, sgr dudit lieu en 1683.
13. M^ie, [nommée au testament de son père.]
14. P^re-Nicolas, [sans doute l'enfant posthume dont il est question ibid.]

III. CLAUDE-SÉBASTIEN, fils du préc., lieut. au rég^t de Bretagne, cap. au rég^t de Navarre, puis lieut.-colonel au rég^t de Surville et command^t pour le Roi au Vigan, eut de M^ie-M^te *Bricourt*, son épouse :

1. F^ois-Charles, par. St-Martin 26 oct. 1685.
2. P^re-Henry, [né en 1701]; lequel suit.
3. Claude-Philippe, chan. régulier de St-Sauveur, prieur de Destrich, parrain de sa nièce ci-dessous IV, 1.

IV. P^re-HENRY, fils du préc., chev. de St-Louis, lieut. command^t l'artillerie à Phalsbourg, command^t d'artillerie à l'école de la Fère, puis maréchal des camps et armées du Roi, † rue du Porte-Enseigne, par. St-Martin 22 avril 1783. Il avait épousé, étant commissaire d'artillerie, par. St-Gorgon 30 nov. 1735, Henriette-Madeleine *Bertrand*, † à 77 ans, 21 janv. 1778. De leur mariage étaient nés :

1. M^ie-M^te-Henriette-Claudinette, par. St-Gorgon 29 janv. 1737; † 28 juin 1739.
2. *M^ie-Claude-Sébastien*, par. St-Martin 7 janv. 1738; lequel suit.

V. Mre-CLAUDE-SÉBASTIEN, fils du préc., éc., conseiller au parl^t, dem^t rue Porte-Enseigne, [† à Metz en 1805]. Il avait épousé, par. St-Martin 9 déc. 1760, Anne-Antoinette *Goussaud*, âgée de 16 ans; le mariage fut béni par Claude-Philippe Beausire, chan. régulier et curé de Destrich. De ce mariage naquirent :

1. Henry-J^ph, par. St-Martin 24 sept. 1763; [† chan. de la cathédrale 4 déc. 1834; de 1815 à 1830 il fit partie du conseil municipal de Metz].
2. P^re-Claude-Henry, ibid. 24 nov. 1764; [cap. au rég^t d'Auxerrois, il épousa N*** Treize, fille de N*** Treize, lequel, né à Metz, fit sa fortune à l'Ile de Bourbon.].
3. Laurent-Louis-Élisabeth, ibid. 24 août 1766; [inspecteur des eaux et forêts à Briey, puis à Metz, il fut le père de Auguste-Sébastien de Beausire, cap. d'artillerie. Ce dernier épousa Virginie-Henriette *Gorcy*, fille de N*** Gorcy, médecin en chef des hôpitaux militaires, et de N*** Perrin, de laquelle il eut Jeanne, mariée à J^ph de Lardemelle].
4. N^as-Louis, ibid. 21 nov. 1768; [chan. de la cathédrale, puis, sans avoir été dans les ordres sacrés, marié à Joséphine *Bonniot* de Chevillon.]
5. Gabriel-J^ph, ibid. 12 juil. 1771; [maréchal de camp, il épousa Louise *Besser*, † à Metz 31 déc. 1867, de laquelle il eut : 1° Léonie; 2° N*** mariée à Félix Gouy, chef de bataillon à l'État-Major de l'armée].
6. Anne-Antoinette, ibid. 14 mai 1777; † 22 août 1784.
7. *François*, par. Ste-Croix 9 nov. 1782[1].

BEAUVAIS (DE). I. NICOLAS, lieut.-colonel au rég^t de Dauzic, chev., sgr de St-Pierremont, d'Aubruche et de Fontenoy, eut de M^ie-Anne *du Hautoy*, son épouse, par. St-Simplice :

---

(1) FRANÇOIS, propriétaire à Jussy (Moselle), a épousé Anne-Joséphine *Gillot* de Sainte-Église, belle-sœur d'Achille du Raget, de laquelle il eut :
1. Joséphine, qui n'a pas contracté d'alliance.
2. Gabriel, chef de bataillon, † à Rome.
3. Fanny, † à Metz 30 déc. 1894; mariée à Gabriel Dumaine de la Josserie, inspecteur de l'Enregistrement; de ce mariage sont nées trois filles : 1° Gabrielle, sœur de Saint-Vincent de Paul; 2° Marie, mariée à Victor de Saunhac du Fossat, dont Marguerite, M^ise-Jeanne et Amélie; 3° Julie.
4. Alexandrine, mariée à Eusèbe Dumaine de la Josserie, dont trois filles : Mmes le Bègue de Germiny, Faucher d'Esperey et de Saint-Cyr.
5. Maurice, cap. en retraite, marié en Picardie.

1. P^re-Henri-Antoine, 17 janv. 1706 : p. P^re-Paul-Maximilien c^te du Hautoy, chev., chambellan de S. A. R. de Lorraine et premier gentilhomme de la chambre de Mgr le Prince F^ois de Lorraine, sgr de Buzonville; m. Henriette de Lançon, dame et c^esse de Remiremont, représentée par Madeleine de Ligny, dame de Ste-Marie.
2. Dieudonnée-L^se, 28 mars 1707 : p. Louis du Hautoy, représenté; m. Anne-Louise de Menevaux, v^ve de M^r le c^te du Hautoy de Gussainville. — Elle fut mariée à Louis-F^ois de Maillard.

II. Louis, éc., ancien officier de l'hôtel des Invalides, fils des † Louis, éc., et Agnès de Claustre, † par. St-Livier 18 déc. 1763, à 83 ans. Lieut. en la compagnie de la Girault en garnison à Ardre, il avait épousé, par. St-Livier 25 févr. 1740, Madeleine *Tonnelier*, v^ve de Christophe Tonnelier, laquelle mourut par. St-Simplice 25 août 1747, à 67 ans.

III. Guillaume, sgr de Luneil, [né à Paris 7 mai 1618], cons. au parl^t, † par. St-Gorgon 23 oct. 1661, [ne laissant aucun parent à Metz].

BEAUVAL. V. Pelletier I, 3.

BEAUVALLE (de). V. de Saint-Hilaire.

BEAUVANT Françoise. V. de Londeix.

BEAUVAU (de). I. Pierre, sgr de Pange, Dommangeville et autres lieux, premier gentilhomme de la chambre de Mgr F^ois de Lorraine, g^d prieur de France, avait épousé Agnès *Desch*, † épouse de Regnauld de Gournay, par. Ste-Croix 13 déc. 1581.
II. Madeleine, [« illustre en naissance et sainteté », † 26 mai 1636, inhumée aux Carmes anciens. Msc. Epit.]
III. Divers.
1. Anne. V. de Raigecourt IX, 5.
2. Catherine. V. de Roucel d'Aubigny.
3. Ch^les-Juste. V. de Bock II, 2.
4. Samuel. V. de Gennes.

BEAUVILLIERS (de). V. de Bauvilliers.

BEAUVOIR de SÉRICOURT (de). I. Alexandre, natif de Lensen en Artois, cap. au rég^t de St-Vallier, † à 34 ans, par. St-Gorgon 1er nov. 1713 : à son enterrement, F^ois-Jérôme de Léglise, gentilhomme du pays d'Artois, cap. d'une compagnie franche, son parent; Antoine-J^ph le Senne, éc., sgr de Savoyers, cap. au rég^t de St-Vallier, son compatriote et ami.
II. Pierre, premier cap. au rég^t royal artillerie, chev. de St-Louis, † à 51 ans, par. St-Gorgon 8 avril 1722 : à son enterrement, Adrien de Monsure de Cany, major de la ville; N. de Briande, command^t au rég^t du défunt.

BECCARY LE BRUN (de) Gabriel, chev., cap. aide-major au rég^t royal Barrois, puis au rég^t de Montureux, ancien command^t des recrues nationales au rég^t de son nom, ancien command^t des bataillons de milice des Trois-Évêchés, sgr de Coume, fils de Louis, éc., cap. des grenadiers au rég^t de Chantilly grenadiers royaux, sgr de Coume, et de Nicole de Bermand; † par. Ste-Croix 24 avril 1784. Il avait épousé, ibid. 26 avril 1746, M^te *Pérolle* : au mariage, Gabriel-Louis de Bermand, cap. au rég^t royal Barrois; Claude-Étienne Galonnier, sgr de Varize; Sébastien Psaulme de Rosselange, officier au rég^t royal infanterie. Du dit mariage naquirent :
1. Philippe, par. Ste-Croix 11 août 1747; † le lendemain.
2. M^ie-Anne, ibid. 10 déc. 1748; † par. Ste-Ségolène 5 mars suiv.
3. Anne-M^te, par. St-Gorgon 26 juil. 1750; mariée à J^n-Léandre de Bony de Lavergne.
4. Catherine-Antoinette-Thérèse, ibid. 15 oct. 1751; mariée à J^n-P^re c^te de Lambertye.
5. M^te-Charlotte, ibid. 20 juin 1753; mariée à J^n-Philippe-N^as de Brye.
6. Claude-N^as-Louis, ibid. 28 déc. 1754; † 4 oct. 1756.
7. M^ie-Anne, par. St-Victor 12 juil. 1757; † par. Ste-Ségolène 22 sept. suiv.
8. J^ne-Françoise, ibid. 31 août 1759 : p. J^ph Faure de Fayole, ancien avocat gén^l au parl^t; m. J^ne-F^oise Gillet, dame de Raucourt, épouse de Ch^les-Henry de

Busselot, président au bureau des finances.
9. Anne-Victoire, ibid. 20 févr. 1761.
10. N^as-Benoît-Victor, ibid. 24 oct. 1763; lieut. au rég^t royal Roussillon au décès de son père.
11. J^n-B^te-Anne-Gabriel, ibid. 17 déc. 1766; chev. de Beccary et sous-lieut. au rég^t royal Roussillon, au décès de son père.
12. F^oise-Adélaïde, ibid. 8 févr. 1768.

BÉCHAMPS. I. JACQUES, procureur au parl^t, eut de Catherine *Fourquin*, son épouse, Anne-Appolline, † à 8 ans, par. St-Gorgon 27 juin 1763.
II. MADELEINE. V. Bécœur III.

BÉCHAULT (DE) ISABELLE-THÉRÈSE. V. Galland.

BÉCHET MARIE. V. le Bourgeois du Cherray.

BÉCHEVEL (DE). I. ISAAC, R. P. R., éc., s^r du Pont, fils de Guillaume, éc., sgr de la Motte-Blagny en Normandie, épousa, 16 juil. 1606, Suzanne *Manginot*, fille de Wirion Manginot, de laquelle il eut :
1. *Benjamin*, 24 juin 1607; lequel suit.
2. Jacques, 9 oct. 1610.
3. Aimée, 20 juil. 1614.
4. Louis-Philippe, 2 mars 1636 : p. Mgr le Prince Louis duc de Simmeren, administrateur du Palatinat; m. Mme la Princesse sa femme, et Mme la Duchesse de Deux-Ponts.

II. BENJAMIN, R. P. R., fils du préc., sgr du Pont-Blagny, cap. d'une compagnie de gens de pied entretenue par le Roi au service de Messieurs les États Généraux des Pays-Bas, épousa, 15 janv. 1640, Sara *Gauvain*, dont il eut :
1. Élisabeth, 14 oct. 1640.
2. Suzanne, † à 26 ans, 23 oct. 1676.
3. Esther, mariée à Samuel de Collignon.

III. GABRIEL, R. P. R., sgr de Blagny, cap. d'une compagnie entretenue pour le service de Messieurs les États Généraux des provinces unies aux Pays-Bas, épousa, étant âgé de 50 ans, 17 nov. 1669, Louise *de Lallouette*, âgée de 43 ans, v^ve de Guillaume de Fonque, maréchal des camps et colonel d'un rég^t de cavalerie, gouverneur des ville et comté de Boulay : au mariage, David de Dompierre, maréchal des camps et armées du Roi, et Louis de Dompierre, sgr de Bocange, ses parents.
IV. CHARLOTTE. V. de Chavenel.
V. CONSTANCE. V. de Dompierre.

BECKIN (DE) M^ie-FRANÇOISE. V. de Foucquet de Closneuf.

BÉCŒUR. I. JEAN, sergent royal, eut d'Élisabeth *Dalançon*, son épouse :
1. *François*, qui suit.
2. J^n-Louis, procureur au bailliage; il épousa, par. St-Livier 25 juil. 1707, M^ie *Beaudesson*, dont il eut Madeleine, mariée à N^as Valette.
3. Nicole, † à 57 ans, par. St-Livier 2 juin 1738.

II. FRANÇOIS, fils du préc., doyen des maîtres apothicaires, † par. St-Livier 21 mars 1765, à 79 ans. Il avait épousé, 18 sept. 1714, Anne *Vaucremont*, † ibid. 5 mars 1767, à 71 ans. De leur mariage étaient nés :
1. *J^n-Baptiste*, qui suit.
2. *François*, qui suivra.

III. J^n-BAPTISTE, fils du préc., m^e-apothicaire, † par. Ste-Croix 15 déc. 1777, à 59 ans. Il avait épousé, ibid. 26 juil. 1741, Madeleine *Béchamps*, † ibid. 2 mars 1787, à 70 ans. De leur mariage étaient nés ibid. :
1. Anne-F^oise, 16 juil. 1742; mariée au s^r Lallemand, m^e-chirurgien.
2. François, 30 août 1743; † 8 sept. 1749.
3. Claude-Alexandre, 23 déc. 1745; † 14 sept. 1749.
4. *J^n-Baptiste*, 1er janv. 1750; lequel suit.

IV. J^n-BAPTISTE, fils du préc., m^e-apothicaire, eut de M^ie-Barbe *Sornet*, son épouse, par. Ste-Croix :
1. M^ie-Madeleine-Barbe, 10 oct. 1779.
2. J^ques-Gaspard, 23 févr. 1782.
3. Gaspard-J^ph, 12 déc. 1784 : p. Gaspard de Besse de la Richardie, g^d chantre de la cathédrale; m. F^oise-Élisabeth Dunez, épouse de Henry-Michel du

Tennetar, conseiller et médecin ordinaire du Roi, d^r et professeur en médecine attaché aux hôpitaux militaires : tous deux furent représentés.

V. FRANÇOIS, oncle du préc., avocat en parl^t, substitut de Mgr l'Évêque de Metz en sa châtellenie d'Albestroff, † par. St-Livier 13 mars 1765. Il avait épousé, étant âgé de 26 ans, ibid. 28 juil. 1750, M^{ie}-Catherine *Stroh*, âgée de 23 ans, fille de † J^n Stroh, cap., et de Gertrude Specher, native de Condel au diocèse de Spire, de laquelle il eut :
1. Louis-F^{ois}, par. St-Livier 25 août 1750 (sic); dragon au rég^t de Conty.
2. Claude-F^{ois}, par. St-Victor 18 mai 1753.
3. Anne, mariée à Louis-Patrice Dubois.
4-6. [M^{ie}, Barbe et J^{ph}, mentionnés au testament de leur père. Msc. Emmery 204, n° 56.]

VI. PIERRE avait épousé Anne *Geoffroy*, † par. St-Eucaire 13 juin 1703 : à son enterrement, Philippe Bécœur, curé de Luppy, son fils.

BÉDACIER (DE) PIERRE. V. de Lallouette III, 8.

BÉGHIN JULIE, CLAUDE-J^{PH}, RAYMOND, ÉMILIE et M^{ie}-ANTOINETTE. V. de Lardemelle.

BÈGUE (DE) M^{ie}-LOUISE-GUILLEMETTE. V. de Bouillé.

BÈGUE (LE). I. ÉLISABETH. V. de Bettainvillers.

II. JOSEPH et CHARLES. V. de Pont de Rennepont.

BÈGUE DE MAJAINVILLE (LE). I. PIERRE, chev., 1er éc. de S. A. R. Mme la Duchesse de Lorraine, cap. au rég^t des gardes de Lorraine, avait épousé M^{ie}-Thérèse c^{esse} *de Ficquelmont*, † aux Madeleines, par. St-Martin 26 mars 1778, à 90 ans : à son enterrement, son fils Louis, princier et chan. de la cathédrale, vicaire gén^l du diocèse; N^{as}-Ch^{les}-Étienne de Ficquelmont, chan. de la cathédrale, son neveu.

II. THÉRÈSE, chan^{esse} de l'abbaye de Clervaux, † à 77 ans, par. St-Victor 28 oct. 1790 : à son enterrement, N^{as}-Ch^{les}-Étienne de Ficquelmont, chan. de la cathédrale, son cousin issu de germain.

BEGUET ANNE-F^{oise}. V. Michelet de Vatimont II, 3.

BÉGUIN ABRAHAM-AUGUSTIN, avocat au parl^t, juge-garde de la monnaie, eut de M^{te} *Mengin*, son épouse :
1. F^{oise}-Henriette, par. Ste-Croix 14 janv. 1691.
2. Bonne, ibid. 18 févr. 1692.
3. Joseph, ibid. 13 janv. 1693.
4. Catherine, ibid. 23 mars 1694.
5. Anne-M^{te}, par. St-Martin 17 nov. 1695.
6. F^{ois}-Augustin, ibid. 27 avril 1697.

BÉHAIGNE (DE). I. WIRY, négociant à Montmédy, eut de F^{oise} *Renouard*, son épouse :
1. Anne, mariée à F^{ois}-J^{ph} de Wenetz.
2. *J^n-Baptiste*, qui suit.

II. J^n-BAPTISTE, fils du préc., garde gén^l collecteur des amendes pour le Roi en la maîtrise des eaux et forêts de Metz, épousa, par. St-Maximin 25 janv. 1769, F^{oise} *Massaux*, fille de † F^{ois} Massaux et de Catherine Dory, de laquelle il eut ibid. :
1. M^{ie}-Anne-F^{oise}, 1er déc. 1769.
2. Claude, 30 déc. 1770.
3. J^n-Wiry, 10 mai 1772.

BÉHUGNON (DE) MARIE. V. Turgis.

BEISSIER J^{ques}-NICOLAS, [diacre du diocèse de Paris, abbé commendataire de St-Clément de Metz et de N.-D. de Bréville-Herbaut, chev., aumônier des ordres de N.-D. du Mont-Carmel et de St-Lazare de Jérusalem, commandeur de St-Jacques du Lys, † 1er janv. 1727 dans la maison abbatiale de St-Clément, inhumé dans l'église de ladite abbaye. Msc. Epit.]

BELAIR DE CARMINEL. V. Castel.

BELANCOURT (DE), *aliàs* DE BEZANCOURT J^n-BAPTISTE, lieut. au rég^t de Bourbon cavalerie, eut de M^{ie}-J^{ne} *de Praditte*, son épouse, J^n-Christophe, par. St-Gorgon 27 avril 1720.

BELARBRE F^oise-Dorothée. V. du Boulay.

BELBŒUF (DE). V. de Saint-Simon.

BELCHAMPS Nicolas, syndic des m^ds, † à 70 ans, par. St-Marcel 9 août 1763. Il avait épousé J^ne Marc, † subitement à 50 ans, ibid. 26 févr. 1759 : à son enterrement, P^re Renault, chan. de St-Sauveur, son oncle ; J^n-B^te Godfrin, substitut au parl^t, son neveu.

BELCHAMPS (DE). I. François, avocat, éc., sgr de Monhairon, [† 21 janv. 1656, inhumé à St-Arnould. Msc. Epit.] Il avait épousé, par. St-Victor 1er févr. 1639, Nicole *Martigny*, v^ve de Claude Gérard, laquelle mourut par. St-Gorgon 28 déc. 1675. De leur mariage naquirent par. St-Gorgon :

1. Marie, 17 janv. 1640 : p. Mathias de Belchamps, coadjuteur de J^n de Belchamps, chan. et chantre de la cathédrale.
2. *Jean*, 14 sept. 1641 : p. J^n de Belchamps, chantre et chan. de la cathédrale ; m. Quentine de Belchamps. — Lequel suit.
3. Nicolas, 16 sept. 1643 ; † par. St-Livier 1er sept. 1653.
4. F^ois-Louis, 31 mai 1648 ; chan. de la cathédrale, † 4 févr. 1712.
5. André, jumeau du préc. ; sgr de Talange et Montrequienne, il épousa, en 1667, M^te *Conrard*, dont il eut César, par. St-Victor 26 déc. même année.
6. Antoine, 12 mai 1650.

II. Jean, fils du préc., éc., sgr de Mondelange et de Hagondange, avocat au parl^t, † par. St-Victor 9 déc. 1674, inhumé à St-Arnould. Il avait épousé, ibid. 25 janv. 1665, M^te *Geoffroy*, † par. Ste-Ségolène 15 janv. 1726. — De leur mariage naquirent par. St-Victor :

1. Nicole, 27 juil. 1665 (sic).
2. *Balthasar*, 18 oct. 1666 : p. Balthasar Chappenay, conseiller au parl^t ; m. Nicole Martigny, sa g^d-mère. — Lequel suit.
3. André, 21 mars 1668.
4. François, 28 juil. 1669 : p. F^ois de Belchamps, chan. ; m. Élisabeth Geoffroy.
5. Marguerite, 11 janv. 1671.
6. Charles, 24 juin 1674 ; † par. Ste-Croix 6 mars 1675.

III. Balthasar, fils du préc., aide-major au rég^t lyonnais, puis conseiller au parl^t, † par. Ste-Ségolène 31 mars 1721, inhumé au milieu du grand chœur. Il avait épousé : 1° par. St-Victor 16 déc. 1692, Béatrix *d'Auburtin*, † ibid. 21 mars 1707 ; 2° par. St-Maximin 19 déc. 1707, Élisabeth *le Bachelé*.

Du premier mariage naquirent :

1. P^re-F^ois-de-Paule, par. St-Victor 19 déc. 1693 : p. P^re Geoffroy ; m. Béatrix d'Herbelet.
2. M^te-Françoise, ibid. 11 mars 1695 : p. André de Belchamps ; m. Pépine-M^te Andry, épouse de N^as d'Auburtin.
3. François, ibid. 2 mai 1696.
4. M^te-Françoise, ibid. 17 juin 1697 : p. Laurent Geoffroy, commissaire d'artillerie ; m. M^te Conrard, épouse de André de Belchamps, sgr de Talange et Montrequienne.
5. Élisabeth, ibid. 26 oct. 1698 ; mariée à J^n Ferry, sgr de Jussy, Vaux, etc.
6. *Laurent*, ibid. 12 nov. 1699 : p. Laurent Geoffroy, cap. ; m. Anne Oury, épouse de Michel d'Auburtin, conseiller au parl^t. — Lequel suit.
7. P^re-Nicolas, ibid. 22 mars 1701 : p. P^re d'Auburtin, chan. de St-Thiébaut ; m. Nicole Geoffroy. Lequel suivra V.
8. Anne, par. St-Gorgon 18 mars 1702 ; mariée à J^ques-D^que de la Croix.
9. Laurette-Béatrix, ibid. 16 mars 1703 ; mariée à Étienne-F^ois Le Bourgeois du Cherray.
10. N^as-François, ibid. 9 avril 1704 ; lequel suivra VII.
11. M^ie-Élisabeth, ibid. 22 avril 1705.

Du second mariage naquirent par. St-Victor :

12. André-Ch^les, 9 oct. 1708 ; lequel suivra VI.
13. F^oise-Élisabeth, 1er janv. 1710 ; † par. Ste-Ségolène 11 sept. 1724.
14. Suzanne-Élisabeth, 23 févr. 1711 : p. Paul le Bachelé, sgr de Charly ; m. Suzanne Duclos.

15. Élisabeth, 30 janv. 1713 : p. Hyacinthe de Tailfumyr; m. Élisabeth le Bègue, épouse de Mr de Bettainvillers.

16. Mte-Laurette, 18 avril 1715; † par. Ste-Ségolène 5 mai 1724.

IV. LAURENT, fils du préc., éc., chev. de N.-D. du Mont-Carmel et de St-Lazare de Jérusalem, [l'auteur du curieux manuscrit dit de Belchamps, à la bibliothèque municipale de Metz,] sgr en partie de Talange et Montrequienne, † par. Ste-Croix 17 juil. 1778. Il avait épousé Mie *Gomé*, † ibid. 25 juil. 1787, à 87 ans. De leur mariage naquirent :

1. Mie-Suzanne-Charlotte, par. Ste-Croix 5 avril 1739; mariée à Laurent-Adolphe Durand, sgr de Crépy, puis à Benoît-Louis-Chles d'Argent de Deux-Fontaines.

2. Jean, ibid. 26 mars 1740; † 10 mars 1742.

3. Élisabeth; mariée à Jn Maclot de Colligny.

V. PRE-NICOLAS, frère du préc., sgr de Talange et Montrequienne, † par. St-Victor 7 juil. 1766. Il avait épousé : 1° Anne-Mte-Foise *Morel*, † par. St-Maximin 24 janv. 1729; 2° par. St-Martin 14 nov. 1729, Mie-Suzanne *de Buzelet*, † par. St-Victor 13 oct. 1780, à 73 ans. Du premier mariage naquit Anne, par. St-Maximin 24 janv. 1728 : p. Jn Ferry, sgr de Jussy et Lorry en partie, conseiller au parlt; m. Anne d'Arros ou Darousse, épouse de Jn Morel, avocat au parlt, sgr en partie de Vaux.

VI. ANDRÉ-CHLES, frère du préc., éc., épousa, par. Ste-Croix 17 juin 1738, Jne-Geneviève *Annibal*, dont il eut ibid. :

1. Louis-Georges-Fois-Chles, 6 sept. 1744; † par. St-Marcel 4 janv. suiv.

2. Alexandre, 30 sept. 1745; † 20 oct. 1757.

3. Mte-Foise-Fébronie, 29 juin 1757; mariée à Louis chev. de Foucault de Pontbriant.

4. Chles-Alexandre, 8 mars 1760.

VII. Nas-FRANÇOIS, frère des préc., chev., lieut. au régt de Touraine, puis lieut. des maréchaux de France au dépt de Metz, sgr en partie de Ste-Ruffine, Vaux, Jussy et autres lieux, † par. Ste-Ségolène 5 juil. 1775. Il avait épousé Mie-Louise *du Bant*, dont il eut Nas-François, qui suit.

VIII. NAS-FRANÇOIS, fils du préc., chev., gendarme de la garde ordinaire du Roi, lieut. des maréchaux de France au dépt de Metz, eut de Mie-Adelaïde *d'Origny*, son épouse :

1. Antoine-Laurent-Dieudonné, par. Ste-Croix 26 oct. 1769 : p. Laurent de Belchamps, gd-oncle ; m. Louise du Bant, son aïeule.

2. Anne-Nas-Fois-Mie, ibid. 14 mars 1771 : p. Nas-Fois de Belchamps, aïeul; m. Mie-Anne-Ernestine d'Origny, épouse de Pre-Louis Burteau, éc., sgr de Charmoy, St-Pierre, Villers, Bignicourt-sur-Saône et Buisson en partie, président des trés. de France au bureau des finances de Champagne, et commissaire du Conseil au dépt des tailles de la dite province.

3. Adam-Mie-Élisabeth-Henry-Louis[1], par. Ste-Ségolène 27 janv. 1775 : p. Adam-Claude d'Origny d'Agny, sgr de Bréau, Ste-Collière et autres lieux, chev. de St-Louis, ancien cap. au régt de Champagne, oncle mat.; m. Élisabeth de Berle, épouse du parrain, représentée par Henriette du Bant de la Court, gd'tante pat.

IX. DOMINIQUE, sgr de Coincy en partie, eut de Mie *Pien*, son épouse, Pierre, qui fut parrain par. St-Maximin 12 sept. 1734.

X. CHLES-HYACINTHE, MIE-HONORÉE et MIE-URSULE. V. Doudart.

XI. FRANÇOIS, eut d'Anne *Bouchesor*, son épouse, par. St-Gorgon :

1. Barbe, 12 août 1652.

2. Gabrielle, 15 avril 1655; mariée à Jn Mangeot dit Major, bourgeois.

---

[1] ADAM-MARIE-ÉLISABETH-HENRY-LOUIS, † à Charly près Metz en juil. 1855. Il avait épousé, en oct. 1795, Jeanne-Barbe-Catherine-Charlotte-Louise-Sophie de Pichon, dont il eut :
1. Laurent-Eugénie, mariée à Charles de Tinseau.
2. Théodule, *alias* François-Nas-Félix, († à Metz 21 juil. 1893, à 98 ans) qui eut d'Aurélie O'Biordan son épouse : 1° N***, mariée au général Picot de Lapeyrouse ; 2° Laurence, mariée au général Peting de Vaulgrenand, dont trois enfants : Maurice-Pre, cap. au 18e dragons, Henry-Albert, lieutt de dragons, et Mie, mariée au cte de Cugnac, cap. au 18e chasseurs, dont postérité.

3. Jⁿ-François, 11 mars 1657.
4. Anne, 9 avril 1659.
5. Marthe, 27 mars 1661 : p. Antoine Foës, chan. de la cathédrale; m. Marthe Foës.
6. Marie, 18 févr. 1663 : p. Fᵒⁱˢ Rousselot, curé de Dommartin ; m. Mⁱᵉ de Foigny.

XII. JEAN, [chan. et gᵈ-chantre de la cathédrale (cfr. I, 2.), † 26 nov. 1651, à 85 ans, inhumé à la cathédrale. Msc. Épit.]

XIII. JEAN, pourvoyeur du roi et l'un des commissaires du bureau des Pauvres, † par. Sᵗ-Simplice 25 févr. 1713, à 53 ans. Il avait épousé Sara *Provost*, † ibid. 9 juil. 1720.

XIV. MARGUERITE. V. le Braconnier XXII, 2.
XV. JEANNE. V. le Seur VI.

BÉLERSAINE (DE) ANNE-Fᵒⁱˢᵉ. V. de Hoffmann.

BÉLESTIN (DE), ou BÉLISTIN, ou BILISTIN. I. N***, chan. de la cathédrale de Metz, fut parrain par. Sᵗ-Eucaire 7 juil. 1619.

II. HENRY, bᵒⁿ de Magnier, eut de Mⁱᵉ *de Silly*, son épouse, Anne-Claude, par. Sᵗ Gorgon 20 août 1637 : p. Louis de Collignon ; m. Anne-Claude Auburtin, dame de Silly.

III. N***, bᵒⁿⁿᵉ, † par. Sᵗ-Marcel 25 janv. 1635.

BELGRAND CLAUDE-ANTOINE, officier major de santé, épousa, au mois de mars 1795, Catherine-Louise *Lefebvre* de Plappecourt.

BELHAT MARIE. V. Saget IV.

BELHOMME (LE). I. NICOLAS, cap. enseigne et douzainier de la par. Sᵗᵉ-Ségolène, épousa Louise *Vaucremont*, † ibid. 9 oct. 1632.

II. ANNE. V. Mathis V.

BELIN DAVID, R. P. R., épousa Esther *de Cuvry*, dont il eut David, 6 avril 1635.

BELJOYEUSE DE CLÉDIER (DE) Nᵃˢ-FRANÇOIS. V. de la Garde.

BELLANGER DE CHARLY PHILIPPE, aide-major des gendarmes de Mgr le duc d'Orléans, épousa Anne-Mⁱᵉ *de Resy*, † par. Sᵗ-Simplice 14 févr. 1738, à 91 ans. De leur mariage était né, par. Sᵗᵉ-Croix 30 juil. 1698, Jⁿ-Bᵗᵉ-Philippe : p. Jⁿ-Bᵗᵉ de Vausereülle, cap., 1ᵉʳ maréchal des logis de Mgr le duc de Bourgogne; m. Gabrielle Lhuillier.

BELLEFEULLAC (DE) ANDRÉ, cᵗᵉ de Trévoux, 1ᵉʳ cornette des chevau-légers de Bretagne, eut de Mⁱᵉ-Anne-Élisabeth-Charlotte, bᵒⁿⁿᵉ *de Neuhoff*, son épouse, par. Sᵗᵉ-Ségolène 6 juil. 1714, Théodore-Hyacinthe : p. Théodore, bᵒⁿ de Neuhoff⁽¹⁾; m. Mⁱᵉ-Hyacinthe Danois, épouse de Jⁿ-Philippe de Salians d'Estaing, lieutᵗ génˡ des armées du Roi et gouverneur des Trois-Évêchés et des ville et citadelle de Metz.

BELLEVAUX (DE) Mᵗᵉ-LOUISE. V. Bouvier de Vinay.

BELLI DE BELLEFORT RODOLPHE, lieutᵗ. au régᵗ suisse de Brandelé, † par. Sᵗ-Martin 18 déc. 1713.

BELLIVIER DE PRIN. V. Boudet de Puymaigre (note).

BELLO, *aliàs* BELLOT, *aliàs* BELO. I. Nᵃˢ-FRANÇOIS, conseiller du Roi, commissaire receveur et contrôleur génˡ des saisies réelles au parlᵗ, eut d'Elisabeth *Evrard*, son épouse, par. Sᵗ-Simplice :
1. Suzanne, 1ᵉʳ janv. 1742.
2. Mⁱᵉ-Madeleine, 30 nov. 1742.
3. Pʳᵉ-Nᵃˢ-François, 8 déc. 1743.
4. Suzanne, 4 juin 1745.

II. CATHERINE. V. de Redon des Fossés.
III. MARGUERITE. V. de Solceret de Châtillon.
IV. MADELEINE. V. Innocenti.

BELLON. I. OLIVE. V. de Maizières II.
II. JUDITH. V. Lollier.

BELLONNIÈRE (DE) LOUIS. V. de Vésien.

BELLOY (DE) CHARLES, chev., cap. au

(1) Lequel fut roi de Corse.

rég^t royal, major de la ville de Metz, sgr de Fénétrange, épousa, étant âgé de 40 ans, par. Ste-Ségolène 19 nov. 1680, Gabrielle *de Bonnefoy*, † 3 juin 1684. De leur mariage naquirent ibid. :

1. Anne Nicole, 14 juin 1682; mariée à J^{ques}-Antoine d'Alsace de Hennin.
2. Ch^{les}-Hercule, 6 juil. 1683 : p. Hercule de Belloy, chev., sgr du dit lieu, m^{is} de Montesquillon, sgr de Villa... et autres lieux, lieut. gén^l au gouv^t de Pivermon, de Broy en Champagne; m. Christine de Saintignon, épouse de Ch^{les} c^{te} de Serrier.

BELMONT (DE) JÉRÔME. V. de Haitze.

BELON MADELEINE. V. Ancillon XI.

BELQUIENNE. I. ALEXANDRE, m^d d'ardoises, un des entrepreneurs de la fortification de Strasbourg et de la construction de l'aqueduc de Maintenon, † à 59 ans, par. St-Victor 30 mars 1695. Il avait épousé M^{te} *Prost*, † 1er juil. 1720. De leur mariage étaient nés :

1. Marguerite, mariée à Christophe Tonnelier, m^d de bois.
2. *Sébastien*, qui suit.

II. SÉBASTIEN, fils du préc., conseiller du Roi, greffier en chef du bureau des finances de la généralité de Metz et d'Alsace, puis greffier en chef honoraire, † par. St-Maximin 4 sept. 1759, à 92 ans. Il avait épousé, par. St-Victor 10 nov. 1694, M^{te} *Gravelotte*, fille de † J^n Gravelotte et de M^{ie} Willaume, laquelle mourut par. St-Maximin 9 janv. 1746. De leur mariage était né, 27 déc. 1697, *Dominique*, qui suit.

III. DOMINIQUE, fils du préc., conseiller-auditeur des comptes au parl^t, † par. St-Martin 21 mars 1732. Il avait épousé, par. St-Gorgon 21 mars 1730, M^{te}-Thérèse *François*.

IV. JEANNE. V. Després.

BELVAUX (DE) N***, fils de Simon-F^{ois}-J^{ph}, échevin de la ville de Louvain au pays de Liège, et de Prisque Bayet, épousa, par. Ste-Ségolène 27 mai 1779, M^{ie} *d'Hausen*, pensionnaire aux Madeleines, fille de † Adam-Guillaume b^{on} d'Hausen, sgr de Reling, et de M^{ie}-Anne-Ursule de Hautregard; au mariage, Antoine Cajétan-J^{ph}, frère de l'époux.

BÉMART JACQUES. V. Bertand.

BÉMART-PÉLISSON J^n-PHILIPPE. V. Bertand.

BENCENEL DE MION. V. Bansenel.

BÉNÉFICE DE MORTAGNE (DU) ANNE-M^{ie}-THÉRÈSE et CLAUDE-N^{as}. V. Rouault IV.

BÉNÉVENT (DE) JÉRÔME, chev., sgr de Cabrillaire et de Cabanaire, cap. au rég^t de Champagne, fils de † N***, chev.; sgr des mêmes terres, et de M^{te} de Basset, épousa, par. St-Maximin 17 oct. 1724, M^{te} *le Labriet*, † à 21 ans, par. St-Martin 11 oct. 1726.

BENNE (DE). I. MARIE. V. Dewille.

II. AUGUSTE-HONORÉ. V. de Montrond.

BENNELLE. I. BASTIEN, R. P. R., fut le père de :

1. Judith, 3 déc. 1565.
2. *Jean*, qui suit.

II. JEAN, R. P. R., fils du préc., avocat, d^r ès lois, treize, conseiller du m^e-échevin, secrétaire interprète en langue germanique, épousa, 19 mai 1624, M^{ie} *Jacquier*, fille de Didier Jacquier, m^d, de laquelle il eut :

1. Marie, 23 févr. 1625.
2. Suzanne, 10 juin 1626.
3. Charles, 29 oct. 1627.
4. Jacques, 21 janv. 1632; il épousa, 27 oct. 1669, Élisabeth *de Couët*.
5. Marie, 9 oct. 1633.
6. Frédéric, 31 juil. 1635 : p. Frédéric c^{te} Palatin du Rhin, prince de Deux-Ponts; m. Madeleine-Juliane Quadt de Landskron, épouse de Philippe Streiff de Lawenstein, conseiller d'État de S. A. Palatine de Deux-Ponts; baillif de Bergzabern.
7. Sara, 19 nov. 1636; [mariée au s^r Daniel Charbonnet. Msc. Emmery 508.]
8. Jeanne, 4 mai 1639.
9. *Paul*, 20 sept. 1641; lequel suit.

10. Marie, 13 mars 1644; mariée à Jⁿ-J^{ques} Bourquart.
11. Suzanne, 28 avril 1647.
12. Louise, 21 déc. 1648.
13. Anne. V. Besnard de Boulennes I, 1.
14. Louis [Msc. Emmery 508.].

III. PAUL, R. P. R., fils du préc., m^d banquier, épousa, ses parents étant défunts, 18 mai 1670, Judith *Bennelle* (ci-dessous V, 4), de laquelle il eut :
1. Paul, 6 sept. 1671.
2. Louis, 24 janv. 1673; † 14 nov. 1675.
3. Élisabeth, 9 mai 1676.
4. Charlotte, † à 4 ans, 4 mars 1685.
5. Benjamin, 3 oct. 1684.
6. M^{ie}-Anne, mariée à Ch^{les} Lamy de Besanges.

IV. ABRAHAM, R. P. R., procureur et notaire royal, [† 9 août 1641. Msc. Emmery 443.] Il avait épousé : 1° F^{oise} *Goullet*; 2° 26 oct. 1636, Sara *Philippe*, v^{ve} d'Abraham Marion. Du premier mariage naquirent :
1. *David*, qui suit.
2. Paul, 5 mai 1624.
3. Suzanne, 12 mai 1627.
4. Marie, 11 mars 1629; mariée à Benjamin Boudier.
5. Paul, 25 déc. 1630.
6. Pierre, 4 juin 1632.
7. Anne, 28 avril 1634.

V. DAVID, R. P. R., fils du préc., aman et avocat, épousa, 3 mai 1637, Anne *le Goullon*, † à 66 ans, 1er sept. 1681. De leur mariage naquirent :
1. Pierre, 27 avril 1638
2. Anne, 26 janv. 1640.
3. Charles, 12 déc. 1641.
4. Judith, 8 déc. 1643; mariée à Paul Bennelle ci-dessus III.
5. Jean, 3 avril 1645.
6. Marie, 19 févr. 1648.
7. Benjamin, 12 sept. 1649.
8. David, 29 déc. 1651.
9. Élisabeth, 18 déc. 1652; mariée à Ch^{les} de Montigny.
10. David, 15 août 1655.
11. Louis, 7 janv. 1657.
12. David, 5 juil. 1662.
13. David, 16 mai 1664.

VI. Divers.
1. ÉLISABETH. V. Ferry V.
2. MARIE. V. de Combles VIII.

BENNEQUIN. I. BARBE et FÉLIX. V. Pierre III.

II. FRANÇOISE. V. Barot de Pourru.

III. JACQUES. V. Valette.

BENNEVAL (DE) MARGUERITE. V. Gomé IV, 2.

BENOIST FRANÇOIS. V. Bournac.

BENOIST (DE) M^{ie}-LOUISE-EUGÉNIE. V. Gerard d'Hannoncelles (note).

BENOIT MADELEINE-F^{oise}. V. le Musnier de Moulineuf.

BENTABOLE (DE) JOSEPH. V. Pattée.

BÉRAINVILLE (DE). V. de Bérauville.

BÉRANGER DE BLAIDFAIM MARIE. V. d'Auckerhielm.

BÉRARD. I. M^{ie}-LUCIE. V. Beaudesson VI, 4.

II. BARBE. V. Dancerville II.

III. BARBE. V. Lorette II.

IV. BARBE. V. Gazeau.

BÉRARD (DE). I. THOMAS, m^e-échevin, sgr de la Grillonnière et de Sorbey, † à 63 ans, par. St-Martin 8 mars 1683. Il avait épousé F^{oise} *de Selve*, dame de Laubrussel, † ibid. 20 déc. 1683, inhumée au pied du m^e-autel. De leur mariage étaient nées :
1. M^{ie}-Anne, par. St-Victor 23 janv. 1672 : p. P^{re} de Morges, chan. de la cathédrale.
2. Marie, peut-être la même que la préc., † par. St-Maximin, 25 avril 1675.
3. Françoise, marraine par. St-Simplice 9 oct. 1678.

II. GUILLAUME, épousa M^{te} *de Cerrétany*, † à Tragny 30 mai 1707.

BÉRAULT DE BELCASTEL (DE) I. JACQUES, sgr d'Ennery, maréchal des camps et armées du Roi et lieut. pour S. M. command^t la citadelle de Metz,

† par. St-Jean de la Citadelle 24 déc. 1675. Il avait épousé Dorothée *de Schauembourg*, dont il eut :
1. Anne-Lse, marraine par. St-Simplice 2 avril 1668.
2. Anne-Foise, baptisée, à 13 ans 5 mois 1/2, par. St-Jean de la Citadelle 28 janv. 1673
3. Henry, tué à 19 ans au service de S. M. en Alsace ; on célébra pour lui un office funèbre même par. 21 août 1677.

II. JEAN, maréchal des camps et armées du Roi, gouverneur de la citadelle de Metz, eut de Lucie Virion une fille naturelle, Mie-Élisabeth, à laquelle il donna son nom ; elle mourut à 20 ans, par. St-Jean de la Citadelle 5 juil. 1688.

III. LOUIS, sgr d'Ennery, gd bailly de Metz et major génl des dragons de l'armée de Mgr de Luxembourg, fut le 13 nov. 1692 « transporté de la Haute-Pierre par. St-Victor, où il était mort, et de là sur la rivière, pour être conduit par eau à Ennery, sa seigneurie ; tout l'état-major assista jusqu'à la porte principale de l'église. »

IV. ANTOINE, éc., chev. de St-Louis, aide-major de la ville de Sarrelouis, fils des † Antoine, éc., chev. de St-Louis, cap. au régt de Meuse, et Gabrielle Foës, épousa, par. St-Maximin 6 mai 1735, Anne *Guedon*, vve de Christian Craoutes, lieut. des grenadiers au régt d'Alsace.

V. ANNE-Lse de Belcastel-Savaillan, dame et chanesse de Bouxières, fut marraine par. St-Jean de la Citadelle 26 oct. 1672.

VI. ANNE-Foise, dame et chanesse de Bouxières, fut marraine par. St-Gorgon 22 janv. 1675.

VII. ANNE-Lse. V. de Mouchain.

BÉRAUVILLE (DE) alias DE BÉRAINVILLE JN-FRANÇOIS, chev., sgr de Villandré, Durfort, Pontcrousé, Attencourt et autres lieux, fils des † Jn, chev. de St-Louis, cap. de cavalerie, et Catherine le Clerc, épousa : 1° par. Ste-Croix 14 juil. 1750, Philippine-Jacobine bonne *de Halberg*, fille des † Jacob, bon de Halberg, gd chancelier de S. A. E. Palatine et gd bailly de Pexberg, et Joséphine née bonne de Franken, de Manheim : au mariage, Fois-Bernard, bon de Halberg, frère et curateur de la mariée ; Pre-Antoine, bon Olivier, sgr de Courcelle, Belleville, etc. et l'un des chambellans de † S. A. R. de Lorraine ; Siméon de Mazerulle, sgr de Champs. — Philippine-Jacobine de Halberg † par. St-Simplice 4 oct. 1764. — 2° Mie *le Blanc d'Altancourt*, dont il eut par. St-Simplice :
1. Mie-Barbe, 2 févr. 1779 : p. Claude-Jn de Flaurigny, chev., ancien cap. au régt de Bretagne, gd-oncle mat. ; m. Charlotte-Catherine de Bérauville, vve de Mr de Bérauville, chev., sgr de St-André-la-Chapelle, ancien cap. au régt de la marine infanterie.
2. Jques-Marc-Antoine, 16 sept. 1782 : p. Jques-Marc-Antoine, bon de Mahuet et du St-Empire, chambellan de † S. M. le Roi de Pologne, cousin issu de germain ; m. Anne le Blanc, épouse de N*** Geoffroy de Coiffy, chev., ancien cap. d'infanterie à Bar-sur-Aube.

BERBIS DE RANCY Mie-MARGUERITE. V. Chifflet d'Orchamps.

BERCILLY JEAN. V. Briart.

BERCY (DE). V. de Baubé de Grammont.

BEREAU DE ROCHEBONNE LOUIS-SUZANNE, éc., cap. au régt de Bassigny infanterie, fils de Louis-Nas Bereau de Puviau, éc., sgr de Puviau, et de Catherine Gaudeniot (?) : † à 33 ans, par. St-Simplice 5 avril 1737.

BERGER. I. JN-FRANÇOIS, procureur au parlt, fils de Henry-Chles, bourgeois, et de Mte Weber, épousa [à Metz 10 févr. 1780] Mie *Deshayes*, dont il eut Mte-Élisabeth, par. St-Victor 19 nov. 1781.

II. MARIE. V. Addée.

BERGER DE MOYDIEU (DE) HÉLÈNE. V. de Léautaud Artaud de Montauban.

BERGERAC (DE) ÉLIE, major du régt de Mgr le Duc de Bourgogne cavalerie, chev. de St-Louis, époux de N*** *de Sourcy*, † à 50 ans, par. St-Victor 5 janv. 1707.

BERGERAT (DE) CLAUDE, cap. de chevau-légers, avait épousé Mte *Tretienne*,

† par. Sᵗ-Martin 4 oct. 1683, inhumée à la collégiale de Sᵗ-Sauveur.

BERGERIE (DE LA) ÉLISABETH. V. de Janlis.

BERGH (DE). I. ARMAND-LOUIS, bᵒⁿ, gros major au régᵗ de la Mark, † aux casernes de Basse-Seille, par. Sᵗᵉ-Ségolène 4 févr. 1766, à 30 ans.

II. CHARLOTTE-ÉLISABETH, fille de Mʳ le bᵒⁿ de Bergh, fut marraine par. Sᵗ-Simplice 16 janv. 1718.

III. Divers.
1. ARNOULD-BERNARD. V. de Tory.
2. AUGUSTE-CHRISTIAN. V. François du Charnau.
3. HENRIETTE-CHARLOTTE. V. de Huby.
4. Jⁿᵉ-JOSÉPHINE. V. de Schwengsfeldt.
5. LOUIS-CHˡᵉˢ, frère de la préc. V. de Perceval.
6. Mⁱᵉ-HONORINE. V. de Melisse.

BERGONNIÉ. V. Durand XIII, 1.

BÉRIOT. V. de Haitze.

BERLE (DE) ÉLISABETH. V. de Belchamps VII.

BERLUCHON ESTHER. V. Molina.

BERMAND (DE) GABRIEL-LOUIS et NICOLE. V. de Beccary-Lebrun.

BERMOND (DE) MARGUERITE. V. de Rheims.

BERNAGE (DE) Jⁿ-LOUIS, chev., sgr de Vaux, Sᵗ-Maurice, Chassi, Arbonne et autres lieux, gᵈ croix commandeur et officier de l'ordre militaire de Sᵗ-Louis, conseiller du Roi en ses conseils, mᵉ des requêtes en son hôtel, intendᵗ de justice, police et finances au dépᵗ de Metz, frontières de Champagne, de Luxembourg et de la Sarre, eut de Mⁱᵉ-Élisabeth *Marie*, son épouse, par. Sᵗ-Livier 11 févr. 1758, Claude-Mⁱᵉ-Renée-Félicité : p. Claude Marie, chev., sgr et patron de Donqueur, Buscamp, Maison-en-Rolland et autres lieux, demᵗ ordinairement à Amiens ; m. Anne-Mⁱᵉ-Renée de Bernage, vᵛᵉ de Bonaventure-Robert de Rossignol, chev., sgr de Balagny, gᵈ croix commandeur de l'ordre de Sᵗ Louis, conseiller du Roi en ses conseils, mᵉ ordinaire des requêtes en son hôtel, intendᵗ de justice, police et finances en la généralité de Lyon, demᵗ à Paris, en son hôtel, rue des filles Sᵗ-Thomas, par. Sᵗ-Eustache ; tous deux représentés.

BERNARD. I. NICOLAS, architecte, assista à l'enterrement de Louis, son frère, qui suit.

II. LOUIS, notaire royal, conseiller du Roi, conseiller-échevin de l'hôtel de ville, † par. Sᵗ-Victor 29 janv. 1773. Il avait épousé Fᵒⁱˢᵉ *Beaudesson*, dont il eut par. Sᵗ-Gorgon :
1. François, 25 nov. 1736.
2. Jⁿ-Louis, 16 nov. 1737 ; lequel suit.
3. Gabriel-Fᵒⁱˢ, 30 sept. 1738.
4. Chˡᵉˢ-Nicolas, 24 sept. 1739.
5. Anne-Fᵒⁱˢᵉ-Pélagie, 21 avril 1741.

III. Jⁿ-LOUIS, fils du préc., mᵉ-orfèvre, eut de Jⁿᵉ *Roubis*, son épouse, Jⁿ-Louis-Élie, qui suit.

IV. Jⁿ-LOUIS-ÉLIE, fils du préc., conseiller du Roi, substitut du procureur au bailliage, épousa, étant âgé de 23 ans, par. Sᵗ-Simplice 23 août 1785, Mᵗᵉ-Dorothée *Dufresne* : au mariage, Jⁿ Roubis, substitut du procureur au bailliage, aïeul mat. de l'époux ; Claude Purnot, procureur au bailliage, cousin-germain mat. ; Dᵠᵘᵉ le Bugnet, mᵈ, ancien juge-consul ; Dᵠᵘᵉ Pantaléon, conseiller-échevin de l'hôtel de ville, et Fᵒⁱˢ Leclerc, avocat au parlᵗ, ces trois derniers cousins pat. de l'époux ; Nᵃˢ-Fᵒⁱˢ-Xavier Dufresne, bachelier et officier de la monnaie, frère de l'épouse ; Jᵖʰ Dufresne, mᵉ-pâtissier, et Alexandre Dufresne, architecte, ses oncles pat. ; Michel Lalance, huissier audiencier au siège présidial, et Nᵃˢ Maire, conseiller du Roi et son procureur en la municipalité et siège de police de Pont-à-Mousson, notaire royal et procureur au bailliage de la même ville, tous deux ses oncles par alliance du côté mat. — Du dit mariage naquit, par. Sᵗ-Simplice 15 mars 1787, Jⁿ-Louis-Léon : p. Jⁿ-Louis Bernard, mᵉ-orfèvre, son aïeul pat. ; m. Mᵗᵉ Cousin, vᵛᵉ de Fᵒⁱˢ Dufresne, sa bisaïeule mat.

V. FLORIMOND, avocat au parl^t, fils des † Philippe, aman, et M^{ie} Bernard, † par. St-Simplice 31 janv. 1741, à 74 ans.

VI. MATHURIN, ancien m^e des marchands, † à 75 ans, par. Ste-Croix 15 mai 1756; à son enterrement, ses deux fils :
1. Jean, m^d, bourgeois de Metz.
2. Bernard, bâtonnier des avocats, conseiller du Roi, substitut du procureur général au parl^t, † par. Ste-Croix 12 janv. 1789, à 59 ans.

VII. Divers.
1. AGATHE-F^{oise}. V. Henry.
2. ANNE. V. de Prille.
3. ANTOINETTE. V. Willotte.
4. BARBE. V. Midart.
5. MARGUERITE. V. de Barat.

BERNARD (DE). I. ARNOULT-ANTOINE, commissaire des guerres, eut de M^{ie}-Florence *Jacques*, son épouse, Anne-Catherine, par. St-Victor 10 oct. 1700 : p. Louis-Honoré de Serment, clerc du diocèse de Valence; m. Anne-Catherine de Montagnac.

II. Jⁿ-CHARLES, chev., sgr et patron honoraire des paroisses de Lebellière et Francheville et autres terres et seigneuries, † par. St-Martin 17 sept. 1744.

III. ANNE. V. Chaffaut.

IV. F^{oise}-ESPRITE. V. de Brunel.

BERNARD DE BEAUREGARD CLAUDE-MICHEL, colonel de cavalerie, sgr de Chenevière, Conflans, Beauregard et autres lieux, fils de † Bernard Bernard, intend^t de l'abbaye de St-Louis à St-Cyr, et d'Antoinette N***, épousa, par. St-Gorgon 28 janv. 1713, M^{ie}-Angélique de *Saint-Just*.

BERNARD DE LA VERNETTE. V. de Lauzières de Thémines (note).

BERNARD (DES) CATHERINE. V. Aubert.

BERNARDE (DE) ANNE. V. Fabert.

BERNHARD MADELEINE. V. le Page.

BERNAY. V. Bernin.

BERNAY DE FARANCOURT PIERRE. V. Jacquesson.

BERNE ANNE. V. Beaudesson VI.

BERNIER (DE). I. MARGUERITE. V. d'Astier.

II. M^{ie}-J^{ph}-YVES Bernier Lemoine de Chalouette. V. Lemoine de Chalouette.

BERNIN ou BERNAY GILLES-THOMAS, sgr de Parandiez et autres lieux, trésorier de l'extraordinaire des guerres du Luxembourg, fils de Gilles, sgr de la Fenouillière, de la ville de Toul, et de M^{ie} de l'Eau, † par. St-Simplice 26 mai 1688.

BÉRONNE (DE) ANTOINE, cap., épousa :
1° M^{ie} *de Trenont* ou *Trémontre*;
2° M^{ie} *de Genest*.

Du premier mariage naquit :
1. François, par. St-Victor 13 janv. 1648 : p. F^{ois} de Lamberty; m. M^{ie} de Grateloup, épouse de Mr de la Contour.

Du second mariage naquirent :
2. François, par. St-Victor 3 mai 1650 : p. F^{ois} de Moussy, s^r de la Contour; m. M^{ie} de Genest.
3. Henry-Antoine, par. St-Gorgon 24 févr. 1652 : p. Henry de la Carmesse, cap. de la garnison de Metz; m. Virginie de Maugiron, épouse du s^r de Thiolet.
4. Angélique, ibid. 29 sept. ....; les cérémonies du baptême lui furent suppléées 23 févr. 1661 : p. Henry-Antoine, son frère, représentant Jⁿ de Béronne, s^r des Coutures.
5. Henriette-Éléonore, représentant Angélique de St-Solieu, dame de Lanau, marraine de la préc.

BERRARD (DE) FRANÇOIS, éc., officier au rég^t de la marine, eut de Nicole *Roucel*, son épouse, Étienne, par. St-Gorgon 24 oct. 1686.

BERRAUD JEANNE. V. de Lingendes.

BERRE HENRY-F^{ois}, fils de Jⁿ et d'Élisabeth Stotheus, lieut. au rég^t royal Bavière, natif de Vernier, diocèse de Liège, âgé de 31 ans 1/2, épousa, par. Ste-Ségolène 17 nov. 1716, Anne *le Bachelé*, v^{ve} de Frédéric de Spanheim, laquelle avait abjuré par. Ste-Croix 4 nov. 1699; à ce mariage, Thomas de la Roche, lieut. au susdit rég^t.

BERRE (de) Jeanne. V. de Cabanes (note).

BERRY (de) Jn-Joseph, chev., sgr de Son, Beauvallon et autres lieux, brigadier des armées du Roi, ancien lieut.-colonel du régt de Normandie, chev. de St-Louis, fils d'Antoine, chev., sgr de Beauvallon, et de Mie-Madeleine de la Peyre, † par. Ste-Croix 4 nov. 1759, à 66 ans. Il avait épousé, étant cap. au régt de Normandie, par. St-Martin 10 sept. 1725, Jne-Charlotte *de Salse*.

BERSEAUX Nicolas, avocat au parlt, † par. St-Martin 5 sept. 1652. Il avait épousé Loratte *Suzonne*, dont il eut Françoise, ibid. 29 sept. 1634.

BERSONCOURT (de) Louise. V. Gomé IV, 2.

BERTAND Charles, chev. de St-Louis, cap. de grenadiers au régt de Rochechouart, † par. St-Marcel 16 janv. 1740 : à son enterrement, Jques Bémart, chev. de St-Louis, major; Jques de la Normande, chev. de St-Louis, cap.; Jn-Philippe Bémart-Pélisson, cap.; Chles-Gaspard-Melchior-Balthasar La Fontaine, chev. de Solart, cap. : tous du même régt.

BERTANG (de) Philippe-Jph. V. de Cossard.

BERTAULT Élisabeth. V. Bachelard.

BERTE Mie-Julienne. V. Chardin II, 3.

BERTEAUX. I. Pierre, greffier de la maréchaussée, † par. St-Simplice 14 juin 1770, à 74 ans. Il avait épousé Mie-Anne *Henry*, dont il eut Nas-Fois, qui remplit les mêmes fonctions que son père, ainsi que l'indique l'acte de décès de ce dernier.
II. Joseph, frère du préc., à l'enterrement du même.
III. Anne-Madeleine et Jn-Baptiste. V. d'Augenoust.
IV. Louis, cy-devant contrôleur des vivres de France, † à 80 ans, par. St-Gorgon 16 nov. 1740 : à son enterrement, Pre Duchemin de Monval, dirl génl des vivres, son gendre.

BERTHELOT Geneviève. V. Ravot.

BERTHELOT (de). V. d'Épinay-St-Luc.

BERTHEMOT Joséphine. V. de Balthasar IV, 2.

BERTHON (de) Julienne. V. de la Cour VII.

BERTIER *alias* BERTHIER Simone. V. de Vigneulles XII.

BERTIER de SAUVIGNY Anne-Pre. V. Foucquet II.

BERTIGNY Marie. V. Vinot.

BERTILLY (de) Jn-Baptiste. V. de Brye I, 12.

BERTIN Mie-Thérèse et François. V. Jacob.

BERTIN (de). I. Antoinette. V. le Bey de Batilly.
II. Nas-Fois-Charles. V. Lefebvre de Ladonchamps.

BERTIN DE DRESLINCOURT (de). I. Mie-Catherine-Foise. V. le Pelletier.
II. Mie-Catherine-Foise. V. de Sourme-Desguigny.

BERTRAND[1]. I. Jean, aman de St-Ferroy et greffier au bailliage, fils « d'honnestes conjoints, sr Humbert Bertrand, hoste à l'enseigne du chasteau de Rome en la ville de Metz, et Isabeau Guillaume », épousa, [par contrat du 14 janv. 1613], Antoinette *Bague*, † par. St-Victor 5 sept. 1619, à 22 ans. De leur mariage naquit Louis, qui suit.
II. Louis, fils du préc., licencié ès droits, aman, avocat, notaire royal, assesseur en la maréchaussée, † par. St-Victor 15 avril 1691. Il avait épousé, ibid. 22 nov. 1638, Catherine *Burluraut*, fille de Fois Burluraut et de Catherine le Rondvallet, laquelle mourut 12 janv. 1678. De leur mariage naquirent :
1. Nas-Louis, par. St-Gengoulph 30 oct. 1639 ; lequel suit.
2. François, par. St-Maximin, 17 nov.

---

(1) Les détails entre [ ] nous ont été communiqués par M. le président d'Hannoncelles.

1641; avocat en parl¹, † par. S¹-Victor 23 déc. 1679.

3. Anne-Antoinette, par. S¹-Victor 15 févr. 1646 : p. Antoine Fournier, chan. de la cathédrale; m. Anne Bague.
4. Madeleine, ibid. 15 mars 1649; mariée à N^as Mamiel.
5. Catherine, ibid. 25 nov. 1651.
6. Marguerite, ibid. 3 févr. 1653.
7. Philippe, ibid. 23 juil. 1654; † 5 avril 1669.
8. Françoise, ibid. 10 août 1658.

III. N^as-Louis, fils du préc., secrétaire et greffier de la cité, puis conseiller du Roi, trés. du bureau des finances, † par. S¹-Victor 3 mars 1704, inhumé à la chap. de la Vierge. Il avait épousé, ibid. 12 oct. 1665, Marie *Grenet*, † 13 août 1730, inhumée près de son mari. De leur mariage étaient nés par. S¹-Gorgon :

1. *Louis*, 2 sept. 1668; lequel suit.
2. Madeleine, 23 juin 1669; mariée à Claude Gabriel.
3. M^ie-Élisabeth, 1er févr. 1671.
4. Marguerite, 11 sept. 1672.
5. Pierre, 29 août 1674.
6. M^ie-Catherine, 8 sept. 1678.
7. Georges, 21 août 1680; chan. régulier, † curé de Boulaincourt.
8. *Claude-F^ois*, 13 mai 1684; lequel suivra.
9. N***, mariée à J^n-B^te Georges de Lesseville.

IV. Louis, fils du préc., conseiller au parl¹, sgr de Charly, Fourcheux, Jussy, Vaux et Ste-Ruffine, † par. S¹-Gorgon 6 févr. 1730. Il avait épousé, par. S¹-Victor 23 juil. 1696, Judith *de Goz*, † par. Ste-Croix 28 juin 1761. De leur mariage étaient nés par. S¹-Victor :

1. M^ie-Anne, 16 janv. 1698.
2. Henriette-Madeleine, 6 juil. 1702; mariée à P^re-Henry Beausire.
3. *N^as-Louis-F^ois*, 16 mars 1705; lequel suit.
4. Anne, 9 mars 1707; mariée à J^ph-Antoine de Turmel.
5. P^re-Georges, 2 nov. 1708; connu sous le nom de Bertrand de Fourcheux. Il périt assassiné, 5 juin 1727, dans la Rue Taison à Metz, par quatre valets d'officiers du rég¹ de Boufflers égarés par une fatale méprise; il fut inhumé le lendemain à l'église Ste-Croix.
6. J^n-Louis, 25 févr. 1711; † par. S¹-Gorgon 25 août 1719.
7. Louis-F^ois, 21 août 1714.
8. Henry-Auguste, 7 sept. 1715.
9. M^ie-F^oise-Élisabeth, 14 août 1720; † 8 sept. 1736.
10. Claude-Henry, † 28 août 1719.

V. N^as-Louis-F^ois, fils du préc., conseiller au parl¹, m^e-échevin en 1767, [† 20 oct. 1783. Metz, ms. 206]. Il avait épousé, par. S¹-Martin 9 juin 1733, Anne-Josèphe *de Saint-Didier*, † ibid. 19 févr. 1777, à 61 ans. De leur mariage naquirent par. Ste-Croix, à l'exception du premier né par. S¹-Gorgon :

1. Claude-Alexandre-Louis, 11 mars 1734; † à Plappeville 23 avril suiv.
2. P^re-Henry-Louis, 23 oct. 1736; † 25 suiv.
3. M^ie-Anne-Antoinette, 18 févr. 1739; † de la petite vérole en avril 1762.
4. Anne-Barbe-Joséphine, 12 mars 1740; † par. S¹-Simplice 1er mars 1741.
5. Claude-Henriette-L^se, 28 nov. 1741; mariée à Ch^les-Guillaume de Chauvreux de Blacourt.
6. L^se-Henriette-Julie. V. Chauvreux de Blacourt.
7. Louis-N^as, 24 mars 1744; [officier du corps royal artillerie, † à Besançon de la petite vérole 7 août 1764.]
8. Louis-P^re-J^ph, 6 avril 1745; † deux mois après, par. S¹-Simon.
9. Ch^les-M^ie, 3 janv. 1747; † par. S¹-Simon 7 sept. suiv.
10. Louis-Claude, 11 janv. 1748.
11. F^oise-Madeleine-Ursule, 21 janv. 1749.
12. L^se-Pierrette-F^oise, 10 sept. 1750.
13. Henry-Louis, 9 janv. 1755; † par. S¹-Martin 9 sept. 1757.

VI. Claude-F^ois, oncle du préc., dit Bertrand le cadet, conseiller au parl¹, † par. S¹-Simplice 13 juil. 1737. Il avait épousé, ibid. 19 mars 1708, Nicole *Georges*, † 19 déc. 1755. De leur mariage étaient nés ibid. :

1. J^n-François, 10 janv. 1709; [cap. au

5

rég^t de Provence, † célibataire à Ingolstadt en Bavière, 21 janv. 1743.]
2. *Louis-P^{re}*, 27 déc. 1709; lequel suit.
3. Claude-Christophe, 23 oct. 1710.
4. J^n-François, 13 oct. 1711.
5. Henry-Auguste, 23 sept. 1712.
6. Nicolas, 9 oct. 1713.
7. M^{ie}-Catherine, 20 août 1714.
8. N^{as}-Louis-Henry, 20 déc. 1716; [jésuite, † à Paris en déc. 1776.]
9. Anne, 12 août 1719; mariée à Louis-Claude de Lescure.
10. Nicole, 7 janv. 1721.

VII. Louis-P^{re} Bertrand de Chailly, fils du préc., conseiller au parl^t, sgr de Boucheporn, † par. St-Simplice 23 mars 1773. Il avait épousé, par. St-Martin 10 nov. 1739, M^{te}-Henriette *Salomon*, † par. St-Victor 17 août 1786. De leur mariage étaient nés par. St-Simplice :

1. M^{ie}-Pierrette-Nicole, 7 sept. 1740; † 30 mars 1751.
2. *Claude-F^{ois}*, 4 nov. 1741; lequel suit.
3. Claire-Anne-L^{se}, 15 nov. 1742; mariée à J^n-F^{ois} de Barandiéry-Montmayeur.
4. M^{ie}-Catherine, 17 mai 1744.
5. Anne-Nicole, 18 mars 1745; † le même jour, inhumée dans la chap. de St-Auteur.
6. Cunégonde-Cécile, jumelle de la préc.; † 31 mars 1745, inhumée à côté de sa sœur.
7. N^{as}-Louis, 6 août 1747; lieut. au rég^t de Touraine, au mariage de sa sœur ci-dessus : il signe Bertrand d'Oberviese.
8. N^{as}-P^{re}-Xavier, 11 août 1750; chan. de la cathédrale.
9. M^{ie}-Judith-L^{se}, 8 févr. 1753.
10. René-F^{ois}-Henry, 9 juil. 1759.

VIII. Claude-F^{ois} B. de Boucheporn(1), fils du préc., éc., intend^t en Corse, conseiller d'honneur au parl^t de Metz, puis intend^t de Pau et de Bayonne, avait épousé, à Cheminot 8 mai 1765, Barbe-Catherine *Dancerville*, de laquelle il eut :

---

(1) Il périt sur l'échafaud révolutionnaire à Toulouse le 2 ventôse an II. L'éloge de ce magistrat a été prononcé le 4 déc. 1865 à l'ouverture de la conférence des avocats à la Cour de Metz par M. Anatole Durand de Distroff.

---

1. Catherine-L^{se}, par. St-Simplice 24 mai 1766.
2. Henriette-Pierrette, ibid. 28 mai 1767.
3. Claude-Ch^{les}, ibid. 26 août 1768.
4. René, par. St-Maximin 16 janv. 1770; [préfet du palais de Louis Bonaparte, roi de Hollande, marié en 1803 à M^{ie} Tinot, fille d'un ancien avocat de Metz.]
5. Marie, jumelle du préc.
6. Anne-F^{ois}-Louis, ibid. 9 mars 1771 : p. J^n-F^{ois} de Barandiéry-Montmayeur des Huiles; m. Gabrielle-Anne de la Vieuville, épouse de J^n-B^{te} de Voyer de Paulmy d'Aguesseau, m^{is} de Fresne, doyen du Conseil d'État, président du grand conseil, etc. — [Il est sans doute le même que Louis, marié à N*** Desportes, fille de l'ex-préfet de Colmar, g^d-maréchal du palais de Jérôme Bonaparte, puis dir. des postes à Metz, de laquelle il a eu plusieurs enfants et entre autres : Félix B. de Boucheporn, ingénieur des mines à Toulouse, et Charles B. de Boucheporn, cap. d'artillerie].
7. M^{ie}-Honoré, ibid. 16 mai 1772; [préfet du palais de Jérôme Bonaparte, marié à Joséphine Poutet, mort à Metz, laissant une fille unique mariée à M. Auvity, colonel d'artillerie].
8. M^{ie}-Philippe, ibid. 31 août 1774.

IX. Pierre, avocat, eut de M^{te} *Poinsignon*, son épouse, par. Ste-Ségolène :

1. Jacques, 3 mai 1719 ; † 14 suiv.
2. J^n-Pierre, 25 juin 1720; † 2 oct. 1723.
3. Joseph, 9 juin 1722.
4. Anne, 5 févr. 1724; † 3 nov. 1728.
5. Pierre, 25 févr. 1725; † 5 août 1726.
6. Ch^{les}-Gabriel, 11 mai 1726; † 6 sept. suiv.
7. M^{ie}-Anne, 29 oct. 1727; † 18 sept. 1730.
8. J^n-F^{ois}-Denis, 27 août 1731.
9. Michel, 4 avril 1733.
10. *Joseph*, 17 avril 1734; lequel suit.

X. Joseph, fils du préc., avocat, épousa, par. St-Marcel 16 sept. 1755, Anne *Régnier*, âgée de 20 ans, † ibid. 14 juin 1788. De leur mariage étaient nés par. Ste-Croix :

1. M^{ie}-Anne, 4 août 1757.

2. M^{ie}-Josèphe, 3 déc. 1758.
3. N^{as}-François, 1er mai 1760.
4. F^{oise}-Louise, 15 janv. 1763.

XI. J^{n}-FRANÇOIS, aman et procureur en l'hôtel de ville de Metz, puis procureur au bailliage, fils de † Jean et de Judith le Beau, épousa, par. St-Martin 4 mars 1726, M^{ie} *Fornachon*, dont il eut :
1. Antoine, par. Ste-Ségolène 28 mars 1728.
2. M^{ie}-Louise, ibid. 14 mars 1729; † 18 mai 1731.
3. P^{re}-François, ibid. 1er oct. 1730.
4. Michel, né en 1734 ; procureur au parl^{t}, il épousa, par. St-Simplice 21 avril 1761, F^{oise} *Guedenne*, âgée de 27 ans, fille de P^{re}-J^{ph} Guedenne, greffier au bailIage, et de M^{ie} Hastel, de laquelle il eut F^{oise}, ibid. 6 mai 1764.
5. M^{ie}-Catherine, par. St-Gorgon 7 avril 1737 ; † par. St-Victor 12 mai 1783.
6. J^{n}-Louis, ibid. 30 mars 1738.
7. M^{ie}-Josèphe, ibid. 26 juin 1739.

XII. PIERRE, procureur au bailliage de St-Mihiel, eut de Véronique *Colson*, son épouse :
1. N^{as}-P^{re}-Christophe ; avocat au parl^{t}, âgé de 26 ans, il épousa, par. St-Victor 1er févr. 1780, Élisabeth-Charlotte *Mathieu de Rondeville*, dont il eut M^{ie}-Rose-Élisabeth-Charlotte, par. St-Victor 10 nov. 1780.
2. Nicolas, licencié ès droits; âgé de 26 ans, il épousa, par. St-Marcel 9 janv. 1786, M^{ie} *Philippe*, âgée de 26 ans 1/2, fille de N^{as} Philippe, bourgeois, et de M^{te} Seher, de laquelle il eut Marguerite, ibid. 16 nov. 1787.

XIII. JEAN, aman, eut de Barbe N***, son épouse, par. Ste-Croix :
1. Anne-M^{ie}, 31 mars 1624.
2. François, 15 avril 1625.
3. Marguerite, 6 juil. 1626.

XIV. ALEXANDRE-N^{as}, dir. des fourrages des armées du Bas-Rhin, dem^{t} rue Tête-d'Or, par. St-Simplice, eut de Catherine-Suzanne *de Moutchy*, son épouse, N^{as}-F^{ois}, 6 oct. 1758 : p. N^{as} Lange, avocat au parl^{t} ; m. M^{ie} Fornachon, épouse de J^{n}-F^{ois} Bertrand, procureur au bailliage.

XV. FRANÇOIS, huissier audiencier au siège royal de la police, eut d'Anne *Bertrand*, son épouse, par. St-Victor 7 août 1760, J^{n}-P^{re}-François : p. P^{re}-F^{ois} Bertrand, frère ; m. M^{te} Bertrand, sœur de l'enfant.

XVI. JEAN, huissier en la chancellerie du parl^{t}, eut de Barbe *Remy*, son épouse :
1. Barbe, mariée à Étienne-Laurent Midart.
2. Étienne, au mariage de la précédente.
3. Claude, ibid.
4. Marguerite, mariée à Louis Périn.

XVII. JACQUES, conseiller du m^{e}-échevin, † par. Ste-Croix 26 août 1636.

XVIII. PIERRE, chan. de la cathédrale, prévôt de St-Thiébault, † 6 juil. 1632, inhumé à la cathédrale. Msc. Epit.]

XIX. PIERRE, conseiller au bailliage, † par. Ste-Croix 16 déc. 1745.

XX. GABRIEL, fils de Gabriel, épousa, par. St-Victor 11 oct. 1632, F^{oise} *Besser*, fille de Jacob Besser.

XXI. Divers.
1. ANNE. V. Marchand II.
2. ANNE. V. Vignon II, 19.
3. BARBE. V. Vandrepol.
4. FRANÇOISE. V. Humbert III.
5. FRANÇOISE. V. Henry III.
6. JEANNE. V. Champion II.
7. MARGUERITE. V. François V.
8. M^{ie}-GENEVIÈVE. V. Poinsignon IV.

BERTRAND DE SAINT-JURE. V. de Saint-Jure.

BERWICK DE VILLERSTAETT URBAIN, R. P. R., de Thuringe, eut d'Anne-Élisabeth *Salzin de Sarrebrück*, son épouse, 20 janv. 1647, Ursule Cunégonde.

BESANNE (DE) JOSEPH. V. de Norroy.

BESCHEFER MARIE. V. Morel VI.

BESCHEFER DE VERSEL (DE) LOUIS-J^{n}-ANTOINE, éc., sgr de Versel, conseiller d'honneur au présidial de Vitry, en provision d'un office de conseiller au parl^{t} de Metz, dem^{t} par. St-Victor, fils des † David, éc., contrôleur ordinaire des guerres, conseiller d'honneur au présidial de Vitry, et Suzanne Dominé, épousa, par. Ste-Ségolène 10 mars 1788, Julienne-Élisabeth *de Cabouilly*, dont il eut Antoine-P^{re}, ibid. 22 oct. 1789 : p. P^{re}-J^{ph} Buguet, chev., sgr du Plessis, v^{te} du Fresne et autres lieux, oncle pat. de l'enfant, représenté par Vincent Ébaudy de Rochetaillé, éc., lieut. gén^l honoraire au bailliage de Vesoul, son oncle mat. ; m. Claudine Ébaudy, sa g^d'mère.

BESNARD JACQUES, chev. de St-Louis, brigadier des armées du Roi et son lieut. au gouv^t de Metz, † à 66 ans, par. St-Gorgon 6 avril 1754 : à son enterrement, son fils, Jⁿ-Philippe Besnard-Pellisson, major de la place de Condé, chev. de St-Louis ; Jⁿ-B^{te} du Séjeal, aide-major de la place de Metz.

BESNARD DE BOULENNE. I. LOUIS, éc., sgr de Boulenne, Grosyeux, Augny et Chagny-la-Horgne, lieut. colonel au rég^t de Piémont, † à 92 ans, par. St-Maximin 30 sept. 1740. Il avait épousé Anne *Montaigu*, † à 55 ans, ibid. 10 nov. 1724, inhumée en la chap. de St-Sébastien. De leur mariage étaient nés par. St-Simplice :

1. Louis, 10 nov. 1698 : p. André Besnard, son oncle ; m. Anne Bennelle, épouse de N*** Montaigu.
2. Jⁿ-J^{ph}-*Charles*, 27 mars 1700 : p. Jⁿ-J^{ph} du Pasturol, cap. au rég^t de Piémont ; m. Marthe Herbin, épouse de Jⁿ-B^{te} des Aydes. Lequel suit.

II. Jⁿ-J^{ph}-CHARLES, fils du préc., éc., sgr de Chagny-la-Horgne, chev. de St-Louis, † par. St-Maximin 2 mai 1772. Il avait épousé M^{ile}-Anne *Emmery de Boislogé*, † ibid. 15 févr. 1771, à 73 ans. De leur mariage étaient nés :

1. Jⁿ-Louis, éc., sgr de Chagny-la-Horgne, chev. de St-Louis, cap. au rég^t de Languedoc dragons, au décès de son père.
2. Catherine-M^{ie}, mariée à P^{re}-Philippe-Clément Lançon.

BESSE DE LA RICHARDIE (DE). I. GASPARD, licencié en théologie, cy-devant chan. et g^d chantre de la cathédrale, † à 77 ans, par. St-Martin 15 nov. 1791.

II. CLAUDE-F^{ois}. V. Duprat.

BESSER. I. SÉBASTIEN eut de Reine N***, sa femme :

1. Philippe, par. St-Gorgon 14 avril 1635.
2. *Jacob*, qui suit.

II. JACOB, fils du préc., sgr voué de Montigny, bienfaiteur de la par. St-Victor, fondateur de la Confrérie des Trépassés en la chapelle des fonts baptismaux de la dite paroisse, † ibid. à 74 ans, 22 août 1692. Il avait épousé Anne *Lecoq*, † ibid. à 80 ans, 21 août 1701. De leur mariage étaient nés :

1. *Denis*, qui suit.
2. Jacob, avocat au parl^t, conseiller-clerc au conseil supérieur d'Alsace, écolâtre et archidiacre de la cathédrale, conseiller-clerc au parl^t de Metz, † par. St-Victor 26 mars 1741, à 77 ans, inhumé dans la chap. de sa famille.
3. Marguerite, mariée à Alexandre Besser.
4. *Sébastien*, qui suivra.

III. DENIS, fils du préc., avocat au parl^t, conseiller au bailliage, échevin de l'hôtel de ville, sgr de la Grange d'Agnel, † par. St-Martin 7 juin 1728, à 78 ans. Il avait épousé, ibid. 3 nov. 1674, F^{oise} *Dilange*, † ibid. 17 mars 1720, à 66 ans. De leur mariage étaient nés :

1. Jacob, par. St-Martin 3 oct. 1677.
2. Dominique, par. St-Livier 4 déc. 1679 ; † 29 nov. 1683.
3. Barbe, ibid. 13 févr. 1681 ; † 23 janv. 1683.
4. Anne-Adrienne, ibid. 15 juin 1683.
5. Anne-M^{ie}, ibid. 2 févr. 1687.
6. François, parrain par. St-Simplice 6 sept. 1695.

IV. SÉBASTIEN, frère du préc., sgr de Secourt, conseiller du Roi, trés. de ses finances, † par. Ste-Croix 10 juin 1695, à 46 ans, inhumé par. St-Victor. Il avait épousé Anne *Genin* ou *Geny*, † à 72 ans, par. St-Victor 12 juin 1721. De leur mariage étaient nés par. St-Simplice :

1. Barbe, 3 oct. 1676 ; sans doute Anne-Barbe, mariée à Jⁿ-B^{te} Gehot de Montblainville.
2. Ch^{les}-*Joseph*, 14 déc. 1677 ; lequel suit.

3. Philippe, 21 mars 1684; mariée à Claude-J^ph le Changeur.
4. François, 3 déc. 1686; avocat au parl^t, il épousa J^ne *Geoffroy de Servigny*.
5. Guillaume, 3 juil. 1688 : p. Guillaume de Sève, 1er président au parl^t; m. M^ie-Thérèse *de Brisacier*, fille de N^as de Brisacier, sgr de Hombourg.
6. N^as-*Sébastien*, 3 oct. 1689; lequel suivra.
7. Madeleine-Louise, 26 janv. 1691; † par. St-Marcel 23 sept. 1710.
8. Anne, mariée à Auguste-N^as Balbo.

V. Ch^les-Joseph, fils du préc., sgr de Secourt, conseiller au parl^t, † par. Ste-Croix 8 janv. 1741. Il avait épousé, ibid. 10 janv. 1704, Anne-Louise *Pantaléon*, † ibid. 13 janv. 1722. De leur mariage naquirent ibid. :
1. P^re-*Philippe-Clément*, 23 nov. 1704; lequel suit.
2. Anne-L^se, 4 juil. 1706.
3. Anne-L^se, 21 sept. 1707; † 28 sept. 1731.
4. Anne-Ursule, 27 mai 1709.
5. F^ois-Sébastien, 9 août 1711; demi-chan. de la cathédrale, † 3 déc. 1780.
6. Denis, 25 oct. 1713.
7. N^as-Jacob, 1er avril 1716.
8. Ch^les-Joseph, 14 déc. 1720.

VI. P^re-Philippe-Clèment, fils du préc., éc., conseiller au bailliage, puis au parl^t, † par. Ste-Croix 5 mai 1774. Il avait épousé, par. Ste-Ségolène 11 oct. 1729, Anne-Thérèse *Dilange*, † à 78 ans, par. Ste-Croix 9 nov. 1784. De leur mariage naquirent par. Ste-Croix :
1. Anne-Thérèse-Ursule, 10 août 1730; † 16 août 1741.
2. Anne-L^se-Charlotte, 21 sept. 1731; mariée à P^re-J^n Geoffroy.
3. Jacob-Philippe, 9 nov. 1732; conseiller au parl^t, puis à la cour souveraine de Lorraine, il avait épousé, par. St-Eucaire 28 mars 1759, Suzanne *de Couël*, dont il eut Suzanne-Thérèse, par. Ste-Croix 29 juil. 1760.
4. M^ie-Anne-Nicole, 2 juil. 1734; † 19 sept. 1740.
5. *Sébastien-N^as*, 7 oct. 1735; lequel suit.

VII. Sébastien-Nicolas, fils du préc., cap. au corps royal du génie, eut de Suzanne-Thérèse *Besser*, son épouse, par. Ste-Croix :
1. Anne-L^se-Philippine, 26 janv. 1785.
2. P^re-J^n-Sébastien, 12 oct. 1786.
3. P^re-Henry-Philippe, 2 avril 1788.
4. Monique-Nicole, 4 sept. 1790.

VIII. N^as-Sébastien, g^d-oncle du préc., conseiller au parl^t, † par. St-Marcel 23 janv. 1740, inhumé à la chap. des fonts baptismaux de la par. St-Victor. Il avait épousé : 1° par. St-Maximin 4 mai 1712, Anne *le Bachelé*; 2° par. St-Victor 4 mai 1723, Jeanne *d'Auburtin*, † ibid. 4 août 1724.
Du premier mariage étaient nés par. St-Marcel :
1. *J^n-Paul*, 13 avril 1713; lequel suit.
2. Barbe, 24 avril 1714; † 7 juin suiv.
3. Anne, 2 août 1715.
4. Françoise, 6 oct. 1716.
5. Sébastien, 19 janv. 1718; clerc tonsuré en 1734.
6. Anne, 3 août 1719.
Du second mariage était née ibid. :
7. Barbe-Lucie, 23 juil. 1724; mariée à F^ois-Étienne Georgin de Mardigny, puis à Laurent de Chazelles.

IX. J^n-Paul, fils du préc., conseiller au parl^t, † par. St-Marcel 15 déc. 1783. Il avait épousé, par. St-Martin 18 févr. 1744, M^ie *Thibaut de Menonville*, † par. St-Marcel 30 déc. 1750. De leur mariage étaient nés par. St-Marcel :
1. Louis-Philippe-Sébastien, 27 oct. 1744; † 4 avril suiv.
2. Suzanne, 23 sept. 1745.
3. Anne-Thérèse, 29 oct. 1746.
4. *J^n-Nicolas*, 10 nov. 1747; lequel suit.
5. J^n-B^te-Louis, 25 déc. 1750; † par. St-Simon 31 suiv.
6. M^ie-Thérèse, mariée à F^ois-Benoît Durand, sgr de Sorbey.

X. J^n-Nicolas, fils du préc., éc., épousa à Argancy (l'acte aux registres de la par. St-Simplice) 20 avril 1784, M^ie *de Montigny*, dont il eut, par. St-Simplice 10 déc. 1785, Monique-Delphine, † 28 suiv.

XI. Jean, fils de Claude et de M^ie Pichotte, épousa, par. St-Victor 15 janv. 1685, J^ne *Valette*, fille de Michel Valette et de

Sérène Cointré : au mariage, Jacob Besser, oncle ; Sébastien Besser, cousin du marié.

XII. ANDRÉ eut pour épouse Catherine N***, qui fut marraine par. St-Victor 18 janv. 1647.

XIII. NICOLAS, éc., sgr de Distroff, prévôté de Thionville, fut parrain à Haute-Bévoye par. St-Eucaire 24 avril 1678.

XIV. GUILLAUME, † par. St-Eucaire 6 mars 1685, à 62 ans.

XV. GABRIELLE, fille de Sébastien et d'Anne N***, naquit par. St-Georges 14 avril 1650.

XVI. Divers.
1. BARBE. V. de Courcelles.
2. FRANÇOISE. V. Bertrand XX.
3. HENRY. V. Breton (note).
4. LOUISE. V. Beausire V, 5.

BESSIN DE CHASSENAT Louis-J^{ph}, dir. gén^l des hôpitaux militaires des Trois-Evêchés, eut de J^{ne}-M^{tc} Grandouard, son épouse, par. St-Simon 17 nov. 1772, Marin-P^{re}-Grégoire : P^{re}-Joseph-Godfroy et Marie, frère et sœur de l'enfant, représentèrent le parrain et la marraine.

BESSON (DE). I. BÉNÉDICT, natif de la Neuveville en Suisse, cy-devant ministre de la R. P. R. à Ludviller, terre de Nassau, âgé de 48 ans, † au logis du curé de St-Eucaire 6 nov. 1669, après abjuration faite à la cathédrale entre les mains de l'Evêque. Il fut inhumé en la chap. St-Nicolas à la cathédrale. A son enterrement, les curés de la ville, une grande partie des notables du clergé, du parl^t et des religieux ; Catherine de Besson, sa fille, âgée de 18 ans, convertie à la foi catholique depuis un an ; F^{ois}-Henry de Besson, son fils, âgé de 16 ans, se faisant catéchiser. Ce dernier abjura 1er déc. suiv. : il est dit né à Manheim, au Palatinat.

II. CATHERINE. V. de Tourville.

BÉTHUNE (DE). I. CHARLES, éc., s^r de St-Paul, fils de † Jean, éc., et de Claude Mahomont, épousa, étant âgé de 54 ans, par. St-Gorgon 2 mars 1707, M^{ic} *Michel*, v^{ve} de N*** Gurkin.

II. M^{ie}-CASIMIRE-EMMANUELLE-THÉRÈSE-GENEVIÈVE. V. Foucquet de Belle-Isle.

BÉTISY (DE) *alias* DE BÉTHISY. I. J^{ques}-FRANÇOIS, chev. de St-Louis, sgr de Besin, cap. au rég^t royal artillerie bataillon de St-Clair, commissaire provincial d'artillerie, † par. St-Simon 5 sept. 1751.

II. EUGÈNE-EUSTACHE. V. Cellier de Gorcy.

BETTAINVILLERS (DE). I. JEAN, fils de Louis *Pierron*, dit de Bettainvillers, sgr dudit lieu et de Moyeuvre, eut de Claude *Rutant*, son épouse :
1. François, par. St-Livier 13 juin 1652 : p. Louis Maguin, conseiller au parl^t séant à Toul ; m. Barbe de Bettainvillers, v^{ve} de Paul du Hautoy, chev. et sgr d'Avillers, en Woëvre, sa tante.
2. *Gury-Dieudonné*, par. St-Marcel 3 oct. 1655 : p. F^{ois} Mahuet, ermite de St-Germain. Lequel suit.

II. GURY-DIEUDONNÉ, fils du préc., cap. prévôt de la ville et prévôté de Briey, sgr d'Amnéville, Moyeuvre, Gandrange et Boussange, fut parrain par. St-Gorgon 2 mars 1707. Il avait épousé Elisabeth *le Bègue*.

III. GEORGES. V. de Serainchamps.

IV. ANNE. V. de Pont de Rennepont.

BETTANCOURT (DE) MADELEINE. V. le Goux de Neuvry.

BEUGEOT DIDIER. V. de Guiar d'Amilly.

BEUVELET SALOMÉE-LUCIE, CHARLES et JACQUES. V. de Barjaq.

BEUVELOT MARGUERITE et FRANÇOIS. V. Marlier.

BEUVIÈRE (DE LA). Jⁿ-JOSEPH. V. de Sauton de Moustron.

BEVEAU LOUIS-N^{as}. V. Thomas de Pange.

BEXON (DE) LÉOPOLD. V. Foy de Morcourt.

BEY DE BATILLY (LE). I. DENIS, R. P. R., conseiller du Roi, président en la ville de Metz, sgr de Batilly, eut d'Antoinette *de Bertin*, son épouse :
1. Denis, 18 juil. 1590 : p. N^{as} de Haudras, sgr de Juvisy, conseiller et m^e des requêtes ordinaires du Roi.

2. Suzanne, 17 avril 1591 : p. P^re Joly, secrétaire et interprète du Roi ; m. Claudine Goz, épouse de Mathurin Chauveau, s^r de la Grange-Foucquet, près Vic, et Anne Dautrisy, épouse de Thomas Duchat l'aîné, s^r de Badonvillers (sic).
3. Louise, 30 mai 1593.
4. Elisabeth, 30 nov. 1594.
5. Suzanne, 6 oct. 1596 ; mariée à Marc Allion.
6. *Henry*, 27 juin 1599 : p. le duc Jean de Deux-Ponts, représenté par ses enfants Jean et Frédéric ; m. Catherine de Bourbon, duchesse de Bar, sœur unique de Henry IV, représentée par d^lle N*** de Rohan, sa cousine. Lequel suit.
7. *Antoine-Roger*, 26 oct. 1601 ; lequel suivra.

II. HENRY, R. P. R., fils du préc., colonel d'un rég^t pour le service de la République de Venise, épousa, 19 févr. 1634, M^te *d'Aussy*, dont il eut :
1. Henry, 10 janv. 1635.
2. Marguerite, 2 avril 1636.

III. ANTOINE, R. P. R., frère du préc., sgr de Montoy, Coincy, Silly, etc., maréchal des camps et armées du Roi, cy-devant gouverneur de Neufchâteau, † 23 avril 1677. Il avait épousé Suzanne *de Pas de Feuquières*, dont il eut :
1. L^se-Madeleine, 4 oct. 1648 ; mariée à F^ois de Brisson.
2. Anne, 23 déc. 1650.
3. Suzanne, 7 févr. 1652.
4. Antoine, 11 nov. 1653.

IV. Divers.
1. ANNE. V. Douglas.
2. ELISABETH. V. de Saint-Laurent.
3. MARIE. V. de Fombert et de Cosson.

BEYERLÉ J^n-LOUIS, sgr de Niderviller, Winschwiller, Schneckenbusch, conseiller du Roi, dir. et très. particulier de la monnaie de Strasbourg, eut de M^ie-M^te *Chalon*, son épouse, [23 août 1738], J^n-P^re-Louis. Ce dernier, conseiller au parl^t de Metz, épousa, par. St-Martin 11 juil. 1769, M^ie-F^oise *du Buat* : à ce mariage Ch^les Beyerlé, chev., brigadier des armées du roi, oncle pat. de l'époux.

BEZANCOURT (DE). V. de Belancourt.

BEZIER. V. le Laboureur.

BIAT LOUISE. V. Marin de la Brunevaut.

BICHAUT PIERRE, conseiller au parl^t, fut le père de François, † à 7 ans, par. St-Simon 24 avril 1785.

BIDAULT. I. M^ie-ANNE. V. Ladoucette.
II. MADELEINE. V. Marc XII.

BIERMONT (DE) MARGUERITE. V. de Rheims.

BIGAULT D'AUBREVILLE (DE) LOUIS-N^as. V. Duhoux.

BIGEON DE COURCY N^as-HARDOUIN, cap. au corps royal artillerie, eut de M^te-Victoire *de Galineau*, son épouse, M^ie-F^oise-Victoire, † à 16 mois, par. St-Martin 23 juil. 1784.

BIGEONNE (DE). V. de St-Hilaire.

BIGORS (DES) ETIENNE et ANNE-F^oise. V. de Barjaq.

BIGOT. I. J^n-B^te-PHILIPPE, éc., sgt de Lescure, fils de J^n-Baptiste, éc., sgr de Bonneville, et de Catherine de Cahagne, du diocèse de Rouen, épousa, étant âgé de 30 ans, par. Ste-Croix 27 juin 1715, Suzanne *Lyot*, fille de † Paul Lyot, m^d, et de M^ie Belin.
II. MARIE. V. de Cassagne.

BIGU (DE) JEAN. V. de St-Vallier.

BILAND (DE) AUGUSTA. V. de Stoffels.

BINET. I. ANNE-F^oise. V. Jobar de Ste-Claire.
II. RENÉ. V. Gautier de la Motte.

BINET DE VARENNES P^re-MARIN, inspecteur des fourrages du Roi dans les Trois-Évêchés et la Lorraine, † dans les prisons de la Conciergerie, par. St-Gorgon 15 oct. 1763, entre 45 et 46 ans. Il avait épousé Claire *Daʒan*, alias Dalian, dont il eut :

BIN — 72 — BLA

1. Jacques, † à 14 mois, par. St-Marcel 17 juil. 1762.
2. Clair-P^{re}-Sylvestre, né ibid. 30 déc. 1762, † par. St-Simon 23 juil. 1763.

BINOT. I. николаs. V. Baltus II, 4.
II. Marguerite. V. Féry.

BIOLLEY Catherine-Josèphe. V. Chardon I.

BIOT. Zachée, sgr de Blainvilliers, major de la citadelle, † à 52 ans, par. St-Jean de la Citadelle 23 févr. 1682.

BIRACH (de), alias de BIRAGUE. I. Claude-Henri, éc., sgr de la Motte-des-Prés, chev. de St-Louis, lieut. d'une compagnie de 600 gentilshommes cadets, major de la citadelle, † à 64 ans, par. St-Jean de la Citadelle 4 avril 1744. Il avait épousé Catherine *du Plessis*, dont il eut ibid. :
  1. Angélique, 19 avril 1731 : p. Claude Henry de Birach, jeune fils; m. M^{ie}-Anne de Birach.
  2. M^{ie}-Catherine, m. asssistée de sa mère 4 mars 1729.
II. Gaston épousa, par. Ste-Croix 27 sept. 1642, Aymée *de la Tour*.

BIRKWAL. V. de Haffner.

BIRON (de) Claude. V. Palteau II.

BISCHEBOUR (de) Anne. V. de Serainchamps.

BITROFF Suzanne. V. le Braconnier XIV.

BIVIER Marguerite. V. Chedeau.

BIZE (de). I. Jean, R. P. R., secrétaire de Mme de Ville-Arnould, plus tard procureur et notaire royal, fils de † Pierre, m^d à Rinel, bailliage de Chaumont en Bassigny, épousa, 22 juin 1614, Suzanne *Bancelin*, dont il eut :
  1. Suzanne, 12 août 1615.
  2. *Pierre*, 9 avril 1617; lequel suit.
  3. Samuel, 13 mai 1618.
  4. Rachel, 1er sept. 1619.
  5. Jeanne, 4 juil. 1621.
  6. *Jean*, 22 mars 1626; lequel suivra.
  7. Paul, 1er sept. 1628.

II. Pierre, R. P. R., fils du préc., m^e-chir., épousa, 11 oct. 1648, Judith *Formé*, fille de † Jacob Formé, m^d, de laquelle il eut :
  1. Anne, 10 août 1651 ; † 22 mars 1670.
  2. Pierre, 24 oct. 1653.
  3. Paul, 5 déc. 1655.
  4. David, 31 oct. 1657.
  5. Samuel, 22 févr. 1660.
  6. Marguerite, 22 janv. 1662.
  7. Marie, 26 avril 1665.
  8. Élisabeth, 20 avril 1667.
III. Jean, R. P. R., frère du préc., m^e-drapier, épousa, 23 janv. 1650, Sara *Rutant*, v^{ve} de Jⁿ du Fy, m^d, de laquelle il eut :
  1. Sara, 9 déc. 1650.
  2. Suzanne, 2 mars 1652.
IV. Jean, R. P. R., m^e-boucher, épousa : 1° Rachel *Damien*; 2° Anne *Herman*.
  Du premier mariage naquirent :
  1. Anne, 19 août 1618.
  2. Rachel, 17 févr. 1621.
  3. Paul, 19 oct. 1625.
  4. Suzanne, 10 déc. 1627.
  5. Élisabeth, 28 mars 1635.
  Du second mariage naquirent :
  6. Suzanne, 7 déc. 1649.
  7. Pierre, 24 août 1653.
  8. Jacques, 10 juil. 1655.
  9. Anne, 14 janv. 1657.
  10. Jean, 24 févr. 1662.
  11. Rachel, 14 janv. 1665.
V. Anne. V. Rutant III.

BIZOUARD. I. Zacharie, conseiller secrétaire du Roi, audiencier en la chancellerie du parl^t, † par. Ste-Croix 13 oct. 1680, inhumé dans la grande nef de l'église.
II. M^{ie}-Lazard, conseiller au parl^t, [éc., sgr de Montille, la Cosme et Dorand, † 18 juil. 1735.]

BLACHE de BELLE ROSE (de) Louis. V. de Beaufort.

BLAIN Vindicien-Antoine, cap. au rég^t de Rohan, sgr de Barly, Fosseux et autres lieux, eut de Barbe-Louise *Hulon*, son épouse, par. St-Simplice 21 janv. 1740, F^{oise}-M^{te}-Éléonore : p. F^{ois}-J^{ques}-Louis

Tanneguy du Chastel, lieut. au rég^t de Touraine en garnison à Metz; m. Anne Hulof, épouse du s^r de Grevé, cap. au rég^t de Rohan.

BLAINE (DE) SARA. V. de Saint-Blaise V.

BLAIR (DE)$^{(1)}$. I. ALEXANDRE, [chev., b^{on} de Balthayoc (Écosse), vint le premier de sa famille en France et se fixa en Béarn. Il épousa, en 1590, M^{ie} *de Remy*, fille de Robert de Remy et de J^{ne} de Séguier, dont il eut :

1. Samuel, dont la postérité est restée en Béarn.]
2. *Alexandre,* qui suit.

II. ALEXANDRE, fils du préc., chev., [† à Paris avant 1674.] Il avait épousé, [en 1643], Madeleine *Pittau*, [qui épousa en secondes noces J^n Arnaud, sgr de Palemquin,] et il en eut :

1. Alexandre, chev., sgr de Fayolle, conseiller du Roi en tous ses conseils, président à mortier au parl^t de Metz. Il avait épousé [à Poitiers, 5 févr. 1669,] Renée *Mesmin*, [fille d'Aaron Mesmin, éc., sgr de Fayolle, de laquelle il eut : 1° J^n-Alexandre, né 15 déc. 1669, qui n'a eu qu'une fille de son union avec M^{ie} *Lefebvre de Caumartin;* 2° J^n-Aaron, sgr de la Motte]; 3° Madeleine-Reine, née à Metz, par. Ste-Croix 17 janv. 1686.
2. *Armand,* qui suit.
3. Melchior, [sgr de Cernay, marié à Paris, en 1686, à Henriette *de Brisson*, pour laquelle F^{oise} d'Aubigny, m^{ise} de Maintenon, a stipulé comme procuratrice de Philippe de Brisson, sgr de Torry; le roi a signé au contrat de mariage. De cette union sont issus : 1° une fille, mariée au s^r d'Apremont d'Ortès; 2° Louis-F^{ois}, sgr de Cernay et Aunay, conseiller en la g^{de} chambre du parl^t de Paris, lequel épousa Catherine-J^{ne} *de Gars de Boisemont*, dont il a eu deux filles, l'une mariée au s^r d'Archeville et l'autre au m^{is} de Chauvelin, et un fils, Louis-Guillaume Blair

---

(1) Les détails compris entre [ ] et en notes nous viennent de feu M. Eugène de Courten et de la *Biographie du Parlement de Metz*.

de Boisemont, chev., m^e des requêtes, intend^t de la généralité d'Alsace et prévôt des marchands de Paris, qui avait épousé, en 1755, Jacqueline *de Flesselles*, dont il n'eut pas d'enfants.]
4. Marie, [mariée à Henry d'Arros, chev., b^{on} d'Aurio, cousin du maréchal de Navailles].

III. ARMAND, fils du préc., chev., sgr des Étangs, après avoir été lieut. gén^l au bailliage, [fut reçu président à mortier au parl^t 26 juil. 1691 et reçut des lettres d'honneur 30 sept. 1716. Il mourut 21 mars 1719, et fut inhumé en l'église des Carmes Déchaussés]. Il était âgé de 26 ans et dir. gén^l des fermes réunies du Roi au dép^t de Lorraine et de Barrois, lorsqu'il épousa, par. Ste-Croix 27 sept. 1676, Pauline-M^{ie} *Estienne d'Augny,* † ibid. 28 janv. 1710. De leur mariage étaient nés :

1. J^{ne}-M^{ie}-Pauline, par. Ste-Croix 19 août 1677; mariée à N^{as} du Pasquier de Dommartin.
2. *Armand-J^n,* ibid. 8 févr. 1681; lequel suit.
3. Madeleine, ibid. 10 oct. 1683; mariée à J^n Geoffroy, sgr de Han-sur-Seille.
4. J^n-Armand, ibid. 23 oct. 1686.
5. M^{ie}, ibid. 8 sept. 1687; mariée à Ch^{les} de Persode.
6. Angélique, par. Ste-Ségolène 25 mars 1693; mariée à Louis-F^{ois} Sauterize de Campetz.

IV. ARMAND-J^n, fils du préc., conseiller au parl^t, épousa, 27 août 1708, dans la chapelle de Villé (l'acte aux registres de la par. St-Marcel), Thérèse, *alias* Catherine-Sibille *de la Croix*, [† au château des Étangs en 1763]. De leur mariage étaient nés :

1. Thérèse-J^{ne}-M^{ie}-Pauline, par. Ste-Croix 13 juin 1709; mariée à Louis-Simon Daniel.
2. Armand-J^n, ibid. 25 août 1710; [reçu conseiller au parl^t en remplacement de son père 23 avril 1733, président à mortier lors du rétablissement du parl^t en 1775, il mourut le 9 sept. 1795]. Il avait épousé, par. Ste-Croix 11 avril 1758, M^{ie}-Anne-Antoinette *de Jobal*, [† sans avoir eu d'enfants, 11 mars 1808].

3. M^ie-Angélique, ibid. 12 nov. 1713.
4. Madeleine-Séraphique, ibid. 17 août 1716.
5. Jean-Armand (1).
6. Louis (2).
7. F^ois-Isidore, [chev. et b^on, cap. au rég^t de Clermont, chev. de St-Louis, mort vers 1803 laissant une fille, Barbe, mariée à Louis Lamarle, notaire aux Étangs].
8. Charles-Hippolyte (3).
9. *Jean-François-Pierre,* qui suit.

V. J^N-F^ois-Pierre, chev., officier au rég^t d'Alsace, sgr de Courcelles-Chaussy, mourut dans cette localité. Il avait épousé, avant 1762, Barbe *Duclos*, dont il eut, entre autres enfants (4), *J^n-Armand,* qui suit.

(1) Jean-Armand, officier au rég^t des volontaires royaux, sgr de Brecklange, † à 66 ans en 1785. Il avait épousé Anne-M^ie-Adélaïde b^onne de Falaise, dont il eut : 1° J^n-Armand, † célibataire; 2° Anne-M^ie-M^ie-Adélaïde, mariée en 1774, à 14 ans, à N^as-Ferdinand Auclerc, cap. et chev. de St-Louis, fils de Joseph-Ferdinand Auclerc, mêmes qualités ; 3° M^ie-Angélique-Antoinette-Clotilde, née en 1762, mariée à Jacques Hurlin, propriétaire à Cheminot, morte en 1813.
(2) Louis, cap. à la légion royale, chev. de St-Louis, sgr de Labruyère-aux-Étangs, était mort avant 1791. Il avait épousé Anne-M^ie Valladier, dont il eut : 1° J^n-Armand-Louis-Isidore-M^ie-Suzanne, chev., chasseur-noble à l'armée de Condé, chev. de St-Louis, marié, à Faims près Bar-le-Duc, à d^elle de Keller, dont il n'eut pas d'enfants ; † aux Étangs ; 2° F^ois-Isidore, cap. au 5e rég^t d'artillerie de la garde royale, chev. de St-Louis et de la Légion d'honneur ; † sans alliance aux Étangs 3 mai 1858, à 86 ans environ ; 2° M^ie-Joséphine, † aux Étangs avant le préc., sans alliance.
(3) Charles-Hippolyte, cap. command^t, chef de bataillon au rég^t de Soubise, chev. de St-Louis, avait épousé Suzanne Valladier, dont il eut : 1° Ch^les-Isidore, cap. d'infanterie, marié à Clotilde Valladier, dont il eut Ch^les-Hippolyte et M^ie-Charlotte-Emma, qui vivaient encore au château des Étangs en 1869 ; 2° Charlotte-Monique, mariée en 1802 à F^ois-Alexandre-Théodore Pasquier, cap. au corps impérial du génie, chev. de la Légion d'honneur.
(4) Ce sont :
2. Antoine, cap. au rég^t d'Aquitaine, tué aux lignes de Vissembourg en 1793.
3. J^n-F^ois-Pierre, cap., command^t au rég^t d'Austrasie, plus tard maréchal de camp honoraire, chev. de St-Louis, marié à N. Onfroy, dont il eut trois filles : la 1re, mariée à N. O'Arah ; la 2e, Anna, mariée à Hippolyte de Glapion, cap. d'infanterie ; la 3e, Henriette.
4. Ch^les-Hippolyte, cap. au rég^t d'Austrasie, puis officier supérieur et chev. de St-Louis, marié à N. de Hout, puis à N. de Moring ; mort sans enfants.
5. Louis, cap. au rég^t d'Auxerrois, puis lieut.-colonel et command^t de place à Gravelines ; il épousa N. Herwin de Newel, dont il eut : 1° Hippolyte ; 2° Léon, officier d'infanterie ; 3° Louis ; 4° Matthilde, mariée à Ernest Grellet, lieut.-colonel d'infanterie ; † à Niort 10 janv. 1850; 5° Pauline, morte jeune.
6. Monique-Charlotte, mariée à Antoine-F^ois-Fortunat Pottier de Mancourt.
7. M^ie-Thérèse-Louise-Guillaume, baptisée à Berlize

VI. J^n-Armand, fils du préc., éc., cap. au rég^t d'Aquitaine infanterie, dem^t à Courcelles-Chaussy, épousa, étant âgé de 30 ans, par. St-Victor 26 mai 1789, M^ie-Charlotte *de Cheppe* [† à Metz, par. Notre-Dame 15 janv. 1848]. De leur mariage naquit, par. St-Victor 21 juin 1790, Ch^les-Armand (1).

BLAISE. I. François, bourgeois de Toul, avait épousé Anne *Clément,* † par. St-Martin 14 févr. 1711, à 80 ans. De leur mariage étaient nés :
1. *J^n-Baptiste,* qui suit :
2. F^ois-J^ph, avocat au décès de sa mère.

II. J^n-Baptiste, fils du préc., procureur très.référendaire au parl^t, † par. St-Martin 10 févr. 1719, à 66 ans. Il avait épousé M^ie-Cécile *Regnauldin*, † ibid. 29 oct. 1734, à 69 ans. De leur mariage étaient nés 14 enfants, les 7 premiers par. St-Gorgon, les 7 autres par. St-Martin :
1. F^ois-J^ph, 7 févr. 1683 ; avocat au parl^t.
2. M^ie-Cécile, 2 sept. 1684.
3. Nicolas, 23 oct. 1685.
4. J^n-Baptiste, 21 mars 1687.
5. Michel, 25 avril 1688.
6. Pierre, 15 oct. 1689.
7. Claude, 26 janv. 1691.
8. Claude-Louis, 16 févr. 1694 ; curé de Delme en 1743.
9. *Nicolas,* 21 sept. 1695, lequel suit.
10. Charlotte, 7 févr. 1698.
11. Charles, 12 mai 1701 ; † par. St-Martin 1er janv. 1733.
12. Anne-M^ie-F^oise, 30 août 1702.
13. Claudine-F^oise, 21 févr. 1704.
14. Claudine-L^se, 9 oct. 1706.

11 janv. 1787, mariée à César-Guillaume-Armand de Glapion, chev. de St-Louis.
8. M^ie-Madeleine, mariée à Michel-Ignace du Pasquier de Dommartin.
9. Suzanne-Julie, mariée à Ch^les Lebœuf, lieut. gén^l honoraire, chev. de St-Louis.
10. Julie-Thérèse ; elle habitait en 1808 rue de la Chèvre, à Metz ; elle est morte sans alliance.
(1) Charles-Armand, sous-préfet de Saverne, chev. de la Légion d'honneur et de l'ordre de Bavière, épousa Louise-Catherine-Alberte de Crolbois, dont il eut : 1° Hippolyte, inspecteur des eaux et forêts, † dans les derniers jours de mars 1869, sans postérité de M^ie Bascher, son épouse ; 2° Eugénie, mariée à Xavier Galouzeau de Villepin, avocat à la cour de Paris.

III. Nicolas, fils du préc., procureur, greffier, receveur de communauté au parl^t, † par. St-Martin 12 nov. 1743. Il avait épousé : 1° Cécile *de la Cour*, † par. St-Victor 3 déc. 1725 ; 2° Catherine-Thérèse *Cassant*.

Du premier mariage étaient nés :
1. M^{ie}-Cécile, par. St-Martin 16 oct. 1722.
2. Étienne, par. St-Victor 26 août 1724; † 5 nov. suiv.

Du second mariage était née :
3. M^{ie}-Cécile, mariée à J^n-Louis Marc.

IV. Jean, m^d, † par. St-Simplice 4 mars 1662, à 44 ans. Il avait épousé Anne *Cardon*, † ibid. 2 mai 1675, à 61 ans. Leur fils Philippe, m^d, † ibid. 15 avril 1697, à 50 ans; il fut le père de *J^n-Philippe* qui suit.

V. J^n-Philippe, petit-fils du préc., changeur pour le Roi et m^d en magasin, † par. St-Simplice 1er janv. 1742, à 63 ans. Il avait épousé Antoinette *la Chaussée*, † ibid. 6 mai 1768, à 85 ans. De leur mariage étaient nés :
1. Nicolas, qui suit.
2. J^n-Philippe, p. de sa nièce ci-dessous VI, 5.
3. Barbe-Antoinette, mariée à Georges Marchal, m^d.

VI. Nicolas, fils du préc., dir. et trés. de la monnaie, signe une ou deux fois de St-Blaise. Il épousa : 1° N*** *Champion*, de Solgne; 2° Anne-Agathe *Bouvier*, † par. St-Eucaire 12 oct. 1779. Du second mariage étaient nés par. St-Simplice :
1. J^{ph}-François, 15 mars 1739 ; la mère est dite simplement Bouvier.
2. Anne-Josèphe-L^{se}, 7 février 1740 ; la mère est dite de Rozier.
3. Antoinette, 5 janv. 1741; la mère est dite la Rozier.
4. M^{ie}-Marguerite, 8 déc. 1741; la mère est dite de la Rozière.
5. Barbe-Catherine-Antoinette, 24 nov. 1742; la mère est dite Bouvier de la Rosière.
6. M^{ie}-Anne-Josèphe, 22 déc. 1743.
7. Joseph, 11 mai 1745.
8. M^{ie}-Anne-Edmée-Charlotte, 11 oct. 1747.

9. César-N^{as}, 26 mai 1750.

BLAISE et de SAINT-BLAISE. I. Jean de St-B., R. P. R., m^d de Pont-à-Mousson, fut le père de :
1. *Daniel*, qui suit.
2. Catherine, mariée à Antoine Parchot.

II. Daniel de St-B., R. P. R., fils du préc., m^d, ayant le titre de « sire » en oct. 1584, avait épousé, 31 août 1562, M^{te} *Rollin*, fille de Philippe Rollin, jadis receveur de la cité, de laquelle il eut :
1. Jean, 15 sept. 1563.
2. Daniel, 8 août 1565.
3. Élisabeth, 12 janv. 1567.
4. Marie, 13 févr. 1568.
5. David, 11 janv. 1579.
6. Suzanne, 3 août 1580.
7. Madeleine, 22 déc. 1581.
8. Luc, 21 oct. 1584.

III. David B., R. P. R., sgr de Glatigny, aman, treize en 1640, député de la ville de Metz à Paris en 1645, avait épousé : 1° M^{ie} *de Montigny*; 2° 30 août 1637, Jacqueline *Charpentier*, v^{ve} de J^n Fériet, aman et avocat.

Du premier mariage naquirent :
1. Élisabeth, 16 juil. 1613.
2. David, 21 nov. 1614.
3. Anne, 29 nov. 1618; mariée à Paul Danoue.
4. Marie.

Du second mariage naquirent :
5. Auguste, 18 juil. 1638. V. de Saint-Aubin XI, 4.
6. Marie, 4 mai 1640 ; sans doute l'épouse d'Oudard de Saint-Aubin.
7. David, 27 mai 1642.

IV. Pierre B.[1], R. P. R., frère ou cousin du préc., sgr de Gravelotte, contrôleur

---

[1] D'après un titre de 1615, P^{re} *de Saint-Blaise*, sgr de Gravelotte, avait la collation d'une chapelle fondée par ses ancêtres dans la par. St-Simplice de Metz (Biog. Parl^t). Par acte public en date du 16 déc. 1642, P^{re} de Saint-Blaise, sgr de Cuvry et Gravelotte, nomme N^{as} Verdelet, curé de la par. St-Simplice, à la desserte d'une chapelle fondée par ses ancêtres à la dite église sous l'invocation de Notre-Dame (Notes de M. Eugène de Courten). En 1789, J^n-F^{ois}-Louis de Saint-Blaise, éc., chev. de St-Louis, chef de brigade au corps royal d'artillerie du rég^t de Toul, l'aîné de la famille, nommait encore à cette chapelle (Arrêt du Parlement du 5 janv. 1789).

provincial des guerres, conseiller du Roi, fils du sʳ Laurent, épousa, 1ᵉʳ mars 1615, Louise *Morel*, † 18 févr. 1670. De leur mariage étaient nés :

1. Raphaël, 5 déc. 1618.
2. Pierre, 28 mai 1620.
3. Louis, 26 févr. 1621.
4. Louise, 26 avril 1623.
5. Paul, 19 mai 1624.
6. Louis, 27 mai 1626; il épousa, 21 sept. 1653, Madeleine *Blaise*, fille de † Pierre ci-dessous X, de laquelle il eut Élisabeth, 4 nov. 1655.
7. Benjamin, 14 avril 1628.
8. Élisabeth, 31 mai 1630.
9. Jean, 12 mars 1632.
10. *Samuel*, 22 janv. 1634; lequel suit.
11. Marie, 16 avril 1636.
12. David, 27 sept. 1637; sgr de Gravelotte au décès de sa mère.

V. SAMUEL B., R. P. R., fils du préc., sgr de Gravelotte en partie, lieut. au régⁿ de Fürstemberg, puis cap. d'infanterie et commissaire de l'artillerie, épousa : 1° Sara *de Blaine*, † à 32 ans, 4 juin 1678; 2° 6 juil. 1680, Madeleine *Willaume*, âgée de 25 ans, fille de † Paul Willaume, mᵈ droguiste, et d'Élisabeth Andry. Samuel Blaise et Madeleine Willaume abjurèrent par. Sᵗ-Livier 29 août 1686.

Du premier mariage naquirent :

1. Samuel, 12 mai 1669; † 16 suiv.
2. Samuel, 2 mars 1670; † 13 suiv.
3. Louis, 1ᵉʳ févr. 1671; † 29 déc. 1680.
4. Samuel, 11 août 1672; † 6 sept. suiv.
5. Suzanne, † 26 août 1673.
6. Pierre, 21 juil. 1674; † 30 suiv.
7. Charles, 13 nov. 1677; † 25 suiv.
8. *Gédéon*, qui suit.

Du second mariage naquirent :

9. Charles, 17 déc. 1680 (*sic*).
10. Daniel, 8 déc. 1682; † 26 août 1684.
11. Madeleine, 23 juin 1685; † par. Sᵗ-Simplice 21 mars 1748, sans alliance.
12. Michel-Samuel, par. Sᵗ-Victor 20 févr. 1690; éc., lieut. au régⁿ d'Alsace, sgr de Retonféy, il épousa, par. Sᵗ-Martin 24 oct. 1715, Charlotte *de Chavenel*. Avant le mariage, les époux promettent de rester fidèles à la foi catholique qu'ils ont embrassée.
13. Regnauld, ibid. 4 juin 1692.
14. Marguerite, ibid. 10 mai 1697; mariée à Christophe-Albert-Albéric d'Huart.

VI. GÉDÉON B., fils du préc., éc., chev. de Sᵗ-Louis, lieut.-colonel d'infanterie, † par. Sᵗ-Marcel 1ᵉʳ oct. 1749. Il avait épousé, par. Sᵗᵉ-Croix 7 juin 1700, Anne *Jacobé de Monvaux* : tous deux avaient abjuré le protestantisme la veille. De leur mariage naquirent :

1. Marie, par. Sᵗ-Simplice 23 juil. 1700 (*sic*); † par. Sᵗ-Marcel 30 déc. 1751.
2. Jacques, par. Sᵗ-Martin 27 mai 1703.
3. Élisabeth, ibid. 2 juin 1708.
4. *Gédéon*, lequel suit.

VII. GÉDÉON, fils du préc., éc. cap. d'infanterie au régⁿ de Soissonnais, † à 51 ans, par. Sᵗ-Martin 14 avril 1755. Il avait épousé, par. Sᵗ-Marcel 17 déc. 1743, Mᵗᵉ-Nicole *Roger du Coulon*, † par. Sᵗ-Martin 5 mai 1758, à 38 ans. De leur mariage étaient nés :

1. Mⁱᵉ-Charlotte-Angélique, par. Sᵗ-Marcel 2 oct. 1745; † ibid. 29 juil. 1746. Le père est dit Blaise.
2. Gédéon-Chˡᵉˢ, ibid. 22 juin 1748 : p. Gédéon de Blaise; m. Mᵗᵉ de Blaise, épouse de Christophe-Albéric bᵒⁿ d'Huart. Le père est dit de Blaise. — Lequel suit.
3. Suzanne-Fortunée-Mⁱᵉ, jumelle du préc., † ibid. 21 mars 1749.
4. Catherine-Nicole, ibid. 5 janv. 1750; † ibid. 12 mai 1762. Le père est dit Blaise.
5. Chˡᵉˢ-Mⁱᵉ, par. Sᵗ-Martin 5 sept. 1751; † ibid. 23 janv. 1753.
6. Chˡᵉˢ-Mⁱᵉ, ibid. 11 déc. 1753; † ibid. 12 avril 1759.

VIII. GÉDÉON-CHˡᴱˢ, fils du préc., sgr de Rozérieulles et Retonféy, ancien mousquetaire du Roi dans sa première compagnie, de la par. de Longeville, annexe de Scy, épousa, par. Sᵗ-Eucaire 2 mai 1775, Fᵒⁱˢᵉ *Georges de Chelaincourt*, dont il eut par. Sᵗ-Marcel :

1. Gédéon-Nᵃˢ-Mⁱᵉ, 30 janv. 1776 : p. Nᵃˢ Christophe Georges de Chelaincourt, gᵈ-père; m. Mⁱᵉ de Lorichon, vᵛᵉ de

N*** de Boisse de la Thénodière, éc., sgr de la Thénodière, ancien cap. au régᵗ de Normandie, cousine. Le père est dit Blaise de Sᵗ-Blaise de Rozérieulles.
2. Anne-Adrienne, 27 janv. 1780; le père est dit Blaise de Rozérieulles.

IX. Pierre, *alias* Abraham B., oncle de David III et de Pierre IV, diacre de la R. P. R., épousa Élisabeth *François*, fille de Jⁿ François, procureur syndic de la cité, [de laquelle il eut, Msc. Emmery 204] :
1. Jérémie, sgr de Gravelotte.
2. *Abraham*, qui suivra.
3. *Pierre*, né 2 sept. 1605; lequel suit.

X. Pierre B., fils du préc., sgr de Cuvry et de Bionville, diacre de la R. P. R. en 1632, avait épousé, 10 oct. 1627, Madeleine *Joly*, dont il eut :
1. Madeleine, 23 juil. 1628; mariée à Louis Blaise ci-dessus IV, 6.
2. *Pierre*, 31 août 1629; lequel suit.
3. Louise, 29 oct. 1630.
4. Anne, 11 févr. 1632; mariée à Chˡᵉˢ le Tardeur, sʳ de Bellespine.
5. Jacques, 29 juin 1633.
6. Marie, 1ᵉʳ déc. 1634.
7. Benjamin, 5 févr. 1638.
8. Sara, 23 mai 1639.
9. Marie, 17 juil. 1642. [Elle fit profession à la Visitation 28 oct. 1659, et y mourut 18 mars 1686. Metz msc. 146].
10. Aimée, 2 mars 1644. [Elle fit profession à la Visitation 6 juin 1660, et y mourut 29 juil. 1698. Ibid.].

XI. Pierre B., R. P. R., fils du préc., dʳ en médecine, médecin ordinaire de S. A. E. Palatine en 1683, eut de Madeleine *Michelet*, son épouse :
1. Judith, 16 avril 1653.
2. Madeleine, 11 sept. 1654.
3. Anne, 3 déc. 1656.
4. *Pierre*, 9 janv. 1658; lequel suit.
5. Judith, 3 sept. 1660.

XII. Pierre B., R. P. R., fils du préc., sgr de Hayes, épousa, 26 déc. 1683, Mⁱᵉ *Grandjambe*, dont il eut :
1. Pʳᵉ-Christophe, par. Sᵗ-Simplice 21 oct. 1687; les parents étant encore de la R. P. R.

2. Pʳᵉ-Charles, ibid. 21 mai 1690.
3. Marie, ibid. 22 déc. 1695.
4. Paul, ibid. 1ᵉʳ août 1699.
5. Pʳᵉ-Théodore, par. Sᵗ-Maximin 31 déc. 1700.
6. Mⁱᵉ-Catherine, ibid. 11 janv. 1702.
7. Pʳᵉ-Bernard, ibid. 2 janv. 1704.

XIII. Abraham B., R. P. R., gᵈ-oncle du préc., bourgeois, eut trois fils :
1. Pierre, qui épousa, 1ᵉʳ mars 1620, Mⁱᵉ *le Goullon*, fille de Gédéon le Goullon, dont il eut : 1° Pierre, 15 nov. 1634; 2° Louis.
2. Isaac, qui épousa, 15 déc. 1624, Suzanne *Persode*, vᵛᵉ de Daniel Caillard, mᵈ, dont il eut, 5 avril 1626, *Isaac*, qui suit.
3. Jean, qui épousa, 20 juil. 1631, Anne *Bancelin*, dont il eut : 1° Anne, 23 févr. 1633; 2° Marie, 12 juin 1637.

XIV. Isaac, R. P. R., petit-fils du préc., bourgeois, puis cap. au régᵗ de Feuquières, sgr d'Augny, † à 43 ans, 11 sept. 1670; il paraît dans tous les actes sous le nom de Saint-Blaise que gardent ses descendants. Il avait épousé, 28 déc. 1659, Suzanne *le Goullon*, dont il eut :
1. André, 22 avril 1663.
2. *Michel*, 7 sept. 1664; lequel suit.
3. Madeleine, 16 avril 1666.
4. Louis, 2 sept. 1670; † 17 suiv.

XV. Michel⁽¹⁾, fils du préc., d'abord cap. au régᵗ d'Orléans, puis conseiller au parlᵗ, sgr de Landonvillers, † par. Sᵗ-Martin 2 mars 1727. Il avait épousé [5 févr. 1696], Anne-Jⁿᵉ *Jacobé de Monvaux*, † par. Sᵗ-Martin 7 juin 1734. De leur mariage naquirent :
1. Suzanne, par. Sᵗ-Maximin 24 août 1697; mariée à Jⁿ-Louis Thibaut de Menonville.
2. Madeleine-Diane, par. Sᵗ-Eucaire 28 juil. 1699 : p. Pʳᵉ de Rissan, gᵈ bailly et mᵉ-échevin de Metz; m. Madeleine de Pas de Feuquières, chanᵉˢˢᵉ de Sᵗᵉ-Marie. Elle mourut ibid. 15 août 1702.
3. Charlotte, ibid. 23 janv. 1701, [† religieuse de la Visitation 29 août 1766. Metz msc. 146].

(1). Les détails entre [ ] sont tirés des notes de feu Mʳ Eugène de Courten et des archives de Mʳ Châtillon, de Terville.

4. *Michel*, ibid. 2 déc. 1702 : p. Israël le Goullon ; m. M^{ie}-Anne Couët, v^{ve} de Henry des Poix, sgr de Castillon. — Lequel suivra.
5. Anne-Élisabeth, ibid. 24 nov. 1703 ; † ibid. 29 juin suiv.
6. Louise, ibid. 20 nov. 1705 ; mariée à Ch^{les} de Salse.
7. Nicole-J^{ne}, ibid. 22 juin 1707 ; mariée à J^{n}-F^{ois}-Louis Durand.
8. *Ch^{les}-F^{ois}-Daniel*, ibid. 6 juin 1709 ; lequel suit.
9. Henry-F^{ois}, ibid. 5 déc. 1710.

XVI. Ch^{les}-F^{ois}-Daniel, fils du préc., cap. au rég^{t} de Périgord infanterie, éc., sgr de Crépy, [† à Metz 17 mars 1803]. Il avait épousé, par. Ste-Ségolène 2 mai 1747, Anne-Louise-Henriette *Couët du Vivier de Lorry* : au mariage, Michel de St-Blaise, sgr de Franclonchamps, conseiller au parl^{t}, frère du marié ; Henry-J^{n} Poutet, chev., sgr de Prayel, Burtoncourt et en partie de Gravelotte, conseiller au parl^{t}, oncle de la mariée ; J^{n}-Henry Lefebvre de Ladonchamps, conseiller au parl^{t}, oncle par alliance de la mariée. — Dudit mariage naquirent :
1. Suzanne, par. St-Gorgon 8 sept. 1750 ; † ibid. 11 mai 1755.
2. Ch^{les}-Michel, ibid. 25 oct. 1752 ; [† à Metz, 10 mars 1843, lieut.-colonel d'artillerie en retraite. Il avait épousé, 22 nov. 1802, M^{ie}-Antoinette *de Jobal*, † à Metz 3 oct. 1847, sans enfants, après une vie pleine d'œuvres et de vertu. Mgr Chalandon, plus tard évêque de Belley, mort archevêque d'Aix, alors vicaire gén^{l} du diocèse de Metz, prononça son oraison funèbre].
3. Paul-N^{as}, par. St-Gengoulph 16 juil. 1755 ; † par. St-Martin 1er mars 1780, rue des Parmentiers.
4. J^{n}-B^{te}-Louis, ibid. 8 mai 1759.
5. M^{te}-Henriette, ibid. 15 janv. 1761 ; † à Crépy 20 nov. suiv., inhumée au cimetière de Peltre.
6. Marthe-L^{se}, ibid. 7 août 1762 ; [† sans alliance en 1824].
7. M^{ie}-Charlotte, par. St-Gorgon 7 juin 1764.

XVII. MICHEL, frère du préc., conseiller au parl^{t}, sgr de Franclonchamps, † par. St-Gengoulph 11 déc. 1786. Il avait épousé, à Ars-Laqueneny 3 mai 1735, Marthe *le Duchat* : au mariage, Louis Thibaut de Menonville et J^{n}-F^{ois}-Louis Durand, conseillers au parl^{t}, beaux-frères de l'époux ; Ch^{les} le Duchat, sgr de Rurange et autres lieux, cap. de cavalerie au rég^{t} Dauphin étranger, oncle de la mariée. Dudit mariage naquirent :
1. Frédéric, par. St-Martin 24 janv. 1736.
2. Antoinette, ibid. 10 janv. 1737 ; † 11 sept. 1783.
3. L^{se}-Charlotte, ibid. 20 mars 1738.
4. *J^{n}-F^{ois}-Louis*, ibid. 26 mars 1739 ; lequel suit.
5. Jeanne, ibid. 4 mars 1741.
6. Louis-Ch^{les}, ibid. 9 janv. 1742 ; † par. St-Gengoulph 9 mai 1752.
7. Gédéon, ibid. 17 juil. 1744.
8. Benjamin, ibid. 28 févr. 1748.

XVIII. J^{n}-F^{ois}-LOUIS, fils du préc., éc., chef de brigade au corps royal artillerie de Besançon, chev. de St-Louis, avait épousé, par. St-Martin 13 janv. 1779, avec dispense de parenté, L^{se}-Hyacinthe-Suzanne *Leurye du Proy*, v^{ve} de Louis de Laubrussel, de laquelle il eut, ibid., rue des Précheresses :
1. Suzanne, 20 oct. 1779 ; † 22 août 1781.
2. Marthe-Philippine, 24 sept. 1780 ; [mariée à Ch^{les} de la Touche de Terville, dont sont issus Mmes Châtillon, Jules Ancillon et de Nonancourt, et quatre fils qui ont été au service militaire, Adrien, Léopold, Ernest et Charles].
3. Antoinette-Gabrielle, 27 oct. 1781.
4. L^{se}-Charlotte, 2 août 1783 ; [† à Metz 6 janv. 1878, ayant épousé J^{n}-M^{ie} Warel de Beauvoir, chev. de St-Louis, ancien maire de Thionville.]
5. Charles, 23 nov. 1784, [cap. d'artillerie tué dans la campagne de 1813 en Allemagne.]

XIX. DAVID, nouveau converti, lieut. au rég^{t} de Piémont, † par. St-Maximin 30 oct. 1700.

XX. Divers.
1. ANNE. V. de Valentin.
2. CATHERINE. V. Parchot.

3. JACQUELINE. V. de Gournay VIII.

BLANC ISABELLE-CLAIRE. V. Saltzgaibre.

BLANC (LE) ANNE. V. Geoffroy de Coiffy.

BLANC D'ALTANCOURT (LE) MARIE. V. de Bérauville.

BLANC DE L'ISLE (LE) J^{ph}-BRUNO, cy-devant officier au rég^t de Bourbon cavalerie, exempt de la maréchaussée de la généralité de Metz, fils des † Antoine, négociant à St-Montaut, au diocèse de Viviers, et M^{ie}-Anne Lobire, épousa, par. St-Simon 24 juil. 1766, Anne-Barbe *Régnier*, dont il eut par. St-Marcel :
1. M^{ie}-Barbe-Joséphine, 30 août 1767.
2. M^{ie}-Madeleine-Victoire, 3 mai 1768.
3. J^n-J^{ph}-Alexandre, 30 oct. 1770 : p. Paul-Alexandre le Blanc de l'Isle, lieut. au rég^t de Bourbon cavalerie, son oncle ; m. M^{ie}-Pauline le Blanc de l'Isle, sa tante.

BLANC DE MAISONS (LE). I. ANDRÉ, éc., sgr de Cloys, officier au rég^t des gardes françaises, fils de Jacques, éc., chev. de St-Louis, brigadier des armées du Roi, ancien command^t du corps des carabiniers, et de Marie ....., de Vitry-le-François, épousa, par. Ste-Croix 19 févr. 1760, M^{ie}-J^{ne}-Denise *de Clinchant*, dont il eut ibid. :
1. J^{ques}-Casimir, 21 juin 1762.
2. M^{ie}-Adélaïde, 28 avril 1764 ; † rue du Champé, par. St-Eucaire 8 sept. suiv.

II. ÉLISABETH, chan^{esse} du Petit-Clairvaux, † par. Ste-Croix 26 mars 1770.

BLANCBOIS. I. ZACHARIE, dit du Bois, sgr de Jouy-aux-Arches et de Longeville en partie, avait épousé Suzanne *Humbert*, † par. St-Simplice 2 déc. 1688, à 68 ans. De leur mariage était née Marie, mariée, à 17 ans, à David Couët du Viviers.

II. Divers.
1. ESTHER. V. Beaudesson XVI.
2. JUDITH. V. de Galoris.
3. SARA. V. Jacobé III.

BLANCHARD (DE), *alias* BLANCHART. I. LÉGER, licencié en droits, natif de Troyes en Champagne, fils de Jean, greffier en chef de l'hôtel de ville, et de Vincente Lorry, † par. St-Martin 11 nov. 1728, à 88 ans environ. Il avait épousé, ibid. 2 juin 1667, Claude-L^{se} *Richard*.

II. ÉTIENNE, sgr d'Argelès, lieut. pour le Roi au gouv^t de Thionville, épousa, par. St-Martin 8 déc. 1686, J^{ne}-Élisabeth *Hue de St-Remy*.

III. Divers.
1. ANNE. V. Tardif.
2. CLAUDE. V. de Fligny.
3. FRANÇOISE. V. le Bachelé I et Goullet I.
4. MARGUERITE. V. Maler.

BLANCHI (DU) FRANÇOIS, éc., sgr de la Forge, âgé de 57 ans, épousa, par. St-Georges 21 juin 1701, Anne-Claude *de Castriale*, âgée de 50 ans, v^{ve} de J^n-Henry de Nemeutler, gentilhomme, fille des † Bernard-Machabée de Castriale, colonel d'infanterie au service de † S. A. de Lorraine Charles IV, et gouverneur de Longwy et Vaudrevange, et F^{oise} de Rouzières.

BLARECK DE GYRSPERG J^n-CONRAD, R. P. R., chev., sgr de Huchelheim, administrateur de Limburg, gouverneur et bailly de Neustat, fils de † Thomas, chev. (mêmes titres que son fils), épousa, 22 févr. 1643, Esther *de Flescheim*, fille de † Philippe de Flescheim, chev. de Wildestein, contrôleur des guerres, cap. de cavalerie et gentilhomme de la Chambre de †S. A. E. Palatine.

BLAUBLIN MARIE. V. Lanau de Marais.

BLICOURT (DE). V. Fabert II, 3.

BLIGNIÈRE (DE LA) PIERRE. V. Courtin.

BLIN DE GRAINCOURT ALEXIS-BENOIT-J^{ph}. V. d'Heinecken I, 4.

BLOCHAUSEN (DE) HYACINTHE. V. du Pasquier de Dommartin (note).

BLOCKANDE (DE) MARTIN, éc., sgr d'Emicheren ou Emicouen, eut de Barbe-Sibille *Rousselot de Hédival*, son épouse :
1. Antoine-J^n, † à 22 mois, par. St-Martin 9 avril 1671.
2. P^{re}-Antoine, par. St-Gorgon 27 avril 1672 : p. le président Antoine de Bretagne ; m. Gertrude-M^{te} de Blockande, représentée par Anne-Aurore Le Febvre.

BLOIS M^te-M^ie-Louise. V. de Saint-Vallier.

BLOND (le) Claire. V. de Ghequier.

BLOND de SAINT-HILAIRE (le) J^n-M^ie-René. V. de Majaudie.

BLONDEL M^ie-Roch. V. Pattée II.

BLONDEL d'AUBERT M^ie-Louise-Eugénie. V. Foucquet II.

BLOQUEL de VISMES (de) Alix. V. Jobal (note).

BLOT (de) M^ie-Louise. V. Dessoffy.

BLOTFIER (de), *alias* de BLOTTEFIER P^re-François. V. Dérieu et Aupoix.

BLOTTEFIER Antoine, major de la ville de Marsal, chev. de St-Louis, † par. St-Simplice 10 janv. 1742, à 60 ans. Il avait épousé Martine *Touraud*.

BLOUET. I. Nicolas, procureur au parl^t, † par. Ste-Croix 26 juin 1782. Il avait épousé M^te *Dupré*, dont il eut par. St-Gorgon :
1. J^ne-M^ie-Madeleine, 20 juin 1739, mariée à Michel Remy.
2. Anne-M^te-Reine, 3 juil. 1741; † 30 sept. 1747.
3. Anne-M^te, 12 juil. 1742.
4. Anne-M^ie, 30 août 1743.
5. J^n-F^ois-Nicolas, 21 mars 1745; avocat au parl^t [et membre titulaire de l'Académie de Metz, † 3 août 1809]. Il avait épousé, par. St-Martin 18 juil. 1780, F^oise *Woillot*, fille de J^n-B^te Woillot, ancien négociant, économe de l'hospice St-Nicolas, et d'Anne-M^te Blouet.
6. Claude-J^ph, 19 mars 1747.
7. M^ie-Anne-F^oise, 7 févr. 1749.
8. Apolline-Marthe, 12 mai 1750.
9. Reine-Pélagie, 6 oct. 1752.

II. J^n-Balthasar, frère du préc., officier de l'hôtel royal des Invalides, éc., conseiller du Roi, lieut. du prévôt gén^l d'une compagnie de maréchaussée au dép^t des Trois-Évêchés, † par. St-Victor 3 août 1782, à 60 ans. Il avait épousé M^te *Sauvan*, dont il eut par. St-Gorgon :
1. J^n-N^as-Balthasar, 6 nov. 1758.
2. P^re-Alexandre, 7 mars 1760.

III. Jacques, frère des deux préc., conseiller de l'hôtel de ville de Thionville, avait épousé M^te *Christophe*, dont il eut J^ques-Barthélemy. Celui-ci, lieut. gén^l civil, criminel et de police au bailliage de Thionville [il devint président du tribunal de district de la même ville en 1790; nommé procureur impérial du tribunal de l'arrondissement 4 avril 1806, il n'accepta pas], avait épousé, par. St-Martin 18 juil. 1781, Antoinette *de la Vollée*, fille de Gabriel-J^n-J^ph de la Vollée, avocat au parl^t, exerçant au baillage de Thionville, et d'Anne Verdun. Il leur était né avant mariage un fils, Barthélemy.

IV. Pierre, curé de Bionville, frère des trois préc., assista au mariage de sa nièce ci-dessus I, 1.

V. M^ie-Thérèse. V. Audouin des Champs de Villiers.

BOCCARDO (de). V. de Faure.

BOCHÉ Suzanne. V. de Marsal XII.

BOCHET (du). I. Ch^les-Louis, éc., chev. de St-Louis, second cap. de grenadiers au rég^t de Rohan, fils d'Antoine, chev. de St-Louis, colonel d'infanterie, cy-devant cap. d'une compagnie de 600 gentilshommes, lieut.-command^t à la citadelle, et de M^ie-Josèphe de Lattre, épousa, par. St-Jean de la Citadelle 9 déc. 1738, J^ne Charlotte *Gaudet*, † par. St-Gorgon 26 déc. 1738.

II. Antoine. V. de la Tranchée II.

BOCK (de). I. Étienne, chev., lieut. des maréchaux de France au dép^t de Thionville, membre de la noblesse immédiate de l'Empire, † par. Ste-Croix 13 déc. 1771, à 86 ans. Il avait épousé : 1° Élisabeth *de Linas*; 2° par. Ste-Ségolène 18 avril 1743, M^ie-Élisabeth *Hennequin* : à ce dernier mariage, F^ois de Bock, chev., sgr d'Algrange, cap. d'une compagnie franche de 150 fusiliers, frère de l'époux; F^ois Boudet, éc., chev., sgr du Sioudray, cy-devant lieut.-colonel au rég^t de Normandie.

De ce second mariage naquit J^n-N^{as}-*Etienne*, qui suit.

II. J^N-N^{AS}-ÉTIENNE, fils du préc., chev., sgr de Fürst, Folschwiller, Lelling, Halling, Hesser, Luttange, Buy et autres lieux, membre de la noblesse immédiate de l'Empire, lieut. en survivance des maréchaux de France à Thionville et gouverneur de Sierck, âgé de 21 ans, épousa, par. St-Simplice 8 déc. 1767, M^{ie}-Charlotte-Adélaïde *de Savonnières*, âgée de 20 ans : au mariage, J^{ph}-Ch^{les} Besnard de Boulenne, sgr de Chagny-la-Horgne ; F^{ois}-J^{ph} de Feydeau, sgr de Lesquaut, officier au rég^t Dauphin infanterie ; Ch^{les}-F^{ois} du Pillard de Requin, sgr de Bionville et autres lieux, cap. aide-major du corps des grenadiers de France, beau-frère de l'épouse ; P^{re} Maulmont de Fayolle, cap. au rég^t royal, son parent maternel. — Dudit mariage naquirent par. St-Simplice :

1. M^{ie}-Étienne-Adélaïde, 14 nov. 1770.
2. Ch^{les}-Juste, 21 oct. 1777 : p. Ch^{les}-Juste-Juste prince de Beauveau-Craon et du St-Empire, grand d'Espagne de 1re classe, lieut. gén^l des armées du Roi, chev. de ses ordres, cap. des gardes du corps, cousin de l'enfant, représenté par J^n-J^{ques}-F^{ois} b^{on} de Bock et du St-Empire, chev., sgr d'Algrange, H^{te} et B^{se}-Ham, Valmestroff, Keking et autres lieux, cap. au rég^t de Penthièvre infanterie, cousin issu de germain de l'enfant ; m. F^{oise} de Savonnières, épouse de Ch^{les}-Louis de Maillé, c^{te} de la Tour-Landry, b^{on} d'Estramets, cousine de l'enfant, représentée par M^{ie}-Élisabeth Hennequin, v^{ve} douairière d'Étienne de Bock, aïeule.
3. Félix, 20 août 1783 : p. Magdelon-Timoléon-René m^{is} de Savonnières, chev., sgr d'Entre-deux-Bois, la Cour de Nel, l'Étang et autres lieux, chev. de St-Louis, colonel en second au rég^t de Monsieur dragons, oncle mat. de l'enfant ; m. Anne-M^{te} de Bock, sa tante à la mode de Bretagne, fille de † F^{ois} de Bock, chev., sgr d'Algrange, H^{te} et B^{se}-Ham, etc., chev. de St-Louis, cap. de dragons. Tous deux furent représentés.

III. F^{ois}-GASPARD, chev., sgr de Fürst, fils des † J^n-Antoine de Bock, chev., sgr de Fürst, Folschwiller et autres lieux, et Anne-Catherine Gillot, épousa, par. St-Gorgon 15 nov. 1763, M^{ie}-Anastasie *de Sohallat de Fontallard*, fille de J^n-F^{ois} de Sohallat de Fontallard, sgr de Montreux, et de F^{oise} Turpin de la Châtaigneray.

IV. P^{RE}-CHARLES, frère du préc., chev. du St-Empire romain et de St-Louis, officier au rég^t de la colonel gén^l des hussards en garnison à la par. St-Simon, épousa, étant âgé de 50 ans, par. St-Gengoulph 6 mai 1788, F^{oise} *de Villicy de Tourville*, âgée de 47 ans : au mariage, J^{ques}-Claude de Heyssen de Forgeville, major d'infanterie au service de France, parent pat. et mat. du marié ; Paul-Louis de Stioben, lieut.-colonel d'artillerie, son oncle mat. ; Louis-J^{ph} de Charentan, cap. au rég^t colonel gén^l des hussards.

V. Divers.
1. ADELINE et ÉLISABETH. V. Boudet de Puymaigre.
2. M^{IE}-ÉLISABETH. V. Jacomel de Bienassise.
3. J^N-NICOLAS. V. Michelet de Vatimont IV.
4. M^{IE}-ANNE-L^{SE}. V. de Grondel.

BODIN DE LA PIERRE THOMAS, chev. de St-Louis, aide-major de Metz, † par. St-Maximin 3 févr. 1763, à 76 ans.

BODINEAU DE MESLY URBAIN-P^{RE}-LOUIS. V. de Bonneval.

BODRE M^{IE}-JEANNE. V. de James.

BODT JEAN. V. Persode V, 6.

BOESMANN MARIE. V. de Cavelars.

BŒUF (LE). I. CHARLES, chev., sgr de Laimont, chev. de St-Louis et ingénieur du Roi, fils d'Adam, chev., colonel d'infanterie, chev. de St-Louis, ingénieur en chef de Metz, eut pour épouse Thérèse-Pétronille *Maupas*, † à 45 ans, par. St-Martin 14 août 1750 : à son enterrement, N^{as}-Toussaint Garot, conseiller-clerc au parl^t ; Louis-Ch^{les} Gibaudière de Mondarnest, sgr des Gibaudières et autres lieux, cap. réformé au rég^t de Lyonnais infanterie, ingénieur ordinaire du Roi.

II. MATHIAS, chev. de Wittonville, cy-devant sgr du dit lieu, ancien officier au service de France, eut de M^ie-Anne *Malgaigne*, son épouse, M^ie-Adélaïde, par. St-Simplice 25 oct. 1777.

BOGARRE Barbe. V. Landelle.

BOGELIN M^ie-Françoise. V. le Page V.

BOGELOT Nicolas, receveur gén^l de la ferme du tabac en Lorraine et Barrois, épousa, par. St-Livier 19 juil. 1692, N*** *Sellier*.

BOGOT Barbe. V. de Luc IV.

BOICHOT Marie. V. de Nojon.

BOILEAU Abraham. V. le Goüllon IX, 7.

BOILEAU (de). I. J^n-Baptiste, b^on, sgr de Vien au diocèse de Liège, fils de † Paul Herman, b^on, et de M^ie-Claire Gallo de Salamanca, b^onne de Munjardin, † par. St-Victor 3 janv. 1750, à 66 ans. Il avait épousé, ibid. 7 oct. 1720, M^ie-Dominique *Mey de Vallombre*, † ibid. 20 mai 1751. De leur mariage étaient nés ibid. :
 1. Thomas-Adolphe, 18 janv. 1722 : p. Thomas-Adolphe de Füschemberg, chev., m^is d'Arçon, gouverneur pour le Roi de la ville de Rethel, g^d bailli d'épée du duché de Mazarin, sgr de Vignaubois, etc., représenté par Claude-Philippe d'Auburtin de Bionville, maire et échevin perpétuel de Metz ; m. M^ie Darmène, épouse du dit d'Auburtin. — Il mourut ibid. 12 juil. 1725.
 2. D^que-Hyacinthe, 12 mars 1724 : p. D^que-Hyacinthe de Tailfumyr, second président au parl^t de Metz ; m. Anne-Barbe de Courcelles, v^ve d'Arnauld de Ville, b^on du St-Empire.
 3. P^re-Mathias, 27 févr. 1725 ; officier pointeur d'artillerie, † ibid. 19 janv. 1750.
 4. M^ie-Anne, 28 nov. 1726.
II. Jeanne. V. Gérard.

BOIRE M^ie-Jeanne. V. de Sancé.

BOIS (du), alias DUBOIS. I. Jean, R. P. R., aman, treize, fut le père de :
 1. Marie, 28 mai 1581.
 2. Élisabeth, 23 oct. 1583.
 3. *Jean*, qui suit.
II. Jean le jeune, R. P. R., fils du préc., aman, épousa, 3 oct. 1610, Sara *Peltre*, dont il eut :
 1. Anne, 14 févr. 1616.
 2. Jean, 28 août 1619.
 3. Samuel, 8 août 1621.
 4. Madeleine, 7 oct. 1626.
 5. Paul, 17 avril 1628.
III. Jacques, R. P. R., écrivain, fils de Claude, épousa, 22 juin 1625, Sara *de Léan*, fille d'Isaac de Léan, m^d, de laquelle il eut, entre autres enfants :
 1. Jacques, 29 mars 1626.
 2. Pierre, 1er juin 1628.
 3. Louis, 13 janv. 1637.
 4. Isaac, 10 sept. 1638.
IV. Claude, sans doute le père du préc., † par. St-Gorgon 2 oct. 1632.
V. Jean, chan. et aumônier de la cathédrale, † par. St-Gorgon 1er avril 1632.
VI. J^n-Firmin, chev., sgr de Logne, cap. des chevau-légers du rég^t de cavalerie de Mgr le Prince de Grimont, fut parrain par. St-Martin 4 sept. 1676.
VII. Jean, R. P. R., épousa Anne *Michelet*, † à 33 ans, 1er mai 1681.
VIII. Divers.
 1. Marie. V. Couët V, 5.
 2. Suzanne. V. Goullet III.
 3. Suzanne. V. Guyot.
 4. Zacharie. V. Blancbois.

BOIS d'Elsène (du) Catherine. V. de Fache.

BOISADAN (de). I. Julien, éc., cadet dans les bombardiers, originaire de la B^se-Normandie, fils de Hugues et de Charlotte Gérard, † par. Ste-Ségolène 15 janv. 1715, à 21 ans.
II. Alexandre. V. Lanau de Marais.

BOISBAUDRY (du) Ange-Hyacinthe-J^ph. V. des Forges.

BOISCHEGRAIN J^n-Ch^les-Nicolas, fils de N^as, ancien m^d, et de Barbe Guervin ou Guerrier, épousa, par. St-Simplice 6 juil. 1790, Barbe-Élisabeth-Félicité *Lamarle*.

BOISJOURDAN (de) François, éc., cap. au rég^t de Navarre, † par. St-Martin 3 oct. 1675.

BOISLANDON Françoise. V. Spessoles de Saint-Ozo.

BOISLIGNEL (de) Michel, sgr de Maizières et Bainville, fut parrain par. St-Victor 10 août 1707.

BOISMORAN Philippe. V. de la Ville II, 1.

BOISSANCOURT (de). V. Coustaut I, 9.

BOISSARD. I. Thiébaut, avocat et procureur, eut de J^{ne} *Babet*, son épouse :
1. *Jⁿ-Jacques*, né à Besançon, lequel suit.
2. Richard.
3. Philippine.

II. Jⁿ-Jacques, R. P. R., fils du préc., fameux antiquaire et poète latin, † 4 oct. 1602. Il avait épousé, 3 mai 1587, M^{ie} *Aubry*, fille de Jⁿ Aubry, orfèvre, dont il eut :
1. Jules, 10 avril 1588, † en bas âge.
2. Marie, 21 déc. 1589.
3. Philippe, 22 nov. 1598.
4. Anne, 21 oct. 1601, mariée à P^{re} de Corrége.

BOISSARD (de) Ch^{les}-Isaac. V. de Savonnières.

BOISSE D'ORSONVILLE Angélique. V. Jeoffroy VIII, 6.

BOISSE de la THÉNODIÈRE (de). V. Blaise et St-Blaise VIII, 1.

BOISSELET L^{se}-Gabrielle. V. de Mondran.

BOISSET d'ALNONCOURT (de). V. Durand VII et Georges d'Alnoncourt II.

BOISSET de GLASSAC (de) F^{ois}-Augustin, cap. au rég^t de la Couronne, fils de Jⁿ-F^{ois} et de Claude de Moneron, m^{ise} de la Borie, par. N.-D. de la Jonquière de l'Isle, diocèse d'Alby, épousa, par. St-Marcel 27 avril 1745, Anne-Thérèse *Maclot de Pierrevillers*.

BOISSET de GAUTIER Paul, cap. au rég^t de Picardie infanterie, eut d'Anne-Thérèse *Juliot*, son épouse, Pierre, par. Ste-Croix 14 mars 1719.

BOISSETTE Louis. V. Poirot de Valcourt.

BOISSY (de) ou de BOISSIN. I. Louis, treize, secrétaire de M^r le Commandeur de Fromigière, † par. St-Martin 18 oct. 1632. Il avait épousé, ibid. 23 nov. 1620, Marie *de Saint-Jure*, † ibid. 18 juin 1671. De leur mariage étaient nés ibid. :
1. Marie, 6 févr. 1622 ; mariée à Ch^{les} Damon de S^t-Pé.
2. Louis, 21 juil. 1624.
3. F^{oise}, 31 mai 1627 ; mariée à P^{re} Mainhulle.
4. Charles, 27 janv. 1630.
5. Claude, 10 avril 1632.

II. Louis, éc., un des gentilshommes servants de la chambre du Roi, eut de M^{te} *de Léviston*, son épouse, Louis, par. St-Martin 17 juil. 1663.

III. Divers.
1. Françoise. V. Chesneau.
2. Françoise. V. Lamy I, 10.
3. Jean. V. d'Escars.

BOITOUSSET (de) Claude, chev., sgr de Poinçon et de Raynes, cap. de dragons au rég^t de la mestre de camp gén^{le}, natif de Sallins, par. de St-Maurice, en Franche-Comté, fils des † Pierre, chev., sgr de Poinçon et autres lieux, et Antoinette de Merceret, épousa, par. St-Martin 29 janv. 1711, Suzanne-Philippe *Fillotte*.

BOLANGER Nicolas. V. le Braconnier XX, 5.

BOLANGIER de FOUGEROLLE Ch^{les}-François, éc., sgr de Châteaulambert, conseiller auditeur au parl^t, eut de M^{ie}-Charlotte-Antoinette *Dieudonné*, son épouse, M^{ie}-Françoise, par. St-Martin 5 oct. 1789 : p. Ch^{les}-Jⁿ-B^{te}, éc. ; m. M^{ie}-Madeleine-Victoire, ses frère et sœur.

BOLLIOUD Nicolas, sgr de Berlize, conseiller greffier en chef civil et criminel au parl^t, † par. St-Gorgon 20 sept. 1693. Il avait épousé, ibid. 10 mars 1671, Barbe-Philippe *Sergent*, fille de Laurent Sergent, laquelle mourut ibid. 27 sept. 1727. De leur mariage étaient nés ibid. :
1. M^{ie}-Élisabeth, 8 déc. 1671.
2. Anne-F^{oise}, 5 nov. 1672.

3. F^oise-Madeleine, 17 janv. 1674; mariée à F^ois-Alexandre le Grand, puis à Louis Fériet.
4. Noël, 25 déc. 1674 : p. P^re Sergent, bourgeois de Langres, son oncle.
5. M^ie-Thérèse, 30 janv. 1676; mariée à D^que-Hyacinthe de Tailfumyr.
6. Pierre, 2 févr. 1677.
7. M^ie-Gabrielle, 24 févr. 1678.
8. François, 31 janv. 1679.
9. Christine, mariée à Louis-Ignace de la Vallée de Pimodan.

BOMBELLES (DE). I. PIERRE, lieut. d'une compagnie de la garnison de Metz et maréchal-des-logis de la compagnie de Schomberg, puis cap. à la porte St-Thiébault, éc. et gentilhomme servant chez le Roi, eut d'Eléonore *de Pitoiset*, son épouse :

1. François, par. St-Gorgon 6 janv. 1647.
2. Antoine, par. St-Victor 27 sept. 1648 : p. Antoine de Béronne; m. M^ie de Grateloup, épouse de F^ois de Moussy.
3. Gabrielle, par. St-Marcel 6 oct. 1649 : p. F^ois de Lamberty, lieut. du gouverneur de la citadelle de Metz; m. Gabrielle de Neunhem, abbesse de Ste-Marie.
4. François, par. St-Martin 13 nov. 1651.
5. Jean, ibid. 17 nov. 1652 : p. J^n de Pie, s^r de Belle-Arbre, lieut. des gardes de Mgr de Schomberg; m. M^ie de Moussy.
6. Charles, ibid. 7 févr. 1654 : p. Mgr le maréchal Ch^les de Schomberg, gouverneur de Metz et des Trois-Évêchés; m. M^ie de Hautfort, son épouse.
7. Henry, ibid. 24 juin 1655 : p. Henry de la Téranne, s^r de la Carmesse, cap. à la garnison de Metz; m. Madeleine de la Monsarbier, femme de chambre de la Reine; tous deux sont représentés.
8. Prudent, ibid. 12 oct. 1656.
9. Anne-L^se, ibid. 11 oct. 1657.
10. Louis-J^ph, ibid. 4 juin 1659 : p. Ch^les des Touches, fils de Ch^les des Touches, cap. de la garnison de Metz; m. Louise de Brouls, v^ve de Louis Maguin, conseiller au parl^t.
11. M^te-Jeanne, ibid. 24 août 1660.
12. Claude, ibid. 11 déc. 1661.

II. ANTOINE, chev., aide-major de Metz, fils des † Antoine, chev., chev. de St-Louis, lieut. pour le Roi et command^t aux forts de Pécayer et d'Aiguemortes en Languedoc, et M^ie-Madeleine de Noayele (*sic*), † par. St-Maximin 8 mai 1779. Il avait épousé, étant âgé de 40 ans, par. Ste-Croix 25 nov. 1744, M^te *Maujean* : au mariage, Mme de Béthune, maréchale duchesse de Belleisle; Fortunat de Serre de Rochecolombe, brigadier des armées du Roi et son lieut. command^t dans la ville de Metz; J^n-B^te du Séjeal, chev. de St-Louis, et Thomas Bodin de la Pierre, aides-majors de Metz; Claude de Cabouilly, avocat payeur et receveur des gages de la Chambre des requêtes, oncle de la mariée. De ce mariage naquirent par. S. Simon :

1. Henry-Antoine-Victor, 29 nov. 1745 : p. Henry de Bombelles, lieut.-gén^l des armées du Roi; m. F^oise Cabouilly, v^te de Henry Maujean, garde de la monnaie. — Il mourut ibid. 17 déc. suiv.
2. Henri-J^ph, jumeau du préc. : p. Henry Maujean, curé de Ste-Croix, son oncle; m. M^ie-Geneviève de la Masière, épouse du parrain du préc. — Il mourut le lendemain.
3. F^oise-Marguerite, 5 mai 1747; † 28 sept. 1749.

III. J^n-HENRY, cousin du préc., chev., b^on de la Motte-St-Lié, sgr du Broc d'Hellaucourt, chev. des ordres de St-Louis et de St-Lazare, lieut. au rég^t des gardes françaises et gentilhomme de Mgr le duc d'Orléans, fils de Henry-F^ois, c^te, chev. de St-Louis, lieut.-gén^l des armées du Roi, command^t à Bitche sur la frontière de la Lorraine allemande, ainsi que sur la Haute-Sarre, et de † M^ie-F^oise Le Roux de Rancé, épousa, par. Ste-Croix 8 sept. 1750, J^ne *Le Goullon de Hauconcourt*, † à 27 ans, ibid. 26 nov. 1754. De leur mariage naquirent :

1. Geneviève-F^oise-Charlotte, par. Ste-Croix 1er mars 1753 : p. P^re Le Goullon, g^d père, représenté par son fils Louis, chambellan du Roi de Po-

logne ; m. Geneviève-Charlotte de Badains, épouse de Henry-F^ois, c^te de Bombelles, g^d'père pat., représentée par Charlotte-Augustine de Bombelles, sa fille.
2. M^ie-F^oise-Alexandrine, ibid. 3 nov. 1754 : m. M^ie-F^oise de Bombelles, v^ve de N*** Gobelin, m^is d'Offémont, chev. de St-Louis, ancien cap. au rég^t Condé infanterie.
3. Marc-M^ie, ancien maréchal de camp ; † évêque d'Amiens.

BOMPART (DE). I. JOSEPH, sous-lieut. à la compagnie de Consolle au rég^t Lyonnais, † à 20 ans, par. St-Martin 19 nov. 1691.
II. JOSEPH, chev. de St-Louis, officier au corps royal artillerie, † à 80 ans, par. St-Victor 20 mars 1790, inhumé par. St-Simon.

BON DE SAVIGNAC (DE) P^re-JEAN, sgr de Savignac, cap. au rég^t de Toulouse, fils de † N*** et de Geneviève de Cattavalar, épousa, par. St-Marcel 18 mars 1719, M^te-Barbe *Lairbel*, dont il eut par. St-Victor :
1. P^re-Bernard, 15 mai 1720 : p. P^re Lefebvre de Vulmont ; m. Anne Malhomme.
2. J^n-Joseph, 10 août 1721 : p. Alexandre-J^ph le Bon, représenté par Michel le Keux ; m. Geneviève de Cattavalar, g^d mère, représentée par M^ie le Keux.
3. Pierre, 7 août 1722.
4. Alexandre, 5 août 1724.
5. M^ie-Jeanne, 22 sept. 1725.

BONAL (DE) JEAN. V. de Morthe.

BONARDI (DE) J^n-BALTHASAR-HECTOR-AMÉDÉE. V. de Saudoncq.

BONCE (DE) LOUIS-J^n-B^te. V. Joulard d'Iversay.

BONDE (DE LA) FRANÇOIS, cap. au rég^t de la Fare (?), eut de J^ne *de Pourlis*, son épouse, François, par. Ste-Ségolène 21 mai 1700.

BONDORFF (DE) J^n-DIDERICH, cap. au rég^t d'Alsace, eut de M^ie *Martin*, son épouse, par. St-Martin 1er janv. 1716, Louis-Guillaume : p. Louis-Guillaume de Pourcholt, cap. audit rég^t ; m. Anne-Élisabeth de Dubois, épouse de J^n-Adam de Horrer, cap. au même rég^t.

BONESTAT NICOLAS. V. d'Orléans.

BONET (LE) LOUIS, éc., sgr de Thury, eut de Julie *Joly*, son épouse, par. St-Maximin 18 nov. 1699, M^ie-Julie : m. Esther Joly, fille de † Paul Joly, ministre à Metz, nouvelle convertie.

BONET (DE). V. de Bonnet.

BONGARD N***, cap. au rég^t Rouen cavalerie, † par. St-Victor 9 mai 1736, à 80 ans.

BONHOMME DE MONTLAR JACQUES. V. Cassayrol.

BONHOMME (LE), *alias* HUMBERT.
I. JEAN *Humbert*, R. P. R., conseiller du m^e-échevin, dit le Bonhomme, fut le père de :
1. Suzanne, mariée à F^ois Le Goullon.
2. Paul, qui épousa, 21 avril 1613, M^ie *Lespingal*, v^ve de Gergonne Feriet.
3. *Daniel*, qui suit.
4. Jean, qui épousa, 12 juil. 1598, Élisabeth *de Flavigny*.
II. DANIEL, R. P. R., fils du préc., aman, sgr de la Cour-Moretel à Vaux, épousa, 12 août 1618, M^ie *de Montigny*, dont il eut :
1. Charles, 9 déc. 1622.
2. Alexandre, 2 juin 1624 ; sgr de Léoviller, † 12 nov. 1680.
3. Jeanne, 7 juin 1626 ; mariée à Théodore le Duchat de Buy.
4. Marie, 25 juil. 1628.
5. Louis, 17 avril 1630.
III. JEAN, sgr de Charly, eut de Louise *Sartorius*, son épouse, par. Ste-Croix :
1. Marguerite, 5 juil. 1627.
2. Lucie-Élisabeth, 8 févr. 1631.
3. François, 14 oct. 1635.
4. Charles, 5 avril 1637.
5. Étienne, 8 mars 1640.
6. Barbe, 4 févr. 1642.
IV. JEAN eut de Claudon N***, sa femme, Didier, par. St-Livier 3 févr. 1620.
V. MANGIN, des Étangs, R. P. R., épousa,

24 févr. 1591, Catherine N***, vve de Fois Roger.

VI. François, de la par. St-Eucaire, épousa, par. St-Gorgon 9 nov. 1615, Girarde *Adam*, fille de † Valentin Adam.

VII. Isaac, R. P. R., sgr de Charly, fut parrain 6 avril 1635.

VIII. Paul, R. P. R. sgr de Baigneux, fut parrain 1er juil. 1637.

IX. Jn-Nicolas, sgr de Charly, † par. Ste-Croix 21 nov. 1672. Il eut une sœur, Louise, mariée à Claude Pantaléon, puis à Nas Moreau.

X. Louis, sgr de Bellefontaine, † par. St-Simplice 12 janv. 1681, à 40 ans.

XI. Anne. V. d'Inguenheim II et Sartorius.

BONNABELLE Jne-Girarde. V. Dosquet.

BONNAFOS de la TOUR (de). I. Paul, chev., capt. au régt de Vien infanterie, fils de Jn-Pierre et d'Angélique de la Nopta, épousa, par. St-Martin 18 mai 1779, Claudine-Catherine *Auger*.

II. J-nPre-Paul. V. Durand VII, 6.

BONNARD Jn-Baptiste, conseiller du Roi, receveur et payeur des gages du parlt, fils de Pre et de Jne Siry, † par. St-Simplice 26 juin 1751, à 38 ans. Il avait épousé : 1° par. St-Gorgon 15 nov. 1735, Anne *Midart*, † par. Ste-Croix 30 avril 1744, à 28 ans; 2° ibid. 19 janv. 1745, Mte *Bachelard*.

BONNAVENTURE Louis, procureur au bailliage, demt place St-Jacques, fils de † Michel, me-rôtisseur, et d'Élisabeth Munier, épousa, étant âgé de 26 ans, par. St-Gorgon 10 avril 1736, Foise *Marc*, âgée de 18 ans, † par. St-Gengoulph 7 janv. 1784. De leur mariage naquirent :
1. Jn-Louis, par. St-Gorgon, 13 févr. 1737.
2. Catherine-Jne-Foise, ibid. 31 août 1738.
3. Élisabeth, ibid. 12 déc. 1739; † ibid. 9 mars 1746.
4. Claude-Philippe, ibid. 6 mai 1741; † ibid. 7 mai 1747.
5. Pre-Nicolas, ibid. 25 mai 1742; † ibid. 17 mai 1746.
6. Chles-Nicolas, ibid. 5 juin 1743.
7. Marie, ibid. 11 nov. 1744.
8. Mie-Françoise, ibid. 11 juin 1749.
9. Anne-Augustine, par. St-Martin 29 sept. 1759.

BONNAVENTURE (de) Anne-Mte. V. de Villaucourt.

BONNEAU. I. François, md magasinier, un des magistrats de la ville, eut d'Anne *Nicolas*, son épouse, par. St-Simplice :
1. *Sébastien-Fois*, 12 mai 1692; lequel suit.
2. Catherine, 25 mai 1693.
3. Pierre, 26 juin 1694.
4. Anne, 18 juin 1695.
5. Étienne-Honoré, 16 sept. 1697.
6. *Jques-Antoine*, 16 oct. 1698; lequel suivra.
7. Mie-Barbe, 21 nov. 1699.
8. Barbe, 9 nov. 1700.
9. Fois-Joseph, 20 mars 1703.
10. Françoise, 7 nov. 1704.
11. Anne, 6 nov. 1707; mariée à Claude-Alexandre de St-Didier.
12. Anne-Josèphe, [† religieuse de la Visitation 14 avril 1780. Elle avait fait profession le 26 avril 1722 et fut supérieure du monastère pendant 12 ans. Metz, msc. 153.]

II. Sébastien-Fois, fils du préc., sgr de Vigny en partie, conseiller au parlt, [abandonna ses fonctions en 1725 et mourut 31 août 1743]. Il avait épousé, par. St-Maximin 21 déc. 1717, Mie *Fleutot*, † par. St-Gengoulph 14 déc. 1782, à 86 ans. De leur mariage étaient nés par. St-Simplice :
1. Mie-Anne, 7 août 1720.
2. Claude-Fois, 5 mai 1725.

III. Jques-Antoine, frère du préc., premier avocat génl au parlt, [† au commencement de l'année 1752 dans l'exercice de ses fonctions]. Il avait épousé Jne-Élisabeth *Esselin*, † par. St-Victor 15 mai 1752, à 54 ans. De leur mariage étaient nés :
1. Fois-Antoine, par. St-Victor 10 juil. 1725; † par. St-Simplice 9 août 1729.
2. Anne-Claude, ibid. 17 juin 1726.
3. Jques-Brice, ibid. 17 nov. 1727.
4. Ursule, par. St-Simplice 1er févr. 1731.
5. Anne-Mie, par. St-Victor 11 déc. 1733.

IV. Henry, md, eut de N*** *Henry*, son épouse, Catherine, mariée à Jn Lajeunesse.

V. Divers.
1. Barbe. V. Lajeunesse IX.
2. Françoise. V. Brussaux.
3. Suzanne. V. de Villeneuve.

BONNEAUX (de) Jeanne. V. de Godemar.

BONNECASSE (de). I. Jean. V. Sauterize de Campetz I, 1.

II. Joseph, sgr de Raville, cap. au régt de la marine, puis au régt de Picardie, † à 80 ans, par. St-Livier 24 janv. 1689.

BONNEFAU (de). V. Castel.

BONNEFOY (de). I. Adrien, sgr de St-Marcel, me-échevin de Metz, cap. d'une compagnie de gens de pied, épousa [par contrat du 24 juin 1613] Catherine *de Dorin de Bourneuf*, dont il eut *Bernard*, qui suit. par. St-Marcel 13 avril 1620 : p. Mgr le Duc de la Valette; m. Pauline de Stainville, vve de Mr de Bourneuf, cap. de la garnison de Metz.

II. Bernard, fils du préc., chev., sgr de St-Marcel, Viller, Pagny, cap. au régt de Picardie, † par. Ste-Croix 13 sept. 1681. Il avait épousé [par contrat du 9 sept. 1649] Anne *Richard de Clevant*, † par. St-Livier en juil. 1688. De leur mariage étaient nés :
1. Jn-François, né et ondoyé à Pont-à-Mousson en juin 1650; les cérémonies du baptême lui furent suppléées à Metz, par. Ste-Ségolène 28 avril 1656 : p. Jn-Louis de Campagne; m. Catherine de Dorin de Bourneuf, gd mère.
2. Pre-Bernard, né et ondoyé 17 juin 1664; les cérémonies du baptême lui furent suppléées par. Ste-Ségolène 10 avril 1671 : p. Pre de la Fitte-Pellaporte, cap. lieut. d'une compagnie de chevau-légers; m. Christiane Richard de Clevant, représentée par Gabrielle de Bonnefoy.
3. Catherine-Foise, mariée à Jn Racle.
4. Gabrielle, mariée à Chles Belloy.
5. Lse-Claude, mariée à Mathias de Condom.

III. Jx-Louis, chev., conseiller d'honneur au parlt, † par. St-Gorgon 8 août 1727. Il avait épousé Antoinette *Racle*, † par. Ste-Croix 3 juil. 1723.

IV. Charles, éc., l'un des chevau-légers de la garde de S. A. de Lorraine, épousa, par. Ste-Croix 23 sept. 1705, Anne *Fourier*, fille de Jn Fourier, lieut. génl à Nomeny.

V Françoise. V. Arnould V.

VI. Marguerite. V. de la Serre.

BONNESCUELLE de l'ÉPINOIS Mie-Élisabeth. V. Tribout de Morembert.

BONNESCUELLE de SURMONT Gilles-Jph. V. Tribout de Morembert.

BONNET. I. Chles-Ignace, chev., sgr d'Aunoux-la-Grange, conseiller d'État de S. A. Léopold Ier, avait épousé Mie-Foise *d'Auburtin* de Charly, † par. St-Gengoulph 17 mars 1750. De leur mariage était née Jne-Barbe-Catherine, mariée à Pierre, puis à Jn-Bte de Pichon de Fontanière.

II. Rachel. V. de Magny IV.

BONNET (de) Chles-André, *alias* Amédée, cap. au régt de Nice, épousa, par. St-Martin 19 déc. 1703, Louise *Morel*, vve du sr Chaudin, cap., laquelle mourut ibid. 16 févr. 1735, à 70 ans; son mari se dit alors ancien lieut.-colonel du régt de Nice, chev., sgr d'Eglun et de Guye.

BONNET de BEAUDEDUIT Louis-Antoine, officier, sgr de Roussier, cap. au régt de Touraine, † par. St-Victor 19 juin 1706, à 68 ans. Il avait épousé, par. St-Gorgon 11 déc. 1680, Foise *Bauquet de Saint-Aman*, dont il eut, ibid. 18 sept. 1681, Edmée, mariée à Louis du Sauget de Neuville.

BONNETON Étienne. V. Beausire I, 6.

BONNEVAL de la PLACE (de). I. Louis-Nicole, natif du Bourbonnais, chev. de St-Lazare, cap. au régt du Puy en garnison à Thionville, puis premier aide-major de la ville de Metz, fils d'Antoine, aide de camp de S. A. R. le duc de Savoie, et de Jne de Villeneuve, † par. St-Marcel 21 oct. 1733, à 71 ans. Il avait

épousé : 1° par. Ste-Croix 24 nov. 1699, M^te *Chavenet*, de la par. de Tronville, fille de Claude Chavenet, et de M^te Bouret, laquelle mourut à 34 ans, par St-Martin 22 juin 1707; 2° J^ne *le Moyne de Brensac*. Du premier mariage étaient nés :
1. Antoine, † à 17 ans, par. Ste-Ségolène 17 nov. 1718.
2. J^n-*Louis-Nicole*, qui suit.
3. Marie, née par. St-Martin 17 janv. 1707.

II. J^n-Louis-Nicole, fils du préc., chev. de St-Louis, épousa, par. St-Eucaire 6 avril 1728, M^ie-Anne *Sorin*, dont il eut par. St-Maximin :
1. Louis-Rainal, 15 févr. 1729.
2. P^re-Louis, 3 juin 1730 : p. Urbain-P^re-Louis Bodineau de Meslay, commissaire provincial de l'artillerie, command^t l'école de la même arme; m. Barbe de St-Hillier, épouse de F^ois Guérin, command^t l'artillerie.
3. Pierre, 22 févr. 1732 : p. P^re Sorin, cap. des poudres; m. M^ie-Catherine de Birague.

III. Marguerite. V. Gomé IV.

BONNIOT (de), cfr. BONNEAU. I. Bernard, éc., sgr de Chevillon, doyen de la noblesse des Trois États de Metz, ancien cap. au rég^t de la Couronne, † par. St-Gengoulph 23 nov. 1782. Il avait épousé F^oise *le Chartreux*, dont il eut, 7 oct. 1768, N^as-Marie : p. N^as le Chartreux, conseiller au parl^t; m. M^ie Fleutot, v^ve de Sébastien-F^ois Bonneau, conseiller au parl^t.

II. J^n-Barthélemy-Oddo, chev., cap. au corps royal artillerie, chev. de St-Louis, dem^t au pavillon de la H^te-Seille, cousin du préc., fils d'Antoine, chev., sgr de Chenicourt, et de M^te Garcin, épousa, étant âgé de 44 ans, par. St-Simplice 21 mai 1776, L^se-J^ne-Jacobine *de Savonnières*, dont il eut :
1. Thérèse-J^phe, par. St-Gengoulph 26 janv. 1777.
2. M^ie-L^se-Éléonore, † à 18 mois, par. St-Martin 27 sept. 1782.
3. Adolphe, par. St-Victor 12 janv. 1790 : p. J^ques-Remy-F^ois-N^as du Pillard de Requin, major d'infanterie, oncle mat.

par alliance, représenté par Ch^les-Juste, b^on de Bock et du St-Empire, cousin-germain mat.; m. M^ie-Charlotte-Adélaïde de Savonnières, épouse de J^n-N^as-Étienne, b^on de Bock, gouverneur de Sierck, tante mat.
4. Henriette-Joséphine, mariée à N^as-Louis Beausire.

BONOUVRIER (de) Pépin, [gouverneur de la citadelle, command^t en l'absence de Mgr le duc d'Épernon, † 1er oct. 1617, inhumé à la citadelle. Journ. de Séb. Floret.]

BONTEMPS Jennon et Adrien. V. Marion.

BONY de la VERGNE (de) J^n-Léandre, 34 ans, chev., lieut. au rég^t de Poitou en garnison à Verdun, fils de † Léonard-F^ois de Bony, m^is de la Vergne, c^te de Ségaux et autres lieux, et de Louise de Farge de Creusenet, épousa, par. Ste-Croix 14 févr. 1776, Anne-M^te *de Beccary-Lebrun*, dont il eut :
1. L^se-M^ie-Victoire, par. Ste-Croix 6 janv. 1777.
2. Gabriel, par. St-Martin 24 sept. 1778 : p. Gabriel de Beccary, ancien command^t de bataillon; m. Madeleine-Hyacinthe Goujon de Bony, épouse de messire de Bray, cap. ingénieur, représentée par Anne-Victoire de Bony. — Il mourut 18 oct. suiv.
3. M^te-Charlotte, par. Ste-Croix 1er déc. 1779.
4. Benoît, ibid. 29 sept. 1782.
5. Jean, ibid. 14 août 1784 : p. J^n de Bony, chev., m^is de la Vergne, c^te de Ségaux, sgr de St Priest-Ligour, Desbillage, les Chapelles, le Breuil et autres places, dem^t au château de la Vergne, par. de St-Priest-Ligour, oncle pat.; m. Antoinette-Catherine-Thérèse de Beccary, épouse de J^n-Pierre, c^te de Lambertye, g^d bailli d'épée au bailliage de Boulay.
6. Ernestine, ibid. 13 nov. 1788 : p. Ferdinand-Alexandre-Ernest de Bony, officier au corps royal du génie, cousin-germain pat.; m. J^ne-F^oise-Victoire de Beccary, tante mat.; tous deux représentés.

BOQUELIN M^ie-Françoise. V. le Page V.

BORDE (DE) CHARLES. V. Pichon de Fontanière II, 3.

BORDE (LA) ANNE. V. des Noyers.

BORDENAVE (DE) J^{ques}-CHRISTOPHE, âgé de 48 ans, chev. de St-Louis et major de la place de Sarrelouis, fils de † François, ancien cap. au rég^t de Montmorency et sgr de Bargue, et de J^{ne} de Cabanes de Canna, épousa, par. St-Maximin 17 févr. 1789, M^{ie}-Charlotte *Gardeur-Lebrun*.

BORDES (DE) JEAN, gentilhomme, sgr de Marcilly, Liné, St-Brice et Condelles près de la prévôté ou vicomté d'Avrange en Normandie, homme d'avant de Mgr le Cardinal de Richelieu en sa compagnie sous la charge de M. le baron de Mouy dans l'armée de Mgr le Cardinal de la Valette, † par. St-Martin 13 août 1635, inhumé au cimetière près de la chap. des Trépassés.

BORIAT (DE) PIERRE, éc., cap. réformé à la suite du rég^t de Nivernois, fils de † Dominique, éc., avocat au parl^t de Hombourg, et de M^{ie} de David, de Limoges, diocèse de Narbonne, épousa, par. Ste-Croix 4 sept. 1720, Rachel *Beaudesson*, fille de † David Beaudesson, vivant m^d, et de Suzanne Woirhaye.

BORMANS (DE). V. de Chabot.

BORNARD ANNE-M^{ie}. V. de Senneville.

BORNOT ANNE. V. Perruchot.

BOS ou **BOST** (DU). I. LOUIS, R. P. R., lieut. du cap. de l'Estang, épousa, 26 juin 1639, J^{ne} *de Condé*, v^{ve} de J^{ques} de Thiedrich, s^r de la......

II. HENRY, R. P. R., éc., sgr de Tresté, épousa, 5 mars 1645, Elisabeth *le Braconnier*, v^{ve} de Jⁿ Andrieux, éc., sieur de la Merlette.

III. ROBERT, brigadier de la compagnie de Mr de Givry, eut de Monique *de Cheny* ou *Chery*, son épouse, Ignace, par. Ste-Croix 1er mars 1674.

BOSSU (LE) MARTIN, éc., cap. de cavalerie au rég^t de Lessard, veuf de Pierrette *Franquaut*, épousa, par. St-Victor 13 mai 1698, M^{te} *Lançon*, † v^{ve} de lui à 70 ans, ibid. 24 avril 1719, inhumée à la chap. des Morts.

BOSSUET BÉNIGNE, sgr d'Azur et de la Cosne, conseiller au parl^t, [né à Dijon vers 1592], fils de J^{ques}, conseiller au parl^t de Bourgogne, et de Claude de Bretagne, † par. St-Gorgon 15 août 1667; ses obsèques furent célébrées en l'église des Prêcheresses. Il avait épousé M^{te} *Mochet*, [fille de Claude Mochet, sgr d'Azur, de laquelle il eut dix enfants, cinq fils et trois filles], parmi lesquels :

1. J^{ques}-Bénigne, le grand évêque de Meaux, [né à Dijon 27 sept. 1627], chan. de la cathédrale de Metz [dès l'âge de 14 ans], puis archidiacre de Sarrebourg. Il fut parrain plusieurs fois par. S. Gorgon.

2. Antoine, [receveur des États de Bourgogne; il épousa en 1700 M^{te} *de la Briffe*, dont il eut à Dijon 1er avril 1663] Louis, conseiller, puis m^e des requêtes au parl^t de Metz.

3. M^{ie}-Thérèse, mariée à Isaac Chasot.

BOUAYS DE LA BÉGASSIÈRE (DU) JULIEN-M^{ie} et LOUISE-M^{ie}. V. Gerard d'Hannoncelles (note).

BOUCAULT ANNE. V. d'Engelgen.

BOUCHARD. I. HUMBERT, avocat au parl^t, procureur du Roi en la maîtrise des eaux et forêts, fils de Nicolas, gouverneur de la principauté de Salm, épousa, par. St-Victor 10 févr. 1676, M^{ie} *André*, dont il eut J^{ne}-Françoise.

II. JEAN, conseiller du Roi, greffier en chef civil au parl^t, † par. Ste-Croix 24 janv. 1682, à 66 ans. Il avait épousé Barbe *Fillotte*, † ibid. 26 mars 1698. De leur mariage étaient nés :

1. M^{ie}-Madeleine, † par. Ste-Croix 2 août 1668, inhumée dans la chap. de Ste-Catherine.

2. Antoine, † ibid. 24 janv. 1682.

3. Bénigne, † ibid. à 60 ans, 30 sept. 1710.

BOUCHARD DE LA NOYE (DE) RENÉ, éc., chev. du St-Empire, sgr en partie d'Herbéviller, la Noye, Buriville, Mignéville, Fromeny et Manonville, ancien cap. des gardes Lythuanaises du Roi de Pologne, fils de Louis-Albert, éc., chev. du St-Empire, g^d baillif et gouverneur de la principauté de Salins, sgr de Gemingotte, Herbéviller, etc., et de Claude Emiet, épousa, par. St-Martin 22 juil. 1732, Anne *Fériet*, dont il eut, ibid. 24 juin 1733, L^{se}-Anne-Sophie.

BOUCHARD DE MIGNÉVILLE F^{oise}-AGNÈS. V. Lecomte II.

BOUCHARDONNET J^n-BAPTISTE, cadet dans la compagnie des gentilshommes à la citadelle, † par. S^t-J^n-B^{te} de la Citadelle 20 févr. 1733, à 20 ans.

BOUCHELET ROSALIE-F^{oise}-JOSÈPHE. V. de Buzelet.

BOUCHELET (DE) JEANNE. V. de Coudre.

BOUCHER NICOLAS. V. de Fligny.

BOUCHER DE GIRONCOURT J^n-B^{te}-HENRI, de Ligny en Barrois, officier major au rég^t de Bassigny infanterie, fils de † Nicolas et de Catherine Gaynet, cette dernière épouse en 2des noces de J^n-B^{te} de Florentin-Courcel, ancien officier d'infanterie, épousa, étant âgé de 29 ans, par. St-Maximin 3 févr. 1776, M^{ie}-F^{oise}-Joséphine *Remi de Cournon*, âgée de 25 ans, à la Visitation depuis 2 ans, fille de † P^{re} Remi de Cournon, sgr de Bonette, et de M^{ie}-F^{oise}-Charlotte-Cunégonde de Langres, de laquelle il eut, par. St-Victor 10 sept. 1781, L^{se}-Joséphine-Thérèse : p. Louis-Ch^{les} Merlo, créole de l'Ile Bourbon ; m. M^{ie}-Thérèse Merlo, v^{ve} de N^{as}-Simon Herbecq.

BOUCHERAT (DE) CATHERINE. V. Barillon de Morangis.

BOUCHERET JEAN, conseiller du Roi, greffier civil et criminel au parl^t, † par. Ste-Croix 20 févr. 1671.

BOUCHESOR ANNE. V. de Belchamps XI.

BOUCHEZ BERNARD, procureur au bailliage de Thionville, fils des † Étienne et Anne Baganus, épousa, étant âgé de 34 ans, par. St-Victor 10 févr. 1774, Anne-M^{ie} *Georges*, âgée de 24 ans, fille de Joseph, négociant et ancien conseiller-échevin de l'hôtel de ville, et d'Anne-Élisabeth Godfrin : au mariage, J^n Bailly, beau-frère du marié ; Antoine Huart, bourgeois de Thionville ; J^n-J^{ph} Georges, frère de la mariée ; J^{ques} François, conseiller de l'hôtel de ville de Thionville ; Sébastien Godfrin et N^{as} Georges, oncles de la mariée.

BOUCHON (DE). V. de la Tranchée II.

BOUCHOTTE. I. J^n-DIDIER, dem^t rue Chaplerue, caissier de l'extraordinaire des guerres, commis en 1768 à la charge de receveur payeur des gages des officiers du parl^t, eut de M^{ie}-Lucie *Georgy*, son épouse :

1. M^{ie}-Lucie, par. St-Gorgon 12 sept. 1752.
2. J^n-B^{te}-Simon, par. St-Martin 4 nov. 1753 ; lieut. au rég^t d'Estherhazy, au mariage de sa sœur ci-dessous 9.
3. J^n-B^{te}-Noël, ibid. 25 déc. 1754 ; ministre de la guerre en France sous la Convention. Il était cap. au rég^t d'Estherhazy, au mariage de sa sœur ci-dessous 9.
4. Marie, par. St-Gorgon 19 févr. 1756 ; † par. St-Martin 5 avril 1760.
5. J^{ne}-Marguerite, par. St-Martin 17 mai 1757.
6. M^{ie}-Élisabeth, ibid. 28 sept. 1758 ; mariée à Louis-J^{ph}-F^{ois} de Lanoue des Aubiers.
7. M^{ie}-Madeleine, ibid. 24 sept. 1764 ; † 2 oct. suiv.
8. M^{ie}-Lucie-Élisabeth, ibid. 2 juil. 1766.
9. Anne-M^{ie}-Victoire, mariée à N^{as} le Forestier.
10. Ch^{les}-J^n-B^{te}, au mariage de la préc.

II. DIDIER, m^e-boutonnier, † par. Ste-Croix 11 mars 1765, à 67 ans. Il avait épousé M^{te} *la Cour*, dont il eut :

1. Mathieu, par. St-Gorgon 14 sept. 1736.
2. *Nicolas*, qui suit.

III. NICOLAS, fils du préc., secrétaire de Mr de Villemont, puis commissaire extraordinaire des guerres, eut de F^{oise} *Vigy*, son épouse :

1. Catherine-Rose, par. Ste-Ségolène 17 févr. 1765.
2. Lucie-Catherine, par. St-Victor 23 mars 1766.

3. Jⁿ-Didier, ibid. 15 mars 1767 : p. Jⁿ-Didier Bouchotte, payeur des gages du parl^t.
4. M^{ie}-Françoise, ibid. 15 août 1768.
5. Jⁿ-P^{re}-Nicolas, par. Ste-Croix 15 avril 1770.
6. M^{ie}-Élisabeth, par. St-Victor 30 déc. 1772 : p. Jⁿ-B^{te}-Simon Bouchotte, cousin issu de germain; m. M^{ie}-Élisabeth Bouchotte, cousine issue de germain.
7. Marguerite, ibid. 2 mars 1774.
8. J^{ph}-Benjamin, ibid. 5 févr. 1778.

IV. JEANNE. V. Muzac IV.

V. M^{ie}-CATHERINE. V. Kreuter.

BOUCOT ANNE-M^{ie}. V. Huby.

BOUDAINE. I. PAUL, R. P. R., écrivain, puis treize et aman, fils de Michel, cordonnier, épousa, 9 mai 1593, Judith *Guérard*, fille du s^r Claude Guérard, de laquelle il eut :
1. *Paul*, qui suit.
2. Judith, 19 oct. 1603.
3. Daniel, 23 déc. 1605.
4. Suzanne, 15 août 1608; mariée à Louis le Coullon.
5. *Louis*, 19 nov. 1610; lequel suivra.
6. Marie, 16 mars 1614; mariée à Daniel de Marsal.
7. David, 20 août 1617.
8. Anne, mariée à J^{ques} le Coullon.

II. PAUL le jeune, R. P. R., fils du préc., aman, sgr des Mesnils, † à 80 ans, 16 avril 1680. Il avait épousé, 26 janv. 1625, M^{ie} *Grandjambe*, dont il eut :
1. Marie, 16 oct. 1625.
2. Paul, 28 oct. 1626; sgr d'Urville et des Mesnils, † après abjuration par. St-Eucaire 9 déc. 1699; à son enterrement P^{re} Le Goullon de Gravelotte, orfèvre, son cousin issu de germain.
3. Jérémie, 29 sept. 1627.
4. Charles, 3 janv. 1629.
5. Marie, 16 mars 1631.
6. Suzanne, 1er juin 1633.
7. Marie, 6 janv. 1636; † 21 avril 1680.

III. LOUIS, R. P. R., frère du préc., épousa, 5 oct. 1636; Esther *le Schwaub*, fille de † Jⁿ le Schwaub, bourgeois.

IV. CHARLES, sgr des Mesnils, † par. St-Eucaire 4 déc. 1694.

V. N***. V. Perrault de Rougeron.

BOUDAS ÉLISABETH. V. Lajeunesse (note).

BOUDAT, *aliàs* BODAT. I. SAMUEL, R. P. R., fils de † Jean, épousa, 12 avril 1592, M^{ie} *Peltre*, fille de Jacquemin Peltre, m^d, dont il eut :
1. Paul, 28 mars 1601.
2. Abraham, 15 mai 1605.

II. JEAN, R. P. R., fils de † Clément, boucher, épousa, 17 janv. 1593, Anne *le Nossier*, fille de † Collignon le Nossier, boucher.

III. JACOB, R. P. R., m^d, épousa Edmée *Bancelin*, † à 68 ans, 11 août 1680.

IV. JACOB, R. P. R., sgr d'Avancy, eut de Madeleine *Ottelin*, son épouse :
1. Élisabeth, † 20 janv. 1683.
2. *Jacob*, qui suit.

V. JACOB, fils du préc., épousa, par. St-Victor 7 oct. 1716, M^{ie}-Charlotte *Friard*, fille de † Ch^{les} Friard et de M^{te} Ladrague, de laquelle il eut :
1. Charlotte-M^{ie}, par. St-Simplice 28 déc. 1721; mariée à Jⁿ-Louis Toupet.
2. Élisabeth, par. St-Victor 26 janv. 1729.
3. Jⁿ-Charles, ibid. 27 juin 1733.
4. *Daniel-Jacob*, qui suit.

VI. DANIEL-JACOB, fils du préc., sgr en partie d'Avancy, épousa, par. St-Maximin 24 avril 1759, Anne-Suzanne *Ladrague*, dont il eut ibid :
1. Jⁿ-N^{as}-Daniel, 27 févr. 1760.
2. Jⁿ-Pierre, 4 janv. 1762.
3. Élisabeth-M^{te}-Étienne, 4 oct. 1763.

VII. ÉLISABETH-M^{te}. V. Ladrague III.

BOUDET. I. GRÉGOIRE, sgr de Bannay, Vaudoncourt et Helstroff, avocat, secrétaire interprète en langue germanique au parl^t, eut de Madeleine *Trisselle, aliàs Trippel*, son épouse :
1. Jⁿ-Paul, par. St-Eucaire 30 mai 1690 : p. Jⁿ-Paul du Hautoy, sgr de Gussainville, bailly de Longwy, commandeur

de l'ordre de St-Lazare, cap. et gouverneur du Charollais, représenté par Michel Jourdin, avocat en parl^t; m. Anne le Labriet, épouse de Henry de Cosson, sgr de Sancé.

2. Ferdinand, ibid. 10 juin 1692.
3. F^{ois}-Grégoire-Ernest, par. St-Simplice 14 janv. 1695 : p. F^{ois} Georges, éc., sgr de la Grange et de Meilbourg, conseiller du Roi, m^e-échevin de Thionville; m. M^{te} Chausse, épouse de F^{ois} Soucelier, avocat au bailliage de Thionville.
4. Anne-F^{oise}, mariée à J^n-N^{as} de Limozin.
5. Barbe-Isabelle, † par. St-Eucaire 8 janv. 1693.
6. Madeleine, mariée à J^n-N^{as} Soucelier.

II. JEANNE. V. Lalande.

BOUDET DE PUYMAIGRE[1] F^{ois}-GABRIEL, chev., m^{is}, sgr de Puymaigre et du Sioudray en Berry, de Tragny et de Mercy-lès-Metz en Pays Messin, brigadier de dragons et maréchal de camp, chev. de St-Louis, fils de François, chev., sgr du Sioudray, lieut.-colonel au rég^t de Normandie, chev. de St-Louis, et* d'Élisabeth de Bock, [† à Gratz 25 oct. 1801, à 72 ans]. Il avait épousé : 1° par. St-Maximin 6 févr. 1776, en l'église des Antonistes, Claire-F^{oise}-Nicole *Muzac*, † ibid. 28 août suiv., après avoir donné le jour à un enfant baptisé à la maison le 17 du même mois et † le lendemain; 2° 9 sept. 1777, en la chap. de S^t-J^n-B^{te} de Mercy-lès-Metz (l'acte aux registres de la par. St-Maximin), Thérèse *Muzac*, sa belle-sœur, † par. St-Maximin 3 nov. 1778. A ce dernier mariage : Ch^{les}-Frédéric de Gallois de Rampont, chev., sgr de Maizery, ancien cap. de cavalerie, oncle pat. par alliance de l'épouse; Noël-D^{que} Bourdelois, chev., conseiller du Roi, président au bureau des finances de la généralité de Metz, sgr de Marange, Servigny, Villers et autres lieux, son oncle mat.; J^n-N^{as}-Étienne de Bock, sgr de Buy, Uckange, membre de la noblesse immédiate de l'Empire, lieut. de MM^{rs} les Maréchaux de France, cousin-germain de l'époux; J^n Besnard de Boulemie, chev. de St-Louis, ancien cap. de dragons; Ch^{les}-F^{ois} Emmery de Boislogé, cap. au corps royal artillerie, tous deux cousins issus de germain de l'époux; J^n-F^{ois} Pierre de Jouy, chev., conseiller du Roi en ses conseils, second président à mortier au parl^t, sgr de Jouy; J^n-N^{as} Ferrand, sgr de Peltre, m^e de camp de cavalerie, inspecteur gén^l de la maréchaussée, gouverneur de Roye en Picardie, tous deux parents pat. de l'épouse. — F^{ois}-Gabriel Boudet de Puymaigre eut de Thérèse Muzac, par. St-Maximin 5 oct. 1778, J^n-F^{ois}-Alexandre[1] :

(1) JEAN-FRANÇOIS-ALEXANDRE, fils du préc., après avoir servi au rég^t de Condé en émigration, fut nommé contrôleur d'arrondissement des droits réunis à Thionville en 1804, puis contrôleur principal à Briey en 1806, à Spire en 1808, inspecteur à Hambourg en 1811. En 1814, à la nouvelle du débarquement de Napoléon, il demanda à rentrer au service militaire et fut nommé cap. aux grenadiers royaux. Interné à Nancy pendant les Cent-Jours, il fut nommé inspecteur des contributions indirectes à Nantes en 1815, dir. dans les Deux-Sèvres, puis dans la Moselle en 1816. En 1818, il reçut le brevet de chef de bataillon de la garde nationale, étant membre du conseil municipal de la ville de Metz. Préfet du Haut-Rhin en 1820, de l'Oise en 1824, de Saône-et-Loire en 1825, il donna sa démission en 1830 et mourut à Inglange 19 mai 1843, chev. de St-Louis depuis 1814, officier de la Légion d'honneur depuis 1823, gentilhomme honoraire de la chambre du Roi depuis 1827, ayant reçu en 1822 le titre héréditaire de comte sans obligation de majorat. Il avait épousé, par contrat du 2 mai 1809, sa cousine Anne-M^{ie}-Henriette de Gargan, fille de Louis-Ignace-Théodore de Gargan du Chastel, baron de Vis, et de M^{ie}-M^{ie} Turlure de Vellecour, laquelle mourut à Inglange 9 août 1862. De leur mariage sont nés à Metz :

1. M^{ie}-Eugénie, 18 mai 1810 : p. Jean-Jacques-F^{ois} de Bock, son cousin; m. la c^{esse} de Jaubert, sa g$^{d\,mère}$. Elle mourut à Metz 4 juil. 1827 et fut enterrée au caveau de la chapelle castrale d'Inglange.
2. *Théodore-Joseph*, 17 mai 1816 : p. Théodore-Ch^{les}-Joseph baron de Gargan, son oncle; m. Joséphine de Marin, sa tante à la mode de Bretagne. Lequel suit.

THÉODORE-JOSEPH, fils du préc., membre titulaire de l'Académie de Metz et de la Société des gens de lettres de Paris, membre correspondant de l'Académie de Lyon, de l'Académie Stanislas de Nancy, des Antiquaires de France, de l'Académie royale d'histoire de Madrid, de la R. *Accademia per i testi di lingua* de Bologne, de l'Académie des belles-lettres de Barcelone, de l'Académie royale de Palerme, membre du Conseil d'administration de la Société de l'Histoire de France, chev. de l'ordre royal de Charles III depuis le 27 mai 1864, commandeur de l'ordre royal d'Isabelle-la-Catholique, épousa, à Metz 12 juin 1854, M^{ie} Caroline **Pyrot de Crépy**, qui mourut à Paris 24 mai 1877 et fut inhumée à Inglange dans l'ancienne chapelle seigneuriale. De leur mariage sont nés à Metz :

1. Anne-M^{ie}, 28 mars 1855 : p. Ch^{les}-Joseph-Théodore-Benjamin de Marin des Bouillières, son cousin; m. Mme Pyrot de Crépy. Elle mourut 25 févr. 1860.
2. L^{se}-Marie, 13 avril 1856 : : p. le baron de Gargan, son oncle à la mode de Bretagne; m. Louise-Elisabeth Pyrot de Crépy, épouse de F^{ois}-Jules Gerard d'Hannoncelles. Elle épousa, à Paris dans la chapelle de l'Ar-

(1) Les détails entre [ ] et en notes sont tirés de la *Notice généalogique sur la famille Boudet de Puymaigre*. Metz, Even frères, 1887.

p. Jⁿ-Fᵒⁱˢ-Alexandre d'Hesbert, sgr de la Motte et de Malavillers, chev. de Sᵗ-Louis, ancien cap. de grenadiers au régᵗ de l'Agénois, son oncle à la mode de Bretagne; m. Jⁿᵉ Bourdelois, sa gᵈ'mère.

BOUDIER. I. ANTOINE, R. P. R., procureur au parlᵗ dès la création de cette cour en 1633, épousa Anne *de Léan, alias de Lexy,* dont il eut :

1. *Benjamin,* 24 sept. 1623 ; lequel suit.
2. Madeleine, 25 févr. 1635.
3. Suzanne, 4 août 1637.

II. BENJAMIN, R. P. R., fils du préc., doyen des procureurs au parlᵗ, conseiller notaire, secrétaire du Roi en la chancellerie de la même cour, sgr de la Grange d'Envie, des Grandes-Maxes, du ban d'Essay, de Nouilly et de Bionville, † par. Sᵗ-Simplice 27 mars 1700. Il avait épousé, 6 août 1651, Mⁱᵉ *Bennelle,* dont il eut :

1. Anne, 24 mai 1653.
2. Marie, 17 oct. 1660; mariée à Louis de Flavigny, puis à Rolland Ravaux.
3. Benjamin, 8 avril 1663; [il remplaça son père dans l'office de conseiller secrétaire du Roi en la chambre du parlᵗ.]
4. David, 23 oct. 1667; † 8 févr. 1670.
5. Louise, 30 avril 1671 ; † 26 juil. suiv.

BOUDIN D'ANTENAY JULIE. V. de Rouot.

BOUDRAUX ANNE. V. Bouret.

BOUET DE MARTANGE Mᵣᵉ-ANTOINE, chev., major d'infanterie saxonne et cap. de grenadiers au régᵗ des gardes de S. M. le Roi de Pologne Électeur de Saxe, eut de Mᵗᵉ *Dufour,* son épouse, par. Sᵗ-Simplice 16 sept. 1756, Charlotte-Jⁿᵉ-Mⁱᵉ : p. Georges-Chˡᵉˢ Darou de Dyheran, major génˡ de cavalerie, quartier-maître génˡ de l'armée saxonne, chef du génie et colonel d'un régᵗ de dragons de S. M. le Roi de Pologne Électeur de Saxe; m. Jⁿᵉ-Mⁱᵉ douairière Dufour, née Tondard (?), son aïeule mat.

BOUFFARD DE LA GARRIGUE (DE). I. ANTOINE, éc., sgr de la Garrigue, cap. au régᵗ de Piémont, épousa, par. Sᵗ-Gengoulph 31 juil. 1700, Fᵒⁱˢᵉ *Labriet de Giraumont,* vᵛᵉ du sʳ Rossignol.

II. PAUL, éc., sʳ de la Garrigue, sgr en partie de Léoviller, cap. au régᵗ de Bresse infanterie, fils des † Antoine, cap. des grenadiers dudit régᵗ, et Mⁱᵉ Allion, épousa, par. Sᵗ-Gengoulph 1ᵉʳ févr. 1735, Mⁱᵉ-Anne *Harquel,* † par. Sᵗ-Simplice 9 juin 1784. De leur mariage naquirent par. Sᵗ-Simplice, rue de Coislin :

1. Mⁱᵉ-Barbe-Pauline, 27 oct. 1736.
2. Dqᵘᵉ-Jérôme, 30 sept. 1737 : p. Dqᵘᵉ-Fᵒⁱˢ de Cabanes, éc., sgr de Mondelange et en partie de Luttange; m. Anne Breton, épouse du sʳ Jacques, trés. de France et avocat du Roi.
3. Anne-Suzanne, 27 juil. 1739 : p. Jⁿ-Bᵗᵉ-Anne Cornille, cap. au régᵗ de Piémont; m. Suzanne de Rey, tante mat. de l'enfant. Elle mourut 21 févr. 1785.

BOUFFLERS (DE). I. LOUIS-Fᵒⁱˢ. V. de Castras.

II. Chˡᵉˢ-MARC-Jⁿ-Fᵒⁱˢ-RÉGIS. V. de Sainte-Aldegonde.

BOUILLÉ (DE) Fᵖʰ-CLAUDE-AMOUR, lieut. génˡ des armées du Roi, chev. de ses ordres, commandᵗ en génˡ de l'armée sur le Rhin, la Meurthe, la Moselle, la Meuse et pays adjacents, frontières du Palatinat et du Luxembourg, eut de Mⁱᵉ-Louise-Guillemette *de Bègue,* son épouse :

1. Frédéric-Camille-Albert, † chev. de Sᵗ-Jean de Jétusalem, par. Sᵗ-Victor 2 août 1790, à 14 ans.
2. Louis-Jᵖʰ-Amour, major en second au régᵗ Berchigny, à l'enterrement de son frère le préc.
3. Céleste-Émilie-Éléonore-Cécile, mariée à Jules-Gaspard de Contades.

---

chevêché 11 juin 1878, Mⁱᵉ-Antoine-David du Boys cᵗᵉ de Riocour; de leur mariage est né, à Vitry-la-Ville (Marne) 29 janv. 1884, Antoine-Mⁱᵉ-Joseph-Claude-René.

3 *Henry-François-Joseph,* 8 juil. 1858 : p. Fᵒⁱˢ-Jules Gerard d'Hannoncelles, son oncle ; m. Mᵐᵉ de Vellecour, née Lefebvre de Ladonchamps, sa cousine. Lequel suit.

4. Mⁱᵉ-Caroline-Adélaïde, 18 févr. 1861 : p. Chˡᵉˢ de Gargan, son oncle à la mode de Bretagne; m. Mᵐᵉ de Bellivier de Prin, née Adeline de Bock, sa cousine.

HENRY-FRANÇOIS-JOSEPH, fils du préc., cap. d'infanterie, a épousé, à Paris 23 juil. 1890, Victorine-Eulalie-Catherine d'Harcourt, dont il a eu : 1° Fᵒⁱˢ-Paule-Mⁱᵉ, née à Nogent-le-Rotrou (Eure-et-Loir) 12 juil. 1891; † 19 août suiv.; 2° Lᵗᵉ-Gilberte, née à Paris 19 août 1892 ; 3° Jean-Mⁱᵉ-Joseph, né à Paris 18 juil. 1894.

BOUILLON (DE). I. DAVID, R. P. R., chev., sgr de Montoy, eut de Cunigonde *Grossein*, son épouse, Gustave-Adolphe, 13 juin 1643.

II. EMMANUEL. V. de Poitiers.

BOUILLOT MARIE. V. Boutier.

BOULANGER CATHERINE. V. Auburtin VI.

BOULARD. I. VICTOR, conseiller du Roi, notaire au Châtelet à Paris et secrétaire de S. A. S. Mgr le Prince, avait épousé M‍ⁱᵉ *Bourdon*, † à 71 ans, par. Sᵗᵉ-Croix 17 mars 1717 : à son enterrement Jⁿ-Baptiste, leur fils, qui suit.

II. Jⁿ-BAPTISTE, fils du préc., contrôleur génˡ des vivres, président du bureau des finances, † par. Sᵗᵉ-Ségolène 23 août 1735. Il avait épousé, étant âgé de 29 ans, par. Sᵗᵉ-Croix 25 juil. 1695, Appolline (*aliàs* Pauline) *Bruillard*.

III. CLAUDE-Nᴬˢ, avocat en parlᵗ et dir. de la monnaie, † par. Sᵗ-Simplice 14 août 1712 : à son enterrement Jᵠᵘᵉˢ Quiros, éc., sʳ de Coquereaumont, lieut. au régᵗ Dentrangues, son neveu.

BOULAY, *aliàs* BOULET NICOLAS, sʳ de la Barre, receveur génˡ du droit domanial de la ferme des fers et du papier-timbre, eut de Fᵒⁱˢᵉ *Lecomte*, son épouse, par. Sᵗᵉ-Croix 25 juin 1685, Nᵃˢ-François : p. Chˡᵉˢ le Ricaux du Tronchet, sgr de la Ribochère; m. Madeleine Baudine, épouse de Fᵒⁱˢ Marmand.

BOULAY DE TONNERAC MARGUERITE. V. de Verthamon.

BOULAY (DU) Jⁿ-Bᵗᵉ-JOSEPH, éc., inspecteur des ponts-et-chaussées, fils des † Louis et Mⁱᵉ Poupart, originaire de Villosne, province du Mans, épousa, par. Sᵗ-Martin 10 oct. 1730, Dorothée *Belarbre*, fille de Louis Belarbre et de Catherine Barbet, de laquelle il eut :

1. Philippe, par. Sᵗ-Gengoulph 6 févr. 1731.
2. Louis, ibid. 1ᵉʳ mars 1732.
3. Étienne, par. Sᵗ-Eucaire 5 avril 1741 : p. Étienne Randon, cap. de grenadiers au régᵗ de la marine.
4. Louis, jumeau du préc.

BOULENNE SALOMÉE. V. Richard.

BOULER (DE) CHARLES, avocat au parlᵗ, † par. Sᵗ-Martin 20 août 1647. Il avait épousé Salomée *de Bastogne*, † ibid. 27 févr. 1652. De leur mariage étaient nés ibid. :

1. Salomée, 3 avril 1615.
2. Jeanne, 5 avril 1618.
3. Anne, 6 mai 1621.

BOULET (cfr. BOULAY) ANNE. V. de Bourcier.

BOULLAIRE (DU) ALBERT, colonel à la suite du régᵗ de Sicile, † à 50 ans, par. Sᵗᵉ-Croix 8 mai 1708 : à son enterrement, Jⁿ-Chˡᵉˢ de Lécluse, cap., et Jacob Massmant, lieut., tous deux du régᵗ du défunt.

BOULLE Fᵒⁱˢ-MICHEL. V. de Narbonne.

BOULOGNE (DE) PHILIPPE. V. Pérain de Buys.

BOUNAU Mⁱᵉ-ANNE-Lˢᵉ-URSULE. V. le Ducq.

BOURAC (DE) Mⁱᵉ-JOSÈPHE. V. de Lanoue des Aubiers.

BOURAY (DE) REGNAULT, dit Comtois, natif de Dôle en Bourgogne, cy-devant lieut. dans les dauphins étrangers (*sic*) et depuis lieut. réformé dans les dauphins français, † par. Sᵗ-Livier 22 janv. 1680, inhumé proche la chap. de l'Enfant Jésus.

BOURCET (DE) HOSPICE-Jᵖʰ-MICHEL. V. Lecomte (note).

BOURCIER (DE) ⁽¹⁾. I. Jⁿ-LÉONARD, sgr de Monthureux-sur-Saône, avocat du Roi à la table de marbre, puis procureur génˡ du Roi au conseil provincial de Luxembourg, eut d'Anne *Boulet*, son épouse :

1. Élisabeth, par. Sᵗᵉ-Croix 23 févr. 1685.
2. Mⁱᵉ-Thérèse, † en 1707, à Montigny-lès-Metz, où elle était sur le point de prendre l'habit au couvent des Bénédictines.
3. Jᵖʰ-Antoine, par. Sᵗ-Marcel 31 mai 1697.

II. CHARLES. V. de Lescure VI, 2.

(1) Voir le *Journal du Président Bourcier, 1649-1726*, publié par Mʳ Raymond DE SOUHESMES, secrétaire de la Société d'archéologie lorraine. Nancy, Crépin-Leblond 1891.

BOURCK Jean, cap. d'infanterie, épousa Suzanne N***, † v^ve de lui, par. St-Gorgon 2 févr. 1751, à 80 ans.

BOURCQ (du) M^ie-Thérèse. V. d'Anglebert.

BOURDAS M^ie-Anne. V. de Montholon II.

BOURDELOIS. I. Jean, éc., trés. de France, sgr de Mercy-lès-Metz et de Marange, eut de Claire *Guillaume*, son épouse :
1. Jeanne, mariée à N^as Muzac.
2. Claire-Thérèse, mariée à J^n-M^ie de Clinchant d'Aubigny.
3. D^que-*Noël*, qui suit.

II. D^que-Noël, fils du préc., chev., conseiller au bailliage, puis président au bureau des finances et procureur gén^l en la cour des monnaies à Paris, † par. St-Martin 27 févr. 1787, à 44 ans. Il avait épousé M^ie-F^oise *Toustain de Viray*, fille de Louis-Félix Toustain de Viray, banquier à Nancy, sgr de Villers-Cerisemont, et de M^ie Millot, de laquelle il eut par. S. Maximin :
1. *Louis-J^n*, 19 août 1761 ; lequel suit.
2. N^as-Marie, 31 janv. 1763.
3. M^ie-F^oise-Casimire, 4 mars 1764.
4. J^ne-M^ie, 25 avril 1765 ; mariée à J^n-B^te-Félix de Manscourt.

III. Louis-J^n, fils du préc., conseiller des requêtes du palais, avait épousé Barbe-Dieudonnée *Lasalle de Louisenthal*, [† 1856]. De leur mariage étaient nés :
1. N***, 29 déc. 1789 ; mort aussitôt après sa naissance.
2. Guillaume-M^ie, [substitut du procureur général à la cour royale de Metz, † sans alliance.]
3. F^oise-Angélique, mariée à J^ph-Emmanuel-Laurent Fischer de Dicourt.

BOURDON. I. Jacques, éc., sgr de Ste-Marie, fut parrain par. St-Martin 14 juil. 1675.

II. Marie. V. Boulard et de Goize III.

III. Catherine. V. de Marsal X, 3.

IV. Théodore. V. Olry III.

BOUREAU Françoise. V. de Seillons.

BOUREAU-DESLANDES F^ois-Louis, vicaire gén^l et official du diocèse, chan. et g^d archidiacre, † par. St-Gorgon 25 juil. 1752, inhumé à la cathédrale.

BOURENTON (de) N***, cap. au rég^t royal, † par. St-Martin 4 sept. 1667, inhumé par. St-Jean de la Citadelle.

BOURET. I. Louis-N^as, fils de N^as, éc., trés. de l'extraordinaire des guerres, et d'Anne Boudraux, âgé de 24 ans, natif de Chartres en Beauce, épousa, par. Ste-Ségolène 15 févr. 1702, Anne-Hyacinthe *Humbert*, âgée de 22 ans, † par. St-Étienne le Dépenné, 7 déc. 1771. De leur mariage étaient nés :
1. Christophe, † à 18 mois, par. Ste-Croix 5 sept. 1708.
2. Joseph, † ibid. 21 janv. 1713.
3. Anne-M^ie, née ibid. 14 avril 1716.
4. Laurent-Louis, ibid. 7 août 1718 ; conseiller du Roi, trés. au bureau des finances, † par. St-Gorgon 7 sept. 1732 : à son enterrement, Marc-Antoine de la Pommeraye, gentilhomme cadet de la citadelle, son neveu.

II. Siméon, éc., eut de L^se-Élisabeth *Mittonneau*, son épouse, J^ne-Bernardine-Élisabeth, † subitement, à 14 ans, par. St-Marcel 7 juin 1754, pensionnaire au monastère des Dames du Refuge en vue de se préparer à sa première communion.

BOURGEOIS. I. Pierre, R. P. R., avocat au parl^t, fils de Jean, l'un des anciens de l'église réformée, épousa, 15 juil. 1629, Madeleine *de Marsal*, † v^ve de lui, 19 févr. 1683, à 81 ans. De leur union naquirent :
1. Sara, 20 févr. 1630 (*sic*).
2. Marie, 10 sept. 1631.
3. Madeleine, jumelle de la préc.
4. Pierre, 7 mai 1634.
5. Anne, 11 mai 1635.
6. Jérémie, 15 août 1637.
7. David, 22 janv. 1639.
8. Jean, 24 mai 1640.
9. Paul, 28 juil. 1641.

II. Jⁿ-Joseph, conseiller du Roi au bailliage, eut d'Anne-Mⁱᵉ-Louise *Picquart*, son épouse :

1. Jⁿᵉ-Mⁱᵉ-Louise, † par. Sᵗ-Maximin 7 juil. 1771, âgée de 2 jours.
2. Mⁱᵉ-Louise-Adélaïde, née par. Sᵗ-Victor 21 déc. 1777.

III. Divers.
1. Bastienne. V. Valette III.
2. Jacqueline. V. de Vigneulles VII.
3. Nicolas. V. Mathis IV, 4.

BOURGEOIS du CHERRAY (le)(1).

I. Étienne-Fᵒⁱˢ, sgr du Cherray et de Mairy, président au présidial de Verdun, épousa, par. Sᵗ-Gorgon 29 avril 1721, Laurette-Béatrix *de Belchamps*, dont il eut ibid. :

1. *Louis-Étienne*, 16 nov. 1722 ; lequel suit.
2. Mⁱᵉ-Rose, 3 déc. 1723.
3. Jqᵘᵉˢ-Dqᵘᵉ-Laurent, 10 févr. 1725 ; [garde du corps du Roi et cap. de cavalerie. Il avait épousé Mⁱᵉ-Barbe-Fᵒⁱˢᵉ *Desandrouins*, de laquelle il eut deux filles : Agnès-Henriette, mariée à Jqᵘᵉˢ de Tardif, cap. au corps royal des mineurs, et Anne-Hyacinthe-Jⁿᵉ, mariée à Alexis-Claude d'Ivory, chef de bataillon au corps royal des mineurs.]
4. Jⁿ-Bᵗᵉ-Henri-Laurent, 12 mars 1726 ; [garde du corps du Roi, cap. de cavalerie, puis gouverneur des pages de Monsieur, † 18 févr. 1777. Il avait épousé : 1° Mᵗᵉ-Ursule *Desandrouins*, sœur de Mⁱᵉ-Barbe-Fᵒⁱˢᵉ ci-dessus ; 2° Mⁱᵉ-Charlotte *Charbonières de la Chapelle*. Il eut de sa première femme Jⁿ-Jᵖʰ, officier au régᵗ de Monsieur, et Jqᵘᵉˢ, cap. d'infanterie, député de l'arrondissement de Thionville sous la Restauration, † 25 déc. 1827.]

II. Louis-Étienne, fils du préc., éc., cap. au régᵗ allemand de Lœwenthal, lieut.-colonel d'infanterie et sgr en partie de Jussy, Vaux et Sᵗᵉ-Ruffine, [† 29 mars 1806.] Il avait épousé, en l'église Sᵗ-Clément (l'acte aux registres de la par. Sᵗ-Livier) 28 août 1753, Jⁿᵉ *de Luc*, † par. Sᵗᵉ-Ségolène 24 avril 1785. De leur mariage étaient nés :

1. Anne-Fᵒⁱˢᵉ-Lˢᵉ, par. Sᵗ-Livier 21 oct. 1756 ; † ibid. 6 mars 1785.
2. *Jⁿ-Louis-Mⁱᵉ-Hyacinthe*, par. Sᵗ-Gorgon 8 déc. 1758 ; lequel suit.
3. Laurent-Fᵒⁱˢ, ibid. 1ᵉʳ sept. 1760 ; vicaire à la par. Sᵗ-Victor dès 1785, prévôt et chan. de Sᵗ-Thiébaut, chan. de la cathédrale [† 2 oct. 1836.]

III. Jⁿ-Louis-Mⁱᵉ-Hyacinthe, fils du préc., éc., cap. de cavalerie au régᵗ du commissaire génˡ, major au régᵗ de Quercy cavalerie, et sgr de Riouville, épousa, par. Sᵗ-Victor 25 févr. 1783, Louise-Jⁿᵉ *de Marion*. Le mariage fut bénit par Fᵒⁱˢ-Jᵖʰ de Marion, sgr de Hᵗᵉ-Vigneulles, Dorvillers et autres lieux, prêtre du diocèse de Metz, oncle de la mariée. Au mariage assistèrent : Louis-Daniel-Alexandre de Luc, sgr de Grimont et Châtillon, et Jⁿ-Louis de Luc, ancien curé d'Arrancy, tous deux oncles mat. du marié ; Paul Besser, Chˡᵉˢ de Cheppe, et Henry bᵒⁿ de Poutet, conseillers au parlᵗ, tous trois oncles par alliance de la mariée. Du dit mariage naquit Louis, par. Sᵗ-Victor 25 juil. 1787.

BOURGEOIS du CHATENET, alias BOURGIS du CHATENOIS Louis,

avocat en parlᵗ, eut d'Antoinette *Ledoux*, son épouse :

1. Claude-Louis, par. Sᵗ-Simplicé 5 mai 1697 : p. Claude Bousitat du Chanay ; m. Diane du Pas de Feuquières, dame de Sᵗᵉ-Marie.
2. Mⁱᵉ-Anne, ibid. 30 mars 1699 : p. Nᵃˢ Dez, abbé de l'abbaye de Celse, chan. de la cathédrale ; m. Jeanne Ledoux.

---

(1) Nicolas, dʳ en médecine, fils de Nᵃˢ, licencié ès lois, avocat, demᵗ à Nancy, ancien prévôt de Rosières-aux-Salines, et de Mᵗᵉ Regnault, épousa, à Mouzon en 1600, Agnès **Charlet**, dont il eut, par. Sᵗ-Martin de Pont-à-Mousson 28 avril 1601, *Étienne*, qui suit.

Étienne, fils du préc., éc., sgr du Cherray et de Mairy, nommé procureur du Roi au bailliage de Mouzon en 1640, mᵉ des requêtes de la Reine 26 janv. 1671, † en 1679. Il avait épousé Mⁱᵉ **Bechet**, dont il eut, par. Sᵗ-Martin de Pont-à-Mousson 16 sept. 1637, *Jean-Baptiste*, qui suit.

Jean-Baptiste, fils du préc., éc., sgr du Cherray et de Mairy, gouverneur ordinaire des pages de la Reine Mⁱᵉ-Thérèse d'Autriche, puis lieut. génˡ civil et criminel au bailliage de Verdun, président au présidial de la même ville, président lieut. génˡ et garde des sceaux du bailliage et siège présidial de Sarrelouis, avait épousé Mˡᵉ **Langlois**, dont il eut, à Verdun, par. Sᵗ-Pierre-l'Angelé 31 août 1683, *Etienne-François*, le premier de l'article ci-dessus. (*Biog. du Parlᵗ*.)

BOURGO (de) Jean, cavalier au rég{t} irlandais en garnison à Metz, eut de Catherine *Gibbon*, son épouse, par. St-Victor 24 févr. 1693, Philippe : p. Mgr Philippe Eberhard de Bavière, cte de Lœwenstein, Versin, Rochefort, Montaigu, et prince de Morbach et Lure, g{d} doyèn, chan. de la cathédrale de Strasbourg, abbé de Gorze; m. Christine de Florenville, abbesse de Ste-Marie.

BOURGOING d'ESLIN (de) Anne. V. le Goullon XLVII.

BOURGUIGNON Marie et Asperis-Simon. V. Gilbrin.

BOURK Marie, Guillaume et Jean. V. de Hart.

BOURK (de) J{n}-Baptiste, éc., chev. de St-Louis, cap. au rég{t} de Rhode, épousa M{ie}-Catherine *Middleton*, † par. St-Gorgon 30 nov. 1759 : à son enterrement, J{n}-Richard de Bourk, chan. de St-Sauveur, son fils.

BOURNAC. I. Gilbert, avocat au parl{t}, [† en 1741]. Il avait épousé Barbe *Lemole*, † par. St-Eucaire 6 oct. 1743. De leur mariage étaient nés :

1. *Philippe*, qui suit.
2. M{te}, † à 37 ans, par. St-Eucaire 3 juil. 1754.

II. Philippe, fils du préc., procureur au bailliage, épousa, par. St-Martin 11 juil. 1741, Lucie *Woirhaye*, fille de Ch{les} Woirhaye, m{d} huilier, et de Gabrielle Barthélemy, laquelle mourut par. St-Maximin 17 févr. 1755, à 36 ans. De leur mariage étaient nés :

1. Charles, par. St-Simplice 17 avril 1742.
2. Barbe, ibid. 26 avril 1743.
3. Anne-Lucie, ibid. 26 avril 1744.
4. Luc, ibid. 14 oct. 1745.
5. J{n}-Ignace-Gilbert, ibid. 15 nov. 1746.
6. J{ne}-Lucie, ibid. 12 juin 1748.
7. N{as}-Philippe, ibid. 12 sept. 1749.
8. F{oise}-Thérèse, par. St-Maximin 18 avril 1751; † 12 mai 1757.
9. J{n}-Nicolas, ibid. 1er juin 1752; † 24 févr. 1755.
10. Ch{les}-Philippe, ibid. 16 août 1753.
11. Ch{les}-François, ibid. 18 nov. 1754.

III. François, oncle du préc., notaire royal et scelleur héréditaire en la chancellerie du parl{t}, † par. St-Simplice 26 oct. 1779, à 99 ans 8 mois et 15 jours. Il avait épousé : 1º F{oise} *Doris*, † ibid. 14 mars 1730; 2º M{ie}-Anne *la Porte*, † ibid. 29 août 1744, à 27 ans.

Du premier mariage étaient nés :

1. *F{ois}-Céleste*, qui suit.
2. Louis-Auguste, parrain de sa sœur du second lit 5.
3. M{ie}-Victoire, marraine de la même.

Du second mariage étaient nés par. St-Simplice :

4. J{n}-B{te}-Fidèle, 29 mai 1736 : p. J{n}-B{te} la Porte, chir. major d'un bataillon du rég{t} de Courten suisse, aïeul mat.; m. Barbe Lemole, v{ve} de Gilbert Bournac, tante. — Il mourut 1er juin 1759.
5. M{ie}-Anne-F{oise}-Victoire, 10 mai 1738.
6. M{ie}-Anne-F{oise}, 27 mai 1740.

IV. F{ois}-Céleste, fils du préc., éc., conseiller du Roi, notaire royal et apostolique, scelleur héréditaire en la chancellerie du parl{t}, épousa M{ie}-Élisabeth *le Geay*, dont il eut *Louis-Auguste*, qui suit.

V. Louis-Auguste, fils du préc., éc., sgr de Scy, Lessy, Châtel, Court, Fercourt et autres lieux, membre de la noblesse du pays messin et des trois ordres de la ville de Metz (voir de Simonet), épousa M{te} *Monnier*, † à 73 ans, par. St-Gengoulph 14 févr. 1784 : à son enterrement, F{ois}-Barbe de Turfa, éc., secrétaire de l'intendance, son beau-frère.

VI. François, entrepreneur des travaux du Roi, eut de M{ie} *Outrage*, son épouse, Barbe, par. St-Livier 14 juin 1684.

BOURNON (de). I. Jacques, chev., sgr de Gras et en partie de Retonféy, dem{t} rue de la Chèvre, fils de † Charles, éc., et de M{te} de Collesson, de la par. de Dunier (Dugny?), diocèse de Verdun, épousa, par. St-Simplice 10 févr. 1750, M{ie}-Anne *Martinet de Nibouville*, dont il eut :

1. J{ques}-Louis, par. St-Simplice 21 janv.

1751; [savant minéralogiste et écrivain distingué].
2. Ch^{les}-Henry-Ignace, par. St-Gorgon 24 déc. 1751.
3. Charlotte, ibid. 14 févr. 1753; mariée à Jⁿ-Étienne de Malarme. — [Elle se fit un nom dans la carrière des lettres.]
4. Claude-Antoine, ibid. 9 févr. 1754.

II. JACQUES, oncle du préc., éc., ancien officier de dragons au rég^t d'Épinois, † à 92 ans, par. St-Victor 9 déc. 1763. Il avait épousé Louise *Genot*, † par. St-Gorgon 15 avril 1763, à 80 ans.

BOURQUART Jⁿ-JACQUES, R. P. R., fils de † Boniface, conseiller au Conseil d'État et privé de la République de Bâle, et de Judith Gravein, épousa, 14 juil. 1675, M^{ie} *Bennelle*.

BOURQUES ABRAHAM, R. P. R., sgr de Servigny, eut de F^{oise} *Olry*, son épouse, Jean, 6 août 1656.

BOURRIAU JEANNE. V. Dubor.

BOURSAULT DU TRONÇAY (DE) PHILIPPE-ÉTIENNE, éc., lieut au rég^t des chasseurs de Guyenne en garnison à Sarrelouis, fils d'Étienne, éc., sgr du Tronçay, le Breuil et autres lieux, chev. de St-Louis, et de Catherine Aupic, épousa, par. St-Marcel 22 sept. 1789, Anne *de Brye*, âgée de 16 ans 1/2, de laquelle il eut, ibid. 30 juin 1790, Catherine-Pauline-F^{oise}.

BOURSIER DE MONDEVILLE. I. ANDRÉ, ancien officier bombardier, bourgeois de Metz, puis gendarme, fils de Jean, m^d, bourgeois de Paris, et de J^{ne} Charbonnier, † par. St-Maximin 9 déc. 1689. Il avait épousé Anne *Séchepine*, fille de P^{re} Séchepine, cap. dans les armées du Roi, et d'Anne Bardot. Leur mariage fut revalidé ibid. 14 sept. 1680, le marié étant âgé de 28 ans, la mariée de 25. Dudit mariage naquirent ibid. :
1. M^{ie}-Anne, 4 sept. 1688 : p. F^{ois} Raffy, receveur gén^l des domaines en la généralité de Metz, Lorraine et Luxembourg; m. M^{ie}-Anne de Noël.
2. Barbe, 10 nov. 1689.

II. Ch^{les}-PHILIPPE. V. de Montigny XVII.

BOURY ANNE-CATHERINE. V. Plicard.

BOUSACK (DE) Ch^{les}-AMAND, sgr de Calmesviller et autres lieux, fut parrain par. St-Eucaire 13 août 1758.

BOUSELLIER LOUISE-GABRIELLE. V. de Mondran.

BOUSINGEN (DE). V. Lecomte (note).

BOUSITAT DE CHANAY CLAUDE, éc., [né 2 août 1664, avocat au parl^t de Paris, puis avocat gén^l au parl^t de Metz], † par. St-Simplice, rue Cour de Ranzières, 1er déc. 1698.

BOUSMARD (DE) Ch^{les}-FRANÇOIS, sgr de Chantrenne, conseiller d'État de Léopold duc de Lorraine, eut de Barbe *de Faillonnet*, son épouse :
1. Ch^{les}-Henry-Ignace, [1er août 1715; président à mortier au parl^t, il épousa M^{ie} *Gauvain*].
2. Henry-Antoine, [17 déc. 1719], conseiller-clerc au parl^t, chan. et archidiacre de la cathédrale, † 20 oct. 1771, veille de la suppression du parl^t.

BOUSON CATHERINE. V. le Noble de la Passe.

BOUSQUET ANNE. V. Dauphin III.

BOUSQUET DE CAUBEYRES (DU) Jⁿ-AUGUSTIN, chev., sous-lieut. au rég^t de Bretagne en garnison à Thionville, âgé de 25 ans, fils de Jacques, éc., sgr de Caubeyres, la Madelaine et autres lieux, épousa, par. St-Victor 8 juil. 1789, M^{ie}-Élisabeth *Vaillant* : au mariage, René-Callixte Labat de la Peyrière, cap. au rég^t de Picardie ; Jⁿ-Hélène Danceau de Saint-Cizy, chev. de St-Louis, 1er cap. command^t au rég^t de Bretagne ; Claude Vaillant, avocat au parl^t, frère aîné de l'épouse. Dudit mariage naquit Claude-Benoît, ibid. 15 oct. 1790.

BOUSSE (DE) SUZANNE. V. de Saint-Archange.

BOUSSIGUES (DE) LOUISE. V. de Pugeol.

BOUTEILLER (DE). I. F^{ois}-LOUIS, éc., sgr en partie de Saulx, Ryaville, Pintheville et Champlon, eut de Dorothée *Hai-*

zelin, son épouse, M^te-Dorothée, † à 13 ans, par. St-Martin 16 mars 1755.

II. Louis, frère du préc., [né 18 avril 1700], sgr de Sabré, conseiller au parl^t, puis président à la cour souveraine de Nancy après la suppression du parl^t de Metz, † par. St-Martin 22 mai 1772. Il avait épousé Anne *de Laubrussel*, † 10 juin 1762, à 55 ans.

III. J^n-Baptiste, frère des préc., éc., sgr de Brandecourt et de Ville-en-Woëvre en partie, assista à l'enterrement de Louis qui précède.

BOUTEVILLE (de) (*cfr* de Malortye) N***, contrôleur pour le Roi à Metz, dem^t en la g^de maison^(1), par. St-Martin, eut de N***, son épouse, ibid. :

1. François, 31 mars 1567 : p. Mgr le maréchal de Vieilleville, Mgr d'Auzance, son lieutenant, et Mr de Saint-Prin; m. Mme de Monbron, fille de Mgr d'Auzance.
2. André, 22 sept. 1568.
3. Pierre, 22 oct. 1569.

BOUTIER. I. Louis, [ancien avocat, l'un des procureurs du parl^t à l'époque de sa création en 1633, épousa : 1° à Toul en juil. 1642, M^ie *Laurent*, v^ve de F^ois Braconnier; 2° ibid. par. St-Aman 28 août 1650, M^ie *Bouillot*.

Du premier mariage naquirent ibid. :
1. Pierre, 14 oct. 164..
2. Louis-Chrétien, 19 févr. 1647.

Du second mariage naquirent ibid. :
3. *Étienne*, 21 août 1653]; lequel suit.
4. M^ie-Apolline, mariée à Fiacre-F^ois Turgis.

II. Étienne, fils du préc., conseiller auditeur des comptes au parl^t, † par. St-Martin 6 août 1727. Il avait épousé [en 1676] F^oise *Mangin*, fille de J^n Mangin, † par. St-Martin 13 avril 1729, à 77 ans. De leur mariage étaient nés ibid. :
1. *François*, 8 déc. 1678; lequel suit.
2. Antoine-D^que, 4 août 1680 : m. M^ie Bossuet. Il mourut 13 janv. 1682.

---
(1) Aujourd'hui hôtel du Coëtlosquet, rue Chaplerue, primitivement hôtel de Gournay.

3. Nicolas, 12 nov. 1681; † 27 suiv.
4. M^ie-Madeleine, [mariée à Louis Jeannot de Gustal].

III. François, fils du préc., éc., sgr d'Estroff et du fief de Singlin, conseiller au parl^t, † par. St-Martin 31 mars 1753. Il avait épousé, par. Ste-Ségolène 6 nov. 1724, Anne-Catherine *Maurice*, † à 88 ans, 11 déc. 1791, rue de la Vieille Intendance, paroisse épiscopale. De leur mariage étaient nés par. St-Martin :

1. Étienne-F^ois, 22 oct. 1725; † 15 mai suiv.
2. François, 9 mai 1727; † 12 sept. 1736.
3. Joseph, 8 sept. 1728.
4. J^ne-Monique, 23 mars 1732.
5. Charles, 4 nov. 1734; [conseiller au parl^t, membre titulaire de l'Académie royale de Metz à sa création en 1760].

IV. Madeleine. V. de Bretagne.

BOUTILAR Marie. V. de Surnin.

BOUTILLON (de) Antoine, lieut. gén^l de Mr de Grateloup, fut parrain par. St-Eucaire 21 sept. 1613.

BOUTON Esther. V. le Goullon XLIX.

BOUTON (le) Anne. V. Richard II.

BOUVET (de) Charles. V. de Gallois de Rampont.

BOUVIER Gabriel. V. Marion XI.

BOUVIER de la ROSIÈRE. I. Henry, † à 75 ans, par. St-Simplice 6 mai 1733. Il avait épousé M^ie *Henviller*.

II. Anne-Agathe. V. Blaise VI.

BOUVIER de VINAY François, commissaire des guerres, eut de M^te-Louise *de Bellevaux*, son épouse, J^ne-Louise, par. St-Martin 17 juin 1721 : p. Jacob de Carrasse-Périssan, chev. de St-Louis, brigadier des armées du Roi, command^t au gouvern^t de Metz; m. J^ne le Moyne de Brensac, épouse de Louis de Bonneval de la Place.

BOUVILLE (de) Marguerite. V. de la Tranchée.

BOUVY Jeanne. V. Voyart IV.

BOVARD Nicolas, agent gén¹ des fermes du Roi au dépᵗ de Metz, épousa Mⁱᵉ-Rose *Buisson*, alias *de Buisson*, † par. Sᵗ-Maximin 15 avril 1769, à 44 ans. De leur mariage étaient nés ibid. :

1. Louis, † à 5 ans, 22 août 1752.
2. Antoine-Louis, né 11 déc. 1754 : p. Jⁿ-Louis Auberon, éc., dir. gén¹ des fermes du Roi en la province des Trois-Évêchés; m. Geneviève-Anne-Mⁱᵉ Mouffle, épouse de l'intendᵗ Lefebvre de Caumartin.
3. Alexis-Fᵒⁱˢ, 26 févr. 1756. Contrôleur de la douane nationale de Sarrelouis, il eut de Barbe-Victoire-Antoinette *Briot*, son épouse, par. Sᵗ-Maximin 6 mars 1791, Alexandre-Nᵃˢ : p. Nᵃˢ Bovard, aïeul pat.; m. Mⁱᵉ Cagnard, épouse de Hippolyte Briot, mᵉ de la poste aux chevaux de Saudrupt, aïeule mat., représentée par Mⁱᵉ-Rose Bovard, tante.
4. Jⁿᵉ-Mⁱᵉ-Rose, 18 mai 1757.
5. Fᵒⁱˢ-Nicolas, 4 août 1758.
6. Mⁱᵉ-Rose, 7 oct. 1759.
7. Mⁱᵉ-Josèphe, 21 juin 1761 : p. Jⁿ-Bᵗᵉ Mathey, conseiller du Roi, receveur et contrôleur de l'hôtel de ville de Moyenvic, receveur-inspecteur des gabelles au dépᵗ des Trois-Évêchés; m. Mⁱᵉ-Josèphe Fournerie.
8. Mⁱᵉ-Élisabeth, 18 nov. 1763.
9. Lˢᵉ-Élisabeth, 22 avril 1765.
10. Mⁱᵉ-Fᵒⁱˢᵉ-Joséphine, 28 mars 1769.

BOYAU DE LA COUR Reine-Charlotte-Geneviève. V. Gérardin.

BOYAUX (DE) Gabriel. V. d'Orléans.

BOYER Laurence et Antoine. V. de Cronhielm.

BOYER (DE). I. Marguerite. V. Dupuy.
II. Jⁿ-François. V. de Semellay.

BOYLESVE Étienne. V. de Selve.

BOYS DE RIOCOUR (DU) Mⁱᵉ-Antoine-David et Antoine-Mⁱᵉ-Jᴾᴴ-Claude-René. V. Boudet de Puymaigre (note).

BRABAN, alias **BRABANT** Thérèse. V. Legaux.

BRABLIN Anne. V. Auburtin VIII.

BRACONNIER (LE). I. Gaspard, R. P. R., eut de Barbe *Lespingal*, son épouse :
1. Samuel, 6 mai 1561.
2. Jonas, 2 mai 1563 : p. Mʳ de Dommartin et Mʳ de Clervant; m. Mᵐᵉ de Montjean.
3. Suzanne, 7 nov. 1564.
4. Jean, 11 déc. 1565.
5. Françoise, mariée à Benoît le Goullon.
6. Élisabeth, mariée à Jⁿ de Montigny.

II. Didier, R. P. R., mᵉ de la monnaie, dit de Courcelles, était mort avant 1615. Il avait épousé en secondes noces, 12 janv. 1583, Suzanne *de la Roche*, vᵉ de Henry le Cordonnier; en troisièmes noces, 24 mars 1598, Esther *la Ronde*, fille de † Jⁿ la Ronde.

D'un premier mariage naquirent :
1. *Jean*, 8 août 1578; lequel suivra VII.
2. *Charles*, 22 juin 1580 : p. Gaspard le Braconnier et Jérémie le Goullon. Lequel suit.
3. Simone, 10 oct. 1582; mariée à Chˡᵉˢ Duchat.

Du second mariage naquirent :
4. *Raphaël*, 6 févr. 1585; lequel suivra IV.
5. Élisabeth, 25 oct. 1591.

Du troisième mariage naquirent :
6. *Jérémie*, 7 févr. 1599; lequel suivra VI.
7. Esther, 1ᵉʳ nov. 1600; mariée à Jⁿ de Saint-Aubin.
8. Claude, 5 janv. 1603; mariée à David de Saint-Aubin.
9. Suzanne, 21 janv. 1605.
10. Théodore, 10 déc. 1606.
11. Élisabeth, 9 oct. 1611; mariée à Simon Busselot.

III. Charles, R. P. R., fils du préc., mᵉ-teinturier, épousa, 26 oct. 1603, Anne *Serre*, dont il eut :
1. Charles, 25 août 1604.
2. François, 5 févr. 1606.
3. Anne, 19 août 1609.
4. David, posthume, 12 nov. 1610.

IV. Raphael, R. P. R., frère du préc., mᵉ de la monnaie, épousa, 7 févr. 1610, Anne *de Vigneulles*, dont il eut :

1. Raphaël, 1er avril 1611.
2. Suzanne, 30 mai 1612.
3. Théodore, 13 nov. 1613.
4. Anne, 31 janv. 1616; mariée à Jⁿ d'Inguenheim.
5. Paul, 13 févr. 1619.
6. Élisabeth, 19 avril 1620.
7. *Théodore*, 23 nov. 1622; lequel suit.
8. Esther, 5 mars 1625.
9. Raphaël, 25 déc. 1627.

V. THÉODORE, R. P. R., fils du préc., éc., sgr de Mont, épousa, par. St-Simplice 4 déc. 1655, en la chap. des Trépassés, M^{ie} *Bardot*, catholique, avec dispense obtenue aux conditions ordinaires. Malgré ses promesses, il fit baptiser ses enfants à l'Église réformée, à l'exception de M^{ie}-Urbaine et peut-être de Louise. Il mourut catholique, sgr de Mont, Arraincourt et en partie de Béville, par. St-Eucaire 7 sept. 1697. Sa femme mourut ibid. 10 janv. 1694 : à son enterrement Paul le Braconnier, éc., sgr de Plappecourt. De leur mariage étaient nés :

1. Jean, 10 mars 1656 (*sic*).
2. M^{ie}-Urbaine, baptisée par. St-Simplice 23 mai 1658 : p. Simon de Thiolet, m^e-échevin de Metz; m. Urbaine de Sorée, épouse de Me du Bois, bourgeois de Metz. Elle fut mariée à J^{ques} de la Coste.
3. Judith, 14 avril 1660.
4. Théodore, 12 juin 1661.
5. Théodore, 20 août 1662.
6. Jacques, 16 mai 1664.
7. Louis, 29 avril 1667.
8. Louise, mariée à F^{ois} de Vimure.

VI. JÉRÉMIE, R. P. R., oncle du préc., épousa, 22 janv. 1623, Suzanne *Gauvain*, dont il eut :

1. Jérémie, 8 déc. 1623.
2. Théodore, 8 févr. 1626.
3. Claude, 2 janv. 1628.
4. Esther, 13 déc. 1630.
5. Jean, 8 févr. 1634.
6. Henry, 24 juin 1635.
7. Jean, 31 mars 1638.

VII. JEAN, R. P. R., frère du préc., d^r en médecine, épousa, 21 janv. 1607, M^{ie} *Allion*, dont il eut :

1. Auguste, 23 déc. 1607.
2. Daniel, 12 avril 1609.
3. Élie, 25 août 1610.
4. Marie, 3 nov. 1611.
5. Gédéon, 15 janv. 1614.
6. Anne, 5 juin 1615.
7. *Louis,* 27 mai 1616; lequel suit.
8. Benjamin, 27 déc. 1617.
9. Élisabeth, 27 mars 1619; mariée à Jⁿ Andrieu de la Merlette, puis à Henry du Bos.
10. *Charles,* en 1620; lequel suivra IX.
11. Louise, 4 avril 1626.
12. Jeanne, 12 mai 1628.

VIII. LOUIS, R. P. R., fils du préc., éc., licencié ès droits, avocat au parl^t, sgr de la Tour d'Andry, † par. St-Martin 17 avril 1703. Il avait épousé, 26 juil. 1643, Yolande *Couët*, qui abjura par. St-Gengoulph 5 sept. 1686, et mourut par. St-Martin 28 mai 1712. De leur mariage étaient nés :

1. Louis, 12 oct. 1643 (*sic*).
2. François, 12 oct. 1644.
3. Anne, 31 mai 1651; mariée à N*** Macé de Longueil.
4. Marie, 18 janv. 1653.
5. Louis, 3 janv. 1656.

IX. CHARLES, R. P. R., frère du préc., éc., d^r en médecine, † par. St-Gorgon 6 juin 1688. Il avait épousé, 14 juin 1648, Madeleine *Joudreville*, fille de Josué Joudreville, dont il eut :

1. Suzanne, 22 mars 1649.
2. Charles, 8 oct. 1650; cy-devant cap. d'infanterie au rég^t de Turenne, au décès de son père.
3. Madeleine, 22 juil. 1652.
4. Philippe, 24 juil. 1654.
5. Jeanne, 18 oct. 1656.
6. Jean, 25 janv. 1658.
7. Antoinette, 7 avril 1660.
8. Marc-Antoine, 27 mars 1661.
9. Richard, 5 nov. 1662.
10. Louise, 4 févr. 1664; † v^{ve} de Mr de Gondreville, cap. d'une compagnie franche, par. St-Martin 4 oct. 1736.
11. Antoinette, 7 janv. 1667.
12. Marie, 25 déc. 1670; † 10 avril suiv.

X. Mangin, R. P. R., notaire et échevin de justice à Courcelles, fut le père de :
1. Judith, 8 août 1590.
2. Philippe, 17 févr. 1593.
3. Jacques, 19 oct. 1594.
4. *Joseph*, qui suit.
5. *Moyse*, qui suivra XIII.

XI. Joseph, R. P. R., fils du préc., quartier-juré, procureur, épousa : 1° 29 août 1604, M^{te} *d'Arlon*, v^{ve} de Jⁿ Guépratte, boulanger; 2° Mlle *Richard*; 3° Mlle *Liénard*; 4° 2 nov. 1636, Judith *Cosson*, v^{ve} de Jⁿ l'Allemand.
Du premier mariage naquit :
1. *Joseph*, 1er avril 1607; lequel suit.
Du second mariage naquit :
2. Marie, 13 janv. 1623.
Du troisième mariage naquirent :
3. Paul, 12 oct. 1625.
4. Suzanne, 1er janv. 1627.
5. Paul, 7 mars 1629.
6. Élisabeth, 18 sept. 1630.
7. Élisée, 1er févr. 1634.
8. Joseph, 23 mars 1635.
Du quatrième mariage naquit :
9. Isaac, 1er mars 1638.

XII. Joseph, R. P. R., fils du préc., procureur, épousa, 28 mai 1628, Judith *Fontaine*, fille de Jean, hôte à l'enseigne de la Couronne d'or à Deux-Ponts, dont il eut :
1. Rachel, 2 sept. 1629.
2. Judith, 24 févr. 1630.
3. Jean, 21 mai 1631.
4. David, 9 mai 1632.

XIII. Moyse, R. P. R., oncle du préc., m^d pelletier, épousa, 20 mai 1612, Suzanne *de Magny*, dont il eut :
1. Daniel, 15 oct. 1614.
2. Samuel, 7 févr. 1618.
3. *Moyse*, 21 août 1619; lequel suit.
4. Suzanne, 7 sept. 1622.
5. Samuel, 13 août 1625.
6. Daniel, 30 mai 1627.
7. Samuel, 14 oct. 1629.

XIV. Moyse, R. P. R., fils du préc., pelletier, † 10 juin 1681. Il avait épousé :
1° 30 juin 1641, Suzanne *Poyard*, fille de Jean, m^d; 2° 14 juil. 1669, Suzanne *Bitroff*, âgée de 46 ans, v^{ve} de Daniel Gayet, m^e-cordonnier. — Du premier mariage naquirent :
1. Moyse, 25 févr. 1642.
2. Suzanne, 18 juil. 1643.
3. Judith, 21 juil. 1644.
4. Anne, 7 avril 1648.
5. Moyse, 17 août 1650; † 3 déc. 1674.
6. Jeanne, 5 juin 1655.
7. Louis, 2 janv. 1658.
8. Pierre, 10 mars 1660.

XV. Gédéon, R. P. R., fils de Philippe, de Courcelles, épousa, 17 janv. 1655, Judith *Hurlin*, fille de David Hurlin, huilier à Courcelles, dont il eut David, 25 oct. 1655.

XVI. Jacques, R. P. R., de Courcelles, épousa, 9 mai 1655, Mlle *Rollin*, dont il eut, 20 août 1656, *Jacques*, qui suit.

XVII. Jacques, R. P. R., fils du préc., m^d tanneur, épousa : 1° Anne *Thomassin*, âgée de 18 ans, fille de Jⁿ Thomassin l'aîné, m^e-quartier-juré, et de Suzanne Ravenel, laquelle mourut 6 nov. 1682; 2° Mlle *Piget*, de Flanville, dont il eut Jacques, par. St-Gorgon 13 oct. 1687.

XVIII. Nicolas, orfèvre, † par. Ste-Croix 18 janv. 1655. Il avait épousé F^{oise} *Mansuy*, dont il eut :
1. Michel, par. St-Gorgon 15 juin 1620.
2. Marquise, par. Ste-Croix 16 févr. 1625.
3. Anne, ibid. 16 août 1628.
4. Jean, ibid. 5 déc. 1630.
5. Catherine, ibid. 1er avril 1632.

XIX. Robert, orfèvre, eut de Reine N***, son épouse :
1. N^{as}-*Didier*, par. Ste-Croix 18 avril 1604; lequel suit.
2. Gabrielle, marraine par. St-Martin 9 août 1621.

XX. N^{as}-Didier, fils du préc., orfèvre, épousa, par. St-Martin 9 nov. 1626, Catherine *Lecoq*, dont il eut ibid. :
1. Philippe, 28 sept. 1627.
2. Balthasar, 1er avril 1630.
3. Michel, 10 août 1631.
4. Nicolas, 18 juil. 1633.

5. Nicolas 10 sept. 1634 : p. N^as Bolanger, chan. de la cathédrale ; m. F^oise de Linage.
6. Laurent, 12 févr. 1643.

XXI. J^x-François, éc., sgr de Peintville (?), dem^t de Norroy-devant-Metz, eut de Dieudonnée *Pellotte, aliàs Bethelot, aliàs Petelot*, son épouse :
1. Françoise, mariée à Ch^les Dormy de la Motte, puis à Robert Milet.
2. Jean, cap. de grenadiers au bataillon de Metz, à l'enterrement de la préc.
3. Antoinette, mariée à Etienne Cellier.
4. Marguerite, † à 94 ans, par. St-Martin 30 déc. 1770.
5. François, qui épousa, par. Ste-Ségolène 17 mai 1725, J^ne *Collignon*, fille de Claude Collignon, cordonnier, et de Claudine Marizot.

XXII. Dieudonné-Gabriel, éc., lieut. au rég^t royal de Bavière, puis cap. au rég^t de Polignac, eut d'Élisabeth *Clocq*, son épouse :
1. Charles, par. St-Livier 7 août 1730.
2. Ch^les-François, ibid. 7 janv. 1732 : p. Ch^les-F^ois d'Autrecourt-le-Chenercier, éc., sgr du dit lieu, ancien exempt des gardes du corps de S. A. R. ; m. Mlle de Belchamps, épouse de Mr Braconnier, éc., cap^t au rég^t des Vais.
3. Anne, ibid. 13 juin 1733.
4. François, ibid. 5 juil. 1734 ; † par. St-Gorgon 7 mai 1743.
5. Anne-Antoinette, ibid. 12 juil. 1735.
6. M^ie-Anne-Élisabeth, ibid. 25 janv. 1738.
7. Anne, par. St-Gorgon 16 avril 1739 ; † 26 mai 1743.
8. M^ie-Madeleine, ibid. 28 mai 1740.
9. Ch^les-Roch, ibid. 16 août 1741.
10. Béatrice-Angélique-Adriane, ibid. 8 janv. 1743 ; † 31 janv. 1748.
11. Simon, ibid. 28 nov. 1745.

XXIII. Jean, procureur au parl^t, eut de Madeleine *Willaume*, son épouse :
1. Claude-Albert, par. St-Gorgon, rue de la Princerie, 9 janv. 1750.
2. Antoinette, par. Ste-Croix 6 juil. 1752.
3. Marguerite, ibid. 30 août 1753 ; † 29 oct. 1755.
4. Jean, ibid. 11 sept. 1755 ; † 25 août 1758.
5. Marguerite, ibid. 15 mai 1757.
6. Marguerite, par. St-Gorgon 20 avril 1760 ; † 10 janv. 1763.

XXIV. Nicolas, dir. de la poste, avait épousé Barbe *Drouin*, [† à Toul par. St-Agnan 2 avril 1671. De leur mariage était né ibid. 18 juin 1632, François, qui fut conseiller notaire secrétaire du Roi au parl^t de Metz.]

XXV. Jean, contrôleur en la chancellerie du parl^t, eut d'Élisabeth *Antoine*, son épouse :
1. Jean, par. St-Victor 27 mars 1719.
2. Marguerite, mariée à J^n-N^as Suby.

XXVI. Nicolas, éc., dem^t à Norroy-le-Veneur, eut de J^ne *Collignon*, son épouse, Jeanne, † par. St-Eucaire 13 août 1728.

XXVII. Jonathan, R. P. R., m^e-cordonnier, eut de Charlotte *Robert*, son épouse, entre autres enfants :
1. Suzanne, 26 août 1633.
2. Anne, 30 nov. 1642.

XXVIII. Divers :
1. Anne. V. Beaudesson XXIII et Allion VII.
2. Catherine. V. Goullet I.
3. Catherine. V. de Laubrussel (note).
4. Élisabeth. V. d'Inguenheim.
5. Jeanne. V. Serre II.
6. Paul. V. le Braconnier V.
7. Suzanne. V. Pérignon IV et le Labriet IV.
8. Thérèse-Glossinde et Dieudonné. V. Vinocq de Laffont.

BRADIN Françoise. V. Cagnard.

BRAGELONGNE (de), *aliàs* de BRAGELONNE Thomas, chev., sgr d'Angeville, conseiller ordinaire du Roi, premier président du parl^t, † par. St-Simplice 4 mars 1681, inhumé à la cathédrale dans la chap. de St-Nicolas. Il avait épousé M^ie Hector *de Marle*, [† à 85 ans, 4 oct. 1705]. De leur mariage étaient nés :
1. Charles, qui fut parrain par. St-Simplice 13 oct. 1679.

2. Geoffroy-D^que [né en 1665; v^te d'Eville, conseiller au parl^t de Metz, puis conseiller en la cour des aides de Paris et m^e des requêtes, † 21 sept. 1717. Il avait épousé Aimée *d'Espinoy*, fille de René d'Espinoy, conseiller au parl^t].

BRANCART (DE) J^ph-GASPARD, c^te de Folcalquier, sgr de Villeneuve, † à 22 ans, à l'hôtel de l'Ours, par. St-Eucaire 6 févr. 1673, inhumé à la chap. de St-Blaise : à son enterrement, Henry Ricaud de Villeneuve, des Marots en Provence, baillif de Villeneuve, son père.

BRANCAS (DE) LOUIS-ANTOINE, [duc de Villars, pair de France, épousa, 17 déc. 1709, M^ie-Angélique *Frémyn*.]

BRANCHET. V. Duchilleau.

BRANCHU. I. JEANNE. V. Vernier V, I.
II. M^ie-L^se-THÉRÈSE. V. Guelle II.

BRANDEBOURG. I. PIERRE, sgr de Rupigny, procureur au parl^t, † par. Ste-Ségolène 21 oct. 1750. Il avait épousé : 1° Anne *Phulpin*; 2° Anne *Gimel*, † à 70 ans, par. Ste-Ségolène au mois d'août 1731. De sa première femme étaient nés ibid. :
1. P^re-Ch^les, 13 oct. 1691; sgr de Rupigny (1748).
2. Anne-M^ie, 25 févr. 1693; mariée à J^n-F^ois Malherbe.
3. M^ie-Anne, 4 mai 1694.
4. P^re-Thomas, 27 juil. 1696; lequel suit.

II. P^re-THOMAS, fils du préc., sgr de Léoviller, conseiller du Roi référendaire en la chancellerie du parl^t, † par. Ste-Ségolène 3 févr. 1739. Il avait épousé J^ne *de Wendel*, † à 86 ans, par. St-Martin 16 avril 1791. De leur mariage étaient nés par. Ste-Ségolène :
1. Anne-M^ie, 30 mai 1724; mariée à J^n-B^te de la Chèze.
2. Reine-J^ne-F^oise, 4 juil. 1727; mariée à F^ois-Pascal Baudinet de Courcelles.

BRANDINGSHAUSEN (DE) LOUIS, c^te, † par. St-Victor 8 sept. 1775, à 56 ans. Il avait épousé Élisabeth *Haman*, dont il eut N^as-Louis-Jude-Thaddée, † ibid. un jour après son père.

BRAS-DE-FER MADELEINE. V. Dégoutin.

BRASSELET MARGUERITE. V. Bégin.

BRAUN GASPARD, régistrateur de la chancellerie de la comté de Créhange, fils de Conrard, inspecteur des eaux et forêts de la même comté, et de Catherine Potier, épousa, par. St-Marcel 11 nov. 1766, J^ne *Milet*.

BRAY (DE) M^ie-ANNE. V. Vanderhot de Beaussard.

BRAZY (DE). I. J^n-FRANÇOIS, [né à Badonvillers, en Lorraine, vers 1666, sgr de Champneuville, avait épousé : 1° à Souilly, près Verdun, 29 juil. 1693, Catherine *de Mercy*; 2° à Metz, 3 févr. 1707, Madeleine *Brocard*], dont il eut :
1. J^n-Nicolas, [28 oct. 1707]; lequel suit.
2. Gabrielle, marraine par. St-Martin 26 oct. 1744.
3. Élisabeth, marraine de sa nièce Élisabeth ci-dessous 10.
4. Suzanne, mariée à J^n-F^ois Creitte de Métric.

II. J^n-NICOLAS, fils du préc., conseiller au parl^t, sgr de Montoy et Lauvallières, † rue des Précheresses, par. St-Martin 7 janv. 1792. Il avait épousé, ibid. 29 oct. 1737, Anne-M^ie-Élisabeth *Simon*, âgée de 18 ans, fille de P^re Simon, ancien secrétaire du gouv^t de Metz, et de Suzanne-Elisabeth Coullet, laquelle mourut ibid. 14 juil. 1755. De leur mariage étaient nés :
1. J^n-F^ois, par. St-Martin 17 août 1738.
2. Pierre, ibid. 7 janv. 1740; au mariage de Ch^les, son frère ci-dessous, il est éc., chev. de St-Louis, lieut. au rég^t royal Champagne cavalerie; en 1789 il est lieut.-gén^l de police à Sedan.
3. Anne-Élisabeth, ibid. 1er mars 1741; † 8 août 1745.
4. L^is-Claude, ibid. 13 juil. 1742; lequel suit.
5. J^n-F^ois-Armand, ibid. 1er août 1743; † le 8 suiv.
6. Gabrielle-Valentine, ibid. 24 oct. 1744.
7. Gédéon-J^n-F^ois, par. St-Eucaire 15 janv. 1746; † le même jour.

8. N^as-Charles, par. St-Simplice 12 oct. 1748; † par. St-Simon 4 juin suiv.
9. Charles, ibid. 8 mars 1750 ; il épousa, par. St-Eucaire 3 janv. 1784, Barbe-Adélaïde *de Jarny* d'Abbeville.
10. Élisabeth, ibid. 7 mai 1751.
11. M^ie-Charlotte, par. St-Martin 19 juin 1753; † par. St-Eucaire 21 suiv.

III. Louis-Claude, fils du préc., chev., conseiller au parl^t, avait épousé Anne *Poinsignon*, † à 41 ans, par. St-Martin 18 nov. 1789. De leur mariage étaient nés par. St-Gengoulph :
1. N^as-Louis, 5 juin 1771 ; † 27 févr. 1774.
2. Madeleine, 26 oct. 1776.

IV. N***. V. Larminat II.

BREAYAC (de) Marguerite. V. de Guérin.

BRECKFELD F^ois-Gabriel. V. Muzac IV.

BRÉDA Barbe. V. Dégoutin.

BREDT Antoinette. V. Chabanat-Dumont.

BREGETT Charles, [chan. trés. de la cathédrale, † à 62 ans, 28 janv. 1709. Msc. Epit.]

BRÉHAN du PLESSIS (de) P^re-M^ie-Madeleine, éc., s^r du Plessis, cap. de dragons au rég^t Villegagnon, fils de † François, éc., s^gr du Plessis, et de M^te-F^oise Courson, † par. St-Martin 12 nov. 1717. Il avait épousé, ibid. 2 juin 1707, Louise *de Rosières*, dont il eut :
1. Antoine-Louis, par. St-Jean de la Citadelle 30 avril 1712 : p. Antoine de Poge, cap. de dragons au rég^t de Laubré; m. Louise de Chandion.
2. Hyacinthe-Antoinette-M^ie-Reine, par. St-Gorgon 13 avril 1714.
3. Marie, marraine par. St-Eucaire 7 juin 1730.

BRÉHERET de MONTALARD Irma. V. Lefebvre de Ladonchamps (note).

BREM (de) Nicolas, avocat à la cour de Lorraine et de Barrois, exerçant au bailliage d'Allemagne, fils de noble N^as-Christophe et d'Anne-Madeleine Schoumert, de Morhange, épousa, par. St-Marcel 24 janv. 1737, Anne-M^ie-Thérèse *Dilange*, † ibid. 28 mars 1762. De leur mariage étaient nés :
1. Georges-Christophe-Ch^les, lequel, éc., résidant à Morhange, épousa, par. Ste-Ségolène 9 févr. 1786, M^ie-Julienne-Élisabeth *de Gallonnier*, pensionnaire chez les Dames de Ste-Claire.
2. M^ie-Françoise, mariée à André de Narbonne.

BRENOT Jacques, éc., sgr de Chieulles, doyen des conseillers secrétaires du Roi en la chancellerie du parl^t, [† 26 janv. 1719, inhumé dans l'église des Ursulines]. Il avait épousé, par. St-Marcel 28 nov. 1669, Anne *de la Violette*, v^ve de Florentin Michelet, [† à 80 ans, 30 nov. 1704, inhumée aux Grands Carmes. Msc. Epit.]

BRESSEY (de). V. de Laisée.

BRESSOLES (de) Jean, éc., sgr de Combre, lieut. du Roi au rég^t royal cavalerie, épousa, par. St-Gengoulph 10 mai 1694, M^te-M^ie *de Hombourg*, v^ve de Mr Paris, cap.

BRESSON (de) Claude-Henry, ingénieur au rég^t royal Suédois, eut de M^te *Riden*, son épouse, par. St-Livier :
1. Maximilien-Louis-Ch^les, 2 août 1747 : p. Maximilien-Louis-Ch^les de Pfister, cap. ingénieur au service de l'Électeur Palatin ; m. Anne Marchand.
2. Antoine-P^re, 9 nov. 1748.

BRET de COURCELLES (le). I. J^ph-Guillaume, éc., sgr de Courcelles, cap. au rég^t de Picardie, avait épousé : 1° Gabrielle *Tavernier*, † 12 juin 1727, enterrée à St-Saturnin, à Chartres; 2° M^ie-Louise *d'Estrée*.
Du premier mariage naquit Louise-Gabrielle, mariée à J^n-B^te Viallier de Montluzin.
Du second mariage naquit J^n-Baptiste, par. St-Simplice 25 sept. 1734 : p. J^n-B^te de Lassau, éc., major au rég^t de Torcy; m. J^ne de Martiny, épouse du s^r Dorce, cap. au même rég^t.

II. Louis. V. Viallier de Montluzin.

BRETAGNE (DE)(1). I. ANTOINE, fils de Claude et de M^{te} des Barres, président à mortier au parl^t, † dans l'exercice de ses fonctions 6 août 1703. Il avait épousé Madeleine *Boutier*, † par. St-Martin 9 sept. 1714. De leur mariage était né Charles, [reçu, n'étant pas encore prêtre, g^d archidiacre de Toul 27 août 1665 ; il devint abbé de Villers-Bettnach vers 1668 en remplacement de son oncle Jean, dont il avait été le coadjuteur. Il se démit de son abbaye en 1683] et mourut par. St-Livier 18 oct. 1705.

II. JACQUES, âgé de 40 ans environ, sgr de Mont près Pange, épousa, par. Ste-Croix 26 févr. 1685, Anne *de Boncourt*.

III. ÉLISABETH, v^{ve} de Guillaume Languet, † à 89 ans, par. St-Marcel 22 oct. 1690.

IV. CLAUDE. V. Bossuet.

BRETON. I. GEORGES, avocat en parl^t et en bailliage, † par. Ste-Croix 22 juil. 1676. Il avait épousé Catherine *Lamy*, † ibid. 16 févr. 1674. De leur mariage étaient nés :

1. *François*, par. St-Livier [en 1634] ; lequel suit.
2. Jeanne, ibid. 8 févr. 1637.
3. Françoise, par. St-Gorgon 24 août 1639 ; † ibid. 27 juin 1667.
4. Dominique, ibid. 2 févr. 1642.
5. Gabrielle, ibid. 14 nov. 1645 ; mariée à Jⁿ Dufresne.
6. Catherine-Gabrielle, ibid. 5 févr. 1649 ; † par. Ste-Croix 25 nov. 1677.

II. FRANÇOIS, fils du préc., conseiller auditeur à la chambre des comptes, † par. Ste-Croix 12 avril 1717. Il avait épousé, par. St-Gorgon 19 oct. 1682, F^{oise} *du Gast*, † à 74 ans, par. Ste-Croix 28 févr. 1727. De leur mariage étaient nés par. Ste-Croix :

1. *Jacques*, 3 juil. 1686 ; lequel suit.
2. Anne, 27 juin 1688 ; mariée à N^{as} Jacquesson.
3. Gabrielle, mariée à Jⁿ Deschamps de la Hamardière, puis à P^{re} Josué de Colombe.

III. JACQUES, fils du préc., greffier des insinuations ecclésiastiques, eut de Claude-F^{oise} *Adam*, son épouse, [8 avril 1724], N^{as}-*Jacques* qui suit.

IV. N^{as}-JACQUES, fils du préc., conseiller à la table de marbre, † par. St-Gengoulph 26 sept. 1783. Il avait épousé [5 sept. 1763], M^{ie}-Anne *Samson*, [† à 88 ans, 6 mai 1813]. De leur mariage étaient nés par. St-Martin :

1. M^{ie}-Claude, 29 oct. 1764.
2. Jⁿ-B^{te}-Nicolas(1), 24 juin 1766.

V. NICOLAS, avocat au parl^t, eut de F^{oise} *Watrin*, alias *Wautrin*, son épouse :

1. M^{ie}-Anne, par. St-Simplice 3 déc. 1682.
2. N^{as}-Antoine, par. St-Martin 3 févr. 1687.
3. F^{ois}-Balthasar, ibid. 6 janv. 1688.
4. M^{ie}-Thérèse, ibid. 15 mars 1689.
5. Anne, par. St-Simplice 11 mars 1690.
6. Barbe-F^{oise}, ibid. 24 mai 1691.

VI. Divers.

1. ANNE. V. de Bouffard de la Garrigue II, 1.
2. FRANÇOISE. V. Duparc.
3. M^{ie}-F^{oise}-APOLLINE. V. Lorin.

BRETON (LE) JEANNE. V. Beaucard.

BRETONNIÈRE (DE LA). I. ANSELME, R. P. R., eut un fils, Benjamin, baptisé 23 oct. 1594, à 8 ans, « pour ne l'avoir pas encore été à cause des troubles. »

II. SÉPHORA. V. de la Cloche.

---

(1) CLAUDE, fils de C.-Antoine, succéda à son père dans la première présidence du parl^t de Metz et fut installé 14 mai 1641. Il mourut en sa maison de campagne de Chaudeney près Toul, 10 sept. 1669. Il avait épousé Mlle des **Barres**, qui fut en 1665 la marraine de la belle cloche *Marie* de la cathédrale, et mourut vers 1680. De leur mariage étaient nés : 1. Jacques, chan., g^d doyen et g^d archidiacre de la cathédrale de Toul, † à 35 ans, à Toul 11 déc. 1664 ; 2. Jean, abbé de Villers-Bettnach en 1665, † abbé de St-Georges à Metz en 1669 ; 3. Claude, devenu abbé de la Haute-Seille en 1659 ; 4. Antoine, qui commence notre article. (*Biogr. du Parl^t*.)

(1) JEAN-BAPTISTE-NICOLAS, † à Metz 4 août 1827. Il avait épousé, 24 févr. 1794, Mlle-Sophie-Élisabeth **Marchal**, † 22 déc. 1824. De leur mariage étaient nés à Metz : 1° Sophie-Émilie, 18 nov. 1794 ; mariée, 4 juin 1818, à Firmin-Claude Parnajon, colonel du génie, commandeur de la Légion d'honneur, chev. de St-Louis ; dont deux filles, mariées, l'aînée au c^{te} Ch^{les} de Brunet, et la cadette au b^{on} Louis de Tschoudy ; 2° P^{re}-Auguste, 18 juil. 1798, ancien garde du corps du Roi compagnie d'Havré, † 27 mai 1814, sans avoir été marié ; 3° M^{ie}-Adélaïde, 20 janv. 1800 ; mariée 9 juin 1824 à Henry Besser, chef d'escadron d'artillerie, chev. de St-Louis, officier de la Légion d'honneur ; † sans enfants 15 janv. 1839.

BREUILLE de GRANDBOIS (de) Michel, cap. au régt de la marine, épousa, étant âgé de 30 ans, par. Ste-Croix 5 janv. 1676, Anne *de Saint-Paul*, âgée de 22 ans, de laquelle il eut, ibid. 21 mai suiv. (*sic*), Jn-Gabriel : p. Gabriel Bailly, abbé de St-Léon de Toul, chan., gd archidiacre de la cathédrale de Metz; m. Jne de Pullenoy, vve de Mr le président Fremin.

BREUNING (de) Jn-Philippe. V. Labrousse.

BRÉVILLE (de) Madeleine. V. de Romponsel.

BREVOISIER (de) Hélène-Anne-Foise. V. le Maillot.

BREYART. I. Martin, échevin de justice de Gorze, † par. St-Simplice 13 avril 1573. Il fut le père de *Jean*, qui suit.

II. Jean, fils du préc., treize, † par. St-Simplice 29 sept. 1592. Il avait épousé Claude (*aliàs* Anne) *de la Vallée*, † ibid. 7 juin 1598. De leur mariage était née Marguerite, mariée à Fiacre Mainhulle.

BRIAH (de) Lse-Jne-Philippe. V. Olry XVII.

BRIAIS (de) Mte-Charlotte. V. de Chauvreux.

BRIAN (de) Étienne, cap. au régt de Bausse, eut de Mlle *Baumel*, son épouse, Joachim, par. St-Simplice 29 avril 1700 : p. Joachim Chipol de Lompré, lieut. de grenadiers au régt Blaisois; m. Barbe Robert, épouse de Chles Aubertin.

BRIANDE (de). V. de Beauvoir II.

BRIANT, *alias* BRILLANT Mie-Suzanne. V. Pioche.

BRIART Jn-Baptiste, sr de Lille, lieut. de cavalerie, fils d'Emmanuel et de Foise Lobligeot, de Paris, épousa, étant âgé de 34 ans et 4 mois, par. Ste-Ségolène 26 janv. 1701, Madeleine *Ferry*, vve de Jn Bercilly, intéressé dans les fermes du Roi, natif de Totelet, demt à Thionville.

BRIAT Anne-Barbe. V. Babin.

BRICARD. I. François, éc., avocat, de la par. N.-D. de Nancy, âgé de 30 ans, épousa, par. St-Victor 1er févr. 1672, Mie *Soucelier*.

II. Jacques, md, épousa Henriette *Grandjean*, † par. St-Simplice 17 juil. 1724.

III. Madeleine. V. Tiercet II.

IV. Catherine. V. Picard V.

BRICE Louise. V. de la Valle.

BRIÇONNET Clémence. V. Mareschal.

BRIFFE (de la) Marguerite. V. Bossuet.

BRIGNOT Mie-Anne. V. Bassalaigne.

BRILLANT. V. Briant.

BRIOT Barbe-Victoire-Antoinette et Hippolyte. V. Bovard.

BRISACIER (de) Nicolas, sgr de Hombourg, gd bailli d'Allemagne et gouverneur des villes de Sierck et Vaudrevange, fut parrain par. Ste-Croix 30 mai 1649; sa fille Mie-Thérèse fut mariée à Jques-Gustave de Malortye de Boudeville.

BRISSÉ (de) Jules-Armand, chev. de Denonville, chev. de St-Louis et de St-Lazare, dir. génl des fortifications des Trois-Évêchés, † à 68 ans, par. St-Gorgon 9 oct. 1714.

BRISSEY (de) Antoinette-Charlotte. V. de Laisée.

BRISSON (de). I. François, R. P. R., chev., sgr des Gd et Ptit Baix et d'Eury, cap. d'un régt de marine, fils de † François, chev., sgr des mêmes lieux et de Fort-Oiseaux, et de Jne Clément, épousa, 15 oct. 1674, Lse-Madeleine *le Bey de Batilly*, dont il eut :

1. Antoine, 6 avril 1675; † 6 juil. 1676.
2. Louis, 30 juin 1676.

II. Henriette et Philippe. V. de Blair II, 3.

BRIZAC Barbe. V. d'Avrange VI.

BROC (de) Michel-Armand. V. de Savonnières.

BROCARD. I. Madeleine. V. de Brazy.

II. Marie. V. Crasin.

BROCAS (DE) JACQUES, éc., chev. de St-Louis, cap. réformé à la suite du rég^t de Rochepied dragons, † à 61 ans, par. St-Martin 18 juil. 1723. Il avait épousé M^{te} *Durand*, † à 80 ans, ibid. 12 juil. 1737.

BROCHERS DES LOGES (DES) EUGÈNE-CLÉMENT, éc., cap. des gardes du corps du Roi, épousa : 1° Élisabeth-Angélique-M^{te} *de Loyauté;* 2° par. St-Maximin 18 févr. 1784, Louise-Henriette *de Saint-Aubin*, dont il eut par. St-Martin :
1. Suzanne-Henriette, 14 mars 1785 : p. J^n-J^{ques}-Ch^{les} Le Myre de Villers, cap. au rég^t Dauphin infanterie; m. Suzanne Aubert, épouse de Paul-Louis de Saint-Aubin, ancien lieut.-colonel d'artillerie, aïeule mat.
2. M^{ie}-Dieudonnée, 28 avril 1786.
3. Barbe-Nicole, 14 juin 1787.

BROCHETTE THÉRÈSE-ANNE-CATHERINE. V. de Serres.

BROCQUART THÉRÈSE-HÉLÈNE. V. le Duchat XXII.

BROCQUIER PIERRE. V. Christian.

BROGLIE (DE) ÉLÉAZAR-M^{ie}-J^{ph}-CH^{les}, v^{te} de Broglie, brigadier des armées du Roi, colonel command^t le rég^t d'Aquitaine infanterie, époux de M^{ie}-Louise-Denise *Lansac*, † par. St-Marcel 28 sept. 1776 : à son enterrement, Mgr le maréchal duc de Broglie, chev., gouverneur gén^l des Évêchés, command^t en chef dans les Évêchés et sur les frontières de la Meuse, de la Sarre et de Champagne; Mgr le c^{te} de Broglie, chev. des ordres du Roi, lieut. gén^l de ses armées, command^t en chef dans la province des Trois-Évêchés.

BROHOME M^{ie}-LOUISE. V. du Mars d'Origny II.

BROLYODIE DU BREUIL (DE) JACQUES, enseigne de la compagnie de la Chesnaye, puis cap. au rég^t de Piémont, nommé plusieurs fois « le sieur de Boulande », † par. St-Maximin 1er janv. 1667. Il avait épousé M^{ie} *Vigy*, dont il eut :
1. François, par. St-Maximin 17 août 1645.
2. Catherine, par. Ste-Ségolène 30 août 1646; † par. St-Maximin 28 avril 1713.
3. Françoise, ibid. 12 janv. 1649; sa mère est de la R. P. R.
4. Paul, par. St-Maximin 8 oct. 1650.
5. Marie, ibid. 24 févr. 1653.
6. Jeanne, ibid. 14 oct. 1654; † 15 janv. 1730.
7. Urbaine, ibid. 25 mai 1658; † 17 avril 1730.
8. Dorothée, ibid. 23 oct. 1663.
9. Françoise, † ibid. 29 mars 1720, à 60 ans.
10. Dorothée, † ibid. 7 août 1720, à 50 ans.
11. Idatte-M^{ie}, † ibid. 31 mai 1733, à 75 ans.

BROSSARD. I. RENÉ, [chan. et archidiacre de Sarrebourg, neveu de Jean, cerchier et chan. de la cathédrale, † 14 oct. 1604, inhumé à la cathédrale. Msc. Epit.]

II. JEAN, [licencié, chan. de St-Thiébaut, official de l'archidiaconé de Metz, † 30 mai 1650, à 48 ans, inhumé à la collégiale de St-Thiébaut. Msc. Epit.]

III. J^{ques}-FRANÇOIS, chir. major au rég^t royal Picardie cavalerie, eut de Barbe *Garnier*, son épouse, Henriette-J^{ne}, par. St-Marcel 28 mars 1764.

BROSSART FRANÇOIS, lieut. au bataillon milice d'Alençon, compagnie de Roblâtre, fils de Mr Brossart, éc., chev. de St-Louis, et de d^{me} de Beaumeny, de la ville d'Alençon, † par. Ste-Ségolène 25 mai 1743, à 23 ans.

BROSSE (DE LA) THÉRÈSE. V. du Teil.

BROSSIN DE MÉRÉ (DE). V. de Lauzières de Thémines (note).

BROU JEANNE. V. Coste.

BROUART, alias BROUARD. I. ALEXANDRE, fils de messire Nicolas, épousa, par. St-Simplice 2 juin 1614, Bernarde *Coquet*, native de Langres, fille de noble Balthasar Coquet, fermier gén^l de Ste-Glossinde.

II. ABRAHAM, treize, [† 16 févr. 1621; il avait épousé Claudine *Lamy*, † 30 sept. 1635. Msc. Epit.]

III. JEANNE. V. Harquel et Roujoux.

IV. Marquise. V. Lefebvre de Ladonchamps.

BROUCK (de) F^{oise}-Pétronille et Charles. V. de Villemur II.

BROUET. I. Georges-Henry, [fils de Jean, né 10 juin 1694, à Longchamps, duché de Bar, bailliage de St-Mihiel, secrétaire des commandements de Léopold Ier, duc de Lorraine, reçu greffier en chef civil au parl^t de Metz 15 avril 1737], † par. St-Marcel 21 avril 1744. Il avait épousé Barbe *Mangin*, dont il eut ibid. :

1. Georges-Henry, 24 mars 1732; lequel suit.
2. Georges-F^{ois}-J^{ph}, 29 janv. 1738.
3. Barbe-Thérèse, † à 56 ans, par. St-Gengoulph 13 sept. 1786.

II. Georges-Henry, fils du préc., avocat, greffier civil au parl^t, avait épousé, par. St-Victor 25 mai 1762, Anne-Charlotte *Dubois de Saran*, v^{ve} de Jⁿ Morlet, dir. des droits sur les cartes à jouer, laquelle il eut, par. St-Gengoulph 28 sept. 1763, Louis-Georges, † par. St-Eucaire 7 nov. suiv.

III. Marguerite, tante du préc. V. Derupt.

BROUILLIER Barbe. V. de Saimbut.

BROULS (de). V. de Beau.

BROUSSE Jⁿ-Mathias, chev. de St-Louis, cy-devant cap. au rég^t d'Anhalt infanterie, fils de Pierre, avocat au parl^t, et d'Anne Vatelet, épousa, par. Ste-Croix 20 sept. 1763, Élisabeth *de Luc*.

BROUSSE (la). V. Labrousse.

BROUSSEL (de) N^{as}-Antoine-Augustin. V. de Larreategny de Vignolles.

BROUSSONNET de PUGET (de) François, sgr du Puget, chev. de St-Louis, command^t de bataillon au rég^t de Chartres, épousa Catherine-Rose *Muzac*, dont il eut par. St-Maximin :

1. N^{as}-Antoine, 10 déc. 1707 : p. N^{as} Cannetel, sgr d'Augny et Châtel Saint-Blaise, conseiller au parl^t; m. Marquise Lamy, épouse de J^{ph} Jobal de Pagny.
2. Antoine-Louis, 9 oct. 1709.
3. Godefroy, 4 oct. 1711.
4. Antoinette-L^{se}, 10 nov. 1713.
5. Pierre, 22 déc. 1715.
6. Jⁿ-F^{cis}, † 29 nov. 1715.

BRUAUT Étienne, chev. de St-Louis, ancien lieut. au rég^t de la colonelle générale de cavalerie, † par. St-Marcel 4 févr. 1742.

BRUCK (de) Anne-M^{ie}-Catherine-Casimir-F^{ois}-Xavier et Théodore. V. Louis XII.

BRUIANT F^{oise}-M^{te}. V. Person.

BRUILLARD. I. Jean, treize, † par. St-Martin 25 févr. 1606. Il avait épousé M^{te} *Copperel*, † ibid. 6 sept. 1614. De leur mariage était née Madeleine, mariée à Cosme du Châtelet.

II. François, avocat en parl^t, ancien magistrat de l'hôtel de ville, † par. St-Victor 14 avril 1682. Il avait épousé, par. Ste-Croix 8 janv. 1646, Anne *Poutet*, † ibid. 13 mars 1688. De leur mariage étaient nés :

1. Jean, par. St-Maximin 6 janv. 1648; lequel suit.
2. Marguerite, ibid. 18 août 1650; mariée à J^{ques} Roussel.
3. Anne-Urbaine, ibid. 24 juin 1655; † par. St-Victor 25 sept. 1673.
4. Louise, par. St-Victor 3 mars 1660.
5. François, ibid. 29 oct. 1662; prêtre religieux profès de l'ordre de la Ste-Trinité, au mariage de sa sœur Catherine ci-après.
6. Louise-Pauline, ibid. 24 avril 1667; mariée à Jⁿ-B^{te} Boulard.
7. Catherine, mariée à 26 ans à Brice Collin.

III. Jean, fils du préc., sgr de Jussy en partie et de B^{se}-Bévoye, conseiller aux requêtes du palais, † par. St-Marcel 20 nov. 1717, inhumé par. St-Victor. Il avait épousé : 1° par. St-Marcel 9 juil. 1675, Barbe *Garnache*, fille de P^{re} Garnache, laquelle mourut par. St-Victor 5 févr. 1698; 2° M^{te} *de Rutant*, † par. St-Marcel 21 janv. 1711; 3° Barbe-F^{oise} *Aubertin*, mentionnée dès le 6 juil. suiv. comme son épouse, † par. St-Jean de la Citadelle 20 juil. 1743.

Du premier mariage étaient nés :
1. Jⁿ-F^{ois}, par. Ste-Ségolène 16 août 1676.
2. Henriette-L^{se}, par. St-Martin 2 déc. 1678.
3. Jⁿ-Louis, ibid. 23 févr. 1680.
4. Marquise, par. St-Gorgon 14 mai 1681; † 1er oct. 1684.
5. F^{ois}-Martin, ibid. 15 juin 1682; † 15 sept. 1684.
6. Abraham, par. St-Marcel 28 juin 1683; † 17 sept. 1685.
7. François, ibid. 7 févr. 1685.
8. *Joseph*, ibid. 19 déc. 1685; lequel suit.
9. Charles, ibid. 5 nov. 1689; † le même jour.
10. Pauline-Barbe, ibid. 24 sept. 1690.
11. Louis, ibid. 11 oct. 1691; † 6 nov. suiv.
12. Jⁿ-Barbe, ibid. 3 mai 1694; † 21 avril 1696.
13. Anne-Catherine, ibid. 8 mai 1695.
 Du second mariage naquirent :
14. Pierre, par. St-Marcel 8 oct. 1699; † 9 juil. suiv.
15. Jⁿ-B^{te}-Joseph, ibid. 6 mars 1703.

IV. JOSEPH, fils du préc., conseiller aux requêtes du palais, † par. St-Marcel 14 déc. 1723. Il avait épousé : 1° Anne *Lenoir*, fille de Louis Lenoir, commissaire des guerres; 2° par. Ste-Croix 27 mai 1715, Anne-F^{oise} *le Liepvre*, fille de † le s^r le Liepvre, intend^t de la maison de Mgr le maréchal de Catinat, et de M^{ie} Carbon. Du second mariage naquirent :
1. M^{ie}-Pauline, par. St-Gorgon 28 févr. 1716.
2. Anne-F^{oise}, par. St-Marcel 4 févr. 1722.
3. Barbe-F^{oise}, ibid. 25 juil. 1723; † 19 nov. suiv.
4. M^{ie}-Anne, † à 4 ans, par. St-Marcel 4 févr. 1722.

BRUILLARD, *alias* BRULARD CLAUDE. V. Fabert II, 3.

BRUILLARD (DE). I. MARIE. V. Grandeau I, 2.

II. CLAUDE. V. Laurenceau.

BRUILLARD DE COURSAN. V. Hue de Saint-Remy.

BRULLIOT ROBERT, avocat au parl^t, eut de Madeleine *Groux*, son épouse, Auguste-F^{ois}, par. St-Victor 3 mai 1712.

BRUN DE BOISNOIR M^{ie}-ANNE. V. de Salvaing de Boissieu.

BRUN (LE). V. Lebrun.

BRUN (DU) CHRISTOPHE, R. P. R., sgr de Bruslé, eut de Madeleine *de Normanville*, son épouse :
1. Louise, 2 févr. 1620.
2. Gabriel, 5 déc. 1621.
3. Philippe, 11 avril 1623.
4. Madeleine, 21 oct. 1629.

BRUNECK DE FRUNDECK. I. M^{ie}-THÉRÈSE-CHARLOTTE. V. de Ferrette.

II. ANNE-ROSINE-F^{oise}. V. Malchat IX.

BRUNEL (DE). I. ÉTIENNE, éc., cap. au rég^t d'Anvers espagnol, sgr de St-Epvre et Tragny, † à 61 ans, par. Ste-Ségolène 17 juin 1737. Il avait épousé : 1° F^{oise} *Thrésor*; 2° par. St-Gengoulph 23 juil. 1709, J^{ne} *Simon*, fille de † Mathieu Simon et de Nicole Brouen, laquelle mourut par. St-Simplice 20 juil. 1776, à 94 ans. Du second mariage naquirent :
1. Catherine-Antoinette, à Tragny 13 sept. 1713.
2. François, cap. du bataillon de Mirecourt, † à 41 ans, par. Ste-Croix 2 mai 1753.
3. J^{ph}-Louis, cap. réformé de la légion de Conflans, au mariage de sa nièce II, 5.
4. Léger, à l'enterrement de son père.
5. F^{ois}-Hubert, qui suit.

II. F^{ois}-HUBERT, fils du préc., éc., cap. au rég^t de Monturéux, † à l'armée du Bas-Rhin en 1757. Il avait épousé F^{oise}-Esprite *de Bernard*, dont il eut :
1. Louise, par. St-Simplice 22 avril 1751.
2. Jⁿ-B^{te}-Philippe, par. St-Marcel 18 août 1752 : p. Jⁿ-B^{te} de Lautier, sgr de Chabanon et Bois-de-Faux, cap. au rég^t de Navarre; m. Philippine Muzac.
3. Jeanne, par. St-Livier 11 oct. 1753.
4. Agathe, ibid. 18 janv. 1755; mariée à Henry-Martin de Fonton.
5. M^{ie}-Françoise, mariée à J^{ques} Perrin.

6. Anne, † à 2 ans 1/2, par. St-Livier 16 mai 1759.

III. ÉTIENNE, éc., sgr de St-Epvre, épousa Foise-Scholastique *de Cerretany*, dont il eut, à Tragny 6 juil. 1704, Hélène-Madeleine.

IV. JEAN, peut-être *Brunet*, command' des ville et château de Nomeny, eut de Jne *Patenôtre*, son épouse, Françoise, mariée à Guillaume de Fontaine.

V. ANTOINETTE. V. le Goullon XIII.

BRUNET. I. MARIE. V. Durieux.

II. CATHERINE-MTE. V. de Flavigny V.

III. BARBE. V. Auburtin IX.

BRUNET (DE) CHARLES. V. Breton (note).

BRUNEVAL JEAN, [doyen des chan. de la cathédrale, † 24 janv. 1587. Msc. Epit.]

BRUNIER PRE-ÉDOUARD. V. Giraud.

BRUSLENS (DE) GERTRUDE. V. Dumont III.

BRUSOL (DE) JACQUES, bon de Brusol en Bourbonnais, † par. St-Jean de la Citadelle 26 juil. 1689.

BRUSSAUX, *alias* BRUSSEAUX. I. NICOLAS, commissaire garde d'artillerie à la citadelle, eut pour épouse Foise *Bonneau*, † à 60 ans, par. St-Marcel 23 mars 1743 : à son enterrement *Claude*, son fils, qui suit ; Romain Lajeunesse, payeur au parlt, son neveu ; Sébastien Bonneau, conseiller au parlt, son cousin.

II. CLAUDE, fils du préc., chev. de St-Louis, cap. au régt de Forest, sgr en partie de Servigny-lès-Raville, eut d'Anne *de la Baulme*, son épouse, par. St-Marcel :
1. Chles-Anne, 4 déc. 1758 : p. Chles la Baulme, éc., ancien cap. de Vexin, sgr de Servigny ; m. Anne-Foise Brussaux, sa tante.
2. Mie-Madeleine-Charlotte, 16 août 1761 : p. Urbain de Faumarain, éc., chev. de St-Louis, ancien colonel au corps royal artillerie, son oncle ; m. Madeleine de Faumarain de la Baulme, sa gd mère. Elle fut mariée à Fois-Étienne Lamarle.

3. Anne-Mie-Joséphine, mariée à Ferdinand-Ernest de Mairesse.

III. Divers.
1. ANNE. V. Dedon.
2. ANNE-FOISE. V. Milet IV, 6.
3. MARGUERITE. V. Bardot.
4. MIE-JEANNE. V. Barba II.

BRUSSENNE MARIE. V. d'Artigue.

BRUYANT NAS-GRÉGOIRE. V. Aubert III.

BRY (DE) PIERRE, R. P. R., fut père de :
1. Rébecca, 14 janv. 1562.
2. Sara, 23 déc. 1565.

BRY D'ARCY (DE). I. LOUIS-CÉSAR, éc., gouverneur des ville et château d'Eurebourg, *aliàs* Ebernebourg, et du fort de Motier, sgr d'Arcy, † par. St-Simplice 4 nov. 1719 : à son enterrement, Louis-Alexandre de Bry, lieut.-colonel, son cousin issu de germain. Il avait épousé Mie-Charlotte *de Mahuet*, dont il eut :
1. Marguerite, par. St-Martin 23 nov. 1702 ; mariée à Chles de Laugier.
2. Louis-César, par. St-Gorgon 8 avril 1705 ; chan. de St-Sauveur, il bénit un mariage par. St-Maximin 8 janv. 1738 ; [chan. de la cathédrale, archidiacre de Sarrebourg, † 19 déc. 1765. Msc. Epit.]
3. Charlotte, † à 88 ans, par. St-Simplice 28 sept. 1782.
4. Chles-César, qui suit.

II. CHLES-CÉSAR, fils du préc., chev., lieut. du Roi et command' de Longwy, chev. de St-Louis, épousa, par. St-Martin 23 avril 1736, Barbe *d'Auburtin*, vve de Pre-Fois d'Hauteval ; le mariage fut célébré en la chapelle de la Grange, par. St-Privat. De ce mariage naquit Mie-Nas-César, qui suit.

III. MIE-NAS-CÉSAR, fils du préc., chev. de St-Louis, ancien cap. au régt de Picardie, épousa, étant âgé de 42 ans, par. St-Victor 28 sept. 1784, Catherine *Mangin*, âgée de 30 ans, vve de Pre-Louis le Noble de la Passe, éc., chev. de St-Louis, ancien cap. au régt Gatinais infanterie, de laquelle il eut ibid. :
1. Victor, 31 août 1785.

2. M{ie}-Victoire, 5 janv. 1787.

3. Henriette-Pauline, 11 nov. 1789 : p. Paul cte de la Tour-en-Woèvre, chev.; m. Henriette-Rolande-F{oise} de Sailly, dame de l'ordre illustre de la Croix Étoilée, son épouse.

IV. Ch{les}-Gabriel-F{ois}, fils d'Édouard-Louis, sgr d'Arcy, et de M{ie}-Claude Guaguant, épousa, par. St-Eucaire 21 sept. 1769, M{te}-M{te} *Gervais de la Rivière*, fille de Henry-F{ois} Gervais, éc., sr de la Rivière, négociant à Paris, et d'Anne-Élisabeth Vallet.

BRYAN Eustache, chev., sgr de Gamonstown en Irlande, fils de Georges, chev., dem{t} à Londres, et de Catherine Byrne, † à 19 ans, par. St-Georges 14 juil. 1786 : à son enterrement, Aylmer Bryan, brigadier des armées du Roi, chev. de St-Louis, son oncle.

BRYE (DE). I. J{n}-Claude-Bertin, intéressé dans les affaires du Roi, † à 74 ans, par. St-Livier 1er sept. 1758. Il avait épousé M{ie} *Thomas-Dehallas*, dont il eut M{ie}-Claude, † ibid. 9 mars 1742, à 24 ans.

II. Jean, contrôleur et dir. de la monnaie, puis conseiller du Roi, secrétaire de l'hôtel de ville, fils de Nicolas, notaire et procureur au bailliage de Verdun, et de F{oise} Pernet, † par. St-Gorgon 25 avril 1742, à 66 ans. Il avait épousé, ibid. 18 oct. 1706, M{te} *Charpentier*, âgée de 20 ans, fille des † Sébastien Charpentier, bourgeois et m{d}, et M{te} Paulo, laquelle mourut par. St-Simplice 20 juil. 1749. De leur mariage étaient nés :

1. Barbe-Gabrielle, par. Ste-Croix 22 juil. 1707; † 27 mai suiv.

2. M{te}-F{oise}, ibid. 23 août 1708.

3. J{n}-Baptiste, ibid. 28 sept. 1709; † 11 oct. 1711.

4. J{n}-B{te}-Gabriel, ibid. 16 nov. 1710; † par. St-Gorgon 23 août 1714.

5. Marie, ibid. 2 déc. 1711; mariée à Brice-N{as} Chapelle, à Benoît Gillot, puis à J{ques}-Ch{les} de Fleurtôt.

6. J{n}-B{te}, par. St-Gorgon 12 févr. 1714.

7. Ch{les}, ibid. 29 sept. 1715; † par. St-Marcel 29 nov. suiv.

8. D{que}-Mansuy, ibid. 30 mars 1717; † 1er nov. suiv.

9. *Claude*, ibid. 4 juin 1718; lequel suit.

10. Pierre, ibid. 29 sept. 1719; † par. St-Maximin 21 juin suiv.

11. Anne-Gabrielle, par. St-Maximin 24 janv 1722 : p. J{n}-B{te} de Bertilly, fils de P{re} de Bertilly, conseiller du Roi, receveur des émoluments de la chancellerie du parl{t}; m. Anne Blaise. — Elle fut mariée à Ch{les}-D{que}-Gabriel Saltzgaibre.

12. Marie, ibid. 8 sept. 1724.

III. Claude, fils du préc., secrétaire greffier de l'hôtel de ville, sgr de Ste-Agathe, épousa, par. St-Livier 4 févr. 1744, Anne-Barbe *Vernier*, † par. St-Marcel 16 mars 1760. De leur mariage étaient nés par. St-Livier :

1. Louis-Philippe-N{as}, 17 mars 1745.

2. J{n}-Philippe-N{as}, 30 mars 1746; lequel suit.

IV. J{n}-Philippe-N{as}, fils du préc., conseiller au bailliage, épousa, par. St-Victor 11 févr. 1772, M{te}-Charlotte *de Beccary*, dont il eut :

1. Anne, par. St-Marcel 27 mars 1773; mariée à Philippe-Étienne de Boursault du Tronçay.

2. Gabriel-Claude-Louis, par. Ste-Croix 14 mai 1775.

3. J{n}-F{ois}-Victor, ibid. 22 avril 1776; † 22 déc. suiv.

4. Léon-Louis-Eugène, ibid. 10 juin 1777.

V. M{ie} Jeanne. V. Pierre VI.

VI. M{ie}-F{oise}. V. Rodolphe.

BUAT (DU). I. Étienne, sgr de Jeandelainville, chev. des ordres de N.-D. du Mont-Carmel et de St-Lazare, conseiller au parl{t}, † par. Ste-Ségolène 15 sept. 1732. Il avait épousé, par. St-Marcel 10 avril 1701, Madeleine *Andry*, † par. Ste-Ségolène 20 juin 1762. De leur mariage étaient nés :

1. Madeleine-F{oise}, par. St-Marcel 31 juil. 1704; † 2 août suiv.

2. *Ch{les}-F{ois}-Augustin*, par. St-Gorgon 16 févr. 1708; lequel suit.

3. *Christophe-Étienne*, par. St-Gengoulph 20 janv. 1712; lequel suivra.

4. Madeleine-M^te, ibid. 3 août 1714; † par. St-Livier 31 suiv.
5. Étienne, ibid. 5 juin 1716.
6. F^ois-de-Sales, ibid. 3 janv. 1718; † 16 août suiv.
7. Louis, par. Ste-Ségolène 7 août 1720; † 1er sept. suiv.
8. Pétronille, mariée à Philbert Goussaud.
9. Marie, † par. Ste-Ségolène 22 janv. 1772, à 60 ans environ.

II. Ch^les-F^ois-Augustin, fils du préc., éc., sgr de Coin, conseiller au parl^t, † par. St-Simplice 19 mars 1768. Il avait épousé, par. St-Gorgon 25 avril 1735, M^ie-F^oise *Willemin* de Coin, dont il eut :
 1. Charles, par. St-Gorgon 24 avril 1736.
 2. M^ie-Apolline-Christophe, par. St-Martin 12 juil. 1737; mariée à Laurent Grostête de Plichancourt.
 3. Madeleine, ibid. 21 sept. 1738.
 4. François, ibid. 8 sept. 1739; chef de bataillon d'artillerie, chev. de St-Louis, il épousa Anne-Antoinette-F^oise-Maximilienne *Fabert*, dont il eut, en 1779, F^oise-Apolline, mariée au m^is de Marguerye.
 5. Marie, ibid. 14 sept. 1741.
 6. M^ie-Madeleine, par. Ste-Ségolène 8 avril 1745; mariée à Claude-F^ois de la Cour.
 7. M^ie-Françoise, ibid. 4 mai 1748; mariée à J^n-P^re-Louis Beyerlé.
 8. M^ie-Françoise, par. St-Martin 16 nov. 1749.
 9. Charlotte-Apolline, par. St-Simplice 3 oct. 1751.
 10. Louise, ibid. 3 août 1755; mariée à Louis-Amable de Prez.
 11. Charlotte, † à 3 ans, 2 avril 1742.
 12. Marie, † à 4 ans; par. St-Simplice 23 sept. 1755.

III. Christophe-Étienne, frère du préc., éc., chev. de St-Louis, cap. d'infanterie au rég^t de Penthièvre, épousa M^ie-Suzanne-Charlotte-Renarde *de Füschemberg*, † à 47 ans, par. Ste-Croix 9 nov. 1764, inhumée par. Ste-Ségolène : à son enterrement, Christophe-N^as du Buat, éc., lieut. au rég^t de Penthièvre, son fils.

BUBEN (de) Antoine. V. Mosberger.

BUCHET (du), *alias* des BUCHETS Claude-Catherine, religieuse de l'abbaye de St-Pierre, † par. St-Victor 25 nov. 1633.

BUCHO Catherine. V. Georges de Boucheporn.

BUCHOZ. I. P^re-Paul, conseiller honoraire au bailliage, † par. St-Victor 9 janv. 1787, à 60 ans. Il avait épousé, à Ars-sur-Moselle (l'acte aux registres de la par. Ste-Ségolène) 7 mai 1754, M^te *Antoine*, dont il eut par. Ste-Croix :
 1. N^as-Gilles-F^ois-M^te, 27 janv. 1756; † par. St-Victor 20 janv. 1769.
 2. Louis-Christophe-P^re, 26 déc. 1756; [il demeurait à Longeville-lès-Metz en 1790].
 3. André, 26 févr. 1758.
 4. Marguerite, † à 19 ans, par. St-Victor 23 juin 1785.

II. Marie. V. Dilange VII.
III. Marie. V. Lebrun II.

BUFFET François, ministre de la R. P. R., fils de † Hermy, de Villegusien près Langres, épousa, 15 mai 1583, Suzanne *Collignon*, fille de Claude Collignon, cordonnier, dem^t en Fournirue, de laquelle il eut Daniel, 22 juin 1584.

BUFFIGNÉCOURT (de). V. de Labigant.

BUGNET (le). I. Joseph, syndic des m^ds et greffier des consuls, avait épousé Élisabeth *Séchehaye*, † par. St-Livier 6 sept. 1742, à 83 ans.

II. Dominique. V. Bernard IV.
III. Anne. V. Barba II.

BUGUET P^re-Joseph. V. de Beschefer de Versel.

BUISSON M^ie-Rose. V. Bovard.

BULLAY Anne. V. de Fontaine II.

BULLINGEN (de) Catherine-Thérèse. V. de Schwengsfeldt.

BURANTIN Anne. V. Rothé de Maray de Lasalle.

BURAULT Louise. V. Morel I, 5.

BUREAU DE LA COURROUGE EDME-F^{ois}, cornette au rég^t de Bourgogne cavalerie, fils de Messire de la Courrouge, subdélégué de M^r l'Intendant de Paris, † par. St-Victor 1757, à 19 ans.

BURGO (DE) JEAN, officier au rég^t Irlandais, eut de Catherine *Gibout*, son épouse, Anne-Catherine-Élisabeth, par. St-Gorgon 9 oct. 1695.

BURIN DE TAILLADIT (DE) JEAN, éc., s^r de Tailladit, lieut. de cavalerie au rég^t royal Roussillon, natif de Hany, de la ville et archevêché d'Ohié, épousa, étant âgé de 32 ans, par. Ste-Ségolène 14 févr. 1684, M^{te} *Nicolas*, v^{ve} de F^{ois} Tarcis, avocat en parl^t.

BURKE (DE) JEANNE. V. de Lynche.

BURLURAUT, *alias* **BURLURAUX**.
I. CATHERINE et FRANÇOIS. V. Bertrand II.
II. ANNE. V. de Croizet et d'Entré.

BURNOUF J^{ne}-M^{te}-JACQUELINE. V. Lorin.

BURQ Jⁿ-BAPTISTE, éc., chevalier de St-Louis, cap. au rég^t de Saint-Chaumont infanterie, épousa F^{oise}-Thérèse *Viville*, † pensionnaire au monastère de la Visitation, par. St-Maximin 16 nov. 1786, à 58 ans.

BURTE FRANÇOISE. V. d'Avrange II.

BURTÉ DE MONTAIGNE CHARLES, lieut. au rég^t de Languedoc dragons en garnison à Metz, † en Fournirue, par. St-Gorgon 22 janv. 1742, à 31 ans.

BURTEAU P^{re}-LOUIS. V. de Belchamps VIII, 2.

BURTHAIRE BARBE. V. Dobet.

BUSSELOT. I. JACQUES, R. P. R., sgr de Montigny, épousa Judith *Gauvain*, qui était v^{ve} de lui en 1618. De leur mariage naquirent :
1. Jacob, 4 janv. 1604; cap. d'une compagnie de cavaliers, il épousa, 25 avril 1632, Anne *d'Inguenheim*.
2. David, 6 févr. 1605.
3. Marie, 4 juin 1606; mariée à F^{ois} le Goullon.
4. Paul, 9 juil. 1608.
5. Suzanne, 1er oct. 1610; mariée à Regnauld-Ernest de Montigny.

II. SIMON le jeune, R. P. R., m^d, fut le père de :
1. *Simon*, 11 août 1604; lequel suit.
2. Judith, mariée à F^{ois} d'Inguenheim.

III. SIMON, R. P. R., fils du préc., épousa, 18 févr. 1629, Élisabeth *Braconnier*, dont il eut :
1. Simon, 29 oct. 1632.
2. Élisabeth, 13 janv. 1636.
3. Esther, 3 déc. 1639.
4. Paul, 31 août 1643.
5. Judith, 21 janv. 1648.

IV. LOUIS-J^{ph}, éc., sgr de Lesse, épousa Anne-Rose *Lallement*, † v^{ve} de lui, par. St-Martin 24 mars 1729. De leur mariage était née Agnès Dieudonnée, mariée à Ch^{les}-Louis Bardou du Hamel.

V. CH^{les}-HENRY, cousin issu de germain du préc., éc., sgr de Haraucourt et Vaucourt, président des trésoriers de France, intend^t des finances et gabelles en la généralité de Metz, † par. St-Victor 27 sept. 1762, à 67 ans. Conseiller du Roi de Pologne en ses conseils, g^d gruyer, m^e-gén^l réformateur des eaux et forêts de Lorraine et de Barrois au dép^t de Pont-à-Mousson, domicilié à Nancy, veuf de L^{se}-Barbe *Thibault de Menonville*, il avait épousé, par. St-Victor 16 nov. 1745, J^{ne}-F^{oise} *Gillet de Vaucourt*, † ibid. 15 sept. 1773.

VI. ANTOINETTE, cousine du préc. V. du Rocheret I, 5.

VII. LOUIS, frère de la préc. V. Picard IV.

VIII. CHARLOTTE, cousine des préc. V. Ferrant.

IX. M^{ie}-ANNE et ROSE. V. Bardou du Hamel.

X. JACQUES *Busselot de Saint-Aubin*, R. P. R., aman, eut d'Esther *Collin*, son épouse, Pierre, 10 mars 1623.

XI. JOSEPH, R. P. R., eut deux filles :
1. Judith, mariée à Jⁿ le Bachelé.
2. Sara, mariée à Pierre Joly.

XII. CLAUDE, [natif du Barrois, m^e-chaufournier, entrepreneur des fortifications et réparations de la citadelle, † 16 sept. 1616, à 54 ans. Msc. Epit.]

XIII. Divers.
1. ANNE. V. de Saint-Aubin I.
2. PIERRETTE. V. Platine III.
3. SARA et SIMON. V. Gauvain VI.

BUSSENNE (DE) M^{ie}-J^{ph}-MICHEL, substitut de M^r le Procureur général au parl^t, fils de Michel, sgr de Bathelémont-lès-Bauzemont, Igney, le Toupet et la vouerie de Bure, et de M^{te} Conigliant, épousa, étant âgé de 25 ans, par. St-Simplice 1er oct. 1765, M^{ie}-Thérèse *Mary*, âgée de 19 ans.

BUSSIÈRE (DE LA) CLAUDE-HENRY, conseiller du Roi et commissaire ordinaire des guerres, eut d'Anne-Louise *Sergent*, son épouse, Bernard-F^{ois}, par. St-Martin 13 sept. 1672 : p. F^{ois}-Édouard ; m. Anne-Louise, ses frère et sœur.

BUSSY DE PATISSIER (DE) J^{ques}-J^{ph}, éc., lieut.-colonel d'infanterie, fils de † Philbert, éc., chev. de St-Louis, lieut.-colonel d'infanterie, et de Sophie-Ernestine de Passera, du diocèse de Soissons, épousa, étant âgé de 29 ans, par. St-Victor 9 févr. 1751, Agnès *Lecomte* de Grosyeux.

BUZELET (DE), alias DE BUSELET.
I. JACQUES, éc., chev. de St-Louis, lieut.-colonel de dragons au rég^t Dauphin, sgr de Bagneux, † à 82 ans, par. St-Martin 23 déc. 1734. Il avait épousé Barbe *d'Harquel*, † par. St-Victor 22 juil. 1757, à 85 ans. — De leur mariage naquirent :
1. D^{que}-Jacques-César, par. St-Gorgon 6 oct. 1700 ; lequel suit.
2. J^{ques}-Philbert, ibid. 2 sept. 1701.
3. Ch^{les}-Adrien, par. Ste-Croix 17 août 1711.
4. Charlotte-M^{te}, par. St-Gorgon 22 août 1713 ; † 11 oct. 1718.
5. M^{ie}-Suzanne, mariée à P^{re}-N^{as} de Belchamps.

II. D^{que}-J^{ques}-CÉSAR, fils du préc., chev., cap. au rég^t Dauphin dragons, sgr de Bagneux, épousa, par. Ste-Croix 21 sept. 1728, Catherine *de la Croix*, dont il eut :
1. J^{ques}-Dominique, par. Ste-Croix 16 sept. 1729.
2. Ch^{les}-Louis-Auguste, ibid. 23 août 1730 : p. Ch^{les}-Louis-Auguste Foucquet, c^{te} de Belleisle, command^t en chef dans les Trois-Évêchés ; m. Barbe d'Harquel, sa g^d mère.
3. M^{ie}-Suzanne-Charlotte, ibid. 5 oct. 1732.
4. Ch^{les}-Adrien, ibid. 21 août 1736 ; † 5 déc. suiv.
5. J^{ques}-Philippe-Ch^{les}, ibid. 21 août 1737 ; lieut. au rég^t de Bresse, † par. Ste-Croix 4 févr. 1765.
6. Catherine-Charlotte-Barbe-Josèphe, par. Ste-Ségolène 13 oct. 1739 ; † par. St-Simplice 10 mars suiv.
7. J^n-B^{te}-F^{ois}-Charles, par. Ste-Croix 27 déc. 1741.
8. *J^{ques}-N^{as}-Catherine*, ibid. 6 déc. 1743 ; lequel suivra.
9. M^{te}-Élisabeth-Catherine, ibid. 30 mai 1746.
10. *Ch^{les}-Adrien*, qui suit.

III. CH^{LES}-ADRIEN, fils du préc., chev. de St-Louis, cap. au corps royal artillerie, épousa, par. Ste-Ségolène 12 janv. 1768, M^{ie}-Philippe *Georgin de Mardigny*, † par. Ste-Croix 19 juin 1776. De leur mariage naquirent :
1. M^{ie}-Barbe-Luce, par. Ste-Ségolène 7 août 1769.
2. M^{ie}-Suzanne-Charlotte-Victoire, ibid. 29 avril 1771.
3. M^{ie}-Laurent, ibid. 5 sept. 1772.
4. J^{ques}-D^{que}-Barbe-M^{ie}, ibid. 8 mai 1774.
5. M^{te}-Thérèse-M^{ie}-Dieudonnée, par. Ste-Croix 6 juin 1776.

IV. J^{QUES}-N^{AS}-CATHERINE, frère du préc., m^{is}, chev., cap. au rég^t de Strasbourg corps royal artillerie, chev. de St-Louis, eut de Henriette-Élisabeth-Charlotte-Josèphe *d'Astruc*, son épouse, par. Ste-Croix :
1. Alexandre-D^{que}-Ernest-J^{ph}, 4 juil. 1788.
2. Adélaïde-Henriette-Joséphine, 2 sept. 1789.

C

CABANES (de)[(1)]. I. Marcel-Herman, enseigne au rég^t du b^{on} de Berainseau, † à Luttange 26 févr. 1689, inhumé dans l'église. Il avait épousé Lucie *Dattel*, dont il eut :
1. Claude, [née en 1680], † à Metz par. St-Maximin 4 avril 1697, « très pauvre, étant en service sur la paroisse » ; sa mère, Lucie Dattel, et sa sœur Jeanne, la suivante, assistent à son enterrement.
2. Jeanne, née à Luttange 15 nov. 1682.
3. F^{oise}-Élisabeth, ibid. 2 mai 1688; mariée à J^n Hartard de Pallant.

II. **Guillaume-Ambroise**, frère du préc., cap. d'infanterie au rég^t de Beaumont, † à Luttange 19 oct. 1720. Il avait épousé F^{oise} *Wolschlager*, † ibid. 11 avril 1729, à 82 ans. De leur mariage étaient nés ibid. :
1. Claude-Catherine, 23 déc. 1683.
2. Catherine, 8 juil. 1685 ; mariée à Ch^{les}-Emmanuel de Limousin.

---

(1) Nous avons utilisé, pour cette famille, outre les registres des paroisses de Metz, les registres de la paroisse de Luttange et les archives de famille de M. Maxime de la Vernette, demeurant à Metz, rue des Clercs, mises avec beaucoup de bienveillance à notre disposition. Tout ce qui est entre [ ] dans notre article est extrait de ces archives. Nous en extrayons de plus ces quatre générations précédant la première de notre article, nos données s'appuyant sur des actes notariés à partir de Josias :
Antoine, très noble sgr en Vivarais, épousa Jeanne de Berre, dont il eut *Claude*, qui suit.
Claude, fils du préc., très noble sgr en Vivarais, † en 1570. Il avait épousé Mangelle de ..., dont il eut *Josias*, qui suit.
Josias, fils du préc., sgr de Luttange, Weinsberg et Metzeresch, † dans les premiers jours de 1628. Il avait épousé Barbe de Monet, fille de Jean de Monet, chev., sgr de Luttange, et de Barbe de Huémont, de laquelle il eut : 1° *Jean*, qui suit ; 2° Paul, qui, en 1628, se disposait à entrer chez les Capucins ; 3° Jean-Adam ; 4° Anne-Elisabeth ; 5° et 6° Claudine et Jeanne, lesquelles, en 1628, entrèrent chez les chanoinesses régulières du Saint-Sépulcre à Bouillon ; 7° Barbe.
Jean, fils du préc., sergent-major cap. de Sa Majesté, † avant le 1er sept. 1666. Il avait épousé Anne de Pourthier, † 18 mars 1681. De leur mariage étaient nés : 1° Augustin-Simon, enseigne au rég^t de M. le c^{te} de Beaumont en 1668, mort en 1679 ; 2° *Marcel-Herman*, qui commence l'article ci-dessus, et 3° *Guillaume-Ambroise*, qui suivra.

---

3. Guillaume, 3 sept. 1686 ; [officier au service de S. M. Catholique le Roi d'Espagne en 1708].
4. M^{ie}-Élisabeth, 15 août 1687.
5. F^{oise}-Lucie, jumelle de la préc.
6. Anne-M^{ie}-J^{ne}, 20 févr. 1689.
7. M^{ie}-Charlotte-F^{oise}, 4 avril 1690.
8. J^n-*Baptiste*, qui suit.
9. J^n-François, 22 août 1692.
10. Philippe, maréchal des camps et armées de S. M. Catholique le Roi d'Espagne, inspecteur et major de son rég^t des gardes Wallonnes, parrain représenté 17 juin 1771.
11. Herman-Fortunat, [marié à Holthey, près de Gueldres. — Un de Cabanes du même nom épousa à Aix-la-Chapelle, 3 mars 1706, M^{ie}-Anne-J^{ne} *de Dehern*. Macco, Rheinischer Adel.]
12. N^{as}-*Jérôme*, qui suivra VI.
13. *Augustin-Marcel*, qui suivra IV.

III. **J^n-Baptiste**, fils du préc., cap. de grenadiers au rég^t d'Alsace, chev. de St-Louis, † à Luttange 18 sept. 1757. Il avait épousé Élisabeth *Kirstienne*, † à 79 ans, ibid. 6 juil. 1774. Le 16 févr. 1734, réhabilitation « de leur mariage ayant été fait par un prêtre qui n'avait pas le pouvoir de les marier ». Le 8 janv. 1754, nouvelle réhabilitation « autant que besoin » de leur mariage, parce qu'il a été réhabilité devant deux témoins, tandis que les ordonnances du royaume en prescrivent quatre. Sont légitimés les enfants suivants, à l'exception du troisième, sans doute mort auparavant :
1. Claudine, née à Luttange 15 mai 1722 ; mariée à Ferdinand-Ernest Marisy.
2. Ch^{les}-Emmanuel, ibid. 14 juin 1731 ; [enseigne au rég^t d'Alsace en 1744, cap. au même rég^t en 1752].
3. Ch^{les}-François, ibid. 3 oct. 1733.
4. Sabine, ibid. 26 août 1735 ; † 8 janv. 1789.
5. Ch^{les}-J^n-Baptiste, ibid. 19 mai 1738.

IV. Augustin-Marcel, frère du préc., † à Luttange 28 oct. 1738. Il avait épousé : 1° ibid. 28 oct. 1694, (avec dispense du 4ᵉ degré de consanguinité), Catherine-Régine *Petit de la Vaulx*, † ibid. 4 oct. 1694 ; 2° Gertrude *de Malaizé*, † ibid. 1ᵉʳ févr. 1751, à 84 ans. Du second mariage étaient nés à Luttange :
1. Jⁿ-Nicolas, 31 janv. 1706.
2. Jean, parrain du préc.
3. Nicolas, parrain du même.
4. Catherine, marraine du même.
5. *Guillaume-Fois*, 30 mai 1708 ; lequel suit.
6. Dque-François, 19 nov. 1709 ; p. Dque-Fois de Cabanes, son cousin-germain. [Il fut colonel d'infanterie espagnole.]
7. Jacques ; [lieut. au régt d'Alsace en 1739, † en Bohême en 1752.]

V. Guillaume-Fois, fils du préc., cap. au régt de l'Isle de France, † par. St-Martin 23 mars 1760, inhumé dans la nef de l'église. Il avait épousé Agnès *Baltus*, dont il eut :
1. Jne-Philippine, par. St-Martin 7 nov. 1751 ; mariée à Gabriel Zwefelt de Suève.
2. Anne-Sabine, à Luttange 2 juil. 1754 ; † ibid. 6 oct. 1758.
3. Dque-François, ibid. 24 août 1755.
4. Chles-Jacques, ibid. 21 juin 1757.
5. Guillaume-Dque, ibid. 23 déc. 1759 ; [cap. aux gardes Wallonnes, marié à Thérèse *de Palseau*, de Bourglinster, gd duché de Luxembourg.]

VI. Nas-Jérôme, oncle du préc., sgr de Luttange et Mondelange, lieut. de Royal Allemand cavalerie, † à 82 ans, à Luttange 26 avril 1752. Il avait épousé Mte *de Valentin*, dame de Mondelange, dont il eut :
1. Jⁿ-François, † à Luttange 20 juin 1715, âgé de 13 ans 6 mois.
2. *Dque-François*, qui suit.

VII. Dque-François, fils du préc., sgr de Mondelange et Luttange, † à Luttange 15 nov. 1770. Il avait épousé Anne-Sabine *d'Harquel*, † ibid. quinze jours avant son mari, inhumée dans la chap. de la Ste Vierge. De leur mariage étaient nés à Luttange :

1. Nas-Philibert, 21 févr. 1732 ; lieut.-colonel d'infanterie espagnole.
2. Béatrix-Mie, 24 mars 1733 : p. Dque d'Harquel, chan. de la cathédrale ; m. Béatrix-Angélique de Baignault, épouse d'Adrien de Monsure de Cany.
3. Charles, 22 avril 1734 : p. Chles d'Harquel, éc., sgr de Retonféy, représenté par Jques de Cabanes, éc., sgr de Luttange ; m. Gertrude de Malaizé, épouse d'Augustin de Cabanes.
4. Antoine, 1ᵉʳ juin 1735 ; [chev. de St-Louis, lieut. d'artillerie (1761), chef de brigade au corps royal d'artillerie à Metz (1781)].
5. Jⁿ-Baptiste, 7 déc. 1736 ; † 6 juin suiv.
6. *Dque-Fois-Mie-Thérèse*, 11 janv. 1738 ; lequel suit.
7. Paul-Chles, 8 sept. 1739.
8. Adrienne, née en 1740 ; † 18 oct. 1747.
9. Mie-Suzanne-Charlotte, 13 avril 1741.
10. *Guillaume-Chles*, 21 avril 1742 ; lequel suivra.

VIII. Dque-Fois-Mie-Thérèse, fils du préc., lieut.-colonel au service d'Espagne en 1789, [† 16 oct. 1815. Il avait épousé Mte *Holla*, † 14 févr. 1835]. De leur mariage étaient nés :
1. Sabine, à Luttange 13 mai 1789.
2. Dque-François, parrain de la préc.

IX. Guillaume-Chles, frère du préc., cap. au régt royal de Deux-Ponts, épousa, par. St-Martin 30 mai 1786, Madeleine-Barbe-Jne *de Faultrier* : à ce mariage, Guillaume de Cabanes, éc., officier aux gardes wallonnes, et Fois Amelin de Beaurepaire, chev. de St-Louis, ancien lieut.-colonel de dragons, cousins issus de germain du marié ; Pre-Michel Pottier de Fresnoy, sgr d'Ennery et de Creutzwald, commissaire des guerres, beau-frère de la mariée ; Jn-Chles-Jph d'Alnoncourt, éc., conseiller au parlt, cousin germain par alliance de la mariée. — Du dit mariage naquit, par. St-Martin 27 déc. 1787, Mie-Adélaïde, mariée à Philippe cte de Lauzières de Thémines.

CABANES de CANNA (de) Jeanne. V. de Bordenave.

CABILLOT Gabriel, avocat au parlt de

Paris, [puis au bailliage et siège présidial de Verdun], † à Metz, par. St-Martin 15 oct. 1768, à 70 ans.

CABIRON (DE) PIERRE, sgr d'Annel, en garnison à Gondrecourt, eut de Barbe *Godeau*, son épouse, une fille N***, ondoyée par. St-Marcel 15 nov. 1676.

CABOCHE FRANÇOIS, conseiller d'État de S. A. de Lorraine, eut de M^{te}-Élisabeth *Maler*, son épouse :
1. Élisabeth, mariée à César Hallot, sgr de Lure. V. de Saint-Jure III, 7.
2. Catherine, mariée à N^{as} Rutant.
3. Christine, [† carmélite en 1677 après 40 ans de profession. Metz, msc. 155, p. 212].

CABOUILLY. I. DANIEL, cap. prévôt gruyer et receveur de la prévôté de Sancy, puis conseiller du Roi, receveur et payeur des gages de la chambre des requêtes au parl^t, † par. St-Martin 6 févr. 1719, à 65 ans. Il avait épousé, par. St-Simplice 9 févr. 1682, M^{te} *Thirion*, † ibid. 21 janv. 1744, à 87 ans. De leur mariage étaient nés par. St-Simplice :
1. *Claude*, 4 nov. 1682; lequel suivra.
2. Catherine, 2 oct. 1684.
3. Françoise, 27 août 1685; mariée à Henry Maujean.
4. *Charles*, 16 avril 1689; lequel suit.

II. CHARLES, fils du préc., cap. au rég^t d'Étampes précédemment rég^t de Chartres, épousa, par. St-Gengoulph 8 janv. 1725, Gabrielle-Charlotte *Crespin*, dont il eut par. St-Gengoulph, excepté le premier, né par. St-Martin :
1. Christophe-Ch^{les}, 31 mai 1726.
2. F^{oise}-Charlotte, 27 avril 1729; mariée à Jⁿ-B^{te}-N^{as} de Cotte.
3. Françoise, 5 août 1730.
4. M^{ie}-Élisabeth, 15 déc. 1731.

III. CLAUDE, frère du préc., sgr du fief de Hellocourt, de Maizières et de Fossieux, receveur et payeur des gages de la chambre des requêtes, † par. St-Martin 19 juil. 1762. Il avait épousé J^{ne} *Balon*, † à 86 ans, par. Ste-Ségolène 22 mai 1784. De leur mariage étaient nés :
1. Marguerite, par. St-Gorgon 29 oct. 1718; mariée à Jⁿ-B^{te} Guyot.
2. Françoise, ibid. 1er oct. 1720.
3. M^{ie}-Françoise, ibid. 1er janv. 1722; mariée à Alexandre-Louis-André de la Nesle, puis à Michel-Gabriel Dudrot.
4. *François*, ibid. 21 févr. 1723; lequel suit.
5. Charles, ibid. 12 nov. 1724; † par. St-Martin 7 août 1726.
6. J^{ne}-M^{te}, par. St-Martin 8 janv. 1726; mariée à Denis-René Auger.
7. Madeleine, ibid. 5 mars 1727; † 2 sept. 1729.
8. Anne-F^{oise}, ibid. 8 nov. 1728.
9. M^{te}-Madeleine, ibid. 20 avril 1730.
10. Anne-F^{oise}, ibid. 20 juin 1733.
11. M^{ie}-Madeleine, ibid. 10 août 1734.

IV. FRANÇOIS, fils du préc., éc., conseiller au parl^t, sgr de Maizières, eut de Claudine *Ebaudy*, son épouse, par. Ste-Croix :
1. Ch^{les}-Antoine, 25 juin 1765; [conseiller au parl^t en remplacement de son père.]
2. Julienne-Élisabeth, 31 déc. 1766; mariée à Louis-Jⁿ-Antoine de Beschefer de Versel.

CACHEDENIER DE VASSIMONT M^{ie}-L^{se}-ÉLISABETH et M^{ie}-F^{oise}-GABRIELLE. V. Gerard d'Hannoncelles II, 4 et III.

CACHET. I. Jⁿ-NICOLAS, éc., avocat au parl^t, [† 14 mars 1729. Il avait épousé, 25 nov. 1687], M^{ie}-Élisabeth-F^{oise} *Simon*, † par. St-Eucaire 15 août 1725, à 64 ans. De leur mariage étaient nés :
1. Louis, par. St-Martin 19 janv. 1691; [† en bas-âge].
2. M^{te}-Charlotte, ibid. 17 mars 1692.
3. Jⁿ-Baptiste, ibid. 5 févr. 1695.
4. Louis-N^{as}, ibid. 19 mai 1697.
5. Rachel-M^{te}, ibid. 11 oct. 1698.
6. Agnès, par. St-Simplice 7 févr. 1700.
7. Jⁿ-Étienne, parrain de la préc.; [officier au rég^t de Groeder, aide-major de la milice, † par. St-Victor, à 53 ans.]
8. J^{ph}-Hyacinthe-Gabriel, ibid. 4 avril 1701.
9. Élisabeth-Agnès, ibid. 29 mars 1703.
10. Barbe-Agnès, ibid. 17 sept. 1704.
11. Nicole-Sara, mariée à P^{re} Oudet.

12. Suzanne, mariée à N^as du Vivier de Tournefort, puis à Henry la Faverie de Blauzac.

II. Françoise. V. Estienne.

III. Marie. V. d'Achet.

CADEAU M^ie-Angélique. V. Fremyn II.

CADELLE DE GRANDMAISON (DE) Jacques, éc., s^r de Grandmaison, dem^t rue des Carmes, épousa : 1° Suzanne *Peltre*, R. P. R., † à 56 ans, 7 nov. 1668; 2° par. Ste-Ségolène 30 juil. 1673, étant âgé de 60 ans, L^se *le Roy*, v^ve de N^as Gente, âgée de 40 ans. A ce dernier mariage, J^n-F^ois c^te de Narbonne, et Guillaume Rustaing, éc., conseiller-secrétaire du Roi, maison et couronne de France.

CAGNARD. I. Jean, conseiller du Roi, garde des livres à la chambre des comptes du parl^t, † à 84 ans, par. St-Maximin 6 déc. 1725. Il avait épousé F^oise *Bradin*, dont il eut Jeanne, mariée à F^ois Gourdin de Peltre.

II. Marguerite. V. Dubreuil.

III. Nicolas. V. Muzac II, 4.

CAHAGNE (DE) Catherine. V. Bigot.

CAILLARDE (DE) Louis, éc., s^r de la Fontaine, gendarme de la compagnie de Mgr le Dauphin, † à 22 ans, par. St-Marcel 16 janv. 1688.

CAILLET. I. Jacques, m^e des eaux et forêts à Sarrelouis, † par. St-Eucaire 2 juin 1694, à 29 ans.

II. Mathias-J^ph, âgé de 42 ans, cy-devant lieut. au bataillon de la milice de la H^te-Alsace en garnison à la citadelle de Metz, fils des † Pierre, commissaire gén^l des vivres, poudres et salpêtres de la H^te-Alsace, et M^ie-Dorothée Séraphon, épousa, par. St-Simplice 22 juin 1758, Élisabeth *Raymond*, v^ve de Ch^les Vinocq de Laffont.

CAILLIER Marguerite, Nicolas et François. V. Archangély I et II.

CAILLOT Jean. V. Couët de Boigodan.

CAILLOUX (DE). I. N***, éc., sgr en partie de Lesse. V. Grandjambe XII.

II. J^s-Louis-F^ois-Philippe, chev., sgr en partie de Valmont, avocat en parl^t, âgé de 28 ans, fils de J^n-Ch^les-Philippe, chev., sgr en partie de Valmont, ancien cap. d'infanterie allemande au service de France, résidant à St-Avold, et de † M^ie-Anne Selzet d'Elvain, épousa, par. St-Simplice 11 avril 1780, Madeleine *Humbert*, âgée de 32 ans : à ce mariage, F^ois Henry de Cailloux de Valmont, chev., lieut. au rég^t de Bouillon infanterie allemande au service de France, frère consanguin de l'époux; J^n-Philippe O'More, chev., sgr en partie de Valmont, cousin issu de germain de l'époux; J^ph-Ignace Foissey, éc., conseiller du Roi en ses conseils, avocat gén^l au parl^t; J^n-N^as Humbert de Fercourt, officier pour le service de France, et Claude Humbert de Pommecourt, frères de l'épouse. — De ce mariage naquirent par. St-Simplice :

1. M^ie-Catherine-Rose, 19 mai 1782.

2. M^ie-Élisabeth, 8 sept. 1783 : m. M^ie-Élisabeth de Villaucourt, épouse de J^n-Ch^les-Philippe de Cailloux, son aïeul pat.

3. M^ie-F^oise-Joséphine, 3 févr. 1785 : p. J^n-F^ois Desquiez, éc., sgr de Rémeling, cap. de dragons, chev. de St-Louis, son oncle pat. par alliance; m. F^oise Vaillant, épouse de N^as Ledure, avocat au parl^t, g^d tante mat.

4. M^ie-Laurette, 8 sept. 1786 : p. J^n-B^te-N^as Humbert de Fercourt, lieut. au rég^t de Grenoble du corps royal artillerie, oncle mat.; m. Laurette-Thérèse Vaillant, épouse de J^n-B^te Mauger, intéressé dans les affaires du Roi.

5. M^ie-Thérèse, jumelle de la préc. : mêmes parrain et marraine.

6. Ch^les-F^ois-Marie, 28 nov. 1788 : p. Ch^les-F^ois Cailloux de Valmont, officier au rég^t de Nassau, cousin de l'enfant; m. Cécile Humbert, sa tante.

7. N^as-Louis, 28 mars 1790 : p. N^as Ledure, oncle mat. par alliance; m. Louise-F^oise Cellier, épouse de J^n-B^te-N^as Pacquin, avocat au parl^t, cousine par alliance.

CAISSAC (DE) J^ne-Charlotte, [fit profession au monastère de la Visitation

12 juil. 1676 et y mourut 7 janv. 1729, à 81 ans. Metz, msc. 153, p. 93].

CAJOT M^{ie}-Anne. V. le Secq de Crépy II.

CALLESTROPADE (de). I. Dominique, sgr de Pis, lieut. de cavalerie au rég^t de Villeroy, † à 88 ans, par. St-Eucaire 28 juil. 1732. Il avait épousé, par. St-Maximin 28 déc. 1701, Judith *Olry*, † à 80 ans, ibid. 26 avril 1734.

II. François. V. de Saignes.

CALLITROPE (de). I. Jacques, [lieut. d'une compagnie pour le Roi à Metz, † à 72 ans, 19 mars 1625. Il avait épousé Dieudonnée *de Crève, alias de Crusnes*. Msc. Epit.]

II. Catherine, [religieuse de Ste-Madeleine, † 6 janvier 1659, ayant 55 ans d'âge et 35 de religion. Metz, msc. 153, p. 146].

CALLOUÉ Françoise. V. Mésoyer-Conflant.

CALMIEL (de) J^n-Baptiste, éc., sgr de la Boade et de Moncadie, cap. d'un rég^t du Roi, † par. St-Maximin 13 janv. 1674, inhumé au chœur de la chap. St-Nicolas.

CALMUS, dit **RICHEMONT** Barthélemy, m^e-peintre, épousa, par. St-Marcel 8 janv. 1776, Félicité *Régnier*, † ibid. 20 nov. 1790, à 42 ans.

CALONNE (de). I. Ch^{les}-Alexandre, chev., conseiller du Roi en tous ses conseils, m^e des requêtes ordinaires de son hôtel, sgr du comté d'Hannonville-sous-les-Côtes, intend^t gén^l des Trois-Évêchés, puis contrôleur gén^l des finances sous Louis XVI, avait épousé Anne-Joséphine *Marquet*, † par. St-Livier 22 août 1770, après avoir donné le jour la veille à son premier enfant Ch^{les}-Louis-Henry, dont le parrain fut Louis Marquet, éc., receveur gén^l des finances à Bordeaux, dem^t à Paris, son aïeul.

II. M^{ie}-Anne. V. de Foucquet II.

III. M^{ie}-Madeleine-Josèphe. V. Raillard de Granvelle.

CALONNE de BEAUFAIT (de) M^{ie}-Charlotte-Thérèse-Xavier. V. Huot de Framois.

CALVAIRE Anne. V. Dilange IV.

CALVIÈRE (de) Philippe, chev., major de la ville de Metz, chev. de St-Louis, fils de † J^n-F^{ois}, b^{on} de Boissières, sgr de Reculant, Aiguevives, la Cassagne, Ste-Colombe et autres lieux, et de Madeleine de Genas, épousa, étant âgé de 47 ans, par. Ste-Croix 12 oct. 1779, Monique-Charlotte *Jobal*, âgée de 38 ans, † par. St-Victor 14 mai 1787, inhumée par. Ste-Croix.

CAMBEFORT (de) Antoine, avocat au parl^t, trés. de Marsal, fils de Hugues, procureur du Roi en l'élection d'Aurillac en Auvergne, épousa, par. St-Gorgon 11 juil. 1701, M^{ie}-Bonne *Dauphin*, † ibid. au mois de mai 1727. [De ce mariage naquirent sept enfants, dont l'un, Ch^{les} Salvy de Cambefort, était en 1728 greffier commis au parl^t].

CAMBRAY Anne. V. Chonet de Bollemont.

CAMBRAY (de) Claude, éc., sgr de Digny, major à la citadelle, † par. St-Jean de la Citadelle 29 janv. 1716. Il avait épousé Reine-Alberte *Dubois*, dont il eut Judith-Charlotte-Josèphe, ibid. 17 nov. 1705.

CAMPAGNE (de) J^n-Louis. V. de Bonnefoy II, 1.

CAMPETZ (de), *cfr.* **SAUTERIZE de CAMPETZ**, François et Regnault. V. d'Auteville.

CAMPOURCY (de) Louis-M^{ie}, éc., dir. des poudres et salpêtres à Metz, fils d'Antoine-Louis, éc., officier de Madame, et de Rose Peplin, résidant tous deux à Paris, épousa, par. St-Livier 21 avril 1789, Anne-Catherine-Antoinette-Victoire-Aubine *Milet*, âgée de 18 ans, de laquelle il eut Louis-Ch^{les}-M^{ie}, ibid. 9 févr. 1790.

CAMU Suzanne. V. Beaudesson XVI.

CAMUS Ch^{les}-N^{as}, conseiller du Roi, juge-garde de la monnaie, administrateur des hospices, puis lieut.-gén^l de police, fils de N^{as}, m^d cirier, et de F^{oise} Woillot, [† 12 juin 1793]. Il avait épousé, par. St-Eucaire 14 avril 1761, Anne *Tinot*, dont il eut par. St-Martin :

1. Anne-Foise, 27 janv. 1762.
2. Élisabeth-Nicole, 18 nov. 1763.
3. Ch^les-N^as-Mathieu, 21 sept. 1768.

CAMUSET François, avocat et procureur au parl^t, eut de M^ie-Madeleine *Tonnelier*, son épouse, par. St-Martin :
1. D^que-Armand-Philippe, 9 mars 1726.
2. Christophe-André, 30 nov. 1727.
3. M^ie-M^te, 26 oct. 1728; † 26 mai 1731.
4. F^ois-Sébastien, 18 juin 1730.
5. Marguerite, 23 juil. 1732; mariée à Louis Chenu.

CANCER DE PIGNAULT J^ph-Louis-Henry, natif de Calais, cadet à la citatelle, † à 18 ans, par. St-Jean de la Citadelle 27 juin 1732.

CANDRY (DE) M^ie-F^oise-Josèphe. V. François du Charnau.

CANELLE Claude, lieut. au rég^t de Montmorency, fils de Henry, éc., sgr de la Lobbe, au diocèse de Rheims, et d'Anne-Thérèse Daunois, épousa, par. St-Jean de la Citadelle 28 févr. 1736, M^ie-Anne *Charton*, fille des † Simon Charton et Catherine Julien.

CANNE Madeleine. V. de Grave.

CANNETEL. I. Nicolas, sgr de Châtel-Saint-Blaise, Augny, Jouy et autres lieux, conseiller auditeur à la chambre des comptes, fils de N^as, huissier au parl^t, et de M^te le Payen, † à 74 ans, par. Ste-Croix 26 févr. 1726, inhumé par. St-Simplice au tombeau de son épouse, Anne *Grosmangin*. De leur mariage était née M^ie-Anne, mariée à Godefroy Pière.

II. M^ie-Élisabeth, [fit profession au monastère de la Visitation, 27 avril 1659, et y mourut à 57 ans, 22 déc. 1678. Metz, msc. 153, p. 146.]

III. J^ne-Thérèse, [fit profession au même monastère, 6 oct. 1673, et y mourut à 87 ans, 26 janv. 1744. Ibid.]

IV. Jeanne. V. Jacquemot.

CANON. I. J^n-Baptiste [bachelier en théologie de la Faculté de Paris, chan. de la cathédrale, † à 67 ans, 21 sept. 1737. Msc. Epit.]

II. J^x-Baptiste, [frère aîné du préc., prêtre d'Amiens, d^r en théologie de la Faculté de Paris, chan. et g^d-archidiacre de la cathédrale, † à 68 ans, 15 nov. 1739. Msc. Epit.]

CANONVILLE Nicolas, sgr de ......, cap. des grenadiers au rég^t royal des vaisseaux, † à 55 ans, par. St-Livier 9 mai 1741.

CANOT Claude-F^ois, conseiller du Roi et son procureur à Bar-le-Duc, eut de Catherine *Parigot*, son épouse, Marguerite, par. St-Victor 27 juil. 1756.

CANOUVILLE (DE) Ch^les-Louis-J^ph-Alexandre. V. de Saint-Simon.

CANTAT Jean, éc., conseiller du Roi, garde-scel au présidial de Moulins, 1er secrétaire de l'intendance de Metz, † par. St-Livier 13 févr. 1781, à 70 ans. Il avait épousé M^ie-Claire-Antoinette *Angrave*, dont il eut ibid. :
1. J^n-Gilbert, 28 juin 1757 : p. Gilbert Cantat, éc., sgr de Charandon; m. J^ne-M^ie Angrave, épouse de P^re-Gilbert Fayonel, sgr d'Ozon, conseiller au présidial de Moulins; tous deux représentés.
2. Marguerite, 14 mars 1762; † 28 mars 1763.
3. André-Gilbert, 8 nov. 1763; † 9 sept. 1766.
4. Ch^les-Marie, 12 févr. 1773 : p. Ch^les-Alexandre de Calonne, intend^t des Trois-Évêchés; m. M^ie-Anne de Calonne, douairière de Mgr Blondel, chev., sgr d'Aubert, conseiller du Roi en tous ses conseils, 1er président au parl^t de Flandre; tous deux représentés.
5. J^n-M^ie-François, † 3 janv. 1760, à l'âge de 16 jours.

CANY DE MONSURE (DE). V. de Monsure de Cany.

CANTELOUP (DE) Pierre. V. Potier.

CAPCHON J^x-Jacques, avocat au parl^t, exerçant au bailliage de l'Évêché à Vic, fils des † Jean, bonnetier, et Anne Cherrier, épousa, par. St-Gorgon 7 févr. 1741, Suzanne *Lange*, † v^ve de lui, par. St-Victor 9 févr. 1790, à 80 ans.

CAPDEVILLE (DE) Charles, chev. des ordres de N.-D. du Mont-Carmel et de St-Lazare de Jérusalem, † par. St-Gorgon 12 nov. 1686 : à son enterrement, D^{que} de Capdeville, chan. de la cathédrale.

CAPITAINE Thérèse-Geneviève. V. Dubois de Saran II, 3.

CAPOLA (DE) Marie. V. le Seur VIII.

CAPPY (DE). I. François, conseiller du Roi, commissaire des guerres au dép^t de Metz, conducteur gén^l de la cavalerie légère de France, eut de F^{oise}-Denise-Thérèse *le Munier*, son épouse, par. St-Gorgon :
1. Anne-M^{ie}, 16 janv. 1692 ; les cérémonies du baptême lui furent suppléées 11 janv. 1700.
2. Anne, 14 juil. 1694 : p. Mgr d'Aubusson de la Feuillade, archevêque d'Embrun, évêque de Metz ; m. Anne le Clerc de Lesseville, épouse de Mgr de Sève, 1er président.
3. Jⁿ-F^{ois}-Florimond, 8 avril 1699.

II. Jⁿ-B^{te}-M^{ie}-Joseph. V. le Musnier de Moulineuf.

CAPRIOL (DE) Marc-Gaspard. V. de Guerschin.

CAPSÉ. I. François, d^r en médecine, avait épousé Catherine *Gautier*, † par. St-Gengoulph 23 déc. 1712, à 54 ans.

II. Catherine. V. Thirion III.

III. Anne. V. Prévost.

CAPTAN. V. de Chabot.

CARADREUX (DE) Louis, R. P. R., éc., s^r de la Varanne et de Montauban, fils de † Abraham, vivant éc., s^r de Montauban, et d'Anne de Chartres, membres de l'église réformée d'Autun, épousa, 8 mars 1643, Judith *du Puys*, fille de Martin du Puys, s^r du Fresnoy, et de Judith Allion, de laquelle il eut :
1. Marguerite, 6 févr. 1644.
2. Jⁿ-Casimir, 13 sept. 1645.
3. Marc-Antoine, jumeau du préc.
4. Louis. 4 déc. 1650.

CARAMAN (DE) Victor-Maurice et Gabrielle-F^{oise}-Victoire. V. du Hautoy II.

CARBON Marie. V. Bruillard IV.

CARBONAT (DE) Joseph. V. d'Orthe V, 2.

CARDAILLAC (DE) Jⁿ-Hippolyte. V. Creitte de Métric.

CARDINAL Esther. V. Michelet XIV.

CARDINAL de KERGLAS (le) Béatrix, [chan^{esse} de St-Pierre, † 30 juil. 1731, à 72 ans. Msc. Epit.]

CARDON Anne. V. Blaise IV.

CARENCE (DE) Balthasar, éc., chev. de St-Louis, command^t le bataillon de Provins dans la milice de la généralité de Paris, † à 73 ans, par. St-Jean de la Citadelle 30 avril 1757 : à son enterrement, Philippe de Valois, éc., chev. de St-Louis, cap. ; Louis Dufour, aide-major ; Jⁿ-B^{te}-Louis-René Cuffaultz, officier-major, tous trois au même bataillon.

CARIÈRE (la) Barbe. V. Morel VII.

CARIGNAN (DE) N***, gouverneur de Metz, eut de N*** *Jacqueton*, son épouse, deux jumelles, Anne et Françoise, baptisées par. St-Gorgon 26 sept. 1646 : p. Balzac et Mr de Serrée (?), frères des enfants ; m. Marie et Jeannette de Lor.

CARILLON Catherine. V. Ethis.

CARITA. I. Girard, R. P. R., notaire royal et procureur au bailliage, épousa, 3 juin 1657, M^{ie} *Grandjambe*.

II. Marie. V. Robert VI.

CARLES (DE) Georges-Guillaume, chev., sgr de Buchy, Flévy et autres lieux, command^t pour le service de l'Empereur, † à 52 ans, par. St-Martin 1er juin 1743. Il avait épousé Élisabeth *Goussaud*, † ibid. rue des Prêcheresses 7 déc. 1775, à 81 ans : à son enterrement, Claude-Sébastien de Beausire, conseiller au parl^t, et Claude-J^{ph} de Turmel, cap. aide-major au rég^t de la marine, ses arrière-neveux par alliance.

CARLIER Barbe. V. Taverne.

CARLIER (le) Abel, éc., sgr de Herlie, Estalon, Chely, Fouchet et Puchy, lieut.

colonel au rég^t de cavalerie de Bissy, de la par. St-Éloy, diocèse de Noyon, épousa, par. St-Martin 16 févr. 1793, Anne-M^{ie} le Duchat : tous deux avaient abjuré la religion réformée le 13 préc. A leur mariage, J^{ques} le Carlier, sgr de Curty, major au rég^t de cavalerie de la Formain, frère du marié; J^n le Duchat de Domangeville, cap. de grenadiers au rég^t de Mazet (?), oncle de l'épouse.

CARLIÉRE J^{ne}-Thérèse. V. de Pourcelles.

CARMANT de SAINT-ÉTIENNE François. V. de Coune.

CARMESNEL-le-MOUTON Claude-Clément. V. de Beaudrap.

CARMESSE (de la) Henry. V. de Beronne.

CARNAUD Jeanne. V. Hébrard.

CARNAZET (de) P^{re}-Guillaume. V. d'Eschallard II.

CARNELLOT (le), aliàs LESCARNELLOT François, éc., s^r des Noyers, lieut. de la compagnie de M^r le b^{on} d'Ogévilliers, fils de † Jean, éc., sgr des Noyers, et de M^{te} le Noir, de Vienne-le-Château, diocèse de Rheims, épousa, par. St-Victor 24 juil. 1710, Anne Rosois, v^{ve} de J^n de Cassagne, de laquelle il eut ibid. :
1. François, † à 2 ans, 26 févr. 1712.
2. Nicolas, 24 avril 1711; † 23 sept. 1712.
3. Nicolas, 19 janv. 1713; † le 27 suiv.
4. Marguerite, 6 févr. 1714.
5. J^n-Humbert, 8 mars 1715; † 6 sept. 1716.
6. M^{ie}-Anne, 28 mai 1716.
7. Jacques, jumeau de la préc.; † 30 suiv.

CARRALÈS-OGLOU Ch^{les}-Marie, gentilhomme espagnol, ancien cap. des gardes de S. M. Catholique, sgr de Biaville, eut de J^{ne} Humbert, son épouse, par. Ste-Croix 2 mai 1788, Hubert-J^{ph}-N^{as}-Auguste et Christian-M^{ie}, jumeaux.

CARRASSE-PÉRISSAN (de) Jacob. V. Bouvier de Vinay.

CARREY Jules-Frédéric, R. P. R., fils de noble homme Herton, conseiller d'État de Mgr le duc de Würtemberg, dem^t à Montbéliard, épousa, 3 juin 1612, Suzanne Merlot, fille de noble homme Gédéon Merlot, en son vivant dem^t également à Montbéliard.

CARREY d'ASNIÈRES (de) Louis-Alexandre, éc., sgr de Dicourt et de Bourvaux, eut d'Agnès de Guerchin, son épouse, par. St-Marcel 3 juin 1786, Philippe-Alphonse : p. J^n-J^{ques}-Philippe de Guerchin, officier au rég^t de Salm, sgr de Logne, son oncle; m. M^{ie}-M^{te} Mengin de la Touche, sa cousine par alliance du côté pat.

CARRIÈRE Marguerite. V. Antoine III.

CARRIÈRE (de) Étienne-Félix, cap. au corps des grenadiers de France, chev. de St-Louis, premier président du bureau des finances, épousa Pauline Georges de Chelaincourt, dont il eut par. St-Martin :
1. Anne-Élisabeth-Pauline, 29 sept. 1751; † par. St-Simplice 31 déc. 1752.
2. Louis-Félix, 3 janv. 1754.

CARROUSEY (de). V. Auburtin II, 6.

CARTE (de la) Georges-Thiébault, chev., sgr des Essarts, cap. au rég^t de Barbezières, † par. St-Simplice 14 janv. 1692, à 35 ans.

CARUYER de LINSECQ (le) Edme-Guillaume. V. d'Augenoust.

CASAUBON (de) Angélique-Julienne. V. Michon de Rougy.

CASBAT M^{ie}-Françoise. V. Emmery III.

CASBOIS. V. Michon de Rougy.

CASENEUVE Françoise. V. Malaizé.

CASSAGNE ou CASSAIGNE (de la).
I. Bernard. V. Ferrand.
II. François, éc., lieut., eut de M^{ie} Bigot, son épouse, par. St-Victor 22 nov. 1713, François : p. F^{ois} le Carnellot, s^r des Noyers; m. M^{ie}-Adrienne de Féy.
III. Jean. V. le Carnellot.

CASSAYROL Antoine, cadet au rég^t royal

artillerie bataillon de Pombecq, † par. St Victor 4 juil. 1746 : à son enterrement, J^{ques} Bonhomme de Montlar, chev. de St-Louis, major de Marsal; F^{ois} Martin, chev. d'Hauteville, lieut.-colonel des ingénieurs de † S. M. Impériale.

CASSIGNOL (DE) JOSEPH, cap. au rég^t de Piémont, épousa M^{te} *Herbel*, † à 25 ans, par. St-Victor 7 juin 1718.

CASTAIN DE TABOISSY (DU) PIERRE, éc., cap. au rég^t de Rouergue, fils de Louis, s^r de Taboissy, épousa, par. Ste-Croix 19 mars 1704, M^{ie}-Anne *de Goize*, † par. St-Martin, rue des Précheresses, 19 févr. 1765. De leur mariage naquirent par. Ste-Croix :
1. Pierre, 12 déc. 1704; † 28 août 1710.
2. Nicolas, 30 janv. 1706 : p. N^{as} de Goize, aumônier de la cathédrale.
3. Pauline, 19 févr. 1707 : p. Ch^{les} de Castain, éc., sgr de Taboissy, représenté.
4. Marie, 7 mai 1708.
5. Élisabeth, jumelle de la préc.
6. Jⁿ-B^{te}-Louis, 22 avril 1709; † par. Ste-Ségolène le même jour.
7. Un jumeau du préc., † en naissant.
8. M^{ie}-Anne-F^{oise}, 29 mars 1710.
9. Anne-M^{ie}, jumelle de la préc.
10. Élisabeth, 12 sept. 1711.

CASTAN CLAUDE, avocat, de la par. de Marsal, épousa, par. St-Martin 15 janv. 1695, M^{ie} *Haillecourt*.

CASTELLA (DE) Jⁿ-FRANÇOIS, lieut. au rég^t royal Bavière, de Fribourg en Suisse, épousa : 1° Anne-M^{ie} *Legrande*, dont il eut Claude-Ch^{les}, † à 3 ans, par. Ste-Croix 11 juin 1716; 2° ibid. 30 sept. 1716, étant âgé de 35 ans, F^{oise} *de Cuigy*, âgée de 60 ans, v^{ve} de Louis du Mesnil, éc. du prince de Holstein.

CASTELLANE (DE) BARTHÉLEMY. V. de Raigecourt IX, 5.

CASTELNAU (DE). I. LÉONARD-ANTOINE-MICHEL, sous-lieut. à la compagnie de Valbonne au second rég^t des chevau-légers en garnison à Metz, † à 23 ans, par. St-Simon 2 août 1780, en se baignant proche la digue de Wadrineau : à son enterrement, Jⁿ-Gabriel-F^{ois}-Louis de Contaud, chev., b^{on} de Coulange, brigadier des armées du Roi, colonel; Balthasar-Martin-Juste Logier de Bortel, major; Alexandre-Julien de Lescour et Henry-Louis de Graveron, capitaines : tous du rég^t du défunt.

II. CÉSAR-ROGER. V. de Gray de Malmédy IV, 3.

CASTILLON (DE) M^{ie}-JOSÈPHE. V. de Montauban.

CASTRAS (DE) FRANÇOIS, éc., eut de M^{ie} *de la Jacquière*, son épouse, par. St-Gengoulph 17 janv. 1688, Louis-F^{ois} : p. Louis-F^{ois} de Boufflers, g^d bailli de Beauvais, colonel gén^l des dragons, lieut. gén^l des armées du Roi, gouverneur gén^l de la Lorraine et pays conquis, command^t les Trois-Évêchés; m. F^{oise}-Thérèse d'Haraucourt, abbesse de St-Pierre. — Il mourut 24 avril suiv.

CASTRES (DE) Jⁿ-F^{ois}-MARIE. V. de Saudoncq.

CASTRIALE (DE) ANNE-CLAUDE. V. du Blanchi.

CATOIRE Jⁿ-B^{te}-NICOLAS, avocat du Roi au bureau des finances, sgr de Delme, Puzieux, Chocourt, Alaincourt, du fief de Rennel et de la baronnie de Bioncourt, membre de l'Académie royale des sciences et des arts de Metz, avait épousé : 1° M^{te}-F^{oise} *Mangin*, fille de F^{ois} Mangin, ancien échevin de l'hôtel de ville de Verdun, et d'Agathe Humblot, et 2° Catherine *Milet, alias Millety*.

Du premier mariage naquirent :
1. Jⁿ-B^{te}-Louis-César, par. St-Simplice 25 août 1757 : p. Jⁿ-B^{te}-César Catoire, conseiller du Roi et receveur de ses finances à Verdun, représenté par Jⁿ-B^{te}-F^{ois} Catoire, son fils. [Il fut reçu avocat du Roi au bureau des finances 22 sept. 1786, en remplacement de son père].
2. Henry-Zonine, ibid. 18 déc. 1758; † 14 févr. 1762.
3. M^{ie}-Apolline, par. St-Martin 8 févr. 1760.
4. Jⁿ-M^{ie}-Auguste, ibid. 6 juil. 1761; † 2 juil. 1771.

Du second mariage naquirent :
5. J^n-B^{te}-Gabriel-César, par. St-Marcel 1er juin 1773.
6. Anne-Catherine, par. St-Gengoulph 28 mai 1775.

CATTA Barbe. V. Leclerc II.

CATTAND M^{ie}-Thérèse. V. Mennessier.

CATTAVALAR (de) Geneviève. V. de Bon de Savignac.

CAUBET de LAUSSEDAT (de) Louis, éc., s^r de Dompierre, chev. de St-Louis, major au rég^t royal artillerie, fils de Joseph, éc., sgr de Bardia (?), et de M^{ie} d'Encausse, du diocèse de Conserans, † par. St-Victor 23 mars 1747. Il avait épousé, étant âgé de 43 ans, ibid. 7 mars préc., M^{ie}-Nicole *Rulland*.

CAULAINCOURT (de) M^{ie}-Armandine. V. Goullet (note).

CAURE (de la) Claudette. V. le Chartreux I.

CAUSSE de la FORÊT Claude-Mathias, sgr de Bening, conseiller du Roi, receveur gén^l de la ville de Metz, banquier extraordinaire en cour de Rome dans le ressort du parl^t, épousa, par. St-Martin 14 févr. 1684, M^{ie}-Anne *Beausire*, † ibid. 22 oct. 1744, à 72 ans. De leur mariage étaient nés :
1. M^{ie}-F^{oise}, par. St-Martin 26 déc. 1684.
2. Anne-F^{oise}, ibid. 5 oct. 1686 : p. F^{ois} Beausire, chan. de St-Sauveur; m. Anne-Jacquemin, g$^{d'}$mère de l'enfant.
3. J^n-Claude, ibid. 9 sept. 1687.
4. J^n-Claude, ibid. 1er sept. 1688.
5. Jérôme, ibid. 9 janv. 1691.
6. Laurette, ibid. 6 déc. 1691.
7. Charlotte, ibid. 15 janv. 1693.
8. Étienne, par. Ste-Croix 4 févr. 1694.
9. Élisabeth, ibid. 8 mars 1695.
10. Ch^{les}-Claude, ibid. 2 mai 1696.
11. P^{re}-F^{ois}, ibid. 17 août 1697.
12. Claude-Antoine, par. St-Gorgon 5 sept. 1700.
13. Marguerite, mariée à F^{ois}-J^{ph} Martin de Julvécourt.

CAVALERI Bernard, adjudant au rég^t de Bourbon, en garnison par. St-Simon, eut de Thérèse *Nelaton*, son épouse, ibid. 2 sept. 1781, Ch^{les}-Hyacinthe : p. Aimable-Ch^{les}, m^{is} de la Guiche, m^e de camp, command^t du susdit rég^t; m. M^{te} de St-Laurent, épouse de Claude-Hyacinthe Guillemeau de Freval, lieut.-colonel au même rég^t.

CAVALIER (de) Antoine, R. P. R., éc., lieut. et aide-major au rég^t de Saint-Sylvestre, fils de noble Pierre, éc., s^r de Montalant, et de Judith de Gau, natif de Revel en Languedoc, † 9 août 1677, à 34 ans.

CAVELARS (de) Dominique, éc., sgr de Montigny, épousa, par. St-Victor 27 juin 1689, M^{ie} *Boesman*, v^{ve} de Philippe Rods.

CAY de VILLE (de) Rémond, éc., s^r de Ville, gentilhomme ordinaire de la Chambre du Roi, eut d'Anne *de Laceray* (?), son épouse, par. St-Gorgon 16 oct. 1659, Ch^{les}-François.

CAYOT de BLANZY Théodore, gentilhomme de Mgr le prince Palatin, de Birkenfeld, fut parrain par. St-Simplice 29 janv. 1687.

CAZE du VINCQUE (de) Antoine. V. Dossilio de la Cabarèle.

CÉCILE (de) J^{ne}-Françoise. V. de Sagey.

CELLES (de) M^{te}-Catherine. V. de Norroy.

CELLIER, *cfr.* SELLIER. I. Jean, eut de Renée *Pugeol*, son épouse :
1. Anne, mariée à F^{ois} Menot.
2. *J^n-Baptiste*, qui suit.
3. *Abraham-Laurent*, qui suivra.

II. J^n-Baptiste, fils du préc., aman, épousa, par. St-Martin 11 janv. 1693, M^{te} *Mangeot*, dont il eut ibid. :
1. Abraham-F^{ois}, 12 déc. 1693.
2. F^{ois}-M^{ie}, 7 avril 1695.
3. Madeleine, 12 mai 1697.
4. Barbe, † à 12 ans, 27 janv. 1713.

III. Abraham-Laurent, frère du préc., procureur au parl^t, † par. St-Gengoulph 24 avril 1744, à 83 ans. Il avait épousé Sara *Baillot*, † par. St-Martin 11 nov. 1721, à 67 ans. De leur mariage étaient nés par. St Martin :

1. Pierre, 9 déc. 1691.
2. *Étienne*, 12 mars 1693 ; lequel suit.
3. Catherine, 12 mars 1694.
4. P^{re}-Claude-Thomas, 7 mars 1695.

IV. ÉTIENNE, fils du préc., trés. de France au bureau des finances, † par. St-Gengoulph 14 mai 1776. Il avait épousé, par. St-Martin 15 janv. 1722, Antoinette *le Braconnier*, † par. St-Gengoulph 9 avril 1776. De leur mariage étaient nés :

1. J^n-François, par. St-Martin 3 oct. 1738 ; major pour le Roi à Longwy, chev. de St-Louis, portant le nom de *Cellier de Grisy, alias de Gorcy*, il épousa, par. St-Martin 14 mars 1782, M^{te} *de Goyon des Rochettes*, dont il eut, par. St-Maximin 13 déc. 1783, Eugène-J^{ph}-F^{ois}-M^{ie} : p. Eugène-Eustache de Béthisy, chev., c^{te} de Béthisy, sgr de Mézières, Campvermontas, Dynancourt en partie, Château-Fort-Ancœur, le Thuissaux, Coussant et autres lieux, maréchal des camps et armées du Roi, chev. de St-Louis, dem^t ordinairement à Paris en son hôtel, rue de Jeusneur, par. St-Eustache, « étant ce-jourd'hui au château de Mormant » ; m. M^{ie}-Joséphe de Maillard de Martinimes : tous deux représentés.
2. Aimée-Charlotte, par. St-Gengoulph 1er août 1742.
3. *Charles*, qui suit.
4. Antoine ; cap. de cavalerie, chev. de St-Louis, il épousa, par. Ste-Ségolène 31 août 1779, Madeleine *Georgin*.

V. CHARLES *Cellier de Panne*, fils du préc., éc., cap. de cavalerie, garde-du-corps du Roi compagnie de Mgr le duc de Villeroy, † par. St-Martin 4 janv. 1789, à 57 ans. Il avait épousé : 1° par. St-Gengoulph 31 janv. 1759, Anne-Gabrielle *de Serainchamps*, fille de F^{ois}-Louis de Serainchamps, chev., b^{on} de Han, sgr de Panne et autres lieux, et de † M^{ie}-Judith de Luminel ; 2° par. Ste-Croix 4 sept. 1781, Catherine *de Trouvé de Sève*, fille des † Pardon de Trouvé de Sève, éc., gentilhomme député à la cour pour la ville de Bordeaux, et F^{oise} de Guiroy. A l'acte de mariage Ch^{les} Cellier a le titre de b^{on} de Serainchamps, avec mention suivante entre parenthèse : « Autrefois Cellier, aujourd'hui de Serainchamps par le changement et la commutation de ce nom par lettres patentes du Roi de l'an 1759 ». De ce second mariage naquirent :

1. M^{ie}-Ch^{les}-Nicolas, par. St-Gengoulph 16 juil. 1782 : p. J^n-Ch^{les} Cellier de Sainville, lieut.-colonel d'infanterie, chev. de St-Louis ; m. Rose de Trouvé de Roissy.
2. Auguste-J^{ph}-F^{ois}-Thérèse-N^{as}, par. Ste-Croix 28 avril 1784.

VI. GRATIAN, cap. au rég^t royal vaisseaux, épousa, par. St-Jean de la Citadelle 28 août 1686, Thérèse *de Tillon* : au mariage, J^{ph} de Lugny, neveu de la mariée (étudiant en philosophie 27 nov. 1688). Du dit mariage naquirent ibid. :

1. Charlotte, 3 nov. 1687 : p. Louis de Vidampierre, sgr de Land..... ; m. Charlotte Durand d'Arraincourt. Elle mourut ibid. 17 mai suiv.
2. Marie, 8 févr. 1689.

VII. LAURENT, ancien lieut. au rég^t de Nancy, † à 50 ans, par. St-Victor 16 oct. 1782.

CELLIER DE MORANVILLE (LE) F^{oise} Louise. V. Pacquin III, 1.

CENNE (DE LA) J^{ph}-LAURENT. V. de Champinorin de Varennes.

CERRETANY (DE). I. PHILIPPE-ANTOINE, chev., sgr de la Vigerie, Tragny, Beaudonnait, Vulmont, Parville, eut de M^{ie} *de Norroy*, son épouse :

1. Thérèse, par. St-Martin 11 déc. 1673.
2. Ch^{les}-Louis, par. Ste-Croix 17 déc. 1674.
3. J^{ph}-Charles, en 1675. Il épousa, avec dispense du 3e degré de consanguinité, par. Ste-Croix 16 févr. 1700, dans l'église des religieuses de la Présentation, Catherine-Antoinette *de Gestas de Lespéroux*, de la par. de Bertrange, âgée de 19 ans, de laquelle naquirent à Tragny : 1° J^n-Henry, auquel on suppléa les cérémonies du baptême 20 mars

1708, † à Tragny 27 sept. suiv.; et 2° F^ois-J^ph-Hyacinthe, 24 sept. 1710; lequel suit.

4. F^oise-Scholastique, par. St-Martin 10 févr. 1678; mariée à Étienne de Brunel.

5. Hélène-Madeleine; mariée à F^ois de Vauchier.

II. F^ois-J^ph-Hyacinthe, petit-fils du préc., épousa, à Tragny 23 févr. 1713, Anne-M^te *César*, de Phalsbourg, dont il eut à Tragny :

1. J^ph-Hyacinthe, 11 déc. 1712 (*sic*).
2. Léger, 16 janv. 1717.

III. J^n-B^te-Nicolas, épousa, à Tragny 16 nov. 1713, M^ie-Anne *Jacquet*, de Château-Thierry, † par. St-Eucaire 8 sept. 1725, à 40 ans.

IV. J^n-B^te-Nicolas, gentilhomme, peut-être le même que le préc., épousa Ermine *Petit*, † par. St-Victor 1er janv. 1733. De leur mariage était né Nicolas.

V. Nicolas, chev., sgr de la Vigerie et Tragny, † à 77 ans, par. St-Martin 8 janv. 1678.

VI. Marguerite. V. de Bérard II.

CHABANAT-DUMONT. I. Étienne, m^e-échevin royal de Sarrelouis, fermier dans les fermes de Metz, † par. St-Gengoulph 3 nov. 1741, à 78 ans. Il avait épousé J^ne *Prein*, dont il eut :

1. M^ie-Anne, par. St-Martin 15 juin 1718.
2. *Étienne*, qui suit.

II. Étienne, fils du préc., [un des plus brillants avocats du parl^t, † peu après le rétablissement de la dite cour, en 1775, étant membre et bibliothécaire de l'Académie royale de Metz]. Il avait épousé, à l'âge d'environ 50 ans, par. St-Victor 1er juil. 1771, Antoinette *Bredt*, fille des † Conrad Bredt, changeur du Roi, et Barbe la Chaussée.

CHABANON-SARETTE (de) Joseph, major au rég^t de Spar, natif de Moissac en Languedoc, eut de M^te *Pairon*, son épouse, François, par. St-Martin 18 sept. 1710.

CHABOT F^oise-Madeleine. V. Meffet.

CHABOT (de) François, chev. de St-Louis, lieut. au rég^t de cavalerie Condé, † par. St-Victor 1er janv. 1734 : à son enterrement, de Bormans, major; Captan et de Languimberg, cap., au même rég^t.

CHABRAY (de) Marguerite. V. Rustaing de St-Jorry II.

CHAFFAUT. I. François, conseiller au bailliage, puis au parl^t, fils de Jacob, receveur gén^l du pays de Luxembourg, et d'Anne de Bernard, † par. Ste-Ségolène 2 mai 1698, à 53 ans. Il avait épousé, par. Ste-Croix 9 juil. 1669, Antoinette *Foës*, dont il eut ibid. :

1. François, 27 févr. 1670.
2. Louis, 6 juin 1671.
3. Ch^les-François, 22 nov. 1673.
4. Madeleine, 19 sept. 1677.

II. Madeleine. V. du Pillard de Requin III.

CHAILLION (de). I. J^n-F^ois-Hubert, éc., lieut. d'infanterie au rég^t de Belsunce, † par. St-Maximin 5 avril 1782, à 85 ans. Il avait épousé M^ie-J^ne *Olry*, † ibid. 5 avril 1778, à 85 ans. De leur mariage étaient nés :

1. Marie, † par. St-Maximin 1er mai 1765, à 45 ans environ.
2. *Hubert-F^ois*, qui suit.
3. Judith-M^ie, par. St-Eucaire, rue du Champé, 31 déc. 1722.
4. Pierre, ibid. 23 mai 1725; † 22 juin suiv.
5. Nicolas, ibid. 2 sept. 1726; † 15 août 1730.
6. F^ois-Ambroise, † ibid. 14 juil. 1727.
7. Ursule-L^se, ibid. 21 nov. 1727.
8. Françoise, ibid. 8 janv. 1729; † 22 août 1730.
9. Élisabeth, ibid. 28 sept. 1730.
10. Judith-Thérèse, ibid. 19 nov. 1731; † 21 juil. 1733.
11. Paul-Hubert, ibid. 13 janv. 1733; † 15 mars 1736.
12. François, ibid. 31 janv. 1735.
13. Françoise, par. St-Maximin 19 août 1736; † 5 août 1738.

II. Hubert-F^ois, fils du préc., licencié ès lois, sgr en partie de Ste-Agathe, avocat

au parl‍ᵗ, épousa Anne-Charlotte *de Josselin*, dont il eut :
1. Pʳᵉ-Ernest-Chˡᵉˢ-Fᵒⁱˢ, par. Sᵗ-Livier 29 janv. 1763 ; † 12 oct. 1786.
2. Louis-Thomas-Sixte-Hubert, par. Sᵗ-Marcel 9 avril 1770 : p. Louis-Thomas de Josselin, éc., chev. de Sᵗ-Louis, major au régᵗ d'Artois infanterie, son oncle ; m. Mⁱᵉ-Thérèse Tarvidon de Montbrison, sa tante.
3. Mⁱᵉ-Philippine-Mᵗᵉ, ibid. 10 juin 1771.
4. Joachim-Victor, par. Sᵗ-Victor 20 mars 1773 ; † par. Sᵗ-Simplice, rue de la Chèvre, 9 août 1782.
5. Jⁿ-Frédéric-Augustin, ibid. 12 sept. 1775.

CHAILLY Pʳᵉ-François. V. Pierre VI.

CHAILLY (DE) Anne. V. Baillet.

CHAIS Jacques, officier au régᵗ des gardes du duc de Lorraine, fils d'Honoré, lieut. en la prévôté de Boulay, et de Louise Simon, de Charleville, diocèse de Metz, épousa, par. Sᵗᵉ-Croix 6 févr. 1713, Mⁱᵉ-Fᵒⁱˢᵉ *Georges de Chelaincourt*.

CHAIS (DE) Marguerite. V. des Rioux de Messimy.

CHALIGNY (DE) Louise-Fᵒⁱˢᵉ-Cécile. V. Duverger.

CHALON. I. Mⁱᵉ-Marguerite. V. Beyerlé.
II. Cécile. V. Ména.

CHAMBEAU Nᵃˢ-Jⁿ-Baptiste, procureur au parlᵗ, fils de Jⁿ-Jᵖʰ, avocat au parlᵗ, et d'Élisabeth le Liepvre, épousa, par. Sᵗ-Victor 19 déc. 1769, Lˢᵉ-Agathe *de la Barre*, fille de Léonard-Antoine de la Barre, mᵈ galonnier, conseiller-échevin de l'hôtel de ville, et de Jⁿᵉ Stoltz, de laquelle il eut ibid. :
1. Élisabeth-Jⁿᵉ, 1ᵉʳ nov. 1770.
2. Jⁿᵉ-Lˢᵉ-Philippine, 9 oct. 1771.
3. François, 8 mars 1773.
4. Jⁿ-Baptiste, 27 avril 1788.

CHAMBEAU (DE). V. de Saint-Cyr.

CHAMBEUIL DE FARÉVOLLE (DE) Jⁿ-Bᵗᵉ-François, gentilhomme de la compagnie des cadets à la citadelle, natif d'Auvergne, † par. Sᵗ-Jean de la Citadelle 8 juin 1730.

CHAMBRE (DE) Judith. V. de Chartogne.

CHAMBRE D'URGONS (DE) Henry. V. de Foix de Candale I, 1.

CHAMBRUN DE DUXLOUP (DE) Joseph [conseiller auditeur en la chambre des comptes, † 4 avril 1763. Il avait épousé Claude-Laurence *Moreau*, dont il eut Claude-Laurent, qui lui succéda dans sa charge].

CHAMBRY (DE). V. du Hanon.

CHAMBYE (DU) Mⁱᵉ-Antoinette. V. des Parts de Cronenberg.

CHAMISSO (DE), *alias* DE CHAMISSOT. I. Robert-Jⁿ, chev., sgr de Sivry, Andevanne, les Horgnes et autres lieux, du diocèse de Châlons, âgé de 34 ans, épousa, par. Sᵗᵉ-Ségolène 6 déc. 1692, Émilie *de Chérisey*, dont il eut :
1. Fᵒⁱˢᵉ-Cécile de Chamisso de Boncourt, † à 60 ans, par. Sᵗ-Gorgon 1ᵉʳ mai 1754.
2. Chˡᵉˢ-Nicolas, gᵈ doyen et chan. de la cathédrale, † plus que sexagénaire, par. Sᵗ-Gorgon 15 avril 1759, inhumé à la cathédrale.

II. Marc-Antoine, petit-fils du préc. V. de Chérisey IV.

CHAMPAUX DE GRANDMONT (DES).
I. Jⁿ-Nicolas, intéressé dans les affaires du Roi, secrétaire de la citadelle, ancien dir. des hôpitaux de l'armée, eut d'Anne Scholastique *Macart*, son épouse :
1. Pʳᵉ-Louis, soldat au régᵗ de Penthièvre, compagnie de Mʳ de Bock, † par. Sᵗᵉ-Croix 2 juin 1782, à 20 ans.
2. Anne-Mᵗᵉ-Josèphe, par. Sᵗᵉ-Croix 16 nov. 1765.
3. Mⁱᵉ-Élisabeth, ibid. 30 avril 1770.
4. Mⁱᵉ-Catherine, ibid. 10 août 1772 ; le père est dit simplement de Grandmont.
5. Anne-Adélaïde-Fᵒⁱˢᵉ, ibid. 16 déc. 1779 ; le père est dit Grandmont.

II. Joseph, cap. invalide au fort Mortier en Alsace, épousa Anne-Mⁱᵉ *de Léonard*, † vᵛᵉ de lui, par. Sᵗᵉ-Croix 25 janv. 1782, à 82 ans. De leur mariage était né *Joseph*, qui suit.

III. JOSEPH, fils du préc., lieut. licencié de la milice du duché de Lorraine au bataillon de Sarreguemines, âgé de 26 ans, épousa, par. St-Victor 14 juin 1763, Catherine *Marly*, âgée de 30 ans, fille de † Jⁿ Marly, m^d, et de M^{te} Chabeaux : à leur mariage fut légitimé J^{ph}-Victor, leur fils, né 31 mai 1763. Catherine Marly mourut ibid. 18 nov. 1764.

CHAMPENOIS NICOLAS, éc., natif de Troyes en Champagne, ingénieur du Roi ayant la direction des fortifications de Metz, † par. St-Maximin 8 mai 1681.

CHAMPFORT (DE) Jⁿ-BAPTISTE, chev. de St-Louis, commandant au fort de Pierre à Strasbourg, avait épousé J^{ne} *Genot*, † v^{ve} de lui, par. St-Simplice 9 févr. 1734.

CHAMPINORIN DE VARENNES (DE) ALBERT-ÉTIENNE, éc., cap. au corps royal artillerie, pavillon de H^{te}-Seille, † à 40 ans, par. St-Simplice 3 avril 1782 : à son enterrement, P^{re} Rogier de Nexon, éc., officier, et J^{ph}-Laurent de la Cenne, éc., cap. : tous deux du même corps.

CHAMPION. I. JACQUES, procureur au parl^t, greffier au bailliage, épousa Catherine *Peltre*, † v^{ve} de lui, par. St-Martin 18 sept. 1681. De leur mariage étaient nés :
1. Hilaire-F^{ois}, par. St-Gorgon 19 mars 1647.
2. J^{ques}-Denis, ibid. 2 mai 1649.
3. Anne-M^{ie}, par. St-Martin 8 janv. 1651.
4. Charles, à l'enterrement de sa mère.

II. JACQUES, avocat au parl^t, eut de J^{ne} *Bertrand*, son épouse, Anne-M^{ie}-J^{ne}, mariée à 26 ans à Jⁿ-Edme-P^{re} le Roux.

III. FRANÇOIS, sgr d'Ancy-lès-Solgne, eut d'Anne *Génot*, son épouse :
1. Philippe, † à 15 ans, par. St-Étienne le Dépenné 13 avril 1739.
2. Marie, mariée à Louis-Michel Marc.
3. *Nicolas*, qui suit.
4. N***, mariée à N^{as} Blaise, dir. de la monnaie.
5. Marie, † par. St-Martin 1er août 1722 : à son enterrement, Ch^{les} Champion, greffier de la guerre à Pont-à-Mousson ; N^{as} Champion, peintre à Remiremont, ses neveux.

IV. NICOLAS, fils du préc., sgr d'Ancy-lès-Solgne, chev. de St-Louis, cy-devant command^t l'artillerie dans les Indes, † rue Vieille-Boucherie, par. St-Martin 9 févr. 1768, à 48 ans. Il avait épousé Catherine *le Goullon*, dont il eut M^{ie}-Catherine, mariée à Ch^{les} b^{on} d'Arros.

V. AUGUSTIN-ANTOINE, éc., sgr de Vaucourtois et Savanne, cap. au rég^t royal infanterie, † à 42 ans, par. St-Martin 24 mars 1742.

CHAMPS DE COUCY (DES) JEANNE. V. Ferry X, 6.

CHANDION (DE) LOUISE. V. de Bréhan du Plessis.

CHANGE (DU) SÉRAPHINE. V. d'Huart II, 9.

CHANGEUR (LE). I. CLAUDE-J^{PH}, éc., cap. de cavalerie au rég^t de Montreuil, fils de † Charles, éc., trés. gén^l de l'Évêché de Metz et sgr du fief de Bellange, et d'Anne Duchat ; † par. St-Marcel 30 mars 1743. Il avait épousé, étant âgé de 43 ans, par. Ste-Croix 1er déc. 1708, Philippe *Besser*.

II. ANNE-HENRIETTE, nièce du préc. V. de Feydeau II.

CHAPELIER. I. JEANNE. V. Robert VIII.

II. MARGUERITE. V. Demange.

III. MARGUERITE. V. Stemer.

CHAPELLE. I. IGNACE-J^{PH}, cap. de la bourgeoisie de la par. St-Jacques, † par. St-Martin 29 déc. 1735, à 78 ans.

II. BRICE-N^{AS}, fils du préc., [né 7 juin 1699], procureur gén^l, puis conseiller à la table de marbre, † par. St-Martin 27 avril 1762. Il avait épousé : 1° Madeleine *Duclos*, de Magny, † par. St-Martin 7 juin 1729 ; 2° ibid. 8 janv. 1731, Catherine *Collin*, † à 35 ans, ibid. 4 févr. 1745 ; 3° par. St-Simplice 8 févr. 1746, M^{ie} *de Brye*. Du second mariage naquirent par. St-Martin :
1. M^{ie}-Josèphe, 7 juil. 1732.

2. J^{ph}-Nicolas, 23 mars 1734.
3. Robert, 1er mars 1735.
4. M^{te}-Bonne-Agnès, 6 mars 1736.
5. M^{ie}-Thérèse-Constance, 11 févr. 1738.
6. Catherine-M^{ie}-Louise, 5 févr. 1739 ; † 11 déc. 1747.
7. F^{ois}-Henry-Claude-J^{ph}, 4 mars 1741 ; † 8 mars 1748.
8. Anne-Catherine-Apolline, 28 mars 1742.
9. Anne-M^{ie}-Madeleine, 20 mai 1743 ; † 24 févr. 1749.
10. Henry-Paul, 19 janv. 1745 ; † 24 avril 1748.

CHAPELLE (LA) JOSEPH. V. de Thésières.

CHAPELLE (DE) MICHEL-ARMAND. V. de Gratereau de Desgroges.

CHAPELLE (DE LA). I. J^{N}-REINHARD, [chev. de St-Louis, cap. au rég^t de Saxe infanterie, † « très âgé », 27 mai 1756, inhumé aux Sœurs de l'Ave Maria. M^{sc}. E^{pit}.]
II. LOUIS-F^{ois}. V. Mercier de l'Épinay.

CHAPPELOT MARIE. V. Rutant I.

CHAPPENAY BALTHASAR. V. de Belchamps II, 2.

CHAPPES (DE) J^{N}-B^{TE}-CH^{LES}-ANDRÉ-HYACINTHE, lieut. pour le Roi à Étain, épousa M^{ie}-Pélagie-Josèphe *Fruit*, † par. St-Simplice 2 sept. 1791, à 50 ans.

CHAPPEY (DE) MARGUERITE. V. de Laubrussel (note).

CHAPUIS LOUIS, éc., sgr de la Balai, âgé de 37 ans, épousa, par. St-Marcel 21 avril 1693, J^{ne} *de Lançon*, v^{ve} de J^n-B^{te} Préfent, *alias* Piefort, avocat en parl^t : au mariage, Louis Lançon, conseiller au présidial, neveu de la mariée.

CHAPUY GUILLAUME, ancien conseiller honoraire en l'hôtel de ville de Nancy, épousa M^{te}-Charlotte *de Rupt*, † v^{ve} de lui, par. St-Gengoulph 27 déc. 1781, à 54 ans.

CHARBENACE (DE) HYACINTHE. V. le Roy-Dugué.

CHARBONNET DANIEL. V. Bennelle II, 7.

CHARBONNIER. I. JEANNE. V. Gabriel IV.
II. FRANÇOISE. V. le Vecho.

CHARCOT DE CLUZY J^x-Mre-SIMON, inspecteur gén^l des vivres, fils de Claude, éc., dem^t à Lyon, et de J^{ne}-F^{oise} Achard, † à 32 ans, par. St-Victor 7 juil. 1788.

CHARDIN. I. JACOB, doyen des huissiers du parl^t, † par. St-Gorgon 11 avril 1714, à 78 ans. Il fut le père de *Jacques*, qui suit.
II. JACQUES, fils du préc., conseiller du Roi, contrôleur et receveur des saisies réelles et premier huissier au parl^t, épousa J^{ne} *Niquel*, † par. St-Gengoulph 29 oct. 1748. De leur mariage étaient nés :
  1. Claude-Sérène, mariée à N^{as} Dumonfier.
  2. Remy, curé de St-Gengoulph de 1743 à 1759, † chan. prébendé de Ste-Glossinde, par. St-Jean de la Citadelle 13 oct. 1762, à 62 ans.
  3. J^n-Pierre ; sous-aide-major au rég^t de Soissonnais à l'île de Corse, il épousa, par. St-Gengoulph 9 janv. 1770, M^{ie}-Julienne *Berte*, fille de Louis Berte, entrepreneur, et de M^{ie} Myon.
III. PAUL, essayeur de la monnaie, sgr d'Ay, épousa, par. St-Eucaire 4 févr. 1709, M^{ie} *Perrin*, alias *Périn*, v^{ve} de David Beaudesson : tous deux firent leur abjuration avant le mariage.
IV. Divers.
  1. JUDITH. V. Georges I.
  2. LOUISE. V. Robert IX.
  3. MARIE. V. de Jouy.
  4. SUZANNE. V. Peltre VII.

CHARDIN DE LA GRENADE DIDIER, † par. St-Victor 22 nov. 1671.

CHARDON. I. HENRY-J^N-B^{TE}, conseiller du Roi, trés. au bureau des finances, avocat au parl^t, sgr de la baronnie de Watronville, Puxe, Lanouilly et Ronveau en partie, fils de Georges-Ch^{les}, bailly honoraire des ville et duché de Carignan, † à 38 ans, par. Ste-Croix 20 mai 1767 : à son enterrement, J^{ph}-Clément-M^{ie} Chardon du Châtel, ancien cap. de la légion de Flandre, son frère. Il avait épousé Catherine-Josèphe *Biolley*, dont il eut ibid.

1. Georges-Ch^les, 10 août 1763.
2. M^ie-Élisabeth-Josèphe, 30 sept. 1764.
3. J^n-François, 24 sept. 1765.

II. Marguerite et J^n-Mathias. V. de Gueisen.

CHARDONNET Didier, [doyen de St-Thiébault, † 14 sept. 1657, ayant presque atteint sa 70e année. Msc. Epit.]

CHARDONNIÈRE (de la) Anne. V. de Gréaume.

CHARDOT Charlotte. V. Durand XV, 1.

CHAREL Louis-P^re, avocat au parl^t, exerçant au bailliage de Sarrelouis, fils de J^n-F^ois, conseiller du Roi et procureur au même bailliage, et d'Anne-Élisabeth Demange, épousa, par. Ste-Croix 9 mai 1730, Anne *Bachelard*.

CHARENTAN (de) Louis-J^ph. V. de Bock IV.

CHARETTE Charlotte. V. Renaud.

CHARETTE de la CONTRIE (de) Mre-Caroline-Henriette-Pauline-F^oise-Xavérine-Joséphine-Eugénie. V. Gerard d'Hannoncelles (note).

CHARLES. I. Anne. V. Humbert IV.

II. Denise. V. Presle.

CHARLET Agnès. V. le Bourgeois du Cherray (note).

CHARLETTE M^ie-Madeleine. V. de Saimbut.

CHARLIER Catherine. V. Nivoy IV.

CHARLOT M^ie-Barbe. V. Lefebvre IX.

CHARO Marie. V. Dedon II.

CHARPENTIER. I. Jean, R. P. R., sgr de Bourgstal et Bouruyer, fut le père de :
1. Marie, 30 juin 1599 ; mariée à J^ques Louis.
2. Jacqueline, 10 août 1601 ; mariée à J^n Fériet, puis à David Blaise de Glatigny.

II. Antoine, cap. de cavalerie au rég^t de Luynes, pensionnaire du Roi, fils de † N*** et de Catherine de Monicart, † par. St-Marcel 10 nov. 1758, à 76 ans.

Il avait épousé, ibid. 22 avril 1721, M^te-Anne *Lamy*.

III. Pierre, chev., b^on de Neuvron, sgr de Gondrecourt en Woëvre, Amblemont et autres lieux, [fils de Louis-F^ois, et comme lui g^d m^e des eaux et forêts de Lorraine, puis conseiller et président à mortier au parl^t, † par. St-Victor 2 août 1753. [Il avait épousé : 1° N*** *Durand de Silly*, fille de Ch^les-F^ois Durand de Silly, sgr de Jeandelaincourt, dont il n'eut pas d'enfants ; 2° M^ie-Agathe *de Ponze*, v^ve de Claude-Georges Barbarat de Mazirot, président à mortier au parl^t.]

IV. Louis, [doyen de St-Thiébault, † 18 sept. 1665, âgé de près de 50 ans. Msc. Epit.]

V. Marguerite, sœur du préc. V. Baltus.

VI. Antoinette-Suzanne. V. Goullet VI, 19.

VII. Marguerite. V. de Brye II.

CHARPENTIER (de) Florimonde. V. de Sucy.

CHARPY (de) Michel, trés. de l'extraordinaire des guerres et dir. des étapes de la généralité, fils de J^n-B^te, bourgeois de Paris, et d'Élisabeth Godebin, † par. St-Victor 2 mars 1724. Il avait épousé, ibid. 24 juin 1710, Charlotte *Thorel*, † par. St-Gengoulph 5 avril 1771 : à son enterrement, son neveu J^ph-Louis Chevreau, doyen et chan. de Gorze. De leur mariage naquirent par. St-Victor :
1. J^ph-Renault, 13 janv. 1713 ; † par. St-Martin 17 suiv.
2. Godfroy-Laurent, jumeau du préc. ; † par. St-Martin 27 suiv.
3. Claude-J^n-B^te, 14 avril 1714.
4. J^ph-Michel, 31 janv. 1716 ; † 13 févr. suiv.
5. Martin, 8 juin 1717 ; † 11 juil. suiv.
6. Léopold-P^re, 15 nov. 1718.
7. J^n-N^as, 5 déc. 1719.
8. Dieudonnée, † 8 oct. 1720.
9. J^n-F^ois-Michel, 24 sept. 1721 : p. J^n-F^ois de Creil, chev., m^is de Creil Bourneseau, b^on de Brillac, conseiller d'État, intend^t de justice, police et finances au dép^t de Metz ; m. F^oise Poussart, c^esse de Fors, chan^esse de St-Pierre.

10. M^ie-Dieudonnée, 25 nov. 1722; mariée à Arnould de Loyauté.
11. N^as-Michel, posthume, 3 juin 1724.

CHARRON L^se-Adélaide. V. de Chérisey V.

CHARTOGNE (de) Nicolas, R. P. R., éc. de la maison de M^r le comte de Grandpré, épousa, 20 janv. 1585, Judith *de Chambre*, fille de † N*** de Chambre, de laquelle il eut Anne, mariée à J^ques Estienne, bourgeois, s^r de Baigneux.

CHARTON. I. Marguerite. V. Séchehaye.

II. M^ie-Anne. V. Canelle.

CHARTONGNE (de) Martin, ancien officier au rég^t d'Orléans infanterie, chev., sgr de Pimodan, fils de Louis-Robert, ancien officier au rég^t de Bourbonnais, chev., sgr de Pimodan, et d'Anne Courcelle, d'Aubreville, diocèse de Verdun, épousa, étant âgé de 27 ans, par St-Simon 20 déc. 1774, M^ie-Anne-Charlotte b^onne *de Lamy de Besange*, pensionnaire du Roi, âgée de 24 ans : au mariage, Claude-Antoine de Chartongne, chev., sgr de Pimodan, lieut. au rég^t d'infanterie de Chartres, frère du marié; Louis-J^ph de Lescuyer, sgr d'Hagnicourt, lieut. au même rég^t, cousin du marié et beau-frère de la mariée.

CHARTRES (de). I. Henry-J^ques, chev., sgr de Cherville, eut d'Anne *de Goz*, son épouse :
1. Anne, R. P. R., mariée à P^re de la Noue.
2. Louise, mariée à P^re Salle de Rochefort.

II. Anne. V. de Caradreux.

CHARTREUX (le). I. Nicolas, sgr d'Anglemont, [conseiller secrétaire du Roi en la chancellerie du parl^t, obtint des lettres d'honneur 27 août 1735 et mourut en 1753. Il avait épousé Claudette *de la Caure*, dont il eut, 2 sept. 1706], Nicolas, qui suit.

II. Nicolas, fils du préc., substitut du procureur gén^l, puis conseiller au parl^t, sgr de Servigny, épousa, dans l'église des Carmes Déchaussés, 22 sept. 1733, M^ie-Thérèse *François*, v^ve de D^que Belquienne, conseiller-auditeur au parl^t, laquelle mourut par. Ste-Croix 4 mai 1757 et fut inhumée à Servigny. De leur mariage naquirent ibid. :
1. Marguerite, 15 janv. 1735 ; † par. St-Livier 27 juil. suiv.
2. Françoise, 5 févr. 1736.
3. N^as-Louis, 28 avril 1737 : p. J^n-B^te-Louis Grandfebvre, conseiller du Roi et son procureur au bailliage de Verdun.
4. Louis-N^as, 4 mai 1738.
5. M^ie-Barbe, 8 déc. 1739.
6. Louise, 13 sept. 1740; † par. St-Victor 13 juin 1742.
7. F^ois-N^as-Joseph, 5 mai 1742.
8. J^ne-Françoise, 18 sept. 1743.
9. Ch^les-Léopold, 11 janv. 1745 : p. Ch^les-Léopold le Chartreux, éc., cap. de cavalerie, chev. de St-Louis, aide-major des gendarmes de la garde ordinaire du Roi, représenté par J^n-Louis le Chartreux, éc., pensionnaire au collège de MM^rs les Chanoines réguliers de Metz; m. Anne Doyen, v^ve de F^ois le Chartreux, éc., sgr de Bamont et du fief de Monzeville, commissaire d'artillerie à Verdun, représentée par F^oise le Chartreux.
10. Louis, 5 janv. 1747.
11. Antoine, 25 août 1748.

III. Anne-M^te, tante ou sœur du préc. V. Fourquet de Montimont.

IV. J^n-Baptiste *le Chartreux d'Anglemont*, éc., enseigne au rég^t de Provence, † par. Ste-Croix 12 juin 1732.

V. Louise, épouse de J^ques de Watronville, éc., sgr d'Ambonville, conseiller du Roi, garde des sceaux et assesseur civil et criminel au bailliage de Verdun, fut marraine par. Ste-Croix 14 sept. 1740.

VI. Françoise. V. de Bonniot.

CHARUEL. I. Jacques, conseiller du Roi en ses conseils, intend^t de justice, police et finances en la généralité de Metz, Lorraine, Barrois, pays de Luxembourg et comté de Chiny, † par. St-Simplice 18 nov. 1691, inhumé à la cathédrale.

II. Nicolas, lieut.-gén¹ au bailliage de Bar, puis conseiller au parl^t, parent du préc., † 30 déc. 1709; le parl^t assista à son service funèbre par. St-Simplice.

III. Armand-Philippe, neveu du préc., sgr de Montoy, conseiller, puis président à mortier au parl^t, † par. St-Simplice 8 févr. 1747. Il avait épousé M^{ie}-Louise *de Fumeron*, † par. Ste-Croix 17 août 1714. De leur mariage étaient nés par. Ste-Croix :

1. Dominique, 16 mai 1711; président à mortier, sgr de Montoy, † par. St-Marcel 10 févr. 1748, inhumé par. St-Simplice.
2. M^{ie}-Françoise, 29 mars 1712.
3. Louise, 26 mai 1713; † par. St-Livier 23 juin 1714.
4. J^{ne}-Pauline, 13 août 1714; † 20 suiv.

IV. Constance. V. Durand XIII.

CHARUEL de **SAINTE-CROIX.** I. Jean, natif de Rosne en Barrois, homme d'affaires et secrétaire de Mr de la Serre de Rochecolombe, le lieutenant du Roi à Metz, fils des † Dominique et Barbe Derbillon, épousa : 1° étant âgé de 30 ans, par. St-Eucaire 2 juil. 1736, M^{te} *Barat*, fille de † Girard Barat et de M^{te} Liégeois, laquelle mourut ibid. 10 août 1745, à 40 ans; 2° ibid. 1er déc. 1745, M^{ie}-F^{oise} *Louis*, âgée de 24 ans. De ce second mariage naquirent par. St-Eucaire :

1. M^{te}-Lucie, 23 août 1746.
2. M^{ie}-Louise, 17 oct. 1747.
3. Anne-Charlotte, 26 sept. 1748; mariée à P^{re} Grandjean, lieut.
4. M^{ie}-Anne, 29 oct. 1749.
5. Élisabeth, 20 nov. 1750; mariée à J^n Guevel, notaire.
6. *J^n-Jacques*, 28 févr. 1754 : p. J^n-J^{ques} c^{te} de Lignéville, g^d baillif du bailliage de Boulay, g^d veneur de S. M. le Roi de Pologne duc de Lorraine et Barrois, représenté par J^n Charuel, cousin; m. Anne de Raté, née c^{esse} du Hautois, v^{ve} de M^r le c^{te} de Vignacourt, m^e de camp de cavalerie, représentée par d^{lle} M^{ie}-F^{oise} Constance, dem^t chez les parents de l'enfant. — Lequel suit.
7. Anne-M^{te}, 6 mai 1755 : p. Christophe Grandjean, cap. au rég^t royal Roussillon; m. Anne-M^{te} Couët, fille de J^{ques} Couët, sgr de Lorry.
8. M^{ie}-F^{oise}-J^{ne}-Charlotte, 27 août 1756 : p. Jules Charuel, entrepreneur des bâtiments du Roi à Paris, représenté par P^{re} Louis; m. M^{ie}-F^{oise} Duremont, épouse du parrain, représentée par Anne-Charlotte, sœur de l'enfant.

II. J^n-Jacques, fils du préc., avocat au parl^t, avocat du Roi pendant 8 ans au bailliage, substitut du procureur gén^l, avait épousé F^{oise} *Lanchère*, fille de J^n Lanchère de Vaux, éc., sgr de Vaux, Plaivat, Vantoux et autres lieux, garde de la porte du Roi, et de M^{ie}-Anne Very, de laquelle il eut par. St-Victor :

1. M^{ie}-Françoise, 9 mars 1786.
2. J^n-Jacques, 15 mars 1787.
3. Élisabeth-Thérèse, 23 mars 1788.
4. M^{ie}-Anne, 23 mars 1789.
5. M^{ie}-Louise, 5 mai 1790.

III. J^n-Baptiste, cousin germain du préc., cap. aide-major de la milice bourgeoise de Metz, intéressé dans les affaires du Roi, fils de Nicolas, brigadier des chasses de S. M. le Roi de Pologne au dép^t de St-Mihiel et de Bar, et de † Anne Philepot, épousa : 1° par. St-Livier 22 août 1758, étant âgé de 30 ans, Anne *Phulpin*, fille de Firmin Phulpin, bourgeois, et d'Anne Damien, laquelle mourut ibid. 8 mars 1777, à 42 ans; 2° M^{ie}-Catherine *Jean*. Du premier mariage naquit M^{ie}-Anne, par. St-Livier 29 août 1774 : p. Firmin Phulpin, rentier.

Du second mariage naquit M^{ie}-Catherine, ibid. 16 juil. 1778.

CHASOT. I. Isaac, d'abord conseiller-clerc au parl^t, quoique laïque, puis président à mortier, [était né à Dijon 11 janv. 1626, de Joseph, substitut du procureur gén^l au parl^t de Dijon, et de Suzanne Blondeau]. Il avait épousé M^{ie}-Thérèse *de Bossuet*, † par. St-Gorgon 24 févr. 1702, à 80 ans. De leur mariage étaient nés ibid. :

1. *Bénigne*, 14 oct. 1662 : p. Bénigne de Bossuet, conseiller au parl^t; m. Madeleine de Bossuet. — Lequel suit.

2. Philippe-Gabrielle, 22 mars 1664 : p. N^{as} de Fyot, conseiller au parl^t; m. Philippe de Neunhem, abbesse de Sainte-Marie.

3. Barbe, 28 févr. 1665.

II. Bénigne, fils du préc., sgr de Congy et de Brousse, premier président au parl^t, † abbé commendataire de St-Arnould, dans son hôtel abbatial, 18 mai 1728. Il avait épousé [à Verdun 15 oct. 1703] J^{ne} *Maclot*, dont il eut, par. St-Gorgon 3 oct. 1704, Louis-Bénigne [qui succéda à son père dans sa charge de premier président, et mourut dans l'exercice de ses fonctions 23 mars 1751.]

CHASSIN Marguerite. V. Mainhulle III.

CHASTEL de VILLEMONT. I. Nicolas, éc., trés. provincial de l'extraordinaire des guerres, avait épousé J^{ne}-Monique *Maurice*, † à 31 ans, par. St-Martin 23 janv. 1744 : à son enterrement, Louis Thomas, chan. de la cathédrale; N^{as} Chastel, éc., g^d maître des eaux et forêts du Clermontois, et J^n-B^{te}-Ignace Chastel, éc., trés. principal au dép^t des Trois-Évêchés.

II. J^n-B^{te}-Ignace, éc., sgr de Villemont, Oriocourt, Boinville et autres lieux, g^d maître des eaux et forêts du Clermontois, trés. provincial de l'extraordinaire des guerres au dép^t de Metz, dem^t rue Chaplerue, fils de Nicolas, éc., ancien g^d maître des eaux et forêts du Clermontois, et de Claude Thomas, de Clermont en Argonne, † subitement par. St-Martin, rue des Parmentiers, 17 janv. 1774 : à son enterrement, J^n-Armand de Blair, chev., sgr de Vitrange, conseiller à l'ancien parl^t, son cousin issu de germain. Il avait épousé en la chapelle de Ste-Reinette, par. Ste-Croix 21 janv. 1749, F^{oise}-Pauline-Lucie *du Pasquier de Dommartin* : au mariage, Étienne-Louis Jobal et J^n-F^{ois} Pierre de Jouy, tous deux présidents à mortier au parl^t, oncles de la mariée; Joachim Descartes, conseiller au parl^t, également oncle de la mariée; Marc-Sigisbert Antoine, prêtre, d^r en Sorbonne, g^d chantre et chan. de l'église primatiale de Lorraine, conseiller-clerc à la cour souveraine de Lorraine et Barrois, cousin issu de germain de la mariée; J^n-B^{te}-Ignace de Chastel, ancien trés. principal, frère du marié. De leur mariage étaient nés par. St-Martin :

1. Ch^{les} *Nicolas*, 2 déc. 1749; lequel suit.
2. Agnès-Pauline, 21 janv. 1752; mariée à Ch^{les}-Louis c^{te} d'Ambly.
3. J^n-Baptiste, 15 juil. 1756; trés. principal de l'extraordinaire des guerres, il signe Chastel de Boinville à l'acte de décès de son père.
4. Joachim-N^{as}-Pélagie, 9 janv. 1760.
5. Agnès-Claudine-Charlotte, 19 avril 1764 : p. Ch^{les} Chastel, trés. principal au dép^t d'Alsace, son oncle; m. Claudine Chastel, v^{ve} de J^n-B^{te} Grutus, sgr de Grehon : tous deux représentés par J^n-B^{te} et Agnès-Pauline, frère et sœur de l'enfant. — Elle mourut par. St-Martin et fut inhumée par. St-Simplice 25 déc. 1781.
6. Louise-Anne, 31 mai 1765; † 20 avril 1768, inhumée par. St-Simplice.
7. M^{ie}-Agathe-Rose, 24 mai 1767; † par. St-Simplice 22 avril 1768.
8. Louis-Antoine-Benjamin, lequel, âgé de 22 ans, chev., sgr de Boinville et d'Oriocourt, trés. principal des guerres au dép^t des Trois-Évêchés, épousa, par. St-Maximin 18 janv. 1781, M^{ie}-F^{oise}-Élisabeth *Malchar*.

III. Ch^{les}-Nicolas, fils du préc., éc., cap. au rég^t Dauphin cavalerie, eut de Catherine-F^{oise} *Garaudé*, son épouse, Jeanne, par. St-Victor 21 oct. 1784 : p. Arnaud du Pasquier de Dommartin, ancien conseiller d'honneur au parl^t; m. J^{ne}-M^{ie} Jehannot, v^{ve} de J^n-B^{te} Barbier d'Increville, président au présidial de Verdun.

CHASTELAIN Geneviève-F^{oise}. V. Sarrazin II.

CHASTELET (du). I. Baptiste, ministre de la R. P. R., fut le père d'Anne, 9 mai 1565 : p. Antoine du Châstelet; m. Barbe de Ludre, épouse de F^{ois} de Haraucourt.

II. Antoine, R. P. R., sgr du Châstelet en Lorraine, fut le père de Paul, 11 janv. 1579.

III. Cosme, éc., sgr haut, moyen et bas justicier de Logne, épousa, par. St-Martin 12 avril 1611, Madeleine *Bruillard*.

IV. Toussaint. V. de Vaux et de Morigny.

CHASTELLIER Marie. V. Bardot.

CHASTELLIER (de). I. François, cap. au rég^t d'Orléans, épousa, par. St-Maximin 8 juil. 1691, Esther *de Serrières*, v^{ve} de Paul le Bachelé.

II. F^{ois}-Esprit. V. de Grassmann.

CHASTENAY (de). I. Jacques, sgr de Lenty, R. P. R., épousa, 11 juin 1595, Judith *de Barisy*, dont il eut :
1. François, 15 mars 1596.
2. Philippe, 22 juin 1597.
3. Aimée, 24 juin 1598.
4. Jacob, 6 sept. 1600.

II. Claude-Maurice. V. Maclot IV, 3.

III. Pierre. V. de Goz.

CHASTENOIS (de) Claude. V. de Wiltz.

CHASTENOY (de) Aimée. V. Laurent II.

CHASTILLON (de). I. Philberte. V. de Gournay XI.

II. Charles. V. de Saint-Julien.

CHAT (du). V. le Duchat.

CHATEAU (du). I. Guillaume-Anne, éc., sgr de la Gommeraye, un des gendarmes du Roi compagnie de Flandre, † par. Ste-Croix 18 mars 1688.

II. François, ancien lieut. des grenadiers au rég^t du Maine, † par. St-Gorgon 15 janv. 1736, à 87 ans.

CHATEAU-MARAIS (du). Pierre. V. du Frenet.

CHATEAU-RENARDA Henry. V. de Semellay.

CHATEAU-RENAULT (du) François, d'Aix, noble homme, † par. St-Gorgon 25 sept. 1682.

CHATEAU-VIEUX Jean. V. de Montagnac I, 3.

CHATEL Marie. V. Maguin VII.

CHATEL (du) Jérôme, natif de Bretagne, gentilhomme à la compagnie des cadets à la citadelle, † par. St-Jean de la Citadelle 21 mars 1730.

CHATELET (du). I. Madeleine, [abbesse de Ste-Glossinde, † 20 avril 1584. Chron. de Buffet, p. 119 : note de Mr Prost^t].

II. Guillemette. V. de Gournay XIX.

CHATELET de THORS (du) Françoise, [cousine et coadjutrice de Madeleine du Châtel et ci-dessus, puis elle-même abbesse de Ste-Glossinde, † vers le 30 nov. 1595. Journ. de Séb. Floret].

CHATENET de la BRUNETIÈRE Jⁿ-Baptiste. V. de la Chesserie de Trémoulet.

CHATILLON Marguerite. V. Obellianne.

CHAUDE Barbe. V. Vernier VII.

CHAUDECQ. V. Choudecq.

CHAUFFOUR (du) Onésime. V. Aubron.

CHAUME (de) Sara. V. de Lécluse.

CHAUMONT. V. de Saint-Chaumont.

CHAUNES (de) Thierry, R. P. R., eut de M^{te} *Gauvain*, son épouse, Marguerite, 17 juil. 1605.

CHAUSSE Marguerite. V. Soucelier II.

CHAUSSÉE Claudine. V. Collot.

CHAUSSÉE (la). I. Anne-Barbe. V. Després III.

II. Antoinette. V. Blaise V.

CHAUSSÉE D'EU (de la) M^{ie}-Anne-Joséphine. V. Barandiéry de Montmayeur.

CHAUTANT Jⁿ-Antoine, entrepreneur gén^l des fortifications de Metz et de Thionville, sgr de la H^{te}-Bévoye, Vercly et Béville, † à 67 ans, par. St-Simplice 29 mars 1721. Il avait épousé M^{ie} *Sené*, † ibid 12 sept. 1742, à 75 ans. De leur mariage étaient nés :
1. Catherine, par. St-Georges 26 oct. 1684. Le père est dit m^e-tailleur de pierres.
2. Georges, par. St-Marcel 26 juin 1686.
3. P^{re}-Antoine, par. St-Simplice 30 déc.

CHA — 136 — CHA

1687 : p. P^re Dérinau, cap. au rég^t Dauphin et ingénieur du Roi à Metz; m. Antoinette de Brunel, épouse de Raphaël le Goullon.

4. M^ie-Françoise, ibid. 24 mai 1689; mariée à N^as Douzant de la Neuvelotte.

5. F^oise-Gabrielle, ibid. 9 juin 1691; [† Carmélite 6 oct. 1757, ayant 51 ans de religion Metz msc. 153.]

6. François, ibid. 27 févr. 1693 : p. F^ois Menot, chir. major des ville et citadelle de Metz et lieut. des chirurgiens; m. Agnès Vannelle, épouse de Gabriel Harteau, entrepreneur des fortifications. Dans un acte de baptême à la même paroisse, où sa femme Anne *Poinselot* est marraine, il est dit entrepreneur gén^l des fortifications de Metz et de Toul.

7. P^re-Antoine, par. St-Gorgon 7 sept. 1694.

8. J^ne-Esther, ibid. 14 sept. 1696; mariée à F^ois Thirion.

9. Etienne, ibid. 2 mars 1698; lieut. au rég^t de Picardie en 1722.

10. Marguerite, ibid. 11 nov. 1699; [religieuse de la Visitation, † 29 sept. 1745, ayant 29 ans de profession. Metz msc. 153.]

11. M^ie-Thérèse, ibid. 21 oct. 1701; [† Carmélite en 1742. Ibid.]

12. Anne-M^ie-Thérèse, marraine de la précédente.

13. Henry, par. St-Simplice 23 janv. 1708; conseiller du Roi, ancien substitut du procureur gén^l, † célibataire ibid. rue Coislin 3 déc. 1779.

CHAUVEAU. I. MATHURIN ou MATHIEU, R. P. R., sgr de la Grange-Foucquet, eut de Claudine *Goz*, son épouse :

1. Marthe, 19 févr. 1587.
2. Suzanne, mariée à F^ois Louis.
3. Marie, mariée à Baptiste de la Vesne, puis à Jacob des Forges.
4. Élisabeth, mariée à Benjamin Renel.
5. Anne, mariée à J^ques Lespingal.
6. Judith, mariée à Odard Pérignon.

II. SARA. V. Gauvain V.

CHAUVELIN (DE). V. de Blair II, 3.

CHAUVENEL. V. Chavenel.

CHAUVET. V. Malherbe (note).

CHAUVIÈVRE (DE) M^ie-PÉRINE. V. de Hillerin.

CHAUVIRAY (DE). I. GUILLEMETTE, [abbesse de Ste-Glossinde, † 16 oct. 1603. Journ. de Séb. Floret].

II. ANNE-MARGUERITE. V. Maclot IV, 3.

CHAUVREUX DE BLACOURT CH^les-GUILLAUME, éc., conseiller du Roi, commissaire ordinaire des guerres à Longwy, fils des † Hervé-Guillaume, éc., commissaire ordinaire des guerres, et M^ie-Charlotte de Briais, épousa, par. St-Martin 9 févr. 1773, Claude-Henriette-L^se *Bertrand*, dont il eut ibid. :

1. L^se-Madeleine-Charlotte, 11 mars 1774; † 19 avril 1775.
2. Henry-Ch^les, 21 mars 1776.
3. Julie-Henriette, 26 juil. 1779 : p. M^ie-Claude-Sébastien de Beausire, éc., conseiller au parl^t, son oncle à la mode de Bretagne; m. L^se-Julie-Henriette Bertrand, sa tante.

CHAUX (DE), *alias* DES CHAUX. I. HUBERT, cap. d'infanterie, chev. de St-Louis, † par. St-Gengoulph 26 avril 1758, à 80 ans.

II. M^ie-ÈVE-GABRIELLE, F^ois-HUBERT et N^as-ÉTIENNE-SÉBASTIEN. V. Trotyanne.

CHAVAULT (LE) THOMAS, R. P. R., m^d, épousa Judith *de Vigneulles*, † 26 sept. 1678.

CHAVENEL ou CHAUVENEL. I. DIDIER, R. P. R., sgr de Xoudaille, *alias* Choudaille, fils de noble homme Richard, argentier de S. A. de Lorraine, épousa, 22 janv. 1606, Élisabeth *le Goullon*, dont il eut :

1. Jérémie, 24 oct. 1610.
2. *Richard*, 10 juil. 1613; lequel suit.
3. Jean, 27 mars 1616.
4. Élisabeth, 27 août 1617.
5. Marie, 24 juin 1620.
6. Daniel, 26 déc. 1621.

II. RICHARD, R. P. R., fils du préc., éc., sgr de Rozérieulles et Chesny, épousa,

19 avril 1643, Madeleine *de Xellandre*, dont il eut :

1. Louis, 15 mars 1644.
2. *Richard*, 26 déc. 1645; sans doute celui qui suit.

III. RICHARD, R. P. R., sans doute le fils du préc., éc., sgr de Rozérieulles et Chesny, épousa Charlotte *de Béchevel*, † 20 janv. 1684, à 38 ans. De leur mariage étaient nés :

1. Sara, 29 août 1670; mariée à N^{as} Roger du Coulon.
2. Louis, 24 févr. 1672; éc., sgr de Rozérieulles et autres lieux, cap. de grenadiers au rég^t de Miromesnil, † par. St-Martin 29 mai 1736. Il avait épousé, à Chesny 14 nov. 1713, Marthe *Herbin*, v^{ve} de Jⁿ-B^{te} des Aydes, brigadier des armées du Roi, laquelle mourut par. St-Martin 12 mars 1731, à 60 ans.
3. Charlotte, 29 nov. 1674; † à Chesny 7 févr. 1700.
4. Charles, 24 janv. 1677; cap. au rég^t de Miromesnil, il eut de Charlotte *de Béchevel*, son épouse, Charlotte, mariée à Michel-Samuel Blaise.
5. Judith, 6 janv. 1679.

IV. ANTOINE. V. Du Rocheret, I, 4.

CHAVENET MARGUERITE. V. de Bonneval de la Place.

CHAYLA (DE). V. de Lasalle (note).

CHAZELLES (DE). I. IMBERT, commis au bureau de la messagerie de Metz, † à 45 ans, par. St-Martin 7 août 1690 : à son enterrement F^{ois} Foës, chan. de la cathédrale. Il avait épousé J^{ne} *Alleou*, † par. St-Victor 15 déc. 1728. De leur mariage étaient nés :

1. Henry, receveur des domaines du Roi à Verdun; † à 79 ans, par. St-Simplice 23 juin 1751.
2. *Laurent*, qui suit.
3. *Jean*, qui suivra.

II. LAURENT, fils du préc., sgr de Lorry-devant-le-Pont, conseiller secrétaire du Roi en la chancellerie du parl^t et receveur gén^l des finances en la généralité de Metz, † par. St-Martin 30 juin 1752, à 80 ans. Il avait épousé Anne *le Liepvre*, † ibid. 20 sept. 1761, à 75 ans. De leur mariage naquirent par. St-Victor :

1. Jeanne, 24 nov. 1713; mariée à Claude Lecomte d'Humbepaire.
2. Henry, 26 oct. 1716 : p. Henry Chazelles, conseiller du Roi, intéressé dans les gabelles, son oncle.
3. Anne-Catherine, 24 août 1718.
4. Louis, 14 janv. 1722; conseiller au parl^t, † par. St-Martin 23 juil. 1751. Il avait épousé, ibid. 24 janv. 1747, Barbe-Lucie *Goussaud*.
5. Louis-Laurent, 28 avril 1723.
6. *Laurent*, 29 juil. 1724; lequel suit.
7. Anne-M^{ie}-Joséphe, 27 juil. 1725; mariée à Antoine Goussaud, puis à Claude-Jⁿ-B^{te}-Arnould d'Argent.

III. LAURENT, fils du préc., président à mortier au parl^t, [† à Metz, rue Tête-d'Or, 28 mai 1808]. Il avait épousé 1° Anne-Gabrielle-Élisabeth *France*, fille d'André-Guillaume-N^{as} France, éc., conseiller secrétaire du Roi honoraire, sgr de Vaugency, St-Quentin et Bruvery, dem^t à Paris, rue de Bourbon, par. N.-D. de Bonne-Nouvelle, laquelle mourut à Metz, par. St-Simplice 3 sept. 1764; 2° à Lorry-devant-le-Pont 7 janv. 1772, Barbe-Luce *Besser*, v^{ve} de F^{ois}-Étienne Georgin de Mardigny, conseiller au parl^t, laquelle mourut par. St-Martin 12 mars 1791. Du premier mariage naquirent :

1. Claude-M^{ie}, par. St-Martin, rue du Porte-Enseigne, 26 déc. 1755; conseiller au parl^t, † [sans alliance] ibid. 5 janv. 1781.
2. Anne, † à 3 ans et demi, par. St-Simplice 29 sept. 1760.
3. Anne-Gabrielle, par. St-Martin 27 févr. 1757.
4. J^{ne}-Marie, par. St-Marcel 14 août 1758.
5. Claude-Rose, par. St-Simplice 4 mai 1761.
6. Georges-M^{ie}, ibid. 12 août 1762. Conseiller au parl^t, il épousa M^{ie}-Catherine *Pierre*, dont il eut deux fils : 1° Laurent-M^{ie}, par. St-Martin 6 août 1790, † le 15 suiv.; 2° [Joseph, officier des grenadiers à cheval de la garde de Louis XVIII].
7. M^{ie}-Madeleine, ibid. 12 juin 1764;

mariée à Ch^les-Innocent-Antoine-F^ois v^te de Foucquet.

IV. JEAN, oncle du préc., conseiller secrétaire du Roi maison^t et couronne de France en la chancellerie du parl^t, † à 67 ans, par. St-Simplice 11 avril 1746. Il avait épousé, étant simple m^d, par. St-Gorgon 1er févr. 1718, M^ie *Goguille*, âgée de 17 ans, fille de F^ois Goguille, m^d, et de F^oise Gouget, laquelle mourut par. St-Simplice 2 août 1771. De leur mariage naquirent :

1. Jean, par. St-Gorgon 12 mars 1719.
2. Henry, ibid. 21 juin 1720.
3. M^ie-J^ne, † à 16 ans, par. St-Simplice 8 oct. 1741.
4. Anne, † à 6 ans, ibid. 28 juin 1731.
5. Marie, † à 22 mois, par. St-Victor 20 mai 1729.
6. Henry, par. St-Simplice 12 nov. 1728; le père est m^d magasinier et receveur du grenier à sel.
7. M^ie-J^ne, ibid. 24 déc. 1729.
8. J^ques-Antoine, ibid. 15 mars 1731.
9. J^n-F^ois, ibid. 20 août 1732.
10. Claude-Antoine, ibid. 12 sept. 1733; premier lieut. d'une compagnie de mineurs, † par. St-Simplice 11 févr. 1761.
11. J^ph-Dieudonné, ibid. 6 mars 1735; [cap. de mineurs, chev. de St-Louis, † sans postérité.]
12. F^ois-Henry-Dieudonné, ibid. 18 juil. 1736.
13. Marguerite, ibid. 17 janv. 1738; mariée à P^re Olry.
14. *Antoine-F^ois*, ibid. 26 avril 1740; lequel suit.
15. *J^n-B^te-Henry*, ibid. 6 août 1741; lequel suivra.
16. Barbe-Dieudonnée, jumelle du préc.
17. J^ne-Antoinette, ibid. 17 janv. 1743; mariée à J^ques Ourié.
18. M^ie-Antoinette, jumelle de la préc.
19. Barbe-F^oise, ibid. 7 mai 1745; mariée à Antoine de Lorme.
20. Claude-J^ph; [conseiller secrétaire du Roi en la chancellerie de la cour des aides de Montauban, puis en celle de la cour des monnaies de Lyon, enfin en la chancellerie du parl^t de Metz, † sans postérité.]

V. ANTOINE-F^ois, fils du préc., éc., chev. de St-Louis, cap. au rég^t d'Orléans, épousa, par. St-Martin 27 avril 1775, Agnès *Lecomte d'Humbepaire*, dont il eut par. St-Simplice :
1. J^ne-Agnès, 27 août 1779.
2. Laurent, 9 janv. 1782 ^(1).

VI. J^n-B^te-HENRY, frère du préc., éc., chev. de St-Louis, d'abord aide-major de Marsal, puis premier cap. au rég^t de Berry, épousa, par. St-Georges 28 sept. 1784, M^ie-Louise *Lajeunesse*, dont il eut par. St-Simplice :
1. Louis-J^ph-Dieudonné, 24 juil. 1785.
2. Louis-M^ie, 22 mai 1787.
3. Louis-J^ph-Isidore, 24 juil. 1789; le père est cap. command^t au rég^t de Vintimille avec rang de major.
4. M^ie-J^ne-Antoinette, 17 nov. 1790.

VII. ANTOINE-P^re, épousa, par. St-Victor 14 juin 1644, Barbe *Arnould*, fille de † Domange Arnould.

CHEDEAUX GEORGES, âgé de 31 ans, ancien officier au service de la Reine de Hongrie, fils d'André, échevin de la par. St-Eucaire, et de M^te Bivier, épousa, par. St-Simplice 19 mars 1765, J^ne *Lorette*.

CHEDEL MARIE-JOACHIM. V. d'Argent de Deux-Fontaines.

CHEFDOELE (DE) ROGER. V. Barandiéry de Montmayeur.

CHEISEUL (DE). V. Louis III.

CHELANDRE (DE). V. de Xellandre.

CHEMINOT JEANNE. V. Racle.

CHENAL. I. BARBE. V. de Jarny d'Abbéville.

II. LUCE-GABRIELLE. V. Marlier.

CHENAL DE LA VIOLETTE ANNE. V. Michelet XII.

CHENAU ÉLISABETH. V. Picon.

---

(1) Il fut officier d'artillerie et eut deux filles, dont l'aînée, mariée à M. de Marin, cap. d'état-major, la cadette à M. de Roguier, conseiller à la cour d'appel de Nancy. (*Biog. du Parl^t*.)

CHENEVIX (de). I. Paul, R. P. R., conseiller au parl{t}, fils de Paul, bourgeois de Paris, † 21 nov. 1686. Il avait épousé : 1° 28 mai 1634, M{ie} *Lespingal;* 2° Judith *Morel,* † 25 déc. 1710.
Du premier mariage naquirent :
1. Paul, 17 mars 1635.
2. Paul, 13 mai 1636; conseiller au parl{t}, † à 41 ans, 12 oct. 1677. [Il avait épousé en 1663 Anne *Couët du Vivier*]. De leur mariage naquirent : 1° Paul, 4 mars 1665; 2° Pierre, 21 mai 1666.
3. Suzanne, 29 juil. 1637; mariée à J{n} Reimbert Streuft de Lawenstein.
4. Auguste, 21 oct. 1639; sgr de Loyville, lieut. au rég{t} de la Ferté.

II. Henry, R. P. R., frère du préc., m{d}, † à 58 ans, 21 mars 1670. Il avait épousé, 27 août 1634, Esther *de Saint-Aubin,* dont il eut :
1. Henry, 22 mai 1635.
2. L{se}-Charlotte, 5 mai 1636.
3. Esther, 30 mars 1637.
4. Paul, 1er nov. 1638.
5. Jean, 21 mars 1640.
6. Dorothée, 26 mars 1659; † 10 avril 1671.
7. Suzanne, mariée à P{re} Morgue.
8. *Philippe,* lequel suit.

III. Philippe, R. P. R., fils du préc., sgr d'Eply, cap. au rég{t} d'Anjou, épousa, 27 déc. 1676, Judith *Morel,* dont il eut :
1. Judith, † 14 sept. 1682.
2. Louis, 25 mars 1685.

IV. Paul *Chenevix de Storff.* V. de Saint-Aubin IX, 7.

CHENU Louis, avocat au parl{t}, censeur royal et inspecteur de la librairie, procureur du Roi au siège de la monnaie, juge-gruyer de la terre et sgrie de Villers-aux-Bois, fils de Claude, m{d}, et de M{ie} Grandjean, épousa M{te} *Camuset,* dont il eut :
1. Madeleine-Angélique, par. St-Victor 22 janv. 1753.
2. D{que}-Armand-Philippe-Sébastien, ibid. 21 févr. 1754.
3. M{te}-Joséphine-Laure, ibid. 27 févr. 1755.
4. Christophe-Juste-Victor, par. St-Maximin 26 juil. 1756.
5. J{n}-Nicolas, ibid. 20 sept. 1758.
6. J{ne}-Claire-Aglaé, ibid. 27 déc. 1759.
7. Charlotte-Nicole, ibid. 28 févr. 1761; † par. St-Martin 4 août suiv.
8. M{ie}-Madeleine-Julie-Glossinde, ibid. 20 nov. 1762.
9. Louis-Charles-Borromée, ibid. 6 avril 1765.
10. Anne-M{ie}-Glossinde-Rosalie, ibid. 15 nov. 1767.
11. Louis-F{ois}-Maximin, ibid. 10 févr. 1769.
12. Ch{les}-Louis-Auguste, ibid. 26 mars 1771.
13. M{te}-L{se}-Victoire, ibid. 25 févr. 1774.
14. M{te}-L{se}-Victoire, ibid. 3 oct. 1776.

CHEPPE (de) Charles, éc., sgr de Saulny, conseiller au parl{t}, fils de J{n}-François, éc., sgr de Morville, Grosterme, Broussey et Raulcourt, conseiller du Roi de Pologne et son avocat gén{l} en la chambre des comptes de Bar, et de J{ne} Magot, épousa, par. St-Maximin 29 janv. 1760, Pauline-L{se}-Anne *de Marion,* † par. St-Victor 7 déc. 1777. De leur mariage naquirent :
1. Geneviève-Paule, par. St-Marcel 28 août 1764.
2. M{ie}-Charlotte, ibid. 16 sept. 1765; mariée à J{n}-Armand de Blair.
3. M{ie}-Anne, ibid. 29 sept. 1767; mariée à Paul Martin de Julvécourt.
4. M{ie}-Pauline, par. St-Georges 8 févr. 1770.
5. M{ie}-J{ne}-Louise, mariée à P{re}-J{n} Geoffroy.

CHERDOT Marguerite. V. le Goullon XXXI.

CHERGE (de). V. d'Antilly la Rochefoucault.

CHÉRIGNON (de) Gertrude. V. Gouvy de Foleck.

CHÉRISEY (de). I. N***, R. P. R., fut père de Claude, 21 oct. 1584 : p. Salomon de Barisy, fils de Regnault de Barisy; m. Esther de Gournay.

II. Jean, R. P. R., eut de Marthe *Charnaux,* son épouse :

1. Anne-Élisabeth, † à 45 ans, 2 oct. 1670.
2. Olympe, mariée à Jⁿ de Heffel.
3. *Charles*, à l'enterrement de la préc.; lequel suit.

III. CHARLES, R. P. R., fils du préc., chev., sgr de Chérisey, eut de F^{oise} *d'Ernecourt*, son épouse :
   1. Jeanne, 24 févr. 1666 ; mariée à Gabriel Malo de Vauborel,
   2. *Louis*, 3 juin 1667 ; lequel suit.
   3. Émilie, mariée à Robert-Jⁿ de Chamisso.

IV. LOUIS, fils du préc., chev., sgr de Chérisey, lieut. gén^l des armées du Roi, lieut. des gardes du corps, g^d croix de St-Louis, gouverneur du fort St-Jean de Marseille, † par. St-Martin 19 févr. 1750, inhumé à Chérisey ; à son enterrement, Marc-Antoine de Chamisso, chev., sgr de Villers-en-Argonne et du Vieil-Dampierre, lieut. d'infanterie au rég^t de Champagne, son arrière-neveu. Il avait épousé Anne-Louise *Pagel*, † par. St-Martin, rue de l'Esplanade, 22 mai 1773, inhumée à Chérisey. De leur mariage étaient nés par. Ste-Croix :
   1. J^{ne}-Louise, 14 févr. 1721 ; mariée à Jⁿ du Lau, c^{te} d'Allemans.
   2. *Louis-Jⁿ-F^{ois}*, 29 avril 1722 : p. Jⁿ-F^{ois} de Creil, intend^t ; m. F^{oise} Poussard de Fors, chan^{esse} de St-Pierre. Lequel suit.
   3. Ursule-Gabrielle, 12 mai 1723 : p. Gabriel de Vauborel ; m. Ursule de Warsberg, chan^{esse} de St-Pierre. Il mourut par. St-Maximin 12 mars 1734.
   4. Ch^{les}-Paul-Émile, 25 janv. 1725 ; enseigne de vaisseau [1749].

V. LOUIS-Jⁿ-F^{ois}, fils du préc., chev., m^{is} de Chérisey, lieut.-gén^l des armées du Roi, gouverneur pour S. M. du fort St-Jean de Marseille, commandeur de l'ordre de St-Louis, sgr de la ville (*sic*) de Chérisey, eut de L^{se}-Adélaïde *Charron*, son épouse, Plaicarde-Gabrielle-Victoire, dame chan^{esse} du chapitre noble et royal de St-Louis, mariée à 25 ans à Jⁿ-F^{ois}-Éléonore d'Hunolstein.

VI. ANTOINE, eut de Marie N***, son épouse, Georges, par. St-Martin 23 août 1629.

CHERMONT (DE), *alias* DE CLERMONT ALEXANDRE, éc., chev. de St-Louis, brigadier des armées du Roi, ingénieur, dir. des fortifications des Trois-Évêchés, † à 78 ans, par. St-Maximin 1er août 1721. Il avait épousé M^{ie}-J^{ne} *Tellier*, dont il eut :
1. Étienne, par. St-Gengoulph 28 juil. 1703.
2. M^{ie}-Madeleine-F^{oise}, mariée à Bernard-Louis du Haget ou du Hayer.
3. Alexandre, ingénieur, au mariage de la préc.
4. N^{as}-Claude, au même mariage.

CHERRIER. I. MARIE. V. Lange.
II. ANNE. V. Capchon.

CHERVILLE (DE) J^x-J^{ph}, chev., volontaire au rég^t de Poitou, âgé de 20 ans, fils de † J^{ques}-Henry, sgr et patron honoraire de N.-D. de Braye, Gonvilly et autres lieux, et de M^{ie}-Geneviève-Josèphe Lemercier, de Ste-Marguerite, diocèse d'Évreux, élection de Conche en Normandie, † par. St-Livier 24 janv. 1767.

CHERVIN DE RIVIÈRE CH^{les}-NICOLAS, officier au rég^t royal Bavière, fils de noble Gabriel, chev. de St-Louis, ancien cap. d'infanterie, aide-major de la ville de Longwy, et d'Angélique Gibrion, résidant à Longwy, épousa, par. St-Eucaire 12 nov. 1764, M^{ie} *Pallé*, âgée de 24 ans, fille de J^{ques} Pallé, m^d, et de M^{ie} Mathieu : au mariage, P^{re}-J^{ph} de Montagnac, lieut. de Roi, command^t au gouv^t de Longwy, sgr de Moncel.

CHESNARD DE LAYÉ P^{re}-ÉLISABETH, cap. au rég^t de Lanau dragons en garnison à Metz, fils de P^{re}-Anne, chev., b^{on} de Vinzelles, sgr de Layé, Loché, St-Léger, Fuissé, Bouverieux et la Tour de Romanèche, conseiller d'État, et d'Antoinette Normand, épousa, par. St-Martin 25 avril 1780, Barbe-L^{se}-Josèphe *Goussaud* de Montigny, dont il eut P^{re}-Ch^{les}, par. St-Martin, rue de l'Esplanade, 19 avril 1781.

CHESNE (DU) MARIE. V. Vignard de l'Épine.

CHESNEAU. I. JEAN, conseiller du Roi, commissaire à Thionville, épousa, par. St-Martin 14 juin 1648, F^{oise} *de Boissy*.

II. Jean, [abbé de St-Éloy, † 3 octobre 1621. Journ. de Séb. Floret].

CHESSERIE de TRÉMOULET (de la) Antoine, lieut. au rég^t de Champagne, fils de N*** et de Lionnette-M^{te} de Raucoult, du diocèse de Viviers, en garnison à la caserne de Coislin, † à 21 ans, par. St-Simplice 2 mars 1757 : à son enterrement, Gabriel de Pierre de Sépaux et Jⁿ-B^{te} Châtenet de la Brunetière, cap. ; Jⁿ-F^{ois} de Cormier et J^{ph}-Louis de l'Aulanhier, lieut. : tous au rég^t de Champagne.

CHEVALERET (de la) Ch^{les}-Antoine, lieut. au rég^t des fusiliers du Roi, eut de Catherine *Prisle*, son épouse, Laurette, par. St-Gengoulph 14 janv. 1683.

CHEVALIER. I. Louis, sgr de St-Hilaire, Mœurs, Montigny et Bagnolet, [né à Nogent-sur-Seine 8 avril 1640, conseiller au bailliage et siège présidial de Sedan, membre du bureau des finances de la généralité de Metz⁽¹⁾, puis receveur gén^l des finances, † 4 janv. 1715, inhumé à Montgeroult, près de Pontoise. Il avait épousé, 5 janv. 1667] M^{te} *Estienne d'Augny* [laquelle mourut à Paris en 1736]. De leur mariage étaient nés :

1. Anne, par. Ste-Croix 26 mai 1669.
2. Marguerite, ibid. 7 juin 1670.
3. M^{ie}-M^{te}, ibid. 18 mai 1672.
4. L^{se}-Élisabeth, ibid. 14 mai 1673.
5. Louis, [né à Paris 6 juin 1674; conseiller des requêtes du palais au parl^t de Metz, puis conseiller en la cour des aides et président en la seconde chambre des enquêtes du parl^t de Paris, sgr de Montgeroult, Boissy et Bagnolet, † 28 févr. 1756. Il avait épousé Anne *Fermé* dont il eut, entre autres enfants, Louis, 14 mai 1707, plus tard conseiller au parl^t de Paris].
6. Philibert-Antoine, [né à Paris 20 août 1675; recev. gén^l des finances à Metz].

II. Jⁿ-F^{ois}. V. Tardif.

III. Anne. V. Gaudet I, 18.

(1) Il remplissait ces fonctions quand il acheta la terre de Montigny-lès-Gorze.

CHEVALIER de la CHEVALERIE (le) François, éc., agrégé dans l'ordre de la chevalerie de St-Louis, cap. et aide-major au rég^t de Piémont, † par. St-Maximin 17 avril 1759.

CHEVALLEAU de BOISRAGON Jean. V. Duchilleau.

CHEVARIER Anne. V. de Longueil.

CHEVERS Martin, épousa M^{ie} *Fériet*, v^{ve} de Jⁿ Saunier, éc., laquelle mourut par. St-Martin 27 févr. 1632, à 58 ans.

CHEVILLETTE. I. Moyse, ministre de la R. P. R. à Vassy, puis à Vitry-le-François, fils de Claude, procureur en la ville de Metz, épousa, 6 mai 1601, Élisabeth *Rouppert*, fille de Conrad Rouppert, bourgeois, de laquelle il eut Élisabeth, mariée à Jⁿ Pérignon.

II. David, R. P. R., procureur, avocat en 1608, fut père de :
1. Pierre, 27 avril 1614.
2. Marie, mariée à Samuel de la Cloche.

III. Anne. V. Nolibois III.

CHEVREAU. I. P^{re}-Louis-Antoine, éc., commissaire ordinaire d'artillerie, natif de Roisselay au diocèse de Bourges, fils de † P^{re}-Antoine, éc., commissaire d'artillerie, et de « noble dame » Louise Théret, épousa, étant âgé de 30 ans, par. St-Gorgon 16 juil. 1726, Dieudonnée-F^{oise} *de Villeneuve*, dont il eut par. St-Victor :

1. Claude-P^{re}, 29 juin 1728 : p. Claude-N^{as} Vannier, avocat au parl^t; m. Thérèse-Élisabeth de Roquefeuille, épouse de M^r le c^{te} de Martigny, g^d veneur et g^d fauconnier, conseiller d'État de S. A. de Lorraine, représentée par Anne Barette, épouse de Jⁿ Thorel.
2. Charlotte-F^{oise}, 26 sept. 1729; † 15 déc. suiv., le père étant cap. des ouvriers d'artillerie.
3. Charles, † 15 déc. 1730.

II. J^{ph}-Louis. V. de Charpy.

CHEVREAU de VAUDOULEUR. I. Jules-F^{ois} *Chevreau de Boissablon*, chev., sgr de Vaudouleur, m^e de camp de cavalerie, chev. de St-Louis, avait épousé Suzanne *Haudry de Brouville*, alias de

Boissablon, † à 68 ans, par. Ste-Ségolène 21 févr. 1777; à son enterrement, J^ph-François, leur fils, qui suit.

II. J^ph-François *Chevrean de Vaudouleur*, fils du préc., chev., cap. au rég^t Dauphin cavalerie, † subitement à 49 ans, par. St-Victor 8 janv. 1791, inhumé le lendemain par. St-Eucaire. Il avait épousé, à Peltre 24 nov. 1771, M^ie-Anne-Philippine-Marthe *Ferrand*, âgée de 17 ans, † par. St-Victor 12 nov. 1785, inhumée par. St-Eucaire. De leur mariage naquirent:

1. J^ne-Marthe-Suzanne, par. St-Victor 4 oct. 1772; mariée à P^re-J^n-B^te-Thérèse Jobal.
2. Gabriel-F^ois, par. Ste-Ségolène 13 août 1776; † 19 janv. 1781.

CHEVREUX (DE) LOUIS, dit chev. de Ronfort, lieut. au rég^t du prince de Lambesc, † par. St-Livier 3 janv. 1719.

CHÈZE (DE LA) J^N-BAPTISTE, éc., sgr de Rupigny, lieut.-colonel d'infanterie, chev. de St-Louis, ingénieur en chef de Thionville, Sierck, Rodemack et dépendances, dem^t à Thionville, fils de † N***, conseiller au présidial et à la sénéchaussée d'Agen, et de M^ie Brousse, † par. St-Gorgon 25 mai 1757, à 55 ans. Il avait épousé, par. Ste-Ségolène 3 déc. 1748, M^te *Brandebourg* de Léoviller. Au mariage, les oncles de l'épouse: Pierre Brandebourg, sgr de Rupigny; Ch^les Wendel, sgr et m^e des forges de Hayange; Gabriel Palteau, sgr de Weymerange, conseiller du Roi, commissaire ordinaire des guerres; Mr du Laurent du Quarel, éc., sgr de Charly, chev. de St-Louis, lieut.-colonel au rég^t d'infanterie de l'Isle-de-France; Louis-Benoît des Robert, command^t de Sierck; — les cousins germains et issus de germains: P^re-Ch^les Malherbe, conseiller au bailliage, sgr de Maraimbois; F^ois-N^as Fringan, avocat au parl^t; Mr Lanio, éc., chev. de St-Louis, colonel à Thionville. Du dit mariage naquirent:

1. Anne-Reine-Éléonore, mariée à P^re-Alexandre-Chrétien, chev. de Fischer de Dicourt.
2. P^re-Antoine, cap. au corps d'artillerie, au mariage de sa sœur.

CHICOYNEAU DE LA VALETTE OCTAVE. V. du Coëtlosquet (note).

CHIER DE PONTEAU (DU) LOUISE-F^oise. V. de Mairesse.

CHIÈVRES (DE). I. JEAN, R. P. R., chev., sgr de Citerne et Rouillac, cap. au rég^t d'Orléans, fils de Pierre, chev., sgr de Rouillac, et de † Éléonore de Montalembert, épousa, 29 mai 1675, M^ie *de Villers*, dont il eut:

1. Frédéric, 10 mai 1678; † 19 suiv.
2. Éléonore, 24 sept. 1679.
3. Charlotte, 17 janv. 1681; † 24 sept. suiv.

II. ALEXANDRE, chev., cap. au rég^t Royal infanterie, fils des † Pierre, sgr d'Aujac, et M^ie Taveau, du diocèse de Saintes, épousa, étant âgé de 50 ans, par. St-Livier 9 sept. 1766, Nicole *de Barat*, âgée de 45 ans.

CHIFFLET D'ORCHAMPS ÉTIENNE-J^ph-F^ois-XAVIER, chev., conseiller du Roi en tous ses conseils, premier président au parl^t, † en son château d'Esbarres près de Besançon au mois de sept. 1782; son service funèbre fut célébré avec une pompe extraordinaire à la cathédrale de Metz 9 avril 1783. Il avait épousé M^ie-M^te *Berbis de Rancy*, † par. St-Gengoulph 15 juil. 1782, à 53 ans 10 mois et demi. [De leur mariage était né M^ie-Bénigne-Féréol-Xavier, devenu sous la Restauration premier président à la cour d'appel de Besançon.]

CHINOT (DE) LAURENT-F^ois, sgr de Coullemont et autres lieux, chev. de St-Louis, cap. porte-étendard de la garde du Roi, fils des † Maximilien, sgr de Coullemont, Ornille et autres lieux, et de M^te Gillette de Bailly, épousa, par. St-Martin 16 mai 1733, Catherine *Lombard*: au mariage, Amédée de Bonnet, ancien lieut.-colonel au rég^t de Nice; Daniel d'Alençon, lieut. d'infanterie; Élie-F^ois Lombard d'Arsonville, clerc du diocèse de Metz, frère de la mariée.

CHINRY (DE) PIERRE, R. P. R., fils de « noble homme » Gaspard, épousa, 22 nov. 1609, Madeleine *Henriquez*, fille de Bastien Henriquez.

CHIPOL de LOMPRÉ Joachim. V. de Brian.

CHIRIER des CHAMPS (de) François, cap. d'une compagnie détachée du rég^t de Champagne en garnison à la citadelle, fils de Jⁿ, chev., et de † Anne Jardin, épousa, par. St-Simplice au commencement de déc. 1713 (l'acte sans date), Anne-M^{ie}-Thérèse-Henriette *Le Paige d'Ingremard*, fille de N^{as} Le Paige d'Ingremard et de † J^{ne}-Anne-Élisabeth-Nicole de Maljean; aux signatures : d'Ingremard, curé d'Aboncourt.

CHIRLAY (de) Anne-Judith. V. de Paviot.

CHOART L^s-Catherine. V. le Bas du Plessy.

CHODECQ. V. Choudecq.

CHOISEUL (de). I. Claude-Angélique. V. le Labriet II.

II. Claude-Antoine. V. de Saint-Simon.

III. Charlotte-Eugénie. V. d'Humolstein II, de Tinseau I, 1 et du Coëtlosquet II.

IV. Maximilien-Jⁿ. V. Toupet.

V. Léopold-Ch^{les}. V. de Lasalle II, 6.

CHOISEUL-BEAUPRÉ (de) Christine-Antoinette. V. Lefebvre de Ladonchamps VI, 5.

CHOISY (de) Thomas. V. Abel de Poilbois et de Laubrussel IV.

CHOLET M^{ie}-Antoinette, [fit profession au monastère de la Visitation 1er août 1666 et y mourut 4 oct. 1708, à 62 ans. Metz msc. 153]

CHOLIER Étienne. V. de Gournay-Duc.

CHOLLET de JOIGNY M^{ie}-Élisabeth. V. Piochard de la Brûlerie.

CHOLLIER Jeanne. V. Damoiseux.

CHOMNEL. I. Jean, eut de L^{se} *Sartorius*, son épouse, Louise, par. Ste-Croix 15 janv. 1629.

II. Jean, avocat au parl^t, peut-être le même que le préc., eut d'Anne *de Renneville*, son épouse, par. St-Gorgon :

1. J^{ne}-Salomée, 26 oct. 1637.
2. Anne, 2 juil. 1639.
3. Anne-L^{se}, 24 juil. 1645.
4. Jⁿ-Alexis, 12 nov. 1646.

III. Barbe. V. Hue de St-Remy.

IV. Anne. V. Mangeot.

V. Anne. V. Michelet XIII.

CHONÉ. I. Jⁿ-P^{re}, éc., conseiller du Roi, trés. de France, † à 54 ans, par St-Simplice 2 août 1781. Il avait épousé J^{ne} *Rolland*, dont il eut L^{se}-Pulchérie, mariée à F^{ois} Guerrier.

II. Claude-Louis, éc., sgr de Villé, fut parrain par. St-Livier 23 déc. 1723.

CHONET M^{ie}-Thérèse. V. Mourot II.

CHONET de BOLLEMONT Charles, cap. au rég^t de Metz corps royal artillerie, employé à la facture d'armes de Maubeuges, sgr d'Affléville, fils de † Léopold-Dieudonné, éc., conseiller du Roi, lieut.-gén^l civil et criminel au bailliage royal de Villers-la-Montagne, et d'Anne Cambrai, épousa, étant âgé de 30 ans, par. St-Gengoulph 14 nov. 1780, M^{ie}-Thérèse *Raux*, âgée de 28 ans : au mariage, F^{ois}-Ch^{les}-Robert Chonet de Bollemont, sgr de Belle-Fontaine, lieut. au premier rég^t de chasseurs-dragons, dem^t à Belle-Fontaine, frère du marié; P^{re}-N^{as} Raux de Tonneles-Prés, président lieut.-criminel au bailliage et siège présidial de Metz, frère de la mariée; Ch^{les}-Norbert Petitjean, avocat en parl^t, exerçant au bailliage de Villers-la-Montagne, beau-frère de la mariée.

CHOQUAY (du). I. Frémin, éc., lieut. d'une compagnie de gens de pied à Metz, † par. St-Eucaire 27 oct. 1639, inhumé proche l'autel Notre-Dame. Il avait épousé Anne *de Crève*, [† en 1631. Msc. Epit.]

II. Anne. V. des Rivets.

CHOUDECQ, *alias* CHAUDECQ. I. Anne. V. Marc IX.

II. Étiennette. V. de Montigny XXIII.

III. Madeleine. V. Demange.

CHOUFFEURT. I. Barbe. V. Robert IV, 1.

II. Nicolas. V. Person.

CHOULEUR Joseph. V. Dumas.

CHRÉTIEN Humbert-Dieudonné, procureur au parl[t], fils de François, employé aux salines de Moyenvic, et de M[te] Brinqué, épousa : 1° par. St-Livier 7 juil. 1716, F[oise] Rivière, fille de N[as] Rivière, bourgeois de Metz, et d'Élisabeth Soury, laquelle mourut à 30 ans, par. St-Gorgon 21 avril 1727; 2° Anne Capchon, † par. Ste-Croix 12 nov. 1776, à 74 ans.

Du premier mariage naquirent :
1. F[oise]-Salomée, † à 23 ans, par. Ste-Croix 6 avril 1739.
2. Élisabeth, † à 23 ans, ibid. 25 juin 1741.
3. Nicolas, par. Ste-Ségolène 6 oct. 1722.

Du second mariage naquirent :
4. J[n]-Nicolas, par. Ste-Croix 15 mai 1737.
5. F[ois]-Joseph, ibid. 9 févr. 1739.
6. F[ois]-Humbert, par. St-Gorgon 16 déc. 1745.
7. M[te]-Catherine, par. Ste-Croix 18 nov. 1746.

CHRISTEN. I. Sébastien-J[ph], cap. de grenadiers au rég[t] suisse de Pfiffer, eut de M[ie]-Thérèse Seitz, son épouse, par. St-Gengoulph 12 sept. 1767, Antoine-Louis : p. Antoine b[on] de Reding, cap.; m. Sophie Pernet, épouse de Thomas Peyer, cap. au même rég[t].

II. Thérèse. V. Mosberger.

CHRISTIAN Gaspard, fils d'Honoré, bourgeois de Cœurs en Provence, et de Lucrèce Pinode, épousa, par. St-Livier 14 oct. 1675, Anne d'Inguenheim : au mariage, P[re] Brocquier, éc., cap. au rég[t] de Vermandois; J[n] Gillot, éc., cap. au rég[t] royal des vaisseaux; F[ois] de Raffay, lieut. au rég[t] de Vermandois; André Lignage, sgr de Nausey; M[ie] de Raigecourt.

CHRISTOPHE Marguerite. V. Blouet.

CHRISTOPHLE. I. Marie. V. Gallois II.
II. Anne. V. Michelet VIII.

CIERGE de GÉOCOURT Jean, lieut. au rég[t] de Picardie, compagnie de Chateauvieux, † par. St-Simplice 8 juin 1710.

CIRON, alias CYRON. I. Jean, major de la bourgeoisie de Metz, épousa Barbe-Dieudonnée Garlache, † par. St-Simplice 3 déc. 1742. De leur mariage étaient nés :
1. F[ois]-Dieudonné, qui suit.
2. F[oise]-Dieudonnée, mariée à J[n] Maucomble.

II. F[ois]-Dieudonné Ciron de Thiomant, chev., conseiller du Roi, trés. gén[l] de France au dép[t] de Metz, épousa J[ne]-Nicole-Reine Lanceveaux, dont il eut J[n]-F[ois]-Dieudonné, par. St-Simplice 18 févr. 1742.

CISTERNAY du FAY (de) Geneviève. V. le Roy.

CLAIR de CHATELAINE (le) Edme-Ch[les], éc., chev. de St-Louis, cap. de cavalerie, ancien porte-étendard et garde du corps du Roi, † par. St-Livier 11 juin 1764, à 65 ans. Il avait épousé Barbe François, † ibid. 8 mai 1764, à 63 ans. De leur mariage étaient nés par. St-Gorgon :
1. M[te]-Barbe, 28 nov. 1729; mariée à Simon de Lonergan.
2. J[n]-Philippe-Ch[les], 11 août 1731.

CLASQUIN. I. Madeleine. V. Jassoy III, 4.
II. Marie. V. le Goullon XXXIX, 1.
III. Thérèse. V. Gillot II.
IV. Thérèse. V. Mercure de Vecchi.

CLAUDE. I. J[n]-Étienne, avocat au parl[t], épousa J[ne] Dossau, alias d'Aussant, fille de J[n] Dossau, chir. major au rég[t] suisse de Courten, et de Barbe Poinsignon, de laquelle il eut par. S.-Marcel :
1. Anne-Rose, 28 sept. 1745.
2. Gabriel-N[as], 7 sept. 1747; il épousa, par. St-Martin 19 nov. 1776, Catherine Machetay.
3. Catherine-Élisabeth, 17 nov. 1748.
4. J[ques]-Constant, 9 mai 1750; † par. Ste-Croix 16 juil. 1752.
5. Étienne-Constant, 11 mars 1771.

II. René, avocat au parl[t] de Paris, fils de

† Jean, bourgeois de Paris, et de M^ie-L^se Lorthiou, épousa, par. St-Simplice 17 juin 1777, Lucie *Tabouillot*.

III. Divers.
1. HENRY. V. Cochois.
2. MARGUERITE. V. le Goullon XXIV.

CLAUDON FRANÇOISE. V. le Marquis.

CLAUSSE ESTHER. V. de Magny VI.

CLAUSSIN PÉTRONILLE. V. Tiersant.

CLÉMENT. I. LOUIS, sgr de Roisy, Bettange et autres lieux, natif de Vitré en Bretagne, † par. Ste-Ségolène 27 janv. 1706. Il avait épousé : 1° étant âgé de 38 ans, ibid. 28 nov. 1693, M^ie-Anne *des Rivets*; 2° M^ie *de Gennes*. Du premier mariage étaient nés :
1. Antoinette, † par. Ste-Croix 14 mai 1748, à 48 ans.
2. Louis, † par. Ste-Ségolène 9 nov. 1705, à 3 ans et 5 mois.

II. CH^les-DIEUDONNÉ, procureur au parl^t, fils de Dominique, officier de la terre et sgrie de Deline, et d'Élisabeth Arnould, épousa, par. St-Eucaire 21 févr. 1689, Barbe-F^oise *Auburtin*.

III. BARTHÉLEMY, procureur au parl^t, fils de Nicolas, m^e-chirurgien, et de F^oise Brussaux, † par. St-Simplice 25 mars 1730. Il avait épousé, ibid. 22 juin 1693, F^oise *Lajeunesse*, dont il eut :
1. P^re-Nicolas, par. St-Simplice 10 oct. 1694.
2. Madeleine, ibid. 17 juin 1696.
3. Henry, ibid. 20 juin 1698.
4. Marc-Antoine, par. St-Gorgon 29 déc. 1699.
5. F^oise-Urbaine, par. St-Martin 15 juin 1701.
6. J^ne-Madeleine, par. St-Simplice 1er janv. 1705; † 22 oct. 1719.
7. Nicolas, ibid. 8 juin 1707.
8. M^te-Françoise, ibid. 16 mai 1709; mariée à Ch^les Guichard.
9. Christine-Madeleine, ibid. 9 oct. 1710.
10. M^ie-Anne, ibid. 10 sept. 1712.
11. Marie, ibid. 23 mars 1714.
12. J^ne-F^oise-Charlotte, ibid. 3 sept. 1715.
13. Louis-J^ph, ibid. 4 févr. 1717.

IV. J^n-FRANÇOIS, frère du préc., épousa, par. St-Simplice 15 avril 1692, Dieudonnée *Simonneau*.

V. ÉTIENNE, lieut. réformé à la suite de la place de Thionville, eut de M^ie-M^te *Lamotte*, son épouse, par. St-Gengoulph 10 mars 1743, Étienne : p. Etienne Lamotte, religieux bénédictin de St-Martin de Trèves, représenté par Benoît-Louis Clément; m. Catherine Pidolle, v^ve de D^que Saunier, procureur du Roi à l'hôtel de ville de Thionville.

VI. Divers.
1. ANNE. V. Blaise.
2. CHARLES. V. Peltre V.
3. CHARLOTTE. V. Guichard IV.
4. JEANNE. V. de Brisson.
5. JOSEPH. V. Renouard de la Nevais.

CLÉMERY (DE) CHARLOTTE. V. de Florange et de Parisot.

CLÉMIN (DE) GÉRARD, eut de Reine *Dilange*, son épouse, Gabrielle, par. St-Gorgon 7 déc. 1635 : p. Gabriel de St-Vimont, chan. de la cathédrale et aumônier de la Reine Mère; m. Élisabeth de Batilly, v^ve du s^r Gabriel de St-Laurent.

CLÉMY BONNE. V. Lamy VIII.

CLERC (LE). V. Leclerc.

CLERC DE MARTRES (LE) J^n-LOUIS. V. de Faultrier II, 3.

CLERGINET. I. FRANÇOIS, fils de Humbert et de Jennon des Vildis, né par. St-Gorgon 17 mai 1649, épousa, ibid. 15 août 1678, M^ie *Paulo*, dont il eut :
1. Anne, † à 25 ans, par. St-Gorgon 24 févr. 1703.
2. *Michel*, ibid. 14 sept. 1685; lequel suit.
3. Madeleine, mariée à N^as Hussenot.

II. MICHEL, fils du préc., avocat au parl^t, † par. St-Maximin 2 mars 1768. Il avait épousé Charlotte *Malteste*, † ibid. 18 sept. 1755, à 64 ans. De leur mariage étaient nés :
1. Antoine, par. St-Victor 2 août 1717.
2. Étienne, † par. St-Maximin 23 oct. 1736, à 14 ans.

3. François, par. St-Victor 12 mai 1724; avocat au parl^t.

4. Marie, par. St-Martin 18 sept. 1725; † le 20 suiv.

CLERMON DE FLAVIGNY L^{se}-Antoinette. V. de Saint-Denis II.

CLERMONT (de). V. de Chermont.

CLERVAUX (de). I. Eugène-Albert, c^{te} de Lanois, eut de M^{te} *de Retz*, son épouse, Anne-Théodore, mariée à P^{re} d'Arros, sgr d'Argelos.

II. N***. V. de Saint-Julien.

CLÉRY (de). I. François. V. Lemoine de Chalouette.

II. François. V. de Spillemecher.

CLINCHANT D'AUBIGNY (de). I. Jacques, éc., chev. de St-Louis, concierge des tentes et pavillons du Roi, command^t pour le Roi de la ville de Verdun, eut de J^{ne}-Denise *Cornille*, son épouse :

1. Anne-Michelle, par. St-Gorgon 20 nov. 1705; le père est major au rég^t Rohan dragons.

2. Charlotte-D^{que}, par. Ste-Croix 18 déc. 1707.

3. Jⁿ-B^{te}-Pierre, ibid. 12 févr. 1710 : p. Jⁿ-B^{te}-P^{re} de Clinchant, concierge du palais des Tuileries; m. M^{ie}-Thérèse de Lixières, épouse de Jⁿ-Benoît Cornille, trés. de France. Lequel suivra.

4. Claude, ibid. 4 janv. 1711 : p. Claude Abel de Poilbois, major de la ville de Metz; m. J^{ne} de Chérisey, épouse de Malo de Vauborel. Chan. de la cathédrale de Metz, il bénit le mariage de son frère Jⁿ-B^{te}-Pierre III.

5. Jⁿ-*Marie*, ibid. 31 mars 1713 : p. Jⁿ Agard, éc.; m. M^{ie}-Élisabeth Cogney, épouse de J^{ques} Régnier. Lequel suit.

II. Jⁿ-Marie, fils du préc., éc., chev. de St-Louis, cap. des tentes et pavillons du Roi, ingénieur en chef à Metz, puis maréchal des camps et armées du Roi et dir. des fortifications, † par. Ste-Croix 8 mai 1788. Il avait épousé, par. St-Simplice 13 août 1758, Claire-Thérèse *Bourdelois*. Au mariage, Jⁿ-B^{te}-Anne de Cornille, chev. de St-Louis, ancien cap. au rég^t de Piémont, oncle de l'époux; Jⁿ-B^{te}-P^{re} de Clinchant d'Aubigny, éc., chev. de St-Louis, ancien cap. de dragons au rég^t d'Apchon, concierge du palais des Tuileries, frère de l'époux; P^{re} Savoy, curé de Marange, cousin germain et curateur de l'épouse; Noël-D^{que} Bourdelois, conseiller du Roi au bailliage de Metz. Du susdit mariage naquirent par. Ste-Croix :

1. Claire-J^{ne}-Scholastique, 29 janv. 1760; mariée à Claude-F^{ois}-J^{ph} le Maillot.

2. Charlotte-D^{que}, 15 janv. 1762; mariée à P^{re}-Louis de Maré.

3. Claude-Jⁿ-M^{ie}, 10 sept. 1763; † par. St-Eucaire 28 août 1764, le père étant lieut.-colonel d'infanterie.

4. Paul-Louis-Antoine, 16 mai 1675; le père est dir. des fortifications de la H^{te}-Provence.

III. Jⁿ-B^{te}-Pierre, frère du préc., concierge des Tuileries et cap. de dragons au rég^t de Nicolay, épousa, par. Ste-Croix 7 oct. 1738, Élisabeth-Thérèse *de Régnier*, dont il eut M^{ie}-J^{ne}-Denise, par. Ste-Croix 15 août 1739, mariée à André le Blanc de Cloys.

IV. N***. V. Manscourt.

CLINCHANT DE LA HERUPPE (de) J^{ques}-F^{ois}-Théodore-Louis, sgr de la Heruppe, ancien officier d'artillerie et m^e de poste à Gravelotte, eut de Madeleine *Moré*, son épouse :

1. M^{ie}-Françoise, par. St-Simon 19 mars 1762.

2. M^{ie}-Louise, ibid. 24 août 1763.

3. F^{ois}-Théodore-Louis, ibid. 20 oct. 1764.

4. Madeleine-Victoire, ibid. 22 déc. 1765; † par. Ste-Croix 8 oct. 1779.

5. Barbe, ibid. 28 mai 1767 : p. J^{ph} de Lisle Le Blanc, ancien officier de cavalerie, actuellement officier de la maréchaussée, g^d oncle de l'enfant; m. Barbe Régnier, épouse de † F^{ois} Moré, m^d, g^d mère de l'enfant.

6. F^{ois}-Florentin-Marien, ibid. 18 avril 1774.

7. Adélaïde, par. St-Victor 21 mars 1776.

8. M^{ie}-Alexandrine, ibid. 4 sept. 1777 : p. M^r l'Intendant de Calonne. — Elle mourut le 23 suiv.

CLOCHE (DE LA). I. ABRAHAM, ministre de la R. P. R., eut de Séphora *de la Bretonnière*, son épouse :
1. Samuel, ministre de Chaltray, qui épousa : 1° 31 juil. 1639, M^ie *Chevillette* ; 2° Élisabeth *Morel*, † v^ve de lui, par. Ste-Croix 23 sept. 1708, à 90 ans.
2. Jeanne, mariée à Ch^les de Couët.

II. DAVID et JUDITH. V. Michelet IV.

III. DAVID et M^ie-THÉRÈSE. V. Poutet V.

CLOCQ ÉLISABETH. V. le Braconnier XXII.

CLOCQUET DE VRIGNY LOUIS-GÉRARD, † à 73 ans, rue des Parmentiers, par. St-Martin 4 avril 1781 : à son enterrement, son fils Louis, cap. au rég^t de hussards de Conflans, chev. de St-Louis.

CLOÈS (DE) FERDINAND. V. Mamiel V, 4.

CLOPPE NICOLE. V. Emmery II.

CLOQUET M^ie-THÉRÈSE. V. Regnault d'Yrval.

CLOROT RACHEL. V. de Maizières.

CLOSE (DE LA) JEAN, éc., cap. de cavalerie au rég^t de Florensac, † par. St-Livier 28 nov. 1690.

COCHELIN (DE) FRANÇOISE. V. Doré de Mazières.

COCHEREAU DU HOUSSAY MARC-ANTOINE, éc., cap. des gardes de Mgr le maréchal d'Armentières, lieut. de la légion de Conflans, natif de Mortain en Basse-Normandie, fils de † P^re-Marc-Antoine, directeur des fermes, et de Félicité-Perpétue le Cochois, domiciliée à Gisors en H^te-Normandie, épousa, par. St-Maximin 24 nov. 1772, M^ie-Catherine *Valette*, dont il eut, par. St-Victor 16 févr. 1774, M^ie-L^se-Félicité.

COCHEREAU D'OIGNONVAL J^n-B^te-ROMAIN, âgé de 38 ans, inspecteur gén^l des fermes du Roi au dép^t d'Amiens, veuf de J^ne *Jumeau*, épousa, par. St-Simplice 19 févr. 1771, Barbe *Volmerange*, † par. St-Martin, rue des Huiliers, 9 janv. 1774.

De leur mariage était né, par. St-Simplice 3 janv. 1772, Marc-Antoine : p. Marc-Antoine Cochereau du Houssay ci-dessus ; m. Barbe Moré, épouse de J^n-Ch^les Volmerange, sa tante.

COCHET DE MAGNY CLAUDE-BERNARD. V. De Bazas.

COCHOIS J^PH-CLÉMENT-M^IE, inspecteur des fermes du Roi, dem^t à Creutzwald, fils d'Honoré, secrétaire des bâtiments de S. A. E. de Cologne et de M^ie-Agnès Schuhlblaus, épousa, par. S. Gengoulph 8 janv. 1754, M^te *Grandeau* : au mariage, J^n-Laurent Cochois, frère du marié ; Henry Fournerie, contrôleur gén^l des fermes du Roi ; Louis Grandeau, receveur des consignations au bailliage de Pont-à-Mousson ; N^as Grandeau, clerc ; Henry-Claude, sgr du fief d'Aboncourt. Dudit mariage naquit N^as-Olivier. V. De Fineck.

COCHOIS (LE) FÉLICITÉ-PERPÉTUE. V. Cochereau du Houssay.

COCULLAT DE SAINT-MARTIN JEAN, éc., sgr de Saint-Martin, dir. des fermes du Roi, † par. St-Victor 9 août 1691. Il avait épousé, ibid. 25 juil. 1676, M^te *Geoffroy*, v^ve de J^n de Belchamps, laquelle mourut par. Ste-Ségolène 15 janv. 1726, à 85 ans. De leur mariage étaient nés :
1. J^n-P^re, par. Ste-Croix 24 oct. 1678.
2. Jean, † à 33 ans environ, par. St-Victor 4 juil. 1713.
3. F^ois-Clément, par. St-Victor 1er juin 1680.
4. Nicolas, ibid. 8 juil. 1684.

COELLEN ANNE-ÉLISABETH. V. Louis IX.

COETLOSQUET (DU). I. SÉBASTIEN, volontaire dans la compagnie de M. le Duc de Rohan, eut un de ses palefreniers qui mourut au retour de l'armée de Hollande par. St-Marcel 26 nov. 1672.

II. J^n-B^te-GILLES, b^on du Coëtlosquet, né le 20 août 1751, par. St-Melaine, ville de Morlaix, diocèse de Tréguier en Basse-Bretagne, gentilhomme d'honneur de Mgr le c^te d'Artois, frère du Roi, m^e de camp en second au rég^t Dauphin infanterie, dem^t à Paris, rue, abbaye et par. St-Victor, fils majeur de René-F^ois b^on du Coëtlosquet, sgr des Isles, décédé 19 sept. 1775 en la par. de Ministry de la ville de Tréguier, et d'Ursule Doriot, décédée 20 août 1751 en la par. de St-Melaine, épousa, par. St-Simon 31 déc. 1781, Charlotte-Eugénie *de Lasalle*, dame de Distroff et autres lieux, dem^t au Ban-St-Martin. Le mariage fut bénit par Mgr J^n-B^te du Plessis d'Argentré, évêque de Séez, prélat commandeur des ordres royaux et militaires et hospitaliers de N.-D. du Mont-Carmel et de St-Jean de Jérusalem, premier aumônier de Monsieur frère du Roi. Au mariage, Charlotte-Eugénie de Choiseul, abbesse de St-Louis, marraine de la mariée et lui tenant lieu de mère; J^n-F^ois-Yves v^te du Coëtlosquet, chev. de St-Louis, ancien gentilhomme de la Manche des Princes, cy-devant colonel des régiments de Vannes et de Dauphin, cousin issu de germain du marié; Sébastien-Corentin Ledall de Trémelin, chan. g^d archidiacre de Tréguier, vicaire-gén^l des diocèses de Tréguier et de Dôle, abbé commendataire de l'abbaye royale de Mureau, cousin du marié; P^re-N^as de Lasalle, chev. de St-Louis, commissaire ordonnateur des guerres, oncle de la mariée. De ce mariage naquirent :

1. M^te-Pauline, par. St-Victor 12 avril 1784 : p. Mgr l'Évêque de Séez ci-dessus, son cousin; m. M^te Durand, v^ve de F^ois-Louis Durand, chev., lieut.-colonel au rég^t de marine infanterie, sa tante mat.

2. Charlotte-J^ne-Élisabeth, par. St-Simon 4 nov. 1786 : p. F^ois de Lasalle, éc., sgr de Ville-au-Val-Ste-Marie, Villers-Prudhomme, Amnéville et autres lieux, aïeul de l'enfant; m. J^ne-Élisabeth Royer de Balnot, dame de Balnot-le-Châtel, épouse de J^n-F^ois-Yves v^te du Coëtlosquet, chef du nom et des armes de sa maison, ancien gentilhomme de la Manche des Princes, chev. de St-Louis (1).

(1) Charlotte-Jeanne-Élisabeth épousa, en déc. 1812, Louis-Lupicin Foblaut, dir. des salines de l'Est, et mourut 15 avril 1870.

Les autres enfants de J^n-B^te-Gilles du C. furent : 3. Charles, né à Aschaffembourg 15 nov. 1794; † à Jérusalem 2 nov. 1852. — 4. Thérèse, née 9 mars 1801; mariée, 17 déc. 1829, à Ch^les c^te de la Tournelle, cap. de cuirassiers; † 6 févr. 1880. — 5. *Léon*, né 22 déc. 1804; lequel suit. — 6. *Maurice-Jean-Baptiste*, né 8 juil. 1808; lequel suivra.

Léon, c^te du C., ancien cap. de cavalerie. † en 1888. Il

COËX Marie. V. Possélius.

COGHLAN Termer, major de cavalerie au rég^t irlandais du Régent, eut de Brigide *Borneson*, son épouse, par. St-Gorgon 5 sept. 1713, F^ois-Roger : p. Roger Strickland, cap.; m. J^ne Mulledy, épouse de J^n Daly, aide-major : tous deux du rég^t susdit.

COGNEY Pierre, éc., sgr d'Arry, Fraise et Taintrux, conseiller au bailliage, puis au parl^t, un des commissaires de la chambre royale, [† 19 juil. 1694, à 51 ans, inhumé dans l'église des Célestins. Msc. Epit.] Il avait épousé : 1° par. St-Martin 15 oct. 1673, Barbe *Harquel*, † ibid. 1er mai 1677, à 30 ans; 2° ibid. 6 mai 1679, M^ie *de Reboursel*, v^ve de N^as-F^ois Favier, éc. et l'un des magistrats de l'hôtel de ville, [laquelle mourut 20 déc. 1712, à 80 ans et fut inhumée aux Célestins. Msc. Epit.] Du premier mariage naquirent :

1. F^ois Cogney de Taintrux, avocat au parl^t en 1694.

2. M^ie-Élisabeth, mariée à J^ques Régnier.

COGNON (de) F^ois-Henry, chev. de N.-D. du Mont-Carmel et de St-Lazare de Jérusalem, cap. au corps royal des mineurs, fils de † François, chev., sgr d'Haraucourt,

avait épousé, 23 juil. 1833, Bathilde Durand de Villers; † 27 août 1883. De leur mariage sont nés : 1. Marie, 2) avril 1834; entrée au Sacré-Cœur 21 juin 1859. — 2. Pauline, 18 déc. 1835; entrée au Carmel 27 juil. 1866; † 28 oct. 1885. — 3. Raoul, 13 juil. 1837; † bachelier 3 janv. 1860. — 4. Thérèse, 13 févr. 1839; mariée, 26 sept. 1866, à Octave Chicoyneau, b^on de Lavalette, gén^l de division, dont postérité. — 5. Gaston, 30 sept. 1840; inspecteur des eaux et forêts, il épousa, 21 juin 1876, Sophie de Richard d'Aboncourt, dont il n'a pas d'enfants. — 6. Marguerite, 21 août 1843; † 31 mai 1850.

Maurice-Jean-Baptiste, v^te du C., frère de Léon le préc., commandeur de l'ordre du St-Sépulcre, † à Nancy 6 oct. 1893. Il avait épousé : 1° 12 mai 1835, Caroline de Wendel, † 6 avril 1837; 2° 21 sept. 1844, M^ie de Maillier. Du premier mariage est né, 1er avril 1836, *Joseph-Charles-Maurice*, qui suit. — Du second mariage sont nés : 1. Jeanne, 2 juil. 1846; † 8 août suiv. — 2. Jeanne, 2 déc. 1848. — 3. Charles, 13 mai 1850; entré dans la Compagnie de Jésus 4 oct. 1867. — 4. Édouard, 7 oct. 1851; entré dans l'ordre des Bénédictins 8 déc. 1875, aujourd'hui abbé de St-Maur. — 5. Georgette, 31 oct. 1852; entrée aux Petites Sœurs des pauvres 3 mai 1875. — 6. Jean, 23 nov. 1860; entré dans l'ordre des Bénédictins 15 mai 1886, aujourd'hui prieur de St-Maur. — 7. Marie, 4 nov. 1862.

Maurice-Joseph-Charles, v^te du C., fils du préc., épousa, 2 juin 1874, M^ie-Renée Deguerre, dont il a Caroline, née 2 avril 1875.

(Généal. inédite de la fam. de Coëtlosquet.)

major de brigade des chevau-légers de la garde ordinaire du Roi, cap. de cavalerie, et de Mlle-Anne de Colson, de Verdun, épousa, étant âgé de 36 ans, M^{te}-Louise *d'Amelin de Rochemorin de Beaurepaire*.

COIFFETÉ Judith. V. des Prés de la Ferté.

COINTIN Daniel, [né à Bayonville 15 mars 1681, de Nicolas et de J^{ne} Lemolle], conseiller référendaire en la chancellerie du parl^t, † par. St-Maximin 25 mars 1762, à 81 ans. Il avait épousé, par. St-Gorgon 6 nov. 1708, Ursule *Jacques*, † par. St-Maximin 6 avril 1770. De leur mariage étaient nés :

1. Jⁿ-Nicolas, par. St-Maximin 26 mars 1723 ; conseiller correcteur à la chambre des comptes du parl^t en 1747.
2. Élisabeth-Hélène, mariée à Ch^{les}-Bruno le Payen.

COINTOT Ignace. V. Lebœuf.

COINTOUX Pierre. V. Pothier.

COINTRÉ Sérène. V. Besser XI.

COLBERT (DE). I. Charles, chev., sgr de Saint-Marc, fils de Charles, sgr de Saint-Marc, et de M^{te} de Mesvilliers, président à mortier au parl^t, † par. St-Victor 4 avril 1722, à environ 103 ans.

II. Louis-Jⁿ-B^{te}. V. de Folliot.

COLCHEN. I. Nicolas eut de Mlle-Anne *Henriquet*, son épouse :

1. Pierre ; avocat en exercice au bailliage de Sarreguemines, âgé de 27 ans, il épousa, par. St-Simplice 30 janv. 1742, J^{ne}-Agathe *Mary*, âgée de 24 ans, dont il eut J^{ne}-P^{re}-Lubin qui suit.
2. Jⁿ-B^{te}, avocat en exercice à Bouzonville, au mariage de son frère le préc.
3. *Jean*, qui suivra.

II. Jⁿ-P^{re}-Lubin, petit-fils du préc., procureur au parl^t, âgé de 24 ans, épousa, par. St-Simplice 5 janv. 1767, Élisabeth *Richard*, âgée de 20 ans, fille de Ch^{les}-D^{que} Richard, m^d et bannerot de St-Simplice, et de M^{ie} Remy, de laquelle il eut ibid. :

1. Ch^{les}-N^{as}-Lubin, 3 nov. 1767.
2. Jⁿ-Lubin, † à 22 ans, 14 févr. 1791.
3. F^{ois}-Dominique, 18. mai 1775.
4. M^{ie}-Agathe, 31 juil. 1777.

III. Jean, oncle du préc., procureur, puis second interprète au parl^t, épousa Madeleine *Stoffel*, † à 76 ans, par. St-Simplice 29 juin 1787. De leur mariage étaient nés :

1. Jⁿ-Baptiste, † à 15 ans, par. St-Victor 16 juil. 1758.
2. François, par. Ste-Croix 18 oct. 1746 ; curé de Pange à l'enterrement de son frère ci-dessous 7.
3. Christine, ibid. 2 juin 1748 ; mariée à Louis Barthélemy.
4. Anne-F^{oise}, par. St-Victor 26 juin 1749 : p. Jⁿ-F^{ois} Lescrivain, vicaire de Ste-Croix, cousin, représenté par Mathias le Noble, cap. à la suite de la place de Sierck ; m. Anne Vaussereuil.
5. Jⁿ-P^{re}-Lubin, avocat au parl^t.
6. Jⁿ-Victor, par. St-Victor 5 nov. 1751. [Avocat au parl^t, créé membre de la Légion d'honneur le 25 prairial an XII, sénateur l'année suivante, c^{te} de l'Empire en 1809, † pair de France, à Paris, 21 juil. 1830.]
7. Henry-Claude, ibid. 2 juin 1754 ; [avocat au parl^t en 1776, † 14 août 1784].
8. Nicolas, curé de Destry, à l'enterrement du préc.
9. Claude-N^{as}-F^{ois}, par. St-Victor 22 juil. 1755. [Reçu procureur et secrétaire interprète au parl^t 13 déc. 1783, nommé juge à la cour d'appel de Metz en 1800, procureur gén^l impérial par intérim en 1803, chev. de la Légion d'honneur en 1805, président de chambre en 1811, député au corps législatif, officier de la Légion d'honneur et président de chambre à la cour royale de Metz, † à Paris 22 juin 1833.]

COLENCIS (DE). V. Oriolt de Colency.

COLERUS (DE) Rodolphe-Ferdinand, colonel à la suite du rég^t royal suédois infanterie allemande, colonel d'honneur de l'infanterie française de la garnison de

Metz, † à 82 ans, par. St-Victor 9 juin 1772.

COLIN. V. Collin.

COLINET (DE) F^{ois}-ANTOINE. V. de Grassmann.

COLLARD CLAUDE et JEANNE. V. Foës XI et XII, 2.

COLLE (LA) JEANNE. V. Rabuat.

COLLESSON. I. BARBE. V. Coustaut II.
II. MADELEINE. V. Hugon d'Arraincourt III.
III. ANNE-BARBE et J^R-OTHO. V. Lorette III.
IV. NICOLAS. V. Rouyer.

COLLESSON (DE) MARGUERITE. V. de Bournon.

COLLET FRANÇOIS, s^r des Landes, chan. de Sarrebourg, † à 60 ans, par. St-Gorgon 11 mai 1699.

COLLIGNON. I. NICOLAS, avait épousé Catherine *Georges*, † par. St-Eucaire 4 août 1708, à 65 ans. De leur mariage étaient nés :
1. Nicolas, conseiller au parl^t; † par. St-Eucaire 4 août 1708.
2. Catherine, mariée à N^{as} Georges de Chelaincourt.

II. JOSEPH, connu sous le nom de *Collignon de la Ronde*, procureur du Roi au siège de police, puis greffier en chef au parl^t, fils de J^{ph}-P^{re}, conseiller du Roi, échevin de l'hôtel de ville, [vivait encore en 1819]. Il avait épousé Catherine-Thérèse *Gallois*, dont il eut :
1. Barthélemy, [né à Maizières-lès-Vic]; † à 12 ans, par. Ste-Croix 26 sept. 1784.
2. J^{ph}-P^{re}, né par. St-Victor 24 avril 1774. En 1818 il fut autorisé à s'appeler *Collignon de Videlange*. Note en marge de l'acte aux registres.

III. ABRAHAM, R. P. R., potier d'étain, † 7 nov. 1635. [Il avait épousé, 3 mai 1609, Anne *Ferry*. Msc. Emmery n°s 437 et 438.]

IV. JEAN, sgr d'Hannonville-au-Passage, fut témoin par. St-Eucaire 2 oct. 1680.

V. Divers :
1. ADÉLAÏDE-GABRIELLE. V. Suby II.
2. ANNE-F^{oise}. V. Jacob.
3. DIEUDONNÉE. V. de Saint-Martin.
4. ÉLISABETH. V. Périn IV.
5. GABRIELLE. V. de Saint-Germain II.
6. JEANNE. V. le Braconnier XXI, 5 et XXVI.
7. M^{ie}-LOUISE. V. Peltre VIII.
8. SUZANNE. V. Buffet.
9. SUZANNE. V. Molina II.

COLLIGNON DE MONTON ÉLISABETH et LOUIS. V. Rollet II.

COLLIGNON DE POUILLY (DE). I. SAMUEL, R. P. R., éc., sgr de Blignicourt, commissaire ordinaire d'artillerie, fils de † Philippe, éc., sgr de Blignicourt, et de M^{te} Bertin, épousa, étant âgé de 40 ans, Esther *de Béchevel*, âgée de 24 ans, dont il eut :
1. Charles, R. P. R., 26 août 1682.
2. Benoît, R. P. R., 10 janv. 1685.
3. Marguerite, née à Pouilly et baptisée à l'église catholique, 26 déc. 1686.
4. Marie, ibid. 2 févr. 1688, † par. St-Maximin 15 mai 1715.
5. Philippe, ibid. 18 août 1689.
6. Jⁿ-Joseph, ibid. 18 sept. 1692.
7. *Christophe*, ibid. 10 nov. 1693; lequel suit.
8. *Louis*, ibid. 28 févr. 1697; lequel suivra.

II. CHRISTOPHE, fils du préc., chev., cap. au rég^t de Piémont, † par. St-Martin 27 décembre 1736, inhumé à Pouilly. Il avait épousé, par. St-Simplice 4 févr. 1731, Thérèse *Gillot*, dont il eut :
1. Charles, par. St-Gengoulph 9 nov. 1731.
2. Louis-Christophe, à Pouilly 18 oct. 1732.
3. M^{ie}-Thérèse, ibid. 29 oct. 1736; † 26 avril suiv.

III. LOUIS, frère du préc., épousa Barbe *Mazerulle*, dont il eut à Pouilly :
1. Constance, 28 févr. 1727.
2. Marie, 24 déc. 1727.
3. Louis, 10 déc. 1728.
4. Jⁿ-Claude, 8 févr. 1730.

5. Jacques, 31 août 1732; † 30 janv. 1734.
6. Charles, 16 nov. 1734.
7. Gabriel-Fois, 18 nov. 1736.

COLLIN *alias* COLIN. I. Pierre, R.P.R., avocat au parl^t, sgr en partie de Verny et conseiller-échevin de l'hôtel de ville, fils de P^{re}, aman, épousa, 13 déc. 1643, Anne *Grandjambe*, dont il eut :
1. Pierre, 5 août 1645.
2. Anne, 4 janv. 1649; mariée à Jⁿ Grasset.

II. Étienne, greffier en chef au parl^t, † à 85 ans, par. St-Gorgon 8 janv. 1730. Il avait épousé Catherine *Mangin*, † ibid. 9 déc. 1713. De leur mariage étaient nés :
1. François, avocat au parl^t, † par. St-Martin 27 août 1689, à 20 ans.
2. J^{ne}-F^{oise}, † par. St-Marcel 3 mars 1699.
3. Marguerite, † ibid. 22 avril 1703.
4. *Brice*, qui suit.

III. Brice, fils du préc., greffier-commis des requêtes du palais au parl^t, épousa : 1° étant âgé de 32 ans, par. St-Marcel 18 juin 1703, Catherine *Bruillard*, † par. St-Gorgon 11 août 1714; 2° Barbe *Dubreuil*, † ibid. 10 juin 1726.

IV. Jean, procureur à la cour, fils de Louis Collin et de Madeleine Vosgein, épousa, par. St-Eucaire 22 nov. 1706, Anne-Reine *Forest*, fille de † N^{as} Forest, admodiateur de Norroy, et de Barbe Thiébaut.

V. François, substitut du procureur gén^l au parl^t, fils de Pierre, ancien juge et consul du corps des marchands de Metz, et de Catherine Lemoine, épousa, par. St-Maximin 20 nov. 1764, M^{te}-Antoinette *Jacquinot*, dont il eut par. St-Eucaire :
1. P^{re}-N^{as}-Charles, 4 nov. 1764 (*sic*); † 6 août 1772.
2. Catherine-Flore, 24 nov. 1766.
3. M^{ie}-F^{ois}-René, 20 avril 1768.
4. Ascoli-Frémiot-Louis, 5 sept. 1769; † 12 mars 1775.
5. Marie, 11 oct. 1770.
6. Antoine-P^{re}-Hyppolite, 2 janv. 1772.
7. Pierre, 18 nov. 1773.
8. M^{ie}-Sophie, 28 nov. 1774.

VI. Jean, conseiller du Roi, receveur des consignations et commissaire aux saisies réelles du bailliage de Thionville, sgr de Kœnigsmacker et de Ham, épousa : 1° Élisabeth *Fourot*, dont il eut Catherine, mariée à Brice-N^{as} Chapelle; 2° par. St-Martin 15 janv. 1725, Catherine *le Riche*, v^{ve} de Claude le Gros, marchand.

VII. Divers.
1. Anna. V. le Gentilhomme.
2. Anne. V. du Mars d'Origny II.
3. Anne. V. Herbelot.
4. Catherine. V. Chapelle.
5. Daniel. V. Michelet II et St-Aubin II.
6. Élisabeth. V. Lecoq IX.
7. Françoise. V. de Girault II.
8. Glossinde. V. Hugo.
9. Marie. V. le Goullon XXXVI.
10. Marie. V. Michelet II.
11. Marie. V. Pattot de Grandcourt.
12. M^{ie}-M^{te}. V. Barbé IV.
13. M^{te}-Jeanne. V. Baltus III.

COLLIN de COMBLES P^{re}-F^{ois}, conseiller du Roi et son procureur à la maîtrise des eaux et forêts, avait épousé M^{ie}-Anne *Plait*, † par. St-Victor 6 mars 1780. De leur mariage étaient nés ibid. :
1. P^{re}-Victor, 30 oct. 1773 : p. P^{re} Plait, chev., officier de S. A. S. le Cte de Provence, son oncle; m. Élisabeth le Mayeur, son aïeule pat.
2. M^{ie}-F^{oise}, 18 août 1776.
3. M^{ie}-Joseph-Aimé, 4 févr. 1778.
4. M^{ie}-Adélaïde, 25 févr. 1780; † par. St-Georges 10 déc. suiv.

COLLINET. I. Fiacre, huissier en la chancellerie du parl^t, † par. St-Victor 24 sept. 1691. Il fut le père de *Dominique* qui suit.

II. Dominique, fils du préc., conseiller du Roi, commissaire de police, huissier au parl^t, † à 84 ans, par. St-Simplice 13 janv. 1757. Il avait épousé M^{te} *Losson*, † à 62 ans, par. St-Victor 23 sept. 1742. De leur mariage étaient nés :
1. *Claude*, qui suit.
2. N***, mariée à P^{re} Faure, chir. juré au rapport, dem^t à Rémilly.
3. Jⁿ-Baptiste, à l'enterrement de sa mère.
4. Toussaint, ibid.

III. CLAUDE, fils du préc., huissier au parl‍t, † à 61 ans, par. S‍t-Gorgon 15 janv. 1768. Il avait épousé, par. S‍t-Victor 20 mai 1738, Louise *Gattebois des Forges*, † par. S‍te-Ségolène 22 oct. 1773. De leur mariage étaient nés :

1. M‍ie-Élisabeth, par. S‍t-Eucaire 13 mars 1739.
2. Dominique, ibid. 23 janv. 1740; † par. S‍t-Simplice 3 juil. 1757.
3. Barbe, par. S‍te-Victor 1‍er août 1742.
4. Claudine-Élisabeth, par. S‍te-Croix 14 janv. 1744; mariée à J‍n-Ch‍les-Gabriel d'Haillecourt.
5. Marguerite, ibid. 4 avril 1745; mariée à J‍n Mathias.
6. Joseph, par. S‍te-Croix 24 déc. 1747.

IV. J‍n-FRANÇOIS, avocat au parl‍t, eut de J‍ne-M‍ie-F‍oise *Husson*, son épouse :

1. N‍as-François, par. S‍t-Marcel 19 janv. 1782 : p. J‍n-N‍as Collinet, chan. de Mars-la-Tour, g‍d oncle pat.; m. Nicole Masse, épouse de Ch‍les-Antoine Husson, ancien notaire en la prévôté de Thiaucourt, g‍d mère mat.
2. Ch‍les-J‍ph-Victor, jumeau du préc.

V. MARGUERITE. V. Laurent IX.

COLLOT. I. ÉTIENNE, fils de P‍re, greffier au bailliage de Toul et notaire royal en la même ville, et de M‍te Florentin, [né à Toul par. S‍t-Agnan 12 oct. 1658], épousa, par. S‍t-Victor 2 mars 1688, Claudine *Chaussée*.

II. SÉBASTIENNE. V. Daulnoy I.

III. MARIE. V. Gillot.

COLLOZ MARIE. V. Gerard d'Hannoncelles.

COLMAR ANNE-CATHERINE. V. de Simonet.

COLOMB (DE) PIERRE, éc., cap. de grenadiers au rég‍t d'Aunis infanterie, eut d'Anne-M‍ie *Mathis*, son épouse, par. S‍te-Croix 7 déc. 1785, Joseph : p. J‍ph Mathis de Chappé, trés. principal des guerres; m. M‍ie Descordes, v‍ve de P‍re de Colomb, éc., aïeule de l'enfant.

COLOMBÉ (DE) P‍re-JOSUÉ. V. Deschamps de la Hamardière.

COLOMBIÈRE (DE LA) P‍re-MARIE. V. Janneau de Jardelay.

COLOMÉ (DE) M‍ie-URSULE-JOSÈPHE. V. Pacquin (note).

COLSON. I. PIERRE, bourgeois, † par. S‍t-Martin 22 janv. 1729, à 88 ans. Il eut un fils, Charles, [né à Moulins-lès-Metz 26 oct. 1669], avocat du Roi au siège de la table de marbre, † par. S‍t-Martin 20 juil. 1754.

II. P‍re-CHARLES, commis à la direction générale des vivres, âgé de 25 ans, fils de P‍re André, m‍d, et de M‍te Régnier, épousa, par. S‍t-Victor 7 févr. 1747, Anne *Henriquet*, âgée de 27 ans, fille de † J‍n Henriquet, officier au rég‍t de Condé cavalerie, et de Catherine Hidrot, laquelle mourut ibid. 25 juin suiv., après avoir mis au monde le 18 préc. Anne-Catherine. A l'enterrement d'Anne Henriquet assistèrent Louis de Lévy, ancien procureur au bailliage, son g‍d oncle, et P‍re de Lévy, son cousin.

III. CHARLES, procureur au bailliage, eut de F‍oise *Brusseaux*, son épouse :

1. Claude, par. S‍t-Martin 30 sept. 1672.
2. Louis, par. S‍t-Gorgon 5 nov. 1673.
3. M‍ie-Thérèse, ibid. 20 janv. 1676.

IV. Divers.

1. ANNE. V. Dobet.
2. MARGUERITE. V. Midart II.
3. VÉRONIQUE. V. Bertrand XII.

COLSON (DE) M‍ie-ANNE. V. de Cognon.

COMANT ANNE-M‍te. V. Raguet.

COMBE (LA) F‍ois-XAVIER. V. Manscourt.

COMBES (DE) F‍oise-ÉLISABETH [native de Virton en Belgique, religieuse au monastère de la Visitation, † 21 oct. 1760, à 77 ans, ayant 52 ans de profession. Metz msc. 153.]

COMBLES (DE). I. ABRAHAM, R. P. R., m‍d, fils de noble homme François, avocat en parl‍t et bailly du vidame de Châlons, épousa, 23 avril 1595, Suzanne *Grandjambe*, dont il eut :

1. Anne, 11 mai 1601.
2. Esther, 28 févr. 1603.

3. Daniel, 19 janv. 1605.
4. Abraham, 10 févr. 1608.
5. Marie, 23 mai 1610.
6. Judith, 5 févr. 1612.
7. Anne, 5 janv. 1614.
8. *Isaac*, 25 déc. 1616; lequel suit.

II. ISAAC, fils du préc., un des quatre pasteurs de la R. P. R., épousa : 1° Rachel *Langlois*; 2° F^{oise} N***, v^{ve} de David Coulez, aman. Du premier mariage naquirent :

1. Isaac, 2 juin 1658.
2. Antoine, 3 août 1659; éc., sgr d'Engleray, † à Ath 8 nov. 1678.
3. Paul, 6 juil. 1661.
4. Anne-Madeleine, 24 déc. 1662.
5. Pierre, 23 mai 1664.
6. Suzanne, 27 sept. 1665.

III. NOEL, R. P. R., oncle du préc., avocat en parl^t et juge royal dem^t à Châlons, épousa, 23 juil. 1595, M^{ie} *Jallon*.

IV. FRANÇOIS, ministre de la R. P. R., épousa : 1° Anne *Peltre*; 2° 13 oct. 1619, Élisabeth *Travaux*. Il eut de la Ire :

1. *David*, en 1601; lequel suit.
2. *Isaac*, en 1610; lequel suivra.
3. *Daniel*, 2 janv. 1613; lequel suivra.
4. Paul, tailleur d'habits; il épousa, 21 avril 1631, Suzanne *Roussel*, fille de Mathieu Roussel, m^d.
5. Abel; ministre de la R. P. R. à Anneveiler au duché de Deux Ponts, il épousa, 18 déc. 1633, Marthe *Marchand*, v^{ve} de Daniel le Brun, bourgeois.

V. DAVID, fils du préc., m^d rue des Allemands, receveur de l'Église réformée, † 18 janv. 1678. Il avait épousé, 12 mai 1624, Madeleine *Grandjambe*, † 7 mai 1683. De leur mariage naquirent :

1. David, 2 mai 1625.
2. Madeleine, 26 mars 1627.
3. Madeleine, 27 déc. 1628.
4. Abraham, 9 avril 1631; il épousa, 6 août 1681, Suzanne *François*, âgée de 59 ans, v^{ve} de Daniel Gury, m^e-potier d'étain, bourgeois.
5. Isaac, 5 mai 1633.
6. Abel, 12 déc. 1635.
7. Daniel, 14 janv. 1637.

8. Pierre, 19 janv. 1638; † 15 sept. 1675.
9. Josué, 26 déc. 1639.
10. Jean, 13 oct. 1641.
11. Daniel, 8 févr. 1644.
12. Suzanne, 17 nov. 1646.
13. Charles, 5 juin 1649.

VI. ISAAC, R. P. R., frère du préc., m^d-drapier, † 31 oct. 1674. Il avait épousé, 26 févr. 1634, Anne *Girard*, de laquelle il eut :

1. Sara, 8 déc. 1634.
2. Anne, 9 juin 1636.
3. Isaac, 19 oct. 1638.
4. Marc, 9 oct. 1649.
5. Paul, 23 juil. 1654.
6. Abraham, 24 janv. 1657.
7. Marie, 11 janv. 1660.

VII. DANIEL, R. P. R., frère du préc., quartier-juré, † 9 sept. 1670. Il avait épousé, 22 févr. 1637, Rachel *Mansart*, fille de † Daniel Mansart, m^d, de laquelle il eut :

1. Daniel, 2 nov. 1637.
2. Élisabeth, 17 juil. 1639.
3. Marie, 8 avril 1644.

VIII. DAVID, R. P. R., sans doute le fils de David ci-dessus V, épousa, 20 août 1656, M^{ie} *Bennelle, alias Bonnette*, dont il eut :

1. David, 28 nov. 1657.
2. Marie, 2 oct. 1658.
3. Anne, 20 août 1660.
4. Marie, 10 mars 1666; † 9 oct. 1669.

IX. DANIEL, R. P. R., épousa, 29 avril 1663, Suzanne *Grandjambe*.

COMEAU (DE), cfr SYLVESTRE DE COMEAU BARBE-CHARLOTTE. V. Gerard d'Hannoncelles II, 4.

COMMANNEL DE COURCEL JOSEPH, sgr de la Haye, eut de Thérèse *Pasquier*, son épouse, F^{oise}-Thérèse, par. Ste-Croix 17 août 1696.

COMMINGES (DE) LOUIS, sgr et m^{is} de Vervins, conseiller du Roi en ses conseils, premier m^e de son hôtel, m^e de camp d'un rég^t d'infanterie entretenu pour le service de S. M., [† 11 nov. 1663]. Il avait épousé, par. St-Victor 4 oct. 1657, Anne-Dieudonnée *de Fabert*.

COMMISSY Barbe-Geneviève. V. Serrière de Courcy.

COMNEL Paul, R. P. R., quartier-juré, mesureur de grains, fils de Blaise, hôte de la Pomme-d'Or, à Phalsbourg, épousa, 21 nov. 1599, M^{ie} *Marion*, † 6 mai 1612. De leur mariage naquit Daniel 22 nov. 1602.

COMPAGNOT (de). I. F^{ois}-Mansuy, prêtre, chan. de St-Mihiel, conseiller-clerc au parl^t, † par. St-Victor 23 juil. 1782, à 50 ans.

II. Ch^{les}-Dominique, éc., commissaire inspecteur gén^l des haras des Trois-Évêchés, représente un parrain, par. St-Martin 6 juil. 1773.

COMTE (le). V. Lecomte.

COMUNG (de) Catherine. V. de Vernight.

CONDAMINE (de la) Jean, chev. de St-Louis, ancien cap. des grenadiers au rég^t de Piémont infanterie, âgé de 47 ans, natif de Nismes en Languedoc, épousa, à Pouilly 11 févr. 1749, Thérèse *Gillot*, dame de Pouilly, v^{ve} de Christophe de Collignon, de laquelle il eut par. St-Gengoulph :

1. Thérèse-Julie, 28 sept. 1751; mariée à P^{re} Durieux.
2. N^{as}-J^{ph}, 27 mars 1753; il épousa, à Pouilly 23 nov. 1790, Catherine *de Montfort*, fille de † Claude Marguerie de Montfort, éc., ancien major pour le service de France, et de Gabrielle de Malevit, de la par. de St-Maurice-lès-Senones, domiciliée à Toul.

CONDÉ (de). I. Louis, R. P. R., sgr de Creutzwald, fut le père de :

1. Judith, 5 oct. 1561.
2. Judith, 2 janv. 1564.

II. Jeanne. V. du Bos.

CONDOM (de) Mathias, éc., sgr de Pilliers, cap. des canonniers au rég^t des fusiliers du Roi, âgé de 43 ans, épousa, par. Ste-Ségolène 6 mars 1685, L^{se}-Claude *de Bonnefoy*, † par. Ste-Croix 12 nov. 1710, inhumée aux sœurs Collettes.

CONFLANS D'ARMENTIÈRES (de) Louis, Maréchal de France, et Louis-Gabriel. V. de Kellermann.

CONGE (de) Jean. V. le Goullon XIII, 3.

CONGERIE DE FEZ (de la) Joseph, chev., sgr de la Motte de Blagny et du Carnet, command^t de la citadelle, chev. de St-Louis, major du rég^t du Roi, † à 80 ans, par. St-Jean de la Citadelle 22 mars 1732.

CONIGLIANO Anne. V. Harvier.

CONRARD. I. Nicolas, procureur gén^l avant la création du parl^t, puis procureur du Roi au bailliage, † par. Ste-Croix 25 sept. 1654. Il avait épousé : 1° [Sibille *Martigny*, inhumée aux Madeleines dans la tombe de sa tante Barbe Martigny Msc. Epit.] ; et 2° M^{te} *Fanchon*. De ce dernier mariage il eut :

1. Marguerite, par. St-Victor 26 nov. 1647; mariée à André de Belchamps.
2. Nicole, par. St-Gorgon 17 oct. 1649; mariée à Ch^{les} d'Auburtin.
3. N^{as}-Laurent, par. Ste-Croix 14 avril 1653.

II. Barbe. V. Thiébaut III.

CONSET Suzanne. V. Duval.

CONSTANCE M^{ie}-F^{oise}. V. Charuel de Ste-Croix.

CONSTANCE (de) Marguerite. V. de Lauzières de Thémines.

CONSTANT D'YANVILLE. V. Goullet (note).

CONSTANT (de). I. Louis, chev., sgr de Frières, Froidfossés et Montchetin, chev. de St-Louis, ancien lieut.-colonel au rég^t royal Piémont cavalerie, avait épousé M^{ie}-Henriette *de Hermant*, † à 74 ans, par. St-Gorgon 23 mars 1767 : à son enterrement, Armand de Salse, chev., sgr de Marange, chev. de St-Louis, cap. de grenadiers au rég^t de Languedoc. De leur mariage était née Henriette-Charlotte, mariée à Ch^{les}-Léopold, m^{is} du Hautoy.

II. Jean, cap. des grenadiers au rég^t des Vaissaux, épousa Ségolène (*alias* Suzanne) *de Montigny*, dont naquit un fils posthume Jⁿ-Chˡᵉˢ, par. S‿-Maximin 12 août 1691, † 11 sept. suiv.

III. CATHERINE, [religieuse de Sᵗᵉ-Madeleine, † 6 avril 1637, ayant 66 ans d'âge et 43 de religion. Metz msc. 153.]

CONSTANTIN JULIE-VICTOIRE. V. de Contades.

CONTADES (DE) Fᵒⁱˢ-JULES-GASPARD, chev. non profès de l'ordre de Malte, major en second au régᵗ de Bourbonnais infanterie, âgé de 30 ans, fils de Georges-Gaspard-Fᵒⁱˢ-Auguste-Jⁿ-Bᵗᵉ cy-devant mⁱˢ de Contades, chev. de Sᵗ-Louis, brigadier des armées du Roi, et de Julie-Victoire Constantin, domiciliés à Angers, épousa, par. Sᵗ-Victor 8 mars 1791, Céleste-Émilie-Éléonore-Cécile de Bouillé. A ce mariage : Jⁿ-Frédéric-Auguste Thonin de Heyman, maréchal des camps et armées du Roi; Jᵖʰ-Pʳᵉ-Paul Jobal, commandᵗ à la citadelle; Guillaume cᵗᵉ de Deux-Ponts, colonel commdᵗ le régᵗ de chasseurs de Flandre; Jⁿ-Bᵗᵉ Éléazar de Coriolis, cap. au régᵗ Bourbonnais; Pʳᵉ-Nᵃˢ de Lasalle, commissaire ordonnateur de la première division des Trois-Évêchés; Pʳᵉ-André de Rodais, cap. au régᵗ de Hainault infanterie.

CONTANT JEANNE. V. d'Augenoust.

CONTAT JEAN. V. Guy.

CONTAUD (DE) Jⁿ-GABRIEL-Fᵒⁱˢ-LOUIS. V. de Castelnau.

CONTE (LE) FRANÇOIS. V. Duret de Chevry.

CONTESTES D'ORVAUX (LES) MONIQUE-MÉLANIE-JOSÉPHINE. V. d'Aspremont II, 1.

CONTRISON (DE). V. de Malvoisin.

CONTURE-RENON (DE LA) ANNE. V. de la Roche III.

CONTY (DE) CATHERINE. V. de Girval.

COOLS-DESNOYERS (DE). I. ROSE-JOSÉPHINE. V. Jobal IV, 9.

II. Mⁱᵉ-AGNÈS-CAROLINE. V. de Haën.

COPIA D'HEIDELBERG. I. MARIE. V. d'Henimigo.

II. ANNE-SIBILLE. V. Gouteville.

COPIN DE MIRIBEL PHILIPPE, ingénieur du Roi, fils d'André, conseiller au parlᵗ de Grenoble, et de Fᵒⁱˢᵉ d'Yse de Rosan, † à 25 ans 7 mois 18 jours, par. Sᵗᵉ-Ségolène 27 mars 1774 : à son enterrement, Louis-André Copin de Miribel, sous-aide-major de l'artillerie au régᵗ de Strasbourg, son frère.

COPPEREL WIRIAT, noble homme, écrivain, treize, aman et mᵉ-échevin, sgr des Thury, Franque et Hauconcourt, † à Paris 24 sept. 1601, « ayant surmonté l'envie et triomphé de la rage de ses calomniateurs », dit son épitaphe, inhumé en l'église des Célestins. Il avait épousé Mⁱᵉ Bourg, † par. Sᵗ-Livier 23 avril 1616. De leur mariage naquirent :

1. Mathée, mariée à Jⁿ Petit-Goz, licencié ès lois, lieut. à Toul.

2. Marguerite, mariée à Jⁿ Bruillard.

3. Jean, conseiller du mᵉ-échevin, treize, sgr de Thury, † par. Sᵗ-Martin 19 sept. 1615; il avait épousé Gabrielle Lescuyer, fille de Christophe Lescuyer et de Fᵒⁱˢᵉ Gobert.

4. Barbe, mariée à Fᵒⁱˢ le Labriet.

5. Françoise, mariée à Louis Lallemand.

COQ ÉLISABETH. V. de Souvert.

COQ (LE). V. Lecoq.

COQUARD. I. JACQUES, procureur au bailliage, † à 66 ans, par. Sᵗ-Eucaire 9 août 1717. Il avait épousé Mⁱᵉ Ladrague.

II. FRANÇOISE. V. Annibal II.

III. GERTRUDE. V. Fringan de Paindeville.

IV. BARBE. V. Godin.

COQUEBERT DE CROUY (DE) Jⁿ-BAPTISTE. V. Gobineau de Montluisant II, 5.

COQUEL. I. ROSE-Fᵒⁱˢᵉ. V. de Lippe d'Imbleval.

II. MARIE. V. Richepanse.

COQUET. I. BERNARDE. V. Brouard.

II. Marguerite. V. Lehantier.

COR (de la) Élisabeth. V. Lefebvre IX.

CORAIL (de) Bernard, éc., sgr de Talmet et Retonféy, ancien cap. des grenadiers royaux de Quiny-le-Vicomte en Bourgogne, fils de Jⁿ-M^{ie}, sgr du fief de Talency, chev. de St-Louis, ancien cap. de grenadiers royaux, et d'Anne Guiod, † par. St-Eucaire, rue devant le rempart des Allemands, 31 mars 1769. Étant âgé de 29 ans, sgr de Talency, cap. de milice au bataillon de Joigny en garnison au quartier de la Basse-Seille, il avait épousé, par. St-Simplice 31 janv. 1758, Barbe *Mary*, fille de D^{que} *Mary*, m^d, et de Madeleine Croisille : au mariage, Hardouin de St-Romain, command^t, et Despenne de Pomblain, cap., tous deux au bataillon du marié. Du dit mariage naquirent :

1. D^{que}-M^{ie}, par. St-Simplice 6 nov. 1758.
2. P^{re}-Vincent, † ibid. 13 août 1766, à 2 ans et demi.
3. Louis-F^{ois}, † ibid. 21 août 1766.
4. Clarisse-Madeleine, par. Ste-Croix 25 févr. 1768.

CORBERON (de) Nicolas, procureur gén^l au parl^t, épousa Madeleine *Dufour*, dont il eut :

1. Nicolas, par. St-Victor 15 janv. 1685 : p. Claude de Corberon.
2. Nicolas, ibid. 28 sept. 1686.
3. Madeleine, ibid. 19 oct. 1687.
4. Nicolas, par. Ste-Croix 30 avril 1689; [premier prés. au conseil souverain d'Alsace en 1723.]
5. Louis-Gabriel, par. St-Martin 24 mars 1691.
6. M^{ie}-Anne, ibid. 26 nov. 1692.
7. M^{ie}-F^{oise}, ibid. 12 juin 1694.
8. Nicolas, ibid. 19 avril 1696.
9. Louis, ibid. 22 oct. 1697.
10. J^{ne}-F^{oise}, ibid. 21 avril 1699; † 11 oct. suivant.

CORBES J^{ne}-M^{ie}. V. Dupuy des Marceaux.

CORBIEZ (de) Louis. V. de Vian I, 7.

CORBIN Anne-M^{ie}. V. Dubor.

CORDES (des) Jeanne. V. de Limousin.

CORDIER de PERNET Jⁿ-B^{te}-F^{ois}, éc., intéressé dans les affaires du Roi, eut de J^{ne} *Duboc,* son épouse :

1. M^{te}-Victoire, par. St-Gengoulph 7 juin 1767 : p. P^{re} Duboc, officier des eaux et forêts en la maîtrise de Thionville, oncle mat.; m. M^{te} de Geoffroy, g^d mère pat. : tous deux représentés par Jⁿ-B^{te} Cordier de Pernet, intéressé dans les affaires du Roi, oncle pat., et par M^{te} Duboc, tante mat. Elle mourut 25 août suiv.
2. Louis-Auguste, par. St-Marcel 5 août 1768 : p. Louis Cordier, prêtre, official, doyen et curé de Clermont, g^d oncle, représenté par Jⁿ-B^{te} Cordier de Pernet, oncle; m. M^{te} Duboc, tante.

CORIOLIS (de) Jⁿ-B^{te}-Éléazar. V. de Contades.

CORMIER (de) Jⁿ-François. V. de la Chesserie de Trémoulet.

CORMONTAIGNE (de) Louis, éc., chev. de St-Louis, maréchal de camp, dir. des fortifications des places frontières des Trois-Évêchés, fils de † Louis et de Christine Gauthier, † par. St-Gengoulph 20 oct. 1752, à 56 ans. Il avait épousé, ibid. 1er mars 1745, M^{ie}-Anne *de Gougon*, dont il eut ibid. :

1. M^{ie}-Victoire, 1er juil. 1747 : p. Noël de Resmorte, dir. des bureaux des forfications et conseiller du Roi, représenté par F^{ois} Larches, chev. de St-Louis, ingénieur ordinaire du Roi ; m. Victoire de Resmorte, sœur du parrain, représentée par M^{ie}-Élisabeth de Gougon, tante de l'enfant. Elle mourut 7 août 1750.
2. M^{ie}-Antoinette, 29 janv. 1749 : p. Jⁿ-B^{te} de la Chèze, lieut.-colonel d'infanterie, ingénieur en chef à Thionville; m. M^{ie}-Antoinette de Rombius de Sehenkenstein, v^{ve} d'André de Gougon, g^d mère de l'enfant. — Elle fut mariée à Maurice-J^{ph} Regnault d'Yrval.
3. Louis-Ch^{les}-J^{ph}, 6 avril 1752 : p. J^{ph} de Gassaud, ancien major au corps royal artillerie ; m. M^{te} d'Harquel de Gassaud.

CORN (DE) ZACHARIE-J^PH. V. de Narbonne.

CORNELLE ANNE. V. de Gondrecourt II.

CORNILLE (DE). I. JEAN, commis, puis trés. de l'extraordinaire des guerres, conseiller auditeur en la chambre des comptes du parl^t, eut d'Anne-Nicole *Dugast*, son épouse, par. St-Victor :
1. J^ne-Denise, 7 mars 1674 ; mariée à J^ques de Clinchant d'Aubigny.
2. Simon, 13 janv. 1675.

II. J^N-BENOIT, éc., conseiller du Roi, trés. de France en la généralité de Metz, † par. St-Simplice 10 févr. 1746. Il avait épousé, ibid. 27 déc. 1708, M^ie-Thérèse *de Lixières*, † ibid. 6 juin 1753.

III. J^N-B^TE-ANNE, chev. de St-Louis, cap. au rég^t de Piémont, † par. Ste-Croix 12 févr. 1759, à 75 ans.

IV. JEANNE V. de la Cour IX.

CORNUEL, COMNEL MARIE. V. *cfr.* de Maizières V.

CORNULLON (DE) MARGUERITE. V. d'Imbert de Barry.

CORNY (DE) FRANÇOISE. V. Ferry II.

COROL (DU) CHARLES, cap. au rég^t de Vendôme, † par. St-Gorgon 28 mars 1678.

CORRÈZE (DE) PIERRE, R. P. R., sgr de la Grange, lieut. d'une compagnie au rég^t de M^r le Duc de Candale de Hollande, fils de Louis, épousa, 8 févr. 1632, Anne *Boissard*, dont il eut, 20 oct. suiv., Anne : p. Paul Ferry, ministre ; m. Ermengarde d'Aumale.

CORTET MADELEINE. V. Nault de Champagny.

CORVISIER ÉLIE, R. P. R., avocat au parl^t, fils de Jacques, bourgeois de Ste-Menehould, épousa, 17 janv. 1649, Judith *le Bachelé.*

CORVOL (DE) M^ie-MARTHE. V. de Lardemelle.

COSNE (DE) CH^les-F^ois-ANDRÉ, b^on, éc., sgr de Poix, lieut.-colonel de dragons, brigadier des mousquetaires noirs, chev. de St-Louis, fils de † André-F^ois, b^on, chev., sgr de Saint-Mars-Lœnay, ancien cap. au rég^t de Montmorency, et de M^ie-Anne-Élisabeth Bailly, épousa, par. St-Martin 12 mars 1776, L^se-Geneviève *de Fériet*, dont il eut :
1. Geneviève-Bonne-Élisabeth, par. St-Victor 28 janv. 1780 ; † par. Ste-Croix 2 avril 1784.
2. L^se-Geneviève, par. Ste-Croix 11 août 1784 : p. Ch^les-Philippe-Louis de Hallot, m^is de Hallot, lieut. gén^l des armées du Roi, chev. de St-Louis, commandeur des ordres royaux militaires et hospitaliers de N.-D. du Mont-Carmel et de St-Lazare de Jérusalem, sgr de Dommerville, dem^t à Paris par. St-Sulpice ; m. sa g^de mère mat.

COSSARD (DE) DENIS, éc., sgr de Terranaux, officier d'artillerie, eut de F^oise *Séguier de Saint-Cyr*, son épouse :
1. M^ie-Henriette-Charlotte, par. St-Livier 28 sept. 1724.
2. Madeleine-F^oise, ibid. 17 oct. 1725 ; † 19 juil. suiv.
3. Charlotte-Josèphe, ibid. 29 oct. 1727 : p. Philippe-J^ph, chev., sgr de Bertang, fils de Germain-Michel de Bertang, éc., sgr de Pouilly en partie, lieut. d'artillerie command^t en chef l'école d'artillerie ; m. Charlotte Martinet de Nibouville.
4. Joseph, par. St-Jean de la Citadelle 17 sept. 1729 ; † 29 août 1731.
5. Élise-L^se, jumelle du préc.
6. Étienne-Ch^les, ibid. 31 janv. 1731 : p. Étienne de Thomassin, cap. de la compagnie des ouvriers de l'État à l'artillerie au dép^t des Trois-Évêchés ; m. Charlotte Thorel, v^ve de Michel Charpy.

COSSERAT DOMINIQUE. V. Robin II.

COSSETTE (DE) J^PH-STANISLAS-HENRY, chev., officier au rég^t de Beaune infanterie en garnison au Hâvre-de-Grâce, fils de † Ch^les-Louis-Henry, chev., sgr de Beaucourt et autres lieux, v^te de Wailly, et de M^ie-Anne-Charlotte de Frémery, épousa, étant âgé de 24 ans, par. St-Simplice 14 oct. 1789, L^se-Adélaïde *Henry de Harville,* âgée de 19 ans.

COSSIN CATHERINE. V. Dumoulin.

COSSON Judith. V. le Braconnier XI.

COSSON (de). I. David, R. P. R., éc., sgr de Sancé, fils de Michel, dem^t à Reuille-sur-Marne, † à 70 ans, 28 sept. 1670. Il avait épousé : 1° 22 oct. 1628, M^{ie} *le Bey de Batilly*, v^{ve} de N^{as} de Fombert, éc., s^r de Colandon, commissaire des guerres pour le Roi ; 2° 13 août 1645, M^{ie} *le Goullon*, † par. Ste-Ségolène 25 sept. 1690.

II. Alexis, éc., ancien cap. au rég^t de Dampierre, sgr d'Aguilcourt, † par. Ste-Ségolène 24 mars 1685, à 37 ans, inhumé aux Carmes anciens. Il avait épousé, par. St-Livier 24 févr. 1675, en l'église des Carmes, Antoinette *Thiriet* ; le mariage fut bénit par Frère Étienne Thiriet, prieur à Hesse, de l'ordre de Citeaux. — Du dit mariage naquirent par. St-Livier :

1. Henry-F^{ois}, 14 mars 1676 ; † 28 janv. 1678.
2. Anne, 27 août 1679 ; † le lendemain.
3. M^{te}-Françoise, 4 nov. 1680 ; † 15 oct. 1684.
4. Alexis, 3 juil. 1682 ; † 2 oct. 1684.
5. Madeleine, 11 août 1684.

III. Henry, frère du préc., sgr de Sancé, cap. au rég^t de Dampierre, âgé de 33 ans, épousa, par. St-Eucaire 28 févr. 1672, Anne *le Labriet*.

COSTE Judith. V. Vert.

COSTE (de la). I. Jacques, noble homme, cap. au rég^t de Tessé, né à Telin, diocèse de Grenoble, fils de † noble Jacques, cap. au rég^t de Sault, et de dame Louise Richon, épousa, par. St-Eucaire, en la chap. des Minimes, 17 août 1694, M^{ie}-Urbane *de Braconnier*.

II. Antoine. V. Dupuy II.

COSTE de MAIZIÈRES (la). V. Morand de la Coste.

COSTÉ. I. Jacques, conseiller auditeur des comptes au parl^t, rapporteur du point d'honneur au tribunal des maréchaux de France, fils de Louis, receveur des tabacs du duc de Lorraine, et d'Agnès Mouzon, † par. St-Victor 25 août 1786, à 55 ans. Il avait épousé J^{ne} *Brou*.

II. J^{ques}-Auguste, éc., cap. de cavalerie, lieut. de maréchaussée au dép^t des Trois-Évêchés, eut de L^{se}-Charlotte-Émilie *Berry*, son épouse, par. St-Simplice 24 avril 1789, F^{ois}-N^{as}-Augustin : p. Jⁿ-J^{ph} Séchehaye, procureur du Roi de la police de Metz et syndic de la ville ; m. Barbe-Adélaïde de Jarny, épouse de Ch^{les} de Brazy de Lauvallières, ses cousin et cousine issus de germain du côté paternel.

III. Thérèse, Agnès et Claude-N^{as}. V. Gallois IX.

COSTER Marguerite. V. Sylvestre de Comeau.

COTTE. I. Bertrand, professeur et d^r ès droits, † à 84 ans, par. St-Gorgon 6 juin 1714 : à son enterrement, Benjamin de St-Aubin, son neveu. Il avait épousé Anne *le Goullon*, † par. St-Martin 14 sept. 1735, à 90 ans.

II. Anne. V. Servin II.

COTTE (de) J^x-Baptiste-N^{as}, éc., chev. de St-Louis, colonel d'infanterie dans la milice du pays messin, † par. St-Gengoulph 26 mars 1788, à 72 ans. Il avait épousé F^{oise}-Charlotte *Cabouilly*, dont il eut ibid. :

1. Anne-M^{ie}-Élisabeth, 3 avril 1761 : p. Claude de Cabouilly, son g^d oncle ; m. M^{ie}-Anne Pailli, v^{ve} de N^{as} de Cotte, chev. de St-Louis et ancien command^t de bataillon au rég^t de Touraine. Elle mourut 30 août 1762.
2. Ch^{les}-F^{ois}-Baptiste, 9 juin 1764.

COTTIER Jean, R. P. R., natif de Marenne en Saintonge, cap. au rég^t de Normandie, fils de Jⁿ, b^{on} de Chasseron, † à 25 ans, 22 août 1675.

COTTIN Catherine-Élisabeth. V. de Bacalan.

COUDENHOVE (de) M^{te}-Joséphine. V. de Montagnac.

COUDRE (de) Charles, cap. au rég^t de Sors, eut de J^{ne} *de Bouchelet*, son épouse, Anne, par. St-Livier 24 août 1694.

COUET (de). I. Jacques, R. P. R., sgr

d'Épiez, près Longuyon, ministre à Bâle, eut d'Anne *de Xonot*, son épouse :
1. Judith, mariée à Jⁿ de Savasky, puis à Samuel Janin.
2. *Jacques*, qui suit.

II. JACQUES, R. P. R., fils du préc., d^r en médecine, sgr du Viviers, Lorry, Gravelotte, Bacourt et autres lieux [† 1er janv. 1635. Msc. Emmery, 537]. Il avait épousé, 23 janv. 1605, Eve *le Goullon*, dont il eut :
1. *Jacques*, 1er nov. 1605; lequel suit.
2. Jérémie, 22 nov. 1606.
3. *Charles*, 27 janv. 1608; lequel suivra V.
4. Eve, 3 mai 1609.
5. Auguste, 24 oct. 1610.
6. Anne, 27 janv. 1612 : p. Benjamin d'Aumale, s^r de Marchet; m. Anne de Xonot, v^{ve.} de J^{ques} Couët, ministre à Bâle, représentée par N*** de Savasky, tante de l'enfant. Elle fut mariée à J^{ques} Duchat, puis à Paul Philippe.
7. *Auguste*, 26 juil. 1613; lequel suivra VII.
8. Daniel, 19 oct. 1614.
9. Philbert, 6 janv. 1616; [† au service du Roi, sans avoir laissé d'enfants. Msc. Emmery, 537].
10. Gaspard, 1er févr. 1617; [† comme le précédent].
11. Madeleine, 11 févr. 1618.
12. Esther, 7 juil. 1619.
13. Judith, 30 sept. 1620.
14. *Louis*, 1er déc. 1622; lequel suivra VIII.
15. Suzanne, 20 avril 1625; mariée à Jérémie de Vigneulles.
16. Marie, 13 sept. 1626.
17. Yolande, 11 févr. 1628; mariée à Louis le Braconnier.

III. JACQUES, R. P. R., fils du préc., d^r ès lois, secrétaire du Roi, interprète en langue germanique, et l'un des treize de Metz, [† 19 août 1651 Msc. Emmery, 537]. Il avait épousé, 4 déc. 1633, Suzanne *Ferry*, fils du pasteur Paul Ferry, laquelle abjura par St-Gengoulph 20 août 1686. De leur union naquirent :
1. Suzanne, 9 nov. 1636; elle abjura avec sa mère.
2. Élisabeth, 21 oct. 1639; mariée à J^{ques} Bennelle.
3. *Paul*, 18 mars 1646; lequel suit.
4. Jacques [Msc. Emmery, 537].

IV. PAUL, R. P. R., fils du préc., avocat, conseiller secrétaire du Roi, interprète en langue germanique, sgr de Mont, Lessy et Scy, † par. St-Gengoulph 7 janv. 1690. Il avait épousé, 24 oct. 1666, Esther *Ferry*, qui abjura le protestantisme par. St-Gengoulph le 5 sept. 1686. De leur union naquirent :
1. Esther, 23 oct. 1667; † 7 avril 1682.
2. Suzanne, 10 août 1670; † 8 sept. suiv.
3. Paul, 28 avril 1673; † 18 août 1676.
4. Élisabeth, 22 mai 1678; † 24 août 1680.
5. Paul, 30 janv. 1683; † par. St-Ségolène 29 août 1759, inhumé aux Carmes Anciens.

V. CHARLES, R. P. R., oncle du préc., sgr de Gravelotte, conseiller au bailliage, épousa : 1° 15 févr. 1637, Anne *Allion*; 2° 15 févr. 1643, J^{ne} *de la Cloche*.

Du premier mariage naquirent :
1. Charles, 7 nov. 1637.
2. Louis, 17 févr. 1639.

Du second mariage naquirent :
3. *Abraham*, 8 juin 1646; lequel suit.
4. Auguste, 11 sept. 1647.
5. David, 12 févr. 1649; doyen des avocats au parl^t, † par. Ste-Croix 26 janv. 1739. Il avait épousé, 5 juil. 1671, Mlle *Blancbois*, † par. Ste-Croix 22 juin 1735.
6. Jacques, 19 mars 1650.
7. Marie, 25 mai 1651.
8. Louis, 23 juil. 1653.
9. Jeanne, 1er mars 1656; mariée à Frédéric-Barthélemy de Vernight.
10. Anne, 7 août 1658.

VI. ABRAHAM, fils du préc., ministre de l'église réformée française de Ste-Marie-aux-Mines, puis d'Amiens, épousa, 11 avril 1666, Anne *Ferry*, dont il eut :
1. Madeleine, † 15 déc. 1674, âgée d'un an.
2. Jean, 25 sept. 1675; † 8 juin 1676.
3. Judith, 29 avril 1677.

VII. AUGUSTE, R. P. R., oncle du préc.,

sgr de Lorry, Bacourt et Augny, épousa, 15 mai 1639, Anne *Royer*, fille de † J^{ques} Royer, ministre, † v^{ve} de lui, par. St-Maximin 14 déc. 1700, « de mort subite, ayant donné auparavant des marques d'une très bonne convertie, ayant reçu même les sacrements dans son église paroissiale et se disposant d'y venir au premier jour ». De leur union naquirent :

1. Auguste, 16 mars 1640; ministre à Otterberg, il épousa, 29 nov. 1666, Suzanne *Joly*, dont il eut, 2 nov. 1667, Anne-Marie, mariée à J^n-Henry de Tschudy.
2. Anne, 3 juil. 1642; mariée à Paul de Chenevix, puis à Henry de Badsale.
3. Jacques, 10 oct. 1644.

VIII. Louis, R. P. R., frère du préc., avocat au parl^t, épousa, 23 oct. 1650, Suzanne *de Gray de Malmédy*, dont il eut :

1. Louis, 18 avril 1652.
2. Suzanne, 10 juin 1654.
3. Anne, 12 nov. 1656.
4. Louise, 25 oct. 1658.
5. Louis, 31 déc. 1659.
6. *Paul*, 25 déc. 1661; lequel suit.

IX. Paul, R. P. R., fils du préc., s^r de Lorry, cap. au rég^t de Turenne, lieut. pour le Roi au gouv^t de Thionville, épousa, 12 avril 1684, Anne *Fériet*, dont il eut :

1. Charles, par. St-Eucaire 22 mars 1687; le père est cap. au rég^t du Vivarais.
2. Paul, par. St-Martin 28 juin 1688.
3. *Jacques*, né en 1689; lequel suit.
4. Anne, par. St-Maximin 8 mars 1694; mariée à Daniel Baignault.
5. Charlotte, ibid. 7 déc. 1696; † ibid. 31 juil. 1713.
6. Suzanne, ibid. 21 déc. 1702.
7. Anne, † à 34 ans environ, par. St-Eucaire 23 oct. 1736.

X. Jacques, fils du préc., chev., sgr de Lorry et de Marsilly, cap. au rég^t de Piémont, † par. St-Eucaire 2 sept. 1768. Il avait épousé : 1° par. Ste-Croix 27 déc. 1718, Louise *Poutet*, † 19 juil. 1724; 2° ibid. 13 nov. 1725, M^{te}-Anne *le Duchat* de Montigny, † par. St-Eucaire 6 juil. 1769.

Du premier mariage naquirent par. Ste-Croix :

1. *Paul-Philippe*-M^{ie}, 20 nov. 1719; lequel suivra.
2. Anne-L^{se}-Henriette, 30 mai 1721; mariée à Ch^{les}-F^{ois}-Daniel de St-Blaise.
3. Ursule-L^{se}, 12 août 1723.

Du second mariage naquirent ibid. :

4. Michel-F^{ois}, 9 janv. 1727; [après avoir été vicaire gén^l de Rouen, il fut évêque de Vence en 1764, de Tarbes en 1769, et d'Angers en 1782.]
5. Anne-M^{te}, 14 sept. 1728; mariée à Gabriel-Louis de Marion.
6. *Daniel-N^{as}-M^{ie}*, 6 févr. 1730; lequel suit.
7. Suzanne, 7 avril 1731; mariée à Jacob-Philippe Besser.
8. Christine-L^{se}-Henriette, 20 déc. 1732; [elle fit profession à la Visitation 9 mai 1762 Metz, msc. 153].
9. F^{oise}-Henriette, 19 juin 1734.

XI. Daniel-N^{as}-M^{ie}, fils du préc., colonel d'infanterie, † par. St-Maximin 12 sept. 1784. Il avait épousé, ibid. 10 juil. 1764, Monique-Nicole *de Montigny*, dont il eut :

1. M^{ie}-Monique-Charlotte, 6 juin 1766.
2. Henriette-L^{se}-F^{ois}, 29 sept. 1772.
3. Paul-Philbert-Michel, 3 août 1774; † 5 févr. 1775.

XII. Paul-Philbert-M^{ie}, frère du préc., sgr de Vrémy, chev. de St-Louis, lieut.-colonel d'infanterie à la suite du rég^t de Piémont et premier aide-major de l'école royale militaire, † par. St-Victor 27 juil. 1782. Il avait épousé : 1° M^{ie}-Anne *Samson*; 2° en l'église des Antonistes par. St-Maximin (l'acte à la par. Ste-Croix) 28 déc. 1756, M^{ie}-Pétronille *Emmery de Boislogé*, domiciliée à la Propagation, fille de Ch^{les} Emmery de Boislogé, lieut. d'artillerie, command^t au dép^t de l'Ile de France et à l'arsenal de Paris, et de † Thérèse-Pétronille Maupas. De leur mariage naquirent par. St-Gorgon :

1. Joseph, † à 3 ans 1/2, 24 avril 1761.
2. Anne-Charlotte-Pétronille, 22 mai 1760; † 13 avril 1765.
3. *J^{ques}-Philbert*, 30 oct. 1762; lequel suit.

4. M^ie-Charlotte-Henriette, 12 janv. 1766; mariée à Louis-Alexandre Léautaud Artaud de Montauban.

XIII. J^ques-PHILBERT, fils du préc., chév., sgr de Vrémy et autres lieux, cap. au rég^t d'Austrasie, épousa, par. St-Victor 5 mai 1789, F^oise-Cécile *du Pasquier de Fontenoy de Dommartin*, âgée de 20 ans 1/2. Le mariage fut bénit par F^ois de Jobal, chan. de la cathédrale, conseiller au parl^t de Metz et vicaire gén^l d'Angers. Dudit mariage naquit Ch^les-Paul, ibid. 21 mars 1790.

XIV. RAYMOND, abjura le protestantisme par. St-Gengoulph 5 sept. 1686.

XV. PIERRE, éc., sgr de Lorry, Lessy et Mont, abjura par. Ste-Ségolène 13 mars 1704; à l'acte il est dit qu'il ne sait écrire.

XVI. F^oise-HENRIETTE-L^se. V. Jobal (note).

XVII. M^ie-ANNE. V. de Tschudy II.

COUET DE BOIGODAN (DE) MATHIEU-ÉDOUARD, sgr de Boigodan, lieut. au rég^t de Berry cavalerie, fils de Remy-Édouard, éc., s^r de Boigodan et de M^ie Quinémont de Varennes, âgé de 31 ans, épousa, par. St-Victor, en l'église des Frères-Prêcheurs, 15 févr. 1739, J^ne-Adélaïde-Wilhelmine-Caroline *de Wangen*, âgée de 22 ans, fille de F^ois-J^ph-Antoine b^on de Wangen, cap. de grenadiers au rég^t Royal Bavière, et de M^ie-Concorde-Adélaïde de Rorbac. Le mariage fut bénit par F^ois-J^n-B^te Durand, prieur des Frères-Prêcheurs. Au mariage, J^n-Fortunat de Serre de Rochecolombe, command^t pour le Roi à Metz; Ch^les de Montigny, cap. au rég^t Royal Bavière; Lothaire de Waldt, cap. au rég^t de la Mark; J^n Caillot, cap. des Invalides.

COUEZ COLLIGNON, économe nommé par le Roi des abbayes de St-Arnould, St-Vincent et St-Clément, † à 67 ans, par. St-Livier 26 juin 1667. Il avait épousé M^te *Pichomey*, † ibid. 8 sept. 1664, à 58 ans. De leur mariage était née Jeanne, mariée à Antoine Marien.

COUK ÉDOUARD, cap. de cavalerie au rég^t de Nogent, épousa Esther *de Serrières*, v^ve de Paul le Bachelé, laquelle mourut par. St-Maximin 13 sept. 1706 : à son enterrement, J^n d'Arros, conseiller chev. au parl^t, son gendre; Paul le Bachelé, conseiller du Roi maison et couronne de France, son cousin germain; Ch^les-Amédée de Bonnet, chev. de St-Louis, son neveu.

COULAN (DU) ANNE. V. le Goullon XIV.

COULET CHARLES, avocat au parl^t, puis procureur en la maîtrise des eaux et forêts et juge-garde de la monnaie, fils de David, m^d, et de M^ie Regnault, † par. St-Victor 5 sept. 1762. Il avait épousé, étant âgé de 25 ans, par. St-Livier 20 mai 1719, Catherine-Josèphe *Pérolle*, âgée de 20 ans, dont il eut :

1. M^ie-Anne-L^se, par. St-Livier 10 mars 1720; mariée à Guillaume d'Arles de Chamberlin.
2. César. V. d'Arles de Chamberlin.
3. Catherine, † à 16 mois, par. St-Livier 28 sept. 1727.

COULEURS (DES) FRANÇOISE. V. de Bastogne V.

COULLEZ, alias COULLET. I. JEAN, R. P. R., m^d, épousa, 14 oct. 1601, M^ie *Duchat*, dont il eut :

1. *Louis*, qui suit.
2. Marie, mariée à David le Duchat.
3. Suzanne, mariée à Moyse de Saint-Aubin.

II. LOUIS, R. P. R., fils du préc., épousa, 1er déc. 1652, Anne *Duclos*.

III. ÉLISABETH. V. Persode II.

COULLON ALIZON. V. de Magny VIII.

COULLON (LE). I. NICOLAS, R. P. R., fut père d'Isaac, 14 oct. 1567.

II. JEAN, R. P. R., conseiller du m^e-échevin, épousa, 13 juil. 1562, Barbe *Quexin*, fille de † J^n Quexin, de laquelle il eut Samuel, 2 nov. 1578.

III. JACQUES, ministre de la R. P. R., fils de Jean, bourgeois, épousa, 25 avril 1621, Anne *Boudaine*.

IV. LOUIS, R. P. R., frère du préc., aman, épousa : 1° 10 févr. 1630, Suzanne *Boudaine*; 2° 16 juil. 1645, Suzanne *Mar-*

chand, v^ve d'Isaac ....., bourgeois. Du premier mariage naquirent :
1. Marie, 30 avril 1632.
2. Louis, 18 sept. 1633.

V. Théophile, ministre de la R. P. R., épousa en secondes noces, 26 juin 1639, Anne *le Goullon*, v^ve de Philippe de Vigneulles, laquelle mourut 9 janv. 1676, à 78 ans.

D'un premier mariage étaient nées :
1. Esther, mariée à Samuel Jacobé.
2. Jeanne, mariée à Daniel Jacobé.
3. Suzanne, mariée à J^n le Coullon, puis à J^n Pierrat.

Du second mariage naquit :
4. Marie, 23 mars 1641.

VI. Jeanne. V. de Massonnerain.
VII. Marie. V. Stoutz.

COULON François, ancien dir. de l'hôpital royal et militaire de Sarrelouis, veuf de Charlotte *Mangeot*, épousa, par. St-Maximin 24 nov. 1761, M^ie *Mouzon*, v^ve de J^n Naudin, bourgeois.

COULON de MACHÉVILLE Yves-F^ois. V. Lasalle (note).

COULORE de VINCELLES (de la) Anne. V. Moret du Fleury.

COUNE (de) Antoine, conseiller, commissaire-contrôleur aux saisies réelles au parl^t, eut de M^ie-Thérèse *de Monceau*, son épouse :
1. M^te-Thérèse. par. St-Victor 28 nov. 1769 : p. J^ph-Sébastien de Coune, dir. des vivres à Marsal; m. M^te de Monceau, aïeule mat.
2. M^ie-Agnès, par. Ste-Croix 1er mars 1771 : p. F^ois Carmant de Saint-Étienne, officier au corps royal artillerie rég^t de Strasbourg; m. M^ie Agnès de Rancé.

COUPIGNY (de) Alexandre-Hubert-Augustin, b^on, lieut. au rég^t de marine, eut de Catherine *de Grave*, son épouse, Henry, par. St-Simon 24 août 1767 : p. Henry de Grave, cap. de grenadiers aux volontaires de Soubise, son g^d-père; m. Thérèse de Grave, sa tante. — Il mourut 2 sept. 1767.

COUR (de) François, éc., sgr de St-Gervasin, cap. major au rég^t de Foy, † par. Ste-Croix 4 mai 1687.

COUR (de la). I. Louis, éc., s^r de la... Maison, † par. St-Eucaire 7 oct. 1635.

II. François, fils de Gengoulph, sgr en partie de la Grange-d'Envie, épousa, par. Ste-Croix 29 avril 1659, Étiennette *Martelot*, fille de † Gaspard Martelot, concierge des prisons royales.

III. Paul, lieut. au rég^t de la Fère en garnison à Metz, fils de noble Abraham et de J^ne Séguier, natif de Vigaret en Languedoc, diocèse d'Alais, épousa, par. St-Maximin 26 oct. 1728, M^ie *Montaigu*, fille des † J^ques Montaigu et Marthe Rindfouss, laquelle mourut par. St-Étienne le Dépenné 4 févr. 1766.

IV. Paul, natif d'Avignon, ancien cap. au rég^t de la Fère, † à 64 ans, par. St-Eucaire, rue des Allemands, 11 avril 1756.

V. J^ques-Adrien, conseiller du Roi et son procureur aux traites foraines, époux de Catherine-Henriette *Dubant*, † à 73 ans, par. Ste-Ségolène 23 mars 1785 : à son enterrement, N^as-F^ois de Belchamps, sgr de Sainte-Ruffine, Jussy et Vaux, son neveu; J^n-F^ois Tabouillot, avocat au parl^t, son cousin.

VI. Nicolas, fils du préc., avocat au conseil souverain de Nancy, puis au parl^t de Metz, épousa, par. St-Victor 26 mai 1778, M^ie-Joséphine *Saget*.

VII. Claude-F^ois, chev. de St-Louis, cap. command^t au rég^t du Perche, sgr en partie de Pintheville et de Riauville, fils des † Alexandre-J^ph, éc., et Claire Friant, épousa, par. St-Martin 1er mai 1787, M^ie-Madeleine *du Buat*. A ce mariage, entre autres témoins, J^n-J^ph-Ch^les-Richard, b^on de Tschudy, chev., officier au rég^t suisse de Castella, ami de l'époux; Étienne-Philbert Goussaud, président à mortier au parl^t, cousin germain de l'épouse du côté pat.; J^ques Dumoulin, éc., brigadier des armées du Roi, chef de brigade au corps royal du génie, parent par alliance de l'épouse du côté pat.; Henry-D^que Ducary, chev., cap. au rég^t Dauphin; Étienne-Errard de Landrian, sgr d'Outremécourt, major, et Jⁿ-Bᵗᵉ de Landrian, sgr d'Eincheville, cap. au même régᵗ; Pʳᵉ-Alexandre-Chˡᵉˢ-Jⁿ-Bᵗᵉ Payen, chev. de Chavoy, major au régᵗ de Béarn.

VIII. Nicolas, éc., sgr de Waville, maréchal des camps et armées du Roi, ingénieur génˡ des places et fortifications de la Guyenne, [† en 1713]. Il avait épousé Julienne *de Berthon*, dont il eut Nicole-Julienne, par. Sᵗ-Victor 16 févr. 1684.

IX. Charles, sgr de Monjeaux, cap. au régᵗ d'Artois, eut d'Élisabeth *Pacquin*, son épouse, Joseph, † à 5 ans, par. Sᵗ-Marcel 15 oct. 1682.

X. Antoine, bannerot de la par. Sᵗ-Maximin, eut de Jⁿᵉ *Cornille*, son épouse, Jeanne, mariée à Nᵃˢ Duchesne.

XI. Antoine, substitut du procureur génˡ au parlᵗ, † par. Sᵗ-Simplice 1ᵉʳ mai 1707.

XII. Divers.
1. Anne. V. Lamarle.
2. Catherine-Diane. V. de Gray de Malmédy IV, 3.
3. Cécile. V. Blaise III.
4. Ève. V. Barbé III.
5. Gabrielle. V. François VII.
6. Marie. V. d'Aubigny.
7. Marie. V. Jourdin de Pontbillot.
8. Mᵗᵉ-Thérèse. V. Hue de Sᵗ-Remy.

COUR de GRAINVILLE (de la) Charles, chev., cap. aide-major au régᵗ de Rochechouart, âgé de 32 ans, fils de † Martin, chev., sgr de Grainville, Thorigny, la Conté et autres lieux, et de Cécile Fridelle (?), de la ville de Caën en Normandie, épousa, par. Sᵗ-Maximin 20 juin 1740, Jⁿᵉ-Catherine-Agathe *Muzac* : au mariage, André de la Cour, chev., sgr de Grainville, cap. au régᵗ de Rochechouart, et Louis de la Cour, chev. de Grainville, cap.-lieut. au même régᵗ, frères du marié; Nᵃˢ Muzac, président aux requêtes du palais, frère de l'épouse; Jⁿ-Fᵒⁱˢ Pierre, président à mortier au parlᵗ, cousin de l'épouse. — Du dit mariage naquit, par. Sᵗ-Maximin 23 mai 1741, Jⁿᵉ-Cécile, † par. Sᵗ-Marcel 1ᵉʳ oct. 1744.

COURAGEUX. I. Jeanne. V. de Guiar d'Amilly.

II. Marie. V. Olry XII et Perot.

COURAND de PEYRALONGUE (de) Marguerite. V. la Gausie.

COURBELONGUE (de) Alexandre, cap. au régᵗ de Languedoc, † par. Sᵗ-Maximin 27 déc. 1689.

COURBEVOIS (de) Pʳᵉ-Jacques. V. Alberdiny d'Ichtersheim.

COURBIAT (de). V. de Monneron.

COURCELLE Anne. V. de Chartongne.

COURCELLES (de). I. Charles-Jᵖʰ, éc., sgr de Montigny, gᵈ voyer en la généralité de Metz, conseiller secrétaire du Roi, † par. Sᵗ-Livier 30 avril 1712, inhumé par. Sᵗ-Victor; son cœur fut inhumé par. Sᵗ-Livier, au bas des degrés du sanctuaire, du côté de l'Evangile. Il avait épousé, par. Sᵗ-Victor 29 oct. 1679, étant dir. des postes d'Allemagne et âgé de 33 ans, Barbe *Besser*, âgée de 20 ans, de laquelle il eut :
1. Anne, par. Sᵗ-Livier 29 juil. 1681; † 22 août suiv.
2. Anne-Barbe, par. Sᵗ-Victor 15 juil. 1684; mariée à Arnold de Ville.
3. Mⁱᵉ-Anne, † par. Sᵗ-Livier 17 sept. 1710, inhumée par. Sᵗ-Victor.

II. N***, † par. Sᵗᵉ-Croix 23 juil. 1639.

III. N***, † par. Sᵗ-Martin 7 févr. 1637, inhumée aux Célestins.

IV. Louise, [religieuse à la maison de la Propagation de la Foi, † 19 mai 1742, ayant 76 ans d'âge et 47 de profession. Metz. msc. 253.]

V. Jeanne. V. d'Auburtin IX, 6.

VI. Jeanne. V. d'Ogéviller.

COURCOL. I. Nᵃˢ-François, sgr de Jouy-aux-Arches, avocat au parlᵗ de Metz, fils de Ferry (*alias* François), éc., sgr de Clouange, et de Mᵗᵉ de Guillermin, dame de Corny, † par. Sᵗ-Gorgon 5 mars 1667, inhumé aux Carmes anciens. Il avait épousé : 1° [par. Sᵗ-Aman de Toul au mois d'avril 1643, Mᵗᵉ *Dardenne*];

2° Louise Diane *Asse*, † par. St-Martin 21 mars 1684.

Du premier mariage [étaient nés à Toul :
1. Claude-N^{as}, par. St-Jean en sept. 1645.
2. Jⁿ-F^{ois}, en 1652.]
Du second mariage étaient nés à Metz :
3. Louis, par. Ste-Croix 6 août 1659.
4. Madeleine, par. St-Gorgon 2 sept. 1660.
5. Gabrielle, ibid. 16 sept. 1661.
6. Nicolas, ibid. 10 mai 1663 ; cap. au rég^t de Robecq, † par. S. Martin 22 nov. 1724. Il avait épousé Gabrielle *Thionville*, fille de N^{as} Thionville, quartier-juré, de laquelle il eut Louise, par. Ste-Ségolène 19 févr. 1706.
7. Louise, mariée à Maurice Willaume.

II. PIERRE, chan. de St-Sauveur et official de la petite cour, fut parrain par. St-Martin 7 sept. 1635.

COURCY (DE) Jⁿ-ALEXANDRE. V. Georges d'Alnoncourt.

COURÉ DE NEUFLIZE (DE) IGNACE. V. de Grâce.

COURSON Mre-FRANÇOISE. V. de Bréhan du Plessis.

COURTAILLE CHARLOTTE. V. de Bazas.

COURTEN (DE)⁽¹⁾. I. AMAND-ACHILLE, [fils d'Amand et d'Anne-Judith de Herreford, de la branche des Courten dite d'Espagne, né à Ypres en Flandre 28 mars 1701], ancien cap. au rég^t de St-Germain infanterie, chev. de St-Louis, réformé à la suite de la place de Nancy, † par. St-Livier 14 août 1779. [Il avait épousé une fille de Jⁿ-Pierre *Duhamel de Querlonde*, command^t de la place de Marsal en Lorraine, de laquelle il n'eut pas d'enfants].

II. P^{re}-HILDEBRAND, cousin germain du préc., [fils de Jⁿ-Hildebrand et de M^{ie}-Josèphe Chauvin, de la branche des Courten dite de Valenciennes, colonel d'infanterie, brigadier des armées du Roi, chev. de St-Louis, sgr de Bazoncourt, Vaucremont et Ban-St-Pierre en partie, né à Valenciennes, par. N.-D. de la Chaussée, 22 mars 1702], † à Bazoncourt 4 déc. 1796, enterré sous l'ossuaire. [Il avait acheté, en 1754, la terre et sgrie de Bazoncourt de la veuve et des enfants d'Isaac de Montmerqué de Fontenelle, éc., fermier gén^l des finances du Roi ; il s'y transporta l'année suivante. Il avait épousé, 20 mars 1746, à Valenciennes, Anne-Catherine-Josèphe *Gillart*, fille d'Antoine-J^{ph} Gillart, prévôt de la ville, sgr de Courtil, et d'Anne-Cécile Claro], laquelle mourut en 1797 à Bazoncourt. De leur mariage étaient nés :

1. *Louis-F^{ois}-Régis*, [à Valenciennes, par. N.-D.-la-Grande 26 déc. 1746]. — Lequel suit.
2. P^{re}-F^{ois}-J^{ph}-Marie, [ibid. 2 janv. 1749 ; † en bas âge].
3. P^{re}-F^{ois}-Marie, [ibid. 29 sept. 1750 ; auteur de la branche de Fribourg].
4. Maurice-J^{ph}-M^{ie}, [ibid. 16 janv. 1752 ; † 4 avril 1753].
5. F^{ois}-J^{ph}-Maurice, à Bazoncourt 14 févr. 1756 : p. l'aumônier du château. Il mourut 8 avril suiv. et fut enterré dans le chœur de l'église.

III. LOUIS-F^{OIS}-RÉGIS, fils du préc., chev., cap. au rég^t suisse de son nom, † à Bazoncourt 15 juil. 1817, enterré sous l'ossuaire à côté de son père. Il avait épousé, à Peltre 26 nov. 1771, J^{ne} *Ferrand*, âgée de 18 ans, † par. St-Jean de la Citadelle 25 nov. 1788, inhumée sous le porche de l'église de St-Eucaire. Du dit mariage étaient nés :

1. Anne-Justine-Jⁿ-B^{te}, par. St-Gengoulph 12 sept. 1772 ; [mariée à Sierre en Vallais, 28 sept. 1795 ; † à Metz 5 févr. 1828, inhumée à Bazoncourt].
2. P^{re}-Louis-Gabriel, par. St-Victor 4 janv. 1774 ; † par. St-Martin, rue de l'Esplanade, 6 août 1778.

IV. M^{ie}-M^{te}-LOUISE-CONSTANCE. V. Jobal (note).

COURTENAY (DE) CHARLES, éc., † par. St-Victor 25 juil. 1665.

COURTEVILLE D'HODICQ. V. de Saint-Simon.

COURTIN (DE). I. CHARLES eut de Guillemette N****, son épouse, François, par. St-Martin 5 août 1637.

---

(1) Les détails renfermés entre [ ] sont empruntés à la *Généalogie de la famille de Courten*, Metz, Even frères, 1885.

II. HENRY, sgr de Poix : mention par. St-Maximin 27 mars 1713.

III. JULES-MARIN, chev., cap. au rég^t royal infanterie, chev. de St-Louis, † par. St-Martin 25 janv. 1742 : à son enterrement, P^{re} la Blignière, command^t au 3e bataillon du dit rég^t; Henry Remeur, cap. de grenadiers, et N*** de la Coste, cap. au même rég^t.

COURTOUR (DE) JOSEPH. V. de Girval.

COUSIN MARGUERITE. V. Dufresne.

COUSSAYE (DE LA) CLAUDE-EUGÈNE. V. Mangin V.

COUSTAUT, *alias* CUSTOT, CUSTEAU. I. PIERRE, cy-devant sergent au rég^t de Périgord, épousa, par. St-Marcel 8 mars 1687, Élisabeth *Gattebois des Forges* « en vertu d'une sentence de l'official qui le condamna à l'épouser incessamment et sans proclamations ». De leur mariage naquirent :

1. N^{as}-Antoine, par. St-Gengoulph 22 sept. 1690.
2. Alexandre, ibid. 2 déc. 1692; † 18 sept. 1703.
3. Jeanne, par. St-Eucaire 27 janv. 1694.
4. Élisabeth, ibid. 30 mars 1695; † 20 sept. 1703.
5. Anne-M^{te}, ibid. 19 mars 1696.
6. Jeanne, ibid. 23 août 1697.
7. Nicole, ibid. 8 sept. 1698.
8. André, ibid. 12 sept. 1699; † par. St-Maximin 18 avril 1710.
9. Anne-Élisabeth, 20 sept. 1700 : p. Jⁿ Arnould; m. Anne de la Guerre, épouse du s^r de Boissancourt. — Elle mourut par. St-Maximin 5 janv. 1710.
10. P^{re}-Nicolas, ibid. 5 nov. 1701 : m. M^{ie}-Anne de Marigny. — Lequel suit.
11. Marguerite, ibid. 20 janv. 1703; † par. St-Gorgon 10 janv. 1724.
12. Madeleine, ibid. 23 avril 1704.
13. Jean, ibid. 10 juin 1705.
14. Antoine, par. St-Maximin 9 août 1706: p. Antoine Coustaut, fils de P^{re} Coustaut, huissier.
15. Marie, ibid. 17 oct. 1707.
16. Jⁿ-Jacques, ibid. 28 juin 1709.
17. Ch^{les}-Joseph, ibid. 20 mars 1711; † 1er avril suiv.
18. Jⁿ-François, par. St-Eucaire 14 août 1713; † 24 suiv.
19. Gabriel, dominicain, au décès de son frère qui suit.

II. P^{RE}-NICOLAS, fils du préc., procureur au parl^t, † par. Ste-Croix 24 août 1746. Il avait épousé : 1° par. Ste-Croix 3 nov. 1725, Barbe *Collesson*, fille de † D^{que} Collesson, lieut. du prévôt des baudes, et de Barbe Burthaire; 2° Élisabeth *Remy*.

Du premier mariage naquirent par. St-Gorgon :

1. M^{ie}-Dominique, 4 oct. 1727.
2. Nicolas, 30 nov. 1728.
3. Antoinette, 8 oct. 1729.
4. M^{ie}-Anne, 29 août 1730; mariée à P^{re} Maujean.

Du second mariage naquirent par. Ste-Croix :

5. P^{re}-Louis, 30 août 1744.
6. François, 30 août 1745.
7. F^{ois}-Nicolas, 23 août 1746.

COUSTEAUX DE CONTY (AUX) AUGUSTIN, commissaire provincial, command^t l'artillerie à Marsal, éc., chev. de St-Louis, † par. St-Gengoulph 4 mars 1755. Il avait épousé Anne-M^{ie} *Lelong*, dont il eut par. St-Gorgon :

1. M^{ie}-Catherine, 21 août 1722; mariée à F^{ois} Leclerc de Vrainville.
2. Étienne-Augustin, 27 août 1723; lieut. de la compagnie de St-Vallier au corps royal artillerie, † par. St-Gengoulph 12 juin 1750.
3. L^{se}-Charlotte 26 sept. 1724.
4. Gabriel, 8 mars 1726; commissaire d'artillerie au décès de son père.
5. M^{ie}-Catherine, 19 avril 1727; † 13 oct. suiv.
6. Marguerite, 11 août 1728.
7. Jⁿ-B^{te}, jumeau de la préc.
8. J^{ne}-M^{ie}, 12 janv. 1730; † 10 août 1731.
9. Antoine, 25 févr. 1731.
10. Étienne, 9 mai 1732.
11. Étienne-J^{ph}, 30 août 1733.
12. Catherine-M^{te}, 30 nov. 1734; † 30 sept. 1737.

13. Brice, 20 oct. 1736.
14. Mie-Jeanne, 1er févr. 1738; † 1er juin 1741.
15. Madeleine, † 18 déc. 1736.

COUTENOT Suzanne. V. d'Ecriennes.

COUTTAUT du BOSQUET Louis-Hugues, conseiller du Roi, lieut. particulier au siège des eaux et forêts de Metz, époux de Mie-Claire *Werner*, † à 52 ans, par. St-Victor 28 janv. 1786.

COUVREUR Marie. V. de Bamchelt.

COYGNES (de) Jean, éc., sgr de Montifaut, de Voquilir et autres places, demt au Quarteau, eut de Foise *Duncal*, son épouse, François, par. St-Simplice 3 mars 1741.

CRAOUTES Christian. V. de Bérault de Belcastel IV.

CRASIN Jn-Fois, conseiller du Roi, receveur et payeur des gages du bureau des finances, sgr de Chanville, demt à Thionville, épousa, étant âgé de 40 ans, par. Ste-Croix 3 févr. 1707, Mie *Brocard*, âgée de 37 ans, assistée de M. le Duchat, son beau-frère.

CRAYE (de). I. Dorothée, † par. St-Victor 30 juil. 1676, inhumée à l'église abbatiale de St-Arnould.

II. Luc, un des anciens avocats du parlt, † par. St-Maximin 24 oct. 1681, inhumé devant l'autel St-Nicolas.

III. Anne-Catherine. V. Dilange VII, 3.

CREIL (de) Jn-Fois. V. de Charpy.

CREITTE Barbe-Éléonore, [religieuse de la Visitation, † 27 déc. 1761, ayant 27 ans d'âge et 2 de profession. Metz msc. 153.]

CREITTE de MÉTRIC (de) Jn-François, éc., cap. au régt de Piémont, fils de Jn-François, sgr de Métric, lieut. génl honoraire à Thionville, et de Suzanne de Brazy, demt à Métric, par. de Kœnigsmacker, épousa, par. St-Gengoulph 17 janv. 1774, Catherine-Mte *Poinsignon*, dame de Xure. Au mariage, Jn-Nas de Brazy, conseiller honoraire au parlt, oncle du marié; Louis-Claude de Brazy, conseiller de l'ancien parlt de Metz, son cousin germain; Werner cte de Jaubert, colonel d'infanterie, chev. de St-Louis, son cousin; Chles-Fois de Fromentin, archidiacre et chan. de la cathédrale, cousin germain de la mariée. Du dit mariage naquirent:

1. Anne, par. St-Martin 1er juil. 1778: p. Werner cte de Jaubert, ci-dessus, gd oncle (*sic*) de l'enfant; m. Anne de Poinsignon, épouse de Louis-Claude de Brazy, conseiller au parlt, tante de l'enfant: tous deux représentés. — Le père est cap. des grenadiers au régt de Blaisois.

2. Marguerite-Mie-Charlotte, ibid. rue des Parmentiers, 24 sept. 1779: p. Mgr Chles de Mercy, évêque de Luçon, son oncle à la mode de Bretagne; m. Catherine-Mte Ganot, sa tante à la mode de Bretagne. — Le père est cap. commandt le régt de Blaisois et sgr voué de Xure.

3. Mie-Marthe, par. St-Jean de la Citadelle 7 oct. 1781: p. Jrh-Anne-Mie cte de Mercy, chev., sgr de la Salière, Champfort, Peithieu et autres lieux, me de camp de cavalerie, chev. de St-Louis, cousin pat.; m. Mie-Marthe Girault de Planchoury, son épouse: tous deux représentés. — Le père est major à la citadelle, sgr de Métric et de Xure.

4. Louis-Claude, ibid. 27 janv. 1783: p. Louis-Claude de Brazy, conseiller au parlt, oncle mat. et cousin germain pat.; m. Anne-Élisabeth Creitte, tante pat.

5. Mie-Jn-Chles-Hippolyte, ibid. 27 sept. 1784: p. Jn-Chles bon de Myon, éc., chev. de St-Louis, major au régt de Penthièvre, représenté par Jn-Hippolyte de Cardaillac, bon de Saint-Paul, major au régt de Piémont, chev. de St-Louis; m. Mie-Anne bonne du Prel, épouse de Frédéric-Guillaume bon de Stiernberg, ancien lieut.-colonel au service du Prince de Hesse-Cassel. — Le baptême fut administré par Nas Poinsignon, dr en Sorbonne, conseiller aumônier du Roi, ministre à la Trinité de la Rédemption des captifs, grand-grand-oncle de l'enfant.

CRÉMER. V. de Frahan.

CRÉPIN J^{ne}-Louise. V. Sarrazin II.

CRESPIN. I. Alexandre, [prévôt de St-Sauveur, chan. de la cathédrale et archidiacre de Sarrebourg, d^r en droit civil et canonique, † 27 juin 1693, à 76 ans, inhumé à la cathédrale. Msc. Epit.]

II. Christophe, frère du préc., noble, s^r de la Woivre, conseiller secrétaire du Roi audiencier en la chancellerie du parl^t, † 25 nov. 1685, à 74 ans, inhumé à l'église des Prêcheresses. Il avait épousé F^{oise} *Rousselot*, † 20 sept. 1677, à 55 ans. De ce mariage étaient nés par. St-Martin :
1. *Jⁿ-Dominique*, qui suit.
2. Dominique, licencié en droit civil et canonique, chan. et coûtre de la cathédrale et prévôt de St-Sauveur, † 6 janv. 1731, à 76 ans, inhumé à la cathédrale.
3. Catherine-Thérèse ; mariée à Louis de Leurye du Proy.
4. *Alexandre-Bernard*, 13 févr. 1659 ; lequel suivra.
5. Alexis, 19 août 1660 ; sgr de Riche, il fut parrain par. St-Eucaire 23 avril 1707.
6. Élisabeth-M^{ie}, 14 juin 1662.
7. M^{ie}-Marguerite, 23 janv. 1664.

III. Jⁿ-Dominique, fils du préc., sgr de Lidresing, conseiller secrétaire du Roi audiencier en remplacement de son père, puis greffier d'Épinal, avait épousé, par. Ste-Croix 26 nov. 1686, Anne *Foës*, † par. St-Gorgon 11 nov. 1687, après avoir donné le jour, le 5 préc., à M^{ie}-Alexandrine, † par. St-Livier 10 suiv.

IV. Alexandre-Bernard, frère du préc., éc., sgr de la Woivre et de Riche, † par. St-Gengoulph 14 août 1714. Il avait épousé [en 1689], Charlotte-F^{oise} *de la Rivière*, [† aux eaux de Bourbonne en juil. 1732]. De leur mariage étaient nés par. St-Gengoulph :
1. Alexandre-Ch^{les}, 2 déc. 1689 : p. Jⁿ-D^{que} Crespin, éc., conseiller secrétaire du Roi, remplaçant Alexandre Crespin, chan. de la cathédrale, archidiacre de Sarrebourg et prévôt de St-Sauveur ; m. Catherine le Jennet, épouse de Thomas de la Rivière, s^r de Fleury.
2. Charlotte, 31 mars 1691.
3. Anne-M^{te}, 18 juil. 1692.
4. Catherine-Thérèse, 7 août 1693 ; † 22 sept. 1695.
5. Anne, 13 sept. 1694.
6. *Jⁿ-Dominique*, 18 sept. 1695 ; lequel suit.
7. Gabrielle-Charlotte, 20 mai 1697 ; mariée à Ch^{les} Cabouilly.
8. M^{ie}-Élisabeth, 27 nov. 1698 ; mariée à Ch^{les}-Louis de Rostaing.
9. Louis-Toussaint, 4 avril 1700 ; † 5 janv. 1703.
10. Claude-F^{oise}, 27 mars 1701.
11. Catherine-F^{oise}, 19 mars 1702.
12. Anne-Barbe, 23 août 1703.
13. Anne-L^{se}, 5 oct. 1704.
14. *Joseph*, 17 déc. 1705 ; lequel suivra.
15. Alexis-Antoine, 17 janv. 1707.

V. Jⁿ-Dominique, fils du préc., éc., sgr de la Woivre, † par. St-Gengoulph 26 oct. 1770. Il avait épousé, ibid. 7 mars 1734, Élisabeth *d'Huart*, † ibid. 18 mars 1768. De leur mariage étaient nés ibid. :
1. *Christophe-D^{que}*, 9 févr. 1735 ; lequel suit.
2. Louis, 23 févr. 1736.
3. Anne-F^{oise}-Charlotte, 2 juin 1737 ; mariée à Louis-Daniel-Alexandre de Luc.
4. M^{ie}-Élisabeth, 24 août 1739.
5. Benoît-P^{re}, 3 févr. 1742 ; † 7 févr. 1747.
6. Claude-Antoine, 5 janv. 1744 ; † 9 déc. 1746.
7. Jⁿ-B^{te}-Christophe, cap. de bombardiers, à l'enterrement de son père.

VI. Christophe-D^{que}, fils du préc., chev., sgr de la Woivre, ancien cap. de bombardiers au corps royal artillerie, major en survivance pour le service du Roi à Longwy, chev. de St-Louis, épousa : 1° Anne-Mathieu *Dolzy* ; 2° par. St-Gengoulph 2 mai 1786, M^{ie} *de Prille*, âgée de 47 ans. Du premier mariage étaient nés :
1. Alexandre, par. St-Victor 21 mai 1777 : p. Alexandre c^{te} de Sarlabons, colonel du rég^t Noailles dragons ; m. Anne-Char-

lotte de Crespin, épouse de Louis-Daniel-Alexandre de Luc.
2. Anne-M^ie-Louise, par. St-Gengoulph 26 avril 1779 : p. Louis-Henry Mathieu, conseiller au bailliage et receveur des fermes du Roi à Ste-Menehould; m. M^ie-L^se Dubant, v^ve de N^as-F^ois de Belchamps.
3. F^oise-Charlotte, ibid. 24 sept. 1781.

VII. JOSEPH, oncle du préc., éc., lieut. au rég^t de la Ferté-Rimbeaut, épousa Anne-Barbe *Noël*, † à 77 ans, par. St-Gengoulph 1er juin 1790. De leur mariage étaient nés :
1. J^n-B^te-Joseph, par. St-Victor 21 mars 1733.
2. M^ie-Anne, par. St-Simplice 20 juin 1736 : p. J^n-B^te Noël, employé à l'extraordinaire des guerres; m. M^ie-Anne Noël. Elle mourut le 22 suiv.
3. J^n-B^te-Dominique, ibid. 27 févr. 1738; à l'enterrement de sa mère, il est ancien cap. d'infanterie.
4. M^ie-Anne, par. St-Victor 7 juin 1739.

VIII. JEAN, m^d, † par. St-Gorgon 1er nov. 1665, inhumé par. St-Victor. Il eut une fille F^oise, mariée à Christophe d'Antrès.

IX. ANNE-M^IE, [fit profession à la Visitation 27 déc. 1639 et y mourut à 24 ans 1er avril 1644. Metz, msc. 153].

X. JOSEPH, [chan. de la cathédrale, † à 26 ans, 2 févr. 1763. Msc. Epit.].

XI. ANTOINE, † 16 avril 1689, inhumé dans la même tombe que le précédent.

XII. MARGUERITE. V. Gauvain VII.

XIII. PHILIPPE et GENEVIÈVE-F^OISE. V. de la Saux.

XIV. CH^LES-FRANÇOIS. V. Lefebvre de Ladonchamps IV.

XV. ANNE. V. Grandeau.

CREUX (DE) FRANÇOISE. V. de Marsollier I.

CREUZETTE (DE LA) JACQUES. V. de la Ville II, 3.

CRÈVE (DE) *alias* DE CRUSNE. I. DIEUDONNÉE. V. de Callitrope et de Thiébault.
II. ANNE. V. du Choquay.

CROC DE VILLEMOYEN (DU) M^TE-GENEVIÈVE. V. Gérardin.

CROISATE HENRY. V. de Montagnac I, 4.

CROISILLE. I. JEAN, négociant, ancien juge-consul, fut le père de :
1. *Jean*, qui suit.
2. Antoinette, mariée à N*** Collesson, dont une fille, Madeleine, épousa Michel Hugon d'Arraincourt.
3. Madeleine, mariée à D^que Mary, négociant, major de la milice bourgeoise.
4. *François*, qui suivra.
5. *Louis*, qui suivra.

II. JEAN, fils du préc., m^d, eut de M^ie *Dorvaux*, son épouse :
1. M^ie-Jeanne, par. St-Simplice 11 mai 1736; mariée à Lazare Dupuy.
2. Antoinette, ibid. 21 mai 1737.
3. Dominique, ibid. 22 sept. 1738.
4. Barbe, mariée à Louis-Ch^les d'Adeling.

III. FRANÇOIS, frère du préc., eut de Catherine *le Payen*, son épouse :
1. Antoinette, mariée à Constantin-Félix de Bachoue, puis à J^n-Valentin de Guerschin.
2. Madeleine, mariée à P^re Pichot.
3. M^ie-Madeleine, mariée à Léopold-J^ph Léquillant Fortin.
4. Marguerite, mariée au s^r du Hainaut, ancien officier de la légion royale.

IV. LOUIS, frère du préc., m^d, épousa :
1° Nicole *le Payen*; 2° N*** *Blondin*. Du premier mariage naquirent :
1. F^oise, mariée à N*** Huberti.
2. M^ie-Anne, mariée à J^n-P^re Jaunez, ingénieur de la ville.
3. Marguerite, mariée au v^te de Durfort.
4. Antoinette, mariée à P^re le Payen.

CROIX (LA). CHARLES, chev. de St-Louis, aide-major de la ville de Metz, épousa Madeleine *Favier* † subitement par. St-Martin 14 sept. 1744.

CROIX (DE LA). I. PIERRE greffier en chef civil et criminel du parl^t, † par. Ste-Croix 22 avril 1731. Il avait épousé Catherine *de la Lande*, † ibid. 18 avril 1744, à 80 ans.

II. Jacques, frère du préc., conseiller du Roi, maire de Pont-à-Mousson, fermier gén^l des domaines de ......, eut de M^{te} de *la Lande*, son épouse :
1. *Jean*, qui suit.
2. Catherine, par. St-Eucaire 11 févr. 1690 : p. F^{ois} de la Lande, conseiller du Roi et greffier du bureau des finances ; m. Catherine de la Lande, épouse de P^{re} de la Croix, conseiller du Roi. Elle fut mariée à J^{ques} de Buzelet.
3. *Jacques-D^{que}*, ibid. 28 janv. 1696 ; lequel suivra.

III. Jean, fils du préc., conseiller greffier en chef au parl^t, † par. Ste-Croix 11 avril 1776, à 74 ans. Il avait épousé Suzanne *Philippe*, dont il eut :
1. Reine-M^{ie}-Catherine, par. Ste-Ségolène 6 janv. 1734.
2. Jean, ibid. 23 sept. 1735.
3. Hyacinthe-Antoine, par. Ste-Croix 28 janv. 1742.
4. Anne, ibid. 25 avril 1743.
5. L^{se}-Élisabeth, ibid. 20 mai 1744.
6. M^{te}-Thérèse-Suzanne-César, ibid. 5 mars 1746.
7. Anne-Catherine, mariée à P^{re}-Mathieu-Victor d'Auburtin.

IV. Jacques-D^{que}(1), frère du préc., lieut. gén^l de police, † par. Ste-Ségolène 14 déc. 1772. Il avait épousé, par. St-Victor 1er déc. 1722, Anne *de Belchamps*, † par. Ste-Ségolène 30 avril 1761. De leur mariage étaient nés par. Ste-Croix :
1. *Jean*, qui suit.
2. Nicole, 10 sept. 1723.
3. J^{ques}-Balthasar, 2 nov. 1724.
4. Françoise, 19 oct. 1725 ; mariée à F^{ois}-N^{as} d'Hainzelin.
5. J^n-J^{ques}-Dominique, 2 sept. 1728.
6. M^{ie}-Nicole-Pierrette, 9 mars 1730 ; mariée à Claude-Antoine-Alexandre le Fournier.
7. M^{ie}-Suzanne, 1er juin 1731.

V. Jean *de la Croix d'Hanonstadt*, fils du préc., cap. d'infanterie, pensionnaire du Roi, gouverneur de la ville de Conflans,

épousa, par. Ste-Ségolène 7 janv. 1768, Anne *Georges de Vrémy* : au mariage, Ch^{les} Woirhaye, conseiller référendaire en la chancellerie du parl^t, cousin de la mariée. Du dit mariage naquirent ibid. :
1. Nicolas, 15 juil. 1771.
2. F^{oise}-Julie, 6 déc. 1773.
3. M^{ie}-Catherine, 26 janv. 1775.
4. F^{ois}-N^{as}-Charles, 28 févr. 1777$^{(1)}$.
5. N^{as}-Marie, 4 sept. 1780.

VI. Étienne [de la famille des préc.], commis greffier au parl^t, eut de Suzanne *de Vals*, son épouse, par. St-Gorgon :
1. Catherine, † à 3 ans, 17 sept. 1698.
2. P^{re}-Gaspard, 6 janv. 1697.
3. P^{re}-Nicolas, 23 juin 1698.

VII. J^n-Jacques, sgr d'Avillé et Bagneux, brigadier gén^l des armées du Roi, chev. de St-Louis, colonel d'un rég^t d'infanterie et de dragons, cap. d'une compagnie franche de 450 fusiliers et d'une compagnie de cavaliers, command^t à Vianden, avait épousé Sibille *Felten, alias de Folsen*, † par. St-Livier 15 mars 1721. De leur mariage étaient nées :
1. Catherine-Sibille (*alias* Thérèse), mariée à Armand-J^n de Blair.
2. Claudine-Thérèse-Cécile, mariée à Ch^{les}-Isidore de Rozières.

VIII. J^n-Baptiste, parent du préc., brigadier des armées du Roi, eut de M^{te} *de Fermont*, son épouse, Charlotte-Thérèse, † à 7 ans, par. St-Gengoulph 28 déc. 1746.

IX. Jean, intéressé dans les affaires du Roi, † à 65 ans, par. St-Victor 17 sept. 1712. Il avait épousé, par. St-Gorgon 3 févr. 1698, F^{oise} *Rollin*, † ibid. 5 mars 1737, à 78 ans. De leur mariage étaient nés :
1. F^{ois}-Philippe, par. St-Victor 18 juin 1700.
2. J^n-Claude, chan. de St-Sauveur, à l'enterrement de sa mère.

X. J^n-Pierre eut de Claude-M^{ie} *de Marancourt*, son épouse, Louis-Balthasar, par. St-Victor 9 mai 1729.

XI. Charlotte. V. Plaisant.

---

(1) Il acquit vers 1729 des comtesses de Zoetern les sgries de Sancy, Tronville et Mars-la-Tour. *Biog. du Parl^t*.

(1). François-N^{as}-Ch^{les} épousa Henriette *de Marion*, dont il eut M^{ie}-Catherine-Virginie, mariée au général F^{ois}-Étienne Larchey ; de ce dernier mariage est né, à Metz 26 janv. 1831, Étienne-Lorédan Larchey, qui s'est acquis une légitime réputation dans le monde savant.

XII. M^te-Christophe. V. le Lorrain de Sivry.

XIII. M^ie-Anne. V. de Grandmont.

CROIX de CASTRIES (de la) Ch^les-Eugène-Gabriel. V. d'Ambly.

CROIX d'EVRY (de la). I. Arnould-P^re, cap. de cavalerie au rég^t d'Orléans, † à 85 ans, par. St-Simplice 18 mars 1783. Il avait épousé [au mois de juin 1725], Catherine *Georges de Chelaincourt*, † par. St-Martin 13 déc. 1789, à 80 ans 4 mois. De leur mariage naquirent :

1. J^ne-Catherine, † à 16 ans chez son g^d-père mat., rue des Allemands, par. St-Eucaire 12 juil. 1744.
2. Anne, par. St-Simplice 18 sept. 1729.
3. Louis-Ch^les, par. St-Gorgon 11 déc. 1730.
4. Arnould-N^as, ibid. 9 mai 1732 ; conseiller aux requêtes du parl^t (1754).
5. Arnould-Louis, à l'enterrement de son père.
6. M^ie-Pauline, ibid. 21 mai 1733 ; mariée à F^ois Evrard.
7. Louise, ibid. 21 mai 1734.
8. Louis-P^re, ibid. 21 août 1735.
9. J^ne-Catherine, ibid. 9 oct. 1736.
10. J^n-F^ois, ibid. 5 oct. 1737 ; † 14 juin 1751.
11. Anne, ibid. 2 nov. 1738.
12. Louis-P^re, ibid. 24 juil. 1743.
13. Anne-Catherine, ibid. 12 août 1744.

II. M^te-Nicole. V. des Rioux de Messimy.

CROIX de PLAINVAL (de la) Nicolas, lieut. au rég^t de dragons de Noailles, dem^t par. St-Simon, âgé de 37 ans, fils de † Charles, officier au même rég^t, et de M^ie Tournay, de la par. de Plainval en Picardie, épousa, par. St-Marcel 22 avril 1777, Anne *Philippe*, âgée de 28 ans, fille de † Sébastien Philippe, m^d bourgeois, et de M^ie Mangin : au mariage, Antoine de la Croix, lieut. au rég^t de dragons de Noailles, frère du marié. Du dit mariage naquirent par. St-Marcel :

1. J^ph-N^as, 14 août 1778.
2. Louis, 16 mars 1781.
3. Catherine, 18 févr. 1783 ; † 16 avril 1789.

4. Ch^les-N^as, 22 juin 1787.

CROIZET (de). I. Claude, noble homme, de Boulay, épousa Anne *Burluraux*, dont il eut Jeanne, par. St-Maximin 20 janv. 1644.

II. Jeanne, parente du préc. V. Foës VII.

CROLBOIS (de) L^se-Catherine-Alberte. V. de Blair (note).

CROMONT (de) J^ne-Françoise, [fit profession au monastère de la Visitation 13 sept. 1643, et y mourut 3 oct. 1682, à 55 ans. Metz msc. 153.]

CRONHIELM (de) Salomon-J^n, b^on, cap. d'infanterie allemande au rég^t d'Appelgrein, âgé de 31 ans, épousa, par. Ste-Ségolène 8 sept. 1738, Laurence *Boyer*, fille d'Antoine Boyer, chir., de laquelle il eut par. St-Victor :

1. J^n-Henry-Philippe, 6 juil. 1739 : p. Henry-Philippe de Ségur, fils de Henry-F^ois, m^is de Ségur, lieut. gén^l des armées du Roi, command^t en cette qualité en Lorraine, gouverneur du pays de Foix ; m. J^ne de Chérisey, fille de Louis de Chérisey, lieut. gén^l des armées du Roi.
2. Louis, 5 août 1744 : p. Louis de Bourbon, XVe du nom, Roi de France et de Navarre, représenté par le gouverneur Foucquet de Belle-Isle ; m. M^ie-Casimire-Emmanuelle-Thérèse-Geneviève de Béthune, épouse du dit Foucquet.

CRONNE Julienne-Christine. V. Schilplin II.

CROPÉCHETENNE M^ie-Élisabeth. V. d'Hausen III.

CROVILLE (de). V. de Saudoncq.

CRUSNE (de). I. Dieudonnée. V. de Thiébault.

II. Dieudonnée. V. de Wiltz.

CUCHOT d'HERBAIN Aimée. V. Sorin de la Roche.

CUEULLET, alias **CUEUILLET**. I. J^n-M^ie, [sgr d'Arraye près Torcheville, du comté de Bey et d'Ogeville, conseiller au parl^t de Metz, † à Nancy 17 févr. 1724].

II. Sigisbert, neveu du préc., fils de Ch^{les}-Christophe Cueullet de Saffaye, conseiller à la cour souveraine de Lorraine, et d'Antoinette Regnault, pensionnaire chez les chanoines réguliers de la par. St-Simon, † 13 janv. 1747, à 13 ans.

III. J^{pe}-Valentin, chev., sgr d'Arraye, Chambille et du fief de Manhoué, avocat en parl^t, fils de Charles, chev., sgr d'Arraye, Ferrières, Chambille, Xoudaille et Manhoué, et de Nicole Paucheron, épousa, par. St-Martin 11 janv. 1763, J^{ne}-Nicole *Picard de Donjeux*, † ibid. 18 nov. 1835, à 91 ans. De leur mariage était née, ibid. 30 déc. 1763, Adélaïde-Marthe-F^{oise} : p. Étienne-F^{ois} Picard de Donjeux, conseiller au parl^t, aïeul mat.; m. Charlotte-Christine-Marthe Cueullet, tante pat.

IV. M^{ie}-Catherine. V. Lecomte (note).

V. Marie. V. Poutet V.

CUEUILLET (de) Dieudonné-César. V. Potier.

CUFFAULTZ J^n-B^{te}-Louis-René. V. de Carence.

CUGES (de) Gabrielle-Félicité. V. de Légier.

CUGNIN N^{as}-François, éc., âgé de 28 ans, fils des † J^n-N^{as}, cap. au rég^t de Fürstemberg, et L^{se} Richemont, de la par. de Marsal, épousa, par. Ste-Ségolène 5 juin 1708, Anne-M^{te} *Grandjambe*, dont il eut P^{re}-François, par. Ste-Ségolène 18 sept. 1715.

CUGNON (de) Barbe. V. du Mesnil.

CUIGY (de) Françoise. V. de Castella.

CULS (des) F^{oise}-Antoinette. V. du Portail de la Sylve.

CUNIN. I. Henry, notaire royal au bailliage de Château-Salins, eut de Christine *Ancillon*, son épouse :
1. M^{ie}-Anne, mariée à Ch^{les}-Amédée de Lorme.
2. J^n-Baptiste, qui suit.

II. J^n-Baptiste, fils du préc., avocat au parl^t, épousa, par. Ste-Croix 1er févr. 1768, M^{te} *Alexandre,* dont il eut par. Ste-Croix :
1. Madeleine-Henriette, 12 mai 1773.
2. J^n-Jacques, 7 févr. 1775.
3. J^n-Baptiste, 16 oct. 1777; † 27 suiv.
4. Louis-Henry, 19 juin 1780.

III. Didier. V. des Prés de la Ferté.

CUNY. I. N^{as}-Dieudonné, conseiller du Roi, notaire royal, † par. St-Martin, place Chappé, 23 oct. 1754, à 76 ans. Il avait épousé Catherine *Goussot,* dont il eut, par. St-Simplice 6 juin 1740, J^n-François, † le surlendemain; il avait eu pour parrain son frère *J^n-François,* qui suit, et pour marraine Catherine Cuny, fille de J^a Cuny, m^d magasinier.

II. J^n-François, fils du préc., procureur au parl^t, épousa, par. St-Martin 17 nov. 1750, Catherine *Toussaint,* fille de Claude Toussaint, m^e-boulanger, et d'Anne Jacquart. De ce mariage naquirent par. St-Gorgon :
1. Anne, 9 sept. 1751.
2. Catherine, 1er févr. 1755.
3. Henry, 13 juil. 1756.

III. Marguerite. V. Haillecourt.

CUNY (de) Ch^{les}-F^{ois}-Stanislas, éc., eut de Charlotte-Antoinette-Joséphine b^{onne} *de Toussaint,* son épouse, Monique-Victoire, † à 6 ans 1/2, par. St-Victor 29 mai 1782.

CUPERS Élisabeth-M^{te}. V. Sylvestre de Comeau.

CURÉ F^{ois}, conseiller du Roi et procureur en la maîtrise des eaux et forêts, âgé de 34 ans, fils des † Claude, admodiateur de la terre et sgrie de Fleury, et Catherine le Lorrain, épousa, par. St-Livier 6 mai 1749, M^{ie}-Anne *le Payen,* dont il eut par. St-Martin :
1. Michel, 26 avril 1758.
2. Marguerite, 15 juil. 1761.

CUREL (de). I. N^{as}-François, chev., des anciens sgrs de Curel, sgr de Xonville, voué de Royaumeix, cap. en premier au corps royal du génie, employé en chef

à Toul, épousa, 26 janv. 1773, Louise *de Baillivy*, dont il eut par. St-Martin :
1. Théodore, 29 nov. 1786 : p. Paul-Louis-Antoine de Rozières, chev., maréchal des camps et armées du Roi, dir. gén{l} au corps du génie et des fortifications de la Flandre, partie de l'Artois et du Cambrésis, cousin pat ; m. L{se}-Barbe de Rozières, cousine pat.
2. Ch{les}-Émile, parrain suppléant du préc.; élève de l'école royale militaire en 1790.
3. Lydie, marraine suppléante du même.
4. Gabriel, 5 nov. 1788 : p. Gabriel-F{ois} de Silly, chev., sgr des Franes, cap. de grenadiers au rég{t} de Bourbonnais ; m. Barbe-Alexandrine de Silly, chan{esse} du chapitre de St-Antoine, de l'ordre de Malte : cousin et cousine mat.
5. Alcibiade, 18 juil. 1790.
6. Elvire, marraine du préc.

II. DELPHINE. V. Liabé (note).

CURTY (DE) PHILIPPE, sgr de Chigny en partie, cap. au rég{t} de Provence, † par. St-Gorgon 25 mai 1730, à 30 ans.

CUSSIGNY (DE) J{n}-CLAUDE, cte de Viange, avait épousé M{ie}-Guillaume *de Saintignon*, † par. St-Victor 24 févr. 1665.

CUSTINES (DE). I. LOUIS, sgr de Pontigny, avait épousé Gabrielle *de Serocourt*, † par. St-Maximin 24 nov. 1650, inhumée dans la chap. des Gournay. De leur mariage étaient nés par. St-Gorgon :
1. *Antoine-Philippe*, 12 août 1636 : p. Antoine de Custines, chan. de la cathédrale; m. Philippe de Neunhem, abbesse de Ste-Marie. — Lequel suit.
2. Anne-Catherine, jumelle du préc. : p. Christophe de Serocourt; m. Anne de Gournay, ancienne dame de Saint-Pierre, v{ve} de Jean Dauriol, sgr de Montégut, lieut. d'une compagnie de gens de pied des vieilles bandes françaises, entretenus pour le Roi à Metz, décédé 14 juil. 1613, et en secondes noces d'Edouard de Riedesel. — Elle fut mariée à Louis de Serainchamps.
3. N{as}-Jeny, 16 juin 1638.
4. Virginie-Ursule, 27 févr. 1641.

II. ANTOINE-PHILIPPE, fils du préc., sgr des Étangs et de Morville, épousa, par. St-Maximin 15 août 1661, Ursule-Claude *de Roucel*, sa cousine au 3e degré, † à 45 ans, par. St-Martin 17 mars 1676. De leur mariage naquirent en cette dernière paroisse :
1. Ch{les}-Philippe, 2 mars 1674 : p. Ch{les} d'Haraucourt, m{is} de Faulquemont; m. Barbe de Gournay, v{ve} de J{n}-Philippe de Roucel, sgr d'Aubigny.
2. *J{n}-François*, qui suit.

III. J{n}-FRANÇOIS, fils du préc., chev., sgr de Marsilly et d'Arriance, épousa, par. St-Gorgon 16 mars 1687, Ursule-Catherine *de Serainchamps*, dont il eut à Marsilly, par. d'Ars-Laquenexy :
1. Louis-Michel, 22 oct. 1693 : p. Louis-Gabriel de Serainchamps; m. M{te} de Serainchamps; tous deux résidant à Marsilly.
2. Anne-Catherine, 19 févr. 1697 : p. F{ois} Henry, sgr de Flanville; m. Anne le Labriet, son épouse.
3. Nicolas, 11 janv. 1699 : p. N{as} de Roucel, sgr d'Aubigny; m. Anne-Catherine de Beauvau, son épouse.
4. Jeanne, 19 oct. 1701 : p. F{ois} Henry de Flanville le fils; m. J{ne} Macelin, bourgeoise de Metz.
5. Antoine-Philippe, 6 avril 1706 : p. son g{d}-père pat.; m. Anne-Catherine de Custines, sœur de l'enfant.
6. *Gabriel-Louis*, qui suit.

IV. GABRIEL-LOUIS, fils du préc., chev., sgr en partie de Marsilly, eut, à Marsilly, de Catherine *de Kaistein de Serre*, son épouse :
1. J{n}-F{ois}-Joseph, 14 déc. 1716 : p. N{as} de Custines, son oncle; m. Ursule-Catherine de Serainchamps, sa g{d} mère.
2. J{n}-Nicolas, 29 mai 1718 : p. N{as} de Custines, son oncle; m. J{ne} de Custines, sa tante.
3. F{ois}-Joseph, 2 août 1719 : p. son g{d} père pat.; m. Catherine Moyeuvre, bourgeoise de Metz.

V. PHILIPPE-F{ois}-J{ph}, cte, g{d} baillif de l'Évêché de Metz, sgr de Guermange, Saruk, Cheuby, Helmerange, etc., eut d'Anne-M{ie} *Maguin*, son épouse :

1. Jⁿ-Philippe, par. Sᵗ-Gorgon 24 mars 1733 : p. Jⁿ Volter, éc., demᵗ à Thionville, bisaïeul de l'enfant; m. Jacobée-Philippine cᵉˢˢᵉ de Custines, demᵗ par. Sᵗ-Maximin, gᵈ tante de l'enfant.
2. Philippe-Christophe-Fᵒⁱˢ, par. Sᵗ-Martin 9 oct. 1734 : p. Christophe, mⁱˢ de Custines, gouverneur des ville et citadelle de Nancy, conseiller d'État et colonel au régᵗ des gardes de S. A. R. de Lorraine, représenté par Claude-Fᵒⁱˢ bᵒⁿ de Baude, sgr de Jeveloncourt; m. Mᵗᵉ de Volter, dame du comté de Roussy.
3. Philippe-Fᵒⁱˢ, ibid. 2 mars 1736 : p. Fᵒⁱˢ Maguin, sgr du comté de Roussy; m. Mⁱᵉ Fᵒⁱˢᵉ Desandrouins, vᵛᵉ de Fᵒⁱˢ de Volter, représentée par Mᵗᵉ de Volter, épouse du parrain.
4. Philippe Plaicard, ibid. 7 juil. 1737 : p. Plaicard cᵗᵉ d'Helmstatt, sgr de Hinquesangue et autres lieux; m. Mⁱᵉ de Custines, fille de Christophe mⁱˢ de Custines : tous deux représentés.
5. Adam-Philippe, ibid. 4 févr. 1742 : p. Christophe-Fᵒⁱˢ-Philippe, son frère ci-dessus; m. Mⁱᵉ-Amélie-Barbe-Sophie cᵉˢˢᵉ de Lutzelbourg, vᵛᵉ de Fᵒⁱˢ-Joseph cᵗᵉ de Lutzelbourg, mᵉ de camp de cavalerie, sgr d'Imling.
6. Philippe-Plaicard, ibid. 16 juin 1744 : p. Jⁿ-Philippe, son frère; m. Hélène-Éléonore de Custines, dame et chanᵉˢˢᵉ de Poussay.
7. Mⁱᵉ-Antoinette-Philippe, ibid. 21 août 1746 : p. Marc-Antoine mⁱˢ de Custines, colonel d'infanterie, brigadier des armées du Roi et son lieut. en sa province de Lorraine; m. Mⁱᵉ-Fᵒⁱˢᵉ de Custines de Pontigny, dame de Sainte-Glossinde : tous deux représentés.

VI. JEAN, prieur à Sᵗ-Clément; mention de son service d'enterrement est faite le 15 mai 1628 dans un acte de mariage (sic) par. Sᵗ-Livier.

VII. Mᴵᴱ-URSULE [fit profession au monastère de la Visitation 5 avril 1682 et y mourut 23 avril 1737, à 71 ans, ayant été supérieure pendant 12 ans. Metz msc. 153].

VIII. ANTOINETTE-ERNESTINE, dame de Cheuby et autres lieux, † par. Sᵗ-Maximin 5 mars 1739, inhumée dans la chapelle des Gournay : à son enterrement, Jⁿ-Jqᵘᵉˢ de Gournay, abbé et cᵗᵉ de Foix, son cousin; Fᵒⁱˢ-Eustache de Strainchamps, son neveu; André de Serainchamps, chev. de l'ordre de Malte, chambellan du roi de Pologne; Marie, cᵗᵉ de Gournay-Duc, chambellan du Roi de Pologne, son cousin.

IX. JACOBÉE-PHILIPPINE, cᵉˢˢᵉ, dame de Cheuby, Hᵗ-Chastel et autres lieux, † par. Sᵗ-Maximin 5 mars 1749, inhumée dans la chapelle des Gournay : à son enterrement, Philippe-Fᵒⁱˢ-Jpʰ, cᵗᵉ de Custines, sgr de Guermange, gᵈ fauconnier de S. M. le roi de Pologne, duc de Lorraine et de Bar, son neveu; Fᵒⁱˢ Maguin, sgr du comté de Roussy.

X. N***, cᵗᵉ, sgr d'Onis et autres lieux, avait épousé Anne-Hippolyte *de Grangemont* † par. Sᵗ-Gorgon 30 juin 1724, à l'hôtel de la Croix derrière l'Évêché, à 29 ans.

XI. Lˢᴱ-GABRIELLE [† carmélite 31 mars 1740, à 52 ans. Metz, msc. 153].

XII. RENÉ, [religieux de Sᵗ-Vincent, prieur d'Offembach, † en 1636. Journal de Séb. Floret].

XIII. Divers.
1. ADAM. V. de Roucel III, 2.
2. ANNE-CATHERINE. V. de Serainchamps.
3. CLAUDE-FERDINAND. V. de Lanseran.
4. MADELEINE. V. de Schauembourg.
5. N***. V. de Brolyodie du Breuil.

CUVRY (DE). I. JEAN, R. P. R., conseiller du mᵉ-échevin, eut d'un premier mariage, Anne, mariée à Pʳᵉ Ferry, ministre de Transcheval près Sedan. Il épousa en secondes noces, 1ᵉʳ mai 1633, Mᵗᵉ *Hennequin*, vᵛᵉ de David Chevillette, avocat.

II. JOSEPH, R. P. R., receveur des coupillons de la cité, † à 84 ans, 30 janv. 1674. Il avait épousé Anne *Pierrat*, dont il eut :
1. Jean, 27 déc. 1626.
2. Suzanne, 1ᵉʳ juil. 1636.
3. Marie, 6 juin 1638; mariée à Jⁿ de Villeneuve.

4. Marguerite, 18 janv. 1640.
5. *Jean*, 29 janv. 1641 ; lequel suit.
6. Louis, 30 oct. 1642.
7. Charles, 12 sept. 1644.
8. Joseph, à l'enterrement de son père.
III. *Jean*, R. P. R., fils du préc., m^d drapier, eut de Suzanne *le Walhé*, son épouse :
1. Jean, 3 août 1667.
2. Pierre, 16 mai 1670.
3. Anne, 26 mars 1675.
4. Suzanne, 10 janv. 1679.
5. Étienne, 20 janv. 1682 ; † 12 août 1684.

6. Madeleine, 30 juin 1685.
IV. MARIE, R. P. R., fille de Tobie, m^{re} tailleur d'habits et de M^{ie} Septsignes, † à 75 ans, 28 nov. 1675.
V. ESTHER, V. Belin.
VI. JOSEPH. V. Grandjambe V.
VII. SUZANNE. V. Maréchal.

CUZAC MICHEL, cap. au rég^t de marine irlandaise, fut le père de F^{oise}-Cécile, par. St-Gorgon 5 août 1693.

CYRON. V. Ciron.

D

DACHON GABRIELLE. V. de Montvallet.

DACLIN J^{ne}-THÉRÈSE. V. Saget IV, 1.

DAGUERRE ANDRÉ-BERNARD, chev., sgr de Voienne, officier à la compagnie des cadets, fut parrain par. St-Jean de la Citadelle 4 sept. 1730.

DAHAN alias DALIAN M^{ie}-CLAIRE. V. Binet de Varennes.

DAIN MARIE. V. de Villemur.

DAIN DE LA ROCHEDAIN CHRISTINE. V. Delotte de la Motte de Récy.

DALANÇON. I. DANIEL, officier au service de S. M. R. et I., sgr en partie de Chevalin, époux de J^{ne} *Vageot*, † à 81 ans, par. St-Gengoulph 2 sept. 1766.
II. ÉLISABETH. V. Bécœur.

DALERY CH^{les}-JOSEPH. V. de Serment.

DALIAN. V. Dahan.

DALMAS DE BOURNEVILLE. J^n-BAPTISTE, gentilhomme à la compagnie des cadets, † à 20 ans, par. St-Jean de la Citadelle 17 oct. 1729.

DALOUVILLE N***, gentilhomme à la compagnie des cadets, natif de Normandie, † à 18 ans, par. St-Jean de la Citadelle, 10 janv. 1732.

DALY JEAN. V. Coghlan.

DAMBLAY MARIE. V. d'Aspremont II.

DAMBLÉE ANNE. V. Garigue.

DAMEY LOUISE. V. de Salivet.

DAMIEN. I. RACHEL. V. de Bize IV.
II. SUZANNE. V. Jassoy V.
III. JEANNE. V. Richard IV.

DAMMANE GERTRUDE. V. de Barrau.

DAMOISEAU DE MONTFORT (DE) VICTOR-ARMAND-DÉSIRÉ. V. Garson de Prehedno.

DAMOISEUX NICOLAS, ancien conseiller au parl^t, † par. St-Gengoulph 7 août 1723. Il avait épousé J^{ne} *Chollier*, † d'apoplexie ibid. 14 juil. 1725.

DAMON J^n-ANTOINE, chev. de St-Maurice et de St-Lazare, conseiller et g^d commissaire des guerres de S. A. E. de Bavière, † par. St-Martin 25 août 1708, à 50 ans.

DAMON DE SAINT-PÉ. I. CHARLES, éc., gouverneur de la citadelle, épousa, par. St-Martin 10 août 1641, M^{ie} *de Boissy alias de St-Jure*, † v^{ve} de lui, par. St-Martin 19 juin 1671. De leur mariage était né, par. St-Jean de la Citadelle

14 sept. 1643, Jⁿ-*Louis*, qui suit : p. Mr de Lambert, maréchal des camps et armées du Roi, gouverneur de la ville et pays messin; m. Louise de la Valette, abbesse de Ste-Glossinde.

II. Jⁿ-Louis, fils du préc., chev., sgr de St-Pierre, Mercy-lès-Metz, etc., conseiller du Roi, prévôt provincial de la généralité de Metz, épousa, par. St-Martin 6 août 1673, Anne *François*, dont il eut ibid. :
1. J^a-F^{ois}, 24 avril 1674; lieut. au rég^t de Lande infanterie, il épousa, par. Ste-Croix 18 août 1704, Pauline *Poutet*.
2. Anne, 20 févr. 1677; † 6 févr. 1703.

DAMPIERRE (DE) N***, c^{te}, † par. Ste-Croix 18 oct. 1635.

DAMPON DE JOUVILLE ANGÉLIQUE. chan^{esse} et doyenne de St-Pierre, † 11 oct. 1724, à 75 ans. Msc. Epit.]

DANCERVILLE. I. BARTHÉLEMY eut de Barbe N***, son épouse, Anne, par. St-Gorgon 23 nov. 1669.

II. PIERRE, notaire royal et apostolique, conseiller référendaire en la chancellerie du parl^t, † par. St-Gorgon 24 mai 1744, à 70 ans. Il avait épousé : 1° Judith *de Montaigu*, † par. St-Maximin 15 avril 1726, à 75 ans; 2° cinq jours avant de mourir, Barbe *Bérard*, v^{ve} d'Antoine Gazeau, laquelle mourut par. St-Maximin 18 mars 1756, à 75 ans. Du premier mariage était né Jⁿ-*Pierre*, qui suit.

III. Jⁿ-PIERRE, fils du préc., conseiller du Roi, président premier au présidial et lieut. particulier au bailliage, eut de Catherine *Gazeau*, son épouse, par. St-Maximin :
1. Barbe-Catherine, 8 nov. 1742; mariée à Claude-F^{ois} Bertrand de Boucheporn.
2. P^{re}-Charles, 29 nov. 1743.
3. Jⁿ-F^{ois}-Pierre, 6 déc. 1744.
4. Anne-Charlotte, 1er févr. 1746.
5. Étienne-Benoît, 22 févr. 1747.
6. Anne-Catherine, 31 mars 1754.
7. Barbe, marraine de la préc.

DANCERY ANNE. V. de Montignon.

DANIEL. I. ALEXANDRE, conseiller du Roi, receveur des finances à Metz, fils de Jⁿ-Baptiste, procureur du Roi en l'élection de Bar-sur-Aube, et de Madeleine Remy, † par. St-Simplice 29 oct. 1736. Il avait épousé, par. St-Gorgon 7 janv. 1691, Barbe *Senocq*, † ibid. 21 août 1744, à 83 ans. De leur mariage étaient nés :
1. Edme-Alexandre, par. Ste-Ségolène 19 oct. 1691.
2. *Louis-Simon*, par. St-Simplice 25 nov. 1694; lequel suit.

II. LOUIS-SIMON, fils du préc., conseiller au parl^t, † par. St-Simplice 24 mars 1740. Il avait épousé J^{ne}-M^{ie}-Thérèse *de Blair*, dont il eut par. St-Simplice :
1. Louis-Alexandre, 30 janv. 1728; commissaire des guerres au mariage de sa sœur.
2. Jⁿ-Armand, 8 juin 1729,
3. M^{ie}-Angélique-Thérèse, 25 mars 1733; mariée à René-P^{re} de Gohin.

III. CHRISTOPHE et DIEUDONNÉE. V. Pallas.

DANJOU THÉRÈSE-F^{oise}. V. de Saint-Vallier.

DANOIS DE CERNAY (LE) M^{ie}-HYACINTHE. V. de Salians d'Estaing.

DANOUE *alias* DAUNOUE. I. FRANÇOIS, R. P. R., m^d, épousa : 1° M^{ie} *de Saint-Aubin;* 2° 30 avril 1623, Léa *le Goullon;* 3° 15 nov. 1626, Sara *François*, v^{ve} de Claude d'Inguenheim. Du premier mariage était née Esther, 18 mai 1622.

II. DAVID, R. P. R., fils de † Abraham, m^d, épousa, 27 mai 1624, M^{ie} *Marion*, dont il eut :
1. Anne, 5 févr. 1636.
2. Paul, 28 mai 1637.
3. Anne, 30 mai 1638.

III. PAUL, R. P. R., frère du préc., épousa, 28 avril 1641, Anne *Blaise*, dont il eut, 2 févr. 1642, *Paul*, qui suit.

IV. PAUL, R. P. R., fils du préc., sgr de Glatigny, épousa Suzanne *le Roux*, dont il eut :
1. David, 4 avril 1664.
2. Adam, 1er sept. 1666.
3. Paul, 2 nov. 1668.

4. Suzanne, 26 janv. 1679; mariée à N^{as} Morel.
5. Anne, 2 janv. 1681; † par. St-Eucaire 24 févr. 1749.
6. Élisabeth, † 11 avril 1682.
7. Élisabeth, 17 oct. 1683; † 29 suiv.

V. ABRAHAM, R. P. R., m^d, sgr de Servigny-lès-Raville, épousa, 15 déc. 1630, Anne *le Bachelé*, dont il eut :
1. Anne, 26 août 1635.
2. Louis, 8 mars 1638.
3. Paul, 21 juin 1640.
4. Charles, 4 juil. 1642.
5. Marie, 16 sept. 1643.
6. Jeanne, 9 juin 1645.

VI. Divers.
1. MARIE. V. de Montigny XII.
2. MARIE. V. Mangin VI.

DARBAMONT. V. d'Arbamont.

DARBLADE JEAN, m^e-apothicaire à Paris et apothicaire-major des troupes du Roi, exerçant la médecine à Metz, natif de Puiols, prévôté de Barsac, près Bordeaux, † à 77 ans, par. St-Simplice 7 janv. 1739.

DARBOUÉ ANNE-M^{TE}. V. de Ricarville.

DARBOY. I. N^{as}-FRANÇOIS, chev., sgr de Sérange, *alias* de Férange, cap. au rég^t de la Ferté-Senneterre, épousa, par. St-Simplice 27 janv. 1664, J^{ne} *Lespingal* : au mariage, F^{ois} de Pugeol, sgr de la Tarade, et Gaspard de Lallouette, sgr de Bionville. Du dit mariage naquirent ibid. :
1. Jeanne, 6 mars 1666.
2. Claude-M^{ie}, 23 mai 1667 : p. Claude de Bretagne, premier président au parl^t; m. M^{ie}-Henriette d'Hermay, épouse de Mr de Givry.
3. Suzanne, 20 sept. 1669; † par. St-Gengoulph 27 nov. 1713.
4. Bertrand-N^{as}, 23 nov. 1670.

II. MARIE. V. Viry II.

DARLU DE ROISSY P^{re}-ÉTIENNE, fils de † Jérôme, dem^t à Paris, et de F^{oise} Pésié, épousa, par. St-Martin 7 févr. 1752, M^{ie}-Madeleine *Balius*, dont il eut ibid. :
1. M^{ie}-F^{oise}, 8 déc. 1752; mariée à P^{re} de la Pêche.
2. M^{ie}-J^{ne} Mathieu, 28 janv. 1757 : p. Mathieu Pésié, prieur commendataire des prieurés de S^t-N^{as} de Campagnac et de S^t-J^{ques} de Val-aux-Graix, conseiller du Roi en son Châtelet et siège présidial de Paris.
3. J^{ne}-F^{oise}, 14 avril 1758.
4. Abraham-J^{ph}, 28 août 1759.

DARMÈNE, *alias* D'ARMÈNE. I. NICOLAS, d^r en médecine, † par. Ste-Croix 25 nov. 1630. Il avait épousé M^{te} *Gallis*, † ibid. 23 mai 1630. De leur mariage naquirent par. Ste-Croix :
1. Godefroy, 24 oct. 1605; [il célébra sa première messe en l'église de St-Arnould 9 janv. 1633. Journal de Séb. Floret.]
2. Jean, 20 juil. 1611.
3. *Philippe*, 17 juin 1612; lequel suit.
4. Nicolas, 26 mai 1616.

II. PHILIPPE, fils du préc., d^r en médecine, † par. Ste-Croix 12 sept. 1680. Il avait épousé, 24 févr. 1637, en l'église St-Pierre-aux-Dames (l'acte aux registres de la par. St-Victor), M^{te} *Thirion*, v^{ve} de N^{as} Gérardin, laquelle mourut ibid. 14 avril 1675. De leur mariage étaient nés :
1. Antoine, par. Ste-Croix 29 sept 1641.
2. Marguerite, ibid. 10 janv. 1644.
3. Philippe, par St-Maximin 3 janv. 1646.
4. Philippe, fille, ibid. 8 juin 1648.
5. *Abraham-Louis*, qui suit.

III. ABRAHAM-LOUIS, fils du préc., d^r en médecine, médecin ordinaire des armées du Roi, conseiller-échevin de l'hôtel de ville, † par. Ste-Croix 26 févr. 1673. Il avait épousé, par. St-Eucaire 8 juil. 1659, Anne-Philippe *Sartorius*, dont il eut :
1. Philippe, par. Ste-Croix 19 mars 1660.
2. M^{te}-Geneviève, ibid. 2 avril 1661.
3. Marguerite, ibid. 8 mai 1662; mariée à Claude-Philippe d'Auburtin.
4. Marthe-Antoinette, ibid. 4 oct. 1663; mariée à Jⁿ Duclos.
5. F^{oise}-Louise, par. St-Gorgon 17 oct. 1665; † par. Ste-Croix 6 juin 1678.
6. Ch^{les}-Louis, ibid. 19 juin 1667.
7. Anne-Lucie, ibid. 31 mai 1669.
8. Jⁿ-F^{ois}, ibid. 22 mars 1671.
9. Anne-Philippe, ibid. 4 janv. 1673.

IV. Louis, † par. Ste-Croix 25 mars 1638

DARMONT Jeanne. V. Morlanne.

DARMUR Nicole-F^oise. V. de Lamezan II.

DARON de DYHERAN Georges-Ch^les. V. Bouet de Martange.

DAROUSSE Raymond, m^e-chirurgien, âgé de 29 ans, épousa, par. St-Croix 18 nov. 1669, Anne-Philippe *Grosjean*, âgée de 17 ans, fille de J^n Grosjean, m^e-tailleur d'habits, et de Barbe Cézard. De leur mariage naquirent ibid. :
1. Louise, 19 oct. 1670.
2. Louis, 10 févr. 1673.
3. Anne, mariée à J^n Morel.
4. Marguerite, mariée à J^n-B^te Louis.

DARRAS. I. Anne. V. Lajeunesse X.
II. Jeanne. V. Tarcis II.
III. F^oise-Marguerite. V. Hollande.

DARTENAY Jacques, originaire de Vic, huissier au parl^t, † par. St-Gorgon 25 avril 1725, à 94 ans. Il avait épousé, ibid. 22 nov. 1683, Lucie *Regnault*, dont il eut :
1. François, par. St-Maximin 12 mars 1691 ; sgr du fief lombard, greffier en chef civil du parl^t, † 16 juil. 1759. Il avait épousé, étant tabellion gén^l de l'Évêché de Metz à Vic, par. St-Maximin 26 avril 1729, Anne *Radelet*, † ibid. 24 mai 1757, à 53 ans. De leur mariage naquit Anne-Catherine, mariée à Jérôme-Louis-J^ph de Schwartzenhausen.
2. Charles, qui épousa, par. St-Victor 7 nov. 1719, M^ie-Élisabeth *Prévost*, v^ve du s^r de Château-Fort, laquelle mourut par. Ste-Croix 12 août 1744.
3. P^re-François.
4. J^ques-François.

DATTEL (1). I. Didier, [tige de la branche des sgrs de Weinsberg et de Luttange,

sgr voué de Champenoux, cap. héréditaire du château d'Amance, conseiller d'État de S. M. I. l'empereur Rodolphe II, m^e-échevin de Nancy en 1624, fils puîné de Jean (1) et de Suzanne Bastien, épousa :
1° 19 nov. 1594, F^oise *Touppet*, fille de J^n Touppet, sgr du fief de Touppet, et de N*** Meufler, sa seconde femme ; 2° 8 juin 1603, M^ie *Baillivy*.

Du premier mariage naquit :
1. *Jean*, qui suit.

Du second mariage naquirent :
2. Marie, mariée à J^n-N^as Maler, sgr de Mondelange, clerc juré et contrôleur de Thionville.
3. Élisabeth, alliée à J^n le Grand, sgr de Plichancourt.]

II. Jean, fils du préc., éc., conseiller d'État de S. A. de Lorraine, épousa, 12 sept. 1622, Anne *Maler*, fille de J^n-N^as Maler, sgr de Marange, Luttange etc., et de M^te Blanchart. De ce mariage naquirent deux enfants mentionnés au testament de J^n-N^as Maler le g^d père, en date du 24 juil. 1637 :
1. *Ch^les Henry*, qui suit.
2. *J.-François*, qui suivra.

III. Ch^les-Henry, fils du préc., sgr de Luttange, † ibid. 25 juin 1681. Il avait épousé Elisabeth *de Serainchamps*, dont il eut :
1. Jeanne.
2. Anne-Elisabeth, † 25 nov. 1688.

IV. J^n-François, frère du préc., sgr de Luttange, Corny et Weinsberg en partie, épousa Lucie-Henriette *Adam*, † par. St-Gengoulph 25 sept. 1687. De leur mariage étaient nés :
1. Anne.
2. Lucie, mariée à Marcel-Herman de Cabanes, puis à P^re Petit de la Vaux.
3. Jeanne.
4. Élisabeth.
5. Louise.
6. Jacques, prêtre, curé de Guénange, retiré à Kirsch-lès-Luttange, † ibid. 21 oct. 1731, à 60 ans, inhumé à la chapelle dudit hameau.

(1) De même que pour la famille de Cabanes, nous avons joint ici, aux actes tirés des registres des paroisses de Metz, des actes provenant des registres de la paroisse de Luttange et des détails extraits des archives de M. Maxime de la Vernette. Le paragraphe I est tiré du *Nobiliaire de Lorraine* de Dom Pelletier.

(1) Jean Dattel, époux de Suzanne Bastien, était fils de Didier I Dattel et d'Hellony Pigeollot.

7. J-*François*, qui suivra.
8. Madeleine, mariée à F^{ois}-Ch^{les} Despinette.
9. *Pierre*, qui suit.

V. PIERRE, fils du préc., † à Luttange 8 nov. 1726, à 60 ans. Il avait épousé, ibid. 12 déc. 1694, Claude *Petit de la Vaux*, † à 70 ans, ibid. 18 avril 1737. De leur mariage étaient nés ibid. :
1. J^{ques}-François, 3 oct. 1695.
2. Élisabeth, 1er sept. 1697. Le 19 janv. 1715 furent célébrées ses fiançailles avec Ch^{les}-Michel Senocq, fils de † Ch^{les} Senocq, éc., sgr de Flévy et Franche-Rue de Trémery, et de Catherine Delaume, dame de Talange et de Montrequienne. Elle mourut à Luttange 22 févr. 1781.
3. Charles-F^{ois}, 10 sept. 1698 ; † 14 sept. 1768.
4. *François*, 24 sept. 1699 ; lequel suit.
5. Jeanne, 1er oct. 1702 ; religieuse de la Propagation de la Foi à Metz, † par. Ste-Croix 31 août 1783.
6. F^{oise}-Élisabeth, 21 août 1705.
7. Lucie, 9 mars 1707 ; † 8 nov. 1710.
8. Anne-Élisabeth, 1er avril 1710 ; † 29 oct. suiv.
9. Madeleine, 20 déc. 1711.

VI. FRANÇOIS, fils du préc., chev., sgr de Luttange et autres lieux, † à Luttange 23 juin 1770, à 70 ans. Il avait épousé, par. St-Victor 25 sept. 1731, M^{te} *de Prigny*, † à Luttange 6 juil. 1770, à 62 ans. De ce mariage étaient nés :
1. P^{re}-Jⁿ-François, par. St-Victor 30 août 1733.
2. Nicole-M^{te}, à Luttange 8 janv. 1735.
3. J^{ques}-Antoine-Ch^{les}-F^{ois}, ibid. 28 févr. 1737 ; † 24 sept. suiv.
4. J^{ne}-Nicole-M^{te}, ibid. 21 sept. 1739.
5. N^{as}-Michel-F^{ois}, ibid. 29 sept. 1740.
6. N^{as}-Jérôme-Michel, † à 9 mois, par. St-Marcel 1er juil. 1742.
7. F^{oise}-Élisabeth-M^{te}, à Luttange 8 juil. 1742 : m. F^{oise} Dattel, religieuse aux Madeleines à Metz.
8. François, par. St-Marcel 24 sept. 1743 : p. F^{ois} Despinette, cap. au rég^t d'Alsace ; m. M^{ie}-Anne Senocq, épouse de Philippe de Hainaut, éc., sg^r de Flévy, premier factionnaire au rég^t de Vivarais.
9. Jⁿ-Pierre, représentant le parrain du préc.
10. Louis-Alexandre, à Luttange 1er janv. 1745.
11. Claude-Benoît, ibid. 26 févr. 1746.

VII. JEAN-F^{ois}, éc., gentilhomme de S. A. R. de Lorraine, oncle du préc., lieut. de cuirassiers, † par. St-Martin, à 62 ans selon les registres de St-Martin, à 75 ans selon les registres de Luttange, inhumé à Luttange 10 août 1725. Il avait épousé : 1° Antoinette *Drouot*, † par. St-Gengoulph 8 déc. 1694 ; 2° ibid. 8 août 1705, M^{te} *de Guillermin*, v^{ve} du s^r F^{ois} Courcol, éc., laquelle mourut par. St-Simplice 13 mai 1737 ; 3° étant âgé de 71 ans, par. St-Maximin 8 janv. 1738, Suzanne *Michelet*, v^{ve} d'Étienne Salomon, âgée de 58 ans. A ce dernier mariage bénit par Louis-César de Bry d'Arcy, chan. de St-Sauveur, assistait Jⁿ-F^{ois} Dattel, chev., ancien cap. du rég^t des gardes de S. A. R. de Lorraine. Suzanne Michelet mourut par. St-Gengoulph 7 oct. 1744. Du premier mariage naquirent par. St-Gengoulph :
1. Anne-Thérèse, 24 févr. 1686 ; † 3 juin suiv.
2. Louise-F^{oise}, 24 mars 1687 ; † 20 sept. 1688.
3. J^{ph}-François, 8 févr. 1689.
4. N^{as}-François, 17 mars 1690 : p. N^{as}-F^{ois} Margadel, prévôt de Dieulouard ; m. Anne-Gabrielle Estienne de Procheville. — Il mourut 27 juin suiv.
5. Anne-Thérèse, 11 nov. 1691 ; † 12 déc. suiv.
6. Jⁿ-François, 18 déc. 1692.

VIII. Jⁿ-FRANÇOIS, chambellan, sgr de Scy et des Grandes-Armoises, † par. St-Gengoulph 3 mars 1744, inhumé au pied de l'autel de la Sainte Vierge.

IX. JOSEPH, âgé de 30 ans, sous la garde-noble d'Anne de Fison, sa mère, épousa, par. St-Simplice 2 mars 1680, Barbe *Rollet*, âgée de 15 ans : au mariage, Louis de Foës, trés. de la cathédrale ; Ch^{les} Guyet, sgr de Ruchepure, et Antoine le Grand, sgr de Mont : tous trois oncles de la mariée.

X. PIERRE, sgr de Luttange en partie, eut d'Anne *Huguesson*, v^ve de Claude Estelin, chir., suivant la déclaration qu'elle en fit devant le lieut. gén^l criminel, Marie, par. St-Maximin 23 oct. 1693 : m. M^ie de Planque, fille de † André de Planque, lieut. de cavalerie.

XI. J^n-FRANÇOIS, officier au rég^t royal de Lorraine, chev. de St-Louis, épousa M^ie-Anne *Arnould*, † par. Ste-Croix 7 janv. 1791, à 92 ans.

XII. J^n-BAPTISTE. V. de Tailfumyr III, 1.

DAUBAN FRANÇOISE. V. de Perron.

DAUBRÉ THÉRÈSE. V. Hentz.

DAUDRAY J^n-CÉSAR, éc., cap. de cavalerie dans St-Germain-Beaupré, de Besançon, épousa, par. St-Marcel 21 juil. 1714, noble dame M^ie-Rose *Hunnique*, de Scelestadt.

DAUGER, cfr. DOGER, LOUIS-REMY, v^te, chev. de St-Louis, ancien major de dragons, eut d'Agnès-Joséphine *Kien*, son épouse, par. St-Victor 11 mars 1789, Eugène-Philippe : p. Philippe-Eugène b^on Dauger, maréchal des camps et armées du Roi, chef d'escadron des gardes du corps du Roi, oncle pat. dem^t au château de Sorey, près Réthel en Champenois, représenté par Alexandre-Eugène Dauger, frère de l'enfant; m. Anne-Adélaïde-Victoire-Eugénie Dauger, épouse de Antoine-F^ois Duboscq, m^is de Vittermont, maréchal des camps et armées du Roi, tante pat., dem^t au château de Grosœuvre, près Evreux, représentée par Anne-Catherine Borius, gouvernante chez les parents de l'enfant.

DAUJON JOSEPH, cap. au rég^t d'infanterie de Mgr le duc de Berry, † à 22 ans, par. St-Livier 15 janv. 1714.

DAULCEUR FRANÇOIS, conseiller du Roi, receveur des consignations et saisies réelles du bailliage de Thionville, fils d'Étienne et de Louise François, épousa, par. St-Martin 16 nov. 1694, M^ie-Thérèse *Féticq*, † ibid. 10 nov. 1695.

DAULNOY, alias D'AULNOY. I. FRANÇOIS, né [par. St-Agnan de Toul 5 oct. 1658] de Claude, m^d sellier, et de Sébastienne Collot, avocat au parl^t de Metz, puis [conseiller au bailliage de Toul], avait épousé Anne-Thérèse *Souchot*, dont il eut [à Toul 30 oct. 1701] J^n-*Christophe*, qui suit.

II. J^n-CHRISTOPHE, fils du préc., dit de Gontard, conseiller, puis président à mortier au parl^t, sgr voué de Blénod en totalité et de Mont-l'Étroit, Panerot, Autreville, Maizières, Bainville et Xeuilly en partie, sgr du fief de Gontard à Biqueley, épousa, par. St-Victor 19 juin 1731, Madeleine *Mamiel*, dont il eut :

1. L^se-Anne-Antoinette, par. St-Victor 5 mai 1732.
2. Claude-F^ois, ibid. 4 mai 1734; † par. St-Livier 12 sept. suiv.
3. Anne, † à 16 mois, par. Ste-Ségolène 29 oct. 1736.
4. M^ie-Anne, mariée à Ch^les-F^ois Mamiel.

DAULPHIN. V. Dauphin.

DAUNOIS. I. MARTHE. V. Scourion.

II. ANNE-THÉRÈSE. V. Canelle.

DAUPHIN. I. JOSEPH, procureur au parl^t, fils de Claude et de Claire Royer, † par. St-Victor 9 mars 1715. Il avait épousé, par. St-Victor 5 mai 1692, Charlotte *Grinsard*, fille du s^r J^ques Grinsard et de Claudine Regnault, laquelle mourut ibid. 12 avril 1745, à 70 ans. De leur mariage étaient nés :

1. Joseph, par. Ste-Croix 7 févr. 1693.
2. Catherine, ibid. 10 mars 1694.
3. Claude-J^ph, par. St-Victor 20 mars 1702.
4. M^te-Gabrielle, ibid. 28 janv. 1709.
5. Anne, † à 4 ans, par. St-Victor 10 mars 1705.
6. Françoise, † par. St-Marcel 18 juil. 1717.

II. ANTOINE, procureur au parl^t, † par. St-Gorgon 19 mai 1688, à 38 ans. Il avait épousé : 1° ibid. 10 févr. 1682, Gabrielle *Lalande*, âgée de 19 ans ; 2° par. Ste-Croix 29 janv. 1686, J^ne *Adam*, âgée de 31 ans, fille des † Claude Adam, éc., prévôt de Dieulouard, et Anne de Vaitier. — Du premier mariage naquirent par. Ste-Croix :

1. Bonne-M^ie, 20 nov. 1682; mariée à Antoine de Cambefort.

2. Antoine, 7 oct. 1683.
III. F^ois-Simon, procureur au parl^t, épousa, par. Ste-Croix 23 oct. 1764, Anne *Bousquet*, dont il eut :
1. M^ie-Glossinde, par. Ste-Croix 25 juil. 1765; mariée à Louis-N^as Emmery.
2. Théodore-Bernard, ibid. 5 janv. 1767.
3. J^n-F^ois-Louis, ibid. 18 déc. 1767.
4. M^ie-Marguerite, par. St-Gorgon 24 mars 1769.
5. Catherine-Élisabeth, par. St-Victor 26 août 1770.
6. J^ques-Théodore, † à 10 ans, par. Ste-Croix 15 sept. 1782.
7. L^se-Élisabeth-Nicole, ibid. 11 déc. 1776.
8. M^ie-Antoinette-Adélaïde, ibid. 25 mars 1778.
9. N^as-Hyacinthe-F^ois, ibid. 12 avril 1779.
10. F^oise-M^ie-Glossinde, ibid. 12 juil. 1782.

IV. Divers.
1. Barbe. V. O'Brien.
2. Claude-René. V. de Postelle.
3. Élisabeth. V. de Vigneulles XII, 3.
4. Madeleine. V. Gilbrin.
5. Suzanne. V. le Bachelé X.

DAURIOL Jean. V. de Custines I, 2.

DAUSSY M^ie-Madeleine. V. Fornachon.

DAUVAL Louis-Auguste, cap. au rég^t de Lorda cavalerie, chev. de St-Louis, † à 88 ans, par. St-Gorgon 12 déc. 1756.

DAUVILLIER M^ie-Anne. V. de Roquigny.

DAVELUY Hyacinthe-Linarde. V. de Tende.

DAVID. I. René, R. P. R., procureur au parl^t, épousa M^ie *Lecoq*, † par. Ste-Croix 12 juin 1688. De leur mariage étaient nés :
1. Marie, R. P. R., 23 oct. 1684; † 23 janv. suiv.
2. Pierre, par. Ste-Croix 18 oct. 1687.
3. Suzanne, par. St-Martin 8 mars 1693.
4. Jeanne, ibid. 29 déc. 1694.

II. Pierre, avocat au parl^t, natif de Sedan, fils de Hussard, conseiller et ancien échevin de Sedan, et de F^oise Froviont, épousa, par. Ste-Croix 8 juil. 1674, J^ne *du Gast*.

III. M^ie-Anne. V. Morlet.

IV. Anne. V. Renard de Constance.

DAVID (de) Marie. V. de Boriat.

DAVIEL Anne-M^ie. V. de Pagny (note).

DAYMARD P^re-M^ie-F^ois-Joseph, chev., ancien officier de cavalerie pour le service de S. M. très chrétienne, eut de J^ne-Pauline-Henriette *de la Haute-Nolay*, son épouse, par. St-Marcel 4 févr. 1775, Paul-M^ie-F^ois : p. Isaïe-Paul de la Haute-Nolay, de la par. N.-D. de Grâce du Trou-au-Chat en l'île Martinique, son g^d oncle; m. M^ie-Philippe-F^oise de la Haute-Nolay, sa g^d tante : tous deux représentés.

DAYMAR (de) Gabrielle. V. de la Valette.

DAYNESSE, *alias* DAYSSENNE P^re-Augustin. V. de Beauclair.

DAYSSENNE. V. Daynesse.

DEBONNAIRE de GIF Ch^les-Hyacinthe-Victor. V. Pyrot II, 2.

DEBRUAT d'ORIVAL Cécile. V. Martin.

DECHANT Marguerite. V. Lajeunesse XIII.

DECHORÉ M^ie-Jeanne. V. Fion.

DECRETOT. V. Roederer II.

DECRUEJOULS Marie. V. de Balthasar (note).

DEDON. I. Charles, m^d, fils de Jean, épousa, par. St-Marcel 19 nov. 1680, Anne *Brussaux*, dont il eut :
1. *Gabriel*, qui suit.
2. Anne, mariée à J^n Beaudesson.
3. Élisabeth, mariée à P^re Fourier.

II. Gabriel, fils du préc., conseiller au bailliage, † par. St-Marcel 15 juil. 1755. Il avait épousé, par. St-Livier 25 juin 1713, Anne *de Lajeunesse*, † ibid. 14 oct. 1749, à 57 ans. De leur mariage étaient nés par. St-Livier :
1. *Charles*, 30 août 1714; lequel suit.
2. J^n-Gabriel, 17 sept. 1715; chef de brigade d'artillerie au rég^t d'Auxonne,

chev. de Sᵗ-Louis, il épousa, par. Sᵗᵉ-Ségolène 20 nov. 1770, Anne-Mᵗᵉ *Dupin*, vᵛᵉ de Chˡᵉˢ-Jᵖʰ Beaudesson.

3. Catherine, 29 sept. 1716; mariée à Nᵃˢ Hollande, puis à Jⁿ-Fᵒⁱˢ-Paul-Lazare Lamy de Bezange.

4. Antoine, 9 sept. 1718; chan. régulier et curé de la par. Sᵗ-Simon, † 20 juil. 1787.

5. Barbe, 2 janv. 1719; mariée à Pʳᵉ-Antoine Fringant.

III. CHARLES, alias CLAUDE, fils du préc., conseiller au bailliage, eut de Mⁱᵉ *Charo*, son épouse, par. Sᵗ-Livier :

1. Marguerite, 1ᵉʳ déc. 1754; mariée à Fᵒⁱˢ-Ferdinand Foureau-Seignier.
2. Catherine, 5 oct. 1757.
3. Claire, 10 août 1759.
4. Gabriel, 8 juil. 1761.
5. Charlotte, 5 mars 1768.

IV. SÉBASTIENNE. V. Perrault de Rougeron.

DEDUN CHRISTINE. V. Hugon d'Arraincourt I, 2.

DEFANT (DU) JOSEPH, éc., sgr du Bressy, chev. de Sᵗ-Louis, lieut.-colonel au régᵗ de Lagny, † par. Sᵗ-Marcel 27 mai 1700 : à son enterrement, Jᵖʰ d'Hermant, éc., cap. de cavalerie au régᵗ de Mgr le duc de Bressac.

DEFRESNE Pʳᵉ-ALEXANDRE, chev., cap. au régᵗ royal Barrois, fils de † Alexandre, chev., cap. d'infanterie au régᵗ de Navarre infanterie, et de Mᵗᵉ Gaulcher, du diocèse de Châlons en Champagne, épousa, par. Sᵗᵉ-Ségolène 23 janv. 1747, Catherine *de Mauger de la Pautrie*, fille des † Chˡᵉˢ de Mauger, chev., sgr de la Pautrie, officier au régᵗ Dauphin étranger cavalerie, et Gabrielle de Fontaine.

DÉGOUTIN, alias DESGOUTINS. I. JEAN, huissier en la chancellerie du parlᵗ, † par. Sᵗᵉ-Croix 31 mai 1698. Il avait épousé : 1° Barbe *Bréda*, † ibid. 13 avril 1668; 2° ibid. 15 juil. 1669, étant âgé de 40 ans, Anne *Dubar*, âgée de 21 ans, fille de Nᵃˢ Dubar, quartier-juré de la ville.

Du premier mariage naquirent par. Sᵗᵉ-Croix :

1. Nᵃˢ, † à 13 ans, 26 mars 1679.

2. Pierre, 4 avril 1668.

Du second mariage naquirent ibid., à l'exception du dernier :

3. Charles, 13 févr. 1670.
4. Mⁱᵉ-Françoise, 30 avril 1673.
5. Philippe-Louis, 16 févr. 1675.
6. Françoise, 25 août 1677.
7. Louis-Fᵒⁱˢ, par. Sᵗ-Martin 19 mars 1683.

II. JEAN, huissier à la table de marbre du parlᵗ, épousa Madeleine *Bras-de-Fer*, † par. Sᵗ-Martin 3 mars 1707, à 53 ans. De leur mariage naquirent ibid. :

1. Anne, 28 sept. 1692.
2. Marthe, 12 janv. 1695; mariée à Chˡᵉˢ Thomas Dumoulin.

III. JEAN, substitut du procureur du Roi au bailliage (que la Biographie du Parlement identifie avec le précédent), † par. Sᵗᵉ-Croix 18 mars 1738, à 80 ans.

IV. FRANÇOIS, greffier et contrôleur des gens de main-morte de l'Évêché, † à 74 ans, par. Sᵗ-Victor 23 sept. 1741 : à son enterrement, Jean, son frère, curé de Sᵗ-Marcel. Il avait épousé Anne *Grimont*, † à 96 ans, ibid. 30 sept. 1752.

V. JEAN, [né à Doncourt-lès-Conflans 2 févr. 1742, avocat au parlᵗ, puis conseiller au bailliage de Briey, juge au tribunal du district de la même ville, président du tribunal d'arrondissement, † en 1829. Deux de ses petits-fils furent juges, l'un à Charleville, l'autre à Briey].

VI. ANNE et NICOLAS. V. Beaumont.

DEGUERRE Mⁱᵉ-RENÉE. V. du Coëtlosquet (note).

DÉGUILLON. V. des Guillons.

DEHALLAS Mⁱᵉ-THOMAS. V. de Brye.

DEHAN JEANNE. V. Beaucard.

DEHERN (DE) Mⁱᵉ-ANNE-Jⁿᵉ. V. de Cabanes II, 11.

DEJEAN. V. Desjean.

DELANDE JUDITH. V. le Goullon XXXII.

DELBERG FRANÇOIS. V. Deshayes.

DELESSE Mⁱᵉ-Mᵗᵉ-JOSÉPHINE. V. Duhaux.

DELFAU DE BELFORT Henry. V. Durand VIII, 1.

DELFOSSE Christian. V. de Melisse.

DELHALLE Marie. V. Saget.

DELLE François, éc., natif de Laon, lieut. en la compagnie Monbrouchant, rég^t de Normandie, blessé au siège de Trèves, † au retour, par. St-Martin 3 oct. 1675.

DELOTTE. V. de l'Hoste.

DEMAIDY. V. de Maidy.

DEMALET DE LA VEDRINE J^{ne}-Amable. V. Solier.

DEMANGE. I. Robert-F^{ois}, doyen des procureurs au parl^t, † par. St-Victor 29 mai 1762, à 78 ans. Il avait épousé : 1° M^{ie}-Jacobée *de Larminat*, † ibid. 5 nov. 1753, à 61 ans; 2° F^{oise} *Lallemand*, † ibid. 21 nov. 1761, à 68 ans. Du premier mariage étaient nés par. St-Gorgon :

1. Anne-F^{oise}, 28 déc. 1715.
2. Louis, 19 janv. 1717; à l'enterrement de son frère Pierre ci-dessous, il est ancien officier réformé à la suite de Metz et signe Demange de Vigneulles. Il mourut 31 août 1790 « en la maison de charité de la par. St-Vincent et St-Fiacre, faubourg de Nancy, des blessures qu'il avait reçues, à la tête de son corps, dans l'affaire des rebelles aux décrets de l'Assemblée des 6 et 16 du même mois ». Un service solennel fut chanté pour le repos de son âme par. St-Victor 7 sept. suiv. Dans l'acte de mention du service, il est dit chev. de S^t·Louis, cy-devant sgr d'Ancy-lès-Solgne et Vigneulles, command^t en second de la garde nationale de Metz, époux de M^{ie}-Madeleine *Foray*.
3. Thérèse, 26 févr. 1718.
4. Étiennette, 7 mars 1719.
5. Agathe, 17 juin 1720.
6. Pierre, 28 juin 1721; chev. de St-Louis, ancien cap. de grenadiers réformé à la suite de la place de Metz, † par. S^t·Georges 26 août 1783. Il avait épousé Barbe *Husson*. Il signait Demange d'Herbaumont.
7. M^{ie}-Anne, 1er sept. 1722; mariée à F^{ois} Sthème.
8. *Hubert*, 23 avril 1724; lequel suit.
9. *François*, lequel suivra.

II. Hubert, fils du préc., sgr d'Ancy-lès-Solgne, employé dans les fermes du Roi, épousa, par. St-Marcel 10 août 1756, Anne M^{te} *François*, fille de † Philippe François, bourgeois, et de Madeleine Hutschenweiter, de laquelle il eut ibid. :

1. Anne-Madeleine, 16 mars 1758.
2. Nicolas, 28 mai 1759.

III. François, frère du préc., procureur au parl^t, † par. St-Victor 20 févr. 1779. Il avait épousé, par. St-Maximin 8 mai 1749, M^{te} *Didier*, dont il eut par. St-Victor :

1. M^{ie}-Madeleine, 15 avril 1750; † 19 nov. 1765.
2. Ch^{les}-François, 7 mars 1751.
3. Nicolas, 16 mars 1755; † par. St-Livier 17 juin suiv.
4. J^{ques}-Louis-F^{ois}, 15 mars 1756; † par. St-Livier 19 suiv.
5. M^{te}-Anne, 17 août 1757.
6. M^{ie}-Antoinette, 27 avril 1762.
7. Barbe-F^{oise}, 22 oct. 1765.

IV. Joseph, oncle du préc., avocat, puis m^e particulier en la maîtrise des eaux et forêts de Metz, † par. St-Victor 17 oct. 1743. Il avait épousé : 1° M^{ie} *Radelet*, dont il eut Marie, † par. St-Maximim 26 févr. 1729; 2° Catherine *Metzinger*, † par. St-Victor 19 mars 1741, à 55 ans; 3° ibid. 22 janv. 1742, étant âgé de 50 ans, Élisabeth *Roussel*, âgée de 18 ans, dont il eut J^n-J^{ph}-Victor, ibid. 19 juin 1743.

V. Joseph, huissier au bailliage, † à 53 ans, par. Ste-Croix 12 oct. 1740. Il avait épousé J^{ne} *Thionville*, dont il eut :

1. Joseph, lequel, âgé de 37 ans, épousa, par. St-Eucaire 9 févr. 1763, M^{ie}-Anne *Mangin*, âgée de 38 ans, fille de † Mathieu Mangin, m^d, et de Pierrette Labbé.
2. Joseph, huissier au parl^t, à l'enterrement du préc.

3. Philippe, m^d, ibid.

VI. Joseph, employé dans les fourrages, eut de M^ie *Plessy*, son épouse, par. St-Victor :
1. François, 11 juil. 1750.
2. M^ie-Victoire, 23 août 1751.

VII. Divers.
1. Anne. V. Vignon II.
2. Anne-Élisabeth. V. Charel.
3. Antoine et J^ph-Antoine. V. Mangin III.
4. Élisabeth. V. Leclerc VII.
5. Françoise. V. Mouzin II.

DEMARET M^ie-Josèphe. V. Nicéville.

DEMAUNY Louis-F^ois-Philippe. V. d'Orlandes de Saleton.

DEMIGNOT de la BALME Claude-Thérèse-Rodrigue, sgr de Saint-Loup, Nantoy, Sauvigny et Angiray, sous-lieut. au rég^t des gardes françaises, † à 25 ans, par. St-Victor 5 mars 1765 : à son enterrement, J^n-J^ph Demignot de la Beuvière, chev. de St-Louis, major de la place de Metz, son oncle; Denis d'Olivet de Chamolle, cap. au rég^t de Champagne.

DEMONIEZ Jean, éc., sgr de Château-Vieux, cap. de grenadiers au rég^t de Mortemart, épousa, par. St-Martin 17 janv. 1704, Élisabeth *Dubois*, v^ve du s^r Hugueny, m^d, laquelle abjura avant le mariage.

DENAY Charles. V. de Pagny I, 2.

DENEUX Antoine. V. Piochard de la Brûlerie.

DENIS. I. F^ois-Louis, c^te de Martel, éc., chev., sgr de Tricon, Houzilly et autres lieux, cap. d'infanterie à la suite de la place, fut témoin d'un mariage par. St-Eucaire 11 janv. 1780. Au même mariage, J^n-F^ois Denis de Saumiet, éc., ancien officier au rég^t de la Marck, résidant sur la paroisse.

II. Laurent, officier de Mr Vars de Vauzelle de Bertrange, épousa, par. Ste-Croix 21 mai 1674, M^te *Lecomte de Viaville* : au mariage, Mathieu Lecomte de Viaville, frère de l'épouse.

DENISOT Claude-F^ois-Louis. V. Gueau de Gravelle de Rouvray.

DENY Marguerite. V. du Perrier.

DÉODEAU Élie, éc., lieut. au rég^t du Roi, natif de Paris, âgé de 40 ans, fils de † Élie, s^r du Paradis, contrôleur de la maison de la Reine, et d'Anne Guérin, épousa, par. St-Eucaire 10 nov. 1671, F^oise *Gattebois des Forges*, v^ve de Bertrand le Clerc, procureur au parl^t : au mariage, Hilaire de Vanjouar, éc., lieut. au rég^t du Roi; F^ois Gattebois des Forges, curé de Condé; N^as Gattebois des Forges, éc., frère de l'épouse; N^as le Jeunnet, s^r d'Oriocourt, d^r en médecine, son oncle; P^re Humbert, sgr de Rignéville; P^re Lefebvre, substitut du procureur gén^l au parl^t, oncle du côté mat. — F^oise Gattebois des Forges mourut par. St-Martin 27 mars 1701. De leur mariage naquirent par. St-Simplice :
1. F^ois-Élie, 9 avril 1674; † par. St-Gengoulph 21 mars 1752. Il avait épousé, ibid. 16 août 1717, F^oise *Renaudin*, † ibid. 18 mars 1748.
2. Charlotte-M^te, 3 déc. 1675.
3. Pierre, 21 sept. 1678.

DEPINOIS Benoit. V. Michon de Rougy.

DEPIVAL Victoire-Benoite. V. Baltus VI.

DEPRAT J^n-F^ois-Marie, officier au rég^t royal Roussillon infanterie, natif de la par. de Dumas-Grenier, direction et sénéchaussée de Toulouse, fils de † J^n-François et d'Anne-Louise-Modeste Vaudomois de Belflon, † à 20 ans, par. St-Victor 16 févr. 1784.

DERBILLON Barbe. V. Charuel de Sainte-Croix.

DEREGUELEYNE. V. de Requeleyne.

DÉRIEU Pierre, éc., sgr chev. de Vilpreaux, lieut.-colonel, cap. de grenadiers au rég^t royal infanterie, chev. de St-Louis, † à 56 ans, par. St-Simplice 5 avril 1766 : à son enterrement, Odet de Daston, lieut.-colonel; Alexandre de Fréchencourt, cap. de grenadiers; P^re-F^ois de Blotfier, cap., et J^n-B^te-Augustin Duhamel, cap. : tous du rég^t du défunt.

DÉRIGNIER Élisabeth. V. Picquot de Puisac.

DERINAU Pierre. V. Chautant.

DERLON Catherine. V. Rottier d'Ennevillle.

DERUPT. I. Henry, conseiller secrétaire des commandements et finances de † S. A. le duc de Lorraine, avait épousé M^{te} *Brouet*, † à 81 ans, par. St-Gengoulph 6 nov. 1780.

II. Anne. V. Vernier V.

DESAIX J^{ph}-Désiré. V. Saunier I, 2.

DESANDROUINS I. Benoit-N^{as}, éc., [né 30 mai 1704], conseiller au parl^t, avait épousé M^{ie}-Scholastique *Hallot*, dont il était veuf en 1748. De leur mariage étaient nées :
1. M^{ie}-Barbe-F^{oise}, mariée à J^{ques}-D^{que}-Laurent le Bourgeois du Cherray.
2. M^{te}-Ursule, mariée à Jⁿ-B^{te}-Henry-Laurent le Bourgeois du Cherray.

II. M^{ie}-Françoise, sœur du préc. V. de Custines V, 3.

DESARNAUX. I. Pierre, éc., s^r de la Chapelle, cap. des troupes du Roi, † à 72 ans, par. St-Martin 17 mai 1714. Il avait épousé J^{ne} *Mayeur*, † ibid. 8 févr. 1733 : à son enterrement, Augustin Desarnaux, vicaire de la paroisse et chan. de St-Thiébaut, son fils.

II. Jean, chev., sgr de la Fontenelle, St-Paloris, Dune, l'Abbatu et autres lieux en Saintonge, chev. de St-Louis, cap. aide-major de cavalerie au rég^t de Montcalm en garnison à Vitry-le-François, fils des † Charles, chev., sgr de la Fontenelle et autres lieux, chev. de St-Louis, cap. de cavalerie au rég^t de St-Sylvestre, et M^{te} Faure; † par. Ste-Ségolène 15 juin 1760. Il avait épousé, ibid. 4 sept. 1753, J^{ne}-Barbe *Georgin de Mardigny*, âgée de 29 ans : au mariage, Augustin Desarnaux, chan. de St-Thiébaut, pensionnaire du Roi, cousin du marié.

DESBANCE D'AIGUILLON Joséphine-J^{ne}-M^{te}. V. Lasalle IV, 3.

DESBIGOTS Albert, éc., commissaire d'artillerie, dem^t à Rumeville, diocèse de Metz, épousa, par. St-Gorgon 3 nov. 1670, N*** *Douzelot* : au mariage, N^{as} Douzelot, aman, frère de la mariée.

DESBOURGUEST. V. de Rozières X.

DESCARTES⁽¹⁾ N^{as}-Joachim, chev., avocat au conseil supérieur d'Alsace, conseiller au parl^t, commissaire ordonnateur des guerres [au camp de plaisance établi à Richemont près Thionville en 1727], commandeur de l'ordre royal militaire et hospitalier de N.-D. du Mont-Carmel et de St-Lazare de Jérusalem, [archéologue et collecteur d'antiquités distingué, né 8 oct. 1694 de Joachim, commissaire des guerres, et de M^{ie} Pinsonneau], † par. St-Victor 12 juil. 1769, à 75 ans, inhumé aux Carmes déchaussés. Il avait épousé M^{ie}-Thérèse *du Pasquier de Dommartin*, † ibid. 17 févr. 1770, à 59 ans.

DESCH Agnès. V. de Beauvau et de Gournay XIX.

DESCHAMPS I. Jean. V. le Seur V.

II. Marie. V. de Mouron II.

III. Marie. V. de Laubanie.

IV. M^{ie}-Catherine. V. de Faultrier.

V. M^{ie}-Françoise. V. Rabuat III.

DESCHAMPS de la HAMARDIÈRE Jean, dir. et receveur des domaines du Roi à Longwy, natif de St-Marcoul en Normandie, dem^t au Cloître de la cathédrale, fils de Jacques, cy-devant commissaire du haras de S. M., et de † Suzanne de Lasseck, † par. St-Gorgon 22 févr. 1720. Il avait épousé, ibid. 6 sept. 1712, Gabrielle *Breton*, dont il eut :
1. Ch^{les}-François, par. St-Gorgon 2 sept. 1713; diacre du diocèse de Metz à l'enterrement de sa sœur ci-dessous 3.
2. Françoise, ibid. 12 août 1714.
3. Anne-Gabrielle-Onésime, par. Ste-Croix 25 oct. 1715; † par. St-Gorgon 19 avril 1742. A l'acte de décès, sa mère est épouse en secondes noces de

---

(1) L'opinion, faisant descendre le conseiller Descartes de l'illustre philosophe du même nom, aurait besoin d'être confirmée par quelque document positif. (*Biog. du Parl.*)

P^re-Josué de Colombé, éc., cap. au rég^t d'Orléans cavalerie.

4. J^n-François, ibid. 24 nov. 1716; † par. St-Gorgon 12 déc. 1730.
5. J^ques-Marie, ibid. 25 juin 1719; † par. St-Gorgon 2 mai 1729.
6. Henry-Thérèse, ibid. 5 août 1720.
7. J^n-B^te-Claude, ibid. 19 juin 1723; † par. St-Gorgon 29 janv. 1733.
8. Claude-F^ois, par. St-Gorgon 16 sept. 1725; cap. au rég^t royal de Lorraine, † par. St-Martin, rue des Prisons militaires, 8 sept. 1792.

DESCORCHES-DUMESNIL Jean-F^ois-Roch. V. Duverger.

DESCORDES Marguerite. V. de Colomb.

DESCOSSES Louise. V. Gattebois des Forges IV.

DESFEIGNIER Marie. V. de Pichon.

DESFORGES. V. Gattebois des Forges et des Forges.

DESGRANGES, cfr. des GRANGES, J^ph-Louis-Martin, épousa, par. St-Martin 8 janv. 1703, Madeleine *le Goullon*, † ibid. 20 avril 1705. De leur mariage était née Anne, ibid. 20 août 1703.

DESGUILLONS. V. des Guillons.

DESHAYES Étienne-F^ois, receveur des amendes des eaux et forêts de Metz, architecte de la ville, eut de Louise *Méaux*, son épouse, par. St-Livier :

1. Marguerite, 18 sept. 1758.
2. M^ie-Anne, 25 sept. 1759.
3. Françoise, 26 nov. 1761 ; mariée à P^re Barbier.
4. F^ois-Séraphique, 25 oct. 1765 : p. Mgr le b^on F^ois Delberc, archidiacre de Trèves, chan. capitulaire des églises métropolitaines de Mayence, Worms, Spire et Trèves; m. Anne Deshayes, sœur de l'enfant.
5. Pierre, 30 nov. 1766.
6. Anne, mariée à Alexandre-N^as Marc.
7. Marie, mariée à J^n-F^ois Berger.

DESJARDINS. I. Claude [fils de N*** et de F^oise Pigeon], procureur au parl^t, † par. St-Victor 27 avril 1746, à 79 ans. Il avait épousé, ibid. 24 nov. 1712, Anne *Grimont*, fille des † P^re Grimont, notaire royal, et M^te Cochard, laquelle mourut ibid. 21 déc. 1735, à 68 ans.

II. J^n-Thévenin, frère du préc., procureur au parl^t et contrôleur gén^l des restes à la chambre des comptes, † par. St-Victor 12 juin 1752, à 65 ans : à son enterrement, Henry-J^ph-Thévenin, avocat à la cour souveraine de Lorraine, frère du défunt; Ch^les-N^as Thévenin, avocat et lieut. de la ville de Mirecourt, et F^ois-Ferdinand Nivoy, avocat au parl^t, ses neveux.

III. Balthasar, eut de F^oise *Malaizé*, son épouse, Henry, par. St-Gengoulph 15 déc. 1632 : p. Henry d'Haraucourt; m. L^se de la Valette, abbesse de Ste-Glossinde.

DESJARDINS-DUMONTOY Louis, contrôleur et receveur ambulant de la marque de fer, eut de M^ie-Madeleine *Fouré*, son épouse, Anne-Jeanne, par. St-Simplice 10 août 1741.

DESJARDINS de LUZON Antoine-J^ph. V. Dona-Didelain.

DESJEAN Louis, chev. de St-Louis, lieut. colonel au corps des grenadiers de France, avait épousé Anne *Riston*, † à 79 ans, rue des Prêcheresses, par. St-Martin 17 sept. 1774.

DESMOULINS Anne-M^ie. V. Dubouillon.

DESPINE Marie. V. de Balthasar (note).

DESPINETTE, alias d'ESPINETTE.
I. Ch^les-François, curé de Luttange, signe aux actes de la dite paroisse du 21 sept. 1688 au 15 nov. 1701.

II. Charlotte, fut marraine dans la famille de Cabanes, ibid. 20 févr. 1689.

III. Madeleine, fut marraine ibid. 24 mars 1694.

IV. F^ois-Charles, « noble », † à 70 ans, à Luttange 18 août 1728. Il avait épousé, ibid. 23 nov. 1693, Madeleine *Dattel*, † ibid. 20 janv. 1736, à 72 ans, inhumée sous le marchepied de l'autel de la Sainte-Vierge. De leur mariage étaient nés ibid. :
1. Jean-F^ois, 8 oct. 1694 : p. Ch^les-F^ois

Despinette, curé de Luttange; m. J^{ne} Dattel.

2. Pierre, 9 avril 1696 : p. P^{re} Dattel; m. Anne de Cabanes. — Il mourut 25 oct. 1756.
3. *Louis-Alexandre*, 29 juin 1698; lequel suit.
4. Madeleine, 10 oct. 1699 : p. Guillaume de Cabanes; m. Madeleine Marisy.
5. Jean-F^{ois}, 31 juil. 1702 : p. J^n Baltien, sergent; m. Catherine de Cabanes, jeune fille.
6. *Augustin-Marcel*, 13 févr. 1705 : p. Augustin-Marcel de Cabanes; m. Élisabeth Dattel, jeune fille, remplacée par sa mère. Lequel suivra.
7. N^{as}-Christian, 30 déc. 1706.
8. D^{que}-François, 29 sept. 1709.
9. Élisabeth, 3 juil. 1712. Elle eut de Guillaume-Ambroise de Cabanes, lieut. au rég^t de l'Ile-de-France, sans être mariée, Gilles-Guillaume, né à Luttange 8 mars 1741, lequel ne reçut pas le nom de son père. Elle épousa ensuite Benoît-Claude de Querlonde.

V. LOUIS-ALEXANDRE, fils du préc., gentilhomme, † à Luttange 11 avril 1780 : à son enterrement, J^n-Guillaume Ibel, officier d'infanterie, de Luttange. Il avait épousé, ibid. 27 janv. 1728, Claudine *Marisy*, † ibid. 3 févr. 1785. De leur mariage étaient nés ibid. :

1. Charles-F^{ois}, 13 janv. 1729 : p. Ch^{les} Dattel; m. Élisabeth Despinette, tante.
2. *Nicolas*, 11 avril 1731 : p. N^{as} Marisy, substitut de S. A. R. de Lorraine à Boulay. — Lequel suit.
3. Madeleine, 21 févr. 1734 : p. F^{ois} Despinette, lieut. au rég^t d'Alsace; m. Madeleine Marisy, épouse de J^{ques} Chaxel, de Boulay.
4. Dominique, 20 avril 1737 : p. D^{que} Despinette, lieut. au rég^t d'Alsace; m. Anne-Barbe Marisy. — Il mourut 23 juin suiv.
5. J^{ques}-François, 18 oct. 1739 : p. J^{ques} de Cabanes, lieut. au rég^t d'Alsace; m. Claudine de Cabanes.
6. F^{oise}-Élisabeth-Madeleine, 7 janv. 1743 : p. J^n-P^{re} Dattel; m. F^{oise} d'Écosse ou de Cosse, épouse de F^{ois} Despinette, cap. au rég^t d'Alsace, représentée par Élisabeth Despinette.
7. Anne-M^{ie}, 25 mai 1744; elle épousa, à Luttange 2 oct. 1781, J^n-P^{re} Brunet, maréchal-des-logis au rég^t de Bourbon dragons en garnison au Fort à Metz, fils des † J^n Brunet et Catherine Coulon, natif de Pinanzard, juridiction de Pillemont, généralité de Picardie, diocèse de Laon.

VI. NICOLAS, fils du préc., lieut. de dragons retiré à la suite de la place de Thionville, eut d'Anne *Spigel*, son épouse, à Luttange :

1. Madeleine, 30 nov. 1773; † 24 juin suiv.
2. Nicolas, 3 févr. 1775.
3. J^n-Baptiste, 7 juil. 1776; † 20 mars 1781.
4. Jacques, 14 déc. 1777 : p. noble J^{ques} Despinette, officier lieut. au rég^t de Chartres dragons, en semestre à Luttange; m. Claudine de Cabanes, épouse de Ferdinand-Ernest Marisy, major au rég^t de Conflans, représentée par Sabine de Cabanes, sa sœur.
5. Madeleine, 17 nov. 1779.
6. Claudine, 5 août 1783.

VII. AUGUSTIN-MARCEL, oncle du préc., † à Luttange 22 janv. 1777 : à son enterrement, J^n Rittier, chev. de St-Louis, cap. de cavalerie retiré et pensionné du Roi, son beau-frère. Il avait épousé, ibid. 18 nov. 1732, Élisabeth *Rittier*, fille de J^n-N^{as} Rittier et de Claudine N***, de laquelle il eut à Luttange :

1. Élisabeth, 28 sept. 1733; † 14 sept. 1773.
2. Nicolas, 11 févr. 1736 : p. N^{as} Despinette, lieut. au rég^t d'Alsace; m. Claude de Cabanes. — Il mourut 23 déc. 1737.
3. M^{ie}-Madeleine, 29 juin 1738; mariée, à Luttange 28 avril 1772, à P^{re} Gaillot, fils de P^{re} Gaillot, meunier à Courcelles-Chaussy, et de M^{ie} Ferry.
4. Charles, 28 janv. 1741; cap. ingénieur ordinaire du Roi à Toul, à l'enterrement de son père.
5. Élisabeth-F^{oise}, 6 mars 1744 : p. D^{que}-

Fᵒⁱˢ Despinette, cap. au régᵗ d'Alsace. Elle épousa, à Luttange 17 sept. 1771, Laurent Kellers (ne sachant écrire), fils de Jⁿ Kellers et de Catherine Steinmigen, de Marcolsheim, diocèse de Strasbourg.
6. Charles-Fᵒⁱˢ, 13 mai 1746; le père est dit Despinette de Luttange.
7. Sabine, 12 mai 1751; elle épousa, à Luttange 2 juin 1777, Jⁿ Marchal, domestique chez Mʳ de Cabanes.
8. Claudine, 23 avril 1754; elle épousa, à Luttange 8 août 1786, Jᵖʰ Richard, laboureur.

DESPRÉS. I. ANTOINE, sgr de Montoy, avocat au parlᵗ, trés. de France au bureau des finances de Metz, † par. Sᵗ-Simplice 20 févr. 1720, à 66 ans, inhumé au chœur de l'église. Il avait épousé Jⁿᵉ *Belquienne*, † par. Sᵗ-Martin 6 janv. 1730, à 72 ans. De leur mariage étaient nés :
1. Michel, par. Sᵗ-Victor 25 mai 1683.
2. Michel-Antoine, par. Sᵗ-Simplice 28 sept. 1699.
3. Jⁿᵉ-Marguerite, mariée à Jⁿ Hémard.
4. Mⁱᵉ-Louise, mariée à Jqᵘᵉˢ Aubert.
5. Michel-Augustin, [vivant en 1699].
6. Antoine, [cadet au régᵗ de Toulouse cavalerie en 1722].
7. Marguerite, mariée à Fᵒⁱˢ Guerrier.

II. PIERRE, mᵈ, eut de Judith *Coffetier*, son épouse :
1. Fᵒⁱˢ-Nicolas, qui suit.
2. Claire, mariée à Claude-Fᵒⁱˢ Gomé.

III. Fᵒⁱˢ-NICOLAS, fils du préc., avocat au parlᵗ, épousa, par. Sᵗ-Gorgon 14 mai 1697, Anne-Barbe *la Chaussée*, dont il eut :
1. François, par. Sᵗ-Gorgon 7 mai 1698.
2. Marguerite, ibid. 28 mai 1699; † 17 sept. 1701.
3. Marc-Antoine, par. Sᵗ-Victor 29 juin 1700.
4. Antoine, ibid. 13 oct. 1701.
5. Suzanne, ibid. 28 nov. 1702.

IV. ANTOINE, diacre et chan. de Toul, † par. Sᵗ-Martin 14 mars 1741, à 65 ans.

V. OLIVIER, éc., ancien officier d'infanterie et cap. génˡ des fermes du Roi au dépᵗ de Metz, † à 82 ans, par. Sᵗ-Marcel 24 juil. 1768. Il avait épousé Barbe *Desspich de la Chenay*, † ibid. 3 sept. 1762, à 64 ans : à son enterrement, Jⁿ-Fᵒⁱˢ Millet de Lamambre, avocat au parlᵗ de Paris.

VI. ANNE. V. Lefebvre V.

DESQUIEZ Jⁿ-FRANÇOIS. V. de Cailloux II, 3.

DESRAUD MARC, éc., sgr des Granges, eut de Mᵗᵉ *Clément*, son épouse, Marc, par. Sᵗ-Livier 7 févr. 1708.

DESRIOUX DE MESSIMY. V. des Rioux de Messimy.

DESRUINAUX DE MONBION CATHERINE-Lˢᵉ, CHARLES et PIERRE. V. de la Ville II.

DESSALLES, alias DESHALLES FRANÇOISE, CLAUDE et GUSTAVE-CHRÉTIEN. V. de Gournay V.

DESSE Jⁿ-BAPTISTE, dʳ en médecine, fils de Richard, dʳ en médecine, et de Charlotte de Foucquet, † à 25 ans, par. Sᵗ-Gorgon 18 juin 1704 : à son enterrement, ses frères Olivier et Mathieu-Laurent.

DESSEN, alias DE SENNE LAURENT, éc., sgr de Duplessis et autres lieux, eut de Mⁱᵉ-Anne *de la Porte*, son épouse, par. Sᵗ-Gorgon 15 déc. 1706, Gabriel, † le surlendemain.

DESSOFY DE CSERLSECK, alias DE CSERNECK. I. PHILIPPE, cap. au régᵗ de Linden hussards, fils de † Valentin, mᵉ de camp, brigadier des armées du Roi, lieut.-colonel au même régᵗ, et de Mⁱᵉ-Lˢᵉ de Kleinholtz, épousa, par. Sᵗ-Martin 5 mars 1748, Mⁱᵉ-Madeleine *Maurice*, vᵛᵉ de Louis-Marc-Hilaire cᵗᵉ de Riccé, commandᵗ les ville et château de Sarreguemines : au mariage, Louis-Thomas de Vidame, sgr de Mainvillers et autres lieux, son oncle mat. par alliance.

II. Jqᵘᵉˢ-CHARLES, cᵗᵉ de Cserlseck, cap. de cavalerie hongroise de Turpin, eut de Mⁱᵉ-Lˢᵉ *de Vidame*, son épouse, par. Sᵗᵉ-Croix :

1. Ch^les-Florentin, 20 sept. 1749 : p. Ch^les d'Augier, intend^t de Mme la Dauphine ; m. M^ie-Florentine de Kleinholtz, épouse de Louis-Thomas de Vidame, sgr de Mainvillers : tous deux représentés.

2. Thomas-Louis-Philippe, 19 déc. 1750 : p. Thomas d'Augier, éc., sgr de Beauny, chev. de St-Louis, m^e de camp de cavalerie, exempt des gardes du corps du Roi ; m. M^ie-Louise c^esse de Blot, v^ve de Louis c^te de Blot, sgr de Bassing et d'Ugny.

DESSPICH DE LA CHENAY BARBE. V. Després V.

DESSULEMOUSTIER F^ois-Xavier-J^ques, éc., gentilhomme du Hainaut, ancien cap. au service de la maison d'Autriche, † à 65 ans, par. St-Victor 12 avril 1790. Il avait épousé M^ie-Éléonore *Huart*, dont il eut M^ie-Rosalie, mariée à Thomas de Noaillan.

DESTROGES Claude-Henry-J^ques, conseiller référendaire en la chancellerie du parl^t, épousa Catherine *Spinga*, † par. St-Gorgon 29 déc. 1752, à 48 ans, inhumée par. St-Livier.

DETESPE Cécile. V. Janneau de Jardelay.

DEU DE MONCEL Louis, sgr de Moncel, command^t un escadron de dragons au rég^t de Rohan, fils de Louis, sgr de Moncel, et de F^oise Ogier, de Châlons, épousa, par. St-Victor 29 sept. 1705, Geneviève *Paget de Maisonville*, fille de † le s^r Paget de Maisonville, éc., major, et de F^oise de Paule, de laquelle il eut F^oise-Geneviève, mariée à Louis-Philippe Fériet : à ce dernier mariage, N^as Deu d'Obsécourt-Moncel, oncle de la mariée.

DEULNEAU. I. M^ie-Madeleine. V. Sthême I.

II. F^ois-Antoine et Jacques. V. Sthême II, 4.

DEUX-PONTS (DE) Guillaume. V. de Contades.

DEVAUX, cfr DE VAUX. I. Madeleine. V. Lallouette IV.

II. Antoinette. V. de Lambertye.

DEVEAUX Barbe. V. Georges de Lemud.

DEVÈNE Barbe. V. Ducard.

DEWILLE Raymond, éc., † par. St-Victor 3 janv. 1679, inhumé aux Carmes Déchaussés.

DEXONOS Gabrielle. V. de Saint-Quentin.

DEZ Nicolas. V. Bourgeois du Châtenet.

DIDELOT. I. Didier, [licencié en théologie, chan. de Commercy, curé de St-Jean et S^t-Vy de Metz, † en soignant les pestiférés 5 août 1623, à 37 ans. Msc. Epit.]

II. Marie. V. Marion III.

III. Suzanne. V. Marion IV.

DIDIER. I. Anne-M^ie. V. de Silly II.

II. Élisabeth. V. de Faure.

III. Élisabeth. V. Lallemand.

IV. Marguerite. V. Demange III.

V. Philippe-N^as. V. Nancy.

DIDRICQ M^ie-Catherine. V. Nau.

DIENNER Samuel. V. Renal.

DIESCHE Antoine. V. de Renouard de la Nevais II, 9.

DIESDISE J^ne-Davide. V. Dufresne IV.

DIESPACH DE BELLE-ROCHE (DE) Humbert. V. de Roucel II, 3.

DIETRICHSTEIN (DE) Éléonore, [fille du prince Xavier et de Carline, née c^esse de Proskau, « confiée aux Dames Ursulines pour recevoir une éducation digne de sa naissance », † dans leur maison 20 avril 1712, à 12 ans. Msc. Epit.]

DIEUDONNÉ Charlotte-Antoinette. V. Bolangier de Fougerolle.

DIEUSET Louise-F^oise. V. Joffrénot de Montlebert.

DIEZ. I. Marguerite. V. Beausire II.

II. N***. V. de Mélisse.

III. Marie. V. le Dossu.

DILANGE I. Antoine, avocat en parl^t, aman, conseiller-échevin, fils de Jean, treize, et de M^te N***, † par. St-Marcel

20 oct. 1675. Il avait épousé, ibid. 18 janv. 1662, M^{te} *Darras*, † ibid. 9 mai 1712. De leur mariage étaient nés ibid. :
1. Marguerite, 23 janv. 1663.
2. Jⁿ-Antoine, 9 déc. 1663.
3. N^{as}-*Louis*, 12 oct. 1666; lequel suit.
4. Bonne, 17 janv. 1669.
5. Marguerite, 8 avril 1670.
6. Christophe-Antoine, 19 mars 1672.
7. L^{se}-Gabrielle, 24 févr. 1673.
8. François, 2 mars 1674.

II. N^{as}-Louis, fils du préc., conseiller au parl^t, jurisconsulte distingué, † 3 févr. 1743, inhumé au monastère de l'Ave Maria, dit des Sœurs Colettes. Il avait épousé, par. St-Gorgon 23 juin 1696, Anne *Godefroy*, † ibid. 12 avril 1742, à 72 ans, inhumée au même monastère. De leur mariage naquirent :
1. M^{te}-Nicole, par. St-Marcel 16 mars 1697.
2. Anne-Charlotte, par. St-Victor 6 mai 1698.
3. Barbe, par. St-Gorgon 12 mai 1701.
4. Anne-M^{te}, ibid. 9 avril 1703; mariée à N^{as}-F^{ois} Lançon.
5. Anne-Gabrielle, par. Ste-Ségolène 29 sept. 1711; † le lendemain.
6. N^{as}-Jacob, ibid. 6 juil. 1714; † 2 sept. suiv.
7. N^{as}-Jacques, † ibid. 3 déc. 1717, à 5 mois.
8. M^{ie}-Anne, mariée à Alexandre-P^{re} Goulet de Montlibert.
9. Anne-Thérèse, mariée à P^{re}-Philippe-Clément Besser.

III. CHARLES, orfèvre, † par. St-Gorgon 9 mars 1632. Il avait épousé Catherine *Royer*, † ibid. 24 oct. suiv. De leur mariage étaient nés ibid. :
1. *François,* qui suit.
2. Françoise, 8 avril 1619.
3. Jean, 7 oct. 1621.
4. Philippe, 10 janv. 1624.
5. Charles, 23 déc. 1625.
6. Marguerite, 18 févr. 1629.
7. Catherine, 30 nov. 1631.
8. Dominique, [qui se maria par. Ste-Ségolène en 1642 et devint prévôt de Bouzonville].

IV. FRANÇOIS, fils du préc., receveur de la trésorerie de la ville et « fondateur de la messe du St Sacrement de tous les jeudis de l'année », † par. St-Georges 12 mars 1711, à 98 ans. Il avait épousé : 1° M^{te} *Laulnoy*, fille de Henry Laulnoy; 2° par. St-Gorgon 12 juin 1679, Anne *Calvaire*, v^{ve} du s^r Jeanjean, m^d; 3° par. St-Simplice 22 févr. 1683, Madeleine *Louyot*.

Du premier mariage naquirent :
1. Étienne, par. St-Gorgon 16 mai 1652.
2. Françoise, ibid. 26 avril 1654; mariée à Denis Besser.
3. *Nicolas,* par. St-Martin 16 août 1657; lequel suit.

Du troisième mariage naquirent par. St-Simplice :
4. Marguerite, 18 janv. 1685; † ibid. 20 oct. 1703.
5. Jean, 28 juil. 1686.
6. Jacques, 8 mai 1690.
7. Anne, 14 nov. 1694.
8. Jeanne, 4 mai 1697.

V. NICOLAS, fils du préc., conseiller à la table de marbre du parl^t, puis conseiller au bailliage, † par. St-Gengoulph 9 févr. 1738. Il avait épousé : 1° par. St-Martin 25 janv. 1683, Anne-Adrienne *de Noël*, fille des † Frédéric de Noël, sgr de Fermont et gouverneur de Mussy, et Gabrielle de Voual : au mariage, Ch^{les} de Longuevalle, sgr de St-Pancré. Anne-Adrienne de Noël mourut par. St-Gengoulph 29 juil. 1716; — 2° par. St-Georges 25 nov. 1727, Louise *Colson*, âgée de 34 ans, fille de P^{re} Colson et de Catherine le Bouche. Du premier mariage étaient nés :
1. François, par. St-Martin 17 déc. 1683.
2. *Nicolas,* ibid. 1er nov. 1686; lequel suit.
3. Antoine, ibid. 22 juil. 1688.
4. Alexandre-Ch^{les}, ibid. 16 déc. 1689.
5. M^{ie}-Thérèse-Dorothée, ibid. 4 févr. 1691.
6. Jⁿ-B^{te}-François, ibid. 27 avril 1693.
7. Marguerite, ibid. 20 juil. 1694.
8. Anne-F^{oise}, par. St-Simplice 4 sept. 1695.
9. F^{ois}-Nicolas, par. St-Martin 22 sept. 1696.
10. Marguerite, ibid. 20 juil. 1698; mariée à F^{ois} Régnier du Ménil.

11. Christophe, ibid. 28 juil. 1700.
12. Charles-F^{ois}, ibid. 28 août 1701.

VI. NICOLAS, fils du préc., conseiller au bailliage, † par. St-Eucaire 28 nov. 1773. Il avait épousé M^{ie}-Florence *de Saint-Jean*, † par. St-Marcel 9 mai 1761. De leur mariage étaient nés :
1. Anne-M^{ie}-Thérèse, par. St-Gengoulph 20 déc. 1713 ; mariée à N^{as} de Brem.
2. Antoine, par. St-Marcel 10 févr. 1718.
3. Marguerite, ibid. 3 mars 1720 ; † 23 août 1721.
4. Jeanne, ibid. 11 mai 1721.
5. F^{oise}-Lucie, ibid. 13 déc. 1723 ; † par. St-Martin 27 nov. 1788.
6. Marguerite, ibid. 26 déc. 1724 ; † 31 août 1727.
7. F^{ois}-Antoine, ibid. 28 févr. 1726.
8. N^{as}-Joseph, ibid. 6 sept. 1727.
9. M^{ie}-Catherine, ibid. 30 avril. 1729.
10. F^{ois}-Joseph, ibid. 19 nov. 1730.
11. Jⁿ-Louis, ibid. 1er mars 1731 ; peut-être le même que Louis qui épousa, par. St-Martin 25 août 1767, Aimée *Jamin*, v^{ve} du s^r Quercy, lieut. des ouvriers d'artillerie au dép^t de la Moselle.
12. M^{ie}-Thérèse, ibid. 17 août 1732.

VII. FRANÇOIS, avocat en parl^t, eut de M^{ie} *Buchoz*, son épouse, par. St-Eucaire 30 sept. 1773, Louis-F^{ois} : p. Louis Dilange, officier dans la maréchaussée, son oncle ; m. J^{ne} Guerlange, v^{ve} du s^r Buchoz, bourgeois, aïeule mat.

VIII. ANTOINE, fils de Henry et de Zabet N***, naquit par. Ste-Ségolène 17 avril 1626.

IX. DOMINIQUE, épousa : 1° Catherine *Corsain*, † par. St-Martin 2 juin 1625 ; 2° par. St-Victor 17 févr. 1642, Anne *Craye*.

X. BARBE, † par. St-Victor 23 mai 1635.

XI. BONNE, jeune fille, † par. St-Gorgon 19 juil. 1633.

XII. ÉLISABETH, † par. St-Martin 10 sept. 1657.

XIII. JACOB, épousa, par. St-Victor 28 mai 1663, Jennon *Cochard*, v^{ve} de N^{as} Veruel, de laquelle il eut Jacqueline, ibid. 18 juin 1674.

XIV. Divers.
1. ÉLISABETH. V. Lançon VIII.
2. MARGUERITE. V. de la Farge.
3. MARGUERITE. V. Soleil de Monlarnard.
4. MARGUERITE. V. de la Rivière VIII.
5. REINE. V. Rulland et de Clémin.

DILLEMAN M^{ie}-ANNE. V. de Marien et d'Adeling.

DILLENY CHRISTIAN, premier médecin de S. A. E. Palatine et de la ville de Soleure en Suisse, épousa M^{ie}-J^{ne} *de Veveux*, † à 72 ans, par. St-Victor 4 sept. 1772.

DIMMER ÉLISABETH. V. de Lasalle.

DINOY ÉLISABETH. V. Grasset.

DISLON GÉRARD, chev., sgr irlandais, eut d'Onane *Hamilton*, son épouse, par. St-Gorgon 25 août 1693, Philippe-Louis, † 21 sept. suiv.

DISPENCE RENÉ, éc., sgr de Salsiny, † à l'hôpital St-Jacques, par. St-Eucaire 25 févr. 1684.

DISTER (DE) M^{ie}-ISABELLE. V. de Jaminet de Bonneville.

DISY, *alias* DIZY. I. NICOLAS, greffier et garde-sacs au parl^t, † par. St-Simplice 29 sept. 1680.

II. CHRISTIAN-J^{ph}, avocat et greffier garde-sacs au parl^t, † par. St-Simplice 28 oct. 1709.

DITHEAU DE MÉZIÈRES, *alias* DITTAU PIERRE, éc., fils de † noble Louis, éc., sgr de Mézières, lieut. d'une compagnie de gendarmes pour le service de S. A. R. de Lorraine, épousa : 1° par. St-Martin 28 mai 1656, M^{ie} *Modéra*, † ibid. 7 févr. 1674, à 33 ans ; 2° étant procureur général de la terre de Gorze, par. St-Martin 25 juin 1675, M^{te} *Jeannot de la Malmaison*, † par. St-Marcel 15 nov. 1686. : à ce dernier mariage, F^{ois} Dumont, éc., s^r de la Riotée.

Du premier mariage naquirent :
1. Françoise, par. St-Gengoulph 20 mai 1659 : p. F^{ois} de Pugeol, éc., sgr de la Tarade, gouverneur de Vry ; m. F^{oise}

de Lenoncourt, ancienne abbesse de Ste-Glossinde.
2. Louis-Philbert, ibid. 25 avril 1661.
3. Abraham, par. St-Martin 16 oct. 1666.
4. Anne-Thérèse, par. St-Marcel 16 avril 1669.
5. M^te-Thérèse, par. St-Martin 20 déc. 1671.
6. Louis-F^ois, ibid. 6 févr. 1673.
   Du second mariage naquirent par. St-Marcel :
7. Gaspard-F^ois, 14 août 1680.
8. Renault-Gury, 22 janv. 1684.
9. Dominique-J^ph, 30 mars 1686 ; † 19 avril suiv.

DIUR Marie. V. Kellermann.

DIXMAN Frédéric. V. de Gobernet.

DIZY. V. Disy.

DOBET Michel, avocat au parl^t, greffier en chef et receveur des consignations au bailliage, épousa : 1° Catherine *le Duc*, † par. Ste-Ségolène 15 mars 1725, à 24 ans ; 2° étant âgé de 37 ans, par. Ste-Croix 26 mars 1726, Anne *Colson*, âgée de 27 ans, fille de † D^que Colson et de Barbe Burthaire, laquelle mourut par. Ste-Ségolène 11 févr. 1778, à 80 ans. Du premier mariage étaient nés :
1. Michel-J^ph, par. Ste-Croix 25 août 1722.
2. Claude-Michel-Louis, par. Ste-Ségolène 13 oct. 1723.

DOËN Marguerite. V. de Saint-Jure IV, 2.

DOGER. I. Jean, conseiller du Roi, inspecteur des eaux et forêts de Metz, fils de Joseph, cy-devant receveur du droit des coupillons, et de † Barbe Mangeot ; † par. St-Georges 25 avril 1747. Il avait épousé, par. St-Livier 24 nov. 1711, M^ie-J^ne *Pérolle*, † par. St-Martin 10 janv. 1731. De leur mariage naquirent :
1. M^ie-Geneviève, par. St-Livier 12 août 1712 ; † 5 sept. 1713.
2. Catherine, par. St-Georges 18 août 1713 ; † 25 suiv.
3. J^n-François, ibid. 28 sept. 1714.
4. J^n-François, ibid. 8 févr. 1716 ; † par. St-Martin 10 août 1727.

5. Louise, † ibid. 31 mars 1719, à 15 mois.
6. M^ie-Anne, ibid. 5 juil. 1720.
7. J^n-Louis, ibid. 6 juin 1721 ; † par. St-Martin 13 avril 1727.
8. M^ie-Marguerite, par. St-Martin 28 avril 1722 ; † 2 juil. suiv.
9. M^ie-Anne, ibid. 10 sept. 1723.
10. J^n-Nicolas, ibid. 26 févr. 1725.
11. *César-J^ph*, ibid. 5 nov. 1726 ; lequel suit.
12. Philippe, ibid. 22 janv. 1728.
13. *Claude-F^ois*, ibid. 11 mars 1729 ; lequel suivra.
14. Charles, ibid. 8 janv. 1731 ; receveur des amendes à la table de marbre au parl^t.

II. César-J^ph, fils du préc., procureur au parl^t, épousa, par. St-Livier 11 févr. 1749, Nicole *Marien*, dont il eut :
1. M^ie-Élisabeth, par. St-Victor 19 nov. 1749.
2. Claude-N^as-F^ois, ibid. 5 déc. 1750.
3. N^as-Joseph, ibid. 11 juin 1752.
4. Jean, ibid. 7 oct. 1753.
5. Charlotte, ibid. 9 juin 1755.
6. François, ibid. 18 avril 1757.
7. M^ie-Thérèse, ibid. 22 sept. 1758.
8. Dominique, par. Ste-Croix 23 févr. 1761.
9. Élisabeth-Catherine, ibid. 24 nov. 1762 ; † par. St-Eucaire 6 sept. 1780.
10. M^ie-Élisabeth-Sophie, ibid. 30 déc. 1763.
11. J^n-César, ibid. 10 nov. 1766.

III. Claude-F^ois, frère du préc., conseiller du Roi, receveur et contrôleur des saisies réelles au parl^t, épousa, par. St-Livier 10 févr. 1756, M^ie-Thérèse *Lhuillier*, âgée de 32 ans, † par. St-Victor 29 mai 1790. De leur mariage naquirent :
1. P^re-Ernest, par. St-Livier 8 nov. 1756.
2. F^ois-Pierre, par. St-Georges 13 mai 1760.
3. Nicole-M^ie-Thérèse, par. St-Livier 9 juil. 1762.

DOGIER François. V. de la Vernet.

DOGNON Marie. V. Pierre I.

DOISY (de) M^ie-Anne. V. d'Orthe VI.

DOLZÉ Claude-Humbert, ancien échevin de l'Hôtel de Ville, secrétaire de la chambre épiscopale, † à 80 ans, par. Ste-Croix 25 janv. 1729. Il avait épousé Anne-Dieudonnée *Ferry*, dont il eut M^{ie}-Marguerite, mariée à N^{as}-F^{ois} Vinot.

DOLZY Anne-Mathieu. V. Crespin VI.

DOMAZAN (de) Gaspard, R. P. R., conseiller secrétaire de M. le comte de Hanau, fils de noble Henry Simon, épousa, 2 nov. 1608, M^{ie} *le Goullon*.

DOMGERMAIN (de) Mangin épousa, par. St-Simplice 1er janv. 1679, Barbe *Tanotte* : au mariage, Luc Turgis et Fiacre Turgis.

DOMICILE Catherine-Charlotte. V. Servin.

DOMINÉ Suzanne. V. de Beschefer de Versel.

DOMMANGIN. I. Élisabeth. V. des Guillons.

II. Esther. V. de Serrières II.

III. Marie. V. Bancelin VII.

IV. Suzanne. V. de Flavigny III.

DOMPMARTIN (de) M^{ie}-Anne. V. le Moyne.

DOMPIERRE (de). I. David, R. P. R., cap. et sergent-major au rég^t de Houdancourt, fils de † Anne, sgr de Jonquières, épousa : 1° 22 févr. 1639, Judith *Lespingal*; 2° 1er déc. 1650, étant sgr de Jonquières et de Montigny-la-Grange, conseiller et m^e d'hôtel ordinaire du Roi, son lieut. au gouv^t de Marsal et général major de ses armées, Anne *d'Orthe*, † 5 oct. 1670, à 63 ans.

Du premier mariage naquirent à Marsal :
1. David, 16 avril 1643.
2. Jⁿ-Louis, 21 févr. 1646.
3. Jeanne, 1er mars 1649.

Du second mariage naquit :
4. Samuel, 8 févr. 1654.

II. Louis, R. P. R., sgr de Bocange, † 5 mai 1679. Il avait épousé Constance *Béchevel*, dont il eut :

1. Constance, 16 mars 1671; † 15 avril suiv.
2. Sara, 19 août 1672; mariée à Jⁿ-F^{ois} de Monsollens.
3. David, 15 août 1674; † 15 sept. suiv.
4. Paul, 1er nov. 1675; † 26 févr. suiv.
5. Jeanne, 16 déc. 1677; † 20 févr. 1679.
6. Marie, 23 févr. 1679.

III. Marie et Samuel. V. Heudelot.

DOMS d'HAUTECOUR. V. Perrin des Almons III, 2.

DON-DUCLAUT (de) Jⁿ-Baptiste, éc., cap. au rég^t royal artillerie, eut d'Anne-Barbe *de Lépinay*, son épouse, Louis, par. St-Victor 19 sept. 1735.

DONA-DIDELAIN Christophe-Jⁿ-B^{te}, officier pour le service du Roi, eut de M^{ie}-Josèphe *de Lesclos*, son épouse, Louis-Jⁿ-B^{te}-Xavier; † à 3 mois, par. St-Marcel 21 sept. 1742 : à son enterrement, Antoine-J^{ph} Desjardins de Luzon, officier au rég^t de Rozi.

DONEUX. V. Doueux.

DORCE. V. le Bret de Courcelles.

DORÉ de CRÉPY Ch^{les}-Joseph, éc., sgr de Crépy, chev. de St-Louis, cap. en premier au rég^t de cavalerie du prince de Lambesc, † à Crépy 14 nov. 1737, à 70 ans, inhumé en l'église de Peltre. Il avait épousé Anne-Catherine *Henry d'Hoéville*, dont il eut à Crépy :

1. N^{as}-Joseph, 1er mars 1717; sgr de Mehon, conseiller au parl^t de Metz, puis président à mortier au parl^t de Nancy, il avait épousé Anne-Charlotte *de Tervenus*.
2. Barbe, mariée à N^{as}-F^{ois}-Xavier d'Auburtin, puis à Étienne-Philbert Goussaud.
3. Ch^{les}-Joseph, 21 févr. 1721; cap. au rég^t de Picardie (1751).
4. Charles, 29 sept. 1722.
5. Anne, 27 sept. 1724.
6. J^{ne}-Madeleine, 5 janv. 1730; mariée à N*** Ferron, éc., lieut. gén^l à Vézelise.
7. Nicolas, 29 oct. 1734.

DORÉ de MAZIÈRES (de) Christophe,

conseiller au parl[t], épousa F[oise] *de Coche-lin*, † par. St-Martin 9 janv. 1662.

DOREZAN CATHERINE. V. François XIII.

DORIN DE BOURNEUF (DE) JEAN, cap. de la garnison de Metz, eut de Pauline *de Stainville*, son épouse :
1. Anne, par. Ste-Croix 29 avril 1597; mariée à F[ois] de Beau, sgr de Brouls.
2. Jeanne. V. de Saignes.
3. Catherine-F[oise], mariée à Adrien de Bonnefoy.

DORIS FRANÇOISE. V. Bournac III.

DORIVAL-DUHOULEUX F[oise]-THÉRÈSE. V. Durand (note).

DORLODOT MARGUERITE. V. de Girault.

DORMY DE LA MOTTE CHARLES, éc., sgr de la Motte, b[on] de Winzel et de Beauchamps, cap. au rég[t] royal artillerie bataillon de Certemont, † par. St-Gengoulph 29 juil. 1733. Il avait épousé, ibid. 2 sept. 1727, M[ie]-F[oise] *le Braconnier*, dont il eut ibid. :
1. Anne-Gabrielle, 13 mars 1728.
2. Antoinette, 11 nov. 1729 : p. Aimé Janin, chev., sgr de Boisrenant, lieut. au rég[t] royal artillerie. — Elle mourut 28 nov. 1730.
3. M[ie]-Catherine, 24 déc. 1730.
4. Antoinette, 17 déc. 1732.
5. Anne, † à 3 ans, 22 juil. 1736.

DORNEZAN JACQUES, [b[on] d'Irfort en la comté de Foix, sgr de Dorade (Dorat?), gentilhomme de la maison du duc de Nemours, blessé à cheval d'un coup d'arquebuse devant Thionville, † à Metz 12 oct. 1552, inhumé à la cathédrale. Msc. Epit.]

DORNILLE LUC, éc., s[r] de la Pillette, cap. et aide-major dans la gendarmerie, fut parrain par. St-Martin 9 oct. 1692.

DORVAUX. I. CHARLES, négociant, « teinturier du grand et bon teint », eut de Béatrix *Bastien*, son épouse :
1. J[n]-Louis, lequel, gendarme du Roi à la compagnie de Flandre, âgé de 39 ans, épousa, par. St-Maximin 25 janv. 1785, Élisabeth *Emmery*.
2. M[ie]-Jeanne, mariée à Claude-N[as] Emmery.
3. François, prêtre, Trinitaire à la maison de Metz, au mariage de la préc.

II. Divers.
1. MARIE. V. Croisille II.
2. M[ie]-FRANÇOISE et BARBE. V. Ladrague II et III.
3. PIERRE. V. Dosquet IV.

DORY CATHERINE. V. de Béhaigne.

DOSME (DE) P[re]-EMMANUEL. V. de Perron.

DOSQUET. I. ÉTIENNE-CH[les], m[d] magasinier, conseiller du Roi, magistrat de la ville de Metz, banquier, eut de M[ie]-Joséphine *Juriano*, son épouse, par. S[t]-Victor :
1. L[se]-Charlotte, mariée, à 15 ans, à Albert de Lasalle.
2. J[n]-Ignace-Frédéric-Michel, 3 juil. 1736 : p. J[n]-Ignace-Frédéric Fels, bourgmestre de Luxembourg, receveur gén[l] des États de la province et de S. M. I. et catholique; m. M[ie]-Michelle Arnould, épouse de J[n]-B[te] du Séjeal, aide-major de Metz.
3. J[n]-Louis-Etienne-D[que], 4 août 1737; [dir. des vivres à Sarrelouis en 1765.]
4. Anne-Élisabeth-Josèphe, 19 nov. 1738; mariée à J[n]-N[as] Mayeux.
5. F[ois]-Etienne, 4 oct. 1740.
6. Barbe-Josèphe, 22 mars 1743; † 26 févr. 1747.
7. Catherine-Élisabeth-Louise-Charlotte, 20 nov. 1748 : p. dom Willibrod Scheffert, abbé et sgr de l'abbaye de St-Maximin de Trèves ; m. Catherine Tiercet, épouse de Georges Lasalle, dir. des vivres à Sarrelouis. Tous deux furent représentés.
8. *Antoine-D[que]-J[ques]-J[ph]*, représentant le parrain de la préc.; lequel suit.

II. ANTOINE-D[QUE]-J[QUES]-J[PH], fils du préc., sgr de Tichémont, banquier, conseiller secrétaire du Roi en la chancellerie du parl[t], puis lieut.-colonel de la milice bourgeoise de Metz, eut de Claude-Antoinette *de Martinfort*, son épouse, par. St-Victor :
1. M[ie]-Josèphe-J[ne], 14 juin 1760 : p. J[n]-

B^te Martin, dit Martin-Fort, munitionnaire gén^l des vivres, son aïeul mat.; m. M^ie-Joséphine Juriano, son aïeule pat. — Elle fut mariée à Christophe Lanty.

2. Antoine-Albert-Étienne, 3 avril 1762 (1) : m. J^ne Bonnabelle sa bisaïeule, représentée.
3. J^ne-Catherine-Charlotte-Sophie, 28 mai 1764; mariée à Alexis Dutertre.
4. Étienne-Antoine-Victor, 17 août 1765 ; baptisé par dom D^que Laurent, religieux de St-Arnould.
5. J^n-B^te-Joseph, 1er juin 1767.
6. M^ie-Claude, 29 sept. 1770.
7. Angèle-Victoire, 24 janv. 1772; † 2 sept. 1776.
8. Antoinette-Adélaïde, 23 mai 1775 ; baptisée par Alphonse-Toussaint-M^ie de Sinety, vicaire gén^l du diocèse, chan. de la cathédrale, aumônier de Mgr le c^te d'Artois : p. Antoine Lasalle de Preisch, officier au rég^t de Rouergue; m. M^ie-F^oise Laurent, tante à la mode de Bretagne de l'enfant. — Elle fut mariée à N*** Chautant de Vercly, officier d'artillerie.

III. M^ie-Françoise, tante du préc., v^ve de J^ques Laurent, cap. prévôt et gruyer de la prévôté de Xivry-sur-Meuse, † à 61 ans, par. St-Marcel 26 avril 1761 : à son enterrement, ses fils Claude-J^ques et Jean, contrôleur des vivres au dép^t de Metz, et son gendre Étienne Stoltz, m^d.

IV. Marie, [fille de J^n et de M^ie Mathis], v^ve de P^re Dorvaux, m^d teinturier, † à 73 ans, par. St-Livier 19 mai 1748.

V. Marie. V. André II.

DOSSAU Jean, chir.-major au rég^t de Courten Suisse, épousa Barbe *Poinsignon*, dont il eut Jeanne, mariée à J^n-Étienne Claude.

DOSSILIO de la CABARÈLE P^ar-François, lieut. au rég^t de Languedoc

(1) Antoine-Albert-Étienne épousa Thérèse Harang, dont il eut : 1° Charles, secrétaire gén^l à la préfecture de la Gironde, † en 1859; 2° Nicolas, dir. du Petit Séminaire de Montigny-lès-Metz, † en 1863 ; 3° Émile, ancien dir. d'une Maison Centrale; 4° Adèle, mariée à Ch^les Laurent, dont Félix Laurent, chan. et g^d coûtre de la cathédrale de Metz, et deux sœurs.

dragons, † par. Ste-Ségolène 12 janv. 1736 : à son enterrement, Antoine de Caze du Vincqué, cap. du dit rég^t, son parent.

DOSSU (le) Philippe, sgr d'Herbécourt, substitut du procureur gén^l à la Chambre royale, eut de M^ie *Diez*, son épouse, Rolland, par. Ste-Ségolène 3 mars 1685.

DOUBLET N***, [chan. et chancelier de la cathédrale, oncle de N^as Doublet de Persan, conseiller à la cour de Paris, † à 75 ans, 21 mars 1705. Msc. Epit.]

DOUBLET de NEUVILLETTE F^oise-Charlotte. V. d'Aligre.

DOUCET Marie. V. Beaudesson XI, 2.

DOUDART J^n-Henry-Michel-F^ois, éc., chev. de St-Louis, ancien cap. au rég^t de dragons de Schomberg, veuf de M^ie-Ursule *de Belchamps*, de la par. St-Laurent de Pont-à-Mousson, épousa, par. Ste-Croix 11 mai 1779, M^ie-Honorée *de Belchamps*, nièce de sa 1re femme, fille de Ch^les-Hyacinthe de Belchamps, éc., ancien cap. de dragons, résidant à Montpellier, et de F^oise Senat.

DOUEUX, *alias* d'ORNEUX Balthasar-Henry, cap. au rég^t d'infanterie allemande de Fersen, originaire de Liège, épousa, par. Ste-Croix 8 févr. 1752, M^ie-Anne *Voyart*, † ibid. 3 déc. 1766, à 47 ans.

DOUGLAS. I. Guillaume, R. P. R., âgé de 38 ans, chev., sgr de Lethem, Vousy, Mail, Moulanville, la H^te-Sueille et autres lieux, cap. d'une compagnie au rég^t écossais commandé par le m^is de Douglas, épousa, 3 juin 1674, Anne *le Bey de Batilly*, dont il eut J^ne-Élisabeth, 9 mai 1680.

II. Georges, R. P. R., soldat au rég^t écossais de Douglas, † à 20 ans, 22 déc. 1674.

III. Charles, chev., sgr de Lethem, colonel au service de la Reine d'Angleterre, épousa Judith *d'Orthe*, dont il fut séparé de biens ; elle mourut après lui, par. Ste-Croix 20 févr. 1768. De leur mariage naquirent :

1. Guillemin-Mathias, par. Ste-Ségolène 1er oct. 1709.

2. M^{ie}-Charlotte, mariée à J^n-B^{te}-N^{as} de Mazerulle, puis à F^{ois}-Aimé de Seillons.

DOUX DE MELLEVILLE (LE) CATHERINE-M^{te}. V. de Montholon.

DOUZANT DE LA NOUVELOTTE.
I. JEAN, noble homme, cap.-enseigne de la porte St-Thiébaut, fut parrain par. St-Simplice 17 déc. 1606.

II. NICOLAS, sgr en partie de Vantoux, conseiller du Roi, échevin de l'hôtel de ville, dir. des messageries royales de Metz, administrateur de l'hôpital, secrétaire de l'Intendance, fils de Paul, contreboutant de la saline de Château-Salins, et de † Charlotte Urion; † par. St-Simplice 3 août 1733, à 72 ans, inhumé à la chap. St-Sébastien. Il avait épousé : 1° ibid. 24 janv. 1690, F^{oise} *Menot*, † ibid. 27 sept. 1710; 2° ibid. 27 janv. 1711, M^{ie}-F^{oise} *Chautant*, † ibid. 31 août 1745.

Du premier mariage naquirent :
1. Marthe-Nicole, par. St-Martin 7 nov. 1691 : p. Ch^{les} Ruaux, éc., sgr du Tronchet, conseiller du Roi, commissaire des guerres; m. Marthe Herbin.
2. *J^n-François*, ibid. 7 sept. 1694; lequel suit.
3. François, ibid. 7 mai 1698.
4. P^{re}-Joseph, ibid. 17 oct. 1699.
5. Antoinette, par. St-Simplice 29 déc. 1702.
6. J^n-Antoine, ibid. 29 mai 1704.
7. Louis-Augustin, ibid. 13 sept. 1705 : p. Louis Taverne de Morvilliers, cap. au rég^t de la Reine.
8. M^{ie}-Antoinette, ibid. 28 sept. 1707.
9. Anne-Antoinette, ibid. 1er déc. 1708.

Du second mariage naquirent par. St-Simplice :
10. P^{re}-Antoine, 27 mars 1712.
11. Louis, 25 févr. 1713 : p. Louis Taverne, sgr de Morvilliers; m. Marthe Herbin, v^{ve} de J^n-B^{te} des Aydes.
12. Marthe, 3 févr. 1714.
13. Françoise, 24 avril 1715.
14. Louis-N^{as}, 14 août 1716.
15. J^{ne}-Esther, 7 avril 1718.
16. J^{ne}-Françoise, 7 mai 1719.
17. F^{ois}-Noël, 25 déc. 1720; † 22 sept. 1732.
18. Étienne, 8 mars 1722 : p. Étienne Chautant de Béville, lieut. au rég^t de Picardie, son oncle.
19. Dominique, 4 févr. 1724; † le lendemain.
20. Henry, 29 août 1725.
21. Louis-Paul, 20 mars 1729.

III. J^N-FRANÇOIS, fils du préc., commis de MM^{rs} les Entrepreneurs généraux, eut de Catherine *Lambert*, son épouse :
1. F^{ois}-Noël, par. Ste-Ségolène 10 déc. 1729.
2. Catherine, † ibid. 2 juil. 1730.

IV. J^N-FRANÇOIS, oncle du préc., † par. Ste-Ségolène 6 févr. 1733, à 70 ans.

V. HÉLÈNE-CATHERINE. V. Jacquinot V.

DOUZELOT, *alias* **DONZELOT.** I. ABRAHAM-MATHIAS, avocat en parl^t, eut de M^{ie} *Michelet*, son épouse, par. St-Marcel :
1. Antoine-Dieudonné, 9 janv. 1661.
2. N^{as}-François, 25 juin 1663; † 19 mars 1682.

II. NICOLAS. V. Desbigots.

DOVING ANNE-ÉLISABETH. V. Piquot de Puisac.

DOYEN ANNE. V. le Chartreux II, 9.

DRAPIER. I. BARBE. V. Loth.

II. MARGUERITE. V. Stemer.

DRÉE (DE). I. GUY, R. P. R., fils de † Guy, en son vivant dem^t à Nancy, épousa : 1° à la Horgne-au-Sablon 10 mai 1609, F^{oise} *de Lemud*; 2° F^{oise} *d'Alémont*, dont il eut Paul, 20 avril 1625.

II. CH^{LES}-ANTOINE, chev. de la Serrée, commandeur de l'ordre de St-Louis, maréchal des camps et armées du Roi, son lieut. command^t au gouv^t de Metz, † par. St-Victor 20 nov. 1771, à 70 ans : à son enterrement, son neveu Ch^{les}-Gilbert-J^n de Drée, chev., officier au rég^t d'infanterie de Champagne.

DREGHAT PIERRE. V. Jaunez II.

DRIÈDE LA FORÉES (DE). V. de Saint-Simon.

DROIT. I. ANTOINE, m⁻ᵉ-rôtisseur, eut pour épouse Barbe *Dancerville*, † à 75 ans, par. S⁻ᵗ-Gorgon 3 janv. 1755.

II. **CHARLES-J**ᴾʜ, conseiller du Roi, notaire apostolique et au bailliage, † à 51 ans, par. S⁻ᵗ-Gorgon 6 oct. 1764.

DROUART. I, Jʀ-NICOLAS, eut de Fᵒⁱˢᵉ-Salomée *de Saint-Jure*, son épouse, par. S⁻ᵗ-Martin :
1. Salomée, 29 avril 1607; mariée à Philippe Laurent.
2. Nicolas, 13 oct. 1613 : p. Jⁿ Saulnier, abbé de S⁻ᵗ-Vincent; m. Claudine Lamy, épouse d'Abraham Drouart, treize, secrétaire du chapitre de la cathédrale.
3. Charles, 15 nov. 1615.

II. **JEAN.** V. Thiriet.

DROUET. I. CLAUDE, sgr de Vezin, fils de Nicolas, prévôt royal de Marville, sgr de Han et Saint-Jean, et de Mᵗᵉ Jeanson, épousa, par. S⁻ᵗ-Gorgon 2 juil. 1691, Suzanne *Houillon*, nouvelle convertie, âgée de 28 ans, fille des † Pʳᵉ Houillon, sgr d'Urville, et Dorothée Couillet.

II. **CATHERINE.** V. Villeroy.

DROUIN. I. ANNE. V. de Valin.

II. **BARBE.** V. le Braconnier XXIV.

III. **Mᴵᴱ-THÉRÈSE.** V. Mésoyer-Conflant.

DROULLIN DE MÉNIGLOS N***, éc., cap. au régᵗ de Dumont cavalerie, natif de Méniglos, proche Argentan en Normandie, † par. S⁻ᵗ-Marcel 27 déc. 1689, âgé de 28 à 30 ans.

DROUOT ANTOINETTE. V. Dattel VII.

DUBALAY. I. PIERRE, conseiller auditeur en la chambre des comptes du parlᵗ, fils de Jacques et d'Aimée Soran, † par. S⁻ᵗ-Marcel 22 févr. 1734, à 67 ans. Il avait épousé, ibid. 18 juin 1709, Madeleine *Gobert*, fille des † Didier Gobert et Barbe Buteusse, laquelle mourut 5 mars 1773. De leur mariage naquirent ibid. :
1. Jⁿ-François, 12 avril 1710.
2. Pierre, 24 juil. 1711; † 29 août suiv.
3. Jⁿ-*Mathieu*, 24 mai 1714; lequel suit.
4. Mⁱᵉ-Catherine, 3 janv. 1718; † 25 août suiv.
5. Jⁿ-Baptiste, à l'enterrement de son père.

II. **Jⁿ-MATHIEU**, fils du préc., éc., sgr du ban de Buzy, de S⁻ᵗ-Jean et de Bouzonville-sur-Orne, conseiller auditeur au parlᵗ, épousa, par. S⁻ᵗᵉ-Croix 7 août 1736, Mⁱᵉ-Antoinette *de Lasalle*, dont il eut :
1. Anne-Mⁱᵉ-Madeleine, par. S⁻ᵗᵉ-Ségolène 13 juil. 1737; mariée à Abraham-Alexandre-Fᵒⁱˢ-Maximin Fabert.
2. Anne-Mⁱᵉ-Antoinette, ibid. 19 juin 1738; † 23 juin 1755.
3. Anne-Mⁱᵉ-Fᵒⁱˢᵉ, ibid. 10 nov. 1739; † 26 août 1741.
4. Nicole-Lˢᵉ, ibid. 24 févr. 1741; † 27 suiv.
5. Pʳᵉ-Nicolas, ibid. 12 mai 1742; † 4 nov. 1743.
6. Jⁿ-François, par. S⁻ᵗ-Livier 30 juil. 1743.
7. Nᵃˢ-Victor, ibid. 12 déc. 1744; chan. de S⁻ᵗ-Thiébaut, dʳ en droit civil et canonique de la Faculté de Paris.
8. Pʳᵉ-Nᵃˢ-*Laurent*, ibid. 21 avril 1746; lequel suit.
9. Fᵒⁱˢ-Dominique, par. S⁻ᵗ-Gorgon 11 oct. 1747.
10. Pʳᵉ-Nicolas, par. S⁻ᵗᵉ-Ségolène 6 juin 1749.
11. Mⁱᵉ-Albert-Livier, par. S⁻ᵗ-Gorgon, rue du Haut-Poirier, 14 juil. 1753.

III. **Pʀᴱ-Nᴬˢ-LAURENT**, fils du préc., éc., chev. de S⁻ᵗ-Louis, lieut.-colonel au régᵗ de Dauphiné infanterie, épousa Suzanne *le Duchat d'Aubigny*, dont il eut Jean, par. S⁻ᵗ-Gengoulph 27 juil. 1789.

DUBAR ANNE. V. Dégoutin.

DUBOC JEANNE, PIERRE et MARGUERITE. V. Cordier de Pernet.

DUBOIS, cfr DU BOIS. **I. LOUIS-PATRICE**, piqueur à la vénerie du Roi, natif de Versailles, épousa, étant âgé de 25 ans, par. S⁻ᵗᵉ-Croix 14 oct. 1777, Anne *Bécœur*.

II. **Divers.**
1. BARBE. V. Pantaléon VI, 11.
2. ÉLISABETH. V. Demoniez.
3. HENRIETTE. V. le Page X.

4. JEAN-F°ˢ. V. Régnier d'Arraincourt VII, 4.
5. LAURETTE-THÉRÈSE. V. Vaillant II.
6. MADELEINE. V. Peltre VI.
7. MARGUERITE, sœur de la préc. V. Pagny II.
8. Mⁱᵉ-THÉRÈSE. V. Dubois de Sarrau II.
9. REINE-ALBERTE. V. de Cambray.
10. SARA. V. de Luc.
11. SARA. V. de Saint-Aubin X.
12. SUZANNE. V. Goullet III.
13. SUZANNE. V. de Saint-Aubin II.

DUBOIS (DE) Mⁱᵉ-ANNE-ÉLISABETH. V. Horrer.

DUBOIS DE LETVILLE LOUIS-Fᵒⁱˢ, éc., sgr du Mesnil-Rousset, généralité d'Alençon, † par. St-Simplice 19 juil. 1729.

DUBOIS DE SARRAU, *alias* DE SARAN.
I. LOUIS, receveur génˡ des fermes du Roi à Metz, † à 80 ans, par. St-Victor 20 janv. 1778. Il avait épousé Anne-Claude *Joubert*, † par. St-Gengoulph 11 oct. 1780, à 71 ans, inhumée par. St-Victor. De leur mariage étaient nés :
1. Anne-Charlotte, mariée, à 22 ans, à Jⁿ Morlet.
2. *Chˡᵉˢ-Nᵃˢ-Louis*, à l'enterrement de son père ; lequel suit.
3. Fᵒⁱˢ-Baptiste, † à 11 ans, par. St-Victor 26 nov. 1752.
4. Louis, à l'enterrement du préc.
5. Pʳᵉ-François, par. St-Victor 3 mars 1741.
II. CHˡᵉˢ-Nᵃˢ-LOUIS, fils du préc., dir. des étapes, épousa Mⁱᵉ-Thérèse *Dubois*, dont il eut :
1. Mⁱᵉ-Louis, par. St-Martin, rue des Parmentiers, 11 oct. 1768.
2. Mⁱᵉ-Émilie-Anne-Joséphine, ibid. 1ᵉʳ déc. 1769 : p. Claude Dubois, conseiller élu en l'élection de Châlons ; m. Anne-Joséphine Goulard : gᵈˢ parents de l'enfant.
3. Mⁱᵉ-Thérèse-Geneviève, par. St-Gengoulph 24 déc. 1782 : p. Louis Dubois de Moncet, secrétaire à l'intendance de Champagne ; m. Thérèse-Geneviève Capitaine, épouse du parrain. — Elle mourut ibid. 30 juil. 1783.

DUBOISDESCOURS Jqᵘᵉˢ-Mⁱᵉ-ÉTIENNE. V. de Saulx.

DUBOR FRANÇOIS, mᵉ ès arts, chir. major au régᵗ de Bourbonnais, fils de Pierre, bourgeois, de la Roumieu en Guyenne, et de Jⁿᵉ Bourriau, épousa, par. Stᵉ-Ségolène 3 juil. 1787, Élisabeth-Jacquette-Rosalie *de Palles*, fille de Chˡᵉˢ-Isaac-Benjamin de Palles, adjudant de l'infant Dom Philippe d'Espagne, cy-devant garde des archives de la couronne, et de † Anne-Mⁱᵉ Corbin, de laquelle il eut ibid. :
1. Jⁿᵉ-Charlotte-Rosalie-Constance, 21 janv. 1788 : m. Jⁿᵉ Mainhulle, épouse de Laurent-Louis Mousset, avocat en parlᵗ, ancien premier secrétaire de l'Intendance de Franche-Comté, demᵗ à Paris.
2. Jⁿ-Charles-Augustin, 8 avril 1789.

DUBOSCQ ANTOINE-Fᵒⁱˢ. V. Dauger.

DUBOUILLON FRANÇOIS, ancien cap. au service du Roi, réformé à la suite de la place de Nancy, eut d'Anne-Mⁱᵉ *Desmoulins*, son épouse, chez un aubergiste rue du Ponts des Morts, par. St-Marcel 30 sept. 1753, Louis-Charles.

DUBOURT MARC-ANTOINE, cap. au régᵗ de Piémont, épousa Charlotte-Chrétienne *de Nassaud*, native de Nancy, † par. Stᵉ-Croix 19 avril 1635.

DUBOUSQUET-GONTAULT, *cfr.* GENTARD DE GONTIN, LOUIS-HUGUES, avocat au parlᵗ, conseiller du Roi et son lieut. particulier au siège des eaux et forêts de Metz, † par. St-Victor 27 janv. 1786, à 52 ans. Il avait épousé Mⁱᵉ-Claire *Werner*.

DUBREUIL. I. PIERRE, conseiller du Roi, receveur et payeur des épices au parlᵗ, † par. St-Gorgon 5 août 1707. Il avait épousé Mᵗᵉ *Cagnard*, † par. St-Martin 6 sept. 1729, à 71 ans. De leur mariage étaient nés par. St-Gorgon :
1. Élisabeth, 15 avril 1693.
2. *Claude*, 23 janv. 1695 ; lequel suit.
3. Mⁱᵉ-Cécile, 30 avril 1696 ; mariée à Fᵒⁱˢ-Claude Picard, puis à Chˡᵉˢ-Fᵒⁱˢ Gouger.

DUB — 198 — DUC

4. F^{ois}-Nicolas, 30 sept. 1697.
5. Marguerite, 8 avril 1699.
6. François, chan. de St-Thiébault, à l'enterrement de sa belle-sœur.
7. *Nicolas*, ibid.; lequel suivra.

II. CLAUDE, fils du préc., éc., premier huissier audiencier au parl^t, † par. St-Martin 25 mai 1768. Il avait épousé J^{ne} *Antoine*, † par. St-Gorgon 3 avril 1749, à 52 ans. De leur mariage étaient nés :
1. Jⁿ-Louis, par. St-Gorgon 26 janv. 1741.
2. Marguerite, mariée à Ch^{les} Woirhaye.

III. NICOLAS, frère du préc., conseiller du Roi, greffier des instances et receveur des épices au parl^t, † par. Ste-Ségolène 15 avril 1754 : à son enterrement, François et N^{as}-François, ses frères, chan. de St-Thiébault. Il avait épousé Anne *Viville*, † ibid. 11 juin 1762, à 78 ans. De leur mariage étaient nés :
1. *Nicolas*, qui suit.
2. Marguerite, mariée à N^{as} Georges de Vrémy.

IV. NICOLAS, fils du préc., conseiller du Roi, greffier des instances et receveur des épices au parl^t, † à 52 ans, par. Ste-Ségolène 4 juin 1765. Il avait épousé, ibid. 26 nov. 1754, Madeleine *Marien*, † 25 nov. 1783, à 52 ans 1/2. De leur mariage étaient nés ibid. :
1. Nicolas, 3 févr. 1756.
2. Anne, 28 févr. 1757; mariée à F^{ois} Rouyer.
3. D^{que}-Nicolas, 1er avril 1758.
4. Madeleine, 12 mars 1759; mariée à Louis-F^{ois} Beaudesson de Chanville.
5. Nicolas, 22 mars 1760.

V. BARBE. V. Collin III.

DUBUT BARBE. V. le Monnier.

DUC. I. EMMANUEL-AUGUSTE, c^{te} Duc, brigadier-général des armées du Roi, de la par. St-Amand de Toul, épousa, 8 mars 1688, à Ars-sur-Moselle (l'acte aux registres de la par. St-Martin), M^{ie}-F^{oise} *de Raigecourt*, † par. St-Martin 15 déc. 1741. De leur mariage naquit Ch^{les}-Marie. V. de Gournay V.

II. MAURICE. V. de Gournay V, 3.

DUC (LE), *cfr.* LE DUCQ, CATHERINE. V. Dobet.

DUCAN J^{ne}-MARGUERITE. V. de Lardemelle.

DUCARD DIEUDONNÉ, avocat au parl^t, eut de Barbe *Devène*, son épouse, par. St-Eucaire 3 sept. 1691, J^{ph} Dieudonné : p. Claude-J^{ph} Richard, procureur au parl^t.

DUCARY HENRY-D^{oué}. V. de la Cour VII.

DUCASSE PIERRE, [d^r en théologie, prévôt et chan. de St-Thiébaut, † 16 janv. 1728, à 84 ans, inhumé à la Visitation. Msc. Epit.]

DUCHAT (LE). I. THOMAS, R. P. R., m^d, treize en la justice de Metz, sgr de Badonvillers selon les registres, de Landonvillers selon la Biographie du Parl^t, eut pour épouse Anne *d'Autrisy*, alias *d'Autruy*, marraine 17 avril 1591. De leur mariage naquirent :
1. Léa, 16 janv. 1564; le père est dit Duchat : au mariage de Thomas ci-dessous, ce sera du Chat. — Elle fut mariée à Benoît le Goullon.
2. Suzanne, 21 févr. 1565; mariée à F^{ois} Sarré.
3. *Gédéon*, 8 déc. 1566; lequel suivra VI.
4. Dorothée, 7 janv. 1568; mariée à Jⁿ de Saint-Aubin.
5. *Thomas*, qui suit.
6. Judith, mariée à Daniel le Goullon.
7. Marie, mariée à Adam Royer.
8. *Charles*, qui suivra IV.

II. THOMAS[1], R. P. R., fils du préc., épousa, 1er mai 1580, M^{ie} *de Saint-Aubin*, dont il eut :
1. Anne, 17 mars 1581.
2. Marie, 5 oct. 1582; mariée à Jⁿ Coullez.
3. Anne, 12 mai 1585; mariée à Thomas Bourdon, m^d, puis à Samuel Olry, bourgeois.
4. Judith, 4 nov. 1588; mariée à Philbert Morel.
5. Thomas, 11 mai 1591.

---

(1) Dans son testament du 13 avril 1626, Thomas Duchat demande à être inhumé au cimetière de l'Eglise réformée à Orny. *Généal. de la fam. le Duchat*, à la Bibliothèque des Arch. dép. de Metz.

6. Thomas, 14 juin 1592.
7. *Adam*, 6 janv. 1595; lequel suit.
8. Samuel, 18 mai 1597.
9. Thomas, 22 juil. 1598.
10. Isaac, 5 nov. 1604; il épousa, 11 févr. 1629, Anne *Lespingal* : à son mariage, il est dit Duchat.
11. Jacques; sgr de Villers-l'Orme, il épousa, 29 août 1627, Anne *Couët*, † par. St-Gengoulph 2 avril 1686.

III. ADAM, R. P. R., m^d, sgr de Domangeville en partie et de Charly, † 27 janv. 1672. Il avait épousé, 22 juil. 1618, Anne *le Bachelé* : à l'acte de mariage, il est dit le Duchat. Du dit mariage naquirent :
1. Anne, 29 mars 1619; mariée à Josias Florier ou Florie. A l'acte de naissance, le père est dit Duchat.
2. Thomas, 1er nov. 1620; le père est dit le Duchat.
3. Judith, 27 août 1622; le père est dit Duchat.
4. Adam, 10 nov. 1624.
5. Madeleine, 11 oct. 1626; mariée à Philippe de Vigneulles.
6. Pierre, 21 févr. 1629.
7. Marie, 13 août 1631; le père est dit le Duchat.

IV. CHARLES, R. P. R., oncle du préc., m^d bourgeois, sgr de Buy, épousa, 10 déc. 1600, Simonne *Braconnier* : au mariage, il est dit du Chat. Du dit mariage naquirent :
1. Charles, 31 mars 1602; le père est dit Duchat.
2. Jérémie, 25 févr. 1605.
3. Raphaël, 9 sept. 1609.
4. *Théodore*, 25 janv. 1617; lequel suit.
5. Théodore, le puîné, 4 mars 1620.

V. THÉODORE, R. P. R., fils du préc., sgr de Buy, lieut. d'une compagnie de cavalerie au rég^t de Bussy, épousa, 7 févr. 1644, J^{ne} *le Bonhomme* : au mariage, il est dit le Duchat. Du dit mariage naquirent :
1. Théodore, 1er août 1645.
2. Paul, 6 nov. 1646.
3. Louis, 13 janv. 1648.
4. David, 31 déc. 1648.
5. Théodore, 1er oct. 1650; † 5 juin 1668.
6. Jeanne, 21 avril 1653; mariée à Jean Gravisset.
7. Élisabeth, 23 mai 1654.
8. Paul, 10 oct. 1655.
9. Marie, 30 mai 1657.
10. Benjamin, 17 nov. 1658.
11. Anne, 26 mars 1660.
12. Suzanne, 31 août 1661.
13. Auguste, 13 déc. 1662.

VI. GÉDÉON, R. P. R., oncle du préc., m^d rue Fournirue; sgr de Charly, la Hautonnerie et Domangeville, épousa, 28 avril 1591, M^{ie} *Lecoq* : au mariage, il est dit du Chat. De ce mariage naquirent :
1. *Gédéon*, 17 janv. 1592; lequel suit. — Le père est dit le Duchat.
2. Marie, 10 mars 1593; le père est dit Duchat. — Elle fut mariée à Paul le Bachelé.
3. Suzanne, 17 août 1594; le père est dit le Duchat. — Elle fut mariée à Abraham Rambour.
4. David, 3 juil. 1596; le père est dit du Chat.
5. *David*, 7 juin 1598; lequel suivra XVII.
6. Rachel, 23 févr. 1600; mariée à J^{ques} de Morenville, *alias* de Moranville.
7. Marguerite, 16 déc. 1601; mariée à Ch^{les} Le Goullon.
8. Abraham, 3 nov. 1604; conseiller au parl^t à sa fondation, sgr de Mardigny, † 14 mai 1673. Il avait épousé Catherine *de Muisson* (de Mussy, d'après la Biogr. du Parlement), † 18 avril 1684, sans avoir eu de postérité
9. *Jacob*, 1er oct. 1606; lequel suivra VIII.
10. Louise, 13 janv. 1608.
11. Louise, 22 janv. 1611.
12. *Thomas-Gédéon*, 4 août 1613; lequel suivra XVI.

VII. GÉDÉON, R. P. R., fils du préc., sgr de Dorville, successivement lieut. aux rég^{ts} de Nettancourt et d'Houdancourt, puis cap. au rég^t d'Haussonville, épousa, 7 oct. 1640, Esther *Gauvain*, dont il eut :
1. Esther, 19 juil. 1641; mariée à Gédéon Allion.
2. Gédéon, 30 sept. 1642; cap. au rég^t de Turenne, sgr de Dorville, il épousa, 15 avril 1675, M^{ie} *Malchar*, qui eut

de lui un fils posthume, Gédéon, 26 janv. 1676.
3. Louis, 22 févr. 1644.
4. Catherine, 13 mars 1645; mariée à Paul Joly.

VIII. JACOB, R. P. R., frère du préc., conseiller du Roi et commissaire ordinaire des guerres, sgr de Domangeville, † 23 déc. 1668. Il avait épousé [par contrat du 26 avril 1639], Élisabeth *Allion*, dont il eut :
1. Élisabeth, 15 janv. 1641; mariée à son cousin germain Abraham le Duchat.
2. Marie, 6 avril 1642.
3. Catherine, 4 avril 1644.
4. Anne, 27 mai 1645.
5. Suzanne, 8 août 1647.
6. *Gédéon*, 23 juin 1649; lequel suit.
7. Jean, 15 avril 1652. Il est dit le Duchat de Domangeville, cap. de grenadiers au régt de Mazet (?), au mariage de sa nièce ci-dessous IX, 2.
8. Jacob, 25 févr. 1658; [conseiller et assesseur à la Justice supérieure française à Berlin, † 25 juil. 1735].

IX. GÉDÉON, R. P. R., fils du préc., conseiller au parlt, sgr de Rurange, Hayes et autres lieux, † par. St-Martin 6 nov. 1720, inhumé au chœur de l'église. Il avait épousé, 23 juin 1680, Mie *de Lallouette*, dont il eut :
1. Élisabeth, 29 mai 1681; † 23 avril 1684.
2. Mie-Anne, 30 mai 1682; mariée à Abel le Carlier.
3. *Frédéric*, 16 oct. 1683; lequel suivra XII.
4. Gédéon, 16 mars 1685.
5. Françoise, par. St-Martin 24 déc. 1691.
6. *Charles*, qui suit.

X. CHARLES, R. P. R., fils du préc., sgr de Rurange, Ley, Phlin, Borny et autres lieux, cap. de cavalerie au régt Dauphin étranger, épousa, après abjuration, par. St-Martin 25 juin 1715, Antoinette *Malchar*, † ibid. 18 juin 1764. De leur mariage étaient nés par. St-Martin :
1. Gédéon-Chles, 14 avril 1716.
2. *Étienne*, 7 avril 1717; lequel suit.
3. Marie, 9 mars 1718; † 15 nov. suiv.
4. Jn-François, 22 févr. 1719.
5. Jacques, 6 mars 1720; éc., chev. de St-Louis, ancien cap. d'infanterie au régt de Penthièvre, † par. St-Victor 23 oct. 1777, à 57 ans. Il signait le Duchat de Borny.
6. Mie-Pauline, 11 avril 1722; † 22 avril 1725.
7. Charles, 13 mai 1723; † 14 juin 1724.
8. Mie-Anne, 10 juin 1724; mariée à Africain Favre.
9. Chles-Jn-François, 26 juin 1725; † 24 janv. 1729.
10. Antoinette, 1er oct. 1726; † 1er mars 1729.
11. Gabriel, 25 sept. 1729; à l'enterrement de son frère Jacques le Duchat de Borny ci-dessus, il est chev. de Phlin, cap. au régt de Berchiny hussards.

XI. ÉTIENNE, fils du préc., éc., cap. de cavalerie au régt Dauphin étranger, eut de Charlotte *de Masson de Dissoncourt*, son épouse, par. St-Martin :
1. Élisabeth-Charlotte, 1er avril 1741.
2. Antoinette, 4 oct. 1742.
3. Anne-Mie, 22 août 1746.
4. Antoinette-Anne, 17 sept. 1748.

XII. FRÉDÉRIC, oncle du préc., conseiller au parlt, sgr de Mancourt, la Grange-aux-Bois, Adaincourt et Vannecourt, † par. St-Gorgon 5 avril 1746. Il avait épousé, ibid. 9 nov. 1710, Antoinette *Hordal du Lys*, † ibid. 14 févr. 1757, à 68 ans. De leur mariage étaient nés :
1. *Gédéon*, par. St-Gorgon 25 juin 1712; lequel suit.
2. Marie, ibid. 9 juil. 1713; † 3 juil. 1714.
3. Marthe, ibid. 20 oct. 1714; mariée à Michel de Saint-Blaise.
4. Jeanne, ibid. 16 déc. 1715; mariée à Pre-Bernard Lamy de Chastel.
5. Anne, par. St-Simplice 17 sept. 1717; mariée à Auguste-Chles-Louis Ancillon.
6. *Fois-Frédéric*, ibid. 6 déc. 1719; lequel suivra XIV.
7. Charles, ibid. 21 avril 1721; sgr de la Grange, éc., cap. au régt de Penthièvre, † par. St-Martin 18 juil. 1784.

8. *Benjamin*, par. St-Martin 23 janv. 1729; lequel suivra XV.

XIII. Gédéon, fils du préc., conseiller au parlt, sgr d'Aubigny et de Flanville, épousa, dans l'église des dames de Clervaux 18 mai 1745, Anne-Mie-Claire *Baignault*, † par. St-Martin 9 mars 1758. De leur mariage naquirent ibid., à l'exception de la dernière :

1. Antoinette, 9 avril 1746; mariée à Paul-Fois Durand de Villers.
2. Charles, 23 juil. 1747.
3. Béatrix, 23 août 1748; † par. St-Eucaire 7 sept. suiv.
4. Paul, 28 août 1749; [avocat au parlt, il épousa N*** *Féron*, dont il eut Gédéon, † à Nancy en 1851, laissant un fils marié à dlle Clément-Allier(1)].
5. François, 28 oct. 1750.
6. Suzanne-Justine, 22 juil. 1752; mariée à Pre-Nas-Laurent Dubalay.
7. Élisabeth-Louise, par. St-Gorgon 23 sept. 1753; † 2 déc. 1755.

XIV. Fois-Frédéric, frère du préc., tige des Le Duchat de Gorze, éc., chev. de St-Louis, cap. au régt de Languedoc, sgr de Mancourt, épousa, par. Ste-Ségolène 11 janv. 1763, Mie-Mte-Charlotte *d'Inguimbert de Pramiral*, dont il eut ibid. :

1. Jn-Marie, 3 août 1765.
2. Charlotte-Mie-Esther, 22 sept. 1766.
3. Mie-Geneviève-Esther, 17 févr. 1768.
4. Anne, 27 avril 1769.
5. Jne-Gabrielle, 11 mai 1771; † 20 juil. suiv.
6. Anne, 8 oct. 1772.
7. Anne-Mie, 10 déc. 1774.
8. Louise, jumelle de la préc.; † par. St-Martin 9 janv. suiv.
9. Benjamin, 16 août 1777.
10. Élisabeth-Charlotte, 12 juin 1779.
11. Mte-Élisabeth, † par. St-Étienne-le-Dépenné 14 juin 1779; peut-être la même que la précédente.

XV. Benjamin, frère des préc., éc., chev. de St-Louis, ancien cap. au régt de Languedoc infanterie, sgr de Ste-Marie et de Chaüry, † par. Ste-Ségolène 25 mai 1786. Il avait épousé, par. St-Livier 5 déc. 1757, Mie-Anne-Charlotte *Lamy de Saussure*, † ibid. 26 févr. 1799. De leur mariage étaient nés :

1. Mie-Anne-Charlotte, par. Ste-Croix 8 janv. 1762; mariée à Jques-Philippe Roger du Coulon.
2. Marie, par. Ste-Ségolène 24 oct. 1764; mariée à Fois-Nicolas bon de Hainzelin.
3. Fois-Frédéric, ibid. 25 oct. 1765; lieut. au régt de Normandie, au mariage de sa sœur ci-dessus 1.
4. Marthe, marraine d'une de ses nièces 30 juin 1790.

XVI. Thomas-Gédéon, R. P. R., fils de Gédéon VI, sgr de Montigny, lieut. au régt d'Houdancourt, puis cap. au régt de Turenne, † 24 avril 1684. Il avait épousé Judith *Pérignon*, qui abjura par. Ste-Ségolène 28 août 1686. De leur mariage étaient nés R. P. R. :

1. Judith, 5 févr. 1647; mariée à Louis de Goz.
2. Abraham, 4 août 1650.

XVII. David, R. P. R., frère du préc., sgr d'Oudern, md en Fournirue, † 7 janv. 1674. Il avait épousé : 1° Mie *Coullez*; 2° 19 nov. 1651, Léa *Royer*, vve de Louis le Goullon, sgr de Colombey. Du premier mariage naquirent :

1. *David*, né avant le mariage, 17 mai 1624; lequel suit.
2. Gédéon, 20 juil. 1625.
3. *Charles*, 6 sept. 1626; lequel suivra XXI.
4. Louis, 2 juil. 1628.
5. *Benjamin*, 3 janv. 1631; lequel suivra XIX.
6. *Abraham*, 14 mai 1632; lequel suivra XX.
7. Benjamin, 25 sept. 1633.
8. Marguerite, 24 déc. 1634.
9. Marie, 26 juil. 1638; mariée à Barthélemy Morel, puis à Adrien de Poeydaré.
10. Abraham, 14 avril 1640; † 31 oct. 1675.

XVIII. David, R. P. R., fils du préc., avocat au parlt, receveur des consignations du bailliage, sgr de Basse-Bévoye, † par. St-Marcel 19 déc. 1689. Il avait épousé,

---

(1) Le petit-fils de ce dernier, Gédéon le Duchat, demeure à Nancy, le dernier de son nom.

R. P. R., 3 oct. 1667, M^ie *Fériet*, † par. St-Marcel 12 déc. 1696. De leur mariage étaient nés R. P. R. :

1. David, 18 mai 1668 (*sic*).
2. Suzanne, 23 juil. 1669.
3. Marie, 15 juin 1670 ; † 13 juil. 1671.
4. Benjamin, 16 juin 1671 ; † 3 sept. 1672.
5. Abraham, 8 juil. 1672 ; † 5 sept. suiv.
6. Marie, 15 août 1673 ; mariée à F^ois Dulaux, puis à Ch^les de Jacomel de Bien-Assise.
7. Madeleine, 30 oct. 1674 ; † 8 sept. 1678.
8. Daniel, 7 déc. 1676.
9. Louis, 2 déc. 1678 ; † 23 avril suiv.

XIX. BENJAMIN, R. P. R., frère du préc., avocat au parl^t, conseiller du Roi, receveur des consignations au greffe du bailliage, † 20 mars 1673. Il avait épousé, 30 mai 1660, Élisabeth *le Goullon*, dont il eut :

1. Benjamin, 12 janv. 1661.
2. Abraham, 28 déc. 1661.
3. Élisabeth, 22 avril 1663.
4. Suzanne, 5 oct. 1664.

XX. ABRAHAM le jeune, R. P. R., frère des préc., sgr de Maizeroy, † 31 oct. 1676. Il avait épousé, 22 avril 1663, sa cousine germaine Élisabeth *le Duchat*, dont il eut :

1. David, 28 janv. 1664.
2. Abraham, 2 mars 1667.
3. David, 9 déc. 1668 ; † 30 juil. suiv.
4. Marie, 3 juin 1670 ; mariée à J^ques des Guillons.
5. Gédéon, 8 mars 1673.
6. Élisabeth ; [mariée, en 1703, à Philippe b^on de Landres et de Briey, de l'ancienne maison de ce nom].

XXI. CHARLES, frère des préc., conseiller-échevin de l'hôtel de ville, sgr d'Oudern, † par. Ste-Croix 14 févr. 1700. Il avait épousé, ibid. 21 déc. 1652, Anne-Philippe *Poutet*, † ibid. 29 août 1684. De leur mariage étaient nés ibid. :

1. J^n-Philippe, 21 sept. 1653 ; lequel suit.
2. Mathieu-Louis, 17 août 1656.
3. Ch^les-Nicolas, 2 oct. 1663 ; lequel suivra.

4. Marie, mariée à Claude-Élie Estienne de Procheville.

XXII. J^n-PHILIPPE, fils du préc., conseiller au parl^t, † par. Ste-Croix 15 mai 1733, inhumé au chœur de la chap. de la Ste-Vierge. Il avait épousé : 1° Barbe *Grinot*, † ibid. 21 nov. 1699 ; 2° Thérèse-Hélène *Brocquart*, dont il eut ibid. :

1. M^ie-Madeleine-Thérèse, 12 oct. 1705 ; † 1er juil. 1732.
2. L^se-Charlotte, 7 août 1706 ; † le même jour.
3. Marie, 3 août 1707.
4. Jean, 24 oct. 1708 ; † le lendemain.
5. J^n-François, 28 déc. 1709 ; conseiller à la cour de Nancy, † 4 sept. 1786, inhumé au cimetière de la par. Ste-Croix.
6. Gédéon, 5 mars 1711.
7. Catherine, 28 août 1712 ; † 13 févr. suiv.

XXIII. CH^LES-NICOLAS, frère du préc., éc., sgr de Montigny, cap. au rég^t de Bouflers, puis de Miroménil, épousa Anne-M^ie-F^oise *Estienne de Procheville*, † St-Eucaire 22 janv. 1745, à 83 ans. De leur mariage étaient nés :

1. Anne-F^oise-Antoinette, par. St-Victor 26 mars 1692.
2. M^ie-Barbe, ibid. 16 juil. 1693.
3. M^te-Anne, mariée à J^ques de Couët.

XXIV. TIMOTHÉE, pasteur en l'église de Claye, fils de Timothée, bourgeois, épousa, 4 juin 1617, Marie *le Noir*, fille de † Daniel le Noir.

XXV. N*** *le Duchat d'Oudern*, colonel du corps royal d'artillerie et dir. du dép^t de Sedan, eut pour épouse Élisabeth *Josse*, marraine par. St-Eucaire 3 nov. 1776.

XXVI. Divers.

1. ANNE. V. le Changeur.
2. MARIE. V. de Lanty.
3. PLACIDE. V. Jacomel de Bien-Assise.

DUCHEMIN DE MONVAL PIERRE, dir. gén^l des vivres et fourrages au dép^t des Évêchés et de la Lorraine, † à 58 ans, par. St-Gorgon 21 juin 1744.

DUCHÊNE DE SAINT-LÉGER FRANÇOISE. V. Joulard d'Iversay.

DUCHESNE. I. Nicolas, sgr de Vallières, épousa Laurette *This*, † v^{ve} de lui, par. St-Victor 15 juin 1720. De leur mariage était né *Nicolas*, qui suit.

II. Nicolas, fils du préc., substitut du procureur du Roi au présidial de Sarrelouis, procureur au parl^t de Metz, † par. St-Eucaire 22 mai 1744, à 83 ans. Il avait épousé : 1° par. St-Maximin 13 oct. 1686, J^{ne} *de la Cour*, âgée de 20 ans, † par. St-Victor 15 avril 1736; 2° par. St-Victor 8 janv. 1737, Élisabeth *Lascheidt*, fille de Hubert Lascheidt, bourgeois de Bitbourg, et de M^{ie} Post. Du premier mariage étaient nés :

1. Pierre, avocat et procureur du Roi à Sarrelouis, à l'enterrement de son père.
2. Antoine, ancien lieut. au rég^t de Chambeau, ibid.

III. Nicolas, petit-fils du préc., vicaire d'Oron, assista à l'enterrement de son g^d père.

DUCHILLEAU Ignace, chev., sgr de Font-Vérine et autres lieux, fils de Gabriel, chev., sgr de la Roche et autres lieux, et de N*** Branchet, † à 21 ans, par. St-Victor 19 mars 1773 : à son enterrement, J^n Chevalleau de Boisragon, cap. au rég^t d'Orléans.

DUCLOS. I. Samuel, R. P. R., d^r en médecine, eut de M^{ie} *Petitjean*, son épouse :

1. *Alexandre*, 25 mai 1622; lequel suit.
2. Marie, 3 mars 1624; mariée à Daniel Marion.
3. Louise, 11 août 1627.
4. Anne, 6 janv. 1630; mariée à Louis Coullez.
5. Suzanne, 12 déc. 1631.
6. Charles, 27 févr. 1633.
7. Charles, 29 mars 1634.
8. Jeanne, 16 mars 1636.
9. Esther, 6 mars 1639.
10. *Samuel*, qui suivra.

II. Alexandre, R. P. R., fils du préc., avocat au parl^t, épousa : 1° 4 mars 1646, Suzanne *Janson*, fille de † J^{ques} Janson, bourgeois; 2° 2 avril 1660, Dorothée *de Saint-Aubin*.

Du premier mariage naquirent :
1. Alexandre, 7 juin 1650.
2. Élisabeth, 8 oct. 1651.
3. Charles, 13 août 1653.

Du second mariage naquirent :
4. Alexandre, 6 nov. 1661.
5. Samuel, 7 mars 1664.
6. Paul, 31 juil. 1665.
7. Louis, 1er août 1666.
8. Louise, 17 mars 1668; † 27 juin suiv.
9. Louis, 20 mai 1669.
10. Jean, 17 sept. 1670.
11. Louis, 20 nov. 1671.
12. Benjamin, 25 avril 1673; † 30 suiv.
13. François, 30 août 1674.
14. Charles, 12 oct. 1675; † 13 nov. suiv.
15. Benjamin, 26 sept. 1678.
16. Suzanne, mariée à Étienne de Guillermin.

III. Samuel, R. P. R., frère du préc., médecin ordinaire du Roi stipendié de la ville, sgr de Distroff et Stückange, † 3 déc. 1681. Il avait épousé, 25 juin 1645, M^{ie} *Grandjambe*, dont il eut :

1. *Samuel*, 21 août 1648; lequel suit.
2. Charles, 28 oct. 1650.
3. Anne, 5 mars 1653; † 14 févr. 1673.
4. Paul, 8 oct. 1654; [† à Toul, cornette au rég^t de Givry; inhumé à Metz.]
5. Suzanne, 21 mars 1657; mariée à J^n-B^{te}-Pantaléon Durand.
6. Louis, 28 avril 1658.
7. Esther, 6 août 1659; mariée à Ch^{les} le Bachelé.
8. Louis, 12 sept. 1660.
9. Benjamin, 22 avril 1663.
10. Jean, 2 janv. 1665.
11. Jean, 22 juin 1670; conseiller du Roi, trés. de France, sgr de Mont, il épousa, par. Ste-Croix 15 oct. 1697, Marthe-Antoinette *Darmène*, † par. Ste-Croix 11 oct. 1700.
12. Marie, mariée à F^{ois} de Filhol de Cama.

IV. Samuel, R. P. R., fils du préc., conseiller du Roi, commissaire ordinaire des guerres, avocat au parl^t, sgr de Courcelles-Chaussy, épousa : 1° 19 avril 1676,

J^{ne} *Morel*, âgée de 15 ans, † 18 févr. 1677; 2° Louise *Jennet*, dont il eut :
1. M^{ie}-Louise, 18 août 1683.
2. Suzanne, 25 sept. 1684; † 20 août suiv.
3. Dorothée, 6 sept. 1685.
4. *Frédéric-Louis-Ch^{les}*, qui suit.
5. J^{n}-Baptiste, par. St-Martin 24 sept. 1687; les parents sont nouveaux convertis.

V. FRÉDÉRIC-LOUIS-CH^{LES}, fils du préc., sgr de Courcelles-Chaussy, abjura la religion protestante par. St-Martin 20 févr. 1714, et mourut ibid. 20 févr. 1766. Il avait épousé, par. St-Marcel 30 juin 1735, M^{te}-Élisabeth *Gehot de Montblainville*, dont il eut par. St-Martin :
1. M^{ie}-Françoise, 26 mai 1736; mariée à Louis-F^{ois} le Goux de Neuvry.
2. Barbe, 17 oct. 1737 : p. J^{ph} le Changeur, ancien cap. de cavalerie; m. Barbe Besser, v^{ve} de Ch^{les}-J^{ph} de Courcelles, g^{d} voyer en la généralité de Metz. Elle fut mariée à J^{n}-F^{ois} de Blair.

VI. J^{n}-BAPTISTE, avocat au parl^{t}, trés. de France, épousa, par. St-Martin 29 oct. 1703, Madeleine *Gabriel*, fille de Claude Gabriel et de Nicole Chapelier, de laquelle il eut par. St-Eucaire :
1. M^{ie}-Madeleine, 27 oct. 1704.
2. Élisabeth, 15 déc. 1705.
3. Barbe-F^{oise}, 31 déc. 1706; mariée à Ignace Nicolas de Lensviller.
4. Nicole, 25 avril 1709.

VII. LOUIS-MARTIN, chir.-major de l'hôpital royal de Longwy, veuf de Catherine *Panel*, épousa, par. St-Simplice 30 déc. 1738, Gabrielle *Villier*, v^{ve} de Mathieu Phulpin, m^{d}. A ce mariage, Louis Duval, m^{e}-chir. de Paris et du rég^{t} de Piémont et lieut. au rég^{t} de Clarck; Antoine Villier, m^{e} de poste à Gravelotte, sgr en partie du dit lieu; Louis Gouttier, conseiller du Roi, commissaire de police.

VIII. PIERRE, trés. de France, eut de M^{ie}-Anne *Favre*, son épouse, Catherine, par. St-Simplice 13 mars 1691.

IX. Divers.
1. ANTOINETTE. V. Ménard.
2. ÉLISABETH. V. Gourdin III.
3. L^{se}-M^{ie}-HENRIETTE. V. Mériades de Montignac.
4. MADELEINE. V. Chapelle II.
5. NICOLE. V. Néret II.

DUCOUDRAY. I. M^{ie}-ANNE, † à 58 ans, par. St-Marcel 21 oct. 1769 : à son enterrement, ses neveux Christophe Marc, avocat au parl^{t}, et P^{re} Tonnelier, chir.
II. JEANNE. V. Marc XI.

DUCROS JEANNE. V. de Manscourt.

DUCQ (LE) ALEXANDRE-AUGUSTE-XAVIER, commis à la conservation des droits de l'école royale militaire, fils du s^{r} Augustin, procureur au conseil d'Artois, et de M^{ie}-Anne-L^{se}-Ursule Bounau, épousa, par. St-Maximin 28 févr. 1764, Gabrielle *Gand*, fille d'André-Antoine Gand, bourgeois de Metz, et de J^{ne} Luby.

DUDROT MICHEL-J^{R}-GABRIEL, éc., chev. de St-Louis, ancien cap. au rég^{t} de Touraine, fils des † Yves-Gabriel, conseiller du Roi, receveur des tailles à Guise, et M^{ie}-Agnès Troisdames; † par. Ste-Ségolène 12 mai 1790. Il avait épousé, par. Ste-Croix 3 sept. 1771, M^{ie}-F^{oise} *Cabouilly*.

DUE DU LARDET (LE) PIERRE-F^{ois}, brigadier au rég^{t} d'Ourches, eut de M^{ie}-Thérèse *Barbier*, son épouse, à Marly près Metz, 7 déc. 1704, J^{n}-Antoine : p. Marc-Antoine Mérard, lieut. au rég^{t} d'Ourches; m. J^{ne} de Chérisey, épouse de Malo-Gabriel de Vauborel.

DUESTIER BARBE. V. de la Fargue.

DUFAUX NICOLAS, [en religion père Alexis de St-Jean-Baptiste, carme ancien, restaurateur du couvent de Metz, † 24 janv. 1752, à 67 ans, après 44 ans de profession, ayant été deux fois provincial. Msc. Epit.]

DUFAYE DE LA TAILLIER GEORGES-GUILLAUME-F^{ois}-HECTOR, cap. au rég^{t} royal infanterie, † à 28 ans, par. Ste-Croix 16 mars 1742 : à son enterrement, Ch^{les}-Gabriel Jamuré de Lestortier, chev., sgr de Lestortier, cadet au rég^{t} de commissaire gén^{l}, son parent.

DUFORT, *alias* DUFOUR. I. CHARLES,

sgr de Monjean, cap. au régt d'Artois, eut d'Élise *Pasquin*, son épouse, Joseph, † à 5 ans, par. St-Marcel 15 oct. 1683.

II. Divers.
1. Louis. V. de Carence.
2. Madeleine. V. de Corberon.
3. Marie-Mte. V. Bouet de Martange.
4. Mie-Salomée. V. Possélius.

DUFORT de **GRANDMAISON**. V. Serrière.

DUFOSSÉ de **SOLIS** Jques-Joseph, éc., chev. de St-Louis, ancien cap. au régt de la Marck, âgé de 55 ans, fils de Nas, éc., et de † Agnès-Thérèse de Villers, du Hainaut; † rue des Parmentiers, par. St-Martin 8 août 1781 : à son enterrement, Denis de Jaminet, officier; Paul de Meunz, cap. : tous deux du régt du défunt. Il avait épousé, par. Ste-Croix 7 juil. 1761, Marthe-Apolline *de Hennequin*, vve de Nas-Antoine Marien, conseiller au parlt. A ce mariage, Philippe-Servais-Jph Dufossé de Grandchamps, éc., chev. de St-Louis, cap. au régt du marié, son frère.

DUFRESNE, alias **DUFFRESNE**, alias **FRESNE** (du). I. François, admodiateur à Rémilly, eut de Mre *Cousin*, son épouse :
1. *Jn-François*, qui suit.
2. *Alexandre*, qui suivra.
3. Marguerite, mariée à Michel Lalance.
4. Joseph, au mariage de la préc.

II. Jn-François, fils du préc., procureur au parlt, chambre des comptes, âgé de 24 ans, épousa, par. St-Simplice 1er juin 1756, Madeleine *Beauregard*, âgée de 27 ans, dont il eut ibid :
1. Nas-Fois-Xavier; 3 déc. 1764; bachelier et officier de la monnaie, au mariage de la suiv.
2. Mte-Dorothée, 6 févr. 1768; mariée à Jn-Louis-Élie Bernard.

III. Alexandre, frère du préc., architecte, géomètre et arpenteur royal en la maîtrise des eaux et forêts, eut de Mie-Louise *Pierron*, son épouse :
1. Mte-Victoire, par. St-Victor 2 sept. 1768.

2. Jn-Alexandre, par. St-Simplice 16 nov. 1770.
3. Mte-Marie, ibid. 26 avril 1772; † 13 juin 1778.
4. Marie, † à 9 ans, ibid. 14 mars 1782.
5. Michel-Jn-Pre, ibid. 21 sept. 1774.
6. Alexandre, ibid. 20 sept. 1775.
7. Mie-Madeleine, ibid. 26 oct. 1776.
8. Louis-Jn-Alexandre, ibid. 8 déc. 1777.
9. Jn-Alexandre-Martin-Simplice, ibid. 10 nov. 1779.
10. Jn-Alexandre-Simplice, ibid. 8 mars 1783.
11. Barbe-Mie-Glossinde, ibid. 28 mai 1784.
12. Mie-Barbe-Dorothée, 23 mars 1786; † 22 avril suiv.

IV. Jean, conseiller au parlt, † par. Ste-Croix 26 mai 1709. Il avait épousé, étant conseiller au bailliage de Sedan et veuf de Jne-Davide *Diesdise*, par. Ste-Croix 29 juin 1681, Gabrielle *Breton*, † ibid. 2 sept. 1728.

V. Marie-Foise. V. Lefebvre IV.

DUGELAS de **COMPS** N***, éc., maréchal des logis génl de l'armée de Mr le cte de Tallard, sous-lieut. des gardes françaises, † par. St-Eucaire 6 déc. 1702.

DUGONO Nicolas, chev., sgr de Chablat, brigadier des armées du Roi, lieut.-colonel commandt au régt de Fiennes, fils de Jean, éc., sgr de Chablat, et de N*** l'Eprouvier, de Paris, épousa, étant âgé de 36 ans, par. St-Gorgon 10 janv. 1715, Mte *d'Ozanne*, † à 63 ans, par. St-Marcel 29 mars 1738.

DUHAMEL. I. Jn-Bte-Augustin. V. Dérieu.

II. Charlotte-Félicité. V. de Ste-Aldegonde.

DUHAUT, alias **DUHOT**. I. Joseph, ancien cap. de cavalerie, conseiller du Roi, rapporteur au point d'honneur, eut de Mie-Lse *le Moyne*, son épouse, Louis-Jph-Pre, par. St-Gengoulph 29 août 1788.

II. Joseph, peut-être le même que le préc., cap. au régt de Chamboran, épousa Mie-Mte-Joséphine *Delesse*, † à 23 ans, par. St-Victor 25 sept. 1783.

DUHAYE Pierre, sgr de la Roque, cap. au régt du Maine infanterie, † à 36 ans, par. St-Simplice 27 août 1714, inhumé dans l'église.

DUHOUX Louis-Benoit, pensionnaire au collège de St-Louis par. St-Simon, aspirant au corps royal artillerie, fils de François, éc., et de Mie-Catherine Vaillant, de Rabsécourt, † 23 juil. 1781, à 15 ans : à son enterrement, ses condisciples Louis-Nas de Bigault d'Aubreville, Louis Menoir, François de Rennepont et Louis-Jph de Jullien.

DUIR (DE LA) Jean, sr de Calos, lieut.-colonel au régt de Cœquin, du diocèse de Cahors, âgé de 55 ans, épousa, par. Ste-Croix 20 janv. 1701, Anne *Martelot*, âgée de 50 ans, vve de Jn Lambert.

DUJARD DE FLÉVILLE Henry-Marc-Sigisbert. V. Lemoine de Chalouette.

DULAU Louis-Laurent. V. d'Engelgen II, 3.

DULAUX François. V. le Duchat XVIII, 6.

DULCAN Mie-Sibille. V. de Foucaut de Pontbriant.

DULERAIN Mie-Joachime-Maurice. V. Audoul de Saint-Julien.

DULONG Élisabeth. V. de Redon des Fossés.

DUMAGY. V. de Trenelle.

DUMAINE DE LA JOSSERIE. I. Marin-Pierre, intéressé dans les affaires du Roi, dir. des octrois municipaux et des droits réservés en la généralité de Metz, eut de Mie-Anne *Picard*, son épouse, par. St-Étienne de Dépenné :
1. Chles-Eusèbe, 5 mars 1767.
2. Thérèse, 27 avril 1770 : m. Thérèse Dumaine de la Josserie, sa tante, représentée par Mie-Foise de Mohr, fille de M. de Mohr, conseiller aulique et bailly de Rastadt.
3. Anne-Mie-Joséphine, mariée à Jn-Louis-Auguste Pierre.

II. Mie-Rose. V. le Payen VIII.

III. Gabriel et Eusèbe. V. Beausire (note).

DUMAS Philippe, âgé de 28 ans, dr de l'Université de Paris, professeur d'éloquence au collège royal de la Flèche, natif de Issoudun, fils de Jean et de † Juliette Rodas, de la par. de St-Thomas de la Flèche, épousa, par. St-Simplice 23 sept. 1766, Mie-Thérèse *Hussenot*, au mariage, Jph Chouleur, cap. à la légion royale actuellement à Metz; Henry Michel, professeur de 4e au collège de Metz; Jques-Étienne Hussenot, cap. à la susdite légion, frère de l'épouse.

DUMAT Pre-Antoine. V. Pierre VI.

DUMAUTET Guillaume, éc., fils de Louis, éc., et de Jne de Joigny, du diocèse de Bordeaux, † à 23 ans, par. St-Victor 21 déc. 1781 : à son enterrement, Thomas-Étienne de Kergueru, cap. au régt de la Fère artillerie; Mie-Louis-Fois Barandiéry, cap. au régt royal Champagne cavalerie ; Louis-Fois de Foucher, aspirant au corps royal artillerie.

DUMAY N***, cap. de cavalerie, avait épousé Henriette *de Viserny*, † par. St-Livier 28 avril 1696 : à son enterrement, Chles Guyet, sgr de Chanteraine, son beau-frère; Étienne Tonnelier, lieut. de fusiliers, et Chles Foës de Brieux, ses neveux; Louis Lançon, sgr de Sainte-Catherine, son neveu par alliance.

DUMINIQUE (DE) Jacobine. V. de Savonnières.

DUMONCAU Charles, cap. au régt d'Orion infanterie, chev. de St-Louis, eut de Thérèse *d'Herbigori*, son épouse, Charles, † par. St-Marcel 30 juin 1761, à 1 an.

DUMONCEAU Mie-Thérèse. V. de Coune.

DUMONT. I. Jn-Baptiste Dumont de Montigny, avocat au parlt de Paris, † dans les prisons de la conciergerie du parlt de Metz, par. St-Gorgon 6 janv. 1732.

II. Guillaume, cap. au régt d'Auvergne cavalerie, avait épousé Catherine *Fremy*, † vve de lui, par. St-Eucaire 15 sept. 1742.

III. Étienne, dit Chabanat-Dumont. V. Chabanat-Dumont.

IV. François. V. Ditheau de Mézières.

V. Jⁿ-Baptiste, de Luxembourg, éc., eut de Gertrude *de Bruslens*, son épouse :
1. M^{ie}-Éléonore, par. St-Martin 26 févr. 1725.
2. Claire, mariée à Louis Ganot.

DUMONT de SAUDONCQ. V. de Saudoncq.

DUMONT de la RÉAUTÉ François. V. Hugo.

DUMOULIN, *cfr.* MOULIN (du). I. Jean-F^{ois}, avocat au parl^t, † par. St-Martin 27 févr. 1740. Il avait épousé, ibid. 12 janv. 1693, Anne-Lucie *Gueissem*, fille de Louis Gueissem, bourgeois, et d'Anne-Luce François, laquelle mourut ibid. 10 avril 1728, à 56 ans. De ce mariage naquirent par. St-Martin :
1. Anne-Lucie, 9 oct. 1693; mariée à Romain Lajeunesse.
2. M^{ie}-Anne, 19 janv. 1695; mariée à Laurent-Louis du Lac de Montereau.
3. Louise, 11 mars 1696.
4. Charles, 16 sept. 1698.
5. J^{ne}-Louise-F^{oise}, 27 sept. 1703; † 27 sept. 1721.
6. Louis F^{ois}, 24 avril 1707; † 8 mai suiv.
7. Anne-Thérèse, 8 juil. 1708.
8. Charles, 19 juin 1709.

II. Ch^{les}-Nicolas, frère du préc., d^r en médecine stipendié de la ville, † à 58 ans, par. Ste-Croix 10 mai 1730. Il avait épousé Catherine *Cosne*, alias *Cossin*, † à 64 ans, ibid. 3 mai 1737. De leur mariage naquirent :
1. Ch^{les}-Thomas, qui suit.
2. Catherine, par. Ste-Croix 14 janv. 1710 : p. Ch^{les} le Page, avocat en parl^t, cy-devant bailly et maire de la ville et duché de Hude en Anjou ; m. Catherine Huyn, v^{ve} du s^r Maguin, conseiller-échevin de l'hôtel de ville.
3. P^{re}-François, cy-devant lieut au rég^t de Saxe infanterie, à l'enterrement de sa mère.

III. Ch^{les}-Thomas, fils du préc., d^r en médecine, eut de Marthe *Dégoulin*, son épouse, par. Ste-Croix :

1. Catherine-Marthe, † à 8 ans, 27 oct. 1733.
2. François, † à 5 ans, 20 juil. 1733.
3. Anne-Ursule, 10 août 1730.
4. M^{ie}-Anne, 31 oct. 1731 ; † 6 févr. 1734.
5. P^{re}-Paul, 1er mai 1733 ; lequel suit.
6 et 7. Deux jumeaux nés posthumes 18 avril 1734.

IV. P^{re}-Paul, fils du préc., contrôleur de l'hôpital ambulant de l'armée du Bas-Rhin, épousa, par. Ste-Ségolène 19 déc. 1758, M^{ie}-Catherine *Thomas*, âgée de 24 ans, dont il eut P^{re}-Michel, ibid. 11 sept. 1760 : p. P^{re}-Michel Pottier de Fresnoy, fils de Michel Pottier et de Cécile du Pivol ; m. M^{te} de Verthamon, fille de Jⁿ de Verthamon.

V. Jacques, éc., colonel d'infanterie et chef de brigade du corps royal du génie, veuf en premières noces de M^{ie}-Louise *Dupé*, épousa, par. St-Martin 23 avril 1782, J^{ne}-Barbe-Victoire *d'Auburtin*, dont il eut ibid. :
1. Étienne, 29 août 1783.
2. Joseph, 23 août 1786.

VI. Pierre, [né à Bordeaux, vers 1641], épousa, par. St-Simplice 6 mai 1669, Anne *Jacob*, âgée de 26 ans.

VII. Anne. V. François XII.

DUMOUTIER *ou* DUMONTIER Nicolas, âgé de 53 ans, ancien officier au rég^t de Champagne, cap. aide-major à la citadelle, fils des † N^{as} et M^{ie} Lefebvre, de la ville d'Orléans, épousa, par. St-Jean de la Citadelle 23 mai 1758, Claude-Serène *Chardin*, âgée de 40 ans.

DUNCAL Françoise. V. de Coygnes.

DUNESME, *alias* DUNEIM. I. Jⁿ-Charles, éc., sgr de Bassing et Dordal, eut de M^{ie} *de Guillermin*, son épouse :
1. Louise-M^{ie}, par. St-Martin 21 sept. 1680 : p. P^{re} Dunesme, éc., sgr de Laovillers, dir. aux salines de Moyenvic.
2. J^{ne}-Charlotte, ibid. 20 nov. 1681 : p. André de Guillermin, sgr de Corny, les Étangs et Grosyeux ; m. L^{se} Marsal, v^{ve} de J^{ques} Guillermin, représentant J^{ne}-Charlotte de Guillermin, religieuse de Ste-Marie.

3. Anne-M^{te}, jumelle de la préc.
4. M^{ie}-Claudine, ibid. 15 janv. 1683.
5. J^n-Jacques, ibid. 22 mai 1686.
6. Joseph, par. St-Gorgon 11 sept. 1687.
7. Anne, ibid. 9 nov. 1688.
8. Christine, † par. St-Livier 26 janv. 1687.

II. M^{ie}-Anne. V. Lamy III.

DUNEZ F^{oise}-Elisabeth. V. Bécœur IV, 3.

DUPÉ M^{ie}-Louise. V. Dumoulin V.

DUPÉRIEZ, *cfr* PERRIER (du) Claude, chev. de St-Louis, ancien cap. et major au rég^t des Carres infanterie, † à 74 ans, par. St-Étienne le Dépenné 18 avril 1772 : à son enterrement, Claude Pidancet, cap. de la milice bourgeoise; J^n Pidancet, président juge des fermes.

DUPIN. I. Claude-F^{ois}, sgr en partie de Chanville, premier secrétaire de l'Intendance des Trois-Évêchés, † par. St-Livier 3 nov. 1765, à 69 ans et 10 mois. Il avait épousé F^{oise}-Angélique *Palteau*, † par. St-Simplice 30 août 1739. De leur mariage étaient nés :
1. Anne-M^{te}, par. Ste-Croix 30 oct. 1731; mariée, à 16 ans, à Ch^{les}-J^{ph} Beaudesson, puis à J^n-Gabriel Dedon.
2. Josèphe-Reine, ibid. 29 juil. 1732.
3. Reine-F^{oise}, ibid. 21 janv. 1734; mariée à Louis-Humbert Beaudesson.
4. Claude-Gabriel-J^n, par. St-Simplice 27 déc. 1734.
5. J^{ne}-Angélique, ibid. 4 juin 1736; † par. St-Livier 26 déc. 1759.
6. *Claude-Gabriel*, ibid. 9 oct. 1737; lequel suit.
7. *Ch^{les}-François*, ibid. 11 sept. 1738; lequel suivra.
8. Louis-M^{ie}, ibid. 23 août 1739 : p. Louis de l'Isle-Sainte-Claire, chev. de St-Louis, cap. au bataillon de Torpanne, rég^t Royal artillerie; m. M^{ie}-Agnès Wendel d'Hayange.

II. Claude-Gabriel, fils du préc., d'abord avocat au parl^t de Paris, puis premier secrétaire de l'Intendance de Metz, épousa, par. Ste-Croix 24 févr. 1767, M^{ie} *Ethis*, dont il eut :

1. Claude-F^{ois}-Étienne, par. Ste-Ségolène 30 nov. 1767; [b^{on}, préfet des Deux-Sèvres, conseiller-maître en la chambre des comptes à Paris].
2. Louis-Gabriel, ibid. 8 févr. 1769.
3. Louis-M^{ie}-Claude, ibid. 28 août 1770.
4. M^{ie}-Marguerite, par. St-Gengoulph 22 oct. 1771.
5. Gabriel-Étienne-Ch^{les}, ibid. 24 déc. 1774; † par. St-Livier 13 mai 1789.
6. Amable-M^{ie}, ibid. 25 sept. 1776.

III. Ch^{les}-François, frère du préc., commis du trés. de l'extraordinaire des guerres, épousa, par. St-Victor 10 févr. 1766, Charlotte *Ruzier*, dont il eut :
1. Ch^{les}-J^n-F^{ois}-Marie, par. St-Martin 7 mars 1767.
2. Charlotte-M^{ie}-M^{te}, ibid. 9 févr. 1769.
3. Ch^{les}-Louis-M^{ie}, par. St-Marcel 17 janv. 1773.

DUPLEIX de CADIGNAN J^n-Baptiste. V. de Barreyres.

DUPLESSIER de FONCHETTE Louis-J^{ph}, chev. de St-Louis, sgr de Villers-aux-Bois, cap. au corps royal artillerie, épousa Madeleine-Scholastique *Vannoy*, † subitement à 77 ans, v^{ve} de lui, par. St-Marcel 16 nov. 1783. De leur mariage était née Oudette-Scholastique, mariée, à 28 ans, à J^{ques} Hébrard.

DUPLESSIS. I. Albert, éc., sgr de Creux, Noisseville, Nouilly et Régnier, conseiller secrétaire du Roi maison et couronne de France, fils de J^n-B^{te}, conseiller du Roi et son procureur gén^l à la table de marbre, et de Christine Asselin; † par. St-Marcel 29 avril 1739, à 80 ans. Il avait épousé, ibid. 11 janv. 1694, F^{oise}-Thérèse *d'Auburtin*; le mariage fut bénit par Ch^{les} d'Auburtin, chantre et chan. de l'église collégiale de Gorze. De ce mariage naquirent par. St-Marcel :
1. Christophe, 16 oct. 1694.
2. Jean, 13 nov. 1695.
3. Jean, 21 déc. 1696.
4. Anne-Christine, 12 févr. 1698.
5. Suzanne-Anne-Madeleine, 4 avril 1699.
6. J^n-B^{te}-F^{ois}-Albert, 28 mai 1700; † 24 juin 1702.

7. Charles, 30 août 1701; † 14 sept. suiv.
8. Catherine, 5 juin 1703.
9. Nicolas, 2 mars 1705.
II. MADELEINE. V. Zwefelt de Suève.

DUPRAT THOMAS-ROGER, éc., chev. de St-Louis, major pour le Roi de la ville de Metz, fils de Jean, éc., et de Louise de Sabolle, † à 87 ans, par. St-Victor 11 avril 1754 : à son enterrement, Claude-F^{ois} de Besse de la Richardie, archidiacre de Metz, abbé commendataire de l'abbaye de St-Clément; Gaspard de Besse de la Richardie, chan. et g^d chantre de la cathédrale. Il avait épousé, étant major au rég^t de Meuse infanterie, par. St-Victor 26 oct. 1728, M^{ie}-L^{se} *Evrard*, dont il eut :
1. M^{ie}-Monique, par. St-Victor 12 août 1729.
2. M^{ie}-Casimire-Geneviève-Fortunée, ibid. 9 oct. 1730 : p. J^n-Fortunat de Serre de Rochecolombe, lieut. du Roi command^t au gouv^t de Metz; m. M^{ie}-Casimire-Emmanuelle-Thérèse-Geneviève de Béthune, épouse du c^{te} Foucquet de Belle-Isle, représentée par Madeleine Gonzalles, épouse d'Antoine Ferrand. — Elle épousa Antoine de la Roche, c^{te} du Rouzet.
3. Hyacinthe-Roger, par. St-Gorgon 20 nov. 1732 : m. M^{ie}-Claude de Landres de Briey, chan^{esse} de Ste-Marie. Il était cap. au rég^t de Touraine à l'enterrement de son père.
4. Anne-Charlotte, ibid. 29 janv. 1734; mariée à P^{re}-Louis m^{is} de Beaumont.
5. Élisabeth, ibid. 23 janv. 1736.

DUPRÉ MARGUERITE. V. Blouet.

DUPRÉ DE DAMERMON ANNE-CLAUDINE, v^{ve} du s^r de Chelemberque (*sic*), † à 78 ans, rue de la Monnaie, par. St-Simplice 19 avril 1758.

DUPRÉ DE GENESTE. I. J^n-B^{te}-RENAUD, éc., sgr de Villosne, receveur des domaines du Roi, † par. St-Victor 22 mars 1755, à 64 ans. Il avait épousé Anne *Jacquemin*, † par. Ste-Ségolène 11 mai 1758, à 64 ans également. De leur mariage étaient nés :

1. M^{ie}-Anne, par. St-Marcel 29 janv. 1722.
2. J^u-Baptiste, ibid. 10 sept. 1723; † le lendemain.
3. Agathe, ibid. 15 juin 1725.
4. M^{te}-Anne, ibid. 26 mars 1726; † le même jour.
5. J^n-Renauld, ibid. 20 févr. 1727.
6. M^{ie}-Jeanne, par. St-Gorgon 23 avril 1728.
7. Anne, ibid. 10 juil. 1735; † le surlendemain.
8. M^{ie}-Rose-Charlotte, par. St-Victor 3 févr. 1738; † 9 suiv.
9. *J^n-B^{te}-N^{as}-François*, qui suivra.
10. *Henry-M^{ie}*, [né à Villosne]; lequel suit.

II. HENRY-M^{IE}, fils du préc., licencié en droit de l'université de Bordeaux, secrétaire perpétuel de l'ancienne Académie royale de Metz [auteur des manuscrits de la Bibliothèque de la ville de Metz qui portent son nom], receveur des domaines du Roi à Metz, puis avocat au parl^t, épousa, par. Ste-Croix 3 nov. 1756, M^{ie}-Anne *Gomé de la Grange*, dont il eut :
1. Laurent-M^{ie}, par. Ste-Croix 24 juil. 1757.
2. Théodore-M^{ie}-Henry, ibid. 24 déc. 1758; † 16 mars suiv.
3. M^{ie}-N^{as}-Charles, ibid. 12 janv. 1760.
4. Gilles-M^{ie}, ibid. 5 déc. 1760.
5. M^{ie}-Georgette-Henriette, ibid. 10 nov. 1761.
6. M^{ie}-Madeleine-Henriette, par. St-Victor 26 nov. 1762.
7. Laurent-M^{ie}-Saturnin, ibid. 29 nov. 1763.
8. J^n-M^{ie}-Gall, ibid. 16 oct. 1765.
9. M^{ie}-Rose-Philippine, ibid. 20 déc. 1766.
10. Eucaire-M^{ie}-Immaculée, ibid. 8 déc. 1770; † par. Ste-Croix 27 suiv.

III. J^n-B^{te}-N^{as}-FRANÇOIS, frère du préc., sgr de Retonféy, chev. de St-Louis, cap. au rég^t de Montmorin, puis de l'Isle de France, eut de J^{ne} *d'Illeny*, son épouse :
1. Henry-M^{ie}, par. St-Marcel 2 juil. 1775 : m. M^{ie}-Rose Dupré de Geneste, sa cousine. [Il mourut à Longeville-lès-Metz, 26 juin 1848].

2. Henry, parrain du préc.

IV. Marguerite. V. Mathis VI.

DUPRILHON d'ARGELLES Marguerite. V. d'Orlandes de Saleton.

DUPUY. I. Lazare, éc., chev. de St-Louis, cap. au rég^t de la Couronne, âgé de 41 ans, fils de † noble Antoine Dupuy-Capiez de Pauligne, trés. de France en la généralité de Toulouse, sgr de Pauligne, et de M^{te} de Boyer, du diocèse de Narbonne, épousa, par. Ste-Croix 23 févr. 1762, M^{ie}-J^{ne} *Croisille*, âgée de 26 ans, dont il eut :
1. M^{ie}-Josèphe, par. St-Marcel 9 mars 1764 : p. F^{ois} Dupuy de Pauligne, éc., son oncle, représenté par J^{ques}-J^{ph} Dufossé de Solis, ancien cap. au rég^t de la Marck.
2. J^{ph}-Antoine, ibid. 29 mai 1765.
3. Anne, par. St-Martin 23 août 1766 : p. Antoine-J^{ph} Dupuy, oncle; m. Anne Dupuy, tante de l'enfant.
4. F^{ois}-J^{ph}-Gabriel, ibid. 19 sept. 1767.
5. M^{ie}-Marguerite, ibid. 4 mars 1769.
6. J^{ph}-Antoine, parrain de la préc.

II. Pierre, cap. au rég^t de Montmorin, † à 45 ans, par. St-Martin 22 mars 1746 : à son enterrement, Étienne du Faucon, lieut.-colonel; Antoine d'Aigremont, cap., et Antoine de la Coste, cap. aide-major.

III. François, éc., cavalier volontaire à la compagnie de Mr Duzon, fils du s^r Dupuy, éc., s^r de la Badonière en Poitou, † par. Ste-Ségolène 30 déc. 1672.

IV. Marguerite. V. Duret de Chevry.

DUPUY de la GARDE Antoine, éc., ancien commissaire des guerres, dem^t à Paris, épousa M^{ie}-Thérèse *Robin*, dont il eut Suzanne-P^{re}, mariée à P^{re}-N^{as} de Lasalle.

DUPUY des MARCEAUX Charles, fils des † N***, avocat au parl^t de Grenoble, et J^{ne}-M^{ie} Corbis, épousa, par. St-Martin 23 juin 1744, Louise *Hugon*, v^{ve} de P^{re} Gassaud, chir. major au rég^t royal artillerie : au mariage, Guillaume Micot de Monbrun, éc.; Antoine de Vignan, cap. au rég^t de la marine.

DURAND. I. Jean, [conseiller et secrétaire du prince Jean de Deux-Ponts palatin du Rhin, fils de Pantaléon, receveur des comtes de la Roche, damoiseaux de Commercy, épousa, en 1577, M^{ie} *de Tailfumyr*, dont il eut entre autres enfants :
1. *Pantaléon*, né à Commercy 10 févr. 1608; lequel suit.
2. François, avocat au parl^t de Metz, lequel épousa M^{ie} *Haraucourt*, fille de N^{as} Haraucourt, prévôt de Commercy, de laquelle il eut Ch^{les}, sgr de Valdeck, conseiller d'État de Charles IV, son procureur gén^l en sa cour souveraine en 1669, puis président des grands jours de Commercy. Charles eut deux fils : 1° F^{ois} Durand de Valdeck, avocat au parl^t de Metz; 2° Ignace, cap. d'une compagnie franche au service de France.]

II. Pantaléon, fils du préc., avocat au parl^t, un des échevins de la ville, † par. St-Martin 18 mai 1672. Il avait épousé [en 1634] Barbe *Foës*, † ibid. 16 sept. 1707, à 93 ans. De leur mariage étaient nés :
1. Philippe, par. St-Martin 8 avril 1637, curé d'Ay, à l'enterrement de son père.
2. Françoise, par. St-Victor 4 juin 1641.
3. Anne, ibid. 7 oct. 1642.
4. François, ibid. 11 août 1644; licencié ès droits, chan. de St-Thiébaut, curé de St-Martin de Metz pendant 40 ans, † 29 janv. 1715.
5. Jeanne (*alias* Marie), † par. St-Martin 21 juin 1707, à 56 ans.
6. *J^n-B^{te}-Pantaléon*, par. St-Simplice 8 avril 1652; lequel suit.
7. Marguerite, par. St-Martin 18 mai 1657, mariée à Antoine de Fliguy, puis à J^{ques} de Brocas.

III. J^n-B^{te}-Pantaléon, fils du préc., éc., sgr de Distroff, un des échevins de la ville, bailly de l'abbaye de St-Symphorien, puis conseiller au parl^t, † par. St-Gorgon 5 avril 1715. Il avait épousé, en la chap. de la Propagation de la Foi, par. Ste-Croix 22 oct. 1678, Suzanne *Duclos*, † ibid. 3 déc. 1728. De leur mariage étaient nés :

1. Marie, † par. St-Martin 25 oct. 1744.
2. Pantaléon, par. St-Gengoulph 16 août 1680.
3. Fois-Benoît, par. St-Martin 16 nov. 1685; lequel suit.
4. Louis-Jph, ibid. 9 janv. 1687.
5. Mie-Françoise, ibid. 8 janv. 1688; mariée à Antoine-Christophe Andry.
6. Madeleine-Suzanne, ibid. 28 mars 1689.
7. Jn-Fois-Louis, ibid. 28 mai 1693; lequel suivra VII.
8. Jn-Bte-Dque-Pantaléon, successeur de son oncle François à la cure de St-Martin, puis chan. de la cathédrale, † 12 juin 1743, à 58 ans.

IV. Fois-Benoit, fils du préc., conseiller au parlt, éc., sgr de Distroff et Stuckange, [† au château de Distroff 2 déc. 1767. Il avait épousé, en 1711, Mie-Thérèse *de Launoy de Montagny*, de Guentrange près Thionville, laquelle mourut à Hombourg 20 nov. 1752, à 64 ans]. De leur mariage naquirent par. St-Martin, à l'exception du premier :
1. Fois-Michel, [né à Thionville 19 mars 1714]; conseiller au parlt, † au Ban-St-Martin 5 août 1778; son corps fut inhumé dans l'église St-Simon; son cœur fut déposé en l'église de Distroff.
2. Dque-Hyacinthe, 29 août 1718; [prieur d'Auneuil, vicaire génl du diocèse de Soissons].
3. *Laurent-Adolphe*, 7 févr. 1724; lequel suit.
4. Mie-Thérèse, 29 mai 1728; mariée à Fois de Lasalle.
5. Louis-Fois-Benoît, [chev. de St-Louis, sgr d'Urville, colonel major du régt de la vieille marine infanterie, † en Corse 17 déc. 1768; il avait épousé Mte *Durand d'Augny*, sa cousine germaine, dont il n'eut pas d'enfants].

V. LAURENT-ADOLPHE, fils du préc., sgr de Crépy, chev. de St-Louis, ancien cap. de cavalerie au régt de Chabrillant, † à 41 ans, par. St-Maximin 8 sept. 1764. Il avait épousé, par. Ste-Croix 15 déc. 1761, Mie-Suzanne-Charlotte *de Belchamps*, dont naquit, par. Ste-Croix 20 janv. 1765, un fils posthume, *Fois-Benoît-Chles-Pantaléon*, qui suit.

VI. Fois-BENOIT-CHLES-PANTALÉON, fils du préc., sgr de Crépy, [successivement page de Monsieur frère du Roi, officier de dragons, premier avocat génl au parlt, maire de Metz (an IX), commissaire du gouvt près le conseil des prises (1800), chef de la 22e conservation forestière (1801), député de Sarreguemines (1823), officier de la Légion d'honneur (1825), réélu député par le grand collège de la Moselle (1827), † dans son domaine de Tichémont 26 nov. 1853]. Il avait épousé, à Frescaty, en la chapelle de Mgr de Montmorency, le mariage étant bénit par l'Évêque lui-même, 5 juil. 1785, Anne-Charlotte *Lançon*. Aux signatures les noms suivants : Durand d'Aunoux; Louis-Fois de Belchamps; Jn-Louis Besnard de Boulenne; Jn Geoffroy, conseiller au parlt; du Cherray; Tardif; du Coëtlosquet; Chevreau; d'Ancerville; de Boucheporn; P. de Saint-Billien; de Boisset d'Alnoncourt; de Marion; du Cherray; de Pont; de Chazelles; Boudet de Puymaigre; d'Ancerville, ministre; Besser; Louis-Joseph, évêque de Metz.
— De ce mariage naquirent par. St-Martin :
1. Pre-Philippe-Clément, 21 mai 1786; [receveur des finances à Béthune, il épousa Antonia *Tempié*; il signait Durand de Lançon].
2. Louis, 14 juin 1787 (1).
3. François, 22 août 1788; [ancien garde du corps de Louis XVIII, agronome près de Lignères dans le Berry, il épousa Mie-Thérèse-Christine *de Laubrussel*].
4. Philippe, 26 déc. 1789.
5. Victor, [† à Metz 22 mai 1866; il avait épousé Catherine-Mie-Louise *Gérardin*, fille de Léon Gérardin, de laquelle il eut, 11 janv. 1835, Anatole, avocat à la cour impériale de Metz, membre correspondant de la Société des antiquaires de France, marié à Louise Olry].

---

(1) Louis, ancien chef de bataillon, chev. de St-Louis, officier de la Légion d'honneur, chev. de St-Ferdinand d'Espagne, épousa Clémentine Ancillon, † à Metz 24 avril 1855, enterrée au cimetière de l'Est. De leur mariage étaient nés :
1. Clémence, mariée, 27 mai 1856, à Henry bon Delfau de Belfort, fils du bon Delfau de Belfort et de N*** de la Haute. De leur mariage sont nés Ludovic et Noémi.
2. Charles.
3. Charlotte.
4. Paul, né à Metz en 1833; † ibid. 24 juin 1862.

6. Catherine-Delphine, [mariée au colonel d'artillerie Jⁿ-P^re-Paul b^on de Bonafos de la Tour].

VII. J^N-F^ois-Louis, g^d oncle du préc., tige de la branche des Durand de Villers, éc., conseiller au parl^t, sgr d'Augny, † par. St-Victor 26 sept. 1747, à 50 ans. Il avait épousé, 19 avril 1735, dans la chapelle d'Urville, annexe de Courcelles-Chaussy, Nicole *de Saint-Blaise*, † par. St-Victor 27 nov. 1778, à 71 ans. De leur mariage naquirent par. St-Victor, excepté la première née par. St-Martin :

1. Marguerite, 15 mars 1736 ; mariée à Louis-F^ois-Benoît Durand, ci-dessus IV, 5.
2. *Paul-F^ois*, 6 févr. 1737 ; lequel suivra.
3. *Charles*, 15 juin 1738 ; lequel suit.
4. *F^ois-Benoît*, 25 mars 1741 ; lequel suivra.

VIII. Charles D. *d'Aunoux*, fils du préc., conseiller au parl^t, épousa [en 1772] Agathe-Rose *de Jobal*, dont il eut :

1. F^oise-Nicole, par. St-Victor 14 juin 1773 ; mariée à Ch^les Ancillon.
2. Louis, par. St-Eucaire 17 avril 1775 ; [lieut.-colonel d'infanterie, il épousa Adèle *de Larminat*, et mourut à Metz 1er mars 1854 : inhumé à Montoy.]
3. Antoinette, ibid. 28 févr. 1781.
4. Caroline ; mariée à Louis-N^as Le Goux de Neuvry.

IX. F^ois-Benoît D. *de Sorbey*, frère du préc., éc., sgr de Sorbey, cap. commd^t au rég^t d'Auxerrois, épousa M^ie-Thérèse *Besser*, † par. St-Victor 2 déc. 1787. De leur mariage naquirent :

1. Marguerite, par. St-Marcel 7 mai 1781 ; [mariée à Louis-M^ie-Prosper-Cyrille Augeron de la Tanchère].
2. F^ois-Marie, ibid. 22 mars 1783.
3. Monique, par. St-Victor 8 févr. 1787 ; [mariée à Metz, 7 janv. 1811, à Louis Huyn de Vernéville].

X. Paul-F^ois, frère des deux préc., éc., sgr de Villers-aux-Bois, major au rég^t de Rouergue, lieut.-colonel d'infanterie, épousa [en 1771] Antoinette *le Duchat*, dont il eut par. St-Martin :

1. Charles, 1er oct. 1772 ; [il épousa, en 1822, Anne-Hortense *de Tinseau*, dont il eut une seule fille, Antoinette, mariée à Paul Georgin de Mardigny, ingénieur des ponts-et-chaussées.]
2. Paul, 17 sept. 1773 (1).
3. Suzanne-Justine, 1er janv. 1775.
4. François (2).

XI. Jean, R. P. R., fils de Jean, conseiller du Roi et trésorier gén^l des réparations ès bâtiments de France, épousa 7 mai 1595, Charlotte *Chardot*, fille du s^r P^re Chardot.

XII. Nicolas, éc., sgr de Lesse et de Jeandelaincourt, épousa, par. St-Victor 1er juil. 1686, Madeleine *de Paulo*, † ibid. 30 août 1693.

XIII. P^re-François, originaire de Chérein, diocèse de Liège, dem^t par. de la Chaussée, âgé de 27 ans, épousa, par. Ste-Ségolène 11 avril 1720, Anne-M^ie *de Morhain*. Le mariage fut bénit par J^n Durand, curé de Hombourg-la-Forteresse et archiprêtre de Hornbach, diocèse de Metz, oncle du marié.

XIV. Charles-F^ois. V. Charpentier III.
XV. M^ie-Charlotte. V. du Hault.
XVI. Marie. V. de Saint-Laurent.

DURAND D'HARAUCOURT (de), alias **D'ARRAINCOURT**. I. Claude, cap. au rég^t de la Couronne, † par. St-Jean de la Citadelle 13 mai 1697. Il avait épousé Charlotte *de Tillon*, dont il eut :

1. Claude, par. St-Martin 10 août 1674 ; p. Ch^les Préfonval, éc., major du rég^t de la Couronne ; m. F^oise *de Selve*, épouse de Thomas de Berard.
2. Antoinette-F^oise, par. St-Jean de la

---

(1) Paul, chef d'escadron de cavalerie, épousa Constance **Charuel**, dont il eut :
1. Paul, chef de bataillon du génie, marié à Paris à d^elle **Bergonnié**, fille d'un conseiller à la cour de Paris.
2. Eugène, cap. d'état-major, marié à Versailles en 1848 à d^lle **Pelletier**, fille du lieut.-gén^l de ce nom.
3. Anna, mariée, à Metz, à Philippe-Hyacinthe b^on de Saint-Vincent, président du tribunal de Charleville.

(2) François, inspecteur des eaux et forêts, épousa F^oise-Thérèse **Dorival-Duhouleux**, dont il a eu :
1. Ernest, inspecteur des eaux et forêts à Briey (1853).
2. Gaston, cap. du génie à Arras, marié à Célestine de **Montagnac**.
3. Bathilde, mariée à Léon v^te du Coëtlosquet. (*Biog. du Parl^t*).

Citadelle 23 sept. 1675; mariée, à 15 ans 1/2, à Honoré-Michel du Roc.
3. Jⁿ-F^{ois}, ibid. 3 mars 1678.

II. F^{oise}-Thérèse. V. de Léviston.

DURAT (DE) Jⁿ-François. V. de Barreyres.

DURAU (DE) Michel, s^r d'Armigny, g^d prévôt de la maréchaussée de Montroyal, eut de Catherine *Prévôt*, son épouse, Jⁿ-Étienne, par. St-Martin 26 juil. 1689.

DUREMONT M^{ie}-Françoise. V. Charuel de Sainte-Croix I, 8.

DURET Simon, clerc de Paris, chan. de la cathédrale, † à 45 ans, par. St-Gorgon 4 sept. 1748 : à son enterrement, Ch^{les} Duret, religieux de l'abbaye de St-Clément.

DURET DE CHEVRY Charles, chev., sgr de Chevry en Séraigne, de H^{te}-Bévoie et de Vercly, président à mortier au parl^t, † par. St-Martin 2 avril 1686, inhumé aux Carmes anciens. Il avait épousé Denise-Catherine *de Ville*, † par. Ste-Ségolène 1er mars 1708, inhumée à côté de son mari. De leur mariage étaient nées :
1. M^{te}-Charlotte-Gabrielle, ondoyée à la chapelle du château de H^{te}-Bévoie 3 avril 1668. Les cérémonies du baptême lui furent suppléées par. St-Martin 25 mars 1680 : p. F^{ois} le Conte, chev., sgr d'Hermay-Lamothe de Lorez, b^{on} de Préau et autres lieux, au nom de Ch^{les} Duret, chev., sgr de Chevry en Séraigne, conseiller du Roi en son conseil d'État privé et président à la Chambre des comptes de Paris; m. M^{te} Dupuy, épouse dudit F^{ois} le Conte.
2. M^{ie}-Madeleine, par. Ste-Ségolène 17 août 1670.

DURET (DE) Jⁿ-François. V. Aupoix.

DURFERT Louise-M^{ie}. V. Pérain de Buy.

DURFORT Marie. V. du Hayer.

DURFORT (DE). V. Croisille IV, 3.

DURIEUX Pierre, chev. de St-Louis, cap. command^t au rég^t de Piémont en garnison à la citadelle de Metz, âgé de 45 ans, fils de Louis-Ignace, chev., sgr de Mainadie, par. de Sigalas au diocèse d'Agen en Guyenne, lieut. au rég^t de la Reine cavalerie, et de M^{ie} Brunet, épousa, à Pouilly 9 janv. 1787, Thérèse-Julie *de la Condamine*.

DURLOT. I. Edme, cap. centenier de la par. St-Martin, receveur de M. l'abbé de Coursan princier de la cathédrale et vicaire gén^l de l'Évêché, † par. St-Martin 7 sept. 1681, à 60 ans. Il avait épousé : 1° Barbe *Nicolas*, † ibid. 3 nov. 1661, à 24 ans; 2° Gabrielle *Husson*, † ibid. 18 juin 1685. Du second mariage était née Marie, mariée à Claude Mathieu.

II. Élisabeth. V. Grandjean II.

DUSCAT Marguerite. V. Nevelinus de Jost.

DUTEMPS du PORTAIL. I. Jean, R. P. R., sgr du Portail, conseiller du Roi, contrôleur ordinaire provincial des régiments au gouv^t de l'Ile de France, fils de Jean, avocat au parl^t, dem^t à Blois, épousa, 16 févr. 1631, Judith *Jallon*, dont il eut :
1. Judith, 13 janv. 1634; mariée à Jⁿ Olry.
2. Marie, 28 sept. 1637.
3. Jean, 22 juil. 1639.
4. Anne, 9 août 1640.
5. Jean, né à Nancy, baptisé à Metz 24 août 1643.
6. Louis, 25 mars 1644.
7. Esther, 1er nov. 1645.
8. Abraham, 4 août 1647.

II. Jⁿ-Baptiste, éc., s^r du Portail, lieut. au rég^t Dauphin, épousa, par. St-Gengoulph 24 juin 1680, Lucie *Peltre*, dont il eut ibid., à l'exception de Henry né par. St-Martin :
1. P^{re}-François, 25 sept. 1681.
2. Ch^{les}-François, 12 juil. 1683.
3. Henry, 29 août 1688; † par. St-Gengoulph 3 janv. 1690.
4. M^{ie}-Anne, 6 oct. 1691; mariée à André le Seur.
5. Pierre, 10 sept. 1693.

DUTERTRE. I. Charles, [dit de Bazancourt, conseiller au parl^t, † 27 oct. 1747. Il avait épousé Thérèse *de Viart*, dont il eut, 12 mai 1721] *Antoine-Louis*, qui suit.

II. ANTOINE-LOUIS, fils du préc., chev., b^{en} de Trouville, sgr de Sallemagne, président à mortier au parl^t, † en son château de Sallemagne près Bar-le-Duc, 26 avril 1789. Il avait épousé, par. St-Gengoulph 9 févr. 1750, M^{ie}-Jacqueline *Morel*, dont il eut :
1. Alexis, dit de Trouville, né à Bar-le-Duc 21 avril 1758; conseiller au parl^t, il épousa, par St-Victor 13 août 1787, J^{ne}-Charlotte-Sophie *Dosquet*, âgée de 23 ans, [de laquelle il eut Mesdames de Gaulme et Duhoux de Crefcœur.]
2. F^{oise}-Cécile, mariée à F^{ois}-Ignace de Wendel.

III. PIERRE, éc., conseiller du Roi, commissaire extraordinaire des guerres, eut de Catherine-Hélène *Pageau*, son épouse, Anne-Louise, par. St-Maximin 4 mars 1698.

IV. FRANÇOISE, supérieure de la maison de St-Charles du Refuge, † par. St-Marcel 6 avril 1714.

DUTRIN D'ALEXANDRE JEAN, sgr d'Alexandre, maréchal des camps et armées du Roi, † par. Ste-Croix 22 août 1671. Il avait épousé F^{oise} *Vernier*, dont il eut :
1. J^n-Étienne, par. Ste-Croix 29 oct. 1667.
2. J^n-François, ibid. 12 mai 1670; † 22 mars 1674.
3. M^{ie}-Lucie, † ibid. 27 avril 1683.
4. Étienne, † ibid. 16 sept. 1683.

DUVERGER J^n-LOUIS, éc., s^r de Courcelles, volontaire au rég^t de Bourbonnais aux casernes de Chambière, âgé de 21 ans, fils de Louis-Victor et de † M^{ie}-Louise-F^{oise} Petitpied, de la par. St-Pierre et St-Paul de Narbonne, épousa, par. St-Livier 24 nov. 1789, Honorée-Éléonore *Reignier du Tillet*, âgée de 24 ans, fille de Henry-N^{as} Reignier du Tillet, ancien officier de la maison de la Reine, et de Louise-F^{oise}-Cécile de Chaligny. Au mariage, Marc-J^{ph} du Faure-Provillar, cap. command^t; Gabriel-F^{ois} de Silly, chev., sgr des Francs, cap. des grenadiers; J^{ph}-Prosper de Pochard, éc., cap.; J^n-F^{ois} Roch Descorches-Dumesnil, lieut. : tous du rég^t de Bourbonnais.

DUVERGNE FRANÇOISE. V. de Bachoué.

E

ÉBAUDY. I. CATHERINE. V. Barot de Pourru II.

II. CLAUDINE. V. Cabouilly IV.

III. VINCENT. V. de Beschefer de Versel.

ÉCOSSE (D') FRANÇOISE. V. Despinette V, 6.

ÉCRIENNES (D') ALEXANDRE-LOUIS-MARTIN, cap. au corps royal artillerie rég^t d'Auxonne, âgé de 29 ans, fils de J^n-B^{te}-Martin, conseiller du Roi, m^e particulier des eaux et forêts de Vitry-le-François, et de Suzanne Coutenot, épousa, par. St-Marcel 23 nov. 1790, Agnès *Zwefelt de Suève*, âgée de 17 ans.

ÉDOUIN FRANÇOISE. V. Michelet de Vatimont.

ÉDRIER (DE L') M^{ie}-THÉRÈSE-L^{se}. V. de Greische II.

EGMOND (D') MARIE. V. d'Elbecuto-Orlandiny.

EGMOND DE BERGH (D') MARGUERITE. V. Pétremand d'Amondans.

EISENDORF (D') AUGUSTIN. V. de Melisse.

ELBECUTO-ORLANDINY (D') GASPARD-M^{ie}-HIPPOLYTE, chev. d'ancienne maison patricienne de Toscane, cap. pour le service du Roi au rég^t Royal italien, fils de Fabius, chev. de maison patricienne des États de S. A. R. le Grand-Duc de Toscane et gentilhomme ordinaire de sa chambre, et de M^{ie}-Rose Nicoligny, épousa : 1° M^{ie}-Gabrielle *Lamy de Bezanges*, † par. St-Marcel 2 sept. 1743 ; 2e M^{ie}-L^{se} *de Trüstet, alias de Trüstett*.

Du premier mariage naquirent :

1. M^{ie}-Rose-Marquise-Charlotte, par. St-Simplice 16 juin 1739.
2. Henry-Gaspard-Fabius-F^{ois}-Laurent, par. St-Victor 10 août 1740 : p. Henry Grosjean, chan. de la cathédrale de Strasbourg, d^r en théologie, représenté par J^n-F^{ois} de Paule-Lazard Lamy de Bezanges, command^t l'artillerie en la ville de Condé, oncle de l'enfant ; m. Anne-Sophie de Trüstet, épouse de Ch^{les} Lamy de Bezanges, le g^d père, représentant Camille Seristory, dame du palais de S. A. l'Électrice Palatine princesse g^{de} douairière de Toscane, épouse de Jules-Gaspard d'Elbecuto-Orlandiny, chev. d'ancienne maison patricienne, gentilhomme ordinaire de la chambre de † S. A. R. le g^d duc de Toscane, chambellan de S. A. R. le Duc régnant, tante de l'enfant.

Du second mariage naquirent :

3. Louis-Georges-F^{ois}-M^{ie}-Léonard, par. Ste-Ségolène 9 juin 1749 : p. S. A. S. Mgr Louis-Georges margrave régnant de Baden-Baden et Hohlberg, landgrave de Saussenberg, c^{te} de Spanheim et Éberstein, sgr de Rosten, Baadeweilers, Lahr et Mahlberg, de la préfecture d'Ortenau et Lhel, lieut. gén^l et colonel propriétaire d'un rég^t d'infanterie au service de S. M. I. et R. l'Impératrice Reine, général d'artillerie du très humble Cercle de Souabe, chev. de la Toison d'or, représenté par Georges-F^{ois} Devaux, éc., conseiller au parl^t ; m. S. A. S. Marie duchesse d'Aremberg, d'Arschot et Croy, née c^{esse} d'Egmont, de la sérénissime et ducale maison de Pisatche-Pignatelly, représentée par Anne-Sophie Lamy b^{onne} de Bezanges, née de Trüstet. — Il mourut ibid. 14 sept. 1749.
4. Gustave-Louis-Robert-Gaspard-P^{re}-Léonard, par. St-Georges 29 juin 1750 :

p. S. A. le Prince Gustave de Stolberg, prince du St-Empire, chev. de St-Hubert, colonel command^t le rég^t Darberg infanterie, dont le père de l'enfant est major, représenté par F^{ois} d'Heinecken, officier au rég^t de Poitou au service de S. M. très chrétienne ; m. L^{se}-Constance de Trüstet, v^{ve} de J^n-Herman de Trüstet, g^d mère de l'enfant. — Il mourut par. Ste-Ségolène 28 févr. 1753.

ELBENNE (D') ANNE-F^{oise}. V. de Refuge.

ÉLÉONOR DU PRADEL JEAN, éc., eut de F^{oise} *Pottier*, son épouse, par. St-Gengoulph :

1. M^{ie}-Madeleine, 4 oct. 1696 ; † le lendemain.
2. N^{as}-Michel, 29 sept. 1697.
3. M^{ie}-Madeleine, 12 janv. 1700.

ELLIÉE DE BELLEAU (D') GABRIEL, éc., chev. de St-Louis, cap. au rég^t d'Orléans cavalerie, † par. St-Livier 9 janv. 1732, à 47 ans. Il avait épousé, par. St-Victor 13 nov. 1724, Anne-Élisabeth *Tarcis*, dont il eut par. St-Marcel :

1. Louis, 14 sept. 1726 ; lieut. au rég^t de Chartres en 1750.
2. Catherine, 30 déc. 1727 ; † par. St-Livier 22 mai 1733.
3. Angélique-Béatrix-Charlotte, 10 août 1729 ; mariée à M^{ie}-Prosper Augeron.

ELTOUF DE PRADINES (D'), *alias* D'ELTEUF, NICOLAS, sgr en partie de Frémery, fils d'Alexandre, éc., b^{on} de Conflans, et de Michelle Odo, épousa : 1° par. Ste-Croix 10 août 1697, Anne *Macart* ; 2° par. St-Marcel 2 sept. 1732, Élisabeth *Mourot*, † pensionnaire de la Visitation, par. St-Maximin 9 janv. 1778, à 78 ans.

ELTZ (D'). I. CH^{les}-HENRI, sgr d'Ottange, eut de M^{ie}-Reine *Kaiseltat*, son épouse, une fille ondoyée par. St-Victor 3 juin 1675.

II. J^N-ANTOINE, b^{on}, maréchal des camps et armées du Roi, sgr d'Ottange et autres lieux, avait épousé Anne-M^{ie}-Richarde-Salomée b^{onne} *de Flaxante, alias Flachslande*, † v^{ve} de lui, par. St-Gorgon 14 oct. 1743, à 55 ans.

III. Philippe-Antoine. V. d'Hunolstein.
IV. Antoinette. V. d'Acheux.

ELZENNES (d') François. V. de Fiennes.

EMMERY, alias EMERICK, EMMERICH. I. Lion, né en 1678, fils de Nathan, juif, et de Genon Halphen, juive, fut baptisé à la cathédrale 15 sept. 1698, et reçut le nom de J^n-B^{te} (l'acte par. St-Gorgon). Marchand, rue des Allemands, il épousa, par. St-Eucaire 6 juin 1702, Madeleine *Périn*, fille d'André Périn et d'Anne Moderé : il signe en hébreu à l'acte du mariage. — Du dit mariage naquirent par. St-Eucaire :
1. Ch^{les}-Louis, 5 août 1703; † le 26 suiv.
2. *Claude*, 13 mars 1706; lequel suit
3. J^n-Baptiste, 25 sept. 1707.
4. M^{ie}-Thérèse, 26 déc. 1709.
5. *Nicolas*, 11 mars 1711; lequel suivra IV.
6. M^{te}-Madeleine, 10 avril 1712.
7. Jeanne, 16 avril 1713; le père est m^e de la confrérie du Saint-Sacrement.
8. Nicolas, 19 oct. 1714.
9. Antoinette, 7 août 1716; † 11 sept. 1720.

II. Claude, fils du préc., procureur au bailliage, † par. St-Maximin 31 mai 1782. Il avait épousé : 1° ibid. 16 févr. 1734, Nicole *Cloppe*, fille de † J^n Cloppe, jardinier, et de Suzanne Marchal, laquelle mourut par. St-Eucaire 8 nov. 1740, à 30 ans; 2° par. St-Victor 16 mars 1741, J^{ne} *Marc*, † par. St-Maximin 4 nov. 1767, à 47 ans.

Du premier mariage naquit :
1. Suzanne, par. St-Eucaire 22 janv. 1736.

Du second mariage naquirent :
2. J^n-*Louis-Claude*, par. St-Eucaire 26 avril 1742; lequel suit.
3. Claudine-F^{oise}, par. St-Maximin 10 déc. 1743; mariée à René-F^{ois} Jacquinot.
4. Marguerite, ibid. 6 mai 1745.
5. Marie, ibid. 5 mai 1746.
6. Jeanne, ibid. 2 sept. 1747.
7. Claude, ibid. 3 août 1749.
8. Louis-Maximin, ibid. 25 mars 1752; conseiller du Roi, ancien secrétaire en chef de l'hôtel de ville de Verdun, receveur de l'hôtel de ville de Metz (1782).
9. Philippe, 23 févr. 1753; † par. St-Martin 31 oct. 1754.
10. M^{te}-Catherine, ibid. 14 oct. 1754; mariée à Alexis Villeroy.
11. Élisabeth, mariée à Claude Remy.

III. J^n-Louis-Claude, fils du préc., avocat au parl^t, ancien conseiller-échevin de l'hôtel de ville, membre de la Société royale des sciences et des arts, épousa, par. St-Marcel 19 oct. 1782, Mlle J^{ne}-Sophie *de Lasalle de Han*, âgée de 35 ans, fille des † J^n-Gédéon de Lasalle de Han, dir. des vivres du Hainault et de l'armée du Roi sur le Bas-Rhin, et M^{ite}-F^{oise} Casbat. [Il obtint le titre de c^{te} de Grosyeux, sous l'Empire d'après la Biographie du Parl^t, sous Louis XVIII d'après la Biographie de la Moselle, fut pair de France et mourut à Grosyeux près Metz 15 juil. 1823]. De son mariage naquirent par. St-Maximin :
1. J^{ques}-N^{as}-J^n-Claude, 27 août 1783 : p. J^{ques}-N^{as} de Lasalle, sgr de Dampierre, conseiller secrétaire du Roi maison et couronne de France; m. J^{ne} de Lasalle, v^{ve} de F^{ois} Gadroy, ingénieur à l'île de Rhé. — [Il fut pair de France comme son père.]
2. Maximin-J^n-Claude, 13 mars 1785.

IV. Nicolas, oncle du préc., huissier en la chancellerie du parl^t, priseur juré au bailliage, vendeur de meubles, sgr de Nouilly, épousa, par. St-Maximin 28 avril 1744, M^{te} *Henry*, fille de Claude Henry et d'Agathe-F^{oise} Bernard, de laquelle il eut :
1. François, par. St-Eucaire 21 sept. 1745.
2. *Claude-N^{as}*, ibid. 11 août 1746; lequel suivra.
3. Agathe, ibid. 3 nov. 1747; mariée à N^{as} Lamarle.
4. *Louis-N^{as}*, ibid. 27 oct. 1748; lequel suit.
5. Jeanne, ibid. 7 janv. 1749; † par. St-Maximin 14 nov. 1770.
6. Élisabeth, ibid. 25 mai 1751; mariée à J^n-Louis Dorvaux.
7. Marie, par. Ste-Croix 18 févr. 1753; mariée à Claude-F^{ois} Périn.
8. M^{te}-Françoise, par. St-Maximin 21 févr. 1755.

9. Claude-J^n-B^te, ibid. 21 oct. 1756; contrôleur des vingtièmes (1786).
10. Anne-L^se, ibid. 5 juil. 1758.
11. Louis-M^ie, ibid. 8 févr. 1760. [Il entra dans l'intendance militaire ; il avait épousé N*** Weiss, de Paris, dont il eut plusieurs enfants.]

V. Louis-N^as, fils du préc., procureur au parl^t, épousa, par. Ste-Croix 24 janv. 1786, M^ie-Glossinde *Dauphin*, dont il eut :
1. N^as-Louis-M^ie, par. Ste-Croix 7 nov. 1786.
2. M^te-Glossinde, ibid. 16 août 1788.
3. J^n-Théodore, ibid. 23 oct. 1789.
4. Claude-N^as-Prosper, par. St-Victor 6 déc. 1790.

VI. CLAUDE-N^as, frère du préc., procureur au bailliage, épousa, par. St-Livier 4 févr. 1777, M^ie-J^ne *Dorvaux*, âgée de 26 ans : au mariage, F^ois Dorvaux, prêtre trinitaire de Metz, frère de l'épouse. Du dit mariage naquirent par. St-Maximin :
1. M^ie-F^oise-Béatrix, 30 oct. 1777.
2. Marguerite, 26 sept. 1778.
3. Élisabeth, 18 févr. 1780.
4. Barbe-Victoire, 4 oct. 1782.
5. M^ie-Béatrix, 27 août 1784.
6. J^n-Pierre, 24 févr. 1786.
7. J^n-Louis, jumeau du préc.
8. M^ie-Louis-Étienne, 7 janv. 1788.
9. D^que-Christophe, 2 mars 1790.

VII. ALEXANDRE, fils de J^ques et de M^te Lequo, dem^t à Paris, appartenant au rég^t de Goesse, épousa, par. St-Livier 13 mai 1691, M^ie *Matine*, fille de † Cosman Matine et d'Anne-Catherine, v^ve de Molsen.

EMMERY DE BOISLOGÉ. I. MARIE-F^oise, fille de Jean, chev., brigadier d'infanterie et lieut. gén^l de l'artillerie du dép^t de Metz, chev. de St-Louis, et d'Anne Fourot ; † à 19 ans, par. St-Jean de la Citadelle 6 août 1720.

II. M^ie-ANNE. V. Besnard de Bouleune II.

III. M^ie-PÉTRONILLE. V. de Couët XII.

ENCAUSSE (D') MARIE. V. de Caubet de Laussedat.

ENGELGEN (D'), *alias* D'ENGELGUEN. I. JEAN, g^d gruyer de l'Évêché de Metz, intend^t des affaires de l'Évêque, puis président pour Mgr le Prince de Fürstemberg à Saverne, sgr d'Ay, Trémery et Châtel-St-Blaise, † par. Ste-Croix 6 sept. 1676. Il avait épousé Catherine-Bonne *Odam*, *alias* *Adam*, dont il eut :
1. Jeanne, par. St-Victor 30 mars 1667.
2. Françoise, par. St-Gorgon 13 août 1669 ; mariée à J^n-Michel Parisot.
3. *Henry-Guillaume*, ibid. 14 avril 1672 ; lequel suit.
4. Charles, par. Ste-Croix 7 août 1673.
5. Charles, ibid. 9 janv. 1676 : p. Ch^les Pantaléon, chan. de la cathédrale ; m. Anne Philbert, épouse de F^ois Jobal.
6. Balthasar ; [conseiller du Roi, lieut. gén^l d'épée au bailliage de Toul (1721)].

II. HENRY-GUILLAUME, fils du préc., avocat du Roi au bailliage, puis conseiller au parl^t, [† 13 mai 1753]. Il avait épousé Anne *Boucault*, dont il eut :
1. Bonne F^oise, par. Ste-Croix 30 déc. 1698 ; [mariée à Louis-Laurent Dulau, sgr de Réné-de-Bourgchemin].
2. Anne-Catherine, par. St-Gorgon 4 avril 1708.
3. Jeanne, ibid. 16 févr. 1710.

ENTRÉ (D') CHRISTOPHE, sgr de Haillecourt, de la par. St-Epvre de Nancy, épousa, par. Ste-Croix 6 juil. 1659, Anne *Burluraull*, v^ve du s^r de Croizet, de la par. de Boulay.

EPINAY (D') RENÉE. V. Fabert II, 3.

EPINAY-SAINT-LUC (D') BONAVENTURE, m^is, ancien cap. de cavalerie, dem^t rue Châtillon, avait épousé Urbine-Guillemette-Élisabeth *de Moy*, v^ve en premières noces de N*** de Berthelot, maréchal des camps et armées du Roi, gouverneur de Thionville, laquelle mourut à 55 ans, par. St-Gengoulph 16 janv. 1768.

EPINOIS (DE L') CH^les-Étienne. V. Pyrot.

EPROUVIER (DE L'). V. Dugono.

ERNECOURT (D'). I. ANNE-HENRY, sgr de Port-sur-Seille, eut de M^ie-Barbe *de*

Raigecourt, son épouse, Ignace, par. Ste-Croix 21 avril 1662.

II. Françoise. V. de Chérisey et de Barville.

III. Louis-Hippolyte, cy-devant b^{on} de Montreuil et sgr de la Neuville-aux-Bois, veuf en secondes noces d'Angélique *de Saint-Heullien*, † à 87 ans, par. Ste-Ségolène 3 févr. 1791. Il fut père de Madeleine-L^{se}-Thérèse, mariée à Jⁿ-Ch^{les}-Laurent de Salse.

IV. Simon, chev., b^{on} de Montriville, sgr de la Neuville-aux-Bois, Velampierre, Boncourt et autres lieux, avait épousé Émilie *Aubry*, † R. P. R., 21 janv. 1679, à 56 ans.

ERNEUX (de l') Catherine-Élisabeth. V. de Ville VII.

ERVILLÉ (d') P^{re}-Victor-Clément, élève au corps royal artillerie, fils de Jⁿ-F^{ois}-Clément, commissaire des guerres au même corps, chev. de St-Louis, dem^t à Bayonne, et de J^{ne}-L^{se} de Montespan, † au pavillon de la H^{te}-Seille, par. St-Simplice 7 août 1783, âgé de 21 ans.

ESCARS (d') Antoine, eut de M^{te} *Trétienne*, son épouse, par. St-Martin :
1. Anne, 15 mai 1646 : p. Jⁿ de Boissy, lieut. du s^r de St-Bon ; m. Rachel Roc.
2. Michelette, 21 mai 1648.

ESCARS de GIVRY (d') Anne, [cardinal de Givry, évêque de Metz, abbé de St-Bénigne de Dijon et Pothier, † à Vic 19 avril 1642, inhumé le 27 à la cathédrale. Msc. Epit.]

ESCARS de VAUSSERELLE (d') Jⁿ-Baptiste, éc., sgr de Vausserelle, cap. de cavalerie et maréchal des logis de la gendarmerie, † par. St-Martin 16 juin 1718, à 66 ans.

ESCHALLARD. I. Louis-Germain, ancien cap. d'infanterie, chev. de St-Louis, sgr de la Bourguignière, aide-major de la place de Metz, avait épousé F^{oise} *Oriot*, † à 34 ans, par. St-Marcel 9 août 1753. De leur mariage était né, ibid. 29 juin 1752, N^{as}-Louis, qui suit.

II. N^{as}-Louis, fils du préc., chev., sgr de Semécourt, Ban-St-Paul, Avancy et autres lieux, chev. de St-Louis, major au corps royal artillerie de la marine, épousa F^{oise} *de Villiers*, dont il eut, par. Ste-Ségolène 21 déc. 1788, Louis-Ch^{les}-Eugène : p. Jⁿ-Louis d'Eschallard, chev., sgr de la Bourguignière, le Gâtelier, Marigny, Préhémery, les Pavillons, Chantemerle, etc., ancien cap. au rég^t de Flandre, cousin pat. ; m. J^{ne}-Renée-Éléonore d'Eschallard, sa g^d tante pat., épouse de P^{re}-Guillaume c^{te} de Carnazet, gentilhomme de S. A. S. le duc de Penthièvre, sgr du Brousiel, Bransonière, la Martinière, la Masure-Barbier, etc.

ESCOFFERY Marguerite. V. François V.

ESCOVILLE (d') Antoine-Ch^{les}. V. de Mertrus de Saint-Ouen.

ESCROT d'ESTRÉE (d') M^{ie}-Catherine. V. de Barat de Boncourt.

ESDELACK (d') Gertrude, b^{onne}, v^{ve} de N*** de Zogar, cap. au rég^t d'Alsace, † par. St-Maximin 15 avril 1758.

ESMYET. I. François, alias René, avocat au parl^t, eut de Barbe *Fériet*, son épouse, Charlotte, mariée à Mathias de Montberry.

II. Claude. V. de Bouchard de la Noye.

ESPÉE (de l') Anne-F^{oise}. V. de Ravinel.

ESPINAY (d') Joseph. V. d'Anssey.

ESPINOY (d') Aimée. V. de Bragelongne.

ESSELIN, alias HESSELIN. I. Dominique, fermier gén^l de la commanderie de Metz, † par. Ste-Croix 4 mai 1758, à 66 ans. Il avait épousé M^{ie}-Catherine *Nicolas*, † à 73 ans, par. St-Marcel 19 août 1773. De leur mariage était né Joseph, † vicaire de la par. Ste-Croix 19 mai 1758.

II. Pierre, procureur au présidial, eut d'Anne *Barrois*, son épouse, Élisabeth-F^{oise}, par. St-Victor 8 août 1691.

III. Pierre, procureur au parl^t, peut-être le même que le préc., † à 55 ans, par. St-Victor 1er juil. 1716. Il avait épousé Catherine *Watrin*, dont il eut ibid. :

1. Martin-J^{ph}, 29 nov. 1699.
2. Charlotte-Ursule, 13 juil. 1702.
3. Agnès-Thérèse, 28 nov. 1703; † 23 mai 1706.
4. Jeanne, 3 sept. 1705.
5. Honoré-Gabriel, 27 sept. 1706; † 11 janv. suiv.
6. P^{re}-Remy-Claude, 16 avril 1708.
7. P^{re}-Claude, 9 sept. 1709; † 22 suiv.
8. J^{ne}-Claudine, 6 août 1711.

IV. Divers.
1. F^{oise}-ÉLISABETH. V. Bonneau III.
2. MADELEINE. V. Vernier V, 1.
3. M^{ie}-NICOLE. V. Robillard.

ESTAAL (D') N***, b^{on}, avait épousé Sigismonde c^{esse} de Gleresse, † v^{ve} de lui, aux Madeleines, par. St-Martin 25 oct. 1783, à 70 ans.

ESTANG (DE L') JACOB. V. du Frenet.

ESTANTEVILLE (D') JEANNE. V. de Poitiers.

ESTELIN CLAUDE. V. Dattel X.

ESTELLA FRANÇOIS, chev., sgr de Villers, cap. des gardes de M^r le m^{is} d'Orgeau, † par. St-Victor 16 août 1718 : à son enterrement, Albert Estella de Rastache, chev., sgr de Saulny.

ESTÈNE DE LA BASTIDE (D') JEAN, natif du comté de Foix, lieut. de cavalerie au rég^t de la Rochevieille, compagnie du s^r d'Antigny, † par. St-Martin 25 avril 1684.

ESTIENNE. I. BERNARD eut de F^{oise} Cachet, son épouse, F^{oise}-Catherine, par. Ste-Ségolène 22 avril 1658 : p. F^{ois}-J^{ph} de Besanne; m. Anne-Catherine d'Oston, dame de Sainte-Marie.

II. FRANÇOIS, [chan. de St-Thiébaut, † 11 févr. 1733, à 69 ans. Msc. Epit.].

ESTIENNE D'AUGNY. I. PHILBERT, sgr d'Augny, conseiller du Roi en ses conseils, lieut. gén^l au bailliage, † par. Ste-Croix 4 avril 1680. Il avait épousé Pauline Lucquin, † ibid. 13 oct. 1666. De leur mariage étaient nés ibid. :
1. F^{ois}-Philbert, 1er juil. 1637; lequel suit.
2. Marguerite, 5 déc. 1639.
3. Catherine, 16 juil. 1642.
4. Nicolas, 6 nov. 1644.
5. J^n-Louis, 5 nov. 1645.
6. Marguerite, 12 mars 1649; mariée à Louis Chevalier.
7. Pauline-M^{ie}, 9 mars 1652; mariée à Armand de Blair.

II. F^{ois}-PHILBERT, fils du préc., sgr d'Augny, conseiller au parl^t, † par. Ste-Croix 20 janv. 1704. Il avait épousé J^{ne} Racle, † ibid. 12 avril 1696. De leur mariage étaient nés :
1. Marguerite, par. Ste-Croix 12 nov. 1664; † 2 nov. 1714.
2. Philbert, ibid. 14 juin 1666.
3. Louis, ibid. 23 juin 1667.
4. Nicolas, ibid. 12 juil. 1668; sans doute celui qui suit.
5. Antoine, ibid. 17 nov. 1669.
6. Marie, ibid. 18 déc. 1670.
7. M^{ie}-F^{oise}-Geneviève, par. St-Simplice 13 sept. 1674.
8. François, parrain de la préc.
9. Philippe, ibid. 24 nov. 1675.
10. J^{ne}-Claire, par. Ste-Croix 14 déc. 1677; mariée à Ch^{les}-P^{re} Racle.
11. P^{re}-François, ibid. 24 avril 1680.
12. Nicole, † ibid. 4 mai 1688.

III. NICOLAS, chev. de St-Louis, command^t la citadelle de Verdun, veuf d'Élisabeth Grandjambe, épousa, par. Ste-Croix 20 févr. 1734, Anne Mamiel.

IV. ANNE, sœur de Philbert I. V. de Saint-Benoît.

V. NICOLAS, éc., chev. de St-Louis, colonel command^t au rég^t d'Alsace, maire perpétuel et m^e-échevin de Metz, assista au mariage de Claude-Henry de Tschudy.

ESTIENNE DE BAIGNEUX JACQUES, R. P. R., bourgeois, sgr de Baigneux, épousa, 31 janv. 1599, Anne de Chartogne.

ESTIENNE DE CHAUSSEGROS P^{re}-JACQUES, chev., sgr. de Lioux, chev. de St-Louis, ancien cap. au rég^t de Hainault, eut de M^{te} de Saint-Privé, son épouse, Ch^{les}-Marc, par. Ste-Croix 2 janv. 1769.

ESTIENNE de PROCHEVILLE. I. Claude-Élie, sgr de Procheville et d'Arry, cap. au rég¹ de Miromesnil, † par. S¹ᵉ-Croix 12 mai 1724. Il avait épousé : 1° Anne *de Theissier* ; 2° Mⁱᵉ *le Duchat*, † par. S¹ᵉ-Croix 1ᵉʳ févr. 1706 ; 3° par. S¹-Livier 24 nov. 1707, Mⁱᵉ-Rosalie *Lefebvre de Ladonchamps*, † ibid. 19 nov. 1728.
Du premier mariage étaient nés :
1. Pierre, par. S¹ᵉ-Croix 1ᵉʳ sept. 1648.
2. Claude-Élie, ibid. 9 août 1649.
3. Jⁿᵉ-Marguerite, ibid. 19 sept. 1651.
4. Anne, ibid. 2 juin 1653.
5. Lˢᵉ-Henriette, par. S¹-Gengoulph 11 janv. 1655 : p. Henry d'Haraucourt, g⁴ doyen de la cathédrale et vicaire gén¹ de l'Évêché ; m. Louise de Foix de Candale, abbesse de S¹ᵉ-Glossinde.
6. Fᵒⁱˢᵉ-Antoinette, par. S¹-Marcel 8 nov. 1656.
7. Christine, ibid. 18 sept. 1658.
8. Anne-Gabrielle, ibid. 10 mars 1660 : p. Antoine de Riguet, prieur de Flavigny, g⁴ prévôt de S¹-Dié ; m. Anne de Clevant, épouse de Mʳ de Bonnefoy.
9. Mⁱᵉ-Françoise, par. S¹-Simplice 4 févr. 1662 ; mariée à Chˡᵉˢ-Nᵃˢ le Duchat.
10. Louis, ibid. 12 nov. 1667.
11. Madeleine, ibid. 4 févr. 1671.
12. Mⁱᵉ-Angélique, ibid. 4 juin 1673 : p. Jⁿ-B¹ᵉ-Gaston de Tirolle, conseiller du Roi en ses conseils et au parl¹ ; m. Mⁱᵉ-Angélique Cadeau, épouse de Guillaume Frémyn.

II. Pierre, peut-être fils du préc., chev., sgr de Ranzières et de Vaux, conseiller au parl¹, lieut. de louveterie dans l'étendue du bailliage de Verdun, [† à Metz 18 janv. 1714]. Il avait épousé N*** *de Tailfumyr*, dont il eut Mⁱᵉ-Anne-Julienne, par. S¹-Gorgon 6 mai 1685.

ESTOURMEL (d') Jean, [chev., sgr de Malmaison, † 19 mai 1555, inhumé à la cathédrale. Msc. Epit.]

ESTRADIN (d'). V. de la Vernet.

ESTRÉE (d') Mⁱᵉ-Louise. V. le Bret de Courcelles.

ESTRIGNIER Jean. V. le Monnier.

ETANG de PARADE (de l'). V. de Rolland de Réauville.

ETHIS. I. Jean, cabaretier, natif de Rochefort en Forest, fils d'Antoine et de Pacquette Pacquin, † à 80 ans, par. S¹ᵉ-Croix 22 avril 1753. Il avait épousé : 1° par. S¹-Gorgon 17 août 1700, Claudine *Watelet*, âgée de 30 ans, fille de Jean Watelet et de Mⁱᵉ Berton : à ce mariage Antoine Ethis, son frère « ne sachant écrire » ; 2° par. S¹-Gorgon 19 sept. 1712, Catherine *Carillon*, fille de Fᵒⁱˢ Carillon et de Jⁿᵉ Claude, laquelle mourut à 83 ans, par. S¹-Gorgon 13 mars 1746.
Du premier mariage naquirent par. S¹-Gorgon :
1. Louis, 1ᵉʳ août 1701 ; † 18 août 1702.
2. *Louis*, 11 févr. 1703 ; lequel suit.
3. Charles, 23 juil. 1704 ; † 10 juil. 1719.
4. Jeanne, 4 août 1705 ; † 14 sept. 1706.

II. Louis, fils du préc., clerc à l'enterrement de son frère Charles, puis procureur au parl¹, † par. S¹ᵉ-Croix 9 août 1758. Il avait épousé, ibid. 22 nov. 1735, Anne-Mⁱᵉ *Voyart*, † par. S¹-Livier 18 juil. 1784, à 72 ans. De leur mariage étaient nés :
1. Dᵠᵘᵉ-Louis, par. S¹-Gorgon 10 nov. 1736. Il signait d'Ethis de Corny, fut successivement avocat au parl¹ de Metz, commissaire provincial des guerres et membre de l'Académie de Besançon, puis procureur du Roi de la ville de Paris. Il avait épousé Anne *Mangeot*, † par. S¹-Martin 10 oct. 1778, à 44 ans. Leur fils, Chˡᵉˢ-Mⁱᵉ-Nᵃˢ-Aimé Ethis de Corny de Méricourt, était officier à la suite du rég¹ royal cavalerie à l'enterrement de sa mère.
2. Anne-Catherine, ibid. 6 mars 1738.
3. Jⁿ-François, ibid. 28 nov. 1739.
4. Joseph-Nᵃˢ-Louis, ibid. 20 avril 1742.
5. Marie, par. S¹ᵉ-Croix 11 avril 1743 ; mariée à Claude-Gabriel Dupin.
6. Christine-Éléonore, ibid. 24 juil. 1744.
7. Antoine-Casimir, ibid. 2 mars 1746.
8. Fᵒⁱˢ-Bernard, ibid. 20 août 1748.
9. Mⁱᵉ-Philippine, ibid. 1ᵉʳ mai 1750.
10. Louis-Sophie, ibid. 30 sept. 1755.

III. Antoine eut d'Anne *Mary*, son épouse, Libère, † par. S¹-Livier 3 mars 1710.

IV. François, manœuvre, épousa Anne-Mie *Tisserant*, † par. Ste-Croix 25 sept. 1743, à 66 ans : à son enterrement, Jn-Antoine Ethis, manœuvre, son fils; Nas Collin, cloutier, son gendre.

EVERLANGE (d') Marie. V. de la Gardelle.

EVOTTE Élisabeth. V. Septsols.

EVRARD I. Thomas-Pre, fils de Dque, échevin de Metz, puis premier avocat du Roi au bailliage, conseiller au parlt, † par. St-Victor 11 nov. 1723. Il avait épousé : 1° par. St-Victor 10 oct. 1675, Henriette *des Andrés*, vve de Pre Audinot, laquelle mourut ibid. 8 déc. 1697; 2° à Mardigny 14 oct. 1698, Claire *Georgin de Mardigny*, † par. St-Victor 27 oct. 1725. Du second mariage étaient nés par. St-Victor :
1. *Antoine*, 5 juil. 1699; lequel suit.
2. Mte-Louise, 21 juil. 1700.
3. Louis-Chles, 4 nov. 1701.
4. Louis, 12 janv. 1703.
5. Mie-Louise, 25 août 1707; mariée à Thomas-Roger Duprat.

II. Antoine, fils du préc., conseiller au parlt, † par. St-Martin 20 août 1738, inhumé au chœur de l'église. Il avait épousé, ibid. 26 févr. 1726, Anne *Hollande*, † à 32 ans, ibid. 4 mars 1729. De leur mariage étaient nés ibid. :
1. Louis, 19 févr. 1728; † 24 suiv.
2. Anne-Monique, 27 févr. 1729; † 2 mars suiv.

III. Nicolas, de la famille des préc., conseiller héréditaire en la chancellerie du parlt, † à 74 ans, par. St-Simplice 24 juin 1736. Il avait épousé Mte *Pérolle*, † vve de lui, par. St-Livier 8 déc. 1753, à 92 ans. De leur mariage était né, ibid. 19 déc. 1695, *César*, qui suit.

IV. César, fils du préc., sgr de Longeville, Arnaville et autres lieux, conseiller auditeur en la Chambre des comptes du parlt, † par. St-Livier 30 juil. 1777. Il avait épousé, ibid. 1er févr. 1724, Mie-Madeleine *Pérolle*, âgée de 15 ans, de laquelle il eut ibid. :
1. Marguerite, 22 janv. 1725; † le même jour.
2. Nas-François, 29 mars 1728.
3. Mie-Marguerite, 1er nov. 1729.
4. Philippe, 5 mars 1731.
5. Didier, 22 juil. 1732.
6. *François*, 22 oct. 1733; lequel suit.
7. Joseph, 4 mars 1735.
8. Mie-Catherine, 16 juil. 1736; mariée à Chles Morgue.
9. Marguerite, 31 janv. 1738.
10. Fois-Étienne, 13 oct. 1739.
11. Sébastien, 26 déc. 1740. Chapelain conventuel de l'ordre de Malte, il bénit le mariage de son frère François V.
12. Mie-Mte-Charlotte, 19 mai 1742.
13. Mie-Madeleine, † âgée de 3 jours, par. St-Marcel 22 oct. 1753.
14. *César-Nas-Fois*, lequel suivra.

V. François, fils du préc., conseiller des requêtes du palais, épousa, par. St-Gorgon 4 févr. 1762, Mie-Pauline *de la Croix d'Evry*, dont il eut :
1. Mie-César, par. St-Gorgon 16 nov. 1762.
2. Arnould-Fois-Mie, par. St-Victor 19 nov. 1764.
3. Charles, par. St-Martin 29 sept. 1769.
4. Louise-Anne, ibid. 13 sept. 1770.
5. Arnould-Nas, ibid. 25 mai 1772.

VI. César-Nas-Fois, frère du préc., éc., avocat au parlt, épousa, étant âgé de 30 ans, par. St-Eucaire 29 févr. 1780, Mie-Victoire *Voyart*, † par. St-Victor 3 avril 1784. De ce mariage naquirent par. St-Martin :
1. Mte-Victoire, 9 janv. 1781; † 28 oct. 1783.
2. Louis, 16 juin 1782.

VII. Élisabeth. V. Bello.

EVRARD d'HENNY, *alias* de MY. V. de My.

EVRARD des SABLONS Jne-Thérèse. V. Faure.

F

FABERT [1]. I. ABRAHAM, m^e-imprimeur juré, m^e-échevin de la ville de Metz, sgr de Moulins-lès-Metz, [fils de Dominique, sgr de Xonville, dir. de l'imprimerie à Nancy, et de Florentine de Fulaine], † par. Ste-Ségolène 24 août 1638, inhumé à la cathédrale. Il avait épousé, [à Dugny], Anne *des Bernards d'Alamont*, alias *d'Alaumont des Bernards*, [† 25 avril 1636. Msc. Epit.] De leur mariage étaient nés :

1. *François*, qui suivra.
2. *Abraham* [2], le futur maréchal, qui suit.
3. Anne, mariée à N^{as} du Jardin, puis à Antoine Barthon, v^{te} de Montbas.
4-10. Abraham, Isaac, Jacques, Anne, Élisabeth, Françoise et Marguerite, [morts de 1585 à 1609, inhumés au chœur de la chap. Notre-Dame de l'église St-Livier. Msc. Epit.] — Élisabeth était née par. St-Victor 14 mars 1605.

II. ABRAHAM, fils du préc., [m^{is} de Fabert et d'Esternay, c^{te} de Sesanne, maréchal de France, premier gouverneur pour le Roi de la principauté de Sedan, † à Sedan 17 mai 1662]. Il avait épousé, [en oct. 1631], Claude *Richard de Clévant*, [fille de D^{que} Richard de Clévant, cap. prévôt-gruyer et receveur de Pont-à-Mousson, sgr de Clévant, Vandières, Jouy-sous-les-Côtes, Pagny et Maidières, laquelle mourut à Paris 15 févr. 1661 et fut inhumée à Sedan] De leur mariage étaient nés :

1. Anne-Dieudonnée, [en 1639] ; mariée à Louis de Comminges, puis à Claude-F^{ois} de Mérode.

2. Claude, [en 1645 ; mariée, 4 févr. 1663, à Ch^{les}-Henry de Tubières-Grimard de Pestels de Lévis, m^{is} de Caylus ; † à Paris 1er avril 1728].
3. Angélique, [en 1648 ; mariée : 1° 11 mars 1669, à Claude Brulard ou Bruillard, sgr de la Tour, b^{on} de Treil et d'Abecourt, m^{is} de Genlis, colonel au rég^t d'Artois, fils de Florimond Brulard, m^{is} de Genlis, lieut. des gendarmes d'Orléans, et de Charlotte de Blicourt, lequel mourut 15 févr. 1673 ; 2° 19 janv. 1677, à F^{ois} III d'Harcourt, m^{is} de Beuvron, de Beaufort et de la Meilleraye, chev. des ordres du Roi, lieut. gén^l de la H^{te}-Normandie, veuf de Catherine le Tellier de Tourneville, fils de F^{ois} II d'Harcourt et de Renée d'Épinay. — Elle mourut à Paris 12 oct. 1730].
4. Louis, [à Sedan en 1651 ; il fut g^d bailly au siège présidial de Sedan et gouverneur de la même ville. Envoyé à la tête du rég^t de Lorraine dans l'île de Candie pour la défendre contre les Turcs, il fut tué dans une sortie, après des prodiges de valeur, 28 juin 1669, à peine âgé de 18 ans].
5. Nicolas, [† en bas âge 10 févr. 1656].
6. Abraham-Louis, [né 11 mai 1659 ; † peu après son père].

III. FRANÇOIS, frère du préc., sgr de Moulins, quatre fois m^e-échevin de Metz, † par. St-Livier 21 juin 1664. Il avait épousé : 1° étant contrôleur de l'artillerie, Suzanne *Lespingal*, [† 7 déc. 1626] ; 2° [25 oct. 1636], Madeleine *Foës*, † par. St-Livier 14 janv. 1693.

Du premier mariage naquit :

1. François, baptisé R. P. R. 6 déc. 1626.

Du second mariage naquirent :

2. Abraham, par. St-Gorgon 27 déc. 1637.
3. Baptiste-F^{ois}, ibid. 22 mai 1639.
4. Anne, par. St-Livier 8 nov. 1643 ; mariée à Louis Malet de Noizielles.
5. Marthe, ibid. 11 août 1645 : p. Antoine Foës, d^r en médecine, dem^t par.

---

(1) Voir, pour les détails entre [ ], *Le Maréchal Fabert d'après ses mémoires et sa correspondance*, par E. DE BOUTEILLER, ancien député de Metz, Mame. Tours, 1860. — Les extraits des registres paroissiaux de Moulins nous ont été fournis par Mr Richard, instituteur.

(2) Il naquit en 1599, le 11 oct., d'après Bégin (*Biogr. de la Moselle*) et Teissier (*Essai sur la Typographie à Metz*) ; le 11 nov., d'après Bouteiller, qui semble en contradiction avec l'épitaphe du maréchal à Sedan, laquelle il cite lui-même. Selon cette épitaphe, le maréchal est mort 17 mai 1662, à 62 ans et 8 mois.

St-Gorgon; m. Marthe Darbamont, épouse de Bertrand Foës, conseiller au parl^t.

6. Louise, ibid. 8 nov. 1646.
7. Françoise, ibid. 22 févr. 1649.
8. *Africain-F^{ois}*, ibid. 8 août 1651; lequel suit.
9. Charles, ibid. 3 déc. 1653.
10. Claude, ibid. 17 mai 1655; chan. de la cathédrale, † à Pont-à-Mousson 26 nov. 1671 : son cœur fut inhumé par. St-Livier le 9 déc. suiv.
11. Abraham, ibid. 10 nov. 1656; [tué tout jeune encore dans la guerre de Hollande].
12. Louis-Dieudonné, ibid. 12 mars 1659; chan. de la cathédrale, [† à Paris en 1702].
13. Madeleine; [mariée, le 8 janv. 1660, à J^n d'Aspremont, b^{on} de Lambresle, cap. de cavalerie]; au décès de sa mère elle était l'épouse de Michel de Roussaye, m^{is} Dalenson.

IV. AFRICAIN-F^{ois}, fils du préc., chev., sgr de Moulins, d'abord chan. de la cathédrale, puis cap. lieut. au rég^t de Lorraine commandé en l'île de Candie par son cousin, ensuite cap. command^t au rég^t Dauphin, épousa, en l'église des Carmes 19 nov. 1694, Anne *Flageolet*, † à Moulins 26 nov. 1727, inhumée à l'église. De leur mariage étaient nés à Moulins :

1. *François*, 13 déc. 1697; lequel suit.
2. J^n-Joseph, 20 sept. 1704; † ibid. 6 sept. 1730, inhumé dans l'église.

V. FRANÇOIS, fils du préc., chev., sgr de Moulins, cap. au rég^t de la Reine dragons, chev. de St-Louis, † par. St-Gengoulph 15 janv. 1763, inhumé à Moulins. Il avait épousé, par. St-Gengoulph 3 févr. 1728, Anne-Madeleine *Lefebvre de Vulmont*, dont il eut :

1. J^n-J^{ph}-Africain, à Moulins 7 nov. 1728; † ibid. 6 sept. 1730, inhumé en l'église.
2. F^{oise}-Anne, ibid. 3 sept. 1729; † 5 sept. 1730, inhumée dans l'église.
3. Anne-F^{oise}-Antoinette, ibid. 3 juin 1731; † 27 suiv., inhumée dans l'église.
4. Louise-Maximilienne-F^{oise}, ibid. 12 juin 1732.
5. P^{re}-Marc-Henry, ibid. 19 juil. 1733; † 3 août suiv.
6. *Abraham-Alexandre-F^{ois}-Maximin*, ibid. 1er janv. 1735; lequel suit.
7. N***, né et mort ibid. 25 oct. 1735.
8. F^{ois}-Louis-P^{re}, ibid. 9 avril 1737.
9. Jacques, par. Ste-Croix 15 janv. 1738; † le lendemain.
10. N***, jumeau du préc., † le même jour que lui.
11. Anne-Barbe-F^{oise}, à Moulins 17 avril 1739; mariée, ibid. 9 août 1781, à P^{re} Godfroy, chev. de Chambon de Vousseauville.
12. Africain-Alexandre, ibid. 27 sept. 1741; [cap. d'infanterie, chev. de St-Louis, † en 1806, sans laisser de postérité d'Angélique-Élisabeth *Fougère de Mortmont* son épouse].

VI. ABRAHAM-ALEXANDRE-F^{ois}-MAXIMIN, fils du préc., chev., lieut. de dragons au rég^t de Flamarens, [† 26 oct. 1806]. Il avait épousé, par. Ste-Ségolène 21 oct. 1760, Anne-M^{ie}-Madeleine *Dubalay*, † à Moulins 4 oct. 1783. De leur mariage étaient nés :

1. Madeleine-Glossinde, par. Ste-Ségolène 25 juil. 1761; † à Moulins 5 oct. 1762.
2. M^{ie}-Antoinette, ibid. 16 déc. 1763; [mariée à N*** Kauffmann de Bene, cap. d'infanterie d'après Bouteiller, pharmacien des hôpitaux militaires d'après la Biog. du Parl^t; elle mourut à Metz 28 avril 1817].
3. Anne-Madeleine, ibid. 30 mars 1765; [mariée à Louis-F^{ois} de Vernier; † sans postérité en 1842].
4. Anne-Antoinette-F^{oise}-Maximilienne, par. St-Simon 7 juin 1766; [mariée à F^{ois} du Buat, dont elle eut F^{oise}-Apolline, née à St-Epvre 8 pluviôse an VII, mariée au m^{is} de Marguerie$^{(1)}$].

---

(1) Le m^{is} de Marguerie, maréchal de camp, chev. de St-Louis, commandeur de la Légion d'honneur, mourut à Metz 21 mai 1841. De son mariage étaient nés :
1. Julienne, mariée au b^{on} de Benoist, dont postérité.
2. Henry-Maurice, né à St-Epvre 1er juil. 1833.
3. M^{ie}-Alix, mariée à Aimé de Lemud, dont postérité.
4. Antoine-Bon-Henry-Gustave, m^{is}, né à Metz 17 janv. 1821.
5. Evrard-Henry, c^{te}, né à Metz 8 août 1830; aujourd'hui décédé.
6 et 7. Mathilde et Camille.

5. Barbe-Gabrielle-Euphémie, à Moulins 4 mai 1769.
6 Africain-Auguste-Alexandre, par Ste-Ségolène 9 févr. 1771 : p. Africain-Alexandre de Fabert, son oncle; m. Angélique-Élisabeth Fougère de Mortmont, épouse du parrain, représentée par J^{ne}-Nicole de Bavière, fille jouissant de ses droits.
VII. BARBE, † par. Ste-Croix 6 janv. 1690.
VIII. CLAUDINE, V. Robert.

FABRIÉ (DE LA) ANTOINE, sgr de la Nause au diocèse d'Agen, épousa, par. St-Victor 19 févr. 1685, F^{oise} *de Sandrez*, fille de Louis de Sandrez, dem^t à Condé.

FABVIER CHARLES. V. Villeroy (note).

FABVRIER JEANNE-F^{oise} et CLAUDE-F^{ois}. V. Rouyer II.

FACHE (DE) ABRAHAM, eut de Catherine *du Bois d'Elsène*, son épouse :
1. Anne-M^{te}, mariée à Louis Loth.
2. Marie, mariée à Denis Gervais.

FACIO, *alias* FAVIOT ANNE-M^{ie}. V. Molin.

FAGE (DE). I. N***, [gouverneur de la citadelle, † 11 mars 1632. Journ. de Séb. Floret.]
II. M^{te}-GENEVIÈVE. V. de la Garde III.

FAGE (DE LA) Jⁿ-LOUIS, [éc., sgr de la Fage, enseigne d'une des anciennes compagnies de la garnison de Metz, † à 20 ans « tué à un combat fait par ladite garnison devant le bourg d'Eisch au pays du Luxembourg », inhumé à la cathédrale 5 juin 1643. Msc. Epit.]

FAGNIER. I. BRICE, conseiller secrétaire du Roi, contrôleur en la chancellerie du parl^t, † par. St-Martin 14 mars 1694, à 80 ans. Il eut deux frères, F^{ois}, contrôleur des parties casuelles, † par. St-Victor 6 mai 1686; *Claude*, qui suit.
II. CLAUDE, frère du préc., procureur au bailliage, † par. St-Martin 25 oct. 1695, à 79 ans. Il avait épousé Ursule *Psaume*, † ibid. 26 janv. 1681. De leur mariage étaient nés par. St-Gorgon :

1. François, 19 févr. 1653; avocat au parl^t en 1673.
2. *Claude-Étienne*, 19 août 1655; lequel suit.
3. Louis, 27 nov. 1657.
III. CLAUDE-ÉTIENNE, fils du préc., conseiller au parl^t, † par. St-Martin 29 août 1720. Il avait épousé Catherine *Nicolas*, † ibid. 29 mai 1738. De leur mariage étaient nés par. St-Martin :
1. Claude-Ignace, 31 juil. 1686.
2. François, 20 mars 1688.
3. Jⁿ-François, 9 avril 1689; lequel suit.
4. Claude, 9 mars 1690.
5. Nicolas, 5 févr. 1691.
6. Antoinette-Dorothée, mariée à Etienne-Philippe de Gray de Malmédy, puis à J^{ph}-Antoine Josserand de la Garde.
7. J^{ph}-Étienne, 17 août 1693.
8. Nicolas, 2 sept. 1694.
9. Ch^{les}-Louis, 15 nov. 1695.
10. Nicole-Catherine, 2 oct. 1697.
11. M^{ie}-Thérèse, 27 août 1698.
12. Étienne-J^{ph}, 13 sept. 1701.
13. Nicolas, 10 mars 1703.
14. Hubert-Ignace, 20 juil. 1704.
IV. Jⁿ-FRANÇOIS, fils du préc. chev., sgr de Sabré, conseiller au parl^t, † par. St-Martin 23 mars 1746, inhumé dans l'église devant la croix. Il avait épousé, par. St-Simplice 7 septembre 1724, Anne *de Laubrussel*.
V. CLAUDE. V. des Andrés.
VI. NICOLE. V. Josse.

FAILLONNET (DE) BARBE. V. de Bousmard.

FAISANT PIERRE, R. P. R., s^r de la Roche, maréchal-des-logis de dragons au rég^t d'Asfeldt, natif de Grateloup en Agenais, âgé de 33 ans, fils de P^{re}, bourgeois du dit lieu, et de F^{oise} *Mayor*, épousa, 26 janv. 1674, Suzanne *Friard*, âgée de 19 ans, fille d'Auguste Friard, bourgeois, et de Suzanne Godard. De leur mariage naquirent entre autres enfants :
1. Samuel, 10 oct. 1679; † 1er oct. 1680.
2. Anne, 14 oct. 1682.

FALAISE (DE) ANNE-M¹ᵉ-ADÉLAÏDE. V. de Blair (note).

FALAISE (DE LA) ANNE-Mᵀᴱ. V. Rouyer III.

FALK CATHERINE. V. Vestimanne-Villez.

FALKENSTEIN (DE) CHARLOTTE, bᵒⁿⁿᵉ, pensionnaire aux Ursulines, fille de † le bᵒⁿ de Falkenstein, conseiller de Mgr le Prince régnant d'Œtting-Wallerstein, et de la bᵒⁿⁿᵉ de Falkenstein née bᵒⁿⁿᵉ Danausen, † à 11 ans, par. Sᵗ-Marcel 1ᵉʳ oct. 1779.

FALQ (DU) THÉRÈSE, fut marraine par. Sᵗ-Eucaire 5 sept. 1713.

FALQUIÈRE (DE LA) ARNOLD, officier à la citadelle, avait épousé Louise des Armoises, dont il eut :
1. Jⁿ-Antoine, par. Sᵗ-Jean de la Citadelle 8 mai 1650 : m. Antoinette de Thomesson.
2. Marie, ibid. 18 mai 1651.
3. Mⁱᵉ-Thérèse, par. Sᵗᵉ-Croix 9 mars 1656.
4. François, par. Sᵗ-Jean de la Citadelle 13 mai 1657.

FALTAN (DE) THÉRÈSE. V. de Romanet.

FANCHON. I. MARGUERITE. V. Conrard et de Goize I, 2.

II. RENÉE. V. Foës VI.

FARE (DE LA) GABRIEL-Jᴾᴴ-HENRY. V. du Hautoy II.

FARGE (DE LA) HÉLIANT (?), cap. d'une compagnie pour le Roi et cap. des portes de Metz, épousa Mᵗᵉ Dilange, † par. Sᵗ-Marcel 25 févr. 1676, à 80 ans. De leur mariage était né Joachim, par. Sᵗ-Martin 2 avril 1622.

FARGE DE CREUSENET (DE) LOUISE. V. de Bony.

FARGUE (LA) MARIE. V. Hugon d'Arraincourt II.

FARGUE (DE LA) FRANÇOIS, éc., sgr de la Paris, conseiller du Roi, commissaire ordinaire des guerres à Metz, eut de Barbe *Duestier*, son épouse, Jⁿ-François, par. Sᵗ-Victor 9 sept. 1700.

FARON. I. ANNE et MARIE. V. Beaudesson XIII et XIV.

II. MARIE. V. Varin.

FARVALLE, *alias* FOURALLE, *alias* FAUVALLE SUZANNE. V. Gabriel.

FAUCHEUR. I. FRANÇOISE. V. François VII.

II. ANNE-Fᵒⁱˢᴱ. V. du Parc II.

FAUCON (DU) ÉTIENNE. V. Dupuy II.

FAUCQUIGNON BARBE. V. de Laigano.

FAUGIERE DE VOSELLE (DE) Mᵀᴱ-LOUISE et NICOLAS. V. de Montagnac.

FAULT (LE) ANNE. V. le Goullon XLIII.

FAULTRIER (DE). I. JOACHIM-MICHEL-EUSÈBE, éc., bᵒⁿ de Corvol, épousa : 1° Madeleine *de la Porte*; 2° Mⁱᵉ-Catherine *Deschamps*. Du premier mariage naquirent :
1. Jⁿ-Claude-Joachim, qui suit.
2. Jⁿᵉ-Madeleine, mariée à Jqᵘᵉˢ-Antoine de Ridouet de Sancé.
3. Benjamin-Simon-Fᵒⁱˢ, parrain de son neveu II, 13.

II. Jⁿ-CLAUDE-JOACHIM, fils du préc., commissaire ordinaire d'artillerie, demᵗ place Sᵗ-Thiébaut, épousa, par. Sᵗ-Gorgon 22 mars 1753, Mⁱᵉ *Fort*, âgée de 20 ans, dont il eut ibid., à l'exception du dernier :
1. Lˢᵉ-Charlotte, 31 déc. 1753 ; mariée à Gabriel-Éléonore Pottier du Fresnoy.
2. Joachim-Jqᵘᵉˢ-Philippe, 1ᵉʳ mai 1755.
3. Madeleine-Barbe-Jⁿᵉ, 5 juin 1756 : p. Jⁿ-Louis le Clerc de Martres, ancien trés. de S. A. S. Mgr le cᵗᵉ de Charollais prince du sang, gᵈ oncle de l'enfant, demᵗ à Toulouse, représenté; m. Jⁿᵉ-Marthe-Madeleine Faultrier, épouse de Jqᵘᵉˢ-Antoine de Ridouet de Sancé, dir. de l'artillerie à Verdun, sa tante. — Elle fut mariée à Chᵗᵉˢ-Guillaume de Cabanes.
4. Mⁱᵉ-Angélique, 24 juil. 1757.
5. Catherine-Barbe, 18 août 1758.
6. Fᵒⁱˢ-Claude-Joachim, 15 août 1760.

7. Barbe-Catherine, 20 sept. 1761; † par. St-Martin 19 sept. 1781.
8. Simon, 22 août 1763.
9. Alexandre, 26 sept. 1764.
10. Casimir, 5 déc. 1765.
11. L^{se}-Charlotte, 21 févr. 1767; † par. St-Martin 2 mai 1786.
12. Félicité-Marthe, 6 juil. 1768.
13. Benjamin-Simon-F^{ois}, par. Ste-Ségolène 12 juin 1770 : p. Benjamin-Simon-F^{ois} de Faultrier, son oncle.

FAUMARAIN (DE) URBAIN et MADELEINE. V. Brussaux II, 2.

FAURE. I. J^{ques}-F^{ois}-EDOUARD, cap. de vaisseau de la Compagnie des Indes, épousa J^{ne}-Thérèse *Evrard des Sablons*, † par. St-Victor 10 févr. 1770, à 51 ans.

II. Divers.
1. ÉLISABETH. V. Baconnière de Salverte II.
2. FRANÇOISE. V. de Flavigny XI.
3. MARGUERITE. V. Desarnaux II.
4. M^{ie}-FRANÇOISE. V. Liégeault III.
5. PIERRE. V. Collinet.

FAURE (DE) JACQUES, cap. aide-major au rég^t de Berry infanterie, eut de M^{ie}-Catherine *d'Hangouart*, son épouse, Jⁿ-Baptiste, par. St-Simplice 30 sept. 1699 : p. le m^{is} de Pery, colonel du dit rég^t, représenté par Mr de Boccardo, lieut.-colonel; m. Élisabeth Didier, épouse d'Honoré Frant, lieut. des grenadiers de Vermandois.

FAURE DE FAYOLE, *alias* DE FAYOLLE. I. JOSEPH, chev. de St-Louis, sgr de Louvigny, lieut.-gén^l et dir. en chef pour l'artillerie au dép^t de Touraine, † rue des Trois-Boulangers, par. St-Martin 15 juin 1756, à 81 ans. Il avait épousé M^{ie}-Anne-Élisabeth *d'Andlau*, b^{onne} du St-Empire, † par. St-Victor 10 déc. 1761. De leur mariage étaient nés par. St-Martin :
1. *Joseph*, 9 juin 1703; lequel suit.
2. M^{ie}-Anne, † à 28 ans, par. St-Martin 9 déc. 1741.
3. F^{oise}-Alexis-Sara; mariée à Claude-Étienne de Gallonnier.
4. Mathias, 24 juin 1717.
5. Jⁿ-Constantin, 29 mai 1718; chapelain conventuel de l'ordre de St-Jean de Jérusalem.
6. Louise-M^{ie}, 18 janv. 1719.
7. M^{ie}-Louis-Antoine-Élie, 30 sept. 1721.
8. *Laurent-Ch^{les}-F^{ois}*, 2 déc. 1722; lequel suivra.
9. J^{ph}-F^{ois}-Antoine, 27 avril 1724.
10. M^{ie}-Françoise, 2 sept. 1725.

II. JOSEPH, fils du préc., sgr de Louvigny, premier avocat gén^l au parl^t, épousa Charlotte-Scholastique *Hallot*, † à 68 ans, par. St-Martin 19 mai 1787. De leur mariage naquirent ibid. :
1. M^{ie}-Josèphe, 2 oct. 1741; † par. St-Victor 26 janv. 1760.
2. M^{ie}-Charlotte-Élisabeth, 21 déc. 1744; † par. St-Victor 4 avril 1771.
3. J^{ph}-Marie, 28 oct. 1747; † 12 nov. suiv.
4. M^{ie}-Catherine, 1er oct. 1750; mariée à Marc-Sigisbert-Antoine de Bazelaire de Colroy.

III. LAURENT-CH^{LES}-F^{OIS}, frère du préc., conseiller au parl^t, épousa Catherine-Reine-M^{te} *de Malateste*, dont il eut, par. St-Martin 8 mars 1754, Michel-Barthélemy, [qui devint cap. d'infanterie et mourut à Marseille en 1834 : en lui s'est éteinte la famille Faure de Fayole.]

FAURE-PROVILLAR (DU) MARC-J^{PH}. V. d'Orlandes de Saleton.

FAUST DE STROMBERG PHILIPPE-LOUIS, sgr de Bousbach et Bertrange, fut parrain par. St-Livier 24 avril 1677.

FAUVALLE SUZANNE. V. Gabriel.

FAUVAUX DE BERMONT ANNE-L^{se}. V. le Roux de Rongeville.

FAUVEAU ELIE, sgr de Gagnard, cap. au rég^t de Médoc, fils de Mathias, s^r de Gagnard, et de M^{ie} Roman, épousa, par. Ste-Croix 9 juin 1714, Suzanne *Séchehaye*, † ibid. 25 déc. 1741. De leur mariage naquirent ibid. :
1. Mathias, 10 nov. 1716.
2. Elie-Mathias, † ibid. 13 oct. 1718.
3. M^{ie}-Barbe-Suzanne, 26 août 1719;

mariée à J^n-Ch^{les} Jacomel de Bien Assise, puis à Magdelon-Timoléon-Henry de Savonnières.

FAVARRE (DE) J^N-BAPTISTE, ingénieur du Roi, dem^t à Sarrelouis, fils de F^{ois} et de † M^{ie} Pépin, épousa, par. St-Gorgon 13 oct. 1698, Catherine *le Seur*.

FAVERIE DE BLAUZAC (LA), *alias* FAVORIE DE BLANSAC (LA) HENRY, cap. au rég^t de la Couronne en garnison au quartier de Chambière, fils de noble Ch^{les}, sgr de Blauzac, et de J^{ne} du Menet de Luzeret, épousa, étant âgé de 44 ans, par. St-Simplice 18 févr. 1744, Suzanne *Cachet*, âgée de 50 ans, v^{ve} de N^{as} du Vivier de Tournefort, cap. au rég^t de Rochechouard. Au mariage, Claude Poncet, command^t du 2e bataillon de la Couronne; Henry-J^{ph} du Vivier de Lanzac, cap. de grenadiers, et F^{ois} Rochefort, cap. : tous deux du rég^t de la Couronne. — Suzanne Cachet mourut ibid. 2 août 1763.

FAVIER. I. NICOLAS-F^{ois}, [éc., conseiller-échevin et ancien magistrat de la ville de Metz, économe et administrateur de l'hôpital St-Nicolas, † 24 avril 1678, à 65 ans, inhumé aux Célestins. Il avait épousé M^{ie}-Élisabeth *Reboursel*. Msc. Epit.]

II. MADELEINE. V. la Croix.

FAVIER (DE) ELÉONORE-BRUNO-F^{ois}, natif de Vesoul, sous-lieut. des dragons au rég^t de Lanau en garnison par. St-Simon, † 27 sept. 1780, à 22 ans : à son enterrement, Paul-M^{ie}-F^{ois} de Maumigny, major; André-Gilles de Laloère, cap. command^t; Ch^{les}-Claude-Philippe de la Patrie, sous-lieut.; Louis-Hyacinthe-Théophile de Pecauld, lieut. en premier : tous du rég^t du défunt.

FAVIÈRE MADELEINE-PIERRETTE-GASPARINE. V. Huot de Framois.

FAVIOT ANNE-M^{ie}. V. Moulin.

FAVONNE DE LAYANS SUZANNE. V. Rustaing de Saint-Jorry.

FAVRE. I. THOMAS, maire royal et m^e particulier des eaux et forêts de Vic, eut de Dieudonnée *Hilaire*, son épouse :

1. Louise; mariée à N^{as} Rolland.
2. Madeleine; mariée à Barthélemy de la Jarre.

II. AFRICAIN, éc., sgr de la Grange, président des requêtes du palais au parl^t, conseiller honoraire du parl^t à son rétablissement en 1775, fils de Ch^{les}, éc., ancien lieut. gén^l au bailliage de l'évêché de Metz à Vic, et de N*** Cueillette ou Cueüllet, avait épousé, par. St-Martin 15 sept. 1744, Anne-M^{ie} *le Duchat de Rurange*, dont il eut ibid. :

1. Anne-Charlotte-Antoinette, 30 juin 1745.
2. Ch^{les}-Mathias, 9 avril 1748; † le même jour.
3. P^{re}-Alexandre, 19 juil. 1750.
4. Louise, 13 févr. 1752.
5. L^{se}-Laurette, 22 janv. 1754; † 13 févr. suiv.
6. M^{ie}-Françoise, 10 sept. 1755.
7. J^n-François, 24 mars 1765.

III. PHILIBERT, cap. en second au rég^t royal artillerie, † à 86 ans, par. St-Marcel 1er janv. 1737. Sa fille Françoise épousa Augustin de Flavigny.

IV. M^{IE}-ANNE. V. Duclos VIII et Plessy.

FAY (DE). I. EDMOND, officier dans les gardes du Roi d'Angleterre, eut de M^{ie} *Mauroy*, son épouse, Catherine, par. St-Victor 2 janv. 1693.

II. N***, sgr de Saucourt au diocèse de Noyon, cap. au corps royal artillerie brigade de Loyanté, en garnison par. St-Simon, † 5 oct. 1765.

III. GENEVIÈVE. V. le Roy.

FAYE M^{IE}-ANNE. V. de Venaubré.

FAYE (DE LA). I. MARIE. V. Féré.

II. M^{TE}-BONNE. V. le Forestier.

FAYONEL P^{RE}-GILBERT. V. Cantat I, 1.

FELMAR (DE) J^N-JACQUES, lieut. au rég^t de Courprince, fut parrain par. St-Eucaire 17 avril 1709.

FELOT MARIE. V. Piart-Desrinets.

FELS J^N-IGNACE-FRÉDÉRIC. V. Dosquet.

FELTEN Sibillé. V. de la Croix VII.

FENOUIL. I. Jⁿ-César, peintre du Roi et de son académie, dir. de l'académie de Marseille, eut d'Anne *Gérardon*, son épouse :
1. *Jⁿ-César*, qui suit.
2. Claudine, † à 20 ans, par. Ste-Croix 5 août 1766.

II. Jⁿ-César, fils du préc., avocat au parl^t, contrôleur des vingtièmes de la généralité de Metz au dép^t de Toul, épousa : 1° par. St-Marcel 18 janv. 1780, Julie *Hébert de Maison-Noire*, âgée de 28 ans, † ibid. 15 nov. suiv.; 2° étant âgé de 46 ans, par. St-Victor 16 juil. 1788, Louise *Lajeunesse*, âgée de 17 ans et demi.

Du second mariage naquirent par. St-Victor :
1. Pierre, 13 juin 1789.
2. J^{ne}-Angélique, 14 mars 1791.

FERDINAND (de) Ladislas-Ignace. V. de l'Hoste de la Motte.

FÈRE (de la) Antoine. V. de Thuret.

FÈRE de CARMÈRE (le) M^{ie}-Philippe. V. Galland.

FÈRE de ROUVILLE Jⁿ-Victor-Léon. V. Baltus V, 3.

FÉRÉ Jean, chev., sgr de la Bourade du Peyroux, fils de Jean et de M^{ie} de la Faye, épousa, par. St-Gengoulph 14 juin 1700, M^{ie} *de Rorthais*.

FÉRET M^{ie}-Madeleine. V. Vincent.

FÉRIET, *alias* **FERRIET**. I. Jean, R. P. R., noble homme, épousa Barbe *de Mondelange*, † par. St-Martin 20 déc. 1620, à 73 ans. De leur mariage étaient nés :
1. Catherine, mariée à Gédéon de Lemud.
2. *Gergonne*, qui suit.

II. Gergonne, R. P. R., fils du préc., aman, conseiller du m^e-échevin, épousa, 19 oct. 1592, M^{ie} *Lespingal*, dont il eut :
1. *Jean*, 18 févr. 1601 ; lequel suivra.
2. Charles, 25 août 1604.
3. Charles, 5 mars 1606.
4. *Louis*, 27 août 1608 ; lequel suit.

III. Louis, R. P. R., fils du préc., m^d, puis cap. à Thionville, sgr de Basse-Bévoie, épousa, 20 avril 1633, M^{ie} *d'Inguenheim*, dont il eut :
1. Louis, 2 juin 1634.
2. Jean, 12 nov. 1636.
3. Marie, 25 oct. 1637.
4. Pierre, 23 janv. 1639.
5. Auguste, 8 juin 1640.
6. Suzanne, 15 août 1641.
7. Charles, 18 nov. 1642.
8. Paul, 19 déc. 1643.
9. Benjamin, 15 janv. 1645.
10. Paul, 10 févr. 1648.
11. Jean, 5 août 1649.
12. Suzanne, 11 mai 1651.
13. Anne, 27 nov. 1652.
14. Abraham, 24 mai 1656.

IV. Jean, R. P. R., frère du préc., avocat, aman, treize, épousa, 15 janv. 1623, Jacqueline *Charpentier*, dont il eut :
1. *Paul*, 29 oct. 1623 ; lequel suivra.
2. Louis, 12 oct. 1625.
3. Marie, 8 oct. 1628.
4. *Charles*, 21 août 1630 ; lequel suit.
5. Suzanne, 22 avril 1633.
6. Anne, 26 mars 1636.

V. Charles, R. P. R., fils du préc., avocat au parl^t, épousa, 26 juil. 1655, Élisabeth *de Gray de Malnédy*, dont il eut :
1. Élisabeth, 1er mai 1656.
2. Charles, 12 oct. 1657.
3. Anne, 23 mars 1660 ; mariée à Paul de Couët.
4. Louise, 14 juin 1662 ; mariée à F^{ois} de la Garde, puis à Ch^{les} Jeoffroy.

VI. Paul, R. P. R., frère du préc., avocat, aman, sgr de Verny, dem^t rue Mazelle, épousa : 1° 31 janv. 1644, Suzanne *Pierrat*, fille d'Abraham Pierrat, bourgeois; 2° 26 avril 1671, Anne *de Flavigny*, âgée de 27 ans.

Du premier mariage naquirent :
1. Suzanne, 10 mars 1645.
2. Marie, 2 juin 1647.
3. Marguerite, 16 juil. 1649 ; mariée à Étienne Malchar.

Du second mariage naquirent :
4. Anne, 8 févr. 1672; † 5 déc. 1683.

5. *Louis*, 24 févr. 1674; lequel suit.
6. Louise, 6 mars 1676; mariée après abjuration à Louis de Marion.
7. Jeanne, 31 mai 1678; † 6 juin suiv.
8. Jⁿ-Benjamin, 19 juil. 1679.
9. Élisabeth, 16 mars 1682.
10. Anne, 5 nov. 1684.

VII. Louis, R. P. R., fils du préc., sgr de Verny et de Berlize, président à mortier au parl^t, † par. St-Martin 7 févr. 1737. Il avait épousé, ibid. 5 sept. 1706, F^{oise}-Madeleine *Bollioud*, v^{ve} d'Alexandre le Grand, conseiller au parl^t, de laquelle il eut ibid. :

1. Louis-Philippe, 17 août 1707; lequel suit.
2. Anne, 17 déc. 1708; mariée à René Bouchard de la Noye.
3. D^{que}-Hyacinthe-N^{as}, 17 juil. 1710; conseiller au parl^t, † par. St-Martin 18 mars 1742; il est dit Fériet de Mondelange.
4. Marie, 13 sept. 1711; mariée à Mathias-Louis de Vauborel.
5. M^{ie}-Louise, 3 févr. 1714; † par. St-Martin 15 sept. 1739.

VIII. Louis-Philippe, fils du préc., président à mortier au parl^t, sgr de Scy et Verny, † par. St-Martin 21 mars 1775. Il avait épousé, par. St-Victor 17 janv. 1736, F^{oise}-Geneviève *Deu de Moncel*. Au mariage, Gabriel-Louis de Marion, sgr de Glatigny, Béville et Thury, conseiller au parl^t; N^{as} Deu, sgr d'Obsécourt-Moncel, oncle pat. de l'épouse. De ce mariage étaient nés :

1. D^{que}-Louis, par. St-Simplice 7 févr. 1737; † 19 avril 1738.
2. D^{que}-François, ibid. 15 déc. 1737; † 27 suiv.
3. M^{ie}-Gabrielle, 26 avril 1740; † par. St-Martin 11 févr. 1748.
4. L^{se}-Geneviève, 6 avril 1743 : p. Mathias-Louis de Vauborel, son oncle par alliance. — Elle fut mariée à Ch^{les}-F^{ois}-André b^{on} de Cosne.
5. *F^{ois}-Louis*, lequel suit.
6. F^{ois}-Louis, 4 juin 1745; avocat au parl^t en 1763.

IX. F^{ois}-Louis, fils du préc., cap. de cavalerie, chev., sgr de Verny, épousa M^{ie}-Anne *Pichon*, fille de Ferdinand Pichon, conseiller du Roi, m^e particulier en la maîtrise des eaux et forêts de Pont-à-Mousson, et de Barbe-Dieudonnée Lallement, de laquelle il eut par. St-Victor :

1. Louis, 26 mai 1778.
2. Louis-Ferdinand, 2 janv. 1781.

X. François, noble homme, receveur des salines de Moyenvic, fut parrain par. St-Martin 19 avril 1634.

XI. Mathieu *Fériet de Mondelange*, [chan. de la cathédrale, † 12 juil. 1631, inhumé à la cathédrale. Msc. Epit.]

XII. Divers.

1. Barbe. V. Esmyet.
2. Marie. V. Chevers.
3. Marie. V. Pistorius.
4. Marie. V. le Duchat XVIII.
5. Marie. V. de Montigny VII.
6. Suzanne. V. d'Aussy des Coutures.

FERMÉ Anne. V. Chevalier I, 5.

FERMONT (de). I. Marguerite. V. de la Croix VIII.

II. Catherine. V. de Sampy.

FÉRON Sara. V. Lecoq X.

FERON (le) Joseph. V. Pelletier.

FERQUEL Élisabeth. V. Périn VI.

FERRAND Rolland, commissaire d'artillerie, puis aide-major et cap. des portes de la ville, natif de Paris, fils de Nicolas; † par. St-Simplice 22 janv. 1686, à 80 ans. Il avait épousé : 1° par. St-Victor 24 nov. 1633, Claire *du Loup dite Malherbe*, fille de François du Loup dit Malherbe, laquelle mourut à 30 ans, ibid. 15 mai 1642; 2° M^{tte} *Rose*, † à 90 ans, par. St-Simplice 27 janv. 1695.

Du premier mariage naquirent :

1. François, par. St-Victor 27 févr. 1639.
2. Henry-Louis, chan. de Vic en 1668, puis curé de St-Étienne-le-Dépenné (1672) et de St-Simplice (1684), où il mourut 20 oct. 1709, âgé de 68 ans.

Du second mariage naquirent par. St-Marcel :

3. Marie, 17 févr. 1646 : p. Bernard de

la Cassaigne, enseigne de Mgr le Maréchal de Schomberg, gouverneur de Metz; m. M^ie de Grateloup, épouse de F^ois de Moussy de la Contour.

4. François, 23 mars 1648.

FERRAND (DE PELTRE) (1). I. Antoine, éc., cap. de cavalerie, puis prévôt gén^l de la maréchaussée dans la province des Trois-Évêchés, † par. St-Victor 29 oct. 1743, à 77 ans. Il avait épousé Madeleine *de Gonzalès, alias de Gonzalles*, [fille de Nicolas de Gonzalès, gouverneur du château de Nogent-l'Artaud, et de F^oise Parthois], laquelle mourut ibid. 23 août 1756, à 72 ans. De leur mariage était né, [à St-Germain-en-Laye 13 oct. 1719], J^n-*Nicolas*, qui suit.

II. J^n-Nicolas, fils du préc., éc., sgr de Peltre et de la Horgne de Peltre, chev. de St-Louis, prévôt gén^l de la maréchaussée au dép^t de Metz [jusqu'à la suppression de la dite charge par ordonnance royale du 25 févr. 1768], puis un des quatre inspecteurs de la maréchaussée avec le grade de m^e de camp de cavalerie [jusqu'à sa retraite en 1778, † à Metz, rue du Haut-Poirier en l'hôtel, aujourd'hui de Jobal, autrefois de Foës, 21 nov. 1808]. — Il avait épousé : 1° par St-Eucaire 14 avril 1744, M^ie-Anne *Gourdin*, † à 29 ans, en sa demeure au bout de la rue des Clercs, par. St-Gorgon 13 mars 1755, inhumée à l'église de St-Eucaire en la chapelle de la Vierge; 2° [par. St-Roch, à Paris, 1er juin 1786, M^ie-Claire-Antoinette *Angrave*, née à Montpellier 26 janv. 1733, v^ve de J^n Cantat, premier secrétaire de l'intendance de la généralité de Metz, laquelle mourut à Metz à l'hôtel de la rue du Haut-Poirier au mois d'avril 1804]. — Les témoins du premier mariage furent : J^n Vitat, éc., chev. de St-Louis, cap. au rég^t d'infanterie de la Fère, sgr de Coularou et autres lieux; Thomas Bodin de la Pierre, aide-major de la ville; Simon Fort, lieut. de la maréchaussée, sgr de Chieulles; N^as Gourdin, conseiller au parl^t, sgr d'Helfédange, Guinglange et autres lieux; Étienne d'Avrange, conseiller au bailliage et subdélégué de M^r l'Intendant, sgr de Noisseville; N^as Muzac, président aux requêtes du palais, sgr de Dain. — [Les témoins du second mariage furent : Laurent-René Ferrand, éc., ancien fermier gén^l du Roi, dem^t rue du Sentier, par. St-Eustache à Paris, cousin germain de l'époux; Ch^les Gravier m^is de Vergennes, chev., conseiller du Roi en ses conseils, m^e des requêtes ordinaires de son hôtel, intend^t gén^l des impositions du royaume, conseiller honoraire au parl^t de Dijon, dem^t à Paris, rue de St-Avoye, par. St-Nicolas des Champs.] — Du premier mariage naquirent par. St-Victor :

1. J^ne-Gabrielle, 25 juin 1745 : p. Gabriel de Gonzalès, chev., sgr d'Habillard, ancien officier de dragons, représenté par J^n-F^ois Gourdin, sgr de Peltre; m. J^ne Cagnard, v^ve de F^ois Gourdin, sgr de Peltre, Helfédange et Guinglange, bisaïeule de l'enfant. — Elle fut mariée à J^ph-P^re-Paul Jobal.

2. N^as-Jean, 30 nov. 1746, baptisé à la maison; † 5 déc. suiv.

3. Étienne, 2 nov. 1747; le père est dit gouverneur des ville et château de Roye en Picardie. — Il mourut au collège des Chanoines réguliers, par. St-Simon 8 sept. 1763, et fut inhumé le lendemain en l'église St-Eucaire, au pied de l'autel de la Vierge.

4. P^re-Louis-Casimir, 15 déc. 1748. Les cérémonies du baptême lui furent suppléées 2 août 1749 : p. Marc-P^re de Voyer de Paulmy, c^te d'Argenson, ministre et secrétaire d'État, g^d croix chev.-garde des sceaux de l'ordre militaire et royal de St-Louis, g^d maître et intend^t gén^l des courriers, postes et relais de France, représenté par Louis-M^ie Foucquet, c^te de Gisors; m. M^ie-Casimire-Emmanuelle-Thérèse-Geneviève de Béthune, épouse de Ch^les-Louis-Auguste Foucquet de Belle-Isle. — Il mourut par. St-Gengoulph 26 oct. 1775.

5. J^n-Baptiste-Nicolas, 16 avril 1750 : p. N^as Muzac, président aux requêtes du palais; m. Barbe Brizac, épouse d'Etienne d'Avrange. — [Il mourut

---

(1) Les détails entre [ ] sont empruntés aux *Notes* de feu Mr Eugène de Courten, de Bazoncourt.

à 7 mois à Saint-Privat, où il était en nourrice. Mém. de la Soc. d'arch. et d'hist. de la Moselle 1869.]

6. Jeanne, 10 juil. 1751 : p. F^{ois}-P^{re} Rabuat, président au siège présidial et lieut. gén^l au bailliage ; m. J^{ne} Bourdelois, épouse de N^{as} Muzac, président aux requêtes du palais. — Elle fut mariée à Louis-F^{ois}-Régis de Courten.

7. M^{ie}-Anne-Philippine, 22 juin 1753 : p. Ch^{les} Gautier de la Motte, major de la citadelle de Metz ; m. M^{ie}-Philippine de Muzac, épouse de F^{ois} Amelin de Rochemorin de Beaurepaire. — Elle fut mariée à J^{ph}-F^{ois} Chevreau de Vaudouleurs.

FERRANT, alias **FERRAND**. I. PAUL, subdélégué de Mgr l'Intendant à Vic, fils des † Paul et Michelle Herry, de la par. de Nevry, diocèse d'Auxerre, épousa, par. St-Simplice 28 déc. 1730, Charlotte *Busselot*, fille de F^{ois} Busselot, éc., sgr du fief de Delme, et de † Charlotte Bernard, résidant par. Ste-Ségolène au monastère de Ste-Claire, en dernier lieu par. St-Simplice. Dans l'acte du mariage est mentionnée une pièce du bailliage levant l'opposition du père du marié. — Charlotte Busselot mourut à 60 ans, par. St-Simplice 23 avril 1758 : elle est dite Anne-Rose à son acte de décès.

II. ÉLISABETH-F^{oise}. V. Pérain de Buy.

III. M^{ie}-M^{te}-REINE. V. Maire de Villers.

FERRÉ M^{ie}-MADELEINE. V. Vincent.

FERRETTE (DE). I. WOLFGANG-FRÉDÉRIC, sgr d'Auxette et autres lieux, épousa M^{ie}-Thérèse-Charlotte *Brüneck de Fründeck*, † pensionnaire aux Madeleines, par St-Martin 12 févr. 1779, à 77 ans.

II. M^{ie}-ANNE. V. de Calonne de Beaufait.

FERRIÈRE (DE LA) HENRY. V. de Monredon.

FERRON. V. Doré de Crépy.

FERRY. I. FRANÇOIS, [catholique, eut d'Alizon N***, son épouse] :
1. *Jacques*, qui suit.

2. [Alizon, mariée à Claude de Wolckrange.
3. Marie, mariée à N^{as} Martin dit le Large.
4. Judith, mariée à Abraham Mengin.
5. Jérémie, m^d. — Msc. Emmery, n° 566.]

II. JACQUES, R. P. R., [déshérité par son père à cause de son passage à la religion protestante, fut un des sept solchers ou marchands privilégiés de socs de charrue de l'Evêché de Metz, état noble qui allait de mâle en mâle par primogéniture]. Il épousa F^{oise} *de Corny*, fille de Pierron de Corny et d'Alizon Husson, de laquelle il eut :
1. *Jacques* [né en 1558]; lequel suivra VIII.
2. *Jérémie*, 9 nov. 1561; lequel suit.

III. JÉRÉMIE, R. P. R., fils du préc., m^d, épousa en secondes noces, 8 juil. 1618, Esther *Willaume*, v^{ve} de m^e Bernard. D'un premier mariage lui étaient nés :
1. Pierre, 25 octobre 1592.
2. *Jean*, 11 août 1595; lequel suivra.
3. *Jérémie*, lequel suit.

IV. JÉRÉMIE le jeune, R. P. R., fils du préc., m^d, épousa, 5 mai 1613, M^{ie} *Mainotte*, fille de N^{as} Mainotte, un des greffiers du m^e-échevin, de laquelle il eut :
1. Marie, 15 août 1614.
2. Esther, 25 nov. 1615.
3. Jérémie, 24 mai 1619.

V. JEAN, R. P. R., frère du préc., m^d, receveur de la bullette, sgr en partie de Vrémy, épousa : 1° 28 août 1618, M^{ie} *de Vigneulles* ; 2° en 1637, Élisabeth *Bennelle* ; 3° 10 août 1653, Suzanne *Mozet*, v^{ve} de Samuel de St-Aubin, laquelle mourut 16 août 1675, à 71 ans.

Du premier mariage naquirent :
1. Jean, 5 mai 1621.
2. Jean, 17 janv. 1624.
3. Marie, 12 avril 1626; mariée à Louis de Marsal.
4. Jérémie, 15 sept. 1627.
5. Michel, 1er avril 1629.
6. Suzanne, 26 déc. 1630.
7. Judith, 4 mai 1635.

Du second mariage naquirent :
8. Élisabeth, 13 déc. 1637; mariée à J^{ph} Ancillon.

9. *David*, 16 nov. 1638; lequel suit.
10. Anne, 1ᵉʳ déc. 1642; mariée à Abraham de Couët.
11. Esther, 3 mai 1645; mariée à Paul de Couët.
12. Madeleine, 10 déc. 1646; mariée à Paul le Pin, puis à Pʳᵉ des Guillons.
13. Suzanne, 5 janv. 1649; mariée à Jⁿ le Bachelé.
14. Paul, cap. au régᵗ de Spaën.

VI. DAVID, R. P. R., fils du préc., avocat et aman, sgr de Jussy, Vaux et Sᵗᵉ-Ruffine, épousa, 22 mai 1663, Anne *le Bachelé*, dont il eut :
1. Marie, 17 sept. 1664.
2. Madeleine, 21 mai 1666.
3. Anne, 17 sept. 1668.
4. Abraham, 20 juil. 1670; † 5 août suiv.
5. David, 14 août 1671.
6. Louis, 21 avril 1673; † 20 sept. 1676.
7. Suzanne, 7 août 1674.
8. Pierre, 18 juin 1676.
9. *Jean*, 5 nov. 1677; lequel suit.
10. Élisabeth, 24 janv. 1679.
11. Auguste, 9 avril 1680; † 7 oct. 1681.

VII. JEAN, fils du préc., sgr de Talange, Jussy, Vaux et Sᵗᵉ-Ruffine, dʳ en droit de l'université de Strasbourg, conseiller au parlᵗ, † par. Sᵗᵉ-Ségolène 19 juin 1753. Il avait épousé, par. Sᵗ-Victor 19 janv. 1723, Élisabeth *de Belchamps*, † par. Sᵗᵉ-Ségolène 10 juil. 1757. De leur mariage étaient nés par. Sᵗ-Victor :
1. Mᵗᵉ-Élisabeth, 19 juil. 1724.
2. Paul, 25 août 1725; † 15 sept. suiv.
3. Jⁿ-Jqᵘᵉˢ-Dominique, 23 août 1726; † 3 nov. 1733.
4. Mⁱᵉ-Anne, 11 mars 1728; † 19 suiv.

VIII. JACQUES, R. P. R., fils de Jacques II, receveur de l'hôpital, treize en la justice de Metz, épousa Élisabeth *Joly*, dont il eut :
1. *Paul*, 24 févr. 1591; lequel suivra.
2. Élisabeth, 30 janv. 1600; mariée à Sébastien de Mageron.
3. *Pierre*, qui suit.

IX. PIERRE, R. P. R., fils aîné du préc., [successivement ministre à Marennes en 1605, Tonnay-Charente 1612-1618, Francheval 1622-1644], † à Sedan 30 oct. 1650. Il avait épousé : 1° Jⁿᵉ *Challons*; 2° 14 févr. 1621, Anne *de Cuvry*, dont il eut Pierre, 17 avril 1622.

X. PAUL, frère du préc., le célèbre ministre de la R. P. R. à Metz, † rue de la Chèvre 28 déc. 1669, à 79 ans moins 2 mois. Il avait épousé : 1° 21 avril 1613, Esther *de Vigneulles*; 2° 22 févr. 1637, Suzanne *Lespingal*, vᵛᵉ de Jérémie le Goullon.

Du premier mariage étaient nés :
1. Esther, 21 mars 1614.
2. Suzanne, 27 mars 1616; mariée à Jqᵘᵉˢ de Couët.
3. Madeleine, 22 déc. 1617.
4. Louise, 31 mai 1620.
5. Anne, 12 févr. 1623.
6. Paul, 24 mars 1624: m. Jⁿᵉ des Champs, dᵉˡˡᵉ de Coucy, dame de Courcelles et Chaussy.
7. Pierre, 26 janv. 1625.
8. *Louis*, 1ᵉʳ juil. 1626; lequel suit.
9. Charles, 1ᵉʳ sept. 1628.
10. Élisabeth, 10 sept. 1634.

Du second mariage étaient nés :
11. Benjamin, 12 juil. 1638.
12. Anne, 2 août 1641; mariée à Fᵒⁱˢ Bancelin.

XI. LOUIS, R. P. R., fils du préc., avocat au parlᵗ, sgr de Mont en partie, épousa, 2 févr. 1648, Mⁱᵉ *Sarrazin*, † 18 mars 1671. De leur mariage étaient nés :
1. Élisabeth, 14 sept. 1652.
2. Suzanne, 7 déc. 1654.
3. Paul, 27 févr. 1656.
4. Anne, 3 juin 1657.
5. Marie, 20 nov. 1658.
6. Charlotte, 1ᵉʳ août 1660.
7. Anne, 6 déc. 1662.
8. Paul, 15 févr. 1664; [† sans postérité; en lui s'éteignit la descendance directe du ministre Paul Ferry].
9. Louise, 17 mai 1665.

XII. ABRAHAM, R. P. R., mᵉ-chapelier, eut de Suzanne *Péterquin*, son épouse :
1. Anne, 5 juin 1592; mariée à Abraham Collignon, potier d'étain.
2. Abraham, 2 mars 1612.
3. Suzanne, 14 juin 1615.

XIII. Jean, R. P., R., eut un fils, Jean, 16 mars 1654.
XIV. Jean, R. P. R., eut d'Élisabeth Bancelin, son épouse, Marie, 11 avril 1641.
XV. Gérard, R. P. R., eut un fils, Jean, 31 mars 1568.
XVI. Paul, † par. St-Victor 24 sept. 1636.
XVII. Divers.
1. Alizon. V. Brouard.
2. Anne-Dieudonnée. V. Dolzé.
3. Madeleine. V. Briart.
4. Marie. V. de Marsal VIII.

FÉRY Bernard, ancien procureur au bailliage de Neufchâteau, veuf de M^{te} Binot, † par. St-Victor 7 sept. 1789, à 75 ans : à son enterrement, Joseph, son fils, maître d'écriture.

FESQUET. V. Morand de la Coste.

FÉTICQ. I. Jean, procureur au bailliage, ancien magistrat de l'hôtel de ville, administrateur de l'hôpital St-Nicolas, † à 82 ans, par. St-Livier 10 févr. 1703. Il avait épousé Sébastienne Melchior, alias Nicolas [1], † ibid. 14 mai 1706. De leur mariage étaient nés par. St-Gorgon, excepté le premier, né par. St-Victor :
1. Charles, 17 janv. 1650; lequel suit.
2. J^n-Joseph, 22 mars 1654; lequel suivra.
3. J^n-Louis, 14 sept. 1655.
4. François, 18 mars 1657.
5. Jeanne, 28 déc. 1658.
6. Jeanne, † à 18 ans, par. Ste-Croix 15 avril 1680.
7. M^{ie}-Thérèse, 23 juil. 1662; mariée à F^{ois} Daulceur.
8. Jérôme-Roch, 16 août 1668.
9. N^{as}-Charles, 21 juil. 1672; avocat au parl^t, au décès de son père.
10. Joseph, † à 23 ans, par. St-Gorgon 14 mai 1702.

II. Charles, fils du préc., substitut du procureur gén^l et procureur du Roi au bureau des finances, sgr de Cussigny, [† à Corny en 1724, pendant le temps des vendanges].

(1) Elle est dite Séb. Nicolas dans les actes de baptême de ses enfants 1-7; dans les actes suivants, comme à l'acte de mariage de M^{ie}-Thérèse, elle est appelée Séb. Melchior.

Il avait épousé : 1° par. St-Martin 20 déc. 1671, M^{ie} Maulry, † à 29 ans, par. St-Gorgon 10 févr. 1679, inhumée en l'église de St-Martin dans la fosse de ses parents; 2° Marquise Lamy. — Du premier mariage étaient nés par. St-Gorgon :
1. J^n-François, 14 oct. 1672; avocat au parl^t et procureur du Roi au bureau des finances, † par. St-Gorgon 7 nov. 1719.
2. Lucie, 8 avril 1674.
3. Jeanne, 30 mai 1675; mariée à Julien Lefebvre du Perron.
4. Marguerite, 24 juin 1677; mariée à Antoine Gaudet.
5. M^{ie}-Thérèse, 23 déc. 1678.

III. J^n-Joseph, frère du préc., procureur au parl^t, épousa, avec dispense du 3e degré de consanguinité, par. Ste-Ségolène 3 févr. 1676, M^{te} Nicolas, âgée de 23 ans, fille de Louis Nicolas, laquelle mourut ibid. 19 févr. 1708. De ce mariage naquirent :
1. J^n-Louis, par. St-Gorgon 6 août 1677.
2. M^{te}-Charlotte, par. St-Victor 30 avril 1681.
3. Regnault, par. Ste-Croix 20 août 1684.
4. N^{as}-François, ibid. 13 sept. 1685; lequel suit.
5. Ch^{les}-Nicolas, ibid. 7 avril 1687; avocat au parl^t, † ibid. 5 nov. 1727.
6. Marguerite, ibid. 15 janv. 1689; mariée à Humbert Gaudet.
7. M^{ie}-Louise, ibid. 11 janv. 1690; † 16 mars suiv.

IV. N^{as}-François, fils du préc., avocat au parl^t, épousa, « étant fort jeune », Catherine Nicolas, dont il eut :
1. Jean, par. St-Simplice 24 juin 1694.
2. Jacques, par. St-Livier 25 févr. 1704.

FEUGÈRE (de) Marie. V. de Gournay de Gallois.

FEUQUIÈRES (de). V. de Pas de Feuquières et de Mazancourt.

FEUTREL (du) J^n-François, contrôleur à l'hôpital ambulant, eut de M^{ie}-F^{oise} Barbe, son épouse, place St-Jacques, par. St-Gorgon :
1. Madeleine-Élisabeth, 22 juil. 1762.
2. P^{re}-Florent, 26 juil. 1763; le père est

dit « jadis commis dans la régie du cuir au bureau de Metz. »

FÉY (DE) M^ie-Adrienne. V. de la Cassagne.

FEYDEAU (DE). I. François, éc., cap. au rég^t de la colonelle générale de la cavalerie, chev. de St-Louis, fils de † Pierre, éc., sgr de Lesquaut (?), et de Barbe Garnier, de Ste-Menehould, † à 79 ans, par. Ste-Croix 4 juil. 1760. Il avait épousé, ibid. 5 juil. 1717, L^se-Elisabeth *Hennequin*, † ibid. 20 oct. 1771. De leur mariage étaient nés ibid. :
1. *Ch^les-Louis*, 22 mai 1718; lequel suit.
2. M^ie-Nicole, 8 sept. 1719.
3. M^ie-Catherine, 11 sept. 1721; † 17 mai 1734.
4. J^ques-D^que-F^ois, 9 avril 1723.
5. Louis, 3 sept. 1724; † 19 mai 1730.

II. Ch^les-Louis, fils du préc., chev., épousa Anne-Henriette *le Changeur*, dont il eut par. Ste-Croix :
1. *F^ois-Joseph*, 23 oct. 1744; lequel suit.
2. J^n-Henry-Louis, 25 oct. 1745.

III. F^ois-Joseph, fils du préc., éc., sgr de Lesquaut (?), ancien cap. d'infanterie, chev. de St-Louis, âgé de 42 ans, veuf d'Anne-F^oise-Scholastique *d'Anglars*, de la par. St-Roch de Nancy, épousa, par. St-Marcel 11 oct. 1786, Anne-F^oise-Scholastique *de Greiche*, âgée de 27 ans : à ce mariage, Antoine-Albert b^on de Lambertz, ancien cap. au rég^t de Saintignon dragons pour le service de l'Empire; Étienne-Errard de Landrian, chev., sgr d'Outremecourt et autres lieux, major au rég^t Dauphin infanterie en garnison à Metz, chev. de St-Louis; J^n-B^te de Landrian, chev., cap. au même rég^t.

IV. P^re-Clément. V. Mangin V.

FIANCE (DE) L^se-Félicité. V. le Forestier.

FICKIN Anne-Catherine. V. Pareth.

FICQUELMONT (DE). I. Léonard, s^r de Chaumont et Mars-la-Tour, épousa, par. Ste-Croix 12 nov. 1642, Anne *de Raigecourt*, dame d'Ancerville, † ibid. 13 juil. 1659, inhumée à Mars-la-Tour.

II. Henry, † par. Ste-Croix 24 déc. 1655.

III. Divers.
1. Anne. V. de la Valle.
2. Anne-Charlotte. V. de Raigecourt IX, 5.
3. Antoinette-M^ie-Victoire et F^oise-Berthilde. V. Maclot IV, 3.
4. Catherine-L^se. V. de Gournay V.
5. Charlotte. V. Gournay XIII.
6. J^ne-Thérèse. V. de Lanseran.
7. N^as-Ch^les-Étienne et M^ie-Thérèse. V. le Bègue de Majainville I et II.

FIENNE (DE) Philippe-Léandre, cap. au rég^t de cavalerie de Fienne, eut d'Élisabeth *Maran*, son épouse, par. St-Victor 27 janv. 1699, Julien-F^ois : p. F^ois d'Elzennes, lieut. au rég^t de Fienne; m. M^ie-F^oise Maran.

FIÈRE DE CINQ MARC (DE) Marc-Antoine. V. de Rozières IV.

FILHOL DE CAMA (DE). I. François, R. P. R., s^r de Cama, cap. au rég^t du Roi, épousa M^ie *Duclos*, dont il eut :
1. Isaac, 10 nov. 1681 : p. Isaac de Filhol, sgr du Mas en Agenois. — Il mourut 2 avril suiv.
2. M^ie-Dorothée, 10 févr. 1684; † 2 mars suiv.
3. J^n-Alexandre, 6 juin 1685; sgr de Cama et Distroff en partie, † par. St-Maximin 9 avril 1704.

II. Ambroise. V. d'Aumale V.

FILLOTTE. I. Nicolas, originaire de Dijon, conseiller du Roi, greffier civil et secrétaire au parl^t, épousa M^ie *Wartereau*, dont il eut :
1. *Antoine*, par. St-Gorgon 19 sept. 1635; lequel suit.
2. Claude, jumeau du préc.
3. Barbe, mariée à J^n Bouchard.
4. *Marc-Antoine*, qui suivra.

II. Antoine, fils du préc., greffier en chef civil du parl^t, † par. St-Martin 28 janv. 1714. Il avait épousé, par. Ste-Croix 27 avril 1665, M^ie *de Montigny*, † par. St-Marcel 9 oct. 1716, à 70 ans. De leur mariage étaient nés :
1. Jeanne, par. St-Maximin 26 oct. 1666.

2. Anne-J^{ne}, ibid. 26 févr. 1671.
3. Barbe-Nicole, par. St-Simplice 23 août 1674.
4. Louis, par. Ste-Croix 3 déc. 1676 : p. Louis Fremyn, conseiller au parl^t, chan. archidiacre de la cathédrale; m. Anne de Saint-Blaise, épouse de Maximilien de Valentin, sgr de la Roche-Valentin.
5. Bénigne, ibid. 12 nov. 1679.
6. Marc-Antoine, ibid. 5 mai 1682.
7. Suzanne-Philippe, par. St-Martin 26 août 1687; mariée à Claude de Boitousset.
8. Étienne, lieut. de dragons au rég^t de Languedoc, † subitement par. St-Victor 18 août 1717.

III. MARC-ANTOINE, frère du préc., greffier en chef criminel du parl^t, [† 27 août 1667]. Il avait épousé, par. Ste-Croix 1er sept. 1665, J^{ne}-Gertrude *de Rowiez*, † ibid. 20 août 1685 : à son enterrement, son fils J^n-Nicolas.

FILTZ ANNE-M^{ie}-JOSÈPHE. V. Ganot II.

FILTZ (DE) N***, lieut. des Cent suisses de la garde de S. A. R. Frère unique du Roi, † par. St-Martin 5 sept. 1686.

FINECK (DE) FRÉDÉRIC-CHRISTOPHE-AUGUSTE, b^{on}, âgé de 50 ans, ancien cap. au rég^t de Nassau-Sarrebrück infanterie, fils des † Christophe-Frédéric, lieut.-colonel au service du duc de Mecklembourg, et Claire-Sophie b^{onne} de Fineck, natif de Crackouss au dit Mecklembourg, résidant à Boulay, épousa, par. St-Simplice 6 nov. 1771, Barbe *Mary*, âgée de 37 ans, v^{ve} de Bernard de Corail, de laquelle il eut, par. St-Étienne le Dépenné 22 oct. 1772, J^n-Louis : p. J^n-Louis Cailloux de Valmont, ancien colonel d'infanterie command^t au rég^t de Nassau, représenté par N^{as} Olivier Cochois, fils de † J^{ph}-Clément-Mary Cochois, inspecteur des ventes étrangères des gabelles du Roi, et de M^{te} Grandeau; m. Judith-Angélique de Maillard de Landreville, épouse de J^{ques} c^{te} de Lignéville, d'Autricourt et du St-Empire Romain, sgr de Rémelfang et autres lieux, ancien g^d veneur de Lorraine et Barrois, ancien colonel d'infanterie, g^d bailly du bailliage de Boulay et gouverneur de la même ville, représentée par Barbe Mary.

FION. I. EDMOND, *alias* AYMOND, bourgmestre et commissaire de Verviers, épousa : 1° M^{ie}-J^{ne} *Déchoré, alias Exhoré* ; 2° J^{ne} *Franquinet*. Du premier mariage naquit J^{ne}-Catherine, mariée à J^n-B^{te}-Gabriel Georges de Lesseville. — Du second mariage naquit M^{ie}-Catherine, mariée à J^n-F^{ois} Tardif.

II. M^{ie}-ÉLISABETH. V. Tardif I, 3.

FISCHER ANNE-M^{ie}. V. de Saint-Aubin XI, 10.

FISCHER DE DICOURT (DE). I. P^{re}-ALEXANDRE-CHRÉTIEN, lieut. d'infanterie dans un des rég^{ts} provinciaux, puis conseiller du Roi, premier président du bureau des finances de Metz, command^t en second la garde nationale en 1790, fils de Thomas-Frédéric, chev. de St-Louis, major de cavalerie de l'ancien rég^t de son nom, sgr de Boncourt, Bourvaux, Dicourt, la Plume et autres lieux, et de M^{ie}-F^{oise} de Suchard, née b^{onne} de Watronville, épousa, par. St-Martin 13 avril 1779, Anne-Reine-Éléonore *de la Chèze*. A ce mariage, du côté de l'époux : Louis-J^{ph}-Paul c^{te} du Hautoy de Gussainville, colonel d'infanterie, lieut. du Roi en survivance et adjonction du gouv^t de Calais, et Paul c^{te} de la Tour-en-Woivre, ses cousins. — Du côté de l'épouse : J^n-B^{te}-M^{ie}-Joseph chev. de Cappy, cap. des grenadiers au rég^t de Lyonnois, sgr de Oiry, Montoy-la-Montagne, son cousin; F^{ois} Wendel de Longlaville, ancien cap. de cavalerie, son oncle; P^{re}-Antoine de la Chèze, cap. au corps royal artillerie, son frère ; P^{re}-Ch^{les} Malherbe, sgr de Maraimbois et Dampvitoux, conseiller au présidial, son cousin ; Claude-F^{ois}-Pascal Baudinet de Courcelles, ancien cap. d'infanterie, son oncle. — De ce mariage naquirent :

1. Anne-M^{ie}, par. St-Martin 9 mars 1780; † 15 mai 1781.
2. J^{ph}-Emmanuel-Laurent, ibid. 7 août 1782; [officier de chasseurs, il épousa F^{oise}-Angélique *Bourdelois*, dont il eut deux fils, morts sans alliance, et une fille, mariée à Mr de Vassoigne, cap. d'artil-

lerie. Biog. du Parl¹, et Généalogie de Puymaigre, p. 68.]
3. M^ie-F^oise-Josèphe, par. St-Gengoulph 17 févr. 1784.
II. Henry-Népomucène-Georges, avocat au parl^t, fils de J^n-Népomucène, greffier en chef au criminel de la ville de Strasbourg, et de M^ie-Hélène-Sophie-Agnès Langhans; † par. St-Victor 8 févr. 1782, à 22 ans.
III. M^ie-F^oise Joséphine. V. de Wendel (note).

FISENEY Anne-M^ie. V. de Lasalle.

FISON (de) Anne. V. Dattel VIII, 3.

FISSON (de) Antoinette. V. de Fligny.

FISTER Jacques, cap. au rég^t de Surbeque suisse, eut de Marthe *Daunois*, son épouse, Marie, par. St-Martin 21 févr. 1711.

FITTE-PELLAPORTE (de la) Pierre. V. de Bonnefoy II, 2.

FITZ-SIMONS. V. Barbé VI, 1.

FITZ (de) David, chev., command^t de la première brigade du rég^t de Lée, † par. St-Martin 6 mai 1733, à 76 ans.

FITZ-JAMES (de) M^ie-Antoinette. V. Gerard d'Hannoncelles (note).

FLACHSLANDE (de). I. M^ie-Richarde, chan^esse de S^t-Gœric d'Épinal, fille de Joseph, b^on, de l'Évêché de Strasbourg, et de Josèphe de Reinach; † chez la b^onne d'Eltz, par. St-Gorgon 14 mai 1737, à 12 ans et 1 mois.
II. Anne-M^ie-Richarde-Salomée. V. d'Eltz III.

FLAGEOLET Anne. V. Fabert IV.

FLASSEILLE (de) Catherine. V. de My.

FLAURIGNY (de) Claude-J^n. V. de Berauville.

FLAUTEAU (de). V. de Fleurtot.

FLAVIGNY (de). I. Jacques, R. P. R., fils de François, épousa, 21 juin 1579, F^oise *des Hazards*, dont il eut :
1. Pierre, 18 mai 1580.
2. Marthe, 2 sept. 1582.
3. Anne, 27 janv. 1586; mariée à Ch^les de Garan.
4. Daniel, 17 juil. 1588.
5. Judith, 1er mars 1591.

II. Claude, R. P. R., conseiller du m^e-échevin, fut père de :
1. *Jean*, 22 sept. 1567; lequel suit.
2. Suzanne; mariée à Gédéon le Goullon, puis à Philippe de Vigneulles.
3. Élisabeth; mariée à J^n Humbert, dit le Bonhomme.

III. Jean, R. P. R., fils du préc., conseiller du m^e-échevin, sgr de Mancourt et Verny, épousa, 4 août 1602, Suzanne *Dommangin*, fille de Rollin Dommangin, bourgeois, de laquelle il eut :
1. Paul, 28 juil. 1604.
2. Élisabeth, 7 août 1605.
3. *Pierre*, lequel suit.
4. Louis, 15 févr. 1608.
5. Charles, 1er nov. 1609.
6. Marie, 24 juil. 1615.
7. Charlotte, 2 oct. 1616.
8. Anne, 31 déc. 1617.

IV. Pierre, R. P. R., fils du préc., éc., sgr de Mancourt et Verny, † 28 janv. 1681, à 74 ans. Il avait épousé, étant treize et chargé de l'adresse des dépêches du Roi pour l'Allemagne, 17 oct. 1627, M^ie *Lespingal*, † 24 févr. 1681. De leur mariage étaient nés :
1. *Pierre*, 4 août 1628; lequel suit.
2. Charles, 28 nov. 1629.
3. Marie, 22 févr. 1632; mariée à J^ph Ancillon.
4. Paul, 20 mars 1633.
5. Philippe, 17 déc. 1634.
6. Olympe, 18 janv. 1636.
7. Élisabeth, 10 mai 1637.
8. *Louis*, 2 oct. 1638; lequel suivra VII.
9. *Benjamin*, 14 déc. 1639; lequel suivra VI.
10. Anne, 21 févr. 1641.
11. Suzanne, 3 mars 1642; † 21 avril 1669.
12. Paul, 21 juil. 1643.
13. Anne, 30 août 1644; mariée à Paul Fériet.
14. Judith, 25 nov. 1646; mariée à Ch^les Poutet.

15. Louise, 27 sept. 1648; † 28 oct. 1670.
16. Madeleine, 4 avril 1650.

V. Pierre, R. P. R., fils du préc., éc., cap. au régt du Maine, sgr de Mancourt, épousa Catherine-Mte *Brunet*, † par. St-Gorgon 10 oct. 1717. De leur mariage naquirent :
1. Catherine-Philippe, par. Ste-Ségolène 1er mai 1664.
2. Jn-Louis, ibid. 27 avril 1665.
3. Pre-Étienne, ibid. 21 juin 1666.
4. Dieudonnée, en 1670; mariée à Fois Hordal du Lys.
5. Chles-François, par. St-Martin 5 août 1671.
6. Mie-Élisabeth, ibid. 8 avril 1673.
7. Dominique, ibid. 8 mars 1677.

VI. Benjamin, R. P. R., frère du préc., éc., sgr de Vigny, lieut. de cavalerie au régt de la Reine, épousa, 31 déc. 1681, Suzanne *Morel*, dont il eut :
1. Benjamin, 12 oct. 1682; † 31 suiv.
2. Louis, 10 août 1684.
3. Benjamin, 23 juil. 1685.
4. Charles, par. St-Martin 7 août 1688.
5. François, ibid. 10 sept. 1691; sgr de Vigny, † par. St-Martin 2 sept. 1750.
6. Marie, ibid. 16 nov. 1693.

VII. Louis, R. P. R., frère des préc., éc., cap. au régt du Maine, sgr de Verny et Malroy, † par. St-Simplice 16 mars 1688. Il avait épousé, 22 juil. 1682, Mie *Boudier*, dont il eut :
1. Benjamin, 19 avril 1683; cap. du régt de Normandie, il épousa, par. St-Simplice 20 févr. 1719, Judith *Ancillon*, † par. St-Martin 15 oct. 1750.
2. *Louis*, 7 nov. 1684; lequel suit.

VIII. Louis, fils du préc., éc., sgr de la Grange, chev. de St-Louis, cap. au régt de Normandie, † par. St-Martin 5 sept. 1743. Il avait épousé, par. St-Gorgon 10 janv. 1717, Jne *Hordal du Lys*, † ibid. 26 nov. suiv., à 22 ans, après avoir mis au monde, le 19 préc., Fois-Louis.

IX. Michel, R. P. R., fut parrain 8 août 1588, et Claudon N***, son épouse, marraine 3 juin 1590.

X. Antoine-Pre *de Flavigny de Ribeauville*, éc., vte de Monanteville au diocèse de Laon, cap. au régt royal infanterie, chev. de St-Louis, † au camp de la par. St-Marcel 8 août 1729.

XI. Augustin, chir.-major au régt royal artillerie, eut de Foise *Favre*, son épouse, par. St-Maximin :
1. Louis, 26 janv. 1721.
2. Charles, 1er avril 1723 : p. Louis, chev. de Marand; m. Charlotte de Mouhy, fille de Denis-Hilaire de Mouhy et d'Élisabeth de Villemur.

XII. N***, R. P. R., eut de Suzanne *Rollin*, son épouse, Suzanne, 24 sept. 1621.

XIII. N***. V. Tabouret.

FLAXANTE (de). V. de Flachslande.

FLAYEL Albertine. V. François VI.

FLAYEL de la COTTE, *alias* d'ELMOTTE, Ambroise-Mie, éc., conseiller du Roi en sa cour des monnaies de Paris, eut de Mie-Thérèse *Mabile*, son épouse, Fois Marin, par. St-Maximin 24 oct. 1770.

FLÉCHIÈRE d'ARBOUSSE (de la) Jn-Pierre, éc., cap. au 2e bataillon régt royal Roussillon infanterie en garnison à la citadelle, † par. St-Jean de la Citadelle 24 nov. 1773, à 38 ans : à son enterrement, Hyacinthe Rascase de Gros, éc., chev. de St-Louis; et Jph Seiras de St-Privat : tous deux cap. au régt du défunt.

FLESCHAMMER (de) Catherine-Ernestine. V. de Postelle.

FLESCHEIM (de). I. Esther. V. Blareck de Gyrsperg.

II. Judith. V. Kolb du Wahrenberg.

III. Jn-Philippe. V. de Mouron I, 4.

FLESSELLES (de) Jacqueline. V. de Blair II, 3.

FLEURETTE Anne. V. Jeander.

FLEURIMONT. V. Ladoucette I, 8.

FLEURON (de), *alias* de FLERON.
I. Gérardine-Ferdinande. V. de Postelle.

II. DENIS, [chan. de la cathédrale, originaire de Liège, † 24 oct. 1695, à 42 ans, inhumé à la cathédrale. Msc. Epit.]

FLEURTOT (DE), alias DE FLAUTEAU Jo:es-JOSEPH, éc., chev. de St-Louis, cap. des grenadiers au régt royal, † à 78 ans, par. Ste-Croix 4 févr. 1790 : à son enterrement, Philippe-Etienne Boursault du Tronçay, lieut. au régt de chasseurs de Guyenne; Jn-Pre cte de Lambertye, chev. de St-Louis, lieut. pour le Roi à Sarrelouis. Il avait épousé, par. St-Martin 13 oct. 1772, Mle *de Brye*, vve en secondes noces de Benoît Gillot.

FLEURY FRANÇOISE. V. Georgin de Mardigny.

FLEURY (DE) Fois-ALEXANDRE, chev. d'ancienne extraction, ancien cap. de S. A. R. de Lorraine, eut d'Élisabeth Camp....., son épouse, par. St-Marcel 21 nov. 1744, Mie-Barbe-Nicole-Egidie; le père étant prisonnier de guerre à Metz.

FLEURY (DU) Pre-JOSEPH, chev. de St-Louis, cap. à la suite de Metz, † à 70 ans, par. St-Victor 12 juil. 1741.

FLEURY DE CULAN GABRIELLE. V. de Vimure.

FLEUTOT, alias FLUTOT. I. ÉTIENNE, R. P. R., md tanneur, fut père de :
1. *Étienne*, 3 juin 1582; lequel suit.
2. *Abraham*, qui suivra.
3. Judith, née posthume, 22 févr. 1585.

II. ÉTIENNE, R. P. R., fils du préc., md joaillier, eut de Sara *Sarrazin*, son épouse :
1. Étienne, 24 août 1612.
2. Louis, 13 avril 1614.
3. Charles, 25 mars 1616.
4. Suzanne, 25 mars 1618.
5. Élisabeth, 3 juin 1620.
6. Élisabeth, 10 mars 1624.
7. Judith, 3 mai 1626.
8. Claude, 10 mai 1628.
9. Anne, 3 juil. 1630.
10. Sara, 3 oct. 1632.
11. Marie, mariée à Étienne Mozet.

III. ABRAHAM, R. P. R., frère du préc., md, épousa, 24 mai 1589, Sara *Mathis*, dont il eut :
1. Isaac, 11 mai 1590.
2. *Abraham*, 29 mars 1592; lequel suit.

IV. ABRAHAM, R. P. R., fils du préc., md orfèvre, épousa, 28 sept. 1616, Mie *des Meulles*, dont il eut :
1. Marie, 2 sept. 1618.
2. Marie, 11 oct. 1619.

V. BERNARD, prévôt gruyer de Foug, épousa Jne *d'Arbamont*, dont il eut :
1. Mathieu, par. Ste-Ségolène 7 janv. 1653.
2. Jean, [conseiller au parlt].

VI. BERTRAND, épousa, par. St-Simplice 2 févr. 1682, Angélique *Turgis*.

VII. JEANNE. V. Sol.

VIII. ANNE. V. Monmerqué.

FLEUTOT DE DOMGERMAIN. I. BERNARD, éc., sgr de Domgermain, doyen des trés. de France, † par. St-Maximin, 31 déc. 1730, à 77 ans. Il avait épousé Anne *Antoine*; † ibid. 11 nov. 1737, à 73 ans. De leur mariage étaient nés par. St-Simplice :
1. Anne, 14 mars 1691.
2. Jeanne, 18 nov. 1692.
3. Anne, 25 sept. 1694.
4. Marie, 26 nov. 1697; mariée à Fois-Sébastien Bonneau.
5. *Fois-Charles*, lequel suit.

II. Fois-CHARLES, fils du préc., demt rue de l'Esplanade, éc., chev. de St-Louis, maréchal des camps et armées du Roi, épousa, par. St-Maximin 13 mai 1755, Louise *de Marion*, dont il eut :
1. Chles-Jn-Louis, par. Ste-Croix 16 févr. 1756.
2. Lse-Anne, ibid. 26 janv. 1757; † par. St-Martin 2 oct. 1773.
3. Louis-Mie, par. St-Martin 25 sept. 1763. Il épousa, ibid. 27 févr. 1786, Béatrix-Pauline *de Rouyn de Rogéville*, avec dispense du 3e au 4e degré de consanguinité. [De ce mariage il ne resta qu'un fils, Louis-Chles-Antoine, né 25 nov. 1807, marié en 1851 à dlle

Certain de Germay, lequel posséda la terre de Phlin].

4. Ch^les-François, ibid. 4 févr. 1765; † 1er avril 1768.

FLEUTOT de SAINT-PAUL Ch^les-François. V. Masson.

FLIGNY (de) Antoine, chev., sgr de Xivray et Malvoisin, fils de Chrétien (mêmes titres) et d'Antoinette de Fisson, épousa, par. St-Martin 1er déc. 1684, M^te *Durand* : au mariage, Claude Blanchard, éc., sgr d'Hamonville, oncle de l'époux; N^as Boucher, éc., sgr de Morlaincourt, gentilhomme servant du Prince de Lorraine et exempt de ses gardes. Du dit mariage naquit, ibid. 1er sept. 1686, F^ois-Antoine.

FLOCCART Gabriel, conseiller du Roi et receveur des finances du Barrois, sgr de Morville, eut de Nicole *Richet*, son épouse, Gabriel-Joseph, par. St-Martin 12 août 1690.

FLORAINVILLE (de) Renée-Isabelle. V. de Raigecourt III.

FLORANGE (de) Auguste, fils de Jean-Baptiste et de Charlotte de Clémery, † par. St-Eucaire 9 mai 1696.

FLORENTIN. I. Nicolas, avocat au parl^t, procureur à la table de marbre, † par. St-Marcel 21 mai 1689; sa mère, M^te Mattelin, était morte ibid. 8 févr. 1688.

II. Anne. V. Liégeault IV.

FLORENTIN-COURCEL (de) J^n-B^te. V. Boucher de Gironcourt.

FLORENVILLE (de) Christine. V. de Bourgo.

FLORIER ou FLORIET Josias, R. P. R., d^r en médecine, épousa, 18 janv. 1637, Anne *le Duchat*, dont il eut Anne, 11 sept. 1637.

FLORIVIER (de). V. de Saulx.

FLOST (du) Marguerite. V. Névelinus de Jost.

FLOZE I. Bernard. V. Auburtin II.

II. Madeleine. V. Auburtin XIII.

FOBLANT Louis-Lupicin. V. du Coëtlosquet (note).

FOCART ou FOCARD (de) Pierre, cap. au rég^t de Picardie, âgé de 35 ans, épousa, par. St-Maximin 8 mars 1691, Catherine *de Vigneulles*, dont il eut M^ie-Élisabeth, ibid. 8 janv. 1702.

FOCONCOURT (de) Sophie-Henriette-Charlotte, âgée de 17 ans, native de Deux-Ponts, abjura la R. P. R. par. St-Victor 12 sept. 1738.

FOERSTER Antoine, cap. d'infanterie des volontaires royaux, † par. St-Livier 20 nov. 1748.

FOËS(1). I. Niclausse, boucher, épousa Suzanne N***, † par. St-Martin 29 juin 1633. De leur mariage était né Jean, qui fut parrain même par. 17 août 1607.

II. Anuce, [frère du préc.], peut-être son oncle, célèbre médecin de Metz, [né d'un père originaire de Gorze, et neveu de trois chan. de la cathédrale], † 25 sept. 1596, msc. Epit. Il avait épousé [par contrat du 17 juin 1567(2), Nicole *Gerbillon*, dame de Charly, d'une famille noble du Verdunois, † fort âgée 28 janv. 1624]. De leur mariage naquirent :

1. Jacques, [g^d doyen de la cathédrale et vicaire g^l du diocèse, † 14 oct. 1627].
2. Baptiste, [chan. de la cathédrale, dit Torticolis, sgr de Charly et de Fercomoulin, † 2 avril 1640].
3. Anuce, [chan. de la cathédrale, † 13 sept. 1590].
4. Marguerite, mariée à Ch^les Sartorius, m^e-échevin de Metz.
5. *Georges*, qui suit.
6. *François*, qui suivra V.
7. *Jean*, qui suivra VII(3).

(1) Les détails entre [ ] sont empruntés soit à *Metz Moderne* du b^on d'Hannoncelles, cité au Bulletin de la Soc. d'archéol. et d'hist. de la Moselle 1867, p. 96, soit aux notes de Mr Prost, dans *Chronique de Buffet*, Paris, Dumoulin, et Nancy, Sidot frères, 1884.

(2) Il s'agit d'un second mariage, si vraiment Jacques le g^d doyen, reçu chanoine 21 août 1573, est fils d'Anuce.

(3) Mr Prost le confond avec Jean, fils de Niclausse I. Celui-ci ne serait-il pas plutôt Jean parrain VII, 3, lequel mourut en 1633.

III. GEORGES, fils du préc., treize, [† 4 sept. 1616. Journal de Séb. Floret]. Il avait épousé Antoinette *de Baillivy*, dont il eut :
1. Louis, chan. et trés. de la cathédrale, à l'enterrement de sa mère, v^ye en secondes noces de P^re de Viserny.
2. *Georges*, qui suit.

IV. GEORGES, fils du préc., sgr de Brieux, prévôt provincial dans la maréchaussée des Trois-Évêchés, † par. Ste-Croix vers le 19 mars 1662 : l'acte est sans date. Il avait épousé, à St-Vincent, au soir, 28 nov. 1645 (l'acte à la par. St-Victor), le g^d vicaire bénissant le mariage, M^te *Jeoffroy*, † par. Ste-Croix 27 avril 1706. De leur mariage étaient nés :
1. Marguerite, par. St-Victor 20 juil. 1647; † par. Ste-Croix 3 sept. 1648.
2. Louis, ibid. 6 janv. 1649 : p. Louis Foës, chan. et trés. de la cathédrale, son oncle.
3. François, ibid. 28 oct. 1650 : p. F^ois Foës, d^r en médecine; m. Barbe Jeoffroy, épouse d'Antoine Andry. — [Il mourut chan. de la cathédrale en 1723.]
4. Antoinette-F^oise, ibid. 5 avril 1653; mariée à F^ois Chaffaut, puis à Denis-Jérôme Maréchal.
5. Charles, ibid. 7 mai 1655; sgr de Fercomoulin, † par. Ste-Croix 20 oct. 1724.
6. Madeleine, ibid. 9 janv. 1658; mariée à Mathieu de Sauterize de Campetz.
7. Barbe, ibid. 19 sept. 1659.
8. Marguerite, par. Ste-Croix 27 déc. 1660.
9. Anne, ibid. 27 sept. 1662; mariée à J^n-D^que Crespin.

V. FRANÇOIS, oncle du préc., d^r en médecine, [† 8 juil. 1636]. Il avait épousé Philippe *Poignand, alias le Pougnant*, dont il eut par. St-Gorgon :
1. *François*, qui suit.
2. Madeleine, 5 mars 1619 : m. Madeleine de Gournay.
3. Pierre, 13 janv. 1621 : p. D^que de Mussey, chan. de la cathédrale; m. Lucie Sartorius.
4. Jeanne, 14 oct. 1622.
5. Anne, 25 oct. 1624.
6. Nicolas, 7 déc. 1626.
7. Ch^les-François, 30 mars 1631.

8. *Bertrand*, qui suivra X.
9. *Antoine*, qui suivra XIII.

VI. FRANÇOIS, fils du préc., d^r en médecine, sgr de H^te-Bévoie, Chevillon et Chelaincourt, [† en 1655]. Il avait épousé, par. St-Victor 30 août 1637, Renée *Fanchon*, dont il eut :
1. Antoine-F^ois, par. St-Gorgon 2 sept. 1639 : p. Antoine, chan. coadjuteur de la cathédrale. — C'est sans doute le d^r en médecine parrain d'une fille Fabert III, 5.
2. Suzanne, par. St-Victor 21 juil. 1645.
3. Madeleine, mariée à F^ois Fabert.

VII. JEAN, oncle du préc., épousa Barbe *le Labriet*, dont il eut par. St-Martin :
1. Laurette, 9 mars 1614; mariée à J^n Malhomme.
2. Barbe, 15 nov. 1615 : p. Guillaume de Bariton, éc., cap.-enseigne de la citadelle; m. Barbe Copperel, épouse de F^ois le Labriet. — Elle fut mariée à Pantaléon Durand.
3. Jacques, 3 févr. 1619 : p. J^n Foës, chan. de la cathédrale; m. M^te Foës, épouse de Sébastien Rulland. — Il fut chan. et chantre de la cathédrale [et mourut 27 juin 1679].
4. *Jean*, qui suit.

VIII. JEAN, fils du préc., sgr de Henneté, lieut. au rég^t de Champagne, puis cap. au rég^t de Boufflers infanterie, † par. St-Gorgon 26 janv. 1686. Il avait épousé, par. St-Simplice 7 janv. 1643, J^ne *Croizet*, de Boulay, † par. St-Gorgon 27 déc. 1704, à 87 ans. De leur mariage étaient nés :
1. Jacques, par. Ste-Croix 26 janv. 1648; le père est cap.-enseigne en la vieille garnison de Metz.
2. Claude, ibid. 24 oct. 1649 : p. Claude Croizet, dit de Saint-Oswaldt; m. Laurette Foës.
3. *J^n-Louis*, par. St-Victor 2 juin 1652; lequel suit.
4. Nicolas, par. St-Marcel 24 nov. 1654; le père est lieut. d'une compagnie de gens de pied à Metz.
5. J^n-François, ibid. 11 avril 1657; chan. de la cathédrale, † à Port-sur-Seille,

chez Mme Duc, 23 juil. 1729, inhumé à la chapelle des Foës à la cathédrale.
6. M^te-Laurette, ibid. 22 déc. 1659.
7. Jacques, ibid. 5 août 1661.

IX. J^n-Louis, fils du préc., cap. d'infanterie au rég^t de Boufflers, sgr de Vrémy et Tragny, épousa, par. St-Simplice 28 janv. 1680, Antoinette *Turgis*, dont il eut par. St-Gorgon :
1. M^ie-Laurette, 24 oct. 1681 ; mariée à Frédéric Piart de Metz, puis à J^n-P^re Huart.
2. J^n-François, 16 avril 1684.
3. Luc, 9 août 1685.
4. M^ie-Jeanne, 23 févr. 1688.

X. BERTRAND, fils de François V, conseiller au parl^t, sgr de Chelaincourt et Chevillon, † par. St-Gorgon 31 janv. 1688, inhumé à la cathédrale dans la chap. de N.-D. de Lorette, dite des Foës. Il avait épousé Marthe *d'Arbamont*, † ibid. 21 avril 1693. De leur mariage étaient nés :
1. Marthe-Antoinette, par. St-Gorgon 15 janv. 1641 : p. Antoine Foës, chan.-coadjuteur à la cathédrale. — Elle fut mariée à J^n Morel.
2. *Claude*, [né à Toul, par. St-Jean 26 déc. 1646] ; lequel suit.

XI. CLAUDE, fils du préc., sgr de Chevillon, Château-Bréhain et Baronville, conseiller au conseil souverain d'Alsace, puis conseiller au parl^t de Metz, † par. St-Gorgon 18 août 1706. Il avait épousé Claude *Collard*, dont il eut par. St-Marcel :
1. Bertrand, 14 janv. 1679 ; conseiller au parl^t, † par. St-Gorgon 16 juin 1709.
2. *Étienne*, 26 avril 1680 ; lequel suit.
3. Marthe, 3 févr. 1682.

XII. ÉTIENNE, fils du préc., c^te de Château-Bréhain, sgr de Baronville et Chevillon, lieut. gén^l des villes et châteaux des Trois-Evêchés et du Pays Messin, conseiller au parl^t, épousa M^ie-Catherine-Barbe *de Bonneville, alias de Basseville*, dont il eut par. St-Gorgon :
1. M^ie-Anne-Augustine, 18 févr. 1711.
2. Étiennette-J^ne, 8 avril 1712 : p. P^re-Benoît Morel, chev., sgr du Meix, Courtavaux, les Vignaux, le Plessy, Launay et autres lieux, conseiller du Roi en ses conseils, président à la cour des aides, dem^t à Paris, rue Dupuis, représenté par P^re-Henry Lefebvre de Vulmont ; m. J^ne Collard, épouse du s^r Thibert, conseiller secrétaire du Roi maison et couronne de France et de ses finances, dem^t à Paris, rue Beaubourg, représentée par Anne le Goullon, épouse de Bertrand de Cotte.
3. J^n-Louis, 28 févr. 1714.
4. Antoine, 21 févr. 1718.
5. M^ie-Madeleine, 30 juin 1721.

XIII. ANTOINE, frère de Bertrand X, chan. de la cathédrale, archidiacre de Sarrebourg, fut parrain de son neveu VI, 1, de sa nièce X, 1, et encore par. Ste-Ségolène 19 juil.. 1668. [Il mourut à Paris 13 sept. 1670.]

XIV. NICOLAS, dit de Fercomoulin, probablement fils de Georges III, épousa Madeleine N***, dont il eut :
1. Marguerite, par. St-Gorgon 3 déc. 1635.
2. Anne-Christine, mariée à F^ois Jorry.

XV. MADELEINE, ancienne abbessse des dames cordelières urbanistes de Nancy, fut marraine par. St-Martin 28 mars 1689.

XVI. Divers.
1. DIANE-LAURETTE. V. de Longat.
2. GABRIELLE. V. Bérault de Belcastel IV.
3. MARGUERITE. V. Rulland.

FOIGNY (DE). I. JEAN, [chan. de la cathédrale, archidiacre de Vic, † 2 juin 1664, à 52 ans, inhumé à la cathédrale. Msc. Epit.]
II. MARIE. V. Gobineau de Montluisant II.

FOISSEY J^n-IGNACE. V. de Cailloux II.

FOIX DE CANDALE (DE). I. BERNARD, b^on du Lau, du Hort et de Loubens, du diocèse d'Aire en Gascogne, eut de M^te *de Renatier de Saint-Martin*, son épouse :
1. J^n-Paul, chan. et écolatre du « cy-devant » chapitre de la cathédrale, † par. St-Victor 21 janv. 1791, à 66 ans : à son enterrement, Henry de Chambre d'Urgons, évêque d'Orope, coadjuteur de Mgr l'Évêque de Metz, son parent.

2. Jacques-F^{ois}, qui suit.
3. Fabien, chan. de la cathédrale, au mariage du préc.

II. J^{ques}-François, fils du préc., cap. au rég^t de Bourbonnais, épousa, par. Ste-Ségolène 23 avril 1765, Anne *Goulet de Montlibert,* dame de Secourt, [† 10 mars 1814 : sa mort causa un deuil général et l'armée russe, qui occupait alors les environs de Metz, se joignit à la population messine pour rendre hommage à sa mémoire]. De leur mariage naquirent par. Ste-Ségolène :
1. F^{ois}-Maximilienne-M^{ie}-M^{te}, 20 juil. 1766 : p. F^{ois}-Godefroy-Maximilien Goulet de Montlibert, éc., sgr de Remirecourt et Vellé, ancien cap. d'infanterie au rég^t royal Wallon, g^d oncle de l'enfant.
2. Bertrand-Léon-Louis-M^{ie}, 10 juil. 1772.

III. J^n-B^{te}-François, oncle du préc., chev. du Lau, chev. de St-Louis, lieut. pour le Roi command^t à Sarrelouis, † par. St-Gengoulph 10 avril 1759, à 72 ans : à son enterrement, J^{ph}-P^{re} de Lartigue, son cousin ; Fabien et J^n-Paul de Foix de Candale, ses neveux : tous trois chan. de la cathédrale.

IV. Louise. V. Estienne de Procheville I, 5.

FOLLIOT (de), *alias* de FOLYOT[(1)] F^{ois}-Médéric, chev., sgr de Presles et Crenneville en Normandie, chev. de St-Louis, cap. au rég^t de Champagne en garnison à Metz, fils d'Adrien, chev., sgr de Presles et autres lieux, et de † Madeleine de Haute-Chemaille, épousa, étant âgé de 28 ans, par. St-Martin 4 sept. 1764, Anne-Pierrette-Charlotte *Poutet.* Le mariage fut bénit par Mgr Michel-F^{ois} Couët du Vivier de Lorry, évêque de Vence, conseiller du Roi en ses conseils. Au mariage, Louis-J^n-B^{te} Colbert, m^{is} de Ségnelay, colonel au rég^t de Champagne ; Folliot d'Argence ; Poisson de Vaudreweile ; le chev. de Ladonchamps ; Conflans d'Armentières. Du dit mariage naquirent :
1. M^{ie}-Victoire, [mariée à F^{ois}-Ch^{les} Poutet

(1) Les détails entre [ ] sont empruntés aux notes de Mr Eugène de Courten.

son oncle, puis au comte Colleredo-Walsée, enfin au prince de Lorraine].
2. Louis-Ch^{les}, par. St-Martin 3 juil. 1765 ; [marié à sa nièce Judith-Charlotte Poutet ; feld-maréchal d'Autriche, † à Vienne 21 juin 1840].

FOLSE (de) Anne-Madeleine. V. de Malaizé.

FOLSEN (de), *alias* de FELTEN Sibille. V. de la Croix VII.

FOLYOT (de). V. de Folliot.

FOMBERT (de) Nicolas. V. de Goz.

FOND (de la), *cfr.* VENANT *et* VIGNOC de LAFFOND. I. Louis, chev. de St-Louis, cap. aide-major de la ville de Nancy, épousa Thérèse *de Sampy-Garjolet,* † v^{ve} de lui, par. St-Maximin 16 mars 1750, à 98 ans.

II. J^{ques}-René, éc., colonel d'un rég^t d'infanterie, épousa Gabrielle-Rose *Lochon,* † par. St-Marcel 13 mai 1739. De leur mariage étaient nés :
1. Madeleine-Dieudonnée, par. St-Gorgon 2 sept. 1704.
2. J^{ques}-René-N^{as}, ibid. 22 sept. 1705.
3. Catherine, par. Ste-Croix 24 nov. 1706.
4. Gabrielle-Onésime, ibid. 18 déc. 1707 : p. Louis de Bonnefoy, chev., sgr de Villé ; m. Onésime du Chauffour, épouse du s^r Auberon. — Elle fut mariée à Louis-F^{ois}-N^{as} de Gasser du Parc.
5. Antoine-F^{ois}-Xavier, ibid. 11 janv. 1709 : p. Antoine-F^{ois}-Xavier Lochon, avocat au parl^t ; m. L^{se}-J^{ne} Gourdin, épouse de Philippe Muzac.

III. Divers.
1. Catherine. V. du Perroux des Mazières.
2. J^{ne}-Thérèse. V. Jeoffroy VIII, 2.
3. M^{ie}-Anne. V. de Fonton.

FONDRIÈRE Marie. V. de Saint-Périer.

FONQUE (de) Guillaume. V. de Béchevel III.

FONTAINE. I. Catherine. V. de Saint-Didier.

II. François. V. de Serignan.

III. Judith. V. Louis XI.

IV. Judith. V. le Braconnier XII.

FONTAINE (de), alias de la FONTAINE. I. Nicolas, c^te, lieut.-colonel au rég^t de Cholet, fut parrain par. St-Eucaire 25 nov. 1694.

II. Ch^les-Gaspard-Melchior-Balthasar, chev. de Solart, cap. au rég^t de Rochechouart infanterie, fils de † Philippe, c^te de Solart, premier éc. de S. A. S. la duchesse du Maine, et de Charlotte-Madeleine de Gayat, dem^t à l'Arsenal, à Paris, épousa, par. St-Gengoulph 14 sept. 1739, Anne *Piquot*, fille d'André Piquot, ancien entrepreneur des fortifications de Metz et de Thionville, dem^t à Fontoy, et d'Anne Bullay : au mariage, Louis-Christophe de Riancourt, éc., cap. au rég^t de Biron, ingénieur au service du Roi; N*** Quintin, chev. de St-Louis, cap. au rég^t de Rochechouart, et Ch^les de Lasalle, ingénieur du Roi. Du dit mariage naquit, par. St-Martin 9 août 1740, Charlotte-Augustine-L^se-Madeleine, † par. St-Gengoulph 24 août 1741.

III. Nicolas, chev., sgr de la Neuville, cap. de cavalerie au rég^t de Mgr d'Auxin, épousa M^ie-L^se-Charlotte *de Pellard de Givry*, dont il eut par. St-Gorgon :

1. Ch^les-Jean, 22 mars 1688 : p. Ch^les de Fontaine, chev., sgr de la Neuville; m. M^ie d'Aspremont, v^ve de J^n de Pellard, chev., sgr de Servigny, gouverneur de Bouillon.
2. Madeleine, 11 mai 1689.
3. Georges-M^ie, 25 déc. 1690.
4. J^n-Claude, 3 déc. 1692.
5. Anne, 26 mars 1694.
6. M^te-Charlotte, 12 juin 1695.
7. Jacqueline-Charlotte, 14 oct. 1696.

IV. Gabrielle. V. Defresne.

FONTAINE (de la) Anne. V. Jobart de Sainte-Claire.

FONTAINES (des) Guillaume, commissaire d'artillerie, † par. St-Simplice 4 mars 1712, à 65 ans. Il avait épousé :
1° Anne-Claude *Robert*, dont il eut, ibid. 9 juil. 1690, Anne-M^te; 2° ibid. 11 août 1691, F^oise *Brunel*, alias *Brunet*.

FONTANGES (de) Léonard et Marguerite. V. du Fraisse.

FONTANILLE (de) Louis-J^ph. V. de Majaudie.

FONTENAY-PRUDHOMME M^ie-Suzanne. V. de Maré.

FONTENELLE (de) Henry, R. P. R., gentilhomme cadet, † par. St-Jean de la Citadelle, 17 déc. 1684, à 22 ans.

FONTON (de) Henry-Martin, chev. de Fonton, cap. au corps royal artillerie rég^t de Grenoble au pavillon de la H^te-Seille, fils d'Édouard-Salomon, éc., sgr de l'Étang-la-Ville et en partie de Marcille, gentilhomme servant de † la Reine, ancien commissaire des guerres, cy-devant chargé des affaires du Roi aux cours de Vienne et de St-Pétersbourg, et de M^ie-Anne Perdrigeon, épousa, étant âgé de 38 ans, par. St-Simplice 8 mai 1781, Agathe *de Brunel*. Au mariage, J^n-B^te-P^re de Clinchamps, gouverneur des tentes et pavillons du Roi, concierge du palais des Tuileries; Louis-J^n-F^ois m^is de Chérisey, maréchal des camps et armées du Roi, gouverneur du fort St-Jean de Marseille; J^ques de Lingendes, cap. au rég^t de Brie infanterie; ont signé, outre les précédents : Faultrier; Rampont; d'Huart; la Roche; Ladonchamps; Longeville; de Roche; Perrin des Almons; Perrin de Saint-Marcel. — De ce mariage naquirent :

1. Anne-F^oise-Henriette, par. St-Simplice 2 août 1781 (*sic*).
2. Anne-L^se, ibid. 13 sept. 1786.
3. M^ie-Martin, par. St-Martin 14 août 1788 : p. Toussaint-Léon b^on de Wisniel, résidant à Paris, cousin issu de germain de l'enfant du côté pat.; m. M^ie-Anne de la Fond de Fonton, sa tante.
4. M^ie-Sabine, ibid. 2 mai 1790 : p. Geoffroy de Wisniel, bourgeois de Paris; m. M^ie-Sabine Fonton de Vaugelas, fille majeure, résidant à Paris.

FORAX (de) M^ie-Anne. V. de Prez.

FORAY Mᴵᴱ-Madeleine. V. Demange I, 2.

FORCADE (de la) Pierre, [gouverneur de l'hôpital Sᵗ-Nicolas, † 19 déc. 1649, à 71 ans. Msc. Epit.]

FOREST. I. Anne-Reine. V. Collin IV.
II. Barbe. V. de Pessoles.
III. Mᴵᴱ-Jᴺᴱ-Gabrielle. V. Mélard et Vignon III.
IV. Marguerite. V. le Monnier.

FOREST (la), cfr. CAUSSE de la FOREST. I. Charles. V. de Thésière.
II. Marie. V. de Maupeou.

FORESTIER (le) Nicolas, chev. de Sᵗ-Louis, sgr du fief Sᵗ-Pierre de Cailloit en Vexin français, colonel commandᵗ et inspecteur des milices rurales du Pays messin, aide-major de la place, épousa : 1° Lˢᵉ-Félicité *de Fiance*, † par. Sᵗ-Simon 4 sept. 1789; 2° par. Sᵗ-Martin 21 déc. 1790, Anne-Mⁱᵉ-Victoire *Bouchotte* : à ce dernier mariage, Jᵠᵘᵉˢ-Louis-Fᵒⁱˢ de Tilly, capᵗ au régᵗ de Piémont, cousin du marié. — Du premier mariage naquit, par. Sᵗ-Simon 4 sept. 1789, Louis-Félix, dont la naissance coûta la vie à sa mère : p. Chˡᵉˢ-René le Forestier, chev., sgr de Buisson-Sᵗᵉ-Marguerite et Mousseaux, son cousin; m. Mᵗᵉ-Bonne de la Faye, épouse de Mʳ de Vaillant, éc., sgr de Mareauchamps, sa gᵈ tante.

FORGE (de la) Anne-Madeleine, épouse d'Isaac de Rivois, fut marraine par. Sᵗ-Simplice 16 sept. 1692.

FORGES (des), cfr. GATTEBOIS des FORGES. I. Jacob, R. P. R., éc., sgr de Germinon et Preing en partie, fils de † Robert, éc., demᵗ à Châlons, épousa, 21 avril 1602, Mⁱᵉ *Chauveau*, vᵛᵉ de Baptiste de la Vesne, éc., sʳ de Montjolly, demᵗ à Vitry-le-François.
II. Pierre, natif de N.-D. de Liesse, cavalier au régᵗ Dauphin, épousa, par. Sᵗ-Livier 6 avril 1687, Barbe *Marchal*, vᵛᵉ de Jᵠᵘᵉˢ Collignon, pêcheur.
III. Victor, aspirant au corps royal artillerie, pensionnaire au collège Sᵗ-Louis, fils de N***, ancien officier de la marine, chev. de Sᵗ-Louis, † par. Sᵗ-Simon 19 oct. 1784, à 15 ans : à son enterrement, Ange-Hyacinthe-Jᵖʰ du Boisbaudry et Jⁿ-Pʳᵉ de Roquefeuille, élèves d'artillerie; Victor-Armand-Désiré de Damoiseau et Louis-Vincent-Mⁱᵉ de l'Angle, aspirants au corps d'artillerie : tous condisciples du défunt.

FORGET de BARST. I. Françoise. V. de Qureille de Sainte-Marie.
II. Charlotte. V. de Roucy.

FORIER (de) Jˣ-Louis, R. P. R., natif de Coleal en Guyenne, cadet gentilhomme, † par. Sᵗ-Jean de la Citadelle 22 avril 1685.

FORMANOIR (de) François. V. de Seillons.

FORMÉ. I. Nicolas, mᵈ, eut de Mⁱᵉ-Suzanne *Braconnier*, son épouse, par. Sᵗ-Livier :
1. Suzanne, 5 déc. 1739.
2. Gabrielle, 4 févr. 1745; † le lendemain.
3. Louis, assassiné à l'âge de 23 ans, dans sa maison rue Vincentrue, par. Sᵗ-Livier 13 mai 1755, transporté dans les prisons et rapporté dans sa maison pour être inhumé le 15 dans sa paroisse : à son enterrement, Jⁿ-*Louis*, son oncle, qui suit.
II. Jⁿ-Louis, frère du préc., conseiller au bailliage, † par. Sᵗ-Martin 24 juil. 1756, à 59 ans. Il avait épousé Anne *Laurent*, † ibid. 12 mai 1776, à 84 ans. De leur mariage était né Louis, ibid. 23 juin 1732.
III. Nᵃˢ-Étienne, chir. major, eut d'Anne-Madeleine *André*, son épouse, Anne-Lˢᵉ mariée à Jⁿ-Bᵗᵉ Molina.
IV. Judith. V. de Bize II.
V. Anne-Andrée. V. Frey de Neuville.

FORMIER de PRAX (de) Antoine-Fᵒⁱˢ. V. de Rose.

FORNACHON. I. Guillaume, ancien cap. lieut. au régᵗ de Vandy, lieut. du prévôt de la maréchaussée de Luxembourg et du comté de Chiny, eut de Mⁱᵉ-Madeleine *Daussy*, son épouse, Catherine, mariée à Louis Baltus.
II. Antoine, concierge des prisons royales

de Metz, eut d'Antoinette *Pernet*, son épouse, Marie, mariée à J^n-F^{ois} Bertrand.

FORT SIMON, éc., conseiller du Roi, lieut. de la maréchaussée, sgr de Villers-l'Orme et de Chieulles en partie, † par. St-Gorgon 25 oct. 1754, à 70 ans, inhumé aux Carmes déchaussés. Il avait épousé Barbe-Catherine *Willotte*, † par. Ste-Ségolène 3 juil. 1774, à 76 ans. De leur mariage étaient nés par. St-Gorgon :
1. Dominique, † à 5 ans et 1/2, 27 sept. 1730.
2. Antoinette, 29 oct. 1729.
3. Anne-Barbe, 28 mars 1731.
4. Anne-Gabrielle, 24 juil. 1733.
5. Marie, 15 sept. 1734; mariée à Claude-J^n-Joachim Faultrier.
6. J^n-Gabriel, 16 nov. 1735.
7. F^{ois}-Simon, 19 oct. 1737; † 7 janv. 1740.
8. F^{ois}-Gabriel, 13 mars 1739; † 14 juil. suiv.
9. N^{as}-Thomas, 7 mars 1741.
10. Catherine, mariée à F^{ois} Georges de Lemud.

FORT (LE) J^{ne}-CLAUDE. V. Barrette II.

FORT DE GRANDMAISON (DU) CHARLES. V. de Sohallat de Fontallard.

FORT DE LA PRIPANNE (DU) CHARLES, éc., sgr de la Pripanne, lieut. de cavalerie au rég^t de Chamvilliers, du diocèse d'Auch, † par. St-Martin 19 juin 1705, à 40 ans. Il avait épousé, ibid. 22 févr. 1694, F^{oise}-Lucie *Mangetaire* : à ce mariage, Antoine Argould de la Valle, dir. gén^l des vivres des armées du Roi. De leur mariage naquit Anne-Henriette, ibid. 14 déc. 1695.

FORTIN, alias LÉQUILLANT-FORTIN. I. ANDRÉ, contrôleur de l'hôpital militaire, époux de M^{ie} *Perriet*, † par. St-Simon 23 mars 1757, à 85 ans à son enterrement, son fils *Victor*, qui suit.

II. VICTOR, fils du préc., également contrôleur de l'hôpital militaire, † par. St-Simon 4 oct. 1768, à 55 ans. Il avait épousé, par. St-Livier 7 sept. 1739, M^{ie}-Anne *Saget*, † par. St-Simon 31 janv. 1749. De leur mariage naquirent :

1. André-J^n-Victor, par. St-Livier 14 janv. 1740 (*sic*); † par. St-Simon 2 juil. 1744.
2. J^{ph}-Victor, ibid. 5 mars 1747; † 2 juin 1752.
3. *Léopold-J^{ph}*, qui suit.

III. LÉOPOLD-J^{PH}, fils du préc., dit Léquillant-Fortin, contrôleur de l'hôpital militaire, épousa, par. St-Maximin 6 févr. 1770, Madeleine *Croisille*, dont il eut :
1. Agathe-Madeleine, par. St-Simon 5 févr. 1771.
2. J^n-J^{ph}-Léopold, ibid. 28 mai 1772.
3. J^n-Paul-Alexandre, par. Ste-Croix 9 févr. 1779.
4. J^n-Nicolas, ibid. 5 mai 1781.
5. J^n-Valentin, par. St-Simon 30 sept. 1782.
6. Madeleine-Agathe, ibid. 29 sept. 1783; † 11 mai suiv.
7. J^n-Baptiste, parrain de la préc.

FOSSÉ (DU) LOUISE. V. de Rosnin-Vinen.

FOUCAULT DE PONTBRIANT (DE) LOUIS, chev., cap. au corps de carabiniers de Mr Frère du Roi, fils de Henry, chev., sgr de Lacaux-les-Repaires et autres lieux, et de M^{ie}-Sibille Dulcan, du diocèse de Périgueux, épousa, par. Ste-Croix 30 août 1774, M^{te}-F^{oise}-Fébronie *de Belchamps*, dont il eut par. Ste-Croix, à l'exception de la dernière née par. St-Victor :
1. J^{ne}-M^{ie}-Charlotte, 21 sept. 1777; † par. St-Victor 23 sept. 1778.
2. J^{ne}-Charlotte-Gabrielle, 3 nov. 1778.
3. Monique-Victoire, 14 mai 1780.
4. Louis, 12 avril 1783.
5. Ch^{les}-Edouard-Armand, 3 mai 1784.
6. J^{ne}-Geneviève, 28 mars 1786 : p. Alexandre c^{te} de Foucault de Pontbriant, volontaire au corps des carabiniers de Mr Frère du Roi, son cousin; m. J^{ne}-Geneviève de Foucault de Pontbriant, sa cousine, sœur du parrain.

FOUCHER (DE) LOUIS-F^{ois}. V. Dumautet.

FOUCHÉ M^{ie}-ANNE. V. Huguenin.

FOUCQUET (DE). I. RENÉ-F^{ois}, c^{te}, v^{te} d'Auvillar, sgr de Labouchefolier, la Grange, Manom, Brulange, et autres lieux, lieut. gén¹ des armées du Roi et de la province des Trois-Évêchés, fils de René-F^ois, c^te, conseiller au parl^t de Rennes, et de Bonne-Émilie Gentil; † par. St-Simplice 22 avril 1784, à 80 ans, inhumé à Manom. Il avait épousé en la chapelle de M. de Lesseville à Moulins, 28 août 1749, M^ie-J^ne-Catherine *Georges de Lesseville*. A ce mariage, J^n-Fortunat de Serre de Rochecolombe, lieut. du Roi à Metz; Louis-Bénigne Chasot, président à mortier au parl^t; J^ques-Gabriel Bazin, m^is de Beson, brigadier des armées du Roi et m^e de camp d'un rég^t de cavalerie; César-M^ie-Phébus Talarie de Chalmazel, brigadier des armées du Roi, colonel d'un rég^t d'infanterie; Christophe Georges-Vassart, éc., conseiller au parl^t, oncle de l'épouse. Ont signé, outre les précédents: de Montholon; Georges de Chelaincourt; Bertrand de Chailly; Louis Bertrand, jésuite; de Chamisot. — De ce mariage naquirent par. St-Simplice:

1. *J^n-Gabriel-René-F^ois*, 13 mars 1751 : p. son aïeul mat.; m. son aïeule pat., épouse en secondes noces de J^n-B^te-J^ph de Francheville, président à mortier au parl^t de Bretagne, représentée par Nicole Georges, v^ve de Claude-F^ois Bertrand, conseiller au parl^t de Metz. Lequel suit.

2. Bernardin-Casimir, 23 févr. 1752; les cérémonies du baptême lui furent suppléées le 2 août suivant : p. Mgr Bernardin-F^ois Foucquet, archevêque-prince d'Embrun, prince et g^d chambellan du St-Empire, conseiller du Roi en ses conseils, abbé de St-Pierre de Launes au diocèse de Narbonne, son oncle pat.; m. Casimire-Emmanuel-Thérèse-Geneviève de Béthune, maréchale duchesse de Belle-Isle, épouse de Ch^les-Louis-Auguste Foucquet de Belle-Isle, duc de Gisors, gouverneur de Metz.

3. Bonne-Hippolyte-Christophe, 30 janv. 1753 : p. Christophe Georges, dit Vassart, sgr de Brulange, conseiller au parl^t, son g^d oncle mat.; m. Bonne-Hippolyte Foucquet, sa tante pat. — Elle mourut 9 févr. suiv.

4. M^ie-Catherine-Pauline-Louise, jumelle de la préc. : p. Paul-Louis chev. de Foucquet, son oncle pat.; m. M^ie-Catherine Bertrand, sa tante à la mode de Bretagne.

5. Louis-P^re, 16 août 1754 : p. Louis-P^re Bertrand de Chailly, conseiller au parl^t; m. Anne Bertrand, épouse de Louis-Claude Lescure, conseiller au parl^t : ses oncle et tante maternels à la mode de Bretagne.

6. Louis-Ch^les, 16 janv. 1756 : p. Louis-M^ie Foucquet, c^te de Gisors, c^te du St Empire romain, gouverneur des Trois-Évêchés, colonel du rég^t de Champagne infanterie; m. M^te Jeoffroy, épouse de Ch^les-F^ois le Goullon de Champel, procureur gén¹ au parl^t.

7. *Ch^les-Innocent-Antoine-F^ois*, 28 juin 1759 : p. Ch^les-Louis-Auguste Foucquet, duc de Belle-Isle, ci-dessous IV; m. Innocente-Catherine de Rougé-Duplessis-Bellière, m^ise du Faÿ, b^onne de Vannes-le-Château et de Rostrevin, châtelaine de Moreville, dame de Glomel et de Menervat, épouse de S. A. Mgr Emmanuel-Maurice de Lorraine, duc d'Elbœuf, pair de France. — Lequel suivra.

II. J^r-Gabriel-René-F^ois, fils du préc., m^is, v^te d'Auvillar, cap. de cavalerie au rég^t royal Piémont, épousa, par. St-Livier 9 janv. 1777, M^ie-Louise-Eugénie *Blondel d'Aubert*, âgée de 18 ans, fille d'Eugène-Rolland-J^ph Blondel d'Aubert, chev., sgr d'Aubert, Vendin, Pont-à-Vendin, conseiller du Roi en tous ses conseils et premier prés. au parl^t de Flandre, et de M^ie-Anne de Calonne, dame d'Aubert, Vendin, Pont-à-Vendin, la Cliqueterie, Jumont et autres lieux. — De leur mariage naquirent par. St-Simplice :

1. M^ie-Renée-L^se, 17 mars 1778; [elle épousa, 13 févr. 1803, Anne-P^re de Bertier de Sequigny(¹).]

2. F^oise-Bonne-Pauline, 20 déc. 1779; mariée au v^te de Gourgues.

III. Ch^les-Innocent-Antoine-F^ois, frère du préc., cap. des dragons de Ségur, épousa, [en 1781], M^ie-Madeleine *de Chazelles*,

---

(1) Kohn, *Monographie de la sgrie de Dudelange*, Luxembourg, 1894, page 155.

dont il eut, par. St-Martin 13 juil. 1782, Renée-Barbe-Firmin-Anne, † ibid. 16 mars 1784.

IV. Ch^{les}-Louis-Auguste, duc de Belle-Isle, pair et maréchal de France, ministre secrétaire d'État ayant le dép^t de la guerre, prince du St-Empire, chev. des ordres du Roi et de la Toison d'or, gouverneur particulier des Trois-Évêchés, pays de la Sarre, ville et citadelle de Metz, lieut. gén^l des duchés de Lorraine et de Bar, command^t en chef des Trois-Évêchés, pays de la Sarre, frontières de Champagne et duché de Luxembourg, et sur les côtes maritimes de l'Océan depuis Dunkerque jusqu'à Bayonne, eut de M^{ie}-Casimire-Emmanuel-Thérèse-Geneviève *de Béthune*, son épouse :
1. M^{ie}-Auguste, † par. St-Victor 20 juin 1739.
2. Louis-M^{ie}, [né 27 mars 1732; c^{te} de Gisors, c^{te} du St-Empire romain, gouverneur des Trois-Évêchés, colonel du rég^t de Champagne infanterie, tué 23 juin 1758 à l'affaire de Crevelt].

V. J^{ques}-Étienne, dir. du bureau des ambulances, eut de J^{ne} *Guilleminet*, son épouse, J^{ne}-M^{ie}-L^{se} Julie, † en nourrice à 16 mois, par. St-Simon 25 mars 1762.

VI. Charlotte. V. Desse.

VII. Pierre. V. de St-Germain IV.

FOUCQUET du CLOSNEUF (de) Jⁿ-Antoine, éc. du Roi à la citadelle, fils de † Jⁿ-F^{ois}, éc. du Roi, command^t l'artillerie au dép^t de Phalsbourg, et de M^{ie}-F^{oise} de Beckin, épousa Anne-M^{te} *Topfer*, originaire de Bliescastel, fille de Jⁿ-Martin Topfer, dem^t à Bitche, et d'Anne-M^{te} Lantzlotta. Leur mariage fut réhabilité pour cause de clandestinité, par. St-Simplice 9 mai 1746, avec légitimation d'un fils, Jⁿ-Christian, né à Nunschwiller 4 févr. 1745 : à cette réhabilitation, Jⁿ Müller, bourgeois de Bitche, beau-frère de l'épouse; celle-ci est âgée alors de 22 ans, son époux de 31 ans.

FOUDRAS (de) Jacques, chev., gouverneur des ville et château de la Roche en Ardennes, † par. St-Gorgon 19 août 1686.

FOUGÈRE (de) N^{as}-Alexandre. V. de Kilberger de Nerenhausen.

FOUGÈRE de MORMONT Angélique-Élisabeth. V. Fabert V, 12.

FOURCADE (de la) Jean, R. P. R., éc., sgr de la Fourcade, dem^t à Badonvillers, épousa, 24 oct. 1621, J^{ne} *Saunéré*, v^{ve} de Guillaume Remion, aman, conseiller du m^e-échevin.

FOURCAULT Élisabeth, Gabriel et Anne. V. Pantaléon V et VI.

FOURCROY (de) Ch^{les}-René, sgr de Ramecourt, ancien aide-maréchal gén^l des logis des armées du Roi, cap. en pied du corps royal d'artillerie et du génie, command^t aux écoles du dit corps, eut de M^{ie}-M^{te} *le Maître*, son épouse, rue Serpenoise, par. St-Martin 17 oct. 1756, Ch^{les}-René, † ibid. 5 janv. suiv.

FOURDE Dorothée. V. O'Toub.

FOURÉ M^{ie}-Madeleine. V. Desjardins-Dumontoy.

FOUREAU M^{ie}-Nicole. V. Innocenti-Dormoi.

FOUREAU-SÉGNIER F^{ois}-Ferdinand, éc., conseiller du Roi, trés. de France, fils de Jⁿ-B^{te}, rentier, et d'Anne Vacquant, de la par. de Jauny, † à 37 ans, par. St-Marcel 27 févr. 1789. Il avait épousé, par. St-Livier 9 déc. 1783, M^{te} *Dedon*, âgée de 27 ans, dont il eut par. St-Marcel :
1. Charles, 19 janv. 1787.
2. Alexandre, jumeau du préc. : p. Alexandre Wacquant, cap. des cuirassiers d'Empire, résidant à Arlon, oncle pat.; m. Catherine Dedon, tante mat.

FOURIER. I. Pierre, lieut.-gén^l à Nomeny, assisté de J^{ph}-Abraham Michelet, lieut. particulier au bailliage de Metz, son oncle à cause de Madeleine Fourier, sa femme, épousa, en l'église des Dames de la Congrégation, par. Ste-Croix 29 mai 1710, Élisabeth *Dedon*, dont il eut Anne, ibid. 2 juil. 1715.

II. Élisabeth-F^{oise}. V. de Tschudy IV.

FOURMONT (de) Louis. V. le Vacher de Longvilliers.

FOURNERIE Henry, contrôleur gén¹ des fermes du Roi au dép¹ de Metz, épousa F^{oise}-Geneviève *Juzan de la Tour*, † par. St-Victor 6 avril 1774. De leur mariage naquirent :
1. M^{ie}-Marguerite, mariée à Jⁿ-P^{re} Voyard.
2. M^{ie}-Joséphine. V. Henry d'Harville.

FOURNIER. I. Antoine, [évêque de Basilée, sacré à Paris 13 mai 1576, chan. et princier de la cathédrale, chan. de St-Denis de Rheims, d^r en théologie, suffragant de l'évêque de Metz, † 25 nov. 1610, inhumé dans l'église des Capucins, dont il avait fondé le couvent. Journ. de Séb. Floret.]

II. Antoine, [chan. de la cathédrale, † 8 avril 1688, à 70 ans, après 50 ans de canonicat; inhumé à la cathédrale. Msc. Epit.]

III. Apolline, sœur du préc. V. Huguenot de Boncourt.

IV. Jean, cy-devant cap. au rég^t de Créquy, † par. Ste-Croix 4 sept. 1689, à 60 ans.

V. M^{ie}-Barbe-J^{ne}. V. Gimel III.

VI. Anne. V. de Bonnefoy.

FOURNIER (le) Claude-Antoine-Alexandre, b^{on} d'Icquancourt, chev., sgr d'Olizy-la-Ferté, y dem^t, veuf de F^{oise}-Thérèse née c^{esse} *du Hautoy de Vaudoncourt*, épousa, par. Ste-Ségolène 14 mars 1770, M^{ie}-Nicole Pierrette *de la Croix*.

FOURNIER de la CHAPELLE M^{ie}-M^{te}-Charlotte-Laurence et Jⁿ-Jacques. V. de Montholon II.

FOURNIER de MORLAIS Toussaint-J^{ph}, avocat du barreau de Paris, puis substitut du proc. gén^l au parl^t de Metz, eut de M^{te} *Remy*, son épouse, Marie, par. Ste-Croix 20 janv. 1691.

FOURNIER de VARENNES Jⁿ-Jacques. V. de Montholon II.

FOUROT. I. Jean, avocat au parl^t, † par. St-Martin 9 sept. 1744. Il eut deux filles :
1. Antoinette, † ibid. 5 oct. 1741, à 50 ans.
2. Madeleine, † ibid. 6 août 1744, à 50 ans.

II. Barthélemy, m^e particulier des eaux et forêts de Metz, avait épousé Catherine *Lemoine*, † v^{ve} de lui, par. St-Martin 16 juin 1752.

III. Divers.
1. Anne. V. Emmery de Boislogé.
2. Charles. V. de Mouhy.
3. Élisabeth. V. Collin VI.

FOURQUET de MONTIMONT Jⁿ-François, éc., sgr d'Argy, conseiller au bailliage de Charleville, épousa Anne-M^{te} *le Chartreux*, † par. Ste-Croix 21 avril 1755, à 43 ans.

FOURQUIN Catherine. V. Béchamps.

FOY de MORCOURT, cfr. d'HERMAILLE, Jⁿ-B^{te}-Joseph, éc., commissaire d'artillerie, âgé de 34 ans, fils de † François, éc., conseiller secrétaire ordinaire du Conseil de la feue Reine, sgr de Morcourt, de Meny et autres lieux, lieut. au gouv^t de Beauvais, et de † Anne au Contau (aux Couteaux ?), épousa, par. St-Victor 16 nov. 1739, Anne-F^{oise} *d'Herbelet*, † par. Ste-Croix 4 juil. 1773. De leur mariage naquirent par. St-Victor, à l'exception des trois derniers, nés par. St-Gengoulph :
1. Jⁿ-B^{te}-Marc-J^{ph}-Ch^{les}, 31 mars 1740 (*sic*).
2. Ch^{les}-Joseph, 18 mars 1742.
3. M^{ie}-M^{te}-Victoire, 15 mai 1743 ; † 5 juil. suiv.
4. M^{te}-L^{se}-Adélaïde, 7 août 1745 ; † 8 déc. 1768.
5. Étienne, 12 nov. 1746.
6. M^{ie}-Élisabeth, 7 nov. 1748 ; † 12 juin 1754.
7. Georges-Gabriel, 13 sept. 1750 : p. Georges-Gabriel Schols, chev. de St-Louis, cap. d'une compagnie de mineurs ; m. Anne-F^{oise}-Charlotte Jobal, épouse du s^r Huyn.

FRAHAN (de) F^{ois}-André, chev. de St-Louis, m^e de camp et command^t le second bataillon du rég^t infanterie allemande de la Marck, † par. St-Marcel 7 mai 1727 : à son enterrement, le c^{te} Louis de la Marck, m^e de camp ; le b^{on} de Fumale, brigadier des armées du Roi, lieut.-colonel ; Crémer, lieut.-colonel et major ; le s^r de

Mas, cap. de grenadiers : tous du régt de la Marck.

FRAISSE (DU) LÉONARD, sous-lieut. au régt royal artillerie bataillon de Valenceau, fils de Chles-Louis, sgr de Beau-Soleil et de Pommiers, et de Mte de Fontanges, demt par. St-Sernin de l'Arche en Limousin, † par. St-Simon 19 juin 1740, à 19 ans : à son enterrement, Léonard de Fontanges, son oncle.

FRANCE. I. ROSE-Foise. V. d'Arras d'Haudrecy et Gueau de Gravelle.

II. ANNE-GABRIELLE-ÉLISABETH. V. de Chazelles II.

FRANCE (DE) Jques-PHILBERT, commis à la recette des boucheries, eut de Foise *Plessy*, son épouse, Jean, par. St-Simplice 9 janv. 1714.

FRANCHESSIN (DE) Jques-ANTOINE, chev. de St-Louis, cap. d'infanterie, fils des † Gaspard, éc., cap. de cavalerie, et de Barbe Hardy, † par. St-Simplice 31 janv. 1791. Il avait épousé, à 40 ans, par. St-Victor 17 avril 1787, Mie-Nicole-Reine *Wacquet-Fontaine*, dont il eut Jques-Victor, ibid. 31 janv. 1788.

FRANCHEVILLE (DE) JN-BTE-JOSEPH. V. de Foucquet I, 1.

FRANCIN. I. N***, sgr en partie de Talange et Montrequienne, avait épousé Mie-Suzanne *de Laum...l*, marraine par. St-Victor 7 avril 1727.

II. BARBE et JN-BAPTISTE. V. Mathis IX.

FRANÇOIS. I. JEAN, R. P. R., fut père de Sara, mariée à Jérémie des Hazards.

II. JEAN, R. P. R., fils de Jean, bonnetier, épousa, 28 févr. 1604, Louise *de Saint-Aubin*, dont il eut :

1. Pierre, 29 avril 1605 ; une de ses marraines fut Ève le Goullon, épouse de Jques Couët du Vivier, dr en médecine.
2. Louise, 1er déc. 1613.

III. JEAN, commis du Roi aux magasins de Metz, épousa, par. St-Martin 4 sept. 1634, Foise *Suzonne*, † ibid. 25 oct. 1662. De leur mariage naquirent ibid. :

1. Marguerite, 20 oct. 1644.
2. Nicolas, 30 nov. 1645 : p. Nas de Rozières ; m. Barbe Bague.
3. Jacques, 19 mai 1648.
4. *Bernard*, 24 oct. 1649 ; sans doute celui qui suit.

IV. BERNARD, sans doute fils du préc., avocat au parlt, † par. St-Gorgon 8 oct. 1681. Il avait épousé Barbe *Jullien*, † par. Ste-Croix 13 juil. 1729. De leur mariage étaient nés par. St-Gorgon :

1. Étienne, 9 mars 1674.
2. Anne-Philippe, 17 mai 1677.
3. Louis, 25 mai 1680.

V. NICOLAS, peut-être le frère du préc., sgr de Lessy en partie, conseiller du Roi, procureur en la chambre des traites foraines, droits d'entrée et de sortie en la généralité de Metz, † par. St-Gorgon 9 juin 1728. Il avait épousé : 1º Mte *Escoffery*, † ibid. 25 déc. 1692, à 50 ans ; 2º ibid. 19 sept. 1699, Mte *Bertrand*, native d'Olgy, âgée de 30 ans, † ibid. 14 sept. 1735. Du second mariage étaient nés ibid. :

1. *Étienne*, 13 mars 1700 (sic) ; lequel suit.
2. Jn-Mathieu, 12 mars 1701.
3. Christine-Mie-Foise, 8 sept. 1702 ; † 20 sept. 1703.
4. Mte-Thérèse, 1er oct. 1712 ; mariée à Dque Belquienne, puis à Nas le Chartreux.

VI. ÉTIENNE, fils du préc., substitut du procureur génl au parlt, procureur du Roi aux traites foraines, épousa, par. St-Gorgon 9 févr. 1728, Albertine *Flayel*, née au Quesnoy, âgée de 26 ans, fille de Nas Flayel, md magasinier à Valenciennes, et de Foise Valtaire. De leur mariage naquirent par. St-Gorgon, à l'exception de Mie-Albertine née par. St-Marcel :

1. Nas-Étienne, 17 mai 1729.
2. Mie-Françoise, 28 nov. 1730 ; mariée à Pre-Alexandre de Montrond.
3. Élisabeth-Thérèse, 22 nov. 1731.
4. Marguerite, 29 mai 1733.
5. Mie-Albertine, 15 mars 1739 ; mariée à Paul de Montrond.
6. Catherine-Joséphine, mariée à Nas-Fois Vaillant.

VII. FRANÇOIS, lieut. des chirurgiens de la

ville de Metz, † par. St-Martin 20 janv. 1732, à 84 ans. Il avait épousé : 1° F^{oise} *Faucheur*; 2° Gabrielle *de la Cour*. Du premier mariage était né *Étienne*, qui suit.

VIII. ÉTIENNE, fils du préc., doyen des conseillers au bailliage, † par. St-Simplice 8 oct. 1748, à 75 ans. Il avait épousé Barbe *Bachelard*, † ibid. 9 nov. suiv., à 55 ans. De leur mariage étaient nés :
1. Jean, par. Ste-Croix 4 mars 1713.
2. Étienne, † à 2 ans, 26 nov. 1718.
3. Suzanne, par. St-Martin 5 juin 1718.
4. François, † par. St-Simplice 29 juin 1731, à 6 ans.
5. Barbe, par. St-Martin 3 févr. 1728.
6. J^n-Dieudonné, ibid. 20 juin 1732; † par. St-Georges 18 sept. suiv.

IX. CHARLES, avocat au parl^t, dir. des étapes de la généralité de Metz, † par. St-Martin 19 févr. 1710 : à son enterrement, Étienne François, chan. de St-Thiébaut, son neveu. Il avait épousé, étant âgé de 25 ans, ibid. 4 nov. 1679, Louise *de Vian*, âgée de 23 ans, † ibid. 18 janv. 1722. De leur mariage étaient nés :
1. P^{re}-Ch^{les}, par. St-Martin 12 avril 1680 (*sic*).
2. Apolline-Louise, ibid. 16 juil. 1681.
3. Barbe, ibid. 19 mars 1685.
4. M^{ie}-Isidore, par. St-Maximin 5 juil. 1687.
5. Jean, † par. St-Livier 20 mai 1703.

X. LANCELOT, alias FRANÇOIS, secrétaire de l'évêché de Metz et ancien échevin de la ville, † par. St-Martin 27 avril 1692, à 67 ans. Il avait épousé M^{te} *Person*, dont il eut par. St-Gorgon :
1. Nicolas, 8 févr. 1673 : m. Marie Bossuet, épouse d'Isaac Chasot.
2. Ch^{les}-Bénigne, 9 juin 1675 : p. Bénigne Chasot ; m. M^{ie}-Henriette-Charlotte Pellard de Givry.

XI. JEAN, frère du préc., conseiller au bailliage, lieut. du m^e-échevin, eut de Privée *Regnauldin*, son épouse, Anne, mariée à Georges Pierrard de St-Arnould, puis à J^n-Louis Damon de Saint-Pé.

XII. JEAN, avocat au parl^t, eut d'Anne *Dumoulin*, son épouse, Charles, par. St-Martin 16 sept. 1698.

XIII. JEAN, procureur au bailliage, eut de Catherine *Dornezan*, son épouse, M^{ie}-Anne, par. St-Eucaire 11 août 1742.

XIV. FRANÇOIS, avocat à la cour de Lorraine, épousa Anne *Henry*, † v^{ve} de lui, à 67 ans, par. St-Maximin 31 janv. 1755 : à son enterrement, J^{ques} Henry d'Harville, son frère.

XV. REMY, cap. gén^l des fermes du Roi, eut de J^{ne} *Girault*, son épouse, Catherine-Adélaïde, par. St-Maximin 6 oct. 1774.

XVI. PIERRE, R. P. R., eut de M^{ie} *Bancelin*, son épouse, Pierre, 20 janv. 1635.

XVII. JEAN, lieut. des grenadiers retiré du rég^t de Touraine, † à 53 ans, au quartier Coislin, par. St-Simplice 19 déc. 1789.

XVIII. GOERIC, aman, † par. St-Martin 7 avril 1691, à 75 ans.

XIX. Divers.
1. ANNE. V. Mamiel.
2. ANNE-M^{ie}. V. Demange II.
3. BARBE. V. le Clair de Châtelaine.
4. ÉLISABETH. V. Blaise et Saint-Blaise IX et le Goullon XXIII.
5. FRANÇOISE. V. de Mirandolles.
6. FRANÇOISE. V. du Soleil.
7. GASPARD. V. du Rocheret I, 2.
8. JACQUES. V. Bouchez.
9. J^{ph}-ANTOINE. V. Pierre VI.
10. M^{ie}-CLAUDE et TOUSSAINT. V. Sprecher.
11. NICOLAS. V. Jeandelize.
12. N^{as}-PHILIPPE. V. Hugon d'Arraincourt V, 1.
13. SARA. V. des Hazards, Danoue et d'Inguenheim.
14. SUZANNE. V. de Combles V, 4.

FRANÇOIS DU CHARNAU ANDRÉ-CH^{les}-J^{ph}, chev. de St-Louis, major au rég^t des grenadiers royaux de Lorraine, fils de Simon-F^{ois} et de M^{ie}-F^{oise}-Josèphe Candry, de la par. St-Germain de Mons en Hainaut, épousa, étant âgé de 35 ans, par. St-Marcel 4 oct. 1773, Louise *Mathis*, âgée de 27 ans, dont il eut entre autres enfants :
1. M^{ie}-F^{oise}-Joséphine-Adélaïde-Barbe, par. St-Marcel 16 sept. 1774.
2. Hubert-Christian, par. St-Livier 14 mars

1784 : p. Auguste-Christian, b^on de Bergh, fils de N*** b^on de Bergh, maréchal des camps et armées du Roi..

FRANKEN (de) Joséphine. V. de Bérauville.

FRANT Honoré. V. de Faure.

FRAPART Catherine. V. de la Quillante.

FRATIN Madeleine, Pierre et Nicolas. V. Hesler.

FRAUMARIN (de) Madeleine. V. Regnault I, 5.

FRÉCHENCOURT (de) Alexandre. V. Dérieu.

FREICHEFOND (de) Élie. V. Mangeot I, 6.

FRÉMERY (de) M^ie-Anne-Charlotte. V. de Cossette.

FRÉMONT (de) Nicolas, avocat au parl^t de Paris, eut d'Élisabeth *Maheu*, son épouse :
1. Élisabeth, † par. St-Victor 8 oct. 1718, à 25 ans.
2. F^oise-Marguerite, mariée à J^n-J^ques du Pérille.

FREMY Catherine. V. Dumont II.

FREMYN. I. Louis, fils de Guillaume Fremyn des Couronnes et de M^ie de Vaissière, président à mortier au parl^t, sgr de Pontpierre, Sommerécourt, Valte, Vitray, Cerceuil, etc., † par. St-Simplice 18 oct. 1669. Il avait épousé J^ne *de Pullenoy*, † ibid. 16 août 1686, à 70 ans. De leur mariage étaient nés :
1. *Guillaume*, qui suit.
2. Louis, chan. de la cathédrale, g^d archidiacre, conseiller-clerc au parl^t, † par. St-Victor 10 mars 1705, inhumé à la cathédrale.

II. Guillaume, fils du préc., c^te de Moras, sgr de Moras en Brye, président à mortier au parl^t, épousa M^ie-Angélique *Cadeau*, [† 16 janv. 1734]. De leur mariage étaient nés :
1. J^n-Christophe, par. St-Simplice 21 juil. 1666 ; [il devint un célèbre prédicateur].

2. M^ie-Angélique, mariée à Louis-Antoine de Brancas.

III. François eut de Gabrielle *de Lysse*, son épouse, par. St-Victor 23 mai 1676, Françoise : p. Bernard Pellard de Givry ; m. F^oise-Thérèse d'Haraucourt, abbesse de St-Pierre-aux-Dames.

IV. Antoinette. V. de Recourt.

FRENET (du) François, natif du Frenet en Champagne et sgr du dit lieu, chev., cap. d'une compagnie de dragons au rég^t de la Reine, âgé de 25 ans, tué au service du Roi à l'attaque de l'arrière-garde des ennemis près l'abbaye de Freistroff (Lorraine), fut inhumé par. Ste-Croix 3 juil. 1677 devant l'autel de sainte Catherine : à son enterrement, Antoine de Moligny du Frenet, volontaire, son frère ; Jacob de l'Estang, chev., sgr de Roy ; P^re du Château-Marais, éc., sgr du Château-Renault : ces deux derniers capitaines au rég^t de marine.

FRENNE (du) Charles, noble, cap. au rég^t d'Artois, sgr du Marquer, natif de Purlot en Dauphiné, âgé de 35 ans, épousa, par. Ste-Ségolène 21 nov. 1678, Anne-Élisabeth *de Pacquin* de Clouange, v^ve de Barthélemy de Gassaud, cap. au rég^t Regredin et d'une compagnie franche de Messins.

FREY de NEUVILLE J^ph-Charles, âgé de 39 ans, veuf d'Anne-Andrée *Formé*, chev. de St-Louis, lieut.-colonel d'infanterie, résidant au ban St-Martin, épousa, par. St-Simon 8 sept. 1790, M^ie-Geneviève-Josèphe *Merlo*, âgée de 27 ans.

FREYBERG (de) Ferdinand. V. d'Acheux.

FRÉZELIÈRE (de la) Hilarion, c^te, lieut. gén^l de l'artillerie, fut parrain par. St-Jean de la Citadelle 13 mai 1723.

FRIANT Claire. V. de la Cour VI.

FRIARD. I. Chrétien. V. Joly I, 5.

II. Judith. V. Pantaléon III.

III. M^ie-Charlotte. V. Boudaine V.

IV. Suzanne. V. Faisant.

FRIBOIS (de) Henry-J^n-B^te-Armand, gentilhomme normand, ancien premier page de la grande écurie du Roi et cy-devant premier chef d'escadron au rég^t de Noailles dragons, âgé de 37 ans, fils de J^n-Louis, ancien éc. de main de la Reine, dem^t à Paris, et de M^{ie}-Madeleine-Suzanne N***, de la par. St-Michel de Caën, épousa, par. Ste-Croix 13 nov. 1790, Anne *Tabouillot*, âgée de 35 ans : à ce mariage Hyacinthe du Hautoy, cap. au rég^t de Noailles; Louis-J^{ph} Mennessier, dir. gén^l des vingtièmes.

FRICHAT DE **FIESOLES** FRANÇOIS. V. Salle de Rochefort.

FRICHE CATHERINE. V. Hue de Saint-Remy.

FRIMONT CATHERINE. V. Oriolt de Colency.

FRIMONT (DE) PIERRE. V. Nacquart.

FRINFELD (DE) M^{ie}-CATHERINE, fille de N***, lieut. d'une compagnie franche, fut marraine par. St-Eucaire 22 janv. 1715.

FRINGAN, alias **FRINGANT**. I. JEAN, conseiller au bailliage de Thionville, eut deux fils :

1. *Jean-Louis*, qui suit.
2. F^{ois}-Nicolas, [avocat au parl^t, puis lieut. particulier des eaux et forêts en la maîtrise de Thionville et subdélégué de l'intendant, † à Thionville 25 oct. 1752, à 75 ans. Son fils, Pierre, remplissait les mêmes fonctions, quand il mourut à Thionville en 1779].

II. J^n-LOUIS, fils du préc., conseiller au bailliage de Thionville, m^c-échevin de la ville de Thionville, épousa M^{ie}-Anne *Lanio*, dont il eut :

1. P^{re}-Antoine; avocat au parl^t exerçant au bailliage de Thionville, il épousa : 1° par. Ste-Ségolène 26 mai 1744, M^{ie}-Catherine *Malherbe*, âgée de 25 ans ; 2° par. St-Livier 2 janv. 1753, Barbe *Dedon*.
2. F^{ois}-Nicolas, cap. au rég^t de Lorraine infanterie, au second mariage de son frère qui précède.

III. ANTOINE, avocat, eut d'Anne *Scharff*, son épouse, J^n-Nicolas, par. St-Martin 2 juil. 1709.

FRINGAN DE **PAINDEVILLE** N***, cornette au rég^t de Landriotte, eut de Gertrude *Coquard*, son épouse, F^{ois}-Joseph, par. St-Martin 20 sept. 1707.

FRIOB M^{ie}-CATHERINE. V. Louis VI.

FRIOT CATHERINE. V. de Montaud.

FRISCHE GABRIELLE. V. le Bachelé XXVI.

FRIZON JEANNE. V. Gobineau de Montluisant.

FRODER DE **STROBEN** HENRY-FRÉDÉRIC, cap. au rég^t de Mgr de Couismark, † par. Ste-Croix 13 janv. 1674.

FROHARD (DE) HENRY-J^{ques}, éc., s^r des Fontaines, cap. de grenadiers au rég^t royal infanterie, chev. de St-Louis, fils des † Bernard, éc., major au rég^t de la Houssaye infanterie, et de M^{ie} de Munière, d'Ausirquarque près de Boulogne, † par. St-Martin 17 sept. 1782, à 89 ans. Il avait épousé, par. St-Gorgon 15 juil. 1749, M^{ie}-Madeleine *Barruel*, fille de † Claude Barruel, procureur dans la prévôté de Poissy, et de M^{ie}-Élisabeth de Saint-Germain.

FROIDEAU MARGUERITE. V. Pieford.

FROMENT (DE). V. Barau de Peugné.

FROMENTIN, alias **FROMANTIN**. I. FRANÇOIS, conseiller-échevin de l'hôtel de ville, receveur en chancellerie et m^d magasinier, † à 85 ans, par. St-Victor 17 mai 1783. Il avait épousé Anne-Élisabeth *Beaudesson*, dont il eut :

1. Anne, par. St-Simplice 31 mars 1725.
2. Charles-F^{ois}, [14 mars 1728]; chan. de la cathédrale, archidiacre de Vic, [† 17 août 1807].
3. J^n-Joseph, † à 30 ans, par. St-Gorgon 11 févr. 1762.
4. Françoise, mariée à P^{re}-N^{as} Pagel de Ste-Croix.

II. ANNE-M^{ie}. V. Pagel II.

FROMIGIÈRE (DE LA). V. de Montaigu III.

FROUARD (DE). V. Barau de Peugné.

FROVIONT Françoise. V. David II.

FROYER DE VALCHARMONT Mᴵᴱ-Catherine. V. Lagrenée.

FROZAT Esther. V. Muzac.

FRUIT Mᴵᴱ-Pélagie-Josèphe. V. de Chappes.

FUGGER (de). V. de Loesch.

FULAINE (de) Florentine. V. Fabert.

FULLOLIS (de) Françoise. V. Sauveur de Cuers de Cogollin.

FUMALE (de). V. de Frahan.

FUMERON (de) Mᴵᴱ-Louise. V. Charuel III.

FUMET Barbe. V. d'Acheux.

FUMIGÈRE (de) Henry-Philippe. V. de Saint-Remy III, 2.

FUNCK Michel. V. Idlinger.

FURBACK (de) Marguerite. V. Hochstein.

FÜRSTEMBERG (de) Jᴾᴴ-Maximilien. V. Jobal II, 6.

FÜSCHEMBERG (de). I. Mᴵᴱ-Suzanne-Charlotte-Renarde. V. du Buat III.

II. Thomas-Adolphe. V. de Boileau I, 1.

FUSELIER ou FUZELIER. I. François, avocat au parlᵗ, éc. de Mgr le Cardinal de la Valette, épousa Marguerite N***, dont il eut :

1. Jeanne, par. Sᵗ-Gorgon 16 août 1639.
2. Philippe, ibid. 6 juin 1641.
3. Claude, ibid. 9 août 1643.
4. Christophe, par. Sᵗ-Victor 19 août 1645.

II. François, avocat au parlᵗ, noble homme, épousa Anne N***, dont il eut François, par. Sᵗ-Victor 27 mars 1652 : p. Fᵒⁱˢ Fuzelier, avocat au parlᵗ, ci-dessus ; m. Élisabeth d'Autel, vᵛᵉ de Blaise Mahuet.

III. Nicolas, épousa Mangeotte N***, dont il eut Barbe, par. Sᵗᵉ-Croix 28 sept. 1598.

IV. Claude, † par. Sᵗᵉ-Ségolène 26 nov. 1643.

V. Renée. V. de Pont I.

FUSHAVERINE DE FRANKENFELD Caroline-Sophie. V. de Gelb.

FUZÉE (de) Jérome, lieut. en la compagnie de Mʳ Carlier ou Caslier, fut témoin d'un mariage par. Sᵗ-Jean de la Citadelle 27 juil. 1686.

FYOT (de) Nicolas. V. Chasot I, 2.

G

GABBE (la) Marguerite et Jᴾᴴ-François. V. Gallois VI.

GABERTHULLER N***, cap. au régᵗ d'Hessy, épousa Justine *Herman*, † vᵛᵉ de lui, par. Sᵗ-Livier 21 déc. 1765, à 65 ans.

GABRIEL. I. Sébastien, mᵉ-chir., fils de Didier, bourgeois de Nancy, et de Suzanne Fauvalle, † à 40 ans, par. Sᵗ-Martin 28 févr. 1675. Il avait épousé, par. Sᵗᵉ-Croix 14 mai 1658, Barbe *Virion*, † par. Sᵗ-Martin 4 août 1675. De leur mariage étaient nés par. Sᵗ-Martin :

1. *Claude*, 26 janv. 1670 ; lequel suit.
2. Barbe, 16 sept. 1672.
3. Pierre, 23 nov. 1673.

II. Claude, fils du préc., licencié en droit civil et canonique, très. génˡ de France, † par. Sᵗ-Livier 24 févr. 1745. Il avait épousé, par. Sᵗ-Victor 4 déc. 1694, Madeleine *Bertrand*, † par. Sᵗ-Livier 25 janv. 1729. De leur mariage étaient nés :

1. Madeleine-Lˢᵉ, par. Sᵗ-Victor 6 sept. 1695.
2. Nicolas, ibid. 21 mars 1697.

3. Louis-Claude⁽¹⁾, ibid. 16 mars 1698; † par. St-Livier 13 mars 1775.
4. *Georges*, ibid. 12 août 1699; lequel suit.
5. M^{ie}-Anne-Madeleine, ibid. 22 juil. 1701; † 19 janv. 1706.
6. Marie, ibid. 12 juin 1703.
7. Catherine-F^{oise}, par. St-Livier 3 déc. 1706; † 2 mars 1708.
8. Pierrette-F^{oise}, ibid. 2 juin 1710; † ibid. 4 juil. 1779.

III. GEORGES, fils du préc., lieut. au rég^t de Provence, chev. de St-Louis, sgr de Chambille ou Chanville et d'Adelhouse, † par. Ste-Ségolène 17 juin 1768. Il avait épousé, par. St Martin 17 févr. 1744, M^{ie}-Josèphe *de Lescure*, dont il eut :

1. M^{ie}-Pierrette-F^{oise}, par. St-Livier 5 mars 1746; † par. St-Georges 17 juil. suiv.
2. Georges-Louis, par. St-Gorgon 11 sept. 1747.
3. Louis-Claude, ibid. 15 mars 1749.
4. Nicole-Claudine-F^{oise}, ibid. 29 mai 1751; mariée à Christophe-P^{re} Pichon de Fontanière.
5. L^{se}-Anne, ibid. 8 août 1752.

IV. HENRY, aman, † à 39 ans, par. St-Martin 20 mars 1683. Il avait épousé J^{ne} *Charbonnier*, † ibid. 22 févr. 1687, à 50 ans.

V. JACOB, [de Nancy, épousa J^{ne} *Vanier*, † v^{ve} de lui, chez le s^r Marsal, sgr de Grosyeux, 14 mai 1675, à 68 ans, inhumée en l'église de St-Arnould. Msc. Epit.]

VI. MADELEINE. V. Duclos VI.

GACÉ DU PARC (DE), *alias* DE GASSER DU PARC Louis-F^{ois}-N^{as}, anc. cap. au rég^t de Lyonnais, † par. Ste-Croix 16 août 1782, à 79 ans. Il avait épousé Gabrielle-Onésime *de la Fond*.

GACHOT. I. MARGUERITE. V. Peltre VII, 1.
II. MARGUERITE. V. Paignon.

GADROY FRANÇOIS. V. Emmery III.

GAILLANDE J^{ques}-ADRIEN, éc., ancien cap. de cavalerie, chev. de St-Louis, eut

---

(1) Il fut l'oracle du barreau messin ; bibliothécaire en chef de l'ordre des avocats, il écrivit un ouvrage intitulé : *Observations sur les Coutumes de Metz*, imprimé après sa mort.

---

de F^{oise} *de Klinger*, son épouse, par. St-Victor 17 déc. 1768, Octave-Joseph : p. Mgr J^{ph} de Bauffremont, prince de Listenois et du St-Empire Romain, m^{is} de Mirebeau, c^{te} de Charmes et de Cesy, b^{on} de Bescot, Tancy et autres lieux, lieut. gén^l des armées navales du Roi, représenté par D^{que} Herga, fils de N^{as} Herga, ancien chir.-major au rég^t d'Orion, et d'Anne-Catherine Winsback; m. L^{se}-Bénigne-F^{oise}-Octave-M^{ie}-Jacqueline-Laurence de Bauffremont, princesse de Listenois et du St-Empire Romain, g^d croix de l'ordre de St-Jean de Jérusalem, dame de la Croix étoilée de l'Impératrice Reine douairière, épouse du parrain, représentée par M^{te}-Christine Herga, fille du susdit Herga.

GAILLARD HÉLÈNE-OLIVE. V. Landry d'Avigny.

GAILLARD (DE) ÉLISABETH. V. de Brunel.

GALBERT (DE) LOUIS-JUSTE. V. Roger du Coulon III, 9.

GALBERT DE RONCHOT (DE) J^{ne}-MARIE. V. de Serment.

GALBERT DES FONTS DE SAINT-PÉRAY (DE) M^{te}-ALEXANDRINE. V. Josserand de la Garde.

GALHAU (DE). I. ÉLISABETH-SOPHIE. V. de Lasalle XI.
II. HENRY et ADOLPHE. V. Villeroy (note).

GALINEAU (DE) M^{te}-VICTOIRE. V. Bigeon de Courcy.

GALIS MARGUERITE. V. Darmène.

GALLAND ou GALAND JACQUES-CH^{nes}, chev. de St-Lazare, commissaire provincial et ordonnateur des guerres aux frontières de Champagne. Il épousa M^{ie}-Thérèse-Philippe *le Fère de Carmère*, *alias Lefebvre de Carrière*, dont il eut :

1. Camille-F^{ois}-J^{ques}-Philippe-J^{ph}; il signait Galland d'Hérimont. Éc., conseiller du Roi, commissaire provincial des guerres, âgé de 25 ans, il épousa, par. Ste-Ségolène 18 mars 1734, Anne-Charlotte *le Goullon de Cuvry*, âgée de 28 ans, de laquelle il eut par. St-Martin 13 févr.

1737, J^{ques}-Ch^{les}-Camille-F^{ois} : p. son g^d père pat. ; m. Isabelle-Thérèse de Bechault, douairière de Beillecourt.

2. J^n-Baptiste, 27 août 1710 ; cap. au rég^t de Touraine, il épousa, par. St-Gengoulph 15 août 1741, M^{ie}-Anne *Noël*, fille de J^n-Baptiste, intéressé dans les affaires du Roi, et d'Élisabeth Darousse, laquelle mourut par. St-Martin 2 juil. 1755, à 40 ans.

GALLAVAUX ou GALAVAUX (DE). I. NICOLAS, [né 14 avril 1698], éc., conseiller au parl^t, sgr de Haudiomont, Chaumont, Guyaumont, Montaubé et Villers-sous-Bonchamps, fils de † Norbert, sgr des mêmes lieux, et de N*** Gillotin, † par. Ste Ségolène 15 févr. 1750. Il avait épousé, par. St-Marcel 11 sept. 1731, Élisabeth *Maclot* de Pierrevillers.

II. JEANNE. V. Jeoffroy IV.

III. FRANÇOISE. V. le Goullon VII, 1.

GALLETIER. I. CLAUDIN, R. P. R., eut un fils, Israël, 31 oct. 1563.

II. PIERRE, noble homme, épousa Madeleine *Modéra*, dont il eut par. St-Martin :
1. Nicolas, 22 juil. 1615.
2. Marguerite, 27 mai 1618.

GALLETIER (DE) N^{as}-NOËL fut parrain par. St-Martin 21 févr. 1624.

GALLETIER DU PONT DIDIER, R. P. R., eut une fille, Lydie, 17 mai 1564.

GALLETRIN MARIE et CLAUDE. V. des Meulles I.

GALLICHON (DE) LOUIS, [sgr de Courchamps et de Blettange près Thionville, président à mortier au parl^t, † à Metz en juin 1664, à 34 ans].

GALLO DE SALAMANCA M^{ie}-CLAIRE. V. de Boileau.

GALLOIS. I. PIERRE, R. P. R., avocat, épousa Anne *Morel*, dont il eut :
1. Samuel, 19 sept. 1612.
2. Olympe, mariée à Philippe de Vigneulles.

II. PIERRE, R. P. R., bourgeois, rue Mazelle, ancien de l'église, épousa M^{ie} *Christophle*, dont il eut :

1. Moyse, 7 août 1622.
2. Jacques, 6 avril 1625.
3. Samuel, 8 févr. 1626.
4. Esther, 18 août 1630.
5. Olympe, 3 août 1631.
6. Françoise, 3 oct. 1632.
7. Louise, 7 janv. 1635.

III. SAMUEL, R. P. R., aman, épousa Suzanne *de Vigneulles*, dont il eut :
1. Suzanne, 10 févr. 1640 ; mariée à Samuel Beaudesson.
2. Samuel, 12 janv. 1642.
3. Marguerite, 31 déc. 1644.

IV. SAMUEL, R. P. R., sgr de Hautecourt, bailly de Créhange, épousa Anne-Élisabeth *Stouts*, dont il eut :
1. Anne-M^{ie}, mariée à Élisée de Villicy, de Faulquemont, puis à J^n Ruzier.
2. J^n-Laurent, 22 sept. 1674.

V. ANTOINE, receveur des finances de S. A. R. de Lorraine, épousa Barbe *Noël*, † v^ve de lui, à 79 ans, par. St-Simplice 24 avril 1754. De leur mariage naquirent :
1. J^{ques}-François, qui suit.
2. Michel, qui suivra.

VI. J^{ques}-FRANÇOIS, fils du préc., éc., secrétaire du Roi maison et couronne de France, † par. St-Simplice 11 avril 1772, à 77 ans. Il avait épousé : 1° Madeleine-Hyacinthe *Goussaud* ; 2° M^te *la Gabbe*, † rue de la Chèvre, par. St-Simplice 14 juil. 1766 : à son enterrement, J^{ph}-F^{ois} la Gabbe, éc., avocat en parl^t, dem^t à Neufchâteau, son neveu. Du premier mariage étaient nés par. St-Martin :
1. F^{ois}-Louis-J^{ph}, 2 mai 1736.
2. M^{ie}-Louise, 23 oct. 1737.
3. M^{ie}-Anne-Hyacinthe, 2 sept. 1740.
4. Madeleine-Hyacinthe-Ursule, 21 oct. 1741.
5. J^{ques}-François, 31 avril 1746.

VII. MICHEL, frère du préc., trés. de France, sgr de Bonvillers, épousa M^{ie}-Anne *Poinselot*, dont il eut :
1. François, par. St-Marcel 7 juin 1739.
2. F^{ois}-Michel, par. St-Simplice 14 avril 1743.
3. *Antoine-F^{ois}-Michel*, qui suit.

VIII. Antoine-F^{ois}-Michel, fils du préc., éc., sgr de Bonvillers, avocat au parl^t, très. de France, épousa : 1° M^{ie}-Louise *Marchand*, † à 20 ans, par. St-Simplice 20 juin 1778 : à son enterrement, Jⁿ-B^{te} Marchand, ancien curé de Château-Bréhain et Martil, son oncle ; 2° par. St-Georges 3 nov. 1779, M^{ie}-M^{te} *Lajeunesse*.

Du premier mariage naquit par. St-Victor :

1. J^{ne}-F^{oise}-M^{ie}-Louise, 2 mai 1777.

Du second mariage naquirent :

2. M^{ie}-F^{ois}-Michel, par. St-Simplice 2 mars 1781 : p. F^{ois}-Michel Gallois, sgr de Bonvillers, cap. command^t au corps de mineurs à Verdun, oncle de l'enfant. — Il mourut 10 avril suiv.
3. N^{as}-M^{ie}-J^{ph}-Michel, par. St-Martin 30 avril 1783 ; † 19 janv. suiv.
4. Ch^{les}-J^{ph}-Michel, ibid. 3 nov. 1784.

IX. Pierre-N^{as}, éc., cap. au corps royal artillerie rég^t de Grenoble, épousa Thérèse *Costé, alias Corté,* dont il eut :

1. P^{re}-Michel-Victor, par. Ste-Croix 15 déc. 1772 : p. Michel-Hubert Gallois, trés. des finances, oncle pat. de l'enfant ; m. Agnès Costé, sa bisaïeule, représentée par Thérèse Cherral, épouse de Claude-N^{as} Costé, receveur des finances à Neufchâteau.
2. Léopold-Ferdinand, ibid. 21 juil. 1776.
3. M^{ie}-Thérèse-Sophie, par. St-Martin 30 déc. 1783.

X. Pierre, éc., sgr de la Chapelle, fils de Jean, éc., exempt de la maréchaussée de Lorraine, et d'Anna-Maria Artelle, résidant à Hémelsing, par. de Sarreinsming, épousa, étant âgé de 24 ans, par. Ste-Ségolène 8 juil. 1715, Anne *Ladvocat*, fille de † Louis Ladvocat et de F^{oise} Lartique, de laquelle il eut M^{ie}-Anne, ibid. 15 août 1716.

XI. Divers.

1. Catherine-Thérèse. V. Collignon II.
2. Jeanne. V. de Mittolot.
3. Judith. V. Scourion.
4. Louise. V. Olry VIII.

GALLOIS de RAMPONT (de) Ch^{les}-Frédéric, chev. de St-Louis, cap. au rég^t royal cavalerie, sgr de Sommancourt et Mézery, fils de † Frédéric et d'Antoinette Lescaille, de la par. de Ligny, diocèse de Toul, dem^t à Bar-le-Duc, épousa, par. St-Maximin 18 févr. 1750, J^{ne}-Catherine-Agathe *Muzac*, v^{ve} de Ch^{les}-Martin de la Cour de Grainville : au mariage, Bernard de Marne, éc., sgr de Sommancourt, conseiller au bailliage de Bar-le-Duc ; Ch^{les} de Bouvet, chev., cap. de dragons au rég^t de Bauffremont. — J^{ne} Catherine-Agathe Muzac mourut par. Ste-Croix 12 mai 1791.

GALLONNIER (de), *alias* de GALLONNYÉ Claude-Étienne, éc., sgr de Varize, Bannay, Vaudoncourt, Helstroff, Léoviller, Raville, Chanville, Arraincourt, de la forêt de Rémilly et autres lieux, fils de † Claude-Étienne, éc., chev. de St-Louis, ancien brigadier des gardes du corps du Roi, sgr de Varize, et de L^{se} Lorize, épousa, par. St-Martin 6 févr. 1742, F^{oise}-Alexise-Sara *Faure de Fayolle*, âgée de 26 ans, dont il eut par. Ste-Ségolène :

1. Julienne-Michel, 13 janv. 1746 : p. J^{ph} Faure de Fayolle, sgr de Louvigny, lieut.-command^t l'artillerie en H^{te}-Alsace ; m. Michelle Lorio, v^{ve} de Ch^{les} de Mac-Carthy, lieut.-colonel au rég^t de Pont Irlandais, dame de Varize.
2. Angélique-Charlotte, 8 févr. 1747.
3. M^{te}-Catherine, 3 févr. 1748.
4. M^{ie}-Thérèse, 10 janv. 1760 ; pensionnaire des Dames de la Congrégation, † par. St-Livier 8 févr. 1777.
5. Marie-Julienne-Élisabeth ; mariée à Georges-Christophe-Ch^{les} de Brem.

GALORIS (de) Samuel, R. P. R., aman, épousa Judith *du Bois, alias Blancbois,* dont il eut :

1. Marie, 27 avril 1659.
2. Alexandre, 24 juin 1665.

GALOUZEAU de VILLEPIN Xavier. V. de Blair (note).

GAMACHE (de) François, sgr d'Auroz, fut parrain par. St-Eucaire 17 août 1608.

GAND. I. Auguste. V. de Saint-Hillier IV, 3.

II. Gabrielle. V. le Ducq.

III. Jⁿ-Philippe, éc., prévôt des lieut. de MM. les Maréchaux de France, fut parrain par. St-Eucaire 27 oct. 1775.

IV. Mᵉ-Élisabeth. V. de la Pommeraye II.

V. Mᴵᴱ-Élisabeth. V. Mathis IX.

VI. Mᴵᴱ-Madeleine-Pierrette. V. Marin.

GANGOLT Catherine. V. de Kleinholtz.

GANNES (de) Pierre, chan. et doyen de St-Sauveur, † par. St-Victor 2 août 1774, à 68 ans.

GANOSSE Marie. V. Bassalaigne.

GANOT. I. Jean-Jᴾᴴ, éc., gentilhomme de S. A. R. la Duchesse de Lorraine, épousa Anne-Mᵉ *Willaume* : tous deux sont dits défunts en 1717. De leur mariage naquirent :
1. *Jⁿ-Joseph*, qui suivra.
2. *Louis*, qui suit.

II. Louis, fils du préc., sgr de Réchicourt, conseiller notaire secrétaire du Roi en la chancellerie du parlᵗ de Metz, receveur particulier du bureau des finances de la ville de Verdun, [† 4 juil. 1730. Il avait épousé, à la fin de 1706], Claire *Dumont*, dont il eut Marc-Antoine, lequel, étant commissaire d'artillerie, épousa, par. St-Martin 12 août 1749, Madeleine *de Labiche*, fille du sʳ de Labiche, ancien dir. des fourrages au dépᵗ de Metz, et d'Anne-Mᵉ-Josèphe Filtz.

III. Jean-Jᴾᴴ, frère du préc., cap. de cavalerie au régᵗ de Monteil, puis lieut.-colonel au régᵗ royal Pologne cavalerie, épousa, par. St-Martin 13 avril 1717, Élisabeth *Guichard*, dont il eut, ibid. 15 nov. 1721, Pʳᵉ-*Paul*, qui suit.

IV. Pʳᴱ-Paul, fils du préc., conseiller au parlᵗ, célébra ses fiançailles, par. Ste-Croix 29 juin 1751, avec Anne-Catherine *Poinsignon*, et l'épousa à Bauzemont 26 juil. suiv. : elle mourut par. Ste-Croix 10 juil. 1764, à 38 ans. De leur mariage naquirent :
1. Mᵗᵉ-Théodore, par. Ste-Croix 22 juin 1752 ; † 29 févr. 1780.
2. Catherine-Mᵗᵉ. V. Creitte de Métric, 2.

GARAN (de) Charles, R. P. R., sgr de…, cap. en garnison à Metz, épousa, 13 mai 1601, Anne *de Flavigny*.

GARAND Jⁿ-Chrysostome. V. Goujeon.

GARAUDÉ Catherine-Fᴼᴵˢᴱ. V. Chastel de Villemont III.

GARAUDÉ (de) Anne. V. Sailliet II.

GARAULT (de) Augustin-Bonaventure. V. de Gayardon.

GARCIA (de) Marcel, éc. de M. l'Ambassadeur d'Espagne, fils de † Joseph et de Rose Maugery, natif de Jachy en Sicile, de la par. St-Germain-l'Auxerrois de Paris, âgé de 27 ans, épousa, par. St-Eucaire 9 févr. 1745, Mᵉ-Anne-Julienne *de Saltzgaibre*.

GARCIN (de) Marguerite. V. de Bonniot II.

GARDE (de la). I. Jacques, lieut. de Mʳ de Montestruc, fut parrain par. St-Martin 6 oct. 1612.

II. François, sgr de Beauchamps, âgé de 56 ans, cap. au régᵗ de Piémont en garnison à la citadelle, † par. St-Victor 24 déc. 1708, à 60 ans. Il avait épousé, par. Ste-Croix 8 févr. 1706, Louise *Fériet*.

III. Hyacinthe-Nᴬˢ-Jᴾᴴ, éc., chev. de St-Louis, brigadier des armées du Roi, âgé de 52 ans, fils des † Nicolas, éc., et de Mᵉ-Geneviève de Fage, épousa, par. St-Victor 12 juil. 1780, Mᵉ-Fᴼᴵˢ *d'Arras d'Haudrecy*. Au mariage, Nᵃˢ-Fᴼᴵˢ de Beljoyeuse de Cledier, chev., ancien cap. commandᵗ au régᵗ de cavalerie de Noailles, chev. de St-Louis, cousin germain du marié ; Jqᵘᵉˢ-Fᴼᴵˢ de la Gorge, chev., lieut. en second au régᵗ de Lanau dragons, parent du marié ; Laurent de Chazelles, président à mortier au parlᵗ, cousin germain de la mariée ; Laurent-Mᵉ de Chazelles, chev. conseiller au parlᵗ, cousin issu de germain de la mariée ; Jⁿ-Nᵃˢ Ferrand, sgr de Peltre.

IV. André-Basile, lieut. détaché de l'hôtel royal des Invalides de la compagnie du sʳ de Montaigu, natif de Fougères en Bretagne, † par. St-Jean de la Citadelle 23 mars 1724, à 75 ans.

GAR — 258 — GAR

V. F^oise-Olympe, Marguerite et J^ph-Antoine. V. de Gray de Malmédy.

VI. M^te-Louise. V. Roger du Coulon II, 9.

GARDELLE (de la). I. N***, cap. des gardes du Roi à la place de Metz, eut d'Allizon N***, fille de Gérard le tonnelier, rue Taison, son épouse, Catherine, par. St-Martin 28 nov. 1619.

II. Jean, éc., sgr de Falkenstein au comté de Chiny, eut de M^ie *d'Everlange*, son épouse, Anne, par. St-Victor 10 juin 1688.

GARDEUR Catherine. V. Gentil.

GARDEUR-LEBRUN. I. Pierre Gardeur, dit le Brun, sous-ingénieur des ponts-et-chaussées, fils de Sébastien Gardeur, bourgeois, et d'Anne Noël, épousa, par. St-Martin 29 juil. 1749, Anne *Wibratte*, alias *Huibratte*, fille de Claude Huibratte, entrepreneur de bâtiments, et de M^te Villers, de laquelle il eut par. St-Livier :
1. Anne-M^te, 30 juil. 1758.
2. Marguerite, marraine de la préc.
3. Marguerite, 16 juin 1759 ; † le lendemain.

II. Louis, frère du préc., professeur de mathématiques à l'école royale d'artillerie, ingénieur de la ville, dir. des travaux des nouvelles communications de Metz, membre de la Société des sciences et des arts, † par St-Gengoulph 19 févr. 1786, à 72 ans. Il avait épousé, par. St-Maximin 15 avril 1738, Anne-M^te *Grandjean*, dont il eut par. St-Gengoulph :
1. Claude, 21 juin 1741 : p. Claude Gardeur, professeur de mathématiques ; m. Barbe Gimel.
2. Louis, 18 août 1742.
3. Nicolas, 30 août 1743 ; † par. St-Eucaire 24 sept. suiv.
4. Ch^les-Louis, 31 sept. 1744.
5. *Claude*, 30 oct. 1745 ; lequel suit.
6. Charlotte-Catherine, 7 déc. 1746 ; religieuse de la Congrégation à Verdun en 1790.
7. Maximilien-Louis-Ch^les, 26 déc. 1747 : p. Maximilien-Louis-Ch^les de Pfister, cap. des ingénieurs de S. A. S. E. Palatine.

8. Christine, 8 janv. 1749 ; mariée à J^ques-F^ois Mary.
9. Georges-Auguste-Philippe, 11 mai 1750.
10. M^ie-Charlotte, 26 déc. 1751 ; mariée à J^ques-Christophe de Bordenave.

III. Claude, fils du préc., épousa Élisabeth-Charlotte-Henriette *Grosset*, dont il eut par. Ste-Ségolène :
1. J^n-B^te-Christine, 25 nov. 1783.
2. Auguste-Stanislas, 6 juil. 1790.

GARGAN, alias GARGAM Pierre, conseiller au parl^t, sgr de Matong, fils de N***, conseiller du Roi en ses conseils et intend^t des finances de S. M., et de J^ne de Pinteville, † par. St-Simplice 26 févr. 1708, à 70 ans : la cour du parl^t et plusieurs autres personnes de qualité assistèrent à son enterrement. Il avait épousé Charlotte *de Saintignon*, † par. St-Gorgon 31 août 1710, inhumée par. St-Simplice. De leur mariage étaient nés par. Ste-Croix :
1. L^se-Madeleine, 23 mars 1665 : p. Mr de Dampierre, représenté par Louis de Goize, sgr de Courcelles ; m. Madeleine Gargan, représentée par Christine de Saintignon.
2. Charles, 24 sept. 1666.

GARGAN (de). I. Louis-Ignace-Théodore, Anne-M^te-Henriette, Théodore-Ch^les-J^ph et Charles. V. Boudet de Puymaigre (note).

II. M^ie-Marguerite. V. Gerard d'Hannoncelles (note).

GARGES (de) Philippe, éc., sgr de Garges, enseigne à la compagnie de M. de Bonnouvrier au rég^t des gardes du Roi, fils de † F^ois, chev. de St-Michel, lieut. d'une compagnie de gendarmes de † Mr de Toré, et de Gabrielle de la Grange, épousa, par. St-Martin 26 nov. 1616, Catherine *Praillon*.

GARIGUE. V. Garrigue.

GARLACHE Barbe-Dieudonnée. V. Ciron.

GARNACHE Barbe. V. Bruillard III.

GARNIER. I. Barbe. V. Brossard III.
II. Marguerite. V. Basselin.

GARNIER de MONTEREAU Mathieu, [président à mortier au parl[t], † 17 nov. 1704. Il avait épousé M[ie]-Anne *Tronçon de Chaumontel*, dont il eut huit enfants. Il laissa à chacun de ses huit enfants un million.]

GARNY Anne. V. de Gondrecourt.

GAROT N[as]-Toussaint, [licencié en droit, vicaire gén[l] de l'Évêché de Verdun, chan. de l'église collégiale de Ste-Madeleine de la même ville, conseiller clerc au parl[t] de Metz, pourvu en 1754 de la trésorerie de l'ancienne église collégiale de Ste-Croix de Verdun et d'un canonicat et prébende dans la même église], † par. St-Simplice 22 juin 1763.

GARRETIER. I. Madeleine. V. Grandjambe VII.
II. Pauline. V. Wyriot.

GARRIGUE. I. François, m[e]-chir., fils de F[ois], m[e]-chir., et d'Anne Damblée, de Thionville, † par. St-Simplice 10 avril 1787, à 90 ans. Il avait épousé, ibid. 25 nov. 1766, Catherine-F[oise] *le Marquis*, âgée de 23 ans, fille de J[n] le Marquis, assesseur et garde-marteau de la prévôté de Conflans, et de F[oise] Claudon.
II. Élisabeth. V. Lespinasse.

GARS de BOISEMONT (de) Catherine-J[ne]. V. de Blair II, 3.

GARSAULT. V. Lasalle IV, 1.

GARSON de PREHEDNO J[n]-Aimé, pensionnaire au collège St-Louis, fils de J[n]-Anne, sgr de Quelvain, chev. de St-Louis, cap. retiré des cuirassiers du Roi, et de Thérèse-Pélagie Jouasnaux, natif de Quelvain près Ploërmel en Bretagne, † par. St-Simon 13 janv. 1785, à 15 ans : à son enterrement, ses condisciples Alexis Savary de Courtille, Victor-Armand-Désiré de Damoiseau de Montfort, J[n]-B[te] la Geneste, Louis-Vincent-M[ie] de l'Angle.

GASCARD Françoise. V. Jeoffroy XIV.

GASSAUD (de). I. Joseph, sgr de Mézeray, chev. de St-Louis, major au rég[t] royal d'artillerie, épousa M[te] *d'Harquel*, † par. St-Livier 26 janv. 1753, à 83 ans.
II. Barthélemy. V. du Frenne.
III. Pierre. V. Dupuy des Marceaux.

GASSER du PARC (de). V. de Gacé du Parc.

GAST (du) Denis, contrôleur du grenier à sel, eut de F[oise] *Rovioux*, son épouse :
1. Anne-Nicole, par. Ste-Croix 30 avril 1645 ; mariée à J[n] de Cornille.
2. Françoise, mariée à F[ois] Breton.
3. Jeanne, mariée à P[re] David.

GAST de BEAULIEU (du) Henry, commissaire extraordinaire des guerres, épousa M[ie]-Charlotte *Guilbert*, alias Gilbert, dont il eut par. Ste-Croix :
1. Jean, 28 sept. 1691.
2. Élisabeth, 27 juil. 1693.

GASTINES (de) Philippe, ministre de la R. P. R. à Courcelles, épousa Esther *Mizon*, dont il eut entre autres enfants :
1. Marie, 12 août 1607.
2. Jacob, 29 févr. 1624.

GATIGNOL (de) Joseph, éc., cap. au rég[t] de Piémont, fils de J[n]-Baptiste, éc., ancien cap. au rég[t] de Toulouse, et de Catherine Daslage, natif de Comtez, épousa, par. St-Marcel 19 mars 1716, N*** *Lairbel*.

GATTEBOIS des FORGES. I. Pierre, éc., sgr des Forges, épousa Anne *le Jennet*, fille de N[as] le Jennet, sgr de Vantoux, laquelle mourut par. St-Simplice 25 juin 1695, à 83 ans, et fut inhumée dans l'église. De leur mariage étaient nés :
1. F[oise]-Chrétienne, mariée à Bertrand Leclerc, puis à Élie Déodeau.
2. Nicolas, éc., au second mariage de la préc.
II. Philippe, éc., m[e]-académiste, † rue des Allemands, par. St-Eucaire 15 mars 1721, à 85 ans. Il avait épousé : 1° Judith *le Goullon*, † ibid. 5 mars 1686, à 42 ans ; 2° M[te] *Ville*, † ibid. 19 avril 1716, à 48 ans.

Du premier mariage naquirent par. St-Eucaire :
1. Élisabeth, 13 déc. 1669; mariée à P^{re} Coustaut.
2. Ferdinand-Maximilien-F^{ois}, 5 févr. 1671.
3. N^{as}-Philippe, 21 mars 1672; † 9 avril 1685.
4. M^{ie}-Françoise, 1er oct. 1676.
5. Marie, 31 janv. 1683.
6. Anne, marraine par. St-Eucaire 28 sept. 1682.

Du second mariage naquirent ibid. :
7. Élisabeth-Philippe, 13 janv. 1698; † 31 août 1702.
8. François, 5 janv. 1699; † 3 déc. 1707.
9. Nicolas, 27 nov. 1700.
10. Jean, 20 avril 1702.
11. Élisabeth, † 20 sept. 1703.
12. Marie, 20 nov. 1703; † 7 janv. suiv.
13. Étienne, 20 déc. 1704.
14. Jⁿ-Joseph, 15 avril 1707.
15. Louise-F^{oise}, 11 juil. 1709; mariée à Claude Collinet.
16. Catherine, 6 févr. 1711; mariée à J^{ph} Philpin, *alias* Phulpin.
17. Élisabeth, 15 juin 1712.

III. ÉTIENNE-BRUNO, éc., sgr des Forges, épousa M^{ie} *Rollin*, dont il eut :
1. Anne-Bruno, par. St-Maximin 1er mai 1687.
2. P^{re}-Thomas, sgr de Lesse et d'Arraincourt en partie, lequel épousa, par. St-Maximin 22 janv. 1720, Élisabeth *Beauregard*.
3. Nicolas, sgr de Lesse en partie, à l'enterrement de sa tante Charlotte Rollin, par. St-Simplice 18 juin 1727.

IV. THOMAS épousa Louise *Descosses*, dont il eut, par. St-Eucaire 16 oct. 1704, Marie, † 18 janv. suiv.

V. ÉTIENNE, ex-officier invalide, † par. St-Gorgon 4 mars 1766, à 66 ans. Il avait épousé Anne *Lambert*, dont il eut Madeleine, † ibid. 2 déc. 1765, à 20 mois.

VI. ANNE-M^{te}, sœur du préc. V. Humbert II.

VII. N^{as}-FRANÇOIS, clerc du diocèse de Metz, † par. St-Eucaire 26 juil. 1732 : à son enterrement, Élie Déodeau.

VIII. FRANÇOIS. V. Déodeau.

IX. ANNE-PHILIPPE. V. Ponsart, Guilbert et Haan.

GAU (DE) JUDITH. V. de Cavalier.

GAUDE DE MARTAINVILLE (DE) Jⁿ-FRANÇOIS, chev., sgr de Martainville, eut de M^{ie}-Anne *de Malortye*, son épouse M^{ie}-Jacquette, par. St-Victor 19 juil. 1717.

II. M^{ie}-THÉRÈSE. V. d'Hunolstein.

GAUDENIOT CATHERINE. V. Bereau de Rochebonne.

GAUDET. I. ÉTIENNE, sgr d'Aunoux, greffier garde-sacs, puis payeur des gages au parl^t, épousa : 1º [en 1665] Apolline *Simon*; 2º par. St-Gorgon 5 janv. 1676, Anne *Lajeunesse*, † par. St-Martin 26 avril 1738, à 80 ans.

Du premier mariage naquirent par. St-Gorgon :
1. J^{ne}-Pauline, 30 oct. 1666.
2. *Antoine*, 4 mars 1668; lequel suit.
3. Charles, 28 juil. 1669.
4. Barbe, 25 nov. 1670.
5. Jⁿ-Baptiste, 30 nov. 1671.
6. Anne, 6 nov. 1672.

Du second mariage naquirent :
7. Anne-M^{te}, par. St-Gorgon 26 févr. 1677.
8. M^{ie}-Thérèse, ibid. 4 févr. 1678.
9. Anne-Thérèse, ibid. 28 mars 1679.
10. Nicole, par. Ste-Croix 13 août 1683.
11. Marguerite, par. St-Victor 16 oct. 1684; † ibid. 16 nov. 1692.
12. Humbert-Étienne, ibid. 23 janv. 1686.
13. *Humbert*, ibid. 13 oct. 1687; lequel suivra.
14. Pierre, ibid. 9 févr. 1689.
15. Louis, ibid. 11 sept. 1690.
16. Marie, ibid. 28 avril 1692.
17. Dominique, ibid. 22 août 1693.
18. M^{ie}-Anne, ibid. 24 juil. 1695 : p. Michel-Robert le Pelletier, sgr des Forts, conseiller au parl^t; m. Anne Chevalier, épouse d'André le Vieux, conseiller du Roi à la cour des aides de Paris.
19. Barbe, ibid. 23 nov. 1697.
20. Marie, ibid. 15 juin 1699.

II. ANTOINE, fils du préc., conseiller du Roi,

receveur et payeur des gages du parl{{t}}, † par. S{{t}}-Jean de la Citadelle 2 oct. 1748. Il avait épousé, par. S{{t}}-Livier 12 mai 1697, M{{te}} *Féticq*, † à 81 ans, par. S{{t}}-Victor 12 févr. 1757. De leur mariage naquirent :
1. Charles, par. S{{t}}-Livier 4 avril 1698.
2. J{{n}}-Claude, ibid. 17 mars 1699.
3. J{{n}}-Antoine, ibid. 28 juin 1700 ; † par. S{{te}}-Croix 12 avril 1708.
4. J{{n}}-François, ibid. 2 oct. 1701.
5. Charlotte-F{{oise}}, ibid. 10 déc. 1702 ; † par. S{{t}}-Marcel 9 août 1706.
6. Jean, par. S{{te}}-Croix 2 févr. 1709 ; † 21 nov. 1713.
7. M{{ie}}-Reine, par. S{{t}}-Livier 29 mars 1710.
8. J{{ne}}-Charlotte, mariée à Ch{{les}}-Louis du Bochet.

III. HUMBERT, frère du préc., employé pour le service du Roi, épousa, par. S{{t}}-Livier 4 mars 1715, M{{te}} *Féticq*. Trois jours après, leur naquit J{{ne}}-Marguerite.

GAUDET DE **SOUDET** (DE) ANTOINE-THÉODORIC. V. Odet de Ryantz.

GAUDINET JEANNE. V. Audouin des Champs de Villers.

GAUDRÉ MARGUERITE. V. Lalance.

GAUGUÉ. I. LOUIS, sgr des Mesnils, substitut du procureur du Roi au bailliage, puis procureur au parl{{t}}, [† 16 janv. 1713, à 86 ans]. Il avait épousé F{{oise}} *Guyot*, [† 27 janv. 1706]. De leur mariage étaient nés :
1. F{{oise}}-Louise, par. S{{t}}-Martin 26 avril 1648 ; mariée à F{{ois}} Georgin de Mardigny.
2. Marguerite, ibid. 2 déc. 1649 ; mariée à J{{ques}}-Paul-Henry de Sechamps.
3. J{{n}}-Philippe, avocat au parl{{t}} ; † par. S{{te}}-Ségolène 6 déc. 1730, à 76 ans.
4. Charles, [savant bénédictin] ; † à l'abbaye S{{t}}-Arnould 14 déc. 1727.

II. ANNE. V. Mangin II.

GAUGUIN JACQUES, un des procureurs lors de la fondation du parl{{t}} de Metz en 1633, épousa M{{te}} *le Barois*, dont il eut Élisabeth, par. S{{t}}-Martin 22 avril 1635.

GAULCHER MARGUERITE. V. Defresne.

GAULLIER. V. Gaulthier.

GAULT DE **GRANDMAISON** LOUIS-J{{PH}}, contrôleur ambulant des fermes du Roi au dép{{t}} de Metz, fils des † Hippolyte et M{{ie}}-F{{oise}} Maillet, de Stenay en Clermontois, diocèse de Trèves, épousa, par. S{{t}}-Martin 11 nov. 1788, Antoinette-M{{te}} *Janet*, fille du s{{r}} F{{ois}} Janet et de M{{te}} Maré.

GAULTHIER (DE), *alias* DE **GAULLIER.** I. MARTIN, éc., sgr du Teil et d'Aulnoy en Brie, commissaire provincial command{{t}} l'artillerie, eut de M{{ie}} *des Noyers*, son épouse :
1. Marie, mariée à J{{n}}-B{{te}} de Saint-Périer.
2. Martin-N{{as}}, par. S{{te}}-Croix 15 oct. 1697.

II. M{{ie}}-ANNE-CATHERINE. V. de Vapy.

III. JACQUES. V. de Perdriac.

GAUMONT (DE) J{{n}}-BAPTISTE. V. Arbaleste de Melun.

GAUNES (DE) GIONNE. V. d'Alsace de Hennin.

GAURAIN BARBE. V. de Saluces.

GAUSIE (LA) FRANÇOIS, élève au corps royal artillerie, né à Montjoie, diocèse de Condom, fils de J{{n}}-Paul, chev. de S{{t}}-Louis, ancien sous-lieut. des gardes du corps du Roi, et de M{{te}} de Courand de Peyralongue, † noyé à la Moselle par. S{{t}}-Jean de la Citadelle 23 août 1783 : à son enterrement, Thomas-Étienne de Kerguern, cap. d'artillerie command{{t}} en second l'école de Metz ; J{{ph}}-Laurence de Lausun, cap. d'artillerie.

GAUTHIN DE LA **BRETONNIÈRE** SIMON-P{{RE}}, cap. d'infanterie, ingénieur ordinaire du Roi, † par. S{{t}}-Gorgon 16 janv. 1766, à 68 ans.

GAUTIER, *alias* DE **GAUTHIER.** I. CHARLES, sgr de Gondreville, cap. au rég{{t}} de la Fond dragons, puis colonel de la milice du Pays Messin, † rue derrière la par. S{{t}}-Eucaire 16 mai 1757, à 75 ans. Il avait épousé M{{te}} *Mairemangin*, dont il eut :

1. Louis, par. St-Simplice 29 nov. 1701.
2. Pierre, par. St-Eucaire 8 août 1704.
3. Claude-Ch^{les}, † ibid. 28 août 1727, à 17 ans.
4. Marie-Anne, † ibid. 4 nov. 1727, à 21 ans.

II. SERVAIS, éc., sgr de Ste-Marie-Landin et Vigny, avait épousé J^{ne} *Pochet*, dont il eut M^{ie}-J^{ne}-Thérèse, mariée à Ch^{les}-F^{ois} Touros.

III. F^{ois}-JOSEPH, éc., sgr de Vigny et de Rombas, conseiller au parl^t, avait épousé Anne-Catherine *de Mageron*, † par. St-Simplice 23 mars 1728; elle fut « conduite dans un carrosse à Rombas, sa seigneurie » pour y être inhumée. De leur mariage était né J^{ph}-Jⁿ-Baptiste, par. St-Simplice 8 mars 1724.

IV. Divers.
1. ANNE-M^{ie}. V. de Tholozan I, 7.
2. CATHERINE. V. Capsé.
3. CHRISTINE. V. de Cormontaigne.
4. JACQUES. V. de Perdriac.
5. LOUISE. V. Lajeunesse VI et XIV.
6. LOUISE. V. Lotin de Charny.
7. MARGUERITE. V. Haillecourt II et IV.
8. M^{ie}-BARBE. V. Marion XI, 1.

GAUTIER D'ALTON. V. d'Hennessy.

GAUTIER DE LA MOTTE (DE) PIERRE-CH^{LES}, éc., sgr de la Motte, lieut. au rég^t royal artillerie, fils des † Charles, cap. au même rég^t, et Claire Trusson, du diocèse de Chartres, épousa, par. St-Victor 24 mars 1746, Élisabeth-Catherine *Geoffroy*, dont il eut :
1. Bonaventure-P^{re}-F^{ois}, par. St-Victor 8 févr. 1747; † 26 avril 1749.
2. René-P^{re}-Aimé, ibid. 5 août 1750 : p. René Binet, gouverneur de Cardonan, lieut. de droit de Dongre, m^e de camp de cavalerie et premier valet de chambre de Mgr le Dauphin, représenté par Louis Gautier de la Motte, cap. au rég^t royal artillerie bataillon de Soucy; m. Madeleine de Gonzalès, v^{ve} d'Antoine Ferrand.
3. Jⁿ-B^{te}-P^{re}-Louis, par. St-Jean de la Citadelle 24 août 1754; le père est major de la citadelle.

4. Ch^{les}-Michel-N^{as}-Bonaventure, ibid. 23 mars 1761.

GAUVAIN. I. LOUIS, R. P. R., m^e des forges de Moyeuvre, eut deux filles :
1. Claudine, mariée à Claude d'Inguenheim.
2. Judith, mariée à Ferry de Gray de Malmédy.

II. LOUIS, R. P. R., sans doute le même que le préc., sgr de Flévy et de Montigny-la-Grange, eut de Jacqueline *Maupassant*, son épouse :
1. *Jean*, qui suit.
2. Marguerite, mariée à Jⁿ Senocq.
3. *Pierre*, qui suivra.
4. *Melchior*, qui suivra.

III. JEAN, R. P. R., fils du préc., sgr de Montigny-la-Grange, y demeurant, épousa, 6 févr. 1600, Suzanne *Huart*, fille de N*** Huart, m^d, de laquelle il eut :
1. Suzanne, 29 août 1604; mariée à Jérémie Braconnier.
2. Claude, 15 janv. 1606.
3. Marie, 23 févr. 1607.
4. Marie, 27 févr. 1609; mariée à F^{ois} Bancelin.
5. Daniel, 9 mai 1610.
6. Anne, 23 avril 1612; mariée à Jⁿ Bancelin.
7. Esther, 2 mars 1616; mariée à Gédéon le Duchat, puis à Jⁿ de Saint-Aubin.
8. Jeanne; mariée à Jⁿ Jacobé.
9. *Louis*, qui suit.

IV. LOUIS, R. P. R., fils du préc., sgr de Bionville, licencié-ès-lois, avocat au parl^t, épousa, 13 juin 1632, Louise *Joly*, dont il eut :
1. Louise, 20 avril 1633.
2. Louis, 24 janv. 1635.
3. Madeleine, 14 mars 1636.
4. Jeanne, 13 déc. 1637.
5. Marie, 15 juil. 1641.
6. Suzanne, 26 avril 1643.
7. Pierre, 6 déc. 1644.
8. Jacques, 11 juil. 1646.
9. Daniel, 7 mai 1649; cap. d'une compagnie d'infanterie pour le service de

S. A. le Prince de Lunebourg-Brunswick, il épousa, 19 avril 1682, Élisabeth *de Vigneulles*.

V. MELCHIOR, R. P. R., oncle du préc., épousa, 22 sept. 1604, Sara *Chauveau*, dont il eut :
1. Marthe, 14 mai 1606.
2. Marthe, 15 avril 1607 ; mariée à Auguste le Goullon.
3. Benjamin, 29 avril 1609.
4. Pierre, 23 févr. 1614.
5. Benjamin, 9 août 1615.
6. François, 6 oct. 1617.
7. Sara, 25 janv. 1621 ; mariée à Benjamin de Béchevel.

VI. PIERRE, R. P. R., frère du préc., épousa, 19 janv. 1603, Sara *Busselot*, fille de Simon Busselot, s^r de Lorry-devant-Metz, de laquelle il eut :
1. Pierre, 23 août 1606.
2. Marie, 9 sept. 1607.
3. François, 19 août 1609.

VII. FRANÇOIS, conseiller au bailliage, sgr de Novéant et Champel-sur-Moselle, épousa : 1° M^{te} *Crespin*, † par. St-Martin 4 juin 1645 ; 2° Barbe *Philbert* ; 3° par. Ste-Croix 15 mai 1667, M^{te} *Auclerc de Montserrier* : ce troisième mariage fut revalidé 26 déc. 1674. Du second mariage naquirent par. St-Martin :
1. Auguste-F^{ois}, 20 juil. 1649.
2. Françoise, 19 juin 1650.
3. Marguerite, 31 déc. 1651 ; mariée à Ch^{les}-Henry-Ignace de Bousmard.
4. Louis-Alexandre, 27 déc. 1653.

VIII. JUDITH. V. Busselot et de Housse.

IX. MARGUERITE. V. de Chaunes.

GAUVAINE (DE) ÉLISABETH-F^{oise}. V. de Marien de Frémery.

GAUVILLE (DE) LOUIS-CH^{les}, chev. de Malte, cadet à la citadelle, natif de Normandie, † par. St-Jean de la Citadelle 5 oct. 1732, à 18 ans.

GAY (DE) M^{te}-CHARLOTTE. V. de Lixier II.

GAYARDON (DE) ÉTIENNE, officier au rég^t de la Fère corps royal artillerie, † à 32 ans, par. St-Simplice 7 mai 1778 : à son enterrement, Marc-Antoine Ganot, chef de brigade, et Augustin-Bonaventure de Garault, cap. : tous deux au dit rég^t.

GAYAT (DE) CHARLOTTE-MADELEINE. V. de Fontaine II.

GAYNET CATHERINE. V. Boucher de Gironcourt.

GAZEAU ANTOINE, d^r en médecine, médecin de l'hôpital militaire de Metz, † par. St-Gorgon 19 sept. 1743. Il avait épousé Barbe *Bérard*, dont il eut Catherine, mariée à Jean-P^{re} Dancerville.

GAZEURE FRANÇOISE. V. Jeoffroy VIII, 4.

GÉANT (DU) N^{as}-THÉODORE, eut d'Élisabeth *le Maire*, son épouse, Alexis, par. St-Simplice 21 juil. 1693 : p. Alexis Crespin, sgr de Riche ; m. Catherine Fornachon, épouse de Louis Baltus, aman.

GEAY (LE). I. JEAN, aman de St-Eucaire, notaire royal et épiscopal, † à 80 ans, par. St-Eucaire 14 avril 1750. Il avait épousé J^{ne} *Maintient*, † ibid. 9 févr. 1719, à 49 ans. De leur mariage étaient nés ibid. :
1. Philippe, 20 août 1701 ; † 9 août 1721.
2. Antoine, 28 déc. 1702.
3. René-F^{ois}, 23 oct. 1704 ; lequel suit.
4. Marie, 1er févr. 1707.

II. RENÉ-F^{ois}, fils du préc., conseiller du Roi, notaire royal et ancien échevin de l'hôtel de ville, † par. St-Eucaire 8 oct. 1773. Il avait épousé, par. St-Victor 19 févr. 1732, M^{te} *Laisnel*, fille de Claude Laisnel et de F^{oise} Louis, laquelle mourut par. St-Eucaire 27 mai 1740, à 26 ans. De leur mariage étaient nés par. St-Eucaire :
1. Élisabeth, 8 nov. 1735 ; mariée à Jⁿ-P^{re} Marchal.
2. M^{ie}-Élisabeth, 24 sept. 1737 ; mariée à F^{ois}-Céleste Bournac.
3. N^{as}-Bernard, 1er mai 1739 ; lequel suit.
4. Jean, 11 mai 1740.
5. N^{as}-Gilles-F^{ois}, chan. de l'ordre de St-Antoine de la maison de Pont-à-Mousson, à l'enterrement de son père.

III. N^{as}-BERNARD, fils du préc., chev.,

puis conseiller-maître en la cour des aides et monnaies de Nancy, résidait dans cette dernière ville au décès de son père. Il avait épousé Julie *Lequesne*, fille de Antoine Lequesne, intéressé dans les affaires du Roi, dem^t à Paris, et de Barbe Louis, de laquelle il eut :
1. René-F^{ois}, par. St-Eucaire 15 nov. 1765.
2. M^{ie}-Élisabeth-Julie, par. St-Martin 22 sept. 1767.
3. M^{ie}-Catherine-Julie, ibid. 30 oct. 1769.
4. J^{ne}-Félicité, par. Ste-Croix 7 févr. 1771.

IV. FRANÇOISE. V. Henry VI.

GEHOT DE MONTBLAINVILLE. I. J^N-BAPTISTE, prévôt gén^l de la maréchaussée d'Alsace, épousa Anne-Barbe *Besser*, dont il eut :
1. M^{te}-Élisabeth, mariée à Frédéric-Louis-Ch^{les} Duclos.
2. J^n-Jacques. V. Renouard de la Nevais II, 5.

II. NICOLAS-CH^{LES}, BARBE-ROSE, M^{IE}-ÉLISABETH et FRANÇOIS. V. Renouard de la Nevais II.

GEIGER CATHERINE-BARBE, J^N-LÉOPOLD et M^{IE}-THÉRÈSE. V. du Pasquier III.

GEIGER (DE) M^{IE}-CATHERINE-THÉRÈSE. V. de Gevigny de Pointe.

GEISENAR (DE) SOPHIE-HENRIETTE. V. de Marotte de Montigny.

GELB (DE) LOUIS-CH^{LES}-THÉODORE, lieut. en premier au rég^t de Nassau infanterie, cy-devant en garnison à Sarrelouis, « actuellement » en garnison au quartier Chambière, fils de N^{as}-Louis, lieut. gén^l des armées du Roi, chev. de St-Louis, et de Caroline-Sophie Fushaverine de Frankenfeld, épousa, par. St-Martin 2 déc. 1788, M^{ie}-Reine-Barbe-Madeleine *de Guentz* : au mariage, F^{ois}-J^{ph}-Victor de Neuvingen, chev. de St-Louis, lieut.-colonel command^t, et N*** b^{on} de Planitz, cap., au rég^t du marié ; Louis-René de Louet, aspirant au corps royal artillerie. — Du dit mariage naquit, ibid. 20 avril 1790, Louise-M^{ie}-Joséphine.

GELÉE DU CHENOY GEORGES, éc., chev. de St-Louis, lieut.-colonel d'infanterie, ancien cap. de grenadiers au rég^t de Beauce, † par. Ste-Croix 29 janv. 1779, à 58 ans.

GÉLIGNE ANNE. V. de Saint-Just.

GÉLIOT DE MONTARMET J^{NE}-MARIE. V. de Girval.

GENAS (DE) MADELEINE. V. de Calvière.

GENESTE (LA) J^N-BAPTISTE. V. Garson de Prehedno.

GENESTE (DE) ou GENEST. I. FRANÇOIS, [chev., sgr du Repaire, Aigueparse, la Genetouse et autres lieux, lieut. de Roi aux places d'Angoulême, Montpellier, puis à la citadelle de Metz, † par. St-Jean de la Citadelle 14 mars 1656, inhumé auprès de son fils Gabriel. Msc. Epit.]

II. MARIE. V. de Béronne.

GENGLIN JEANNE. V. Hollandre.

GENILIÈRE (LA) FRANÇOISE. V. de Rançay.

GENIN. I. ANNE. V. Besser IV.

II. M^{IE}-MADELEINE. V. de Lévy III.

GENNES (DE). I. NICOLAS, R. P. R., éc., sgr de Phlin et Auchastel, épousa, 25 févr. 1581, F^{oise} *de Mouron*, dont il eut :
1. Esther, 4 mai 1583 : p. Daniel de Barisy, sgr de Verny.
2. Madeleine, 14 oct. 1584.
3. *Pierre*, 7 sept. 1586 ; lequel suit.
4. Jean, 4 juil. 1588.
5. Jacques, 26 août 1589 : m. Élisabeth de Mérode, b^{onne} de Malberg.
6. Anna, 12 févr. 1592.
7. Henry, 17 nov. 1595.
8. Daniel, 27 avril 1599.

II. PIERRE, R. P. R., fils du préc., épousa Madeleine *de Maillard*, † 1er sept. 1677, à 75 ans. De leur mariage étaient nés :
1. Henry, 4 juil. 1627.
2. Daniel, 3 nov. 1630.
3. Anne, 16 nov. 1631.
4. Louise, 17 avril 1633.
5. Samuel, 22 sept. 1634 : p. Samuel de Beauvau, sgr de Vatimont.
6. Charlotte, 24 févr. 1636.

7. Julienne-Madeleine, 27 août 1638.

III. Marie. V. Clément.

GENON Jx-Baptiste, sgr de Montigny, lieut. de cavalerie au régt de la Ferronays, † par. St-Marcel 12 août 1701, à 52 ans, après avoir servi 28 ans au dit régt : à son enterrement, Brice, son fils.

GÉNOT, alias GENOT. I. Anne. V. Champion III.

II. Françoise. V. Valette III, 1.

III. Jeanne. V. de Champfort.

IV. Jeanne. V. de Seiglitz.

V. Louise. V. de Bournon II.

VI. Louise. V. Marc I, 3.

VII. Madeleine. V. Alliger de Bourgneuf.

VIII. Marie. V. Robin III.

GENSON Anne-Mte. V. de Rieux.

GENTARD de GONTIN Mathieu, sgr de Bousquet et d'Urville, cap. au régt de Blaisois, fils de N*** et d'Anne de Bagnon, de Mérillon au diocèse de Gap, épousa, par. St-Simplice 24 mai 1700, Claude-Nicole le Goullon.

GENTE Nicolas. V. de Cadelle de Grandmaison.

GENTIL. I. Jn-Pierre, dr en médecine, fils de Jn-Pierre, rentier, et de Catherine Gardeur, de Fleury, épousa, par. Ste-Ségolène 22 mai 1781, Jne-Mte Rœderer.

II. Bonne-Émilie. V. de Foucquet.

III. Marie. V. Lottin.

IV. Thérèse. V. Pierre IV.

GENTILHOMME Suzanne. V. Béaudesson III.

GENTILHOMME (le). I. Pierre, R. P. R., notaire du palais, épousa : 1° Anna Collin; 2° 12 févr. 1634, Judith Weriot, vve de Ja Huart, écrivain. Du premier mariage naquit Jérémie, 9 juil. 1628.

II. Salomée. V. Marion II, 3.

GENY Anne. V. Besser IV.

GÉNY la CROIX Charlotte. V. Plaisant.

GEOFFRE (de). V. de Schwengsfeldt.

GEOFFROY, cfr. JEOFFROY. I. Mangin, [† en 1593. Il avait épousé Claude Peignier], dont il eut :

1. Oudard, [chan. de la cathédrale, † 14 mars 1631, à 65 ans. Msc. Epit.]
2. Claude, [semi-chan. de la cathédrale, † 12 sept. 1620, à 35 ans. Ibid.]
3. Marguerite, [† par. St-Victor 10 déc. 1625, à 58 ans. Ibid.]
4. Nicolas, commissaire d'artillerie, père de Marie, mariée à Philippe le Malhomme.

II. Nicolas, sans doute petit-fils du préc. et fils de Nas I, 4, commissaire provincial d'artillerie aux Trois-Évêchés, † à 77 ans, par. St-Victor 19 nov. 1684. Il avait épousé : 1° Mte Machon, alias Machery, [† à 75 ans, 3 oct. 1686. Msc. Epit.]; 2° Mie-Foise Bagard. — Du premier mariage naquirent :

1. Isabelle, par. St-Victor 30 janv. 1645 : p. Pre de la Forcade, gouverneur de l'hôpital; m. Isabelle Marien, épouse de Chles Jeoffroy, contrôleur de l'artillerie.
2. Madeleine, ibid. 9 janv. 1647 : p. Nas Conrad, procureur du Roi; m. Mte Foës, épouse de Fois de Fabert. — [Elle mourut par. St-Victor 19 août 1687. Msc. Epit.]
3. Jeanne, mariée à Jques Rulland.
4. Marguerite, mariée à Jn de Belchamps, puis à Jn Cocullat de Saint-Martin.
5. Laurent, commissaire provincial d'artillerie, † par. St-Victor 28 juin 1704, à 55 ans.
6. Nicole, † par. St-Victor 1er févr. 1726.
7. Pierre, qui suit.

III. Pierre, fils du préc., éc., premier commissaire provincial de l'artillerie, † par. St-Victor 8 oct. 1717. Il avait épousé Mte Godefroy, † ibid. 25 avril 1723. De leur mariage étaient nés ibid. :

1. Catherine, 12 nov. 1675; mariée à Claude Rulland.
2. Pre-Jean, 18 nov. 1678; lequel suit.
3. Élisabeth-Catherine, 8 nov. 1681; mariée à Georges Prigny.
4. Marie, 8 oct. 1685.

5. Laurent, 19 janv. 1687.
6. Toussaint, 31 oct. 1690.
7. Nicolas, commissaire d'artillerie, à l'enterrement de son père.

IV. P^{re}-Jean, fils du préc., éc., commissaire ordinaire d'artillerie, sgr en partie de Flévy, Talange, Montrequienne et Franche-Rue de Trémery, † par. St-Victor 16 déc. 1755. Il avait épousé Catherine-F^{oise} Senocq, † ibid. 2 mai 1775, à 81 ans 7 mois. De leur mariage étaient nés par. St-Victor :
1. P^{re}-Jean, 15 oct. 1711 ; lequel suit.
2. Ch^{les}-Michel, 6 nov. 1712 ; avocat au parl^t à l'enterrement de son père, il signe Geoffroy de Talange.
3. Claude, 18 août 1715 ; commissaire ordinaire d'artillerie à l'enterrement du père, il signe Geoffroy de Montrequienne.
4. Élisabeth-Catherine, 13 janv. 1718.
5. M^{ie}-Jeanne, 7 avril 1727 ; † 24 juin 1728.
6. Catherine, 15 sept. 1729 ; † le lendemain

V. P^{re}-Jean, fils du préc., commissaire provincial d'artillerie, éc., chev. de St-Louis, épousa, étant âgé de 42 ans, par. Ste-Croix 15 avril 1755, Anne-L^{se}-Charlotte Besser. Le mariage fut bénit par Toussaint Geoffroy, chan. régulier trinitaire. De ce mariage naquit ibid. 4 janv. 1756, P^{re}-Jean, qui suit.

VI. P^{re}-Jean, fils du préc., conseiller au parl^t, [doyen des conseillers de la cour royale, † 15 mars 1832, inhumé à Flévy à la porte de l'église]. Il avait épousé : 1° en la chapelle de M^r l'abbé Marion en Plantières, par. de Borny 31 janv. 1786, M^{ie}-J^{ne}-L^{se} de Cheppe; 2° [N*** Dejean, de Nancy, † à Metz en 1847. Il a été le dernier de sa famille.]

VII. François, † par. St-Victor 28 juin 1704, à 55 ans. Il avait épousé F^{oise} Platine.

VIII. Divers.
1. Anne. V. Bécœur VI.
2. Barbe. V. Andry.
3. Claire. V. Senocq V.
4. Élisabeth. V. de Belchamps II, 4.
5. Jean. V. de Blair III, 3.
6. Jeanne. V. Hennequin II.
7. Laurent. V. le Goullon XXVII, 2.
8. Madeleine. V. Varin III.
9. M^{ie}-Barbe. V. Richard V.

GEOFFROY de COIFFY Antoine. V. Laurenceau.

GEORGES. I. Christophe, huissier sergent royal, fils de Toussaint et de Madeleine Woirin, † à 59 ans, par. St-Simplice 3 sept. 1729. Il avait épousé, par. St-Eucaire 25 janv. 1694, Suzanne Rouppeurt, fille d'Adam Rouppeurt, m^d pelletier, et de Judith Chardin, laquelle mourut par. St-Simplice 10 juin 1742. De leur mariage étaient nés sur cette dernière paroisse :
1. François, 18 nov. 1694.
2. Jacques, 27 déc. 1695 ; vicaire de St-Simplice en 1724, curé de Goin à l'enterrement de son père.
3. Louise, 17 juin 1697.
4. Antoine, 22 juil. 1698 ; il épousa, par. St-Simplice 17 juil. 1724, M^{ie} Périn, v^{ve} de Paul Chardin.
5. Jean, 3 juil. 1700 ; vicaire de St-Martin à l'enterrement de son père, curé de Ste-Geneviève à l'enterrement de Suzanne, ci-dessous 7.
6. J^{ques}-Louis, 21 avril 1702.
7. Suzanne, 5 avril 1704 ; mariée à P^{re} Grandjean.
8. Daniel, 10 oct. 1709.

II. Nicolas, aman, fils de Jean, huissier au parl^t, épousa Anne Platine, † par. St-Eucaire 6 janv. 1685 : à son enterrement, N^{as} Georges, son oncle, probablement le même que N^{as} Georges de Chelaincourt.

III. Jean, m^d bourgeois, épousa Henriette Grandjean, † par. St-Marcel 18 mars 1751, à 74 ans. De leur mariage naquit Elisabeth, mariée à Jacques-F^{ois} de Gournay de Gallois.

IV. P^{re}-Joseph, conseiller du Roi et lieut. particulier au bailliage, eut de M^{ie}-Élisabeth-Catherine Thomas, son épouse, par. St-Simplice :
1. Anne-M^{ie}-Adélaïde, 24 sept. 1779 : p. Hyacinthe Thomas, conseiller du Roi, lieut. gén^l au bailliage de Boulay, aïeul

mat.; m. Anne-M‍ie Manguay, v‍ve de M‍r du Laurent, commissaire ordonnateur des guerres, tante, représentée par Madeleine Manguay, cousine.

2. M‍te-Angélique, 14 janv. 1782.

V. François, [éc., sgr de la Grange-aux-Isles, Meilbourg et Manom, conseiller du Roi, m‍e-échevin de Thionville, lieut. gén‍l d'épée au bailliage de la même ville, y mourut 17 août 1731. Son fils, Claude-F‍ois, lui succéda dans sa charge].

VI. N***, chev., sgr et b‍on d'Ogévillers, chev. de S‍t-Louis, épousa J‍ne *de Courcelles*, † par. S‍t-Marcel 12 juil. 1733.

VII. Divers.

1. Catherine. V. le Goullon XLII.
2. Catherine. V. de Méric.
3. Catherine. V. Collignon.
4. Françoise. V. Mayeur II.
5. Gabrielle. V. de Ban.
6. Joseph, Anne-M‍ie et J‍n-Joseph. V. Bouchez.

GEORGES d'ALNONCOURT. I. Joseph-F‍ois, [né 19 août 1718], conseiller au parl‍t, eut de Christine-Cécile *Tranchet*, son épouse :

1. J‍n-B‍te-*François*, [13 sept. 1750]; lequel suit.
2. J‍n-Ch‍les-Joseph [24 juin 1755]; conseiller au parl‍t, il épousa, par. S‍t-Gengoulph 6 août 1784, J‍ne-M‍ie *Georges des Aulnois* ou *de Lemud*, dont il eut Catherine-F‍oise, ibid. 24 juin 1786.

II. J‍n-B‍te-François, fils du préc., conseiller au parl‍t, avait épousé M‍ie *de Boisset*, dont il eut :

1. J‍ph-F‍ois-Marie, par. S‍te-Croix 21 févr. 1777.
2. M‍ie-J‍ph-Charles, par. S‍te-Ségolène 8 févr. 1779.
3. L‍se-Victoire, ibid. 29 juin 1780 : m. Martine-Victoire de Courcy, fille de † J‍n-Alexandre de Courcy, chev., colonel d'artillerie, dir. des provinces de Guyenne et Béarn.
4. Louis-F‍ois, parrain de la préc.

GEORGES de BOUCHEPORN et de LESSEVILLE. I. Jean, m‍d magasinier, puis trés. de France, fils de Nicolas, m‍d, et de Catherine Bucho, † par. S‍t-Simplice 6 sept. 1732, « âgé de 82 ans et plus », [laissant un million de fortune], inhumé dans l'église, à la chapelle S‍t-Nicolas : à son enterrement, il est dit sgr de Boucheporn. Il avait épousé, par. S‍t-Martin 23 mars 1681, Pierrette-Catherine *Vassart*, dont il eut par. S‍t-Simplice :

1. Nicole, 11 août 1684; mariée à Claude-F‍ois Bertrand.
2. Élisabeth, 15 sept. 1685.
3. M‍ie-Catherine, 22 sept. 1686.
4. Christophe, 3 oct. 1687; conseiller au parl‍t, † 20 mai 1758, [ayant contracté plusieurs alliances, mais ne laissant pas d'enfants]. Il signait Georges-Vassart.
5. Charles, 28 oct. 1688.
6. Catherine, 18 févr. 1690.
7. J‍n-B‍te-*Gabriel*, 3 oct. 1691; lequel suit.
8. Anne, 5 mars 1693.
9. J‍n-François, 9 déc. 1695.
10. J‍n-Étienne, 9 sept. 1697.
11. Nicolas, au mariage de son frère qui suit : il signe Georges d'Alaincourt.

II. J‍n-B‍te-Gabriel G. de Lesseville, fils du préc., sgr de Brulange et de Boucheporn, conseiller au parl‍t, dem‍t place S‍t-Louis, † par. S‍t-Victor 7 févr. 1767, inhumé par S‍t-Simplice en la chap. de S‍t-Nicolas. Il avait épousé : 1° N*** *Bertrand*, sœur du conseiller Claude-F‍ois Bertrand; 2° par. S‍t-Simplice 18 déc. 1723, Marie (*alias* Jeanne)-Catherine *Fion*, † ibid. 30 juil. 1733. De ce dernier mariage était née, ibid. 16 avril 1732, M‍ie-Anne-Catherine, mariée à René-F‍ois c‍te de Foucquet.

GEORGES de CHELAINCOURT et de CUVRY. I. Nicolas, sgr de Chelaincourt et de Betting, conseiller d'honneur au bailliage, † à 59 ans, par. S‍te-Croix 15 août 1706 : à son enterrement, ses beaux-frères N‍as Marien, conseiller au parl‍t; J‍n Vassart, conseiller d'honneur au présidial. Il avait épousé Dominique-M‍ie *Marien*, † par. S‍t-Victor 8 mai 1740, à 88 ans. De leur mariage étaient nés :

1. *Nicolas*, 13 janv. 1679; lequel suivra.

2. M^ie-Françoise, mariée à J^ques Chais.
3. *Antoine*, qui suit.
4. J^n-Michel, chan. de la cathédrale, à l'enterrement du préc.

II. Antoine G. de Cuvry, fils du préc., sgr de Cuvry [à partir de 1725], ancien cap. d'infanterie, conseiller d'honneur au présidial, † rue des Clercs, par. St-Martin 11 févr. 1763, à 80 ans. Il avait épousé : 1° par. Ste-Croix 27 déc. 1711, Anne *Malherbe*; 2e F^oise *Mangelaire*, † à 82 ans environ, par. St-Martin 12 déc. 1774.

Du premier mariage étaient nés par. Ste-Croix :

1. J^n-François, 30 oct. 1712; chan. de St-Sauveur, † par. St-Gorgon 2 juin 1758.
2. Catherine, 13 nov. 1713.

Du second mariage était né ibid. :

3. Nicolas, 25 mai 1716; avocat au parl^t en 1734.

III. Nicolas, frère du préc., conseiller des requêtes du palais, † au Cul-de-sac de la rue des Allemands, par. St-Eucaire 4 mai 1754, à 75 ans. Il avait épousé M^ie-Catherine *Collignon*, † ibid. 30 avril 1750. De leur mariage étaient nés :

1. Catherine-Anne, par. St-Eucaire 26 juil. 1708.
2. M^ie-Catherine, par. St-Victor 17 août 1709.
3. N^as-*Christophe*, ibid. 12 août 1710; lequel suit.
4. M^ie-Pauline, ibid. 31 oct. 1711.
5. François, ibid. 24 sept. 1712.
6. M^ie-Thérèse-Catherine, ibid. 16 août 1713.
7. P^re-Catherine, ibid. 25 févr. 1715.
8. Louis, ibid. 14 janv. 1722.
9. M^ie-Catherine, mariée à Arnould-P^re de la Croix d'Evry.
10. Pauline, mariée à Laurent Barot de Pourru.
11. M^ie-Apolline, mariée à Etienne-Félix de Carrière.

IV. N^as-Christophe, fils du préc., conseiller au parl^t, † par. St-Eucaire 3 sept. 1782. Il avait épousé : 1° Anne-M^ie-Thérèse-Catherine *Tregguy d'Orival*, née à Bologne, v^ve d'Armand-J^n-M^ie Babaud de Cursay, laquelle mourut par. St-Eucaire 16 août 1751; 2° par. St-Martin 13 janv. 1753, Anne *Lecomte d'Humbepaire*, dont il eut par. St-Eucaire :

1. Nicolas, 30 avril 1754.
2. Françoise, 16 juil. 1755; mariée à Gédéon-Ch^les de St-Blaise.
3. Antoine, 3 janv. 1757; cap. au rég^t de Ligne au service de l'Empire, il épousa, par. St-Martin 8 mars 1791, M^ie-Pauline *Barot de Pourru*.
4. M^ie-Catherine, 6 juil. 1758.
5. Etienne-Félix, 28 févr. 1761.
6. M^ie-Apolline, 24 févr. 1767; mariée à Louis-Gabriel de Marconnay.
7. Arnould-N^as, 14 févr. 1770.

GEORGES de LEMUD François, éc., sgr de Lemud et d'Alémont, conseiller du Roi de Pologne et son procureur au bailliage de Pont-à-Mousson, promoteur de l'Université de cette ville, veuf de Barbe *Deveaux*, épousa, par. St-Gorgon 24 mai 1746, Catherine *Fort*, dont il eut J^ne-M^ie, mariée à J^n-Ch^les-J^ph Georges d'Alnoncourt.

GEORGES de VRÉMY. I. Jacques, m^d, sgr de Talange, épousa Barbe *Godefroy*, dont il eut :

1. Antoinette, mariée à P^re Lecoq.
2. *Jean*, qui suit.
3. Aimée-M^ie, mariée à Edme Viville.

II. Jean, fils du préc., m^d, bourgeois, sgr de Vrémy, † par. Ste-Ségolène 26 janv. 1733, à 72 ans. Il avait épousé, par. Ste-Croix 28 janv. 1686, F^oise *Marien*, † par. Ste-Ségolène 11 déc. 1751, à 90 ans. De leur mariage étaient nés par. St-Gorgon :

1. J^ques-Antoine, 19 mars 1688.
2. *Nicolas*, 2 mai 1690; lequel suit.
3. Marie, 29 août 1691.
4. *J^n-Claude*, 24 août 1698; lequel suivra.
5. Gabrielle, 25 déc. 1699; † par. St-Simplice 13 sept. 1732.
6. J^n-Louis, 2 sept. 1701.
7. F^oise-Louise, 30 nov. 1702.
8. J^ques-N^as-Léopold, sgr en partie de Silly,

à l'enterrement de sa belle-sœur ci-dessous.

III. Nicolas, fils du préc., trés. de France, † par. Ste-Ségolène 26 août 1772, inhumé aux Sœurs Colettes. Il avait épousé : 1° Barbe *le Gros*, † par. St-Victor 4 oct. 1747, inhumée par. St-Simplice : à son enterrement, Edme-N^as Georges, chan. de St-Thiébault; 2° par. Ste-Ségolène 5 mars 1748, M^te *Dubreuil* : à ce mariage, N^as Georges de Chelaincourt, conseiller au parl^t. De ce dernier mariage naquirent par. Ste-Ségolène :

1. Anne, 11 janv. 1751; mariée à J^n de la Croix d'Hanonstadt.
2. N^as-*Louis-F^ois*, qui suit.

IV. N^as-Louis-F^ois, fils du préc., trés. de France en remplacement de son père, épousa Madeleine *Remoiville*, dont il eut par. Ste-Ségolène :

1. Marguerite, 14 août 1778 : p. J^n-F^ois Hurleau, conseiller du Roi, lieut. particulier au bailliage de Briey, cousin germain de l'enfant.
2. Madeleine-Gabrielle, 25 mars 1780.
3. J^ques-Gabriel, 27 mai 1781.
4. Pierre, 17 juin 1784.

V. J^n-Claude, oncle du préc., greffier de la bullette, sgr en partie de Lessy, épousa Louise *Lecoq*, † par. Ste-Ségolène 3 févr. 1762. De ce mariage naquit J^n-*Nicolas*, qui suit.

VI. J^n-Nicolas, fils du préc., commis intéressé dans les affaires du Roi, âgé de 28 ans, épousa, par. St-Simplice 26 sept. 1758, Catherine *Godfrin*, âgée de 24 ans, fille de Sébastien Godfrin, m^d, et de Catherine Marc.

GEORGIN. I. Antoine, conseiller du Roi, garde des livres du parl^t à la chambre des comptes, † par. Ste-Ségolène 26 déc. 1782. Il avait épousé Catherine *Viòn*, † ibid. 10 déc. 1779, à 62 ans. De leur mariage étaient nés par. Ste-Croix :

1. N^as-Antoine, 25 sept. 1750.
2. Barbe-Catherine, 20 août 1754.
3. Madeleine, mariée à Antoine Cellier.
4. Barbe, mariée à J^n-B^te Rutant.

II. François, cousin du préc., éc., avocat à la cour souveraine de Lorraine, avait épousé Catherine *Mathieu*, † par. St-Maximin 19 déc. 1778, à 90 ans. De leur mariage était née Barbe, mariée à Blaise Sergent.

III. Louis, avocat au parl^t, épousa M^te *Milard*, dont il eut par. St-Gorgon :

1. Louis, 20 mars 1672.
2. François, 30 juin 1673.

IV. N***. procureur du Roi au bailliage de Pont-à-Mousson, épousa, par. St-Simplice 6 avril 1717, Antoinette-Catherine *de Maclot*, † ibid. 5 avril 1772, à 80 ans.

GEORGIN de MARDIGNY. I. François, fils de Georges Georgin et de F^oise Fleury, procureur du Roi de la ville et communauté de Metz, [acquit en 1686 la terre de Mardigny et en prit le nom]. Il mourut 18 mars 1720 et fut inhumé aux Sœurs Colettes. Il avait épousé, par. St-Gorgon 5 févr. 1668, L^se-F^oise *Gaugué*, † par. Ste-Ségolène 8 mai 1731, à 84 ans, inhumée près de la tombe de son mari. De leur mariage étaient nés :

1. Philippe-Gabrielle-Bernarde, par. St-Gorgon 8 avril 1669.
2. Louise, par. Ste-Croix 31 août 1670.
3. J^n-Claude-Henry, par. St-Gorgon 15 août 1671; doyen des conseillers du bailliage; † par. Ste-Ségolène 2 juin 1737, [sans avoir contracté d'alliance].
4. François, par. Ste-Croix 15 juil. 1673; cap. au rég^t de Rozières, † 20 déc. 1704.
5. Claire, ibid. 10 déc. 1674; mariée à P^re-Thomas Evrard.
6. J^n-Louis, ibid. 22 janv. 1676.
7. Claude, ibid. 13 juil. 1678.
8. Paul, ibid. 24 oct. 1679.
9. Élisabeth, ibid. 8 mai 1681.
10. *Louis-J^ph*, ibid. 7 mai 1682; lequel suit.
11. Pierre, ibid. 13 nov. 1683; il fut cap. au rég^t de Rozières.
12. Philippe, ibid. 23 oct. 1687; officier au rég^t de Chartres, † 8 mai 1765.
13. Ch^les-Henry, ibid. 21 déc. 1688.

II. Louis-J^ph, fils du préc., éc., conseiller au parl^t, † par. Ste-Ségolène 1er juin 1762, inhumé aux Sœurs Colettes. Il avait épousé [à Verdun 17 sept. 1715] J^{ne}-Monique *d'Arancy*, † par. Ste-Ségolène 4 janv. 1765, inhumée à côté de son mari. De leur mariage étaient nés :

1. Louise, par. Ste-Croix 9 juil. 1716
2. F^{ois}-*Étienne*, ibid. 28 juil. 1717; lequel suit.
3. Jean, par. St-Victor 7 août 1718 ; † 2 avril 1724.
4. P^{re}-Joseph, ibid. 12 janv. 1720 ; [cap. au rég^t de Saintonge, † sans alliance].
5. Barbe-Monique, ibid. 12 janv. 1721 ; † 10 août suiv.
6. Barbe-J^{ne}, ibid. 6 sept. 1723 ; mariée à Jⁿ Desarnaux, puis à Christophe de Müller.
7. Henry-F^{ois}, ibid. 18 sept. 1727.

III. F^{ois}-ÉTIENNE, fils du préc., éc., conseiller au parl^t, † par. Ste-Ségolène 18 juin 1756, inhumé aux Sœurs Colettes. Il avait épousé, [27 avril 1745], Barbe-Lucie *Besser*, dont il eut par. Ste-Ségolène :

1. Nicolas-M^{ie}, 15 juin 1746 ; [† jeune, officier au rég^t de Saintonge, sans alliance].
2. M^{ie}-Philippe, 18 févr. 1748 ; mariée à Ch^{les}-Adrien de Buzelet.
3. Jⁿ-*Paul*, 16 mars 1750 ; lequel suit.
4. M^{ie}-Louise, 21 juil. 1752 ; mariée à Jⁿ du Teil.

IV. Jⁿ-PAUL, fils du préc., éc., cap. au rég^t d'Anhalt devenu plus tard rég^t de Salm-Salm, [† à Mardigny 19 oct. 1817]. Il avait épousé, à Amanvillers 4 août 1772, Alexandrine *Millet de Wallicourt*, dont il eut par. St-Martin :

1. Antoine, 9 mai 1773⁽¹⁾.

---

(1) ANTOINE, officier au rég^t d'Alsace, puis au rég^t Royal Allemand, † à Metz 21 févr. 1838. Il avait épousé à Sillegny, au retour de l'émigration, Anne-F^{oise} de Gournay de Gallois, dont il eut deux filles : l'aînée, Barbe-M^{ie}-Marthe, épousa Jⁿ-B^{te}-Louis-Ch^{les} b^{on} de Turgy, major de cavalerie. De ce dernier mariage sont nés :
1. Agathe, mariée à Valéry de Tinseau, maire de Peltre.
2. Henry b^{on} de Turgy, † 20 janv. 1878. Il avait épousé Caroline Séchehaye, dont : 1° Paul b^{on} de Turgy, marié 23 oct. 1894 à Madeleine Robert, de laquelle il a un fils, Hervé, né 19 janv. 1896 ; 2° Louis, sans profession ; 2° Thérèse, mariée à Mr Gand, officier.
3. Alphonse, † 14 oct. 1880 ; marié à Gabrielle Chassinat, dont Albert, élève de l'école spéciale militaire de St-Cyr.

---

2. Suzanne-Charlotte, 9 mars 1776.
3. Adrien, 22 nov. 1777.
4. J^{ph}-Pierre, 18 oct. 1779⁽¹⁾.

GEORGY M^{ie}-LUCIE. V. Bouchotte.

GERARD D'HANNONCELLES⁽²⁾. I. JEAN, éc., sgr d'Hannoncelles, officier au rég^t de colonel gén^l cavalerie, [fils de Didier, éc., cap. au rég^t de Boufflers infanterie, puis aide de camp du m^{is} de Boufflers, et de M^{ie} Colloz], † par. Ste-Ségolène 23 mai 1782, à 84 ans et 6 mois. Il avait épousé, [à Neuf-Brisack 16 juil. 1726, M^{ie}-Antoinette *de Rusque*, fille de J^{ques} de Rusque ou de Rusca, originaire d'Italie, ancien ingénieur au service de l'Empereur d'Allemagne, et de M^{ie}-Thérèse Augadrio, laquelle mourut à Neuf-Brisack 14 mai 1744]. De leur mariage naquirent :

1. Jⁿ-B^{te}-*Gilbert*, [à Neuf-Brisack 12 mars 1730] ; lequel suit.
2. Jacques, [éc., lieut. au rég^t de Royal Roussillon infanterie en 1755, † à Fulda à l'armée d'Allemagne 3 sept. 1757.
3. M^{ie}-Élisabeth, laquelle épousa Claude-F^{ois}-de-Paule de Millet de Chevers, sgr de Maidières, Montauville et autres lieux, conseiller de S. M. le Roi de Pologne en sa cour souveraine de Lorraine, † par. Ste-Ségolène 10 sept. 1754, à 18 ans et demi, inhumée aux Dames de Ste-Claire.

II. Jⁿ-B^{te}-GILBERT, fils du préc., éc., sgr d'Hannoncelles, conseiller au parl^t, puis, à la suppression du parl^t en 1771, conseiller à la cour de Nancy, plus tard conseiller honoraire aux parlements de Metz et de Nancy, [† à Hannoncelles

---

(1) JOSEPH-PIERRE épousa à Metz, 19 juil. 1800, M^{ie}-Bathilde-Hélène Jaunez, dont il eut :
1° Paul, ingénieur des ponts et chaussées, marié à Metz 2 janv. 1844 à Antoinette Durand, fille de Ch^{les} Durand, lieut.-colonel de cavalerie, et d'Anne-Hortense de Tinseau. De ce mariage sont nés : 1° René, décédé ; 2° Raymond ; 3° Marthe, mariée à Mr Frogier de Ponflevoy.
2° Laurent, sous-inspecteur des eaux et forêts à Nancy, marié à Nancy, 25 nov. 1851, à Charlotte-Hyacinthe Abram de Zincourt, fille de F^{ois}-Prosper Abram de Zincourt, conseiller à la cour d'appel de Nancy, et de Béatrix-Eugénie Thibault d'Habaumont. De ce mariage sont nées : 1° Marie, mariée à M^r Le Duchat, décédée ; 2° Marguerite, mariée à Mr de Laurière.

(2) Les détails entre [ ] et en note nous ont été fournis par M^r le Président d'Hannoncelles.

22 oct. 1807]. Il avait épousé, par. Ste-Croix 22 avril 1755, F^{oise}-Thérèse *Pacquin*, [† à Metz 21 déc. 1809, inhumée à Ville-en-Woëwre]. De leur mariage naquirent :
1. M^{ie}-Cécile, par. St-Martin 2 févr. 1756 : p. Jⁿ-N^{as} Pacquin, éc., avocat, oncle de l'enfant ; m. M^{ie}-Cécile Lefebvre, v^{ve} de Jⁿ-B^{te} Pacquin, éc., conseiller secrétaire du Roi maison et couronne de France et de ses finances, aïeule mat. de l'enfant.
2. J^{ne}-Madeleine, ibid. 20 avril 1757 : p. Jⁿ Gerard d'Hannoncelles, son g^d père ; m. Madeleine Lefebvre, v^{ve} de Mr Michelet, payeur des gages à la cour. — Elle mourut 19 août suiv.
3. *Jⁿ-F^{ois}-Gilbert*, ibid. 15 avril 1758 ; lequel suit.
4. Abraham-J^{ph}-M^{ie}-Cécile, ibid. 14 avril 1759 ; [† sans postérité à St-Pétersbourg 23 avril 1802, ayant été marié à Bayrems en Franconie 16 nov. 1797, à M^{ie}-L^{se}-Élisabeth *Cachedenier de Vassimont*, fille d'Antoine-Benoît Cachedenier, b^{on} de Vassimont, conseiller au parl^t de Nancy, et de Barbe-Charlotte de Comeau.]
5. Madeleine-Barbe-F^{oise}-Cécile, ibid. 22 nov. 1760 ; mariée à F^{ois}-Joseph des Guyots.
6. Claude-Étienne-Louis (1), par. Ste-Ségo-

(1) CLAUDE-ÉTIENNE-LOUIS, éc., lieut. au rég^t royal Suédois, puis cap. dans celui de Salm-Kyrburg, † à Verdun 3 avril 1846. Il avait épousé, ibid. 9 sept. 1817, Anne des Godins, fille de N^{as}-Hyacinthe des Godins, éc., sgr de Souhesmes, officier au rég^t des grenadiers royaux de Lorraine, et d'Anne-Agathe Périn, laquelle mourut à Verdun 1er févr. 1861.
De ce mariage naquit en cette même ville 27 nov. 1818, *François-Jules*, qui suit.

FRANÇOIS-JULES, fils du préc., président de chambre honoraire à la Cour de Nancy, résidant au château de Crépy, près Peltre, épousa, à Crépy 5 oct. 1847, L^{se}-Élisabeth **Pyrot de Crépy**, † à Nancy, 5 mars 1878, inhumée au cimetière de Peltre dans le caveau de sa famille. De leur mariage sont nés à Metz :
1. M^{ie}-Marguerite, 4 déc. 1850 ; mariée, à Crépy 24 avril 1878, à Julien-M^{ie} c^{te} du Bouays de la Bégassière, fils des † Jules-Anne-M^{ie} du Bouays de la Bégassière, officier de la Légion d'honneur, administrateur des forêts, et de M^{ie}-L^{se}-Eugénie de Benoist. De leur mariage est née, à Nancy 24 avril 1879, Louise-M^{ie}, mariée ibid. 29 sept. 1898 à Ch^{les}-Louis de Gargan.
2. F^{ois}-Louis, 16 juin 1854 ; † 3 oct. 1860.
3. *Jean-Marie-François*, 27 oct. 1861 ; lequel suit.

JEAN-MARIE-FRANÇOIS, fils du préc., dem^t à Luxembourg, a épousé : 1° à la Basse-Motte (Ille-et-Vilaine), 27 sept.

lène 28 août 1769 : p. Claude-Étienne Pacquin de Vauzlemont, éc., chev. de St-Louis, lieut.-colonel au corps royal du génie et ingénieur en chef à Wissembourg ; m. M^{ie}-Ursule-Josèphe de Colomé, son épouse.
7. Jⁿ-B^{te}-Barbe-F^{ois}, ibid. 17 avril 1772 ; [† à Groden, pays de Hambourg, 26 oct. 1795, sans avoir été marié, étant alors cap. dans le corps des chasseurs de Lœwenstein].

III. Jⁿ-F^{ois}-GILBERT, fils du préc., éc., [conseiller au parl^t de Nancy, puis premier président de la Cour de Metz, officier de la Légion d'honneur, b^{on} par lettres du 21 août 1828, † à Metz 3 mai 1838]. Il avait épousé, [3 oct. 1786], Charlotte-Thérèse *Symon de la Treische*, [née à Bourmont 13 août 1761, fille de Hubert Symon de la Treische, chev., sgr de Longeville-lès-Bar, la Tour et Besaumont, et de M^{ie}-F^{oise}-Gabrielle Cachedenier de Vassimont, laquelle mourut à Hannoncelles 7 nov. 1841].
De leur mariage étaient nés :
1. Jⁿ-Gabriel-Gilbert, [à Nancy 20 juin 1787. Officier en 1807 dans la deuxième légion de réserve ou 121e rég^t d'infanterie, tué le 23 déc. 1808 à Torréro, devant Sarragosse, sans avoir été marié.]
2. F^{oise}-Thérèse-Étiennette, par. Ste-Croix 15 oct. 1789 ; [† 31 déc. 1793].
3. Frédérique-Louise-Auguste, [née à Anspach en Franconie 18 sept. 1795. Elle épousa, 24 févr. 1821, Jⁿ-Alexandre-Tardif de Moidrey, chev. de St-Louis et de la Légion d'honneur, chef d'es-

1887, M^{ie}-Caroline-Henriette-Pauline-F^{oise}-Xavérine-Joséphine-Eugénie **de Charette de la Contrie**, née à Rome 30 nov. 1863, fille du général Athanase-Ch^{les}-M^{ie} b^{on} de Charette de la Contrie et de M^{ie}-Antoinette de Fitz-James, laquelle est morte au château de Bourlémont (Vosges) 22 nov. 1889, sans laisser de postérité ; 2° à Luxembourg 9 mai 1893, M^{ie}-Marguerite **de Gargan**, née à Preisch 4 oct. 1862, fille de Ch^{les}-Joseph b^{on} de Gargan et de M^{ie}-Madeleine-Émilie Pescatore. De ce second mariage sont nés à Luxembourg :
1. Jean-F^{ois}-Ch^{les}, 11 mai 1894, baptisé le lendemain à la par. Notre-Dame : p. son g^d père pat. ; m. sa g^d mère mat.
2. M^{ie}-M^{ie}-Émilie, 28 déc. 1895, baptisée le surlendemain : p. Charles b^{on} de Gargan, g^d père mat. ; m. M^{ie}-M^{te} c^{esse} du Bouays de la Bégassière, née d'Hannoncelles, sa tante pat.

cadron d'artillerie, fils de J^{ques} Tardif de Moidrey, chev. de St-Louis, ancien cap. au corps des mineurs, et d'Agnès-Henriette le Bourgeois du Cherray. Elle mourut à Hannoncelles 19 janv. 1884].

GÉRARD. I. N^{as}-ALEXIS, sgr de Bourdonnay, contrôleur ambulant pour les fourrages et magasins de S. M. dans les Trois-Évêchés, eut de J^{ne} *Boileau*, son épouse :
1. Louis-Emmanuel, par. St-Gengoulph 4 janv. 1727.
2. Éléonore, † ibid. 23 mai 1729, à 5 ans et 3 mois.

II. PIERRE, conseiller du Roi, receveur des gages du bailliage, épousa Christine *Gérard*, † par. St-Gengoulph 5 avril 1735.

III. LOUIS-IGNACE, [conseiller au parl^t, † au mois de juin 1730]; sa sœur Catherine-Angélique fut mariée à Thomas de Navarre.

IV. Divers.
1. CHARLOTTE. V. de Boisadan.
2. FRANÇOISE. V. Guichard II.
3. FRANÇOISE. V. Viaillier de Montluzin.

GÉRARDIN. I. JOSEPH, âgé de 38 ans, receveur gén^l des fermes du Roi à Neufchâteau, fils de † Léopold, receveur gén^l des fermes du Roi en la même ville, et d'Élisabeth Philippe, épousa, par. St-Victor 13 avril 1774, Reine-Charlotte-Geneviève *Boyau de la Cour*, âgée de 25 ans, fille de † Joseph, lieut.-colonel au service de France, et de M^{te}-Geneviève du Croc de Villemoyen.

II. Divers.
1. CATHERINE-M^{ie}-L^{se}. V. Durand VI, 5.
2. CATHERINE. V. de Lorme IV.
3. Jⁿ-FRANÇOIS. V. Villeroy.
4. M^{ie}-ROSE-JULIE. V. Nicolas V.
5. NICOLAS. V. Darmène II.

GÉRARDON ANNE. V. Fenouil et Beaudesson VI.

GÉRARDY J^x-JOSEPH. V. de Rostaing.

GERBILLON NICOLE. V. Foës II.

GERMINY (DE) CHARLES, épousa, par. St-Victor 7 mai 1670, Catherine *Vaucremont*, fille de Jⁿ Vaucremont.

GERVAIS DENIS, procureur du Roi en la maîtrise des eaux et forêts de Thionville, fils de Louis, bourgeois de Metz, et de M^{ie}-Anne Jesper, épousa, par. St-Martin 20 févr. 1730, M^{ie} *de Fache*.

GERVAIS DE LA RIVIÈRE M^{ie}-MARGUERITE et HENRY-F^{ois}. V. de Bry d'Arcy IV.

GERVAISE MARGUERITE. V. Martin de Julvécourt.

GERVAISOT MARIE. V. Lefebvre VII.

GESNEL ANTOINE, R. P. R., sgr en partie de Vigny, eut de J^{ne} *Mulnier*, son épouse, Marie, baptisée 23 juin 1637.

GESTAS DE L'ESPÉROUX (DE) GEORGES, éc., lieut. du Roi à Brisach, gouverneur des ville et château de Virens, sgr de Serrière et Bertrange, épousa, par. Ste-Croix 27 mai 1675, M^{ie}-Thérèse *Maguin*, dont il eut :
1. Bernard-Louis, par. Ste-Croix 24 juin 1676.
2. N***, ondoyé par. St-Victor 30 nov. 1687.
3. Catherine-Antoinette, mariée à J^{ph}-Ch^{les} de Cerretany.
4. Joseph, au mariage de la préc.

GEVIGNY DE POINTE (DE) Jⁿ-FRANÇOIS, chev., sgr de Meilbourg, Sentzig, Ham, Kanfen et autres lieux, g^d bailly d'épée du gouv^t de Thionville, avait épousé M^{ie}-Catherine-Thérèse *de Geiger*, dont il eut J^{ph}-Alexandre-F^{ois}, chev., c^{te} de Gevigny, né et ondoyé 14 août 1687; les cérémonies du baptême lui furent suppléées par. St-Simplice 11 août 1703, à 16 ans : p. le m^{is} J^{ph}-Alexandre Nagu de Varennes, lieut.-gén^l des armées du Roi, commd^t la province des Trois-Évêchés ; m. F^{oise} le Maître, épouse de D^{que} de Barberie de Saint-Contest.

GHEQUIER (DE), *alias* DE GUEGHIÈRE GEORGES-LOUIS-ALEXIS, noble, inspecteur du transit des fermes du Roi, eut de Claire *le Blond*, son épouse :

1. J^ph-J^n-Baptiste, par. St-Victor 12 avril 1785.
2. J^n-Baptiste, parrain du préc.
3. L^se-Agnès-Claire, par. St-Marcel 30 sept. 1789; † 16 oct. suiv.
4. Gervais, parrain de la préc.
5. Claire-Angélique, marraine de la même.

GIBAUDIÈRE de MONDARNEST Louis-Ch^les. V. le Bœuf.

GIBAULT Catherine. V. Hérigoën de Maison-Neuve.

GIBBON Catherine. V. de Bourgo.

GIBOUT. I. Françoise. V. Ourié.
II. Catherine. V. de Burgo.

GIBRION Angélique. V. Chervin de Rivière.

GIESEN (de) J^ques-François. V. de Qureille de Ste-Marie.

GIGAULT de BELLEFORT Madeleine-Adrienne-F^oise. V. de Beaudrap.

GILAS de COMP (du) N***, éc., maréchal des logis gén^l de l'armée de M^r le c^te de Talard, † par. St-Eucaire 8 déc. 1702.

GILBERT. I. M^ie-Charlotte. V. du Gast de Beaulieu.
II. Marguerite. V. Harvier.

GILBERT de SAINT-LAURENT (de).
I. François, éc., cap. au rég^t de Piémont, épousa Élisabeth (*le Bey?*) *de Batilly*, † par. St-Victor 1er juin 1636. De leur mariage était né J^n-Gabriel, qui suit.
II. J^n-Gabriel, éc., s^r de Saint-Laurent, cap. au rég^t de la Ferté, † par. St-Martin 3 avril 1705, à 75 ans. Il avait épousé, par. St-Eucaire 23 nov. 1664, F^oise *Laurent*, dont il eut :
1. Bernard, par. St-Martin 17 août 1667.
2. Anne-Thérèse, † ibid. 23 févr. 1671.
3. J^n-Gabriel, qui suit.
III. J^n-Gabriel, fils du préc., éc., avocat au parl^t, âgé de 48 ans, veuf d'Anne-F^oise *Vaudrez*, de Nomeny, épousa, par. Ste-Croix 26 avril 1719, F^oise *Persy*, âgée de 40 ans, fille de † F^ois Persy, m^d, et de L^se-Alexandre.

GILBRIN. I. Antoine, aubergiste, † à 64 ans, par. St-Marcel 17 sept. 1782 : à son enterrement, Etienne Gilbrin, chan. régulier, son neveu. Il avait épousé Madeleine *Dauphin*, dont il eut *Pierre*, qui suit.
II. Pierre, fils du préc., avocat au parl^t, épousa M^ie *Bourguignon*, dont il eut Madeleine-Eulalie, par. St-Marcel 11 déc. 1773 : p. Asperis-Simon Bourguignon, m^e-maréchal, son g^d père.
III. Nicolas, procureur au bailliage, eut de M^ie-Anne-Victoire *Mathieu*, son épouse, par. St-Maximin 21 déc. 1787, J^n-B^te-N^as-Thomas : p. J^n-B^te Mathieu, procureur fiscal des terres et seigneuries de Jouy-aux-Arches, Augny, Grosyeux, son aïeul mat.; m. M^te le Payen, épouse de J^n-J^ques Sauvage, sa cousine.

GILLET. I. Anne. V. Rolland.
II. Barbe. V. Gardeur-Lebrun.

GILLET de VAUCOURT Charles-J^ph, [né 21 sept. 1684], chev. de l'ordre de St-Michel, sgr d'Haraucourt, second président du bureau des finances, † par. St-Victor 20 août 1745, à 60 ans. Il avait épousé [en 1708] M^te-Thérèse b^onne *de Parisot*, † ibid. 19 oct. 1744. De leur mariage naquirent :
1. J^ne-Françoise, mariée à Ch^les-Henry Busselot.
2. M^ie-Dieudonnée, † par. St-Martin 14 août 1736, à 23 ans.

GILLOT. I. Ch^les-François, éc., conseiller auditeur en la chambre des comptes au parl^t, fils de Louis, s^r de Taillancourt, lieut. en la justice de Toul, et de M^ie Collot; † par. St-Victor 10 avril 1681. Il avait épousé, par. St-Simplice 28 juil. 1669, Elisabeth *Turgis*, dont il eut :
1. M^ie-Maximin, par. St-Martin 4 mars 1670; † 9 août suiv.
2. J^n-Charles, ibid. 29 mars 1671; lequel suit.
3. M^te-Louise, par. St-Simplice 15 juil. 1672.
4. Barbe, par. St-Marcel 15 janv. 1675.

5. Antoine, par. St-Victor 16 juil. 1678 : p. Antoine de Bretagne, président à mortier au parl^t; m. Anne Turgis, sa tante.

6. Antoinette, ibid. 30 oct. 1679.

7. N^{as}-Louis, ibid. 8 févr. 1681; lequel suivra.

II. J^n-Charles, fils du préc., éc., conseiller au bailliage, épousa : 1° Catherine *Jacquet*; 2° par. St-Maximin 15 sept. 1710, Thérèse *Clasquin*, v^{ve} de J^{ques} de Vecchi, éc., conseiller au bailliage.

Du premier mariage naquit :

1. *Benoît*, par. St-Simplice 20 févr. 1699 : p. Benoît de Lixier; m. Elisabeth Jacquet, épouse de Claude de Steuvin, lieut. de cavalerie. — Lequel suit.

Du second mariage naquit :

2. Thérèse, mariée à Christophe de Collignon, puis à J^n de la Condamine.

III. Benoît, fils du préc., éc., lieut. criminel au bailliage, † rue des Trois Boulangers, par. St-Martin 23 août 1771. Il avait épousé : 1° Elisabeth *Maire*, † par. St-Simplice 26 mars 1750, à 48 ans; 2° ibid. 17 janv. 1764, M^{ie} *de Brye*, âgée de 50 ans, v^{ve} de Brice-N^{as} Chapelle, ancien procureur à la table de marbre. Du premier mariage étaient nés :

1. J^{ne}-Constance, † par. St-Simplice 28 juin 1757.

2. François, par. St-Gorgon 23 avril 1736; lieut. du corps royal d'artillerie et du génie en la compagnie de mineurs de Boisgnorel, à l'enterrement de la préc.

3. J^n-Mathieu, ibid. 29 nov. 1737.

4. Hélène-Anne, ibid. 11 mars 1739.

5. J^{ph}-Charles-Sophie, par. St-Marcel 14 avril 1741 : p. J^{ph} de Gassaud, éc., ancien major au rég^t royal artillerie; m. Anne-Sophie de Trüstett, épouse de Ch^{les} Lamy de Bezanges.

6. Antoine-J^{ph}-Étienne, ibid. 10 mai 1742.

7. Gilles-J^{ph}-F^{ois}, ibid. 4 juil. 1743 : p. Gilles-J^{ph}-F^{ois} Maire de Blanche-Église, lieut. au rég^t de Chartres, son oncle; m. Madeleine Maire, sa tante. — Il mourut le 11 suiv.

IV. N^{as}-Louis, oncle du préc., éc., greffier en chef de la table de marbre, dem^t rue du Haut-Poirier, épousa, par. Ste-Croix 31 oct. 1706, M^{ie} *Soret*, dont il eut :

1. *Claude-Étienne*, par. St-Gorgon 1er août 1707; lequel suit.

2. Anne, par. St-Simplice 23 févr. 1709; † par. St-Gorgon 28 juil. 1711.

3. J^n-Baptiste, par. St-Gorgon 3 juil. 1710.

4. P^{re}-Albert, ibid. 27 déc. 1711.

5. *Christophe*, ibid. 2 janv. 1713; lequel suivra.

6. Charles, ibid. 15 févr. 1717; † par. St-Marcel 29 janv. 1730.

V. Claude-Étienne, fils du préc., éc., greffier en chef de la table de marbre, † par. St-Marcel 6 mars 1738. Il avait épousé, par. St-Victor 15 févr. 1735, Nicole *de Prigny*, † par. St-Jean de la Citadelle 11 déc. 1765, à 55 ans. De ce mariage étaient nées :

1. M^{ie}-Nicole, par. St-Marcel 27 août 1735 (*sic*).

2. M^{ie}-Thérèse-Nicole, mariée à Georges Huguenin.

VI. Christophe, frère du préc., éc., officier au rég^t de Soissonnais, puis receveur et contrôleur des droits réservés, † par. St-Georges 24 oct. 1755. Il avait épousé J^{ne} *Haulz*, † par. Ste-Croix 6 mars 1777, à 58 ans. De leur mariage étaient nés :

1. Nicole-Louise, par. St-Marcel 29 avril 1740; mariée à J^n-Louis le Seur.

2. Nicolas, par. St-Gorgon 22 août 1741.

3. P^{re}-Paul, ibid. 26 août 1742.

4. Thérèse-Antoinette, ibid. 4 nov. 1747.

5. J^{ne}-Constance, ibid. 30 janv. 1749.

6. Anne-F^{oise}, ibid. 20 août 1750.

7. Benoît, ibid. 17 nov. 1751.

8. Élisabeth, † à 2 ans, par. St-Livier 21 avril 1756.

VII. Mathieu, cap. au rég^t d'Alsace, † par. St-Marcel 17 déc. 1699. Il avait épousé Anne-Catherine *de Pille*, † par. St-Gengoulph 20 sept. 1712. De leur mariage étaient nés :

1. M^{ie}-Catherine, mariée à Philippe de l'Hoste de la Motte de Récy.

2. Élisabeth, à l'enterrement de sa mère.

VIII. Joseph, lieut. au rég^t de Sceaux,

épousa, par. St-Victor 23 janv. 1681, Madeleine *de Vallette*, dont il eut Gabriel, ibid. 7 juil. suiv. (*sic*).

IX. ANNE-CATHERINE. V. de Bock III.

X. BARBE. V. Roussel.

XI. JEAN. V. Christian.

GILLOT DE SAINTE-ÉGLISE. V. Beausire (note).

GILLOTIN. V. de Gallavaux.

GILON BLAISE, m^d mercier, veuf de Barbe *Barat*, épousa, par. St-Livier 10 sept. 1697, Pierrette *Pérolle*.

GILMÉE ANNE. V. Royer II.

GIMEL. I. NICOLAS, avocat au parl^t, puis procureur du roi en la monnaie de Metz, épousa, par. St-Martin 14 déc. 1713, M^{ie}-Anne *Masson*, fille de Mr Masson, conseiller du Roi, receveur des deniers patrimoniaux et d'octroi de la ville de Toul, et de Marthe Gomé, de laquelle il eut :

1. D^{que}-Nicolas, par. Ste-Croix 17 oct. 1715.
2. M^{ie}-Anne, par. St-Maximin 11 nov. 1716.
3. N^{as}-Antoine, par. St-Simplice 26 janv. 1718.
4. Barbe-Lucie, ibid. 13 déc. 1720.
5. Marc-F^{ois}, ibid. 18 avril 1723.
6. Anne-Barbe, par. St-Gorgon 16 juin 1727.
7. Jacques, par. St-Maximin 27 nov. 1728.
8. Ch^{les}-Louis, ibid. 14 mai 1730.
9. Anne-M^{te}, ibid. 6 févr. 1732.
10. J^{ne}-Marie, ibid. 23 juin 1733.
11. Anne-Louise, † à 2 jours, ibid. 11 août 1736.

II. ÉTIENNE, m^d, épousa Anne *le Payen*, † à 69 ans 4 mois, par. St-Maximin 21 janv. 1771. De leur mariage naquirent :

1. *Dominique*, qui suit.
2. Nicolas, huissier au présidial, à l'enterrement de sa mère.
3. Barbe, † à 44 ans, par. St-Maximin 5 déc. 1767, épouse de Louis Aubertin, m^d.

III. DOMINIQUE, fils du préc., receveur des épices au parl^t, commis principal au greffe de la ville, dem^t rue de la Chèvre, eut de M^{ie}-Barbe-J^{ne} *Fournier*, son épouse, par. St-Simplice :

1. Françoise, 4 oct. 1779.
2. M^{ie}-Joséphine, 25 mai 1783.
3. J^{ph}-Gabriel, jumeau de la préc.

IV. ANNE. V. Voiard.

V. ANNE. V. Brandebourg.

GIRARD. I. ANNE. V. de Combles VI.

II. MARGUERITE. V. Jacquinot.

III. MARGUERITE. V. Remy.

GIRARDIN ANNE. V. de St-Genest II.

GIRAUD, alias GIRAULT. I. JACQUES, apothicaire de l'hôpital militaire, âgé de 33 ans, fils des † Benoît, m^d, et Anne Raveneau, de la par. St-Vincent de Châlons-sur-Saône, épousa, par. St-Victor 2 oct. 1770, M^{te} *Pattot de Grancourt*, âgée de 30 ans : au mariage, P^{re}-Edouard Brunier, premier médecin de l'hôpital militaire, et J^{ques}-Philippe Read, médecin ibid. — Du dit mariage naquirent ibid. :

1. P^{re}-Victor, 29 sept. 1772; † 23 sept. 1773.
2. Antoinette-Victor, 17 nov. 1773.

II. JEANNE. V. François XV.

GIRAULT (DE). I. Jⁿ-CLAUDE, lieut. au rég^t de Poitiers, fils de Jacques, éc., sgr de Poiré et Norvalle, et de M^{te} Dorlodot, épousa, par. Ste-Croix 17 mars 1711, F^{oise} *Jacques*, fille de F^{ois} Jacques et d'Anne Jeanjean, laquelle mourut à 84 ans, par. St-Maximin 4 mars 1759. De leur mariage étaient nés par. Ste-Croix :

1. Marguerite, 10 juin 1712; mariée à Antoine Lehantier.
2. Augustin, 3 oct. 1714; † le lendemain.

II. JEAN, éc., sgr des Boucheaux, cap. au rég^t de la Mestre de camp générale des dragons de France, du diocèse de la Rochelle, âgé de 39 ans, fils des † Jⁿ, éc., sgr de Richambeau, et Éléonore du Tardre, épousa, par. St-Gorgon 22 juin 1688, F^{oise} *Collin*, † par. St-Martin 25 avril 1729.

III. Martine-Geneviève. V. de Lorme VII.

GIRAULT de PLANCHOURY (de) M^{ie}-Marthe. V. Creitte de Métric.

GIRAULT de la ROCHE. V. de la -Roche-Girault.

GIRVAL (de) P^{re}-Paul, éc., cap. au bataillon de Semur milice de Bourgogne, cut de Jeanne-M^{ie} *Géliot de Montarmet*, son épouse, M^{ie}-Louise, par. St-Jean de la Citadelle 30 août 1744 : p. le Prince Louis-Jⁿ-M^{ie} de Bourbon, duc de Penthièvre, de Rambouillet et de Châteauvillain, commandeur des ordres du Roi, amiral de France, gouverneur de la province de Bretagne, représenté par Joseph de Courtour, éc., gentilhomme du dit Prince; m. M^{ie}-Anne-F^{oise} de Noailles, c^{esse} de la Marche et du St-Empire, représentée par Catherine Aux Cousteaux de Conty. — L'enfant mourut 15 sept. suiv.

GISSEY (de). I. François, conseiller du Roi au bailliage de Sarrelouis, † par. St-Eucaire 18 oct. 1729. Il avait épousé Sara *Houillon*, dont il eut par. St-Gorgon :
1. J^{ne}-Dorothée, 24 juin 1688.
2. Anne, 28 déc. 1689.

II. Angélique, † à 27 ans, par. St-Gorgon 16 déc. 1719.

III. Jⁿ-Baptiste, [natif du Bourbonnais, licencié *in utroque*, chan. de la cathédrale, ancien promoteur du diocèse, † à 79 ans, 17 déc. 1723, inhumé à la cathédrale. Msc. Epit.]

IV. Antoine, [cousin du préc., chan. de la cathédrale, † à 72 ans, 1er juil. 1738, inhumé à la cathédrale. Msc. Epit.]

GIVRECOURT (de) Jⁿ-Claude, éc., chev. de St-Louis, cap. réformé à la suite de Thionville, avait épousé Jeanne-M^{ie} *de Riverre*, † par. Ste-Croix 21 août 1752.

GIVRY (de). V. d'Escars de Givry et le Grand II.

GLAPION (de) Hippolyte et César-Guillaume-Armand. V. de Blair (note).

GLERESSE (de) Sigismonde. V. d'Estaal.

GOBELIN. V. de Bombelles III, 2.

GOBELINUS. V. Goblin.

GOBERNET (de) Frédéric, conseiller du Roi à Strasbourg, épousa Louise *Jehmès*. De leur fille Sophie et d'un père inconnu naquit, par. St-Gengoulph 14 mai 1767, Catherine : p. Frédéric Diamant, conseiller de la noblesse d'Alsace; m. Dorothée de Gobernet : tous deux représentés.

GOBERT. I. Madeleine et Didier. V. Dubalay.

II. M^{ie}-Barbe. V. Nivoy II.

GOBERT de KERBRIZIO M^{te}-Anne. V. Mey de Vallombre.

GOBIN. I. [Adam, conseiller du Roi, interprète au parl^t, épousa, en 1678, Catherine *Talbo*, et mourut à Metz 25 nov. 1688].

II. Catherine. V. Adam III.

GOBINEAU de MONTLUISANT. I. Esprit, s^r de Montluisant, gentilhomme chartrain, épousa, par. St-Victor 14 janv. 1641, Catherine *Lucat*, v^{ve} de D^{que} Toutlemonde. De leur mariage naquit *Étienne*, qui suit.

II. Étienne, fils du préc., procureur au parl^t, † par. St-Martin 14 août 1689. Il avait épousé, par. St-Maximin 17 févr. 1665, M^{ie} *de Foigny*, fille de Jⁿ de Foigny et de J^{ne} Frizon, laquelle mourut par. St-Martin 9 févr. 1678, à 33 ans. De leur mariage naquirent :
1. Catherine, par. St-Martin 31 déc. 1665.
2. Nicolas, ibid. 28 févr. 1667.
3. Étienne, ibid. 11 févr. 1669 ; † 11 févr. 1678.
4. Isaac-P^{re}-F^{ois}, par. St-Gorgon 27 janv. 1671.
5. Anne, par. St-Martin 23 mai 1674 : p. Jⁿ-B^{te} de Coquebert de Crouy, éc., sgr de Montbray; m. Anne le Braconnier.

GOBLIN, *alias* **GOBELINUS** Cornelius, baillif de l'abbaye de St-Maximin de Trèves, épousa J^{ne} de la ......, † par. St-Martin 29 déc. 1684, à 74 ans. Leur fille M^{ie}-Julienne épousa Ch^{les}-F^{ois} Hué de Saint-Remy.

GODARD Claude, d^r en médecine, épousa

M^te *Regnauldin*, v^ve de J^n Auburtin, laquelle mourut par. Ste-Croix 7 avril 1673.

GODEAU BARBE. V. de Cabiron.

GODEBIN ÉLISABETH. V. de Charpy.

GODEFROY, alias **GODFROY**. I. JEAN, secrétaire du chapitre de la cathédrale, † par. St-Victor 19 juin 1695. Il avait épousé Catherine *Périn*, † ibid. 18 nov. 1697. De leur mariage étaient nés ibid. :
1. Marguerite, 9 oct. 1644.
2. *Nicolas*, 11 sept. 1646; lequel suit.
3. François, 3 mars 1651; prêtre, supérieur des Trinitaires, à l'enterrement du préc.
4. Michel, notaire royal et secrétaire du chapitre de la cathédrale, à l'enterrement du même.

II. NICOLAS, fils du préc., conseiller du Roi et receveur particulier au bureau des finances, † par. St-Victor 10 mai 1709. Il eut de Catherine *de Récicourt*, son épouse :
1. Catherine, mariée à P^re-René de Saint-Remy.
2. F^oise-Catherine, par. St-Victor 2 nov. 1693.

III. J^n-BAPTISTE, conseiller-échevin de l'hôtel de ville, eut de M^te *Marelle*, son épouse :
1. Madeleine-Gabrielle, par. St-Marcel 4 janv. 1703; † 7 déc. suiv.
2. Gabriel, ibid. 29 oct. 1704.

IV. CLAUDE, éc., sgr de Bérus, Berveiller et autres lieux, cap. au rég^t d'Aunis, chev. de St-Louis, épousa M^ie-Catherine *de Lallouette*, dame de Hétrange, † à 64 ans, par. St-Gorgon 6 janv. 1766. De leur mariage étaient nés et sont mentionnés à l'enterrement de la mère :
1. Claude-Louis, éc., résidant à Vic.
2. Charles, éc., ancien officier au rég^t de Montureux.
3. M^ie-Catherine, mariée à Frédéric Joly, sgr de Maizeroy.
4. N***, mariée à P^re-Philippe Bauquel, ancien officier au rég^t royal de la Reine.

V. ALEXANDRE, [† à 70 ans, 22 sept. 1712, inhumé aux Sœurs de l'Ave Maria. Msc. Epit.] Il avait épousé M^te *Besser*, † par. St-Victor 18 mai 1690. De leur mariage étaient nés :
1. Jacques, avocat au parl^t, † par. St-Simplice 1698, à 26 ans.
2. Anne, mariée à N^as-Louis Dilange.

VI. Divers.
1. APOLLINE. V. Senocq IV.
2. BARBE. V. Georges de Vrémy.
3. CLAIRE. V. Liégeault.
4. HÉLÈNE. V. Herlenval.
5. MARGUERITE. V. Geoffroy III.
6. MARIE. V. Roussel II.
7. PHILIPPINE. V. Leleu.
8. PIERRE. V. Fabert V, 11.

GODEFROY DE PAULE. V. Piltier.

GODEMAR (DE) PAUL, R. P. R., éc., cy-devant cap. au rég^t de Navarre, âgé de 33 ans, fils de Marc-Antoine, éc., sgr de Milfleur, et de J^ne de Bonneaux, épousa, 3 mai 1676, Anne *le Goullon*.

GODERNAUX (DE) J^n-FRANÇOIS et SUZANNE. V. de Bajet.

GODFRIN, alias **GODEFRIN**. I. J^n-BAPTISTE, fils de Sébastien, m^d de bois, et de Catherine Marc, substitut au procureur général du parl^t, épousa, par. St-Victor 10 juin 1755, Élisabeth *Lorette*, dont il eut :
1. Suzanne-Élisabeth, par. St-Gorgon 11 août 1758.
2. M^ie-Jeanne, ibid. 15 sept. 1759.
3. P^re-Joseph, ibid. 9 oct. 1760.
4. Catherine, † 16 avril 1760, à 4 ans.
5. Jeanne, † par. St-Marcel 21 mai 1790.
6. J^n-B^te-François, sergent de la garde nationale, à l'enterrement de la préc.
7. F^ois-Xavier, bourgeois, au même enterrement.

II. ANNE. V. Perrault de Rougeron.

III. ANNE-ÉLISABETH. V. Bouchez.

IV. CATHERINE. V. Georges de Vrémy.

V. CATHERINE. V. le Sage de Treffort.

GODIN CLAUDE-ANTOINE, lieut. au rég^t d'Auxonne corps royal artillerie, dem^t par. Ste-Ségolène, fils de J^n et de † Barbe Coquard, de Besançon, épousa, par. St-Martin 26 sept. 1769, Mie-Barbe-Charlotte *Morelle*, dont il eut, par. St-Maximin 6 juil. 1771, Anne-Claude : p. Claude du Laurent, ancien cap. au corps royal artillerie; m. Anne du Laurent, vve du sr Formé : tous deux furent représentés.

GODINS (des) Anne. V. Gerard d'Hannoncelles (note).

GOESNETZ (de) Charlotte-Guillaume. V. Mendelle.

GOFFIN. I. Paul, R. P. R., avocat, licencié ès lois, treize, épousa Madeleine *Lespingal*, dont il eut :
1. *Charles*, 6 févr. 1596; lequel suit.
2. *Paul*, 13 sept. 1598; lequel suivra.
3. Louis, 22 juin 1611; conseiller du Roi et commissaire des guerres, ✝ 25 janv. 1681.
4. Madeleine, mariée à Jn le Bachelé.
5. Rachel, mariée à Jques le Bachelé.
6. Suzanne, mariée à André Persode.

II. Charles, R. P. R., fils du préc., changeur, épousa, 16 sept. 1618, Judith *Sarrazin*, fille de ✝ Regnauld Sarrazin, md, de laquelle il eut :
1. Madeleine, 2 août 1619.
2. Paul, 12 mai 1621.
3. Marie, 28 août 1622; mariée à Gédéon le Bachelé.
4. Regnault, 8 janv. 1627.
5. Judith, 17 janv. 1629.
6. Louis, 2 juin 1630.
7. *Charles*, qui suit.

III. Charles, R. P. R., fils du préc., sgr de Malroy, avocat au parlt, épousa, 17 oct. 1649, Sara *Sarrazin*, dont il eut :
1. Élisabeth, 24 oct. 1653.
2. Sara, 24 août 1657; ✝ 5 août 1678.
3. Suzanne, 18 oct. 1662.
4. Charles, 1er juil. 1670.

IV. Paul, R. P. R., oncle du préc., treize, sgr de Borny, épousa, 26 nov. 1634, Anne *Lespingal*, vve d'Isaac Duchat, de laquelle il eut :
1. Madeleine, mariée à Chles le Bachelé.
2. Louis, 9 nov. 1636.
3. Paul, 13 déc. 1637.
4. Louis, 8 janv. 1639.
5. Anne, 2 déc. 1640.
6. *Jean*, 23 déc. 1642; lequel suit.
7. Marie, 1er mars 1646.
8. Suzanne, 5 juil. 1647.
9. Élisabeth, 8 janv. 1651; mariée à Paul de Montigny.
10. Judith, 29 déc. 1655; mariée à David Malchar.

V. Jean, R. P. R., fils du préc., eut d'Élisabeth *le Bachelé*, son épouse, Jean, 27 févr. 1665.

GOGUILLE Marie. V. Chazelles IV.

GOHIN (de) René-Pre, chev., sgr de la Cointerie et de Maillé, chev. de St-Louis, cap. de grenadiers au régt de Piémont, fils de ✝ René, chev., sgr de la Cointerie, et de Mie-Madeleine du Pasquier, épousa, par. St-Gorgon 18 sept. 1753, Mie-Angélique-Thérèse *Daniel*, dont il eut :
1. Armand-Jean-René, par. St-Gorgon 7 août 1756; le père est lieut. au gouvt de Thionville.
2. Louis-René; cap. au régt d'Auvergne à la citadelle, âgé de 30 ans, ses parents résidant à Angers, par. St-Julien, il épousa, par. St-Livier 19 janv. 1791, Mie-Jne-Claude-Ursule *d'Amelin de Rochemorin de Beaurepaire*. A ce mariage, Joseph cy-devant cte de Pourroy, lieut.-colonel commandt le régt d'Auvergne; Mie-Nas vte d'Amelin de Beaurepaire, cap. de cavalerie, frère de l'épouse; Isidore cy-devant bon de Blair, major de dragons, chev. de St-Louis, oncle de l'épouse; Mie-Jn-Bte-Elie Rua de Fongatte, officier au régt d'Auvergne; Hugues-Josué de Thémines, vicaire-génl du diocèse et cy-devant chan. de l'église cathédrale, cousin germain de l'épouse; Michel-Ignace du Pasquier de Dommartin, ancien officier au service de S. M., cousin des deux époux.

GOIZE (de). I. César, treize de la par. Ste-Croix, puis cap. en 1627, fils de César, de Moulins, épousa Philippe *d'Ozanne*, ✝ par. Ste-Croix 16 nov. 1659. De leur mariage étaient nés ibid.

1. Nicolas, 9 févr. 1615.
2. César, 5 oct. 1616; éc., sgr de Ranchecourt, lieut. de Roi en la ville et château de Sierck, † par. Ste-Croix 22 déc. 1702. Il avait épousé, ibid. 19 sept. 1658, M^te *Fanchon*, v^ve de N^as Conrard, laquelle mourut ibid. 19 avril 1659.
3. Antoine, 12 janv. 1619.
4. Jeanne, 1er nov. 1621 : p. Ch^les Lhuillier, chev., sgr de St-Mesmin et de Corlaige.
5. Louis, 23 janv. 1627; sgr de Courcelles, † 1er janv. 1681.
6. *Ignace*, 11 mars 1629; lequel suivra.
7. Louise, 30 oct. 1631.
8. *François*, lequel suit.
9. Pierre, g^d aumônier de la cathédrale à l'enterrement de César ci-dessus.

II. FRANÇOIS, fils du préc., eut de F^oise *Malhomme*, son épouse, par. Ste-Croix :
1. Nicolas, 30 mai 1637; g^d aumônier de la cathédrale en 1706.
2. François, 14 août 1640.
3. Philippe, 22 mai 1642.

III. IGNACE, frère du préc., un des 100 chevau-légers de la garde du Roi, épousa M^te *Bourdon*, † par. Ste-Croix 31 mai 1709. De leur mariage naquit M^ie-Anne, mariée à P^re de Castain de Taboissy.

IV. ANNE, † par. Ste-Croix 6 oct. 1661.

V. N***, épousa M^ie *Martin*, † par. St-Gorgon 10 août 1704 : à son enterrement, P^re de Goize, chan., et N^as de Goize, chan.-aumônier de la cathédrale.

GOLDSCHMIDT MARIE. V. Villeroy (note).

GOMBERVAUX (DE). I. MARGUERITE, † par. St-Victor 1er août 1635.
II. MARGUERITE. V. Michelet XII.
III. FRANÇOISE. V. de Mazerulle I, 4.

GOMÉ. I. CLAUDE, sgr de Magnières, d'abord huissier au parl^t, puis greffier en chef des présentations à la même Cour, receveur des domaines de la généralité de Metz, du duché de Luxembourg et du comté de Chiny, [† 18 mars 1728, à 87 ans]. Il avait épousé : 1° F^oise *Thou-* *venin*; 2° par. St-Victor 3 juil. 1679, Anne *Turgis*, † par. St-Maximin 15 déc. 1725.

Du premier mariage naquit par. St-Gorgon :
1. Agathe, 6 janv. 1661.

Du second mariage naquirent :
2. Françoise, par. St-Victor 21 avril 1680; mariée à Georges Mamiel.
3. M^ie-Thérèse, par. St-Simplice 17 avril 1681.
4. Barbe, ibid. 14 sept. 1682.
5. Anne-Alexis, par. St-Gorgon 18 juil. 1688.
6. Louis, ibid. 25 févr. 1690.
7. F^ois-Brice, par. St-Victor 2 juin 1691.
8. Anne-Christine, par. St-Gorgon 3 sept. 1692.
9. Claude-Daniel, greffier en chef des présentations au parl^t, à l'enterrement de son père.

II. F^ois-BRICE, frère du préc., éc., conseiller secrétaire du Roi, puis receveur des finances, sgr de la Grange, [† subitement 17 mai 1725]. Il avait épousé F^oise *Ory*, dont il eut :
1. M^ie-Françoise, par. St-Gorgon 20 juil. 1703; † par. St-Livier 25 juil. 1704.
2. Marie, mariée à Laurent de Belchamps.
3. *Christophe*, qui suit.

III. CHRISTOPHE, fils du préc., sgr de la Grange, Manom et autres lieux, conseiller au parl^t, épousa, par. Ste-Ségolène entre le 22 et le 26 nov. 1723 (l'acte est sans date), Anne-Catherine *de Marneaux*, fille de J^n-B^te de Marneaux, dir. gén^l des domaines, laquelle mourut par. Ste-Croix 6 juil. 1760, à 53 ans. De ce mariage naquirent :
1. F^oise-Charlotte, par. Ste-Ségolène 28 nov. 1724.
2. Louis-M^ie, ibid. 13 déc. 1725.
3. M^ie-Anne, ibid. 2 mars 1728; mariée à Henry-M^ie Dupré de Geneste.
4. Anne-Madeleine, ibid. 27 mars 1730.
5. M^ie-J^ne-Étienne, ibid. 7 nov. 1731.
6. Henry, ibid. 20 déc. 1732; † le surlendemain.
7. Nicolas-M^ie, ibid. 16 mai 1734.

8. Georges-Christophe-Henry, ibid. 15 juin 1735 ; † 26 juil. suiv.
9. Anne-Josèphe, par. St-Gorgon 15 juin 1736; † 6 août suiv.
10. M^{ie}-Élisabeth, ibid. 27 nov. 1737; † par. St-Simplice 31 mai suiv.

IV. HYACINTHE eut de Louise *de Bersoncourt*, son épouse, Charlotte, par. St-Martin 11 juin 1689 ; p. Charles de Sarrazin, éc., sgr de St-Aignan, avocat au parl^t; m. Marguerite de Benneval, *alias* de Bonneval, dame de Boncourt.

V. CLAUDE-F^{ois}, âgé de 26 ans, éc., procureur au bailliage de Toul, fils de Sébastien et de M^{te} Claude, épousa, par. St-Gorgon 26 avril 1688, Claire *Després*, † par. St-Martin 19 mars 1749, à 86 ans.

VI. BARBE. V. Marc I.

GOMERET LOUISE. V. le Pin.

GONDRECOURT (DE). I. ANTOINE, cap. au rég^t de Durfort, eut d'Anne *Garny*, son épouse, Nicolas, par. St-Martin 4 oct. 1657.

II. CH^{LES}-EMMANUEL, éc., baillif de Montremy-sur-Saône, eut d'Anne *Cornelle* ou *Corvelle*, son épouse, par. St-Victor :
1. F^{oise}-Marguerite, 10 avril 1668 ; † par. St-Livier 17 août suiv., inhumée en la chap. des Filles de la Congrégation.
2. Étienne-Ch^{les}, 7 août 1671 ; † par. St-Martin 28 août suiv.

III. M^{ie}-THÉRÈSE. V. de Saint-Martin.

GONDREVILLE (DE). I. JEAN le jeune, R. P. R., m^d, épousa Judith *Wirion*, dont il eut :
1. Philippe, 5 oct. 1635.
2. Marie, 4 déc. 1638.

II. CLAUDE, procureur au bailliage, fils de François, maire de Bionville, et de Jeanne Malhomme, épousa, par. St-Gorgon 6 nov. 1754, F^{oise} *de la Verdière*, *alias de Vernier*, fille de Claude de la Verdière, m^e-sellier et m^d carosssier, et de Marguerite Chouleur, laquelle mourut à 51 ans, par. St-Simplice 5 août 1778. De ce mariage naquirent par. St-Gorgon :
1. F^{ois}-Claude, 28 janv. 1756.
2. J^{ne}-Gabrielle, 7 févr. 1757.

3. Nicolas, 9 juil. 1758.
4. M^{ie}-F^{oise}-Laurette, 10 août 1759; mariée à J^n-Sébastien-N^{as} Job.
5. M^{ie}-Catherine-Léger, 2 oct. 1760.

GONEL M^{ie}-ANNE. V. de la Porte III.

GONOR (DE). V. Lamy I, 10.

GONTARD DE GONTIN (DE). V. Gentard de Gontin.

GONTY MARIE. V. Pérolle.

GONZALLES (DE), *alias* DE GONZALÈS MADELEINE et GABRIEL. V. Ferrand de Peltre.

GORCY VIRGINIE-HENRIETTE. V. de Beausire V, 3.

GORGE (DE LA) JACQUES-F^{ois}. V. de la Garde III.

GORGER PHILIPPE-AUGUSTE. V. Lefebvre IX.

GORZE (DE) ANTOINE-REGNAULD. V. Milot de la Perrière.

GOSSET ÉTIENNE, [né à Laon, chan. de la cathédrale, administrateur de l'hôpital Bon-Secours, eut une sœur M^{ie}-Claude, † 4 juil. 1738, inhumée au dit hôpital. Msc. Epit.]

GOUARD M^{ie}-JEANNE. V. Sames.

GOUBERTS JEAN. V. de Loyauté.

GOUDELIN ANNE. V. Michelet X, 1.

GOUGER CH^{LES}-FRANÇOIS, conseiller de S. A. de Lorraine et lieut. particulier au bailliage d'Allemagne, dem^t à Sarreguemines, fils de Claude, ancien conseiller de l'hôtel de ville, et de Marguerite Barbotte, épousa, par. St-Gorgon 26 févr. 1726, M^{ie}-Cécile *Dubreuil*, v^{ve} du s^r Picard, conseiller secrétaire du Roi.

GOUGET L^{se}-ANASTASIE. V. Ména.

GOUGON (DE) ANDRÉ, éc., chev. de St-Louis, cap. au rég^t de Picardie, de la ville de Monesque en Provence, eut de M^{ie}-Antoinette *de Rombius de Sehenkenstein*, son épouse :

1. L^se^-Charlotte-Julie, par. St-Gorgon 9 oct. 1720.
2. M^ie^-Anne-Josèphe, par. St-Martin 27 nov. 1722; mariée à Louis de Cormontaigne.
3. M^ie^-Élisabeth, par. St-Martin 8 nov. 1723; mariée à Ch^les^-Guillaume de Mazin.

GOUJON J^n^-CHRYSOSTOME, cap. au rég^t^ royal Suédois, fils des † François Arnould, consul régent de Strasbourg, et de Marie Garand, épousa, par. St-Eucaire 23 déc. 1748, Élisabeth *Roucel*, v^ve^ de Joseph Demange, m^e^ particulier des eaux et forêts : au mariage, N^as^-F^ois^-Antoine Alberdiny d'Ichtersheim, chev. de St-Louis. De ce mariage naquit, par. St-Livier 22 nov. 1749, Anne-J^ne^-Elisabeth : p. J^n^-Chrysostôme Garand, juge garde de la monnaie de Strasbourg, conseiller du Roi, représenté par Nicolas Goujon, lieut. au rég^t^ d'Alsace; m. Anne Roucel.

GOUJON DE BONY MADELEINE-HYACINTHE. V. de Bony de la Vergne.

GOUJON DE THUISY DE VERGEUR (DE) CHARLES-F^ois^. V. de Tinseau I, 4.

GOULARD ANNE-JOSÉPHINE. V. Dubois de Saran.

GOULET DE MONTLIBERT. I. MAXIMILIEN, chev., sgr de Secourt, brigadier ingénieur des armées du Roi, dir. des fortifications de la Provence et du Languedoc, fils majeur des † Nicolas, éc., sgr de Brevant, et Élisabeth Renard de Füschemberg, de la ville de Réthel, épousa, par. St-Gorgon 22 avril 1709, M^ie^-Marquise *Lefebvre de Vulmont*, † ibid. 10 avril 1764. De leur mariage étaient nés :
1. *Alexandre-P^re^*, par. St-Martin 14 juin 1710; lequel suit.
2. Godefroy-Maximilien-F^ois^, par. St-Gorgon 18 juin 1711; sgr de Vulmont, ancien cap. d'infanterie au rég^t^ royal Wallon à la suite de Metz.
3. Bertrand, ibid. 30 juil. 1712.
4. Anne-M^ie^-F^oise^, ibid. 5 nov. 1713; † 20 nov. 1714.

II. ALEXANDRE-P^RE^, fils du préc., éc., sgr de Secourt, conseiller au parl^t^, † par. Ste-Ségolène 20 juin 1740, inhumé à la chap. de la Sainte Vierge. Il avait épousé, ibid. 10 févr. 1733, M^le^-Anne *Dilange*, † ibid. 27 juil. 1785, à 75 ans. De leur mariage étaient nés ibid. :
1. F^oise^-Marquise, 27 nov. 1733; † 20 avril 1746.
2. M^ie^-Marquise, 12 avril 1735.
3. Anne, 26 nov. 1736; mariée à J^ques^-F^ois^ de Foix de Candale.
4. P^re^-Henry-Maximilien, 5 avril 1738; † le lendemain.
5. Godefroy-Louis, 6 janv. 1740.

GOULLET. I. DROUIN, R. P. R., treize, épousa : 1° Catherine *Braconnier;* 2° 13 févr. 1596, F^oise^ *Blanchard*, v^ve^ de Mangin Bachelé, aman. Du premier mariage étaient nés :
1. Jean, 24 avril 1561.
2. *Jean*, 30 juin 1566 : p. Christophe, sgr d'Ogier; m. Catherine N***, épouse de J^n^ le Braconnier. — Lequel suivra.
3. Judith, 11 mai 1583; mariée à P^re^ Schot, m^e^-horloger, fils de Conrad Schot, bourgeois de Braunfeld.
4. David, lequel suit.

II. DAVID, R. P. R., fils du préc., conseiller du m^e^-échevin, épousa, 13 févr. 1596, Élisabeth *Walroff*, alias *Walleroff*, fille de Nicolas. De leur mariage naquirent :
1. Françoise, 29 janv. 1597; mariée à Abraham Bennelle.
2. David, 24 avril 1599.
3. Catherine, 15 nov. 1600; † v^ve^ de Louis Richard, ingénieur du Roi, 28 avril 1679.
4. Élisabeth, 9 janv. 1602.
5. Charles, 21 juil. 1604.
6. Esther, 16 nov. 1605.
7. Élisabeth, 3 déc. 1606.
8. Charles, 11 mars 1609.
9. Marie, 27 nov. 1611.
10. Marie, 3 nov. 1617.

III. JEAN, R. P. R., frère du préc., m^d^, épousa Suzanne *Dubois*, dont il eut :
1. Jean, 28 nov. 1599.
2. *Jean*, 15 déc. 1602; lequel suit.
3. David, 30 nov. 1603.

4. Marie, 27 mars 1605.
5. Suzanne, 17 nov. 1606.
6. Pierre, 8 févr. 1609.
7. Anne, 8 mai 1611.
8. André, 24 juil. 1613.
9. Paul, 20 nov. 1616.

IV. JEAN le jeune, R. P. R., fils du préc., m^d place St-Jacques, épousa, 18 févr. 1624, Suzanne *Mangin*, dont il eut :
1. Jean, 27 août 1625.
2. *David*, 29 août 1627 ; lequel suivra.
3. Suzanne, 17 févr. 1630.
4. Marie, 5 sept. 1632 ; sans doute l'épouse de P^{re} le Coq, procureur au bailliage.
5. François, 22 avril 1635 ; il épousa, 29 juin 1659, Suzanne *Rindfouss*.
6. Jean, 8 févr. 1637.
7. *Louis*, 13 juil. 1639 ; lequel suit.
8. Raphaël, 4 déc. 1641.
9. Benjamin, 1er nov. 1643.
10. Étienne, 20 juin 1646.

V. LOUIS, R. P. R., fils du préc., m^d, bourgeois, épousa, 26 mai 1675, Anne *Michel*, âgée de 29 ans, fille de Paul Michel, m^d joaillier, et d'Anne Bourgeois, de laquelle il eut :
1. Anne, 2 mars 1676 ; † 28 août 1677.
2. Louise, 7 avril 1677 ; † 12 suiv.
3. Judith, jumelle de la préc. ; † le même jour qu'elle.
4. Louis, 20 juin 1678.
5. Paul, 2 oct. 1679 ; le père étant hors du royaume.

VI. DAVID$^{(1)}$, R. P. R., frère du préc., m^d, conseiller du m^e-échevin, sgr de Peltre en partie, de Crépy et de Rugy, [† en 1705]. Il avait épousé : 1° 25 nov. 1657, Suzanne *Jennet*, † 14 mars 1673, à 33 ans ; 2° Judith *Petitjean de Rugy*.

Du premier mariage naquirent :
1. David, 12 juil. 1658.
2. Louis, 17 août 1659.
3. Pierre, 30 juil. 1660.
4. Suzanne, 26 août 1661.
5. Jean, 10 déc. 1662.
6. David, 25 juin 1664.

7. Louis, 22 juil. 1665.
8. David, 14 janv. 1667.
9. Marie, 22 févr. 1668.
10. Élisabeth, 18 oct. 1669.
11. David, 18 nov. 1670.
12. Louise, 22 janv. 1673 ; † 15 févr. suiv.

Du second mariage naquirent :
13. Judith, 12 juin 1676 ; † 20 juil. suiv.
14. Charles, 8 févr. 1678.
15. J^n-Jacques, 22 févr. 1681.
16. Paul, 12 avril 1682.
17. Judith, 30 nov. 1683.
18. Catherine, 31 août 1685.
19. Louis-Auguste, par. St-Eucaire 22 déc. 1686. [Sgr de Rugy et de Montmort, puis de Crépy après la mort de son père, il fut cap. de la grande fauconnerie de France et mourut à Paris en 1754. Il avait épousé Antoinette-Suzanne *Charpentier*, dont il eut, à Paris, par. St-Eustache 22 juil. 1720, Madeleine-Suzanne, mariée en 1743 à J^n-Antoine de Grégoire, chev., sgr de St-Sauveur, éc. du Roi et de Mgr le Dauphin].
20. P^{re}-*Philippe*, par. St-Maximin 18 mai 1689 ; les parents sont nouveaux convertis. — Lequel suit.
21. Dorothée, ibid. 1er avril 1691.
22. Thomas-Alexandre, ibid. 11 juil. 1692.

VII. P^{RE}-PHILIPPE, fils du préc., président des traites foraines dans la généralité de Metz, sgr de Rugy, † par. St-Maximin 24 août 1749. Il avait épousé, par. St-Livier 22 août 1719, M^{ie}-Madeleine *Lecoq*, † par. St-Maximin 28 juin 1782, à 86 ans. De leur mariage naquirent par. St-Maximin, à l'exception de la première :
1. Suzanne-Antoinette, par. St-Livier 6 juin 1720 ; † 3 juil. suiv.
2. *Ch^{les}-Alexandre*, 15 juin 1722 ; lequel suit.
3. Philippe-Auguste, 20 janv. 1724 : p. Alexandre Goullet, lieut. au rég^t de Normandie ; m. Catherine Pérolle, épouse de Ch^{les} Goullet, procureur du Roi aux forêts. [Conseiller au parl^t jusqu'à sa suppression, † 10 mai 1810, sans être marié].
4. M^{ie}-Madeleine, 22 juin 1725.

---
(1) Les détails entre [ ] sont empruntés aux *Notes* de M^r le Président d'Hannoncelles.

5. Jⁿ-*Melchior*, 30 nov. 1727⁽¹⁾.
6. Nᵃˢ-Joseph, 10 juin 1729; † 31 janv. 1735.
7. Jⁿ-Pierre, 10 juin 1730. Il signait de Goullet de la Tour. Il épousa Fᵒⁱˢᵉ-Charlotte *Picard d'Eisch*, † à 33 ans, par. Sᵗᵉ-Croix 28 janv. 1788 : à son décès, le mari a les titres d'éc., chev. de Sᵗ-Louis et de la Société militaire américaine de Cincinnatus, colonel directeur au corps royal artillerie au dépᵗ de Hᵗᵉ-Normandie.
8. Louis-Auguste, 26 avril 1732.
9. Louis-Auguste, 25 sept. 1734; cap. au corps royal artillerie, il signait de Goullet de Sᵗ-Paul, [† célibataire à Metz en 1814].

VIII. Chˡᵉˢ-Alexandre, dit *Goullet de Vigy*, fils du préc., sgr de Rugy, éc., chev. de Sᵗ-Louis, ancien lieut.-colonel au corps royal artillerie, † rue Vieille-Boucherie, par. Sᵗ-Martin 30 mai 1787. Il avait épousé, par. Sᵗᵉ-Ségolène 8 mars 1759, Mⁱᵉ-Lˢᵉ-Thérèse *de Lasalle*, † à 27 ans, ibid. 19 mars 1766. De leur mariage était née, par. Sᵗ-Maximin 2 mars 1766, Madeleine-Thérèse, † 23 août suiv.

GOULLON (le). I. Mangin, R. P. R., secrétaire et greffier de la ville en 1554,

---

(1) Jean-Melchior, maréchal de camp d'artillerie, commandᵗ en chef l'école et le corps des mineurs qu'il avait créé, † 11 avril 1813. Il avait épousé, en 1756, Mⁱᵉ d'Herbelot, fille du commandᵗ du château de Sarreguemines, de laquelle il eut trois fils morts en bas âge et un quatrième *Jean-Baptiste-Albert-Thomas*, qui suit.

Jean-Baptiste-Albert-Thomas, fils du préc., colonel d'artillerie, chev. de Sᵗ-Louis, associé correspondant de l'Académie des sciences et belles-lettres et de la Société d'agriculture de Caën, membre du conseil municipal de Metz de 1808 à 1816, † à Metz en 1844. Il avait épousé, à Caën en 1797, Mⁱᵉ-Anne **Tardif de Petityille**, † à Metz 4 sept. 1849. De leur mariage sont nés : 1° *Jean-Melchior*, qui suit; 2° Anne-Françoise, mariée à Aimé-François Marchal de Corny; 3° *Philippe-Auguste*, qui suivra; 4° Mⁱᵉ-Élisabeth, mariée en 1838 à N*** Constant d'Yanville, conseiller référendaire à la Cour des comptes, chev. de la Légion d'honneur.

Jean-Melchior, fils du préc., vᵗᵉ de Rugy, officier de hussards, † à Paris, 7 avril 1867. Il avait épousé en 1830 Mⁱᵉ-Armandine **de Caulaincourt**, † à Metz 24 nov. 1858. De leur mariage sont nés : 1° Aymar, cap. instructeur au 7ᵉ régᵗ de chasseurs en 1861, marié à N*** de la Rochelambert; 2° Camille, mariée au cᵗᵉ de Romanet; 3° Marcelle, mariée au bᵒⁿ de Moroques; 4° Guy.

Philippe-Auguste, frère du préc., cap. du génie en 1861, chev. de la Légion d'honneur, a épousé en 1835 Amélie **de Beaufort**, dont il a eu : 1° Henry, sous-lieut. au 6ᵉ régᵗ de hussards en 1861; 2° Albertine, mariée à N*** de Redon (Notes de Courten).

---

fils de Mangin, gouverneur, mᵉ-échevin, sgr de Retonfey, [† 12 avril 1584. Chron. de Buflet. p. 14.] Il avait épousé Simone *le Bachelé*, fille de Jean le Bachelé, receveur génˡ de la ville, de laquelle il eut :
1. Benoît, qui suit.
2. *Daniel*, 27 sept. 1562; qui suivra IX.
3. Pierre, 30 oct. 1564.
4. Suzanne, 13 août 1568; mariée à David de Montigny.
5. *François*, qui suivra XV.
6. *Gédéon*, qui suivra XVII.
7. *Jérémie*, qui suivra XX.
8. *Georges*, qui suivra XXX.

II. Benoit, R. P. R., fils du préc., aman et greffier du mᵉ-échevin, sgr de Reignier et Plignier, épousa : 1° 10 nov. 1578, Fᵒⁱˢᵉ *le Braconnier*; 2° Léa *Duchat*, vᵛᵉ en 1626. Nous donnons les enfants de Benoît nés R. P. R., sans que les registres nous permettent de leur assigner leur mère :
1. Jérémie, 27 avril 1580.
2. David; sgr de la Grange d'Envie, il épousa, 13 févr. 1611, Mⁱᵉ *Serre*, dont il eut David, 9 mai 1612.
3. Simone, 27 mars 1583.
4. *Aaron*, en janv. 1586; lequel suit.
5. Paul, 16 mars 1590.
6. Suzanne, 6 mai 1592; mariée à David de Vigneulles.
7. *Pierre*, 6 mars 1594; lequel suivra IV.
8. Jean, 13 sept. 1596.
9. *Jérémie*, 14 nov. 1597; lequel suivra V.
10. Daniel, 2 févr. 1600.
11. Benoît, 16 mai 1604.
12. Léa, mariée à Fᵒⁱˢ Danoue.

III. Aaron, R. P. R., fils du préc., épousa, 13 févr. 1611, Judith *Serre*, dont il eut :
1. François, 25 mars 1612.
2. Judith, 20 mai 1613; mariée à Chˡᵉˢ de Marolles.
3. Anne, 18 oct. 1615; mariée à David Bennelle.

IV. Pierre, R. P. R., frère du préc., sgr de Noisseville, Augny et Champel, † 22 sept. 1671. Il avait épousé : 1° 28 avril 1618, Mⁱᵉ *Persode*; 2° 26 mars 1656, Mⁱᵉ *Royer*, vᵛᵉ de Paul Grand-

jambe, laquelle mourut 29 avril 1669, à 61 ans. Du premier mariage naquirent :
1. Pierre, 9 févr. 1620.
2. Pierre, 4 août 1627.
3. Marie, 31 janv. 1629.
4. Élisabeth, 7 déc. 1631.
5. Charles, 23 déc. 1633.

V. JÉRÉMIE, R. P. R., frère du préc., cap. d'une compagnie au rég^t du s^r de Batilly, épousa, 22 déc. 1624, Suzanne *Lespingal*, dont il eut :
1. Jacques, 4 sept. 1626.
2. Suzanne, 31 oct. 1627.
3. Marie, 28 oct. 1629.
4. *Benoît*, 7 mai 1632; lequel suit.

VI. BENOIT, R. P. R., fils du préc., sgr de Reignier, Noisseville, Coin et autres lieux, épousa, 18 juin 1656, Élisabeth *de Villers*, dont il eut :
1. Paul, 20 mai 1657.
2. *Charles*, 19 janv. 1659; lequel suit.
3. Élisabeth, 25 févr. 1663; † 30 avril 1668.

VII. CHARLES, fils du préc., sgr de Champel, conseiller, puis procureur gén^l au parl^t, [abjura le protestantisme à la révocation de l'édit de Nantes, et mourut à Plombières 10 juin 1717]. Il avait épousé, par. St-Gorgon 1er mai 1685, Suzanne *Jeoffroy*, † par. Ste-Croix 29 juil. 1736. De leur mariage étaient nés :
1. F^{oise}-Élisabeth, par. St-Maximin 22 juin 1687 : p. Gilles Jeoffroy, conseiller au parl^t; m. F^{oise} Gallavaux.
2. Anne, par. Ste-Croix 9 août 1690; mariée à Ch^{les} c^{te} d'Ourches, sgr de Cercueil.
3. Ch^{les}-François, par. St-Maximin 8 oct. 1691; procureur gén^l au parl^t, † par. St-Victor 3 mars 1774. Il avait épousé, par. St-Gorgon 1er août 1724, M^{te} *Jeoffroy*, † ibid. 20 sept. 1773.
4. Jeanne, ibid. 12 oct. 1692.
5. Anne-L^{se}, ibid. 27 mars 1694.
6. Marguerite, par. Ste-Croix 25 juil. 1695.
7. M^{ie}-Élisabeth, par. St-Maximin 21 janv. 1697.
8. Thérèse, ibid. 10 mai 1698.
9. Benoît-Ch^{les}, ibid. 13 août 1699.
10. *Pierre*, par. Ste-Croix 13 janv. 1702; lequel suit.
11. Paul-Benoît, ibid. 7 mai 1706.

VIII. PIERRE, fils du préc., président à mortier au parl^t, sgr de Fresnoy, Hauconcourt, Ay, Trémery et autres lieux, † par. Ste-Croix 9 mars 1756. Il avait épousé, par. St-Victor 5 févr. 1726, Madeleine *Hillaire*, † par. Ste-Croix 9 sept. 1752. De leur mariage étaient nés :
1. Jeanne, par. St-Victor 7 avril 1727; mariée à J^{ph}-Henry c^{te} de Bombelles.
2. Louis, par. Ste-Croix 22 févr. 1728; chambellan de S. M. le Roi de Pologne, sgr d'Hauconcourt, Amelange, Fresnoy et autres lieux, il épousa, à Marly près Metz 17 août 1756, M^{ie}-Esther *d'Arros*.
3. Daniel-Ch^{les}, par. St-Gorgon 9 août 1729; † 7 oct. 1731.
4. M^{ie}-Charlotte, ibid. 25 août 1732; mariée, avec dispense du second degré de consanguinité, par. Ste-Croix 8 juin 1756, à Didier c^{te} d'Ourches, m^e de camp de la colonelle générale, sgr de Tantonville, fils de † Ch^{les} c^{te} d'Ourches et d'Anne le Goullon de Champel (v. ci-dessus VII, 2).
5. Madeleine-M^{ie}-Charlotte, par. Ste-Croix 30 juin 1734; mariée, le même jour que la préc., à P^{re} c^{te} d'Ourches, chev., sgr de Cercueil, cap. de cavalerie au rég^t de St-Jeal, frère de Didier.

IX. DANIEL, R. P. R., m^d en Fournirue, fils de Mangin I, épousa, 1er déc. 1591, Judith *du Chat*, dont il eut :
1. *Daniel*, 23 sept. 1592; lequel suit.
2. Judith, 27 mars 1594; mariée à David de la Cloche.
3. Anne, 2 juil. 1595.
4. Daniel, 6 mai 1598.
5. Jean, 22 oct. 1600; il épousa, 5 févr. 1634, Suzanne *le Coullon*.
6. *Israël*, 1er juin 1603; lequel suivra.
7. Suzanne, 11 sept. 1605; † 20 août 1671, v^{ve} d'Abraham Boileau, cap. au rég^t de Streiff.
8. *Raphaël*, 5 nov. 1606; lequel suivra.
9. Marie, 21 juil. 1610.

X. DANIEL, R. P. R., fils du préc., m^d,

épousa, 11 mai 1625, Madeleine *Persode*, dont il eut :

1. Madeleine, 28 janv. 1629; mariée à David de Vigneulles.
2. Élisabeth, 28 sept. 1631.
3. Suzanne, 18 déc. 1633.
4. Élisabeth, 24 mai 1636.
5. Suzanne, 25 févr. 1641.
6. Judith, 7 mai 1644; mariée à Philippe Gattebois des Forges.

XI. ISRAËL, R. P. R., frère du préc., m^d, épousa : 1° 3 déc. 1628, Suzanne *d'Huitte*, fille de N^{as} d'Huitte, m^d; 2° 23 déc. 1640, Suzanne *Persode*, v^{ve} d'Isaac Blaise, bourgeois. Du premier mariage naquirent :

1. Isaac, 19 sept. 1632; † par. St-Simplice 5 avril 1723, inhumé à la chap. de saint Nicolas.
2. Suzanne, 26 janv. 1635; mariée à David de Vigneulles.

XII. RAPHAËL, frère des deux préc., diacre de l'Église réformée, épousa, 30 avril 1634, Sara *d'Huitte*, sœur de Suzanne ci-dessus, et en eut :

1. Sara, 11 mars 1635.
2. Sara, 10 août 1637.
3. *Raphaël*, 27 avril 1639; lequel suit.
4. David, 3 oct. 1644.
5. *David*, 10 déc. 1649; lequel suivra.

XIII. RAPHAËL, sgr de Landonvillers, que nous supposons le fils du préc. épousa Antoinette *de Brunel*, dont il eut par. St-Simplice :

1. N^{as}-François, 15 nov. 1665 : p. F^{ois} de la Porte, major de la garnison de Metz ; m. M^{ie} des Armoises, dame de Sainte-Glossinde.
2. Claude-M^{ie}, 7 févr. 1668 : p. Claude de Bretagne, premier président au parl^t; m. M^{ie} Bossuet, épouse de Bénigne Chasot, conseiller au parl^t.
3. Jean, 12 août 1669 : p. Jⁿ de Conge, s^r de la Forcade, cap. command^t le rég^t de cavalerie de Mgr le Dauphin ; m. F^{oise} Boissy, épouse de Fiacre Mainhulle.

XIV. DAVID, frère du préc., sgr de Landonvillers, abjura le protestantisme de plein gré, à peine entré dans l'adolescence, et mourut par. St-Simplice 16 avril 1698. Il avait épousé Anne *du Coulan de Belleger*, † par. St-Martin 4 mars 1713. De leur mariage naquirent :

1. Jⁿ-Antoine, par. Ste-Croix 29 janv. 1670 : p. Jⁿ Christophe de Gournay, sgr de Coin-sur-Seille; m. Louise de Gournay.
2. Madeleine, par. St-Eucaire 4 mars 1671; mariée à J^{ph}-Louis-Martin Desgranges.
3. Joseph, ibid. 21 mai 1672.
4. Claude-Nicole; mariée à Mathieu Gentard de Gontin, puis à Gustave-Othon c^{te} de Loewenhaupt.
5. F^{ois}-Henry; sgr de Bathelémont, cap. au rég^t de dragons.

XV. FRANÇOIS, R. P. R., fils de Mangin I, conseiller du m^e-échevin, aman et secrétaire-interprète en langue germanique, épousa : 1° 26 janv. 1592, Suzanne *Humbert dite le Bonhomme*; 2° par. St-Martin 4 févr. 1630, Claudon *Perceval*.

Du premier mariage naquirent :

1. Jérémie, 25 nov. 1592.
2. Étienne, 7 juil. 1596.
3. *François*, 9 nov. 1597; lequel suit.
4. Suzanne, 29 mars 1602; mariée à Jⁿ de Saint-Aubin.
5. Anne; mariée à Philippe de Vigneulles, puis à Théophile le Coullon.

Du second mariage naquirent par. St-Martin :

6. François, 20 nov. 1630.
7. Philippe, 2 déc. 1631.
8. Jean, 10 nov. 1633.

XVI. FRANÇOIS, R. P. R., fils du préc., épousa, 27 mai 1629, M^{ie} *Busselot*, dont il eut :

1. François, 17 mars 1630
2. Benoît, 19 oct. 1631.
3. Suzanne, 7 janv. 1633.
4. Marie, 13 oct. 1634.

XVII. GÉDÉON, R. P. R., fils de Mangin I, sgr de Colombé, épousa, 25 févr. 1596, Suzanne *de Flavigny*, dont il eut :

1. Charles, 4 mai 1597.
2. *David*, 7 juin 1598; lequel suit.
3. Charles, 4 juin 1600.

4. Suzanne, 19 sept. 1601.
5. *Louis*, 28 août 1605; lequel suivra.
6. Suzanne, 26 déc. 1610.
7. Anne, 28 août 1613.
8. Rachel, 24 avril 1615.
9. Marie; mariée à P^{re} Blaise.

XVIII. DAVID, R. P. R., fils du préc., sgr de Colombé, épousa, 13 juin 1627, M^{ie} *Malchar*, v^{ve} de Daniel Séchehaye, teinturier, de laquelle il eut :

1. Jacques, 30 avril 1628.
2. David, 11 août 1630.
3. Anne, 25 déc. 1631.
4. Jérémie, 23 mars 1635.

XIX. LOUIS, R. P. R., frère du préc., sgr de Colombé, épousa, 19 déc. 1632, Léa *Royer*, dont il eut :

1. Marie, 30 nov. 1633.
2. Louise, 18 mai 1636.

XX. JÉRÉMIE, R. P. R., fils de Mangin I, sgr de Coin, avocat au parl^t, secrétaire et greffier de la ville de Metz, épousa : 1° Barbe *Rollin*, fille de Didier Rollin et d'Anne de Rodemack; 2° 9 août 1589, Élisabeth *Lespingal*.

Du premier mariage naquirent :

1. Anne, 15 août 1578.
2. Suzanne, 22 juil. 1579; mariée à Philémon Lespingal.
3. Simone, 1er juin 1583.
4. Charles, 14 sept. 1584.
5. Ève, 12 déc. 1586; mariée à J^{ques} Couët.

Du second mariage naquirent :

6. Élisabeth, 27 juin 1590; mariée à Didier Chauvenel ou Chavenel.
7. Marie, 18 mars 1592; mariée à Jⁿ de Xellandre.
8. *Auguste*, 16 oct. 1594; lequel suivra.
9. *Charles*, 14 mai 1597; lequel suit.

XXI. CHARLES, R. P. R., fils du préc., treize, secrétaire et greffier de la cité, sgr de Hauconcourt, Amelange et Charly, épousa, 21 juil. 1624, M^{te} *Duchat*, † 23 déc. 1680, à 80 ans. De leur mariage naquirent :

1. Marguerite, 17 avril 1626; mariée à Hilaire Addée.
2. Marie, 3 déc. 1627; mariée à David de Cosson.
3. Suzanne, 8 déc. 1628.
4. Jérémie, 8 mars 1630.
5. *Jérémie*, 28 sept. 1631; lequel suit.
6. Sara, 17 oct. 1632.
7. Élisabeth, 23 mars 1635; mariée à Benjamin le Duchat.
8. Suzanne, 3 avril 1637; mariée à Jean de Laguier.

XXII. JÉRÉMIE, fils du préc., sgr de Hauconcourt, † par. Ste-Ségolène 14 sept. 1693 : à son enterrement, François le Labrier, avocat au parl^t. Il avait épousé Elisabeth *Tiercelin*, † par. Ste-Croix 23 juil. 1706. De leur mariage étaient nés :

1. Marthe, par. Ste-Croix 30 nov. 1652.
2. François, par. Ste-Ségolène 22 févr. 1654.
3. François, ibid. 12 août 1655.

XXIII. AUGUSTE, R. P. R., oncle du préc., sgr de Coin, Cuvry, Pouilly et autres lieux, épousa : 1° 23 févr. 1620, Élisabeth *François*, v^{ve} de P^{re} Blaise; 2° 5 mai 1624, Marthe *Gauvain*, † à 74 ans, 10 déc. 1681. Du second mariage naquirent :

1. Auguste, 12 mars 1625.
2. Melchior, 14 nov. 1627.
3. *Paul*, 19 avril 1630; lequel suit.
4. Élisabeth, 14 août 1633; mariée à Philippe de Melin.
5. Sara, 4 juil. 1636; mariée à Jérémie Jacobé.
6. Auguste, 24 oct. 1638.
7. Marthe, 25 juin 1640; mariée à J^{ques} d'Herbin.
8. *Charles*, 14 oct. 1644; lequel suivra.

XXIV. PAUL, R. P. R., fils du préc., m^e-boucher, épousa : 1° Esther *Henriat*, ou *Henriot*, † 11 janv. 1674, à 37 ans; 2° dès le 14 mai suiv., Esther *Ury*, âgée de 24 ans, fille de Daniel Ury, m^d boucher, et de Suzanne Roucel, laquelle mourut 22 sept. 1677; 3° 10 juil. 1678, M^{te} *Claude*, âgée de 22 ans, fille de Daniel Claude, tanneur, et de Marie Joudreville.

Du premier mariage naquirent :

1. Louis, 31 déc. 1659.

2. Anne, 21 août 1667.
3. Suzanne, 1er janv. 1669; † 25 août suiv.
4. Élisabeth, 30 août 1670; † 8 juin 1672.
5. David, 3 févr. 1673; † 6 suiv.
6. Pierre, jumeau du préc.; † le même jour que son frère.

Du troisième mariage naquirent :
7. Marguerite, 21 mai 1679.
8. Jeanne, 10 sept. 1680; mariée à Pre Ruzez.
9. Suzanne, 24 déc. 1681.
10. Paul, 12 mai 1684; † 28 juil. suiv.
11. Paul, 6 juil. 1685; † 11 août suiv.
12. Marie, par. St-Simplice 12 août 1686.
13. Jean, ibid. 17 févr. 1688; le père et la mère sont encore de la R. P. R. Il épousa, après abjuration, par. St-Simplice 31 janv. 1721, Mie *Renard*, fille de Fois Renard et de Foise Mangin.
14. Élisabeth, ibid. 13 mars 1689; les parents sont nouveaux convertis. — Elle fut mariée à Paul Moré.
15. Madeleine, ibid. 4 août 1690.
16. Paul-Fois, ibid. 12 nov. 1691.
17. Pre-Thomas, ibid. 11 oct. 1698.

XXV. CHARLES, R. P. R., frère du préc., éc., sgr de Borny et Cuvry, cap. au régt de cavalerie d'Honestet, au régt de Givry, puis au régt de la Reine, † par. St-Maximin 17 août 1693, inhumé au chœur de l'église. Il avait épousé, R. P. R., Charlotte *de Villers*, † par. St-Maximin 31 mars 1699. De leur mariage étaient nés :
1. Charlotte, 13 juin 1672; mariée à Pre de Salse.
2. Marthe, 8 nov. 1675; † 10 déc. suiv.
3. Élisabeth, 28 nov. 1676.
4. Auguste, 20 août 1681; † 10 déc. suiv.
5. Charles, baptisé par. St-Maximin 23 oct. 1685, en suite de l'édit du Roi, les parents étant de la R P. R.
6. Charles, ibid. 16 août 1687.
7. *Paul*, à l'enterrement de sa mère; lequel suit.

XXVI. PAUL, fils du préc., sgr de Coin, Cuvry, la Bergerie, Borny en partie, major au régt de cavalerie de la Reine, † par. Ste-Ségolène 20 oct. 1726. Il avait épousé : 1° par. St-Gorgon 27 avril 1699, Anne *Jeoffroy*, † par. St Martin 18 juil. 1708; 2° par. St-Gorgon 19 août 1709, avec dispense d'affinité du second degré en ligne égale, Marthe *d'Alamont*, † par. Ste Ségolène 13 sept. 1766.

Du premier mariage étaient nés :
1. *Paul*, par. St-Gorgon 1er janv. 1700; lequel suit.
2. Chles-Antoine, ibid. 4 avril 1701.
3. Fois-Laurent, ibid. 6 févr. 1703.
4. Jean, ibid. 25 avril 1704; † 17 oct. suiv.
5. Anne-Charlotte, ibid. 20 janv. 1706; mariée à Camille-Fois-Jques-Philippe-Jph Galland d'Hérimont.
6. Marthe, par. St-Martin 8 janv. 1707.

Du second mariage étaient nés :
7. *Antoine-Balthasar*, par. St-Martin 10 juin 1710; lequel suivra.
8. Chles-Laurent, ibid. 20 juin 1711; chev., sgr de Han-sur-Seille, † par. Ste-Ségolène 27 déc. 1758.
9. Jean, ibid. 21 août 1713; † par. Ste-Ségolène 1er sept. 1734.
10. Louise-Charlotte, ibid. 11 mai 1720.
11. Frédéric, par. Ste-Ségolène 4 janv. 1724 : p. Frédéric le Duchat de Mancourt, conseiller au parlt; m. Claude-Nicole le Goullon, épouse de messire le chev. Gentard de Gontin, sgr de Bousquet et d'Urville, cy-devant lieut. du Roi à Fontarabie.

XXVII. PAUL, fils du préc., sgr de Mareigne, chev., lieut. de la colonelle du régt de Piémont, épousa, par. St-Martin 12 août 1728, Foise *Guichard*, dont il eut :
1. Louis-Jph, par. St-Victor 15 juil. 1729.
2. Mie-Charlotte, ibid. 12 févr. 1731 : p. Laurent Geoffroy de Saint-Epvre, représenté par Antoine le Goullon, éc., lieut. au régt de Languedoc; m. Charlotte Clément, épouse de Louis Guichard, notaire, sa gd mère.
3. François, par. St-Gorgon 27 janv. 1733; p. Fois de la Vergue, chev., sgr de la Vergne et de Marchéville, cap. au régt de Gésores cavalerie.

4. Marthe, par. St-Martin 19 nov. 1734.

XXVIII. Antoine-Balthasar, frère du préc., chev., sgr de Coin, Han-sur-Seille, la Bergerie et autres lieux, cap. de grenadiers au rég^t de Languedoc, chev. de St-Louis, épousa M^{ie}-Anne-Claude-Walburge-F^{oise}-Casimire b^{onne} *de Munck de Münchenstein de Lœwenburg*, dont il eut :

1. Ch^{les}-François, par. Ste-Ségolène 23 nov. 1764; [adjoint au maire de Metz sous la Restauration, † 8 août 1833.]
2. M^{te}-Walburge, ibid. 5 déc. 1767.
3. *J^{ph}-Guillaume-Xavier*, lequel suit.

XXIX. J^{ph}-Guillaume-Xavier, fils du préc., chev., sgr de Coin, la Bergerie et autres lieux, lieut. au rég^t de Champagne, épousa, par. Ste-Ségolène 5 avril 1785, avec dispense du 3e au 4e degré de consanguinité, M^{ie}-Scholastique *de Salse*, [† 7 janv. 1830]. De leur mariage naquirent :

1. Ch^{les}-Louis, par. Ste-Ségolène 12 févr. 1786.
2. Marguerite, ibid. 21 juin 1787 : m. M^{te} le Goullon, dame de Kokler, sa tante pat.
3. Louis-Hippolyte, ibid. 28 août 1790.

XXX. Georges, R. P. R., frère ou peut-être fils de Mangin I, grainetier de la ville, eut de Mangeon N***, son épouse :

1. Suzanne, 7 sept. 1565.
2. *Nicolas*, qui suit.

XXXI. Nicolas, R. P. R., fils du préc., grainetier de la ville, noble homme, épousa, 10 juil. 1580, M^{te} *Cherdot*, fille de Pierson Cherdot, conseiller du m^e-échevin, de laquelle il eut :

1. Pierre, 21 avril 1581.
2. Marie, 18 nov. 1582; mariée à Gaspard de Domazan.
3. Jean, 3 févr. 1585.
4. Suzanne, 6 juin 1586; mariée à P^{re} Pellard de Givry.
5. *Charles*, 8 août 1588; lequel suit.
6. Nicolas, 18 déc. 1590.
7. Louise, 10 mai 1592.
8. Paul, 27 mars 1594.

XXXII. Charles, R. P. R., fils du préc., grainetier de la ville, épousa, 25 janv. 1618, Judith *Delande*⁽¹⁾. De leur mariage naquirent :

1. Charles, 23 nov. 1618.
2. Jean, 2 févr. 1620.
3. *Charles*, 16 févr. 1622; lequel suit.
4. Judith, 28 août 1624.

XXXIII. Charles, R. P. R., fils du préc., grainetier de la ville, † 31 mars 1674. Il avait épousé, 8 nov. 1643, Anne *Pion*, fille de † P^{re} Pion, bourgeois. De leur mariage étaient nés :

1. Charles, 11 mars 1645.
2. *Louis*, 22 mars 1647; lequel suit.
3. Anne, 6 sept. 1649; mariée à Paul de Godemar.
4. François, 21 janv. 1652.
5. Françoise, 9 avril 1654.

XXXIV. Louis, R. P. R., fils du préc., sgr de Domangeville, grainetier et contrôleur des réparations de la ville, épousa, 2 févr. 1676, Madeleine *de Vigneulles*, dont il eut :

1. Anne, 16 déc. 1676.
2. Marie, en 1677; mariée à Benjamin de Saint-Aubin.
3. Élisabeth, 3 nov. 1678; † 20 avril 1680.
4. Louis, 16 févr. 1680.
5. Charles, 30 oct. 1681.
6. M^{ie}-Madeleine, 24 juil. 1683.
7. J^{ne}-Madeleine, baptisée par. Ste-Croix 4 mars 1686.

XXXV. Luc, carabin, † par. St-Maximin 17 oct. 1653. Il avait épousé Anne-Marie N***, dont il eut :

1. Philippe, fille, 28 sept. 1615.
2. Gabriel, 4 déc. 1616.
3. Jean, 13 sept. 1619 : p. Jⁿ de Paulo, lieut. du s^r de Montestruc; m. Ursule Roucel d'Aubigny.
4. Louis, 26 août 1621.
5. Luc, 30 mai 1626.
6. Claude, 7 juil. 1630.

XXXVI. Jacques, chir., épousa M^{ie} *Collin*, dont il eut :

1. Marie, par. St-Georges 20 févr. 1694.

---

(1) Nous avons lu à plusieurs reprises Delande et non de Lemud, comme il est dit aux *Mémoires de la Soc. d'arch. et d'histoire de la Moselle*, 1868, p. 91.

2. Anne, † ibid. 20 juin 1697, à 7 mois.
3. Élisabeth, † ibid. 19 nov. 1699, à 2 ans.
4. François, parrain ibid. 23 nov. 1698.

XXXVII. SIMON, huissier au bailliage, épousa Catherine *Rollin*, † par. St-Livier 27 avril 1670. De leur mariage naquirent ibid. :
 1. François, 10 juil. 1643 ; vicaire par. St-Marcel en 1668, simple prêtre du diocèse à la mort de sa mère.
 2. Nicolas, 23 nov. 1650 ; lequel suit.
 3. André, 2 mars 1653 ; aman, † par. St-Livier 8 déc. 1712.

XXXVIII. NICOLAS, fils du préc., épousa, par. St-Livier 22 avril 1681, Lucie *Tarot*, † ibid. 21 sept. 1682, à 22 ans. De leur mariage était née Anne, ibid. 21 oct. 1681 (sic).

XXXIX. JEAN, R. P. R., épousa, 29 déc. 1561, M^{te} N***, v^{ve} de J^{ques} Liresse, m^d, de laquelle il eut :
 1. Jérémie, 5 oct. 1562 ; il épousa, 9 nov. 1614, M^{ie} *Clausquin*, fille de F^{ois} Clausquin.
 2. Élisabeth, 18 août 1565.

XL. JEAN, R. P. R., eut de M^{ie} *Peltre*, son épouse, Théodore, 11 avril 1610.

XLI. PAUL, R. P. R., eut de Jennon *Maguin*, son épouse, Judith, née posthume 8 mars 1636.

XLII. MARTIN, épousa, par. St-Eucaire 17 sept. 1639, Catherine *Georges*.

XLIII. JACQUES, eut d'Anne *le Fault*, son épouse, Jean, baptisé par. St-Victor 18 juil. 1646, le père étant encore de la R. P. R.

XLIV. HENRY, de Maizeroy, R. P. R., eut une fille, Sara, 8 déc. 1593.

XLV. HENRY, aman, R. P. R., eut une fille, Léa, 7 juil. 1606.

XLVI. LAURENT, eut de Josine N***, son épouse, par. St-Maximin : 1° Philippe, 28 juin 1613 ; 2° Catherine, 23 févr. 1618.

XLVII. CLAUDE, épousa, par. Ste-Ségolène 27 avril 1637, Anne *de Bourgoing d'Eslin*.

XLVIII. JÉRÉMIE, sgr de Hauconcourt et Charly, eut de Catherine *Philbert*, son épouse, Marguerite, par. St-Eucaire 27 juil. 1678.

XLIX. JÉRÉMIE, R. P. R., dem^t rue Mazelle, épousa, 22 oct. 1628, Esther *Bouton*, fille de Jacob Bouton, dem^t rue Fournirue.

L. ANNE, † par. Ste-Ségolène 3 avril 1644, inhumée aux Sœurs Colettes.

LI. LUCIE, de la par. St-Martin, fut marraine par. Ste-Ségolène 3 août 1627.

LII. CUNÉGONDE, fut marraine par. Ste-Croix 3 avril 1605.

LIII. SUZANNE, fille de J^{ques}, fut marraine ibid. 1er mars 1603.

LIV. N^{as}-F^{ois} DE PAULE, éc., ancien cap. au rég^t des volontaires étrangers, † 11 janv. 1763, à environ 38 ans, chez Mme Nicole le Goullon, douairière de M. le c^{te} de Lœwenhaupt, dem^t rue derrière la par. St-Eucaire.

LV. PHILIPPE, fille, † par. St-Gorgon 25 déc. 1678.

LVI. ANNE, épouse de Jⁿ le Goullon, fut marraine, R. P. R. 27 oct. 1591.

LVII. DIEUDONNÉE, fut marraine par. St-Eucaire 1er janv. 1628.

LVIII. Divers.
 1. ANNE. V. le Bachelé X.
 2. ANNE. V. Cotte.
 3. CATHERINE. V. Champion IV.
 4. ÉLISABETH. V. Maillet.
 5. MARIE. V. Moncassy.
 6. MATHIOTTE. V. Bachelard I, 2.
 7. PHILIPPE. V. Thuillier.
 8. PIERRE. V. Boudaine II, 2.
 9. SUZANNE, sœur d'Élisabeth 4. V. de Saint-Blaise XIV.

GOULOT JEANNE. V. Barbé.

GOURCY (DE). I. JOSEPH c^{te} de Gourcy, ancien command^t d'escadron au rég^t de chevau-légers de S. M. l'Empereur, eut de M^{ie}-Angélique-Joséphine N***, son épouse, M^{ie}-Claire-Antoinette-Joséphine, par. St-Maximin 6 oct. 1780 : p. André-Mathieu c^{te} de Gourcy, son g^d père, chev. de St-Louis, ancien cap. de grenadiers au rég^t de Bouillon infanterie, sgr de

Mainville et autres lieux ; m. M^ie^-Claire-Antoinette c^esse^ de Gourcy, sa g^d^ tante, épouse de Christophe b^on^ de Reumont, b^on^ du St-Empire, sgr de Flassigny, Bazeille, Villez, Éloy et autres lieux. — L'enfant mourut par. St-Étienne-le-Dépenné 13 nov. suiv.

II. Charles, † par. St-Marcel 29 nov. 1726.

III. Divers.
1. Catherine. V. d'Affricq.
2. Charles. V. Sthème II, 4.
3. Gabrielle-Albertine. V. de Thuret.
4. M^ie^-Charlotte. V. de Reiffenberg.
5. M^ie^-Louise et N***, chan. de Ste-Croix. V. de Greiche II.

GOURDAIN, alias GOURDIN Jérome-Ch^les^. V. Jourdain.

GOURDIN. I. François, substitut de la terre de Gorze en 1685, avocat au parl^t^, sgr de Peltre, Helfedange et autres lieux, fils de Sébastien et d'Anne Mathieu, † d'apoplexie, au château d'Helfedange, 16 nov. 1732. Il avait épousé, par. St-Maximin 5 févr. 1685, J^ne^ *Cagnard*, † ibid. 20 nov. 1760. De leur mariage étaient nés ibid. :
1. Louise-J^ne^, 21 nov. 1685 ; le père est procureur au bailliage. — Elle fut mariée à Philippe Muzac.
2. Agathe, ibid. 8 sept. 1688 ; religieuse en 1713.
3. J^n^-François, 25 avril 1691 ; lequel suit.
4. Pierre, 19 oct. 1693.
5. N^as^-François, 13 avril 1695 ; lequel suivra.
6. F^ois^-Xavier, 3 déc. 1698 ; officier, il épousa Mlle-Anne *Pitard du Plessy*.
7. Élisabeth, 17 janv. 1702.
8. Anne, 24 mai 1707.

II. J^n^-François, fils du préc., sgr de Peltre, avocat au parl^t^, conseiller-contrôleur en la chancellerie de la même cour, puis conseiller d'honneur, † 27 déc. 1750, inhumé dans la chap. de la Ste-Vierge de l'église St-Eucaire. Il avait épousé, par. St-Maximin 16 déc. 1721, Marthe *d'Avrange*, dont il eut, par. St-Eucaire 21 juin 1727, M^ie^-Anne, mariée à J^n^-Nicolas Ferrand, sgr de Peltre.

III. Nicolas-F^ois^, frère du préc., sgr d'Helfedange et de la châtellenie de Guinglange, conseiller au parl^t^, † par. St-Maximin 27 mars 1762, inhumé en la chap. de St-Nicolas. Il avait épousé Élisabeth *Duclos*, † ibid. 13 avril 1781, à 72 ans.

GOURGUES (de). I. L^se^-M^ie^-Gabrielle. V. de Saint-Simon.

II. N***. V. Foucquet II, 2.

GOURNAY (de) (1). I. Thierry, R. P. R., sgr de Talange, Coin et Jouy, [fils de Claude, m^e^-échevin, épousa J^ne^ *de Lignéville*, v^ve^ de Richard de Raigecourt, sgr d'Ancerville], de laquelle il eut :
1. Daniel, baptisé 28 mars 1563 ; [marié à Madeleine *de Gournay*, v^ve^ de Ch^les^ du Châtelet, de laquelle il eut Claude, alias J^n^-Ch^les^, et Henry, qui suivent].
2. Samuel, 20 déc. 1563.
3. Esther, 13 août 1565 ; [mariée à N*** de Clarsheim].
4. Suzanne, 28 août 1566 ; [elle épousa : 1° par contrat du 5 avril 1590, J^n^ de Savigny, sgr du dit lieu en Réthelois, de Ferrières, Mandres, Belmont, conseiller d'État et chambellan de Son Altesse de Lorraine ; 2° par contrat du 17 avril 1617, J^n^-Jacques de Lignéville, sgr de Vannes, Saulxures, Houssele-mont, gouverneur des ville et pays de Toul ; 3° N*** de Saint-Vincent, sgr de Jouy-sous-les-Côtes].

II. Claude, alias J^n^-Charles, petit-fils du préc., sgr de Talange, Ladonchamps, Coin, cap. au rég^t^ de Marchéville, [† de la peste 15 juil. 1636]. Il avait épousé, [en 1623], Virginie *de Maugiron*, † par. St-Gorgon 15 déc. 1657. De leur mariage étaient nés :
1. Gabrielle-Charlotte, par. Ste-Ségolène 10 mars 1630.
2. Louise, par. St-Marcel 10 sept. 1634.
3. Henry, ibid. 5 janv. 1637.
4. Françoise, mariée à Robert d'Aspremont.

III. Henry, frère du préc., sgr de Talange

(1) Les détails entre [ ] sont empruntés à *Metz ancien* du b^on^ d'Hannoncelles, que nous complétons.

et Coin-sur-Seille, † par. St-Maximin 24 oct. 1658. Il avait épousé Mie-Agathe *Ridesel*, † ibid. 17 avril 1668. De leur mariage étaient nés par. St-Maximin :

1. Henry, 25 mai 1638.
2. Jn-*Christophe*, en 1639 (l'acte sans date); lequel suit.

IV. JN-CHRISTOPHE, fils du préc., sgr de Secourt, Villers, Corny, [lieut.-génl des armées du Roi, gouverneur de Maubeuge, tué à la bataille de Fleurus, 1er juil. 1690]. Il avait épousé Claude *de Raigecourt*, † par. St-Maximin 14 déc. 1679. De leur mariage naquirent :

1. Joseph, par. St-Maximin 7 déc. 1664; [tué 29 juil. 1693 à la bataille de Nerwinde. Il avait épousé Angélique-Mte *le Vergeur de Saint-Supplet*.]
2. Jn-Jacques, abbé et cte de Foix, sgr de Coin-sur-Seille, Pournoy et Loyville, † par. St-Martin, inhumé par. St-Maximin 1er janv. 1743. A son enterrement, Philippe-Honoré de Strinchamps, chan. de St-Sauveur; Claude Müller, ancien curé de Guénange, aumônier du défunt; Chles-Mie cte Duc, cousin du défunt, auquel ce dernier laissa ses biens à condition qu'il prît son nom : lequel suit.

V. CHles-MARIE cte Duc, *de Gournay-Duc* en suite du testament dont il vient d'être parlé, sgr de Port-sur-Seille, cap. de cavalerie au régt de la Tour, fils de † Emmanuel-Auguste cte Duc, des comtes de Coconato, maréchal des camps et armées du Roi, et de Mie cesse de Raigecourt, épousa, 23 mars 1735, en la chapelle de Mr l'abbé de Gournay à Coin-sur-Seille, Foise *Dessalles*, fille de † Fois Dessalles, cte de Rorthais, cap. des gardes du corps de S. A. R. de Lorraine, et de Catherine-Lse cesse de Ficquelmont. A ce mariage, Jn-Jques de Gournay, abbé et cte de Foix; Gustave-Chrétien mis Dessalles et de Bulgnéville, sgr de la ville de Vaucouleurs et autres lieux, gouverneur de la dite ville, cap. de cavalerie au régt de Gesvres et chambellan de S. A. de Lorraine; Jn-Fois de Monssolens, éc., chev. de St-Louis, ancien major de cavalerie au régt de Noailles; Georges Sprecher, éc., chev. de St-Louis, ancien major d'infanterie au régt suisse de Brandelet; Étienne Cholier, supérieur des chanoines réguliers de St-Antoine de Metz. Du dit mariage naquirent par. St-Martin :

1. Jn-Jques-Louis-Emmanuel, 13 juil. 1737.
2. Angélique - Mte - Madeleine - Christine - Aldegonde, 24 janv. 1740 : p. Claude-Gustave-Chrétien mis Dessalles, son oncle, colonel au régt d'infanterie des Landes, chambellan du Roi de Pologne, gouverneur de Vaucouleurs; m. Angélique-Mte le Vergeur de Saint-Supplet, vve de Joseph cte de Gournay, me de camp de cavalerie, représentée par Madeleine de Dompierre, vve de Jn-Fois de Monssollens, major au régt de cavalerie de Noailles-Duc.
3. Maurice-Auguste-Mie, 13 juil. 1741 : p. Maurice cte Duc des comtes de Coconato, cousin de l'enfant, enseigne au régt royal italien et gentilhomme de chambre de S. A. S. le Prince de Carignan; m. Mie-Thérèse de Malpierre, tante de l'enfant.
4. Louise-Madeleine-Aldegonde, 5 sept. 1742.
5. Joséphine-Jacobée-Philippine, 12 mars 1744 : p. Joseph cte de Lutzelbourg, sgr d'Imling et Biberkirch; m. Jacobée-Philippine cesse de Custines, dame hte justicière de Haut-Chastel, Cheuby et autres lieux.

VI. PHILIPPE. V. de Raigecourt III.

VII. ÉLISABETH, fille de Daniel, R. P. R., naquit 30 déc. 1586.

VIII. JEAN, sgr de Jouy, chan. de la cathédrale, fils de Pierre, sgr de Secourt, et de Jacqueline de Saint-Blaise : un mariage est célébré en sa chapelle, par. St-Victor 11 oct. 1632.

IX. DIANE, doyenne d'Épinal, sœur du préc., fut marraine par. St-Marcel 5 janv. 1637.

X. PHILIPPE, fille de Charles et de ....., naquit par. St-Maximin 30 déc. 1634.

XI. HENRY, cte de Marchéville, [bon de Montlouet, sgr de Génicourt, lieut. génl des armées du Roi], † par. St-Livier 18 nov.

1663. [Il avait épousé Philberte *de Chastillon*, v^{ve} de Robert de Ravenel, sgr de Sablonnières].

XII. Anne, sœur du préc. V. de Custines I, 2.

XIII. Dorothée, [religieuse de St Pierre, fille de Paul, sgr de Friauville, colonel, et de Charlotte de Ficquelmont, † à 58 ans, 26 nov. 1714. Msc. Epit.]

XIV. Renault, sgr d'Estreval et Rambercourt, fut témoin à un mariage par. Ste-Ségolène 4 mai 1668. [Il avait épousé L^{se} *des Rivets*, fille de David des Rivets, chev., sgr de Blettange, et d'Anne de Chacquoy, *alias* de Chocquay].

XV. Jⁿ-Jacques, sgr de Secourt, bailly de l'Évêché, eut pour épouse L^{se} *de Gournay*, † par. St-Martin 2 mars 1702, à 77 ans, inhumée aux Minimes.

XVI. Ch^{les}-Étienne-Ancelin, neveu de M^r l'abbé de Saint-Vincent, fut parrain par. St-Marcel 10 août 1687.

XVII. Paul c^{te} de Gournay, épousa N***, † par. St-Marcel 28 févr. 1709.

XVIII. Barbe-Judith, fille de Samuel et de Guillemette des Armoises. V. de Roucel IV.

XIX. Regnauld, chev., sgr de Villers-Laquenexy, Génicourt, Ladonchamps, conseiller d'État de S. A. de Lorraine, bailly de Nancy en 1576, puis chef du conseil de Lorraine, [† en 1613]. Il avait épousé : 1° Agnès Desch, v^{ve} de P^{re} de Beauvau, sgr de Pange, [et fille de J^{ques} Desch, chev., sgr de Chatel-St-Blaise, et d'Anne de Raigecourt], laquelle mourut 13 déc. 1581 et fut inhumée par. Ste-Croix ; 2° [Louise d'*Aspremont*, v^{ve} du s^r Lamorel de Boulan, sgr de Fléville, et fille de Gérard d'Aspremont, sgr de Marchéville, et de Guillemette du Châtelet].

XX. Ermengarde. V. de Barisy I, 2.

XXI. Fleury. V. d'Aubartin II, 5.

XXII. Madeleine. V. de Raigecourt I.

XXIII. Madeleine. V. de Laylhère.

GOURNAY de GALLOIS (de). I. J^{ques}-François, fils de Jacques et de M^{ie} de Feugère, éc., cap. au rég^t de la Fère en garnison à Strasbourg, épousa, par. St-Eucaire 22 mars 1734, Élisabeth *Georges*, dont il eut :

1. J^{ques}-*Hubert*, légitimé au mariage de ses parents, né par. Ste-Ségolène 26 sept. 1733 ; lequel suit.
2. Henriette, par. St-Gengoulph 17 août 1738.
3. D^{que}-Jacques, par. St-Eucaire 21 oct. 1740.
4. Élisabeth-Pierrette, par. St-Maximin 8 mai 1742 ; † par. St-Marcel 5 juin suiv.
5. Jⁿ-François, ibid. 2 juin 1744.
6. Élisabeth-Henriette : les cérémonies du baptême lui furent suppléées par. St-Marcel 13 sept. 1746 ; † par. St-Victor le 30 suiv.
7. Jean, † par. St-Marcel 11 déc. 1748.

II. J^{ques}-Hubert, fils du préc., éc., chev. de St-Louis, lieut.-colonel d'infanterie, premier chef de bataillon au rég^t de la Fère, veuf de Gabrielle-Hippolyte *Boucault*, épousa, par. St-Gengoulph 26 sept. 1775, Barbe-M^{ie}-Marthe *Pasquier d'Estrées*, dont il eut :

1. J^{ques}-Joseph, par. St-Martin 21 oct. 1776.
2. Antoinette, ibid. 9 juil. 1778 : p. Abraham-F^{ois} Roucel, 1er officier de la garde-robe de Monsieur frère du Roi, dem^t à Versailles, rue de l'Orangerie.
3. Anne-F^{oise}, ibid. 30 juin 1781 ; mariée à Antoine Georgin de Mardigny.
4. Anne-L^{se}, par. St-Gengoulph 12 mars 1784.

GOURNAIX (le) Mangin eut de Barbe N***, son épouse, par. St-Maximin :

1. Luc, 5 juin 1605.
2. Anne, 20 févr. 1608.
3. Nicolas, 21 nov. 1610.
4. Thomas, 21 nov. 1611.
5. Gabriel, 6 janv. 1615.
6. Claude, 7 août 1616.
7. François, 17 mars 1619.
8. Humbert, 25 févr. 1621.
9. Christophe, 24 sept. 1622.
10. Jean, 8 déc. 1624.

GOURY (de) Isaïe. V. Serainchamps IV.

GOUSSAUD (de). I. Antoine, éc., sgr de Buchy, Villers-Laquenexy et Mailly, originaire de Saarunion, conseiller du Roi, commissaire ordonnateur des guerres au dép^t de Sarrelouis, épousa : 1° étant garde gén^l des magasins du Roi sur la Sarre, M^{te} *Trichot*, † par. St-Victor 31 janv. 1685; 2° étant âgé de 31 ans, par. St-Simplice 24 févr. 1686, Sébastienne *Lajeunesse*, † par. St-Martin 12 oct. 1729, à 67 ans.

Du premier mariage était né :
1. Roch, par. St-Victor 30 janv. 1685.

Du second mariage étaient nés :
2. Étienne, par. St-Victor 1er mai 1690.
3. *Mathurin-Antoine*, par. St-Livier 8 oct. 1691; lequel suit.
4. Françoise, ibid. 2 janv. 1695.
5. Élisabeth, par. St-Victor 5 août 1696; mariée à Georges-Guillaume de Carles.
6. Joseph, ibid. 10 oct. 1697.
7. *Philbert*, par. St-Martin 9 avril 1699; lequel suivra V.
8. Antoine-J^{ph}, ibid. 6 nov. 1700.
9. Louis-J^{ph}, ibid. 22 janv. 1707.

II. MATHURIN-ANTOINE, fils du préc., éc., sgr de Villers-Laquenexy et de Montigny-lès-Metz, conseiller au parl^t, épousa Barbe *Samson*, † par. St-Martin 25 déc. 1762, à 65 ans. De leur mariage naquirent ibid. :
1. *Antoine*, 28 août 1717; lequel suit.
2. N^{as}-Sébastien, 14 juil. 1719.
3. Nicolas, 13 juil. 1720.
4. M^{ie}-Anne, 8 janv. 1722.
5. Jⁿ-B^{te}-Sébastien, 4 sept. 1723.
6. Barbe-Lucie, 6 févr. 1725; mariée à Louis de Chazelles, puis à Antoine-René Millet de Vallicourt.
7. Anne, 31 oct. 1726; † 23 mars 1740.
8. N^{as}-Laurent, 9 avril 1734.
9. J^{ph}-Nicolas, 2 oct. 1737.
10. *Gabriel-J^{ph}*, 24 mars 1738; lequel suivra.

III. ANTOINE, fils du préc., éc., sgr d'Antilly et Montigny, conseiller au parl^t, † par. St-Martin 6 juil. 1763. Il avait épousé, ibid. 28 janv. 1744, Anne-M^{ie}-Josèphe *de Chazelles*, dont il eut :
1. Anne-Antoinette, par. St-Martin 20 déc. 1744; mariée à M^{ie}-Claude-Sébastien de Beausire.
2. Laurent, par. St-Gorgon 26 nov. 1745.
3. Élisabeth; mariée à Claude-J^{ph} de Turmel.
4. M^{ie}-Marguerite, par. St-Victor 13 oct. 1749.
5. Marie, ibid. 3 juil. 1752; † par. St-Martin 19 suiv.
6. Jⁿ-François, par. St-Martin 15 déc. 1753. [Il fût cap. au rég^t de Languedoc dragons et maire de Metz. Il mourut 23 août 1807, sans être marié.]
7. Gabriel, ibid. 17 mars 1758; † 20 oct. 1762.
8. M^{ie}-Anne, jumelle du préc.; † 24 juin 1767.

IV. GABRIEL-J^{PH}, frère du préc., conseiller au parl^t, sgr de Montigny-la-Grange et Flévy, avait épousé, par. St-Martin 21 mars 1759, Suzanne-Charlotte *Huyn*, dont il eut, ibid. 21 janv. 1760, Barbe-L^{se}-Joséphine, mariée à P^{re}-Élisabeth Chesnard de Layé.

V. PHILBERT, oncle des deux préc., commissaire ordonnateur des guerres, [† d'apoplexie à Nancy 7 sept. 1730]. Il avait épousé, par. Ste-Ségolène 13 sept. 1729, M^{te}-Pétronille *du Buat*, [† 13 sept. 1762]. De leur mariage naquit, par. Ste-Ségolène 27 oct. 1730, *Étienne-Philbert*, qui suit.

VI. ÉTIENNE-PHILBERT, fils du préc., [sgr de Buchy, président à mortier au parl^t, membre titulaire de l'Académie royale, épousa, 16 janv. 1776, Barbe *Doré*, v^{ve} de N^{as}-F^{ois}-Xavier d'Auburtin, laquelle mourut 27 janv. 1790].

VII. BARBE. V. Aubert II.

VIII. MADELEINE-HYACINTHE. V. Gallois VI.

GOUSSOT CATHERINE. V. Cuny.

GOUTTE FRANÇOIS. V. Marchal.

GOUTTEVILLE Jⁿ-DIEDRICH, officier au rég^t de Saxe, épousa Anne-Sibille *de Hilderberg*, native de Münster, † par. St-Eucaire 5 févr. 1758, à 80 ans.

GOUTTIER LOUIS. V. Duclos VII.

GOUTTIÈRE MARIE. V. Peltre VII, 1.

GOUVION. I. FRANÇOIS. V. Maire de Villers.

II. N***. V. de Saint-Hillier III, 5.

GOUVY Pierre, propriétaire des forges de Hoffontaine, eut de M^{ie}-Thérèse *Laurent*, son épouse, Henry-Ch^{les}, † à 3 mois, par. St-Simplice 14 mai 1790.

GOUVY de FOLECK Georges, officier au rég^t de Chamborant hussards en garnison à Nancy, fils de † P^{re}-Joseph, maire royal à Sarrelouis, et de Gertrude de Cherignon, épousa, étant âgé de 32 ans, par. St-Simplice 25 nov. 1790, M^{ie}-Joséphine *Henry*, âgée de 22 ans. A ce mariage, Adolphe Bauer, cap. au rég^t de Nassau, chev. de St-Louis, beau-frère de l'époux ; F^{ois}-Pierre Gouvy, propriétaire de forges à Sarrelouis, frère de l'époux ; J^n-Henry de Guentz, cap. au rég^t de Nassau, beau-frère de l'époux ; Alexandre-Louis-Daniel de Saint-Luc, ancien cap. de cavalerie, pensionnaire du Roi, colonel de la garde nationale ; F^{ois} Humbert, médecin, g^d oncle de l'épouse.

GOUX de NEUVRY (le) Louis-F^{ois}, éc., sgr de Neuvry, Jonville et du fief d'Haudonville, cy-devant cap. au rég^t de Nassau, fils de Michel le Goux, éc., sgr de Neuvry, St-Maurice et autres lieux, chev. de St-Louis, cap. de grenadiers au rég^t de Guyenne, et de Madeleine de Bettancourt, de la par. de la Chaussée, épousa, par. St-Martin 14 févr. 1752, M^{ie}-F^{oise} *Duclos* : au mariage, Paul le Goux de Neuvry, éc., ancien mousquetaire du Roi. Du dit mariage naquirent :
1. Frédéric-Louis-Ch^{les}, par. St-Martin 3 déc. 1756.
2. Louis-N^{as}, par. St-Victor 6 déc. 1764 ; [il épousa Caroline *Durand d'Aunoux*].
3. Isabelle-L^{se}, ibid. 3 janv. 1767.
4. Louis-Victor, ibid. 7 janv. 1768.
5. Louis-Philippe, ibid. 7 mai 1770.

GOUY Félix. V. Beausire V, 5.

GOY (de) André. cap. trés. quartier-maître au rég^t de la Fère, eut de M^{te}-Thérèse *de Vogel*, son épouse, par. St-Victor 8 mars 1785, M^{ie}-Anne-F^{oise} : p. F^{ois} de Goy, son oncle ; m. M^{ie}-Anne Seufft, sa tante.

GOYON des ROCHETTES (de) J^{ph}-Pé-LAGE, éc., sgr des Rochettes et de Belorient, eut d'Anne-Thérèse *Guignet de Batray*, son épouse :
1. Pélagie-Claudine, mariée à J^{ph} de Rochefort.
2. Marguerite, mariée à J^n-F^{ois} Cellier de Grizy, alias de Gorcy.

GOZ (de). I. Regnault, R. P. R., noble homme, sgr de Grosyeux, épousa en secondes noces, 3 janv. 1594, J^{ne} *de Luz*, v^{ve} de P^{re} de Chastenay, s^r de Lanty. D'un premier mariage était née Jeanne, mariée à David de Montigny, aman.

II. Daniel, R. P. R., conseiller et m^e d'hôtel du Roi, sgr de Paoully, puis de Grosyeux, fut père de :
1. Charles, 1er nov. 1602.
2. Philippe-Ernest, 8 nov. 1606.
3. *Louis*, 27 déc. 1609 ; lequel suit.
4. Alexandre, 17 juil. 1611.
5. Anne, 28 nov. 1612.

III. Louis, R. P. R., fils du préc., sgr de Grosyeux, épousa, à la Horgne du Sablon 30 juin 1641, Louise *de Fombert*, fille de † N^{as} de Fombert, s^r de Colandon, commissaire extraordinaire des guerres aux Trois-Évêchés, et de Marie le Béy de Batilly, laquelle mourut à 58 ans, 10 nov. 1674. De leur mariage naquirent :
1. Louis, 15 mai 1642 ; cap. au rég^t de la Ferté, il épousa Judith *le Duchat*, † 5 nov. 1677. De leur mariage naquit, 29 oct. 1676, une fille posthume, Judith, mariée à Louis Bertrand.
2. David, 27 mars 1644.
3. Henry-Auguste, 26 mars 1649 ; éc., sgr d'Aubecourt, Jussy, Vaux, Ste-Ruffine, lieut.-colonel d'infanterie (1711)
4. Antoine, 4 oct. 1650.

IV. Antoine, R. P. R., eut d'Élisabeth *Dommangin*, son épouse, Antoine, 13 juin 1610 : c'est sans doute le même que nous retrouvons en 1636 sgr de Vigny, lieut. d'une compagnie de cavalerie en Hollande.

V. Regnault, fils de Mr de Grosyeux, naquit R. P. R. 23 févr. 1628.

VI. Antoine, R. P. R., sgr de Bussy, épousa, 30 juil. 1623, M^{ie} *Louis*, dont il eut Élisabeth, mariée à David de Vigneulles.

VII. THÉODORE, R. P. R., éc., sgr d'Aubecourt, fut parrain 10 août 1625.

VIII. HENRY, R. P. R., éc., sgr de Vantoux, eut d'Anne *Vilain*, son épouse :
1. Anne, 10 juil. 1682.
2. Théodore-Auguste, 6 nov. 1683.

IX. F°ise *de Goz de Saint-Pierre* mourut par. Ste-Croix 20 avril 1703.

X. CHRISTINE. V. Marsal.

XI. CLAUDINE. V. Chauveau.

XII. MARIE. V. de Souchay.

XIII. ANNE. V. de Chartres.

GRABERT ANTOINE, [du pays de Milan, me-architecte, † à 50 ans, 24 juin 16.. (en marge 1630, peut-être 1638) au moment où il allait terminer les bâtiments de l'abbaye de St-Arnould. Il fut inhumé dans l'église de l'abbaye. Msc. Epit.]

GRACE (DE) FRANÇOIS, lieut. au régt de Navarre compagnie de Germanet, † par. Ste-Croix 27 mars 1712, à 30 ans : à son enterrement, Ignace de Couré de Neuflize, major du même régt.

GRAFFARD JOSEPH, avocat à la cour, conseiller du Roi, trés. de France, fils de † Pierre, inspecteur et conservateur des eaux et forêts au dépt de Longwy, et d'Anne Beaudin, épousa : 1° par. St-Maximin 29 nov. 1731, Madeleine-Thérèse *Jeannot de Gustal* ; 2° ibid. 6 mai 1749, Mie-Anne *Pitard du Plessy*, vve de Fois-Xavier Gourdin : à ce mariage Chles-Quint du Laurent, éc., commissaire des guerres. Du premier mariage naquirent par. St-Victor :
1. Fois-Joseph, 17 sept. 1732.
2. Chles-Jn-Baptiste, 23 oct. 1733 : p. Jn-Bte Jeannot de Gustal, juriste ; m. Mie-Agnès Graffard d'Alençon.
3. Chles-Étienne, 23 nov. 1735 : p. Chles-Étienne du Laurent, commissaire des guerres, résidant à Kaiserlautern ; m. Anne Boutier, sa tante.

GRAMONT DE WILLEMONTÈS (DE).
I. JEAN, éc., chev. de St-Louis, aide-major à la citadelle, † par. St-Jean de la Citadelle 9 nov. 1765, à 86 ans.

II. ÉTIENNE. V. de Péron.

GRAND (LE). I. Fois-ALEXANDRE, conseiller au parlt, sgr de Berlize, fils de Nicolas, procureur génl du Duc de Luxembourg, et de Jne de Nay, † par. St-Gorgon 14 janv. 1705. Il avait épousé, par. St-Gorgon 5 juil. 1692, Foise-Madeleine *Bollioud*, dont il eut ibid. :
1. Barbe-Philippe, 19 juin 1694 ; † 23 mai 1700.
2. Nicolas, 18 juil. 1696.
3. Anne-Bernarde, 23 mars 1698 ; † 28 mars 1701.
4. Dque-Anne, 27 févr. 1699 ; † 1er oct. suiv.
5. Barbe, 15 nov. 1700 ; † 30 suiv.
6. Alexandre, † à 4 ans 1/2, 17 avril 1701.
7. Alexandre-Philippe, 23 août 1702 ; † 27 août 1703.
8. Christine, 30 juin 1703 ; † le même jour.
9. Mie-Anne-Foise, 6 août 1704.

II. LOUIS, éc., commissaire provincial d'artillerie, chev. de St-Louis, fils de Nicolas, éc., cap. commandt de quatre compagnies détachées de l'hôtel royal des Invalides, et de Madeleine-Nicole de Givry, épousa, étant âgé de 30 ans, par. St-Martin 30 déc. 1738, Mie-Charlotte *de Saint-Aubin*, † à 27 ans, par. St-Gengoulph 5 mars 1745.

III. Nas-JOSEPH, éc., cap. au régt Royal Lorraine, épousa Marthe *de Saint-Aubin*, dont il eut par. St-Gengoulph :
1. Fois-Albert, 23 juin 1744 : p. Fois-Albert de Chaumont, éc., chev. de St-Louis, sgr de Moriel et autres lieux, colonel au régt Royal Lorraine, représenté par Louis-Auguste le Grand, fils de Mr le Grand, éc., sgr de Brieux, commissaire provincial d'artillerie ; m. Ursule-Catherine de Saint-Aubin, épouse de Jn-Bte-Nas-Louis Villicy de Tourville.
2. Louis-Henry, 22 sept. 1745.
3. Foise-Lse-Juliette, 9 déc. 1748.

IV. MATHIEU, cap. réformé au régt de Clarck Irlandais, † à 45 ans, par. St-Gorgon 4 mai 1705.

V. Jⁿ-Bᵗᵉ-Antoine, de Chaumont en Bassigny, cadet à la citadelle, † par. Sᵗ-Jean de la Citadelle 28 janv. 1733, à 20 ans.

VI. Divers.
1. Antoine. V. Dattel IX.
2. Claude-Fᵒⁱˢᵉ. V. Hillaire II.
3. Colombe. V. de Montaigu.
4. Fᵒⁱˢᵉ-Élisabeth. V. Bancelin XIII et Valbrun.
5. Jean. V. Dattel I, 3.
6. Mⁱᵉ-Catherine-Fᵒⁱˢᵉ. V. d'Huart de Wartz.
7. Mⁱᵉ-Lucie. V. de Saudoncq.
8. N***. V. Rollet II.

GRAND-BOY (du) N***, gentilhomme de Bretagne, cap. au régᵗ de Mʳ de Brézé, † par. Sᵗ-Livier 16 mai 1644, à 23 ans.

GRANDE (de) Jacques, cap. au régᵗ de Terquem, eut de Fᵒⁱˢᵉ *Tilly*, son épouse, Michel-Jᵖʰ, par. Sᵗᵉ-Ségolène 28 mars 1712.

GRANDEAU. I. Théodore, ancien mᵉ de la poste de Metz, dir. des chevaux de ronde pour le service militaire de la place, en 1744 courrier de cabinet de Son Exc. Mgr le Maréchal duc de Belle-Isle, gouverneur de Metz, avait épousé Anne *Crespin*, dont il eut par. Sᵗ-Livier :
1. Jacques, † à 31 mois, 2 avril 1739.
2. Mⁱᵉ-Louise, 23 juin 1743 : p. Chˡᵉˢ-Lamy de Bezanges, président au parlᵗ ; m. Mⁱᵉ-Louise Évrard, épouse de Roger-Thomas Duprat, major de la ville. — Il mourut 17 août 1746.
3. Marie, 30 août 1744 : p. Mgr Charles-Godfroy de la Tour-d'Auvergne, duc souverain de Bouillon, vᵗᵉ de Turenne, duc d'Albret et de Château-Thierry, pair et gᵈ chambellan de France, gouverneur et lieut. génˡ pour le Roi du Haut et Bas-Armanack, sgr de Créquy, Frésin, Rambercourt et autres lieux ; m. S. M. Marie Leczinska, Reine de France et de Navarre, représentée par Marie de Bruillard, duchesse de Luynes, dame d'honneur de la Reine, mⁱˢᵉ de Som-Bermond et de la Borde, dame de Chammeson et autres lieux, épouse de Chˡᵉˢ-Philippe d'Albert, duc de Luynes et de Chevreuse, pair de France, cᵗᵉ de Montfort et autres lieux.
4. Marguerite, mariée à Jᵖʰ-Clément-Mⁱᵉ Cochois.

II. Louis et Nicolas. V. Cochois.

III. Marie. V. de Laubanie.

GRANDFÈVRE Jⁿ-Bᵗᵉ-Louis. V. le Chartreux II, 3.

GRANDJAMBE. I. Drouin, R. P. R., procureur, fut père de :
1. Sara, baptisée 15 févr. 1562.
2. Marie, baptisée 7 août 1562.
3. Élisabeth, née 18 août 1564.
4. *Abraham*, 28 mai 1567 ; lequel suit.
5. Anne, 29 janv. 1569.

II. Abraham, R. P. R., notaire, fils du préc., épousa : 1° 21 août 1605, Suzanne *Belleau* ; 2° 18 janv. 1626, Anne *Bancelin*.

Du premier mariage naquirent :
1. Anne, 11 août 1606.
2. Sara, 2 janv. 1608.
3. Isaac, 22 mars 1609.
4. Abraham, 2 oct. 1611.
5. Nathanaël, 2 mars 1614.
6. Siméon, 2 nov. 1618.
7. Élisée, 5 avril 1620.
8. Daniel, 9 juil. 1621.
9. Rachel, 30 nov. 1625.

Du second mariage naquirent :
10. Anne, 3 déc. 1627.
11. Louis, 27 août 1632.
12. Josué, 25 déc. 1633.

III. Henry, R. P. R., fut père de :
1. Suzanne, 29 déc. 1561.
2. *David*, 4 févr. 1580 ; lequel suit.
3. *Jérémie*, lequel suivra.

IV. David, R. P. R., fils du préc., fut père de :
1. David, 11 mai 1603.
2. Suzonne, 22 août 1604.

V. Jérémie l'aîné, R. P. R., frère du préc., aman, épousa, 16 mai 1590, Élisabeth *de Cuvry*, fille de Joseph de Cuvry, praticien, de laquelle il eut :
1. Élisabeth, 30 sept. 1592.

2. Jean, 20 févr. 1594.
3. Marie, 29 sept. 1595; mariée à Paul Boudaine.
4. Joseph, 16 janv. 1598.

VI. PIERRE, R. P. R., aman de St-Eucaire et changeur des treize, fut père de :
1. *Pierre*, 30 nov. 1576; lequel suit.
2. Suzanne, 10 mai 1579; mariée à Abraham de Combles.
3. Marie, 4 nov. 1582.
4. Élisabeth, 24 févr. 1585.
5. Madeleine, 17 oct. 1586.
6. Anne, mariée à F^{ois} Travault, aman.
7. *Jérémie*, lequel suivra.

VII. PIERRE, R. P. R., fils du préc., greffier de l'audience royale, épousa, 30 juil. 1600, Madeleine *Garretier*, fille de Ch^{les} Garretier, sgr de Beaulieu, prévôt provincial au gouv^t des Trois-Évêchés, de laquelle il eut :
1. Anna, 10 juin 1601.
2. Madeleine, 10 juil. 1605; mariée à David de Combles.
3. Marie, 20 nov. 1609.
4. Suzanne, 17 août 1611.
5. Pierre, 2 févr. 1614.
6. Daniel, 9 sept. 1615.
7. Paul, 14 sept. 1618.
8. Jérémie, 26 janv. 1620.
9. Abraham, 25 sept. 1622.
10. Gabrielle, † à 68 ans, 18 août 1677.

VIII. JÉRÉMIE, R. P. R., frère du préc., aman, dem^t devant la maison de ville, épousa, 27 juin 1593, Anna *Travault*, dont il eut :
1. Pierre, 1er déc. 1595; lequel suit.
2. Jérémie, 17 avril 1598.
3. *Jean*, 7 juin 1600; lequel suivra XIII.
4. Anne, 5 mai 1602; mariée à Claude de Marolles.
5. Charles, 6 avril 1603.
6. *Jérémie*, 18 févr. 1604; lequel suivra XIV.
7. *Paul*, 25 janv. 1605; lequel suivra XVI.
8. *Charles*, 21 nov. 1607; lequel suivra XVII.
9. Abraham, 20 janv. 1610.

IX. PIERRE, R. P. R., fils du préc., aman, épousa, 10 mai 1615, M^{ie} *Pion*, fille d'un apothicaire, de laquelle il eut :
1. Anne, 28 mai 1617.
2. Jérémie, 3 janv. 1620.
3. *Paul*, 22 mai 1622; lequel suit.
4. *Pierre*, 29 déc. 1624; lequel suivra XI.
5. Marie, 27 août 1627.
6. Louis, 27 avril 1630.
7. Abraham, 7 sept. 1631.
8. *Charles*, 1er déc. 1632; lequel suivra XII.
9. Élisabeth, fille posthume, 20 févr. 1637.

X. PAUL, R. P. R., fils du préc., aman et avocat en parl^t, † 20 mars 1672. Il avait épousé : 1° 5 mars 1651, Judith (*alias* Élisabeth) *Grandjambe*, sa cousine, fille de Jean XIII, laquelle mourut 16 déc. 1682; 2° Élisabeth *d'Inguenheim*. Du premier mariage étaient nés :
1. Paul, 10 janv. 1652.
2. Marie, 4 mars 1654.
3. Jean, 22 mars 1655.
4. Paul, 6 juin 1657.
5. Élisabeth, 20 déc. 1658; mariée à Théodore Tschoudy.
6. Paul, 29 mai 1661.
7. N***, 7 janv. 1663.

XI. PIERRE, R. P. R., frère du préc., aman, † 6 mai 1673. Il avait épousé, 12 déc. 1649, Sara *Piersené*, fille de † Antoine Piersené, m^d, de laquelle il eut :
1. Sara, 13 avril 1651.
2. Marie, 10 déc. 1652.
3. Pierre, 13 juin 1654; † 5 avril 1671.
4. Anne, 5 oct. 1655; † 9 mars 1676.
5. Isaac, 9 janv. 1658.
6. Philippe, 7 juil. 1660; † 22 juil. 1683.
7. Élisabeth, 2 mars 1663.
8. Paul, 23 juil. 1664.
9. Jean, 19 mars 1666; † 6 févr. 1675.

XII. CHARLES, R. P. R., frère des préc., conseiller et secrétaire de Mgr le Prince de Würtemberg, sgr en partie de Lesse, † par. Ste-Ségolène 28 mars 1715, à 86 ans. Il avait épousé : 1° Agathe *Rode*; 2° 31 mai 1673, M^{ie} *Grandjambe* (XVII, 4); 3° par. Ste-Ségolène 4 août 1692, Charlotte *Rollin*, fille de † J^n Rollin, sgr de Burtoncourt : à ce dernier mariage, Mr de Fontaine, commissaire de l'artillerie ; Mr de Cailloux, éc., sgr en partie de Lesse; Mr Rollin, sgr de Lesse.

Du premier mariage était née Anne-M^{te}, mariée à N^{as}-F^{ois} Cugnin, puis à Noël Alliger de Bourgneuf.

Du second mariage naquit, 21 mars 1683, Charles, † 17 oct. 1684.

XIII. JEAN, R. P. R., oncle des trois préc., aman, sgr de Lue, épousa : 1° 6 févr. 1622, Suzanne *Marion*; 2° 2 mai 1632, Élisabeth *Royer*, fille d'Adam Royer, bourgeois, de laquelle il eut, 20 févr. 1633, Judith, mariée à Paul ci-dessus X.

XIV. JÉRÉMIE le jeune, frère du préc., aman, diacre de l'église réformée, dem^t rue Chaplerue, épousa, 9 juin 1624, Anne *Marion*, dont il eut :
1. Daniel, 19 mai 1625.
2. Anne, 23 sept. 1626; mariée à P^{re} Collin.
3. Suzanne, 9 juin 1628.
4. Élisabeth, 11 janv. 1630.
5. *Jérémie*, 23 nov. 1631; lequel suit.

XV. JÉRÉMIE, R. P. R., fils du préc., aman de St-Étienne, épousa : 1° 13 févr. 1661, Élisabeth *Jassoy*, † 19 févr. 1682, à 42 ans; 2° 23 janv. 1684, Madeleine *Jassoy*. Du premier mariage naquirent :
1. Jean, 4 janv. 1662.
2. Élisabeth, 21 sept. 1663.
3. Élisabeth, 26 déc. 1664.
4. Marie, 8 janv. 1666; mariée à P^{re} Blaise, sgr de Hayes.
5. Esther, 4 févr. 1667.
6. Jérémie, 5 janv. 1671; † 26 févr. suiv.
7. Anne, 18 juin 1674; † le même jour.
8. Anne, 6 janv. 1676.
9. Suzanne, jumelle de la préc.; † 19 janv. 1679.
10. Judith, 22 août 1679.
11. Pierre, 17 oct. 1680.
12. Suzanne, 10 janv. 1682; † 5 oct. suiv.

XVI. PAUL, R. P. R., oncle du préc., sgr de Semécourt, épousa : 1° 1er déc. 1624, Anne *Petitjean*, fille de Pierson Petit-jean; 2° 21 déc. 1631, M^{ie} *Royer*, fille d'Adam Royer, bourgeois. Du premier mariage naquirent :
1. Paul, 7 oct. 1625.
2. Anne, 29 nov. 1626; † 16 déc. 1682.
3. Marie, 5 juin 1630.

XVII. CHARLES, R. P. R., frère du préc., aman de Ste-Croix, † 13 juil. 1683, à 78 ans. Il avait épousé : 1° 28 janv. 1635, M^{ie} *d'Huitte*, fille de † N^{as} d'Huitte; 2° 2 juin 1647, Anne *Mangin*, fille de † Abraham Mangin, m^d, et de Judith Jacquier.

Du premier mariage étaient nés :
1. Charles, 3 sept. 1638.
2. Charles, 9 déc. 1639; † 18 sept. 1682.
3. Marie, 27 janv. 1642.
4. Marie, 3 déc. 1643; mariée à Charles ci-dessus XII.

Du second mariage étaient nés :
5. Judith, 9 juin 1650.
6. Madeleine, 18 oct. 1652.
7. Suzanne, 29 janv. 1654.

XVIII. DANIEL, R. P. R., chaussetier, puis tailleur d'habits, eut de Sara *de Lassure*, son épouse :
1. Judith, 22 oct. 1610.
2. Sara, 30 nov. 1611.
3. Suzanne, 24 janv. 1614.
4. Daniel, 25 mars 1616.
5. Daniel, 19 juil. 1617.
6. Marie, 22 juil. 1618.
7. Anne, 20 sept. 1620.
8. Élisabeth, 23 oct. 1622.
9. Paul, 12 févr. 1625.

XIX. DIDIER, épousa Alixon *Soultain*, † v^{ve} de lui, par. St-Martin 5 mai 1577.

XX. PAUL, fils de † Jean, doyen des avocats du parl^t, † par. Ste-Croix 7 juin 1689.

XXI. Divers.
1. ANNE. V. Rémion.
2. ANNE. V. Saint-Aubin VIII.
3. ÉLISABETH. V. Lecoq IV.
4. ÉLISABETH. V. de Rissay et Estienne d'Augny III.
5. MARIE. V. Carita.
6. MARIE. V. Duclos III.

7. MARIE. V. des Armoises.
8. MARIE. V. Blaise et de Saint-Blaise XII.
9. SUZANNE. V. de Combles IX.

GRANDJEAN(1). I. PIERRE, masson, † par. St-Maximin 24 mars 1693, à 68 ans. Il avait épousé Claudotte *Meurlo, alias Merlot*, † ibid. 29 janv. 1706. De leur mariage étaient nés :

1. Armand, m^d chaussetier, à l'enterrement de son neveu N^{as}, ci-dessous V.
2. Claude, architecte, au même enterrement.
3. *Pierre*, qui suit.
4. François, † à 18 ans, par. St-Maximin 13 oct. 1681.

II. PIERRE, fils du préc., conseiller-échevin de l'hôtel de ville, architecte et admodiateur de St-Symphorien, † par. St-Simplice 24 avril 1727, à 76 ans. Il avait épousé : 1° par. St-Maximin 24 janv. 1672, Christine *Barbenay*, fille de N^{as} Barbenay, maréchal, et de Nicole Champenois; 2° Élisabeth *Durlot*, † à 66 ans, par. St-Simplice 30 avril 1731.

Du premier mariage naquirent :

1. J^n-Pierre, † curé de la par. St-Eucaire 2 sept. 1768, à 87 ans, après 59 ans de séjour à la dite paroisse.
2. Madeleine, mariée à Brice Antoine.
3. Henriette, mariée à J^n Georges.

Du second mariage naquirent :

4. François, par. St-Martin 3 mars 1693; avocat au parl^t, juge garde de la monnaie, † ibid. 5 juin 1742.
5. *Pierre*, qui suit.
6. Élisabeth, mariée à Augustin-J^{ph} Vignon.
7. Marie, [† sans être mariée].
8. Madeleine, mariée à J^n Roussel.

III. PIERRE, fils du préc., conseiller-échevin de l'hôtel de ville, † par. St-Eucaire 2 oct. 1774, à 72 ans. Il avait épousé, par. St-Simplice 17 août 1728, Suzanne *Georges*, † ibid. 25 janv. 1744. De leur mariage étaient nés :

1. Christophe, par. St-Simplice 16 mai 1729.

(1) Les détails entre [ ] sont empruntés aux notes de M. le Président d'Hannoncelles.

2. Suzanne, ibid. 24 déc. 1730.
3. Suzanne, ibid. 21 sept. 1733.
4. Marguerite, ibid. 28 nov. 1734.
5. *Pierre*, ibid. 27 avril 1736; lequel suit.
6. François, par. St-Eucaire 10 juil. 1737; [chev. de St-Louis, cap. au rég^t royal Roussillon, † à Goin, 14 ventôse an XI, à 66 ans. Il avait épousé F^{oise} *France*, dont il eut Nicolas, 20 févr. 1788].
7. Élisabeth, ibid. 11 févr. 1739; mariée à J^n-André Régnier d'Arraincourt.
8. N***, [sans doute Christophe ci-dessus, officier au rég^t royal Roussillon, † sans postérité à Beyrhem].

IV. PIERRE, fils du préc., cap. au rég^t royal Roussillon, épousa, par. St-Eucaire 15 févr. 1768, Charlotte *Charuel*, dont il eut ibid. :

1. P^{re}-Jean, 18 nov. 1768.
2. Marguerite, 27 oct. 1773.
3. M^{ie}-Marguerite, 22 août 1774; [mariée à Henry-F^{ois}-Alexandre Mutel, avocat à Metz, dont elle a eu postérité; † 7 août 1828].

V. NICOLAS, petit-fils de Pierre I, avocat au parl^t, † par. St-Livier 8 nov. 1720, à 27 ans. A son enterrement, ses oncles Pierre, Armand et Claude; Henry Grandjean, l'un des quartier-jurés de la ville.

VI. NCOLAS-F^{ois}, avocat au parl^t, procureur du Roi au bailliage de Sarrelouis, fils de François, collecteur des amendes des eaux et forêts, et d'Élisabeth Nichil; † à 64 ans, par. St-Simplice 23 déc. 1783. Il avait épousé, par. St-Martin 26 nov. 1748, Catherine *Tiercet*, dont il eut, ibid. 28 déc. 1749, *Louis*, qui suit.

VII. LOUIS, fils du préc., conseiller auditeur en la chambre des comptes du parl^t, épousa Anne-M^{te} *Liabé*, dont il eut :

1. Joséphine-Madeleine, par. St-Martin 20 avril 1780.
2. Louis-D^{que}, par. St-Simplice 7 juin 1782.
3. Benoît-Paul, ibid. 25 janv. 1785.
4. F^{ois}-Charles, ibid. 16 mai 1788.

VIII. CHARLES, oncle du préc., ancien prieur des Célestins, † rue de l'Abreuvoir, par.

St-Simplice 19 juil. 1788 : à son enterrement, Nicolas Grandjean, d^r en théologie, religieux Augustin, son frère.

IX. Pierre, m^d, † à 32 ans, par. St-Simplice 19 janv. 1718.

X. Dominique, † à 70 ans, par. St-Simplice 7 déc. 1726. Il avait épousé F^{oise} *Mœnur*.

XI. Barbe, † à 60 ans, par. St-Maximin 18 févr. 1759.

XII. Divers.
1. Anne-M^{te}. V. Gardeur-Lebrun.
2. Barbe. V. Marc XIV.
3. Christophe. V. Charuel de Sainte-Croix I, 7.
4. Henriette. V. Bricard II.
5. Marie. V. Chenu et Tiercet I, 1.

GRANDJEAN de FOUCHY. V. des Portes de Pardaillant.

GRANDMAIRE. I. Michel, [chan. de la cathédrale, † 8 août 1633. Msc. Epit.]

II. Michel, [neveu du préc., chan. de la cathédrale, prévôt de N.-D. la Ronde, garde-sceau de l'Évêché, † 24 mai 1669, inhumé à la cathédrale. Ibid.]

III. Didier, bannerot de St-Ferroy, puis douzainier de la par. St-Simplice, † ibid. 3 déc. 1644, à 88 ans. Il avait épousé Catherine *Suzonne*, † ibid. 27 mars 1637.

IV. Idatte. V. Mangeot IV.

GRANDMAISON (de), cfr. GAULT de GRANDMAISON. I. Michel-N^{as}, R. P. R., prévôt de la connétablie et maréchaussée de France, épousa Pauline *Joly*, dont il eut Armand-Ch^{les}, 2 janv. 1636.

II. Louis, procureur au parl^t, † par. Ste-Croix 13 mai 1701.

GRANDMONT (de) Dominique, cap. au rég^t de Poitou, épousa M^{ie}-Anne *la Croix*, dont il eut François, par. St-Martin 20 avril 1726.

GRANDOUARD J^{ne}-Marguerite. V. Bessin de Chassenat.

GRANDPRÉ (de) Louis-N^{as}, éc., gendarme du Roi, épousa, par. Ste-Croix 30 janv. 1690, Catherine *Peltre*.

GRANGE (de la) Gabrielle. V. de Garges.

GRANGEMONT (de) Anne-Hippolyte. V. de Custines X.

GRANGES (des) François-J^{ph}. V. Mortaigne.

GRANOT Marie. V. de Vigneulles XV.

GRANTHEIM (de) Anne-M^{ie}-Alberte. V. Weitzel.

GRAPPE Charlotte-Scholastique. V. Pottier de Gonvaux.

GRASSET. I. Jean, R. P. R., avocat au parl^t, sgr de Failly, fils de Jean, bourgeois, épousa, 20 sept. 1648, Élisabeth *Dinoy*, fille de † Isaac Dinoy, m^d, de laquelle il eut :
1. Judith, 2 août 1662.
2. Charles, 19 août 1663.
3. Louis, 20 déc. 1668.
4. David, 5 juin 1670.
5. Daniel, 5 nov. 1671 ; † 6 sept. 1675.
6. Pierre, † 19 mars 1672.
7. Anne, 26 mars 1675 ; † 17 sept. suiv.
8. Jacques, † 22 juin 1675.
9. *Jean*, qui suit.

II. Jean, R. P. R., fils du préc., épousa, 9 févr. 1676, Anne *Collin*, dont il eut :
1. Jean, 20 janv. 1678.
2. Anne, 12 avril 1680.

GRASSMANN (de) F^{ois}-Xavier-Guillaume, officier au rég^t de la colonelle générale hussards, en garnison par. St-Simon, épousa Anne-M^{ie} *Scheneck de Grassenberg*, dont il eut :
1. F^{ois}-Xavier-Antoine, par. St-Simon 20 mars 1788 : p. F^{ois}-Antoine de Colinet, officier au susdit rég^t, représenté par F^{ois} de Grassmann, son cadet, oncle de l'enfant ; m. M^{ie}-Josèphe Addes, fille de Mr Addes, conseiller de la régence de Saverne, représentée.
2. F^{ois}-Esprit, par. St-Livier 4 oct. 1789 : p. F^{ois}-Esprit m^{is} de Chastellier-Duménil, colonel command^t inspecteur du susdit rég^t ; m. M^{te}-Cécile de Kellermann, chan^{esse}, c^{esse} de Blesle : tous deux représentés.

GRASSY (de), alias de **GRASSIS**, Robert-J^(ques), éc., cap. au rég^t de Provence, fils des † J^(ques)-Philippe, éc., et Anne Selle, épousa, par. St-Maximin 24 jany. 1736, Suzanne *Payot*, v^(ve) de Louis la Fargue. De leur mariage naquirent :
1. Suzanne-Antoinette-F^(oise)-Catherine, par. St-Martin 5 sept. 1736 : p. J^(ques)-Maximilien Satelle, éc., sgr de Beauregard et du Paussoir, gentilhomme ordinaire chez le Roi et cap. au rég^t de Provence. — Elle fut mariée à J^n-F^(ois) de Godernaux.
2. Madeleine-Hyacinthe-Suzanne, par. St-Maximin 9 nov. 1741 ; † 1^(er) janv. suiv.

GRATELOUP (de). I. Bertrand, [chev., b^(on) de Senevière, sgr de Mantelan, du Fay, etc., cap. d'une compagnie au rég^t de Piémont, lieut. de Mgrs les ducs d'Epernon et de la Vallette en la citadelle, † 13 sept. 1629, après avoir servi le Roi pendant 55 ans ; son épouse Bonne *d'Alloneau* lui fit ériger un monument par. St-Jean de la Citadelle. Msc. Epit.]

II. Marie. V. de Moussy.

III. Gabriel, cap. de la porte S^(te)-Barbe, fut parrain par. S^(te)-Ségolène 2 sept. 1626.

IV. Claude. V. Bachelard I, 1.

GRATEREAU de DESGROGES (de) Jean, natif de Moreville en Périgord, sous-lieut. au rég^t de Bassigny, † par. St-Livier 4 mars 1777, à 21 ans : à son enterrement, Michel-Armand de Chapelle, lieut., et P^re Malet de Chastillon, sous-lieut., tous deux du rég^t du défunt.

GRAVAULT Suzanne. V. de Quateville de Basgue.

GRAVE (de). I. Charles-J^(ph), chev., éc. cavalcadour de † M^(me) la Duchesse Infante de Parme, ancien cap. au rég^t de Berchiny hussards, chev. de St-Louis, époux de Madeleine *Canne* ; † par. St-Marcel 31 août 1787, à 75 ans.

II. Henry, Catherine et Thérèse. V. de Coupigny.

GRAVEIN Judith. V. Bourquart.

GRAVEL (de) Maximilien-Henry, abbé commendataire de St-Symphorien, † par. St-Martin 25 avril 1742, à 83 ans et 9 jours, inhumé au chœur de l'église de St-Symphorien.

GRAVELOTTE. I. François, conseiller du Roi, contrôleur des receveurs et payeurs des gages au parl^t, épousa M^(te) *Lamotte*, † par. St-Maximin 14 mai 1737, à 75 ans.

II. Élisabeth. V. Olry IX.

III. Marguerite. V. Belquienne II.

GRAVELOTTE (de) Toussaint, avocat au parl^t, sgr du Saulcy et de Tronville, eut de M^(te) *Lemoine*, son épouse :
1. Marguerite, mariée à P^(re)-Louis Roederer.
2. Anne, mariée à F^(ois)-P^(re) Rabuat.

GRAVENREUTH (de) Adam-Guillaume-Ernest, b^(on) de Gravenreuth, m^e de camp de cavalerie, command^t de l'ordre de St-Michel de Bavière, chev. de St-Louis, dem^t à Steneti, époux de M^(ie)-Catherine-Victoire *de la Roue* ; † par. St-Livier 7 juil. 1790, à 52 ans.

GRAVERON (de) Henry-Louis. V. de Castelnau.

GRAVES (de) Charles. V. de Monredon.

GRAVIER de VERGENNES Charles. V. Ferrand de Peltre II.

GRAVISSET. I. Jean, R. P. R., m^d, bourgeois, eut de J^(ne) *Barthélemy*, son épouse :
1. Jeanne, mariée à Élie Guyot.
2. *Jean*, qui suit.

II. Jean, R. P. R., fils du préc., âgé de 22 ans, épousa, 14 sept. 1670, J^(ne) *le Duchat*, âgée de 17 ans, † 8 févr. 1676. De leur mariage étaient nés :
1. Jeanne, 15 déc. 1670 (sic).
2. Paul, 17 sept. 1672.
3. Oudard, 19 août 1674 ; † 9 nov. suiv.
4. Jean, 19 oct. 1675.

GRAVOT Madeleine. V. de Beausire.

GRAY Louis, natif de Cirquy (?) en Champagne, cadet à la compagnie de la citadelle, † par. St-Jean de la Citadelle 26 févr. 1684, à 20 ans : à son enterrement, les cadets N*** de Montangon et N*** de Morembert.

GRAY de MALMÉDY (de). I. J^n-Ferry, R. P. R., s^r de Malmédy, commissaire ordinaire d'artillerie, épousa, 25 août 1596, Judith *Gauvain*, dont il eut, 24 janv. 1599, *Ferry*, qui suit.

II. Ferry, R. P. R., fils du préc., épousa, 21 janv. 1624, Elisabeth *Lespingal*, † 1er oct. 1677. De leur mariage étaient nés :
1. Ferry, 20 oct. 1624.
2. Jérémie, 10 janv. 1627.
3. Suzanne, 12 juil. 1628 ; mariée à Louis de Couët.
4. François, 7 oct. 1629.
5. Élisabeth, 7 mars 1631 ; mariée à Ch^{les} Fériet, puis à Ch^{les} Jacobé de Monvaux.
6. Henry, 7 nov. 1632.
7. Jeanne, 1er janv. 1634.
8. Paul, 12 mai 1636.
9. Charles, 15 juil. 1637.
10. Judith, 11 août 1639.
11. Ferry, 19 oct. 1641.
12. Anne, 25 janv. 1643 ; mariée à Étienne de la Tour.
13. Madeleine, 14 oct. 1645.
14. Louis, 7 sept. 1647.
15. *Philippe*, 24 déc. 1649 ; lequel suit.
16. André, 22 nov. 1651.

III. Philippe, fils du préc., éc., sgr de Flévy et de Malmédy, sous-lieut. de chevau-légers de la garde de Mgr le Duc de Lorraine, † par. St-Martin 29 déc. 1709. Il avait épousé Barbe-F^{oise} *de la Tour*, † ibid. 19 juin 1741, à 85 ans. De leur mariage étaient nés :
1. Étienne-Philippe, † par. St-Martin 12 févr. 1727, à 44 ans ; sgr de Flévy et Francherue de Trémery, cap. au rég^t Dauphin infanterie, il avait épousé, ibid. 17 nov. 1719, Antoinette-Dorothée *Fagnier* : au mariage, F^{ois}-Ch^{les} de Serainchamps, b^{on} de Brabant, sgr de Remerange, du Sart et de Trieux.
2. *Paul-Philippe*, par. St-Maximin 22 juin 1686 ; lequel suit.
3. Ch^{les}-Hyacinthe, par. St-Martin 2 nov. 1687.
4. Anne-Barbe, ibid. 10 août 1689.
5. J^{ph}-Hyacinthe, ibid. 10 sept. 1691 ; chan. de St-Sauveur, † par. St-Gorgon 1er août 1740.
6. Ch^{les}-François, ibid. 25 juin 1694.

IV. Paul-Philippe, fils du préc., éc., brigadier des armées du Roi, lieut. au gouv^t de Salins, chev. de St-Louis, dem^t rue des Prêcheresses, épousa F^{oise} Olympe *de la Garde*, † par. St-Martin 13 déc. 1752. De leur mariage étaient nés par. St-Gorgon :
1. J^{ques}-Philippe, 21 juil. 1726 ; cap. au rég^t Dauphin au mariage de sa sœur ci-dessous 6.
2. F^{oise}-Dorothée, 31 juil. 1727 : p. J^{ph}-Hyacinthe de Gray, chan. de St-Sauveur ; m. Antoinette-Dorothée Fagnier, v^{ve} d'Étienne-Philippe de Gray, cap.
3. César-Roger, 1er sept. 1728 : p. César-Roger m^{is} de Castelnau, b^{on} de la Louber, représenté par Bernardin, frère de l'enfant ; m. M^{te} de la Garde, tante de l'enfant, représentée par Catherine Diane de la Cour, épouse de Michel Périn, conseiller secrétaire du Roi.
4. Bernardin, parrain suppléant du préc.
5. Catherine-F^{oise}, 4 oct. 1729 ; † 25 août 1732.
6. Catherine-Nicole, 10 déc. 1731 ; mariée à N^{as}-Fortuné Roger du Coulon.
7. Anne-J^{ph}-Antoine, 7 janv. 1741.

GRÉAULME DE PONT (de) Armand-F^{ois}, gentilhomme cadet à la citadelle, † par. St-Jean de la Citadelle 5 avril 1730.

GRÉAUME (de) Anne. V. de Pernet.

GRÉGOIRE (de) J^n-Antoine. V. Goullet VI, 19.

GRÉGOIRE. I. Barbe. V. Loth.

II. Élisabeth. V. Henry.

GREICHE (de). I. Jean-F^{ois} c^{te} de Greiche, chev., sgr de Jallaucourt, Amélécourt et la Borde, cap. de dragons, eut d'Anne *de Rennel*, son épouse :
1. Ch^{les}-J^n-B^{te}-*Henry*, qui suit.
2. Anne-F^{oise}-Scholastique, mariée à F^{ois}-J^{ph} de Feydeau.
3. Honoré-Henry-Dieudonné, chev. de Malte, sous-lieut. au rég^t de Soissonnais infanterie, au mariage de la précédente.
4. F^{ois}-Dieudonné-Henry, chev. de S^t-

Jean de Jérusalem, au mariage de son frère Ch^les-J^n-B^te-Henry, qui suit.

II. Ch^les-J^n-B^te-Henry, fils du préc., lieut. de cavalerie au rég^t royal étranger. épousa, par. St-Martin 4 juil. 1775, M^ie-Thérèse-Louise *de l'Edrier*, fille émancipée de P^re-Claude de l'Edrier, sgr en partie de Fougerolles. cap. au rég^t royal infanterie, dem^t à Parey, diocèse de Verdun, et de M^ie-Louise c^esse de Gourcy, laquelle mourut par. Ste-Croix 6 oct. 1778, à 23 ans. Au mariage, le c^te de Gourcy, chan. de Ste-Croix.

III. Catherine, marraine au baptême d'une juive, par. Ste-Croix 2 mai 1746.

IV. Claude, éc., sgr de Bifontaine et Moncheux en partie, épousa F^oise *de Pleiche*, dame de Moncheux-la-Petite, dont il eut :
1. Georges-F^ois, par. St-Simplice 21 oct. 1671 : p. Mgr d'Aubusson de la Feuillade, évêque de Metz.
2. Anne, par. St-Gorgon 13 avril 1677 : p. Claude de Siffredy, éc., lieut.-colonel au rég^t de la Ferté ; m. Anne de Ragois, v^ve de Ch^les de St-Jure.
3. J^n-Paul. V. d'Autriche.

GRELLET Ernest. V. de Blair (note).

GRELLON Claude. V. Lefebvre VI.

GRÉMÉE Marguerite. V. de Vogrenan.

GRENET Charles, procureur au parl^t à sa création en 1633, épousa Elisabeth *Mahuet*, † par. St-Gorgon 13 mai 1668. De leur mariage étaient nés :
1. Claude, [par. St-Agnan de Toul au mois de mai 1649].
2 Catherine, [ibid. au mois d'oct. 1652].
3. Barbe-M^ie, mariée à N^as-F^ois Archangély.
4. Marie, mariée à Louis Bertrand.

GRENIER. V. Lasalle VII, 4.

GRENON de CHANTILLY Jeanne. V. Pinguet de Suzémont.

GRETH Anne-M^ie-Thérèse. V. Maihaignery de la Richardière.

GREVÉ (de). V. Blain.

GRIGNON Françoise. V. Leleu.

GRIGNON (de) Marie. V. de Pémolier de Saint-Martin.

GRIMAULE Henry, éc., lieut. de dragons au rég^t de la Reine, † par. St-Marcel 4 août 1729, à 38 ans.

GRIMONT. I. Anne. V. Dégoutin IV.

II. Claude-Henry. V. Scourion.

III. Pierre. V. Desjardins.

GRINOT Barbe. V. le Duchat XXII.

GRINSART. I. Ch^les-Joseph, conseiller du Roi, avocat au parl^t, m^e particulier des eaux et forêts, fils de Joseph, m^d, et de Catherine Mangeot; † rue St-Vincent, par. St-Livier 2 avril 1755, à 65 ans. Il avait épousé : 1° ibid. 11 janv. 1718, Anne-M^te *Spinga*, fille de J^n Spinga, architecte, et d'Anne Evrard : au mariage, Louis Grinsart, curé de Bacourt, oncle du marié. Du dit mariage naquit, ibid. 1er déc. 1718, Ch^les-Joseph, † 10 janv. 1724. Anne-M^te Spinga mourut à 41 ans, par. St-Livier 19 févr. 1738. — 2° M^ie-Anne *Jacquin*, † par. St-Gorgon, 15 déc. 1752.

II. Antoinette et Joseph. V. le Sage de Treffort.

III. Charlotte. V. Dauphin.

IV. Marie. V. Marchand III.

GRISSIER Élisabeth. V. Mayeux.

GROMMELIN Catherine. V. le Page VII.

GRONDEL (de) Jean, cap. au rég^t d'Alsace, eut de M^ie-Anne-Louise *de Bock*, son épouse, par. St-Livier 10 nov. 1715, Jacob-J^ph, † à Chailly près Metz 27 suiv.

GROS (le) Barbe. V. Georges de Vrémy III.

GROSJEAN. I. Jean, [natif de Coulmiers au duché de Bourgogne, conseiller du cardinal de Givry, protonotaire apostolique, chan. de la cathédrale et g^d archidiacre, † 30 juin 1632, laissant tout son avoir aux Minimes, en l'église desquels il fut inhumé. Msc. Epit.]

II. Henry. V. d'Elbecuto d'Orlandiny.

III. Anne-Philippe. V. Darousse.

GROSMANGIN Antoine, commissaire gén¹ des vivres, † par. S⁺-Simplice 1ᵉʳ mars 1689, à 79 ans. Il avait épousé Madeleine *Harquel*, dont il eut :
1. Madeleine, mariée à Pʳᵉ Lochon.
2. Gabrielle, mariée à Jean Muzac.
3. Anne, mariée à Nᵃˢ Cannetel.

GROSSEIN Cunégonde. V. de Bouillon.

GROSSET Jⁿ-Baptiste, conseiller du Roi, notaire, fils de † Jean-Fᵒⁱˢ, mᵈ, et de Jⁿᵉ Bouzon, épousa, étant âgé de 24 ans, par. S⁺-Simplice 28 août 1759, Anne *Plaisant*, âgée de 22 ans : au mariage, Jᵠᵘᵉˢ Plaisant, chan. de Vic, et Dieudonné Plaisant, huissier au bailliage, oncles de la mariée. Du dit mariage naquit Élisabeth-Charlotte-Henriette, mariée à Claude Gardeur-Lebrun.

GROSSIER François. V. Rabuat.

GROST (du) Marguerite. V. Scourion.

GROSTÊTE de PLICHANCOURT.
I. Pʳᵉ-Jérôme, conseiller du Roi, lieut. au bailliage de Vitry-le-François, eut de Madeleine *de Saint-Genis*, son épouse :
1. Laurent, sgr de Plichancourt, conseiller aux requêtes du palais ; il épousa, étant âgé de 35 ans, par. S⁺-Simplice 9 oct. 1764, Mⁱᵉ-Apolline-Christophe *du Buat*. A ce mariage, Louis-Fᵒⁱˢ-Mⁱᵉ Hocquard, éc., conseiller au parl⁺, cousin issu de germain de l'époux.
2. Pierre, conseiller du Roi, lieut. gén¹ au bailliage de Vitry-le-François, au mariage de son frère le préc.

II. Marguerite. V. de Lorme.

GROU Mⁱᵉ-Louise et Louis. V. de Maré.

GROUX Madeleine. V. Brulliot.

GRUNIAU de DOSMES Pʳᵉ-Emmanuel, ancien cap., commissaire des guerres au service de l'Empereur, chev. de l'ordre de S⁺-Philippe, † par. S⁺-Victor 6 déc. 1786, à 79 ans.

GRUTUS Jⁿ-Baptiste. V. Chastel de Villemont II, 5.

GUAGUANT Mⁱᵉ-Claude. V. de Bry d'Arcy IV.

GUBIN Élisabeth. V. de Beauregard.

GUEAU de GRAVELLE de ROUVRAY Gabriel-Jᵠᵘᵉˢ-Nᴬˢ, chev., mousquetaire du Roi de la seconde compagnie, âgé de 25 ans, fils des † Jᵠᵘᵉˢ-Étienne Gueau de Gravelle de Reverseaux, éc., sgr de Reverseaux, Rouvray, S⁺-Florentin, les grands et petits Marolles, Loaville, Nicorbin et autres lieux, et Mⁱᵉ-Angélique le Noir, de Paris, épousa, par. S⁺-Victor 27 avril 1769, Mⁱᵉ-Thérèse-Honorine *de Monginot*, âgée de 16 ans, fille de † Remy de Monginot, éc., et de Rose-Fᵒⁱˢᵉ France (cette dernière vᵛᵉ en secondes noces de Robert d'Arras d'Haudrecy). A ce mariage, Fᵒⁱˢ-Philippe Paris, chev., sgr de Mainvilliers, Poidfon, la Motte, Désert, cap. de sapeurs au rég⁺ d'Auxonne corps royal artillerie ; Claude-Fᵒⁱˢ-Louis Denisot, cap. au rég⁺ de Flandre infanterie ; Claude Barthominat, sgr de la Besse, cap. d'infanterie.

GUÉBEL (de) Nᵒˡᵉ, baron, eut pour épouse Mⁱᵉ-Eléonore bᵒⁿⁿᵉ *de Seepach*, † par. S⁺-Martin 4 févr. 1741.

GUÉDENNE, *alias* GUÉDEN Françoise. V. Bertrand XI, 4 et Simony.

GUEDON Anne. V. Berault de Belcastel IV.

GUEDRON Suzanne, ancienne supérieure des Filles de la Charité, † à 97 ans, par. Sᵗᵉ-Croix 9 juil. 1759.

GUEGHIERE. V. de Ghequier.

GUEISEN (de) Jacques-Fᵒⁱˢ, chev., sgr de Rémelange et Gandrange, mᵉ de camp d'infanterie, aide de camp de Mgr le Maréchal de Belle-Isle, chev. de S⁺-Louis, eut pour épouse Mᵗᵉ *Chardon*, † à 31 ans, noyée le 23 sept. 1741 dans la Moselle, retrouvée dans les eaux sur la par. S⁺-Georges. Avec elle périrent Sophie-Louise Thirion, épouse de Jⁿ-Mathias Chardon, cap. réformé à la suite de la place de Metz, âgée de 55 ans, et Gaspard Schneider, curé de Sierck, âgé de 70 ans : tous résidant à Sierck.

GUEISSEM Anne. V. Dumoulin.

GUELDRE (DE) ANNE. V. de Baussencourt.

GUELLE. I. MICHEL, bourgeois, † par. Ste-Croix 20 janv. 1787, à 76 ans. Il avait épousé Christine *Baudoin*, dont il eut Ch^les-Michel, qui suit.

II. CH^LES-MICHEL, fils du préc., notaire, âgé de 39 ans, épousa, par. Ste-Croix 9 oct. 1787, M^ie-Louise-Thérèse *Branchu*, âgée de 18 ans et demi, fille de † J^ph-Philippe Branchu et de M^ie-F^oise Chicancan, de laquelle il eut, ibid. 25 janv. 1789, Léonard-Ch^les-Michel.

III. BARBE. V. Rolland I 2.

GUENOT MARIE. V. de Vigneulles XV.

GUENTZ (DE). I. HENRY, conseiller intime. de S. A. Sér. Mgr le Prince de Nassau-Sarrebrück, dem^t à Bitche, eut de Madeleine-Thomas *de Heymann*, son épouse :
1. M^ie-Reine-Barbe-Madeleine, mariée à Louis-Ch^les-Théodore de Gelb.
2. J^n-Henry, cap. au rég^t de Nassau, au mariage de sa sœur la précédente.
3. J^n-Baptiste, cap. au rég^t de Conflans hussards, ibid.
4. Philippe-N^as, lieut. au rég^t de Nassau infanterie, ibid.

II. AUGUSTE. V. Pothier.

GUÉRARD JUDITH. V. Boudaine.

GUÉRARD (DE) SUZANNE-M^IE. V. Marion XI.

GUÉRATTE ANNE-CATHERINE. V. Pérolle III.

GUÉRAUT J^ph-THOMAS. V. Woirhaye.

GUERCIR (DE) FRANÇOIS. V. Péricard.

GUÉRIN. I. FRANÇOIS, dit de Villembour, conseiller au parl^t, fils de F^ois, conseiller à la cour de Bresse ; † par. St-Victor 26 janv. 1675. [Il eut un frère, Pierre, d'abord conseiller à la cour de Bresse, puis conseiller au parl^t de Metz].

II. JACQUES, [professeur de théologie, chan. de la cathédrale, natif de Thorigny, † 9 sept. 1614. Msc. Epit.]

III. FRANÇOIS, éc., chev. de St-Louis, colonel d'infanterie, cy-devant dir. en chef de l'artillerie au dép^t gén^l des Trois-Évêchés, pensionnaire du Roi, dem^t place St-Thiébault, † par. St-Martin 25 août 1763, à 98 ans. Il avait épousé Barbe *de Saint-Hillier*.

IV. Divers.
1. ANNE. V. Déodeau.
2. CATHERINE et M^ie-CATHERINE. V. le Roy Dugué.
3. MARGUERITE. V. Jonvaux.

GUÉRIN (DE) ARMAND-J^N-P^RE, chev., sgr de la Cheize et du Teule, chev. de St-Louis, major au rég^t d'Armagnac, âgé de 40 ans, cy-dev^t en garnison à Thionville, fils de J^n-P^re-Armand, chev., sgr de la Cheize et du Teule, ancien officier au rég^t de Dauphiné. et de M^te de Breayac, épousa, par. St-Livier 17 janv. 1786, Anne-F^oise *de Guerschin*. A ce mariage, J^n-B^te de la Mark, quartier-maître trésorier du dit rég^t d'Armagnac ; J^n-J^ques d'Arnauld, sgr de Buding, chef de bataillon au rég^t de Salm-Salm ; J^n de la Touche, cy-devant cap. command^t au rég^t de Bourbon, et F^ois de la Touche, cap. d'infanterie, tous deux oncles à la mode de Bretagne de l'épouse.

GUERLANGE. I. SALOMÉE. V. Beaudesson XX.

II. JEANNE. V. Dilange VII.

GUERNOVAL (DE) LOUIS, chev., sgr du Valtrion, cap. du second bataillon de la milice d'Artois en garnison à Metz, † par. St-Gorgon 9 déc. 1743.

GUÉROULT (DE) CHARLES, éc., sgr de Grouville, contrôleur en la monnaie de Metz, âgé de 32 ans, fils de † N^as, éc., et de J^ne de Suzanne, de la par. de Clerx, bailliage de Caën, épousa, par. Ste-Croix 23 mai 1712, Antoinette *des Guillons*. Le mariage fut célébré en l'église de la Propagation de la Foi et bénit par J^n-B^te Canon, chan. archidiacre de Strasbourg et chan. de la cathédrale de Metz, promoteur gén^l de l'Évêché de Metz.

GUERRE ABRAHAM, R. P. R., bourgeois,

épousa Suzanne *de Savigny*, † v^ve de lui, 9 juin 1678, à 60 ans environ.

GUERRE (DE LA) ANNE. V. Coustaut I, 9.

GUERRIER. I. GERMAIN, [lieut. au rég^t de Nettancourt, issu d'une famille distinguée de Vitry-le-François, † à Courcelles-sur-Aire 28 juin 1701. Il avait épousé Anne *Wyart*, de famille noble, dont il eut *François*, qui suit].

II. FRANÇOIS, fils du préc., avocat au parl^t, m^e particulier des eaux et forêts, puis avocat du Roi au bailliage, † par. St-Victor 2 juil. 1741, à 82 ans. Il avait épousé, par. St-Martin 15 nov. 1701, M^ie *Desprez*, † par. St-Victor 12 sept. 1754, à 75 ans. De leur mariage étaient nés par. St-Gengoulph :

1. Jeanne, 2 janv. 1703.
2. J^ne-Marguerite, 27 mai 1704.
3. Barbe-Gabrielle, 28 juin 1705.
4. M^ie-Élisabeth, 3 sept. 1706 ; mariée à J^n-Etienne Potot.
5. J^ph-Alexandre, 23 mars 1708 ; chan. de Verdun au mariage de F^ois IV.
6. F^ois-Antoine, 17 avril 1709.
7. F^oise-Henriette, 11 juin 1710 ; mariée à N^as Milet.
8. F^ois-Augustin, 3 mai 1712.
9. Philippe-Henry, 19 avril 1713.
10. J^n-*Baptiste*, 10 juil. 1714 ; lequel suit.

III. J^N-BAPTISTE, fils du préc., avocat au parl^t, puis avocat du Roi au bailliage, épousa, par. Ste-Croix 29 août 1747, Madeleine *Pacquin de Pomecourt*, [† 22 nov. 1805]. De leur mariage naquirent :

1. Barbe-Madeleine, par. St-Martin 4 déc. 1750 ; mariée à Louis-Corneille Rouëlle.
2. *François*, ibid. 10 mars 1753 ; lequel suit.
3. Jacques, par. St-Victor 12 nov. 1754.

IV. FRANÇOIS, fils du préc., éc., conseiller au parl^t [après avoir suivi la carrière militaire], épousa, par. St-Simplice 24 juil. 1781, Louise-Pulchérie *Choné*, fille de J^n-P^re Choné, trés. de France, de laquelle il eut ibid. :

1. J^n-B^te-P^re-Alexandre-F^ois, 19 sept. 1782.
2. M^ie-Madeleine-Louise^(1), 31 juil. 1784.
3. Madeleine-Barbe-Glossinde, 24 juil. 1786 : p. J^n-B^te-Gilbert Gerard d'Hannoncelles, conseiller honoraire aux parlements de Metz et de Nancy, g^d oncle ; m. Madeleine-Barbe Guerrier, v^ve de Corneille Rouelle, tante.

V. M^IE-MADELEINE, cousine de J^n-B^te III, † à 81 ans, par. St-Gorgon 9 mai 1743.

GUERSCHIN (DE) J^N-VALENTIN, chev., sgr de Logne, Hackenberg, Errouville et autres lieux, officier au rég^t de Montmorin, puis cap. au rég^t de l'Isle de France, † par. St-Martin 15 avril 1783 : à son enterrement, J^n-Valentin Bavière, avocat en parl^t, son frère utérin ; J^ques-Philippe Arnauld, cap. au rég^t d'infanterie allemande, chev. de St-Louis, éc., sgr du Hackenberg ; P^re-J^ques d'Estienne de Chaussegros, cap. au rég^t provincial d'artillerie de Metz, son cousin germain. — Il avait épousé : 1° Agnès *de Laval* ; 2° par. Ste-Croix 13 juin 1769, Antoinette *Croisille*, v^ve de Constantin-Félix de Bachoué, cap. au rég^t d'Anhalt : à ce mariage, J^ques-Philippe Ducontaut et Marc-Gaspard de Capriol, tous deux cap. au corps royal artillerie. Du premier mariage naquirent :

1. Anne-F^oise, mariée à Armand-J^n-P^re de Guérin.
2. Agnès, mariée à Louis-Alexandre de Carrey d'Asnières.
3. J^n-J^ques-Philippe. V. Carrey d'Asnières.

GUERSOT SIMON, R. P. R., aman^t, † 30 avril 1668, à 71 ans.

GUEVEL JEAN, conseiller du Roi, notaire, fils de Michel, bourgeois, et de J^ne le Roy, épousa, étant âgé de 30 ans, par. St-Eucaire 30 nov. 1773, Elisabeth *Charuel*, dont il eut ibid :

1. J^ne-Marie, 7 déc. 1774.
2. Michel, 26 nov. 1775.
3. Barbe-Louise, 22 déc. 1776 ; † 10 sept. 1779.

---

(1) L'une des filles de F^ois Guerrier fut mariée à Bernardin Moisson, ancien lieut.-colonel d'artillerie, père de N*** Moisson, cap. d'artillerie, et de N*** Moisson, procureur de la République à Metz. L'autre fut mariée en 1815 à Louis-Antoine Boudart, alors chef de bataillon d'artillerie. *Biog. du Parl.*

4. M^{ie}-Anne, 6 mars 1778; † 8 sept. 1779.
5. Théodore-Casimir, 2 août 1779 : p. Théodore-Casimir Louis, avocat en parl^t, dem^t à Thionville; m. Anne de Brück, v^{ve} d'Antoine Louis, avocat en parl^t ibid.
6. Anne-M^{te}, 20 juil. 1780.
7. Élisabeth, 29 nov. 1781.
8. Louise, 12 déc. 1783.
9. J^{ne}-Julie, 5 mai 1788.
10. Barbe-Louise, 5 avril 1789.
11. J^{ne}-M^{ie}-Françoise, 4 déc. 1790.

GUIAR D'AMILLY (DE), *alias* DE GUIARD. I. LOUIS-PHILIPPE, éc., s^r d'Amilly, fils des † Louis-F^{ois}, éc. sgr d'Amilly, et M^{ie}-Anne le Lasseur, épousa, par. St-Livier 3 déc. 1765, M^{ie}-Elisabeth *Merlo*, fille de † Brice Merlo, bourgeois, et de J^{ne} Courageux. De leur mariage naquirent :
1. Didier-Louis, par. St-Marcel 18 août 1767 : p. Didier Beugeot, sgr en partie de Semécourt, bourgeois de Metz.
2. Claude-Ambroise, ibid. 18 juil. 1768.
3. Philippe-M^{ie}-Louis, par. Ste-Ségolène 27 août 1770.
4. F^{ois}-Alexandre-M^{ie}-Bernard, ibid. 18 mars 1772.

II. N***, cap. command^t au rég^t de Piémont infanterie, épousa F^{oise} *de Mongodin*, † v^{ve} de lui, par. St-Victor 18 sept. 1712.

GUIBERT (DE) HÉLÈNE-ANTOINETTE. V. de Maré.

GUIBORAT (DE) MARIE. V. Ravaulx.

GUICHARD. I. JEAN, [† en 1621. Il avait épousé J^{ne} *Vion*, † en 1623 : tous deux étaient âgés de plus de 80 ans. Ils furent inhumés par. St-Martin, où un monument leur fut érigé par *Antoine* qui suit, sans doute leur fils. Msc. Epit.]

II. ANTOINE, treize, aman, doct. ès droits, m^e-échevin en 1633, avocat au parl^t, épousa : 1° F^{oise} *Gérard*; 2° Catherine *Jennet*. Du second mariage naquirent :
1. Fleury-J^{ph}, par. St-Martin 7 sept. 1634.
2. Une fille, [mariée à J^n de Mercy, troi-

sième du nom. Armorial de dom Pelletier, p. 506.]
3. *Charles*, qui suit.

III. CHARLES, fils du préc., aman de Ste-Croix, avocat au parl^t, épousa Louise *Martignon*, † ibid. 19 déc. 1685, à 72 ans. De leur mariage étaient nés :
1. François, par. St-Martin 3 mai 1649.
2. Anne, ibid. 31 janv. 1652.
3. Marie, ibid. 5 juin 1654 : m. M^{ie} de Bossuet.
4. *Louis-Bernard*, par. St-Gengoulph 24 sept. 1656 ; lequel suit.

IV. LOUIS-BERNARD, fils du préc., notaire royal, † par. St-Martin 21 nov. 1748. Il avait épousé Charlotte *Clément*, † ibid. 5 sept. 1733, à 67 ans. De leur mariage étaient nés par. St-Martin :
1. Charles, 7 oct. 1687.
2. Charlotte, 10 nov. 1688.
3. Catherine, jumelle de la préc.
4. Élisabeth, 30 oct. 1690.
5. Anne, jumelle de la préc.
6. Jeanne, 8 déc. 1691 ; mariée à Joseph d'Arancy.
7. Élisabeth, 21 mars 1693 ; mariée à J^n-Joseph Ganot.
8. Barbe-F^{oise}, 19 juin 1694.
9. Catherine, 3 juin 1695.
10. Ch^{les}-Dieudonné, 27 août 1697.
11. Barbe-F^{oise}, 27 oct. 1698; mariée à Paul le Goullon.
12. M^{ie}-Anne, 27 févr. 1700.
13. Anne-L^{se}, 15 déc. 1701; mariée à F^{ois}-Godefroy de Pidolle.
14. Thérèse, 26 janv. 1706.

V. LOUIS, m^e-apothicaire stipendié de la ville, † à 83 ans, par. St-Gorgon 11 déc. 1737. Il avait épousé Louise *Pattée*, † à 67 ans, ibid. 1er mai 1735 : tous deux furent inhumés aux Récollets. De leur mariage étaient nés :
1. François, m^e-apothicaire, † par. St-Gorgon 10 juil. 1748. Il avait épousé Louise *Thomas*, † ibid. 7 mai 1748, à 50 ans.
2. Joseph, m^d à Sarrelouis, à l'enterrement de son père.
3. Marguerite, mariée à F^{ois} Noyal.

VI. Eustache, éc., garde du corps du Roi, de N.-D. de Forgis au diocèse de Sens, fils des † Vincent, conseiller du Roi, et M^{tc} Bonjean, épousa, par. St-Martin 31 mai 1718, F^{oise} *Mangetaire*, v^{ve} de Ch^{les} du Fort de la Pripanne, laquelle mourut ibid. 13 mai 1722 : son mari est dit en l'acte de décès *Guichard de Marsoye*.

VII. Charles, avocat à la cour souveraine de Lorraine, fils de Charles, tabellion gén^l en Lorraine, et d'Elisabeth Louis, épousa, par. St-Simplice 7 juin 1729, M^{te} *Clément*.

VIII. Charles, aman, treize et changeur, † par. St-Martin 26 janv. 1646.

IX. Divers.
1. Louise. V. Peltre IV.
2. Louise. V. Mangetaire.

GUICHE (de la) Amable-Ch^{les}. V. Cavaleri.

GUIGNET de Batray Anne-Thérèse. V. de Goyon des Rochettes.

GUILBERT. I. M^{ie}-Charlotte. V. du Gast de Beaulieu.

II. Jⁿ-Pierre, m^d chamoisier, épousa, par. St-Gengoulph 31 janv. 1719, Anne *Gattebois des Forges*, v^{ve} d'Antoine Ponsard.

GUILLATO Pierre, s^r de la Guardière, enseigne, natif de Fousses en Poitou, † par. St-Martin 15 mai 1656.

GUILLAUME. I. Jean, R. P. R., treize, épousa, 13 juil. 1562, Perrette *Vinot*, v^{ve} du s^r Didier d'Hannonville.

II. Nicolas, treize, fut parrain par. St-Martin 23 sept. 1607.

III. Divers.
1. Claire. V. Bourdelois.
2. Daniel et Isabelle. V. André III.
3. Isabeau. V. Bertrand.
4. Joseph. V. Pioche II, 7.
5. M^{ie}-Madeleine. V. Pérolle IV.

GUILLAUME (de) Annibal, [chan. et écolâtre de la cathédrale, † 20 avril 1612, inhumé à la cathédrale. Msc. Epit.]

GUILLEMEAU de Freval Claude-Hyacinthe. V. Cavaleri.

GUILLEMIN. I. Claude-Antoine, d^r et professeur en droit à l'université de Pont-à-Mousson, veuf de Thérèse *Chairiet*, épousa, par. St-Gengoulph 4 juil. 1741, M^{ie} *d'Huart*, fille de † P^{re} d'Huart, sg^r de Vrémy.

II. M^{ie}-Sidonie. V. Tabouillot.

GUILLEMIN (de). I. Nicolas-F^{ois}, b^{on}, eut de Catherine-Thérèse *de Moulon*, son épouse :
1. Jⁿ-B^{te}-Gaston, qui suit.
2. Anne-Charlotte, mariée à Léopold-Ch^{les} du Hautoy.

II. Jⁿ-B^{te}-Gaston, fils du préc., cap. d'infanterie, chev. de St-Louis, épousa J^{ne}-Louise-Rosalie *Malherbe*, [† 5 févr. 1821]. De leur mariage étaient nés :
1. Alexandre-Louis-Gaston, par. Ste-Ségolène 23 sept. 1773.
2. Ch^{les}-Victor-Gaston, par. Ste-Croix 14 juil. 1785 : p. Louis-Stanislas-Xavier-Victor, abbé et c^{te} du Hautoy ; m. Anne-Charlotte b^{onne} de Guillemin, c^{esse} douairière de Léopold-Ch^{les} c^{te} du Hautoy.
3. Thérèse-Ch^{les}-Rosalie, marraine suppléante du préc.

GUILLEMINET Jeanne. V. de Foucquet V.

GUILLERMÉ. I. Gabriel, R. P. R., eut de Laurette N***, son épouse :
1. Gabriel, 4 janv. 1566.
2. Gédéon, 25 janv. 1568.
3. David, 19 déc. 1576.
4. Judith, 3 juin 1579.

II. Guillaume, R. P. R., eut de Perrette N***, son épouse, Suzanne, 4 nov. 1580.

GUILLERMIN (de). I. Charles, [éc., sg^r de Corny, † 21 mai 1636, à 42 ans. Il avait épousé Charlotte *de Labriet*, v^{ve} du s^r de la Source, lieut. de la compagnie de Mr de Bonnecasse, laquelle mourut 23 janv. 1666. Tous deux furent inhumés par. St-Livier. Msc. Epit.]

II. Jacques, [éc., sg^r de Corny, Franclonchamps, les Étangs, Grosyeux et Hauconcourt en partie, demeurait en 1668 sur le rempart de la citadelle. Il avait épousé

Louise *Marsal*. Tous deux furent inhumés à St-Arnould : leur épitaphe est sans date. M**sc**. E**pit**] De leur mariage étaient nés :

1. Charlotte, par. St-Gorgon 10 janv. 1654.
2. Jacques, ibid. 28 déc. 1655; [sgr de Jouy et époux de Louise *Marchand* en 1705].
3. André, ibid. 16 janv. 1657; [conseiller au conseil souverain d'Alsace, † 22 mars 1732].
4. Louise, par. St-Victor 28 juin 1663.
5. Marguerite, par. St-Gorgon 25 nov. 1666; mariée à F^{ois} Courcol, puis à Jⁿ-F^{ois} Dattel.
6. Ch^{les}-Joseph, par. St-Martin 17 août 1668; † 18 sept. suiv., inhumé à l'abbaye de St-Arnould.
7. Ch^{les}-Didier, par. St-Livier 22 janv. 1672; † 2 avril suiv.
8. Christine, ibid. 8 mai 1673.
9. *Siméon*, en 1674; lequel suit.
10. N^{as}-Jⁿ-Charles, par. St-Victor 24 janv. 1677; † par. St-Livier 25 mars suiv.
11. Étienne; éc., cap. major au rég^t de Fermacon dragons, sgr des Étangs, il épousa, par. St-Martin 30 avril 1699, Suzanne *Duclos*.

III. Siméon, fils du préc., éc., sgr de Corny, cap. au rég^t de Fermacon, épousa, par. Ste-Ségolène 7 janv. 1704, Rose *Humbert*, âgée de 18 ans, de laquelle il eut :

1. J^{ph}-Noël, par. Ste-Ségolène 25 déc. 1704.
2. Rose, marraine par. St-Simplice 17 févr. 1727.

IV. Joseph, sgr de Corny, colonel du rég^t de Porto Ferrato italien au service de S. M. Impériale, fut parrain par. St-Simplice 16 sept. 1746.

V. J^{ne}-Charlotte et Marie. V. Dunesme.

VI. Jeanne. V. d'Avignon.

GUILLIER (de). V. Baubé de Grammont.

GUILLON Claude. V. Lefebvre VI.

GUILLON de MALŒUVRE Henry-Claude. V. Salle de Rochefort.

GUILLONS (des)⁽¹⁾, *cfr*. DÉGUILLON.
I. Charles, R. P. R., éc., ingénieur du Roi, sgr des Touches, Réal et Augecourt. fils de Pierre, éc., sgr de Laage, baillif de Sedan et de Raucourt, épousa : 1° 22 juil. 1629, Élisabeth *Dommangin*, fille de Jⁿ Dommangin; 2° 31 janv. 1638, Madeleine *le Bachelé*.

Du premier mariage naquirent :

1. Élisabeth, 2 juin 1630.
2. Marguerite, 18 avril 1632.
3. Élisabeth, 22 févr. 1634.
4. Pierre, 6 mai 1635.
5. Daniel, 6 juil. 1636 : p. Daniel de Guillon. s^r du Réal, baillif de Sedan.

Du second mariage naquirent :

6. Charles, 24 mai 1639.
7. Jacques, 10 avril 1641.
8. Jean, 18 févr. 1643.
9. *Pierre*, qui suit.

II. Pierre, R. P. R., fils du préc., éc., sgr d'Augecourt, Bazoncourt et Poise, épousa, 6 mars 1676, Madeleine *Ferry*, dont il eut :

1. Madeleine, 31 mai 1677.
2. Marie, 17 déc. 1678.
3. Esther, 22 juin 1681; † 23 sept. 1682.
4. Anne, 24 avril 1684.
5. Antoinette, par. St-Maximin 13 juin 1689; mariée à Ch^{les} de Gueroult.

III. Jacques, éc., cap. de Provence, chev. de St-Louis, sgr des Granges, fils des † Jacques, éc., sgr des Granges, et Florence de Lallouette; † par. St-Martin 17 avril 1745. Il avait épousé, ibid. 10 sept. 1715, Mlle *le Duchat* : tous deux abjurèrent le protestantisme avant le mariage.

GUIMESTY (de) Yves, éc., sgr de la Perrière et de Levadeur, cap. au rég^t de Clarck infanterie irlandaise, fils des † Jean, éc., sgr de la Perrière, et Anne de Levadeur, de leur vivant domiciliés à Pontivy en Bretagne, épousa : 1° Louise *Platine*, † par. St-Martin 19 juin 1729, à 76 ans; 2° ibid. 10 janv. 1730, Catherine *Titeux*, v^{ve} de P^{re} le Goullon, dont il eut M^{te}-Rose, ibid. 28 févr. 1730.

(1) *Alias* d'Aiguillon, d'Eguillon, Desguillon, de Guillon.

GUIMET Marguerite. V. le Sage de Treffort.

GUINIARD Philippe. V. Richepanse.

GUIOD Anne. V. de Corail.

GUION Dorothée et F^{ois}-Ch^{les}-Nicolas. V. Robin II.

GUIROY (de) Françoise. V. Cellier V.

GUISE (de). I. Baudouin, natif de Bastogne, comté de Chiny, cap. à la suite de la place de Metz, † par. St-Simon 8 févr. 1750, à 86 ans : à son enterrement, Pierre, son fils, qui suit.

II. Pierre, fils du préc., chir., † à 81 ans, par. St-Victor 23 avril 1786. Il avait épousé Alexise Rouyer, dont il eut Barbe, mariée, à 42 ans, à J^n-J^{ques} Peltre.

GUITAUT (de) J^{ne}-Marthe. V. de Wendel (note).

GUITTON M^{ie}-Jeanne. V. Pattot de Grandcour.

GURY. I. Jean, conseiller du Roi au bailliage, † par. St-Victor 29 juin 1704, à 79 ans.

II. Suzanne. V. de Marsal I, 3.

III. Marie. V. Mourot.

GUSQUET (de) Marie. V. de Noaillan.

GUSTAL de CROUSTE Charles, éc., eut de M^{te} Surelle, son épouse, Charles, par. St-Gengoulph 15 mai 1731.

GUSTINE Marguerite. V. Simony.

GUSTINE de WILTZ (de) M^{ie}-Anne. V. de Lambertye.

GUY J^n-F^{ois}-Raymond, éc., avocat au parl^t de Toulouse, fils de J^n-P^{re}, chev., président, trés. de France et g^d voyer au bureau des finances de la généralité de Toulouse, et de M^{te} d'Augier, épousa, par. St-Gengoulph 24 janv. 1758, J^{ne}-M^{ie}-L^{se}-Auguste Pérain de Buy : au mariage, J^n-Louis de Bernage, intend^t à Metz ; J^n Cantat, éc., conseiller garde-scel en la chancellerie et siège présidial de Moulins et premier secrétaire de l'intendance ; Michel-Laurent Pelletier, dir.

en chef en survivance du corps royal artillerie. Du dit mariage naquit, ibid. 13 janv. 1759, J^n-P^{re}-F^{ois}-Antoine : p. J^n-P^{re} Guy de Villeneuve, président trés. de France à Toulouse, et commissaire pour le Roi aux États de Languedoc, représenté par Antoine, chev. de Guy, son fils, cap. au rég^t de Saint-Chamand infanterie.

GUYET. I. Charles, natif de Paris, sgr de Chantrenne, épousa, par. St-Victor 26 juil. 1659, Élisabeth de Viserny, † par. Ste-Croix 20 sept. 1709. De leur mariage naquirent par. St-Victor, à l'exception du dernier :

1. Marguerite, 6 mai 1660.
2. Gabrielle-Antoinette, 24 avril 1661 ; mariée à J^n Renaudin.
3. Charlotte-M^{ie}, 2 janv. 1663.
4. Barbe, 18 janv. 1665.
5. P^{re}-Bertrand, 8 déc. 1667.
6. Ch^{les}-Élisabeth, par. Ste-Croix 9 mai 1672.

II. Charles, eut de M^{ie} de Reumaux, son épouse, par. Ste-Croix :

1. Abraham-Henry, 16 mars 1697.
2. M^{ie}-Suzanne, 25 mars 1698.

GUYET de la FONTENELLE. I. Thomas-Claude, éc., sgr de la Fontenelle, cap. au rég^t de Tallard, épousa Claudine Suquet, † par. St-Gengoulph 20 avril 1762, à 75 ans. De leur mariage naquit, par. St-Martin 24 juil. 1733, Pierre, † 19 mars suiv.

II. Joseph, éc., avocat, ancien prévôt provincial au dép^t de la Sarre, † par. St-Martin 24 avril 1731, à 85 ans.

III. Catherine, cousine du préc., † par. St-Gengoulph 18 déc. 1722.

GUYOT. I. Charles, R. P. R., d^r en médecine, épousa, 12 août 1663, Suzanne Dubois, dont il eut :

1. Charles, 29 août 1664 ; † 11 juil. 1669.
2. Suzanne, 29 sept. 1666 ; † 25 juil. suiv.
3. Élie, 10 nov. 1668.
4. Charles, 13 nov. 1670.
5. Zacharie, 22 avril 1672 ; † 6 mars suiv.

6. Louis, 2 févr. 1674; † 29 août 1675.
7. Philippe, 16 juin 1675.
8. David, 29 oct. 1676.
9. Suzanne, 9 avril 1681; † 5 févr. 1683.
10. David, 20 déc. 1682.
11. David, † à 6 mois 1/2, 18 déc. 1684.

II. ÉLIE, R. P. R., m^e-chir., eut de Judith *Mangin*, son épouse :
1. *Élie*, qui suit.
2. Marie, † à 45 ans, 17 déc. 1679.

III. ÉLIE, R. P. R., fils du préc., m^e-chir., âgé de 28 ans, épousa, 16 sept. 1674, J^{ne} *Gravisset*, âgée de 17 ans, dont il eut :
1. Élie, 25 juin 1675; † 15 août 1676.
2. Jeanne, 14 juin 1678.
3. Judith, 8 mars 1680; † 18 sept. 1681.
4. Élie, 23 mai 1681.
5. Benoît, 24 nov. 1682.
6. Paul, 13 févr. 1684.
7. David, 4 août 1685.

IV. PAUL, R. P. R., m^e-chir., † à 70 ans, 29 juin 1677. Il avait épousé Salomée *Piersené*, dont il eut :
1. David, 9 févr. 1656.
2. Isaac, 11 juin 1659.
3. Jeanne, † à 24 ans, 24 août 1673.

V. Jⁿ-BAPTISTE, conseiller du Roi, lieut. gén^l civil et criminel au bailliage de Mouzon, diocèse de Rheims, fils de Jⁿ-Baptiste, sgr de Villy, conseiller de S. A. S. le Prince de Condé, lieut. des prévôté et maîtrise particulières des eaux et forêts de Stenay, et de Mlle Petit, épousa, par. St-Martin 7 oct. 1744, Mlle *Cabouilly*.

VI. JÉRÉMIE, m^e-chir., avait épousé Salomée *Jacques*, dont il eut Nicolas, absent du royaume en 1645.

VII. FRANÇOISE. V. Gaugué.

VIII. JUDITH. V. Beaudesson XXII.

IX. SUZANNE-THÉRÈSE. V. de Streuff.

GUYOT DE MALSEIGNES (DE) FERDINAND-THOMAS. V. de Saudoncq.

GUYOTS (DES) FRANÇOIS-J^{PH}, éc., sgr en partie de la forêt de Betting, officier au rég^t royal de Bavière, résidant au château de Rémelfing près Folckling, fils des † Jⁿ-Claude, éc., sgr de Leywiller-Hoff et Betting-le-Bas, ancien officier pour le service de Sa Majesté, et Charlotte de Bainville, épousa, étant âgé de 48 ans, par. St-Victor 10 avril 1788, Madeleine-Barbe-Cécile *Gerard d'Hannoncelles*, âgée de 27 ans, [laquelle mourut à Hannoncelles. 1er janv. 1805, sans enfants ⁽¹⁾.]

(1) Note de M^r le Président d'Hannoncelles.

H

HAAN JEAN, sergent au rég^t royal d'Alsace, épousa, par. St-Gengoulph 24 mai 1723, Anne-Philippe *Gattebois des Forges*, v^{ve} de Jⁿ-P^{re} Guilbert.

HAEN (DE). I. ANTOINE, b^{on}, sgr de Schwerdorff, Puttelange et autres lieux, † subitement, par. St-Gorgon 12 nov. 1744, à 70 ans, dans l'une des chambres du palais, au moment où il se disposait à rendre ses foi et hommage, inhumé à Pont-à-Mousson.

II. N^{as}-GODEFROY. V. de Raigecourt IX, 1.

III. PHILIPPE-F^{ois} et M^{te}-THÉRÈSE. V. de Saintignon VII.

HAFFNER (DE) FRANÇOIS, enseigne au rég^t de Lœwenthal au service du Roi, pensionnaire chez les Chanoines réguliers, fils de N*** , cap. au dit rég^t, et de N*** de Birkwal, † à 16 ans et demi, par. St-Simon 26 mai 1746.

HAGET (DU), alias DE HAGY. V. du Hayer.

HAILLECOURT. I. LOUIS, huissier au

bailliage, épousa J^ne Mourant, † par. Ste-Croix 2 févr. 1743, à 60 ans.

II. J^n-Philippe, frère du préc., bourgeois, épousa M^te Gautier, † à 82 ans, par. Ste-Croix 3 nov. 1781 : à son enterrement, J^n-Ch^les-Gabriel, son fils, qui suit.

III. J^n-Ch^les-Gabriel, fils du préc., huissier au parl^t, épousa, par. St-Gorgon 28 févr. 1764, Claudine-Élisabeth Collinet, † par. Ste-Croix 10 juin 1768.

IV. Ch^les-Gabriel, oncle du préc., doyen des huissiers au parl^t, † à 87 ans, par. St-Gorgon 28 déc. 1767. Il avait épousé F^oise Gautier, dont il eut :
1. Louis-N^as, qui suit.
2. Pierre, m^d, dessinateur du Roi, à l'enterrement de son père.

V. Louis-N^as, fils du préc., procureur au parl^t, épousa, étant âgé de 29 ans, par. Ste-Ségolène 9 févr. 1751, M^te Cuny, âgée de 23 ans, fille de J^n Cuny, ancien m^e des marchands de Metz, et de Lucie Maire, de laquelle il eut ibid. :
1. Ch^les-Louis, 19 févr. 1752.
2. Catherine-Victoire-Adélaïde, 13 mai 1755.
3. Sophie, 16 nov. 1756.
4. M^ie-Anne-Joséphine, 26 sept. 1761.
5. Louis-Casimir, 4 avril 1766.
6. Marie, mariée à Claude Castan.

HAINAULT (de), cfr. du HAYNAULT.
I. Philippe. V. Dattel VI, 8.
II. N***. V. Croisille III, 4.

HAINE. I. Anne-Madeleine. V. de Simonet.
II. Barbe. V. Julliard.

HAINZELIN (d') Nicolas-F^ois, b^on, chev., sgr d'Hamonville, Brainville, Tronville, le Saulcy en partie et autres lieux, épousa : 1° F^oise de la Croix, † à 63 ans, par. Ste-Croix 27 janv. 1789; 2° par. Ste-Ségolène 11 août 1789, M^ie le Duchat.

HAIRE (de). V de Herre.

HAITZE (de) Gabriel, lieut. au rég^t de Champagne, en garnison aux casernes Coislin, fils de N*** de Haitze et de N*** Bériot, originaire de Hustatis, pays de Labour au royaume de Navarre, † à 18 ans, par. St-Simplice 18 mai 1756 : à son enterrement, J^ques de la Rubenard, éc., chev. de St-Louis, cap.; J^n-Thomas d'Assier, lieut.; D^que Jalday d'Haranades, lieut.; Jérôme de Belmont, d^r en théologie, aumônier : tous du rég^t du défunt.

HAIZELIN Dorothée. V. de Bouteiller.

HALAISEN Barbe. V. d'Auckerhielm.

HALBERT (de), alias de HALLBERG Philippine-Jacobine et F^ois-Bernard. V. de Bérauville.

HALGOET (du) Françoise. V. Lefebvre X.

HALLEZ Hippolyte. V. d'Arros III, 2.

HALLOT. I. Ch^les-Henry, conseiller au parl^t de Metz, [† à Verdun 1er févr. 1733]. Il eut deux filles :
1. Anne-Charlotte-Scholastique, mariée à J^ph Faure de Fayole.
2. M^ie-Françoise, mariée au b^on J^ph de Fériet.

II. J^n-Charles. V. Bazelaire de Colroy.

III. M^ie-Scholastique. V. Desandrouins.

IV. César. V. de Saint-Jure III, 7.

HALLOT (de) Ch^les-Philippe-Louis. V. de Cosne.

HALT (du). I. François, épousa, par. St-Marcel 22 févr. 1635, Louise Balbo, dont il eut, ibid. 7 oct. 1646, Antoine : p. Antoine Foës, chan. de la cathédrale; m. Madeleine Balbo de la Grange.

II Jean, [éc., sergent major de Metz, Toul, Verdun et Marsal, † 8 mai 1610, inhumé à la cathédrale. Msc. Epit.]

HAMAN Élisabeth. V. de Brandingshausen.

HAMEL (du), cfr. BARDOU du HAMEL et DUHAMEL, J^ne-Claude, [doyenne et chan^esse de Saint-Pierre, † à 84 ans, 24 déc. 1759. Msc. Epit.]

HAMILTON Onane. V. Dislon.

HAMMONAYE (de la) J^n-François. V. d'Helmstatt.

HAN (DE). I. GABRIEL, sgr de Colmey, épousa, par. Ste-Ségolène 4 mai 1666, Philiberte *des Rivets* : au mariage, Jⁿ de Han, frère du marié, et Renauld de Gournay, sgr de Rembercourt.

II. FRANÇOIS. V. de Postelle.

HANÈS. I. CATHERINE. V. de Redon des Fossés.

II. FRANÇOISE. V. Lambert III.

HANGOUART (D') M^{ie}-CATHERINE. V. de Faure.

HANNÈS. V. Lespingal.

HANNETTE FRANÇOISE. V. Tabouillot.

HANNONVILLE (D'). I. LOUIS, lieut. de la m^e de camp du rég^t de Piémont, † par. St-Maximin 26 déc. 1689.

II. BARBE. V. de Mondelange.

III. DIDIER. V. Guillaume.

HANON (DU) LOUISE, v^{ve} de Mr de Chambry, † à 71 ans, par. St-Victor 16 avril 1728.

HANTE (DE LA). V. Durand (note) et de Hault.

HARAUCOURT MARIE et NICOLAS. V. Durand.

HARAUCOURT (D'). I. PAUL, R. P. R., fils de Nicolas, naquit 2 juil. 1561.

II. N*** *d'Haraucourt de Haudonvillers* fut marraine R. P. R. 13 août 1564.

III. ÈVE, fille de M^r d'Haraucourt dit le Grand, naquit R. P. R. 30 oct. 1565.

IV. PHÈBE, fille de M^r *d'Haraucourt d'Arraigne*, naquit R. P. R. 11 oct. 1564.

V. HENRY, [doyen des chan. de la cathédrale, † 25 juil. 1662, inhumé à la cathédrale. Msc. Epit.]

VI. FRANÇOISE, [abbesse de St-Pierre-aux-Dames pendant 54 ans, † 29 avril 1675, à 74 ans, inhumée en son abbaye. Msc. Epit.]

VII. ANNE, fut marraine par. St-Maximin 10 janv. 1639.

VIII. CLAUDE, abbesse de Ste-Marie, fut marraine par. St-Gorgon 2 juil. 1635, représentée par sa nièce Catherine.

IX. BARBE-ANTOINETTE, fille de M^r le gouverneur de Nancy, fut marraine par. Ste-Croix 1er juil. 1608.

X. M^{ie}-BONNE, marraine par. St-Simplice 22 mai 1668.

XI. M^{ie}-BARBE. V. de Raigecourt VI.

XII. CHARLES. V. de Custines II.

XIII. JEAN, [b^{on} de Chambley, Dombasle, Germiny, Méréville, Vathiemont, etc., conseiller de S. A. le Duc Charles III de Lorraine, épousa Élisabeth *de Bossut*, † 13 juil. 1638, à 75 ans. Msc. Epit.]

XIV. FRANÇOIS, épousa Barbe *de Ludres*, qui fut marraine R. P. R. 9 mai 1565.

XV. BARBE, [coadjutrice de St-Pierre-aux-Dames, † 28 sept. 1618. Journ. de Séb. Floret].

XVI. F^{oise}-THÉRÈSE. V. de Castras.

XVII. CHARLES. V. de Montagnac.

XVIII. CLAUDE. V. de Vaux.

XIX. HENRY. V. d'Auburtin II, 6.

HARCOURT (D'). I. FRANÇOIS. V. Fabert II, 3.

II. VICTORINE-EULALIE-CATHERINE. V. Boudet de Puymaigre (note).

HARD (DU) FRANÇOIS. V. Marquiolle d'Alcajou.

HARDOUIN. I. NICOLAS, [chan. de Notre-Dame la Ronde, coadjuteur de son oncle N^{as} Houart, chan. et coûtre de la cathédrale; † 12 déc. 1630. Journ. de Séb. Floret].

II. M^{ie}-THÉRÈSE. V. Jobart de Sainte-Claire.

HARDOUIN DE SAINT-ROMAIN. V. de Corail.

HARDY. I. SUZANNE. V. Morgue.

II. BARBE. V. de Franchessin.

HARDY DU PLESSY M^{ie}-ANNE-SOPHIE. V. Pichon de Fontanière.

HARELLE RACHEL. V. de Maizières VI

HARGOUGES (D') JOACHIM, éc., cornette au rég^t de Languedoc dragons, † par. St-Livier 2 oct. 1741, à 24 ans.

HARLAY (DE) LOUIS-AUGUSTE-ACHILLE. V. Taverne de Morvilliers.

HARLSTADT (de). V. de Kornberg.

HARMANT M^{ie}-Anne. V. Praslin III.

HARMANT (de), *alias* de HERMANT.
I. M^{ie}-Henriette. V. de Constant.
II. Élisabeth-Charlotte. V. du Hautoy III, 2.

HARME (de) M^{ie}-Thérèse. V. Yaigre.

HARPILLON. V. Liabé II, 7.

HARQUEL. I. Nicolas, m^d, puis conseiller secrétaire du Roi, contrôleur en la chancellerie du parl^t, fils d'honnête personne s^r Jamin Harquel, [† à 75 ans, 30 août 1667, inhumé aux Prêcheresses. Msc. Epit.] Il avait épousé, par. St-Gorgon 20 oct. 1624, J^{ne} *Brouart*, v^{ve} de F^{ois} Roujoux, apothicaire, natif de Sedan, laquelle mourut par. St-Martin 20 mars 1678, à 80 ans, et fut inhumée auprès de son mari. De leur mariage étaient nés par. St-Gorgon :
1. César, 11 juil. 1630.
2. Louis, 2 oct. 1633.
3. Anne-Catherine, 24 oct. 1636 : p. Étienne Pied, aman et treize, échevin de la par. St-Victor ; m. Catherine Renauldin. — Elle mourut par. St-Martin 30 janv. 1678, à 42 ans.
4. Anne-J^{ne}, 28 mai 1640 ; † par. St-Martin 23 sept. 1671.
5. Madeleine, 18 oct. 1643.
6. Jeanne, † par. St-Martin 23 déc. 1670, à 25 ans.
7. Dominique, qui suit.

II. Dominique, fils du préc., éc., conseiller garde-des-sceaux au bailliage, conseiller secrétaire du Roi, contrôleur en la chancellerie du parl^t en remplacement de son père ; † par. St-Martin 17 févr. 1679, à 50 ans. Il avait épousé, par. Ste-Croix 22 nov. 1650, M^{te} *Simon*, † par. Ste-Ségolène 19 janv. 1714, à 83 ans. De leur mariage étaient nés :
1. *Philbert*, par. St-Maximin 17 mai 1652 ; lequel suit.
2. Anne-Catherine, ibid. 17 févr. 1655.
3. Nicolas, par. St-Gorgon 2 juin 1656 : p. N^{as} Simon, chan. de la cathédrale.
4. Marie, ibid. 22 sept. 1657 ; † par. St-Martin 5 oct. 1675.
5. Dominique, ibid. 2 oct. 1659 ; [chan. de la cathédrale, † 29 avril 1703. Msc. Epit.]
6. Nicolas, ibid. 19 févr. 1661.
7. Jⁿ-Baptiste, ibid. 9 juin 1662 ; cap. d'infanterie au rég^t de Boufflers, † par. St-Gorgon 4 oct. 1693.
8. Barbe ; par. St-Simplice 4 juin 1672 ; mariée à J^{ques} de Buzelet.
9. Alexandre, par. St-Martin 18 nov. 1674 ; cap. au rég^t de Bacqueville, † par. St-Gorgon 21 mars 1714.
10. Marguerite, mariée à Jⁿ-B^{te}-Nicolas de Monicart, puis à J^{ph} Gassaud.

III. Philbert, fils du préc., sg^r en partie de Retonfey et Glatigny, conseiller du Roi, garde-des-sceaux au bailliage, puis lieut.-colonel au rég^t de Lenoncourt, command^t pour le Roi à Sierck ; † par. St-Gorgon 31 juil. 1716. Il avait épousé M^{ie}-Sabine *Jacquesson*, alias *Jacques*, dont il eut :
1. Dominique, par. St-Gorgon 27 mars 1686 ; chan. de la cathédrale, † rue des Clercs, par. St-Gorgon 1er mars 1734.
2. Jⁿ-Nicolas, ibid. 27 déc. 1687.
3. Louis, ibid. 29 juil. 1689.
4. Anne-Barbe, par. St-Martin 22 juin 1691.
5. M^{ie}-Thérèse, ibid. 15 déc. 1692.
6. Philbert-Alexandre, ibid. 9 nov. 1694.
7. Charles, jumeau du préc. ; lieut. à la suite du rég^t de Bacqueville, à l'enterrement de son père ; puis au rég^t de la Trémouille.
8. M^{ie}-Anne, ibid. 22 août 1696 ; mariée à Paul Bouffard de la Garrigue.
9. F^{ois}-Philbert, ibid. 29 août 1697.
10. Anne-Sabine, mariée à D^{que}-F^{ois} de Cabanes.

IV. Jacques, bourgeois, † par. St-Martin 10 sept. 1681. Il avait épousé Catherine *Bouteiller*, † ibid. 4 déc. 1680. De leur mariage naquit Barbe, mariée à P^{re} Cogney.

V. Dominique, dit dans deux actes *Henrequel*, † par. St-Marcel 17 mai 1721, à 70 ans. Il avait épousé M^{ie} *André*, † ibid. 16 oct. 1733, à 80 ans. De leur mariage étaient nés :
1. Élisabeth, † par. St-Marcel 15 nov. 1686.
2. Dominique, par. St-Livier 19 avril 1692.

3. Barbe, par. St-Marcel 11 juin 1694; † 18 suiv.
4. Anne, jumelle de la préc.; † le même jour qu'elle.
5. Catherine, ibid. 16 juil. 1695.
6. Jeanne, ibid. 25 janv. 1697; † 2 avril 1723.
7. Anne, ibid. 25 juil. 1703.
8. Jean, ibid. 9 déc. 1707; † 26 juin 1712.
9. Françoise, ibid. 1er oct. 1713.

VI. MADELEINE. V. Grosmangin.

VII. GABRIELLE. V. Lamy.

HART (DE LA), *alias* DE HART CHARLES, lieut. de dragons à la suite de la place de Metz, épousa M^{ie}-Sophie *de Hossefeldt*, dont il eut :
1. M^{ie}-Françoise, par. St-Georges 19 déc. 1717.
2. F^{ois}-Antoine, ibid. 11 janv. 1719.
3. Hélène, par. Ste-Croix 16 oct. 1721 : p. Herman-Guillaume de Kleinholtz, cap. à la suite de la place de Metz; m. Hélène-Philippelle de Kleinholtz.
4. Florentine-Gasparde, ibid. 14 août 1723.

HART (D') JOSEPH, b^{on}, sgr de Hétrange, Merten et autres lieux, épousa J^{ne} *de Lallouette*, † v^{ve} de lui, par. St-Victor 9 mai 1762, à 67 ans.

HART (DE) HENRY, éc., cap. au rég^t de Lœwenthal, retiré à la suite de la place de Metz, fils des † Barthélemy, gentilhomme irlandais, et Honorée de Hart; † par. Ste-Croix 3 mai 1769. Il avait épousé, par. St-Gorgon 8 mai 1749, M^{ie} *Bourk*, fille de † Guillaume Bourk, éc., cap. au rég^t de Clarck infanterie irlandaise, et de Suzanne Pigot : au mariage, Jⁿ Bourk, l'aîné, d^r en théologie, chan. de St-Sauveur; F^{ois} d'Aligre, chan. de St-Sauveur; André Linche, prêtre bénéficier, aumônier au rég^t de Rohan-Rochefort; Jⁿ-Richard Bourk, chan. de St-Sauveur; Protais du Perrier, licencié-ès-lois de la faculté de Paris, chan. de la cathédrale.

HARTEAU GABRIEL. V. Chautant.

HARVIER. I. Jⁿ-FRANÇOIS, avocat au parl^t, épousa M^{tte} *Gilbert*, † quelques jours après avoir donné naissance, par.

St-Gorgon 1er nov. 1743, à *Jⁿ-François*, qui suit.

II. Jⁿ-FRANÇOIS, fils du préc., avocat du Roi au bailliage, † par. St-Victor 10 févr. 1769. Il avait épousé Anne *Conigliano*, dont il eut :
1. P^{re}-Antoine, par. St-Victor 5 févr. 1767.
2. Anne-M^{ie}-F^{oise}, mariée à Ch^{les}-M^{ie}-Thérèse de la Tournelle.

HARVY MARIE. V. de Ban.

HASLE (DE LA) HUSSON, † par. St-Eucaire 23 févr. 1633.

HAUDEBOUT FRANÇOISE. V. Rulland V.

HAUDRAS (DE) NICOLAS. V. le Bey de Batilly I, 1.

HAUDRY DE BOISSABLON, *alias* DE BROUVILLE, SUZANNE. V. Chevreau de Vaudouleur.

HAULT (DE). I. ADRIEN-F^{ois}, chev., brigadier des armées du Roi, inspecteur d'artillerie, sgr en partie de Malavillers, b^{on} de Noëlchamps, chev. de St-Louis, fils de † Jacques, sgr de Malavillers, et de F^{oise}-Gabrielle de la Hante; † par. St-Livier 3 mai 1781, à 73 ans, inhumé dans sa terre de Malavillers. Il avait épousé : 1° par. St-Maximin 24 janv. 1740, M^{ie}-Françoise *Raynal*, âgée de 29 ans, † ibid. 25 août 1754; 2° M^{ie}-Charlotte *Durand de Silly*. Du premier mariage étaient nés par. St-Maximin :
1. Guillaume-Adrien, 17 août 1744 : m. Marie-F^{oise} de Hault, sa tante, épouse de Ch^{les} de Maigret. — Il mourut 14 sept. 1748.
2. M^{ie}-Madeleine-Josèphe, 18 mars 1747; † 3 juin 1751.
3. M^{ie}-Madeleine-Angélique, 5 oct. 1749; mariée à Pierre-Ch^{les} Vaquerel de la Briche.
4. Alexandre-F^{ois}-Dieudonné, 25 sept. 1752 : p. Jacques-Jⁿ-F^{ois} de Maigret, chev., son cousin-germain. — Il mourut 28 mars 1754.

II. M^{ie}-BARBE-F^{oise}. V. de Baillivy.

III. ALEXANDRE, épousa Christine *de Thomassin*, dont il eut :

1. Louis, † à 15 ans, par. S‍t-Livier 26 janv. 1678.
2. François, à l'enterrement du préc.
3. Jacques, ibid.

HAUSEN (d'). I. Marguerite et Catherine. V. Jacob de la Cottière et de Wendel.

II. Marie et Adam-Guillaume. V. de Belvaux.

III. J‍n-Henry, b‍on, eut de M‍ie-Isabelle *Cropéchetenne*, son épouse, par. S‍t-Eucaire 2 mars 1728, J‍n-Remy.

HAUSSE (de). V. de Lahaulsse.

HAUSSONVILLE (d'). I. Blanche, [abbesse de S‍te-Marie, † 20 avril 1584. Chronique de Buffet, p. 119.]

II. Françoise. V. Masson.

HAUT-BOIS de la ROUILLARDIÈRE (du) Georges, éc., eut de Catherine *Wallet*, alias *Waltrin*, alias *Vanrède*, son épouse :
1. Georges, par. S‍t-Livier 30 avril 1676.
2. Joseph, ibid. 21 mars 1678.
3. Marie, ibid. 10 déc. 1679.

HAUTE-CHEMAILLE (de) Madeleine. V. de Folliot.

HAUTEFORT (de) Marie. V. de Schomberg.

HAUTEFORT de LESTRANGES (d') Marie. V. de Maupeou.

HAUTEMARCHE Anne-Claudine. V. Régnier d'Arraincourt.

HAUTE-NOLAY (de la) J‍ne-Pauline-Henriette, Isaïe-Paul et M‍ie-Philippe-F‍oise. V. Daymard.

HAUTERIVE (de). V. Laurenceau.

HAUTEVAL (d'). I. Pierre-F‍ois, éc., chev. de S‍t-Louis, sgr en partie de Chesny, conseiller du Roi, commissaire ordinaire des guerres au dép‍t de Metz, † par. S‍t-Martin 8 mai 1730, à 70 ans, inhumé au chœur de l'église. Il avait épousé, par. S‍t-Victor 5 mars 1720, Barbe *d'Auburtin* : au mariage, J‍ques-Henry de Régnier, éc., conseiller du Roi, président lieut. gén‍l au bailliage de Sarrelouis. Du dit mariage naquirent par. S‍t-Martin :
1. Marie, 25 déc. 1720.
2. Nicolas, 9 avril 1722; † par. S‍t-Victor 10 mars suiv.
3. M‍ie-Barbe, 14 mars 1723.
4. Anne-Victoire, 14 nov. 1724; † 21 suiv.
5. Sébastien-Étienne, 23 déc. 1725.
6. Charlotte-Lucie-Louise, 13 oct. 1727.
7. J‍n-Louis, sous-diacre, à l'enterrement de son père.

II. M‍ie-Anne-Françoise. V. Malchar VIII.

HAUTEVILLE (d'). I. F‍ois-Nicolas, ancien cap. d'infanterie au rég‍t de Saillant, † par. S‍t-Eucaire 21 juin 1736, à 63 ans.

II. F‍ois-Martin. V. Cassayrol.

HAUTONVILLE (de) Henry, † par. S‍t-Martin 8 mai 1636.

HAUTOY (du). I. Claude, c‍te, eut de Charlotte *de Hule*, son épouse, Louis, † par. S‍t-Victor 27 sept. 1747, à 13 ans.

II. Léopold-Ch‍les, c‍te, chev., sgr de Gussainville au diocèse de Verdun, Villers-le-Prudhomme, Tichémont, voué du Jarnisy et autres lieux, chev. de S‍t-Louis, eut d'Anne-Charlotte b‍onne *de Guillemin*, son épouse, Louis-Stanislas-Xavier-Victoire, né et ondoyé au château de Gussainville 22 oct. 1769. Les cérémonies du baptême lui furent suppléées par. S‍t-Maximin 30 oct. 1782 : p. Louis-Stanislas-Xavier de France, Monsieur, c‍te de Provence, frère de S. M. Louis XVI, représenté par Victor-Maurice Riquet, c‍te de Caraman, lieut. gén‍l du Roi; m. M‍me Victoire-L‍se-M‍ie-Thérèse de France, tante de S. M. Louis XVI, représentée par Gabrielle-F‍oise-Victoire de Caraman, dame de compagnie de la c‍esse d'Artois, épouse de Gabriel-J‍ph-Henry c‍te de la Fare, m‍e de camp, command‍t au rég‍t d'infanterie Piémont.

III. Ch‍les-Léopold, m‍is, colonel du rég‍t royal Roussillon infanterie, sgr du Hautoy, Clémery, Regnicourt, Froidfossé, Montchetin et S‍t-Pierresse, épousa Henriette-Charlotte *Constant de Frières*, dont il eut :

1. Jn-Baptiste-Chles, par. St-Martin 4 févr. 1754 : p. Jn-Baptiste cte du Hautoy de Nubécourt, sgr de Nubécourt, Bellaiville et autres lieux; m. Charlotte de Prune, vve de Jn-Gaston mis du Hautoy, chambellan du duc Léopold et commandt d'une compagnie de ses chevaulégers, sgr du Hautoy, Clémery et Regnicourt : le parrain est représenté par Nicolas-Chles cte du Hautoy, lieut. au régt de Penthièvre, la marraine par Charlotte de Salse.
2. Frédéric-Henry, par. Ste-Ségolène 30 mars 1756 : p. Frédéric cte de Salse, chev., sgr de Son, Apremont et autres lieux; m. Mie-Henriette de Harmant, vve de Louis de Constant, son aïeule, représentée par Élisabeth-Charlotte de Harmant, sa gd tante. — Il mourut 29 avril suiv.
3. Chles-Henry, ibid. 18 janv. 1760 : p. Jn-Bte.Chles du Hautoy ; m. Mie-Henriette de Harmant, son aïeule.

IV. Charles, chev., † par. St-Gorgon 5 janv. 1691.

V. Divers.
1. Foise-Thérèse. V. le Fournier.
2. Hyacinthe. V. de Fribois.
3. Jx-Paul. V. Boudet.
4. Jeanne. V. de Laubrussel.
5. Mie-Anne, Pre-Paul-Maximilien et Louis. V. de Beauvais.
6. Paul. V. de Bettainvillers I, 1.

HAUTREGARD (DE) Mie-Anne-Ursule. V. de Belvaux.

HAUTZ Jeanne. V. Gillot VI.

HAUYS Philippe. V. de Rostaing.

HAVARD DE POPINCOURT Marie. V. Leurye du Proy.

HAYE (de) Pre-Paul, cap. au régt de Montroux, eut de Mie-Thérèse *de Héros*, son épouse, Jn-Joseph, par. Ste-Ségolène 7 nov. 1704.

HAYE (de la) Madeleine. V. de Mittollot.

HAYER (du), *alias* du HAGET ou du HAGY, Bernard-Louis, éc., cap. au régt du Maine infanterie, âgé de 28 ans, fils de noble Dominique, éc., sgr de Caubous et Greffian, diocèse d'Auch, et de Mie Durfort, épousa, par. St-Georges 22 févr. 1718, Mie-Madeleine-Foise *de Clermont, alias de Clermont*, dont il eut, par. St-Maximin 15 nov. suiv., Mie-Madeleine-Foise. — Il avait eu, par. St-Maximin 20 oct. 1717, de Mie Senneton, qui n'était pas son épouse, Mie-Madeleine-Foise, qu'il reconnut et à qui il donna son nom.

HAYLIN Mie-Anne. V. Rodrigues.

HAYNAULT (du) Antoine, cavalier à la compagnie de Mr de Frémont au régt d'Orléans, † à Luttange 24 mai 1687, inhumé à l'église.

HAYRE Marie. V. Hyaigle.

HAZARDS (des). I. Mangin, R. P. R., eut de N***, son épouse :
1. Françoise, mariée à Jques de Flavigny.
2. *Jérémie*, qui suit.

II. Jérémie, R. P. R., fils du préc., noble homme, épousa, 31 août 1597, Sara *François*, dont il eut :
1. Jérémie, 13 janv. 1599.
2. Élisabeth, 16 févr. 1600.
3. Françoise, 22 juil. 1601.
4. Simone, 3 nov. 1602; mariée à Pre Joly.
5. Charles, 25 juil. 1604.
6. Suzanne, 26 févr. 1606.
7. Pierre, 5 août 1607.
8. Anne, 27 mars 1609.
9. Catherine, 5 déc. 1610.
10. Sara, 20 févr. 1613.
11. Catherine, 12 oct. 1614.

III. Pierre, R. P. R., eut de N***, son épouse, Pierre, 5 janv. 1603.

IV. Didier eut de Menjon *Valier*, son épouse, Madeleine, par. Ste-Croix 25 oct. 1638.

HEAMMER Mie-Madeleine. V. Huot de Grandcour.

HÉBERT DE MAISON-NOIRE. I. Joseph, dir. des fourrages à Thionville, fils de † Joseph, lieut. des chasses de

S. A. R., et de F^oise Barhon, de Commercy, dem^t à Thionville, épousa, étant âgé de 28 ans, par. St-Livier 5 nov. 1748, Lucie *Moré*, âgée de 17 ans et 6 mois, fille de J^ph Moré, m^d, et de M^ie Bonnet.

II. FRANÇOIS, frère du préc., dir. des fourrages à Metz et à Thionville, puis éc., conseiller du Roi, greffier en chef du bureau des finances, [† 21 déc. 1787]. Il avait épousé Nicole *Beaudrillard, alias Baudrillard*, dont il eut par. St-Victor :
1. Louis-J^ph, 12 juil. 1748.
2. J^n-Chrysostôme, 23 févr. 1751 : m. F^oise Barhon, sa g^d mère.
3. François, parrain du préc.
4. Julie, 8 juin 1752; mariée à J^n-César Fénouil.
5. Élisabeth, marraine de la préc.
6. *Nicolas*, qui suit.

III. NICOLAS, fils du préc., intéressé dans les affaires du Roi, épousa Thérèse *Basse*, dont il eut par. St-Victor :
1. J^n-B^te-Nicolas, 6 août 1768.
2. Étienne-Nicole, 4 mars 1770 : p. Étienne Prévost de Chantemerle, représenté par J^n-Chrysostôme Hébert, oncle; m. Nicole Hébert-Beaudrillard, représentée par Julie Hébert, tante.

HÉBRARD JACQUES, lieut. au 1er rég^t des chevau-légers cy-dev^t en garnison à Metz, « actuellement » à Neufchâteau, fils de † Jean et de J^ne Carnaud, de la par. St-Vincent d'Agmé au diocèse d'Agen, épousa, étant âgé de 42 ans, par. St-Livier 18 oct. 1781, Charlotte-Oudette-Scholastique *Duplessier de Fonchette*.

HEFFEL (DE) JEAN, R. P. R., chev., sgr de Germiny, ambassadeur du Roi de Suède auprès de S. M. très chrétienne, épousa Olympe *de Chérisey*, † v^ve de lui, 18 janv. 1674, à 60 ans.

HÉGIN (DE) GÉDÉON. V. Bancelin I, 4.

HEINECKEN (DE), *alias* D'HENNEQUIN. I. PHILIPPE-LOUIS, chev. de St-Louis, command^t et cap. au rég^t royal Bavière, † par. St-Eucaire 9 août 1738, à 55 ans. Il avait épousé Anne *Moncel*, † par. St-Maximin 12 oct. 1756, à 56 ans. De leur mariage étaient nés par. St-Eucaire :
1. M^ie-Madeleine, 2 août 1717.
2. J^n-François, 20 avril 1719.
3. Louis-Christophe, 30 août 1721.
4. J^ph-Louis-Philippe, 17 août 1737 : p. Alexis-Benoît-J^ph Blin de Graincourt, éc., cap. au rég^t de Richelieu; m. Louise Évrard, épouse de Thomas-Roger Duprat.
5. Anne-L^se, posthume, 16 janv. 1739; † par. St-Maximin 2 avril 1751.

II. CH^les-LOUIS. V. Mathieu II.

III. FRANÇOIS. V. d'Elbecuto-Orlandiny.

HEINEL (D'), *cfr* D'HÉMEL Mre-LOUISE. V. Robillard II.

HÉLIAN. I. JACQUES, ancien chir. major des rég^ts de Saintonge infanterie et d'Audicourt cavalerie, admis à l'hôtel royal des Invalides, † par. Ste-Croix 2 nov. 1742, à 103 ans. Il avait épousé J^ne *Liébault*, † ibid. 18 oct. 1746. De leur mariage était né *Joseph*, qui suit.

II. JOSEPH, fils du préc., d^r en médecine et médecin de l'hôpital royal et militaire de Metz, † par. Ste-Croix 22 oct. 1759, à 53 ans.

HÉLIE (D') GUILLAUME, éc., lieut.-colonel réformé au rég^t de Dugast à la suite de la garnison de la citadelle de Metz, † par. St-Livier 10 juin 1699.

HÉLIÈRE D'ELBER Mre-MADELEINE. V. de Ritter.

HÉLIOT (D') J^ques-ANTOINE. V. Joly V, 3.

HELLOT. I. CHARLES, [abbé de St-Symphorien, successeur de son oncle Guillaume; † 28 sept. 1635. Msc. Epit.]

II. LOUIS-ALEXANDRE, de Nomeny, fils de Louis, sgr de Fossieux, épousa, par. St-Marcel 25 déc. 1672, Suzanne *de Lespingal*, v^ve de N^as Balbo de Colligny, de laquelle il eut, par. St-Simplice 27 oct. 1673, Françoise : p. Auguste de Lespingal; m. F^oise de Rode de Cattenom, dame de Fossieux, sa g^d mère. — Elle fut mariée à J^ques-Augustin-Claude le Laboureur de Vertepierre.

III. Henry. V. Praillon II, 7.

HELLUY Joseph, avocat au parl^t, † par. Ste-Croix 3 sept. 1764, à 38 ans.

HELMINGER. I. J^n-Nicolas, ancien cap. au corps des volontaires royaux, † à 47 ans, par. St-Livier 22 févr. 1757.

II. Marie. V. Larminat.

HELMSTATT (d'). I. Auguste-M^{ie}-Raban-Plaicard, fils de M^{ie}-J^n-Népomucène-F^{ois}-Louis c^{te} d'Helmstatt, m^e de camp en second au rég^t d'Esterhazy hussards, et d'Amédée-Charlotte Salbigothon de Broglie, † à 4 ans, par. St-Victor 30 août 1779 : à son enterrement, l'abbé J^n Billy, gouverneur des enfants de Mgr le Maréchal de Broglie; l'abbé J^n-F^{ois} de la Hammonaye, gouverneur de Mgr le Prince de Revel.

II. Plaicard. V. de Custines.

HÉMARD Jean, conseiller du Roi, très. de France au bureau des finances, fils majeur de Jean, conseiller du Roi, receveur gén^l de la ville de Verdun, et de † J^{ne}-M^{te} Houquin, épousa, par. St-Simplice 30 août 1713, J^{ne}-M^{te} Després, † par. St-Martin 6 août 1714.

HÉMEL (d') Gœry-Louis. V. Pagel II, 1 et III.

HÉNARD Suzanne. V. de Montrond.

HENIMIGO (d') N***, c^{te}, cap. dans St-Germain, eut de M^{ie} *Copia d'Heidelberg*, son épouse, F^{ois}-Joseph, par. St-Eucaire 3 févr. 1755.

HENNEQUIN. I. Gérard, bienfaiteur de la par. St-Victor, † 6 oct. 1699. Il eut un fils N^{as}-Gérard, ibid. 11 févr. 1661; lequel suit.

II. N^{as}-Gérard, fils du préc., conseiller au parl^t, † par. Ste-Croix 23 mars 1714. Il avait épousé J^{ne} ou Anne *Geoffroy* ou *Jeoffroy*, † ibid. 26 déc. 1710, à 52 ans. De leur mariage étaient nés :

1. P^{re}-Gérard, par. St-Victor 26 mai 1685; lequel suit.
2. Nicolas, par. Ste-Croix 23 sept. 1689.
3. L^{se}-Élisabeth, ibid. 1er nov. 1691; mariée à F^{ois} de Feydeau.
4. Pierre, ibid. 27 oct. 1699.
5. Louis, ibid. 9 avril 1702.

III. P^{re}-Gérard, fils du préc., conseiller au parl^t, [† 27 mars 1722, inhumé à la chap. N.-D. des Carmes anciens]. Il avait épousé M^{ie}-Agnès *Pütz*, dont il eut M^{ie}-Élisabeth, par. Ste-Croix 17 janv. 1717.

IV. Dominique, notaire royal, substitut du procureur du Roi au bureau des finances, † par. Ste-Ségolène 16 juin 1741. Il avait épousé Barbe *la Tartre*, dont il eut *Nicolas*, qui suit.

V. Nicolas, fils du préc., avocat au parl^t, † à 70 ans, sous les arcades de St-Louis, par. St-Simplice 12 nov. 1782. Il avait épousé, par. Ste-Ségolène 18 avril 1735, M^{te} *Molina*, † par. St-Simplice 7 mars 1780. De leur mariage naquirent :

1. J^n-Baptiste, par. Ste-Ségolène 14 mars 1736.
2. Marie, ibid. 30 oct. 1737.
3. Dominique, ibid. 25 mai 1739.
4. J^{ne}-Marguerite, par. St-Livier 20 févr. 1741.
5. Noël, par. Ste-Ségolène 8 juin 1742; † par. St-Simplice 18 févr. 1744.

VI. Divers.
1. Anne-Charlotte. V. Gehot II.
2. Catherine. V. Machetay II.
3. Catherine-Thérèse. V. de Renouard de la Nevais I, 1.
4. Jeanne. V. Job.
5. Marie. V. Marc VI.
6. M^{ie}-Élisabeth. V. de Bock.
7. M^{ie}-Joséphine et M^{ie}-Anne. V. Ladrague V.
8. Marthe-Apolline. V. Marien VIII et Dufossé de Solis.
9. Renée-F^{oise}-Scholastique. V. Vernier IV.

HENNESSY (d') Jean, éc., chev. de St-Louis, cap. au rég^t de la Haye, puis cap. des grenadiers au rég^t de Buckley Irlandais, sgr de Basse-Bévoie, épousa : 1e M^{te}-Madeleine *de Vecchi*; 2° par. St-Simplice 22 févr. 1735, M^{ie}-M^{te} *de Saint-Archange*, v^{ve} du s^r Gautier d'Alton, éc., cap. d'infanterie, laquelle mourut à 80 ans, ibid. 30 août 1746. Du premier mariage naquit

M{ie}-Joséphine, mariée à P{re}-Étienne des Portes de Pardaillant.

HENNIN (DE). V. d'Alsace.

HENNY D'EVRARD. V. de My.

HENRIAT, alias HENRIOT, ESTHER. V. le Goullon XXIV.

HENRIOT EVRARD. V. Mainhulle I, 1.

HENRIQUET. I. M{ie}-ANNE. V. Colchen. II. ANNE. V. Colson.

HENRIQUEZ MADELEINE. V. de Chinry.

HENRY. I. JACQUES, sgr d'Harville, fut le frère de : 1° Anne, mariée à F{ois} François ; 2° Louis, greffier en la maîtrise des eaux et forêts, qui eut d'Élisabeth *Grégoire*, son épouse, *Jean-F{ois}*, qui suivra III. — Jacques mourut place Chappée, par. St-Simplice 25 sept 1758, à 72 ans. Il avait épousé Anne *Marchand*, † ibid. 9 juin 1754, à 60 ans. De leur mariage étaient nés :

1. *Dieudonné-P{re}*, qui suit.
2. Pierre, conseiller auditeur au parl{t}, † par. St-Simplice 7 avril 1780, à 63 ans, sans alliance.

II. DIEUDONNÉ-P{RE}, fils du préc., avocat au parl{t}, eut de M{ie} *Lansuriaux*, son épouse, par. St-Simplice :

1. M{ie}-Joséphine, 3 sept. 1769 : p. F{ois} Humbert, d{r} en médecine, g{d} oncle mat.; m. M{ie}-Joséphine Fournerie. — Elle fut mariée à Georges Gouvy de Foleck.
2. Lucie (*alias* Louise) -Adélaïde, 10 déc. 1770; mariée à J{ph}-Stanislas-Henry de Cossette, puis à J{ph}-Marc-Antoine de Barbier.
3. Dieudonné-P{re}, 26 avril 1772.
4. P{re}-J{n}-François, 18 déc. 1776.

III. J{n}-FRANÇOIS, cousin germain du préc., greffier en chef en la maîtrise des eaux et forêts, épousa : 1° par. St-Simplice 12 févr. 1736, Anne-F{oise} *Vignon* ; 2° F{oise} *Bertrand*.

Du premier mariage naquit :

1. Élisabeth, par. St-Simplice 28 nov. 1736.

Du second mariage naquirent :

2. Pierre, par. Ste-Croix 17 déc. 1740.

3. Louis, par. St-Gengoulph 3 oct. 1744.
4. Marguerite, ibid. 17 oct. 1745.
5. M{ie}-Elisabeth, ibid. 9 nov. 1746.
6. Élisabeth, par. St-Marcel 25 mai 1749; † 14 mai 1753.
7. Ch{les}-Joseph, ibid. 12 juin 1751.
8. F{oise}-Élisabeth, ibid. 27 mai 1753.
9. Remy-F{ois}, ibid. 1er oct. 1755.

IV. CLAUDE, doyen des procureurs au bailliage, † par. St-Maximin 24 avril 1778, à 91 ans. Il avait épousé Agathe-F{oise} *Bernard*, † ibid. 4 mars 1770, à 75 ans. De leur mariage naquirent :

1. N{as}-*Joseph*, qui suit.
2. Marguerite, mariée à N{as} Emmery.
3. Anne, † à 60 ans, par. St-Maximin 5 janv. 1773.

V. N{as}-JOSEPH, fils du préc., huissier au bureau des finances, eut de F{oise} *Richard*, son épouse, par. St-Maximin :

1. Catherine, 26 oct. 1769 : p. son aïeul pat.; m. Catherine Richard, m{de} huilière, son aïeule mat.
2. P{re}-Nicolas, 28 juin 1771.

VI. FRANÇOIS, de l'Ertencourt en Comté, entrepreneur des fortifications de Mézières-le-Haut, ancien sgr de Flanville, † par. St-Eucaire 9 avril 1726. Il avait épousé Anne *le Labriet*, † par. St-Maximin 4 nov. 1714.

VII. FRANÇOIS, sgr de Flanville, entrepreneur des fortifications du Roi, sans doute le même que le préc., eut de M{ie} *Jeannot*, son épouse, par. St-Livier 13 févr. 1691, Antoine, † 15 mars suiv.

VIII. PIERRE, procureur au parl{t}, épousa F{oise} *le Geay*, dont il eut, par. St-Martin 21 déc. 1779, Noël, † 10 févr. suiv.

IX. NICOLAS. chir. juré, † par. St-Maximin 20 déc. 1681, à 45 ans.

X. Divers.
1. BARBE. V. Plaisant II.
2. CATHERINE-M{TE}. V. Tournois.
3. ÉLISABETH. V. du Parc II.
4. JEANNE. V. Raymond II.
5. MARGUERITE. V. Martin II.
6. M{ie}-ANNE. V. Sthème I, 2.
7. M{ie}-ANNE. V. Berteaux.

HENRY D'HOÉVILLE ANNE-CATHERINE. V. Doré de Crépy.

HENTZ NICOLAS, avocat au parl^t, épousa Thérèse *Daubré*, originaire de Sierck, dont il eut J^n-F^{ois}-Victor, par. Ste-Croix 21 juil. 1790.

HENVILLER. I. ANNE-BARBE. V. d'Avrange I, 4.

II. CATHERINE. V. Maucomble.

III. MARIE. V. Bouvier de la Rosière.

IV. MARIE. V. Lebrun.

HERANT. V. Persode V, 5.

HERBÉ URSULE. V. Pierre II.

HERBECQ N^{as}-SIMON. V. Boucher de Gironcourt.

HERBEL MARGUERITE. V. de Cassignol.

HERBELET (D'), alias DERBELET.
I. JEAN, conseiller du m^e-échevin, † par. St-Victor 11 mars 1644. Il fut père de :
  1. Béatrix, mariée à N^{as} Auburtin.
  2. *P^{re}-François*, qui suit.

II. P^{RE}-FRANÇOIS, fils du préc., noble, aman, enseigne de la par. St-Gorgon, sgr d'Adaincourt, [† 5 sept. 1666, à 55 ans, inhumé à St-Arnould Msc. Epit.]. Il avait épousé, par. St-Victor 11 oct. 1632, Anne *Auburtin*, [† à 88 ans, 23 sept. 1701. Msc. Epit.]. De leur mariage étaient nés :
  1. Claude-M^{ie}, par. St-Marcel 3 mai 1651 : m. Claude Humbert, v^{ve} de P^{re} d'Herbelet.
  2. *J^n-Claude*, qui suit.

III. J-CLAUDE, fils du préc., échevin de l'hôtel de ville, avocat en parl^t, eut de Charlotte-Philippe *Mahuet*, son épouse :
  1. P^{re}-François, par. St-Marcel 6 déc. 1659 : p. P^{re}-F^{ois} Herbelet, son g^d père; m. Fanchon Arambour, sa g^d mère par.
  2. *Étienne-F^{ois}*, ibid. 8 oct. 1661; lequel suit.
  3. M^{te}-Nicole, par. St-Victor 11 juin 1663.
  4. Anne-Thérèse, ibid. 9 déc. 1664; mariée à Louis Vernier.
  5. J^n-Claude, ibid. 3 août 1666; sgr d'Adaincourt, lieut. gén^l de la terre de Gorze, † par. St-Marcel 17 févr. 1713.
  6. *André-Ch^{les}*, ibid. 6 nov. 1667; lequel suivra.
  7. *Nicolas*, ibid. 18 juin 1670; lequel suivra.

IV. ÉTIENNE-F^{ois}, alias ANTOINE, fils du préc., sgr d'Adaincourt, éc., cap. des gardes de S. A. R. de Lorraine, command^t au château de Sarreguemines, épousa Mlle *Marien*, † par. St-Victor 5 déc. 1750, à 64 ans. De leur mariage naquirent :
  1. Anne-F^{oise}, mariée à J^n-B^{te} Foy de Morcourt.
  2. Ch^{les}-Étienne, au mariage de la préc.

V. ANDRÉ-CH^{LES}, frère du préc., commissaire provincial d'artillerie, épousa, par. St-Maximin 4 févr. 1708, Esther *Joly*, dont il eut :
  1. J^n-Paul, par. St-Maximin 23 nov. 1708.
  2. M^{ie}-Louise, par. St-Gorgon 13 janv. 1712.

VI. NICOLAS, frère des deux préc., lieut. de dragons dans la mestre de camp, âgé de 25 ans, épousa, par. St-Marcel 14 mai 1696, Suzanne *de Montigny*, âgée de 22 ans : au mariage, Christophe d'Auburtin, ancien m^e-échevin, oncle mat. de l'époux. Du dit mariage naquirent ibid. :
  1. Charlotte, 8 janv. 1699 : p. Charles d'Herbelet, cy-devant cap. au rég^t de Lenoncourt; m. M^{ie}-Charlotte Mahuet, épouse de Mr Darcy, cy-devant gouverneur d'Ebernébourg.
  2. M^{te}-Pétronille, 8 févr. 1700; mariée à J^n-M^{ie} d'Inguimbert de Pramiral.
  3. Martin-N^{as}, 19 août 1701.
  4. Philippe-Ch^{les}, 10 oct. 1703; † 27 suiv.

VII. ROBERT *Herbelet de la Tour*, sgr de Jeandelize, épousa, par. St-Victor 16 juin 1665, Marie *Morel*, fille de Jacob Morel.

HERBELOT (D'). I. J^n-JOSEPH, sgr foncier de la Cour de Zandt à Esch, chev. de St-Louis, cap. au rég^t de Bourgogne infanterie, fils de J^{ph}, avocat au parl^t et premier échevin de l'hôtel de ville de

Thionville, et de † Anne Collin, épousa, étant âgé de 42 ans, par. St-Victor 9 févr. 1773, M{ie}-Sophie-Gabrielle-Marc *de Lamy de Bezanges*, dont il eut Jn-Joseph, † pensionnaire au collège St-Louis, par. St-Simon 19 nov. 1786, à 13 ans.

II. Antoine, sgr de Chazelles, eut d'Anne *Milliard*, son épouse, un enfant, † par. Ste-Ségolène 1er nov. 1773.

III. Marguerite. V. Goullet (note).

HERBEN (d') Sophie-Charlotte. V. de Bacalan.

HERBIGORI (d') Thérèse. V. Dumoncau.

HERBILLON Catherine. V. du Riau.

HERBIN (d'). I. Jacques, R. P. R., éc., sgr de la Bresle, conseiller et me d'hôtel ordinaire du Roi, conseiller au bailliage, puis au parlt, fils de Daniel, sgr de Decourt, conseiller au conseil souverain de Sedan sous les ducs de Bouillon, et d'Esther de Villers ; † par. St-Martin 14 mars 1697, à 78 ans. Il avait épousé : 1° 7 août 1650, Anne *de Villers*, † 12 août 1669, à 36 ans ; 2° 17 déc. 1670, Marthe *le Goullon*, † par. St-Martin 30 août 1713.

Du premier mariage étaient nés :
1. Charles, 25 août 1651 ; avocat au parlt, † 9 oct. 1675.
2. Paul, 19 janv. 1653.
3. Anne, 30 juil. 1654.
4. Daniel, 31 mars 1656.
5. Jeanne, 5 sept. 1659.
6. Paul, 13 mars 1661.
7. David, 4 mai 1663.
8. Élisabeth, 22 avril 1667.

Du second mariage était née :
9. Marthe, 22 nov. 1671 ; mariée à Jn-Bte des Aydes, puis à Louis de Chavenel.

II. Nicolas, conseiller receveur de la chancellerie du parlt, notaire à Verdun, eut de Jne *Barthélemy*, son épouse, Chles-Hyacinthe, qui épousa, par. Ste-Croix 24 nov. 1745, Foise *Viville*.

III. Aimée. V. Sorin.

HERBIN de HALLE Claude, contrôleur de la régie générale, eut de Sébastienne-Scholastique *Nicolas*, son épouse, par. St-Victor :
1. Barbe-Catherine-Victoire, 20 mars 1779.
2. Pre-François, parrain de la préc.

HÉRÉ Stanislas, pensionnaire au collège royal de St-Louis, fils de M. le baron Héré, chev. de St-Michel, sgr de Corny, et de Mre N***, † à 14 ans, par. St-Simon 28 févr. 1756.

HERGA Dominique, Nicolas et Mie-Christine. V. Gaillande.

HÉRIGOËN de MAISON-NEUVE Nicolas eut de Catherine *Gibault*, son épouse, par. St-Victor :
1. Pierre, 7 janv. 1692 ; officier au régt de la Marck, † par. St-Marcel 13 mars 1742, inhumé à l'entrée du collatéral de la chap. St-Sébastien.
2. Martin, 1er avril 1695.
3. Jacques, 12 mars 1696.
4. Dominique, 14 sept. 1699.
5. François, 21 mars 1702.
6. Catherine, 27 mai 1703.
7. Barbe, marraine de la préc.
8. Pierre, 14 août 1704.
9. Catherine, 26 août 1707.
10. Nicolas, 20 févr. 1710.
11. Mie-Anne, 24 avril 1711.
12. Julienne, 6 févr. 1714.

HERLENVAL Jn-Servais, cte de la Roche, de la par. de Corto au duché de Luxembourg, eut d'Hélène *Godefroy*, son épouse, Mie-Élisabeth, par. St-Livier 28 janv. 1703.

HERMAILLE (d'). I. Mie-Anne, épouse du sr de Morcourt, cap. de cavalerie au régt d'Anjou ; † par. St-Marcel 26 févr. 1719, à 45 ans.

II. Yolande. V. d'Aribat.

HERMAL (d') Jean-Fois, lieut. aux ville et château de Longwy, épousa Anne-Mte *Magnière*, † vve de lui, par. St-Martin 6 sept. 1722.

HERMALLE (de) Mᴵᴱ-Catherine. V. de l'Hoste de la Motte de Récy.

HERMAN, alias HERMANT. I. Sébastien-Henry, chev. de Sᵗ-Louis, capᵗ au régᵗ suisse de Courten, fils des † Sébastien, chev. de Sᵗ-Louis, capᵗ de Daffry, et Mⁱᵉ-Jⁿᵉ Lasond, de la principauté de Famène en Hainault, † par. Sᵗ-Livier 3 déc. 1771. Il avait épousé, par. Sᵗ-Maximin 25 nov. 1749, Mⁱᵉ-Louise *Muzac*.

II. Divers.
1. Anne. V. de Bize IV.
2. Antoinette. V. Pseaume.
3. Jeanne. V. Rulland VII.
4. Justine. V. Gaberthuller.
5. Marie. V. Martin II.
6. Sara. V. de Maizières IV.

HERMANT. I. Marie. V. Auburtin-Aubertin V.

II. Mᴵᴱ-Anne. V. Praslin.

HERMANT (de). I. Paul-Antoine, chev., sgr de Marquigny, Géromon et autres lieux, premier lieut.-colonel des carabiniers, eut de Charlotte *de Melin*, son épouse, Élisabeth-Charlotte, † par. Sᵗ-Gorgon 18 sept. 1764, à 68 ans.

II. Joseph. V. du Defant.

III. Mᴵᴱ-Henriette. V. de Constant.

HERMAY (d') Mᴵᴱ-Thérèse-Henriette. V. Pellard de Givry.

HERME (de) Jean. V. de Seigliz.

HERMENT Edme. V. le Bachelé XIX.

HÉROS (de) Mᴵᴱ-Thérèse. V. de Haye.

HERRE (de). I. Mathieu, R. P. R., huissier au bailliage, épousa Mⁱᵉ *de Vigneulles*, † vᵛᵉ de lui, 28 mars 1681, à 80 ans.

II. Claude, sgr de la Haye-Dieu, conseiller au parlᵗ, épousa Mⁱᵉ *Tourtier*, [† 8 mai 1675]. De leur mariage naquit Anne-Rose : v. de Valentin I, 5.

HERVILLE (d') Cʜˡᵉˢ-Paul, sgr de Limé et de Sᵗ-Marceaux, commissaire des guerres, eut de Mⁱᵉ *de Benne, alias de Baine*, son épouse, Louis-Antoine, place Sᵗ-Thiébaut, par. Sᵗ-Martin 23 sept. 1758.

HERWIN de NEWEL. V. de Blair (note).

HESBERT (d') Jⁿ-Fᵒⁱˢ-Alexandre. V. Boudet de Puymaigre.

HÉSIGNON, alias HESSIGNON. I. François, bourgeois, épousa Mⁱᵉ *de Vigneulles*, † par. Sᵗ-Marcel 4 août 1762. De leur mariage étaient nés : 1. Catherine, mariée à Martin de Renouard de la Nevais; 2. François, chan. de la Trinité, à l'enterrement de sa mère.

II. Constance. V. Lefebvre.

HESLER Martin, âgé de 31 ans, natif d'Alten-Gutteren en Saxe, demᵗ par. Sᵗᵉ-Ségolène, fils des † Georges et Mᵗᵉ Macher, épousa, par. Sᵗ-Victor 26 nov. 1771, Madeleine *Fratin*, âgée de 27 ans, fille des † Pʳᵉ Fratin et Mᵗᵉ Beugeot : au mariage, Jᵠᵘᵉˢ Béchamps, cy-devant procureur au parlᵗ; Didier Beugeot; Albert N***, meunier, et Nᵃˢ Fratin, tous trois cousins de la mariée.

HESSELIN de la LANCE Anne-Barbe. V. Mengin II.

HETHOUT (de) Jᵠᵘᵉˢ-Philippe. V. de la Rouvroye.

HETTZWATTE, alias HETZRATZ Mᴵᴱ-Catherine. V. de Montberry.

HEU (de), alias de HUE ou de HU. I. Philippe, R. P. R., épousa, 16 févr. 1562, Élisabeth N***, vᵛᵉ de Lambert le Maçon.

II. Mangin, R. P. R., eut une fille Suzanne, 24 févr. 1566.

III. Marguerite, dame de Savigny, fut marraine par. Sᵗ-Martin 13 mai 1576.

IV. Guillaume, R. P. R., mercier, eut une fille, Chrétienne, 16 janv. 1594.

V. Marie. V. de Mandre.

VI. Marguerite fut marraine par. Sᵗᵉ-Croix 13 juil. 1603.

VII. Jeanne fut marraine ibid. 21 juil. 1620.

VIII. Théodore, avocat en parlᵗ, eut de Fᵒⁱˢᵉ *de Maxey*, son épouse, Marguerite, par. Sᵗ-Victor 2 août 1660.

IX. Marguerite. V. de Souillard.

HEUDELOT Jean, R. P. R., éc., contrôleur pour le Roi en l'élection de Langeac, fils d'Étienne, épousa, 17 janv. 1616, M^{ie} *de Dompierre*, fille de Samuel de Dompierre.

HEUP (le) Gillette. V. Planchard.

HEUSER Paul, R. P. R., ministre au duché de Deux-Ponts, eut un fils, Paul, baptisé à Metz 2 févr. 1636.

HEYMANN (de). I. Auguste. V. Pothier.

II. Jⁿ-Frédéric-Auguste-Thomas. V. de Contades.

III. Madeleine-Thomas. V. de Guentz.

HEYSSEN (de) J^{ques}-Claude. V. de Bock.

HIBERT Marguerite. V. Mangeot II.

HIDROT Catherine. V. Colson.

HIÈRE (la) Marguerite. V. Marsal.

HILDERBERG (de) Anne-Sibille. V. Goutteville.

HILDT (de) Ch^{les}-Michel, lieut. des grenadiers de France en garnison à Nancy, † à 36 ans, par. St-Gorgon 14 déc. 1752 : à son enterrement, son frère aîné J^{ques} Hildt, lieut. invalide en garnison à Strasbourg.

HILLAIRE, *alias* HILAIRE. I. P^{re}-Alexandre, commissaire des guerres, éc., sgr de la Grange-aux-Ormes, Hellaucourt et Harboucy, fils de F^{ois}, lieut. particulier de Sarreguemines, et de Madeleine Canon, signait : Hillaire-Canon; il mourut par. Ste-Croix 22 août 1760, à 73 ans, et fut inhumé par. St-Victor. Il avait épousé, en cette dernière paroisse, 25 mai 1707, Anne *Sauterize de Campetz*, † ibid. 19 nov. 1713. De leur mariage étaient nés ibid. :

1. Madeleine-F^{oise}, 19 mai 1708; mariée à P^{re} le Goullon de Hauconcourt.

2. Mathieu, 2 sept. 1711.

3. Anne, 14 nov. 1713; † par. Ste Croix 4 nov. 1731.

II. J^{ques}-Étienne, m^e-apothicaire, ancien conseiller de l'hôtel de ville, † à 80 ans, par. Ste-Croix 1er juin 1776. Il avait épousé : 1° Madeleine *Lombard*; 2° Claude-F^{oise} *le Grand*, † par. St-Maximin 7 sept. 1786, à 85 ans.

Du premier mariage étaient nés :

1. M^{ie}-Madeleine, † à 30 ans, par. Ste-Croix 31 août 1760.

2. J^{ques}-*Étienne*, qui suit.

Du second mariage étaient nés :

3. Charlotte, †. par. St-Eucaire 30 août 1737.

4. Sébastien; m^d bourgeois, il épousa, par. Ste-Croix 18 août 1761, M^{ie} *Duchesne*, dont il eut Anne-M^{ie}, mariée à Georges-Blaise Sergent de Lavanne.

III. J^{ques}-Étienne, fils du préc., conseiller du Roi au bailliage, épousa F^{oise} *Lombard*, fille de J^{ph} Lombard, négociant à Pont-à-Mousson, et de M^{ie} Mauljean. De leur mariage naquit J^{ques}-Étienne, par. St-Maximin 14 déc. 1764.

IV. Divers.

1. Anne et Jacques. V. Poinsignon IV.

2. Dieudonnée. V. Favre.

3. M^{ie}-Thérèse. V. de Béthune.

4. Suzanne. V. Michelet VI.

HILLAIRE de CORVISART Nicolas-M^{ie}-Jⁿ-B^{te}, chev., sgr de Fleury, à un mariage par. St-Victor 17 avril 1787. [Il avait épousé Anne *Vignon*.]

HILLERIN de la GRANGE (d'). I. Jacques, éc., chev. de St-Louis, cap. au rég^t royal infanterie, fils des † Claude-F^{ois} d'Hillerin de la Groix, éc., sgr de la Groix, et M^{ie}-Périne de Chauvière; † par. Ste-Croix 7 juil. 1782, à 64 ans. Il avait épousé, par. St-Gorgon 27 nov. 1764, Elisabeth *Poncelet*, v^{ve} de Claude Robert, sgr de Fercomoulin et autres lieux.

II. J^{ques}-F^{ois}-Auguste, chev., cap. au rég^t de Limousin, en garnison à la citadelle, † par. Ste-Croix 30 déc. 1776, à 36 ans.

HILLIERS (de la) Auguste, cap. en la place de Mr Benjamin de la Fromigière, command^t et lieut. du gouverneur de la citadelle, fut parrain par. St-Victor 13 sept. 1620.

HOCHSTEIN, *alias* HOLSTEIN Ch^{les}-Henry, chev. de St-Louis, cap. au rég^t des volontaires royaux au service de S. M. très chrétienne à l'armée du Hanovre, fils des † Jⁿ-Guillaume, conseiller à la cour de Manheim, et M^{te} de Fürback, épousa, étant âgé de 45 ans, par. St-Marcel 27 déc. 1757, Barbe-Scholastique *Sauvage*, âgée de 47 ans, v^{ve} de Louis-J^{ph} le Marquis, avocat au parl^t exerçant au bailliage de Verdun.

HOCQUARD Marie. V. Lefebvre de Ladonchamps II.

HOCQUART. I. Jⁿ-B^{te}-M^{ie}-Hyacinthe, chev., premier gentilhomme de † S. M. le Roi de Pologne, commandeur de l'ordre d'illustre noblesse (*sic*), gouverneur pour le Roi des ville et château de Feré en Tardennes, ancien gouverneur pour le Roi au Bengale, colonel d'infanterie, chev. de St-Louis, eut un enfant, † par. St-Gengoulph 1er janv. 1791.

II. Louis-F^{ois}-M^{ie}. V. Grostête de Plichancourt.

HODIN (de) Gédéon. R. P. R., consolateur des malades en l'église de Metz, eut de Philippe *Bancelin*, son épouse :
1. Jean, 1er juin 1635.
2. Gédéon, 11 juil. 1638.

HOFFELIZE (d') I. César et Jeanne. V. Muzac II, 8.

II. Jeanne. V. Mahuet III.

HOFFMAN. I. Jⁿ-Balthasar. V. Preiel.

II. Marie. V. Pierron.

HOFFMAN (de) Paul-Alexandre, cap. au rég^t de la Croix, eut d'Anne-F^{oise} *de Belersaine*, son épouse, M^{ie}-Madeleine, par. St-Simplice 24 mai 1701 : p. Jⁿ de Saint-Aubin, conseiller secrétaire du Roi; m. M^{ie}-Madeleine de Rabeau, épouse du s^r Chevalier.

HOGENDORF (de) Gilles, R. P. R., gouverneur de Mayence, eut une fille, M^{ie}-Agathe, baptisée à Metz, 4 mars 1635.

HOLANDRE. V. Hollandre.

HOLLA Marguerite. V. de Cabanes VIII.

HOLLANDE [1]. I. Charles [2], m^d drapier, † par. St-Livier 30 mars 1690. Il avait épousé, [12 juin 1658], F^{oise}-M^{te} *Darras*, † par. St-Livier 17 sept. 1683, à 46 ans. De leur mariage étaient nés ibid. :
1. Marguerite, 13 févr. 1660.
2. *Humbert*, 21 sept. 1662; lequel suivra.
3. Jean, 15 févr. 1665 ; † 3 mars 1668.
4. *Jean*, 13 janv. 1667; lequel suit.
5. Christophe, 10 janv. 1669; avocat au parl^t en 1692.
6. Charles, 14 mai 1671.
7. Charles, 1er juin 1672.
8. Nicolas, 3 sept. 1673; † 19 nov. 1675.
9. Mathieu, 6 févr. 1675; † 30 oct. 1676.
10. Charles, 21 juin 1678; † 20 août 1682.
11. Charles, 7 août 1683 ; chan. régulier de l'ordre de St-Antoine

II. Jean, fils du préc., sgr de la Grange-aux-Dames, † par. St-Martin 17 oct. 1722. Il avait épousé, ibid. 16 févr. 1694, Anne *Lançon*, † ibid. 13 févr. 1740, à 70 ans. De leur mariage étaient nés ibid. :
1. Anne, 21 déc. 1694; mariée à Antoine Evrard.
2. Louise, 17 avril 1697.
3. Jean, 2 févr. 1704; † 28 sept. 1716.
4. Marguerite, mariée à Antoine de Saint-Hillier.

III. Humbert ou Hubert, frère du préc., conseiller au bailliage, conseiller-échevin de l'hôtel de ville, † par. St-Martin 20 janv. 1728. Il avait épousé, ibid. 18 déc. 1690, F^{ois} *Jeoffroy*, † ibid. 29 mai 1734, à 76 ans. De leur mariage étaient nés ibid. :
1. Nicolas, 6 déc. 1691 ; conseiller au

(1) Les détails entre [ ] et en notes sont tirés des Notes de M^r le Président d'Hannoncelles.
(2) Pierre, praticien, habitait Novéant en 1615; il épousa J^{ne} **Watrin**, dont il eut *Jean*, qui suit.
Jean, fils du préc., chir. à Dieulouard, épousa, 26 janv. 1623, Louise **Noirel**, fille de Jⁿ Noirel, procureur au bailliage de Nomeny, de laquelle il eut *Charles*, qui commence notre article.

bailliage et conseiller-échevin de l'hôtel de ville, † par. St-Gorgon 18 févr. 1742, dans la maison de Mr Bezançon, chan. de la cathédrale, dem^t dans le cloître; inhumé par. St-Martin. Il avait épousé, par. St-Livier 9 mai 1735, Catherine *Dedon*.

2. Marguerite, 12 janv. 1693; mariée à J^{ques}-Louis Perrin des Almons.

3. Humbert, 2 mai 1694; [il entra dans la Société de Jésus].

4. J^n-*Charles*, 24 juin 1695; lequel suit.

5. Ch^{les}-Nicolas, 23 janv. 1697.

IV. J^n-Charles, fils du préc., sgr de Colmy, fief situé au village d'Ars-sur-Moselle, lieut. au rég^t de Dauphin dragons, puis conseiller correcteur au parl^t chambre des comptes, † par. Ste-Croix 30 mai 1759. Il avait épousé : 1° [3 mai 1735], M^{ie}-Anne *Liégeault*, † par. St-Victor 15 mars 1740; 2° par. St-Gorgon 3 avril 1742, F^{oise}-Ursule *Martinet de Nibouville*, † par. Ste-Croix 14 mai 1758.

Du premier mariage naquirent par. St-Victor :

1. F^{ois}-Mathias, 29 févr. 1736.

2. M^{ie}-Françoise, 31 août 1737.

3. *Ch^{les}-Nicolas*, 6 févr. 1739; lequel suit.

4. Ch^{les}-Joseph, 22 févr. 1740; † en nourrice, à Magny 28 juin suiv.

Du second mariage naquirent :

5. Claude-Ch^{les}-Alexandre, par. St-Martin 13 nov. 1743; † en nourrice, par. St-Simplice 24 suiv.

6. Louis-Antoine, ibid. 18 oct. 1745; avocat au parl^t, † à Ancy-sur-Moselle 3 août 1784. Il avait épousé, [28 avril 1767, Anne *de Lescure*, † à Bathelémont, près Marsal, 8 janv. 1820].

7. M^{ie}-Anne-L^{se}, ibid. 22 janv. 1747; † par. St-Victor 14 févr. suiv.

8. F^{oise}-Marguerite, par. Ste-Croix 10 nov. 1748; † en nourrice, par. St-Martin 5 févr. 1750.

9. François, ibid. 1er janv. 1751; [† à Paris en 1766].

V. Ch^{les}-Nicolas, fils du préc., conseiller assesseur au bailliage, puis conseiller au parl^t, [chev. de la Légion d'honneur, † 6 déc. 1819]. Il avait épousé, par. S^t-

Simplice 28 juil. 1767, Claude-Anne *de Lescure*, sœur d'Anne ci-dessus, [† à 59 ans, 7 févr. 1801]. De leur mariage étaient nés par. St-Simplice :

1. Louis-Ch^{les}, 19 mai 1768.

2. Louis, 24 avril 1770 $^{(1)}$.

HOLLANDRE Jean-F^{ois}, d^r en médecine, fils de François, m^e en chirurgie, dem^t en la par. de Rilly au diocèse de Verdun, et de † Anne-Élisabeth Pernet, épousa, étant âgé de 29 ans, par. St-Simplice 30 juil. 1782, M^{ie}-Anne *Robiche*, âgée de 22 ans, fille de † Ch^{les} Robiche, m^d de cristaux, et de la J^{ne} de Genglin : au mariage, J^n-B^{te}-Antoine Hollandre, frère de l'époux.

HOLLARD Jeanne. V. Jaunez.

HOLTZ Catherine. V. Motte.

HOMBOURG (de) Antoine, lieut. du Roi à Sierck, eut de F^{oise} *Robert*, son épouse :

1. M^{te}-Marie, par. St-Gorgon 4 mars 1647 : p. Louis Rollin, chan. de St-Sauveur; m. M^{ie} Bossuet. — Elle fut mariée à J^n Paris, puis à J^n de Bressoles.

2. Henry, par. St-Simplice 10 mai 1651 : p. J^n Royer, g^d vicaire et archidiacre de Metz, représentant Mgr Henry de Bourbon, évêque de Metz; m. F^{oise} de Haraucourt.

3. Anne, † à 45 ans, par. St-Gengoulph 4 août 1692.

4. Antoinette, † ibid. 9 sept. 1717.

HOMNAT Marie. V. de Magny VI.

HONGRE (le) Anne. V. Perrault de Rougeron.

HONNEST Catherine. V. Hugo.

HONNESTET (de), *alias* de HONSTES, Quirinus, R. P. R., sgr de Vidembourg et Sulcenu, colonel d'un rég^t de cavalerie, épousa, 24 févr. 1664, Madeleine *de Streiff*

---

(1) Louis, d'abord officier au 6e rég^t d'artillerie légère, puis conseiller à la cour de Metz en 1811, † 29 avril 1826. Il avait épousé, 26 avril 1797, Anne-M^{ie}-Christine-Joséphine Joffrenot de Montlebert, † à Jussey en Franche-Comté 23 août 1804. De leur mariage sont issus : 1° Charles, né 10 juil. 1798; † 16 nov. 1814; 2° Anne, née à Metz 21 sept. 1799 (5e jour complémentaire de l'an VII); mariée à N^{as} Pyrot de Crépy.

de Lawenstein, dont il eut, 19 sept. 1672, Jeanne, † 7 déc. suiv.

HONNET Catherine. V. Auburtin-Aubertin IV.

HOPPEN (d') Jⁿ-Antoine. V. Mathis IV, 6.

HORDAL du LYS. I. François, éc., sgr de Vannecourt, conseiller au parl^t, † par. St-Gorgon 29 avril 1732, inhumé au bas de l'escalier de la chap. Notre-Dame. Il avait épousé: 1° Dieudonnée *de Flavigny*, † ibid. 12 avril 1703 ; 2° par. St-Martin 26 avril 1718, M^{ie}-Anne-M^{te} *de Tailfumyr*, † par. St-Victor 14 sept. 1749, à 79 ans. Du premier mariage naquirent :
1. P^{re}-François, par. St-Gorgon 1er juil. 1689.
2. François, ibid. 9 févr. 1691.
3. F^{oise}-Dieudonnée, ibid. 14 mai 1702 ; † 13 juin 1703.
4. Antoinette, mariée à Frédéric le Duchat.
5. Jeanne, mariée à Louis de Flavigny.

II. Anne-Dieudonnée, nièce du préc. V. Morin.

III. Marie. V. de Mirandolles.

IV. Mangeon et Évrard. V. Pagel.

HORION (de) Ch^{les}-François et M^{ie}-Anne. V. de Sancé.

HORNE (de). I. Jacques, conseiller du Roi et son médecin ordinaire, médecin de l'hôpital militaire de Verdun, ancien médecin des camps et armées du Roi, inspecteur des hôpitaux, fils de † Charles, intéressé dans les affaires du Roi, et de M^{ie}-Thérèse Michel, épousa, par. St-Marcel 4 déc. 1757, Élisabeth *Plaisant*.

II. Philippe-Maximilien. V. Vanderhot de Beaussard.

HORQUELIN Agnès. V. de Rochereau.

HORRER (de) Adam, command^t d'une brigade d'Alsace réformé à la suite de Metz, † par. St-Simon 12 mars 1747, à 77 ans. Il avait épousé M^{ie}-Anne-Elisabeth *de Dubois*, † ibid. 5 août 1741, à 58 ans.

HOSSEFELT (de) M^{ie}-Sophie. V. de la Hart.

HOSTE de la MOTTE (de l') François, chev., cap. au rég^t de Nassau infanterie en garnison à Sarrelouis, chev. de St-Louis, fils des † André, chev., et Anne-J^{ne} de Ramlingen, de leur vivant dem^t à Guénetrange, épousa, par. Ste-Ségolène 8 févr. 1787, Catherine-Thérèse-L^{se} *de Verpy* : au mariage, Jⁿ-B^{te} de l'Hoste de la Motte, chev., cap. command^t au rég^t d'Alsace, frère du marié ; Ladislas-Ignace de Ferdinand, éc., lieut. au même rég^t; F^{ois} Turlure de Vellecourt, éc., commissaire principal des guerres au dép^t de Thionville, et Louis-Ignace-Théodore de Gargan, chev., cap. au rég^t de l'Ile de France, cousins de l'épouse.

HOSTE de la MOTTE de RÉCY (de l') Philippe, chev., sgr de la Motte de Récy, lieut. des maréchaux de France au dép^t de Thionville, veuf de Christine *Dain*, épousa, par. St-Marcel 16 mars 1709, M^{ie}-Catherine *Gillot*.

HOTTEMAN. I. M^{ie}-Éléonore, [63e abbesse de Ste-Glossinde, † 17 déc. 1762, à 74 ans, inhumée en l'église de Ste-Glossinde. Msc. Epit.]

II. Marguerite, [† 12 oct. 1726, à 43 ans, inhumée en l'église de Ste-Glossinde. Ibid.]

HOTTOT (de) Antoine, lieut. en la compagnie de Boutonvilliers au rég^t du Roi, † par. St-Gorgon 15 avril 1730, à 22 ans.

HOUBAULT Élisabeth. V. Rousseau II.

HOUDEBRANT. I. Joachim, R. P. R., fut père de :
1. Daniel, 30 avril 1561.
2. Paul, 27 nov. 1562.
3. Pierre, 23 août 1564.
4. Marthe, 19 oct. 1568.

II. Claude, R. P. R., aman, fut père de :
1. Esther, 19 oct. 1578.
2. Élisabeth, 5 févr. 1581.

III. Jean, R. P. R., eut un fils, Jean, 6 janv. 1580.

IV. Andrieu, aman de St-Georges, épousa Isabelle *Vinot*, † v^{ve} de lui, par. St-Martin 31 déc. 1577.

HOUILLON. I. Jacques, conseiller assesseur en la prévôté de Boulay, † par. S^{te}-

Croix 29 mars 1725, à 66 ans : à son enterrement, Honoré Houillon, avocat au parl^t.

II. Élisabeth et Jean. V. Maclot II et III.

III. Pierre et Suzanne. V. Drouet.

HOUILLON (le) Sara. V. Gissey.

HOUQUIN J^{ne}-Marguerite. V. Hémard.

HOURDT (de) Françoise. V. Tailleur.

HOUSSAYE (de la) François, éc., âgé de 53 ans, épousa, par. St-Simplice 11 févr. 1694, Louise *Alexandre*, v^{ve}, âgée de 40 ans.

HOUSSE (de). I. Jean, R. P. R., sgr de Han et Juvigny, épousa, 6 mai 1618, Judith *Gauvain*, v^{ve} de J^{aues} Busselot.

II. Anne-Gabrielle. V. de Serainchamps III.

HOUT (de). V. de Blair (note).

HOUZEL, alias HOUZELLE. Anne. V. Mangeot I, 6.

HOWARD Nicolas, [chan. et coûtre de la cathédrale, prévôt de N.-D. de la Ronde, † 19 sept. 1632, inhumé à la cathédrale. Msc. Epit.]

HUART. I. Antoine. V. Gauvain III.

II. Jean. V. le Gentilhomme.

III. Suzanne. V. Bouchez.

HUART (d'). I. Jean-P^{re}, b^{on}, chev., sgt d'Hautecourt, Autel et Vrémy, lieut.-colonel au rég^t de Pas au service du Roi d'Espagne, épousa : 1° Thérèse-Angélique *de Saint-Mars*, de la ville de Leyde; 2° par. St-Martin 12 oct. 1704, M^{ie}-Laurette *Foës*, v^{ve} de Frédéric Piart de Metz, éc., cap. au rég^t d'Orléans; le mariage fut bénit par J^n-F^{ois} Foës, chan. de la cathédrale, oncle de la mariée.

Du premier mariage naquit :

1. *Christophe-Albert-Albéric*, qui suit.

Du second mariage naquirent par. St-Martin :

2. P^{re}-François, 15 janv. 1710.

3. Élisabeth, jumelle du préc.; mariée à J^n-D^{que} Crespin.

4. Marguerite, 20 avril 1712.

5. M^{ie}-Madeleine, jumelle de la préc.

6. Hélène-Bénédictine, 5 nov. 1715.

7. Marie, mariée à Claude-Antoine Guillemin.

II. Christophe-Albert-Albéric, fils du préc., chev. d'Onpied, c^{te} de Stenvorde, sgr d'Autel, Vrémy, Huvé, les Hauts-Fretins, Fresne, et Distroff en partie, cap. au rég^t du Maine infanterie, chev. de St-Lazare et de N.-D. du Mont-Carmel, épousa M^{te} *Blaise*, † par. St-Gengoulph 10 mars 1777, à 80 ans. De leur mariage étaient nés :

1. M^{te}-Madeleine, par. Ste-Ségolène 24 juil. 1723; mariée à Emmanuel-Hubert-F^{ois}-D^{que} c^{te} de Romanet.

2. J^n-Christophe-Sidoine, ibid. 2 déc. 1724.

3. Charles, ibid. 15 mai 1727; sans doute le même que Maurice-Charles, parrain de quelques-uns de ses frères et sœurs.

4. J^n-Claude-Anne, jumeau du préc.

5. Geneviève-Louise-M^{te}, † par. St-Marcel 11 sept. 1728.

6. Joseph, par. Ste-Ségolène 10 avril 1730; lieut. au rég^t royal Suédois.

7. Suzanne-M^{te}, par. St-Victor 17 févr. 1733.

8. Séraphine-Alexandre, ibid. 3 mai 1734 : p. Alexandre-Eugène des Kause, chev., sgr de Rembecq; m. Séraphine du Change, c^{esse} de Spar. — Elle mourut par. St-Gengoulph 16 sept. 1785.

9. J^n-D^{que}, ibid. 10 mars 1737; cap. d'infanterie au décès de la préc.

10. F^{ois}-Victor-César-Auguste, ibid. 10 juin 1741 : p. F^{ois}-Victor-César-Auguste chev. de Roux, lient.-gén^l au rég^t de marine infanterie; m. Madeleine d'Huart, sœur de l'enfant.

III. Odile-Josèphe et Gérard-Mathias. V. de Longat.

IV. Henry, précepteur dans la famille de Savonnières, assiste à l'enterrement de son élève, par. St-Simplice 31 déc. 1754.

HUART de WARTZ (d') Luc-Antoine, cap. au rég^t de Monthureux, fils de † Luc Girard, conseiller au bailliage de St-Mihiel, et de Catherine la Tâche, épousa étant âgé de 31 ans, par. St-Victor

4 mars 1759, Catherine-M^ie-F^oise *le Grand*, âgée de 24 ans, † par. St-Croix 16 févr. 1791.

HUBERIN Anne-M^ie. V. Kreuter.

HUBERTI. V. Croisille IV, 1.

HUBING (de) Girard-J^ques, chev., sgr de Kœuric, Requing, Berelding et Malavillers, † par. St-Victor 15 avril 1685 : à son enterrement, Ch^les-F^ois de Failly, sgr de Failly, cap. et major au rég^t royal de cavalerie étrangère, son cousin germain.

HUBY J^ques-Louis, éc., conseiller du Roi en son grand conseil, sgr de Villers-aux-Bois, épousa : 1° Anne-M^ie *Boucot*, dont il eut Antoine-J^ques, † par. St-Victor 8 sept. 1749, à 24 ans; 2° Henriette-Charlotte née b^onne *de Bergh*, † ibid. 17 sept. 1756.

HUE de SAINT-REMY, *alias* **HEU** dit de **SAINT-REMY.** I. Annibal, éc., sgr de Gras, conseiller du Roi et son lieut. au bailliage de Thionville, [† à Thionville 6 sept. 1669]. Il avait épousé, par. St-Victor 27 oct. 1636, Barbe *Chomnel*, v^ve du s^r Bourcier, laquelle mourut par. St-Simplice 8 juin 1671. De leur mariage étaient nés :

1. Ch^les-F^ois, ondoyé en 1637; les cérémonies du baptême lui furent suppléées par. St-Victor 24 juil. 1644 : p. Ch^les d'Anglure, sgr de Bourlemont; m. F^oise de Haraucourt, abbesse de St-Pierre-aux-Dames. — Sgr de Gras et de Wolckrange, il épousa M^ie-Julienne *Gobélius*, dont il eut Jeanne, marié à Étienne de Blanchard d'Argelès.e

2. Claude-F^ois, baptisé, à l'âge de 18 ans, par. St-Simplice 28 juil. 1658 : p. l'abbé Bruillard de Coursan, princier de la cathédrale et abbé de St-Symphorien; m. F^oise de Lenoncourt, ancienne abbesse de Ste-Glossinde. — Éc., conseiller du Roi, lieut.-gén^l civil et criminel au siège royal de Thionville, il épousa, ibid. 22 janv. 1670, M^ie-Thérèse *de la Cour*, dont il eut Étienne, qui remplit les mêmes fonctions que son père à partir du 10 sept. 1702, et les remplissait encore en 1728.

3. Chrétien ; avocat au bailliage de Thionville, il épousa Catherine *Friche*, dont il eut Anne, par. St-Martin 9 mars 1666.

II. Dominique, † par. St-Victor 25 mai 1636.

HUÉMONT (de) Barbe. V. de Cabanes (note).

HUÉMONT de BAILLEUL M^ie-Joséphine et M^ie-Marguerite. V. Labrousse.

HUGO. I. Nicolas, éc., avocat, de la ville de St-Mihiel, veuf de Glossinde *Collin*, épousa, par. St-Livier 23 nov. 1690, Catherine *Honnest*, v^ve de F^ois Dumont de la Réauté, éc. : au mariage, Ch^les de Tailfumyr, conseiller au parl^t; Léonard de la Malmaison, éc., dem^t à St-Mihiel; André-F^ois Hugo, chan. de la collégiale de Hastonchâtel, et N^as-Ignace Hugo, fils du marié.[1]

II. Ch^les-Hyacinthe, petit-fils du préc., conseiller à la chambre des comptes de Lorraine, épousa Anne *Lhuillier de Spitzemberg*, dont il eut Dieudonné-Nicolas. V. du Teil.

HUGON d'ARRAINCOURT. I. Jean, sgr en partie d'Arraincourt, eut d'Anne *Rambert*, son épouse :

1. Jeanne, mariée à J^n-J^ques Sauvage.
2. Jean-F^ois ; fermier gén^l du c^te de Créhange, il épousa Christine *Dedun*, † v^ve de lui, par. Ste-Ségolène 9 janv. 1761, à 44 ans.
3. P^re-Philippe, [15 mai 1689] ; lequel suit.
4. Étienne-Christophe, à l'enterrement de sa sœur Jeanne ci-dessus.
5. Christophe, [25 oct. 1695] ; peut-être le même que le préc. ; lequel suivra.

II. P^re-Philippe, fils du préc., sgr d'Arraincourt et Villers-aux-Oies, procureur du Roi honoraire au bureau des finances, † par. St-Marcel 9 avril 1749. Il avait épousé M^ie *la Fargue*, † par. Ste-Ségolène 30 déc. 1724. De leur mariage étaient nés ibid. :

---

[1] D'après la *Biog. du Parl^t*, le général Joseph-Léopold-Sigisbert c^te Hugo, le défenseur de Thionville en 1814 et 1815, père du poète Victor Hugo, eût été de cette famille(?)

1. *Michel*, 25 mai 1722; lequel suit.
2. Jean, 8 févr. 1723.
3. Louis, jumeau du préc.
4. Anne-M^{ie}, 17 mai 1724; † par. St-Marcel 18 juil. 1745.

III. MICHEL, fils du préc., conseiller du Roi, très. du bureau des finances, † par. St-Victor 3 juil. 1773, à 51 ans. Il avait épousé, à Ars-sur-Moselle 30 août 1745 (l'acte par. St-Eucaire), Madeleine *Collesson*, [† 1er août 1766, à 42 ans]. De leur mariage étaient nés par. St-Marcel :
 1. P^{re}-Philippe, 6 juin 1746; éc., ancien cap. au rég^t d'Austrasie, sgr d'Arraincourt, Arriance, Villers et autres lieux, il trouva la mort dans les eaux de l'étang d'Aubigny, par. de Colombey, 1er mai 1785.
 2. Antoine, 25 déc. 1747.
 3. Étienne-F^{ois}, 11 avril 1749; cap. d'infanterie au décès de son frère P^{re}-Philippe ci-dessus, il signe Hugon de Harange.
 4. Michel-Philippe, 24 mai 1750; officier lieut. au rég^t de Conti cavalerie, au décès de son g^d père mat., par. St-Eucaire 30 janv. 1773.
 5. Antoine-Philippe, 21 oct. 1751; il signait Hugon de Villers.
 6. P^{re}-Philippe, 28 janv. 1753; il signait Hugon de Gondremange.
 7. Ignace, 30 juil. 1755; † en nourrice, par. St-Eucaire 25 déc. 1756.
 8. M^{ie}-Louise, 6 juil. 1756.

IV. CHRISTOPHE, oncle du préc., d'abord avocat à la cour souveraine de Lorraine, puis avocat au parl^t de Metz et procureur gén^l à la table de marbre, † par. Ste-Ségolène 28 févr. 1775. Il avait épousé Anne (*alias* Barbe) *Bachelard*, dont il eut :
 1. Jennet, par. Ste-Croix 13 déc. 1724.
 2. Christophe-N^{as}, par. St-Victor 22 déc. 1725.
 3. Étienne, ibid. 28 mars 1727.
 4. Barbe-F^{oise}, ibid. 14 mars 1728; † par. St-Gorgon 16 août 1730.
 5. Ch^{les}-Marie, par. St-Gorgon 9 juil. 1729.
 6. Françoise, mariée à Claude-F^{ois} Malbeste.
 7. Philippe, au mariage de la préc.

V. PHILIPPE Hugon d'Arraincourt, *François* de son nom de famille, cap. au rég^t royal de Lorraine, fils de N^{as}-Philippe François et de M^{te} Hugon, épousa, par. St-Gorgon 7 août 1741, Christine *Bauquel*, dont il eut, par. St-Victor 28 janv. 1743, F^{ois}-Nicolas, † 15 août 1745.

VI. ANTOINE, sergent royal au parl^t, † par. St-Maximin 28 avril 1721, à 73 ans; aux signatures de l'acte de décès : Hugon d'Arraincourt.

VII. LOUISE. V. Gassaud et Dupuy des Marceaux.

VIII. ANNE. V. la Place.

HUGONET (D') JEAN-N^{as}, éc., cap. d'infanterie au rég^t de France, eut de J^{ne} *Michel*, son épouse, F^{ois}-J^n-Louis, par. St-Marcel 30 mai 1767.

HUGONIN DE LAUNAGUET CATHERINE-EUPHRASIE. V. de Villers V.

HUGUENIN, *alias* HUGUENY. I. HILAIRE, [d^r *in utroque jure*, g^d archidiacre et chan. de la cathédrale, † 3 janv. 1593, inhumé à la cathédrale. Msc. Epit.]

II. GEORGES, éc., lieut. de la connétablie, inspecteur des poudres et salpêtres des Trois-Évêchés, épousa : 1° M^{ie}-Anne *Fouché*; 2° étant âgé de 62 ans, par. St-Jean de la Citadelle 6 juin 1780, M^{ie}-Thérèse-Nicole *Gillot*.

III. FRANÇOISE. V. de Lévy II.

IV. BARBE. V. Régnier IV.

HUGUENOT DE BONCOURT. I. JACQUES, éc., premier lieut. de la connétablie et maréchaussée de France, épousa Apolline *Fournier*, † par. Ste-Croix 22 août 1677. De leur mariage naquirent par. St-Gorgon :
 1. Nicolas, 25 oct. 1649.
 2. Apolline, 14 févr. 1651.
 3. Jean, 12 févr. 1653.
 4. Marguerite, 16 avril 1654.
 5. Laurent, 28 août 1655.
 6. Jean, 19 oct. 1656.
 7. Pierre, 6 févr. 1658; chan. de la cathédrale à l'enterrement de la suiv.
 8. Madeleine, mariée à André Perrin des Almons.

9. Louis-F^{ois}, commissaire de marine, à l'enterrement de la préc.
10. Marc-Antoine, lieut. de M. le prévôt provincial de Metz, Toul et Verdun, tué pour le service du Roi au pays de Luxembourg 9 sept. 1671 : à son enterrement, ses oncles maternels Antoine Fournier, chan. de la cathédrale, et F^{ois} Fournier.

II. ANNE. V. de Bretagne II.

HUGUES (D') JOSEPH, chev., sgr de Donjeux, Maraulx et autres lieux, chev. de St-Louis, colonel d'infanterie, fut parrain par. St-Martin 1er nov. 1737.

HUGUESSON ANNE. V. Dattel X.

HUGUET N***, notaire au palais, eut de Simonne N***, son épouse, François, par. St-Gorgon 30 mars 1637.

HUIBRATTE. I. ANNE. V. Gardeur-Lebrun.
II. LOUISE. V. Humbert IX.

HUITTE (D'). I. SARA, SUZANNE et MARIE, filles de Nicolas, m^d. V. le Goullon XI et XII et Grandjambe XVII.
II. ANNE. V. Malchar IV.

HULE (DE) CHARLOTTE. V. du Hautoy.

HULLIN THOMAS-NOEL, avocat au parl^t et conseiller dir. et trés. de la monnaie, eut de Madeleine-Catherine *Ancillon*, son épouse, par. St-Maximin :
1. Philippe-Thomas, 26 janv. 1714; le père est dit Hullin de Valory.
2. Louise-Madeleine, 25 déc. même année; le père est dit simplement Hullin.

HULLIN (DE) MADELEINE. V. Lecomte IX.

HULON, alias HULOFF ANNE et BARBE-LOUISE. V. Blain.

HULOTTE (DE) FRANÇOISE. V. le Laboureur.

HUMBERT, cfr. LE BONHOMME.
I. MOYSE, R. P. R., procureur au parl^t, épousa : 1° 23 juin 1658, Mlle *Clasquin*; 2° Madeleine *Jassoy*. Du second mariage naquirent :

1. Isaac, 21 sept. 1670; † 5 oct. suiv.
2. Madeleine, 5 août 1673; † 27 suiv.

II. PIERRE, sgr de Rignéville (*alias* de Vigneulles), † par. Ste-Croix 5 févr. 1692. Il avait épousé Anne-M^{te} *Gattebois des Forges*, dont il eut par. St-Martin :
1. Françoise, 16 oct. 1661.
2. M^{te}-F^{oise}, 3 avril 1663.
3. Lucie-F^{oise}, 11 oct. 1665.

III. CÉSAR, riche bourgeois, † par. St-Eucaire 4 août 1751, à 94 ans. Il avait épousé F^{oise} *Bertrand*, † ibid. 4 avril 1727, à 63 ans. De leur mariage était né, ibid. 4 juil. 1700, *Joseph*, qui suit.

IV. JOSEPH, fils du préc., conseiller secrétaire du Roi en la chancellerie du parl^t, sgr de Manoncourt, † par. St-Eucaire 1er févr. 1727. Il avait épousé Anne *Charles*, dont il eut :
1. Anne-Hyacinthe, mariée à Louis-N^{as} Bouret. — A son enterrement, Marc-Antoine Humbert, sgr de Tonnoy et de Velle, ancien lieut.-colonel d'infanterie, chev. de St-Louis, son neveu; François-Bernardin Pallas et Ch^{les} Pallas, tous deux licenciés-ès-droits et chanoines de Toul.
2. Rose, mariée à Siméon de Guillermin.

V. Abraham, ancien aman, † par. St-Simplice 28 août 1761, à 86 ans. Il avait épousé Suzanne *Séchehaye*, † ibid. 23 déc. 1738, à 59 ans. De leur mariage étaient nés :
1. Suzanne-F^{oise}, † à 17 ans, par. St-Simplice 1er oct. 1736.
2. Jacques, † à 19 ans, bachelier en droit, par. St-Simplice 7 juin 1744 : à son enterrement, ses oncles Daniel Humbert et Jⁿ Humbert.
3. F^{ois}-Philippe, qui suit.

VI. F^{ois}-PHILIPPE, fils du préc., conseiller du Roi au bailliage, épousa, par. St-Martin 31 août 1745, Catherine-Rose *Vaillant*, [† à 86 ans, 22 mars 1811]. De leur mariage étaient nés par. St-Simplice :
1. Abraham-F^{ois}, 7 janv. 1747.
2. Madeleine, 9 mai 1748; mariée à Jⁿ-Louis-F^{ois}-Philippe de Cailloux.
3. Cécile, 30 avril 1749.

4. F{ois}-Abraham, 10 juil. 1750.

5. J{n}-Baptiste-N{as}, 10 août 1751. V. de Cailloux II, 4.

6. Laurette-Thérèse, 21 déc. 1752.

7. Claude-Étienne, 1er avril 1765; [président de chambre à la cour royale de Metz, † 12 déc. 1843. Il eut de Barbe-F{oise} *Ourié*, son épouse, Philippe-Ch{les}, qui fut cap. d'infanterie]. — Claude-Étienne signait Humbert-Pomecourt.

VII. CLAUDE, proc. au parl{t}, eut de Claire *Marchand*, son épouse, Barbe-F{oise}, par. Ste-Croix 6 janv. 1693.

VIII. J{n}-LOUIS, principal commis au greffe du parl{t}, fils d'Ernest et de Nicole Ancillon, épousa, par. St-Gorgon 13 févr. 1748, F{oise} *Mangienne*.

IX. JOSEPH, géomètre et arpenteur royal au siège de la maîtrise des eaux et forêts, fils de Joseph, entrepreneur de bâtiments, et de Louise Huibratte, épousa, étant âgé de 23 ans, par. St-Victor 26 sept. 1775, Anne-M{ie} *Louis*.

X. JEAN, [abbé de St-Vincent, † 12 janv. 1600. Journ. de Séb. Floret.]

XI. Divers :

1. ANNE. V. Sartorius III.
2. DIEUDONNÉE-F{OISE}. V. Barrette.
3. ÉLISABETH. V. Lamarle II.
4. FRANÇOIS. V. Henry II, 1.
5. JEANNE. V. Carralès-Oglou.
6. LOUISE. V. de Hurdt.
7. MARGUERITE. V. du Rocheret I, 2.
8. SUZANNE. V. Blancbois.

HUMBLOT AGATHE. V. Catoire.

HUN FRANÇOISE. V. Plassiard.

HUNNIQUE M{ie}-ROSE, « noble dame ». V. d'Andray.

HUNOLSTEIN (D'). I. CHARLES, cte, eut de M{ie}-Thérèse *de Gaude de Martainville*, son épouse :

1. Philippe-Antoine (1), par. St-Martin 4 mai 1750 : p. Philippe-Antoine d'Eltz d'Ottange, g{d} écolâtre du chapitre de Spire et abbé commendataire de St-Vincent de Metz, son g{d} oncle pat.; m. M{ie}-Thérèse de Brisacier, v{ve} et douairière de J{ques}-Gustave de Malortye, m{is} de Boudeville.

2. *Jean-F{ois}-Éléonore*, qui suit.

II. JEAN-F{OIS}-ÉLÉONORE (1), fils du préc., major au rég{t} de Chartres dragons, cy-devant de la par. St-Nicaise d'Arras, âgé de 34 ans, épousa, par. St-Victor 7 nov. 1785, Plaicarde-Gabrielle-Victoire *de Chérisey*, dame chan{esse} du chapitre noble et royal de St-Louis, âgée de 25 ans. Le mariage fut bénit par Mgr l'Évêque de Metz dans l'église du chapitre de St-Louis; Philippe-Antoine cte d'Hunolstein, brigadier des armées du Roi et m{e} de camp command{t} au rég{t} de Chartres dragons, frère du marié, tint la place du père; Charlotte-Eugénie de Choiseul, abbesse de St-Louis, tint la place de la mère. Les témoins du côté du marié furent : F{ois}-Claude Séguier, chev{r}, sgr haut-justicier de Liancourt, maréchal des camps et armées du Roi, son lieut. au gouv{t} de Metz; F{ois}-Thomas-Élisabeth m{is} de Saint-Cloud, sgr de Fierville et autres lieux, lieut.-colonel au corps de carabiniers de Monsieur

épousé : 1° en 1802, M{ie}-Henriette-Claire de Bourdeille; 2° en 1819, Sophie-M{ie}-Charlotte d'Hunolstein, cousine germaine. Du premier mariage naquirent : 1° *Paul*, 29 juin 1804; lequel suit. 2° Claire, 16 févr. 1806; mariée en 1829 au m{is} de Pracontal.

PAUL, cte, député de la Moselle, † à Paris 12 fév. 1892. Il avait épousé : 1° en 1830, Hélène du Bouchet de Sourches de Tourzel, † en 1837, fille du m{is} de Tourzel et petite-fille de la duchesse de Tourzel, gouvernante des enfants de France; 2° en 1844, Claire de Bassompierre, † en 1847, fille du dernier m{is} de Bassompierre. Du premier mariage étaient nés : 1° *Léopold*, 28 sept. 1830; lequel suit. 2° *Antoine*, 31 janv. 1832; lequel suivra. — Du second mariage naquit : 3° Marie, mariée en 1868 au cte Henri de Beaufort.

LÉOPOLD épousa, en 1857, Laure de Crussol d'Uzès, † à l'incendie du Bazard de la Charité à Paris, 4 mai 1896. De leur mariage sont nés : 1° Un fils, † en 1877; 2° Hélène, mariée en 1880, à Arthur de Rochechouart-Mortemart.

ANTOINE épousa, en 1859, M{ie} de Montmorency-Luxembourg, fille du prince de Luxembourg, de laquelle sont nés : 1° Félix; 2° Hervé; 3° Jean; 4° Léonie; 5° M{is}-Thérèse.

(1) Du mariage de J{n}-F{ois}-Éléonore et de Plaicarde-Gabrielle-Victoire de Chérisey, sont issues : 1° M{ie}-Thérèse, née en 1791, mariée au cte de Bryas, † en 1866; 2° Sophie-Charlotte, née 30 sept. 1794, mariée à son cousin germain Félix d'Hunolstein, † 28 mars 1882.

---

(1) PHILIPPE-ANTOINE, cte d'Hunolstein, membre de la noblesse immédiate du St-Empire, lieut.-gén{l}, † en 1830. Il avait épousé, en 1770, Élise-Aglaé du Puget, fille du m{is} de Barbantane, de laquelle il eut *Félix*, qui suit.

FÉLIX, cte, pair de France, † oct. 1838. Il avait

frère du Roi. Les témoins du côté de la mariée furent : Louis-Malo-Gabriel m^is de Vauborel, chev., sgr de Corny, brigadier des armées du Roi, m^e de camp command^t au rég^t royal Roussillon infanterie, chev. de St-Louis ; Claude-Philippe-Alexandre de Tinseau, lieut.-colonel d'infanterie, chev. de St-Louis.

HUOT Aimée-Théodore-Victoire. V. Villeroy (note).

HUOT DE FRAMOIS René, fils de Simon-Gabriel, éc., sgr de Charmoille, Port-sur-Saône, Cuvre, Villaire-sur-Port, Framois et autres lieux, et de Madeleine-Pierrette-Gasparine Favière, épousa, en l'église canoniale de St-Thiébaut, par. St-Martin 10 nov. 1783, M^ie-Charlotte-Thérèse-Xavier *de Calonne de Beaufait*, fille de F^ois-Ignace-Louis de Calonne de Beaufait, chev. de St-Louis, ancien cap. au rég^t de la Mark, sgr de Dumonchaux en Hainault (Autriche), et de M^ie-Anne b^onne de Ferrette : au mariage, Ch^les-Léonard Larreategny de Vignolle, cap. de chasseurs à cheval, sgr de Richemont.

HUOT DE GRANDCOUR. I. Pierre, commissaire des vivres, eut de J^ne *Barat*, son épouse, par. St-Gorgon :
1. Marie, 19 févr. 1698.
2. *J^n-François*, 22 janv. 1699 ; lequel suit.

II. J^n-François, fils du préc., doyen des procureurs du parl^t, † rue Cour de Ranzières, par. St-Simplice 22 sept. 1770. Il avait épousé, par. St-Victor 3 sept. 1726, F^oise *de Lévy*, † à 45 ans, par. St-Gorgon 3 juin 1746. De leur mariage étaient nés :
1. J^n-Pierre, par. St-Victor 13 juin 1727 ; procureur au parl^t, il eut de M^ie-Madeleine *Heammer*, son épouse, par. St-Victor 31 déc. 1770, Catherine-Anne-Madeleine-F^oise.
2. Louis-F^ois, ibid. 28 juil. 1728 ; † 16 févr. 1741.
3. Nicolas, ibid. 5 juil. 1730 ; † 9 janv. 1733.
4. J^n-François, † 1er avril 1731.
5. P^re-André, ibid. 7 nov. 1732.
6. Louis-Antoine, ibid. 14 déc. 1733.
7. J^ne-Marie, ibid. 30 déc. 1734.

8. J^n-Baptiste, ibid. 23 juin 1736.
9. P^re-François, ibid. 26 août 1740.
10. J^n-Pierre, par. St-Gorgon 1er juil. 1743 ; † le lendemain.

III. Claude, inspecteur des équipages et des vivres à l'armée de la Moselle, eut de Barbe *Rozières*, son épouse, J^n-Baptiste, par. St-Eucaire 11 janv. 1698.

HURDT (DE) J^ques-François, chev. du St-Empire et de Bavière, sgr de Hargarten-outre-Sarre, chev. de St-Louis, cap. au rég^t de la colonelle générale de hussards, en garnison par. St-Simon, fils majeur de † F^ois-Louis, chev. du St-Empire et de Bavière, sgr de Hargarten, et de Louise d'Humbert, épousa, par. St-Martin 15 janv. 1788, Christine-M^te *Vaillant* : au mariage, Gabriel de Badda. major command^t le susdit rég^t, chev. du Vrai Mérite ; Henry b^on de Stengel, chef d'escadron, chev. de St-Louis ; le baron Staël de Holstein. — Dudit mariage naquirent par. St-Victor :
1. Mathias-Maximilien, 4 déc. 1788 : p. Mathias-Félicien chev. de Hurdt, sgr de Thimonville et Agnéville, conseiller à la chambre des comptes de Nancy, son oncle ; m. J^ne-M^te Vaillant, douairière de Michel Rulland, conseiller au parl^t, sa g^d tante mat.
2. M^ie-Jeanne, 14 janv. 1790.

HURLEAU Jean-F^ois. V. Georges de Vrémy IV.

HURLIN. I. Judith. V. le Braconnier XV.
II. Jacques. V. de Blair (note).

HURTEVIN-MONTAUBAN Stanislas-Hubert, avocat en parl^t, place St-Louis, eut d'Anne *Malhorty*, son épouse, par. St-Simplice 11 avril 1789, M^ie-Anne-Adélaïde : p. Marin-P^re Henry, d^r médecin des hôpitaux militaires ; m. M^ie-Anne Picard, épouse de Marin-P^re Dumaine, dir. gén^l des domaines du Roi.

HUSSENOT. I. Nicolas, ancien doyen des procureurs au parl^t, fils d'Augustin et de Sébastienne Barat, † par. St-Martin 3 nov. 1733, à 74 ans. Il avait épousé :
1° par. Ste-Croix 27 nov. 1685, Sara *Lecoq*, † par. St-Martin 24 févr. 1710, à

47 ans; 2° M^ite *Vallée*, † ibid. 15 déc. 1720, à 31 ans.

Du premier mariage naquirent :
1. J^ph-Nicolas, par. St-Martin 24 févr. 1687.
2. M^ie-Louise, par. Ste-Croix 20 janv. 1688.
3. *Nicolas*, ibid. 21 févr. 1689; lequel suit.
4. Ch^les-Abraham, ibid. 28 nov. 1690.
5. N^as-Louis, ibid. 28 déc. 1691.
6. Jean, par. St-Martin 31 janv. 1693.
7. Pierre, ibid. 11 oct. 1696.
8. M^ie-Anne, ibid. 19 mai 1698; mariée à Étienne Milet, puis à Alexandre de Montcharnaux.
9. Marie, ibid. 3 août 1700.

Du second mariage naquirent :
10. Jean, par. St-Martin 1er août 1716.
11. Nicolas, ibid. 26 nov. 1720.

II. Nicolas, fils du préc., avocat au parl^t, épousa, par. St-Simplice 19 avril 1712, Madeleine *Clerginet*, dont il eut :
1. Nicolas, par. St-Martin 22 févr. 1714.
2. Jean, ibid. 8 avril 1715.

III. Nicolas, sans doute le même que le préc., avocat au parl^t, † par. St-Simplice 21 janv. 1750. Il avait épousé J^ne *Jarmont*, dont il eut :
1. Marguerite, par. St-Martin 1er sept. 1725; † par. St-Simplice 26 janv. 1746.
2. Nicolas, par. St-Simplice 19 juil. 1727; † 7 août suiv.
3. J^ne-Marguerite, † par. St-Simplice 2 mars 1742, à 13 ans.
4. P^re-Nicolas, ibid. 6 juin 1730.
5. J^ques-Étienne, ibid. 5 juin 1731; cap. à la légion royale de Metz en 1766.
6. N^as-Louis, par. St-Victor 23 juil. 1732.
7. Marie, ibid. 30 oct. 1733.
8. Alexandre, par. St-Simplice 8 déc. 1734.
9. Abraham, ibid. 29 janv. 1736.
10. M^ie-Louise-Casimire, ibid. 18 janv. 1738.
11. Louis-Ignace, ibid. 9 mars 1739.
12. P^re-Abraham, ibid. 9 juin 1740.
13. M^ie-Anne, ibid. 6 août 1741.
14. M^ie-Thérèse, ibid. 21 sept. 1742; mariée à Philippe Dumas.

HUSSON. I. Nicolas, procureur gén^l fiscal des terres et sgrie de Gorze, juge et officier de la saline de Rosières, eut de F^oise *Poinsignon*, son épouse, Regnault-N^as, par. St-Livier 10 janv. 1685.

II. Jacques, [chan. de la cathédrale, † 2 févr. 1762, à 55 ans, Msc. Épit.]

III. Divers.
1. Anne-Catherine. V. de Montagnac.
2. Barbe. V. de Bagaris.
3. Barbe-F^oise. V. Demange I, 6.
4. François. V. de Prailly.
5. Gabrielle. V. Durlot.
6. Henriette. V. Périn VII.
7. Jeanne-M^ie-F^oise et Ch^les-Antoine. V. Collinet IV.
8. Paul. V. de Lingendes.

HUTSCHENWEITER. V. Demange II.

HUYN. I. Jean, noble homme, conseiller d'État de Son Eminence et conseiller au bailliage de Vic, eut de Catherine *Lançon*, son épouse :
1. Catherine, mariée à F^ois Maguin.
2. *César*, qui suit.

II. César, fils du préc., éc., sgr de Pettoncourt, conseiller au conseil privé, lieut. gén^l au bailliage et chancelier de l'Évêché de Metz, épousa, par. St-Martin 17 juin 1657, M^te *Rulland*, dont il eut :
1. *François*, par. St-Martin 20 août 1674; lequel suit.
2. Marguerite, mariée à Louis Thibault de Ménonville.

III. François, fils du préc., conseiller au parl^t, sgr de Holacourt, Montigny et Vernéville, † par. St-Simplice 21 déc. 1718, à 45 ans. Il avait épousé, ibid. 1er avril 1704, M^ie *Renault*, dont il eut ibid. :
1. Jeanne, 4 sept. 1705.
2. Marguerite, 14 oct. 1706.
3. Louis-F^ois de Paule, 16 avril 1708.
4. Louis, 3 juil. 1713.
5. *F^ois-Louis-Paul*, qui suit.

IV. F^ois-Louis-Paul, fils du préc., chev., cap. au rég^t de Languedoc infanterie, sgr de Vernéville, Montigny-la-Grange et Chantrenne, épousa, par. St-Martin 4 janv. 1735, Anne-F^oise-Charlotte *de Jobal*, † rue des Trois-Boulangers, ibid. 4 juin 1779. De leur mariage naquirent ibid.

1. M^ie-Charlotte-L^se, 2 oct. 1735.
2. Suzanne-Charlotte, 26 mai 1738; mariée à Gabriel-J^ph Goussaud.
3. J^ne-Charlotte, 2 juin 1741.
4. M^ie-M^te-Charlotte, 18 mars 1744; mariée à Laurent-N^as de Lescure.
5. Ch^les-N^as-Louis, 18 sept. 1745; lequel suit.

V. CH^les-N^as-LOUIS, fils du préc., sgr de Vernéville, officier au rég^t de la marine, puis cap. au rég^t de Chartres, épousa, par. St-Victor 14 mars 1771, M^ie-Charlotte b^onne *de Lamy de Chastel*, âgée de 17 ans. A ce mariage, Jean-Ch^les le Vayer, chev., sgr de Sailly et autres lieux, chev. conseiller d'honneur au parl^t, g^d oncle du marié; Gabriel-J^ph Goussaud, éc., sgr de Montigny-la-Grange, conseiller au parl^t, et Laurent-N^as de Lescure, avocat au parl^t, beaux-frères du marié; P^re-Paul-J^ph Jobal, command^t la citadelle, et Antoine Jobal, chev., officier major au rég^t de la marine, cousins du marié; Dieudonné-Ch^les b^on de Lamy, sgr de Saussures, oncle de la mariée; Ch^les le Duchat, sgr de Rurange, g^d oncle de la mariée. Le chanoine Jean-F^ois Jobal bénit le mariage. De ce mariage naquirent :

1. Louis, par. St-Victor 27 nov. 1771; † 3 oct. 1782.
2. Charlotte, ibid. 18 oct. 1772; † par. St-Simplice 5 sept. suiv.
3. Suzanne, ibid. 1er janv. 1775.
4. Louis, par. St-Martin 22 nov. 1781.

VI. CLAUDE, épousa Élisabeth *d'Autel*, † par. St-Victor 15 févr. 1662. De leur mariage naquirent ibid. :

1. Élisabeth, 26 mai 1650.
2. Demange, 9 janv. 1656.
3. J^n-Philippe, 8 sept. 1658.
4. Claude, 30 juil. 1659.
5. Nicolas, 24 août 1660.
6. Claude, 15 oct. 1661.

HYAIGLE JACQUES, grand prévôt au rég^t de Villars suisse, eut de M^ie *Hayre*, son épouse, Catherine-F^oise, par. St-Livier 21 nov. 1713.

HYAN M^ie-MARGUERITE. V. Richard IV.

HYLT J^n-VALENTIN, éc., conseiller du Roi, lieut. particulier au bailliage de Thionville et trés. de France, fut parrain par. St-Martin 26 oct. 1744.

I

IÄGERFELDT (DE) SAMUEL, originaire de Stockholm, cap. réformé à la suite de Metz, † par. Ste-Ségolène 26 avril 1743, à 80 ans.

IBEL J^n-GUILLAUME. V. Despinette V.

IBRELISLE REMY-AUGUSTE, chir.-major démonstrateur de l'hôpital militaire, fils d'Étienne, m^e en chirurgie, et de M^ie-Catherine Sauval, de la par. St-Remy-de-Marine au diocèse de Rouen, épousa, étant âgé de 30 ans, par. St-Victor 7 févr. 1785, Thérèse *Villeroy*, âgée de 28 ans : à ce mariage, P^re Villeroy, inspecteur des fourrages; N^as Villeroy, receveur des fermes du Roi, dem^t à St-Avold.

ICHTERSHEIM (D'), cfr. ALBERDINY D'ICHTERSHEIM, LOUIS-ADAM, officier au rég^t de Courten suisse, assista à l'enterrement d'un chir. du même rég^t, par. St-Georges 3 avril 1733.

IDLINGER P^re-ZACHARIE, cap. au rég^t de Verlize infanterie, eut de Claire-Élisabeth *Schefler*, son épouse, Charlotte, † par. St-Livier 24 août 1757, à 15 mois : à l'enterrement, Élisabeth Zéglerin, épouse de Michel Funck, officier major au rég^t d'Orion infanterie.

ILLENY (D') M^ie-JEANNE. V. Dupré de Geneste III.

ILLIG M^ie-URSULE. V. Labrousse.

ILLY Marie. V. de Sabatey.

IMBERT DE BARRY (D') François, chev., cap. en second des grenadiers au rég^t d'infanterie de Béarn, fils de † Denis, chev., et de M^{te} de Cornullon, natif du Languedoc, † par. St-Livier 5 juin 1788, à 35 ans.

INGUENHEIM (D'). I. François, R. P. R., aman, épousa Élisabeth *le Braconnier*, dont il eut :

1. Jonas, 5 déc. 1561 : p. Mangin le Bachelé ; m. Claude, épouse de Jean le Braconnier.
2. *Claude,* qui suit.

II. Claude, R. P. R., fils du préc., aman, dit des Sept, sgr de Basse-Bévoie, épousa : 1° 21 juil. 1591, Claudine *Gauvain*; 2° 21 sept. 1597, Anne *Humbert, dit le Bonhomme*; 3° 17 mai 1620, Sara *François*, v^{ve} de Jérémie des Hazards. Du second mariage naquirent :

1. Élisabeth ; mariée à J^n Allion.
2. *François,* 23 avril 1600; lequel suit.
3. Jean, 31 mars 1602.
4. *Jean,* 12 déc. 1604 ; lequel suivra.
5. Anne, 16 août 1609 ; mariée à Jacob Busselot, puis à Claude de Saint-Paul.
6. Marie, 20 nov. 1613 ; mariée à Louis Fériet.
7. Claude, 2 nov. 1616.

III. François, R. P. R., fils du préc., aman, dit des Sept, épousa, 2 févr. 1625, Judith *Busselot*, dont il eut :

1. François, 7 nov. 1625.
2. *Jean,* 26 déc. 1627 ; lequel suit.
3. Charles, 20 juil. 1629.
4. Judith, 18 juil. 1631.
5. Paul, 14 nov. 1632.
6. Anne, 22 sept. 1634.
7. Anne-Julienne, 24 mai 1636.

IV. Jean, R. P. R., fils du préc., éc., avocat au parl^t, sgr de la Grange-aux-Dames, † 10 févr. 1673. Il avait épousé, 20 févr. 1650, M^{ie} *Mozet*, dont il eut :

1. Marie, 27 janv. 1652.
2. Claude, 6 juil. 1653.
3. Jean, 20 janv. 1655.
4. Louis, 8 sept. 1656.
5. Charles, 5 août 1657.
6. Anne, 9 avril 1659.
7. Élisabeth, 9 oct. 1661.
8. Judith, 4 juil. 1663.
9. Benjamin, 15 oct. 1664.
10. Daniel, 31 mars 1666.
11. David, 11 avril 1667 ; † 20 août 1668.
12. Jacques, 2 juil. 1668 ; † 1er août suiv.
13. Jacques, 23 avril 1670.
14. Louis, 25 août 1671 ; † 5 juin suiv.

V. Jean, R. P. R., oncle du préc., dit des Sept, épousa, 17 avril 1633, Anne *le Braconnier*, dont il eut :

1. Anne, 25 juin 1636.
2. Élisabeth, 4 sept. 1640 ; mariée à Paul Grandjambe.
3. Anne, 7 oct. 1642 ; mariée à Gaspard Christian.
4. Paul, 1er nov. 1646.
5. Théodore, 22 avril 1649.
6. Jean, 6 janv. 1652.

VI. Jean, avocat, † après avoir abjuré la R. P. R., par. St-Maximin 15 déc. 1686.

VII. Renée. V. Travault III.

INGUIMBERT DE PRAMIRAL (D') Jean-M^{ie}, sgr de Pramiral, chev. de St-Louis, lieut.-colonel au rég^t d'infanterie de Penthièvre, † par. Ste-Ségolène 26 juin 1767, inhumé au chœur de la chap. Ste-Reine. Il avait épousé, par. St-Victor 21 nov. 1720, Pétronille *d'Herbelet*, † par. Ste-Ségolène 22 févr. 1759, à 59 ans. De leur mariage étaient nés :

1. Jean-N^{as}, par. St-Marcel 18 sept. 1721 : m. Anne-M^{ie} Pernette, v^{ve} de Mr de Pramiral, b^{on} de Chatillon, major de la ville de Lyon, laquelle fut représentée.
2. Anne-Charlotte, par. St-Victor 9 sept. 1722.
3. M^{ie}-Esther, ibid. 17 oct. 1723.
4. M^{ie}-Anne-Thérèse, ibid. 14 oct. 1726 : m. M^{ie}-Anne d'Inguimbert de Pramiral, épouse de Mr de la Rochette, sgr de Barbignieux.
5. J^n-Camille, ibid. 11 août 1729 : p. Camille d'Inguimbert, chev., sgr de Pramiral, b^{on} de Châtillon, son oncle ; m. Geneviève d'Inguimbert de Prami-

ral, épouse de Messire de Lusy des Bordes, m^{is} de Coussan, sa tante : tous deux furent représentés.

6. M^{ie}-M^{te}-Charlotte, ibid. 12 mai 1738; mariée à F^{ois}-Frédéric le Duchat.

INGUIN Georges. V. de Rieux.

INNOCENTI-DORMOI P^{re}-François, originaire de la par. St-Sulpice de Paris, contrôleur ambulant des droits réunis pour la Lorraine et le Barrois, dem^t à Nancy, par. St-Roch, fils de † F^{ois} Innocenti, régisseur des domaines de M^r le c^{te} de Morhange, et de M^{ie}-Nicole Foureau, cette dernière domiciliée à Fontainebleau, épousa, étant âgé de 37 ans, par. Ste-Croix 10 fé^vr. 1777, Madeleine *Belo*, âgée de 17 ans, fille de P^{re} Belo, négociant, et de M^{ie}-J^{ne} Lasolgne.

ISLE (de l'). I. Sébastien, éc., maréchal des logis de Metz, command^t au château de Pontoy, eut de M^{ie} *Jeoffroy* ou *Geoffroy*, son épouse, par. St-Maximin :

1. Françoise, 1er sept. 1638.
2. Marie, 24 janv. 1640.
3. Pierre, 27 déc. 1642.
4. Philippe, 21 sept. 1645.
5. Pierre, 19 sept. 1647.
6. Mathias, 13 oct. 1649.

II. François. V. Aubert II.

ISLE-SAINTE-CLAIRE (de l'). V. Sauvage de l'Isle-Ste-Claire.

ITEM Mre-Bonne. V. Jonvaux.

ITIER. V. Castel.

IVERT (d'). V. Picaud de la Pommeraye.

IVORY (d') Alexis-Claude. V. le Bourgeois du Cherray I, 3.

J

JACOB. I. Claude, [licencié *in utroque jure*, chan. et cerchier de la cathédrale, † 12 janv. 1611, inhumé en l'église de St-Vincent. Msc. Epit.]

II. Dominique, avocat au parl^t, fils de F^{ois}-René, avocat et procureur syndic de l'hôtel de ville de Nancy, et de Thérèse Martin, épousa, étant âgé de 23 ans, par. St-Victor 7 janv. 1758, Louise *Pérolle*, dont il eut :

1. P^{re}-F^{ois}-René, par. St-Victor 16 janv. 1759.
2. F^{ois}-René, par. St-Marcel 4 janv. 1760.
3. Jⁿ-Pierre, ibid. 15 janv. 1761.

III. Jean, avocat au parl^t, juge gruyer de la terre et sgrie de Neuville en Verdunois, puis lieut. gén^l à la table de marbre de Metz, épousa : 1° M^{ie}-Thérèse *Bertin*, † par. St-Victor 22 mars 1782, à 22 ans ; 2° par. St-Marcel 29 sept. 1789, M^{ie}-Josèphe-Émilie *Saget*. — Du premier mariage était née, par. St-Victor 5 mars 1782, Anne-F^{oise} Colette : p. F^{ois} Bertin, sgr de Creyères, aïeul mat., représenté ; m. Anne-F^{oise} Collignon, tante de l'enfant.

IV. Anne. V. Dumoulin VI.

V. Marguerite. V. d'Avrange VIII.

VI. Suzanne. V. Midart II.

JACOB de la COTTIÈRE Jⁿ-Louis-Victor, aide-major au rég^t de Foix, fils de P^{re}, chev., ancien syndic de la noblesse de Bourg en Bresse, épousa Catherine *de Wendel* dont il eut par. St-Victor :

1. L^{se}-M^{te}-M^{ie}-Perrine, 20 juin 1773 : p. son aïeul pat. représenté par Claude-M^{ie} César de Salamondes, officier de carabiniers ; m. Catherine Wendel.
2. Anne-Catherine, 20 mai 1775 : m.

Catherine Perret de la Cottière, son aïeule, représentée par M^te d'Hausen.

3. P^rs-Victor, 28 mai 1777.

JACOBÉ. I. Nicolas, R. P. R., m^d, fut père de :
1. *Jean*, qui suit.
2. *Daniel*, qui suivra.
3. Samuel, qui épousa, 20 mai 1629, Esther *le Coullon*.
4. Esther, mariée à J^n Jassoy.
5. Élisabeth, mariée à J^n le Bachelé.
6. Anna, mariée à Gédéon Bancelin.

II. **Jean**, R. P. R., fils du préc., d^r en médecine, épousa, 17 sept. 1617, J^ne *Gauvain*, † 2 nov. 1678, à 80 ans. De leur mariage étaient nés :
1. Jeanne, 26 juin 1619.
2. Daniel, 9 août 1620.
3. Charles, 15 sept. 1621.
4. Louis, 12 mars 1623.
5. Paul, 29 juin 1625.
6. Suzanne, 13 janv. 1627; mariée à David de Vigneulles.
7. *Pierre*, 10 janv. 1629; lequel suit.
8. Jean, 25 avril 1631.
9. Jean, 24 oct. 1632.

III. **Pierre**, R. P. R., m^d, fils du préc., sgr de Prayel, dem^t au pont de Fournirue, épousa Sara *Blancbois*, dite *Dubois*, † à 33 ans, 14 juil. 1677. De leur mariage étaient nés :
1. Jeanne, 13 mars 1661.
2. Charles, 22 juil. 1663.
3. Suzanne, 28 oct. 1664.
4. Pierre, 26 mars 1666; † 26 nov. 1671.
5. Paul, 3 oct. 1667.
6. Jeanne, 13 janv. 1669.
7. Anne, 29 déc. 1670; † 15 août 1680.
8. Élisabeth, 12 mai 1672.
9. Marie, 13 juil. 1673; mariée à P^re de Lorichon.
10. Gédéon, 18 juil. 1676.

IV. **Daniel**, oncle du préc., ministre de la R. P. R. à Château-Thierry, puis à Claye, épousa, 9 août 1620, J^ne *le Coullon*, dont il eut :
1. Daniel, 2 nov. 1622.
2. Théophile, 28 sept. 1629.

3. Judith, mariée à Adam le Roux.

V. **Henry**, R. P. R., eut de Salomée *Taulny*, son épouse, Abraham, 5 avril 1634.

VI. **Jérémie**, R. P. R., sgr d'Ablancourt, épousa, 24 oct. 1660, Sara *le Goullon*, † par. St-Martin 19 sept. 1725, à 95 ans environ.

VII. **Suzanne**, † à 45 ans, par. St-Simplice 27 août 1714.

VIII. **Jean**. V. de Marsal IX.

JACOBÉ de COUVROT Louis-F^ois, éc., cadet à la citadelle, fils de F^ois, éc., sgr de Couvrot et d'Ablancourt, conseiller du Roi, président et procureur de la ville de Vitry-le-François, et de M^te Jacobé de Nauroy; † à 17 ans, par. St-Gorgon 6 sept. 1729.

JACOBÉ de FRÉMONT Louis-F^ois. V. Beschefer de Versel.

JACOBÉ de MONVAUX Charles, R. P. R., sgr de Monvaux et Montigny-la-Grange, cap. et major au rég^t de Château-Thierry, puis lieut.-colonel au rég^t de Turenne, † par. St-Martin 31 déc. 1716. Il avait épousé Élisabeth *de Gray de Malmédy*, v^ve de Ch^les Fériet, de laquelle il eut :
1. Charles, 20 janv. 1666; †7 août 1668.
2. Marie, 29 déc. 1666.
3. Jeanne, 29 mars 1669; mariée à Michel de Saint-Blaise.
4. Paul, 6 mars 1673; † 17 août suiv.
5. Anne, mariée à Gédéon de Saint-Blaise.

JACOBÉ de NAUROY Marguerite. V. Jacobé de Couvrot.

JACOMEL de BIENASSISE. I. Charles, chev., sgr de Bienassise, lieut. pour le Roi et command^t à Thionville, fils d'Antoine, chev., sgr de Bienassise, [† 7 mars 1742, au château de Floremberg]. Il avait épousé : 1° M^ie-Élisabeth *de Bock*; 2° par. Ste-Croix 1er janv. 1708, M^ie *le Duchat*, v^ve de F^ois Dulaux, cap. de dragons au rég^t de Santerre, sgr de Bionville, laquelle mourut par. St-Martin 2 nov. 1754, à 82 ans. A ce second mariage, Placide le Duchat, religieux de St-Arnould. Du dit mariage naquit *J^n-Charles*, qui suit.

II. Jn-Charles, fils du préc., chev., sgr de Bienassise, avocat au parlt, épousa, par. Ste-Croix 21 mars 1735, Mie-Barbe-Suzanne *de Fauveau*, dont il eut ibid. :
1. Mie-Barbe-Suzanne, 9 janv. 1737.
2. Antoine-Chles, 5 janv. 1738 ; cap. au régt de Normandie.
3. Mie-Charlotte, 18 janv. 1739 ; † par. St-Martin 2 oct. 1741.
4. Anne-Mie, 26 déc. 1739.
5. Charles, 13 janv. 1741 ; † par. St-Gorgon 15 avril 1745.

III. Mie-Barbe et Georges-Chles. V. du Pillard de Requin.

JACQUEMAIRE. I. Anne-Mie. V. de Londeix.

II. Mie-Anne. V. le Payen X, 2.

JACQUEMIN. I. Laurent, sgr de la Forest, gentilhomme de la vénerie du Roi, † par. St-Simplice 23 févr. 1703, à 75 ans.

II. Pre-Paul, conseiller au parlt, fut parrain par. St-Simplice 2 juin 1706.

III. Divers.
1. Anne. V. Causse de la Forest.
2. Anne. V. Dupré de Geneste.
3. Catherine. V. Poutet IV et Tschudy V.
4. Françoise. V. Laurent VI.
5. Mie-Anne. V. Pierre I.
6. Nicolas. V. Obellianne.

JACQUEMIN (de). I. Henry-Louis, Jn-Nicolas, bon, et Mie-Élisabeth. V. Maclot V, 5 et 6.

II. Louis-Damien. V. Urich.

JACQUEMOT Dominique, avocat au parlt et procureur du Roi au bailliage, fils des † Toussaint, md, du village d'Ancy-sur-Moselle, et Jne Cannetel ; † par. St-Martin 12 févr. 1765, à 68 ans. Il avait épousé, par. St-Livier 12 déc. 1741, Foise *Lemaire*, âgée de 32 ans, fille des † Fremin Lemaire et Mie Labbé, de laquelle il eut :
1. Élisabeth-Lse, par. St-Livier 16 déc. 1742.
2. Lse-Mie-Josèphe, ibid. 5 sept. 1744.
3. Jn-Louis, par. Ste-Ségolène 9 oct. 1745.

JACQUES. I. Anne. V. Malherbe VI.
II. Anne. V. Poinsignon.
III. Anne. V. Laurenceau.
IV. Élisabeth. V. Pattot de Grandcour.
V. Françoise. V. de Girault.
VI. Mie-Florence. V. de Bernard.
VII. Salomée. V. Guyot VI.
VIII. Ursule. V. Cointin.

JACQUES de PLOMBOIS (des) Balthasar-Jph, éc., sr de Plombois, cap. aide-major au régt de cavalerie de Noailles, † par. St-Livier 24 févr. 1741, à 78 ans. Il avait épousé : 1° ibid. 22 nov. 1706, Barbe *Rouffeaux*, fille de Nas Rouffeaux, receveur des émoluments du sceau au parlt, et d'Anne-Gabrielle Person, laquelle mourut ibid. 6 oct. 1716 ; 2° ibid. 7 janv. 1717, Mie-Cécile *Marien*, vve de Louis Brebiat, laquelle mourut ibid. 27 juil. 1742. A ce second mariage, Hilaire du Teil, éc., sr de St-Hilaire, lieut. de cavalerie au régt de Noailles.

Du premier mariage étaient nés par. St-Livier :
1. Mie-Louise, 12 oct. 1712.
2. Mie-Madeleine-Thérèse, 14 juin 1714 ; † 30 oct. suiv.
3. Anne, mariée à Antoine Metzinger.

Du second mariage était née ibid. :
4. Mie-Anne, 25 févr. 1722.

JACQUESSON. I. Nicolas, conseiller du Roi et son avocat au bureau des finances, fils de † Remy et de Mie Cachet, † par. Ste-Croix 2 mai 1751. Il avait épousé, ibid. 26 avril 1713, Anne *Breton* : le mariage fut bénit par Pierre Bernay de Farancourt, dr de Sorbonne, chan. de la cathédrale. De ce mariage naquirent ibid. :
1. Foise-Gabrielle, 10 févr. 1714 ; † 30 déc. 1771.
2. Gabrielle-Anne, 27 févr. 1715 ; † 13 mai 1718.
3. Catherine-Charlotte, 2 janv. 1717.
4. Anne-Sabine, 19 févr. 1719 ; † 11 août 1736.
5. Jn-Fois-Nicolas, 6 avril 1720.
6. Jn-*Guillaume-Nas*, 14 juil. 1722 ; lequel suit.

II. Jn-Guillaume-Nas, fils du préc., cap. des grenadiers royaux au régt de Monthureux,

épousa, par. Ste-Croix 7 mai 1754, Anne *Pérolle*, âgée de 22 ans, de laquelle il eut :
1. Philippe, par. St-Gorgon 26 avril 1755.
2. J^n-B^te-Anne, ibid. 7 mai 1756.
3. Anne-Gabrielle, ibid. 18 nov. 1757.
4. Marguerite, par. St-Simplice 22 sept. 1762 : p. André Laurein de la Roche, dir. de la poudrerie et receveur gén^l des fermes; m. M^te Pérolle, épouse de Gabriel de Beccary.— Elle mourut par. Ste-Croix 7 janv. 1766.
5. Sébastien-Philippe, par. Ste-Croix 8 janv. 1765.
6. César-D^que, ibid. 17 mai 1766.
7. M^ie-Catherine-Antoinette, ibid. 22 juin 1767.
8. François, ibid. 18 nov. 1769.
9. Nicolas, ibid. 14 déc. 1770.

III. M^ie-SABINE. V. d'Harquel III.

JACQUET. I. CATHERINE et ÉLISABETH. V. Gillot II.

II. M^ie-ANNE. V. Cerretany III.

JACQUETON. V. de Carignan.

JACQUIER MARIE. V. Bennelle II.

JACQUIÈRE (DE LA) MARIE. V. de Castras.

JACQUIN. I. JEAN, sgr d'Haÿ, † à 65 ans, par. St-Maximin 22 sept. 1748.

II. CATHERINE. V. de Lingendes.

JACQUINET CHARLOTTE-NICOLE. V. de Tornery.

JACQUINOT. I. NICOLAS, procureur au bailliage, épousa M^te *Girard*, † par. St-Eucaire 6 avril 1729. De leur mariage étaient nés ibid. :
1. Gabrielle, 26 sept. 1702.
2. J^n-François, 29 oct. 1703.
3. Anne-Barbe, 31 oct. 1704; † 30 avril 1706.
4. Barbe, 4 déc. 1705; mariée à J^n-F^ois Masson.
5. *Bernard-N^as*, 25 mai 1707; lequel suit.
6. Claude, 22 oct. 1708.
7. Élisabeth, 26 déc. 1709.
8. M^ie-Marguerite, 21 juin 1711; † 26 oct. 1714.
9. Louise-Élisabeth, 15 avril 1714; mariée à Louis Valette.
10. Anne, 18 nov. 1715.
11. J^n-François, 11 avril 1718.
12. M^te-Antoinette, 15 avril 1724.

II. BERNARD-N^as, fils du préc., avocat au parl^t, † par. St-Maximin 2 juin 1767. Il avait épousé, ibid. 30 mars 1734, M^ie Catherine *Baudouin*, fille des † P^re Baudouin et Suzanne Vauderez. De leur mariage étaient nés ibid. :
1. N^as-Bernard, 14 nov. 1734; † 21 suiv.
2. N^as-Paul, 25 janv. 1736; † 7 août 1740.
3. L^se-Élisabeth, 16 sept. 1738.
4. *René-F^ois*, 5 oct. 1739; lequel suit.
5. M^te-Antoinette, 8 janv. 1741; mariée à F^ois Collin.
6. J^ques-Étienne, 25 mars 1742.
7. Joseph, 28 oct. 1743.
8. J^ph-Nicolas, 20 déc. 1744.
9. M^ie-Catherine, 24 déc. 1746.
10. N^as-Louis, 19 mai 1748; avocat en parl^t, il épousa Barbe *Paintendre-Dumontoy*, † par. St-Maximin 5 nov. 1784, à 24 ans.
11. J^n-Charles; avocat au parl^t, âgé de 31 ans, il épousa, par. St-Jean de la Citadelle 30 mai 1780, Anne-Thérèse-Charlotte *de Mangeot*, âgée de 29 ans, fille de Henry-Hubert de Mangeot et de † M^te Terzuweich.

III. RENÉ-F^ois, fils du préc., avocat au parl^t, juge gruyer de la terre de Lorry, épousa Claude-F^oise *Emmery*, dont il eut :
1. M^ie-Claire-F^oise, par. St-Maximin 6 oct. 1769.
2. René-N^as-Antoine, ibid. 14 juil. 1772.
3. Louise-M^te, par. St-Eucaire 27 juil. 1774.

IV. FRANÇOIS, conseiller au bailliage de Pont-à-Mousson, épousa, par. St-Maximin 23 juil. 1765, Apolline *Valette*.

V. J^n-FRANÇOIS, procureur au bailliage, épousa Hélène-Catherine *Douzant*, † par. Ste-Ségolène 25 juil. 1753, à 37 ans. De leur mariage étaient nés :
1. Élisabeth, par. St-Simplice 7 déc. 1739.

JAC — 341 — JAR

2. Jⁿ-Nicolas, par. St-Eucaire 7 mars 1744.
3. Claudine-F^{oise}, ibid. 27 févr. 1745.
4. René-F^{ois}, ibid. 26 juin 1746; † 18 janv. 1768.
5. Jⁿ-François, m^d tailleur d'habits, marié à M^{te} Lebleu.

VI. ANNE-M^{TE}, CH^{LES}-NORBERT et M^{IE}-CATHERINE. V. Rouyer de la Cour.

JACQUOT. I. BARBE-M^{IE}. V. Sohallat de Fontallard.

II. MARGUERITE. V. d'Avrange VIII.

JAILLE (DE LA) CATHERINE-LUCIE et M^{IE}-JULIE-CLAUDE. V. Marniel V.

JALDAY D'HARANADES DOMINIQUE. V. de Haitze.

JALLON *alias* JALON. I. CLAUDE, R. P. R., contrôleur de l'extraordinaire des guerres et treize, fut père de :
1. Élisabeth, 6 févr. 1615.
2. Marie, mariée à Noël de Combles.

II. JEAN, R. P. R., treize, avocat en parl^t, † 25 juil. 1683, à 77 ans. Il avait épousé : 1° Rébecca *Lecoq* ; 2° 30 avril 1634, Anne *de l'Agnus Dei*, † 8 oct. 1677, à 61 ans.

Du premier mariage naquirent :
1. Judith, 30 juin 1613; mariée à Jean Dutemps du Portail.
2. Rébecca, 29 oct. 1627.

Du second mariage naquirent :
3. Anne, 26 févr. 1635.
4. Jean, 3 août 1636.
5. Louis, 6 mars 1639.
6. Élisabeth, 15 nov. 1642.
7. Catherine, 21 avril 1645.
8. Pierre, 30 mai 1648.
9. Abraham, 24 août 1649.
10. Paul, 1er avril 1652.
11. Jean, 2 août 1654.

JAMES (DE) CH^{LES}-GUILLAUME, cap. aide-major au rég^t de Nassau infanterie allemande, eut de M^{ie}-Jeanne *Bodre*, son épouse, Jⁿ-Adolphe, † par. Ste-Croix 13 janv. 1757, à 9 mois.

JAMIN AIMÉE. V. Dilange VI, 11.

JAMINET DE BONNEVILLE (DE) J^N-F^{OIS}-DENIS, officier au rég^t de la Mark. épousa M^{ie}-Isabelle b^{onne} *de Dister*, † par. St-Simon 20 avril 1768, à 50 ans.

JAMURE DE LESTORTIER CH^{LES}-GABRIEL. V. Dufaye de la Taillier.

JANDELLE DES ROCHES PIERRE. V. Marion XI, 2.

JANET. I. FRANÇOIS. V. Gault de Grandmaison.

II. ANNE-ANTOINETTE et FRANÇOIS. V. Morlanne.

JANIN. I. SAMUEL, ministre de la R. P. R. à Raville, Guébling et Kerprich, épousa, 27 sept. 1620, Judith *Couët*, v^{ve} de Jⁿ de Savasky.

II. AIMÉ. V. Dormy de la Motte.

III. GABRIELLE. V. Oudet I, 11.

JANLIS (DE) FRANÇOIS, s^r de Lisle, éc., cap. de cavalerie, eut d'Élisabeth *de la Bergerie*, son épouse, Anne-F^{oise}, par. St-Victor 9 avril 1689.

JANNEAU DE JARDELAY EDME-J^{PH}, lieut. au bataillon de Joigny Ile-de-France, fils de N^{as}-P^{re}, sgr de Jardelay, et de Cécile Detespe; † par. Ste-Ségolène 23 nov. 1745, à son enterrement, son frère Jⁿ Janneau de Jardelay, et P^{re}-M^{ie} de la Colombière, chev. de St-Louis, command^t le bataillon du défunt.

JANNIAUX RENÉE-M^{TE}-ROSE. V. Levert.

JANNOT. I. F^{OIS}-TIMOTHÉE, éc., conseiller au parl^t, eut de Catherine *Simonin*, son épouse, par. St-Victor 27 févr. 1787, Jean-Pierre [qui fut autorisé à ajouter à son nom celui de Morey].

II. JEANNE. V. Martin de Julvécourt.

JANNOT DE GUSTAL. V. Jeannot.

JANSON SUZANNE. V. Duclos II.

JARDIN (DU) NICOLAS, éc., conseiller et secrétaire du Roi Henry IV, agent pour le service de S. M. aux royaumes d'Espagne, Angleterre et Écosse, commissaire ordinaire des guerres au dép^t de Metz,

JAR — 342 — JAU

Toul et Verdun, † par. St-Livier 6 nov. 1635. Il avait épousé Anne *Fabert*.

JARDINS (des). V. Desjardins.

JARNY D'ABBÉVILLE (de) N^{as}-François, avocat à la cour souveraine de Lorraine, sgr en partie de Rouvre et d'Abbéville, épousa M^{ie}-Barbe *Chenal*, † par. St-Simplice 25 déc. 1784, à 50 ans. De leur mariage naquit Barbe-Adélaïde, mariée à Ch^{les} de Brazy.

JARRE (de la) Barthélemy, chev. de St-Louis, lieut. de cavalerie au rég^t Dauphin, originaire d'Andance au diocèse de Vienne en Dauphiné, fils des † Pierre, vice-châtelain de la baronnie d'Andance, et J^{ne} Viéronfontaine, épousa, par. Ste-Croix 17 juil. 1742, Madeleine *Favre*.

JARSME Ursule. V. Sailliet II, 10.

JASSOY(1). I. Girard, [m^d, eut de Marie (*alias* Suzanne) *Alexandre*, son épouse] :
1. *Jacob*, qui suit.
2. Marie, mariée à Étienne Malchar.
3. *Thomas*, qui suivra V.
4. *Jean*, qui suivra IV.
5. *Isaac*, qui suivra VI.
6. *Abraham*, qui suivra VIII.

II. Jacob, R. P. R., fils du préc., eut d'Edmée *de Vigy*, son épouse :
1. *Paul*, qui suit.
2. Madeleine, mariée à P^{re} Dubois.
3. [Marie, † sans alliance].
4. [Jacques, m^d].

III. Paul, R. P. R., fils du préc., eut d'Anne *Malchar*, son épouse :
1. [Louis].
2. [Anne, mariée au s^r Philippe.]
3. Jean, 18 sept. 1655.
4. Étienne, 19 juin 1658; il épousa, par. St-Maximin 7 août 1688, Madeleine *Clasquin*, fille de † Philémon Clasquin et de M^{ie} Jassoy, avec dispense du 3e degré de consanguinité.

IV. Jean, oncle du préc., ministre de la R. P. R. à Courcelles-Chaussy, épousa :

(1) Les détails entre [ ] sont empruntés au msc. n° 206 de la Bibl. munic. de Metz, liasses 7 et 15.

1° 5 févr. 1623, Esther *Jacobé*; 2° 24 févr. 1664, Élisabeth *Lecoq*, v^{ve} de Benjamin Janson. Du premier mariage naquit Élisabeth, mariée à Jérémie Grandjambe.

V. Thomas, R. P. R., frère du préc., eut de Suzanne *Damien*, son épouse :
1. Élisabeth (*alias* Marie), [mariée à Jérémie Michel, m^d joaillier].
2. Madeleine, mariée à Jérémie Grandjambe XV.
3. [Jean].
4. [Suzanne, † sans alliance.]
5. [Madeleine, id.]

VI. Isaac, R. P. R., frère du préc., eut un fils *Isaac*, qui suit.

VII. Isaac, R. P. R., fils du préc., m^d, eut de Judith *Malchar*, son épouse :
1. Suzanne, 26 sept. 1668.
2. Jean, 19 déc. 1670.
3. Marie, † 30 nov. 1671, à 8 ans 6 mois.
4. Madeleine, 19 févr. 1672.
5. Marie, 2 mars 1674.
6. Louis, 13 déc. 1675.
7. Marguerite, 31 juil. 1679.

VIII. Abraham, R. P. R., oncle du préc., fut père de :
1. *David*, qui suit.
2. [Marie, mariée à Philémon Clasquin.]
3. [Abraham].
4. [Madeleine].

IX. David, eut de Judith *le Bachelé*, son épouse, Françoise, par. Ste-Croix 24 janv. 1701.

X. Pierre, diacre de la R. P. R., épousa Élisabeth *Bancelin*, dont il eut Pierre, 8 janv. 1640.

XI. Madeleine. V. Humbert.

JAUBERT. V. Joubert.

JAUBERT (de). V. Boudet de Puymaigre (note).

JAULNY (de). V. de la Rivière II.

JAUMONT Jeanne. V. Hussenot III.

JAUNEZ. I. Pierre, entrepreneur, † par. St-Marcel 25 nov. 1778, à 78 ans. Il avait épousé J^{ne} *Hollard*, dont il eut :

JAY — 343 — JEA

1. M^{te}-Cécile, † par. St-Gorgon 20 nov. 1754.
2. Jean-P^{re}, qui suit.
3. Marie, marraine de sa nièce ci-dessous.

II. JEAN-P^{RE}, fils du préc., architecte, eut de M^{te} *Croisille*, son épouse, par. St-Marcel 29 janv. 1779, M^{ie}-B^{the}-Hélène : p. Jérôme Gourdin, ingénieur des ponts et chaussées, représenté par J^{ph}-Léopold Saget, ingénieur; m. M^{ie} Jaunez, épouse de P^{re} Dreghat, secrétaire de l'ordre de Malte, représentée par M^{te} Jaunez, tante de l'enfant.

III. HENRY, cousin germain du préc., huissier en la chancellerie du parl^t, eut de J^{ne} *Brisaut*, son épouse, Dominique, par. St-Victor 12 avril 1767.

JAY (DE) M^{ie}-LÉONARDE. V. Saunier.

JAYETTE ANNE. V. de Récicourt.

JEAN M^{ie}-CATHERINE. V. Charuel de Ste-Croix III.

JEANDELIZE. I. FRANÇOIS, procureur fiscal du haut ban de Jussy, Vaux et Ste-Ruffine et m^e-juré de la ville de Metz, † par. St-Eucaire 28 sept. 1735, à 44 ans.

II. CHRISTOPHE, ancien maire royal de Vaux, ancien greffier du haut ban de Jussy, Vaux et Ste-Ruffine, † rue des Allemands, par. St-Eucaire 12 janv. 1738, à 86 ans : à son enterrement, Antoine Chenu et N^{as} François, ses beaux-frères.
— Il fut père de :
1. Antoine, à l'enterrement de son père.
2. Anne, mariée à Jⁿ Richard.

III. ANTOINE, fils de François, m^e-vinaigrier, et de † Catherine Vatrin, de la par. St-Eucaire, épousa, étant âgé de 21 ans, par. St-Simplice 12 oct. 1790, M^{te} *Lareine*, âgée de 19 ans, fille de † Jⁿ Laréine, m^e-rôtisseur, et de Catherine Bail.

IV. JEANNE. V. Oudet.

V. LOUISE. V. Lemonnier-Desbertissière.

JEANDER. I. CHRISTOPHE, épousa Anne *Fleurette*, † à 79 ans, par. St-Marcel 24 mars 1726. De leur mariage naquit Henry-F^{ois} qui suit.

II. HENRY-F^{ois}, fils du préc., avocat au parl^t et conseiller au bailliage, † par. St-Marcel 16 mars 1749. Il avait épousé, ibid. 27 oct. 1716, Nicole *de la Pierre*, fille de Jⁿ-B^{te} de la Pierre, architecte, et de Barbe Willaume, laquelle mourut, v^{ve} de lui, ibid. 21 nov. 1773, à 80 ans. De leur mariage étaient nés ibid. :
1. Anne-L^{se}, 25 août 1717.
2. Barbe, 3 juin 1718; † 12 août suiv.
3. Georges-F^{ois}-Henry, 21 août 1723.
4. M^{ie}-Josèphe, 6 juin 1724.

III. JEANNE. V. Robert VII.

JEANJEAN. I. LAURETTE. V. d'Auburtin VII et le Sauvage.

II. FRANÇOISE. V. Thomas.

III. M^{ie}-MADELEINE. V. Moncel.

JEANNIN NICOLAS, contrôleur receveur gén^l des domaines du Roi en la généralité de Metz, eut de M^{ie}-F^{oise} *Pérignon*, son épouse, P^{re}-N^{as}-Victor, † à 17 mois, par. St-Victor 24 mai 1764.

JEANNOT, cfr. JANNOT. I. GURY, cap. prévôt gruyer de Norroy-le-Sec, sgr en partie de Fontoy, m^e des forges de Fontoy et de Moyeuvre, † par. St-Victor 1er oct. 1686, inhumé à Justemont. Il avait épousé J^{ne} *Grenon*. De leur mariage naquit une fille posthume, Marguerite, ibid. 2 févr. 1687.

II. MARGUERITE. V. Henry VII.

III. ANNE-MADELEINE. V. Lamy I, 5.

JEANNOT DE GUSTAL LOUIS, conseiller du Roi, trés. gén^l de France, † par. St-Victor 29 mars 1728. Il avait épousé, par. St-Martin 29 juil. 1699, M^{ie}-Madeleine *Boutier*, dont il eut :
1. Jeanne, par. St-Martin 30 sept. 1701; † par. St-Victor 19 févr. 1732.
2. Madeleine, ibid. 24 mars 1703.
3. Françoise, par. St-Victor 31 mars 1704.
4. Madeleine, ibid. 28 juin 1705; † 27 juil. 1724.
5. Suzanne, ibid. 6 août 1706.

6. J^n-F^ois-Antoine, ibid. 2 févr. 1709; † 31 août suiv.
7. Madeleine-Thérèse, ibid. 26 févr. 1710; mariée à J^ph Graffard.
8. J^n-B^te-François, ibid. 8 oct. 1713.

JEANNOT DE LA MALMAISON Marguerite. V. Ditheau de Mézières.

JEANSON Marguerite. V. Drouet.

JEGER (DE) M^ie-Catherine-Thérèse. V. Gevigny de Pointe.

JEHANNOT J^ne-Marie. V. Chastel de Villemont III.

JEHMÈS Louise. V. de Gobernet.

JEMIG DE SCHWERSTAEDT J^ne-Ulric-Charlotte. V. Renal.

JENNESSON Nicole. V. Sellier II.

JENNET. I. J^n-Jacques, R. P. R., eut une fille, Suzanne, mariée à Daniel Rindfouss, m^d.
II. Jean le jeune, R. P. R., échevin de l'hôtel de ville, épousa Louise *Persode*, dont il eut :
1. Louise, 22 mai 1636.
2. Suzanne, 2 mars 1640 ; mariée à David Goullet.
3. Pierre, 8 oct. 1641.
4. Paul, 6 avril 1643.
5. Louise, 22 janv. 1645.
6. Louis, 4 juin 1646.
7. Charles, 8 oct. 1647.
8. Marie, 14 févr. 1649 ; mariée à Henry Rindfouss.
9. Anne, 12 déc. 1650; mariée à J^n Schenavié.
10. Paul, 26 mars 1653.
11. Pierre, 5 déc. 1654.
12. Louis, 2 nov. 1659.
13. Jacques, 19 févr. 1661.
14. Élisabeth, 9 août 1662.
III. Jean, ministre de la R. P. R. à Courcelles-Chaussy, épousa, 15 févr. 1665, Suzanne *de Saint-Aubin*, dont il eut :
1. Louise, 6 janv. 1666.
2. Suzanne, 12 janv. 1667.
3. Jean, 19 juil. 1668.

4. Dorothée, 22 sept. 1672 ; † 13 juil. 1678.
IV. Divers.
1. Catherine. V. Guichard II.
2. Louise. V. Duclos IV.

JENNET (LE), *alias* LE JEUNET. I. Nicolas, éc., sgr de Vantoux, fut père de :
1. M^ie-Catherine, par. St-Maximin 17 août 1638.
2. Anne, mariée à P^re Gattebois des Forges.
3. Nicolas, s^r d'Oriocourt. V. Déodeau.
4. F^oise-Lucie, mariée à J^n-Philippe de Pistorius.
II. Françoise. V. Renaudin.

JENOT Nicolas-J^ph, avocat au parl^t, eut de Luce *Neveux*, son épouse, Luce-Sébastienne-Charlotte, par. St-Victor 11 févr. 1775.

JENOTEAU Marie. V. de Vassignac.

JENY Louis, [chan. de la cathédrale, † 3 juil. 1705, à 60 ans, inhumé à la cathédrale. Msc. Epit.]

JEOFFROY, cfr. GEOFFROY. I. Bernard, conseiller au parl^t, † par. St-Martin 23 févr. 1694, à 78 ans, inhumé en l'église des Sœurs Colettes ou de l'Ave Maria. Il avait épousé M^ie *Rulland*, † par. St-Martin 1er juin 1693, à 66 ans, de laquelle il eut :
1. Anne-M^ie, par. St-Marcel 2 mars 1648.
2. François, ibid. 29 janv. 1649 : p. F^ois Jeoffroy, receveur de l'abbaye de St-Vincent.
3. Barbe, ibid. 11 janv. 1651.
4. Marguerite, ibid. 19 févr. 1652.
5. J^ques-Bernard, ibid. 16 sept. 1653.
6. Marguerite, par. St-Livier 27 sept. 1654 ; mariée à F^ois de Raffy.
7. *Charles*, par. St-Gorgon 1er déc. 1655 ; lequel suit.
8. J^n-Mathieu, ibid. 11 mars 1657 : p. J^n-Mathieu Jeoffroy, chan. de la cathédrale ; m. M^te Jeoffroy, épouse de Georges Foës.
9. Barbe, par. St-Martin 21 déc. 1659.
10. Marie, ibid. 8 févr. 1668 ; † 28 sept. 1680.

11. Jeanne, mariée à Jⁿ Morel, veuf de Marthe Foës, puis à Ch^{les} Hervé de la Vallée de Pimodan.

II. CHARLES, fils du préc., avocat au parl^t, puis trés. de France, épousa : 1° par. St-Martin 10 août 1678, Alexise *de Jobal*; 2° au mois de mai 1709, Louise *Fériet*, [laquelle il étrangla 28 juin 1711].

Du premier mariage naquirent par. St-Martin :

1. Bertrand-Alexis, 8 juil. 1679.
2. M^{ie}-Françoise, 19 août 1680.
3. Ch^{les}-Philippe, 1er août 1681; prieur de l'abbaye d'Hauteville, de l'ordre des Bernardins.
4. Jacques, 20 oct. 1682.
5. Joseph, jumeau du préc.
6. Anne-M^{te}, 3 déc. 1683.
7. François, 22 mars 1694; † 31 déc. suiv.
8. F^{ois}-Daniel, dit de Pressigny; prêtre, † par. St-Victor 15 avril 1726.

III. MATHIEU, oncle du préc., lieut. criminel au bailliage dès son établissement, † par. St-Gorgon 1er mars 1698. Il avait épousé : 1° par. St-Marcel 24 août 1639, Anne *Rulland*, † par. St-Martin 31 janv. 1647; 2° Suzanne *d'Arbamont*, † par. Ste-Ségolène 26 avril 1683, à 58 ans, inhumée aux Sœurs Colettes.

Du premier mariage naquit par. Ste-Ségolène :

1. Gilles, 1er sept. 1642; lequel suit.

Du second mariage naquirent ibid. :

2. Marthe, 3 juil. 1651.
3. *Bertrand*, 3 déc. 1652; lequel suivra.
4. Louis, 3 févr. 1655; † par. Ste-Ségolène 23 févr. 1675.
5. Antoine, 12 juin 1657; chan. de la cathédrale, à l'enterrement de son père.
6. Laurent, 4 nov. 1659; commissaire d'artillerie, † par. St-Victor 29 juin 1704.
7. Marthe, 31 mars 1662; mariée à Ch^{les} d'Alamont.
8. Françoise, 2 nov. 1665.
9. Jean, avocat au parl^t, sgr de Hellocourt, au décès de son père.

IV. GILLES, fils du préc., sgr de Hauconcourt, doyen des conseillers au parl^t, † par. Ste-Croix 24 sept. 1705, enterré dans l'église des Sœurs Colettes. Il avait épousé J^{ne} *Gallavaux*, † par. Ste-Croix 10 oct. 1728.

De leur mariage étaient nés :

1. Suzanne, par. Ste-Ségolène 9 nov. 1667; mariée à Ch^{les} le Goullon, sgr de Champel.
2. Mathieu, par. Ste-Croix 8 févr. 1669.
3. Marguerite, ibid. 6 janv. 1670.

V. BERTRAND, frère du préc., lieut. criminel au bailliage, † par. St-Victor 7 févr. 1728, à 72 ans, inhumé aux Sœurs Colettes. Il avait épousé Anne *le Moleur*, † par. St-Martin 13 août 1753, à 82 ans. De leur mariage naquirent :

1. Marie, par. St-Gorgon 20 févr. 1687.
2. Antoinette, ibid. 13 mars 1688.
3. Anne-Antoinette, † 6 juil. 1714, à 25 ans.
4. Anne, mariée à Paul le Goullon.
5. Bertrand [né en 1679].
6. Laurent [né en 1686].

VI. CHARLES, conseiller du Roi, contrôleur de l'artillerie (sans doute de la même famille que les Geoffroy : il est parrain d'Isabelle, fille de N^{as} Geoffroy II), † par. St-Eucaire 21 janv. 1700, à 83 ans. Il avait épousé Isabelle *Marien*, alias *Marin*, † ibid. 6 mai 1708, à 80 ans. De leur mariage étaient nés :

1. Nicolas, par. St-Gorgon 30 nov. 1645 : p. N^{as} Auburtin, receveur de Messieurs de Raigecourt; m. F^{oise} Thirion, épouse de Guillaume de Robillard, conseiller du Roi.
2. François, commissaire d'artillerie, [† en défendant Graves 20 août 1674. <small>Msc. Epit.</small>]
3. Jean, cap. de cavalerie au rég^t d'Ourches, [† à Crémone 2 sept. 1702. <small>Msc. Epit.</small>] Il avait épousé, par. St-Jean de la Citadelle 7 mars 1701, Anne-F^{oise} *de Zouche de la Lande*.

VII. FLEURY, officier d'artillerie, † par. St-Martin 12 janv. 1703, à 78 ans. Il avait épousé : 1° par. St-Martin 13 mai 1647, Marie *Suzonne*; 2° par. St-Eucaire 23 avril 1691, Jeanne *de la Motte*, † par St-Martin

9 août 1728, à 84 ans. Du premier mariage naquirent :

1. Charlotte, par. S¹-Maximin 28 oct. 1655.
2. Jean, ibid. 21 juin 1660.
3. *Charles*, ibid. 15 juil. 1662 ; lequel suit.
4. Alexis, ibid. 27 juil. 1664.
5. Françoise, mariée à Humbert Hollande.
6. Anne, mariée à Joseph de Saint-Didier.
7. Marguerite, † par. S¹-Martin 1ᵉʳ juil. 1703.

VIII. CHARLES, fils du préc., sgr de Servigny-lès-Raville, commissaire d'artillerie, puis conseiller correcteur à la chambre des comptes, † par. S¹-Maximin 2 sept. 1738. Il avait épousé Élisabeth *de Vian*, † ibid. 25 déc. 1733, à 64 ans. De leur mariage étaient nés :

1. Chˡᵉˢ-Joseph, par. S¹-Maximin 23 août 1692.
2. Chˡᵉˢ-Nicolas, qui épousa Jⁿᵉ-Thérèse *de la Fond*.
3. *Louis*, qui suit.
4. Pierre, qui signe *Jeoffroy de Moriville* à l'enterrement de son père. Il épousa Fᵒⁱˢᵉ *Gaseure*, dont il eut Jⁿᵉ-Thérèse, par. S¹-Eucaire 2 janv. 1741.
5. Jeanne, mariée à Fᵒⁱˢ Besser.
6. François, † par. S¹-Simplice 20 janv. 1742, à 38 ans. Il avait épousé, ibid. 14 mars 1741, Angélique *Boisse d'Orsonville*, fille de N***, lieut. des grenadiers du régᵗ de Vermandois, et de Mᵗᵉ Masson, laquelle mourut à 88 ans, par. S¹-Gengoulph 9 janv. 1786.

IX. LOUIS, fils du préc., éc., demᵗ à Sorbey, signait *Jeoffroy de Bonnevisse*. Il épousa, par. S¹-Victor 3 déc. 1738, Madeleine *Antoine*, fille des † Pʳᵉ-Antoine, bourgeois de Moyeuvre, et Mⁱᵉ Babin, de laquelle il eut :

1. Mⁱᵉ-Anne, par. S¹-Maximin 18 août 1743.
2. Mⁱᵉ-Anne-Madeleine, par. Sᵗᵉ-Ségolène 5 janv. 1747.

X. PIERRE, fils de Fᵒⁱˢ et de Nicole N***, épousa Mᵉ *Stophlin*, † vᵛᵉ de lui, par. S¹-Victor 15 janv. 1676. De leur mariage étaient nés :

1. Marguerite, par. S¹-Livier 2 nov. 1628 ; mariée à Georges Foës.
2. Jⁿ-Mathieu, ibid. 28 sept. 1631 ; chan. de la cathédrale et archidiacre de Marsal en 1657.
3. *Louis-Fᵒⁱˢ*, qui suit.

XI. LOUIS-Fᵒⁱˢ, fils du préc., conseiller assesseur civil et criminel au bailliage, mᵉ-échevin de 1690 à 1692, † par. S¹-Victor 24 mars 1733, à 92 ans. Il avait épousé Mⁱᵉ-Mᵗᵉ *de Turgis*, † ibid. 20 déc. 1731, à 79 ans. De leur mariage étaient nés ibid. :

1. Marguerite, 12 avril 1672.
2. Mⁱᵉ-Mathiotte, 15 mars 1674.
3. Mᵗᵉ-Charlotte, 26 sept. 1675.
4. Jⁿ-Mathieu, 4 févr. 1677.
5. *Jⁿ-Mathieu*, 24 mars 1678 ; lequel suit.
6. Pierre, 2 mars 1679 ; chan. de la cathédrale à l'enterrement de son père.
7. *Louis*, 26 juin 1681 ; lequel suivra.
8. Claude, 27 janv. 1683.
9. Jⁿ-François, 3 mai 1686.
10. Jeanne, 4 mai 1688.

XII. Jⁿ-MATHIEU, fils du préc., conseiller au parlᵗ, sgr d'Aubigny, † par. S¹-Martin 4 sept. 1751. Il avait épousé, par. S¹-Gorgon 20 oct. 1699, Fᵒⁱˢᵉ *Monsenot*, † par. S¹-Martin 3 avril 1752, à 70 ans. De leur mariage étaient nés :

1. Marie, par. S¹-Victor 12 oct. 1700.
2. Jⁿ-Mathieu, ibid. 3 sept. 1701 ; conseiller au parlᵗ, † 26 sept. 1762.
3. Marguerite, ibid. 21 nov. 1702 ; mariée à Chˡᵉˢ-Fᵒⁱˢ le Goullon de Champel.
4. Élisabeth, par. S¹-Gorgon 11 déc. 1703 ; † par. S¹-Victor 26 mai 1772.
5. Godefroy, ibid. 7 juin 1706 ; † 27 juil. suiv.
6. Marie, ibid. 22 sept. 1707.
7. Louis-Laurent, ibid. 10 août 1710 ; † par. S¹-Martin 21 mars suiv.

XIII. LOUIS, frère du préc., conseiller des requêtes du palais, sgr de Méy et Nouilly, † par. S¹-Maximin 30 juil. 1756, inhumé le lendemain dans la grande allée de l'église. Il avait épousé, par. S¹-Victor 17 nov. 1712, Judith *de Montigny*, †

par. St-Maximin 19 août 1760, à 82 ans. De leur mariage étaient nés ibid. :
1. Louis-F^{ois}, 4 août 1713 ; † 9 mai suiv.
2. Paul-Ch^{les}, 13 nov. 1714; † par. St-Martin 27 janv. suiv.
3. Jⁿ-Mathieu, 25 avril 1718; † 25 sept. 1719.

XIV. ÉTIENNE *Geoffroy* ou *Jeoffroy* épousa M^{te}-Charlotte *Baralis*, alias *Paralis*, † par. St-Livier 28 mai 1694, à 34 ans. De ce mariage naquirent :
1. René-Étienne-F^{ois}, par. St-Marcel 28 nov. 1683.
2. M^{ie}-Madeleine-Agathe, ibid. 23 mai 1685.
3. Anne-Charlotte, ibid. 25 juin 1686 ; † 20 juil. suiv.
4. Anne-F^{oise}, ibid. 9 nov. 1687.
5. Étienne-Ch^{les}, par. St-Livier 9 mars 1691.
6. Jⁿ-Anne-F^{ois}, ibid. 16 juin 1692.
7. Jⁿ-Baptiste, ibid. 12 mai 1693 ; † 30 août suiv.

XV. PIERRE, conseiller du Roi, receveur et payeur des gages du parl^t, épousa F^{oise} *Gascard*, dont il eut :
1. Jeanne, † par. St-Étienne le Dépenné 17 oct. 1745, à 8 mois.
2. Nicolas, né ibid. 8 juil. 1751 : m. Judith de Montigny, épouse de Louis Jeoffroy de Méy.

XVI. GUILLAUME, échevin de la par. St-Eucaire, eut deux enfants :
1. Claude, qui épousa, par. St-Eucaire 17 avril 1599, Madeleine *Simon*.
2. Barbe, marraine ibid. 20 juin 1599.

XVII. FRANÇOIS, échevin de St-Eucaire, † 30 octobre 1649, inhumé aux Sœurs Colettes. Il fut sans doute le mari de Barbe *le Labriet*, † à 83 ans, par. St-Simplice 24 août 1706.

XVIII. ÉLISABETH. V. Lefebvre VIII.

XIX. MARIE. V. de l'Isle.

XX. CUNÉGONDE. V. Sauvage de l'Isle Sainte-Claire.

JESPER M^{ie}-ANNE. V. Gervais.

JOACHIM M^{ie}-CATHERINE. V. Léonart.

JOANNI D'ANTHOIN (DE) M^{ie}-ANNE-F^{oise}. V. de Qureille de Sainte-Marie.

JOB. I. SÉBASTIEN, sgr de Paouilly, eut de J^{ne} *Hennequin*, son épouse :
1. Catherine, mariée à 17 ans, à Jⁿ Barbé.
2. Sébastien, au mariage de son neveu Jⁿ-Sébastien Barbé.
3. Pierre, ibid.
4. *Nicolas*, qui suit.
5. Louis, avocat au parl^t, à l'enterrement de son neveu ci-dessous II, 3.

II. NICOLAS, fils du préc., procureur au bailliage, † par. St-Victor 31 juil. 1780, à 53 ans. Il avait épousé, par. St-Gorgon 4 nov. 1755, J^{ne} *Liégeois*, fille de Jⁿ Liégeois, concierge de l'hôtel de ville, et de M^{te} Philippe, laquelle mourut par. Ste-Croix 31 janv. 1769, à 34 ans. De leur mariage naquirent par. St-Gorgon :
1. *Jⁿ-Sébastien-N^{as}*, 9 sept. 1756; lequel suit.
2. Catherine-Adélaïde, 24 mars 1758.
3. Joseph, 4 mai 1759 ; † par. St-Victor 21 juil. 1777.
4. Barbe-Julie, 30 juil. 1760.
5. Jⁿ-B^{te}-Nicolas, 18 mars 1762 ; † par. St-Victor 11 nov. 1781.
6. Jⁿ-Sébastien, 28 mars 1763 ; † le lendemain.
7. Jⁿ-Louis, 19 juil. 1766 ; † par. St-Maximin 1er déc. suiv.

III. Jⁿ-SÉBASTIEN-N^{as}, fils du préc., avocat au parl^t, juge gruyer des seigneurie et prieuré de Bazoncourt, épousa, par. St-Simplice 14 nov. 1780, M^{ie}-F^{oise}-Laurette *Gondreville*, dont il eut :
1. Barbe-Xavier-Laure, par. St-Simplice 30 nov. 1780 (*sic*).
2. Paul-Sébastien-M^{ie}-P^{re}, par. St-Martin 2 mars 1783.

JOBAL[1]. I. GILLES, conseiller auditeur de la chambre des comptes de Lorraine, sgr de Pagny-lès-Goin et Domgermain en partie, épousa Barbe *Baillivy*, fille de Louis Baillivy et d'Élisabeth de Fériet, dont il eut :

---

[1] Les détails entre [ ] et en notes sont tirés des Papiers de Mr de Courten.

1. Catherine, mariée à Ch^les le Vayer.
2. J^n-René, [jésuite, d^r en théologie et chancelier de l'Université de Pont-à-Mousson, † en 1698].
3. Anne, mariée à P^re du Barrail.
4. *François*, qui suit.

II. François, fils du préc., éc., sgr de Pagny-lès-Goin, Villers-sur-Genivaux, Gondreville, etc., conseiller au parl^t, † par. St-Martin 20 oct. 1690. Il avait épousé [en 1642] Barbe *Philbert*, † v^ve de lui, ibid. 22 avril 1695, à 71 ans. De leur mariage étaient nés :
1. *Claude-F^ois*, qui suit.
2. Antoine, chan. et archidiacre de Toul, à l'enterrement de sa mère.
3. Alexise, mariée à Ch^les Jeoffroy.
4. Anne-Marie, [religieuse de la Visitation. † 8 oct. 1713, à 58 ans. Metz msc. 153, p. 146].
5. Louis, par. St-Victor 9 avril 1664; g^d chantre et chan. de la cathédrale, conseiller clerc au parl^t, † au château de Vernéville; son corps fut présenté à la par. St-Martin 20 sept. 1745, transporté ensuite chez le président Jobal, rue du Rempart, et inhumé le lendemain à la cathédrale en la chap. de la Ste Vierge.
6. *Joseph*, par. St-Marcel 22 juil. 1666 : p. J^ph-Maximilien c^te de Fürstemberg; m. M^ie de Bossuet, épouse d'Isaac Chasot, conseiller au parl^t. — Lequel suivra V.
7. Barbe, mariée à Georges-Frédéric c^te de Lignéville.
8. Gilles-Philbert, [en religion dom François, prieur titulaire d'Offenbach et prieur claustral de Saint-Arnould].
9. François, [abbé de Saint-Airy].

III. Claude-F^ois, fils du préc., sgr de Villers et de Vernéville, conseiller au parl^t, [† 16 mai 1724 au château de Vernéville, inhumé à l'église de la paroisse]. Il avait épousé [en 1683] M^te-Anne *Martin de Julvécourt*, † par. St-Martin 17 août 1716, à 50 ans. De leur mariage étaient nés ibid. :
1. Marguerite, 20 mars 1686.
2. *Étienne-Louis*, 20 juin 1687; lequel suit.
3. Nicolas, 1er mars 1691.

IV. Étienne-Louis, fils du préc., président à mortier au parl^t, sgr de Vernéville-aux-Loups (*sic*), Lue, Aulnoux, Chantrenne et Gravelotte en partie, dem^t rue de l'Esplanade, [† à Paris 24 sept. 1755, inhumé au cimetière de St-Eustache]. Il avait épousé : 1° [11 déc. 1709], Anne *d'Arros*, † en couches d'un fils Jean-F^ois, inhumée avec lui par. St-Victor 24 nov. 1718; 2° M^ie *Renault*, v^ve de F^ois Huyn, conseiller au parl^t, laquelle mourut par. St-Martin 15 sept. 1744; 3° Claude-F^oise *Masson*, † ibid. 21 mars 1763, à 48 ans.
Du premier mariage étaient nés par. St-Martin :
1. Anne, 6 oct. 1710, mariée à J^n-Ch^les le Vayer.
2. J^n-F^ois-Louis, 26 oct. 1711.
3. Jacques, 13 sept. 1713 : p. J^ques le Bachelé, lieut.-colonel au rég^t Desgrigny; m. J^ne Jannot, épouse de J^n Martin de Julvécourt, trés. de France, représentée. — Il mourut 16 juil. 1714.
4. Claude-Armand, 18 sept. 1715; † 8 janv. 1728.
5. Anne-F^oise-Charlotte, mariée à F^ois-Louis-Paul de Huyn, [auquel elle apporta en dot la terre de Vernéville.]
6. J^ph-Alexandre-Louis, 6 janv. 1717; † 15 févr. suivant.
7. J^n-François, 18 févr. 1718; † 26 suiv. Du troisième mariage étaient nés ibid. :
8. J^ph-F^ois-Louis, 26 mars 1746^(1).
9. Antoine, 13 mai 1747. Colonel commandant l'île de Tabago, conseiller chev. d'honneur au parl^t, il eut de Rose-Joséphine *Cools-Desnoyers*, son épouse, par. St-Victor 26 sept. 1785, F^ois-Louis-Eugène, † par. St-Marcel 1er nov. 1786.
10. François, 4 sept. 1748; chan. de la cathédrale, vicaire gén^l de Tarbes, licencié en Sorbonne en 1775, et vi-

(1) Joseph-François-Louis, lieut. général des armées du Roi, c^te de Lue, † en mars 1831. Il avait épousé, au retour de l'émigration en 1804, F^oise-Henriette-Louise de Couët de Lorry, dont il eut :
1. Antoine-Louis-Gonzalve, marié en 1832 à Alix de Bloquel de Wismes, fille du v^te de Wismes et de Léonie de Polignac; † en 1862 dans les Pyrénées, inhumé dans la chapelle du château de Lue.
2. Félicie, mariée au c^te Adolphe de Lambertye, officier supérieur de la garde royale, chev. de St-Louis et de la Légion d'honneur.

caire général d'Angers à sa réception au parl^t en qualité de conseiller clerc.

11. Sigisbert-Ch^{les}, 8 févr. 1750; † pensionnaire au collége royal de St-Louis, par. St-Simon 8 avril 1763, inhumé par. St-Simplice.

12. M^{ie}-Agathe-Rose-Henriette, 2 mars 1752; mariée à Ch^{les} Durand d'Aunoux.

13. Suzanne-Hyacinthe, 23 août 1754; † 24 déc. 1759, inhumée par. St-Simplice.

V. JOSEPH, oncle du préc., éc., sgr de Pagny-lès-Goin et Vigny, command^t au rég^t de Toulouse, chev. de St-Louis, † par. St-Victor 16 mars 1728. Il avait épousé : 1° ibid. 2 janv. 1696, Marquise *Lamy*, † ibid. 1er juill. 1714, à 55 ans; 2° par. St-Simplice 26 févr. 1715, F^{oise} *Antoine*, v^{ve} de Jⁿ Vassart, sgr de la Rotte, laquelle mourut par. St-Victor 29 avril 1746. Du premier mariage étaient nés par. St-Victor :

1. Jean-F^{ois}, 29 mars 1699; lequel suit.
2. Ch^{les}-Joseph, 30 sept. 1700.

VI. JEAN-F^{ois}, fils du préc., sgr de Pagny-lès-Goin, Vigny, Vitrange en partie, cap. au rég^t de Toulouse ensuite rég^t de Penthièvre, chev. de St-Louis, † par. Ste-Croix 21 févr. 1750. Il avait épousé, ibid. 12 août 1727, M^{ie}-Anne *Poutet*, [† 26 août 1763, au château de Pagny-lès-Goin, inhumée dans l'église de Goin]. De leur mariage étaient nés par. Ste-Croix :

1. J^{ph}-P^{re}-*Paul*, 5 sept. 1728; lequel suit.
2. Théodore-Jⁿ-F^{ois}, 28 sept. 1729; lieut.-colonel d'infanterie et major au rég^t de Vivarais en 1770.
3. Jⁿ-François, 9 nov. 1730; chan. de la cathédrale, conseiller clerc au parl^t, [† 2 déc. 1793].
4. Thérèse-Marguerite, 21 oct. 1731; mariée à André-Ch^{les} le Bachelé, puis à Claude-F^{ois}-Antoine Martin de Julvécourt.
5. Louis-Étienne, 5 oct. 1732.
6. M^{ie}-Anne-Antoinette, 5 déc. 1735; mariée à Armand-Jⁿ de Blair.
7. Louis, 12 déc. 1737; vicaire de Ste-Ségolène de 1762 à 1764, puis de St-Simplice en 1765; curé de Ste-Ségolène 11 mars 1766, † 3 nov. suiv., inhumé au chœur sous la tombe du lutrin.
8. Charles, 24 oct. 1739; † 28 août 1746.
9. Monique-Charlotte, 23 sept. 1741; mariée à Philippe de Calvière.

VII. J^{ph}-P^{re}-PAUL, fils du préc., chev., sgr de Pagny-lès-Goin et Vigny, command^t à la citadelle, épousa, par. St-Gorgon 16 mars 1765, Gabrielle *Ferrand de Peltre*, [† 26 déc. 1820]. De leur mariage étaient nés :

1. P^{re}-Jⁿ-B^{te}-Thérèse⁽¹⁾, par. St-Gorgon 1er mai 1766.
2. Théodore-Jⁿ, par. St-Jean de la Citadelle 6 sept. 1770.
3. M^{ie}-Antoinette, ibid. 2 sept. 1771; mariée à Ch^{les}-Michel de St-Blaise.

VIII. BARBE. V. de Marsay.

JOBART DE SAINTE-CLAIRE Jⁿ-P^{re}-LOUIS, éc., sgr de Dargence, chev. servant de l'ordre de St-Michel, natif de St-Malo en Bretagne, dem^t rue Nexirue, fils de P^{re}-Louis, éc., et de M^{ie}-Thérèse Hardouin, épousa, étant âgé de 36 ans, par. St-Simplice 10 mars 1746, Anne-F^{oise} *Binet*, native de Troyes en Champagne, fille de J^{ques} Binet, musicien de l'église de St-Sauveur de Troyes, et d'Anne de la Fontaine, de la par. St-Eustache de Paris de droit, par. St-Simplice de Metz de fait. De leur mariage naquirent :

1. N***, légitimé au mariage de ses parents, « né en route en passant à Strasbourg ».
2. Guillaume, par. St-Gorgon 27 avril 1746 (*sic*).

JOFFRENOT DE MONTLEBERT JEAN-F^{ois}, sgr de Montlebert et de Juvigny,

---

(1) PIERRE-JEAN-BAPTISTE-THÉRÈSE, officier au rég^t de Penthièvre, chev. de St-Louis, épousa : 1° 30 mars 1791, sa cousine germaine J^{ne}-Marthe-Suzanne **Chevreau de Vaudouleurs**; 2° 25 (*alias* 14) nov. 1818, F^{lle}-M^{ie}-Louise-Constance de Courten. Du second mariage sont issus : 1° Pierre-Louis, né en 1819, † sans alliance 27 mars 1839; 2° Ch^{les}-Jean-B^{te}, né à Metz, 22 avril 1820 † sans alliance à Metz 31 août 1865; 3° M^{ie}-Antoinette, née à Metz 19 déc. 1821, mariée 10 déc. 1845 à Ch^{les} de Richard d'Aboncourt; † à Metz 17 sept. 1848, laissant un fils Emmanuel, né à Metz 9 sept. 1848; 4° Louis-Ernest, † 29 mars 1877 : il avait épousé, à Metz 10 avril 1866, Charlotte **de Turmel**, fille de Joseph de Turmel, conseiller à la cour impériale de Metz, et de F^{oise}-Gabrielle-Sophie de Richard d'Aboncourt; 5° Henry, né en 1826, † en juillet 1830; 6° M^{ie}-Gabrielle, née à Metz 13 sept. 1827.

[né à Mohon, diocèse de Reims, 28 déc. 1754, de Henry, inspecteur gén¹ des vivres, et de L^se-F^oise Dieuset], gendarme de la garde du Roi, puis conseiller auditeur des comptes au parl^t de Metz, eut de Catherine-Christine *Pyrot*, son épouse :
1. Philippe-M^ie-J^ph, par. St-Martin 30 mars 1781 ; [† 30 janv. 1813 à Koenigsberg (Prusse), cap. command^t d'artillerie dans la garde impériale, laissant de son mariage avec Adélaïde-J^ne-Antoinette *de Tarlé*, une fille Hector-Félicie, v^ve de Mr Roux, intend^t militaire de la 3e division].
2. Joseph-F^ois-M^ie, [cap. du génie, tué devant Sarragosse en 1808].
3. Anne-M^ie-Christine-Joséphine, mariée à Louis Hollande de Colmy.

JOHANNES Thérèse. V. de Salse II.

JOIGNY (de) Jeanne. V. Dumautet.

JOLY⁽¹⁾. I. Pierre, notaire, [† en 1591]. Il avait épousé Gertrude *Peltre*, dont il eut :
1. Élisabeth, mariée à J^ques Ferry.
2. *Pierre*, qui suit.
3. Suzanne, mariée à J^ques Michelet.
4. *Paul*, qui suivra VII.
5. Anne, [mariée à Chrétien Friard, apothicaire].

II. Pierre, R. P. R., fils du préc., procureur gén¹ du Roi à Metz, sgr de Bionville, [† 25 sept. 1622]. Il avait épousé : 1° [en 1577, Jennon *Burtin*] ; 2° 7 oct. 1586, Sara *Busselot*, fille de † J^ph Busselot, m^d, [laquelle mourut 6 avril 1630].

Du premier mariage naquirent :
1. Anne, mariée à Paul de Villers.
2. [Jeanne, en 1579].
3. [Suzanne, en 1581].

Du second mariage naquirent :

(1) Vers le milieu du xve siècle, vivait à Maizeroy un paysan, propriétaire, du nom de Pierre Joly (acte de vente du 14 juil. 1460). Son fils, Nicolas ou Collignon, était appelé Collignon Joly le Maire (acte de vente du 2 avril 1494). Il eut deux fils : Collignon Joly, qui resta à Maizeroy, et Didier, qui s'établit à Frécourt et y épousa la fille d'un riche paysan, Didiée Simonin, dont il eut quatre fils et une fille. L'un des fils fut Pierre Joly, notaire à Metz, qui commence notre article. (*Mém. de la Soc. d'arch. et d'hist. de la Moselle*, XII, p. 225.) — Nous avons emprunté à la même source les détails entre [ ].

4. Pierre, 23 août 1588.
5. Marie, 10 août 1590.
6. Pauline, 18 mars 1592 ; mariée à J^n de Villers, puis à Jérémie de Vigneulles et à Michel-N^as de Grandmaison.
7. Paul, 8 juil. 1594.
8. Marie, 4 sept. 1596.
9. *Pierre*, 23 sept. 1598 ; lequel suivra VI.
10. Marie, 26 déc. 1599.
11. *Paul*, 19 nov. 1603 ; lequel suit.
12. Madeleine, 16 oct. 1605 ; mariée à P^re Blaise.
13. Louise, 25 juin 1609 ; mariée à Louis Gauvain.
14. Marie, 29 juil. 1612.

III. Paul, R. P. R., fils du préc., licencié ès-droits, conseiller au bailliage et échevin de l'hôtel de ville, sgr de la Grange-aux-Bois et de Bionville, [† 4 févr. 1681]. Il avait épousé : 1° 21 nov. 1627, J^ne *de Montigny*, † 4 déc. 1668, à 76 ans ; 2° Judith *de Lorette*.

Du premier mariage naquirent :
1. Jeanne, 13 déc. 1628 ; mariée à Marc Allion.
2. Paul, 2 janv. 1630.
3. Pauline, 6 déc. 1630.
4. Pierre, 14 juil. 1632.
5. Suzanne, 1er juin 1635.
6. Suzanne, 11 mars 1639 ; mariée à Auguste de Couët.

Du second mariage naquirent :
7. *Paul*, 27 févr. 1676 ; lequel suit.
8. Judith, 6 mai 1679 ; † 22 sept. 1682.

IV. Paul, fils du préc., éc., sgr de Maizeroy, épousa, par. St-Martin 22 janv. 1718, Suzanne *Allion*, dont il eut ibid. :
1. Paul-Gédéon, 10 janv. 1719.
2. *Frédéric*, 1er nov. 1722 ; lequel suit.

V. Frédéric, fils du préc., éc., sgr en partie de Maizeroy, eut de M^ie-Catherine *Godefroy*, son épouse :
1. Louise-Agnès-Rosalie, par. St-Marcel 26 juin 1767 ; † par. Ste-Ségolène 20 févr. 1771.
2. Ch^les-Anastase-Hyacinthe, † à 2 mois, par. St-Livier 11 juin 1769.
3. J^ques-Augustin-Louis, par. Ste-Ségolène 10 mai 1771 : p. J^ques-Antoine d'Hé-

liot, chev., sgr de la Péruche, les Fontaines et autres lieux, chev. de St-Louis, lieut. des maréchaux de France, colonel et major au corps royal artillerie rég^t de Strasbourg; m. Louise de Barat de Boncourt.

VI. PIERRE, R. P. R., g^d oncle du préc., un des seigneurs de Bionville, eut de Simonne *des Hazards*, son épouse :
1. Pierre, 23 déc. 1629.
2. Jean, 21 avril 1634.
3. Charles, 23 juil. 1636.
4. Paul, 1er juil. 1637.
5. David, 7 avril 1639.
6. Jean, 23 juin 1640.
7. Judith, 11 janv. 1643.

VII. PAUL, R. P. R., oncle du préc., (fils de Pierre I), greffier de M^r le Président, puis aman, conseiller du m^e-échevin et conseiller au bailliage, épousa Anne *de Saint-Blaise*, dont il eut :
1. *Pierre*, 1er nov. 1592 : p. le président le Bey de Batilly et Jⁿ Dubois, treize ; m. Judith Busselot, épouse de Jean le Bachelé. — Lequel suit.
2. *Daniel*, 15 juil. 1594 ; lequel suivra.
3. Paul, 28 août 1596.
4. Anna, 26 nov. 1597.
5. Madeleine, 13 déc. 1599.
6. Paul, 16 sept. 1601.
7. Philippe, 28 mars 1604.
8. Philippe, 23 août 1606.
9. Anne, 16 nov. 1608; † 27 janv. 1670.
10. Marie, 10 août 1611.
11. Suzanne, 14 juin 1615.

VIII. PIERRE, fils du préc., ministre de la R. P. R. à Bourbach, épousa : 1° 4 août 1624, Anne *Mangin*, fille d'Israël Mangin, bourgeois; 2° Christine *Betz*. Du second mariage naquirent :
1. Paul, 24 févr. 1630.
2. Pierre, 23 nov. 1631.

IX. DANIEL, frère du préc., m^e-apothicaire et diacre de la R. P. R., épousa, 8 juil. 1635, Esther *Mansa*, dont il eut :
1. *Paul*, 3 juin 1638 ; lequel suit.
2. Daniel, 12 janv. 1643 ; d^r en médecine, au mariage de son frère.

X. PAUL, fils du préc., ministre de la R. P. R. à Autun, [Sedan, Metz et Cassel], épousa, 9 févr. 1670, Catherine *le Duchat*, dont il eut :
1. Paul, 16 mars 1676; † par. St-Simplice 16 déc. 1747, inhumé à la chap. de St-Auteur : à l'acte de décès il est dit éc., sgr de Dorvillers, chev. de St-Louis, ancien cap. au rég^t de Bigorre.
2. Esther, 21 avril 1677; mariée à André-Ch^{les} d'Herbelet.
3. Marie, 31 août 1678.
4. Anne, 3 août 1679; † 14 suiv.
5. Judith, 3 juin 1681; † 19 août suiv.
6. André, 17 juin 1684; † 10 août suiv.
7. Pauline, mariée à Louis le Labriet.

XI. ESTHER, v^{ve} de Samuel Joly, de la famille du ministre Paul, fut marraine par. Ste-Ségolène 20 déc. 1694.

XII. JEAN, R. P. R., dem^t à Maizeroy, eut une fille Elisabeth, mariée, 10 août 1636, à Isaac Marcolles, vigneron.

XIII. JULIE. V. le Bonet.

XIV. MARGUERITE. V. de Pernin.

JOLY DE MOREY J^{NE}-M^{TE}-FRANÇOISE, J^N-CHARLES et MARTHE-BÉATRIX. V. Maclot V.

JONCHÈRE (DE LA) GÉRARD-MICHEL. V. de la Rigaudie.

JONVAUX RICHARD, m^d orfèvre, joaillier et officier de la milice bourgeoise à Verdun, fils des † Jean, m^d et échevin de la ville de Verdun, et M^{ie}-Bonne Item, épousa : 1° étant âgé de 25 ans, par. Ste-Ségolène 10 févr. 1751, Madeleine *Molina*, fille de † F^{ois}, professeur de mathématiques à Landau, et de M^{te} Guérin, laquelle mourut à 46 ans, par. St-Victor 25 juin 1768; 2° par. St-Gorgon 8 août 1769, M^{ie}-Anne *Molina*, sa belle-sœur, âgée de 28 ans.

JORRY FRANÇOIS, épousa, par. St-Livier 15 févr. 1677, Anne-Christine *Foës*.

JOSSE. I. NICOLAS, conseiller du Roi, receveur et contrôleur des épices et vacations du parl^t, chambre des comptes et autres juridictions, m^e-clerc des audiences

civiles et criminelles de la même cour, †
par. St-Martin 3 août 1715. Il avait épousé,
ibid. 21 févr. 1686, Nicole *Fagnier*,
dont il eut :
1. *Antoine*, par. St-Victor 28 juin 1687;
lequel suir.
2. Fois-Nicolas, ibid. 9 déc. 1688; [commis au greffe du parlt en 1715].
3. Étienne, ibid. 6 nov. 1690.
4. Claude, par. St-Martin 23 janv. 1695.
5. Jne-Antoinette, ibid. 24 mars 1697.
6. Marguerite, ibid. 8 oct. 1698.

II. ANTOINE, fils du préc., substitut du procureur génl au parlt, † par. Ste-Croix 10 oct. 1766. Il avait épousé Catherine-Joséphine *Roussel*, † ibid. 25 août 1748. De leur mariage étaient nés :
1. Jacques-Nas, par. St-Martin 29 nov. 1721.
2. Anne-Catherine, par. Ste-Croix 28 nov. 1726; † ibid. 27 sept. 1729.
3. Nas-François, ibid. 7 avr. 1728.
4. Jn-Baptiste, ibid. 7 déc. 1729.
5. Jn-Pierre, ibid. 16 janv. 1731.
6. Mie-Nicole, ibid. 2 nov. 1738; † 31 août 1741.
7. Antoine-Louis, ibid. 4 mai 1740.

III. ÉLISABETH. V. le Duchat d'Oudern.

JOSSELIN (DE). I. JEAN, natif du Limousin, cadet gentilhomme à la citadelle, † par. St-Jean de la Citadelle 5 déc. 1729.

II. ANNE-CHARLOTTE et LOUIS-THOMAS. V. de Chaillion II.

JOSSERAND DE LA GARDE Jph-ANTOINE, cap. de dragons, chev., sgr des Fonts, fils de † Louis, sgr des Fonts, cap. de cavalerie au régt royal Piémont, et de Mte-Alexandrine de Gallet des Fonts de St-Peray, natif de Tournon, diocèse de Valence, épousa, étant âgé de 42 ans, par. St-Martin 25 oct. 1740, Antoinette-Dorothée *de Fagnier*, vve d'Etienne-Philippe de Gray de Flévy, laquelle mourut par. St-Martin 25 avril 1770, à 78 ans.

JOUASNAUX THÉRÈSE-PÉLAGIE. V. Garson de Prehedno.

JOUBERT, alias JAUBERT ANNE. V. Dubois de Sarrau.

JOUDREVILLE MADELEINE. V. le Braconnier IX.

JOULARD D'IVERSAY JOSEPH, éc., sgr de la Poupardière, cap. au régt de Navarre, chev. de St-Louis, en garnison à Metz, fils des † Philippe, éc., sgr d'Iversay, et Foise Duchêne de St-Léger, épousa, par. St-Martin 24 mai 1774, Mie *de Verthamon*. Au mariage, Louis-Jn-Bte de Bonce, chev. de St-Louis, lieut.-colonel d'infanterie, major; Chles-Aimé de Royrand, cap. des grenadiers; Chles-Augustin de la Roussière de Royrand, cap. : tous trois au même régt de Navarre; Fois Pasquier d'Estrées, ancien payeur des gages de l'ancien parlt, oncle par alliance du côté mat. de la mariée; Jn-Nas Thomas, ancien conseiller à la table de marbre. — Dudit mariage naquirent par. St-Martin :
1. Philippe-Chles-René, 14 févr. 1775 : p. Philippe Joulard d'Iversay, chev., sgr d'Iversay, Voulon, Villenon, la Poupardière, Buserolle et autres lieux, son oncle pat., représenté par Chles-René de Razes, chev., sgr d'Ablet, cap. des grenadiers au régt de Béarn, chev. de St-Louis; m. Mte Bachelard, vve de Jn de Verthamon.
2. Mie-Françoise, 13 nov. 1776 : p. Bonaventure Joulard, chev., sgr d'Ayron, la Raudière et autres lieux, cousin de l'enfant; m. Mie-Foise Joulard, mise de St-Germain, tante.

JOURDAIN. I. VINCENT, éc., chev. de l'ordre du Roi, ancien lieut. génl de l'amirauté de Brest pour l'étendue de l'évêché de Léon, † par. St-Victor 6 oct. 1788 : à son enterrement, Africain-Alexandre de Fabert, ancien cap. commandt le régt de Savoie-Carignan; le cte de la Tour-en-Woëvre; Fois-Godefroy-Maximilien Goulet de Montlibert, ancien cap. d'infanterie; Jph-Pélage Goyon, sgr des Rochettes et de Belorient; Jérôme-Chles Gourdain, inspecteur général des ponts et chaussées. — Il avait épousé Mie-Jne *de Moy*.

II. MICHEL, avocat au parlt, † par. Ste-Ségolène 5 juil. 1691, à 48 ans.

JOURDIN DE PONTBILLOT PIERRE,

intéressé dans les affaires du Roi, fils de Jean, me des requêtes de la défunte Reine, et de Mⁱᵉ de la Cour, résidant à Paris, épousa, par. Sᵗ-Victor 25 avril 1695, Anne *André*, dont il eut ibid. :

1. Marguerite, 7 mai 1696.
2. Françoise, 18 oct. 1697.

JOUY (DE) FRANÇOIS, sʳ de Sᵗ-Martin, gentilhomme de Tours, cy-devant volontaire au régᵗ Dauphin étranger, âgé de 29 ans, épousa, par. Sᵗ-Marcel 19 juin 1679, Mⁱᵉ *Chardin*, vᵛᵉ d'Isaac Sidrac, mᵈ teinturier.

JUILLIOT DE PINSUL Jᴺᴱ-CLAUDINE. V. Trouet de Coutalliou.

JULIOT ANNE-THÉRÈSE. V. Boisset de Gautier.

JULLIARD Jᴺ-BAPTISTE, inspecteur de police, cap. du guet de la ville, veuf de Barbe *Haine*, épousa, étant âgé de 41 ans, par. Sᵗ-Simplice 1ᵉʳ mai 1787, Anne-Christine *Moloux*, âgée de 26 ans, fille de Claude-Fᵒⁱˢ Moloux, bourgeois, et d'Anne-Christine Richet.

JULLIEN, *alias* JULIEN. I. CLAUDE. V. Mathis VIII.

II. BARBE. V. François IV.

III. MADELEINE. V. Alexandre III.

IV. MARGUERITE. V. Leleu.

V. SUZANNE. V. Midart I, 1.

JULLIEN (DE) LOUIS-Jᴾᴴ. V. Duhoux.

JUMEAU JEANNE. V. Cochereau d'Ognonval.

JUNGE (DE) FRÉDÉRIC-BERNARD. V. Sames.

JURIANO ANTOINE, mᵈ, † par. Sᵗ-Victor 14 avril 1741. Il avait épousé Eve *Nouveiler*, † ibid. 2 mars 1740, à 78 ans. De leur mariage naquit Mⁱᵉ-Joséphine, mariée à Étienne-Chˡᵉˢ Dosquet.

JURNETSE MARGUERITE. V. Piscadore.

JUSSAC (DE) DIANE-GABRIELLE. V. Poirot de Valcourt.

JUSSERANT (DE), *alias* DE JOUSSERANT CHARLES, chev. de Lairé, éc., cap. au régᵗ de la Marck, natif de Xivray ou Sivray, fils de François, chev., sgr de Lairé, chev. de Sᵗ-Louis, et d'Henriette-Renée N***, † par. Sᵗ-Eucaire 24 juin 1752, à 29 ans.

JUZAN DE LA TOUR. I. Jᴺ-PIERRE, intéressé dans les affaires du Roi, épousa Élisabeth *Vilmin*, dont il eut :

1. *Claude*, qui suit.
2. Fᵒⁱˢᵉ-Geneviève, mariée à Henry Fournerie.
3. Mⁱᵉ-Rose, mariée à Jᵖʰ Mélard.
4. Jⁿᵉ-Élisabeth, mariée à Jᵠᵘᵉˢ Masser de la Salmonde.
5. Nᵃˢ-Louis, né par. Sᵗ-Maximin 10 janv. 1706.

II. CLAUDE, fils du préc., épousa, par. Sᵗᵉ-Croix 11 mai 1730, Jⁿᵉ *Médard*, fille de Robert Médard, mᵉ-pâtissier, et de Jⁿᵉ Richard, de laquelle il eut :

1. Henry, par. Sᵗᵉ-Croix 24 févr. 1731.
2. Jⁿᵉ-Élisabeth, † par. Sᵗᵉ-Ségolène 8 avril 1781, à 43 ans.
3. Jⁿ-Baptiste, avocat au parlᵗ, au décès de la préc.
4. Marguerite, † subitement par. Sᵗ-Victor 6 févr. 1791, à 52 ans.

K

KAGEL (DE). V. Persode V, 4.

KAISELTAT Mⁱᴱ-REINE. V. d'Eltz.

KAISTEIN DE SERRE (DE) CATHERINE. V. de Custines IV.

KAUFFMANN DE BÈNE. V. Fabert VI, 2.

KAUSE (DES) ALEXANDRE-EUGÈNE. V. d'Huart II, 8.

KELLER Jᵖʰ-Théodore. V. Alberdiny d'Ichtersheim.

KELLER (de). V. de Blair (note).

KELLERMANN (de) Fᵒⁱˢ-Christophe, cap. de hussards au régᵗ de Conflans, en garnison à Marsal, maréchal des camps et armées du Roi, fils de Fᵒⁱˢ-Christophe, demᵗ à Strasbourg, et de Mⁱᵉ Diur, épousa, étant âgé de 33 ans, par. Sᵗ-Simplice 26 sept. 1769, Mⁱᵉ-Anne *Barbé*, âgée de 25 ans. A ce mariage, Louis de Conflans, mⁱˢ d'Armentières, maréchal de France, chev. des ordres du Roi, lieut. génˡ de la Hᵗᵉ-Guyenne, commandᵗ en chef des provinces des Trois-Évêchés, etc.; Louis-Gabriel de Conflans, maréchal des camps et armées du Roi, colonel propriétaire et inspecteur génˡ d'une légion de son nom, commandᵗ en l'absence et sous les ordres de Mʳ le Maréchal d'Armentières dans la dite province des Trois Évêchés; le bᵒⁿ de Ried, chev. de Sᵗ-Louis, colonel commandᵗ la légion de Conflans; Nᵃˢ Nivoy, procureur au parlᵗ, oncle de l'épouse; Auberon et Poirot de Valcourt, tous deux conseillers du Roi, commissaires ordinaires des guerres; l'abbé Simottel, aumônier du régᵗ de Conflans. — De ce mariage naquirent par. Sᵗ-Martin:
1. Fᵒⁱˢ-Étienne, 4 août 1770.
2. Mⁱᵉ-Cécile, 15 mars 1773; chanᵉˢˢᵉ et cᵉˢˢᵉ de Blesle. V. de Grassmann.

KENNEDY (de) Albert-Daniel, cap. au premier bataillon de la milice d'Artois, eut d'Errennt (?) *Witz*, son épouse, Louis-Bernard, † par. Sᵗ-Jean de la Citadelle 11 janv. 1747, à 4 ans 1/2.

KERGUERU (de) ou de KERGUERN Thomas-Étienne. V. la Gausie.

KÉROUARTZ (de) Louis. V. Lefebvre de Ladonchamps (note).

KESLER Mⁱᵉ-Élisabeth. V. d'Andras.

KEUX (le) Michel et Marie. V. de Bon de Savignac.

KIEN Agnès-Joséphine. V. Dauger.

KILBERGER de NERENHAUSEN (de) Joseph, gentilhomme à la compagnie des cadets, sgr de Rémelange et autres lieux, † par. Sᵗ-Jean de la Citadelle 20 févr. 1728, à 23 ans : à son enterrement, Mʳ de Melon, sous-lieut.; Nᵃˢ-Alexandre de Fougère, parent du défunt.

KIRCH Marguerite. V. Robin II.

KIRSTIENNE Élisabeth. V. de Cabanes III.

KLÉBER Jⁿ-Pierre. V. de Mortaigne.

KLEINHOLTZ (de). I. Philippe, brigadier des armées du Roi, eut de Catherine *Gangoll*, son épouse:
1. Mⁱᵉ-Florentine, mariée à Louis-Thomas de Vidame.
2. Mⁱᵉ-Louise, mariée à Valentin Dessofy de Cserlseck.

II. Antoine-Sadoc, lieut. des troupes palatines du régᵗ de Bockhuisse, fut parrain par. Sᵗ-Eucaire 22 janv. 1715.

III. Herman-Guillaume et Hélène-Philippelle. V. de la Hardt.

KLINGER (de) Françoise. V. Gaillande.

KOLB du WAHRENBERG Jⁿ-Casimir, R. P. R., eut de Judith *de Flescheim*, son épouse:
1. Louis-Casimir, 10 sept. 1637.
2. Anne-Madeleine, 25 oct. 1638.
3. Théodore, 2 janv. 1640.

KOPPENSTEIN (de) Jqᵘᵉˢ-Adolphe, bᵒⁿ de Koppenstein, sgr de Mandel, Steinbach, Biberen, Sooren, Kirberg, Wemersbach, Brickenfeldt, sgr haut-justicier des seigneuries de Koppenstein, Dorsheim, Rémelsheim, Weintzheim, Braunnweiler, Catharina, Oberhilbersheim, Wolxheim, Gensingen et autres lieux, conseiller intime de S. A. S. E. de Trèves, chambellan de S. M. I. et de S. A. E. de Bavière et de Cologne, etc., † par. Sᵗ-Victor 30 août 1768, à 68 ans : à son enterrement, Fᵒⁱˢ-Aimé de Seillons, lieut.-colonel au corps royal artillerie; Arnould-Louis-Jqᵘᵉˢ Prinet de la Grandville, ancien lieut.-colonel de dragons.

II. Christophe-Frédéric, bᵒⁿ de Kornberg,

enseigne au rég^t de Schœnbronn, troupe du cercle du Haut-Rhin, fils de M^r le b^{on} de Kornberg, lieut.-colonel au rég^t de la Layen, troupe au service de Mgr l'Électeur de Mayence, et de la b^{onne} de Harlstadt, du pays de Mainsfeldt de Hesse, † par. St-Eucaire 8 oct. 1713.

KREUTER Ignace, officier au rég^t de Navarre infanterie en garnison au quartier Coislin, fils de † Ignace, chir. à Dettelheim, diocèse de Strasbourg, et d'Anne-Marie Huberin, épousa, étant âgé de 53 ans, par. St-Simplice 5 juil. 1774, M^{ie}-Catherine *Bouchotte*, v^{ve} de Frédéric Scelestatt, chev. de St-Louis, cap. au rég^t de Champagne infanterie.

L

LABAT de la PEYRIÈRE René-Callixte. V. du Bousquet de Caubeyres.

LABATUE. V. de Saint-Hilaire.

LABBÉ Pierrette. V. Demange V, 1.

LABBÉ de COUSSEY Marie. V. d'Aspremont II, 2.

LABICHE. I. F^{ois}-Wulfrang, payeur des gages au parl^t, épousa M^{ie}-Anne-Dieudonnée *Ancel*, † par. St-Livier 10 août 1764, à 57 ans : à son enterrement, N^{as}-F^{ois} Labiche et F^{ois}-N^{as} Labiche, ses fils.

II. Madeleine. V. Ganot II.

LABIGANT (de) N***, gentilhomme lorrain, cap. aux troupes de S. A. de Lorraine, épousa N*** *de Buffignécourt*, dont il eut Henriette, par. Ste-Croix 12 juil. 1641.

LABORDE (de) Bertrand, lieut. au rég^t de la marine, eut de F^{oise} *de Saint-Supplice*, son épouse, Anne, par. St-Simplice 27 févr. 1675 : p. J^n de Bar, chan. de N.-D. la Ronde; m. Anne-Thérèse de Cuvry.

LABOUREUR (le). I. Claude, chev., sgr de Grauenstein (Verte-Pierre), du château et de la sgrie de Stotzem, avocat au parl^t de Paris, puis premier avocat gén^l au parl^t de Metz, premier et unique président du conseil souverain d'Alsace en 1688, puis conseiller honoraire au parl^t de Metz, lieut. gén^l alternatif et mi-triennal de police, eut de Catherine *Moreau*, son épouse :

1. Claude-N^{as}, prévôt de la collégiale de St-Pierre-le-Vieux de Strasbourg, au mariage du suiv.
2. *Claude-J^n-Augustin*, qui suit.

II. Claude-J^n-Augustin, fils du préc., éc., sgr de Verte-Pierre, Fossieux et autres lieux, avocat gén^l au conseil souverain d'Alsace, puis conseiller au parl^t, garde des sceaux en la chancellerie, épousa, étant âgé de 24 ans, par. Ste-Ségolène 4 juin 1690, F^{oise} *de Hellot de Fossieux*, âgée de 16 ans, de laquelle il eut :

1. Auguste, par. St-Marcel 15 nov. 1695 : p. Augustin Balbo de Colligny, cy-devant cap. au rég^t de Miromesnil; m. Anne Genin, v^{ve} de Sébastien Besser, sgr de Secourt.
2. Anne, ibid. 19 févr. 1697.
3. Philippe, par. Ste-Croix 23 nov. 1698.

LABRIET (le). I. François, treize, sgr de Thury et de Francquillon, eut de Barbe *Copperel*, son épouse :

1. *François*, qui suit.
2. Jacques, chan. de la cathédrale, † par. St-Livier 26 août 1664, à 60 ans.
3. Étienne; sgr d'Hellocourt en partie et de Hauconcourt, lieut. dans la compagnie de Mr de Bonnecasse, † en sa terre de Brock près Vic en déc. 1670. Son cœur fut apporté à Metz et enterré au chœur de la par. St-Livier le 30 janv.

suiv. Il avait épousé F^{oise} *Triplot*, † v^{ve} de lui, ibid. 30 juin 1689.

4. Urbaine, par. St-Livier 28 mai 1615.
5. Charlotte, ibid. 13 sept. 1620; mariée au s^r de la Source, puis à J^{ques} Guillermin, sgr de Corny.

II. FRANÇOIS, fils du préc., sgr de Thury, conseiller du m^e-échevin, puis conseiller du Roi au bailliage, † par. St-Eucaire 27 févr. 1676, à 77 ans. Il avait épousé : 1° par. St-Martin 23 juin 1630, F^{oise} *Rulland* ; 2° par. Ste-Croix 19 juil. 1640, M^{te} *Tiercelin*, † par. St-Eucaire 27 mai 1673. De ce dernier mariage étaient nés par. St-Livier :

1. François, 16 avril 1641.
2. Charlotte, 13 avril 1642.
3. Nicolas, 3 févr. 1643.
4. Henry, jumeau du préc.
5. François, 11 janv. 1644; conseiller au bailliage, sgr de Thury, Hauconcourt et le Brock, il épousa, par. St-Victor 24 juin 1690, Gabrielle *Richard*.
6. Étienne, 19 déc. 1644; † par. St-Georges 25 août 1710. Sgr de Ste-Croix, de Thury et du ban d'Essai, il avait épousé, par. Ste-Croix 23 sept. 1704, M^{ie} *Surel*, fille de Louis Surel, m^d et barbier-perruquier, laquelle mourut par. St Marcel 31 mars 1739, à 55 ans.
7. Jacques, 26 janv. 1646.
8. Jean, 1er avril 1647.
9. Anne, 7 avril 1648; mariée à Henry de Cosson.
10. Nicolas, 6 mai 1649.
11. Barbe, 3 mai 1650.
12. Charles, 24 sept. 1652.
13. Jacques, 17 oct. 1655.
14. *Louis*, qui suit.

III. LOUIS, fils du préc., éc., sgr de la Basse-Thury et d'Holacourt, cap., épousa, par. Ste-Croix 4 févr. 1692, Pauline *Joly*, dont il eut :

1. Étienne, par. Ste-Ségolène 30 juil. 1693; † ibid. 18 août suiv., inhumé devant l'autel Notre-Dame.
2. Paul-Étienne, ibid. 20 déc. 1694 : p. Étienne le Labriet, éc., sgr de la G^{de}-Tappe et du ban de Ste-Croix, au nom de Paul Joly, cy-devant ministre de la R. P. R. ; m. M^{ie} Joly, au nom d'Esther Joly, v^{ve} de Samuel Joly.
3. Anne-Catherine, ibid. 4 févr. 1696.
4. J^n-Baptiste, ibid. 22 févr. 1697.
5. François, ibid. 10 juin 1698, † par. St-Maximin 21 mars 1708.
6. M^{ie}-Julie, par. St-Maximin 18 nov. 1699.
7. Louis, ibid. 18 mars 1701.
8. Élisabeth, ibid. 24 nov. 1703.
9. Marguerite, ibid. 15 juin 1705; mariée à Jérôme de Bénévent.
10. Anne-Pauline, ibid. 22 sept. 1707; † 30 juin 1709.
11. Marie, ibid. 27 janv. 1710; mariée à Gabriel-Louis de Marion.
12. André-Ch^{les}, ibid. 16 août 1711; † 3 sept. suiv.
13. Ch^{les}-Louis, ibid. 11 oct. 1712; † 12 nov. 1718.
14. J^n-Paul, † ibid. 26 nov. 1712.

IV. GOERIC ou GURY, sgr de Giraumont, épousa Suzanne *Braconnier*, † par. St-Martin 13 févr. 1692, à 67 ans. De leur mariage naquirent :

1. Henry, par. St-Victor 8 mars 1651 : p. Henry de Haraucourt de Chambley; m. Claude-Angélique de Choiseul.
2. M^{ie}-Bernardine, par. Ste-Ségolène 28 janv. 1664.
3. Didier-Samuel; les cérémonies du baptême lui furent suppléées, à l'âge de 4 mois, par. Ste-Ségolène 29 mars 1666.
4. Évrard, parrain du préc.
5. Marie, marraine id.
6. Dominique, † par. St-Martin 17 sept. 1666, à 1 an.
7. Françoise, mariée à N^{as} Rossignol, puis à Antoine de Bouffard de la Garrigue.

V. NICOLAS, natif d'Urcourt, premier échevin de la par. de Bruville, † à 42 ans, par. St-Livier 2 juin 1636.

VI. Divers.

1. ANNE. V. Henry VI.
2. BARBE. V. Jeoffroy XVII.
3. BARBE. V. Foës VII.
4. FRANÇOIS. V. le Goullon XXII.
5. HUMBLOTTE. V. Annel et de Bariton.

LABROUSSE N^{as}-ANTOINE, intéressé

dans les affaires du Roi, sgr en partie de Magny, épousa : 1° M^te *Pinot*; 2° M^ie-Madeleine-Joséphine *Huémont de Bailleul*.

Du premier mariage naquit :
1. Élisabeth-M^te, mariée à André Monleau.

Du second mariage naquirent, rue des Prisons militaires, par. St-Martin :
2. J^n-Baptiste, 16 févr. 1765 : p. J^n-B^te Raymond, dir. gén^l des hôpitaux militaires du dép^t de Metz, son g^d oncle; m. M^ie-Ursule Illig, épouse du s^r Huémont de Bailleul, intéressé dans les affaires du Roi, sa g^d-mère.
3. J^n-Philippe, 14 janv. 1768 : p. J^n-Philippe de Breuning, fils de Christophe de Breuning, chancelier de l'Ordre Teutonique; m. M^ie-M^te Huémont de Bailleul, tante de l'enfant.

LAC DE MONTEREAU (DU).

I. LAURENT-M^ie, éc., cap. des gardes de Mgr le Duc de Lorraine, d'une famille originaire de Provence, épousa [à Nancy 15 févr. 1688] L^se-F^oise *Michelet de Vatimont*, dont il eut :
1. Anne, par. St-Simplice 29 juil. 1689.
2. N^as-Laurent, officier des gardes du duc de Lorraine, il épousa, par. St-Simplice 24 mai 1728, Elisabeth *Baudouin*, v^ve en secondes noces de J^n Udel.
3. *Louis-Laurent*, qui suit.

II. LOUIS-LAURENT, fils du préc., chev., sgr de Montereau, conseiller du Roi, lieut. particulier au bailliage, épousa, par. St-Martin 18 févr. 1727, M^ie-Anne *Dumoulin*, † ibid. 7 août 1734, à 34 ans. De leur mariage étaient nés :
1. J^n-François, par. St-Martin 15 nov. 1727; lieut. au rég^t de la marine en 1755.
2. M^ie-Anne-Louise, par. St-Victor 28 nov. 1730; † 30 mars 1736.
3. Charles, par. St-Martin 20 oct. 1732.
4. Abraham-J^ph, ibid. 1er août 1734.

LACERAY (DE) ANNE. V. de Cay de Ville.

LACOMBE M^ie-FRANÇOISE. V. Laquiante.

LACRETELLE.

I. SÉBASTIEN, d^r en droit, avocat au parl^t, eut de M^ie-Anne *Michel*, son épouse :
1. P^re-Louis, par. Ste-Croix 10 oct. 1751; [membre de l'Académie Française, † à Paris 5 sept. 1824. Biog. de la Moselle par Bégin.]
2. M^ie-Joseph, ibid. 2 févr. 1753.
3. M^ie-Anne, par. St-Simplice 5 juil. 1754.
4. Agathe-Thérèse, ibid. 29 avril 1758.
5. Christophe-Xavier, ibid. 19 avril 1759; le père demeure rue de la Vieille-Intendance.
6. Jeanne, ibid. 9 avril 1760.
7. Ch^les-Joseph, ibid. 27 août 1763. [Il fut professeur distingué d'histoire ancienne à Paris, membre de l'Académie Française, directeur de cette savante compagnie en 1818, chancelier en 1820. Biog. de la Moselle par Bégin.]

II. CH^LES-JOSEPH, frère du préc., procureur au parl^t, eut de M^ie-Louise *Michel*, son épouse, par. St-Simplice, rue de la Chèvre :
1. Ch^les-J^ph-Sébastien, 17 janv. 1770 : p. Sébastien Lacretelle, son oncle; m. M^te Michel, sa tante.
2. J^ne-Marie, 27 déc. 1770.

LADOUCETTE.

I. RENAULT, échevin synodal, puis maire de Gorze, † à Gorze 25 déc. 1715, à 78 ans. Il avait épousé M^te *Colson*, dont il eut ibid. :
1. François, 18 mai 1693.
2. Françoise, † à 3 ans, 15 juin 1700.
3. Dominique, 23 mars 1698.
4. Jean, 15 juin 1700.
5. N***, 7 mars 1703; † le même jour.
6. *Jacques-Augustin*, 23 févr. 1705; lequel suit.
7. François, 11 avril 1708.
8. Renault, marié à N*** *Fleurimont*, dont il eut à Gorze, Marguerite, 27 juin 1716.

II. J^QUES-AUGUSTIN[1], fils du préc., chir.-major des ville et citadelle de Metz, † à 85 ans, derrière le palais, vis-à-vis l'hôtel de ville, par. St-Victor 24 mars 1790. Il avait épousé M^ie-Anne *Vaudois*, † ibid. 28 oct. 1783, à 72 ans. Tous deux furent

---

[1] Anobli par Louis XV, en suite des soins qu'il avait donnés au Roi pendant la maladie de ce dernier à Metz.

inhumés par. St-Martin. De leur mariage étaient nés :

1. Ch^{les}-Augustin, par. St-Gorgon 5 nov. 1737.
2. M^{ie}-Anne, † par. St-Martin 17 oct. 1741, à 3 ans.
3. François, ibid. 7 avril 1741 (1).
4. M^{ie}-Gilles-N^{as}-Auguste, ibid. 27 juil. 1742; † par. St-Gorgon 26 août 1746.
5. Louis-Augustin, ibid. 27 oct. 1744.
6. N^{as}-Augustin, par. St-Gorgon 25 août 1750.

LADRAGUE. I. Jⁿ-NICOLAS, command^t un bataillon de la milice bourgeoise de Metz, † à 79 ans, par. St-Maximin 4 août 1775. Il avait épousé Barbe *Michelet*, † ibid. 11 juin 1759, à 57 ans. De leur mariage étaient nés :

1. *Jⁿ-Pierre*, qui suit.
2. Anne-Suzanne, mariée à Daniel-Jacob Boudat d'Avancy.
3. *Louis-Étienne*, qui suivra.

II. Jⁿ-PIERRE, fils du préc., conseiller greffier en chef de la chambre des requêtes du palais et secrétaire de la cour, épousa M^{ie}-F^{oise} *Dorvaux*, † par. St-Maximin 22 août 1778. De leur mariage naquirent :

1. M^{ie}-Béatrice-Charlotte, par. Ste-Croix 15 oct. 1763.
2. Jⁿ-N^{as}-Martin, ibid. 10 avril 1765.
3. Jⁿ-Louis-Étienne, ibid. 20 févr. 1766.
4. M^{ie}-Françoise, par. St-Simplice 16 juil. 1767; † par. St-Maximin 1er août 1785.
5. M^{ie}-Jeanne, ibid. 25 juin 1768.
6. Jⁿ-Baptiste, ibid. 1er oct. 1769.
7. Jⁿ-Louis, ibid. 12 déc. 1770.

(1) Son fils, JEAN-CHARLES-FRANÇOIS, b^{on} de Ladoucette, ancien préfet, † député de la Moselle en mars 1848, à l'âge de 77 ans, avait épousé Suzanne Gobert, † à 82 ans en 1860. De leur mariage naquirent : 1° Alphonse, † à 15 mois en 1801 ; 2° Pauline, mariée au lieut. gén¹ c^{te} Roguet, sénateur, morte à 54 ans en 1856; 3° Eugène, b^{on}, né en 1807, officier de la Légion d'honneur, député des Ardennes, président du conseil général du dit département, marié à Julie Arnoult, dont la c^{esse} Fernand de la Rochetulon et Étienne, auditeur au conseil d'État ; 4° Louis-Charles, né en 1809, sénateur, marié en 1842 à Émilie Thibault, fille unique de Me Thibault, ancien notaire à Paris, administrateur au Crédit foncier, de laquelle la c^{esse} Berthe de Mun, † à 20 ans, 28 févr. 1865, sans enfants; 5° Amélie, mariée au v^{te} de Plancy, député de l'Oise, morte à 48 ans, 13 oct. 1861, sans enfants (Soc. nationale d'encouragement au bien. *Notice biog. sur M^r le b^{on} Louis-Ch^{les} de Ladoucette.*)

8. M^{ie}-Suzanne, ibid. 18 mai 1772.
9. Jⁿ-Pierre, ibid. 10 mai 1774.
10. Ch^{les}-François, ibid. 17 févr. 1776.
11. Claude-Louis, par. St-Maximin 10 avril 1777.
12. Jⁿ-Louis, ibid. 22 août 1778.

III. LOUIS-ÉTIENNE, frère du préc., avocat au parl^t. Il épousa : 1° étant âgé de 29 ans, par. St-Victor 24 avril 1759, Elisabeth-M^{te} *Boudat d'Avancy*, † ibid. 9 janv. 1766, à 36 ans; 2° Barbe *Dorvaux*, sœur de sa belle-sœur.

IV. CHARLES, m^d, de la famille des préc., eut de Barbe *Schmaltz*, son épouse :

1. M^{te}-Alexise, mariée à Louis-F^{ois}-P^{re} d'Orlandes de Saleton.
2. *François*, qui suit.

V. FRANÇOIS, fils du préc., avocat au parl^t, épousa, par. St-Eucaire 3 nov. 1789, M^{ie}-Joséphine *Hennequin*, dont il eut :

1. P^{re}-François, par. St-Simplice 18 mars 1791.
2. N***, [mariée à N*** Dufresne, conseiller de préfecture de la Moselle].

VI. LOUISE. V. Régnier d'Arraincourt IV.

VII. MARGUERITE. V. Beaudesson IV, 6.

VIII. MARGUERITE. V. Boudat V.

LADVISE DE CALAIS N***, command^t à Haguenau, épousa Anne *Martelot*, † par. Ste-Croix 5 déc. 1724, à 80 ans.

LADVOCAT ANNE. V. Gallois X.

LADWÈZE DE CHARRAN JEAN, natif de Charran en Gascogne, sous-lieut. au rég^t royal cavalerie, † par. St-Livier 10 oct. 1775, à 19 ans : à son enterrement, Ch^{les}-F^{ois} Maillard, major; F^{ois} Antoine de Nettancourt, cap. : tous deux du rég^t du défunt.

LAFOND. V. de la Fond et Vinocq de Laffond.

LAGES (DE) N***, cap. aux gardes françaises, épousa Anne-F^{oise} *Morel*, † à 63 ans, par. St-Maximin 24 déc. 1720.

LAGRAVE M^{ie}-JEANNE. V. le Payen XIV.

LAGRENÉE Jⁿ-BAPTISTE, avocat au parl^t de Paris, épousa M^{ie}-Catherine *Froyer de Valcharmont*, † vᵛᵉ de lui, par. Sᵗ-Livier 28 oct. 1772, à 78 ans: à son enterrement, Louis-Fᵒⁱˢ Martin, 1ᵉʳ secrétaire de l'intendance, son gendre.

LAGUERLE (DE) ANNE. V. de Baussencourt.

LAGUIER (DE), *alias* **ALQUIER** (D') JEAN, R. P. R., éc., sʳ de Rochefort, cap. au régᵗ de Bourgogne, fils de † Jean, sgr de Cantiran et de Rochefort, et de Suzanne de Lombey, épousa, étant âgé de 30 ans, 19 juil. 1676, Suzanne *le Goullon*.

LAHAULSSE (DE) CHˡᵉˢ-FRANÇOIS, chev., sgr de Joudreville, cap. de grenadiers à la légion de Conflans, demᵗ rue des Prisons militaires, épousa Anne-Mⁱᵉ-Thérèse *de Langen*, † à 50 ans, par. Sᵗ-Gengoulph 7 nov. 1763 : à son décès elle est dite de Goor, née de Langen.

LAHAUSSE (DE) VICTORINE. V. Lanty (note).

LAICHERAINE (DE). V. de Ville.

LAIGANO (DE) ÉLIE, natif de Villebois, épousa, par. Sᵗ-Victor 25 nov. 1635, Barbe *Faucquignon*, fille de † Thiriet Faucquignon.

LAINÉE JEANNE. V. du Val.

LAINEL. V. Laisnel.

LAIRBEL PHILIPPE, éc., premier huissier audiencier au parlᵗ, épousa : 1º Mᵗᵉ *Mathis*; 2º Anne *Malhomme*.

Du premier mariage naquit :
1. Catherine, mariée à Étienne Lanty.

Du second mariage naquirent :
2. N***, mariée à Jᵖʰ de Gatignol.
3. Mᵗᵉ-Barbe, mariée à Jⁿ-Pʳᵉ de Bon de Savignac.

LAISÉE (DE), *alias* DE **LAIZAY** Fᵒⁱˢ-GABRIEL, mⁱˢ, chev., cap. au régᵗ de Navarre, eut d'Antoinette-Charlotte *de Brissey*, *alias* de *Brésé*, *alias* de *Bressey*, son épouse, par. Sᵗᵉ-Croix :
1. Claudine-Adrienne-Fᵒⁱˢᵉ, 1ᵉʳ juin 1734 : p. Claude Hubert mⁱˢ de Laizay, de Marnesia et autres lieux, bᵒⁿ de Sᵗ-Julien, Courtahou et Bressely, brigadier des armées du Roi, commandᵗ en chef à Toulon, représenté par son aumônier Fᵒⁱˢ Champagne, du diocèse de Léon; m. Adrienne-Fᵒⁱˢᵉ cᵉˢˢᵉ de Bressey, vᵛᵉ de Nᵃˢ Bauclin, chev., sgr de Colmey, la Grange et autres lieux.
2. Claude-Adrien-Louis, 24 août 1735.

LAISNEL MARGUERITE. V. le Geay II.

LAJEUNESSE, *alias* LA **JEUNESSE**.
I. PIERRE, mᵈ, bannerot de Sᵗ-Etienne, † par. Sᵗ-Simplice 31 mai 1702, à 59 ans. Il avait épousé Madeleine *Thirion*, † ibid. 27 sept. 1701, à 53 ans. De leur mariage étaient nés ibid. :
1. Jean, 20 sept. 1670; mᵈ, cap. d'une compagnie de bourgeois, † par. Sᵗ-Gorgon 18 mars 1709. Il avait épousé, ibid. 14 sept. 1692, Catherine *Bonneau*.
2. Anne, 5 nov. 1672.
3. Louis, 30 juil. 1674.
4. Louis, 9 avril 1679.
5. Barbe, 8 janv. 1681.
6. Pʳᵉ-François, 26 oct. 1686 ; lequel suit.
7. Charles, 28 oct. 1688 : p. Chˡᵉˢ-Etienne-Ancelin de Gournay.
8. Françoise, marraine du préc. ; mariée à Barthélemy Clément.
9. Henry, 5 mai 1693.
10. Chˡᵉˢ-*Étienne*, qui suivra V.
11. *Honoré*, qui suivra VIII.

II. Pʳᵉ-FRANÇOIS, fils du préc., notaire royal, conseiller du Roi, † par. Sᵗᵉ-Ségolène 10 janv. 1760. Il avait épousé Charlotte *Prévôt*, dont il eut ibid. :
1. Pʳᵉ-*Fᵒⁱˢ-Romain*, qui suit.
2. Pʳᵉ-Philippe, 9 déc. 1714; † par. Sᵗ-Georges 16 mai 1779.
3. Lucie-Catherine-Charlotte, 29 juil. 1717.
4. Anne-Madeleine-Catherine, 18 sept. 1718.
5. Anne, 27 nov. 1719.
6. Anne-Mⁱᵉ, 26 déc. 1720.
7. Antoine-Nᵃˢ, 22 oct. 1722.
8. Philippe-Jᵖʰ, 25 mars 1724.
9. Mⁱᵉ-Charlotte, 19 août 1725.

III. P^{re}-F^{ois}-ROMAIN, fils du préc., conseiller du Roi, procureur au bailliage, conseiller de police, † par. St-Georges 4 déc. 1781. Il avait épousé, ibid. 24 janv. 1741, M^{ie} *Lecomte*, fille de † D^{que} Lecomte et d'Anne Gaudré, laquelle mourut ibid. 8 mars 1781. De leur mariage étaient nés ibid. :

1. P^{re}-François, 1er sept. 1743.
2. M^{ie}-Marguerite, 30 juil. 1746; mariée à Antoine-F^{ois}-Michel Gallois.
3. Antoine-N^{as}, 25 janv. 1748.
4. M^{ie}-Anne, 25 janv. 1749; † 8 mars 1775.
5. Marie, 14 juin 1751.
6. M^{ie}-Joseph, 16 août 1752; procureur du Roi au bailliage, il signait *Lajeunesse du Tailly*.
7. M^{ie}-Louise, 7 déc. 1753; mariée à J^n-B^{te}-Henry de Chazelles.
8. M^{ie}-Charlotte, 27 juil. 1755.
9. Anne-M^{ie}-Joséphine, 13 sept. 1757.
10. M^{ie}-Rose, 7 juil. 1760.
11. M^{ie}-Gabrielle, mariée à F^{ois}-Henry-Isidore de Lippe d'Imbleval.
12. *Charles-N^{as}*, qui suit.

IV. CHARLES-N^{as}, fils du préc., cap. en 1er au rég^t de Grenoble corps royal artillerie, signait *Lajeunesse de Varennes*. Il eut de Reine-L^{se} *Martin de Vraine*, son épouse :

1. M^{ie}-Geneviève-Eulalie, par. Ste-Croix 31 oct. 1779.
2. Alexandrine-F^{oise}, ibid. 13 mars 1781.
3. Anne-M^{ie}-Joséphine, ibid. 25 juin 1786.
4. Pierre-F^{ois}-Romain, parrain de la préc.
5. Gabrielle-Julie, marraine id.

V. CH^{les}-ÉTIENNE, g^d oncle du préc., m^d, † à 55 ans, par. St-Gorgon 8 août 1745. Il avait épousé Anne-F^{oise} *Vignon*, † à 44 ans, ibid. 30 juil. 1736. De leur mariage naquirent :

1. *Claude-F^{ois}*, né ibid. 20 juil. 1720; lequel suit.
2. Barbe, † sans alliance, à 36 ans, ibid. 17 avril 1763.

VI. CLAUDE-F^{ois}, fils du préc., procureur au bailliage, † par. St-Victor 19 févr. 1782, à 62 ans. Il avait épousé, par. St-Simplice 6 juil. 1745, L^{se} *Gauthier*, fille de † Nicolas, m^d, ancien juge de la juridiction consulaire, et de Barbe Mary, de laquelle il eut :

1. *Pierre-F^{ois}*, qui suit.
2. P^{re}-Charles (1).
3. Louise, par. St-Gorgon 8 mars 1749.

VII. PIERRE-F^{ois}, fils du préc., avocat au parl^t, secrétaire de l'hôtel de ville et prévôt des bandes, † subitement par. St-Simplice 18 juin 1788, à 36 ans. Il avait épousé, ibid. 27 janv. 1770, M^{ie}-Anne *Lamarle*, dont il eut, par. St-Victor 10 janv. 1771, Louise-M^{ie}-F^{oise}, mariée à J^n-César Fenouil.

VIII. HONORÉ, g^d oncle du préc., cap. de la bourgeoisie de Metz, épousa, étant âgé de 23 ans, par. St-Gorgon 25 sept. 1690, Barbe *Bonneau*, † par. St-Martin 24 mai 1744, à 72 ans environ. De leur mariage était né *Romain*, qui suit.

IX. ROMAIN, fils du préc., conseiller notaire secrétaire du Roi en la chancellerie du parl^t, puis très. receveur et payeur des gages des officiers de la dite chancellerie, † par. St-Martin 19 avril 1755. Il avait épousé, ibid. 22 sept. 1722, Anne-Lucie *Dumoulin*, † ibid. 11 janv. 1779, à 85 ans. De leur mariage étaient nés ibid. :

1. Jean-F^{ois}, 30 oct. 1723.
2. Jean-F^{ois}, 21 sept. 1724; † 4 avril 1742.
3. Anne-M^{ie}-Thérèse, 22 août 1727.
4. Louis-Ch^{les}-D^{que}, 4 août 1728.
5. François, 9 oct. 1729.
6. Anne-Joséphine, 20 avril 1732.
7. F^{oise}-Elisabeth, 17 juin 1736; † 20 mars 1765.
8. Anne-M^{ie}-Lucie, 2 déc. 1739.

X. NICOLAS, échevin de la par. St-Livier, † par St-Livier 17 juin 1686. Il avait épousé Anne *Darras*, † ibid. 16 déc. 1696. De leur mariage étaient nés, par. St-Gorgon :

---

(1) PIERRE-CHARLES, procureur au bailliage, puis secrétaire de l'administration centrale du dép^t, de 1792 à 1800, avait épousé Elisabeth *Boudas*, † à Gorze 9 avril 1847, à l'âge de 77 ans. De leur mariage étaient nés : 1° Joseph-Victor, propriétaire à Remeldorff, dont la fille épousa Mr Blandin, notaire à Bouzonville; 2° Louise, qui épousa Mr Leneveux, juge de paix du canton de Gorze, et fut la mère de Mr Leneveux, conseiller de préfecture de la Moselle (*Biog. du Parl^t*).

1. Humbert-N^{as}; conseiller au bailliage, † par. St-Livier 5 mars 1705, à 50 ans.
2. Anne, mariée à Étienne Gaudet.
3. Charles, 19 mai 1668.
4. Catherine, 7 déc. 1669.
5. Nicolas, 2 mars 1671.
6. Anne-Thérèse, 19 juin 1672.
7. Madeleine, 12 févr. 1674.
8. *Jean-J^{ques}*, qui suit.
9. M^{te}-Sébastienne, mariée à Antoine de Goussaud.

XI. J^r-JACQUES, fils du préc., conseiller du Roi, magistrat de la ville, † à 54 ans, par. St-Gorgon 8 avril 1717. Il avait épousé, ibid. 23 nov. 1690, Madeleine *Lemoine*, fille de J^n Lemoine, m^d, et d'Anne Burtaire, laquelle mourut à 76 ans, par. St-Livier 9 févr. 1746. De leur mariage naquirent par. St-Livier :
1. Antoine-Mathurin, 12 févr. 1704; † 12 déc. 1708.
2. Madeleine, 25 févr. 1705.
3. Jean-J^{ques}, 8 janv. 1708; † 31 sept. 1709.
4. Catherine-Madeleine, 10 janv. 1709; † le lendemain.
5. Jean-J^{ques}, 5 oct. 1711; † 21 août suiv.
6. Anne, mariée à Gabriel Dedon.

XII. NICOLAS eut d'Angélique *Petit*, son épouse :
1. Catherine, par. St-Gorgon 12 avril 1670.
2. Mathieu, ibid. 20 avril 1671.
3. Anne, ibid. 21 oct. 1672.

XIII. NICOLAS eut de M^{te} *Dechant*, son épouse, par. St-Livier 20 déc. 1697, Anne, mariée à Etienne Woirhaye.

XIV. CATHERINE. V. Morgue II.
XV. MARIE, † par. St-Gorgon 8 août 1676.
XVI. MARIE et GIRARD. V. Lançon III.
XVII. MARGUERITE. V. Marien III.

LAJOUSSE. I. NICOLAS, faïencier et potier, eut de M^{te} *Lehaire*, son épouse, par. St-Victor 30 oct. 1735, Nicolas, qui suit.

II. NICOLAS, fils du préc., avocat au parl^t, épousa Barbe *Valette*, † par. St-Victor 23 avril 1777, à 38 ans. De leur mariage étaient nés :

1. Barbe-M^{te}, par. St-Gorgon 14 avril 1764; † 3 août suiv.
2. Barbe-M^{te}, ibid. 6 avril 1766.
3. Antoine-D^{que}, par. St-Victor 16 août 1771.

LALANCE, *alias* LA LANCE. I. MICHEL, avocat au parl^t, fils de Gaspard, ancien procureur fiscal du village de Corny, et de Barbe le Payen, épousa, par. St-Gorgon 29 janv. 1737, J^{ne} *Basselin*, fille de P^{re} Basselin, m^d bijoutier, et d'Anne-M^{te} Grenier, cousine de Henry Chautant, substitut du procureur gén^l. De leur mariage naquirent :

1. Gaspard-Michel, par. St-Gorgon 11 nov. 1737; avocat au parl^t en 1764.
2. P^{re}-Michel, ibid. 8 oct. 1738.
3. M^{ie}-Anne, par. Ste-Croix 14 oct. 1739; mariée à J^n-N^{as} Pierre.
4. J^n-Louis, ibid. 25 mai 1741.
5. J^{ne}-Esther, ibid. 6 juil. 1742.
6. M^{ie}-Françoise, ibid. 6 sept. 1743.
7. Louis, ibid. 16 oct. 1744.
8. M^{ie}-Françoise, par. St-Simplice 27 févr. 1747.
9. M^{ie}-Dieudonnée, ibid. 13 juin 1748.
10. Michel, ibid. 10 juil. 1749.
11. M^{ie}-Élisabeth, ibid. 16 déc. 1751; † par. St-Martin 26 juil. 1773.

II. LOUIS, frère du préc., sgr de Gondreville, épousa, étant âgé de 27 ans, par. St-Victor 11 févr. 1744, Anne-Marquise *Lecomte*, âgée de 17 ans, fille de N^{as} Lecomte, m^d de bois, et de M^{te} Gaudré.

III. MICHEL, 1er huissier audiencier au siège royal des eaux et forêts de Metz, fils de Jean, régent d'école à Raville, et de M^{te} Langard, épousa, par. St-Maximin 29 janv. 1771, M^{te} *Dufresne*, dont il eut ibid. :
1. Alexandre, 14 nov. 1771.
2. Jean-N^{as}, 28 sept. 1773.

IV. Divers.
1. ANNE. V. Pantaléon VI, 7.
2. CATHERINE. V. le Payen IX.
3. MARGUERITE. V. Panot.

LALANDE, *alias* LA LANDE. I. FRANÇOIS, conseiller du Roi, prévôt royal de la ville et comté de Boulay, auparavant greffier en chef du bureau des finances de la généralité de Metz, † par. St-Gorgon 2 juil. 1703. Il avait épousé J^{ne} *Boudet*, dont il eut :

1. André, par. St-Gorgon 16 avril 1672; avocat au parl^t, † ibid. 24 févr. 1704.
2. Catherine, mariée à P^{re} de la Croix.
3. Marguerite, mariée à J^{ques} de la Croix.

II. GABRIELLE, † célibataire, par. St-Gorgon 26 juil. 1684.

III. GABRIELLE. V. Dauphin II.

LALANDE (DE). V. Zouche de la Lande.

LALIMAN JEAN. V. de Bajet.

LALLEMAND, *alias* LALLEMENT.

I. FRANÇOIS, procureur au bailliage, † par. Ste-Croix 20 juin 1733, à 60 ans : à son enterrement, *Christophe-Albert*, qui suit.

II. CHRISTOPHE - ALBERT, procureur au parl^t et greffier des traites foraines, † par. St-Martin 1er févr. 1739, à 53 ans. Il avait épousé : 1° Elisabeth *Didier*, dont il eut Barbe, † par. St-Victor 13 juil. 1728; 2° par. St-Gorgon 11 mars 1737, M^{ie} *Peltre*, v^{ve} de J^n-B^{te} de Montaud, employé dans les affaires du Roi.

III. Divers.
1. ANNE. V. Stase.
2. FRANÇOISE. V. Demange.
3. LOUIS. V. Copperel.
4. MARGUERITE. V. Malherbe IV.
5. RACHEL. V. Bancelin.
6. SUZANNE. V. Marc XII.
7. ANNE-ROSE. V. Busselot IV.

LALLEMAND DE **LIOCOURT** (DE) JEAN-F^{ois}, éc., s^r de Liocourt, cap. en pied au rég^t royal de Bavière, eut de M^{ie}-Anne-Ursule *de la Rivière* de Redigny, son épouse, Nicole-M^{ie}-Joséphine, par. St-Eucaire 2 avril 1776 : p. J^n-N^{as} de Lallemand, éc., chev. de St-Louis, ancien lieut.-colonel au susdit rég^t; m. M^{ie}-M^{te} Prugnon, dame de Lucy, Holacourt, Vatimont en partie, v^{ve} de J^{ph}-Thomas de la Rivière, chev., ancien officier d'artillerie.

LALLIER JACQUES, éc., conseiller du Roi, commissaire ordinaire des guerres, fils de Jacques, éc., conseiller du Roi, ancien commissaire des guerres, et de M^{ie}-Anne Pipart, † par. St-Victor 26 nov. 1735, à 22 ans.

LALLOUETTE. I. FRANÇOIS, conseiller du Roi, assesseur de l'hôtel de ville, m^d orfèvre, rue Fournirue, † à 66 ans, par. St-Simplice 6 sept. 1739. Il avait épousé Barbe *Richet*, dont il eut *Jean*, qui suit.

II. JEAN, fils du préc., intéressé dans les affaires du Roi, m^d orfèvre, † à 74 ans, rue Mabile, par. St-Eucaire 30 juin 1776. Il avait épousé, par. Ste-Ségolène 20 mars 1727, Belle-J^{ne} *Molina*, † par. St-Eucaire 2 nov. 1776, à 67 ans. De leur mariage naquirent :

1. J^n-Baptiste, par. St-Marcel 9 août 1735.
2. F^{ois}-Antoine, ibid. 10 juin 1737; † 3 août suiv.
3. Étienne, ibid. 22 avril 1738.
4. Jean-F^{ois}, ibid. 1er oct. 1739.
5. J^n-Baptiste, ibid. 23 janv. 1742; † 27 suiv.
6. Marguerite, jumelle du préc.
7. Françoise, par. St-Eucaire 27 sept. 1751.
8. *François*, qui suit.

III. FRANÇOIS, fils du préc., m^d orfèvre, épousa Louise *d'Aubigny*, dont il eut :
1. Pierre, par. St-Gorgon 23 juil. 1761.
2. M^{ie}-Barbe, ibid. 22 oct. 1762.
3. J^n-F^{ois}, ibid. 2 nov. 1763.
4. Élisabeth, ibid. 28 août 1765.
5. Madeleine-J^{ne}, ibid. 26 févr. 1766.
6. Richard, ibid. 7 avril 1767.
7. F^{ois}-Nicolas, ibid. 2 juin 1768.
8. M^{ie}-M^{te}-Françoise, ibid. 26 juil. 1769.
9. Joseph-P^{re}, par. St-Victor 11 déc. 1770.
10. Jean-F^{ois}, ibid. 4 mai 1774.
11. Dominique, ibid. 8 mars 1775.
12. J^n-Théodore, ibid. 4 févr. 1777 : p. Théodore d'Aubigny, cousin germain.

— Il mourut 20 mars 1781.

IV. JACQUES, avocat au parl^t, puis négociant, fils de Martin, m^d, et de Madeleine Devaux, épousa, par. St-Gorgon 15 juin 1767, Charlotte *Mangeot*, âgée de 30 ans, fille de † Claude Mangeot, m^d, et de M^{ie} Faron. De leur mariage naquirent, entre autres enfants, par. St-Victor :

1. J^{ques}-Victor, 5 sept. 1772.

2. N^as-Xavier-Loyola, 15 avril 1774.
3. Charlotte-Antoinette-Victorine, 18 juil. 1776.

V. PIERRE, ancien négociant, sgr de Gondreville, † à 60 ans, par. St-Maximin 24 mai 1788.

VI. MARGUERITE. V. Marien IX.

LALLOUETTE (DE). I. CHARLES, R. P. R., éc., sgr du Bac, avocat au conseil privé du Roi, fils de F^ois, m^e des requêtes de l'hôtel du Roi, président de Sedan, épousa, 30 déc. 1618, M^ie *de Villers*, † 1er janv. 1673, à 72 ans.

II. FRÉDÉRIC, R. P. R., neveu du préc., éc., sgr de Vernicourt, conseiller au parl^t, fils de Robert, éc., sgr de Saulny, m^e d'hôtel ordinaire du Roi, épousa, 7 août 1650, Suzanne *de Villers*, † 3 nov. 1675, à 44 ans. De leur mariage étaient nés :
1. Charles, 2 juil. 1651.
2. Marie, 16 sept. 1652 : p. Ch^les de Lallouette, s^r du Bac, Hayes, Lue, la Grange-aux-Bois et autres lieux, conseiller au parl^t; m. Anne Lespingal, v^ve de Ch^les de Villers, conseiller au parl^t. — Elle fut mariée à Gédéon le Duchat.
3. Charles, 3 oct. 1653.
4. Anne, 19 déc. 1654.
5. J^ne-Charlotte, 26 mai 1658.
6. Jeanne, 26 oct. 1659.
7. Fleurette, 2 févr. 1661.
8. Suzanne, 29 mai 1662.
9. Élisabeth, 8 août 1663.

III. GASPARD, R. P. R., parent des préc., sgr de Bionville, Silly, Plappecourt, la Basse-Montigny et Saulny, avocat au parl^t, lieut. du m^e-échevin, [abjura solennellement à la cathédrale de Toul, 27 avril 1653, ayant été converti par Bossuet]. Il avait épousé J^ne *de Vigneulles*, dont il eut :
1. Ch^les, 5 déc. 1633; chan. de St-Sauveur, prieur d'Enchingen, sgr de Plappecourt, † 7 janv. 1728.
2. Jeanne, 2 nov. 1646.
3. Pierre, 8 mai 1651.
4. Paul, 28 oct. 1652.

5. Marie, par. Ste-Croix 14 mai 1654 : p. Mgr Ch^les de Schomberg, pair et maréchal de France, duc d'Alvin, gouverneur et lieut. gén^l des ville et citadelle de Metz et pays des Trois-Evêchés, colonel gén^l des Suisses et Grisons, c^te de Nanteuil, de Duretal; m. M^ie de Hautefort, son épouse.
6. J^ques-Bénigne, ibid. 14 févr. 1656 : p. J^ques-Bénigne Bossuet, g^d archidiacre de la cathédrale; m. M^ie de Grateloup, épouse de F^ois de Moussy, sgr de la Contour.
7. François, jumeau du préc. : p. Mr de Moussy, ci-dessus; m. M^ie Bossuet.
8. Pierre, ibid. 28 juil. 1657 : p. Mgr P^re de Bédacier, évêque d'Auguste, suffragant de l'Évêque de Metz, vicaire gén^l de l'Évêché, conseiller du Roi en ses conseils d'État et privé; m. Marthe Darbamont, épouse de Mr Foës de Chevillon.

IV. Divers.
1. FLORENCE. V. des Guillons III.
2. JEANNE. V. d'Hart.
3. LOUISE. V. de Béchevel III.
4. M^ie-CATHERINE. V. Godefroy IV.

LALOËRE (DE) ANDRÉ-GILLES. V. de Favier.

LALUÉE DE CESSAC J^N-GIRARD-CHRYSOSTOME, lieut. en premier au rég^t Dauphin infanterie, fut parrain par. St-Eucaire 22 mars 1780.

LAMARLE. I. PIERRE, † à 60 ans, par. St-Gorgon 3 mars 1748. Il avait épousé Anne *de la Cour*, † à 58 ans, ibid. 5 juin suiv. De leur mariage naquirent :
1. Jean-Louis, vicaire d'Oron, à l'enterrement de son père.
2. Jean, m^e-coutelier, ibid.

II. PIERRE, procureur au présidial, eut de Louise (*alias* Élisabeth) *Humbert*, son épouse :
1. Barbe-Élisabeth-Félicité, mariée à J^n-Ch^les-N^as Boischegrain.
2. Marie-Anne, mariée à P^re-F^ois Lajeunesse.
3. Pierre, au décès de son beau-frère Lajeunesse.

4. *Louis*, qui suit.
5. F^{ois}-Étienne ; lequel, âgé de 32 ans, cy-devant fourrier au rég^t de Beauce infanterie, puis de la compagnie des chasseurs en garnison à Brest, épousa, par. St-Simplice 30 août 1790, M^{ie}-Madeleine-Charlotte *Brussaux*, âgée de 29 ans.
6. Nicolas ; contrôleur des domaines à Briey, il épousa, par. St-Maximin 11 janv. 1774, Agathe *Emmery*, dont il eut Claude-N^{as}, ibid. 12 janv. 1775.

III. Louis, fils du préc., conseiller du Roi, notaire royal, eut d'Anne *Laquiez*, son épouse, par. St-Victor :
1. P^{re}-Louis, † à 19 mois, 20 déc. 1774.
2. François, 10 juin 1774.
3. Anne-L^{se}-Adélaïde, 25 août 1775 ; † par. St-Simplice 2 août suiv.
4. Louis, 25 août 1777.
5. Agathe-Félicité, 8 juin 1779.
6. Barbe-L^{se}, 12 juil. 1781.
7. Eugénie-Pélagie, 21 sept. 1787.
8. Pierre, 25 mars 1790.

LAMBERT. I. Pierre, fils de Pierre, procureur au bailliage, † par. St-Simplice 30 mars 1673, à 33 ans. Il avait épousé F^{oise} *Lhuillier*, dont il eut :
1. *Claude*, par. St-Gorgon 29 oct. 1662 ; lequel suit.
2. Jean-B^{te}, ibid. 1er oct. 1663.
3. Pierre, par. St-Martin 4 janv. 1667.
4. Brice-Lambert, par. St-Gorgon 11 nov. 1668.
5. Élisabeth, ibid. 7 déc. 1669.

II. Claude, fils du préc., procureur au parl^t, épousa, par. St-Gorgon 28 juil. 1688, Claire *Marchand*, † ibid. 19 mai 1699. De leur mariage étaient nés :
1. F^{oise}-Élisabeth, par. Ste-Croix 28 sept. 1689.
2. Philippe, ibid. 5 nov. 1690.
3. Marguerite, par. St-Gorgon 29 mai 1694.

III. Pierre, m^t-rôtisseur, eut de F^{oise} *Hanès*, son épouse :
1. *François*, qui suit.
2. Élisabeth ; elle épousa, étant âgée de 23 ans, par. St-Livier 27 juin 1747, Jⁿ-Philippe Lambert, avocat à la cour souveraine de Lorraine, âgé de 29 ans, fils de J^{ques} Lambert, admodiateur de la terre et sgrie de Lucy, et de Barbe Rollin ; elle mourut par. St-Simplice 17 févr. 1749. Du dit mariage étaient nés ibid. : 1° Barbe, 13 avril 1748 ; mariée à Jⁿ-Joseph Séchehaye ; 2° Anne, 17 janv. 1749 ; † le lendemain.

IV. François, fils du préc., avocat au parl^t, † à 42 ans, par. St-Martin 16 mai 1763. Il avait épousé, par. St-Livier 21 janv. 1749, Anne *Volmerange*, fille de Jⁿ-Charles Volmerange, bourgeois, et de Catherine (*alias* Anne) Lambert, de laquelle il eut :
1. Jⁿ-Philippe, par. St-Livier 8 mai 1750.
2. M^{ie}-Anne, ibid. 10 juin 1751.
3. Jⁿ-Ch^{les}-Gabriel, par. St-Martin 13 janv. 1753.
4. *Jⁿ-Charles*, ibid. 28 févr. 1754 ; lequel suit.
5. Claude, ibid. 12 juin 1755.
6. Abraham-F^{ois}, ibid. 12 févr. 1759.
7. M^{ie}-Madeleine, ibid. 6 juin 1760.

V. Jⁿ-Charles, fils du préc., avocat au parl^t, [conseiller à la cour royale de Metz, † 8 avril 1818]. Il avait épousé, par. Ste-Croix 9 janv. 1781, Jeanne *le Secq de Crépy*, dont il eut Jⁿ-Anne-Claude, par. St-Victor 7 mai 1788.

VI. Marc-Antoine, avocat à la cour souveraine, exerçant à Briey, eut d'Anne *Loison*, son épouse :
1. Jⁿ-Baptiste, † à 20 ans, étudiant en philosophie au collège de Metz, par. St-Simon 11 mars 1742 ; inhumé près la chaire à prêcher.
2. Jⁿ-Baptiste, avocat à la cour souveraine de Lorraine, résidant à Briey, à l'enterrement du préc.

VII. Louis, avocat et interprète au parl^t, fils de Philippe, huissier audiencier au bailliage de Sarrelouis, et de Catherine de Moralle, † à 43 ans, par. St-Victor 26 juin 1742. Il avait épousé, 16 nov. 1723, J^{ne} *Sauvage*, dont il eut ibid. :
1. Laurent-J^{ques}, 5 déc. 1724.
2. Élisabeth, 19 août 1730.
3. Catherine-L^{se}, 23 avril 1736.
4. Anne-M^{ie}, 14 juil. 1737.

5. Jⁿ-Louis, 15 oct. 1739.
VIII. Daniel, ancien lieut. de dragons, † par. Sᵗᵉ-Croix 21 sept. 1739, à 80 ans.
IX. Divers.
1. Anne. V. Gattebois des Forges V.
2. Anne-Christine. V. Regnault III.
3. Catherine. V. Auburtin II.
4. Catherine. V. Douzan de la Neuvelotte III.
5. Catherine. V. de Serres.
6. Jean. V. de la Duir.
7. Jⁿ-Anne-Claude. V. Malherbe (note).
8. Mᵗᵉ-Anne. V. Mengin II, 5.

LAMBERT (de) Jean, bᵒⁿ de Chatry, maréchal des camps et armées du Roi, gouverneur des ville et citadelle de Metz, épousa Anne *de Marquenat*, dont il eut :
1. Lambert, par. Sᵗ-Martin 3 août 1641.
2. Henry. V. Milot de la Perrière.

LAMBERTY Georges, éc., cap. de dragons, † par. Sᵗ-Martin 4 mai 1690.

LAMBERTY (de) François. V. de Béronne.

LAMBERTYE (de). I. Fᵒⁱˢ-Chˡᵉˢ-Antoine, mⁱˢ de Lambertye et de la Grandville, bᵒⁿ de Cons, lieut.-colonel à la suite du régᵗ des gardes de S. A. R. le gᵈ Duc de Toscane, et chambellan de S. M. le Roi de Pologne, de la par. de Sommedieue, diocèse de Verdun, veuf de Mᵗᵉ-Anne *de Gustine de Wiltz*, âgé de 35 ans, épousa, par. Sᵗᵉ-Ségolène 11 déc. 1742, Antoinette *Devaux*, âgée de 48 ans, vᵛᵉ d'Antoine Evrard, conseiller au parlᵗ.
II. Jⁿ-Pierre, cᵗᵉ de Lambertye, éc., sgr de Coume, Sᵗ-Sernin, les Chaises, la Faurie, et les Héribeaux, chev. de Sᵗ-Louis, eut d'Antoinette-Catherine-Thérèse *de Beccary*, son épouse, par. Sᵗᵉ-Croix 20 janv. 1777, Georges-Guillaume-Jules : p. Georges-Guillaume landgrave de Hesse, prince de Hersfeld, cᵗᵉ de Katzenellenbogen, Dietz, Ziegenhayn, Vilda, Hanau, Schaumbourg, Isenburg et Buding, génˡ de la cavalerie, et propriétaire d'un régᵗ de chevau-légers au service de LL. MM. II. et RR., génˡ feld-maréchal et commandᵗ en chef des troupes de la louable Diète du Haut-Rhin, gouverneur de la forteresse de Philippsbourg, représenté par Jⁿ-Bᵗᵉ de Beccary, oncle de l'enfant ; m. Anne-Fᵒⁱˢᵉ de Redon, vicomtesse de Lambertye, dame d'honneur de S. A. S. Mˡˡᵉ de Condé, représentée par Jⁿᵉ-Fᵒⁱˢᵉ de Beccary, tante de l'enfant.
III. Adolphe. V. Jobal (note).
IV. Joseph. V. de Pichon.

LAMBERTZ Antoine-Albert. V. de Feydeau II.

LAMBIN Jeanne. V. de Vismes.

LAMEZAN (de), *cfr.* de Noaillan.
I. Michel, chev., sgr de Maraimbois et Dampvitoux, fils de Fᵒⁱˢ et de Madeleine de Salin, épousa : 1° par. Sᵗ-Maximin 23 juin 1699, Renée-Louise *de Rheims*; 2° par. Sᵗᵉ-Ségolène 12 févr. 1715, Jⁿᵉ-Thérèse *de Ficquelmont*, vᵛᵉ de Ferdinand de Custines. Du premier mariage naquirent par. Sᵗ Victor :
1. Antoinette, 19 nov. 1704 : p. Antoine Bernard de Rheims, sgr de Lorry; m. Barbe d'Haraucourt, chanᵉˢˢᵉ de Remiremont.
2. Renée-Catherine, 25 nov. 1706 : p. Fᵒⁱˢ Prigny; m. Louise-Renée de Rupigny.
II. Henry-Nᴬˢ, cᵗᵉ de Lamezan de Salin, chambellan de S. A. R. de Lorraine, sgr de Lesse, eut de Nicole-Fᵒⁱˢᵉ *Darmur*, son épouse, par. Sᵗ Gorgon 24 mars 1707, Dieudonné-Louis : p. Dieudonné de Bettainvillers, cap. prévôt de la ville et prévôté de Briey, sgr d'Amnéville et Moyeuvre; m. Béatrix Baignaux, épouse d'Adrien de Monsure, sgr de Cany.

LAMONT (de). V. d'Alamont.

LAMORE (de) Barbe-Charlotte. V. Leclerc de Vrainville.

LAMOREL de Boulan. V. de Gournay XIX.

LAMOTTE. I. Antoine, sgr de Planche, † par. Sᵗ-Eucaire 12 janv. 1715.
II. Divers.
1. Catherine. V. Peltre VIII.
2. Marguerite. V. Gravelotte.

3. M­ⁱᵉ-Marguerite et Étienne. V. Clément V.

LAMOTTE-DOREZ Barthélemy, éc., cap. de cavalerie, eut de Mⁱᵉ *Allion*, son épouse, Suzanne, † à 65 ans, par. Sᵗ-Simplice 19 oct. 1749.

LAMOUROUSE de BEAUME Jⁿ-Pierre. V. Tardif.

LAMY. I. Henry, doyen des conseillers référendaires de la chancellerie du parlᵗ, † par. Sᵗ-Victor 9 sept. 1692. Il avait épousé Gabrielle *Harquel*, † ibid. 30 août 1689. De leur mariage étaient nés :
1. Nᵃˢ-François, par. Sᵗ-Gorgon 29 sept. 1650 ; commissaire des vivres et armées du Roi, † par. Sᵗ-Victor 25 juil. 1686.
2. Henry-Denis, ibid. 27 déc. 1652 ; chan. de Sᵗ-Thiébaut, † 17 mars 1689.
3. Charlotte, par. Sᵗᵉ-Croix 31 oct. 1654.
4. Nᵃˢ-Henry, ibid. 7 janv. 1656.
5. Étienne, ibid. 25 févr. 1657 ; sgr de Fontoy en partie, cap. prévôt-gruyer et garde-scel du tabellionnage de Norroy-le-Sec et mᵉ des forges de Fontoy, il épousa Anne-Madeleine *Jeannot*, dont il eut Henry, par. Sᵗ-Victor 17 mai 1687.
6. Pierre, ibid. 7 oct. 1658.
7. Anne-Marquise, par. Sᵗ-Victor 19 mars 1660 ; mariée à Jᵖʰ Jobal.
8. Catherine-Anne, ibid. 13 avril 1661.
9. Jⁿ-Philippe, ibid. 27 août 1662 : p. Jⁿ de Bérault de Belcastel, maréchal des camps ; m. Philippe de Neunhem, abbesse de Sᵗᵉ-Marie aux Dames.
10. Jⁿ-François, ibid. 4 janv. 1664 : p. Jⁿ d'Engelguen, gᵈ gruyer de l'Évêché de Metz ; m. Fᵒⁱˢᵉ de Boissy, vᵛᵉ de M. de Gonor, cap. à Thionville. — Trés. de France, vérificateur des étapes, puis conseiller référendaire en la chancellerie du parlᵗ, † par. Sᵗ-Victor 21 janv. 1735. Il avait épousé Catherine *de Monicart*, † vᵛᵉ de lui, à 86 ans, par. Sᵗ-Marcel 10 févr. 1741.
11. Georges, ibid. 14 juil. 1665.
12. Jacques, ibid. 28 nov. 1666.
13. *Charles*, ibid. 13 mai 1671 : p. Chˡᵉˢ de Rheims, éc., sgr de Lorry-devant-le-Pont ; m. Marie de Bossuet, épouse d'Isaac Chasot. — Lequel suit.

II. Charles *Lamy de Bezanges*, fils du préc., sgr du grand et petit ban de Châtel-Sᵗ-Germain, licencié-ès-droits, conseiller des requêtes du palais, lieut. génˡ de police de Metz, † par. Sᵗ-Marcel 2 sept. 1747. Il avait épousé : 1° à Pouilly 20 avril 1698, Mⁱᵉ-Anne *Bennelle*, [† 22 avril 1733] ; 2° par. Sᵗ-Gorgon 28 sept. 1734, Jⁿᵉ *Masson*, vᵛᵉ de Jⁿ-Michel Mangin, greffier en chef garde-minutes en la chancellerie du parlᵗ ; 3° [en juin 1740], Anne-Sophie *de Trüstett*, † à 75 ans, par. Sᵗᵉ-Ségolène 14 nov. 1764.

Du premier mariage étaient nés :
1. Jᵖʰ-Fᵒⁱˢ-Dieudonné-Paul, par. Sᵗ-Gorgon 8 avril 1699 ; † 29 mars suiv.
2. Jᵖʰ-Chˡᵉˢ-Xavier-Dieudonné, ibid. 1ᵉʳ juil. 1701 ; lequel suit.
3. Christine-Mⁱᵉ, ibid. 18 août 1702.
4. Charlotte-Abdias, par. Sᵗᵉ-Ségolène 17 janv. 1704.
5. Mⁱᵉ-Gabrielle, par. Sᵗ-Marcel 15 août 1705 ; mariée à Gaspard-Mⁱᵉ-Hippolyte d'Elbecuto-Orlandiny.
6. Mⁱᵉ-Thérèse, ibid. 4 nov. 1706.
7. Jⁿ-Fᵒⁱˢ-Paul-Lazare, ibid. 20 oct. 1707 ; lequel suivra IV.
8. Mⁱᵉ-Anne-Ezéchiel, marraine du préc. ; mariée à Antoine Charpentier.
9. Mⁱᵉ-Jⁿᵉ-Marquise, ibid. 24 janv. 1709.
10. Henry-Fᵒⁱˢ, ibid. 15 janv. 1710 ; † 28 suiv.
11. Pʳᵉ-Bernard-Louis, ibid. 6 juil. 1711 ; lequel suivra V.
12. Augustin-Henri-Fᵒⁱˢ, ibid. 20 avril 1713.
13. Mⁱᵉ-Fᵒⁱˢᵉ-Marquise, ibid. 5 oct. 1714 ; mariée à Antoine Michelet de Malvoisin.
14. Jⁿ-Pierre, ibid. 7 janv. 1716 ; † 12 suiv.
15. Jⁿ-Marc-Augustin, ibid. 25 avril 1719.

III. Jⁿ-Chˡᵉˢ-Xavier-Dieudonné, fils du préc., bᵒⁿ *de Lamy de Saussure*, sgr de Chaoury et autres lieux, † par. Sᵗᵉ-Ségolène 27 juil. 1786. Il avait épousé Mⁱᵉ-Anne *Dunesme*, † ibid. 7 déc. 1773. De leur mariage étaient nés :
1. Jⁿ-Gabriel-Fᵒⁱˢ bᵒⁿ de Lamy de Be-

zanges, † par. Ste-Ségolène 23 janv. 1785, à 56 ans.

2. M^{ie}-Anne-Charlotte, mariée à Benjamin le Duchat.

IV. Jⁿ-F^{ois}-PAUL-LAZARE *Lamy de Bezanges*, frère du préc., commissaire provincial d'artillerie, épousa, par. St-Gorgon 2 mars 1746, Catherine *Dedon*, † v^{ve} de lui, par. St-Marcel 1er déc. 1772. De leur mariage naquirent par. St-Simplice :

1. M^{ie}-Sophie-Gabrielle-Marquise, mariée à Jⁿ-Joseph d'Herbelot.
2. Dieudonné-Balthasar, 6 janv. 1749; † par. St-Gengoulph 2 sept. suiv.
3. M^{ie}-Anne-Charlotte, 20 janv. 1750; mariée à Martin de Chartongne.
4 Barbe-Victoire-en-Grâces, 16 avril 1751.
5. M^{ie}-Marquise, 8 juin 1753; mariée à Ch^{les}-Louis-J^{ph} de Lécuyer.

V. P^{re}-BERNARD, frère des deux préc., b^{on} de *Lamy de Châtel*, chev. de St-Louis, commissaire provincial, command^t aux écoles militaires du corps d'artillerie, sgr d'Adaincourt et de la G^{de} Faux, † par. St-Martin 12 déc. 1781. Il avait épousé, par St-Gorgon 25 mai 1751, J^{ne} *le Duchat*, dont il eut :

1. Antoinette, par. St-Martin 30 oct. 1752.
2. M^{ie}-Charlotte, ibid. 18 janv. 1754; mariée à Ch^{les}-N^{as}-Louis Huyn.
3. P^{re}-Gédéon, par. St-Jean de la Citadelle 24 avril 1755; † par. St-Gorgon 6 mai suiv.
4. Charles, par. St-Victor 19 oct. 1759.

VI. LOUIS, intéressé dans les affaires du Roi, † par. St-Martin 21 avril 1765, à 77 ans. Il fut père de :

1. *Nicolas*, qui suit.
2. Claude-Louis *Lamy de la Gravière*, cap. au rég^t de Bresse.

VII. NICOLAS, fils du préc., conseiller du Roi, greffier en chef civil et criminel au bailliage, sgr de Noisseville et en partie de Nouilly, † par. St-Simplice 25 août 1786, à 58 ans. Il avait épousé Anne *Modéré*, fille de Philippe Modéré, sgr en partie de Nouilly, et de J^{ne} Lalance, de laquelle il eut :

1. J^{ne}-Louise, par. St-Martin 6 mai 1759.

2. Catherine, † par. St-Eucaire 21 août 1762, à 15 mois.
3. Anne-Adélaïde, par. St-Martin 28 mars 1764; mariée à Mathias Marly.
4 Louis-Philippe, ibid. 27 juil. 1765; † par. St-Simplice 27 juil. 1772.
5. Thérèse-Madeleine, par. St-Simplice 30 mars 1767.
6. Claude-Louis-N^{as}, ibid. 2 août 1768; † 2 sept. 1774.
7. Claude-Louis-N^{as}, ibid. 17 août 1770.
8. J^{ne}-Victoire, ibid. 26 avril 1772.
9. Claude-Louis-N^{as}, ibid. 5 déc. 1775.

VIII. N***, procureur au bailliage, eut de Bonne *Clémy*, son épouse, Catherine, par. St-Marcel 12 févr. 1642.

IX. Divers.

1. CATHERINE. V. Breton.
2. CLAUDINE. V. Brouart II.
3. MARQUISE. V. Féticq II.

LANAU DE MARAIS FRANÇOIS, lieut. au rég^t de Ségur, compagnie de Pontavis, en garnison à Metz, fils de François, s^r de Marais, éc., et de M^{ie} Blaublin, de Moutier-St-Jean en Bourgogne; † par. St-Gorgon 9 févr. 1746, à 22 ans : à son enterrement, N*** de Raymond, command^t; F^{ois} de Payen, éc., sgr de Chavoy, officier major; Alexandre de Boisadan, éc., sgr du Terte, officier major : tous trois du rég^t du défunt.

LANCE (LA). V. Lalance et le Bachelé (note).

LANCE DE MORANVILLE (DE LA) J^{ne}-LOUISE. V. de Saudoncq.

LANCEVEAUX J^{ne}-NICOLE-REINE. V. Ciron de Thiomant.

LANCHÈRE F^{oise}-THÉRÈSE et JEAN. V. Charuel de Sainte-Croix II.

LANÇON. I. PIERRE, [avocat au bailliage de l'Evêché de Metz, procureur gén^l au marquisat de Nomeny, puis conseiller de la Princesse de Lorraine au dit marquisat, eut deux fils :

1. Picar.]
2. *Pierre*, qui suit.

II. PIERRE, fils du préc., [† à Metz 2 févr. 1680]. Il fut père de :

1. *Pierre*, qui suit.
2. Jeanne, mariée à Jⁿ-Bᵗᵉ Piéford, *alias* Préfent, puis à Louis de Chapuis.

III. Pierre, fils du préc., conseiller référendaire en la chancellerie du parlᵗ, † par. Sᵗ-Martin 11 déc. 1687. Il avait épousé : 1° par. Sᵗ-Livier 25 août 1651, Mⁱᵉ *Lajeunesse*, fille de Girard ; 2° par. Sᵗ-Martin 24 févr. 1659, Anne *Bague*, † ibid. 17 avril 1702.

Du premier mariage naquit par. Sᵗ-Gorgon :
1. *Louis*, 21 sept. 1655 ; lequel suit.

Du second mariage naquirent par. Sᵗ-Martin :
2. Anne, 26 mai 1662 ; mariée à Jⁿ Hollande.
3. Marie, † par. Sᵗ-Victor 27 juin 1703, à 40 ans.
4. Jeanne, 21 sept. 1664.

IV. Louis, fils du préc., sgr de Sᵗᵉ-Catherine, substitut du procureur génˡ de la chambre de Réunion, puis conseiller au bailliage et mᵉ-échevin de la ville, † par. Sᵗ-Martin 3 avril 1736. Il avait épousé, par. Sᵗ-Victor 22 mai 1684, Claire-Lˢᵉ *Rollet*, [qui lui apporta en dot le fief de Sᵗᵉ-Catherine], † par. Sᵗ-Simplice 8 févr. 1721, à 56 ans. De leur mariage étaient nés par. Sᵗ-Martin :
1. *Nᵃˢ-François*, 16 mars 1694 ; lequel suit.
2. Jⁿ-Georges, 4 mars 1703.

V. Nᴬˢ-François, fils du préc., conseiller au parlᵗ, mᵉ-échevin de la ville, un des membres fondateurs de l'Académie royale (Société des lettres, sciences et arts), † rue des Prêcheresses, par. Sᵗ-Martin 6 mars 1767. Il avait épousé, [en juin 1725], Anne-Mᵗᵉ *Dilange*, † ibid. 23 nov. 1784. De leur mariage étaient nés ibid. :
1. Anne-Louise, 21 mars 1726 ; † par. Sᵗ-Simplice 30 juil. suiv.
2. Nᵃˢ-Louis, 8 juin 1727.
3. Nᵃˢ-Jacob, 3 juin 1728 ; † 5 févr. suiv.
4. Anne-Thérèse, 26 juin 1729.
5. Chˡᵉˢ-Jᵖʰ-Louis-Bernard, 15 mai 1731 ; conseiller au parlᵗ, † malheureusement assassiné, rue Sᵗ-Marcel 23 janv. 1762.
6. Pʳᵉ-*Philippe-Clément*, 7 oct. 1732 ; lequel suit.
7. Nicolas, 15 juin 1736.
8. Jᵖʰ-Pierre, 1ᵉʳ nov. 1737.
9. Léon-Anne, 14 nov. 1739 ; † 7 oct. suiv.

VI. Pʳᴱ-Philippe-Clément, fils du préc., éc., sʳ de Volckrange et de Metzange, procureur génˡ au parlᵗ, puis président à mortier à la cour de Nancy lors de la translation du parlᵗ en cette ville en 1771, [† en sa terre de Sᵗᵉ-Catherine 8 août 1799, inhumé à Gorze, où l'on voit son épitaphe scellée dans le mur extérieur de l'église]. Il avait épousé, par. Sᵗ-Maximin 6 juil. 1762, Catherine-Mⁱᵉ *Besnard de Boulenne*, † à 36 ans, par. Sᵗ-Martin 20 janv. 1774. De leur mariage étaient nés par. Sᵗ-Martin :
1. Nicolas, 20 mai 1764 ; conseiller au parlᵗ, [il fut tué accidentellement à la chasse, à l'âge de 20 ans, par Mʳ de Beausire sur le territoire de Magny et inhumé par. Sᵗ-Martin à Metz].
2. Anne-Charlotte, 19 août 1765 ; mariée à Fᵒⁱˢ-Benoît-Pantaléon Durand.
3. Thérèse, 17 sept. 1766 ; † 23 sept. 1784.
4. Louis, 5 mars 1768.
5. Louise-Fᵒⁱˢᵉ, 23 août 1769 ; † 5 sept. 1772.
6. Thérèse-Antoinette, 17 déc. 1770 ; † 30 suiv.
7. Françoise, 28 févr. 1772 ; † 28 nov. 1773.

VII. Pierre, apothicaire, eut de Madeleine N***, son épouse, Louis, par. Sᵗ-Livier 8 mai 1628.

VIII. Jean, apothicaire, eut d'Élisabeth *Dilange*, son épouse :
1. Marguerite, par. Sᵗ-Martin 22 sept. 1649 ; mariée à Martin le Bossu.
2. Madeleine, ibid., 24 juin 1654 : p. Chˡᵉˢ Hue de Sᵗ-Remy ; m. Madeleine Fabert de Moulins.

IX. Catherine. V. Huyn.

X. Henriette. V. de Beauvais.

LANCURIAUX Marie. V. Henry II.

LANDAS (de) Jⁿ-Jqᵁᴱˢ-Antoine, sgr de

Launay, épousa Claude *de Montguyon*, † par. St-Eucaire 27 août 1713, à 76 ans.

LANDAS-LOUVIGNIES (DE) M^{te}-PHILIPPINE. V. de Sainte-Aldegonde.

LANDELLE ÉLÉONORE, d^r en médecine et médecin de l'hôpital militaire de Bitche, né à Nancy, époux de Barbe *Bogarre*; † à l'hôpital militaire, âgé de 54 ans, par. St-Simon 21 avril 1781.

LANDETTE (DE LA) ÉTIENNE, cadet à la compagnie des gentilshommes, † à 20 ans, par. St-Jean de la Citadelle 23 janv. 1684.

LANDRES DE BRIEY (DE). I. PHILIPPE. V. le Duchat XX, 6.

II. M^{ie}-CLAUDE. V. Duprat.

LANDRIAN (DE) ÉTIENNE-ERRARD et J^N-BAPTISTE. V. de la Cour VII.

LANDRU DE NEUILLY NICOLAS, éc., major d'Ardres, diocèse de Boulogne, épousa J^{ne} *Péronne de Gouge*, dont il eut Claude-N^{as}-Simon-M^{ie}-Benoît, † à 21 ans, par. Ste-Ségolène 10 déc. 1763.

LANDRY D'AVIGNY J^N-LOUIS-J^{QUES}, éc., épousa Hélène-Olive *Gaillard*, dont il eut Louis, né à Rouen, † par. St-Marcel 29 août 1763, à 19 ans.

LANGARD MARGUERITE. V. Lalance III.

LANGE JACQUES, m^e-rôtisseur, eut de M^{te} *Trinchant,* son épouse :
  1. Nicolas, procureur au bailliage en 1741, avocat au parl^t en 1751, député du quartier de la par. St-Jacques aux trois ordres de la ville de Metz en 1761 et 1762; il avait épousé M^{ie} *Cherrier*, † par. St-Gorgon 14 févr. 1762, à 65 ans.
  2. Suzanne, mariée à J^n-J^{ques} Capchon.

LANGEN (DE) ANNE-M^{ie}-THÉRÈSE. V. de Lahaulsse.

LANGLE (DE) LOUIS-VINCENT-M^{ie}. V. des Forges.

LANGLESSON (DE) ISAAC, R. P. R, fils d'Urbain, naquit 1er nov. 1565.

LANGLOIS. I. PIERRE, [conseiller clerc au parl^t, g^d doyen de la cathédrale, † 3 nov. 1704. Msc. Epit.]

II. MARGUERITE. V. le Bourgeois du Cherray (note).

LANGLOIS DE SAINT-MARC PIERRE, s^r de St-Marc, cap. d'une compagnie ancienne des bombardiers, épousa Élisabeth *Antoine,* † par. St-Victor 17 août 1748, à 89 ans : à son enterrement, Mathieu Antoine de Riberval, son frère.

LANGRES (DE) M^{ie}-F^{oise}-CHARLOTTE-CUNÉGONDE. V. Boucher de Gironcourt.

LANGUET. I. GUILLAUME. V. de Bretagne III.

II. ÉLISABETH. V. de Loynes.

LANGUIMBERG (DE). V. de Chabot.

LANIO. I. N***. V. de la Chèze.

II. M^{ie}-ANNE. V. Fringan.

LANNEL DE PAZZY (DE) JACQUES, chev., sgr de Chambord, conseiller au parl^t; [† 23 avril 1662, inhumé le lendemain aux Récollets]. Il avait épousé M^{ie} *Maurice,* dont il eut un enfant baptisé par. St-Martin 18 nov. 1660.

LANNOY (DE) ANATOLE-ALBERT-GODEFROY. V. de Pagny (note).

LANOIS (DE). V. de Clervaux.

LANOT (DE) J^{ne}-MARIE. V. Angrave.

LANOUE DES AUBIERS (DE) LOUIS-J^{PH}-F^{ois}, chev., major de la place de Marsal, chev. de St-Louis, fils majeur des † Guillaume-F^{ois}, sgr des Aubiers et Villermont-les-Salles, conseiller au parl^t de Bretagne, et de M^{ie}-Josèphe de Bourac, épousa, par. St-Martin 6 févr. 1787, M^{ie}-Élisabeth *Bouchotte.*

LANSAC (DE). I. J^N-JACQUES, lieut. de dragons, épousa Anne-M^{ie} *de Pienne,* dont il eut François, par. Ste-Ségolène 8 oct. 1695.

II. M^{ie}-LOUISE-DENISE. V. de Broglie.

LANSEMANT MARGUERITE, M^{ie}-CATHERINE et J^n-BAPTISTE. V. Pêcheur.

LANSURIAUX. I. LUCIE. V. Tinot.

II. MARIE, sœur de la préc. V. Henry II.

LANTY⁽¹⁾. I. Christophe-Fᵒⁱˢ-Sébastien, conseiller au parlᵗ, épousa, [en la chap. du château de Ville-au-Val-Sᵗᵉ-Marie 8 août 1780], Josèphe-Jⁿᵉ *Dosquet*, dont il eut :

1. Mⁱᵉ-Suzanne-Charlotte, par. Sᵗ-Victor 31 oct. 1782 ; † [à Metz 9 janv. 1858].
2. Antoinette-Sophie, ibid. 1ᵉʳ août 1784 ; [† 2 févr. 1816].
3. Antoine-Dqᵘᵉ-Eugène, ibid. 19 nov. 1785⁽²⁾.
4. Fᵒⁱˢ-Victor, ibid. 29 juil. 1787.
5. Madeleine-Émilie, ibid. 16 mars 1790 ; [mariée à Xavier de Lemud, dont Ferdinand de Lemud, qui a laissé 2 fils et 2 filles. — Elle mourut 7 sept. 1869].
6. Albert, [né en 1792 ; cap. d'artillerie à Bayonne, † 27 sept. 1823].
7. Charles, [né 18 oct. 1801]⁽³⁾.

II. Étienne, mᵈ, bourgeois de Toul, fils de Sébastien et d'Élisabeth Vincent, épousa, par. Sᵗ-Victor 6 mars 1696, Catherine *Lairbel*.

---

(1) Les détails entre [ ] et en notes sont dus à la bienveillante communication du général E. Lanty.
Jean, mᵉ-chir. à Toul, eut de Mⁱᵉ *Perrot*, son épouse : 1º Nicolas, par. St-Agnan de Toul 18 oct. 1656 ; 2º Jean, ibid. 1ᵉʳ déc. 1658 ; 3º *Christophe-François*, qui suit.
Christophe-François, fils du préc., conseiller au bailliage de Toul, mᵉ-échevin de cette ville, subdélégué de l'Intendant, eut de Fᵒⁱˢ-Mⁱᵉ *de Maxey* : 1º Christophe-Fᵒⁱˢ-Nᵃˢ, président au présidial de Toul, né 1ᵉʳ mars 1705 ; † en 1777 ; marié à Mⁱᵉ *de Hig (alias Dehuz)*, dont il eut dix enfants : il fut la tige de la branche de Toul, dont il ne sera pas parlé ici ; 2º Claude-Fᵒⁱˢ-Joseph, souche des Lanty de Metz, conseiller du Roi au présidial de Toul, marié à Mⁱᵉ-Suzanne *Poirot*, fille de Fᵒⁱˢ Poirot, conseiller secrétaire intime de la duchesse de Lorraine, et de Sébastienne Dorion, de laquelle il eut à Toul, par. Sᵗ-Jean du Cloître 16 août 1744, *Christophe-François-Sébastien*, qui commence notre article.

(2) Antoine-Dominique-Eugène, receveur des finances, † 7 nov. 1869. Il avait épousé en 1823 Eulalie *du Teil*, † 31 déc. 1863. De leur mariage étaient nés : 1º *Césaire-Antoine-Albert*, 18 mars 1824 ; lequel suit ; 2º Christophe-Ernest, 13 mai 1826 ; général de division du génie, non marié ; 3º Marie, 28 août 1828 ; religieuse de la Visitation à Metz ; 4º Xavier, en août 1831 ; † élève de l'École d'application, à Metz 2 mars 1855.
Césaire-Antoine-Albert, fils du préc., général de division d'artillerie, † 18 janv. 1898. Il avait épousé, 5 mars 1859, Élise *Charpentier*, dont il eut : 1º Jⁿᵉ-Mⁱᵉ-Antoinette, née à Paris 21 août 1860 ; mariée, 5 août 1883, à René de Matharel ; 2º Fᵒⁱˢ-Eulalie, née 27 août 1863 ; mariée, 22 juin 1891, à René Méry, cap. d'artillerie ; 3º Mⁱᵉ-Joseph-Xavier, né 24 sept. 1871 ; † 5 juil. 1880.

(3) Charles, conservateur des hypothèques, † 7 janv. 1889. Il avait épousé en 1840 Victoire *de Lahausse*, dont il eut : 1º Armand, né 11 janv. 1841 ; ingénieur des ponts et chaussées, † 12 mars 1879 ; marié à Anne *Thonier-Laforest*, dont un fils, Marcel, né 6 janv. 1874 ; sous-lieuᵗ au 44ᵉ régᵗ d'infanterie ; 2º Claire, née 11 janv. 1843 ; mariée en 1863 à Raymond de Lamirault.

LANTY (du) François, sgr de Brioult, cap. au régᵗ de Senneterre, fils de Paul et de Madeleine *Noumion*, épousa, par. Sᵗᵉ-Croix 20 mai 1697, Mⁱᵉ *le Duchat*, âgée de 21 ans, dont il eut, par. Sᵗ-Martin 1ᵉʳ sept. 1702, Gédéon, † par. Sᵗ-Marcel 15 suiv.

LANTZLOTTA Anne-Mᵗᵉ. V. de Foucquet du Closneuf.

LAPEYRE Joseph, chir.-major au régᵗ royal Roussillon cavalerie, cy-devant de la par. de Thionville, « actuellement » de la par. de N.-D. de Gray, veuf de Jⁿᵉ *Trécourt*, épousa, étant âgé de 43 ans, par. Sᵗ-Marcel 18 avril 1769, Mⁱᵉ-Thérèse *Régnier*.

LAPIED Catherine. V. Barbé II.

LAPIERRE, cfr. de la PIERRE, Georges, lieut. d'infanterie, épousa Mⁱᵉ *Taizon*, † par. Sᵗ-Marcel 21 avril 1765.

LAPIZE (de) Jⁿ-Louis. V. le Myre de Villers.

LAPPY Jⁿᵉ-Anne. V. Taverne de Morvilliers.

LAQUIANTE Jean, avocat au parlᵗ, eut de Mⁱᵉ-Fᵒⁱˢᵉ *Lacombe*, son épouse, par. Sᵗᵉ-Ségolène :

1. Madeleine, 29 juin 1721.
2. Charlotte-Dqᵘᵉ, 18 sept. 1722.

LAQUIEZ, alias LAQUIET Anne. V. Lamarle III.

LARA (de). I. François, chev. de Sᵗ-Louis, ancien cap. de grenadiers au régᵗ de Beauce, † à 58 ans, par. Sᵗᵉ-Croix 2 févr. 1750.

II. Barbe, sœur du préc. V. de Rozières IV.

LARCHER Louise. V. Lutin de Charny.

LARCHES François. V. de Cormontaigne.

LARCHEY Fᵒⁱˢ-Étienne et Étienne-Lorédan. V. de la Croix (note).

LARDEMELLE (de) Jean-Bᵗᵉ-Joseph, garde-magasin de la régie des vivres de Metz, eut de Julie *Béghin*, son épouse :

1. Sophie-M{ie}-Joséphine, par. St-Marcel 8 juin 1767 : p. Claude-J{ph} Béghin, principal commis au bureau de la guerre, représenté par P{re}-Raymond Béghin du Belloy, son fils; m. M{ie}-Marthe de Corvol, épouse de J{n}-B{te}-Alexis Lardemelle, cap. au rég{t} de la mestre de camp générale cavalerie. — Elle fut mariée à F{ois}-Étienne-J{ph} chevalier de Varennes de Champfleury.
2. Ch{les}-Joseph, par. St-Victor 11 avril 1768 : p. J{n}-B{te}-Alexis de Lardemelle, éc., cap. au rég{t} de la mestre de camp générale cavalerie, sgr de Corvol, Lanon, Chevanne, St-Mathelin et autres lieux, son oncle; m. J{ne}-M{ie} Ducan du Béghin, son aïeule mat.
3. M{ie}-Victoire, ibid. 3 déc. 1769 : p. J{ques} Périn, avocat au parl{t} de Paris; m. M{ie} de Brunel, son épouse. — Elle mourut par. St-Marcel 9 avril 1771.
4. Adélaïde-Antoinette, par. St-Victor 10 avril 1771 : p. Marc-Antoine Cochereau du Houssay, officier de la légion de Conflans; m. Thérèse-Antoinette de Beccary.
5. J{n}-B{te}-Joseph, par. St-Victor 21 août 1773 : p. Toussaint-J{ph} de Lardemelle, major au rég{t} de Normandie, son oncle; m. Émilie Béghin, sa tante. — [Il fut officier de cavalerie, député de la Moselle en 1830, et mourut à Puxe 29 sept. 1855.]
6. Félicité-M{ie}-Joséphine, ibid. 4 nov. 1774 : p. J{ques}-J{ph} de Lardemelle de Lanon, son oncle; m. M{ie}-Antoinette Béghin, sa tante.
7. Madeleine-Julie, ibid. 4 oct. 1777 : p. J{ques} Manguay, sgr de Hellering.
8. M{ie}-Henriette, ibid. 24 févr. 1780 : p. Henry-Robert de Lardemelle de Corvol, son cousin; m. Judith de Tholozan, fille d'Honoré de Tholozan.
9. Henry-Victor-J{ph}, ibid. 17 sept. 1782; † 26 sept. suiv.

II. JOSEPH. V. de Beausire, 3.

LAREINE MARGUERITE. V. Jeandelize.

LARGENTIER EDME-HENRY, cte de Chappelaine, sgr de Chamoy, fut parrain par. St-Simplice 7 août 1669.

LARGENTIÈRE (DE) ANTOINE, chev., sgr de Chandion, *alias* Champdion, cap. au rég{t} de Picardie, eut de Louise *Morel*, son épouse, par. Ste-Croix :
1. P{re}-Dominique, 18 nov. 1686.
2. Jean, 18 janv. 1688.
3. Louis, 15 août 1689.
4. Louise, 29 juil. 1691.
5. Louise, 17 juil. 1694.

LARIEUX BLAISE, chev. de St-Louis, commissaire provincial d'artillerie, cap. command{t} d'une compagnie de mineurs, † à 75 ans, par. St-Martin 17 juin 1739.

LARMINAT. I. J{n}-FRANÇOIS, avocat au parl{t}, subdélégué de l'Intendant à Thionville, [y mourut 1er nov. 1709]. Il avait épousé M{ie} *Helminger*, dont il eut :
1. F{ois}-Jean; lieut. au rég{t} de Nice, il épousa, par. St-Martin 22 janv. 1736, Anne *Léglise*, v{ve} de Christophe Praslin, lieut. au rég{t} de Saillans.
2. Louis, [qui succéda à son père dans sa charge de subdélégué et devint conseiller au bailliage de Thionville, 5 sept. 1714.]
3. Élisabeth, mariée à J{n} de Lespinasse.

II. LOUIS-ALEXIS *de Larminat*, [commissaire des guerres à Metz en 1813, fils ou petit-fils de Humbert, inspecteur des domaines de l'Évêché de Metz, eut de son épouse M{ie}-Charlotte *Brazy* de Montoy :
1. Charles, conservateur des eaux et forêts à Fontainebleau, lequel a laissé une nombreuse postérité.
2. Alexandre, cap. du génie, † sans alliance.
3. Adélaïde-Louise, née 11 janv. 1789; mariée à Louis Durand d'Aunoux, lieut.-colonel d'infanterie; morte 5 mai 1876].

III. CHARLOTTE. V. May de Saint-Aubin.

IV. M{ie}-JACOBÉE. V. Demange.

LAROCHE, *cfr.* LA ROCHE, LAURENT, avocat au parl{t}, † rue de l'Esplanade, par. St-Martin 14 janv. 1782. Il avait épousé, [en févr. 1731], Anne *Pontoy*, fille d'un jardinier de Metz, laquelle mourut à 65 ans, ibid. 23 avril 1771. De leur mariage étaient nés :

1. P^re-Philippe, par. St-Martin 13 mars 1732.
2. Anne-Élisabeth, ibid. 24 mars 1733; † par. St-Gorgon 26 nov. 1751.
3. Nicolas, ibid. 4 févr. 1734; avocat au parl^t et très. de l'extraordinaire des guerres à Montmédy, à l'enterrement de son père.
4. M^ie-Jeanne, ibid. 6 janv. 1735.
5. Monique, par. St-Gorgon 4 juin 1745; mariée à P^re-F^ois-Alexis Motte.

LAROICHE Nicolas [épousa Barbe *de Bastogne*, dont il eut Jean, chan. et coûtre de St-Sauveur, lequel fit en 1648 quelques fondations en l'église St-Sauveur. Msc. Epit.].

LARREATEGNY DE VIGNOLLE^(1).
I. EUGÈNE, cap. aide-major au rég^t de Champagne, puis brigadier des armées du Roi, et colonel au rég^t d'Austrasie, chev. de St-Louis, fils de † Jean, commissaire ordonnateur de la marine, et de Louise d'Olive, épousa, par. St-Gengoulph 21 janv. 1755, M^ie-F^oise *Morel*, dont il eut ibid. :
1. *Ch^les-Léonard-Eugène*, 10 oct. 1756; lequel suit.
2. Élisabeth-F^oise, 1er sept. 1757.

II. CH^tes-LÉONARD-EUGÈNE, fils du préc., chev., cap. au 3e rég^t de chasseurs à cheval, épousa, par. St-Gengoulph 9 oct. 1781, M^ie-Catherine-Julie *Pottier*, âgée de 18 ans : au mariage, N^as-Antoine-Augustin c^te de Broussel, b^on d'Ambonville, chev. de St-Louis, cap. de dragons. — Du dit mariage naquirent ibid. :
1. Eugène-Victor-Michel, 25 sept. 1782.
2. M^ie-Catherine-Eugénie, 18 oct. 1784.

LARTIGUE CLAUDE-LOUISE. V. Laurent VII.

LARTIGUE (DE) J^ph-PIERRE. V. de Foix de Candale.

LASALLE, plus souvent DE LA SALLE^(2).

(1) Orthographe rectifiée par acte judiciaire. V. St-Gengoulph acte du 25 sept. 1782.
(2) Les détails entre [ ] et en notes sont empruntés à une généalogie de la famille de Lasalle, de laquelle nous sommes loin de pouvoir garantir l'exactitude. V. *le général de Lasalle*, par Robinet de Cléry.

I. LAURENT, fils de Jean, chargé des approvisionnements de la forteresse en construction de Sarrelouis, et d'Élisabeth Dimmer, [† garde des sceaux au bailliage de Sarrelouis, 19 janv. 1771]. Il avait épousé, [17 févr. 1710], Anne-M^ie *Fiseney*, † par. Ste-Ségolène 13 sept. 1759. De leur mariage étaient nés :
1. *François*, [12 mars 1719]; lequel suit.
2. *P^re-Nicolas*, qui suivra.
3. M^ie-Antoinette, mariée à J^n-Mathieu Dubalay.
4. Louise, mariée à N^as Laurent.

II. FRANÇOIS, fils du préc., sgr de Ville-au-Val-Ste-Marie, Villers-le-Prudhomme, Amnéville, Preisch et Hagen, dir. gén^l du service des vivres dans les Trois Évêchés et la Lorraine, commissaire des guerres au dép^t de St-Avold et Bitche, [† 18 nov. 1801]. Il avait épousé, par. St-Gorgon 4 mai 1751, M^ie-Thérèse *Durand* de Distroff, † par. St-Simon 28 déc. 1767. De leur mariage étaient nés :
1. Laurent-M^ie, [16 mars 1753]. Président à mortier, il mourut [en 1788 sans postérité], après avoir épousé : 1° M^ie-J^ne Joséphine b^onne *de Maréchal*, † par. Ste-Ségolène 13 févr. 1782; 2° M^ie-Anne-F^oise Hélène *de Marcol*. Il signait *de Lasalle d'Ancerville*.
2. F^ois-Benoît, par. Ste-Ségolène 20 nov. 1754.
3. *Antoine*, par. St-Simon 25 juin 1756; lequel suit.
4. Gabriel-Pantaléon, par. Ste-Ségolène 17 févr. 1758.
5. Pierre, par. St-Simon 11 juil. 1760.
6. Charlotte-Eugénie, née et ondoyée 24 janv. 1764. Les cérémonies du baptême lui furent suppléées le 29 sept. suiv. par Mgr de Montmorency, évêque de Metz : p. S. Exc. Mgr Léopold-Ch^les de Choiseul, archevêque-duc de Cambray, prince du St-Empire, c^te du Cambrésis, etc., représenté par Ch^les-Antoine de Drée, chev. de la Serrée, lieut. du Roi au commandement de Metz; m. Charlotte-Eugénie de Choiseul, abbesse de St-Louis. — Elle fut mariée à J^n-B^te-Gilles b^on du Coëtlosquet.
7. Théodore-F^ois, ibid. 26 juin 1765 :

p. Théodore-F^ois b^on Lefebvre, lieut.-gén^l des armées de S. M. I., gouverneur des ville et citadelle de Gand ; m. F^oise de Montmorillon, c^esse douairière de Mortaigne : tous deux représentés.

III. ANTOINE, fils du préc., éc., sgr de Preisch, Hagen, etc., commissaire des guerres au dép^t de St-Avold et Bitche, † par. Ste-Ségolène 26 mai 1789, à 32 ans 11 mois. Il avait épousé Rose *Martin de Martinfort*, dont il eut, par. Ste-Ségolène 25 avril 1785, F^ois-Antoine, [tué au siège de Dantzig en 1813].

IV. P^re-NICOLAS, oncle du préc., dit d'Augny, éc., chev. de St-Louis, commissaire ordonnateur des guerres, eut de Suzanne *Dupuy de la Garde*, son épouse, par. St-Martin :

1. M^ie-Thérèse-Suzanne, 31 oct. 1763 ; [elle épousa N*** de Garsault, colonel de la garde constitutionnelle de Louis XVI et mourut sans postérité.]
2. Antoine-Ch^les, 6 juil. 1773 ; † 4 oct. suiv.
3. Antoine-Ch^les-Louis, 10 mai 1775. [Il fut le célèbre gén^l de hussards tué à la bataille de Wagram (6 juil. 1809). Il épousa, 5 déc. 1803, Joséphine-J^ne-M^te *Desbance d'Aiguillon*, femme divorcée du gén^l Léopold Berthier, dont il eut Joséphine-Charlotte, née en 1806, mariée au gén^l russe c^te Michel Yermoloff. Par son testament, il institua les enfants Berthier héritiers de son nom et de ses titres ; de là est venue la famille des Berthier de Lasalle].

V. GEORGES, oncle du préc., dir. des vivres à Sarrelouis, eut de Catherine *Tiercet*, son épouse :

1. M^ie-Louise-Thérèse, mariée à Ch^les-Alexandre Goullet de Rugy.
2. Albert (1).

(1) ALBERT, b^on de Dillingen, sgr de Berweiler, lieut.-gén^l au bailliage de Sarrelouis, épousa, par. St-Victor 22 avril 1749, Louise-Charlotte **Dosquet**, âgée de 15 ans, de laquelle il eut : 1° *Nicolas-Théodore-Antoine-Adolphe*, qui suit ; 2° F^ois-N^as-Albert, sgr de Beting, cap. au rég^t de hussards de Chamborant, † sans postérité ; 3° M^ie-Joséphine-Catherine, mariée à Ch^les-M^ie-Joseph b^on du Prel, sgr d'Erpeldange, conseiller d'épée au conseil souverain de Luxembourg ; 4° Anne-M^ie-Louise b^onne de Dillingen, née

3. J^n-B^te-François (1).

VI. GRATIEN, R. P. R., sgr de N***, fut père de :

1. Suzanne, 23 mai 1563.
2. Daniel, 15 oct. 1566.

VII. CLAUDE, R. P. R., de Montigny-sur-Course, fut père de :

1. Suzanne, 16 sept. 1592.
2. Gédéon, 23 mars 1594.

VIII. LOUIS-J^QUES, de Damvillers, fils de Michel, laboureur, et de Geneviève Bleuset, épousa, par. St-Gorgon 11 févr. 1762, Marie *Burtin*.

IX. Divers.

1. CHARLES. V. de Fontaine III.
2. J^ques-NICOLAS et JEANNE. V. Emmery III, 1.
3. PIERRE. V. de Senneton de Chermont.

LASALLE DE HAN (DE) M^ie-J^ne-SOPHIE. V. Emmery III.

LASALLE DE SAINT-BOIS (DE) JACQUES, éc., fut parrain par. St-Gengoulph 30 janv. 1737.

en 1764 ; mariée en 1783 à Yves-F^ois Coulon de Machéville, cap. aux grenadiers de France, † en 1812.

NICOLAS-THÉODORE-ANTOINE-ADOLPHE, fils du préc., sgr de Berweiler, lieut.-gén^l au bailliage de Sarrelouis, député aux États généraux, eut de son épouse Émilie **Proa** : 1° J^n-B^te-Adolphe, né 17 oct. 1787, † en 1854 ; 2° Louis-Théodore, né 4 avril 1789, officier d'état-major, marié à N*** Pierlot, dont Claire, née en 1840, † en 1844 ; 3° *Casimir-Adolphe*, né 26 oct. 1790 ; lequel suit.

CASIMIR-ADOLPHE, dir. des contributions indirectes, † 12 mars 1860 ; il eut de Catherine-Thérèse **Georges**, son épouse : 1° Charles, né en 1829, † en 1879 ; 2° Gaston, né en 1832, † en 1853 ; 3° Émilie-Georgette-Madeleine-Marie, née 20 juin 1793, mariée en 1815 au général c^te Grenier, morte 27 mars 1872 sans postérité.

(1) JEAN-BAPTISTE-FRANÇOIS, connu sous le nom de Lasalle de Merten et de Louisenthal, cap. de grenadiers au rég^t d'Alsace, chev. de St-Louis, eut de sa femme N*** **Schmitt** : 1° *Willhelm*, qui suit ; 2° Barbe-Dieudonnée, née en 1772, † 16 mai 1856, mariée à Louis-J^n de Bourdelois ; 3° Albert-François, qui suivra.

WILLHELM, fils du préc., b^on de Louisenthal, eut de Luce **Augier**, son épouse : 1° *Max*, qui suit ; 2° Octavie b^onne de Lasalle de Louisenthal, chanoinesse en Bavière ; 3° Caroline, mariée au b^on de Salzenhofen ; 4° Willhelm, prêtre ; 5° Rudolph Johny, marié à N*** **de Chayla**.

MAX, fils du préc., b^on de Louisenthal, fut père de ; 1° Max, b^on de Louisenthal ; 2° Aurelia ; 3° Albert : 4° Otto, né 1813, † 1872.

ALBERT-FRANÇOIS, oncle du préc., épousa Élisabeth-Sophie **de Galhau**, fille de J^n-Henri-Christophe Galhau de Frémestroff et de M^ie-Élisabeth d'Oberhausen, de laquelle il eut : 1° M^ie-Élisabeth-Julie, née en 1797 ; † à Nancy 4 juin 1878, mariée à Eugène de Maillier, conseiller à la cour de Metz ; 2° Céphalie, mariée à Henry Thiéry.

LASALLE de VITRY (de) P^{re}-Charles, fils de N*** et de Catherine Vadurelle, ingénieur en chef à Thionville, dir. du canal à St-Omer, épousa, par. St-Martin 4 avril 1747, Julienne *Picquot*, dont il eut Julie, mariée à P^{re} d'Astier.

LASCHEIDT Élisabeth et Hubert. V. Duchesne II.

LASOLGNE M^{le}-Jeanne. V. Innocenti-Dormoi.

LASSAU (de), *cfr.* de la SAUX, Jⁿ-Baptiste. V. le Bret de Courcelles.

LASSECK (de) Suzanne. V. Deschamps de la Hamardière.

LASSEUR (le) M^{ie}-Anne. V. de Guiar d'Amilly.

LASSURE (de) Sara. V. Grandjambe XVIII.

LASSUS (de) Anne-F^{ois}-N^{as}. V. de Verpy IV.

LASVERNHE Joseph, inspecteur gén^l des domaines du Roi en la généralité de Metz, † à 45 ans, par. St-Victor 22 avril 1760.

LATTRE (de) M^{ie}-Josèphe. V. du Bochet.

LAU D'ALLEMANS (du). I. Jean, c^{te} d'Allemans, commandeur de l'ordre de St-Louis, gouverneur de Cognant, eut de J^{ne}-L^{se} *de Chérisey*, son épouse, par. St-Gorgon 5 juil. 1746, Anne-L^{se} : p. Louis de Chérisey, son g^d père ; m. Anne-L^{se} Pagel, sa g^d mère.

II. Jⁿ-Armand-M^{ie}. V. Amelin de Beaurepaire III.

LAUBANIE (de) Guillaume-Jude, cap. au rég^t de la Sarre, eut de M^{ie} *Grandeau*, son épouse, par. St-Étienne le Dépenné :

1. M^{te}-Marie, 16 mai 1775 : p. Henry-Claude de Verpy, sgr de Blettange, son g^d oncle mat. ; m. M^{te} Cochois, v^{ve} de Mr Cochois, inspecteur gén^l des ventes étrangères à Boulay. — Elle mourut 4 juil. suiv.

2. Marie, 30 juin 1783 : p. Léonard-Jude de Laubanie, sgr de Tamissac, ancien officier au rég^t de la Sarre, son oncle ; m. M^{le} Deschamps, épouse du parrain. — Elle mourut 23 sept. suiv.

3. Léonard-Jude, 24 févr. 1785 ; † 9 avril suiv.

4. Marie, 16 avril 1786 ; † 9 juil. suiv.

LAUBE (de) Pierre. V. de Leurye du Proy V, 2.

LAUBRUSSEL (de), *alias* de L'AUBRUSSEL⁽¹⁾. I. Jean-Baptiste, sgr de Chazelles, doyen des conseillers du parl^t, † par. St-Simplice 22 août 1730. Il avait épousé, par. Ste-Croix 25 juil. 1689, Suzanne *de Vigneulles*, † à 96 ans, par. St-Gengoulph 15 nov. 1765. De leur mariage étaient nés par. St-Simplice :

1. Élisabeth, 20 mai 1695 : p. F^{ois} Pinguet, b^{on} de Fontoy et sgr de Suzémont, conseiller au parl^t ; m. Élisabeth Turgis, épouse de Mr de Lixières.

2. Catherine-Suzanne, 15 avril 1697 : p. N^{as} Dez, chan. de la cathédrale ; m. Catherine d'Antignac. — Elle fut mariée à Louis-Ch^{les}-Christophe de Leurye du Proy.

3. Jⁿ-Baptiste, 28 mars 1699.

4. Anne, 21 oct. 1705 ; mariée à Jⁿ-F^{ois} Fagnier, puis à Louis de Bouteiller.

5. Jⁿ-B^{te}-D^{que}-Hyacinthe, 24 déc. 1708 ; lequel suit.

II. Jⁿ-B^{te}-D^{que}-Hyacinthe, fils du préc., chev., sgr de Chazelles, conseiller au parl^t, † par. St-Gengoulph 28 déc. 1788. Il avait épousé, par. St-Martin 13 mars 1736, M^{ie}-M^{te}-F^{oise} *Martin de Julvécourt*, † par. St-Gengoulph 29 juin 1756. De leur mariage étaient nés :

1. Jⁿ-B^{te}-F^{ois}-Joseph, par. St-Simplice 15 mai 1737 ; lequel suivra.

2. Anne-M^{ie}-M^{te}, ibid. 8 mai 1738.

---

(1) Antoine, du pays Verdunois, éc., fils de François, éc., et de M^{ie} de Courtelance, avait épousé, 30 mars 1570, noble d^{elle} M^{te} **de Chappey**, fille du s^r de Chappey, éc., et de Jeanne du Hautoy. De leur mariage naquit *Jean*, qui suit.
Jean, éc., épousa, 27 juil. 1605, Jeanne **de Xivry**, fille de Gilles de Xivry, éc., sgr de Villers-la-Chèvre, de laquelle il eut *Antoine*, qui suit.
Antoine, prévôt royal de Fresnes-en-Woëvre, épousa, 25 janv. 1625, Catherine de Mageron, fille de Paul de Mageron, éc., et de Catherine le Braconnier. De ce mariage naquit, à Verdun 14 juin 1661, *Jean-Baptiste*, qui commence notre article (*Biog. du Parl.*).

3. M^ie-M^te-Françoise, par. St-Gengoulph 16 août 1739; † 18 déc. 1741.
4. Paul-F^ois, ibid. 22 juin 1740; chan. de la cathédrale et archidiacre du diocèse, sgr de la Basse-Bévoie en 1774.
5. J^n-B^te-François, ibid. 25 mars 1742; † 20 avril 1749.
6. Étienne-Louis, ibid. 10 mai 1744.
7. Joseph, ibid. 28 mars 1745; † 7 juil. 1749.
8. *Louis*, ibid. 23 mai 1747; lequel suit.
9. Antoine, ibid. 5 nov. 1749; † par. St-Étienne 30 juil. suiv.
10. M^ie-Élisabeth, ibid. 25 juin 1754; † par. St-Étienne 17 août suiv.

III. Louis, fils du préc., chev., ingénieur ordinaire du Roi, puis cap. du génie, sgr de Basse-Bévoie, Sabré et autres lieux, † par. St-Martin 17 oct. 1775, inhumé par. St-Gengoulph. Il avait épousé, avec dispense du second degré de consanguinité, par. St-Martin 16 févr. 1773, Suzanne-L^se-Hyacinthe *de Leurye du Proy*, dont il eut ibid. :
1. Louise, 18 nov. 1773.
2. Hyacinthe-Suzanne, 27 févr. 1775; † par. St-Livier 22 sept. suiv.

IV. J^n-B^te-F^ois-Joseph, frère du préc., chev., sgr de Montrichard et de Procheville, conseiller au parl^t, [député pour la noblesse aux États généraux, associé libre de l'Académie royale de Metz, eut deux femmes; il a laissé de la première une fille, qui a épousé en premières noces M^r le comte de Bey et en secondes noces le marquis de Choisy. Il eut de sa seconde femme, N*** *Bailly*, fille d'un médecin de Pont-à-Mousson : M^ie-Thérèse-Christine, mariée à F^ois Durand VI, 3; et Paul-M^ie-J^ph, avocat à la cour royale de Metz en 1817, mort le dernier de son nom, sans alliance.]

LAUGIER (de) Charles eut de M^te *de Bry d'Arcy*, son épouse, par. St-Simplice :
1. F^oise-Charlotte, 26 août 1722 : p. F^ois de Laugier, clerc du diocèse de Toul; m. M^ie-Charlotte de Mahuet, sa g^d mère.
2. Ch^les-François, 23 oct. 1723.

LAULNOY Marguerite et Henry. V. Dilange IV.

LAUMOSNIER de VARENNES. I. Jacques, R. P. R., sgr de Vaux-Varennes, premier cap. au rég^t de Turenne, eut d'Anne-Henriette *d'Orthe*, son épouse :
1. Madeleine, 25 juil. 1666.
2. Charles, 20 déc. 1670.
3. Françoise, † par. St-Victor 25 janv. 1696; à l'acte de décès le père est dit lieut. gén^l des troupes de S. A. E. de Brandebourg.

II. M^ie-Anne, [chan^esse de St-Pierre, † 9 juin 1735, à 54 ans, inhumée en l'église de St-Pierre. Msc. Epit.].

LAUNAY (de) René, conseiller du Roi, contrôleur des chevau-légers, et mousquetaire de la garde du Roi, trés. payeur des troupes, eut de M^ie-Madeleine-Agathe *Renouard*, son épouse, par. St Marcel :
1. Geneviève, 25 oct. 1681.
2. Claude-Ch^les, 14 nov. 1682; † 7 juin 1684.
3. J^ques-René, né à Strasbourg 23 nov. 1683; les cérémonies du baptême lui furent suppléées, par. St-Marcel 30 avril 1684.

LAUNOY (de) Pierre. V. de Pinaceau.

LAUNOY de MONTAGNY (de) M^ie-Thérèse. V. Durand IV.

LAUREIN de la ROCHE André. V. Jacquesson II, 4.

LAURENCE de LAUSUN Joseph. V. la Gausie.

LAURENCEAU Claude, receveur du grenier à sel, sgr de Hauterive, épousa, par. St-Martin 9 janv. 1666, Anne *Jacques*, fille de P^re Jacques : au mariage, Claude de Bruillard de Coursans, vicaire gén^l de l'Évêché; Louis Chevalier, receveur gén^l des finances; Philbert d'Augny. De ce mariage naquirent :
1. Claude, par. St-Martin 25 nov. 1666 : p. Louis Chevalier, ci-dessus; m. Claude de Bruillard, c^esse de Chappelaine.
2. Antoinette-J^ne, ibid. 7 déc. 1667 : p. Antoine Geoffroy, sgr de Coiffy; m. J^ne Racle, épouse de F^ois Estienne.

3. Anne-Thérèse, par. Ste-Croix 6 oct. 1669.
4. Catherine, par. St-Gorgon 28 sept. 1670.
5. Mie-Anne, ibid. 26 déc. 1671.
6. Anne-Mte, ibid. 3 janv. 1673.
7. Bernard, ibid. 4 mars 1674.
8. Jn-François, par. Ste-Croix 28 sept. 1675.

LAURENCIN (DE) CHARLES, lieut. au régt de Lyonnais, † par. Ste-Croix 13 nov. 1669.

LAURENDEAUX Mte-MADELEINE, VINCENT et Fois-NICOLAS. V. Barbé IV, 3.

LAURENT, alias LORANT. I. JEAN, treize, conseiller du me-échevin, me du bureau des pauvres, † par. St-Martin 2 juin 1624, à 56 ans. Il avait épousé Anne *Mangeot*, † ibid. 29 janv. 1625, à 53 ans. Tous deux furent inhumés à l'église. De leur mariage étaient nés :
1. Anne, par. St-Martin 4 mars 1608.
2. Antoinette, mariée à Nas Thiriet.
3. Françoise, mariée à Gilles Rulland.
4. *Philippe*, qui suit.

II. PHILIPPE, fils du préc., sgr du Quarel, treize en 1635, licencié ès droits et avocat au parlt de Paris, puis à celui de Metz, † par. St-Martin 6 mai 1647 « dans les sentiments d'une dévotion admirable ». Il avait épousé, ibid. 15 févr. 1626, Salomée *Drouard*, † ibid. 27 janv. 1653. De leur mariage étaient nés ibid. :
1. Jean, 28 juil. 1627.
2. Anne, 4 août 1628.
3. Françoise, 17 oct. 1629; mariée à Jn-Gabriel de Gilbert de St-Laurent : à son mariage assista Ignace Laurent, sgr du Quarel.
4. Jacques, 6 août 1631 : p. Jques Rulland, chan. de la cathédrale; m. Madeleine de la Verge, épouse de Mr de Tournay, secrétaire de Mgr le duc de la Valette.
5. Aymée, 27 juin 1635 : p. Jn Dubois, chan. et aumônier de la cathédrale; m. Aymée de Chastenoy, cesse de Montgommerry.
6. *Ignace*, 25 janv. 1637; sans doute celui qui suit.
7. Charlotte, 3 mai 1638 : p. Philippe de Saint-Jure; m. Foise de Boissy.
8. Philippe, 16 mai 1639.
9. Charles, 17 févr. 1645.

III. IGNACE, sans doute fils du préc., éc., sgr du Quarel et de Charly, conseiller du Roi, gd prévôt de la maréchaussée, † par. St-Eucaire 11 déc. 1702. Il eut de Marguerite-Renée *Sartorius*, son épouse :
1. *Jn-François*, qui suit.
2. Nicolas, par. St-Eucaire 3 avril 1671 : p. Nas Pérignon, sgr de Chanville; m. Elisabeth Marien, épouse de Chles Jeoffroy, contrôleur d'artillerie.

IV. Jn-FRANÇOIS, fils du préc., sgr de Charly, conseiller du Roi, gd prévôt de la maréchaussée, † par. St-Eucaire 15 juil. 1713, à 44 ans. Il avait épousé, ibid. 14 nov. 1701, Suzanne *Lours*, dont il eut ibid. :
1. *Ignace*, 18 nov. 1701 (sic); lequel suit.
2. Mte-Gabrielle, 11 mars 1704 : p. Gabriel de St-Laurent, éc., sgr de Gilbert, ancien cap. au régt de la Ferté; m. Mte-Renée Sartorius, gd'mère.
3. Anne-Jne, 18 juin 1705 : p. Jn Agard, éc.; m. Anne-Philippe Auburtin de Bionville.
4. Jean, 27 févr. 1709; † 11 mars 1712.
5. Mie-Anne, 10 févr. 1711.

V. IGNACE, fils du préc., sgr de Charly, lieut.-colonel au régt de l'Île de France, chev. de St-Louis, † par. St-Martin 8 mars 1749. Il avait épousé, [3 janv. 1736(1)], Mte *de Wendel*, dont il eut :
1. Jph-Emmanuel, sgr de Charly, prévôt génl de la maréchaussée.
2. Ignace-Gabriel, par. Ste-Ségolène 28 déc. 1740; [lieut. au corps des grenadiers de France, chev. de Charly, † célibataire, 11 nov. 1814].

VI. MARTIN, fermier génl des gabelles de Lorraine, conseiller secrétaire du Roi en la chancellerie du parlt, † par. St-Marcel 24 févr. 1711. Il avait épousé Foise *Jacquemin*, † ibid. 4 déc. 1689. De leur mariage étaient nés :
1. Philippe, conseiller au parlt de Metz,

(1) Généalogie hist. de la maison de Gargan, p. 182.

[puis conseiller à la cour des aides de Paris, † à Paris en août 1723].
2. Louis, éc., chev. de St-Louis, ancien lieut. colonel au rég^t mestre de camp gén^l cavalerie, † par. St-Martin 1er sept. 1743, à 78 ans.
3. Gabriel, éc., † à 83 ans, par. St-Simon 16 févr. 1760.
4. Humbert, [né 27 nov. 1679] ; conseiller au parl^t, † par. St-Victor 20 août 1739.
5. Claude-F^{ois}, conseiller au parl^t, † par. St-Marcel 31 mai 1737, à 55 ans.
6. F^{oise}-Charlotte, née par. St-Victor 26 févr. 1684.

VII. Jⁿ-Baptiste, avocat en parl^t, fils des † Mangin, m^d bourgeois de Vaucouleurs, et Claude de la Masséréné, épousa, par. St-Victor 19 juin 1688, Claude-L^{se} *Lartigue*, fille de Claude Lartigue et de F^{oise} Milquin.

VIII. Nicolas, substitut du procureur gén^l au parl^t, puis président au bailliage de Sarrelouis, fils de Nicolas, ancien échevin de l'hôtel de ville de Verdun, et de M^{tte} Mangin, épousa, étant âgé de 24 ans, par. Ste-Ségolène 12 juil. 1740, Louise *de Lasalle*.

IX. Claude eut de M^{tte} *Collinet*, son épouse, Jⁿ-Antoine, par. St-Victor 29 juil. 1682.

X. Claude, sgr de Moranvillé, premier président au bureau des finances, fut parrain par. St-Martin 14 janv. 1687.

XI. Divers.
1. Anne. V. Rulland II et Formé II.
2. Barbe. V. Morelle.
3. Charles et Félix. V. Dosquet (note).
4. Ch^{les}-Quint et Ch^{les}-Étienne. V. Graffard.
5. Jacques, Claude-J^{ques} et Jean. V. Dosquet III.
6. J^{ne}-Louise. V. Vernier III.
7. Marguerite. V. Auburtin II.
8. Marie. V. Boutier.
9. M^{ie}-Thérèse. V. Gouvy.

LAURENT (du). I. Claude, ancien cap. au corps royal artillerie, † par. St-Martin 2 mai 1779, à 92 ans : à son enterrement, Claude-Antoine Godin, lieut. au même corps, son neveu.
II. N***. V. Georges IV.

LAURENTIN de BEAUFORT (de) J^{ne}-Marie. V. de Saint-Germain.

LAURETAU (de) J^{ques}-Louis-J^{ph}. V. de Rantzau.

LAURIERS (des) Marguerite, fille du s^r Jean, fut marraine par. St-Simplice 26 juin 1691.

LAUTIER (de) Jⁿ-Baptiste. V. de Brunel II, 2.

LAUX (du). V. Malherbe.

LAUZAT (du), *alias* du LONZAT, F^{ois}-Guillaume, lieut. d'infanterie au rég^t d'Orléans, « venu de la guerre de Hollande à Metz pour se faire soulager d'une maladie », † par. St-Livier 24 sept. 1672.

LAUZEMANT Catherine et Simon. V. Lemaire II.

LAUZIÈRES de THÉMINES (de).
I. Ambroise, lieut. au bataillon de Figeac, milice de la généralité de Montauban, natif de Belfort en Quiercy, diocèse de Cahors, fils de Jⁿ-Charles, cap. au même bataillon, et de M^{tte} de Constance, † par. St-Livier 16 sept. 1746, à 33 ans : à son enterrement, N*** b^{on} de Montclaire, N*** Canferan, et le chev. Dauglanat, tous trois cap. au bataillon de Figeac.

II. P^{re}-Hugues, chev., sgr de Lauzières, âgé de 27 ans, fils de † F^{ois}-Daniel c^{te} de Thémines, chev., sgr de Lauzières et de Maison-Neuve, et de J^{ne}-Charlotte d'Amelin de Beaurepaire, habitant Maison-Neuve, par. et juridiction de Malromé en Agenais, épousa, par. St-Livier 19 juin 1781, Louise-Félicité *d'Amelin de Beaurepaire*. Au mariage, Antoine chev. de Cabanes, chef de brigade au corps royal artillerie ; Hugues-Josué c^{te} de Thémines[1], cap. au rég^t d'Aunis, cousin germain de l'époux ; N*** de Rommefort

---

[1] Hugues-Josué c^{te} de Thémines, cap. au rég^t d'Aunis, chev. de St-Louis, fils de P^{re}-Hugues et de Henriette de Madaillon, † à Metz 11 avril 1792. Il avait épousé M^{tte} **Amelin de Beaurepaire**, dont il eut à St-Front, par. de

de Cluseaux, lieut. au rég^t Dauphin, également cousin germain ; N^{as}-M^{ie} d'Amelin de Beaurepaire, sous-lieut. à la suite du rég^t de dragons de Condé, frère de l'épouse ; J^{ques}-Henry-F^{ois} Lefebvre de Ladonchamps, chef de brigade au corps royal artillerie, beau-frère de l'épouse ; Ch^{les}-F^{ois} Gallois de Rampont, oncle mat. de l'épouse ; J^n-N^{as} Ferrand, sgr de Peltre ; J^{ph}-P^{re}-Paul Jobal de Pagny, command^t à la citadelle de Metz ; Louis-F^{ois}-N^{as} Gacé, s^r du Parc, éc., ancien cap. au rég^t de Lyonnais ; Ambroise-Louis m^{is} d'Apchon, command^t au rég^t d'Aunis ; le chev. d'Orty, brigadier des armées du Roi, lieut.-colonel au même rég^t. — Du dit mariage naquirent :

1. Séraphine, mariée à Antoine-Ch^{les}-Eugène de Tinseau.
2. Philippine-M^{te}-Charlotte-Rosalie, mariée, 1er déc. 1819, à J^n-Thomas c^{te} de Mitry.

LAVAL (DE) AGNÈS. V. de Guerschin.

LAVAL-BEAULIEU (DE) F^{oise}-CHARLOTTE. V. Malherbe (note).

LAVAL-MONTMORENCY (DE) GUY-CLAUDE-ROLAND. V. de Rosnin-Vinen.

LAVALLIÈRE (DE) MICHEL-LOUIS. V. de Beaumont III.

Pardaillon (Lot-et-Garonne) 20 juin 1779, *Pierre-Hugues-Philippe*, qui suit.

PIERRE-HUGUES-PHILIPPE, fils du préc., maire de Luttange, épousa : 1° 15 juin 1812, Adélaïde de Cabanes ; 2° N*** de la Croix de Castries d'Anglard. Du premier mariage naquirent :
1. Lydie, par. St-Maximin 20 avril 1813 ; mariée, par. St-Martin 8 juil. 1835, à Jacques-Antoine-Jules Bernard de la Vernette, dont : 1° Henry-Abel-Michel Bernard de la Vernette, né à Metz en l'hôtel des petits Clairvaux 21 avril 1836, marié à Mâcon 25 févr. 1865, à Adèle Gillet de Valbreuze ; cinq enfants sont nés de ce mariage : Marguerite, Joseph, Alphouse, Jeanne et Mlle-Thérèse. — 2° P^{re}-Hugues-Philippe-Maxime Bernard de la Vernette, né à Metz 15 oct. 1839 ; marié par. Notre-Dame de Metz 25 juil. 1877, à Sophie-Gabrielle Prost, nièce du savant messin Auguste Prost, de laquelle sont nées à Pont-à-Mousson Mlle-Lydie-Marthe, 14 août 1878, et Sophie-Marie, 21 août 1880.
2. Madeleine-Alix, par. St-Maximin 27 juil. 1814 ; mariée au v^{te} Auguste de Brossin de Méré, qui mourut à Grosyeulx, par. d'Augny 19 mars 1875, laissant deux enfants : 1° Maurice, né à Paris 10 mai 1841 ; marié, par. St-Pierre du Gros-Caillous 17 août 1872, à Mlle Lambert de Cambray, nièce de Mgr d'Hulst, recteur de l'université catholique de Paris, de laquelle il a Auguste-Anatole-Henry, né à Metz 17 juil. 1873, et Mlle-Marie, née à St-Germain-en-Laye 20 juil. 1876. — 2° Marie, qui n'a pas contracté d'alliance (*Généalogie de la famille de Tinseau*)

LAVARDIN (DE) MARIE. V. de Saintignon VI.

LAVAUX (DE). I. CH^{LES}-MATHIEU. V. de Bajet.

II. ANNE-CLAUDE. V. de Raigecourt V.

LAVEMONT (DE), *alias* DE LEVEMONT CLAUDINE. V. Senneton de Chermont.

LAVEY DE LA MOTTE F^{ois}-DOMINIQUE. V. Maire de Villers.

LAVISE DE CALAIS N***, command^t à Haguenau, avait épousé Anne *Martelot*, † par. Ste-Croix 5 déc. 1724, à 80 ans.

LAVOGADE (DE) VICTORIN, lieut. de S. M. au gouv^t de Metz, eut de F^{oise} *de Moussy de la Contour*, son épouse :
1. Charlotte, par. St-Simplice 13 déc. 1670.
2. Françoise, marraine de la préc.

LAYLHÈRE (DE) OGER, [sgr de Gouts, lieut.-colonel au rég^t de Piémont, nommé au gouv^t d'Epinal, † 1er nov. 1634, à 66 ans. Il avait épousé Madeleine *de Gournay*, † 24 mai 1629, à 61 ans. Tous deux furent inhumés aux religieuses de l'Ave Maria. Msc. Epit.].

LAYNÉE JEANNE. V. Viol.

LAYNESSE (DE) PHILIPPE, chev., sgr de Jury, conseiller du Roi, fut parrain au baptême d'un juif par. St-Victor 10 oct. 1677.

LÉAN (DE). I. SARA. V. du Bois III.

II. ANNE. V. Boudier.

LÉAUTAUD ARTAUD DE MONTAUBAN (DE) LOUIS-ALEXANDRE, chev. de Montauban, officier au rég^t Dauphin infanterie, fils d'Alexandre-P^{re}, chev., m^{is} de Bellegarde, Beaumont, Monttau, St-Dizier et autres places, et de † Hélène de Berger de Moydieu, de la par. St-Hugues de Grenoble, épousa, étant âgé de 27 ans, par. St-Victor 4 oct. 1785, M^{ile} Charlotte-Henriette *Couët du Viviers de Lorry*, fille de Paul-Philbert-M^{ie} Couët : au mariage, Alexandre-P^{re}-Hippolyte de Léautaud Artaud de Montauban, cap. au rég^t

Dauphin, frère du marié; Louis-F^{ois} c^{te} de Méaussé, chev., sgr de Jumeau, Étiauville et la Bretonnière, lieut.-colonel au même rég^t.

LEBAR CHARLOTTE-F^{OISE}. V. le Myre de Villers.

LEBLEU MARGUERITE. V. Jacquinot V, 5.

LEBŒUF. I. J^{QUES}-MARIE, éc., sgr de Valdahon, sous-aide-major de la 1re compagnie des mousquetaires de la garde du Roi, fils des † Claude-F^{ois}, sgr de Valdahon, ancien président à la cour et chambre des comptes du comté de Bourgogne, séante à Dôle, et Ignace Cointot, de la par. de St-Simplice de fait, épousa, par. St-Maximin 15 avril 1771, J^{ne}-Antoinette-Gabrielle *de Monnier*, résidant depuis 7 mois au monastère de la Visitation.

II. CHARLES. V. de Blair (note).

LEBRUN. I. JACQUES, substitut du procureur gén^l, † à Vallières 20 oct. 1768, inhumé à Metz, par. St-Simplice. Il avait épousé M^{ie} *Henviller*, dont il eut par. St-Simplice :
1. Nicolas, 19 juil. 1730.
2. Michel-Casimir, 12 nov. 1732.
3. M^{ie}-Madeleine, 18 févr. 1735; † 19 mars 1739.
4. M^{ie}-Barbe-F^{oise}, 21 mai 1736.
5. J^{ques}-F^{ois}-Dieudonné, 1er janv. 1738.
6. M^{ie}-Anne-Élisabeth, 22 août 1739.
7. M^{ie}-Charlotte-Léopoldine, 9 oct. 1740.
8. F^{ois}-de-Paule, 16 févr. 1743.
9. F^{ois}-Louis, 10 mai 1744.
10. Étienne, † à 2 ans, par. St-Martin 5 août 1730.
11. Nicolas, † à 20 mois, ibid. 29 mai 1731.

II. JEAN, ancien cap. au rég^t de la Fère infanterie, eut de M^{ie} *Buchoz*, son épouse :
1. Anne-Suzanne-Claire, par. St-Maximin 5 sept. 1737.
2. Marthe-Élisabeth, ibid. 8 oct. 1738.
3. M^{ie}-Marguerite, ibid. 28 nov. 1739; † par. St-Eucaire 2 oct. 1742.
4. M^{ie}-F^{oise}, ibid. en 1740; † 18 sept. 1742.

5. M^{ie}-Jeanne, ibid. 11 sept. 1741.
6. Marie, ibid. 19 janv. 1743; le père est major au rég^t de Croix.
7. J^{ne}-Agnès, par. St-Gengoulph 30 oct. 1746; le père est cap. de grenadiers au rég^t royal de Lorraine.

III. F^{oise}-THÉRÈSE. V. Lefebvre II.
IV. MADELEINE. V. de la Roche-Girault.
V. CLAUDE. V. Thirion I, 5.

LEBRUN DE BECCARY. V. de Beccary-Lebrun.

LECHASTEL DE VIANNE THÉODORE-M^{IE}. V. de Balannes.

LECLERC, *alias* LE CLERC. I. BERTRAND, *alias* BERNARD, procureur au parl^t, † par. St-Martin 18 oct. 1667. Il avait épousé, par. St-Eucaire 22 sept. 1653, F^{oise}-Chrétienne *Gattebois des Forges*, dont il eut :
1. J^n-Louis, par. St-Gorgon 11 juil. 1663.
2. Philippe, par. St-Martin 27 nov. 1664; procureur au parl^t en 1703.
3. Anne, †, par. St-Gengoulph 5 juil. 1742, à 86 ans.

II. FRANÇOIS, avocat au parl^t, juge-gruyer des quatre mairies du Val de Metz, épousa Barbe *Catta*, † par. St-Victor 27 févr. 1777, à 60 ans. De leur mariage naquirent :
1. J^n-François, par. St-Gorgon 8 févr. 1742 : p. J^n-B^{te} Leclerc, m^d orfèvre, son oncle.
2. Apolline, ibid. 24 avril 1743.
3. Anne-Catherine, ibid. 12 janv. 1745.
4. Anne-J^n-F^{ois}, par. Ste-Croix 5 mai 1746.
5. Anne-Barbe, par. St-Gorgon 12 juil. 1747.
6. Pierre, ibid. 4 déc. 1748.
7. Nicolas, ibid. 9 déc. 1749.
8. M^{ie}-Élisabeth, ibid. 4 août 1751.
9. J^n-Louis, ibid. 29 oct. 1752.
10. M^{ie}-Anne, ibid. 16 sept. 1754; † le lendemain.
11. J^{rh}-Gorgon, ibid. 11 sept. 1756.

III. N^{AS}-JOSEPH, conseiller du Roi, premier juge-garde de la monnaie, épousa : 1° Madeleine *Banelle*, † par. St-Simplice

23 juin 1782, à 41 ans; 2° Anne *Lemoine,* dont il eut, par. St-Simplice 2 janv. 1786, J^{ques}-Louis-Frédéric : p. J^{ques} Lemoine, m^d magasinier, ancien juge consul, aïeul mat. ; m. M^{ie}-Anne Valette, épouse de D^{que} Pantaléon. Le baptême fut administré par dom J^{ques}-André Lemoine, bénédictin de St-Arnould, son oncle.

IV. LAURENT, orfèvre, eut de Catherine *de Rome,* son épouse, par. St-Martin 26 sept. 1637, Sébastien, [célèbre graveur messin, marié en 1673 à Charlotte-J^{ne} *de Vandenkerchove,* dont il eut 4 filles et 6 fils; † à Paris, 25 oct. 1714. Biog. de la Mos.]

V. ANTOINE, chev. de St-Louis, ancien officier au rég^t de Champagne, † à 75 ans, par. St-Maximin 12 juil. 1790 : à son enterrement, D^{que} Nicolas, curé de Borny, son beau-frère.

VI. JEAN, châtelain à la porte St-Thiébaut, † par. St-Martin 14 sept. 1625.

VII. PIERRE, châtelain à la porte St-Thiébaut, eut d'Élisabeth *Demange,* son épouse, Marie, par. St-Martin 3 avril 1626.

VIII. SALOMON, R. P. R., orfèvre, eut une fille, Suzanne, 15 déc. 1610.

IX. MICHEL, [garde des sceaux en la chancellerie du parl^t, † en nov. 1778.]

X. Divers.
1. ANNE. V. Malhomme II, 5.
2. BARBE. V. de Lévy.
3. CATHERINE. V. de Bérauville.
4. DANIEL. V. Regnault II, 1.
5. JEANNE. V. de Léviston.
6. MARGUERITE. V. Thiébaut II.
7. MARIE. V. Régnier d'Arraincourt III.

LECLERC DE FREDIAUT ANTOINE-DIDIER, éc., cap. au rég^t de Touraine infanterie, fils d'Antoine, bailly de Joinville, et d'Élisabeth de Venuson, épousa, étant âgé de 34 ans, par. St-Simplice 4 sept. 1753, *Anne Marionnelz.*

LECLERC DE LESSEVILLE ANNE. V. de Sève.

LECLERC DE MARTRES Jⁿ-LOUIS. V. Ridouet de Sancé.

LECLERC DE LA MOTTE P^{re}-F^{ois}-DENIS, éc., chev. de St-Louis, cap. au rég^t d'Orléans infanterie, dém^t rue du Jeu de Paume, épousa Jeanne-F^{oise} *Mesnard,* † par. St-Martin 3 sept. 1755, à 40 ans.

LECLERC DE VRAINVILLE FRANÇOIS, conseiller du Roi, m^e particulier des eaux et forêts au dép^t d'Etain, fils de Pierre, prévôt de Villers-la-Montagne, sgr de Vrainville et autres lieux, et de Barbe-Charlotte de Lamore, épousa, par. St-Gengoulph 6 mars 1753, M^{ie}-Catherine *Aux Cousteaux de Conty :* au mariage, Antoine, chev., sgr de Besgh, frère du marié.

LÉCLUSE (DE). I. DENIS, R. P. R., sgr de Jouy en partie, † à 90 ans, 20 août 1680. Il avait épousé Sara *de Chaume,* † à 75 ans, 9 nov. 1677. Une de leurs filles avait épousé Zacharie Dubois.

II. Jⁿ-CHARLES. V. du Boullaire.

LECOMTE, *alias* LE COMTE. I. PIERRE, conseiller du Roi, receveur alternatif des finances à Vic, eut de J^{ne} *Michel,* son épouse :
1. *Pierre,* qui suit.
2. *François,* [né 11 oct. 1687]; lequel suivra.
3. *Claude-Antoine,* [né en 1699]; lequel suivra.
4. Jeanne, mariée à Louis-Philippe Martinet de Nibouville.

II. PIERRE, fils du préc., substitut du procureur gén^l au parl^t, sgr d'Herbéviller et de Grosyeux, † par. St-Victor 6 nov. 1748. Il avait épousé F^{oise}-Agnès *de Bouchard de Mignéville,* † ibid. 21 juil. 1727, à 35 ans. De leur mariage étaient nés :
1. Louis, par. St-Victor 20 déc. 1713; conseiller au parl^t, † 30 mars 1784, sans alliance.
2. Jⁿ-François, ibid. 26 déc. 1715.
3. Jeanne, par. St-Simplice 14 juil. 1717.
4. Agnès, par. St-Victor 9 mars 1724; mariée à Jacques-J^{ph} de Bussy de Patissier.
5. Catherine, ibid. 9 avril 1725; † 28 févr. suiv.

6. Jn-Pierre, ibid. 10 juil. 1726.
7. Adrien-Pre, ibid. 10 juil. 1727; † 28 sept. suiv.

III. CLAUDE-Antoine *Lecomte d'Humbepaire*, frère du préc., éc., sgr de Borny et autres lieux, conseiller du Roi, receveur particulier des finances, † rue du Lancieu, par. St-Martin 18 août 1774. Il avait épousé, ibid. 21 avril 1733, Jne *de Chazelles*, † ibid. 27 oct. 1780, à 68 ans. De leur mariage étaient nés :

1. Laurent, par. St-Gorgon 24 févr. 1734; † cy-devant receveur des finances, place Ste-Glossinde, par. St-Martin 1er juin 1792.
2. Anne-Foise, ibid. 3 mars 1735 ; mariée à Nas-Christophe Georges de Chelaincourt.
3. Louis, ibid. 5 août 1736; † 14 mars suiv.
4. Pierre, ibid. 2 déc. 1737.
5. Foise-Agnès, par. St-Martin 7 juil. 1740; mariée à Antoine-Fois de Chazelles.
6. Henry-Jph, ibid. 17 mai 1743.
7. Louis-Claude-Jph, ibid. 19 mars 1745; † 30 oct. 1767.
8. Laurent, † par. St-Gorgon 7 mai 1743.

IV. FRANÇOIS, frère des préc., conseiller au parlt, † par. St-Gorgon 19 oct. 1758. Il avait épousé Mie-Élisabeth *de Pidolle*, † par. St-Martin 23 mai 1735, à 37 ans. De leur mariage étaient nés par. St-Martin :

1. François, 6 févr. 1725.
2. Claude-Antoine, 11 déc. 1727.
3. Louis-Chles, 4 nov. 1732(1).
4. Jeanne, 14 mai 1735 ; † par. St-Gorgon 11 mars 1747.

---

(1) LOUIS-CHARLES, receveur des finances à Thionville, puis à Toul, épousa, 8 févr. 1763, Mie-Philippine-Louise de Lescure, dont il eut : 1º Charles-François-Henry, 10 févr. 1775, lequel suit ; 2º Jeanne, † sans être mariée ; 3º Mie Catherine, mariée à Benjamin Malherbe ; 4º Marguerite, † à Bathelémont après 1830, sans être mariée ; 5º Jne-Apolline, mariée à N*** de Bousingen, ancien cap. d'infanterie ; 6º Marie, † sans être mariée.
CHARLES-FRANÇOIS-HENRY *de Melqué-Lecomte*, fils du préc., chev. de St-Louis, † à Borny 26 févr. 1862. Il avait épousé, 4 déc. 1804, Mie-Catherine de Cueillet, † 6 juil. 1823. De leur mariage sont issus : 1º Jne-Nicole, mariée à Hospice-Joseph-Michel de Bourcet; † 14 févr. 1870 ; 2º Mathilde, carmélite ; 3º Noémie, mariée à Félix Noyer; † à Vannes 14 mars 1877; 4º Olivier, † jeune, servant dans la marine. (Notes de Mr le Président d'Hannoncelles).

5. Mie-Élisabeth, † par. St-Gorgon 26 févr. 1743, à 13 ans.

V. JN-BTE-SÉBASTIEN, chev. de St-Louis, aide-major de la place de Metz, eut de Foise-Thérèse-Josèphe *Roland*, son épouse :

1. Marie-Anne-Sébastienne, † par. St-Georges 27 juin 1783, à 14 ans.
2. Gabriel, † ibid. 2 sept. 1784, à 3 ans.
3. Alexandre-Sébastien-Prosper, † à 17 ans 1/2, sous-lieut. au régt de Bourbonnais infanterie, ibid. 26 avril 1788.

VI. JN-BAPTISTE, intéressé dans les affaires du Roi, eut de Foise *Marionnelz*, son épouse, Jeanne, mariée à Léopold-Jph Saget.

VII. JQUES-ANTOINE, sgr d'Angevillers, eut de Madeleine *de Hullin*, son épouse :

1. Louise, par. St-Victor 7 juin 1678.
2. Catherine-Antoinette, mariée à Pierre Lombard.

VIII. Divers.

1. ANNE-MARQUISE. V. Lalance II.
2. CATHERINE. V. Mathis III.
3. DOMINIQUE. V. Viville III.
4. FRANÇOISE. V. Boulay.
5. FOISE-MADELEINE. V. Martinet de Nibouville.
6. MARGUERITE. V. Denis.
7. MARIE. V. Lajeunesse III.

LECOQ, *alias* LE COQ. I. TOUSSAINT, R. P. R., fut père de :

1. Marie, mariée à Gédéon le Duchat.
2. Josias, qui épousa, 2 févr. 1592, Judith le Bachelé.
3. *Abraham*, qui suit.

II. ABRAHAM, R. P. R., fils du préc., aman, épousa, 24 janv. 1599, Débora *de Bachelé*, dont il eut :

1. Sara, 16 sept. 1612.
2. David, 15 juil. 1615.
3. Isaac, 3 août 1616.
4. Anne, 9 mai 1618; mariée à Jacob Besser.
5. Paul, 17 déc. 1623.
6. Suzanne, 16 mars 1625.
7. Marie, 25 avril 1627.
8. *Abraham*, qui suit.

III. ABRAHAM, R. P. R., fils du préc., aman, épousa, 16 mai 1627, Sara *Séchehaye*, dont il eut :
1. Isaac, 19 mai 1628.
2. Esther, 22 juil. 1629.
3. Sara, 20 juil. 1631.
4. Abraham, 15 mars 1633. .
5. Abraham, 4 oct. 1634.
6. Isaac, 25 sept. 1639.

IV. JACOB, R. P. R., eut d'Élisabeth *Grandjambe*, son épouse :
1. Marie, 30 sept. 1618.
2. Jacob, 18 juil. 1621.
3. Pierre, 12 janv. 1625; orfèvre, il épousa, 17 janv. 1649, Judith *Vert*.

V. PIERRE, fils de Pierre, procureur au bailliage, et de M^{ie} Goullet, conseiller du Roi, assesseur et ancien échevin de l'hôtel de ville, épousa, par. St-Gorgon 4 juil. 1684, Antoinette *Georges*, †ibid. 30 nov. 1727, à 60 ans, inhumée à St-Martin. De leur mariage étaient nés par. St-Gorgon :
1. Jacques, 18 juil. 1685.
2. Pierre, 5 juil. 1686.
3. Marguerite, 31 juil. 1687.
4. M^{ie}-Anne, 6 sept. 1689; le père est substitut au bailliage.
5. F^{oise}-Nicole, 29 avril 1691.
6. Anne, 26 mars 1693; † 26 oct. 1698.
7. Sébastienne, 2 sept. 1694.
8. Edme, 23 déc. 1696; † 10 oct. 1698.
9. Antoinette, 9 janv. 1699.
10. M^{ie}-Anne, 13 févr. 1700.
11. Pierre, 14 juin 1701; vicaire de Vigneulles en 1727, † chan. de St-Thiébaut 6 déc. 1764.
12. Louise, 26 sept. 1702; mariée à J^n-Claude Georges, sgr de Lessy.
13. N^{as}-Étienne, 19 oct. 1703.

VI. JÉRÉMIE, R. P. R., m^d teinturier, eut d'Anne *Mangeot*, son épouse :
1. M^{ie}-Madeleine, mariée, après abjuration, à P^{re}-Philippe Goullet.
2. Anne, mariée à Paul Mittalat, m^d.

VII. JEAN, m^d orfèvre, † par. Ste-Croix 28 mai 1751, à 56 ans. Il avait épousé Anne *Baudouin*, † ibid. 6 juin 1771, à 88 ans. De leur mariage étaient nés :

1. Paul, par. Ste-Croix 18 avril 1737 : p. Paul Lecoq, m^d orfèvre.
2. Jeanne, † ibid. 9 oct. 1750, à 8 ans.
3. Daniel, à l'enterrement de son père.
4. Étienne-Paul, m^e-orfèvre, ibid.

VIII. PAUL, m^d orfèvre, † rue Tête d'Or, par. St-Simplice 18 nov. 1759, à 71 ans. Il avait épousé Madeleine *Maurice*.

IX. TOUSSAINT, orfèvre, diacre de la R. P. R., eut d'Elisabeth *Collin*, son épouse, Elisabeth, 21 nov. 1631.

X. PAUL eut de Sara *Féron*, son épouse, Pierre, par. Ste-Croix 27 déc. 1690.

XI. JEAN, procureur au parl^t, † par. St-Gorgon 12 mars 1719, à 49 ans.

XII. Divers.
1. ANNE. V. Séchehaye.
2. CATHERINE. V. le Braconnier XX.
3. ÉLISABETH. V. Jassoy IV.
4. ÉLISABETH. V. de Souvert.
5. MARIE. V. David.
6. RÉBECCA. V. Jallon II.
7. SARA. V. Hussenot.

LEDALL DE TRÉMELIN SÉBASTIEN-CORENTIN. V. du Coëtlosquet II.

LEDOUX ANTOINETTE et JEANNE. V. Bourgeois du Châtenet.

LEDURE NICOLAS. V. Vaillant IV, 5.

LÉE-HOBBÉE (DE) JUSTIN. V. des Portes de Pardaillant.

LEFEBVRE(1). I. N^{4**} fut père de :
1. *Nicolas*, qui suit.
2. Jean, notaire et tabellion des terres du chapitre de Verdun, dont un fils Jean, † à Metz, par. St-Martin 19 nov. 1708, à 20 ans.
3. Antoine, curé de Cuvry, † à Cuvry 24 août 1726.

II. NICOLAS, fils du préc., receveur et payeur des gages au parl^t, † à 77 ans, par. St-Martin 31 mars 1728. Il avait épousé, par. St-Victor 9 sept. 1681, F^{oise}-Thérèse *Lebrun*, † à 65 ans, ibid. 2 janv. 1726. De leur mariage étaient nés ibid. :

(1) Les détails entre [ ] sont empruntés aux Notes de M. le Président d'Hannoncelles.

1. Madeleine-F^oise, 24 janv. 1683; mariée à N^as Michelet de Vatimont.
2. Jacques, 21 août 1684 : p. J^ques Bruno, secrétaire du Roi; m. Elisabeth Houillon, épouse de J^ques Maclot, sgr de Balon. — D^r en théologie, chan. de Gorze, [† 22 mars 1715].
3. François, 3 oct. 1685; président et lieut. gén^l au bailliage, puis m^e-échevin de Metz de 1738 à 1740, † par. St-Martin 10 oct. 1741, sans alliance.
4. Anne-Thérèse, 8 févr. 1687.
5. Marguerite, 13 mai 1689; mariée à Claude-F^ois Picard.
6. M^ie-Anne, 1er sept. 1690.
7. M^ie-Cécile, 19 janv. 1692; mariée à J^n Pacquin.
8. F^oise-Thérèse, 11 déc. 1692; mariée à Claude-Barthélemy Vaillant.
9. Claude-Etienne, 12 janv. 1694; d^r en théologie, curé de St-Marcel de 1721 à 1745, [† dans un âge avancé à Paris, où il avait été exilé comme janséniste.]
10. Anne-F^oise, 17 déc. 1694.
11. N^as-Joseph, 21 janv. 1696; lequel suit.
12. Anne, 17 avril 1697.

III. N^as-Joseph, fils du préc., receveur et payeur des gages au parl^t, † par. St-Martin 19 févr. 1745. Il avait épousé F^oise-Jeanne *Néret de Plappecourt*, † par. Ste-Croix 17 mai 1756. De leur mariage étaient nés par. St-Martin :

1. J^ne-M^ie-Madeleine, 16 mars 1726.
2. Nicole-J^ne-F^oise, 13 sept. 1727.
3. Etienne-Louis, 26 août 1728; † par. St-Maximin 3 juin 1730.
4. M^ie-Cécile-Nicole, 29 sept. 1729; † par. Ste-Croix 8 févr. 1747.
5. Catherine-F^oise, 5 déc. 1730.
6. *Claude-Barthélemy*, 14 avril 1732; lequel suit.
7. F^oise-Thérèse-Bonne, 9 sept. 1733; mariée à J^n-Etienne de Pagny.
8. J^ques-Nicolas, 28 avril 1735; † 21 juin suiv.
9. F^ois-Nicolas, 13 mai 1741; † par. St-Simplice 4 sept. suiv.
10. Louis-Bon, 7 juin 1743; sgr en partie de Plappecourt, † 22 janv. 1790.

IV. Claude-Barthélemy, fils du préc., sgr de Plappecourt, officier au rég^t de la marine, eut de M^ie-F^oise *Dufresne*, son épouse :

1. Nicole, [née 19 août 1770]; mariée à J^ph de Pagny.
2. Catherine-L^se, [née 13 oct. 1771]; mariée à Claude-Antoine Belgrand.

V. Henry-J^ph, conseiller correcteur en la chambre des comptes, † par. St-Martin 24 août 1726 : à son enterrement, J^ph Lefebvre, curé de Vittoncourt, son frère. Il avait épousé, par. St-Gorgon 5 juin 1690, Anne *Desprez*, † par. St-Martin 7 avril 1754, à 91 ans. De leur mariage étaient nés par. St-Gorgon :

1. Marc-Antoine-J^ph, 16 avril 1691.
2. Barbe, 14 mai 1692.
3. Marthe, 5 avril 1693; mariée à Henry Fournier, avocat au conseil souverain de Lorraine.
4. Anne, 2 nov. 1694; mariée à P^re Salomon.

VI. N^as-Joseph, avocat au parl^t, eut de Claude *Guillon*, alias *Grellon*, son épouse :

1. Anne, par. St-Martin 17 août 1693.
2. M^ie-Barbe, par. St-Victor 28 oct. 1694.
3. Claire-Louise, ibid. 24 oct. 1695.
4. Anne-F^oise, ibid. 12 nov. 1696.

VII. Jean, sgr en partie de Blassy, avait épousé M^ie *Gervaisot*, † R. P. R. 17 oct. 1685, à 72 ans.

VIII. Gabriel, s^r de la Barre, épousa, par. St-Victor 19 août 1671, Elisabeth *Jeoffroy*, † par. Ste-Croix 27 juin 1719 : à son enterrement, N^as Jeoffroy, commissaire d'artillerie.

IX. J^n-Baptiste, chev. de St-Louis, cap. en premier au corps royal artillerie, nommé à Sedan, fils de † Edme Nicolas, éc., et de M^ie-Barbe Charlot, dem^t à Troyes, épousa, étant âgé de 53 ans, par. St-Jean de la Citadelle 30 juin 1778, J^ne *Vasseur de Vareilles*, âgée de 26 ans, fille de Henry Vasseur de Vareilles, ancien officier au rég^t de Condé, et d'Elisabeth de la Cor : au mariage, Ch^les Lefebvre des Epinois, éc., cap. au corps royal artillerie, frère du marié; J^n-Adolphe Vasseur de Vareilles, aide-major à la Citadelle, oncle de la mariée; Philippe-Auguste Gorger, cap. au rég^t d'Esterhazy hussards, cousin de la mariée.

X. Henry, sgr de Lajallerie, eut de F^{oise} du Halgoët, son épouse, par. St-Victor 31 déc. 1668, Philippe Bernard : p. Bernard Pellard de Givry, m^e-échevin; m. Philippe de Neunhem, abbesse de Ste-Marie.

XI. Nicolas, officier d'artillerie, eut de Constance *Hessignon*, son épouse, par. St-Simplice 15 déc. 1680, Nicole-M^{te} : p. N^{as} du Noier de Cray, commissaire gén^l command^t l'artillerie de Lorraine et des Trois-Évêchés; m. M^{te} de la Cour, épouse du s^r *Goizet*, commissaire de l'artillerie.

XII. Divers.

1. Catherine. V. des Noyers.
2. Élisabeth. V. Régnier d'Arraincourt VII.
3. Françoise. V. de Reu.
4. Julien. V. Saltzgaibre.
5. Marie. V. Dumoutier.
6. Théodore-F^{ois}. V. Lasalle II, 7.

LEFEBVRE de CARRIÈRE M^{ie}-Thérèse-Philippe. V. Galland.

LEFEBVRE de CAUMARTIN. I. Louis-F^{ois}, chev., m^{is} de St-Ange, c^{te} de Moret, sgr de Caumartin, Boissy-le-Châtel, Villecerf, Dormelle, Ville-St-Jacques, Flagy, la Commanderie et autres lieux, conseiller du Roi en ses conseils, m^e des requêtes ordinaires de son hôtel, intend^t de justice, police et finances au dép^t de Metz, frontières de Champagne, du Luxembourg et de la Sarre, fils de Louis et de Madeleine de Choisi, épousa Geneviève-Anne-M^{ie} *Moufle*, dont il eut, par. St-Livier 31 août 1754, Casimir-Louis-F^{ois}-Metz. Les cérémonies du baptême furent suppléées, ibid. 19 sept. suiv., avec une solennité extraordinaire. Il eut pour parrain *la ville de Metz* représentée par Claude-J^{ph} Mamiel de Marieulles, éc., chev. de St-Louis, command^t la citadelle et m^e-échevin de la ville; J^{ph} Mélard, avocat en parl^t, conseiller du Roi, juge-garde de la monnaie, commissaire subdélégué pour le règlement entre la France et la Lorraine; P^{re} Grandjean; J^{ques}-Etienne Hilaire; N^{as} Thionville; J^{ques} Lebrun, substitut du procureur gén^l au parl^t; Jⁿ-B^{te} Guerrier, avocat au bailliage; P^{re}-Louis Rœderer, substitut au parl^t : tous conseillers et échevins de l'hôtel de ville; Jⁿ-P^{re} Roucour, avocat en parl^t, syndic procureur du Roi audit hôtel de ville; Claude de Brye, secrétaire greffier ibid. — La marraine fut M^{ie}-Casimire-Emmanuel-Thérèse-Geneviève de Béthune, épouse de Ch^{les}-Louis-Auguste Foucquet, duc de Belleisle, command^t en chef dans les Trois-Evêchés de Lorraine, pays de la Sarre, frontières de Champagne et du Luxembourg.

II. Marie. V. de Blair II, 1.

LEFEBVRE des ÉPINOIS. I. Ch^{les}-Étienne. V. d'Augenoust.

II. Charles. V. Lefebvre IX.

LEFEBVRE de LADONCHAMPS et LEFEBVRE de VULMONT. I. Pierre, sgr de Ladonchamps, des Petites-Tappes et en partie de Luttange, † par. St-Livier 2 janv. 1687, à 79 ans, après avoir été secrétaire du Roi 41 ans, substitut 37 ans, doyen des avocats 35 ans; inhumé sous le marchepied de l'autel de l'Enfant Jésus, dont il était le principal fondateur. A son enterrement, ses neveux : Henry Lamy, conseiller référendaire à la chancellerie du parl^t; Philbert Harquel, éc., conseiller au présidial; D^{que} Harquel, chan. de la cathédrale. — Il avait épousé, [27 mai 1636], Marquise *Brouart*, † à 86 ans, par. St-Livier 22 avril 1699. De leur mariage étaient nés :

1. Anne-Aurore, mariée à Henry de Mellin.
2. Jean, cap. au rég^t de Normandie, au mariage de la préc.
3. Henry, curé de St-Livier, promoteur de l'Évêché, licencié ès-lois, † à la par. St-Livier qu'il avait administrée l'espace de 43 ans, 26 sept. 1708, âgé de 73 ans.
4. Marquise, † à 31 ans, par. St-Gorgon 17 févr. 1670.
5. *P^{re}-François*, qui suit.
6. *Jⁿ-Nicolas*, qui suivra V.

7. Reine, † par. St-Livier 23 avril 1730, à 74 ans.
8. Mie-Rose, mariée à Claude-Elie Estienne de Prócheville.
9. Nymphe-Mte, † à 50 ans, par. St-Livier 10 oct. 1707.
10. Foise-Princesse, † à 76 ans, ibid. 9 août 1733.

II. Pre-François, fils du préc., éc., conseiller au parlt, sgr de Vulmont et Luttange, † à 84 ans, par. St-Gengoulph 16 déc. 1727. Il avait épousé, par. St-Livier 16 janv. 1678, Foise-Marthe *Pichot*, fille d'Antoine Pichot, secrétaire de Mr le premier président Claude de Bretagne, commis-greffier au parlt, et de Mlle Hocquard, laquelle mourut par. St-Gengoulph 30 mai 1743. De leur mariage étaient nés :

1. Mie-Marquise, par. St-Gorgon 3 sept. 1679 ; mariée à Maximilien Goulet de Montlibert.
2. Mie-Anne, ibid. 5 févr. 1681.
3. *Pre-Henry*, ibid. 10 janv. 1682 ; lequel suit.
4. Christophe, ibid. 8 avril 1683.
5. Jean, ibid. 18 avril 1684.
6. Thomas-Jph, par. St-Victor 19 déc. 1685.
7. Princesse-Foise, ibid. 30 avril 1687 ; † 29 oct. 1709.
8. Mte-Nymphe-Antoinette, ibid. 4 juin 1688 ; † 30 sept. 1689, inhumée par. St-Livier.
9. Louise-Marquise, ibid. 30 mai 1689.
10. Anne, par. St-Gorgon 22 juil. 1702.
11. Anne-Madeleine, mariée à Fois Fabert.

III. Pre-Henry, fils du préc., éc., sgr de Vulmont et Luttange, † par. St-Livier 5 juin 1754, à 72 ans, inhumé par. St-Georges. Il avait épousé, par. St-Georges 15 juin 1743, Mle *Mirgot, alias Mirgart*, † par. Ste-Ségolène 29 mai 1773, à 75 ans. A leur mariage furent légitimés les enfants suivants :

1. *Bernard*, âgé de 4 ans ; lequel suit.
2. Pre-Henry, âgé de 3 ans.
3. Paul-Alexandre, âgé d'un an ; † par. St-Georges 11 janv. 1745.

IV. Bernard *Lefebvre de Vulmont*, fils du préc., éc., épousa, par. St-Marcel 7 déc. 1779, Louise-Foise *Ruzier* : à ce mariage, Claude-Casimir le Masson de Rancé, conseiller à la chambre et cour des comptes de Nancy ; Fois-Godefroy-Maximilien Goulet de Montlibert, sgr de Vulmont, ancien cap. d'infanterie, cousin germain de l'époux ; Jn-Louis de Cailloux, sgr de Vulmont, cousin de l'épouse ; Chles-Fois Crespin, conseiller référendaire en la chancellerie du parlt, beau-frère de l'épouse. Du dit mariage naquit, ibid. 27 oct. 1780, Godefroy-Maximilien-François-Bernard, † 29 janv. suiv.

V. Jn-Nicolas, gd oncle du préc., cap. d'une compagnie franche, puis conseiller auditeur en la chambre des comptes du parlt, † par. St-Livier 3 mai 1727. Il avait épousé, par. St-Martin 8 déc. 1692, Jne-Mie *Archangély*, † par. St-Victor 4 déc. 1745, à 83 ans. De leur mariage étaient nés par. St-Martin :

1. *Jn-Henry*, 5 oct. 1693 ; lequel suit.
2. Louis-Fois, 28 août 1696.

VI. Jn-Henry, fils du préc., sgr de Ladonchamps, Saulny et autres lieux, doyen des conseillers du parlt, † par. St-Victor 12 sept. 1766. Il avait épousé : 1° par. Ste-Croix 1er mai 1724, Jne-Mie *Poutet* ; 2° [8 nov. 1738], Barbe-Thérèse *de Médrano*, † par. St-Victor 23 oct. 1764.

Du premier mariage naquirent par. St-Victor :

1. Mie-Jeanne, 13 févr. 1725 ; † 1er nov. suiv.
2. Jn-Henry, 30 oct. 1726.
3. *Jques-Henry-Fois*, 18 oct. 1727 ; lequel suit.
4. Mie-Reine, 29 sept. 1729.
5. Chles-Alexandre-Pre, 29 nov. 1730 ; cap. au corps royal artillerie, il épousa, [11 mai 1772], Christine-Antoinette *de Choiseul-Beaupré*, vve de Nas-Fois-Chles de Bertin.
6. Thomas-Nas-Antoine, 8 août 1732.
7. Foise-Marthe, jumelle du préc. ; mariée à Jph-Étienne d'Arancy.
8. Madeleine, 30 juin 1733 ; † le même jour.

Du second mariage naquirent par. St-Victor :

9. Jne-Mie-Thérèse, 15 oct. 1740; mariée à Jn-Mie de Médrano.
10. Simon-Jude-Jn-Claude, 6 sept. 1742; † 12 janv. suiv.

VII. Jques-Henry-Fois, fils du préc., chev., sgr de Ladonchamps, Ste-Agathe, les Tappes et autres lieux, chev. de St-Louis, cap. au régt de Strasbourg du corps royal artillerie, puis chef de brigade au régt de Grenoble du même corps, épousa, par. St-Livier 6 juin 1775, Jne-Mte *Amelin de Rochemorin de Beaurepaire*, dont il eut par. St-Victor :

1. Philippine-Marie-Henry-Adélaïde-Gabrielle, 30 sept. 1776.
2. Chles-Henry-Agathe, 11 oct. 1778.
3. Élisabeth-Constance-Foise, 4 juin 1780; [mariée à N*** Aubelin].
4. Mie-Charlotte-Amélie, 14 juin 1782; † par. St-Simon 3 sept. 1783.
5. Ursule-Foise-Clotilde, 24 mars 1784; [mariée en 1816 à Chles Turlure de Vellecourt; † 15 juin 1862. Généal. de la Maison de Gargan.]
6. Henriette-Hélène, 1er mars 1787.
7. Amédée (1).
8. Auguste (2).

LEFEBVRE du PERRON Julien, chev., lieut.-colonel au régt de cavalerie de Mgr le Prince de Lambesc en garnison à Metz, épousa à St-Julien-lès-Metz (l'acte par. St-Gorgon) 17 août 1722, Jne *Féticq*, † par. St-Gorgon 10 mai 1738.

---

(1) Amédée (1790-1854), épousa, en 1814, Anne-Mie-Thérèse de Salse, dont il eut : 1º *Alexandre-Arthur*, qui suit; 2º Alexandrine-Gabrielle, morte jeune; 3º Hedwige, mariée à Chles de Richard d'Albignac, dont deux filles : Marie, mariée à Paul Méric de Bellefond, et Sophie, mariée à Gaston cte du Coëtlosquet.
Alexandre-Arthur (1815-1875), fils du préc., avocat à la cour royale, épousa : 1º Adrienne de Redon, dont il eut Adrien, marié à Béatrix d'Albignac, morts tous deux sans postérité; 2º Sidonie Pacotte, dont il eut : *a)* René, cap. d'infanterie, marié, en 1881, à Mie-Philomène de Ponsort, dont plusieurs enfants; *b)* Henry, cap. d'infanterie, marié à Jue de Jacob de la Cottière, dont postérité. *c)* Mie-Thérèse, mariée, en 1886, au vte Louis de Kéroüartz.
(2) Auguste (1793-1856), officier au régt de Dauphin-Lanciers, marié, en 1822, à Irma de Bréhéret de Montalard, dont : 1º Edmond, sous-inspecteur des forêts à Chambéry, † 1863; 2º Gustave, attaché à l'administration forestière, † 1852. (*Généal. inédite de la fam. de Tinseau*).

LEGAUX Pierre, avocat au parlt, fils de Charles, négociant bourgeois de Pont-à-Mousson, et de Thérèse Braban, épousa, par. St-Maximin 21 août 1770, Barbe *Perbal*, fille de Fois Perbal, ancien conseiller du Roi, garde-marteau au siège royal de la maîtrise des eaux et forêts de Metz, officier commensal de la maison du Roi, et de † Anne le Page. De leur mariage naquirent :

1. François, par. St-Maximin 7 févr. 1773.
2. Françoise, par. St-Gengoulph 5 avril 1774.

LEGAY Mie-Catherine-Angélique. V. de la Pêche.

LEGENDRE Élisabeth. V. Prévost II.

LÉGER (de la) Anne-Catherine. V. Vassart.

LÉGIER Pre-Joseph, lieut.-colonel ingénieur en chef à Maubeuges, eut de Foise Agnès *d'Artois de Sandaucourt*, son épouse, par. St-Gengoulph 13 nov. 1770, Fois-Gabriel : p. Fois d'Artois, éc., secrétaire du Roi, sgr de Sandaucourt; m. Gabrielle-Félicité de Cuges, vve de Jques de Légier, lieut.-colonel dir. des fortifications de Provence : tous deux furent représentés.

LÉGLISE Anne. V. Praslin II et Larminat I, 1.

LÉGLISE (de) Fois-Jérôme. V. de Beauvoir de Séricourt.

LEGRANDE Anne-Mie. V. de Castella.

LEGRIEL. V. Saget III, 1.

LEHAIRE Marguerite. V. Lajousse.

LEHANTIER Antoine, lieut. des grenadiers au régt de Touraine, natif de la par. St-Martin de Chauwy, province de Picardie, diocèse de Noyon, fils des † Louis, éc., sgr du Parcq, et Mte Coquet; † par. St-Georges 14 oct. 1790, à 88 ans. Il avait épousé, par. St-Maximin 25 avril 1754, Mte *de Girault* : au mariage, Jques-Félix Lehantier et Chles-Louis d'Heinecken, officiers d'artillerie; Fois de Brunet, éc., cap. au régt de Montureux. — Mte de Girault mourut, par. S t-Georges 12 mars 1787, à 75 ans.

LEHAUBRY Denise-Foise. V. Touros.

LEHAZE Marguerite. V. Thirion IX.

LEHÈRE Marie. V. Pacquin.

LEICHERAINE. V. de Ville VII, 1.

LEJEUNE Regnault, doyen des avocats du parl t, † par. St-Martin 6 sept. 1715, à 89 ans : à son enterrement, Louis, son frère. — Il avait épousé Claude *Frambourg*, † ibid. 17 oct. 1700, à 82 ans.

LEJEUNE de SEMPIGNY Jn-Frédéric avait épousé Anne *Tanette*, † par. St-Maximin 9 déc. 1776.

LEJOINDRE Henry-Bon, commis à l'extraordinaire des guerres, épousa M ie-Madeleine *Liégeault*, dont il eut par. Ste-Croix :
1. Anne-Madeleine, 6 nov. 1703.
2. M ie-Anne, 22 déc. 1704.
3. Bon, 10 janv. 1706.
4. Jn-Baptiste, 22 déc. 1706.
5. Nas-Philippe, 29 nov. 1708.

LELEU Thomas, sr de la Fontaine, chir. major au régt de Champagne en garnison aux casernes de Coislin, fils de † René, chir., et de Foise Grignon, de Nogent-le-Bernard, diocèse du Mans, épousa, par. St-Gorgon 10 févr. 1750, M te *Jullien*, fille de Henry Jullien, md confiseur, et de † Philippe Godefroy : au mariage, Jph Saget, chir. major de l'hôpital militaire; Dque Rozville, chir. major au régt royal infanterie; Louis Mirabel, chir. de Metz.

LELONG Marie. V. aux Cousteaux de Conty.

LEMAIRE. I. Étienne, avocat au parl t, épousa Claude *Soucelier*, † par. St-Gorgon 18 juin 1679. De leur mariage naquirent :
1. Charles, par. St-Victor 24 mars 1674 : p. Ch les Colbert, président au parl t; m. M ie Bossuet, épouse d'Isaac Chasot.
2. Claude-Foise, par. St-Gorgon 25 sept. 1677.
3. Jean-Fois, parrain de la précédente.
4. Anne, marraine id..

II. Hubert, avocat au parl t, [né à Cheminot vers 1750, de Henry, tabellion de ce village, et d'Elisabeth Renault; † à Metz 19 août 1825]. Il avait épousé, par. St-Victor 22 juin 1779, Catherine *Lauzemant*, fille de † Simon Lauzemant, huissier au parl t, et de Catherine Malaisé.

III. Françoise. V. Jacquemot.

IV. Élisabeth. V. du Géant.

LEMOINE, *cfr.* le MOYNE. I. Marguerite. V. de Gravelotte et Soucelier V.

II. Catherine. V. Fourot II.

III. Catherine. V. Collin V.

IV. Anne, Jques-André et Jacques. V. Leclerc III.

V. Madeleine. V. Lajeunesse XI.

VI. François. V. Rœderer I, 2.

LEMOINE de CHALOUETTE M ie-Jph-Yves-Bernier, âgé de 19 ans, officier au régt de Toul corps royal artillerie, † au pavillon de HteSeille, par. St-Simplice 2 août 1786 : à son enterrement, Fois de Cléry, chef de brigadiers; Abel Sappel, major; Henry-Marc-Sigisbert Dujard de Fléville, cap. : tous du même corps.

LEMOLE. I. Barbe. V. Bournac.

II. Jeanne. V. Cointin.

LEMONCOURT (de) Ch les-François, lieut. au régt de Fimarcon, † par. St-Victor 18 juil. 1723.

LEMONNIER - DESBERTISSIÈRE Simon, négociant, épousa Louise *Jeandelize*, † par. St-Gengoulph 23 avril 1777, à 65 ans.

LEMUD (de). I. Henry, R. P. R., fut père de :
1. *Gédéon*, qui suit.
2. Jeanne, mariée à Fois Travault.

II. Gédéon, R. P. R., fils du préc., épousa, 12 avril 1592, Catherine *Fériet*, dont il eut :
1. Catherine, 19 juil. 1602.
2. Pierre, 2 janv. 1605.
3. Françoise, mariée à Guy de Drée.

III. Charles, R. P. R., eut d'Esther *de St-Aubin*, son épouse :
1. Charles, 2 janv. 1636.
2. Pierre, 3 août 1637.
3. Louis, 11 septembre 1639.
4. Esther, 3 févr. 1641.

LENEBACH Claire. V. Auburtin-Aubertin IX.

LENEL Marie. V. de Verpy.

LENONCOURT (de). I. Dominique, d^{elle}, † par. St-Gorgon 4 mars 1684.
II. Françoise. V. Mazancourt.

LENSMANN (de), alias de LENSENMANN Ferdinand, chev. de St-Louis, cap. en premier au rég^t d'Alsace, eut de Suzanne-Chrétienne *le Sart*, son épouse :
1. Jⁿ-Ferdinand-Léopold, par. St-Eucaire 14 août 1713.
2. M^{ie}-Antoinette, par. St-Martin 24 juin 1715 ; † 29 sept. suiv.

LÉONARD (de). I. Joseph, éc., sgr en partie de Nouilly, ancien cap. de cavalerie, † par. Ste-Ségolène 7 avril 1774, à 57 ans : à son enterrement, Ch^{les} de Saltzgaibre, sgr en partie de Nouilly.
II. Anne-M^{ie}. V. des Champaux de Grandmont.

LÉONART, alias LÉONARD. I. François, conseiller du Roi au bailliage, eut de M^{ie}-Catherine *Joachim*, son épouse, par. St-Simplice 28 sept. 1748, Anne-M^{ie}-Catherine, † 9 nov. suiv.
II. Élisabeth. V. Valbrun.

LÉOPOLD N^{as}-François. V. Wallet de Merville.

LÉPINAY (de) Anne-Barbe. V. de Don-Duclaut.

LEQUESNE Julie et Antoine. V. le Geay III.

LÉQUILLANT-FORTIN. V. Fortin.

LEQUIN Pierre, cap. gén^l des fermes du Roi, † par. St-Maximin 3 mars 1773, à 57 ans.

LEQUO Marguerite. V. Emmery VII.

LERQUE (de) Joseph. V. de Lixier III, 2.

LESCAILLE Antoinette. V. de Gallois de Rampont.

LESCAMONSSUL. V. Rollet II.

LESCARBOT M^{ie}-Anne. V. de la Tournelle.

LESCARNELLOT. V. le Carnellot.

LESCLOS (de) M^{ie}-Josèphe. V. Dona-Didelaïn.

LESCOT François, [lieut. des gardes de Mgr le duc d'Enghien, fils de N*** Lescot, ancien consul de Paris conduisant les enfants perdus, fut tué devant Thionville, 4 août 1643, à 26 ans 11 mois 4 jours, et inhumé aux Célestins. Msc. Epit.]

LESCOT (de) Alexandre, fils de Jacques, opérateur privilégié, sgr de Lavanté et Procheville, et de M^{ie}-Anne Toussaint ; † par. St-Gorgon 4 déc. 1698, à 12 ans.

LESCOUR (de) Alexandre-Julien. V. de Castelnau.

LESCOUREL de la TOUCHE M^{ie}-Madeleine-F^{oise}. V. de Plunkett I, 2.

LESCURE (de). I. Pierre, R. P. R., fut père de :
1. Esther, 22 avril 1562.
2. Phèbe, 24 juin 1565.
II. Jacques, hôtelier de la Croix blanche, † par. St-Marcel 27 nov. 1670. Il avait épousé Michelle *André*, † ibid. 15 juin 1674. De leur mariage étaient nés :
1. Élisabeth, marraine par. St-Victor 26 mai 1650.
2. *François*, qui suit.
III. François, fils du préc., m^e-chir., fermier de la maltôte de la mercerie, conseiller-échevin et assesseur de l'hôtel de ville, † à 83 ans, par. St-Eucaire 26 sept. 1719, inhumé aux Capucins. Il avait épousé, avec dispense du 3e degré de consanguinité, par. St-Simplice 24 avril 1663, Catherine *Peltre*, † par. Ste-Croix 7 août 1692. De leur mariage étaient nés :
1. Jacques, par. Ste-Croix 10 mars 1664 ; † 28 sept. 1686.

2. Barbe, ibid. 25 janv. 1668.
3. *Abraham-Louis*, par. St-Gorgon 27 mai 1670; lequel suit.
4. Marguerite, ibid. 27 janv. 1672.
5. Étienne, ibid. 3 avril 1673.
6. Claude, ibid. 28 juin 1675.
7. Ch^{les}-Michel, ibid. 20 sept. 1676.
8. Pierre, ibid. 11 mars 1678; † 23 août suiv.
9. Jⁿ-F^{ois}, cap. de cavalerie au rég^t de Barbançon en 1737.

IV. ABRAHAM-LOUIS⁽¹⁾, fils du préc., [lieut.-gén^l au bailliage de l'Évêché à Vic, puis subdélégué de l'intend^t en la même ville, † 22 oct. 1729. Il avait épousé, 27 juil. 1705, Claude *le Liepvre*, † 14 janv. 1742]. De leur mariage étaient nés :
1. *Louis-Claude*, [3 juil. 1712]; lequel suit.
2. M^{ie}-Josèphe, [7 déc. 1713]; mariée à Georges Gabriel.

V. LOUIS-CLAUDE, fils du préc., conseiller au parl^t, éc., sgr de Bathelémont, St-Médard, Vallières et Leveste (?), [† 28 juin 1776]. Il avait épousé, par. St-Simplice 5 juin 1737, Anne *Bertrand*, dont il eut :
1. *Laurent-N^{as}*, par. St-Gengoulph 13 févr. 1740; lequel suit.
2. Claude-Anne, ibid. 22 oct. 1741; mariée à Ch^{les}-N^{as} Hollande de Colmy.
3. M^{ie}-Philippine-L^{se}, ibid. 11 mars 1743; mariée à Louis-Ch^{les} Lecomte de Melqué ou de Melqué-Lecomte, puis à Jⁿ-Henry m^{is} de Cholet.
4. Anne, par. St-Martin 28 mai 1746; mariée à Louis-Antoine Hollande de Colmy.

VI. LAURENT-N^{AS}, fils du préc., éc., sgr de St-Médard, épousa M^{ie}-M^{te}-Charlotte *de Huyn*, dont il eut :
1. M^{ie}-Pauline, par. St-Martin 1er juin 1767; † 24 nov. 1771.
2. L^{se}-Charlotte, par. Ste-Croix 10 mai 1770; mariée à Ch^{les} b^{on} de Bourcier, cap. de cavalerie.

VII. PIERRE, chev. de St-Louis, cap. au rég^t de Poitou, natif de Bergerac en Périgord, † par. St-Livier 21 févr. 1769, à 52 ans : à son enterrement, Jⁿ-B^{te} Mothes de Beauregard, cap. au même rég^t, chev. de St-Louis.

VIII. ANNE, † par. St-Marcel 15 nov. 1766, à 66 ans.

LESCUYER. I. CHRISTOPHE et GABRIELLE. V. Copperel.

II. GABRIELLE. V. d'Auburtin II, 5.

LESCUYER (DE) LOUIS-J^{PH}. V. de Chartongne.

LESPINASSE (DE). I. ÉLIE, éc., sgr de Ponyol, cap. au rég^t du Roi, âgé de 30 ans, épousa, par. St-Gorgon 4 févr. 1690, Louise *de Rozières*, v^{ve} de Rodolphe de la Roche, aide-major à Thionville, laquelle mourut par. Ste-Croix 6 févr. 1716.

II. JEAN, éc., sgr de Lespinasse, cap. au rég^t de Chartres, neveu du préc., fils des † Gabriel, éc., sgr de Pouyol, et Élisabeth Garrigue, épousa, par. St-Gorgon 13 juil. 1715, Élisabeth *Larminat*.

LESPINGAL. I. JACQUES *Hannès*, dit Lespingal, R. P. R., changeur, eut de Perrette N***, son épouse :
1. *Philémon*, 23 mars 1568; lequel suit.
2. Jean, 17 juil. 1579.
3. *Jacques*, qui suivra.
4. Élisabeth, mariée à Jérémie le Goullon.
5. Marie, mariée à Gergonne Fériet, puis à Paul le Bonhomme.
6. Suzanne, mariée à Gédéon Merlot, puis à J^{ques} Mathé.

II. PHILÉMON *Lespingal*, R. P. R., fils du préc., changeur, sgr de Burtoncourt, épousa, 11 févr. 1596, Suzanne *le Goullon*, dont il eut :
1. Jérémie, 25 mai 1601.
2. Élisabeth, 11 sept. 1605; mariée à Ferry de Gray de Malmédy.
3. Suzanne, 7 oct. 1607; mariée à F^{ois} Fabert.
4. Charles, 29 août 1610.
5. Anne, 21 nov. 1612; mariée à Ch^{les} de Villers.

---
(1) Les détails entre [ ] sont tirés des notes de M. d'Hannoncelles.

6. Marie, 1ᵉʳ oct. 1614; mariée à Paul de Chenevix.
7. *Auguste*, 2 nov. 1616; lequel suit.
8. Judith, 7 févr. 1621; mariée à David de Dompierre.

III. AUGUSTE, R. P. R., fils du préc., sgr de Burtoncourt, Gravelotte et Bocange, épousa, 16 déc. 1640, Jⁿᵉ *d'Aumale*, † par. St-Simplice 6 janv. 1673, à 53 ans. De leur mariage naquirent R. P. R. :
1. Suzanne, 23 janv. 1642; mariée à Nᵃˢ Balbo de Colligny, puis à Louis-Alexandre de Hellot et à Louis Racle.
2. Louis, 22 juin 1643.
3. Auguste, 7 juin 1644; † par. St-Eucaire 19 juin 1674.
4. François, 9 juillet 1645.
5. Jeanne, 12 juil. 1647; mariée à Nᵃˢ d'Arbois ou Darboy, puis à Chˡᵉˢ de Rorthais des Touches.
6. Anne, 6 juin 1650.
7. Élisabeth, 25 juin 1654; mariée à Thomas Alix-Duval, puis à Louis Tarcis.
8. Judith, 17 oct. 1657.

IV. JACQUES, R. P. R., oncle du préc., sgr de Corny et de Coin en partie, épousa, 4 juil. 1604, Anne *Chauveau*, dont il eut :
1. Élisabeth, 13 avril 1605; mariée à Claude Sarrazin.
2. Suzanne, 27 déc. 1606; mariée à Jérémie le Goullon, puis à Paul Ferry le pasteur.
3. Marie, 29 août 1608; mariée à Pʳᵉ de Flavigny.
4. Anne, mariée à Isaac Duchat, puis à Paul Goffin.

V. MARIE, fille de Mʳ de Burtoncourt, naquit par. St-Simplice 24 oct. 1657.

VI. MADELEINE. V. Goffin.

VII. BARBE. V. le Braconnier.

LESPORT Mⁱᵉ-CATHERINE. V. Merlo.

LESTRE (DE) MADELEINE. V. Meÿ de Vallombre.

LETENY (DE) DENIS. V. de la Vernet.

LEUFFER THÉRÈSE. V. Urich.

LEURYE DU PROY (DE). I. LOUIS, éc., sgr du Proy, chev. de St-Louis, cap. au régᵗ de Vaubecourt, puis commandᵗ à la citadelle de Verdun, fils de Chˡᵉˢ et de Mⁱᵉ Prévost, originaire de Beuvraines, près de Roye en Picardie, épousa : 1° par. St-Victor 10 févr. 1676, Anne *d'Auburtin de Rupigny*, † par. St-Marcel 11 nov. 1680, inhumée par. St-Eucaire, au chœur; 2° par. St-Martin 5 juin 1681, Catherine-Thérèse *Crespin*. — Du premier mariage naquit, par. St-Marcel 11 nov. 1680, *Louis-Chˡᵉˢ-Christophe*, qui suit.

II. LOUIS-CHˡᴱˢ-CHRISTOPHE, fils du préc., éc., sgr du Proy, cap. au régᵗ de Boufflers, puis lieut.-colonel au régᵗ de Marsan infanterie, épousa, par. St-Simplice 27 juin 1717, Suzanne-Catherine *de Laubrussel* : au mariage, Jqᵘᵉˢ Tassinot, sgr de Fresnay et de la Grange-aux-Bois, conseiller au parlᵗ. — Suzanne-Catherine de Laubrussel mourut ibid. 10 avril 1724. — Du dit mariage naquirent par. St-Victor :
1. Suzanne-Catherine-Fᵒⁱˢᵉ, 15 mai 1719 : p. Israël le Goullon, gᵈ oncle; m. Suzanne de Vigneulles, épouse de Jⁿ-Bᵗᵉ de Laubrussel, conseiller au parlᵗ.
2. Pʳᵉ-Nᵃˢ-Louis, 7 août 1720 : p. Pʳᵉ de Laube, chev. de St-Louis, cap. au régᵗ de Boufflers; m. Claude-Nicole le Goullon, épouse de Mathieu Gentard de Gontin. — Il mourut 14 déc. suiv.
3. Jⁿ-Louis, 30 août 1721; † par. St-Martin 25 avril 1746.
4. Mⁱᵉ-Anne, 23 oct. 1722; † par. St-Eucaire 13 sept. suiv.
5. *Jⁿ-Bᵗᵉ-Louis*, 3 avril 1724; lequel suit.

III. Jⁿ-Bᵗᴱ-LOUIS, fils du préc., éc., sgr de Landonvillers, conseiller au parlᵗ, † par. St-Martin 29 août 1780. Il avait épousé, ibid. 14 mai 1748, Anne-Suzanne *Thibaut de Menonville*, dont il eut :
1. Suzanne-Lˢᵉ-Hyacinthe, mariée à Louis de Laubrussel, puis à Jⁿ-Fᵒⁱˢ-Louis de Saint-Blaise.
2. Anne, mariée à Claude-Philippe-Alexandre de Tinseau.

IV. Mⁱᵉ-ANNE. V. Pantaléon VII.

LEVADEUR (DE) ANNE. V. de Guimesty.

LEVERT Jⁿ-François, m^e en chirurgie à Confacour, chir. de l'hôpital militaire de Metz, fils de † François et de M^{te} Verdot, de la par. de Raimourt, diocèse de Besançon, épousa, étant âgé de 26 ans, par. St-Simplice 20 sept. 1774, Renée-M^{te}-Rose *Janniaux*, âgée de 27 ans, fille de N^{as} Janniaux-Lavallé, m^e en chirurgie à Marsilly, diocèse de Tours, et de † Renée Royer.

LÉVESY (DE) Jⁿ-Joseph, éc., sgr de Rosset, cap., † par. St-Eucaire 28 sept. 1675, d'une blessure reçue au siège de Trèves : à son enterrement, F^{ois} de Lévesy, sgr des Moulins, lieut. au rég^t d'Anjou.

LÉVIS (DE). V. de Saint-Hillier IV, 2.

LÉVISTON (DE), *alias* LE LÉVISTON.
I. Alphonse, chev., major de la citadelle, eut de J^{ne} *Leclerc*, son épouse, par. St-Jean de la Citadelle :
1. F^{oise}-Thérèse, 27 oct. 1694 : p. P^{re} Langlois, conseiller au parl^t, g^d doyen de la cathédrale ; m. F^{oise}-Thérèse Durand d'Haraucourt, abbesse de St-Pierre.
2. Jean, 11 sept. 1699 ; † le même jour.

II. Philippe, fut parrain par. St-Jean de la Citadelle 4 mai 1701.

III. Marguerite. V. de Boissy.

IV. Marie. V. de Lorichon.

LÉVY (DE). I. Louis-Anne, juif converti, protégé de Louis XIV, son parrain, procureur au parl^t, † par. St-Victor 2 juil. 1726. Il avait épousé Agathe *Nicolas*, † par. St-Martin 28 oct. 1715. De leur mariage étaient nés :
1. Hubert, vicaire à la par. St-Martin en 1699, chan. prébendé de Ste-Marie.
2. *Louis*, qui suit.
3. Nicolas, † à 5 ans, par. St-Marcel 25 août 1689.
4. Marguerite, mariée à P^{re} Tropenat de la Salle.

II. Louis, fils du préc., procureur au présidial, † par. St-Simplice 11 avril 1752, à 82 ans. Il avait épousé, par. St-Martin 25 août 1699, F^{oise} *Hugueny* ou *Huguenin*, † à 87 ans, par. St-Simplice 24 avril 1762. De leur mariage naquirent par. St-Victor :
1. Louis, 11 mai 1700 ; † 24 août 1701.
2. Louis, † 30 mars 1729, à 28 ans.
3. F^{oise}-Thérèse, 25 mars 1704 ; † 16 juin 1723.
4. Humbert, 2 juin 1705.
5. M^{ie}-Marguerite, 8 déc. 1706 ; † 27 juin 1709.
6. Barbe-Agnès, 20 avril 1708.
7. M^{ie}-Anne, 15 oct. 1709.
8. *Pierre*, 11 nov. 1710 ; lequel suit.
9. M^{ie}-Anne-J^{ne}, 2 mars 1712 ; † 21 nov. 1715.
10. Jⁿ-Louis, 23 avril 1718.
11. Françoise, mariée à Jⁿ Huot de Grandcour.

III. Pierre, fils du préc., rentier, épousa : 1° par. St-Marcel 16 juin 1739, M^{ie}-Madeleine *Genin*, † ibid. 12 juin 1742, à 24 ans ; 2° par. Ste-Croix 11 sept. 1742, Catherine *Mouzon*, fille des † François Mouzon, m^e-chaudronnier, et Barbe Leclerc, laquelle mourut par. St-Maximin 27 mai 1773, à 70 ans. Du premier mariage naquirent par. Ste-Ségolène :
1. M^{te}-Louise, 26 sept. 1741 ; † 21 janv. 1743.
2. Françoise, 9 juin 1742 ; † le même jour.

LHUILLIER. I. Anne. V. Petin II.

II. Charles. V. de Goize I, 4.

III. Françoise. V. Lambert.

IV. Françoise. V. Annibal IV.

V. M^{te}-Catherine. V. Woirhaye.

VI. Marie. V. Mangay.

VII. M^{ie}-Sara. V. Plessy III.

LHUILLIER DE SAINTE-AGATHE P^{re}-Ernest, sgr de Ste-Agathe, † par. St-Georges 30 janv. 1781, à 85 ans. Il avait épousé Judith *Olry*, † ibid. 12 mars 1759, à 60 ans. De leur mariage étaient nés :
1. M^{ie}-Thérèse, mariée à Claude-F^{ois} Doger.
2. Élisabeth, † par. St-Georges 6 mai 1759, à 24 ans.
3. Marguerite, mariée à Vincent Poinsignon.

4. Anne-F^oise, née par. St-Eucaire 1er avril 1737.
5. Claude, ibid. 16 juin 1738.
6. J^ques-Étienne, ibid. 22 juil. 1739; † par. St-Livier 13 juil. 1741.
7. Nicolas, par. St-Livier 15 avril 1743 : p. N^as Lhuillier, conseiller et avocat du Roi au siège présidial. — Il mourut 18 mars 1747.

LHUILLIER DE **SPITZEMBERG** ANNE, GERTRUDE, URSULE, et LÉOPOLD. V. Liégeault IV et du Teil I, 3.

LIABÉ. I. CHRISTOPHE, d^r en médecine, conseiller premier médecin de † S. A. R. la duchesse douairière de Lorraine, princesse souveraine de Commercy; † à 75 ans, par. St-Gengoulph 23 mai 1765. Il avait épousé Anne-M^ie *Touron*, † par. St-Martin 4 août 1755. De leur mariage était né *Dominique*, qui suit.

II. DOMINIQUE, fils du préc., conseiller d'État de la duchesse douairière de Lorraine, puis conseiller au parl^t, eut d'Anne-F^oise *Vaultrin*, son épouse :
1. Claude-N^as, par. St-Martin 27 mars 1749.
2. Anne-M^te, ibid. 6 mars 1750; mariée à Louis Grandjean.
3. Christophe-Louis, ibid. 17 oct. 1751; † 3 mars 1753.
4. Anne-F^oise, ibid. 3 juil. 1754.
5. J^n-N^as-François, par. St-Gengoulph 24 janv. 1767.
6. Christophe-Louis (1).
7. F^ois-Dominique; [avocat au parl^t, sous l'Empire conseiller de préfecture à Châlons-sur-Marne et sous-préfet de Rheims, il eut de N*** *Harpillon*, son épouse, deux filles, dont l'une vivait en 1853 sans être mariée, l'autre était Mme Durandières.]
8. Jean-F^ois-Xavier, [marié à Anne-Josèphe-Robert *Duchâteau*.]

LIARS, alias **LIAIS** MARIE. V. de Vauborel.

(1) CHRISTOPHE-LOUIS eut de Catherine *Ourié*, son épouse : 1° Félix, cap. d'infanterie; 2° Eugène, dir. des domaines à Metz en 1853, marié à Émilie *de Rouyer*, fille de P^re de Rouyer et de Delphine de Curel. (*Biog. du Parl^t.*).

LIBRE M^ie-CATHERINE. V. Saget IV.

LIBY (DE) JEAN, R. P. R., eut de M^ie N***, son épouse, Suzanne, 12 janv. 1622.

LICHTENSTEIN (DE). I. F^ois-J^ph-REGNAULT, duc de Troppau et Jägerndorff en Silésie, c^te de Rittberg, conseiller intime actuel de S. M. I. et R., chev. de la Toison d'or, époux de S. A. S. Léopoldine née c^esse *de Sternberg*; † à l'hôtel du Palais Royal, par. St-Livier 18 août 1781. Le surlendemain son corps fut transporté dans ses États, et ses entrailles furent inhumées à la dite paroisse, en présence de son secrétaire Thiébault Wallaschek de Walberg et de J^n-J^ques Dosquet, sgr de Tichémont.

II. N***. V. Schobel.

LIÉBAULT JEANNE. V. Hélian.

LIÉGEAULT(1). I. ÉLÉONORE, avocat au parl^t de Paris, épousa Claire *Godefroy*, † par. Ste-Croix 31 janv. 1694. De leur mariage naquirent :
1. J^n-Baptiste-F^ois, qui suit.
2. Louis-Henry, [chev. de l'ordre de St-Jean de Jérusalem.]
3. M^ie-Éléonore, mariée à F^ois Asse, puis à N^as Arnaud, sgr de Montigny.

II. J^n-BAPTISTE-F^ois, fils du préc., avocat du Roi au bailliage, † par. Ste-Croix 29 juil. 1676. Il avait épousé Madeleine *Asse*, [† 3 juil. 1707]. De leur mariage étaient nés par. Ste-Croix :
1. Bonne-Jacqueline, 21 oct. 1668.
2. J^n-François, 15 avril 1670.
3. J^n-Joseph, 20 sept. 1671; [† curé de Cheré-aux-Bois en 1726.]
4. *Louis-Mathias*, 4 oct. 1672; lequel suit.
5. Bonne, mariée à J^n-Louis Arnauld.
6. M^ie-Madeleine, 27 juin 1674; mariée à Henry-Bon Lejoindre.

III. LOUIS-MATHIAS, fils du préc., procureur de l'Évêché à Vic, puis conseiller du Roi, lieut. particulier assesseur civil et criminel au bailliage de Metz, † par. St-Victor

(1) Les détails entre [ ] sont extraits des notes de M. le Président d'Hannoncelles.

5 déc. 1756. Il avait épousé : 1° par. Ste-Croix 26 mai 1698, Anne-Foise *d'Auburtin*, † par. St-Victor 1er févr. 1734; 2° Mie-Foise *Faure,* † ibid. 24 mars 1761, à 76 ans. Du premier mariage naquirent :
1. Mie-Bonne, [10 déc. 1701; religieuse dominicaine à Vic.]
2. Ursule, [8 avril 1704; religieuse au couvent des Annonciades de Nancy. † 30 juil. 1730].
3. *Fois-César*, [7 févr. 1707]; lequel suit.
4. Louis-César, [chan. régulier de St-Antoine, puis chan. de l'ordre de St-Jean de Jérusalem et commandeur de Gelucourt, † à Nancy en nov. 1777.]
5. Madeleine, mariée à Jques-Pascal Viriet, sgr de Remicourt.
6. Marie-Anne, mariée à Jn-Chles Hollande de Colmy.

IV. Fois-César, fils du préc., commissaire d'artillerie, [† hydropique auprès d'Ulm 4 nov. 1741, en revenant de l'armée de Bavière. Il avait épousé, 15 juin 1740], Ursule *Lhuillier de Spitzemberg*, dont il eut, par. St-Martin 19 déc. 1741, Mie-Anne-Foise : p. Mathias Liégeault, son gd père ; m. Anne Florentin, vve de Léopold Lhuillier, cap., sgr de Spitzemberg, représentée par Anne Lhuillier de Spitzemberg, vve de Chles-Hyacinthe Hugo, chev., sgr de Spitzemberg. — L'enfant mourut 7 août 1742.

LIÉGEOIS. I. JEANNE. V. Job II.

II. MARGUERITE. V. Charuel de Ste-Croix.

LIÉNARD MARIE. V. Braconnier XI.

LIÈGUE MARGUERITE. V. de Rosselange.

LIÈPVRE (LE). I. ANNE. V. de Chazelles.

II. ANNE. V. Odam.

III. ANNE-FOISE. V. Bruillard IV.

IV. CLAUDE. V. de Lescure IV.

LIGIER Mis-ANNE. V. de Vaux IV.

LIGNÉVILLE (DE). I. CHARLES, sgr de Tantonville, fut parrain par. St-Eucaire 18 oct. 1600.

II. PRE-HUBERT, eut d'Anne *Gattebois des Forges,* son épouse, par. St-Maximin 19 janv. 1668, Gabrielle-Judith : p. Nas. le Jennet, éc., sr de Vantoux ; m. Judith le Goullon, épouse de Philippe de Gattebois des Forges.

III. GEORGES-FRÉDÉRIC, cte, bon de Vannes, eut de Barbe *Jobal*, de Pagny, son épouse, François, par. St-Martin 2 mars 1686.

IV. JN-JACQUES. V. de Gournay I, 3.

V. JACQUES. V. de Fineck.

LIGNOL ANNE-MTE-ADRIENNE. V. Poinsot des Marnais.

LIGNY (DE) MADELEINE. V. de Beauvais.

LIGNY DU CHARMEL (DE) MARIE. V. d'Anglebert.

LIMA (DE), *alias* D'ELMAN CHARLES, R. P. R., bourgeois, épousa, 4 févr. 1635, Esther *de Saint-Aubin*, † 6 nov. 1676.

LIMBERT ÉLISABETH. V. Masson III.

LIMOGE DE SAINT-CENT (DE) LOUIS, me de camp, commandt la colonelle du régt général de cavalerie, fut parrain par. St-Simplice 4 févr. 1717.

LIMOUSIN (DE), *alias* DE LIMOZIN. I. JEAN-NAS, sgr de Roussy-le-Bourg, épousa : 1° Jne *des Cordes;* 2° par. St-Simplice 19 févr. 1697, Anne-Foise *Boudet*, âgée de 26 ans. Du premier mariage naquit Chles-Emmanuel, qui épousa, à Luttange 31 août 1710, Catherine *de Cabanes* : à ce mariage, Léonard de Baillet, sgr de Halanzy et Piémont; Anne-Gilette Wolschlager de Limousin.

II. MADELEINE. V. de Malateste.

LINAGE (DE), *alias* DE LIGNAGE. I. ANDRÉ, éc., sr des Noiset, *alias* Nausey, eut d'Anne *Vallore, alias Valon*, son épouse :
1. Anne-Rose, par. St-Marcel 28 avril 1675.
2. Louis, par. Ste-Ségolène 17 déc. 1677.

II. FRANÇOISE. V. le Braconnier XX, 5 et de Ville VI, 2.

LINANGE (DE) LOUISE. V. de Romilley.

LINAS (DE) ÉLISABETH. V. de Bock.

LINCHE André. V. de Hart.

LINCOLLE (de) Jacques, éc., cap. au rég^t de Laid, eut de Renée *de Pipart*, son épouse, par. St-Simplice 13 sept. 1714, André-Louis : p. N^{as}-Louis de Lincolle; m. Louise-F^{oise} Mathis.

LINDENBAUM (de) André. V. Trouet de Coutalliou.

LINEULLE (de) Claude-Renée. V. de Simiane.

LINGENDES (de) Jacques, chev., cap. au rég^t de Brie en garnison à la Rochelle, chev. de St-Louis, sgr de Clémentières et autres lieux, natif de Moulins en Bourbonnais, diocèse d'Autun, fils des † Jean, chev., sgr de Chazelles, Clémentières et autres lieux, et J^{ne} Berraud, épousa, étant âgé de 54 ans, par. Ste-Croix 15 oct. 1776, Catherine *Jacquin*, âgée de 53 ans, v^{ve} de Paul Husson, procureur au bailliage. Au mariage, J^{ques} de Hillerin, ancien cap. au rég^t royal, dem^t par. Ste-Croix; J^{ques}-F^{ois}-Auguste de Hillerin, chev., cap. au rég^t de Limousin en garnison à la citadelle.

LINZWEILER, *cfr.* NICOLAS de LEINSVILLERS, Nicolas, ancien cap. d'une compagnie franche de la Huart, eut pour épouse M^{te} *le Noble*, † par. St-Livier 25 déc. 1772, à 75 ans.

LIOTAU (de). V. de Maillard I, 2.

LIPPE d'IMBLEVAL (de) F^{ois}-Henry-Isidore, éc., chev. de St-Louis, lieut. de cavalerie cy-devant en résidence à Mirande, veuf de Rose-F^{oise} *Coquel*, épousa, par. St-Georges 9 mars 1784, M^{ie}-Gabrielle *Lajeunesse*.

LIQUOIS de BEAUFORT N***, cap. des charrons de l'artillerie, fut témoin d'un mariage par. St-Eucaire 11 juin 1737.

LISLEMARAY (de) Jacques. V. de la Vernet.

LIVE du SOLEIL (de la) M^{ie}-Thérèse. V. Passerat de la Chapelle.

LIXIER (de), *alias* de LIXIÈRES. I. Louis, avocat au parl^t, eut de Madeleine *Michelet*, son épouse, par. Ste-Croix :

1. Jⁿ-Louis, 9 oct. 1644.
2. *Benoît*, 23 avril 1647; lequel suit.
3. F^{ois}-Philbert, 5 août 1649.
4. Antoine, 22 janv. 1652.

II. Benoît, fils du préc., conseiller du Roi, président trés. gén^l de France, intend^t des finances, domaines et gabelles, g^d voyer de la généralité de Metz, † par. St-Simplice 18 oct. 1719. Il avait épousé :
1° par. Ste-Ségolène 4 oct. 1683, Anne-Elisabeth *Turgis*, v^{ve} de Ch^{les} Gillot;
2° M^{te}-Charlotte *de Gay*. Du premier mariage naquirent :

1. *Étienne*, par. Ste-Ségolène 13 nov. 1684; lequel suit.
2. Marguerite, par. St-Livier 14 nov. 1685; † 18 mai 1688.
3. M^{ie}-Thérèse, ibid. 25 janv. 1687; mariée à Jⁿ-Benoît Cornille.
4. Henriette-Éléonore, ibid. 9 avril 1690; † 23 juin suiv.
5. Jeanne, par. St-Simplice 20 janv. 1692.
6. Benoît, à l'enterrement de son père.

III. Étienne, fils du préc., conseiller du Roi, trés. de France, † par. St-Simplice 23 févr. 1745. Il avait épousé Thérèse *Pidolle*, dont il eut :

1. Hélène-Thérèse, par. St-Simplice 12 avril 1715 : p. Benoît de Lixier, g^d père; m. Hélène-Thérèse Pidolle, g^d mère, représentée par Catherine Pidolle. — Elle fut mariée à Antoine-Jⁿ de Sarrau d'Arrasse.
2. M^{ie}-Thérèse, ibid. 26 mars 1716 : p. Joseph b^{on} de Lerque, colonel command^t au rég^t royal Bavière; m. M^{ie}-Thérèse de Lixier, épouse de Mr Cornille.
3. Claude-Étienne, par. St-Martin 6 août 1717.
4. F^{oise}-Guisberte, ibid. 5 déc. 1718 : p. F^{ois} Pidolle, sgr et m^e des forges de la Quinte; m. Guisberte Bassy, v^{ve} de Mr Dauphinberg, conseiller du prince de Mayence et chancelier du prince de Taxis.
5. Godefroy-Benoît, par. St-Simplice 3 mars 1720 : p. Godefroy-Benoît Pidolle; m. M^{te} Jeoffroy, fille de Mathieu Jeoffroy, conseiller au parl^t.

Il était cadet au rég^t royal artillerie au mariage de sa sœur Hélène-Thérèse ci-dessus.

6. Anne-F^{oise}, ibid. 3 mai 1721.
7. M^{ie}-Judith, ibid. 19 juin 1722.
8. Ch^{les}-François, ibid. 11 août 1723.
9. N^{as}-Louis, ibid. 3 nov. 1728 : p. N^{as}-Louis Gillot, éc. ; m. M^{ie} Elisabeth Pidolle, épouse de F^{ois} Lecomte.
10. François, ibid. 2 mars 1730.

IV. ANNE, † par. St-Gorgon 9 avril 1692, à 59 ans.

LOBLIGEOT FRANÇOISE. V. Briart.

LOBIRE M^{ie}-ANNE. V. le Blanc de l'Isle.

LOCHON. I. FRANÇOIS, † par. St-Victor 10 juin 1682. Il avait eu de M^{ie} *Nicolas*, son épouse, *Pierre*, qui suit.

II. PIERRE, fils du préc., procureur au parl^t, conseiller échevin de l'hôtel de ville, † par. St-Victor 8 juil. 1710, à 69 ans. Il avait épousé, par. St-Simplice 10 juin 1671, Madeleine *Grosmangin*, dont il eut :

1. Antoine-F^{ois}-Xavier, par. St-Victor 3 déc. 1673 ; conseiller des requêtes au palais démissionnaire en 1735, † par. St-Victor 1er mars 1739.
2. Denis-Rose, ibid. 13 nov. 1675.

III. DIEUDONNÉE. V. André.

IV. GABRIELLE-ROSE. V. de la Fond.

LODRE M^{ie}-EULALIE. V. Mercier de l'Epinay.

LOESCH (DE) LÉOPOLD, b^{on}, fils de N*** b^{on} de Loesch, sgr d'Effilgertshausen, chambellan de S. A. S. l'Electeur Palatin duc de Bavière, chev. de l'ordre de St-Georges, et de N*** c^{esse} de Fugger en Bavière ; † à 5 ans, par. Ste-Ségolène 1er sept. 1784 : à son enterrement, dom Amyot, bénédictin, préfet de MM^{rs} les barons de Loesch au collège royal de St-Louis.

LOEWENHAUPT (DE) GUSTAVE-OTHON, c^{te}, prince du St-Empire, sgr d'Urville et du Mesnil, ancien colonel d'infanterie, chambellan du Roi de Pologne duc de Lorraine et de Bar, chev. de St-Louis et g^d-croix commandeur de l'ordre royal de l'Étoile du Nord de Suède, épousa Claude Nicole *le Goullon*, † par. St-Eucaire à 85 ans, inhumée par. St-Simplice 7 nov. 1763. A son enterrement, ses cousins : Louis Thibaut de Menonville, Michel de St-Blaise, J^n-B^{te}-D^{que}-Hyacinthe de Laubrussel et J^n-B^{te}-Louis de Leurye du Proy, conseillers au parl^t.

LOGIER DE BORTEL BALTHASAR-MARTIN-JUSTE. V. de Castelnau.

LOISEAU DE PERSUIS M^{ie}-ANNE-CÉCILE. V. Rolland II.

LOISON ANNE. V. Lambert VI.

LOLLIER. I. PAUL, R. P. R., apothicaire, eut de Judith *Bellon*, son épouse :
1. Judith, 3 sept. 1635.
2. Dorothée, 16 janv. 1637.
3. Théophile, 17 août 1639.

II. SUZANNE. V. Olry IV.

LOMBARD, alias **LOMBART**. I. DOMINIQUE, noble homme, épousa, par. St-Martin 26 janv. 1573, Anne *de Mondelange*, dont il eut Comtesse, † ibid. 10 sept. 1574.

II. PIERRE, éc., sgr de St-Pierre et d'Angevillers, conseiller chev. d'honneur au bureau des finances, fils de P^{re}, éc., et de M^{te} Leblanc ; † par. St-Simplice 17 mai 1747, à 87 ans. Il avait épousé, par. St-Gorgon 17 févr. 1705, Catherine-Antoinette *Lecomte*, dont il eut :

1. J^{ques}-Philippe-Louis, par. St-Gorgon 1er août 1706 ; † ancien cadet d'État au rég^t royal artillerie, par. St-Simplice 18 nov. 1739.
2. P^{re}-Dominique, par. St-Victor 24 avril 1708.
3. Marie, par. St-Gorgon 5 sept. 1709.
4. Marquise, ibid. 10 juin 1711.
5. F^{ois}-Élie, ibid. 27 déc. 1712 ; clerc du diocèse de Metz au mariage de la suivante.
6. Catherine, mariée à Laurent-F^{ois} de Chinot.

III. J^n-LOUIS, avocat au conseil souverain d'Alsace, professeur de mathématiques à l'école d'artillerie, fils de Jean, m^d à

Strasbourg, et de J^ne Fribourg, épousa, par. St-Marcel 5 juin 1747, Laurence *Robillard*, dont il eut :
1. J^ne-Françoise, ibid. 19 avril 1748; † 15 déc. suiv.
2. F^oise-Laurence-Philippine, ibid. 6 mars 1749.
3. Michel-Laurent-F^ois, par. St-Eucaire 22 juin 1755.
4. J^n-Antoine-M^ic, ibid. 22 juin 1756.

IV. PHILIPPE, treize, fut parrain par. Ste-Croix 6 avril 1629.

V. ANNE. V. Triplot.

VI. MADELEINE et FRANÇOISE. V. Hillaire II et III.

LOMBEY (DE) SUZANNE. V. de Laguier.

LONCIN (DE) BAUDOUIN, lieut. au rég^t de Coursillon, natif du pays de Liège, † par. St-Victor 18 sept. 1719.

LONDEIX (DE) JACQUES, cy-devant brigadier au corps des carabiniers, compagnie de Duperron, fils des † Mathieu, sgr de Champagnal, et Jacquette de la Porte, épousa, par. St-Livier 20 juin 1786, F^oise *de Beauvant*, pensionnaire à la Congrégation, fille de Ch^les-Louis de Beauvant et d'Anne-M^ie Jacquemin : au mariage, J^ph de Bagneux, cap. command^t au corps des carabiniers; Louis-J^ph chev. de Beauvant, frère de la mariée.

LONERGAN (DE), alias DE LORNEGAN SIMON, cap. au rég^t d'Anhalt, fils des † Paul, sgr de Lehel, province de Watterfort en Irlande, et M^ie Prendergast, épousa, par. Ste-Ségolène 23 oct. 1770, M^te-Barbe *le Clair de Châtelaine*.

LONGAT (DE), alias LONGUAT[1] J^r-FRANÇOIS, éc., sgr de Sancourt et Taillon, eut d'Odile-Josèphe *d'Huart*, son épouse, par. St-Martin 28 juil. 1711, Gérard-J^ph-Ignace : p. Gérard-Mathias b^on d'Huart, représenté par Christophe d'Huart ; m. Diane-Laurette Foës.

LONGCHAMP (DE) D^que-GÉRARD, cap. réformé d'infanterie à la suite de la place de Metz, épousa Catherine-Barbe *de Tercy*, † à 77 ans, par. Ste-Ségolène 14 mai 1749.

LONGEVILLE (DE) PHILIPPE-CÉSAR. V. Barbé IV, 2.

LONGPREZ (DE) JEAN, éc., s^r de la Milletière et de Milgrade, fut parrain par. St-Simplice 28 oct. 1671.

LONGUEIL (DE) J^ph-GILBERT et PÉTRONILLE. V. de Rostaing de Bataille de Fonclair.

LONGUEVALLE (DE). I. J^r-CLAUDE, eut de Clémence *de la Rue*, son épouse, Marguerite, par. St-Victor 3 janv. 1694.

II. CHARLES. V. Dilange V.

LONZAT (DU). V. du Lauzat.

LOR (DE) MARIE et JEANNETTE. V. de Carignan.

LORETTE. I. JEAN, épousa Anne *Noirel*, † par. St-Victor 15 juil. 1747. De leur mariage étaient nés :
1. Jean, à l'enterrement de sa mère.
2. Pierre, qui suit.
3. François, au mariage de sa nièce Élisabeth.

II. PIERRE, fils du préc., juge-consul, sgr de Marange, † rue de l'Abreuvoir, par. St-Simplice 15 févr. 1780, à 70 ans. Il avait épousé Barbe *Bérard*, † par. St-Victor 4 nov. 1788, à 81 ans et 7 jours. De leur mariage étaient nés :
1. P^re-Joseph, par. St-Victor 24 oct. 1745; lequel suit.
2. Élisabeth, mariée à J^n-B^te Godefrin.
3. Jeanne, mariée à Georges Chedeaux.
4. Bernard, † par. St-Victor 28 oct. 1746.

III. P^re-JOSEPH, fils du préc., substitut du procureur gén^l au parl^t, sgr de Marange, eut d'Anne-Barbe *Collesson*, son épouse :
1. N***, par. St-Simplice 10 déc. 1769.
2. Pierre, par. St-Eucaire 16 févr. 1776; † 11 oct. suiv.
3. P^re-Henry, ibid. 3 avril 1777.
4. F^ois-Xavier, par. St-Victor 19 févr. 1783.
5. M^te-Rose, ibid. 19 mars 1784.

---

[1] Le vrai nom de la famille est *Desmarets de Sancourt*, sgr de Longat.

6. M^te-Rose, ibid. 19 mars 1787.

IV. Judith. V. Joly III.

LORICHON (de). I. Pierre, chev., lieut.-colonel et major au rég^t de la Reine dragons, fils de J^n-B^te, conseiller au parl^t, et de M^ie de Léviston, épousa, par. St-Martin 27 déc. 1704, M^ie *Jacobé*, dont il eut :
1. P^re-Madeleine, par. St-Gengoulph 23 oct. 1706.
2. M^ie-Anne, par. Ste-Croix 12 sept. 1711.

II. Marie, parente du préc. V. Blaise VIII, 1.

LORIN Pierre, chev. de St-Louis, ancien cap. command^t au rég^t de Limousin, originaire de Coutances en Basse-Normandie, fils de P^re-Thomas Lorin-Desmorusont, conseiller du Roi, receveur particulier des finances de l'Election de Coutances, et de † J^ne-M^te-Jacqueline Burnouf, épousa, étant âgé de 43 ans, par. St-Simplice 24 sept. 1783, M^ie-F^oise-Apolline *Breton*, âgée de 27 ans, fille des † P^re Breton, négociant à Longwy, et Catherine Aubry. Au mariage furent légitimés les enfants suivants, nés par. St-Martin :
1. Colette, 24 janv. 1778.
2. Sophie, 4 nov. 1780.

LORIO Michelle. V. de Gallonnier.

LORIZE Louise. V. de Gallonnier.

LORME (de). I. Antoine, conseiller au bailliage, fils de N^as, avocat au parl^t, et de Catherine Moreau, † par. St-Martin 13 oct. 1740, à 50 ans. Il avait épousé, ibid. 15 nov. 1717, F^oise *Udry*, fille de Michel Udry, bourgeois de Metz, de laquelle il eut :
1. Catherine-Madeleine, par. St-Martin 29 sept. 1718; † 13 juil. 1724.
2. Michel, ibid. 15 août 1721.
3. Madeleine-Thérèse, ibid. 15 oct. 1723.
4. Antoine, par. St-Eucaire 16 oct. 1724; † 26 janv. 1726.
5. Catherine, † à 7 ans, par. St-Gengoulph 17 sept. 1732.
6. Anne-Madeleine, par. St-Gengoulph 24 mai 1727; † 25 févr. 1729.
7. Françoise, ibid. 2 juil. 1728.
8. Nicolas, ibid. 2 oct. 1729.
9. Georges, ibid. 20 janv. 1731.
10. *Antoine*, ibid. 25 mai 1732; lequel suit.
11. Madeleine, ibid. 18 sept. 1733.
12. Ch^les-*Amédée*, ibid. 10 oct. 1734; lequel suivra.

II. Antoine, fils du préc., receveur des finances à Thionville, eut de Barbe-F^oise *de Chazelles*, son épouse, par. St-Simplice :
1. Georges-M^ie, 1er avril 1770; † 11 suiv.
2. Ch^les-Jean, 29 mai 1771.

III. Ch^les-Amédée, frère du préc., cap. au rég^t provincial de Verdun, chev. de St-Louis, eut de M^ie-Anne *Cunin*, son épouse :
1. D^que-Ch^les-Martin, par. St-Simplice 15 nov. 1772.
2. J^ne-Catherine, par. Ste-Croix 21 oct. 1774.
3. D^que-Ch^les-Martin-Michel, par. St-Simplice 15 oct. 1776.

IV. Humbert, eut de Catherine *Gérardin*, son épouse, Théodore, † par. St-Marcel 23 août 1691, à 8 mois.

V. Louis-Claude, éc., conseiller correcteur à la chambre des comptes, veuf de Scholastique-Augustine *Nanteuil*, épousa, par. St-Georges 10 juin 1788, F^oise *Olry*.

VI. Paschal, dit la Violette, chir. de la compagnie du s^r de Rocambolle au rég^t de Vendôme, âgé de 33 ans, épousa, par. St-Marcel 10 avril 1690, M^ie-J^ne *Abraham*, âgée de 33 ans, v^ve de P^re Jacques.

VII. J^n-Baptiste, éc., sgr de Châteauvert, épousa Martine-Geneviève *de Girault*, marraine par. St-Martin 24 oct. 1679.

VIII. Anne-Louise. V. Olry XI.

LORRAIN (le). I. Charles, avocat au parl^t, fut parrain par. St-Eucaire 3 oct. 1700.

II. Catherine. V. Régnier.

LORRAIN de SIVRY (le) Louis-F^ois, ingénieur du Roi, dir. des ponts et chaussées des Trois-Evêchés, eut de M^te-Christophe *de la Croix*, son épouse :
1. Anne-M^te, par. St-Livier 21 nov. 1740.
2. M^ie-Madeleine, ibid. 18 nov. 1741.

LORRAINE (DE) CHARLES. V. de Serainchamps II.

LORRY VINCENTE. V. Blanchard.

LORTHION M^ie-LOUISE. V. Claude II.

LOSSIN PIERRE. V. d'Avrange I, 1.

LOSSON. I. MARGUERITE. V. Collinet II.
II. M^ie-MADELEINE. V. Regnauldin.

LOTH LOUIS, conseiller au bailliage, fils de Joseph, maire d'Ars-sur-Moselle, et de Barbe Grégoire, † à 59 ans, par. St-Victor 5 août 1749. Il avait épousé : 1° par. St-Martin 25 févr. 1727, jour de mardi-gras, Anne-M^te *de Fache*, † ibid. 29 févr. 1728, à 32 ans; 2° par. St-Victor 5 juil. 1746, Barbe *Drapier*, âgée de 36 ans, fille des † Barthélemy Drapier, bourgeois, et Catherine Royer, laquelle mourut à 67 ans, par. St-Gorgon 14 févr. 1765.

LOTIN DE CHARNY, *alias* LUTIN N^as-LOUIS-F^ois, c^te de Charny, sgr de St-Pernassy, Vayres et Arcy, v^te de Vaux, conseiller au parl^t, eut de Louise *Gautier*, son épouse, par. St-Victor 14 mai 1669, Françoise, † par. St-Livier 24 juin 1671.

LOTTIN JEAN-P^re, contrôleur ambulant des droits réunis au dép^t de Nancy, fils de N^as-F^ois, dir. des fermes du Roi, et de M^ie Gentil, domiciliés à Arpajon, diocèse de Paris, épousa, étant âgé de 35 ans, par. St-Simplice 15 nov. 1774, Madeleine *Robiche*, âgée de 19 ans, fille de † Ch^les Robiche, m^d de cristaux, et de J^ne Gengel, de laquelle il eut ibid. :

1. J^n-B^te-Ch^les-Augustin, 28 nov. 1775; † 3 juin 1779.
2. M^ie-F^oise-Charlotte, 28 déc. 1779.

LOUBERT JEAN, officier d'artillerie, épousa J^ne *la Roche*, † à 68 ans, par. St-Simplice 23 oct. 1750.

LOUET ANNE-M^ie-SCHOLASTIQUE. V. Pothier.

LOUET (DE) LOUIS-RENÉ. V. de Gelb.

LOUIS. I. FRANÇOIS, R. P. R., éc., d^r en médecine, conseiller médecin ordinaire du Roi, premier médecin de la ville de Metz, fils de Jacques, de St-Nicolas, épousa, 7 févr. 1588, Suzanne *Chauveau*, dont il eut :

1. Anne, 5 juil. 1591 : m. Antoinette Bertin, épouse de Denis le Bey de Batilly. — Elle fut mariée à Timothée de Piédefer.
2. Marie, 22 mars 1598; mariée à Antoine de Goz.
3. François, 29 mars 1600.
4. Élisabeth, 12 oct. 1608.
5. Suzanne, mariée à J^n Baudouin, s^r de Montachis.
6. *Jacques*, qui suit.

II. JACQUES, R. P. R., fils du préc., licencié ès-droits et avocat au parl^t de Paris, sgr de la Grange-aux-Ormes, épousa, 19 janv. 1614, M^ie *Charpentier*, dont il eut :

1. Théophile, 12 nov. 1617.
2. *Pierre*, 17 avril 1622; lequel suit.
3. Maximilien, 8 déc. 1623.
4. Anne, 4 nov. 1639; baptisée à Murauvaux 9 suiv.

III. PIERRE, R. P. R., fils du préc., sgr de la Grange-aux-Ormes, eut de N*** de *Cheiseul* ou *de Choiseul*, son épouse, Henry, 14 mars 1660.

IV. J^n-BAPTISTE, lieut. du premier chir. à Metz et chir.-major à l'hôpital militaire, fils de Jean et de Georgine Jacot, † par. St-Marcel 25 avril 1760, à 66 ans. Il avait épousé : 1° par. Ste-Croix 17 juin 1717, M^ie-Anne *Zeller*, âgée de 30 ans, fille de † Claude-Philippe Zeller et d'Angélique Mundelet, de la par. de Rodemack, laquelle mourut par. St-Victor 31 mars 1747, à 66 ans; 2° par. St-Gorgon 4 juil. 1747, M^te *Darousse*.

V. GUILLAUME, frère du préc., chir.-aide-major de l'hôpital militaire, † par. St-Marcel 20 févr. 1767, à 42 ans. Il avait épousé N*** *Midart*.

VI. GABRIEL, chir. de l'Évêque de Metz, eut de M^ie-Catherine *Friob*, son épouse, Jeanne, par. St-Victor 27 mars 1752.

VII. CLAUDE, m^e des postes à Thionville, eut de Catherine *Balloir*, son épouse :

1. M^ie-Françoise, mariée à J^n Charuel de Sainte-Croix.

2. Alexandre, lieut. des chasses au dép^t de Metz, † rue du Champé, par. St-Eucaire 13 déc. 1754. Il eut un fils Pierre. V. Charuel de Sainte-Croix I, 8.

3. *Pierre*, qui suit.

VIII. Pierre, fils du préc., receveur des domaines de la ville, intéressé dans les affaires du Roi, puis payeur des gages de la chancellerie au parl^t, épousa, par. Ste-Croix 16 juin 1744, Thérèse *Viville*, dont il eut ibid. :

1. Catherine, 14 janv. 1750.
2. N^{as}-Toussaint de paradis (*sic*), 7 mars 1756.

IX. J^n-Baptiste, architecte du chapitre de la cathédrale, † à 70 ans, par. St-Victor 10 nov. 1775. Il avait épousé Anne-Élisabeth *Cœllen*, † à 56 ans, ibid. 3 déc. 1764. De leur mariage étaient nés :

1. Claude-Nabor, récollet, de la province de Cologne à l'enterrement de sa mère, de la maison de Sierck à l'enterrement de son père.
2. Michel, entrepreneur de bâtiments, à l'enterrement de sa mère.
3. Charles, ibid.
4. N***, mariée à J^n-Louis Maréchal, m^e-chir.
5. Anne-M^{ie}, mariée à J^{ph} Humbert.

X. Jean, R. P. R., eut une fille, Marie, 9 déc. 1614.

XI. Jean, R. P. R., eut de Judith *Fontaine*, son épouse, Frédéric, 22 janv. 1638.

XII. Antoine, avocat au parl^t, eut d'Anne-M^{ie}-Catherine *de Bruck*, son épouse, Casimir-F^{ois}-Xavier Louis, dit de Bruck, lequel, étant garde du corps du Roi compagnie écossaise en garnison à Beauvais, épousa, par. St-Martin 17 mars 1789, Anne-Louise *Possélius*. A ce mariage, J^n-B^{te}-N^{as} Cunin, avocat au parl^t et conseiller de l'hôtel de ville, cousin de la mariée; J^n Guevel, conseiller du Roi, notaire à Metz, cousin du marié; J^n-J^{ques} Charuel de Sainte-Croix, conseiller du Roi, substitut au parl^t; Théodore-Casimir Louis de Bruck, avocat au parl^t, frère du marié.

XIII. Divers.
1. Anne-M^{ie}. V. Humbert IX.
2. Anne-Thérèse. V. Mahuet II.
3. Barbe. V. Adam III.
4. Barbe et Françoise. V. le Geay II et III.
5. J^{ne}-Françoise. V. de Vian.

LOUP (du). V. Malherbe.

LOUP (le) Madeleine. V. Régnier d'Arraincourt II.

LOURS. I. Paul, épousa Suzanne *Philippe*, † à 56 ans, par. St-Eucaire 11 déc. 1704.

II. Suzanne. V. Laurent du Quarel et Sauvage de l'Ile-Sainte-Claire.

III. Esther. V. de Roux.

LOUVAIN. I. Marguerite. V. Rulland VI.

II. Catherine. V. Duval.

LOUVRAYE (de la) Alexandre-Simon, éc., cap. au rég^t de Laigle, eut de F^{oise}-Thérèse *de Viville*, son épouse, Charlotte-M^{te}, par. St-Simplice 21 avril 1714.

LOUYOT Madeleine. V. Dilange IV.

LOYAC (de) Gabriel, chev. de la Bachellerie, cap. au rég^t royal artillerie, bataillon de Mr de Pizart, † à 52 ans, par. St-Martin 10 mai 1731.

LOYAL Barbe-F^{oise}. V. Marc.

LOYAUTÉ (de) Arnould, éc., commissaire provincial et major, puis inspecteur gén^l d'artillerie, commandeur de l'ordre de St-Louis, eut de M^{ie}-Dieudonnée *Charpy*, son épouse, par. St-Victor :

1. Charlotte-Claudine, 26 oct. 1745; † 19 janv. 1747.
2. M^{te}-Élisabeth, 20 sept. 1746 : p. F^{ois}-Remy Tardif, sgr d'Hamonville, les Mesnils, Bouc et autres lieux, colonel d'infanterie, ingénieur du Roi en chef à Toul, son cousin pat.; m. Barbe-M^{te} de Barette de Villeneuve, sa g^d tante mat. — Le père est command^t de l'école d'artillerie de Metz.
3. Angélique-Élisabeth-M^{te}, 6 nov. 1747 :

p. Jⁿ-Jᵖʰ Thorel, dʳ en théologie et licencié ès droits, doyen chân. de l'église collégiale royale de Gorze et curé de Gorze; m. Angélique-Mᵗᵉ Raffelin, vᵛᵉ de Jⁿ Gouberts, sgr de Rieux. — Elle fut mariée à Eugène-Clément des Brochers des Loges.

4. Arnould-François-Michel Dieudonné, 20 oct. 1748 : p. Michel-Laurent le Pelletier, commandᵗ en chef aux écoles militaires et au dépᵗ de Metz; m. Mⁱᵉ-Catherine-Fᵒⁱˢᵉ de Bertin de Drezelincourt, son épouse.

5. Anne-Philippe, 2 avril 1750; [il fut le célèbre général messin, illustre par sa science militaire et par sa fidélité à la royauté. *Biog. de la Moselle.*]

6. Jᵠᵘᵉˢ-Laurent, 6 juil. 1752 : p. Jacques cᵗᵉ de Lignéville et d'Autricourt et gᵈ bailly de Boulay, gᵈ veneur de Lorraine et Barrois; m. Elisabeth Thorel de Villeneuve, tante de l'enfant : tous deux furent représentés par des domestiques de la maison.

LOYNES Philippe, sgr d'Ivry, président à mortier au parlᵗ, † par. Sᵗ-Marcel 27 sept. 1690. Il avait épousé Élisabeth *Languet*, fille de Guillaume Languet, sgr de Sᵗ-Cosme, secrétaire du Roi, laquelle mourut ibid. 25 nov. suiv. De leur mariage étaient nés :

1. Élisabeth, [qui épousa, en 1683, Jean Molé, sgr de Charonne, conseiller au parlᵗ de Paris].
2. Une fille [N***, qui se fit remarquer par ses poésies].

LUBY Jeanne. V. le Ducq.

LUC (de). I. Jⁿ-Antoine, noble citoyen de la république de Genève, † par. Sᵗ-Victor 26 déc. 1718. Il avait épousé Sara *Dubois*, dont il eut deux fils présents à son enterrement :

1. Jⁿ-Louis, chan. de la cathédrale.
2. Jⁿ-*Louis*, qui suit.

II. Jⁿ-Louis, fils du préc., éc., sgr de Grimont, Châtillon, Boussange et autres lieux, cap. d'infanterie au régᵗ du Perche, puis lieut. des maréchaux de France, épousa, par. Sᵗ-Livier 17 déc. 1714, Anne-Nicole *Olry*, dont il eut ibid. :

1. Mⁱᵉ-Élisabeth, 9 sept. 1715; † 18 oct. suiv.
2. Suzanne-Élisabeth, 24 déc. 1716 : m. Suzanne Chardin, épouse de Jⁿ Peltre, remplaçant Elisabeth Duboy, vᵛᵉ de Jⁿ Maunier, *alias* Demoniez, sgr de Château-Vieux, lieut.-colonel au régᵗ de Mortemart.
3. Françoise, 23 mars 1718.
4. Jeanne, 21 oct. 1719; mariée à Louis-Étienne le Bourgeois du Cherray.
5. Anne-Élisabeth, 27 mars 1721; † 1ᵉʳ juil. suiv.
6. Mᵗᵉ-Agathe, 5 févr. 1722.
7. Jⁿ-Pierre, 9 déc. 1723; † 31 juil. suiv.
8. Fᵒⁱˢ-Louis, † 23 janv. 1726, à 18 mois.
9. Anne-Lˢᵉ, 14 avr. 1727; † 7 sept. 1728.
10. Jⁿ-Louis, † 2 août 1729, à 17 mois.
11. Anne-Fᵒⁱˢᵉ, 12 oct. 1730.
12. Alexandre-Louis-Daniel, 31 mai 1733; sgr de Grimont et Châtillon, officier au régᵗ de Berry cavalerie, il épousa, par Sᵗ-Gengoulph 25 janv. 1763, Fᵒⁱˢᵉ-Charlotte *Crespin*. En 1790, il était colonel de la garde nationale.
13. Jⁿ-Louis-Aimé, 28 nov. 1734; chan. de l'abbaye de Sᵗ-Louis de Metz, ancien curé d'Arrancy, † par. Sᵗ-Victor 31 oct. 1788 : à son enterrement, Louis-Gabriel, sous-lieut. au régᵗ d'Aquitaine, son neveu.
14. Elisabeth, mariée à Jⁿ-Mathias Brousse.

III. Pʳᵉ-Paul, cavalier de la maréchaussée, bourgeois, cabaretier, puis conducteur des ponts et chaussées, épousa Barbe *Bogot*, † à 36 ans, par. Sᵗ-Victor 1ᵉʳ juin 1778. De leur mariage étaient nés ibid. :

1. Pierre, 23 mai 1771.
2. Simon, 22 oct. 1772.
3. Pʳᵉ-Joseph, 20 mai 1774.
4. Ursule, 31 mars 1775.
5. Marie, 10 févr. 1776; † le lendemain.
6. Jean, 11 sept. 1777; † le même jour.

LUCAT Catherine. V. Gobineau de Montluisant.

LUCEMBOURG Gabrielle. V. Morel XVI.

LUCQUIN. I. Nicolas, treize, puis mᵉ-échevin du mois de mars 1605 au mois d'avril 1606, † par. Ste-Croix 2 sept. 1610. Il avait épousé Marguerite N***, marraine par. St-Eucaire 21 févr. 1604.

II. PAULINE. V. Estienne d'Augny.

LUDRE (DE). I. BARBE. V. d'Haraucourt.

II. BARBE, dame de Bonnecourt, peut-être la même que la préc., fut marraine à un baptême protestant 17 mai 1579.

III. FRANÇOISE, dame de Ste-Glossinde, fut marraine par. Ste-Ségolène 14 févr. 1655.

LUGNY (DE) JOSEPH. V. Cellier VI.

LUMIER (DE) ADRIEN. V. Morin I, 3.

LUMINEL (DE) Mie-JUDITH. V. Cellier V.

LUSY DES BORDES (DE). V. d'Inguimbert de Pramiral.

LUTIN DE CHARNY. V. Lotin de Charny.

LUTZELBOURG (DE). I. Fois-JOSEPH, sgr d'Imling, chev. de Lutzelbourg, colonel de cavalerie, chev. de St-Louis, eut de Barbe-Sophie *de Lutzelbourg*, son épouse, Antoine-Jph, par. St-Gengoulph 25 juin 1729.

II. JOSEPH. V. Gournay V, 5.

III. Jph-LOUIS. V. de Mortaigne.

LUXEMBOURG, *cfr.* LUCEMBOURG ELISABETH. V. Olry XV.

LUYNES (DE) Chles-PHILIPPE. V. Grandeau I, 3.

LUZ (DE) JEANNE. V. de Goz.

LYNCHE (DE) ÉTIENNE, cap. des grenadiers au régt de Dillon infanterie irlandaise, eut de Jne *de Burke*, son épouse :
1. Olive-Élisabeth, par. St-Martin 15 nov. 1729.
2. Julienne, marraine de la préc.
3. Arthus, † par. St-Martin 26 déc. 1729, à 10 ans.

LYOT SUZANNE. V. Bigot.

LYSSE (DE) GABRIELLE. V. Fremyn III.

M

MABILE Mie-THÉRÈSE. V. Flayel de la Cotte.

MACART. I. ANNE. V. d'Eltouf de Pradines.

II. ANNE-SCHOLASTIQUE. V. des Champaux de Grandmont.

III. ÉLISABETH. V. Sauvage III.

MAC-CARTHY (DE) CHARLES. V. de Gallonnier.

MACÉ DE LONGEVILLE, *alias* DE LONGUEIL, N***, chev., sgr de Serre, cap. au régt de Picardie, épousa Anne *le Braconnier*, † par. St-Martin 24 avril 1733.

MACÉ DE VAUDORÉ Louis-Jn-Bte. V. de Rorthais de Mombail.

MACHERY MARGUERITE. V. Geoffroy II.

MACHETAY. I. NICOLAS, procureur au parlt, eut de Sara *Mengin*, son épouse, Catherine, par. St-Martin 20 sept. 1687.

II. PIERRE, aman, lieut. de la compagnie de Ste-Ségolène et de St-Ferroy, épousa : 1° Catherine *Hennequin*, † à 49 ans, par. Ste-Ségolène 25 sept. 1685; 2° Anne *Naudez*; 3° par. St-Martin 14 juin 1706, Anne-Lse *Thouveny*, fille des † Nas Thouveny et Agathe Messein.

III. FRANÇOIS, huissier au bailliage, † par. St-Simplice 5 nov. 1740, à 58 ans.

IV. CATHERINE. V. Claude I, 2.

MACHON MARGUERITE. V. Geoffroy II.

MACLOT, *alias* MACKLOT. I. FRÉDÉRIC eut de Pétronille *Martinet du Jardin*, son épouse :
1. *Walter,* qui suit.

2. Dagobert, dir. des salines de Moyenvic, au mariage de son frère Walter. [Il eut une fille Catherine-Antoinette, mariée à N*** Georgin, éc., procureur au bailliage de Pont-à-Mousson : à ce mariage, Dagobert était sgr de Balon, un des conseillers de la noblesse en l'hôtel de ville de Pont-à-Mousson].

II. WALTER, fils du préc., sgr de Balon, épousa, par. St-Eucaire 3 août 1696, M^{te} *Perdrix*, fille d'Abraham Perdrix et de Madeleine Pérignon. Le mariage fut bénit par Louis Maclot, prieur de Charny ; les témoins furent : Ignace Laurent du Quarel, prévôt de la maréchaussée ; J^n Houillon, curé de Dieppe et sg^r d'Haraigne ; F^{ois} Simonin, ancien procureur au bailliage de Sarrelouis ; Ch^{les} Mathis, conseiller référendaire au parl^t. — Dudit mariage naquirent par. St-Eucaire :

1. Madeleine, 30 août 1697 : p. Louis Maclot, conseiller du Roi, contrôleur gén^l des saisies réelles au parl^t de Paris.
2. D^{que}-Remy, 17 nov. 1698 : p. D^{que}-Remy Thomas, procureur au parl^t. — Il est chan. de Gorze à l'enterrement de son frère Jean-Baptiste ci-dessous.
3. Godefroy-P^{re}, 13 août 1700.
4. Claude-Valentine, 5 janv. 1702 : p. Claude-Valentin Maclot, intéressé dans les affaires du Roi.
5. J^n-Baptiste, cap. des grenadiers du rég^t d'Alsace, † par. Ste-Croix 8 déc. 1759, à 52 ans. Il avait épousé, ibid. 7 févr. 1747, Monique *Annibal*.

III. JACQUES, de la famille des préc., éc., conseiller secrétaire du Roi maison et couronne de France, sgr de Balon, eut d'Élisabeth *Houillon*, son épouse :

1. J^n-Nicolas, qui suit.
2. Élisabeth-M^{te}, mariée à J^n-N^{as} Thiébaut.

IV. J^R-NICOLAS, fils du préc., éc., sgr de Pierrevillers et Colligny, cap. au rég^t de cavalerie d'Orléans, † subitement par. St-Marcel 25 juil. 1756. Il avait épousé, ibid. 25 janv. 1714, Ameline *de Balbo de Colligny* : au mariage, J^n Houillon, curé de Dieppe et doyen de Chaumont ; Denis Besser, conseiller au présidial ; et J^n Nicolas, avocat au parl^t, conseiller du Roi, président des traites foraines au dép^t de Metz : ces deux derniers grands-oncles de l'épouse. — De ce mariage naquirent par. St-Marcel :

1. Élisabeth, 14 avril 1715 ; mariée à N^{as} de Gallavaux, puis à Claude-F^{ois}-Antoine Martin de Julvécourt.
2. Anne-Thérèse, 15 oct. 1716 ; mariée à F^{ois}-Augustin de Boisset de Glassac.
3. Louis-M^{ie}, 6 déc. 1719 ; conseiller au parl^t, chev., sgr de Haraigne, il épousa, par. St-Livier 9 juil. 1754, Antoinette-M^{ie}-Victoire *de Ficquelmont*, âgée de 29 ans, pensionnaire des dames de la Congrégation, fille de Ch^{les}-Henry c^{te} de Ficquelmont, b^{on} de Paroy, chambellan de † S. A. R. Léopold duc de Lorraine, et d'Anne-M^{te} de Chauviray. Au mariage, J^n-B^{te} Maclot, ancien cap. de grenadiers au rég^t d'Alsace, cousin du marié ; M^{ie}-Thérèse c^{esse} de Ficquelmont, douairière de P^{re} le Bègue de Majainville, tante de la mariée ; F^{oise}-Berthilde c^{esse} de Ficquelmont, sœur de la mariée ; M^{ie}-Charlotte c^{esse} de Raigecourt, douairière de Claude-Maurice m^{is} de Chastenay, cousine de la mariée ; Anne-F^{oise}-Gabrielle de Raigecourt, épouse de P^{re}-Philippe-Joseph c^{te} de Reiffenberg.
4. Élisabeth-M^{te}, 10 déc. 1721 : p. J^{ques}-Antoine d'Alsace Hennin Liétard.
5. *Jean*, 19 juil. 1724 ; lequel suit.
6. Louis-N^{as}, 16 sept. 1726.
7. Claude-J^{ph}, 15 janv. 1728 : p. Claude-J^{ph} le Changeur, ancien cap. au rég^t de Montreuil ; m. Anne Besser de Colligny. — Il est sgr de Luzerailles et lieut. au rég^t de Languedoc, au 1er mariage de son frère Jean.
8. Hyacinthe-J^n, 19 août 1730.

V. JEAN, fils du préc., chev., sgr de la Forest, chev. de St-Louis, cap. au rég^t de la couronne infanterie, épousa : 1° par. Ste-Croix 21 févr. 1758, Elisabeth *de Belchamps*, † ibid. 13 déc. suiv. ; 2° J^{ne}-M^{te}-F^{oise} *Joly de Morey*.

Du premier mariage naquit :

1. M^{ie}-Laurent-Ch^{les}, par. Ste-Croix 9 déc. 1758.

Du second mariage naquirent :

2. J^n-Joseph, par. St-Simplice 22 déc. 1761.

3. Louis-J^{ph}-Victor, par. St-Victor 5 avril 1763 : p. J^{ph} Maclot, cap. au rég^t de Languedoc, son oncle, représenté par N*** Joly de Morey, lieut. au rég^t de la marine, aussi son oncle; m. Anne-M^{te} Bazelaire, sa g^d mère.
4. Anne-M^{ie}-M^{te}, ibid. 6 mars 1764.
5. Henry-Louis, ibid. 13 oct. 1765 : p. Henry-Louis b^{on} de Jacquemin, général major de cavalerie.
6. J^n-Nicolas, par. St-Simplice 18 juin 1767 : p. J^n-N^{as} b^{on} de Jacquemin, conseiller d'État et g^d bailli du comté de Falkenstein pour S. M. Impériale, représenté par Louis-J^{ph} Maclot, frère de l'enfant; m. M^{ie}-Élisabeth Jacquemin, douairière de J^n-Ch^{les} Joly de Morey, doyen de la cour souveraine de Lorraine, représentée par Anne-M^{ie}-M^{te} Maclot, sœur de l'enfant. Les deux représentants sont à leur tour représentés par un domestique de la maison et par Élisabeth-Marthe-Béatrix Joly de Morey.

VI. J^x-Charles. V. de Bajet.

VII. Jeanne. V. Chasot II.

VIII. Antoinette-Catherine. V. Georgin IV.

MADRON (de) P^{re}-Paul. V. de Beauclair.

MAGALY Barbe. V. Oriolt de Colency.

MAGERON (de). I. Didier, ministre de la R. P. R. à Deux-Ponts, fils de noble Jean, cap.-enseigne du comté de Briey, épousa, 17 nov. 1619, Esther *de Saint-Aubin*, dont il eut Pierre, né posthume 16 janv. 1630.

II. Sébastien, R. P. R., frère du préc., d^r en médecine, † 27 juil. 1632. Il avait épousé, 14 févr. 1621, Élisabeth *Ferry*, † de la peste, 8 déc. 1632. De leur mariage étaient nés :
1. Théodore, 5 nov. 1623; [sgr de Rombas, tombé en démence. Msc. Emmery, 430.]
2. Jean, 7 mars 1625; † 25 nov. 1632.
3. Anne, 3 déc. 1628.
4. Louis-Ch^{les}, † 1er oct. 1633.
5. Élisabeth, † 12 oct. 1633.
6. Suzanne, née posthume 8 sept. 1632.

III. Bernardin, neveu des préc., prévôt de Briey, sgr de Manheulles, fils de noble Mathias et de Catherine François, épousa, par. St-Martin 4 mai 1638, Barbe *Bague*, dont il eut ibid. :
1. Barbe, 14 févr. 1640.
2. Anne, 17 juil. 1642.
3. Barbe, 3 août 1645 : p. J^n de Bettainvillers, sgr de Moyeuvre; m. Anne Bague, représentant Barbe de Bettainvillers, épouse de Paul du Hautoy.
4. Nicolas, 6 mai 1658 : p. N^{as} Thouvenin, éc., conseiller-échevin de l'hôtel de ville; m. Reine Dilange, épouse de Gilles Rulland.

IV. Anne-Catherine. V. Gautier III.

V. Catherine. V. de Laubrussel (note).

VI. Henriette. V. de Tailfumyr.

MAGIÈRE Ignace, lieut. au rég^t d'Agenois, eut d'Élisabeth *Omeglin*, son épouse, par. Ste-Ségolène 8 févr. 1707, Evrard-Edmond : m. Claude-Nicole le Goullon, épouse de Mr Gentard de Gontin.

MAGNIÈRE Anne-M^{te}. V. d'Hermal.

MAGNY (de). I. Samuel, R. P. R., retondeur de drap, fut père de :
1. Suzanne, mariée à Moyse le Braconnier.
2. *Samuel*, qui suit.

II. Samuel, R. P. R., fils du préc., drapier, † à 74 ans, 6 sept. 1674. Il avait épousé, 26 avril 1626, M^{ie} *Bancelin*, † à 75 ans, 18 sept. 1677. De leur mariage naquirent :
1. *Samuel*, 27 févr. 1628; lequel suit.
2. Paul, 26 août 1629.
3. *Jean*, 27 déc. 1630; lequel suivra.
4. Marie, 9 août 1634.
5. Esther, 2 sept. 1637.
6. Paul, 15 avril 1642.

III. Samuel, R. P. R., fils du préc., m^e-retondeur de drap, épousa : 1° 4 août 1652, Suzanne *Rutant*, † 8 nov. 1668; 2° Élisabeth *de Rumilly*.

Du premier mariage naquirent :
1. Jeanne, 1er mars 1654.
2. Suzanne, 29 avril 1655.
3. Marie, 15 juil. 1657.
4. Louis, 12 mars 1659.

5. Sara, 8 mars 1665.
   Du second mariage naquirent :
6. Marie, 2 juin 1670.
7. Henry, 12 févr. 1674; † 10 déc. 1676.
8. Suzanne, 25 oct. 1675.
9. Jeanne, 14 juin 1678; mariée à P^{re} Pantaléon.
IV. JEAN, R. P. R., frère du préc., m^e-retondeur de drap, † 20 sept. 1678. Il avait épousé : 1° 29 mai 1651, Rachel *Bonnet,* fille de † Abraham Bonnet, maire de Vantoux; 2° Élisabeth *Rouppert.*
   Du premier mariage naquit :
1. Jean, 28 sept. 1652.
   Du second mariage naquirent :
2. Jean, 10 nov. 1660.
3. Paul, 28 sept. 1664.
4. Suzanne, 14 mars 1666.
V. PHILIPPE, R. P. R., boursier, fils de Jacob, drapier, dem^t près la porte du Pont des morts, épousa, 2 mars 1631, Élisabeth *Viardot,* dont il eut :
1. Philippe, 26 mars 1632.
2. Rachel, 2 août 1634.
3. Anne, 13 janv. 1640.
4. Sara, 22 janv. 1642.
5. Judith, 24 juil. 1644.
6. Abraham, 17 juil. 1647.
7. Élisabeth, 10 janv. 1650.
VI. DANIEL, R. P. R., m^e-charpentier, fils de David et de M^{ie} Lesprit, épousa : 1° Esther *Clausse*; 2° 21 juil. 1669, M^{ie} *Homnal.*
   Du premier mariage naquit :
1. Judith, † 1er oct. 1669.
   Du second mariage naquirent :
2. Daniel, 21 mars 1670.
3. Marie, 27 mars 1676.
VII. ISAAC, R. P. R., émouleur de grandes forces, fut père d'Esther, 3 nov. 1630.
VIII. ABRAHAM, R. P. R., eut d'Alizon *Coullon,* son épouse, Abraham, 14 juin 1637.
IX. PHILIPPE, R. P. R., m^d teinturier, † à 73 ans, 14 avril 1675.
X. M^{ie}-ANNE, fille de Louis, gentilhomme de la vénerie du Roi, fut marraine par. St-Livier 26 févr. 1675.
XI. DANIEL eut d'Élisabeth *Véry,* son épouse, par. St-Eucaire 28 août 1706, Madeleine, † 7 avril 1710.

MAGUIN. I. NICOLAS, trois fois m^e-échevin [en particulier lors du voyage de Henry IV], aman de St-Jean et de St-Vit en 1609, [fils de Perrin Jean, lieut. au gouv^t de Hattonchastel, et de Lucie Watelot], † par. St-Simplice 8 août 1633. Il avait épousé Claudon *de la Vallée,* † ibid. 18 oct. 1629. De leur mariage était né *Nicolas,* qui suit.
II. NICOLAS, fils du préc., treize, conseiller au parl^t, [† à Toul 1er déc. 1638]. Il avait eu d'Anne-Mahaut *Rutant,* son épouse :
1. Pépin, par. Ste-Croix 21 févr. 1617; cap. au rég^t de Lorraine en 1643, sergent de bataille en 1652.
2. *Louis,* qui suit.
III. LOUIS, fils du préc., conseiller au parl^t, † par. Ste-Croix 27 juil. 1653. Il avait épousé, ibid. 3 mars 1644, Louise *de Beau de Brouls,* dont il eut ibid. :
1. Jeanne, 3 août 1645.
2. Catherine, 20 déc. 1647.
3. Marie, 2 sept. 1649.
4. Louis, 19 oct. 1650; sgr de Vremy, cornette au rég^t de Gournay, † 23 avril 1675.
5. M^{ie}-Thérèse, mariée à Georges de Gestas de Lespéroux, puis à F^{ois} de Vars de Vauzelles.
6. Bernard, 14 nov. 1653.
7. *Jean,* sans doute frère des préc., lequel suit.
IV. JEAN, sans doute fils du préc., receveur de l'hôpital, puis aman de St-Jean et St-Vit, eut de Claude N***, son épouse :
1. Barbe, mariée à F^{ois} Hennequin, d^r en médecine, puis à Philippe d'Auburtin.
2. *François,* par. St-Simplice 1629; lequel suit.
V. FRANÇOIS, fils du préc., avocat au parl^t, puis aman de St-Jean et St-Vit en 1664, conseiller du m^e-échevin, sgr de Martincourt et Vaucourt, eut de Catherine *Huyn,* son épouse :

1. Jⁿ-*François*, par. Sᵗ-Simplice 30 oct. 1671 ; lequel suit.
2. Louise, ibid. 29 oct. 1674.

VI. Jᴺ-François, fils du préc., sgr du comté de Roussy, doyen des conseillers au parlᵗ, † 11 août 1751, inhumé par. Sᵗ-Maximin dans la chapelle des Gournay. Il avait épousé Anne-Mᵗᵉ *Volter*, dont il eut, par. Sᵗ-Martin 8 nov. 1706, Anne-Mᵗᵉ, mariée à Philippe-Fᵒⁱˢ-Jᵖʰ cᵗᵉ de Custines, sgr de Guermange.

VII. Antoine, huissier au parlᵗ, fils de Pierre, mᵈ boucher, et de Mⁱᵉ Châtel, épousa, étant âgé de 27 ans, par. Sᵗ-Simplice 20 janv. 1756, Mⁱᵉ-Élisabeth *Pantaléon*, âgée de 21 ans, de laquelle il eut, entre autres enfants, Dᵍᵘᵉ Pantaléon, ibid. 20 févr. 1765.

VIII. Divers.
1. Catherine. V. le Mercier.
2. Jean. V. d'Auburtin IV, 8.
3. Jennon. V. le Goullon XLI.

MAHEU Élisabeth. V. de Frémont.

MAHOMONT Claude. V. de Béthune.

MAHOUY (de) Daniel. V. de Perron.

MAHUET, alias de MAHUET. I. Nicolas, éc., eut de Fanchon *Arambour*, son épouse, Charlotte, mariée à Jⁿ-Claude d'Herbelet.

II. Blaison-Nᴬˢ, de Gorze, † par. Sᵗ-Marcel 19 janv. 1668, à 33 ans. Il avait eu d'Anne-Thérèse *Louis*, son épouse, ibid. :
1. Mⁱᵉ-Charlotte, 3 nov. 1666.
2. Nicole, 16 nov. 1667.

III. Jean, mᵉ-échevin, eut de Jⁿᵉ *d'Hoffelize*, son épouse :
1. Catherine, mariée à Fᵒⁱˢ d'Auburtin.
2. [Jⁿ-Baptiste, bᵒⁿ, président à mortier au parlᵗ.]

IV. Jean, avocat au parlᵗ, fut parrain 2 juil. 1635.

V. Divers.
1. Charlotte. V. de Bry d'Arcy.
2. Élisabeth. V. Grenet.
3. François. V. de Bettainvillers I, 2.
4. Françoise. V. Potier-Dumesnil III.

5. Jᵠᵁᴱˢ-Marc-Antoine. V. de Bérauville.
6. Jᴺ-Baptiste. V. le Bachelé VIII, 2.
7. Marguerite. V. de Mirecourt.
8. Marguerite. V. Midart II.
9. Mⁱᵉ-Jeanne. V. Mirominy.

MAIDY (de), alias de MÉDY, alias DEMAIDY. I. Michel, mᵉ-rôtisseur, aubergiste à l'hôtel du Palais-Royal, † par. Sᵗ-Livier 30 déc. 1762, à 55 ans. Il avait épousé Mⁱᵉ-Anne *Mansillot*, dont il eut :
1. *Georges*, par. Sᵗ-Gorgon 26 janv. 1739 : p. Georges Mansillot, mᵈ cordonnier, de Thionville, gᵈ-père ; m. Reine de Maidy, gouvernante chez Mʳ Lecomte, conseiller au parlᵗ. — Lequel suit.
2. *Jean*, ibid. 26 mars 1740 ; lequel suivra.
3. Étienne, par. Sᵗᵉ-Croix 3 août 1741.
4. Louis-Michel, par. Sᵗ-Victor 10 juil. 1749 ; † 11 avril suiv.

II. Georges, fils du préc., aubergiste, hôte du Palais-Royal, épousa, par. Sᵗ-Gorgon 30 août 1763, Mⁱᵉ-Catherine *Vandernoot*, âgée de 27 ans, fille de † Gérard Vandernoot, de Richemont, et de Mⁱᵉ-Anne Collet, de laquelle il eut par. Sᵗ-Livier :
1. Jⁿ-Charles, 4 nov. 1764.
2. Pierre, 1ᵉʳ juin 1766.
3. Jⁿᵉ-Catherine, 28 juil. 1767.
4. Catherine, 24 juil. 1768 ; † 28 nov. suiv.
5. Jⁿ-Chˡᵉˢ-Gérard, 12 août 1769 ; † 13 juin 1775.
6. Dominique, 10 janv. 1771.
7. Jean, 3 déc. 1771.

III. Jean, frère du préc., aubergiste, puis marchand, épousa Mᵗᵉ *Balthazard*, fille de Jⁿ Balthazard, carrossier, dont il eut par. Sᵗ-Livier :
1. Jean, 8 mai 1770.
2. Mⁱᵉ-Anne, 19 août 1771.
3. Mⁱᵉ-Catherine, 28 oct. 1772.
4. Marguerite, 7 mars 1774.

MAIER. V. Schreiner.

MAIGNAN Anne. V. Palteau I, 4.

MAIGRET (de) J^{ques}-Jean-François et Charles. V. de Hault.

MAIHAIGNERY de la RICHARDIÈRE Étienne, conseiller du Roi, agent de change honoraire à Paris, épousa Anne-M^{ie}-Thérèse *Greth*, † par. St-Maximin 14 juin 1787.

MAILLARD Ch^{les}-François. V. Ladvèze de Charran.

MAILLARD (de) Madeleine. V. de Gennes II.

MAILLARD de LANDREVILLE (de). I. Claude-F^{ois}, sgr de Landreville, Launoy et Villefranche, cap. de cavalerie au rég^t de Lenoncourt, fils de † Claude-Ch^{les}, vivant m^e de camp en la cavalerie, et de Madeleine de Vassinhac, b^{onne} de Landres, doyenné de Grandpré, épousa, par. St-Simplice 24 avril 1724, M^{ie}-Angélique *Ravaulx*. Au mariage, Jⁿ-Ch^{les}-Bernard de Maillard de Gruyers, chev., sgr de Chenery, Gruyers et Villefranche; Claude de Maillard d'Ozemont, cap. de cavalerie au rég^t de Lenoncourt, chev., sgr d'Eurchailles, Landres et Sommerance; N^{as} de Beauvais, lieut.-colonel au rég^t de cavalerie de Peire, chev., sgr d'Aubruche, St-Pierremont et Fontenoy; Benjamin de Flavigny, cap. au rég^t de Normandie; Louis de Flavigny, sgr de Malroy : tous proches parents des époux. Du dit mariage naquirent par. St-Simplice :

1. Jⁿ-Benjamin-Claude, 3 mai 1725 : p. Benjamin de Flavigny ci-dessus, représentant Jⁿ de Vassinhac, sgr d'Inor et autres lieux, lieut. gén^l des armées du Roi, gouverneur de Montmédy ; m. M^{ie} Boudier, v^{ve} de Rolland Ravaulx, conseiller au parl^t. — Il mourut 21 juin suiv.
2. Louis-Claude, 14 oct. 1730 : p. Louis de Flavigny ci-dessus ; m. M^{ie} de Maillard, épouse de messire de Liotau, chev., lieut. du Roi à Mézières.
3. Jⁿ-Baptiste, jumeau du préc.

II. Louis-F^{ois}, chev., command^t de bataillon au rég^t de Touraine, chev. de St-Louis, † par. St-Simon 19 mai 1761. Il avait épousé Anne-L^{se}-Judith-Dieudonnée *de Beauvais*, † par. Ste-Ségolène 25 avril 1755, à 48 ans : à son enterrement, Louis-F^{ois} de Maillard, cap. au rég^t de Touraine.

MAILLARD de MARTINIMES (de) M^{ie}-Josèphe. V. Cellier IV, 1.

MAILLÉ de la TOUR-LANDRY (de) Ch^{les}-Louis. V. de Bock II, 2.

MAILLEFERT Marguerite, Marc, Antoine et Étienne. V. Salomon.

MAILLET. I. Louis, R. P. R., sgr de Buy, épousa, 13 févr. 1656, Élisabeth *le Goullon*, dont il eut :
1. Jⁿ-Louis, 19 janv. 1657.
2. Armand, 13 janv. 1658.

II. Jean, noble, sgr d'Arry et de Villé, cap. au rég^t d'Anjou, natif de Pont-à-Mousson, † par. St-Marcel 14 févr. 1677. Il avait épousé, ibid. 17 mai 1665, M^{te} *Thouvenin*, fille de N^{as} Thouvenin, avocat au parl^t et conseiller-échevin de l'hôtel de ville, et de M^{te} Bague, laquelle mourut 16 juin 1716. De leur mariage naquirent par. St-Marcel :
1. M^{ie}-Marguerite, 20 juil. 1672 ; † 16 oct. 1676.
2. Bertrand-F^{ois}, 20 sept. 1673 : p. Bertrand Balbo, lieut. ; m. M^{te} Maillet.
3. Gabriel, 14 janv. 1675.

III. M^{ie}-Françoise. V. Gault de Grandmaison.

IV. N***. V. Persode V, 9.

V. Thérèse-Nicole et Marguerite. V. de Rozières III et V.

MAILLIER (de) Marie. V. du Coëtlosquet (note).

MAILLOT (le). I. Claude-F^{ois}-J^{ph}, chev., sgr de Pont-sur-Madon et Vomécourt, lieut. de la maréchaussée de France, veuf d'Hélène-Anne-F^{oise} *de Brevoisier*, dame de Pont, épousa, étant âgé de 40 ans, par. Ste-Croix 23 févr. 1779, J^{ne}-Claire-Scholastique *de Clinchant d'Aubigny*.

II. P^{re}-Barthélemy, chev., épousa Geneviève *Bencenel de Myon*, v^{ve} de F^{ois}-Gaspard b^{on} de St-Germain, lieut.-colonel d'infanterie, [laquelle mourut à 88 ans,

19 juil. 1769, et fut inhumée à la Congrégation. Msc. Epit.]

MAIMBOURG. I. Théodore, éc., fils de Gabriel, conseiller auditeur à la cour des comptes de Lorraine, de la par. St-Epvre de Nancy, épousa, par. St-Martin 5 juin 1651, Anne *Sylvestre*, dont il eut par. St-Gorgon :
1. Anne-F^{oise}, 28 juin 1652.
2. F^{ois}-Henry, 27 nov. 1653.

II. Dominique, praticien, eut de Jeanne *Petit*, son épouse, Marie, † par. St-Livier 15 sept. 1666, à 23 ans.

MAIMBOURG (de) Anne. V. Vernier VI.

MAINHULLE. I. Fiacre, receveur de M. de Flavigny de Mancourt, puis officier de la bullette, † par. St-Simplice 9 juin 1626, à 58 ans. Il avait épousé M^{te} *Breyart*, † ibid. 13 janv. 1654, à 76 ans. De leur mariage naquirent ibid. :
1. Marguerite, 19 févr. 1608 : p. Évrard Henri, chan. de la cathédrale; m. F^{oise} Praillon.
2. Catherine, 18 mars 1609 : p. N*** du Mannyr (?), chan. de la cathédrale; m. M^{te} Foës, épouse de Ch^{les} Sartorius.
3. Fiacre, 24 mars 1613.
4. *Pierre,* qui suit.
5. Philberte, 29 juin 1617 : p. J^n Sylvestre, gouverneur de l'hôpital; m. M^{ie} d'Alamont, remplaçant Philberte de Stainville, religieuse de St-Pierre.
6. Jeanne, 21 nov. 1619 : m. J^{ne} Marcossay, abbesse de St-Pierre.

II. Pierre, fils du préc., échevin de l'hôtel de ville, aman de St-Simplice, conseiller du Roi, substitut du procureur gén^l au parl^t, † à 70 ans, par. St-Simplice 3 mai 1685. Il avait épousé, par. St-Martin 28 juin 1664, F^{oise} *de Boissin* ou *de Bóissy*, † ibid. 4 août 1688.

III. Girard épousa Mangeotte *Maurice*, † par. St-Victor 29 déc. 1679. De leur mariage naquirent :
1. Nicolas; âgé de 21 ans, il épousa, par. St-Simplice 3 févr. 1671, M^{te} *Chassin*, âgée de 19 ans, fille de J^{ques} Chassin.
2. Frémin, † par. St-Victor 11 sept. 1661.

IV. Madeleine, de la par. St-Simplice, fut marraine par. St-Eucaire 20 juil. 1671.

V. Jeanne. V. Dubor.

MAINOTTE Marie et Nicolas. V. Ferry IV.

MAINTHY (de) Armand, natif du Poitou, † par. St-Victor 3 mars 1663.

MAINTIENT Jeanne. V. le Geay.

MAIRE. I. Élisabeth, Gilles-J^{ph}-F^{ois} et Madeleine. V. Gillot III.

II. Joseph, avocat au parl^t, fut parrain par. St-Simplice 25 févr. 1722.

III. Françoise. V. Bauquel.

IV. Nicolas. V. Bernard IV.

MAIRE de VILLERS M^{ie}-Philippe-Simon-Xavier, élève du corps royal artillerie, pensionnaire au collège de St-Simon, fils de J^n-Claude, ancien cap. de grenadiers au rég^t de Chartres infanterie, chev. de St-Louis, et de M^{ie}-M^{te}-Reine Ferrand, dem^t à Vic, † à 19 ans, par. St-Simon 24 oct. 1780 : à son enterrement, ses condisciples F^{ois} Gouvion, J^n-J^{ph} Crestin, F^{ois}-D^{que} Lavey de la Motte, Etienne-Claude de Martenne.

MAIREMANGIN Marguerite. V. Gautier.

MAIRESSE (de) Ferdinand-Ernest, juge du tribunal du district de Boulay, y résidant, fils de † Georges-F^{ois}, maire royal et conseiller au bailliage de Boulay, et de L^{se}-F^{oise} du Chier de Ponteau, épousa : 1° étant âgé de 27 ans, par. St-Maximin 3 mai 1791, Anne-M^{ie}-Joséphine *Brussaux*, âgée de 24 ans; [2° en l'église St-Victor 18 juin 1798, M^{ie}-Anne *Turlure de Vellecour*, fille de F^{ois} Turlure de Vellecour, commissaire provincial des guerres avant la Révolution, et d'Anne-M^{te} de Verpy. Généalogie de Gargan.]

MAIRY (de) Anne. V. Mathis II.

MAISONVILLE (de) Joseph, lieut. au rég^t de Lyonnais, natif de Malzée près Fontenoy-le-Comte en Poitou, † par. St-Maximin 9 janv. 1688.

MAITRE (LE). I. FRANÇOISE. V. Robin I, 5.
II. M^{ie}-MARGUERITE. V. de Fourcroy.

MAIZIÈRES (DE). I. ISAAC, R. P. R., m^e-cuisinier, eut de Rachel *Clorot*, son épouse :
1. *François*, 29 août 1599; lequel suit.
2. *Pierre*, 2 nov. 1601; lequel suivra.
3. Anne, 30 juil. 1606; elle épousa F^{ois} d'Espinal, m^e-chirurgien.
4. Abraham, 17 nov. 1613.

II. FRANÇOIS, R. P. R., fils du préc., orfèvre, eut d'Olive *Bellon, alias Beloy*, son épouse :
1. Judith, 11 mai 1622.
2. Pierre, 21 juin 1623.
3. Rachel, 13 oct. 1624.
4. Anne, 4 nov. 1626.
5. *Isaac*, 22 oct. 1628; lequel suit.

III. ISAAC, R. P. R., fils du préc., m^e d'école, puis m^e-écrivain, enfin m^d drapier, épousa, 3 mai 1654, Judith *Ancillon*, dont il eut :
1. Marie, 23 nov. 1655.
2. Pierre, 2 avril 1657.
3. Anne, 7 août 1658.
4. Paul, 10 nov. 1660.
5. Suzanne, 4 août 1669.
6. Daniel, 16 févr. 1671; † 24 août suiv.
7. Suzanne, 22 oct. 1672.
8. Jean, † 11 juin 1673.

IV. PIERRE, R. P. R., oncle du préc., m^d, † à 81 ans, 29 juil. 1682. Il avait épousé, 31 mars 1625, Sara *Herman*, fille d'Eustache Herman, laquelle mourut à 85 ans, 22 févr. 1681. De leur mariage étaient nés :
1. Marie, 7 déc. 1625.
2. Pierre, 14 févr. 1627.
3. Sara, 26 mai 1630.
4. Claude, 10 août 1631.
5. Suzanne, 15 août 1632.
6. Abraham, 28 sept. 1633.
7. *Jean*, 18 oct. 1634; lequel suit.

V. JEAN, R. P. R., fils du préc., m^e-écrivain, puis m^d drapier, † 26 avril 1684. Il avait épousé, 6 mars 1661, M^{ie} *Cornuel*, dont il eut :
1. Marie, 1er janv. 1662.
2. Jean, 2 nov. 1664.
3. Jean, 23 août 1668; † 10 mars 1670.
4. David, 5 déc. 1670.
5. Suzanne, 1er oct. 1672.
6. Louis, 20 janv. 1674.
7. Paul, 12 juin 1676.
8. Paul, 4 févr. 1678.

VI. NICOLAS, R. P. R., chapelier, épousa, 16 déc. 1610, Rachel *Harelle*, fille de Denis Harelle, tailleur d'habits, dont il eut :
1. Joseph, 14 oct. 1615.
2. Anne, 27 janv. 1621.

VII. GILLES, † par. St-Simplice 21 mai 1688.

MAJAUDIE (DE) PAUL, pensionnaire au collège de St-Louis, fils de Pierre, ancien officier au rég^t de Soissonnais, et de M^{ie} de Nolivon, de Sauveterre en Béarn, diocèse d'Oléron; † à 13 ans, par. St-Simon 4 avril 1782 : à son enterrement, ses condisciples J^{ques} Rose de Voisin, J^{ph} Pradel de Lamase, Louis-J^{ph} de Fontanille, Jⁿ-M^{ie}-René le Blond de Saint-Hilaire.

MALABARBE (DE). I. DENISE-BARBE, dame de l'abbaye de St-Pierre, fut marraine par. St-Simplice 14 sept. 1682.
II. N***, mère de la préc., † à l'abbaye de St-Pierre 24 juil. 1699.
III. M^{ie}-THÉRÈSE, † à 33 ans, par. St-Victor 14 mars 1713, inhumée à l'abbaye de St-Pierre.

MALABARBE DE BORROMÉ (DE) ANNE, dame de l'abbaye de St-Pierre, † par. St-Victor 11 avril 1682, à 83 ans.

MALAIZÉ. I. PIERRE, lieut. des grenadiers au rég^t royal de la marine, en garnison aux casernes de Chambière, eut de F^{oise} *Caseneuve*, son épouse, Pierre, par. St-Livier 5 nov. 1750.
II. FRANÇOISE. V. Desjardins III.

MALAIZÉ (DE), alias DE MALLAIZÉ. I. Jⁿ-LOTHAIRE, noble homme, gentilhomme de Sarrebourg, fils de † noble homme Jean, cap. au rég^t de Québec, et d'Anne-Madeleine de Folse, épousa, étant âgé de 32 ans, par. St-Eucaire 2 mars 1677, Anne *de Rallin*.
II. GERTRUDE. V. de Cabanes IV.

MALANT ANNE. V. Lairbel.

MALARME (DE) Jⁿ-ÉTIENNE, lieut. au régᵗ Dauphin infanterie, fils de Jean, avocat au parlᵗ de Paris, et de Mⁱᵉ-Catherine Baptiste, épousa, étant âgé de 32 ans, par. Sᵗ-Gengoulph 7 mars 1769, Charlotte *de Bournon*.

MALATESTE (DE) MICHEL, éc., ancien cap. au régᵗ de Bourbon infanterie, chev. de Sᵗ-Louis, sgr de Sœtrich, Hettange et autres lieux, † par. Sᵗ-Victor 29 sept. 1759. Il avait épousé Madeleine *de Limousin*, dont il eut Catherine-Reine-Mᵗᵉ, mariée à Laurent-Chˡᵉˢ-Fᵒⁱˢ Faure de Fayole.

MALBESTE CLAUDE-Fᵒⁱˢ, receveur de S. A. S. le duc de Deux-Ponts régnant, fils de François, mᵈ bourgeois de Sᵗᵉ-Menehoult, et d'Anne le Quérine, épousa, étant âgé de 24 ans, par. Sᵗ-Gengoulph 2 sept. 1765, Fᵒⁱˢᵉ *Hugon*.

MALCHAR. I. ÉTIENNE, R. P. R., épousa, 19 mai 1591, Mⁱᵉ *Bastien*, fille de Benoît Bastien, de laquelle il eut :

1. *Étienne* l'aîné, 28 mai 1595; lequel suivra IV.
2. Daniel, 19 févr. 1599.
3. Judith, 15 mai 1605.
4. *Jean*, 22 avril 1607; lequel suit.
5. Samuel, 22 août 1610.
6. Esther, 1ᵉʳ juin 1614.
7. Marie; mariée à Daniel Séchehaye, teinturier, à David Le Goullon, puis à Antoine de Serre.
8. *Étienne* le jeune; lequel suivra III.

II. JEAN, R. P. R., fils du préc., banquier, eut de Jⁿᵉ *Walleran*, son épouse :

1. Suzanne, 12 juil. 1630.
2. Louis, 25 déc. 1631.
3. Marie; mariée à David Ancillon, le ministre.
4. Jean, 8 avril 1637.

III. ÉTIENNE, R. P. R., dit le jeune, bourgeois, frère du préc., demᵗ devant la maison de ville, épousa, 18 sept. 1644, Sara *Quien*, *alias Kin*, laquelle mourut à 57 ans, 12 août 1679. De leur mariage naquirent :

1. Suzanne, 25 mai 1646.
2. Marie, 3 janv. 1649; mariée à Paul de Saint-Aubin.
3. Étienne, 30 nov. 1650.
4. Suzanne, 25 déc. 1652.
5. Jean, 26 juin 1654; † 15 avril 1684.
6. Sara, 7 janv. 1656.
7. Paul, 21 avril 1658.
8. Sara, 29 oct. 1659.
9. Anne, 22 mai 1661.
10. Daniel, 2 mai 1663.

IV. ÉTIENNE l'aîné, R. P. R., frère des deux préc., banquier, ancien échevin de l'hôtel de ville, demᵗ rue Pierre Hardie, épousa : 1° Anne *d'Huitte*; 2° 15 avril 1646, Mⁱᵉ *Jassoy*, † vᵛᵉ de lui, 5 nov. 1678.

Du premier mariage naquirent :

1. Étienne, 2 mars 1629.
2. Jean, 10 juin 1633.
3. Jean, 18 mars 1636.
4. Suzanne, 29 juin 1638.
5. Judith, 14 mai 1640; mariée à Isaac Jassoy le jeune.
6. David, 19 mai 1641.
7. *Étienne*, 1ᵉʳ juil. 1642; lequel suit.

Du second mariage naquirent :

8. Marie, 19 mars 1647; mariée à Gédéon le Duchat, puis à Louis le Bachelé.
9. *Jean*, 22 déc. 1648; lequel suivra:
10. Benjamin, 29 déc. 1649.
11. Paul, 11 mai 1651.
12. *David*, 8 janv. 1653; lequel suivra.
13. Pierre, 28 avril 1655.
14. Paul, 5 juin 1656.
15. Louis, 1ᵉʳ nov. 1658.

V. ÉTIENNE, R. P. R., fils du préc., banquier, épousa, 20 déc. 1676, Mᵗᵉ *Fériet*, dont il eut :

1. Marie, 26 nov. 1677.
2. Étienne, 12 avril 1679.
3. Anne, 3 mai 1680; † 24 sept. suiv.
4. Paul, 13 août 1681; † 21 nov. suiv.
5. Paul, 17 sept. 1682.
6. Anne, 17 mai 1685.
7. Élisabeth, par. Sᵗ-Martin 4 mai 1686, les parents étant encore de la R. P. R.
8. Antoinette, ibid. 20 nov. 1691; mariée à Chˡᵉˢ le Duchat de Rurange.

VI. JEAN, R. P. R., frère consanguin du

préc., épousa, 2 août 1676, Suzanne *Petitjean* de Rugy, † 7 sept. 1680, à 27 ans. De leur mariage naquirent :
1. Marie, 10 avril 1677 ; † 22 suiv.
2. Jean, 19 avril 1678.
3. Suzanne, 7 mai 1679.
4. Marie, 29 août 1680 ; † 19 sept. suiv.

VII. David, R. P. R., frère du préc., d^r en médecine, sgr de Borny et Vigny, épousa, 28 mars 1677, Judith *Goffin,* dont il eut :
1. Marie, 28 déc. 1677.
2. David, 26 déc. 1678 ; † 16 mai suiv.
3. Anne, 13 janv. 1680.
4. Judith, 19 déc. 1680 ; † par. St-Martin 28 févr. 1688.
5. Étienne, sgr en partie de Vigny, † après abjuration, par. St-Martin 20 nov. 1748, à 65 ans.
6. Louise, 4 févr. 1684 ; † 7 oct. 1685.
7. *Charles,* par. St-Martin 28 mai 1693 ; lequel suit.

VIII. Charles, fils du préc., conseiller au parl^t, sgr de Borny, † à Ars-sur-Moselle 2 sept. 1753, inhumé au chœur de l'église du lieu. Il avait épousé, par. St-Martin 13 déc. 1718, M^{ie}-Anne-F^{oise} *d'Hauteval,* † ibid. 5 juil. 1754, à 55 ans. De leur mariage naquirent ibid. :
1. P^{re}-*François,* 14 janv. 1720 ; lequel suit.
2. Jeanne, 20 mars 1721.
3. Antoinette, 14 juil. 1722 ; † par. St-Victor 1er sept. suiv.
4. Ch^{les}-Antoine, 20 janv. 1729 ; † par. St-Maximin 22 août 1730.

IX. P^{re}-François, fils du préc., conseiller au parl^t, eut d'Anne-Rosine-F^{oise} *Brüneck de Fründeck,* son épouse, par. St-Martin :
1. M^{ie}-F^{oise}-Élisabeth, 13 avril 1756 ; mariée à Antoine-Louis-Benjamin Chastel de Villemont.
2. J^{ne}-M^{ie}-Louise, 16 juil. 1758.

X. Gilles, R. P. R., m^d, fut père de :
1. Jean, 6 oct. 1598.
2. Suzanne, ibid. 29 mai 1607.

XI. Jean, R. P. R., fut père d'Abraham 31 août 1667.

XII. Mathurin, âgé de 28 ans, fils de † Mangeot et de Renée Nicolas, épousa, par. St-Eucaire 3 nov. 1693, Catherine *Melchier,* v^{ve} de Jⁿ Guéra.

XIII. Anne. V. Jassoy III.

MALCLERC Dominique, [« imo veriùs Agathoclerc », dit son épitaphe, natif de Sommeviller, né de parents nobles, licencié in utroque, chan. de la cathédrale, archidiacre de Vic, jadis coadministrateur de l'Évêché, † à 63 ans, 10 mai 1636, inhumé à la cathédrale. Msc. Epit.]

MALER. I. Claude. V. de Saint-Jure II.

II. Françoise fut marraine d'un enfant de la précédente.

III. Jⁿ-Nicolas et Anne, sa sœur. V. Dattel I, 2 et II.

IV. M^{te}-Élisabeth. V. Caboche.

MALET de CHATILLON Pierre. V. de Gratereau de Desgroges.

MALET de NOIZIELLES Louis, conseiller au parl^t de Paris, sgr de Noizielles et de Luzor en Brie, épousa, par. St-Livier 1er nov. 1665, Anne *de Fabert,* dont il eut deux fils ibid. :
1. N***, 6 févr. 1667 ; † 12 juin suiv.
2. N***, 3 avril 1668 ; † 8 suiv.

MALÉZIEUX (de). V. des Rioux de Messimy.

MALFÉTES Pierre. V. de Saulon.

MALGAIGNE M^{ie}-Anne. V. le Bœuf II.

MALGUIN Sara. V. Michelet VII, 1.

MALHERBE. I. François, m^d de bois, *du Loup* ou *du Laux* de son vrai nom, Malherbe par sobriquet, eut une fille Claire, mariée à Rolland Ferrand, et un fils *François,* qui suit.

II. François, fils du préc., conseiller du Roi, gruyer et garde-marteau des eaux et forêts, † par. St-Victor 16 nov. 1704. Il avait épousé : 1° Catherine *Roussel,* † à 39 ans, ibid. 19 avril 1678 ; 2° par. St-Livier 29 juil. 1680, Nicole *Platine,* v^{ve} de Jⁿ Jacob, m^d. Du second mariage naquirent :
1. Jⁿ-*François,* par. St-Livier 12 sept. 1683 ; lequel suit.
2. Anne, mariée à Antoine Georges de Cuvry.

3. Nicolas, curé de Lorry-lès-Metz, à l'enterrement de son père.

4. Michel, gradué ès-droits, ibid.

III. Jⁿ-FRANÇOIS, fils du préc., conseiller référendaire en la chancellerie du parl^t, sgr de Maraimbois, [eut un procès où il lui fut reproché d'avoir changé son nom. Metz msc. 205.] Il mourut par. Ste-Ségolène 20 août 1743. Il avait épousé M^{te}-Charlotte *Brandenbourg*, † à 28 ans, ibid. 21 août 1721. De leur mariage étaient nés :

1. *P^{re}-Charles*, lequel suit.
2. M^{ie}-Catherine, par. Ste-Ségolène 7 févr. 1715; mariée à P^{re}-Antoine Fringant.
3. J^{ne}-Louise, par. St-Victor 6 juil. 1716; mariée à F^{ois}-J^{ph} Raguet.
4. F^{ois}-Gabriel, par. St-Victor 11 mars 1718; † 20 suiv.

IV. P^{RE}-CHARLES, fils du préc., sgr de Maraimbois et Dampvitoux, conseiller au bailliage, † par. Ste-Ségolène 8 nov. 1781, à 69 ans. Il avait épousé M^{te} *Lallemand*, dont il eut ibid. :

1. Thérèse, 30 nov. 1744; † 2 déc. suiv.
2. P^{re}-Antoine, 10 janv. 1746; demi-chan. de Gorze.
3. P^{re}-Joseph, 16 juil. 1747 (1).
4. J^{ne}-L^{se}-Rosalie, 23 sept. 1749; mariée à Gaston-Jⁿ-B^{te} b^{on} de Guilllemin.
5. Clémence, 17 août 1750; † le même jour.
6. Reine-J^{ne}-F^{oise}, 28 avril 1752.
7. Étienne, 2 juil. 1753.
8. Benjamin, 29 mai 1755 (2).
9. M^{te}-Scholastique, 10 févr. 1757; mariée à Alexandre-Louis le Musnier de Moulineuf.

(1) PIERRE-JOSEPH, avocat au parl^t, assesseur au conseil supérieur de l'Ile-de-France, † 28 mars 1785. Il avait épousé F^{oise}-Charlotte de Laval-Beaulieu, † v^{ve} de lui, 23 mars 1788. De leur mariage étaient nés : 1° *Jacques-Louis*, 7 avril 1779; lequel suit ; 2° *Pierre-Marie-François*, lequel suivra.

JACQUES-LOUIS, fils du préc., ancien banquier à Metz, épousa N*** Chauvet, dont il eut : 1° Ernest, attaché à la Préfecture de la Moselle ; 2° Gaspard ; 3° Charles, officier de dragons ; 4° Eugène ; 5° Jules.

PIERRE-MARIE-FRANÇOIS, frère du préc., eut de son épouse N*** le Musnier de Moulineuf, sa cousine-germaine : 1° Adolphe, ancien officier d'état-major, bibliothécaire-adjoint de la ville de Metz ; 2° Alfred, vice-président du tribunal de Metz ; 3° Charles, chef d'escadron d'artillerie.

(2) BENJAMIN, cap. au rég^t royal Roussillon, épousa M^{ie}-Catherine Lecomte, † 8 mai 1831. De leur mariage naquirent : 1° Charles, officier de marine marchande, † à Metz

10. Anne-Thérèse, 17 déc. 1758.
11. Benjamin, 28 juil. 1760; † 27 mars 1763.

V. J^{ques}-FRANÇOIS, avocat à la cour de Lorraine, † par. St-Victor 18 févr. 1728.

VI. JEAN, éc., sgr de la Tarillière, épousa, par. St-Marcel 16 janv. 1668, Anne *Jacques*, dont il eut Paul-Alexandre, ibid. 6 oct. 1668.

VII. ANNE. V. de Vapy.

VIII. N***. V. Platine.

MALHOMME. I. JEAN épousa Laurette *Foës*, † v^{ve} de lui, par. St-Martin 21 nov. 1682. De leur mariage naquirent ibid. :

1. Françoise, 26 avril 1642 : p. F^{ois} d'Affricq, lieut.; m. F^{oise} de Roucel.
2. François, 14 janv. 1644 : p. J^{ques} le Labriet, chan. de la cathédrale; m. J^{ne} de Croiset.
3. Jean, 4 mai 1647.
4. Jean, 30 juin 1648.
5. Barbe, 29 mars 1650 : p. Jⁿ Foës, enseigne; m. Barbe Maguin, fille de Jⁿ Maguin. — Elle fut mariée à F^{ois} de Mercure de Vecchi.
6. Abraham, 28 mars 1652 : p. Abraham Michelet, avocat; m. M^{te} Rulland, fille de Gilles Rulland, m^e-échevin.
7. Élisabeth, 23 févr. 1654.

II. PHILIPPE, fils de Thomas, s^r de Fourcheux, épousa, par. St-Victor 27 févr. 1634, M^{ie} *Geoffroy*.

III. SÉBASTIEN, sgr en partie de Fourcheux, eut d'Anne *le Clerc*, son épouse, Madeleine, par. St-Simplice 15 avril 1671.

IV. GEORGES, [chan. de la cathédrale, † 22 mai 1713. Msc. Epit.]

V. Divers.

1. ANNE. V. Lairbel.
2. CATHERINE. V. de Vian.
3. FRANÇOISE. V. de Goize II.

MALHORTY ANNE. V. Hurtevin-Montauban.

24 févr. 1858, à 57 ans; 2° Caroline, née 21 janv. 1793, † 23 nov. 1864; 3° Henriette, née en 1794, mariée à Jacques-Philippe-Ch^{les} Roger du Coulon ; 4° Philippine, née en 1797, mariée, 25 août 1830, à Jⁿ-Anne-Claude Lambert, doyen des conseillers à la cour d'appel de Metz, dont elle fut la seconde femme ; elle est morte à Metz 23 mai 1883. *Biog. du Parl^t.*

MALJEAN (de) J^{ne}-Anne-Élisabeth-Nicole. V. Chirier des Champs.

MALMAISON (de la) Léonard. V. Hugo.

MALORTYE (de) J^{ques}-Gustave, chev., m^{is} de Bouteville, sgr de Villarme, Mandebourg, Menerury, Portot, c^{te} de Hombourg, maréchal des camps et armées du Roi, inspecteur gén^l de la cavalerie et des dragons, chev. de St-Louis, eut de M^{ie}-Thérèse *de Brisacier*, son épouse :
1. J^{ques}-Gustave, 18 janv. 1695 ; les cérémonies du baptême lui furent suppléées par. St-Martin 26 juin 1697 : p. l'abbé Doublet, chan. et chancelier de l'église de Metz, abbé de St-Jean de Chartres ; m. Nicole-F^{oise} de Morby, au nom de Mme de Malortye.
2. Gustave, par. St-Gorgon 2 juin 1696.
3. M^{ie}-Jeanne, ibid. 1er août 1699 : p. Jⁿ Sarrau, m^{is} de Brye, gouverneur de Sierck, c^{te} de Hombourg.
4. M^{ie}-Anne, marraine de la préc., ne sachant écrire ; elle fut l'épouse de J^{ques}-F^{ois} de Gaude de Martaineville.

MALOUY M^{ie}-Catherine. V. Thiriet IV.

MALPIERRE (de) M^{ie}-Thérèse. V. de Gournay V, 3.

MALROY (de) Jean, éc., sgr de Villiers-Louys, maréchal des logis des gendarmes, épousa, par. St-Victor 7 mai 1691, Madeleine *le Page*.

MALSEIGNE Ch^{les}-Théodore. V. d'Aumale V.

MALTESTE Charlotte. V. Clerginet.

MALVOISIN (de) Charlotte-Pétronille, fille du b^{on} de Malvoisin, cap. de cavalerie au rég^t de..., et de dame de Contrison ; † aux Ursulines, par. St-Marcel 12 juil. 1779, à 9 ans.

MAMIEL. I. Georges, receveur et payeur des gages au parl^t, † par. St-Victor 30 juin 1668. Il avait épousé Anne *François*, † ibid. 23 août 1674. De leur mariage étaient nés :
1. Vincent, par. St-Gorgon 5 avril 1640 ; avocat au parl^t, conseiller-clerc au bailliage, [† chan. de la cathédrale 2 janv. 1679. Msc. Epit.]
2. *Nicolas*, ibid. 21 avril 1642 ; lequel suit.
3. Georges, par. St-Victor 29 déc. 1645 : p. Georges Foës, sgr de Brieux ; Barbe Geoffroy, épouse d'Antoine Andry. — Chanoine de St-Sauveur, puis de la cathédrale, [† 22 mai 1713. Msc. Epit.]
4. Éléonore, ibid. 17 déc. 1648 : p. F^{ois} de Lamberty, lieut. en la citadelle ; m. Éléonore de Pitoiset, épouse de P^{re} de Bombelles.

II. Nicolas, fils du préc., receveur et payeur des gages au parl^t, sgr d'Aube, † par. Ste-Croix 7 juil. 1707. Il avait épousé, par. St-Victor 22 juil. 1669, Madeleine *Bertrand*, † ibid. 18 mai 1727, inhumée auprès de son mari dans la chap. de Ste-Catherine. De leur mariage naquirent :
1. Anne, par. St-Victor 22 août 1670 ; mariée à Jⁿ Aubry.
2. Vincent, ibid. 9 déc. 1671.
3. *Georges*, ibid. 4 sept. 1673 ; lequel suivra.
4. P^{re}-Nicolas, ibid. 25 févr. 1675.
5. Gabriel, ibid. 13 mars 1676.
6. Anne-Madeleine, ibid. 16 juil. 1677.
7. Nicolas, ibid. 8 nov. 1678.
8. F^{oise}-Catherine, ibid. 19 févr. 1680.
9. Élisabeth, ibid. 17 août 1681.
10. *Louis*, ibid. 6 oct. 1683 ; lequel suit.
11. Marguerite, ibid. 18 nov. 1687.
12. Marie, ibid. 10 mars 1689.
13. Thérèse, par. Ste-Croix 20 mai 1693 ; mariée à F^{ois} Aubry.
14. Nicolas, ibid. 26 oct. 1694 ; [chan. de la cathédrale, † 19 avril 1768. Msc. Epit.]

III. Louis, fils du préc., conseiller aux requêtes du palais, † subitement par. St-Maximin 5 janv. 1751. Il avait épousé : 1° par. St-Martin 20 mai 1708, M^{ie} *de Saint-Didier*, † à 28 ans, ibid. 3 févr. 1710 ; 2° M^{ie}-Sébastienne-Nicole *Beauregard*, † par. St-Maximin 26 avril 1743. — Du premier mariage était née, par. St-Martin 5 mars 1709, Madeleine, mariée à Jⁿ-Christophe Daulnoy.

IV. Georges, frère du préc., conseiller au parl^t, † d'apoplexie, par. Ste-Croix 30 mai 1742, inhumé en la chap. de Ste-Catherine. Il avait épousé, par. Ste Ségolène 27 déc. 1698, F^{oise} *Gomé*, dont il eut :
1. Anne, par. Ste-Ségolène 19 avril 1699 (*sic*); mariée à N^{as} Estienne d'Augny.
2. Georges, par. Ste-Croix 21 oct. 1700; cap. d'infanterie au corps détaché du corps royal artillerie, dir. en chef pour le génie à Sedan en 1757, il avait épousé, par. St-Marcel 13 juil. 1733, Anne-Élisabeth *Tercy*, v^{ve} de Gabriel d'Elluée de Belleau, laquelle mourut par. St-Livier 2 mai 1749.
3. *Claude-J^{ph}*, ibid. 20 mars 1702; lequel suit.
4. Jⁿ-Baptiste, ibid. 23 oct. 1703.
5. Brice-N^{as}, ibid. 22 févr. 1705.
6. Louis, ibid. 26 juin 1706.
7. Bénigne, ibid. 22 nov. 1707.
8. Louis-Denis, ibid. 26 janv. 1709; † 31 juil. 1710.
9. Thérèse, ibid. 6 mars 1716.
10. Jⁿ-Louis, ibid. 13 mars 1718.
11. *Charles-F^{ois}*, ibid. 10 nov. 1720; lequel suivra.

V. Claude-J^{ph}, dit *de Marieulles*, fils du préc., chev., ancien maire et m^e-échevin de Metz, chev. de St-Louis, lieut.-colonel d'infanterie, lieut. du Roi command^t en la citadelle de Metz, † par. Ste-Ségolène 8 oct. 1775. Il avait épousé Catherine-Lucie *de la Jaille de la Glanchère*, dont il eut :
1. Marc-P^{re}-Jⁿ-F^{ois}, par. St-Victor 24 déc. 1745 : p. Marc-P^{re} de Voyer de Paulmy, c^{te} d'Argenson, ministre et secrétaire d'État, g^d croix chancelier garde des sceaux de l'ordre royal et militaire de St-Louis, surintendant gén^l des courriers, postes et relais de France, représenté par Jⁿ-F^{ois} de Creil, chev., m^{is} de Creil-Bournezeau, b^{on} de Brillac, conseiller d'État, intend^t de justice, police et finances au dép^t de Metz; m. F^{oise} Gomé, sa g^d mère. — A l'enterrement de son père, il est lieut. en premier au rég^t de Metz corps royal artillerie.
2. Georges-Claude, par. St-Simplice 4 déc. 1746 : p. Georges Mamiel, ingénieur en chef à Sedan, son oncle; m. M^{ie}-Julie Claude de la Jaille, épouse de André m^{is} de Sabran, sa cousine mat. — A l'enterrement de son père, il est curé d'Ay.
3. Anne-Hélène-Luce, par. St-Jean de la Citadelle 15 avril 1749. Les cérémonies du baptême lui furent suppléées le 13 déc. suiv.
4. M^{ie}-Élisabeth-Cécile, ibid. 22 nov. 1750 : p. Louis d'Elluée de Belleau, lieut. au rég^t de Chartres infanterie; m. M^{ie}-Élisabeth de Cloès, fille de Ferdinand de Cloès, conseiller et sgr des Forges de Lintz, juridiction de Cologne.
5. Louis-Antoine, ibid. 8 janv. 1752; lieut. au corps royal artillerie au décès de son père.
6. M^{te}-Charlotte-Victoire, ibid. 23 déc. 1753.
7. Gabrielle-Luce, ibid. 8 mai 1755.

VI. Ch^{les}-François, frère du préc., éc., chev. de St-Louis, ancien chef de bataillon au rég^t de la marine et lieut. du Roi command^t du fort Nieulay en 1775, avait épousé, étant cap. au dit rég^t de la marine, par. St-Victor 29 déc. 1764, M^{ie}-Anne *Daulnoy*, dont il eut :
1. M^{ie}-Madeleine, par. Ste-Croix 7 août 1765.
2. Anne, par. St-Victor 18 août 1767; † 18 sept. 1768.
3. Anne, par. Ste-Croix 23 juil. 1771.
4. Catherine, ibid. 22 juil. 1774 : p. Honoré de Tholozan, dir. gén^l des vivres au dép^t des Trois-Évêchés et de la Lorraine; m. Catherine-Lucie de la Jaille, sa tante.

VII. Brice, bachelier en théologie de la faculté de Paris, abbé régulier de l'abbaye de la Grâce-Dieu, ordre de Citeaux, au diocèse de Besançon, bénit un mariage dans la famille de Sagey, par. St-Gorgon 10 févr. 1755.

VIII. Brice, peut-être le même que le préc., prieur de l'abbaye de Villers-Bettnach, au mariage de Georges Mamiel ci-dessus IV, 2.

IX. Marie. V. Theissier.

MANDRE (de) Nathanael, R. P. R., fils de Jean dit Petityeux, épousa, 16 janv.

1597, M^{ie} *de Heu* ou *de Hu*, fille de † Michel de Heu ou de Hu.

MANDRÉ Nicolas. V. de Beaufort II.

MANGAY, *alias* MANGUAY. I. J^x-Baptiste, m^d, veuf de M^{ie} *Mary*, épousa, étant âgé de 33 ans, par. St-Marcel 10 févr. 1757, M^{ie} *Lhuillier*, âgée de « 30 et quelques années », fille de N^{as} Lhuillier, architecte du Roi et entrepreneur de bâtiments, et de Barbe Tillot.

II. Nicolas, frère du préc., doyen des trésoriers- au bureau des finances, sgr de Basse-Betting, † à 73 ans, par. Ste-Croix 7 juil. 1790.

III. Philippe, sgr de Betting et de Hellering, conseiller auditeur en la chambre des comptes au parl^t, fils de Maurice, ancien m^d à Sarrelouis, maire et échevin de cette ville, sgr de Hellering, Betting et autres lieux, et d'Élisabeth Mazure, épousa, par. St-Martin 24 août 1768, M^{ie}-F^{oise} *Maujean*, dont il eut Nicolas, ibid. 24 oct. 1769.

IV. Jacques. V. de Lardemelle I, 7.

V. Anne-M^{te} et Madeleine. V. Georges IV.

MANGEOT. I. Gigoult, avocat au parl^t, eut d'Anne *Chomnel*, son épouse :
 1. Françoise, par. St-Martin 27 juil. 1624.
 2. Louis, ibid. 2 févr. 1627.
 3. Philippe, ibid. 1er oct. 1629.
 4. Anne, par. Ste-Croix 16 avril 1632.
 5. Philippe, ibid. 29 juin 1634.
 6. Marguerite, ibid. 12 févr. 1637 : p. J^n le Bonhomme ; m. M^{te} Houzel, épouse d'Élie de Freichefond, commis aux saisies réelles du bailliage. — Elle épousa Étienne Vaucremont.

II. Nicolas, conseiller du Roi, m^e particulier en la maîtrise des eaux et forêts, eut de M^{te} *Hibert*, son épouse, par. St-Marcel :
 1. J^n-Louis, 18 août 1697.
 2. J^n-Baptiste, 24 août 1698.

III. Jean, dit major, bourgeois, † par. St-Victor 24 déc. 1730. Il avait épousé Gabrielle *Belchamps*, † ibid. 5 juin 1717, à 62 ans.

IV. Didier, [chan. de Hombourg, † 10 juil. 1663 ; sa mère, Idatte Grandmaire, fut inhumée dans la même tombe que lui à St-Sauveur. Msc. Epit.].

V. Divers.
 1. Anne. V. Laurent.
 2. Anne. V. Ethis II, 1.
 3. Anne. V. Lecoq VI.
 4. Barbe. V. Doger.
 5. Catherine. V. Grinsart.
 6. Charlotte. V. Lallouette IV.
 7. Charlotte. V. Coulon.
 8. Françoise. V. Bancelin X.
 9. Marguerite. V. Cellier II.
 10. Sara. V. le Bachelé XVIII.

MANGEOT (de) Anne-Thérèse-Charlotte. V. Jacquinot II, 11.

MANGEOT de BOIS-MARGOT Olivier-Louis, officier d'artillerie, † à 22 ans, par. St-Maximin 10 janv. 1755.

MANGETAIRE. I. Dominique, m^d, eut de Louise *Guichard*, son épouse :
 1. *Nicolas*, qui suit.
 2. F^{oise}-Lucie, mariée à Ch^{les} du Fort de la Pripanne, puis à Eustache Guichard de Marsoye.
 3. Louise, mariée à J^{ques} Venant de la Fond.

II. Nicolas, fils du préc., procureur au parl^t, † par. St-Martin 11 févr. 1733, à 72 ans. Il avait épousé, par. Ste-Croix 26 mai 1687, Rachel *Mangin*, nouvellement convertie de la R. P. R., fille des † David Mangin et Rachel Mittalat, de laquelle il eut par. St-Gorgon :
 1. N^{as}-Regnault, 13 juil. 1691 ; † 30 déc. 1693.
 2. Louise, † à 3 ans, par. St-Gorgon 19 févr. 1695.
 3. Françoise, 5 mars 1693 ; mariée à Antoine Georges de Cuvry.
 4. Catherine-Charlotte, 24 oct. 1695, mariée à J^n-B^{te} d'Avignon.

III. Catherine. V. Nancy.

MANGIENNE Françoise. V. Humbert VIII.

MANGIN, *cfr.* MENGIN. I. François, R. P. R., m^d, fut père de :
 1. Marie, mariée à J^n de Marsal.

2. Suzanne, mariée à Jⁿ Goullet.
II. Pierre, avocat au palais, † par. St-Martin 30 sept. 1622. Il avait épousé Anne *Gauguon*, alias *Gaugué*, dont il eut ibid. :
1. Valentin, 12 janv. 1611.
2. Anne, 2 mars 1612.
3. Charles, 10 déc. 1614.
4. Salomée, 1er déc. 1616.
5. Jⁿ-Louis, 5 juil. 1619.

III. Pierre, greffier en chef de l'hôpital St-Nicolas, épousa Barbe-Rose *Renouard de la Nevais*, † par. St-Marcel 23 oct. 1780 : à son enterrement, Jⁿ Pidancet, avocat en parl^t de Paris, conseiller du Roi, président juge des fermes et domaines de France au dép^t de Metz, son beau-frère; J^{ph}-Antoine Demange, huissier au parl^t, son oncle. — De leur mariage était née, ibid. 19 juil. 1778, M^{ie}-Catherine-Rose : p. Antoine Demange, huissier au parl^t, son g^d oncle ; m. Catherine-Rose Renouard de la Nevais, sa tante.

IV. Jⁿ-Michel, procureur au parl^t, † subitement par. St-Gorgon 4 déc. 1728, à 68 ans. Il avait eu de J^{ne} *Masson*, son épouse, Jeanne, par. Ste-Croix 28 mars 1693.

V. Bernard-Benoit, chev., sgr de Vauroux, sous-lieut. au rég^t de Béarn en garnison à Metz, fils de François, chev., sgr du Mont, et de M^{ie}-F^{oise} de Razes, de la par. de Beruges au diocèse de Poitiers; † à 19 ans, par. St-Simon 22 juil. 1771 : à son enterrement, Ch^{les} de Razes, cap., son oncle ; M^{ie}-Jérôme Tristan de Saint-Amant, cap.; P^{re}-Clément Feydeau, sous-lieut., et Claude-Eugène de la Coussaye, volontaire, ses cousins : tous du rég^t du défunt.

VI. Regnault, R. P. R., sgr de Chantrenne, lieut. à la garnison de Marsal, eut de M^{ie} *Danoue*, son épouse, Anne, née à Marsal, baptisée à Metz au commencement d'oct. 1647.

VII. Divers.
1. Anne. V. Grandjambe XVII.
2. Anne. V. Joly VIII.
3. Barbe. V. Brouet.
4. Catherine. V. Collin II.
5. Catherine. V. le Noble de la Passe et de Bry d'Arcy III.
6. Françoise. V. Boutier II.
7. Judith. V. Guyot II.
8. Judith. V. de Vigneulles XIII.
9. Marguerite. V. Béguin.
10. Marguerite. V. des Noyers.
11. M^{te}-F^{oise} et François. V. Catoire.
12. Marie, sœur d'Anne 1. V. Michelet XVIII.
13. M^{ie}-Thérèse et F^{ois}-Léopold. V. Pioche.
14. Rachel. V. Mangetaire II.

MANGIN de la TOUCHE M^{ie}-Marguerite. V. Carrey d'Asnières.

MANGINOT Suzanne. V. de Béchevel.

MANGUAY. V. Mangay.

MANNYR (du). V. Mainhulle I, 2.

MANSA Esther. V. Joly IX.

MANSART (le), *alias* le MANSAY.
I. Sara. V. de Marsal III.
II. Rachel. V. de Combles VII.

MANSCOURT (de) Jⁿ-B^{te}-Félix, éc., cap. au rég^t de la Fère corps royal artillerie, fils de Claude-F^{ois}-Henry, éc., trés. de S. A. S. le Prince de Conty, et de J^{ne} Ducros, de la par. de Ste-Marie-en-clos-du-Temple, de Paris, épousa, étant âgé de 30 ans, par. St-Maximin 20 févr. 1781, J^{ne}-M^{ie} *Bourdelois*, âgée de 16 ans : au mariage, M^{ie} Millot, v^{ve} de Louis-F^{ois}-Félix Toustain, banquier à Nancy, sgr de Villers-Cerisemont, aïeule mat. de la mariée ; N^{as} de Verrières, cap. au corps royal artillerie ; Jⁿ-B^{te}-Alexandre de St-Balmont, éc., sgr de St-Balmont, m^e particulier des eaux et forêts de Bourmont ; F^{ois}-Xavier la Combe, cap. d'infanterie ; de Clinchant d'Aubigny, lieut. au rég^t de Vexin infanterie.

MANSILLOT M^{ie}-Anne. V. de Maidy.

MANSUY Françoise. V. le Braconnier XVIII.

MANTEVILLE (de) Idde et Nicolas. V. de Roucel II.

MAQUINOT Suzanne. V. de Marsal III.

MARAN Élisabeth et M^{ie}-Françoise. V. de Fienne.

MARANCOURT (de) Claude-M^{ie}. V. de de la Croix X.

MARAND (de) Louis. V. de Flavigny XI.

MARC. I. François, concierge du palais, eut de Barbe *Gomé*, son épouse :
1. Marie, par. St-Gorgon 13 déc. 1663.
2. Françoise, ibid. 22 mai 1665.
3. Claude, ibid. 22 févr. 1667; il épousa, par. St-Simplice : 1° 24 févr. 1693, Anne *Robert*, fille de Philippe Robert, m^e des bannerots, et de F^{oise} le Page, laquelle mourut par. Ste-Croix 12 mai 1694 ; 2° 31 juil. 1695, Louise *Genot*, âgée de 19 ans, fille de Jⁿ Genot et de F^{oise} les Trose.
4. *N^{as}-François*, ibid. en 1669 ; lequel suivra VII.
5. *Jean*, qui suit.
6. *François*, qui suivra VI.
7. Mansuy, procureur au bailliage, † par. St-Gorgon 9 mai 1724.
8. Jⁿ-Philippe.
9. Antoine.

II. Jean, fils du préc., huissier au présidial, † par. St-Gorgon 27 avril 1729, à 72 ans. Il avait épousé, ibid. 14 févr. 1684, J^{ne} *Sauvage*, fille de † Jacques Sauvage, procureur fiscal de la terre de Gorze, et de Claudine Petitjean, laquelle mourut ibid. 3 mars 1738. De leur mariage naquirent :
1. Michel, † à 17 ans 3 mois, par. St-Gorgon 23 déc. 1706.
2. Jeanne, ibid. 5 mai 1691.
3. Jean, ibid. 3 sept. 1693.
4. Françoise, † à 7 ans, ibid. 23 déc. 1703.
5. Claudine, † à 61 ans, par. St-Victor 19 janv. 1747.
6. *Jⁿ-Louis*, qui suit.

III. Jⁿ-Louis, fils du préc., procureur au bailliage, † par. St-Victor 19 mars 1767. Il avait épousé Catherine *Arnould*, † par. St-Gorgon 10 mai 1739. De leur mariage étaient nés en cette dernière paroisse :

1. Françoise, 27 juil. 1725 ; † 31 août suiv.
2. *Louis-Michel*, 20 nov. 1726 ; lequel suit.
3. Barbe, 11 févr. 1728.
4. Claudine, † 27 avril 1729.
5. Jⁿ-Louis, 20 juin 1731 ; lequel suivra.
6. Françoise, 14 nov. 1732 ; mariée à Louis Bonnaventure.
7. M^{ie}-Catherine, 29 juin 1737.
8. Jeanne, mariée à Claude Emmery.
9. Marie, mariée à F^{ois} Picquart.

IV. Louis-Michel, fils du préc., huissier-audiencier au bureau des finances, puis receveur des droits réunis à Metz et à Belfort, épousa, par. St-Victor 11 avril 1752, M^{ie}-Judith *Champion*, dont il eut :
1. F^{oise}-Antoinette, par. St-Gorgon 17 janv. 1754.
2. Anne-Agathe, ibid. 18 avril 1755.
3. Jⁿ-Louis, ibid. 11 nov. 1756 ; m^d, † par. St-Simplice 8 mai 1789. Il avait épousé, ibid. 5 févr. 1785, M^{te}-Barbe *Rousselot*, fille de Didier-N^{as} Rousselot, procureur au parl^t, et de Barbe-F^{oise} Loyal.
4. Anne-Louise-Laurette, par. St-Victor 10 août 1758.
5. Anne-F^{oise}, mariée à N^{as}-Gabriel-Victor Vaillant.

V. Jⁿ-Louis, frère du préc., procureur au parl^t, † par. St-Victor 28 févr. 1772. Il avait épousé M^{ie}-Cécile *Blaise*, † ibid. 10 mai 1754. De leur mariage étaient nés ibid. :
1. M^{ie}-Catherine, 13 mars 1746 ; † 28 août 1761.
2. Scholastique, 30 sept. 1747.
3. Louise, 6 déc. 1749.
4. Jⁿ-J^{ques}-Louis, 21 juil. 1751 ; † 22 sept. 1752.
5. M^{ie}-Jeanne, 10 mai 1754.

VI. François, g^d oncle des préc., doyen des procureurs au parl^t, † à 73 ans, par. Ste-Croix 26 oct. 1723. Il avait épousé, par. St-Gorgon 10 nov. 1688, M^{ie} *Hennequin*, † par. Ste-Croix 1er mai 1701. De leur mariage naquirent par. Ste-Croix :
1. Paul, 16 janv. 1691.

2. Catherine, 26 mars 1693.
3. Pierre, 9 mai 1694.
4. Anne, 24 sept. 1695.
5. Jean, 2 juin 1697.
6. Guillaume, 24 juil. 1698.

VII. N^{as}-François, frère du préc., procureur au bailliage, † à 60 ans, par. St-Gorgon 3 mars 1730. Il avait épousé, ibid. 10 mars 1691, J^{ne} *Regnault*, † ibid. 30 mai 1714. De leur mariage étaient nés ibid. :
1. Barbe, 21 sept. 1692.
2. M^{ie}-Madeleine, 7 sept. 1694.
3. Catherine, 6 mars 1696.
4. Laurette, 6 juin 1697.
5. Nicolas, 10 févr. 1699.
6. Mansuy, 28 déc. 1701.
7. Jeanne, 6 juin 1703.

VIII. Jacques, premier huissier à la table de marbre du parl^t, † par. St-Marcel 30 juil. 1725. Il avait épousé F^{oise} *Salomon*, † ibid. 13 mars 1729. De leur mariage était né *Nicolas*, qui suit.

IX. Nicolas, fils du préc., intend^t de l'abbesse de St-Pierre, † par. St-Victor 23 sept. 1750, à 53 ans : à son enterrement, Jⁿ-Louis Marc, proc. au bailliage, son cousin. Il avait épousé, par. St-Marcel 2 oct. 1736, Anne *Choudecq, alias Chaudecq*, fille de † Christophe Choudecq et de Barbe la Cour, laquelle mourut par. St-Simon 25 sept. 1758, à 39 ans. De leur mariage naquirent par. St-Marcel :
1. Claude-F^{ois}, † à 18 ans, 15 avril 1756.
2. Luce, 1er juin 1741.
3. Alexandre-N^{as}, 17 juin 1743 ; il épousa, par. St-Victor 14 janv. 1777, Anne *Deshayes*.
4. Jean, 12 août 1746.

X. François, bourgeois de Metz, † à 97 ans, par. St-Marcel 27 juin 1746 : à son enterrement, *Toussaint*, son fils, lequel suit ; et Jⁿ Vidal, son gendre.

XI. Toussaint, fils du préc., sgr de Nouilly, † par. St-Marcel 13 déc. 1786, à 90 ans. Il avait épousé J^{ne} *Ducoudray*, † ibid. 21 août 1772. De leur mariage étaient nés ibid. :
1. Paul-F^{ois}, 16 déc. 1738.
2. Barbe-Thérèse, 24 févr. 1740.
3. *Christophe*, 30 avril 1741 ; lequel suit.
4. M^{ie}-Anne, 6 juil. 1742.
5. Adam-J^{ph}-Benoît, 22 juil. 1744 ; † 31 juil. 1751.
6. Louis, 13 juin 1749.
7. *Louis-Benoît*, 30 sept. 1751 ; lequel suivra.

XII. Christophe, fils du préc., avocat au parl^t, épousa : 1° par. St-Marcel 1er mai 1764, Suzanne *Lallemant*, fille de N^{as} Lallemant, et de M^{ie} Midard ; 2° par. St-Victor 27 oct. 1790, Madeleine *Bidaut*, âgée de 29 ans, v^{ve} de Jⁿ-B^{te} Robinet. Du premier mariage naquirent par. St-Marcel :
1. Toussaint, 9 août 1764 (*sic*).
2. Guillaume-Louis, 16 juil. 1765.
3. Jⁿ-Gabriel, 5 sept. 1770.

XIII. Louis-Benoît, frère du préc., bourgeois de Metz, épousa, par. St-Simon 22 sept. 1772, M^{te} *de la Rivière*, dont il eut Toussaint, par. St-Marcel 5 mars 1774.

XIV. Pierre, greffier au parl^t, sgr de Malaucourt, épousa Barbe *Grandjean*, † v^{ve} de lui, par. St-Maximin 8 mai 1767, à 72 ans. De leur mariage étaient nés :
1. Jⁿ-François, par. Ste-Croix 24 déc. 1729.
2. Michel, ibid. 25 août 1734.
3. Henry, par. St-Maximin 13 oct. 1736.

XV. Claude, procureur au parl^t, † par. St-Gorgon 23 oct. 1706.

XVI. J^{ques}-Philippe, procureur au conseil souverain d'Alsace, épousa M^{ie} *Payot*, † par. Ste-Croix 15 oct. 1724.

XVII. Claude-F^{oise}, † à 75 ans, par. St-Marcel 24 mai 1768 : à son enterrement, son cousin Jⁿ-Louis Marc, procureur au parl^t.

XVIII. Jeanne, † à 81 ans, par. St-Marcel 5 févr. 1776 : à son enterrement, Alexandre Marc, son neveu.

XIX. Divers.
1 Catherine. V. des Noyers.
2. Jeanne. V. Belchamps.
3. Louise. V. Pierre V.

MARCANT Françoise. V. Pierrard de Saint-Arnould.

MARCARD Jeanne. V. Beaudesson XII, 2.

MARCEL Mᴵᵉ-Claire. V. Baudinet de Courcelles.

MARCHAL. I. N***, épousa Mᵗᵉ *N***, † par. Sᵗᵉ-Croix 31 déc. 1632. De leur mariage était née Philippe, mariée à Jⁿ Poutet.

II. Pierre, † par. Sᵗ-Victor 26 mars 1762, à 75 ans. Il avait épousé Jⁿᵉ *Vernier*, † vᵛᵉ de lui, par. Sᵗ-Martin 20 avril 1775, à 88 ans. De leur mariage naquit *Jⁿ-Pierre*, qui suit.

III. Jᴺ-Pierre, fils du préc., substitut du procureur génˡ au parlᵗ, conseiller-échevin de la ville, épousa, par. Sᵗ-Eucaire 9 août 1757, Élisabeth *le Geay*, † par. Sᵗ-Martin 25 mai 1786, à 50 ans. De ce mariage naquirent :
1. René-Fᵒⁱˢ (1), par. Sᵗ-Victor 27 juin 1761.
2. Pʳᵉ-Louis-Auguste, ibid. 12 juil. 1762.
3. Pʳᵉ-Fᵒⁱˢ-Céleste, † à 3 mois, par. Sᵗ-Eucaire 4 nov. 1763.
4. Anne-Mᴵᵉ-Nᵃˢ, par. Sᵗ-Martin 22 août 1764.
5. Nᵃˢ-Bernard, ibid. 17 sept. 1765 ; † par. Sᵗ-Maximin 3 oct. suiv.
6. Jⁿ-Pierre, ibid. 2 nov. 1766. [Chef de bataillon au 45ᵉ régᵗ de ligne, chev. de la Légion d'honneur à la création de l'ordre, il fut tué à Friedland en 1807 à la tête d'un des bataillons de grenadiers réunis du corps d'Oudinot].
7. Mᴵᵉ-Sophie-Élisabeth, ibid. 14 févr. 1768; [mariée à Jⁿ-Bᵗᵉ-Nᵃˢ Breton.]

IV. Divers.
1. Anne. V. Marly.
2. Anne et Georges. V. Vernier VII.

(1) René-François, avocat au parlᵗ, prit le nom de *Marchal de Grignan*, d'un domaine formant fief près de Moulins-lès-Metz; commissaire des guerres en 1792, il fut incarcéré à Verdun, comme royaliste, en 1793; il mourut à Corny, le 31 juin 1841, ayant épousé le 1ᵉʳ févr. 1795, Claire-Louise de Tabouillot, qu'il avait connue en prison et dont il fit annuler la condamnation; elle mourut en 1820, âgée de 43 ans, laissant un fils unique, Aimé-Fᵒⁱˢ Marchal de Corny, né à Verdun le 1ᵉʳ déc. 1795. — Aimé-Fᵒⁱˢ épousa, 15 mai 1821, Anne-Fᵒⁱˢᵉ Goullet de Rugy, fille de Jⁿ-Bᵗᵉ-Albert-Thomas Goullet de Rugy, ancien colonel d'artillerie, et de Mᴵᵉ-Anne Tardif de Petitville, de laquelle il eut Germain-Fᵒⁱˢ Marchal de Corny, né à Metz 19 janv. 1832. (*Biog. du Parlᵗ.*)

3. Angélique-Fᵒⁱˢᴱ. V. Valette II.
4. Barbe. V. des Forges II.
5. Élisabeth. V. Bazoche.
6. Françoise. V. Robin II.

MARCHAND. I. François, sgr de Sabré, eut une sœur, Marguerite, dame du séminaire des Filles de la doctrine chrétienne, morte par. Sᵗ-Gengoulph 3 févr. 1786. Il avait épousé : 1° Hélène *Nicolas*, † par. Sᵗ-Eucaire 25 sept. 1783 ; 2° Anne *Remy*. Du second mariage naquirent ibid. :
1. Anne-Fᵒⁱˢᵉ-Nicole, 5 déc. 1784 : p. Fᵒⁱˢ Marchand, curé d'Arry.
2. Nᵃˢ-François, 22 oct. 1786; † 7 nov. suiv.
3. Mᴵᵉ-Antoinette, 7 avril 1788.

II. Jᴺ-François, dir. de l'hôpital militaire de Marsal, fils des † François, dir. du même hôpital, et Mᴵᵉ Pierron, épousa, par. Sᵗ-Marcel 30 janv. 1753, Anne *Bertrand*, fille de † N*** Bertrand, procureur au parlᵗ, et de Mᴵᵉ-Barbe Novit, de Charly : au mariage, Nᵃˢ Marchand, curé de Sᵗ-Gorgon.

III. Jacques, procureur, eut de Mᴵᵉ *Grinsart*, son épouse, Jqᵘᵉˢ-Joseph, par. Sᵗ-Victor 17 avril 1692.

IV. Jean épousa, par. Sᵗ-Simplice 16 janv. 1645, Mᴵᵉ *Thirion*, † ibid. 16 avril 1670.

V. Divers.
1. Anne. V. Henry.
2. Anne et Chrétien. V. Tabouillot III.
3. Christine. V. de la Peyrade.
4. Claire. V. Humbert VII.
5. Claire. V. Lambert II.
6. Esther. V. Bancelin IV.
7. Louise. V. de Guillermin II, 2.
8. Marie. V. Roussel III.
9. Mᴵᵉ-Louise et Jⁿ-Baptiste. V. Gallois VIII.
10. Marthe. V. de Combles IV, 5.
11. Suzanne. V. le Coullon IV.
12. Suzanne. V. Beaudesson XII.

MARCHANT (le) François, sgr de la Tournelle, natif de Paris, cap. au régᵗ de Dampierre, † par. Sᵗᵉ-Croix 5 oct. 1675.

MARCHÉVILLE (de) Marie. V. Milot de la Perrière.

MARCOL (DE). I. PHILIPPE-PASCAL. V. de Maud'huy.

II. M⁽ⁱᵉ⁾-ANNE-F⁽ᵒⁱˢᵉ⁾-HÉLÈNE. V. de Lasalle II, 1.

MARCONNAY (DE) LOUIS-GABRIEL, v⁽ᵗᵉ⁾, sgr de Villiers, officier au rég⁽ᵗ⁾ Dauphin infanterie, fils de Louis-Gabriel, sgr de la Millière, Marconnay, Villiers, Chêne et autres lieux, et de Louise-F⁽ᵒⁱˢᵉ⁾-Elisabeth de Marconnay, du diocèse de Poitiers, épousa, étant âgé de 29 ans, par. S⁽ᵗ⁾-Marcel 3 juil. 1787, Pauline, *alias* Marie-Apolline *Georges de Chelaincourt*.

MARCOSSAY JEANNE, [abbesse de S⁽ᵗ⁾-Pierre depuis la fin de l'année 1588, † 9 mai 1621. Journ. de Séb. Floret.]

MARE (DE LA) CH⁽ᴸᴱˢ⁾-JACQUES. V. Piochard de la Brûlerie.

MARÉ (DE) P⁽ʳᵉ⁾-LOUIS, chev., sgr d'Azincourt et Mainvillers, conseiller du Roi en ses conseils, président en sa cour des monnaies de France, fils des † Louis-Jérôme, éc., gendarme de la garde ordinaire du Roi, et M⁽ⁱᵉ⁾-L⁽ˢᵉ⁾ Grou, de Paris, épousa, étant âgé de 27 ans, par. S⁽ᵗ⁾-Simon 4 oct. 1785, Charlotte-Dominique *de Clinchant d'Aubigny* : au mariage, Alexandre-J⁽ᵠᵘᵉˢ⁾ du Vaucel, chev., cap. au rég⁽ᵗ⁾ de Noailles dragons en garnison à Thionville. Dudit mariage naquirent :

1. M⁽ⁱᵉ⁾-Adélaïde, par. S⁽ᵗᵉ⁾-Croix 16 août 1786 : p. J⁽ⁿ⁾-Évangéliste-M⁽ⁱᵉ⁾ de Clinchant d'Aubigny, son aïeul mat. ; m. M⁽ⁱᵉ⁾-Suzanne Fontenay-Prudhomme, v⁽ᵛᵉ⁾ de Louis Grou, négociant armateur et grand juge consul à Nantes, épouse en secondes noces d'Edme-P⁽ʳᵉ⁾-F⁽ᵒⁱˢ⁾ de Montbayen, chev. de S⁽ᵗ⁾ Louis, dem⁽ᵗ⁾ au Petit-Marigny près Compiègne, sa bisaïeule pat. — L'enfant mourut le 29 suiv. : le père est sgr de Mainvillers.

2. Stanislas-Alphonse, ibid. 12 mai 1788 : p. Louis-M⁽ⁱᵉ⁾-Stanislas Maré d'Azincourt; m. Claire-Thérèse de Bourdelois, sa g⁽ᵈ⁾ mère mat.

3. Auguste-Frédéric, par. S⁽ᵗ⁾-Simon 10 sept. 1790 : p. Paul-Louis-Antoine de Clinchant d'Aubigny, cap. au rég⁽ᵗ⁾ de la mestre de camp cavalerie, cap. des tentes et pavillons du Roi, son oncle ; m. Hélène-Antoinette de Guibert, tante pat., épouse de Louis-M⁽ⁱᵉ⁾-Stanislas Maré d'Azincourt, cap. au rég⁽ᵗ⁾ des chasseurs de Bretagne : tous deux sont représentés.

MARÉCHAL, cfr. MARESCHAL. I. PIERRE, avocat au parl⁽ᵗ⁾ et banquier expéditionnaire en cour de Rome, eut de Suzanne *de Cuvry*, son épouse, Bernard, par. S⁽ᵗ⁾-Martin 1⁽ᵉʳ⁾ nov. 1679.

II. MARIE. V. Sergent.

III. J⁽ⁿ⁾-LOUIS. V. Louis IX, 4.

IV. M⁽ⁱᵉ⁾-MARGUERITE. V. Peltre VIII.

MARÉCHAL DE LA CHATAIGNERIE GEORGES-ALEXANDRE. V. de Saint-Denis II.

MARÉCHAL (DE) M⁽ⁱᵉ⁾-J⁽ⁿᵉ⁾-JOSÉPHINE. V. de Lasalle II, 1.

MARELLE. I. JACQUES, lieut. des gardes de Mgr le maréchal de Joyeuse gouverneur de la ville, † subitement par. S⁽ᵗ⁾-Marcel 22 nov. 1709, à 53 ans.

II. MARGUERITE. V. Godefroy III.

MARESCAT JEANNE. V. Auburtin II, 6.

MARESCHAL. I. DENIS JÉROME, conseiller au parl⁽ᵗ⁾, fils de Denis, conseiller à la cour des aides de Paris, et de Clémence Briçonnet, épousa, par. S⁽ᵗ⁾-Victor. 25 avril 1702, Antoinette-F⁽ᵒⁱˢᵉ⁾ *Foës*, v⁽ᵛᵉ⁾ du conseiller F⁽ᵒⁱˢ⁾ Chaffaut.

II. PIERRE, avocat au parl⁽ᵗ⁾, † par. S⁽ᵗ⁾-Gorgon 15 juil. 1680. Il avait épousé Bonne *Thouveny*, dont il eut, ibid. 13 juil. 1678, J⁽ᵖʰ⁾-Remy, qui suit.

III. J⁽ᵖʰ⁾-REMY, fils du préc., éc., conseiller au parl⁽ᵗ⁾, signait *Mareschal de Vezet*. Il épousa, par. S⁽ᵗ⁾-Victor 23 févr. 1700, M⁽ⁱᵉ⁾-F⁽ᵒⁱˢᵉ⁾ *Martin de Julvécourt*, † par. S⁽ᵗ⁾-Martin 2 sept. 1742, à 62 ans. De leur mariage naquirent :

1. Paul-J⁽ᵖʰ⁾, par. S⁽ᵗ⁾-Martin 16 janv. 1701.
2. Anne-M⁽ᵗᵉ⁾, ibid. 15 janv. 1702.
3. J⁽ⁿ⁾-Joseph, ibid. 21 juil. 1703.
4. Claudine-F⁽ᵒⁱˢᵉ⁾, par. S⁽ᵗ⁾-Victor 21 févr. 1713.
5. P⁽ʳᵉ⁾-Alexandre-Louis, ibid. 14 janv. 1715.
6. Anne-M⁽ᵗᵉ⁾, ibid. 4 avril 1716.

MARESCOT de VILLENEUVE Agnès. V. Rulland III.

MARESSE Gabriel-J^{ph}-Auguste et M^{ie}-Jeanne. V. le Pelletier.

MARESSE⁽¹⁾ (de) François, avocat au parl^t, eut de Barbe *Triplot*, son épouse, Nicolas, par. St-Martin 22 avril 1640.

MARET Madeleine-Louise et Jean. V. Moret du Fleury.

MARET de la LOGE François. V. le Roy-Dugué.

MARFAING (de) Claude-Constant. V. Peytes de Montcabrié.

MARGADEL N^{as}-François. V. Dattel VII, 4.

MARGEOT (de) Ch^{les}-Auguste, lieut. au bataillon de Mortagne, milice de la généralité d'Alençon, † à 22 ans, par. St-Jean de la Citadelle 19 juin 1742.

MARGUERYE (de) V. Fabert VI, 4.

MARIE M^{ie}-Élisabeth et Claude. V. de Bernage.

MARIEN. I. Mangin, m^d bourgeois, épousa Mangeotte *Niquel*, † par. St-Livier 23 mai 1691. De leur mariage étaient nés les trois suivants, présents à l'enterrement de leur mère :
1. *Claude*, qui suit.
2. *Antoine*, qui suivra VI.
3. *Nicolas*, qui suivra III.

II. Claude, *alias* Paul, fils du préc., m^e-chir. stipendié de la ville, † par. St-Marcel 18 oct. 1705. Il avait épousé M^{ie} *Travault, alias Cavaux*, dont il eut ibid. :
1. Nicole, 8 janv. 1671 ; † 20 août 1684.
2. M^{ie}-Mangeotte, 2 déc. 1672.
3. Lucie, 2 févr. 1676.
4. Élisabeth, 17 nov. 1678.
5. Jeanne, mariée à Jⁿ-Louis Oudet.

III. Nicolas, frère du préc., m^d, épousa M^{te} *Lajeunesse*, dont il eut par. St-Livier :
1. *Nicolas*, 23 oct. 1671 ; lequel suit.
2. M^{ie}-Cécile, 22 nov. 1675.

(1) De Maras. *Biog. du Parl^t.*

IV. Nicolas, fils du préc., m^d drapier, épousa, par. St-Livier 11 août 1697, Nicole *Nicolas*, fille de Jⁿ Nicolas et de Catherine Pérolle, de laquelle il eut ibid. :
1. *Nicolas*, 23 avril 1698 ; sans doute celui qui suit.
2. Jⁿ-Nicolas, 17 juil. 1699.

V. Nicolas, sans doute fils du préc., m^d de draps, épousa Marie *Tinot*, dont il eut par. St-Livier :
1. Alexandre, † à 5 ans, 23 sept. 1729.
2. Nicole, 16 juil. 1726 ; mariée à César-J^{ph} Doger.
3. Madeleine, 2 janv. 1728 ; mariée à N^{as} Dubreuil.
4. Élisabeth, 22 janv. 1729.

VI. Antoine, g^d oncle du préc., admodiateur de l'abbaye de St-Clément, premier cap. de la bourgeoisie de Metz, ancien magistrat de la ville, † par. St-Livier 12 sept. 1708, à 80 ans. Il avait épousé J^{ne} *Couez*, † ibid. 26 mai 1705, à 77 ans. De leur mariage naquirent :
1. *Nicolas*, par. St-Martin 10 nov. 1662 ; lequel suit.
2. Françoise, mariée à Jⁿ Georges de Vrémy.
3. D^{que}-Marie, mariée à N^{as} Georges de Chelaincourt.
4. J^{ne}-Marie, mariée à Guillaume Vinot.
5. Nicole, mariée à Jⁿ Vassart.

VII. Nicolas, fils du préc., conseiller au bailliage, puis conseiller des requêtes au parl^t, † par. Ste-Croix 15 août 1714. Il avait épousé, par. St-Livier 9 juin 1698, Henriette-Éléonore *Racle*, † par. St-Martin 24 févr. 1738, inhumée par. Ste-Croix. De leur mariage naquirent :
1. Catherine, mariée à Jⁿ-Adam Barisien de Marne.
2. Antoinette, par. Ste-Croix 5 mars 1700.
3. Jeanne, ibid. 7 août 1703.
4. *Antoine-N^{as}*, par. St-Gorgon 11 févr. 1706 ; lequel suit.
5. Jⁿ-Antoine, ibid. 28 mai 1707.
6. Claude-Augustin, ibid. 11 mai 1709 ; † par. Ste-Croix 9 déc. 1713.
7. Claudine-Nicole, ibid. 5 mai 1710.
8. Marguerite, ibid. 13 août 1711.

9. M^ie-Dominique, posthume, ibid. 24 oct. 1714.

VIII. Antoine-N^as, fils du préc., conseiller aux requêtes du palais, sgr de Betting [qu'il acquit en 1749] et de Linsville, † par. Ste-Croix 29 mars 1760. Il avait épousé Apolline-Marthe *Hennequin*, petite-fille de Jost Hennequin, assesseur de la prévôté de Freistroff, de laquelle il eut :
1. Antoine, † par. St-Gorgon 30 sept. 1744, à 2 ans.
2. Antoinette, ibid. 29 juil. 1744.
3. Jean-N^as-J^ph, ibid. 9 juil. 1746; officier au rég^t de Nassau, sgr de Betting-Haut en 1788. Il épousa une d^elle *de Brem*. V. Narbonne.
4. J^ne-Claire, par. Ste-Croix 23 août 1747.
5. Anne-Catherine, ibid. 30 janv. 1749.
6. Antoine-Augustin, ibid. 27 août 1750.
7. Adam-N^as, ibid. 23 août 1751.
8. Claude-Mathieu, ibid. 30 déc. 1752.
9. Antoine-N^as, ibid. 18 mars 1754.
10. J^ne-Apolline, ibid. 19 sept. 1755.
11. J^n-N^as-Balthasar, ibid. 17 août 1759.

IX. Claude épousa M^te *Lallouette*, † v^ve de lui, par. Ste-Croix 5 févr. 1739, inhumée aux Récollets.

X. N*** (1), [cap., † 27 nov. 1633. Il avait épousé Anne *Auburtin*, † 30 avril 1665]. De leur mariage était née Isabelle, mariée à Ch^les Jeoffroy.

XI. Divers.
1. Marguerite. V. d'Herbelet IV.
2. Marie-Cécile. V. des Jacques de Plombois.
3. Nicole. V. Doger II.

MARIEN (de), alias MARIEN J^n-B^te-Antoine, lieut.-colonel au rég^t d'infanterie allemande de St-Germain, eut de M^ie-Anne *Dilleman*, son épouse :
1. Willhelmine, † par. St-Marcel 5 déc. 1757, à 6 ans.
2. Ch^les-Philippe-Antoine, † ibid. 21 mars 1757, à 11 mois.

MARIEN DE FRÉMERY (de) Gabriel-Philippe-de-Néry, officier au rég^t royal de Lorraine cavalerie, fils de Claude, chev., sgr de Frémery, président à la chambre des comptes, cour des aides et monnaie de Lorraine, et d'Elisabeth-F^oise de Gauvaine, de la par. St-Epvre de Nancy, épousa, étant âgé de 30 ans, par. St-Martin 31 janv. 1775, Charlotte-L^se-Théodore *le Bachelé*, âgée de 19 ans. A ce mariage, P^re-Henry de Busselot, sgr de Dommartin, représentant André-Ch^les le Bachelé, père de la mariée; Armand-J^ph b^on de Redoubté de Bamont, m^e de camp de cavalerie, chev. de St-Louis; Etienne-Philbert Goussaud, premier avocat gén^l de l'ancien parl^t de Metz, cousin et curateur de la mariée; Joseph-P^re-Paul Jobal, command^t à la citadelle, et J^n-Armand de Blair, ses oncles.

MARIET Nicolas, avocat en parl^t, procureur syndic de la ville de Verdun, fils de Gabriel, greffier en chef au bailliage de la même ville, † par. St-Martin 20 mai 1727, à 50 ans.

MARIGNY (de) Mre-Anne. V. Coustaut I, 10.

MARILLAC (de) J^n-B^te-Ange. V. Arbaleste de Melun.

MARIN Claude-Henry-Hyacinthe, intend^t des affaires de M^r le marquis Dessalles, eut de M^ie-Madeleine-Pierrette *Gand*, son épouse, par. St-Marcel 28 févr. 1776, L^se-Antoinette-Madeleine-Joséphine : p. F^ois-Antoine m^is de Nettancourt, cap. au rég^t royal cavalerie; m. L^se-Antoinette de Raigecourt de Saint-Balmont, dame de Remiremont : tous deux représentés.

MARIN DES BOUILLIÈRES (de) Joséphine et Ch^les-J^ph-Théodore-Benjamin. V. Boudet de Puymaigre (note).

MARIN DE BELLE-FONTAINE. V. le Mossy.

MARIN DE BRUNEVAUT M^ie-Élisabeth, fille de N*** et de Louise *Biat*, naquit par. St-Martin 2 juin 1690.

MARING Marguerite. V. le Seur VII.

MARING (de). V. de Blair (note).

(1) Notes de M. le Président d'Hannoncelles.

MARION[1]. I. DANIEL, R. P. R., m^d, épousa : 1° en 1574, Odeliatte *Scio*, fille de F^ois Scio et de M^te Fourquin, laquelle mourut 4 oct. 1590; 2° Jennon *Bontemps*, fille d'Adrien Bontemps, boucher. Du premier mariage naquirent :
1. *Daniel*, 9 nov. 1577; lequel suivra III.
2. Marie, 11 nov. 1580; mariée à Paul Comnel.
3. *Abraham*, en 1583; lequel suit.
4. *Isaac*, 9 avril 1585; lequel suivra.
5. Anne, mariée à Jérémie Grandjambe.

II. ABRAHAM, R. P. R., fils du préc., épousa, 13 févr. 1605, Sara *Phélix*, fils de † Pierron Phélix, boucher au Port-Sailly, de laquelle il eut :
1. Daniel, 12 janv. 1606.
2. Pierre, jumeau du précédent.
3. Abraham, qui épousa Salomée *le Gentilhomme*.

III. ISAAC, R. P. R., frère du préc., épousa, 30 août 1609, M^ie *Didelot*, fille de Jean Didelot, m^d, et de Jennon Michel, de laquelle il eut :
1. Paul, 20 avril 1612; † 30 mai 1613.
2. Isaac, 30 mai 1613.
3. Marie, 25 août 1614; † 30 août suiv.
4. Sara, 11 mars 1616.

IV. DANIEL, R. P. R., frère des deux préc., m^d, † 13 févr. 1616. Il avait épousé, 24 oct. 1599, Suzanne *Didelot*, sœur de Marie ci-dessus III, de laquelle il eut :
1. Jean, 23 juil. 1600; † 23 juil. 1604.
2. Suzanne, 5 juil. 1604; mariée à J^n Grandjambe.
3. Marie, 5 oct. 1605; mariée à David Danouc.
4. Anne, 29 août 1607; † 7 mars 1633.
5. Judith, 20 août 1610; † à 5 ans.
6. *Daniel*, jumeau de la précédente; sans doute celui qui suit.

V. DANIEL, R. P. R., cap. d'une compagnie de gens de pied au rég^t de Mr de Saint-Etienne, aide de camp des armées du Roi en 1665, gouverneur de Vaudrevange, avait épousé, 7 juin 1643, Marie *Duclos*,

[1] Les paragraphes I à V exclusivement sont empruntés au *Msc. Emmery* de la Bibliothèque de Metz.

† v^ve de lui, 24 févr. 1681. De leur mariage étaient nés :
1. Samuel, à Vaudrevange près Sarrelouis 26 févr. 1650, baptisé à Metz.
2. Louise, à Metz 18 juil. 1652.
3. *Louis*, 7 mai 1656; lequel suivra.
4. *Daniel*, qui suit.
5. Marie, mariée à Guillaume-Chrétien Müller.

VI. DANIEL, R. P. R., fils du préc., m^d, épousa, étant âgé de 29 ans, 22 févr. 1676, M^ie *des Meulles*, dont il eut :
1. Samuel, 4 janv. 1679.
2. Daniel, † à 3 ans, 17 mai 1680.
3. Marie, 9 oct. 1681.
4. Alexandre, 22 janv. 1683.

VII. LOUIS *de Marion*, frère du préc., [anobli en 1713], conseiller d'honneur au bailliage, sgr de Glatigny, † lieut.-colonel au rég^t d'Alsace, par. St-Maximin 7 juil. 1733. Il avait épousé, après abjuration, par. St-Martin 8 févr. 1701, Louise *Fériet*, † v^ve de lui, 19 oct. 1766. De leur mariage naquit, par. St-Martin 19 nov. 1701, *Gabriel-Louis*, qui suit.

VIII. GABRIEL-LOUIS, fils du préc., conseiller au parl^t, sgr de Glatigny, Béville et Thury, † par. St-Maximin 8 déc. 1780. Il avait épousé : 1° [18 févr. 1727], Anne-M^te (*alias* Marie) *le Labriet*, † ibid. 2 févr. 1752; 2° par. St-Eucaire 22 juin 1762, Anne-M^te *Couët du Vivier de Lorry*.

Du premier mariage naquirent par. St-Maximin :
1. Pauline-L^se-Anne, 25 nov. 1727; mariée à Ch^les de Cheppe.
2. Louise, 25 déc. 1728; mariée à F^ois-Ch^les Fleutot de Domgermain.
3. *Louis-Philippe-Paul*, 3 sept. 1730; lequel suit.
4. Paul, 24 avril 1732.
5. Anne-Alexandre, 3 juil. 1733.
6. F^ois-Joseph, 7 août 1734; sgr de Dorviller et H^te-Vignoulles, prêtre du diocèse de Metz; à l'enterrement de sa g^d mère mat.
7. M^ie-Élisabeth-Benjamine, 2 avril 1736.
8. Élisabeth, 30 mai 1737.

9. M{ie}-Gabrielle, 5 oct. 1738; † 21 août suiv.
10. Benjamin-M{ie}, 17 févr. 1740; † 13 mars 1742.
11. *Hyacinthe-Antoine*, 21 févr. 1741; lequel suivra.
12. Louis-M{ie}, 26 déc. 1742.
13. Geneviève-Joséphine-Pétronille, 26 nov. 1745.
14. Ch{les}-Nicolas, 28 juil. 1749.
15. M{ie}-Gabrielle, mariée à Henry-J{ques} Poutet.
   Du second mariage naquit par. St-Maximin :
16. Jacqueline-L{se}, 10 juil. 1763 ; mariée à J{n}-Louis-Ch{les} de la Tournelle.

IX. LOUIS-PHILIPPE-PAUL, fils du préc., éc., officier au rég{t} de Bavière, sgr de Thury, ban d'Essay, Chantrenne, Gravelotte, Riouville et Béville, épousa : 1° par. St-Martin 9 août 1757, Marthe-Henriette *Poutet*, † ibid. 2 janv. suiv.; 2° ibid. 19 mars 1760, Anne *Thibaut de Menonville*, † par. St-Gorgon 18 janv. 1766. Du second mariage naquirent :
1. Louise-J{ne}, par. St-Martin 15 juin 1761 ; mariée à J{n}-Louis-M{ie}-Hyacinthe le Bourgeois du Cherray.
2. Suzanne-Gabrielle-L{se}, par. St-Gorgon 22 juil. 1764.
3. Suzanne-Charlotte, ibid. 9 oct. 1765 ; mariée à Frédéric de Salse.

X. HYACINTHE-ANTOINE, frère du préc., éc., chev. de St-Louis, chef de bataillon au rég{t} d'Alsace, sgr de Glatigny, la P{te}-Maxe, Gravelotte, etc., épousa, par. St-Martin 11 août 1767, L{se}-Pauline *Poutet*, [† 28 mai 1825]. De leur mariage étaient nés :
1. Élise-L{se}, par. St-Martin 21 déc. 1769.
2. Louis-Gabriel, ibid. 6 oct. 1771 ; [cap. d'infanterie, puis juge de paix du canton de Vigy, créé b{on} 6 juil. 1816, il épousa Charlotte-Jacobine *Poutet*, † à Metz 31 déc. 1852.]
3. Anne-Henriette, par. St-Marcel 1er août 1773.
4. Antoine-Henry, par. St-Victor 14 déc. 1775 ; † 21 nov. 1778.
5. Maximilien-J{ph}, ibid. 6 nov. 1778; [il eut de N*** *Charuel*, son épouse, Thérèse, fille unique, mariée à Raymond des Robert, conseiller à la cour d'appel de Metz.]

XI. J{n}-LOUIS, éc., chev. de St-Louis, command{t} le dépôt des recrues du Roi, puis command{t} de la ville de Robreck en Pologne, dem{t} rue de la Fontaine, eut de Suzanne-M{ie} *de Guérard*, son épouse :
1. M{ie}-Barbe, par. St-Martin 27 mars 1770 : p. J{n}-F{ois}-Denis Jaminet de Bonneville, ancien officier au rég{t} de la Mark; m. M{ie}-Barbe Gautier, épouse de Gabriel Bouvier, premier huissier au parl{t} de Metz.
2. J{n}-Adrien-Ch{les}, par. St-Victor 18 avril 1772 : p. Adrien chev. de Soustrasse, officier au rég{t} de Béarn; m. Madeleine-Charlotte la Zure, épouse de P{re} Jandelle des Roches, officier pensionnaire du Roi retiré à Metz.

XII. DANIEL. V. de Montigny XII.
XIII. HENRIETTE. V. de la Croix (note).
XIV. ABRAHAM. V. Bennelle IV.
XV. ESTHER. V. des Meulles III.

MARIONNELZ (DE). I. J{n}-LOUIS-ANTOINE, éc., avocat au parl{t}, eut de Charlotte-Élisabeth *Ravelly*, son épouse, par. St-Simplice :
1. Anne-M{ie}, 11 janv. 1714; le père est avocat à la cour de Lorraine.
2. *J{n}-Louis*, 25 mars 1715; lequel suit.
3. Théodore, 20 juil. 1716 : p. Théodore Adam, curé de Renaville ; m. Thérèse Ravelly, épouse d'Alexandre-Simon de la Rouvroye.
4. Élisabeth-Charlotte, 25 oct. 1717.
5. Louis-Antoine, 26 janv. 1730.

II. J{n}-LOUIS, fils du préc., éc., trés. de France, † par. St-Gengoulph 4 mai 1790. Il avait épousé, étant âgé de 19 ans, par. Ste-Ségolène 27 janv. 1734, Catherine *Willotte*, dont il eut :
1. Anne, par. Ste-Ségolène 5 avril 1734 (sic); mariée à Antoine-Didier Leclerc de Frédiaut.
2. Thérèse, ibid. 8 juil. 1735.
3. Barbe-Catherine, par. St-Simplice 30 août 1736.

4. F^{ois}-Louis, ibid. 28 févr. 1738; † 28 août 1741.

III. Françoise. V. Lecomte VI.

MARISY (de), alias MARISY. I. Catherine fut marraine par. St-Eucaire 22 déc. 1630.

II. Jean, procureur praticien à Luttange, † à 78 ans, ibid. 20 juin 1738. Il avait épousé Claudine *Müller*, † à 80 ans, ibid. 2 mai 1746. De leur mariage étaient nés ibid. :
1. Madeleine, en 1691 (sans date) : p. N^{as} Thiébault, sergent royal à Metz; m. Madeleine Dattel.
2. Catherine-Éléonore, 29 avril 1693 : p. Guillaume de Cabanes; m. Catherine Petit de la Vaulx. — Elle épousa, à Luttange 17 mai 1712, F^{ois} Charon.
3. *Nicolas*, 28 mai 1698; lequel suit.
4. Claudine, 19 août 1699 : p. Otto de Pallant; m. Claude Petit de la Vaulx. — Elle fut mariée à Louis-Alexandre Despinette.

III. Nicolas, fils du préc., notaire royal, puis receveur des domaines du Roi, † à Luttange 25 mars 1784. Il avait épousé Anne-M^{ie} *Broux*, † à 59 ans, ibid. 13 janv. 1760. De leur mariage étaient nés :
1. Anne-Barbe, mariée : 1° étant âgée de 19 ans, à Luttange 17 déc. 1738, à Godfroy Bartel, garçon chaudronnier, résidant à Boulay, fils de J^{ques} Bartel, m^d bourgeois de Hamon, diocèse de Liège; 2° à F^{ois} Hianzen; morte à Luttange 2 févr. 1783.
2. M^{ie}-Catherine, à Luttange 5 mai 1737; † 25 oct. suiv.
3. N^{as}-Jérôme, ibid. 21 sept. 1740 : p. N^{as}-Jérôme de Cabanes, sgr de Luttange.
4. Ferdinand-Ernest, parrain à Luttange 3 janv. 1741. Chev. de St-Louis, colonel en second au rég^t de Conflans hussards en garnison à Landau, sgr en partie de Luttange, il mourut en congé à Luttange 12 mai 1784. Il y avait épousé, 11 oct. 1763, Claudine *de Cabanes*.
5. Élisabeth [1].

IV. Madeleine, v^{ve} de J^{ques} Chassel (*alias* Chaxel), m^d à Boulay, mourut à Luttange 11 janv. 1773.

MARIUS. I. Jeanne. V. Pierre II.

II. Nicolas. V. Mayeur I, 1.

MARK (de la) I. J^n-Baptiste. V. de Guérin.

II. Louis. V. de Frahan.

MARLE (de) M^{ue}-Hector. V. de Bragelongne.

MARLIER. I. F^{ois}-Benoit, éc., [né 28 juin 1709], conseiller auditeur à la chambre des comptes au parl^t, épousa Lucie-Gabrielle *Chenal*, fille de N^{as} Chenal, lieut.-contrôleur en la prévôté et gruerie de Briey, de laquelle il eut par. St-Martin :
1. N^{as}-J^{ph}-Étienne, 22 août 1736.
2. Gilles-F^{ois}, 18 août 1737.
3. J^n-François, 1er févr. 1739; † par. St-Simplice 22 oct. 1786. Il avait épousé, ibid. 14 févr. préc., M^{te} *Beuvelot*, âgée de 36 ans, fille des † Jean Beuvelot et Madeleine Mauricart, et il en eut M^{te}-Josèphe, ibid. 14 sept. suiv. (*sic*).
4. Jacques, 16 avril 1740.
5. Benoît-Michel, 3 avril 1741; † 15 déc suiv.
6. M^{ie}-Gabrielle, 13 août 1742.
7. Christophe, 13 avril 1746.
8. J^n-Baptiste, 21 juin 1750.
9. F^{ois}-Etienne, au mariage de J^n-François ci-dessus.
10. J^{ques}-Antoine, ibid.

II. Marguerite. V. Pantaléon.

MARLY. I. François, ancien juge-consul, sgr en partie de Vallières, eut d'Anne *Marchal*, son épouse :
1. Madeleine, mariée à Claude-Hubert Bazoche.
2. *Mathias-F^{ois}*, qui suit.

II. Mathias-F^{ois}, fils du préc., avocat en parl^t, conseiller du Roi, greffier en chef civil et criminel au bailliage, épousa, par.

---

(1) Élisabeth, née à Boulay 27 févr. 1734, épousa Michel Vagnair, notaire à Kédange; de leur mariage naquit à Altroff, canton de Metzerwisse, 11 juil. 1764, le général de brigade de cavalerie Frédéric-Christophe-Henry-P^{re}-Claude Vagnair de Marisy, mort à Talaveyra 2 janv. 1812, sans être marié. *Biog. de la Moselle*.

S¹-Simplice 20 août 1782, Anne-Adélaïde *Lamy*, dont il eut Nicolas, ibid. 8 déc. 1783.

III. CATHERINE et JEAN. V. Champeaux de Grandmont III.

MARMAND FRANÇOIS. V. Boulay.

MARMIER (DE) DIANE. V. de Mazancourt.

MARNE (DE). I. QUENTIN, R. P. R., eut une fille Élisabeth, 2 sept. 1565.

II. JACQUELINE. V. de Beaufort IV.

III. BERNARD. V. de Gallois de Rampont.

MARNEAUX (DE), *alias* DE MARNAUX. I. J^N-BAPTISTE, conseiller du Roi, trés. provincial et extraordinaire des guerres, épousa M¹ᵉ-Catherine *Noyssin*, v^{ve} de M¹ le b^{on} de Neuhoff, laquelle mourut par. S¹-Gorgon 17 févr. 1716.

II. ANNE-CATHERINE. V. Gomé III.

MAROLLES (DE). I. CLAUDE, R. P. R., fils de Pierre, sgr de Maufrecourt, avocat à S¹ᵉ-Menehould, épousa, 6 août 1623, Anne *Grandjambe*.

II. CHARLES, R. P. R., procureur au parl¹ [lors de la création de cette cour], fils de Barthélemy, avocat au parl¹ de Paris, sgr de Dommartin-Lestrée, † 29 oct. 1669. Il avait épousé, dem¹ à Vitry-le-François, 4 mai 1636, Judith *le Goullon*.

MAROTTE DE MONTIGNY (DE) CH^{LES}-PHILIPPE-FORTUNAT, b^{on} de Marotte de Montigny, sgr d'Uttweiler, chev., gentilhomme de la cour de Mgr le margrave de Baden-Baden, lieut. de cuirassiers au rég¹ d'Hohenzollern, fils de F^{ois}-Adrien, b^{on} de Marotte de Montigny, chev., sgr d'Eschweiler et Rolbing, chambellan et ancien colonel d'infanterie au service de la Sérénissime Maison Électorale Palatine, et de † Sophie-Henriette b^{onne} de Geisenar, surnommée de Mosbach de Lindefels, épousa, par. Ste-Croix 2 mai 1769, Anne *de la Croix*. — Le 13 oct. suiv. il est officier au rég¹ d'Anhalt.

MARQUENAT (DE) ANNE. V. de Lambert.

MARQUESTOT (DE) FRANÇOIS, cap. pour le service du Roi à la porte S¹-Thiébault, fut parrain par. S¹-Martin 27 août 1623.

MARQUET ANNE-JOSÉPHINE et LOUIS. V. de Calonne.

MARQUIOLLE D'ALCAJOU N***, lieut. de la compagnie du s¹ de la Châtre, cap. d'une compagnie détachée de l'hôtel royal des Invalides, † par. S¹-Jean de la Citadelle 23 déc. 1719 : à son enterrement, les cap. J^{ques} de Navarre, F^{ois} du Hart, Philippe Verger de la Châtre; et le lieut. Louis de Saint-Martin.

MARQUIS (LE). I. LOUIS-J^{PH}. V. Hochstein.

II. CATHERINE-F^{OISE} et JEAN. V. Garrigue.

MARS D'ORIGNY (DU). I. F^{OIS}-TIMOLÉON, sgr de Varize et de Domangeville, † par. S¹-Martin 8 janv. 1745, à 70 ans. Il avait épousé M¹ᵉ-Charlotte *Oudin*, † ibid. 3 oct. 1740. De leur mariage était né [25 févr. 1726] Ch^{les}-François, qui suit.

II. CH^{LES}-FRANÇOIS, éc., dit de Vaudoncourt, sgr pour la moitié de la terre de Varize et autres lieux, ancien conseiller d'honneur au bureau des finances, veuf de M¹ᵉ-Louise *Brohome*, épousa, par. S¹-Eucaire 19 mai 1779, Anne *Colin*, fille des † Louis Colin, admodiateur de Landonvillers, et de Marthe-M¹ᵉ Richard.

MARSAL. I. ANDRÉ, treize, conseiller, puis lieut. assesseur civil et criminel au bailliage, sgr d'Aube, les Estangs et Grosyeux, [fils de Didier et de noble Christine Goz de Novéant; † 7 oct. 1676, inhumé à S¹-Arnould. Il avait épousé : 1° M¹ᵉ *Martigny*, † d'apoplexie 10 sept. 1663, à 49 ans, inhumée à la cathédrale. Msc. Epit.] ; 2° par. S¹-Victor 18 mai 1666, M¹ᵗᵉ *la Hière*, dame de Pisserécourt, v^{ve} de noble homme P^{re} Mercier, sgr de Pisserécourt, laquelle mourut ibid. 7 août 1678. — Du premier mariage étaient nés Louise, épouse de J^{ques} Guillermin, sgr de Corny; et probablement Siméon, doyen du chapitre et official de Vic, mentionné à l'épitaphe de M¹ᵉ Martigny.

II. JEANNE. V. Remy V.

MARSAL (DE). I. JEAN, R. P. R., fut père de :
1. *Aaron*, qui suit.
2. *Jean*, qui suivra.
3. Daniel; notaire royal, procureur au palais, il épousa, 19 oct. 1603, Suzanne *Gury*, dont il eut Suzanne, 8 avril 1613.

II. AARON, R. P. R, fils du préc., notaire royal et procureur, épousa, 22 déc. 1591, Sara *de Montigny*, dont il eut :
1. Jean, 10 févr. 1602.
2. Madeleine, 13 juin 1604; mariée à P^{re} Bourgeois.
3. Sara, 11 févr. 1607.
4. Élisabeth, 22 mars 1609.
5. Anne, 8 janv. 1612.

III. JEAN, R. P. R., frère du préc., menuisier, épousa : 1° 20 févr. 1605, Sara *le Mansart*, alias *le Mansay*; 2° 11 juil. 1627, Suzanne *Maquinot*.
Du premier mariage naquirent :
1. Jean, 23 janv. 1608.
2. Daniel, 18 janv. 1609.
3. Sara, 12 janv. 1611.
4. Simone, 25 août 1617.
5. Abraham, 12 juil. 1620.
6. Pierre, 31 mai 1621.
7. David, 28 août 1624.
Du second mariage naquirent :
8. Suzanne, 15 mai 1628.
9. Anne, 12 déc. 1629.
10. Marie, 3 sept. 1631.

IV. PIERRE, R. P. R., orfèvre en Fournirue, fut père de :
1. *Daniel*, 13 févr. 1605; lequel suit.
2. Marie, 25 juil. 1607.
3. Paul, 29 sept. 1608.
4. Charles, 17 juil. 1611.
5. Marie, 29 juin 1614.
6. Sara, 11 nov. 1616.
7. Jean, 18 sept. 1622.

V. DANIEL, R. P. R., fils du préc., orfèvre, épousa, 2 nov. 1636, M^{ie} *Boudaine*, dont il eut :
1. Daniel, 10 févr. 1638.
2. Marie, 1er déc. 1641.
3. Daniel, 30 mai 1646.

VI. MOYSE, R. P. R., menuisier, eut de Suzanne N***, son épouse :
1. Moyse, 28 nov. 1607. « Orfèvre, absent du royaume », il eut d'Esther *Poyard*, son épouse, Moyse, 27 mai 1642.
2. *Jean*, qui suit.
3. *Paul*, qui suivra IX.

VII. JEAN, R. P. R., fils du préc., m^e-orfèvre, † place St-Jacques 8 janv. 1680, à 86 ans. Il avait épousé, 24 juin 1618, M^{ie} *Mangin*, † 14 mai 1681, à 88 ans. De leur mariage étaient nés :
1. Marie, 10 mars 1619 : p. Gédéon de Marsal, ministre de la R. P. R. à Metz.
2. David, 27 déc. 1620.
3. Madeleine, 5 août 1622.
4. Samuel, 22 oct. 1623.
5. David, 26 févr. 1626.
6. Madeleine, 30 janv. 1628.
7. Suzanne, 18 janv. 1631.
8. *Louis*, 26 mars 1634; lequel suit.

VIII. LOUIS, R. P. R., fils du préc., m^d, épousa, 26 janv. 1659, M^{ie} *Ferry*, dont il eut :
1. Louis, 16 nov. 1659.
2. Marie, 10 nov. 1660; † 6 oct. 1684.
3. Louise, 23 févr. 1663.
4. David, 19 mars 1666.

IX. PAUL, R. P. R., oncle du préc., épousa, 12 juin 1644, J^{ne} *Wirion*, v^{ve} de Jⁿ Jacobé, m^e d'école, dont il eut :
1. Suzanne, 23 mars 1645.
2. Jeanne, 25 déc. 1647.

X. FRANÇOIS, R. P. R., menuisier, fut père de :
1. Judith, 26 avril 1609.
2. Gédéon; ministre à Metz, il épousa, 9 avril 1617, Suzanne *le Noir*.
3. Paul; il épousa, 7 mai 1628, Catherine *Bourdon*, v^{ve} de Jⁿ Damien, dont il eut Gédéon, 11 mars 1629.

XI. JEAN, R. P. R., tanneur, épousa, 19 mars 1656, Rachel *Baudouin*, dont il eut :
1. Anne, 3 déc. 1656.
2. Suzanne, 23 janv. 1658.
3. Suzanne, 28 mars 1659.
4. *Jean*, 13 mai 1661; lequel suit.
5. Elisabeth, 21 mars 1663.

6. David, 11 févr. 1665.
7. Paul, 28 mars 1666 ; † 27 sept. 1669.
8. Rachel, † à 4 ans 5 mois, 26 juil. 1672.
9. Judith, 20 juil. 1670 ; † 19 juil. 1682.
10. Paul, 1er sept. 1671 ; † 4 févr. 1682.
11. Louis, 21 mars 1673 ; † 29 mai suiv.
12. Daniel, 15 mai 1675.
13. Marie, † à 6 semaines, 27 juin 1677.
14. Rachel, 1er août 1678 ; † 3 oct. suiv.
15. Rachel, 21 sept. 1679.

XII. JEAN, R. P. R., fils du préc., m^d tanneur, épousa, 26 oct. 1681, Suzanne *Boché*, dont il eut :
1. Anne, 11 sept. 1682.
2. Jean, 6 août 1685.

XIII. JOSUÉ, R. P. R., m^d mercier, eut d'Anne *Sausier*, son épouse :
1. Esther, mariée à Abraham Ancillon.
2. Suzanne, mariée à Daniel Nolibois.

XIV. SUZANNE. V. Alexandre.

XV. SARA. V. de Montaigu II.

MARSAY (DE), alias **MERCÈS** FRANÇOIS, sgr de Champérieux, premier cap. au rég^t de Picardie, épousa, par. St-Victor 12 août 1685, Barbe *du Barrail* : au mariage, F^{ois} Jobal, oncle ; Claude Jobal, cousin de la mariée. Du dit mariage naquirent par. St-Martin :
1. Anne-F^{oise}, 12 août 1686.
2. Anne-Charlotte, 29 oct. 1687.

MARSEAU (DE) JEAN, R. P. R., fut père de :
1. Moyse, 4 nov. 1562.
2. Aaron, 13 juil. 1564.

MARSOF (DE) N***, R. P. R., fut père de Daniel, 29 juin 1616.

MARSOLLIER (DE). I. JACQUES, lieut. dans la compagnie de son nom, épousa F^{oise} *de Creux*, marraine par. St-Simplice 17 févr. 1616.

II. SÉVERIN, frère du préc. V. de Saignes.

III. Jⁿ-LOUIS, sgr de Campagne, épousa, par. St-Martin en nov. 1618, Anne *de Warsberg*, v^{ve} de Jⁿ de Roucel d'Aubigny, dont il eut Catherine, ibid. 30 août 1619.

MARTEAU DE SAINT-PRIN. I. FLORY, sgr de St-Prins, † par. St-Eucaire 18 sept. 1599, inhumé au chœur de la chap. Notre-Dame. Il avait épousé Anne *Desch*, † ibid. 13 sept. 1604. Leur fils Charles, sgr de Marteau et Mardigny, vendit la maison paternelle aux P. Minimes, qui s'y installèrent vers le 2 avril 1609. (Reg. de St-Eucaire).

II. PHILBERTE. V. des Rivets.

MARTEL (DE) LOUIS, chev., sgr de Launay et de ....., cadet à la citadelle, † par. St-Martin 18 nov. 1684, à 17 ans : à son enterrement, F^{ois} de Pigeol, s^r de la Tarade.

MARTELLI. I. CHRISTOPHE, [chan. de la cathédrale et de St-Sauveur, † 28 juil. 1607, inhumé à la cathédrale. Msc. Epit.]

II. CHRISTOPHE, [neveu du préc., chan. de la cathédrale, archidiacre de Marsal et porte sceau de l'Évêque de Metz, † 25 juin 1646, inhumé à côté de son oncle. Msc. Epit.]

MARTELOT. I. ÉTIENNETTE. V. de la Cour II.

II. ANNE. V. Ladvise de Calais.

III. ANNE. V. de la Duir.

IV. FRANÇOISE. V. Morel XII.

MARTENNE (DE) CLAUDE. V. Maire de Villers.

MARTENVILLE (DE) GUSTAVE. V. de Saint-Denis.

MARTIGNON. I. JACQUES, [chan. de la cathédrale, † 15 déc. 1658. Msc. Epit.]

II. ANNE. V. de Sérignan.

III. LOUISE. V. Guichard III.

IV. CHARLOTTE. V. Thorel et de Saint-Luc.

MARTIGNY. I. CHARLES, conseiller du m^e-échevin, avocat au parl^t, † par. St-Marcel 22 oct. 1635. Il avait épousé, ibid. 16 janv. 1632, Claude *Rollin*, dont il eut ibid. :
1. Claude, [mentionnée à l'épitaphe de son père, comme l'ayant précédé dans la tombe. Msc. Epit.]
2. Marguerite, 30 déc. 1634 : p. Louis Rollin, conseiller ; m. M^{te} Rollin. — Elle mourut 11 janv. suiv.

3. Nicolas, posthume, 7 janv. 1636.

II. NICOLAS, frère du préc., [chan. de la cathédrale, conseiller et aumônier du Roi, archidiacre de Sarrebourg, official génˡ de l'Évêché, † 16 juil. 1662, ayant 73 ans d'âge, 50 ans de canonicat, 40 ans d'archidiaconat. Msc. Epit.]

III. PHILIPPE, chev., sgr de Colmé, fut parrain par. Sᵗ-Victor 5 nov. 1682.

IV. SIBILLE et BARBE, religieuse. V. Conrard.

V. MARIE. V. Marsal.

VI. NICOLE. V. de Belchamps.

MARTIGNY (DE). I. N***. V. Chevreau.

II. Jⁿ-Fᵒⁱˢ-AUGUSTIN. V. de Saudoncq.

MARTIN. I. CLAUDE, sgr de Sᵗ-Humbert, dir. des fermes du Roi, eut de Cécile *Debruat d'Orival*, son épouse, par. Sᵗ-Simplice 5 nov. 1703, Fᵒⁱˢ-Antoine : p. Antoine Petitjean, avocat au parlᵗ de Paris; m. Mˡˡᵉ Desnoyers, épouse de Martin de Gaulthier, sgr d'Aulnoy.

II. Jⁿ-BAPTISTE, avocat à la cour de Lorraine et de Barrois, substitut de MMʳˢ les procureurs généraux en la prévôté et grucrie de Boulay, fils d'Alexandre et de Mˡˡᵉ Herman, de la par. de Boulay, épousa, par. Sᵗ-Gengoulph 11 juil. 1741, Fᵒⁱˢᵉ *Roydon*, fille de Pʳᵉ Roydon, procureur fiscal de la terre et sgrie de Bacourt, et de Mᵗᵉ Henry.

III. Divers.
1. ÉLISABETH. V. André de la Nesle.
2. LOUIS-Fᵒⁱˢ. V. Lagrenée.
3. MARIE. V. de Bondorff.
4. MARIE. V. de Goize V.
5. NICOLAS. V. Ferry I, 3.
6. SUZANNE. V. de Montigny XIV.
7. THÉRÈSE. V. Jacob II.

MARTIN DE JULVÉCOURT. I. PAUL, trés. de France, eut de Mᵗᵉ *Gervaise*, son épouse :
1. Fᵒⁱˢ-*Joseph*, [15 févr. 1682]; lequel suit.
2. Mᵗᵉ-Anne, mariée à Claude-Fᵒⁱˢ Jobal.
3. Marie-Fᵒⁱˢᵉ, mariée à Remy-Jᵖʰ Mareschal.
4. Claude-Fᵒⁱˢᵉ, mariée à Pʳᵉ le Vacher.

II. Fᵒⁱˢ-JOSEPH, fils du préc., sgr de Béning, Basse-Bévoye et autres lieux, conseiller au parlᵗ, chev. des ordres de Sᵗ-Lazare et de N.-D. du Mont Carmel, † par. Sᵗ-Martin 8 mai 1771. Il avait épousé, par. Sᵗᵉ-Croix 27 janv. 1710, Mᵗᵉ *Causse de la Forest*, † par. Sᵗ-Martin 31 mai 1766. De leur mariage naquirent :
1. *Paul-Fᵒⁱˢ*, par. Sᵗᵉ-Croix 14 oct. 1710; lequel suit.
2. *Claude-Fᵒⁱˢ-Antoine*, par. Sᵗ-Martin 6 août 1713; lequel suivra.
3. Mˡˡᵉ-Mᵗᵉ-Françoise, ibid. 30 mars 1715; mariée à Jⁿ-Bᵗᵉ-Hyacinthe de Laubrussel.
4. Étienne-Louis, ibid. 6 août 1717; † par. Sᵗ-Gorgon 11 sept. suiv.
5. Bénigne-Fᵒⁱˢ, ibid. 21 août 1718; † 5 sept. suiv.

III. PAUL-Fᵒⁱˢ, fils du préc., conseiller au parlᵗ, sgr de Béning, eut de Mᵗᵉ-Élisabeth *Richard*, son épouse :
1. Anne-Fᵒⁱˢᵉ, par. Sᵗ-Gorgon 17 mars 1738; † par. Sᵗ-Gengoulph 28 juil. 1759.
2. Marie-Anne, ibid. 4 mars 1739.
3. Jⁿ-Bᵗᵉ-Fᵒⁱˢ-Joseph, ibid. 21 mars 1740; † en oct. 1744.
4. Claude-Fᵒⁱˢ-Antoine, ibid. 18 mai 1741.
5. Louis, † à 13 ans, par. Sᵗ-Gengoulph 10 oct. 1756.
6. Pierre, par. Sᵗ-Gorgon 20 janv. 1743.
7. Lˢᵉ-Élisabeth-Barbe, ibid. 26 févr. 1744.
8. Philippe-Jᵖʰ, ibid. 17 févr. 1745.
9. Jⁿ-Bᵗᵉ-Charles, ibid. 4 mai 1747.
10. Louise, ibid. 29 sept. 1748.
11. Marie, ibid. 20 sept. 1749.
12. Angélique, ibid. 6 avril 1751.
13. Lˢᵉ-Hélène, ibid. 9 août 1752.
14. Paul, ibid. 24 sept. 1754; [conseiller au parlᵗ, † 5 nov. 1838]. Il avait épousé, par. Sᵗ-Victor 26 avril 1791, Mˡˡᵉ-Anne *de Cheppe*, [dont il eut Pauline, mariée à Mʳ Humbert de Tonnoy.]
15. Mᵗᵉ-Louise, ibid. 2 août 1756.

IV. CLAUDE-Fᵒⁱˢ-ANTOINE, frère du préc. éc., chev. de Sᵗ-Louis, cap. au régᵗ de Vatan, [† 31 mai 1768]. Il avait épousé : 1° par. Sᵗᵉ-Ségolène 18 janv. 1752, Élisabeth *Maclot* de Pierrevillers, vᵛᵉ de Nicolas de Gallavaux, laquelle mourut

par. St-Martin 6 janv. 1760, à 46 ans; 2° Thérèse-Marquise *Jobal*, v^{ve} d'André-Ch^{les} le Bachelé, laquelle mourut ibid. 21 août 1784. Du second mariage naquirent ibid. :
1. F^{ois}-M^{ie}-Antoine, 19 août 1761; † 24 févr. 1766.
2. Armand-F^{ois}, 1er nov. 1762.
3. J^{n}-B^{te}-Louis, 16 sept. 1765.
4. J^{n}-B^{te}-Charles (1), 29 janv. 1767.
5. Daniel-Paul-Benjamin, posthume, 12 juil. 1768; [il épousa, à Moscou 4 avril 1809, Isabelle *Mortemanus*, dont il eut Serge-Jean, ibid. 25 janv. 1810].

V. Jean. V. Jobal IV, 3.

MARTIN DE VRAINE Reine-L^{se}. V. Lajeunesse IV.

MARTINET (DE). I. François, chev., sgr de Gumont, veuf de M^{te} *Talbort de Lorbignie*, épousa, par. St-Gengoulph 31 déc. 1748, M^{te} *Perrin des Almonts*.

II. Marguerite, sœur du préc. V. de Saint-Jure IV.

MARTINET DU JARDIN Pétronille. V. Maclot.

MARTINET DE NIBOUVILLE Louis-Philippe, sgr de Donjeux et Luzerailles, intend^{t} de Mgr de Coislin, évêque de Metz, puis conseiller du Roi, trés. de France, fils de Jean et de M^{ie} d'Espagne; [† 2 juil. 1757, à 79 ans]. Il avait épousé : 1° par. St-Martin 2 janv. 1708, M^{ie}-Anne *Venant de la Fond*, † ibid. 6 avril 1711, à 20 ans; 2° [en 1713], J^{ne} *Lecomte*, † par. St-Martin 7 juin 1747, à 53 ans. De ce dernier mariage étaient nés :
1. Louis-P^{re}-Henry, par. St-Gorgon 23 févr. 1714; conseiller au parl^{t}, † 11 oct. 1743, [sans avoir été marié].
2. F^{ois}-Ursule, ibid. 13 févr. 1715 : p. F^{ois} Lecomte, conseiller au parl^{t}; m. F^{oise}-Madeleine Lecomte, fille de Henry Lecomte, receveur de S. A. de Lorraine.

(1) Jean-Baptiste-Charles, président à la cour royale de Metz, † à Metz 8 janv. 1828. Il avait eu d'Anne Caroline-Eugénie-Rosalie de Villers, son épouse : 1° Alexandre, qui n'eut que des filles; 2° Jean-M^{ie}-Paul, né à Metz 30 déc. 1808, † à Paris, laissant une fille unique; 3° une fille, qui épousa Joseph le Bachelé. *Biog. du Parl^{t}*.

— Elle fut mariée à J^{n}-Ch^{les} Hollande de Colmy.
3. Anne-M^{ie}, ibid. 14 mars 1716; mariée à J^{ques} de Bournon.
4. Claude-Charlotte, ibid. 10 avril 1717; † 1er sept. 1718.
5. Marguerite, jumelle de la préc.
6. Jean, † par. St-Marcel 10 août 1718, à 4 mois.
7. J^{n}-Baptiste, par. St-Gorgon 15 juin 1719; † par. St-Victor 14 mars 1723.
8. Thérèse, par. St-Victor 19 juil. 1720; † 19 mai 1723.
9. Charlotte, mariée à Étienne-F^{ois} Picard, sgr de Donjeux.

MARTINFORT (DE). I. Rose. V. Lasalle III.

II. Antoinette et J^{n}-Baptiste. V. Dosquet II.

MARTINIÈRE (LA) N^{as}-François, officier d'artillerie, fils du s^{r} la Martinière, commissaire extraordinaire et garde des magasins d'artillerie à Thionville, et de Catherine Chaudo, † à 19 ans, par. St-Eucaire 26 mars 1727.

MARTINOT Madeleine. V. Robert III.

MARTINY (DE) Jeanne. V. le Bret de Courcelles.

MARY. I. Georges, [chan. de la cathédrale, † 22 juin 1589. Msc. Epit.]

II. François, m^{d}, conseiller-échevin de l'hôtel de ville, juge-consul, † par. St-Simplice 8 nov. 1760. Il avait épousé Thérèse *Villaume*, dont il eut :
1. J^{ques}-François, qui suit.
2. M^{ie}-Thérèse, mariée à M^{ie}-J^{ph} de Bussenne.
3. L^{se}-Thérèse, mariée à P^{re}-N^{as} Raux.

III. J^{ques}-François, fils du préc., officier au rég^{t} d'Anhalt, puis au rég^{t} de Salm-Salm, épousa, étant âgé de 39 ans, par. St-Maximin 25 avril 1789, Christine *Gardeur-Lebrun*.

IV. Louis, inspecteur des ponts-et-chaussées, eut de Barbe *Naudin*, son épouse, par. St-Eucaire :
1. N^{as}-Louis, 5 sept. 1768; † 11 mai suiv.
2. Suzanne, 6 juil. 1771; † 15 suiv.

V. Jacques, m{d}, eut de M{ie} *Vaudois*, son épouse :
1. Anne, mariée à F{ois}-Etienne Barbé.
2. François, au mariage de la préc.
3. J{ne}-Agathe, mariée à P{re} Colchen, puis à Claude-F{ois}-N{as} Nivoy.

VI. Divers.
1. Anne. V. Ethis III.
2. Antoinette. V. Nault de Champigny.
3. Barbe. V. de Corail et de Fineck.
4. Barbe. V. Lajeunesse VI.
5. Dominique. V. Croisille I, 3.
6. Marie. V. Mangay.

MAS (de). V. de Frahan.

MASCARON (de) François, [éc., sgr du Fossat, Saint-Camille, Cadersat et Vic-de-Sos, ancien lieut. d'une compagnie de gens de cheval du sieur de Montastruc, † 14 avril 1608, inhumé à la cathédrale. Msc. Epit.]

MASIÈRE (de la) M{ie}-Geneviève. V. de Bombelles II, 2.

MASSANE (de) Marie. V. de Barbier.

MASSAUX Françoise. V. de Béhaigne.

MASSE Nicole. V. Collinet IV, 1.

MASSÉ Anne. V. Picquart.

MASSER de la SALMONDE, *alias* MASSET Jacques, conseiller-échevin de l'hôtel de Ville, receveur des amendes de la maîtrise des eaux et forêts, † par. Ste-Croix 4 sept. 1754, à 73 ans. Il avait épousé J{ne}-Élisabeth *Juzan de la Tour*, † ibid. 4 août 1763.

MASSÉRÉNÉ (de la) Claude. V. Laurent VII.

MASSIAS M{ie}-Madeleine. V. de Villiers.

MASSMANT Jacob. V. de Boullaire.

MASSON. I. Louis, éc., conseiller au parl{t}, [fils de C{ddd} et de F{oise} d'Haussonville], † par. St-Simplice 27 mars 1742 : à son enterrement, Ch{les} Fleutot de Saint-Paul, cy-devant ingénieur en chef à Huningue; Isaac de Monmerqué, sgr de Bazoncourt; J{n}-P{re} Sol, sgr de Buy; Sébastien-F{ois} Bonneau, ancien conseiller au parl{t} : tous quatre ses neveux par alliance.
— Il avait épousé Claude-F{oise} *Antoine*, dont il eut par. St-Simplice :
1. Marie-Thérèse, 10 août 1714.
2. Claude-F{oise}, ibid. 18 mai 1716; mariée à Étienne-Louis Jobal.
3. J{n}-Antoine, ibid. 29 août 1717.
4. Anne, mariée à F{ois}-Armand du Pasquier de Dommartin.

II. Louis, éc., sr du Luet et d'Aigremont, chev. de St-Louis, cap. au rég{t} de la Marck infanterie, fils des † Philippe, éc., sgr des mêmes lieux, ancien gouverneur de S. A. S. le Prince de Carignan, et Marthe de Surgis, épousa, étant âgé de 33 ans, par. Ste-Ségolène 5 déc. 1752, M{ie} *Annibal*, dont il eut, ibid. 6 oct. 1753, Louis-J{ph}-Antoine, † 17 déc. suiv.

III. J{n}-François, conseiller du Roi, prévôt royal de Marville, diocèse de Trèves, fils de J{n}-Baptiste, lieut.-gén{l} de la police de Marville, et d'Élisabeth Limbert, épousa, par. St-Eucaire 21 mai 1725, Barbe *Jacquinot*.

IV. François, membre de l'Académie de sculpture de Paris, fils de † Louis, employé dans les affaires du Roi, et de Catherine Penier, domiciliée à Vieille-Lyre, diocèse d'Evreux, épousa, étant âgé de 34 ans, par. St-Victor 25 juil. 1780, Anne-Barbe *Semellé*, âgée de 16 ans, fille de † François Semellé, receveur du grenier à sel de Metz, et de Barbe Oriot, domiciliée rue d'Eltz, par. St-Marcel : au mariage, J{n}-B{te} Pioche, peintre; Antoine-F{ois} Semellé, receveur du grenier à sel de Metz, frère de la mariée.

V. François, conseiller du Roi, procureur au siège des eaux et forêts, † à 34 ans, par. Ste-Croix 21 août 1770.

VI. Divers.
1. Jeanne. V. Lamy II et Mangin IV.
2. Marguerite. V. Jeoffroy VIII, 6.
3. Marie. V. Pattée.
4. M{ie}-Anne. V. Gimel I.

MASSON (le). I. M{ie}-Marthe, † par. St-Gorgon 19 août 1678.

II. Anne-Dieudonnée. V. Robert IV.

III. JACQUES. V. du Rouvray.

IV. N***. V. Perrin des Almons III, 3.

V. AMÉLIE-VICTORINE. V. Villeroy (note).

MASSON D'ISSONCOURT (LE) CHARLOTTE. V. le Duchat XI.

MASSON DE RANCÉ (LE), cfr DE RANCÉ. I. CASIMIR, éc., cap. prévôt, gruyer et chef de police des ville et prévôté d'Etain, puis conseiller à la chambre des comptes, cour des aides et monnaie de Nancy, fils de N^{as}-Casimir, éc., sgr de Rancé, et d'Anne-Antoinette de Pierson, d'Étain, épousa, étant âgé de 25 ans, par. St-Simplice 19 janv. 1745, Madeleine *Regnault de la Baulme* : au mariage, Paul Joly, sgr de Maizeroy, cousin de l'épouse. — Madeleine Regnault de la Baulme mourut par. St-Maximin 21 déc. 1784, à 64 ans. — Du dit mariage naquirent :

1. F^{ois}-*Sébastien-Augustin*, qui suit.
2. F^{ois}-Sébastien-Hyacinthe, ancien officier d'infanterie, au mariage du préc.
3. Ch^{les}-Antoine, officier au rég^t de Flandre, ibid.

II. F^{ois}-SÉBASTIEN-AUGUSTIN, fils du préc., officier au rég^t de Flandre infanterie, épousa, étant âgé de 25 ans, par. St-Maximin 17 déc. 1776, Barbe *de Saint-Aubin*, âgée de 26 ans : au mariage, Daniel-N^{as}-M^{ie} Couët du Vivier de Lorry, colonel d'infanterie, cousin de l'époux ; N^{as}-Louis-F^{ois} Bertrand, m^e-échevin, son parent ; Jⁿ-B^{te}-N^{as}-Louis Villicy de Tourville, son oncle mat. ; Henry de St-Aubin, officier d'infanterie, cousin de la mariée. Du dit mariage naquirent ibid. :

1. Suzanne-Barbe, 6 nov. 1778.
2. Louis-Ch^{les}, 13 déc. 1779.

III. M^{ie}-AGNÈS et Jⁿ-B^{te}-CLAUDE. V. de Plunkett.

MASSON DE VANDELAINCOURT (LE) Jⁿ-FRANÇOIS, éc., avocat à la cour de Lorraine, fils de † Jⁿ-Jacques, éc., prévôt royal de Briey, et de M^{ie}-Anne Varin, épousa, par. Ste-Croix 12 nov. 1715, M^{ie}-Ursule *Morel*.

MASSONNERAIN (DE) GABRIEL, R. P. R., d^r en médecine, fils de † Herton, pasteur de Signac, épousa, 19 févr. 1634, J^{ne} *le Coullon*, v^{ve} de Daniel Jacobé, pasteur de Metz, laquelle mourut à 77 ans, 29 août 1681. De leur mariage naquit F^{ois}, 9 févr. 1637.

MASSOT (DE) MARGUERITE. V. de Bajet.

MATHÉE JACQUES, R. P. R., noble homme, conseiller du m^e-échevin, fils de « noble prudent homme » Geoffroy, avocat du Roi, épousa, 6 févr. 1615, Suzanne *Lespingal*, v^{ve} de Gédéon Morlet, de Montbéliard, dont il eut :

1. Suzanne, 5 août 1616.
2. Anne, 29 juin 1618 ; mariée à Philippe le Bachelé.
3. Judith, mariée à Paul de Montigny.
4. Élisabeth, mariée à Ch^{les} de Montigny, puis à J^{ques} du Puys.

MATHELIN ARSÈNE, [prieur de St-Vincent, † 9 févr. 1671, inhumé dans l'église de son abbaye. Msc. Epit.]

MATHELIN (DE) ANNE-PHILIPPINE-XAVIER, fille posthume de F^{ois}-Maximilien, chev., sgr de Mabonpré, et de F^{oise} de Saillié, naquit par. Ste-Ségolène 4 sept. 1772 : p. P^{re}-J^{ph} de Monty, ancien cap. au rég^t de Champagne, chev. de St-Louis ; m. Anne-Philippine-Xavier de Balonfau.

MATHEY Jⁿ-BAPTISTE. V. Bovard.

MATHIAS. I. ABRAHAM, avocat, eut de M^{ie} *Michelet*, son épouse, Barbe, par. Ste-Croix 13 mars 1651.

II. JEAN, chir., fils de † Laurent, chir., domicilié à Weyersheim, diocèse de Strasbourg, et d'Anne Weinum, épousa, par. St-Gorgon 29 sept. 1767, Marguerite *Collinet*.

III. MARIE. V. Olry VI, 3.

MATHIEU. I. CHARLES, avocat au parl^t, † à 92 ans, par. St-Victor 28 août 1771. Il avait épousé, par. St-Maximin 10 juil. 1714, Suzanne *de Souchay* de Mainvillers, † par. St-Gengoulph 6 sept. 1742. De leur mariage étaient nés :

1. P^{re}-Alexandre, par. St-Maximin 15 juil. 1715 ; † par. St-Gengoulph 29 oct. 1727.

2. Anne-Philippe-Élisabeth, † par. St-Gengoulph 1er août 1724, à 8 ans.
3. Anne-Madeleine, dame de la baronnie de Fourcheux et Rouvrois, † par. St-Victor 12 avril 1784, à 66 ans.
4. Pre-Charles, avocat en parlt, sgr de la baronnie de Fourcheux et Rouvrois, à l'enterrement de la préc.
5. Jn-André, par. St-Martin 5 nov. 1725.

II. DOMINIQUE, neveu du préc., avocat au parlt, † par. St-Simplice 8 févr. 1760 : à son enterrement, Louis-Humbert Beaudesson, avocat au parlt, et Chles-Louis d'Heinecken, lieut. au régt Royal Bavière, ses cousins.

III. JN-BAPTISTE, procureur au parlt, fils de Jean et de Foise Burnet, épousa, par. Ste-Croix 27 juil. 1745, Catherine *Potier-Dumesnil*, dont il eut :
 1. Catherine, par. Ste-Croix 21 août 1746.
 2. Foise-Marie, par. St-Gorgon 26 juil. 1747.
 3. Anne-Catherine, ibid. 5 août 1748.
 4. Marguerite, ibid. 4 sept. 1749; † 2 juil. 1753.
 5. Mie-Rose, par. St-Marcel 16 août 1754.

IV. FRANÇOIS *Mathieu de Rondeville*, frère du préc., sgr en partie d'Ancy-sur-Moselle pour le ban Bécal, puis avocat au parlt de Paris, ensuite à celui de Metz, garde des archives du Roi et juge des traites foraines au dépt de Metz, [député de Metz à l'Assemblée nationale en 1789], épousa Mie-Rose *Michel*, dont il eut par. St-Victor :
 1. Louis, 28 avril 1755.
 2. Élisabeth-Charlotte, 13 mai 1757; mariée à Nas-Pre-Christophe Bertrand.
 3. Rose-Nicole, 7 févr. 1759.
 4. François, 18 déc. 1761.

V. ANTOINE, procureur au bailliage, † par. St-Maximin 10 août 1773, à 48 ans : à son enterrement, Gaspard Mathieu, me-arpenteur des eaux et forêts de la maîtrise de Nancy, son frère; Jn-Baptiste Mathieu, huissier en chancellerie, et Fois Mathieu, greffier de la monnaie, ses cousins. Il avait épousé Anne *Valette*, † ibid. 27 août 1780, à 50 ans. De leur mariage étaient nés :

1. Jeanne, par. St-Martin 2 févr. 1755, † 5 suiv.
2. Mie-Anne, jumelle de la préc.
3. Geneviève, ibid. 14 juil. 1758.
4. Dque-Pascal, ibid. 17 mai 1760.
5. Fois-Timothée, par. St-Maximin 24 août 1762.
6. Louis-Antoine, ibid. 25 août 1764.
7. Jques-Antoine, parrain du préc.
8. Pre-Gaspard, par. St-Simplice 7 sept. 1769 : m. Mie-Anne Mathieu, fille de François, bourgeois, et d'Anne Belleville.
9. Pierre, parrain du préc..

VI. CLAUDE, sgr de la Pothée, de Mouy, Coupville, St-Hilaire et Moyenvic en partie, résidant à Moyenvic, épousa, par. St-Livier 3 juil. 1769, Mie *Durlot*, dont il eut Louise-Mte, par. Ste-Croix 17 juin 1680.

VII. JEAN, avocat au parlt, fut parrain par. St-Eucaire 4 janv. 1721.

VIII. DOMINIQUE, huissier à la chancellerie du parlt, épousa, par. St-Martin 15 août 1656, Anne *Picard*.

IX. Divers.
 1. ANNE. V. Gourdin.
 2. BARBE. V. Tournay.
 3. CATHERINE. V. Georgin II.
 4. FRANÇOISE. V. Barbé II.
 5. JN-BAPTISTE et MIE-ANNE-VICTOIRE. V. Gilbrin III.
 6. LOUIS-HENRY. V. Crespin VI, 2.
 7. MARIE. V. d'Auckerhielm.
 8. MARIE. V. Chervin de Rivière.
 9. SALOMÉE et FRÉMY. V. Beaudesson IX.
 10. SALOMÉE. V. du Parc.

MATHIOT MARGUERITE. V. Odam.

MATHIS. I. CÉSAR, R. P. R., md boucher, fut père de Sara, mariée à Abraham Fleutot.

II. PHILIPPE, R. P. R., procureur, eut d'Anne *de Mairy*, son épouse :
 1. Anne, 30 janv. 1630.
 2. Madeleine, 5 févr. 1631.
 3. Suzanne, 1er sept. 1632.
 4. Louise, 16 déc. 1633.

III. Nicolas, huissier au parl^t, épousa Catherine *Lecomte*, † à 76 ans, par. St-Eucaire 9 sept. 1682. De leur mariage étaient nés :
1. Marie, mariée à Mansuy le Seur.
2. *Charles*, qui suit.
3. *Jean-F^{ois}*, qui suivra.
4. Louis, huissier au parl^t, au décès du préc.

IV. Charles, fils du préc., conseiller-échevin de l'hôtel de ville, conseiller référendaire en la chancellerie du parl^t, † par. St-Eucaire 9 août 1718, à 78 ans, inhumé en la chap. de St-Sébastien. Il avait épousé M^{te} *Simon*, † v^{ve} de lui, ibid. 21 nov. 1721. De leur mariage étaient nés :
1. Charles, par. Ste-Croix 20 avril 1672.
2. Mansuy-Ch^{les}, par. St-Eucaire 27 juil. 1673 : p. Mansuy le Seur, lieut. du prévôt en la généralité de Metz; m. M^{ie} Mathis, tante de l'enfant.
3. Madeleine, ibid. 28 juin 1676 : p. N^{as} Simon, chan. de la cathédrale; m. Madeleine Asse, épouse de F^{ois} Liégeault.
4. Nicolas, ibid. 1er févr. 1678 : p. N^{as} Bourgeois, major à la citadelle de Metz, sgr de Francpré; m. M^{te} Simon, épouse de D^{que} Harquel.
5. Bénigne-Henry, ibid. 20 mars 1679 : p. Bénigne de Chasot, fils d'Isaac de Chasot, président à mortier au parl^t; m. Charlotte le Roy, fille de N^{as} le Roy, maréchal des camps.
6. Louise-F^{oise}, ibid. 25 avril 1680; † à 70 ans, rue Mabile, par. St-Eucaire 23 févr. 1749 : à son enterrement, son cousin-germain J^n-Antoine d'Hoppen, éc., sgr en partie de Frouard.
7. François, ibid. 1er sept. 1681.
8. Marguerite, ibid. 29 nov. 1683.
9. M^{ie}-Thérèse, ibid. 21 oct. 1686 : p. N^{as} Lelorrain, curé de St-Marcel, archiprêtre de Metz; m. M^{ie}-Thérèse de Bossuet, épouse du président Isaac de Chasot.
10. Claude, ibid. 2 août 1688; † 28 juil. 1692.
11. J^n-Charles, ibid. 8 mai 1693.

V. J^n-François, frère du préc., procureur au parl^t, † à 35 ans, par. St-Gorgon 9 mars 1673, inhumé par. St-Eucaire dans la chap. de St-Nicolas. Il avait épousé : 1° Anne *le Belhomme*, † par. Ste-Ségolène en juin 1663; 2° par. St-Simplice 7 juin 1665, Catherine *Thirion*, dont il eut :
1. Nicolas, par. St-Simplice 16 juil. 1666.
2. François, par. St-Gorgon 1er mars 1668.
3. Marie, ibid. 31 mai 1669.
4. M^{ie}-Françoise, ibid. 17 août 1672.
5. Catherine, jumelle de la préc.
6. Catherine, par. St-Simplice 5 août 1673.

VI. Romain, conseiller du Roi, contrôleur contre-garde à la monnaie, † par. St-Simplice 15 janv. 1760, à 38 ans : à son enterrement, Étienne Mathis, son père, Gabriel Mathis, son frère, et J^n Mangeot, son beau-frère. Il avait épousé M^{te} *Dupré de Geneste*, dont il eut :
1. Louise, mariée à André-Ch^{les}-J^{ph} François du Charnau.
2. Joseph, commis au bureau de l'extraordinaire des guerres, parrain d'un enfant de la préc.

VII. Nicolas, avocat au parl^t, lieut. particulier en la maîtrise des eaux et forêts, eut de Simonne *Moraux*, son épouse, par. St-Victor :
1. Élisabeth, 10 juin 1707.
2. Nicolas, 17 avril 1717.

VIII. Mangin eut de Laurette *de Vilse*, son épouse, Benjamin, par. St-Martin 11 mai 1641 : p. Benjamin d'Ozanne, substitut au parl^t; m. Philippe Rosière, épouse de Claude Jullien, notaire royal.

IX. Étienne, fils de † J^n-Pierre, conseiller de S. A. de Lorraine, et d'Anne Templaire, de Dieuze, épousa, par. St-Marcel 13 juil. 1734, Barbe *Francin*, fille de † J^n-B^{te} Francin, dir. des vivres du Roi, et de M^{ie}-Élisabeth Gand : au mariage, P^{re} Thirion de Briel, éc.; J^n-N^{as} Mathis, conseiller de l'hôtel de ville de Dieuze; Germain de Sègue, lieut. et contrôleur en la prévôté et gruerie de Château-Salins.

X. Anne-M^{te} et Joseph. V. de Colomb.

XI. Marie. V. de Rozières IX.

XII. Marguerite. V. Lairbel.

MATINE Marie. V. Emmery VII.

MATRAYE (de la) Catherine. V. de Rorthais.

MAUBERT de BOISGIBAUT Jean, R. P. R., chev., sgr de Boisgibaut, eut de Judith-Élisabeth d'*Aumale*, son épouse :
1. Jean, né à Paris 19 mars 1673; baptisé à Metz R. P. R. 4 oct. suiv.
2. Louis, † à 7 mois, 21 mai 1674.

MAUBUCHE Jeanne. V. Alix.

MAUCOMBLE Jⁿ-Nicolas, dir.-trés. des ponts et chaussées, puis contrôleur gén^l des domaines et forêts du Roi dans la généralité de Metz, † par. St-Simplice 2 nov. 1741, à 48 ans. Il avait épousé : 1° Catherine *Henviller*, † ibid. 16 nov. 1733 ; 2° ibid. 22 sept. 1734, F^{oise}-Dieudonnée *Ciron*.

Du premier mariage naquit ibid. :
1. Jⁿ-F^{ois}-Henry, 27 janv. 1730; † 16 sept. suiv.

Du second mariage naquirent ibid. :
2. Dieudonné, 18 déc. 1735 ; homme de lettres, † 20 nov. 1768.
3. J^{ne}-Françoise, 31 oct. 1736 ; † par. St-Gorgon 16 juil. suiv.

MAUCOUX (de) N***, cap. au rég^t de Charau, épousa, par. St-Eucaire 2 mars 1646, Éléonore-F^{oise} *du Tailly*.

MAUDELON Marie. V. Rabignau de Montelou.

MAUD'HUY (de). I. Jⁿ-B^{te}-P^{re}-Joseph, éc., sgr de Beaucharmois, fils de N^{as}-F^{ois}, chev., sgr de Beaucharmois, conseiller à la cour souveraine de Lorraine, et de F^{oise}-M^{te} du Barrail, † par. St-Martin 7 déc. 1784, à 37 ans. Sous aide-major au rég^t royal infanterie en garnison à Strasbourg, résidant à Nancy, par. St-Epvre, il avait épousé, par. St-Martin 24 mars 1773, M^{ie}-Anne-Marquise-Christine *le Bachelé* : au mariage, P^{re}-Henry de Busselot, chev., sgr de Dommartin ; P^{re}-Dieudonné-Hubert de Maud'huy, chev., sgr de Beaucharmois, son frère ; Hyacinthe-J^{ph} du Mesnil, chev., sgr d'Ohéville et Varraincourt, cap. au service de S. M. l'Impératrice-Reine de Hongrie, son cousin ; Philippe Pascal de Marcol, chev., sgr de Manoncourt, conseiller à la cour de Nancy ; Etienne-Philbert Goussaud, premier avocat gén^l à l'ancien parl^t, curateur et cousin pat. de la mariée ; J^{ph}-P^{re}-Paul Jobal, command^t de la citadelle, et Jⁿ-Armand de Blair, ancien conseiller au parl^t, ses oncles mat. ; Louis le Goullon, ancien chambellan du Roi de Pologne. — De ce mariage naquirent par. St-Martin :
1. P^{re}-Ch^{les}-Thérèse, 25 mars 1774.
2. Étienne-Ch^{les}-Louis, 14 nov. 1775 : p. Étienne-Louis le Bachelé, lieut. au rég^t de Vivarais, son oncle ; m. Charlotte-Thérèse Antoine, douairière de N^{as}-F^{ois} de Maud'huy, chev., sgr de Beaucharmois, conseiller à la cour souveraine de Lorraine.
3. Charlotte-L^{se}-Monique, 18 mars 1779.

II. René-Hyacinthe. V. de Redon des Fossés.

MAUGER de BELLE-ISLE Jⁿ-Baptiste, dir. des bureaux du Roi, fils de † Jean et de Geneviève-Angélique Pétry de Lhostulerie, de la par. St-Jean-en-Grève de Paris, épousa, étant âgé de 43 ans, par. St-Victor 8 oct. 1770, Laurette *Vaillant de Saint-Pierremont*, âgée de 40 ans.

MAUGER de la PAUTRIE (de) Catherine. V. Defresne.

MAUGERY Rose. V. de Garcia.

MAUGIRON (de) Virginie. V. de Thiolet et de Gournay II.

MAUJEAN. I. Henry, conseiller du Roi, juge-garde de la monnaie, † à 52 ans, par. St-Maximin 23 mai 1732. Il avait épousé : 1° N*** *Picard* ; 2° par. St-Martin 5 mai 1711, F^{oise} *Cabouilly*, † ibid. 5 févr. 1777. Du second mariage naquirent par. St-Simplice, à l'exception du dernier :
1. Henry-Daniel, 9 mars 1712 ; chan. de St-Sauveur, [promoteur de l'Évêché de Metz, membre de l'Assemblée des Trois Ordres des Trois-Évêchés en 1782. Biog. de la Moselle].

2. Jeanne, 24 juin 1713.
3. Claude, 7 déc. 1714.
4. François, 29 nov. 1715.
5. F^{ois}-Jacques, 24 déc. 1716.
6. J^{ne}-Françoise, 14 févr. 1718; † 18 sept. 1724.
7. Charles, 5 févr. 1719; † par. St-Maximin 30 juin 1724.
8. Claude-F^{ois}, 27 sept. 1720.
9. Marie-F^{oise}, 2 oct. 1721; mariée à Philippe Manguay.
10. François, † par. St-Maximin 3 juil. 1724, à 3 ans environ.
11. M^{te}-Charlotte, 17 déc. 1722; mariée à Antoine de Bombelles.
12. Marguerite, 21 déc. 1724.
13. *Pierre*, par. St-Maximin 25 déc. 1725; lequel suit.

II. PIERRE, fils du préc., chev., sgr de Labry, avocat au parl^t, puis conseiller du Roi au bailliage, lieut. gén^l à la table de marbre au parl^t, conseiller honoraire au présidial, m^e-échevin, chef de police, premier administrateur de l'hôpital St-Nicolas, [colonel de la garde nationale, membre honoraire de l'Académie royale, procureur gén^l syndic du Roi à l'Assemblée provinciale des Trois-Évêchés et du Clermontois, membre de la commission intermédiaire de la même assemblée, chev. de l'ordre de la Réunion, † à Metz en 1816. Biogr. de la Moselle]. Il avait épousé : 1° par. Ste-Ségolène 26 juil. 1757, M^{ie}-Anne *Coustaut*, † par. St-Simplice 4 déc. 1764, à 32 ans; 2° Anne *Mouzin*, † par. St-Georges 26 juil. 1787, à 60 ans. — Du premier mariage naquirent :
1. Anne-M^{ie}-Éléonore, par. Ste-Ségolène 29 mai 1758; mariée à F^{ois}-N^{as} Olry.
2. M^{ie}-Françoise, par. St-Simplice 11 avril 1759.
3. Jⁿ-B^{te}-N^{as}-Pierre, ibid. 13 août 1761.
4. Nicolas, ibid. 18 oct. 1762; † par. Ste-Croix 1er déc. 1767.
5. M^{ie}-Françoise, ibid. 5 nov. 1763.

MAULMONT DE FAYOLLE PIERRE. V. de Bock II.

MAULRY, *alias* MORY. I. FRANÇOIS, avocat au parl^t, † par. St-Martin 24 oct. 1676, inhumé au chœur. Il avait épousé Lucie *Suzonne*, † ibid. 12 déc. 1680. De leur mariage étaient nés ibid. :
1. Françoise, 25 avril 1643.
2. Anne, 8 févr. 1646.
3. Marie, 23 oct. 1648; mariée à Ch^{les} Féticq.
4. Jⁿ-Claude, 24 déc. 1651; [avocat au parl^t en 1676, conseiller au conseil souverain d'Alsace en 1694, remplacé dans ces dernières fonctions en 1719].

II. JACOB. V. Bague I, 3.

MAUMIGNY (DE) PAUL-M^{ie}-F^{ois}. V. de Favier.

MAUNIER (DE), *alias* DEMONNIEZ JEAN. V. de Luc II, 2.

MAUPAS THÉRÈSE-PÉTRONILLE. V. le Bœuf.

MAUPASSANT. I. ANNE. V. de Savigny II.

II. JACQUELINE. V. Gauvain II.

MAUPEOU (DE) GUILLAUME, chev., conseiller du Roi en ses conseils, président à mortier au parl^t, épousa : 1° M^{ie} *de la Forest*, † par. St-Martin 18 janv. 1669; [2° 17 juil. suiv., M^{ie} *d'Hautefort de Lestranges*, v^{ve} d'un frère du maréchal de la Ferté-Senectère]. Du premier mariage naquirent :
1. Guillaume, par. St-Martin 2 août 1664.
2. Marie, ibid. 15 juil. 1666.
3. René, parrain de la préc.
4. Marguerite, marraine de la même.

MAUREPAS (DE) F^{ois}-GEORGES, éc., garde du corps, eut de M^{ie}-Claire *du Tillet*, son épouse, par. St-Martin 20 juil. 1788, F^{oise}-Georgette.

MAURÈS DE MALARTIE (DE) ANNE-J^{ph}-HIPPOLYTE. V. de Sainte-Aldegonde.

MAURICART MADELEINE. V. Marlier I, 3.

MAURICE. I. F^{ois}-DIDIER, chev., conseiller de S. A. R. de Lorraine, lieut. gén^l au bailliage de Sarreguemines, eut de M^{ie} *Urbain*, son épouse :
1. Anne-Catherine, mariée à F^{ois} Boutier.

2. *Léopold-F⁰ⁱˢ*, qui suit.

II. Léopold-F⁰ⁱˢ, de Sarreinsming, fils du préc., ancien lieut. gén¹ du grand bailliage de la Lorraine allemande et juge supérieur pour le Roi dans le pays indivis de Mertzig et Sargau, † à 80 ans, rue Bonne Ruelle, par. Sᵗ-Martin 31 déc. 1782 : à son enterrement, Jⁿ-F⁰ⁱˢ de Plunkett, garde du Roi dans la compagnie de Beauveau, son petit-fils ; Chˡᵉˢ Boutier, ancien conseiller au parlᵗ, son neveu.

III. Divers.
 1. Anne. V. de Plunkett.
 2. Jⁿᴱ-Monique. V. Chastel de Villemont.
 3. Madeleine. V. Lecoq VIII.
 4. Mangeotte. V. Mainhulle III.
 5. Marie. V. de Lannel de Pazzy.
 6. Mⁱᵉ-Madeleine. V. Dessofy de Cserlseck.

MAUROY Marie. V. de Fay.

MAVION (de) Chˡᵉˢ-François, natif de la Rosière en Champagne, gentilhomme cadet de la compagnie de M. de Morton, † par. Sᵗ-Victor 5 avril 1683.

MAXEY (de) Françoise. V. de Heu VIII.

MAY de SAINT-AUBIN (de) Claude-Philippe, trés. de l'extraordinaire des guerres à Sarrelouis, épousa Charlotte *Larminat*, † par. Sᵗ-Gengoulph 20 sept. 1752. De leur mariage étaient nées :
 1. Anne-F⁰ⁱˢᵉ, † à 18 ans, par. Sᵗ-Martin 12 mai 1739.
 2. Mⁱᵉ-Thérèse-Philippine-Nicole, † à 47 ans, par. Sᵗᵉ-Croix 20 juin 1772.

MAYEUR. I. Jean, cap. commandᵗ la compagnie de Gerbéviller, épousa, par. Sᵗ-Victor 25 avril 1670, Mⁱᵉ-Mᵗᵉ *Morel*, vᵛᵉ de Robert Herbelet de la Tour, de laquelle il eut :
 1. Mᵗᵉ-Catherine, par. Sᵗᵉ-Croix 2 sept. 1676 : p. Martin Morel, procureur au parlᵗ ; m. Mⁱᵉ le Roy, épouse de Nᵃˢ Marius, grand prévôt de la maréchaussée de Metz.
 2. Laurette, par. Sᵗ-Victor 10 déc. 1683.

II. Jean, bourgeois, épousa : 1° F⁰ⁱˢᵉ *Georges*, † par. Sᵗ-Livier 11 janv. 1700 ;

2° ibid. 29 avril suiv., Anne *Rouffaux*, fille de Nᵃˢ Rouffaux et N**** Poirson.
 Du premier mariage naquirent par. Sᵗ-Livier :
 1. Mⁱᵉ-Catherine, † à 7 ans 1 mois, 18 oct. 1704.
 2. Mⁱᵉ-Lucie, 14 déc. 1699.
 Du second mariage naquirent ibid. :
 3. Mⁱᵉ-Anne, 24 déc. 1704.
 4. Sébastienne, 19 juil. 1707 ; † 6 août suiv.
 5. Charlotte, jumelle de la préc. ; † 3 avril suiv.
 6. Lucie-Charlotte, 14 sept. 1708.

MAYEUR (le) Élisabeth. V. Collin de Combles.

MAYEUX Jⁿ-Nicolas, dir. des comptes des vivres des armées en Allemagne, fils de † Jacques, intéressé dans les affaires du Roi, et d'Elisabeth Grissier, de la par. de Thuilley, diocèse de Toul, épousa, par. Sᵗ-Victor 23 juin 1762, Mⁱᵉ-Anne-Elisabeth-Josèphe *Dosquet*, dont il eut ibid. :
 1. César-Mⁱᵉ-Antoine-Nᵃˢ, 27 août 1764.
 2. Mⁱᵉ-Christine-Élisabeth, 25 mars 1766.

MAYOT Françoise. V. Faisant.

MAYRIE (de la). V. de Villemur II.

MAYSONAD (de) Élie. V. Spessoles de Saint-Ozo.

MAZANCOURT (de) Chˡᵉˢ-Christophe, vᵗᵉ de Courval, gouverneur de Mayenne, lieut. gén¹ des armées du Roi, eut de Diane *de Marmier*, son épouse, par. Sᵗ-Gengoulph 15 févr. 1654, Charlotte-F⁰ⁱˢᵉ : p. l'abbé de Feuquières, abbé de Notre-Dame d'Erles en Bretagne, cᵗᵉ et gouverneur de Beaulieu ; m. F⁰ⁱˢᵉ de Lenoncourt, abbesse de Sᵗᵉ-Glossinde.

MAZANCOURT de VINCERS Jⁿ-Alexandre, natif de Vincers en Valois, lieut. au régᵗ royal artillerie en garnison à Metz, bataillon de Soucy, compagnie de Boudeville, † à 36 ans, par. Sᵗ-Marcel 28 oct. 1754.

MAZERULLE (de). I. Gabriel-F⁰ⁱˢ, chev.,

sgr de Mazerulle, cap. au rég^t de Navarre pour le service de S. M. très chrétienne, eut de M^ie-Louise *de Saluces*, son épouse :
1. J^n-B^te-*Nicolas*, qui suit.
2. F^ois-Louis, avocat à la cour de Lorraine, au mariage du préc.
3. Siméon, lieut. au rég^t de Soissonnais, ibid.
4. Simon, peut-être le même que le préc.; domicilié à Pont-à-Mousson, il épousa, par. St-Martin 24 mars 1749, F^oise *de Gombervaux*, de la par. St-Epvre de Nancy : au mariage, Philippe-Bernard-Ch^les-Théodore c^te Raugrave de Salm, maréchal des camps du Roi ; J^n-Claude de Saluces, chev., sgr du château et fief de Novéant, oncle du marié.

II. J^n-B^te-Nicolas, fils du préc., chev., sgr de Rozières et autres lieux, cap. au rég^t de Piémont infanterie pour le service de S. M. très chrétienne, domicilié à Maidières près Pont-à-Mousson, épousa, par. Ste-Ségolène 13 juin 1741, M^ie-Charlotte *Douglas* : au mariage, F^ois-Ferry de Saluces, prêtre du diocèse de Metz. Du dit mariage naquit, par. Ste-Ségolène 4 déc. 1743, J^n-Claude-Mathias, chev., sgr de Mazerulle et officier pour le service du Roi, † à 33 ans, ibid. 11 mai 1776.

III. Siméon. V. de Bérauville.

IV. Barbe. V. Collignon de Pouilly III.

MAZIÈRE (de la) M^ie-Geneviève. V. de Bombelles II, 2.

MAZIN (de) Ch^les-Guillaume, cap. d'infanterie, ingénieur du Roi, fils de † Antoine, colonel d'infanterie, chev. de St-Louis et dir. des fortifications de l'Ile de France, et de Claire-Rose de Tartonne, épousa, par. St-Gengoulph 27 janv. 1750, M^ie-Elisabeth *de Gougon* : au mariage, Louis de Cormontaigne, beau-frère de la mariée.

MAZIROT (de) Claude-Georges. V. Charpentier III.

MAZIS (des) J^ques-Henry. V. de Saint-Aubin XIV, 8.

MAZURE Élisabeth. V. Mangay III.

MÉAUSSÉ (de) Louis-F^ois. V. Léautaud Artaud de Montauban.

MÉAUX Louise. V. Deshayes.

MÉDARD Jeanne. V. Juzan de la Tour II.

MÉDRANO (de). I. Dominique, chev., officier au rég^t Dauphin infanterie, † à 22 ans, par. St-Simon 10 août 1784.

II. Barbe-Thérèse et J^n-Marie. V. Lefebvre de Ladonchamps VI.

MEFFET François, avocat au parl^t, épousa F^oise-Madeleine *Chabot*, † par. St-Victor 17 juil. 1764. De leur mariage naquirent ibid. :
1. André-Antoine, † à 2 ans, 14 juil. 1736.
2. M^ie-Madeleine, 23 mars 1736.
3. J^n-Antoine, 18 mai 1737; † 14 août 1740.
4. M^ie-Marcque-F^oise, 3 juin 1738.
5. Apolline-F^oise, 14 juil. 1739; carmélite, † 21 juil. 1793.
6. M^ie-Anne, 13 oct. 1744.
7. Antoine-Louis-F^ois, 1er mai 1747; † 1er avril 1775.
8. François, vicaire de St-Marcel, à l'enterrement du préc.
9. Sigisbert-Victor, 5 juil. 1748.

MÉGRET (de) J^ques-J^n-François. V. de Salse III.

MÉGUINON Catherine. V. de Pille.

MÉLANI (de) Anne-Rosalie-Victoire-Adolphe. V. de Villay II.

MÉLARD. I. Joseph, bourgeois, † par. St-Simplice 10 avril 1746, à 80 ans. Il avait épousé Marthe *Thouvenin*, dont il eut *Joseph*, qui suit.

II. Joseph, avocat au parl^t, procureur du Roi en la maîtrise particulière des eaux et forêts, juge-garde de la monnaie, commissaire subdélégué pour le règlement entre la France et la Lorraine en 1754, † par. St-Simplice 11 sept. 1757, à 54 ans. Il avait épousé : 1° ibid. 6 mai 1726, M^ie-Rose *Juzan de la Tour*, † ibid. 27 mars 1752; 2° ibid. 24 oct. suiv., M^ie-J^ne-Gabrielle *Forest*, âgée de 29 ans, fille de Luc Forest et de M^te Maulier.

MELCHIER Catherine. V. Malchar XII.

MELCHIOR Sébastienne. V. Féticq.

MELIN (DE) PHILIPPE, R. P. R., sgr de Giraumont, colonel et brigadier de cavalerie pour le service du Roi, † à 70 ans, 14 mai 1683. Il avait épousé, 19 juin 1650, Élisabeth *le Goullon*, dont il eut :
1. Élisabeth, 15 juil. 1651.
2. Charlotte, 6 févr. 1661; mariée à Paul-Antoine de Hermant.
3. Marthe, 15 janv. 1670; † 7 févr. suiv.

MÉLINET MARIE. V. Périn.

MELISSE (DE). I. PHILIPPE-CHRISTOPHE, cap. de carabiniers au rég^t de S. A. E. de Bavière, fils de † Philippe Evrard, magistrat de Ruremonde, et de M^{ie}-Catherine Mertz, épousa, par. St-Gorgon 8 avril 1709, M^{ie}-Anne *Selle*, dite Bertrand, fille de Claude Selle dit Bertrand, bourgeois de Metz, et de M^{ie} Crochet, âgée de 22 ans : au mariage, Augustin d'Eisendorf, lieut.-colonel du dit rég^t; Christian Delfosse, cap. de dragons au rég^t de Flavacourt troupes d'Espagne. — Du dit mariage naquirent par. St-Gorgon :
1. Maximilien-Emmanuel-Adrien, 23 août 1711.
2. Anne, 3 mai 1712.
3. M^{ie}-Honorine, 25 mai 1713 : p. Maximilien-Vincent b^{on} de Potthaft, gentilhomme de la chambre, gouverneur de la ville de Dinan, lieut.-gén^l colonel d'un rég^t de dragons pour le service de S. A. E. de Cologne, représenté par Mr Diez, conseiller des finances et trés. de S. A. E. de Bavière; m. M^{ie}-Honorine de Montigny, née princesse de Bergh, chan^{esse} au chapitre de Mons, représentée par Honorine de Tribout, fille d'Alexandre-Théodore de Tribout, major de cuirassiers au rég^t de M^r le c^{te} de Coste au service de S. A. E. de Bavière.

II. N***. V. de Stefné.

MELLIN (DE), *alias* DE MESLIN HENRY, chev., sgr de Franclieu, la Besace et autres lieux, fils de Louis, chev., sgr de Sainte-Seine, la Besace et Franclieu, gentilhomme ordinaire de la chambre du Roi, et d'Innocente de Roujoux, épousa,

par. St-Livier 14 juin 1682, Anne-Aurore *Lefebvre de Ladonchamps* : au mariage, Philippe de Vion, éc., sgr de Vion, sous-brigadier des gardes du Roi, cousin germain du marié.

MELQUIER. I. BARBE, † par. Ste-Croix 15 janv. 1636.

II. ANNE. V. de Ville V.

MELUN (DE). *Cfr* ARBALESTE DE MELUN et voir DE KILBERGER DE NERENHAUSEN.

MÉNA LOUIS-ANTOINE, avocat au conseil souverain d'Alsace, magistrat du grand Sénat de Strasbourg, veuf de Louise-Anastasie *Gouget*, fils de † Louis, conseiller du Roi et son procureur au siège de la maréchaussée d'Alsace, référendaire de police à Strasbourg, et de Cécile Châlon, épousa, étant âgé de 32 ans, par. St-Gorgon 19 nov. 1765, Anne *Roederer*.

MÉNARD MARC-ANTOINE, gendarme de Mgr le duc d'Orléans, fils de † Jean, s^r des Rouziers, et d'Antoinette Duclos, de la par. St-Michel de Pont-l'Évêque, épousa, étant âgé de 33 ans, par. St-Simplice 26 avril 1688, Louise *le Page*.

MENDELLE JACOB-AUGUSTE, lieut. au corps des volontaires royaux de la compagnie de M^r le b^{on} de Mendre, eut de Charlotte-Guillaume b^{onne} *Goesnetz*, son épouse, par. St-Livier 6 déc. 1746, Jⁿ-François : p. Jⁿ-F^{ois} de Mendre, command^t des volontaires royaux; m. Barbe Lapayrade, marchande de Metz.

MENDRE (DE) Jⁿ-FRANÇOIS. V. Mendelle.

MENET DE LUZERET (DU) JEANNE. V. la Faverie de Blauzac.

MENEVAUX ANNE-LOUISE. V. de Beauvais I, 2.

MENGIN, *cfr* MANGIN. I. SÉBASTIEN, procureur fiscal des quatre mairies du Val de Metz, eut d'Anne-M^{ie} *Noël*, son épouse :
1. Jⁿ-*François*, qui suit.
2. Jⁿ-Sébastien, officier au rég^t de la Marck, au mariage du préc.
3. F^{ois}-Sébastien, chev. de St-Louis, cap.

au régt provincial de Verdun, domicilié à Gorze, au mariage de son neveu Jques-François ci-dessous III.

II. Jx-François, fils du préc., conseiller au bailliage, épousa : 1° par. St-Martin 9 août 1735, Mte *Mouzin;* 2° par. St-Livier 27 août 1755, Anne-Barbe *Hesselin de la Lance,* de Briey.

Du premier mariage naquirent :
1. François, par. St-Martin 15 juin 1736.
2. *Jques-François,* qui suit.
3. Mie-Louise, par. St-Simplice 5 janv. 1739 : p. Jn-Bte Mouzin, gd père; m. Louise Noël, épouse d'Africain Pattée.
4. Mie (*alias* Anne)-Thérèse, ibid. 1er mai 1740; † par. St-Livier 22 avril 1762.
5. Jn-François, ibid. 2 avril 1743.
6. Paul-Alexis, par. St-Livier 17 juil. 1749; [marié à Mie-Anne *Lambert* IV, 2].

Du second mariage naquit par. St-Livier :
7. Mie-Louise, 13 août 1756.

III. Jques-François, fils du préc., avocat au parlt, épousa, étant âgé de 35 ans, par. St-Livier 7 sept. 1773, Mie-Madeleine *Volmerange,* fille des † Jn-Chles Volmerange, rentier, et Anne Lambert, de laquelle il eut ibid. :
1. Jn-François, 4 mars 1775; † 22 oct. suiv.
2. Jn-Sébastien, 3 sept. 1776.

IV. Nicolas, [avocat et greffier en chef civil au parlt, † en juil. 1737. Il avait épousé Claude-Antoine *Anthoine*].

V. Abraham. V. Ferry I, 4.

VI. Sara. V. Machetay.

MENGIN de la TOUCHE Mie-Marguerite. V. de Carrey d'Asnières.

MENNESSIER. I. Louis, bourgeois de Paris, † à 86 ans, par. Ste-Ségolène 3 juin 1759 : à son enterrement, *Louis-Jph*, qui suit.

II. Louis-Jph, directeur du vingtième de la province des Trois-Évêchés, eut de Mie-Thérèse *Cattand,* son épouse :
1. Louis-Jph-Bonaventure, par. Ste-Ségolène 2 août 1762; † ibid. 13 avril 1768.

2. Louis-Fois-Dominique, ibid. 17 mai 1765.

MENOIR Louis. V. Duhoux.

MENOT, *alias* MENOTTE. I François, [chir. major des ville et citadelle de Metz, dir. des hôpitaux du Roi, † 24 mai 1699. Il avait épousé Claude-Nicole *Beuttcourt,* † 26 nov. 1689; tous deux furent inhumés en l'église des Célestins. Msc. Epit.]. De leur mariage était née Françoise, mariée à Nas Douzant de la Neuvelotte.

II. Anne-Mte. V. Plessy II.

MENUISIER, *alias* MENUSIER, Remy-Pre, éc., conseiller correcteur à la chambre des comptes et cour des aides, fils de Philippe, sgr du fief de Marchéville, et d'Anne Bertin, épousa, par. St-Martin 22 janv. 1771, Anne *Pantaléon,* dont il eut :
1. Anne-Mie-Joséphine 21 mai 1771 (*sic*); † par. St-Simplice 4 avril 1789.
2. Élisabeth, 24 févr. 1778.
3. Jn-Baptiste, 2 mars 1780.
4. Jn-Pierre, 6 juin 1783; [il devint un peintre distingué. Biog. de la Moselle.]
5. Simon-Mic, 12 févr. 1785.
6. Dominique-Jph, 12 mai 1789.

MENVELLE de BELLEVILLE Jeanne. V. de Seur.

MÉRANO (de) N*l* (Madame), † par. St-Victor 29 mars 1636.

MÉRARD Marc-Antoine. V. le Duc du Lardet.

MERCERET (de) Antoinette. V. de Boitousset.

MERCÈS Anne. V. de Turmel.

MERCÈS de CHAMPÉRIEUX. V. de Marsay.

MERCHIEN (le) Jn-François. V. Viallier de Montluzin.

MERCIER de L'ÉPINAY Jn-Jacques, cap. au régt de la Fère corps royal artillerie, eut de Mie-Eulalie *Lodre,* son épouse, par. St-Victor 14 avril 1779, Fois-Marie : p. Claude-Fois de Richouftz, chev., sgr de Vauchelles, Porquericourt, Vieille-Ville, Suzoy en partie, et la terre de Mannin, chef de brigade, command^t du susdit rég^t; m. M^{ie}-Victoire Perrin des Almons, épouse de Louis-F^{ois} de la Chapelle, lieut.-colonel, sous-dir. au corps royal artillerie.

MERCIER, *alias* LE MERCIER. I. ADAM, m^d, épousa, étant âgé de 36 ans, par. St-Simplice 20 déc. 1674, Philippe *Thirion*, † ibid. 29 mai 1710, à 66 ans. De leur mariage étaient nées :
1. Catherine-Barbe, par. St-Simplice 8 févr. 1688 : p. N^{as} Renauld, conseiller du Roi et receveur des finances ; m. Catherine Maguin, fille de F^{ois} Maguin, sgr de Vaucourt et Martincourt.
2. Catherine, mariée à Guillaume Florentin, m^d.

II. Divers.
1. ÉLISABETH. V. Renel.
2. ÉLISABETH. V. d'Orthe IV.
3. PIERRE. V. Marsal.

MERCIER DE SAINTE-MARGUERITE (LE) M^{ie}-GENEVIÈVE-JOSÉPHINE. V. de Cherville.

MERCURE DE VECCHI (DE). I. LOUIS, noble gentilhomme de la Chambre du Roi, épousa, par. St-Victor 22 juin 1637, Louise *de Beau de Brouls*, dame en partie de St-Vrain, Han-sur-Seille et Martincourt, dont il eut :
1. J^{ne}-Charlotte, par. St-Gorgon 28 mai 1638.
2. Philippe-Emmanuel, par. St-Marcel 24 déc. 1639.
3. *François*, qui suit.

II. FRANÇOIS, fils du préc., éc., sgr de Han-sur-Seille, épousa, par. St-Eucaire 28 sept. 1669, Barbe *Malhomme* : au mariage, J^{ques} Foës, chantre et chan. de la cathédrale, oncle de l'épouse; Ferry de Thelin, sgr de Gaimont et de Lanfrancourt, voisin du marié; Pantaléon Durand, conseiller-échevin en la police de Metz, oncle mat. de l'épouse; et Jⁿ-B^{te} Durand, cousin de l'épouse. Du dit mariage naquit Jacques, conseiller au bailliage, † par. St-Maximin 22 sept. 1707 : à son enterrement, Gaspard-F^{ois} du Rocheret, sgr d'Oriocourt. Jacques avait épousé Thérèse *Clasquin*.

MERCY (DE). I. GEORGES, éc., avocat au parl^t, lieut. gén^l civil et criminel au bailliage, gruerie et prévôté de St-Mihiel, conseiller d'État de S. A. R. la duchesse de Lorraine, épousa, par. St-Simplice 18 août 1719, J^{ne} *Mory*, *alias Mouzy*, v^{ve} de Claude Périn. En 1752, il est dit de Mercy de Procheville.

II. J^{ne}-HENRIETTE, chan^{esse} de Clairvaux, † par. St-Martin 22 mai 1759, à 82 ans.

III. CHARLES, évêque de Luçon, et J^{eh}-ANNE-M^{ie}. V. Creitte de Métric.

IV. CATHERINE. V. de Brazy.

MÉRENCE (DE.) V. Baubé de Grammont.

MÉRIADES DE MONTIGNAC Jⁿ-BAPTISTE, fils de P^{re}-Bernard, chev., sgr de Lappian et autres lieux, et de Sophie-Bénédictine de Monnerie, épousa, étant âgé de 36 ans, par. St-Victor 6 sept. 1788, L^{se}-M^{ie}-Henriette *Duclos*, âgée de 18 ans, fille de Jⁿ-F^{ois}-Gabriel Duclos et de M^{ie}-Louise N***, de laquelle il eut, ibid. 2 avril 1789, Thérèse-Louise.

MÉRIC (DE) CLAUDE, cap. au rég^t de Piémont, épousa Catherine *Georges*, † par. Ste-Croix 29 oct. 1717. De leur mariage étaient nés ibid. :
1. J^{ne}-Marie, 28 juin 1716 : p. Jⁿ Georges, trés. de France; m. M^{ie}-D^{que} Marien, v^{ve} de N^{as} Georges, conseiller au parl^t.
2. Claude-Antoine, 12 sept. 1717.

MÉRILLE (DE) Louis. V. de Savonnières.

MERLO. I. M^{ie}-ÉLISABETH. V. de Guiar d'Amilly.

II. M^{ie}-GENEVIÈVE-JOSÈPHE. V. Frey de Neuville.

III. LOUIS-CH^{LES} et M^{ie}-THÉRÈSE. V. Boucher de Gironcourt.

MERLOT, *alias* MORLET. I. GÉDÉON, R. P. R., de Fontenay en Voigt, fils de noble homme Thiébaut, de Montbéliard, épousa, 25 juin 1595, Suzanne *Lespingal*, dont il eut Suzanne, mariée à Jules-Frédéric Carrey.

II. Claudine. V. Grandjean.

MÉRODE (de). I. Claude-F^{ois}, m^{is} de Trélon, prince de Montglars, c^{te} de Baussigny, b^{on} d'Argenteau, épousa, [3 mars 1677,] Anne-Dieudonnée *Fabert*, v^{ve} de Louis de Comminges.

II. Élisabeth, b^{onne} de Malberg, fut marraine à un baptême protestant 26 août 1589.

III. Élisabeth. V. des Salles.

MERTRUS de SAINT-OUEN (de) Antoine, chev., sgr de St-Ouen, St-Étienne et autres lieux, cap. au rég^t de Rochechouard, fils de Claude, chev., sgr de St-Ouen, St-Étienne, St-Léger et autres lieux, et de M^{ie} Leblanc, de St-Ouen, diocèse de Troyes, épousa, à Magny près Metz 19 sept. 1740, J^{ne}-L^{se} *Muzac* : au mariage, N^{as} de Mertrus, chev., sgr de St-Ouen et St-Étienne, frère du marié; Antoine-Ch^{les} d'Escoville, chev., cap. au rég^t du Roi, chev. de St-Louis. — De ce mariage naquirent par. St-Maximin :

1. J^{ne}-Antoinette, 24 oct. 1745.
2. N^{as}-Claude, 24 janv. 1747.
3. Anne-Nicole, 17 avril 1748 : p. N^{as}-F^{ois} Gourdin d'Helfédange ; m. Anne de Mertrus de Domprot, dame de Domprot, tante de l'enfant par alliance.

MERTZ M^{ie}-Catherine. V. de Melisse.

MESCHATIN M^{ie}-Charlotte. V. de Reinach.

MESLIN (de). V. de Mellin.

MESMIN Renée. V. de Blair II, 1.

MESNAGER René. V. de Montberry I, 6.

MESNARD J^{ne}-Françoise. V. Leclerc de la Motte.

MESNIL (du). I. David, R. P. R., épousa, 17 déc. 1656, Élisabeth *Rodat*.

II. Marie, jeune fille, † par. Ste-Croix 22 août 1684.

III. François, éc., cap. au rég^t de la Ferté, épousa Barbe *de Cugnon*, † à 78 ans, par. Ste-Ségolène 24 oct. 1703.

IV. Bonne-Catherine. V. de Péricard.

V. Charlotte. V. le Seur IV.

VI. Hyacinthe-J^{ph}. V. de Maud'huy.

VII. Louis. V. de Castella.

MÉSOYER-CONFLANT. I. Nicolas, m^e-cordonnier, épousa F^{oise} *Calloué*, † à 75 ans, par. St-Gorgon 21 mars 1750 : à son enterrement, Adrien Mésoyer-Conflant, m^e-cordonnier, son fils.

II. J^{ph}-Adrien, conseiller du Roi, notaire à Metz, fils des † Adrien, rentier, et J^{ne} Rollin, épousa, par. Ste-Ségolène 27 nov. 1786, M^{ie}-Thérèse *Drouin*, fille de J^{n-Fois} Drouin, négociant, et de † M^{ie} Milliard : au mariage, J^{ph} Mésoyer-Conflant, avocat au parl^t; Jⁿ-P^{re} Mésoyer-Conflant, procureur au bailliage. — Du dit mariage naquit, par. St-Victor 24 nov. 1788, Anne-F^{oise}-M^{ie}-Thérèse.

MESSATTE Jérémie, R. P. R., habitant de Verny, eut de Suzanne *de Saint-Aubin*, son épouse, Suzanne, 27 janv. 1685. — Suzanne de Saint-Aubin abjura le protestantisme à Pournoy-la-Grasse 29 août 1686.

MESSERY de L'ESTANG (de la) Charles, cap. au rég^t de la marine, fut parrain par. St-Jean de la Citadelle 4 déc. 1677.

METH (de la) Charles. V. Robillard III.

METZEIGNEUR Antoine-Ignace, avocat au parl^t, fut parrain par. St-Livier 4 oct. 1722.

METZINGER. I. Antoine, probablement le même que le préc., conseiller au bailliage de Thionville, fils de Luc et de † Anne-M^{ie} Munier, épousa, par. St-Livier 29 oct. 1726, Anne *des Jacques de Plombois*.

II. Anne-Catherine. V. Demange IV.

MEULLES (des), *alias* des MULLES. I. Pierre, R. P. R., m^d, épousa : 1° [J^{ne} *Morlon*, dont il eut une fille, Marie. Msc. Emmery]; 2° 22 sept. 1604, M^{ie} *Galletrin*, fille de Claude Galletrin, le ministre, dont il eut Marie, mariée à Abraham Fleutot, orfèvre.

II. Zacharie, R. P. R., eut de Judith *Modéra*, son épouse, Élisabeth, 15 oct. 1625.

III. Paul, R. P. R., drapier, épousa :
1° Esther *Marion*; 2° Louise *Rindfous*, † à 33 ans, 26 déc. 1668; 3° [Rachel *Montaigu*. Msc. Emmery.] Du premier mariage naquirent :
1. Marie, mariée à Daniel Marion.
2. Esther, mariée à Jⁿ Beaudesson, puis à N^{as} Willemin, sgr de Coin.

IV. Élisabeth. V. Philippe.

MEUNTZ (de) Paul. V. Dufossé de Solis.

MEY de VALLOMBRE. I. Antoine, chev., sgr de Vallombre, lieut.-gén^l d'épée au bailliage, fils de † Antoine, conseiller secrétaire du Roi maison et couronne de France, et de Madeleine de Lestre, épousa, par. St-Victor 7 juil. 1706, Anne-Philippe *d'Auburtin*; le mariage fut bénit par le Révérendissime prélat Benoît Henn, abbé de St-Martin de Trèves. Anne-Philippe d'Auburtin mourut ibid. 5 nov. 1709. Du dit mariage était née, ibid. 3 oct. 1707, Dominique-M^{te}, mariée à J^n-B^{te} b^{on} de Boileau.

II. Antoine-Bernard, chev., sgr de Dorphin, lieut.-gén^l d'épée au bailliage, cap. command^t la compagnie des grenadiers au rég^t de Picardie, chev. de St-Louis, eut de M^{te}-Anne *Gobert de Kerbrizio*, son épouse, par. St-Martin 22 nov. 1789, J^n-B^{te}-Henry-Annibal : p. Henry Nadot de Fontenay, major du susdit rég^t; m. J^{ne}-Barbe-Catherine Bonnet, dame d'Aulnoux, veuve de J^n-B^{te} de Pichon.

MEYER Anne-M^{te}. V. de Wendel.

MICHEL, cfr de MORIVILLE. I. Claudine, fille de Sébastien, sgr de Chevalin, † par. St-Simplice 24 mai 1712.

II. Catherine, dame en partie de Chevalin, † par. St-Gorgon 3 déc. 1754, à 82 ans.

III. Louis, sgr de Ste-Marie-aux-Chênes, eut de Catherine *Barthélemy*, son épouse, Jeanne, mariée à J^n-N^{as} d'Hugonet.

IV. Charles, [licencié *in utroque jure*, doyen de St-Thiébault, † à 74 ans, 23 août 1742. Msc. Epit.]

V. Divers.
1. Anne. V. Goullet V.

2. Élisabeth. V. de Molerre.
3. Henry. V. Dumas.
4. Jeanne. V. Lecomte.
5. Madeleine. V. Beausire II.
6. Marie. V. de Béthune.
7. M^{ie}-Anne, M^{ie}-Louise et Marguerite. V. Lacretelle.
8. M^{ie}-Rose. V. Mathieu IV.
9. M^{ie}-Thérèse. V. de Horne.

MICHELET. I. Jacques, R. P. R., commissaire de l'extraordinaire des guerres, clerc de son église, épousa : 1° Suzanne *Joly*; 2° 28 juil. 1591, Suzanne *Wiriat* ou *Wiriot*.

Du premier mariage naquirent :
1. Jacques, 19 oct. 1576.
2. Suzanne, 18 janv. 1579.
3. Pierre, 20 juin 1582; sans doute celui qui fut ministre de Châtillon-sur-Loire (1604), de Franckenthal (1610-1626) et de Burtoncourt (1629).
4. Paul, 16 janv. 1585; il épousa, 12 mai 1613, Anne *Pillon*, fille de Josué Pillon, receveur de la bullette, de laquelle il eut Jacques, 7 avril 1619.

Du second mariage naquirent :
5. Rachel, 29 juin 1605.
6. Michel, 23 nov. 1607.
7. *Daniel*, qui suit.

II. Daniel, R. P. R., fils du préc., m^d, épousa, 8 févr. 1615, Mlle *Collin*, fille de Daniel Collin, de laquelle il eut :
1. *Daniel*, 18 déc. 1615; lequel suit.
2. Esther, † 13 mai 1684, à 62 ans.
3. *Jacques*, 29 déc. 1623; lequel suivra.
4. Samuel, 12 nov. 1625.
5. Suzanne, 9 mai 1627.
6. Anne, 8 déc. 1628.

III. Daniel, R. P. R., fils du préc., orfèvre, épousa, 30 avril 1645, Judith *de la Cloche*, fille de David de la Cloche, bourgeois, de laquelle il eut :
1. Daniel, 6 oct. 1646.
2. Daniel, 21 nov. 1649.
3. Jean, 21 févr. 1651.
4. Judith, † 29 nov. 1670.

IV. Jacques, R. P. R., frère du préc., m^e teinturier, † 7 oct. 1685. Il avait épousé,

30 sept. 1646, Anne *Philpin*, fille de P^{re} Philpin, teinturier, de laquelle il eut :
1. Jacques, 10 juin 1657.
2. Judith, 22 juin 1659.
3. Jean, 4 janv. 1664.
4. Paul, † 16 avril 1668, à 5 mois.
5. David, 1er nov. 1669 ; † 14 déc. 1679.
6. *Pierre*, qui suit.
7. *Jérémie*, qui suivra.

V. PIERRE, R. P. R., fils du préc., m^d mercier, † 28 avril 1682, à 36 ans. Il avait épousé, 30 juin 1675, Élisabeth *le Bachelé*, † 27 mars 1681, à 29 ans. De leur mariage étaient nés :
1. Élisabeth, 20 juil. 1677.
2. Anne, 31 juil. 1678.
3. Pierre, 17 nov. 1679 ; † 1er déc. suiv.
4. Jean, 3 nov. 1680.

VI. JÉRÉMIE, R. P. R., frère du préc., m^e-teinturier, eut de Suzanne *Hilaire*, son épouse :
1. Suzanne, 18 avril 1677 ; mariée à Étienne Salomon.
2. Anne, 4 avril 1680 ; † 30 juil. 1682.
3. Élisabeth, 13 juin 1683.

VII. JEAN, R. P. R., cap. de la bourgeoisie du Val de Metz, dem^t à Ste-Ruffine, fut père de :
1. Daniel, qui épousa, 22 janv. 1640, Sara *Malguin*, dont il eut Jean, 28 oct. suiv.
2. *Jean le jeune*, qui suit.
3. *Pierre*, qui suivra.

VIII. JEAN le jeune, R. P. R., fils du préc., sgr de Hayes, Avancy et Lue, épousa, 9 juin 1624, Anne *Christophle*, dont il eut :
1. Abraham, 22 mars 1626 ; sgr d'Avancy, † 15 avril 1685.
2. Isaac, 14 nov. 1627.
3. Anne, mariée à Guillaume de Servais.

IX. PIERRE, R. P. R., frère du préc., lieut. colonel de la police du pays messin, † 25 juin 1681, à 73 ans. Il avait épousé, 27 juin 1638, Anne *Quien* ou *Kin*, † 14 nov. 1670, à 59 ans. De leur mariage étaient nés :
1. Anne, 31 oct. 1639.

2. Pierre, 22 sept. 1641 ; † 24 janv. 1672.
3. Suzanne, 30 oct. 1643.
4. Jérémie, 28 oct. 1645.
5. Marie, 4 nov. 1647.
6. Frédéric, 9 mai 1649.
7. Élisabeth, 22 avril 1651.
8. Esther, 10 oct. 1654.
9. Judith, 6 avril 1657.

X. SAMUEL, R. P. R., orfèvre, eut de Rachel *Pillon*, son épouse :
1. Jean, 3 sept. 1628 ; il épousa, 15 nov. 1654, Anne *Goudelin*, dont il eut Catherine, 7 févr. 1657.
2. Isaac, 25 janv. 1632.
3. Samuel, 29 mars 1634.
4. Pierre, 28 mars 1636.
5. Samuel, 18 juil. 1638.
6. Rachel, 16 avril 1641.
7. Paul, 18 avril 1644.

XI. FRANÇOIS *Michelet de Chieulles*, fils de Martin, épousa, par. St-Eucaire 5 févr. 1602, Zabellon N***, v^{ve} de N^{as} Rochet, de Rozérieulles.

XII. FLORENTIN, dit *du Passetemps*, sgr de Chieulles, † par. St-Marcel 5 avril 1664, à 74 ans, inhumé aux Carmes. Il avait épousé : 1° M^{te} *Gombervaux*, † 1er oct. 1648, à 56 ans ; 2° Anne *Chenal de la Violette*. Du second mariage étaient nés par. St-Marcel :
1. *Pierre*, 2 août 1651 ; lequel suit.
2. Antoine, 22 juil. 1655.
3. Antoine, 22 janv. 1658.
4. Marguerite, 30 mars 1660.
5. Madeleine, 22 juillet 1663 ; mariée à F^{ois} Aubert.

XIII. PIERRE, fils du préc., sgr de Chieulles, premier cap. et command^t le 2e bataillon du rég^t de Nettancourt, † par. St-Marcel 12 janv. 1728, inhumé aux Ursulines. Il avait épousé : 1° Anne *Chomnel*, † ibid. 6 déc. 1690, inhumée aux Carmes anciens ; 2° ibid. 30 mars 1694, J^{ne} *Taupin*, † à 88 ans, ibid. 27 août 1734, inhumée aux Ursulines. De leur mariage était née, ibid. 23 oct. 1697, Anne Jacqueline, † 24 nov. suiv.

XIV. PIERRE, ministre de la R. P. R., épousa, 20 juin 1627, Esther *Cardinal*, vᵛᵉ d'Abraham Drouin, contrôleur des fours à chaux de Metz.

XV. Gédéon, R. P. R., fils de Pierre, ministre de Franckenthal (cfr I, 3), épousa, 30 janv. 1650, Madeleine *de Milly*, dont il eut :
1. Louis, 11 mars 1652.
2. Paul, 24 juil. 1653.
3. Suzanne, 25 avril 1655.
4. Charles, 12 nov. 1656.
5. Pierre, 24 déc. 1657.
6. Charles, 6 juin 1660.

XVI. Pierre, R. P. R., mᵈ drapier, épousa, Suzanne *Modéra*, dont il eut :
1. Louise, 4 oct. 1672 ; † 17 suiv.
2. Pierre, 27 juil. 1674 ; † 10 août suiv.
3. Anne, 9 sept. 1675 ; † 21 sept. suiv.
4. Louise, 17 oct. 1676.
5. Anne, 20 nov. 1677 ; † 14 janv. 1679.

XVII. Samuel, R. P. R., épousa, 20 févr. 1661, Sara *Vert*.

XVIII. Pierre, R. P. R., âgé de 28 ans, épousa, 10 août 1681, Mᶦᵉ *Mangin*, dont il eut Anne, 28 janv. 1683.

XIX. Jean, épousa Mᵗᵉ *Wirion*, dont il eut, par. Sᵗ-Gorgon 14 déc. 1631, Étienne, [conseiller aumônier du Roi et doyen des chan. de Sᵗ-Sauveur, † 28 juil. 1707. Msc. Epit.]

XX. Jean, bourgeois, † par. Sᵗ-Eucaire 23 déc. 1712. Il avait épousé Madeleine (*alias* Jeanne) *Auburtin*, † ibid. 17 août 1706. De leur mariage était né Benoît-Michel, qui assista à l'enterrement de son père.

XXI. Samuel, R. P. R., bourgeois, † à 84 ans, 21 janv. 1682.

XXII. Charles, R. P. R., colonel de la milice du pays messin, † à 74 ans, 3 sept. 1674.

XXIII. Françoise, fille de François et de Catherine de Barre, † par. Sᵗ-Martin 28 avril 1651, à 27 ans.

XXIV. Étienne-Ignace, ancien contrôleur de l'artillerie, † par. Sᵗ-Simplice 24 oct. 1765, à 59 ans. Il avait épousé Mᶦᵉ-Thérèse *Monmirelle*, † ibid. 8 août 1767.

XXV. Nicolas, éc., sgr de Hᵗᵉ-Bévoye, fut parrain par. Sᵗ-Eucaire 24 avril 1633.

XXVI. Nicolas, écrivain, † par. Sᵗ-Martin 24 mars 1759. Il eut un fils, Philippe, ibid. 10 août 1758.

XXVII. Divers.
1. Anne. V. du Bois VII.
2. Barbe. V. Ladrague.
3. Catherine. V. Niquel.
4. Étienne. V. de Romilly.
5. Madeleine. V. Blaise et de Saint-Blaise XI.
6. Madeleine, *alias* Marguerite. V. de Lixières.
7. Marie. V. Douzelot.
8. Marie. V. Mathias.
9. Suzanne. V. Salomon IV et Dattel VII.
10. Suzanne. V. Quien III.

MICHELET de VATIMONT, cfr MICHELET. I. Abraham, sgr de Colombey et Vercly, d'abord admodiateur des rentes et revenus de Sᵗ-Vincent, avocat au parlᵗ, puis receveur génˡ de la ville de Metz, † par. Sᵗ-Victor 8 févr. 1684. Il avait épousé Fᵒⁱˢᵉ *Edouin*, dont il eut, par. Sᵗ-Victor 18 août 1644, François : p. Jⁿ Royer, gᵈ archidiacre, chan. de la cathédrale, vicaire génˡ de l'Évêché ; m. Fᵒⁱˢᵉ d'Haraucourt, abbesse de Sᵗ-Pierre-aux-Dames.

II. N***, frère du préc., fut père de :
1. *Dominique*, qui suit.
2. Jᵖʰ-Abraham, conseiller du Roi, lieut. particulier au bailliage, † par. Sᵗ-Maximin 1ᵉʳ juin 1726. Il avait épousé Madeleine *Fourier*, petite-nièce de saint Pierre Fourier, curé de Mattaincourt.
3. François, receveur génˡ de la ville, † à 87 ans, par. Sᵗ-Martin 31 août 1735, sans postérité de sa femme, Anne-Françoise *Beguet*, † ibid. 27 sept. 1716, à 67 ans, inhumée aux Dominicaines.
4. Barbe, mariée à Claude Abel de Poilbois.

III. Dominique, fils du préc., admodiateur de la terre de Vatimont, sgr en partie d'Holacourt et d'Aubecourt, † par. Sᵗ-Martin 5 sept. 1720, à 86 ans. Il avait épousé : 1º Fᵒⁱˢᵉ *Venant* ; 2º par. Sᵗ-Martin

9 juil. 1679, Madeleine *Petitjean*, † ibid. 27 juil. 1743, à 84 ans.

Du premier mariage naquirent :

1. Nicolas, à Vatimont 17 nov. 1669; lequel suit.
2. Marie, † à 15 ans, par. St-Gengoulph 23 août 1687, inhumée au cloître de l'église.
3. Louise-F^{oise}, mariée à Laurent-M^{ie} du Lac de Montereau.

Du second mariage naquirent :

4. Claude, par. Ste-Croix 21 sept. 1690.
5. Dominique, ibid. 1er mai 1692 ; chan. de St-Thiébaut.
6. F^{ois}-Thomas, cap. au rég^t de la Marck infanterie, † par. St-Simplice 23 avril 1655. Il signait *Michelet de la Cour*.

IV. NICOLAS, fils du préc., sgr de Vatimont, Lucy et Holacourt, procureur, puis receveur et payeur des gages au parl^t, † à Vatimont 21 sept. 1731. Il avait épousé : 1° par. Ste-Croix 23 nov. 1702, M^{ie}-Agnès *Scharff*, v^{ve} de Jⁿ-N^{as} Bock, lieut. particulier au bailliage de Thionville ; 2° Madeleine-F^{oise} *Lefebvre*, † à 80 ans, par. St-Martin 26 janv. 1762. — Du second mariage étaient nés :

1. F^{oise}-Antoinette-Dominique, par. Ste-Croix 13 juin 1707.
2. Nicolas, ibid. 2 mai 1708.
3. Abraham-Joseph, ibid. 22 mai 1709 ; sgr d'Ennery, receveur gén^l de la ville, puis conseiller notaire secrétaire du Roi, [† à Paris en 1786, après avoir été marié, mais sans postérité. Il s'est fait un nom comme numismate. Il fut l'un des membres titulaires de l'académie royale de Metz lors de la fondation en 1760. Biog. de la Moselle].
4. F^{ois}-Antoine, par. St-Gorgon 4 juin 1710.
5. *Jacques*, ibid. 1er juin 1711 ; lequel suit.
6. Claude-F^{ois}-N^{as}, par. St-Martin 2 juil. 1713 ; † par. St-Gengoulph 1er sept. 1714.
7. Anne-F^{oise}, ibid. 4 août 1714.
8. M^{ie}-Cécile, ibid. 14 mai 1716.
9. Antoine, ibid. 8 juil. 1718. Il prit le nom de *Michelet de Malvoisin*, [du ban de Malvoisin à Scy, dont il était seigneur], fut président au bailliage de Sarrelouis et mourut par. St-Martin 24 mars 1789.

Il avait épousé, par. St-Simon 30 nov. 1752, Marc-M^{ie}-F^{oise} *Lamy de Châtel*, † par. St-Martin 4 nov. 1783.

10. F^{oise}-Thérèse, ibid. 6 août 1719 ; † 10 mars 1722.
11. Nicolas, ibid. 19 nov. 1721.
12. Pierre-Jean, ibid. 8 avril 1725 ; conseiller au parl^t, † par. St-Martin 1er sept. 1760 [sans avoir été marié], inhumé en la chap. de N.-D. de Lorette.

V. JACQUES, fils du préc., sgr de Vatimont, Lucy, Holacourt et autres lieux, receveur et payeur des gages du parl^t, puis président et lieut. gén^l au bailliage, conseiller au parl^t, membre titulaire de l'Académie royale de Metz, épousa M^{ie}-Anne-Ursule *du Pillard de Requin*, [† 15 juil. 1807. De leur mariage naquit, 20 oct. 1755, Mathieu-Sébastien-Louis, † sans avoir été marié, à Versailles 5 oct. 1834, inhumé à St-Epvre près Vatimont. Notes de Mr de Courten].

MICHELIN PIERRETTE. V. le Noble.

MICHON LUCIE. V. Tinot II.

MICHON DE ROUGY Jⁿ-LOUIS-CLAUDE-PHILIPPE, pensionnaire au collège St-Symphorien, fils de Jⁿ-Louis, c^{te} de Rougy, chev., sgr du comté de Rougy, des terres de Pouilly, Ailliant, Montregnard, Chamarande, etc., m^e de camp de cavalerie, chev. de St-Louis, et d'Angélique-Julienne de Casaubon, domiciliés en leur château de Rougy en Beaujolais ; † à 14 ans, par. St-Simplice 13 sept. 1773 : à son enterrement, dom Casbois, principal du collège, dom Bernardin Pierron, professeur de troisième, et dom Benoist Depinois, professeur de cinquième.

MICLET DOMINIQUE, [chan. de St-Thiébaut, † 17 juin 1713, à 85 ans. Msc. Epit.]

MICOT DE MONBRUN GUILLAUME. V. Dupuy des Marceaux.

MIDART. I. LAURENT, m^e-chir. juré de la ville, † rue Taison, par. St-Gorgon 11 juil. 1753, à 82 ans. Il fut père de :

1. Mansuy-D^{que}, conseiller du Roi, trés. provincial des ponts-et-chaussées ; il épousa Suzanne *Jullien*, † par. St-Marcel 29 juin 1770, à 70 ans.

2. *Étienne-Laurent*, qui suit.
3. N***, mariée à Guillaume Louis.

II. ÉTIENNE-LAURENT, fils du préc., chir. juré de la ville, épousa : 1° Suzanne *Jacob*; 2° M^te *Mahuet*; 3° M^te-Catherine *Colson*.

Du premier mariage naquit :
1. Anne, mariée à J^n-B^te Bonnard.

Du second mariage naquit :
2. *Étienne-Laurent*, qui suit.

Du troisième mariage naquirent :
3. Étienne-Laurent, m^e en chir., célèbre accoucheur, lequel, âgé de 25 ans, épousa, par. Ste-Croix 13 juil. 1756, Barbe *Bernard*, âgée de 17 ans 1/2, fille de P^re Bernard, m^e-tonnelier, et de Claude Gallina.
4. Antoinette, † par. St-Gorgon 27 juil. 1736, à 3 ans.
5. Marie, ibid. 4 nov. 1736.
6. Marguerite, ibid. 16 mars 1738.

Il y eut deux autres enfants nous ne savons de quel mariage :
7. Antoine, parrain de sa nièce III, 7. Il avait épousé Thérèse *Willaume*, v^ve de F^ois Mary.
8. Élisabeth, mariée au s^r Auclerc.

III. ÉTIENNE-LAURENT, fils du préc., éc., premier huissier au parl^t, commis extraordinaire des guerres, épousa, par. St-Gorgon 13 mai 1749, Barbe *Bertrand*, dont il eut :

1. Jeanne, par. St-Simplice 13 avril 1752.
2. Suzanne, par. Ste-Croix 29 oct. 1753; † 3 nov. suiv.
3. Barbe-Élisabeth, † par. St-Simplice 27 nov. 1755, âgée de 3 jours.
4. Barbe, par. St-Victor 16 févr. 1757; † par. Ste-Croix 18 suiv.
5. Anne, ibid. 28 mai 1758.
6. Philippe-Noël, par. St-Gengoulph 1er juin 1761.
7. Andrée-Élisabeth, ibid. 17 oct. 1762 : p. Antoine Midart, avocat gén^l à la table de marbre au parl^t, son oncle, dem^t rue des Carmélites; m. Élisabeth Midart, v^ve du s^r Auclerc, chev. de St-Louis, cap. aide-major de dragons de la légion Rocfaule (?), sa tante.

8. Simon-D^que-Joachim, ibid. 20 mars 1764.
9. M^ie-Madeleine, ibid. 13 nov. 1765.
10. J^n-F^ois-Marcel, ibid. 16 janv. 1767.
11. M^te-J^n-Didier, ibid. 20 juil. 1768.
12. Jeanne, ibid. 28 janv. 1770; † 31 suiv.
13. Anne-Catherine-Joséphine, ibid. 19 mars 1771.

MIDDLETON M^ie-CATHERINE. V. de Bourk.

MIDOT J^ne-CATHERINE. V. de la Vallée de Pimodan.

MIDOT DE VILLERS J^n-RENÉ, conseiller au parl^t, † par. St-Victor 14 juin 1678; [inhumé à Toul, dont il avait été trois fois m^e-échevin.]

MIGNON IGNACE, fils de † Jacques, cap. de chariots, et d'Anne Saillet, épousa, par. St-Martin 10 févr. 1710, Henriette *de Nojon*, fille de † J^n-Emmanuel de Nojon, éc., sgr de Broussay, et de M^ie Boichot.

MILARD MARGUERITE. V. Georgin III.

MILET. I. FRANÇOIS, m^d, eut de J^ne *Toussaint*, son épouse, Jeanne, mariée, à 18 ans, à Gaspard Braun.

II. JEAN, frère du préc., conseiller du Roi, receveur en titre du grenier à sel, † par. St-Eucaire 8 mai 1718, à 63 ans. Il eut de J^ne *Cranier*, son épouse :

1. Étienne, avocat au parl^t, [† en avril 1742.] Il avait épousé, par. St-Martin 3 nov. 1718, M^ie-Anne *Hussenot*, dont il eut, par. St-Eucaire 11 mars 1734, M^ie-Marguerite, † par. St-Victor 21 juil. 1789.
2. *Gabriel*, qui suit.

III. GABRIEL, fils du préc., éc., gentilhomme servant ordinaire du Roi, avocat au parl^t, puis avocat du Roi au bailliage, † par. St-Eucaire 17 nov. 1759 : à son enterrement, ses neveux par alliance F^ois-Hyacinthe Royer, conseiller au parl^t, et Simon Régnier, substitut. Il avait épousé, en la chapelle des religieuses de Montigny 26 juil. 1713, M^te *Thirion*, dont il eut par. St-Martin :

1. Jean, 5 mai 1714; † 27 août 1715.

2. Pierre, 15 août 1715.
3. Étienne, 29 déc. 1717; prêtre et licencié en Sorbonne, † rue des Allemands, par. St-Eucaire 7 avril 1760.
4. *Nicolas*, 1er mars 1720; lequel suit.

IV. NICOLAS, fils du préc., avocat du Roi au bailliage, dir. gén^l du Mont-de-Piété, gentilhomme servant ordinaire du Roi, † par. St-Victor 24 avril 1785. Il avait épousé, ibid. 1er oct. 1742, F^{oise}-Henriette *Guerrier*, † par. St-Eucaire 3 nov. 1773. De leur mariage étaient nés par. St-Eucaire :

1. Anne-M^{te}, 5 oct. 1742 (*sic*).
2. J^n-B^{te}-Ch^{les}-Bruno, 8 janv. 1744.
3. M^{te}-Gabrielle, 24 mars 1745.
4. Anne-Madeleine, 31 mai 1746.
5. M^{ie}-F^{oise}-Agathe, 15 mai 1748.
6. Louis-P^{re}-N^{as}, 21 mai 1749; avocat au parl^t, dir. du Mont-de-Piété, conseiller-échevin de la ville, il eut d'Anne-F^{oise} *Brussaux*, son épouse, Louise-Reine, par. Ste-Croix 7 sept. 1787.
7. Sébastien-Henry, 12 juil. 1750.
8. M^{ie}-M^{te}-Élisabeth, 19 nov. 1751; † 18 nov. 1766.

V. J^n-CHARLES, contrôleur des droits réunis, † par. St-Marcel 17 mai 1771. Il avait eu de Barbe *Volmerange*, son épouse, ibid. :

1. Anne, 22 nov. 1766.
2. M^{ie}-Catherine-Julie, 5 mai 1767.
3. J^n-M^{ie}-André, 10 avril 1768.
4. M^{ie}-Antoinette, 13 août 1769.
5. Catherine-Antoinette-Anne-Victoire-Aubine, 30 juil. 1770; mariée à Louis-M^{ie} de Campourcy.
6. Antoine-André, 31 juil. 1771.

VI. ROBERT, conseiller du Roi, greffier m^e-clerc au civil de la chambre du conseil au parl^t, fils de Jean et de Barbe Georges, † par. St-Simplice 19 août 1790, à 78 ans. Il avait épousé : 1° par. St-Gengoulph 26 déc. 1741, M^{ie}-F^{oise} *le Braconnier*, v^{ve} de Ch^{les} Dormy de la Motte, laquelle mourut par. Ste-Croix 26 sept. 1752, à 50 ans : à son enterrement, Jean, son frère, cap. de grenadiers au bataillon de Metz ; — 2° à Vry (l'acte par. St-Simplice) 15 juil. 1783, Catherine *Panot*. Du premier mariage étaient nés par. St-Gengoulph :

1. J^n-François, 17 oct. 1742.
2. N^{as}-Louis, 8 juin 1744.

VII. CATHERINE. V. Catoire.

VIII. JEANNE. V. Pantaléon VI.

MILLER (LE) FRANÇOIS, garde du Roi en la prévosté de son hôtel et grande prévosté de France, épousa Catherine *de Visernv*, † à 60 ans, par. Ste-Ségolène 10 avril 1683.

MILLET DE CHEVERS CLAUDE-F^{ois} DE PAULE. V. Gerard d'Hannoncelles I, 3.

MILLET DE LAMAMBRE J^n-FRANÇOIS. V. Després V.

MILLET DE VALLICOURT ANTOINE-RENÉ, [éc., prévôt gén^l des monnaies, gendarmerie et maréchaussée de France, épousa, en 1752, Barbe-Lucie *Goussaud*, v^{ve} de Louis de Chazelles, de laquelle il eut Alexandrine, mariée à J^n-Paul Georgin de Mardigny.]

MILLETY, *alias* MILET, CATHERINE. V. Catoire.

MILLIARD. I. CLAUDE-ABRAHAM, huissier au parl^t, † par. St-Victor 15 avril 1776, à 73 ans, inhumé par. Ste-Ségolène. Il fut père de :

1. Claude, m^d, à l'enterrement de son père.
2. N^{as}-Claude, apothicaire, ibid.
3. M^{te}-Gille-Nicole, mariée à Ch^{les}-J^{ph} de Verpy.

II. ANNE. V. Herbelot II.

III. MARIE. V. Mésoyer-Conflant II.

MILLON JULIENNE. V. de Pienne.

MILLOT MARIE. V. Bourdelois II.

MILLY (DE). I. FRANÇOIS, ministre de la R. P. R. à Bar-sur-Seine, natif de Nismes en Languedoc, épousa, 21 sept. 1616, Antoinette *le Noir*, fille de † Daniel le Noir, sgr de Mésy en partie.

II. J^n-FRANÇOIS, âgé de 34 ans, sgr de Sautel, conseiller honoraire au bailliage de Verdun, fils de † Antoine (mêmes qualités), et de Rose-Charlotte de Riclot, épousa, par. Ste-Ségolène 8 mai 1758, M^{ie}-Charlotte *Vernier*.

III. Madeleine. V. Michelet XV.
IV. M^{ie}-Anne. V. Toupet.

MILON François, [né à Longwy 8 sept. 1647], substitut du procureur gén^l au parl^t, † par. Ste-Ségolène 17 déc. 1691. Il avait épousé Françoise N***, dont il eut Georges, par. St-Simplice 30 juil. 1689.

MILOT de la PERRIÈRE Claude, sgr de la Perrière et de Lucy, eut de M^{ie} *de Marchéville*, son épouse :
1. Henry-F^{ois}, par. Ste-Ségolène 9 mars 1641 : p. Henry de Lambert, fils du gouverneur; m. F^{oise} de Gournay de Talange.
2. M^{ie}-Gabrielle, par. Ste-Croix 20 avril 1646 : p. Antoine Regnauld de Gorze (de Goz?), s^r de Longchamps, conseiller du Roi en ses conseils, m^e ordinaire de son hôtel et de ses camps et armées, cap. de la vieille garnison de Metz ; m. F^{oise} Hélot.

MIMION Isabeau. V. le Seur.

MINET Claude, s^r de Saint-Martin, eut de M^{te} *Parizelle*, son épouse, Pierre, par. St-Victor 1691.

MIRABEL Louis. V. Leleu.

MIRANDOLLES (de) Joseph, éc., s^r de la Vigerie et de Vallade, natif du Mont de Dôme en Périgord, cornette dans les Dragons, épousa, par. St-Gorgon 16 nov. 1688, F^{oise} *François*, fille de Jⁿ François, m^d drapier, et de M^{ie} Hordal du Lys, de laquelle il eut par. St-Marcel :
1. Élisabeth, 4 déc. 1689.
2. Catherine, 13 juil. 1700.

MIRECOURT (de) Christian, éc., eut de M^{te} *Mahuet*, son épouse, par. St-Gorgon :
1. Chrétienne, 22 oct. 1637.
2. Guillaume, 28 mars 1640.
3. Anne, 22 juil. 1643.

MIRÉ (le) Barbe. V. Olry VII, 1.

MIRGOT, *alias* MIRGART Marie. V. Lefebvre de Ladonchamps III.

MIROIR (du) Marie. V. Lucquin.

MIROMINY Jean, dessinateur des ponts et chaussées, eut de M^{ie}-J^{ne} *de Mahuet*, son épouse, M^{te}-F^{oise}, par. St-Marcel 9 févr. 1775.

MITTALAT Paul, m^d, épousa Anne *Lecoq*, † v^{ve} de lui, par. St-Maximin 25 févr. 1776.

MITTOLOT (de), *alias* de MITTOLAT Jⁿ-Baptiste, éc., conseiller à la table de marbre au parl^t, fils de † Guillaume, de Mirecourt, et de J^{ne} Gallois, dem^t à Landonville près la Chaussée, épousa, par. St-Simplice 15 mars 1712, Madeleine *de la Haye*, fille de † Louis de la Haye et de Madeleine N***.

MITTONEAU L^{se}-Élisabeth. V. Bouret II.

MIZON Esther. V. de Gastines.

MOCHET Marguerite et Claude. V. Bossuet.

MODÉRA. I. Louis-F^{ois}, garde des magasins à blé du Roi à la citadelle, puis avocat au parl^t, eut de M^{te} *Pouilly*, son épouse :
1. Marie, mariée à P^{re} Ditheau de Mézières.
2. Catherine, † à 33 ans, par. St-Martin 28 avril 1670, inhumée proche le banc des échevins du côté de l'épître.

II. François, † par. St-Martin 24 oct. 1650.
III. Françoise, † par. St-Martin 15 sept. 1734.
IV. Divers.
1. Anne. V. Beaudesson X.
2. Françoise. V. Roucour.
3. Judith. V. des Meulles II.
4. Judith. V. Olry.
5. Madeleine. V. Galletier II.
6. Suzanne. V. Michelet XVI.

MODÉRÉ Anne et Philippe. V. Lamy VII.

MODO (de) Jean, ministre de la R. P. R. mention est faite de lui aux registres de la dite religion 28 sept. 1597.

MŒNUR Françoise. V. Grandjean X.

MOHR de WALDT M^{ie}-Anne-Reine. V. de Tailfumyr III, 2.

MOHR (DE) M^ie-Françoise. V. Dumaine de la Josserie I, 2.

MOINEVILLE Marie. V. de Verpy.

MOISSON Bernardin. V. Guerrier (note).

MOITREY (DE) Laurent-N^as. V. Schilplin.

MOITRIER Anne. V. Platine.

MOLARD (DE) François. V. de Rostaing.

MOLÉ Jean. V. de Loynes I, 1.

MOLEIN DE SAINT-PONCY Claude-Yves, chev. de St-Louis, cap. au rég^t Dauphin infanterie au quartier Coislin, natif de Besler en Auvergne, † par. St-Simplice 8 août 1780, à 45 ans : à son enterrement, Étienne-Errard de Landrian, major du rég^t ; F^ois-Errard de Montgon, cap.

MOLERRE (DE) Marc-Antoine, cap. au rég^t de la Fère, sgr de Boulanjou, épousa, par. Ste-Ségolène 17 avril 1730, Élisabeth *Michel*, fille de Jérémie Michel et de M^ie Jassoy.

MOLEUR (LE). I. Anne. V. Jeoffroy V.
II. Élisabeth. V. Sailliet.

MOLIN. V. Moulin.

MOLINA. I. David, R. P. R., eut d'Esther *Berluchon*, son épouse :
1. Pierre, 19 oct. 1636.
2. Daniel, 27 déc. 1639.
II. Jean, R. P. R., boulanger, eut de Suzanne *Collignon*, son épouse, Suzanne, 21 août 1638.
III. J^n-Baptiste, grainetier de la ville de Metz, natif d'Agoult en Provence, épousa, par. St-Maximin 7 févr. 1708, M^ie-Cécile *Oudet*, dont il eut :
1. Élisabeth, par. Ste-Croix 15 janv. 1709.
2. Marguerite, † par. St-Maximin 29 juin 1711 ; le père est ingénieur et bourgeois de la ville.
3. M^ie-Dominique, ibid. 24 janv. 1713 ; † 26 sept. 1717.
4. Jean-F^ois, ibid. 30 déc. 1713.
5. Barbe, ibid. 15 janv. 1715.
6. Marguerite, ibid. 22 juin 1716.
7. Marie-F^oise, ibid. 31 août 1717.
8. Laurent-J^ph, par. Ste-Ségolène 29 sept. 1718 ; le père est entrepreneur.
9. Pierre, ibid. 30 mars 1720 ; le père est conseiller du Roi, exempt de la grande prévôté de son hôtel.
10. Madeleine, ibid. 14 avril 1721 ; le père est éc. de l'hôtel du Roi.
11. *J^n-Baptiste*, ibid. 7 avril 1722 ; lequel suit. — Le père est éc., cap. exempt des gardes du Roi en la prévôté de son hôtel et en la grande prévôté de France.
12. Belle-J^ne, mariée, à 16 ans, à J^n Lallouette.
13. Charles-F^ois, ibid. 31 mars 1728 ; le père est sgr de Basse-Bévoye.
14. [Joseph-Louis, sgr de Basse-Bévoye et d'Auconville, marié à Maria-Anna *Suttor*].
IV. J^n-Baptiste, fils du préc., cap. gén^l des fermes du Roi, dem^t à Waldwiese, diocèse de Trèves, épousa : 1° par. St-Victor 31 janv. 1758, Geneviève *Spol*, † à 31 ans, par. St-Eucaire 16 déc. 1767 ; 2° étant receveur des domaines du Roi à Corny, par. St-Victor 24 avril 1781, Anne-L^se *Formé*. — Du premier mariage naquit J^ne-F^oise-Barbe-Florentine, par. St-Livier 22 nov. 1758.
V. François, Madeleine et M^ie-Anne. V. Jonvaux.
VI. Marguerite. V. Hennequin V.

MOLINET (DU) V. de Senneton.

MOLLET M^ie-Marguerite. V. Rousseau.

MOLLEUR (LE), cfr LE MOLEUR, Antoine, chev., lieut. au rég^t royal, † à 21 ans, par. St-Marcel 3 déc. 1689.

MOLOUX Anne-Christine et Claude-F^ois. V. Julliard.

MOLSHEIM (DE) François, chev. de St-Louis, lieut.-colonel d'infanterie, † par. St-Victor 17 mars 1768, à 96 ans.

MOMAS (DE) Bertrand, cap. de la porte des Allemands, fut parrain par. St-Eucaire 8 juil. 1604.

MOMBUY DE BORNEUF (DE) F^oise-Nicole fut marraine par. Ste-Croix 30 mai 1649.

MONBION (DE) Catherine-Louise. V. de la Ville.

MONBRON (DE). V. de Bouteville.

MONCASSY, alias MONASSY Jn-Baptiste, R. P. R., eut de M¹ᵉ le Goullon, son épouse :
1. Marie, 5 mai 1638.
2. Daniel, 4 mars 1641.
3. Élisabeth, 12 nov. 1643.

MONCEAU (DE) M¹ᵉ-Thérèse. V. de Coune.

MONCEL. I. Claude-F°ⁱˢ, notaire, épousa M¹ᵉ-Madeleine *Jeanjean*, † par. S¹-Maximin 30 avril 1753.

II. Anne. V. d'Heinecken.

MONCOURIER (DE) Jeanne. V. de Bazas.

MONDELANGE (DE) Mathieu, [treize, aman de S¹-Martin, quatre fois mᵉ-échevin, † 6 juin 1584. Il avait épousé Barbe *d'Hannonville*, † 21 mars 1582. Msc. Epit.] De leur mariage étaient nés :
1. Anne, mariée à D⁽ᵃⁿᵉ⁾ Lombard.
2. Philippe, mariée à Jⁿ de Villers.
3. Barbe, mariée à Jⁿ Fériet.

MONDRAN (DE), alias DE MONDRANT Jn-Evrard-Jph-Gaspard, eut de Lse-Gabrielle *Boisselet*, alias *Bousellier*, son épouse :
1. Catherine-F°ⁱˢᵉ-de-Paule, par. S¹-Victor 1ᵉʳ oct. 1738 : p. F°ⁱˢ de Barry, avocat en parl¹ ; m. Catherine Didon, vᵛᵉ de Jⁿ-Claude Vendeuil.
2. Charles, par. S¹-Simplice 8 avril 1740.
3. Pʳᵉ-Louis, par. S¹-Gengoulph 30 mai 1741 : p. Louis de Bonneval de la Place, cap. d'infanterie, remplaçant Mʳ de Bonneval, son fils ; m. Madeleine Fagnier de la Croix, remplaçant Catherine-F°ⁱˢᵉ-de-Paule de Mondran. — Il mourut 22 août suiv.

MONERON (DE). V. de Monneron.

MONET (DE) Barbe. V. de Cabanes (note).

MONET DE LA SALLE Antoine, sgr de Beaurepaire, conseiller au parl¹, fut parrain par. S¹-Gorgon 7 janv. 1674.

MONGENEL (DE) Claire. V. d'Arles de Chamberlin.

MONGINOT (DE) M¹ᵉ-Thérèse-Honorine. V. Gueau de Gravelle.

MONGODIN (DE) Françoise. V. de Guiar d'Amilly II.

MONGRAND (DE) M¹ᵉ-Sophie. V. Peloux de Rorbel.

MONHAUX (DE) Claude fut marraine par. S¹ᵉ-Croix 13 janv. 1604.

MONICART (DE). I. Jⁿ-B¹ᵉ-Nicolas, commissaire gén¹ des poudres et salpêtres de la Lorraine, des Trois-Évêchés et de la généralité de Metz, épousa, par. S¹-Livier 19 févr. 1691, M¹ᵉ *d'Harquel*, dont il eut, par. S¹-Marcel 11 avril 1692, Marguerite, mariée à Florent Amelin de Beaurepaire.

II. Catherine. V. Charpentier.

III. Catherine. V. Lamy I, 10.

MONISE Marie. V. Barba.

MONLEAU André, gouverneur des pages à la cour de Sarrebrück, fils des † Jean, bourgeois d'Avignon, et Thérèse Rognon, épousa, par. S¹ᵉ-Ségolène 1ᵉʳ juin 1784, Elisabeth-M¹ᵉ *Labrousse*.

MONMERQUÉ. I. Isaac, éc., sgr de Bazoncourt, fermier gén¹ du Roi, eut d'Anne *Fleutot*, son épouse, Bernard, par. S¹-Maximin 9 sept. 1720 ; l'enfant est inscrit sous le nom de Monmerqué de Fontenelle.

II. Gabriel, éc., secrétaire de la ville, puis dir. des fermes du Roi, sgr de Chesnayes, épousa F°ⁱˢᵉ *Pernet*, † par. S¹-Martin 14 mai 1742, à 92 ans. De leur mariage naquirent par. S¹-Gorgon :
1. Gabriel, 2 juil. 1686 : p. Nᵃˢ Boulay, sʳ de la Barre.
2. Anne-F°ⁱˢᵉ, 10 sept. 1687.

MONMIRELLE M¹ᵉ-Thérèse. V. Michelet XXIV.

MONNERIE (DE) Sophie-Bénédictine. V. Mériades de Montignac.

MONNERON (DE), *alias* DE MONE-RON. I. Jⁿ-BAPTISTE, cadet en la compagnie du s^r de Courbiat, son frère, au rég^t de Vendôme, natif de Limoges, † par. St-Eucaire 20 sept. 1674 : à son enterrement, le s^r de Courbiat et Claude de Monneron, ses frères.
II. CLAUDE. V. Boisset de Glassac.

MONNIER MARGUERITE. V. Bournac V.

MONNIER (DE) CLAUDE-F^{ois}, m^{is}, chev., premier président de la cour des comptes de Dôle, épousa Antoinette *d'Arvisenet de Lavant*, † par. St-Simplice 14 févr. 1771 : à son enterrement, Jⁿ-Joseph Demignot de la Beuvrière, major de la place de Metz ; J^{ph}-Dieudonné de Chazelles, cap. de mineurs ; Jⁿ-B^{te}-Henry de Chazelles, aide-major de Marsal. De leur mariage était née J^{ne}-Antoinette-Gabrielle, mariée à J^{ques}-M^{ie} Lebœuf.

MONNIER (LE) Jⁿ-GILLES, cap. et quartier-maître très. d'artillerie au rég^t de Besançon, † à 45 ans, par. St-Livier 6 janv. 1787. Il avait épousé Barbe *Dubut*, dont il eut, ibid. 16 sept. 1783, Jⁿ-Aimé : p. Jⁿ Estrignier, ancien cap. au rég^t de Soissonnais, chev. de St-Louis, g^d oncle ; m. M^{te} Forêt, g^d mère mat.

MONREDON (DE) HYACINTHE, cap. au rég^t de Languedoc infanterie, chev. de St-Louis, † à 64 ans, par. St-Martin 3 avril 1733 : à son enterrement, Ch^{les} de Graves, major ; Henry de la Ferrière, F^{ois} de Saramea et Jⁿ-Armand Viven, capitaines : tous du rég^t du défunt.

MONSARBIER (DE LA) MADELEINE. V. de Bombelles I, 7.

MONSEN (DE), *alias* DE MONSEU, THÉODORE-F^{ois}. V. Morlet.

MONSENOT FRANÇOISE. V. Jeoffroy XII.

MONSSOLLENS (DE) Jⁿ-FRANÇOIS, chev., sgr de Codebron et de Loyville, chev. du St-Esprit, major au rég^t de Noailles, fils de † Paul de Saint-Jean de Monssollens, chev., sgr de Codebron, et de Catherine de Roisin ; † à Silleguy 11 déc. 1736. Il avait épousé, ibid. 3 mai 1707, Sara *de Dompierre*, † ibid. 8 juin 1744.

MONSURE DE CANY (DE). I. ADRIEN, chev., sgr de Cany, Flanville, Retonféy, major de Metz, chev. de St-Louis, † à 100 ans, par. St-Martin 27 mars 1744. Il avait épousé Béatrix-Angélique *Baignault*, † à 89 ans, ibid. 13 oct. 1767. De leur mariage était née, par. St-Marcel 1er août 1705, Béatrix-Marthe : p. M^r d'Espagne, gouverneur de Thionville ; m. Marthe Herbin, épouse de Jⁿ-B^{te} des Aydes, brigadier des armées du Roi. — Béatrix-Marthe mourut 30 sept. 1706.

II. ADRIEN, chev., lieut. au rég^t Royal artillerie, bataillon de Varaize, † à 46 ans, par. Ste-Croix 7 juil. 1740. Il avait épousé Catherine *de la Fond*.

III. AGNÈS. V. de Baroille.

MONSURE DE LA GRAVALLE ALEXANDRE, chev. de St-Louis, cap. en premier au bataillon de la Motte rég^t Royal artillerie, † par. St-Gorgon 5 oct. 1752, à 62 ans.

MONTAGNAC (DE). I. J^{ph}-ANTOINE, chev. de St-Louis, cap. de grenadiers au rég^t Dauphin, puis lieut.-colonel, avait épousé M^{ie}-Suzanne *Redoubté*, † par. Ste-Croix 9 janv. 1737, à 60 ans. De leur mariage naquirent :

1. P^{re}-Joseph, par. St-Martin 23 août 1697 ; sgr de Moncel, command^t au gouv^t de Longwy, † par. St-Georges 27 déc. 1775. Il avait été cap. en pied au rég^t de l'Isle-de-France infanterie.

2. M^{ie}-Françoise, par. St-Simplice 7 févr. 1699 : p. Mr Redoubté, prévôt à Brière (?) en Lorraine ; m. Anne-Catherine Montagnac.

3. M^{ie}-Anne, ibid. 19 sept. 1700 : p. Jⁿ Châteauvieux, cap. au rég^t de Thiange ; m. Anne-Catherine Husson, v^{ve} de Ch^{les} d'Haraucourt, m^{is} de Chambley.

4. *Thomas-Hyacinthe-Henry*, ibid. 28 août 1702 : p. Henry Croisate, secrétaire de M^r le m^{is} de Varennes, lieut.-gén^l et command^t pour le Roi à Metz ; m. Barbe d'Harquel, épouse de Mr Busselot. — Lequel suit.

5. Maurice-Antoine, ibid. 21 juil. 1705 : p. le s^r des Vergues, gentilhomme de

Mr le Maréchal d'Uxel ; m. Anne-Catherine Pillement, fille de Mr Pillement, sgr de Marly. — Le père est command{t} du second bataillon du rég{t} Dauphin, lieut. du Roi au fort et château de St-André de Villeneuve-lès-Avignon.
6. Antoine-Ch{les}, ibid. 8 déc. 1706.
7. Anne-Catherine, mariée à Thomas de Ban.

II. THOMAS-HYACINTHE-HENRY, fils du préc., chev., lieut. au rég{t} de l'Isle-de-France infanterie, eut de M{te}-L{se} *de Faugière de Voselle*, son épouse, par. St-Gengoulph 21 avril 1732, M{ie}-Suzanne : p. N{as} de Faugière de Voselle, chev., auditeur et commissaire des troupes de Mgr le Duc de Lorraine.

III. F{ois}-J{ph}-HYACINTHE, cap. au rég{t} des cy-devant grenadiers de France, épousa M{te}-Joséphine *de Coudenove*, † par. St-Maximin 7 mars 1791, à 52 ans.

IV. CÉLESTINE. V. Durand (note).

MONTAIGU. I. MARIE. V. de la Cour III.
II. SUZANNE. V. Beaudesson XXIV.

MONTAIGU (DE), *alias* DE MONTAGU. I. JACQUES, R. P. R., eut de Colombe *le Grand*, son épouse :
1. Jacques, 13 mai 1605.
2. Samuel, 17 nov. 1617.
3. Esther, 17 févr. 1623.

II. PIERRE, R. P. R., orfèvre, eut de Sara *de Marsal*, son épouse, Suzanne, mariée à P{re} Bancelin.

III. ANTOINE, sr de la Fromigière, eut de Claude *de la Ruelle*, son épouse, par. St-Martin 16 sept. 1620, Joachim : p. Joachim de Montaigu, sgr de la Fromigière, b{on} de Montsonnais, command{t} pour le Roi en la ville et citadelle de Metz, g{d} oncle de l'enfant.

IV. J{n}-CHARLES, natif de Cahors, cadet, † par. St-Jean de la Citadelle 11 juil. 1732, à 19 ans.

V. CHARLES, ancien cap. détaché de l'hôtel royal des Invalides, † par. St-Maximin 11 août 1754, à 87 ans.

VI. CHARLES, épousa J{ne} *Raclot*, † par. St-Gorgon 18 juin 1719.

VII. Divers.
1. ANNE. V. Besnard de Boulenne.
2. JUDITH. V. Dancerville.
3. LOUISE. V. Teinturier de Montaigu.
4. P{re}-AUGUSTIN-J{ph}. V. de Wendel (note).
5. RACHEL. V. des Meulles III.

MONTAIN CŒUR-DE-ROY. V. de Moth de Blange.

MONTALEMBERT (DE). I. CH{les}-CÉSAR, chev., sgr des Essarts, major de cavalerie au rég{t} de Clainvillier, natif des Essarts, pays d'Aunis, épousa, par. St-Gorgon 30 avril 1696, M{ie}-Anne *de Saint-Jure*.

II. ÉLÉONORE. V. de Chièvres.

MONTANGON (DE). V. Gray.

MONTARGIS (DE) CHRISTINE. V. de Villemur I, 3.

MONTAUBAN ANNE. V. Pantaléon IV.

MONTAUBAN (DE) ANNE-JOSÈPHE, fille de Claude, colonel des carabiniers de S. A. E. de Bavière, et de M{ie}-Josèphe de Castillon, † par. St-Victor 14 janv. 1711.

MONTAUD (DE), *alias* DE MONTAULT. I. J{n}-BAPTISTE, éc., contrôleur et receveur de la généralité de Metz, fils de J{n}-J{ques}, éc., lieut. de cavalerie au rég{t} royal, et de Catherine Friot, † par. St-Gengoulph 8 août 1724. Il avait épousé, étant âgé de 26 ans, par. Ste-Croix 13 avril 1723, M{ie} *Peltre*, âgée de 23 ans : au mariage, Alexandre Simon de la Rouvroye, cap. au rég{t} de Languedoc.

II. CLAUDE. V. de Bazoille.

MONTAUT DE NAUVAILLES CATHERINE. V. d'Arros.

MONTBAYEN (DE) EDME-P{re}-F{ois}. V. de Maré I, 1.

MONTBERRY (DE). I. JEAN-BON, conseiller-échevin de l'hôtel de ville, eut de M{ie} Catherine *Hettzwatte*, *alias* Hetzratz, son épouse, par. St-Victor :
1. J{n}-Antoine, parrain ci-dessous 5.
2. François, 9 août 1654.
3. J{n}-Pierre, 28 nov. 1656.
4. Charles, 19 mai 1659.

5. Marguerite, 11 août 1661 : p. Jⁿ-Antoine, son frère aîné; m. M^{te} Vintin, sa g^d mère mat., v^{ve} de Gaspard Hettzwatte.

6. René, 26 mars 1663 : p. René Mesnager, chan. de la cathédrale; m. Anne-M^{te} Umbescheiden.

7. *Mathias*, qui suit.

II. Mathias, fils du préc., épousa, par. St-Victor 31 mai 1687, Charlotte *Esmyet*, dont il eut ibid. :

1. Élisabeth, 17 avril 1688; mariée à Louis-Anne Rabuat.

2. Henry, 10 juin 1689 : p. Henry Fériet; m. Barbe Fériet.

3. M^{te}-Charlotte, 14 mai 1690.

MONTBURON (DE) N***, de Bourg en Bresse, cadet volontaire au rég^t royal artillerie bataillon de Villers, † à 17 ans, aux casernes de la par. St-Simon 28 oct. 1751.

MONTCABRIER (DE). V. Peytes.

MONTCALM (DE). V. de Sauton de Moustron.

MONTCHARNAUX (DE) Alexandre, ancien cap. au rég^t d'Alsace, veuf de Barbe *Tassin*, épousa, par. Ste-Croix 16 oct. 1742, M^{ie}-Anne *Hussenot*, v^{ve} d'Étienne Milet, laquelle mourut à 54 ans, par. Ste-Ségolène 31 déc. 1757.

MONTCLAIRE (DE). V. de Lauzières de Thémines.

MONTECLAIR (DE) Remy, dit Bruceval, R. P. R., eut, 29 août 1561, David : p. F^{ois} de Gournay.

MONTERBY (DE). I. Huguette, [prélate du Petit Clervaux, † 23 mars 1629, à 59 ans. Msc. Epit.]

II. Christine, [abbesse du Petit Clervaux, petite-nièce de la préc., † 20 déc. 1697. Msc. Epit.]

III. N***, † à l'abbaye de Ste-Marie, par. St-Victor 2 sept. 1638.

MONTESPAN (DE) J^{ne}-Louise. V. d'Ervillé.

MONTFORT (DE) Catherine. V. de la Condamine.

MONTGOMERY (DE) François, fils de M^r le c^{te} de Montgomery et d'Aimée de Chastenay, naquit R P. R. 24 juil. 1622.

MONTGON (DE) F^{ois}-Errard. V. Molein de Saint-Poncy.

MONTGUYON (DE) Claude. V. de Landas.

MONTHOLON (DE). I. Mathieu, [premier président au parl^t, fils de Mathieu, doyen des conseillers au Chastelet de Paris, épousa, en 1714, Catherine-M^{te} *le Doux de Melleville*, † en l'hôtel abbatial de St-Arnould, 3 févr. 1755. De leur mariage naquirent :

1. Mathieu, 12 août 1715.

2. M^{ie}-Marguerite ; mariée à Louis-Bénigne de Chasot.]

II. Nicolas, neveu du préc., premier président au parl^t, eut de M^{ie}-M^{te}-Charlotte-Laurence *Fournier de la Chapelle*, son épouse, Agathe, baptisée à la cathédrale 17 mai 1770, par F^{ois} de Montholon, chev., g^d doyen de la cathédrale, vicaire gén^l, doyen et prieur du doyenné-prieuré de St-Sulpice de Gassicourt, diocèse de Chartres, conseiller d'honneur au parl^t : p. P^{re} de Montholon, chev., ancien officier des vaisseaux du Roi, aïeul pat., représenté par Jⁿ-J^{ques} Fournier, chev., conseiller au parl^t, oncle mat.; m. M^{ie}-Anne Bourdas, v^{ve} de J^{ques} Fournier, sgr de Varennes, tante mat., représentée par Adélaïde-M^{ie} de Montholon, sœur de l'enfant, « laquelle ne signe à cause de son jeune âge. »

III. Nicolas-Jⁿ-B^{te}, eut de Louise-Agathe *de la Barre*, son épouse, Élisabeth-J^{ne}, par. St-Victor 1er nov. 1770.

IV. François. V. de Rostaing de Bataille de Fonclair.

MONTIGNON (DE) Ignace, éc., maire de St-Nicolas, épousa, étant âgé de 34 ans, par. St-Gorgon 19 févr. 1686, Anne *Dancery*, âgée de 19 ans et demi.

MONTIGNY (DE). I. Christophe, R. P. R., fut père de :

1. *David*, 20 nov. 1562; lequel suit.

2. Marie, 19 janv. 1565.

II. DAVID, R. P. R., fils du préc., aman, épousa : 1° 13 févr. 1583, Suzanne *le Goullon*; 2° 31 juil. 1585, J^{ne} *de Goz*.
Du premier mariage naquit :
1. Suzanne, 30 sept. 1584.
Du second mariage naquirent :
2. David, 30 juin 1587.
3. Daniel, 4 févr. 1589.
4. Anne, 29 août 1590.
5. Charles, 6 déc. 1592.
6. Jeanne, 27 nov. 1594; mariée à Paul Joly.
7. Élisabeth, 26 janv. 1597.
8. Marie, 28 nov. 1599.
9. *Regnault-Ernest*, 14 août 1602; lequel suit.
10. David, 5 déc. 1604.
11. Suzanne, 16 août 1606.
12. Judith, 27 mai 1609.
13. Samuel, 21 août 1613.

III. REGNAULT-ERNEST, R. P. R., fils du préc., sgr de Jouy-aux-Arches, épousa, 8 déc. 1630, Suzanne *Busselot*, † par. St-Martin 23 févr. 1686, ayant abjuré trois mois auparavant. De leur mariage étaient nés :
1. Ernest, 23 janv. 1633.
2. Jeanne, 30 avril 1634.
3. David, 9 juin 1644.

IV. PAUL, R. P. R., treize, conseiller du m^c-échevin, fut père de :
1. Élisabeth, 19 mai 1591.
2. Marie, 5 avril 1592.
3. *Paul*, 16 févr. 1594; lequel suit.
4. *Charles*, 4 oct. 1600; lequel suivra VIII.
5. Pierre, 18 mars 1607.

V. PAUL, R. P. R., fils du préc., sgr de Méy, épousa, 21 nov. 1621, Judith *Mathée*, dont il eut :
1. Jacques, 7 oct. 1622.
2. *Paul*, 23 mars 1625; lequel suit.
3. Auguste, 3 nov. 1627.
4. Charles, 29 juin 1631; avocat au parl^t, † 6 mai 1675.
5. Madeleine, 8 oct. 1636.
6. *Auguste*, 20 sept. 1637; lequel suivra.
7. Michel, 2 août 1641.
8. Élisabeth, 24 févr. 1646.

VI. PAUL, R. P. R., fils du préc., sgr de Méy, cap. au rég^t de Picardie, † par. St-Maximin 20 août 1724. Il avait épousé, 2 févr. 1676, Élisabeth *Goffin*, dont il eut :
1. Paul, 27 déc. 1677.
2. Judith, 20 déc. 1678; mariée à Louis Jeoffroy.
3. Charles, 14 janv. 1680.
4. Anne, 29 janv. 1682.
5. Paul, par. St-Martin 14 mai 1688.

VII. AUGUSTE, R. P. R., frère du préc., aman, sgr de Méy, eut de M^{ie} *Fériet*, son épouse :
1. David, 12 nov. 1668; † 4 févr. suiv.
2. Anne, 24 nov. 1671.
3. Louis, 4 déc. 1674.
4. Paul, 21 juin 1678; † 27 août suiv.
5. M^{ie}-Anne, 25 mai 1680.

VIII. CHARLES, R. P. R., oncle des deux préc., épousa, 16 juil. 1628, Élisabeth *Mathée*, dont il eut Charles, 8 avril 1629.

IX. MATHIAS, R. P. R., sgr de Méy, ancien écuyer de Mgr le duc d'Orléans régent, † rue des Clercs, par. St-Martin 9 févr. 1760, à 76 ans.

X. VARNESSON, R. P. R., bourgeois de Metz, fut père de :
1. *Jean*, qui suit.
2. Sara, mariée à Aaron de Marsal.

XI. JEAN, R. P. R., fils du préc., épousa, 24 sept. 1600, Élisabeth *Braconnier*, dont il eut :
1. Gaspard, 20 janv. 1602.
2. Henry, 14 mars 1603.
3. Jean, 2 janv. 1604.
4. Auguste, 23 févr. 1605.
5. Charles, 12 juil. 1606.
6. Suzanne, 6 juil. 1607; mariée à Ch^{les} de Seman.
7. Élisabeth, 20 juil. 1608.
8. Charlotte, 28 nov. 1610.
9. *Auguste*, qui suit.

XII. AUGUSTE, R. P. R., fils du préc., † à 62 ans, 12 oct. 1675. Il avait épousé : 1° 20 août 1628, Esther *Mozet*; 2° 9 avril 1638, Marie *Danoue*, v^{ve} de Daniel Marion, m^d.

Du premier mariage naquirent :
1. Auguste, 7 oct. 1629.
2. Étienne, 22 sept. 1632.
3. Élisabeth, 26 févr. 1634.
4. Anne, 16 mai 1635.
  Du second mariage naquirent :
5. Auguste, 2 avril 1639; command^t un bataillon du rég^t d'Alsace, † par. St-Maximin 27 janv. 1711.
6. Jean, 27 avril 1641.
7. Paul, 26 févr. 1643.
8. Charles, 27 juil. 1644; lequel suit XVI.
9. Marie, 24 avril 1646; mariée à Antoine Fillotte.
10. Anne, 15 oct. 1648.
11. Paul, 15 janv. 1651.
12. Paul, 29 mars 1652.
13. Suzanne, 26 mai 1655.

XIII. DAVID, R. P. R., passementier, fut père de *Pierre*, 1er sept. 1604, lequel suit.

XIV. PIERRE, R. P. R., fils du préc., passementier au Champé, épousa, 24 janv. 1627, Suzanne *Martin*, fille de Georges Martin, tailleur d'habits à Jondrecourt, de laquelle il eut :
1. Pierre, 7 juil. 1628.
2. Pierre, 30 nov. 1629.
3. Suzanne, 27 mai 1637.
4. Élisabeth, 18 juil. 1640.
5. Pierre, 18 avril 1643.

XV. DIDIER, R. P. R., passementier, fut père d'Anne, 20 sept. 1634.

XVI. CHARLES, R. P. R., cap. au rég^t d'Alsace, épousa Élisabeth *Bennelle*, † par. St-Maximin 30 sept. 1738, à 86 ans. De leur mariage étaient nés :
1. Charles, 21 sept. 1681; † 27 nov. suiv.
2. Auguste, 15 oct. 1682 : p. Auguste de Montigny, cy-devant cap. command^t le rég^t d'Alsace, son oncle. — Il mourut par. St-Maximin 19 juil. 1702.
3. Paul, 27 déc. 1683; † 20 avril suiv.
4. Benjamin, 25 sept. 1685.
5. *Charles*, par. St-Maximin 18 août 1691; lequel suit.
6. Louis, ibid. 4 mai 1693.

XVII. CHARLES, fils du préc., éc., chev. de St-Louis, brigadier, lieut.-colonel au rég^t royal Bavière, sgr en partie de Vaux et de Méy, † par. St-Maximin 15 avril 1762 : à son enterrement, Ch^{les} Boursier de Mondeville, curé d'Ottonville, son beau-frère. Il avait épousé Monique *du Plessis de Ronville*, † par. St-Maximin 15 déc. 1770. De leur mariage étaient nés ibid. :
1. Louis-Ch^{les}, 3 janv. 1735.
2. Émilie-Monique-Nicole, 29 juil. 1736; mariée à Daniel-N^{as}-M^{ie} Couët du Vivier.
3. M^{ie}-Charlotte-Suzanne, jumelle de la préc.; † 27 juil. 1737.
4. J^{ph}-Charles, 4 nov. 1737; cap. au rég^t royal Bavière, † 10 janv. 1762.
5. J^n-Louis, 24 mai 1739; chan. de la cathédrale à l'enterrement de son père.
6. Anne-M^{ie}, 28 oct. 1740; † 12 juin 1742.
7. J^{ne}-Catherine-Agathe, 21 févr. 1742.
8. Benjamin, 22 août 1744; lieut. au rég^t royal Bavière, † 8 janv. 1762.
9. P^{re}-Bernard, 21 déc. 1745; lieut. au rég^t royal Bavière à l'enterrement de son père.
10. M^{ie}-Catherine, 10 avril 1747.
11. N^{as}-Laurent, 8 janv. 1750.
12. Marie, mariée à J^n-N^{as} Besser.

XVIII. DAVID, R. P. R., éc., sgr de Brettnach et Woelfling, épousa M^{te} *Ancillon*, † à 29 ans, 27 sept. 1684. De leur mariage naquirent :
1. Suzanne, 13 mars 1674; mariée à N^{as} d'Herbelet.
2. David, 25 juin 1675.
3. Joseph, 25 sept. 1676; † 24 avril 1684.
4. Charles, 24 août 1678; † 8 sept. suiv.
5. Charles, 10 mars 1681.

XIX. JEAN, R. P. R., arquebusier, fils de N^{as}, de Badonvillers, épousa, 25 févr. 1601, Sara *Sabot*, fille de Melchior Sabot, tailleur, de laquelle il eut :
1. Marie, 13 févr. 1602.
2. Esther, 5 nov. 1603; mariée à Daniel Willemin, drapier.
3. Melchior, 5 oct. 1605.

4. Isaac, 21 janv. 1607.
5. Jean, 21 févr. 1608.
6. Catherine, 3 juin 1609.
7. Samuel, 13 févr. 1611.
8. Élisabeth, 28 oct. 1612.
9. Charles, 4 mai 1614.
10. Esther, 20 mars 1630.

XX. M^{ie}-Anne, † par. Ste-Croix 19 janv. 1703.

XXI. Louis, cap. au rég^t d'Alsace, sgr de Vaux, † par. St-Maximin 7 janv. 1720.

XXII. Charles, lieut. au rég^t de Médoc, † « après avoir de rechef renoncé à l'hérésie dans laquelle il était né », par. St-Maximin 2 juin 1706.

XXIII. Jean, époux de Étiennette *Chodecq*, † par. St-Simplice 25 oct. 1681, à 42 ans.

XXIV. N***, cap. de la noblesse de Metz, eut de M^{ie}-Alexise *Nicolas*, son épouse, René, par. St-Marcel 29 janv. 1720.

XXV. Divers.
1. Anne. V. Virot.
2. Catherine-Hyacinthe. V. d'Andras.
3. Henry. V. Olier.
4. Marie. V. Blaise et de Saint-Blaise III.
5. Marie. V. le Bonhomme II.
6. Suzanne, alias Ségolène. V. de Constant et de la Roche-Girault.

MONTINGNY (de) M^{ie}-Honorine. V. de Mélisse.

MONTLAUR (de) Antoine. V. de la Roche IV.

MONTMERQUÉ (de). V. de Monmerqué.

MONTMORENCY (de) Claude-Roland. V. de St-Simon.

MONTMORILLON (de) Françoise. V. de Lasalle II, 7.

MONTORIELLE (de) Bernarde. V. Sauterize de Campetz.

MONTROND (de). I. P^{re}-Alexandre, chev. de St-Louis, brigadier des armées du Roi, lieut.-colonel de la légion royale, épousa M^{ie}-F^{oise} *François*, † par. St-Marcel 7 oct. 1770. De leur mariage naquirent :
1. P^{re}-Alexandre, par. St-Marcel 23 déc. 1763.
2. F^{ois}-Hyacinthe, ibid. 17 févr. 1765.
3. Auguste-Honoré, par. St-Martin 19 juil. 1770 : p. Auguste-Honoré chev. de Benne, cap. au rég^t de Navarre ; m. M^{ie}-Albertine François, épouse de *Paul*, qui suit.

II. Paul, chev., lieut. au rég^t de Custines dragons, fils de † Paul-Alexandre, sgr de la Battie, et de Suzanne Hénard, épousa, par. St-Gengoulph 10 oct. 1763, M^{ie}-Albertine *François*.

MONTVALLET (de) Jⁿ-J^{ques}-Volvic, cadet, natif d'Auvergne près de Godesc(?), fils de Charles et de Gabrielle Dachon, fut baptisé à l'âge de 23 ans, par. St-Jean de la Citadelle 30 déc. 1684.

MONTY (de) P^{re}-Joseph. V. de Mathelin.

MOORE Élisabeth. V. Barbé VI.

MORALLE (de) Catherine. V. Lambert VII.

MORAND de la COSTE Michel, lieut. au rég^t royal artillerie bataillon de Pijard, fils de † Étienne, éc., chev. de St-Louis, aide-major de la ville de Douai en Flandre, et de Catherine Servant, épousa, par. St-Victor 17 juin 1732, Claudine *Sauvage*, v^{ve} de Mr Fesquet, maréchal-des-logis de la gendarmerie, laquelle mourut par. St-Eucaire 15 mai 1747. De leur mariage étaient nés par. St-Victor :
1. Jean-Louis, 16 avril 1733 ; † 28 déc. 1734.
2. Antoine, 6 mai 1735 ; le père est dit la Coste de Messier, éc.

MORANVILLÉ (de). V. de Morenvillé.

MORAUX Simonne. V. Mathis VII.

MORBACH (de) Philippe-Évrard-Bavière, prince de Morbach. V. Rousseau des Bordes.

MORBY (de) Nicole-F^{oise}. V. de Malortye.

MORCOURT (de). V. d'Hermaille.

MORÉ. I. François, m^d, eut de Barbe

Régnier d'Arraincourt, son épouse, par. St-Simon 14 juil. 1742, Madeleine, mariée à J^{ques}-F^{ois}-Théodore-Louis de Clinchant de la Heruppe.

II. Paul, fils de Jacob et de Judith Mittalat, épousa, étant âgé de 25 ans, par. St-Simplice 13 janv. 1709, Elisabeth *le Goullon.*

III. Lucie. V. Hébert de Maison-Noire.

IV. Barbe. V. Cochereau d'Oignonval.

MORÉ (de) Pierre, cap. au rég^t de Piémont, fut parrain par. St-Eucaire 27 janv. 1668.

MOREAU. I. Nicolas, procureur au parl^t de Paris, épousa, étant âgé de 40 ans, par. Ste-Croix 12 déc. 1669, Louise *le Bonhomme,* v^{ve} de Claude Pantaléon, éc., sgr de Moncheux et Ancy-lès-Solgne, laquelle mourut ibid. 1er févr. 1694.

II. Catherine. V. le Laboureur.

III. Catherine. V. de Lorme.

IV. Antoine. V. Saget II, 11.

V. Claude-Laurence. V. de Chambrun de Duxloup.

MOREAU (de) Louis. V. Sauvage de l'Isle Sainte-Claire.

MOREL(1). I. Philbert, R. P. R., bourgeois de Vitry-le-François, fils de Daniel, bourgeois de Vitry-le-François, [et de Mlle Warnier; † subitement à Vitry 4 avril 1657]. Il avait épousé, 15 févr. 1615, Judith *le Duchat,* dont il eut :

1. *Pierre,* 4 déc. 1617 ; lequel suit.
2. *Barthélemy,* 1er janv. 1619 ; lequel suivra III.
3. *Jacques,* 9 août 1625 ; lequel suivra VI.
4. Anne, 8 déc. 1627.
5. Philbert, 3 sept. 1630. [Il épousa Louise *Burault,* d'une famille de Paris, dont il eut deux filles, réfugiées à Londres pour cause de religion : 1° Judith, mariée au s^r de Verchamp, fils d'un ministre à Heitz-le-Maurupt ; 2° Françoise, mariée à un officier français réfugié à Londres].

(1) Les détails entre [ ] sont empruntés aux Notes de M^r le c^{te} David de Riocour, dem^t au château de Vitry-la-Ville.

6. Judith, mariée à Paul de Serrière, puis à Paul de Chenevix.

II. Pierre, R. P. R., fils du préc., d^r en médecine, sgr de Marsilly, † 2 févr. 1662. Il avait épousé Mlle *de Moranvillé,* dont il eut :

1. Jean, 7 janv. 1644.
2. Marie, 21 janv. 1646 ; mariée à Daniel d'Ozanne.
3. Judith, 7 févr. 1649.
4. Pierre, 19 nov. 1652.
5. Rachel, 22 juil. 1654 ; mariée à André Persode.

III. Barthélemy, R. P. R., frère du préc., sgr de Villers-l'Orme et de Fristot, avocat au parl^t, puis conseiller au bailliage, † à 50 ans, 18 sept. 1668. Il avait épousé : 1° 23 juil. 1645, Rachel *le Bachelé,* † 27 déc. 1661 ; 2° 27 août 1662, Mlle *le Duchat.*

Du premier mariage naquirent :

1. Jacques, 1er juil. 1646.
2. Judith, mariée à Philippe de Chenevix.
3. Suzanne, 3 janv. 1657 ; mariée à Benjamin de Flavigny.

Du second mariage naquirent :

4. Marie, 18 nov. 1663.
5. Élisabeth, 15 févr. 1665.
6. Barthélemy, 28 avril 1666.
7. *Pierre,* 24 juil. 1667 ; lequel suit.
8. Élisabeth, posthume, 17 nov. 1668.

IV. Pierre, fils du préc., sgr de Villers-l'Orme et de Fristot, † par. St-Maximin 22 oct. 1702. Il avait épousé, par. Ste-Croix 23 janv. 1689, Mlle-Bonne *de Rozières,* dont il eut par. St-Maximin :

1. *Nicolas,* 13 févr. 1690 ; lequel suit.
2. P^{re}-Élie, 25 nov. 1692 ; [cap. au rég^t de Saintonge, puis religieux antoniste].
3. M^{ie}-Ursule, 25 avril 1694 ; mariée à Jⁿ-F^{ois} le Masson de Vandelaincourt.
4. Antoine, 23 juil. 1695 ; [religieux antoniste].
5. Élisabeth, 19 oct. 1696.
6. Jⁿ-Louis, 11 mars 1698 ; [cap. au rég^t de Chartres, † antoniste en 1748].
7. Apolline-Claude, 8 mai 1700.

V. Nicolas, fils du préc., conseiller des requêtes du palais, sgr de Fristot, † par.

St-Maximin 18 nov. 1768. Il avait épousé, ibid. 13 avril 1711, Suzanne *Danoue*, † ibid. 6 avril 1771, à 92 ans. De leur mariage étaient nés ibid. :

1. Pierre, 17 oct. 1712 ; [† en bas âge].
2. Ursule-Louise, 29 janv. 1714.
3. Jⁿ-Louis, 15 août 1715.
4. J^{ph}-Nicolas, 13 janv. 1717.
5. Anne-M^{te}, 10 août 1718 ; [religieuse de la Visitation].
6. Joseph, 17 mars 1720.
7. Gabriel-Louis, 6 févr. 1722 ; officier au rég^t de Mercy au service de la reine de Hongrie.
8. Ch^{les}-Antoine, 11 août 1724.

VI. JACQUES, R. P. R., g^d oncle du préc., sgr de Vassaux, † 11 nov. 1688. Il avait épousé : 1° 25 août 1660, J^{ne} *de Serrières*, [† en 1665] ; 2° [à Châlons, M^{ie} *Saguez*, fille de Daniel Saguez et de M^{ie} Bescheler].

Du premier mariage étaient nés :

1. Jeanne, mariée à Samuel Duclos.
2. Marie, [née en 1662] ; mariée à Mathias d'Orthe.
3. Louise, [née en 1663] ; mariée à Antoine de Largentière, puis à N*** Chaudin, cap., enfin à Ch^{les}-Amédée de Bonnet.

Du second mariage naquirent :

4. Philippe, [major au service d'Angleterre, † sans postérité].
5. Daniel, [médecin en Angleterre, † avant 1725, sans postérité].
6. Jeanne, [retirée en Angleterre, † sans avoir été mariée.]

VII. JEAN, [neveu de Philbert I, fils de Jean et de Gillette du Retz, né à Vitry-le-François 15 nov. 1635], doyen des conseillers au parl^t de Metz, sgr de Chevillon, † rue Chaplerue, par. St-Martin 18 sept. 1693. Il avait épousé : 1° [Barbe *la Carière*. Msc. Epit.] ; 2° [4 juil. 1666], Marthe. *alias* Barbe *Foës*, † subitement par. St-Martin 14 févr. 1690 ; 3° J^{ne} *Jeoffroy*.

Du premier mariage naquirent :

1. Barbe, [† 8 sept. 1684, à 59 ans. Msc. Epit.]
2. Jacques, [d^r en droit, doyen et chan. de St-Thiébaut, † 15 avril 1710, à 77 ans. Ibid.]
3. Claude, [dont il est fait mention à l'épitaphe de la fam. Ibid.]

Du troisième mariage naquit, posthume, *Daniel-Jⁿ-Antoine-F^{ois}*, par. St-Martin 30 janv. 1694 ; lequel suit.

VIII. DANIEL-J^X-ANTOINE-F^{ois}, fils du préc., chev., sgr de Richemont, Pépinville, Guénange, Uckange et autres lieux, [† à Paris en juin 1778. Il avait épousé, ibid. 28 mai 1723, F^{oise}-Nicole-Cécile *des Rioux de Messimy*, † ibid. en août 1766]. De leur mariage étaient nés :

1. N^{as}-Antoine, par. St-Gorgon 9 avril 1724 ; † de la petite vérole au mois d'août suiv.
2. Charlotte-Élisabeth, ibid. 16 juil. 1725 ; † 15 déc. 1728.
3. M^{ie}-Madeleine, ibid. 6 août 1726 ; † 28 suiv.
4. M^{ie}-Françoise, ibid. 2 oct. 1727 ; mariée à Eugène Larreatgny de Vignolles.
5. M^{te}-Jacquette, ibid. 12 janv. 1729 ; mariée à Antoine-Louis Dutertre.
6. Antoine-F^{ois}, ibid. 11 avril 1730 ; [† à Metz en 1745].
7. M^{ie}-Anne, ibid. 14 mai 1731 ; mariée à M^{ie} de Pémolier de St-Martin.
8. Jean, par. St-Victor 10 oct. 1732 ; † par. St-Georges 19 déc. suiv.
9. M^{ie}-Thérèse, ibid. 14 févr. 1734 ; † par. St-Martin 27 juil. suiv.
10. Jⁿ-Nicolas, ibid. 8 nov. 1735 ; † par. St-Martin 28 juil. suiv.

IX. SAMUEL, R. P. R., fils de Nicolas, épousa, 5 juin 1588, Judith *Quien*, dont il eut :

1. Judith, 6 août 1591.
2. Louise, mariée à P^{re} Blaise.

X. JEAN, avocat au parl^t, sgr en partie de Vaux, fils d'Abraham et de Suzanne Aubry, épousa, par. Ste-Croix 21 déc. 1702, Anne *Darousse*, † par. St-Victor 7 juin 1739. De leur mariage naquirent :

1. Charles, par. Ste-Croix 26 déc. 1702 ; † par. St-Maximin 10 janv. suiv.
2. Jⁿ-Nicolas, par. St-Maximin 14 août 1704.

3. Jacques, ibid. 1ᵉʳ mars 1706.
4. Anne-Mⁱᵉ-Fᵒⁱˢᵉ, ibid. 15 juil. 1708.

XI. JEAN, avocat au parlᵗ, eut d'Anne *de Saint-Amand*, son épouse, par. Sᵗ-Gorgon :
1. Mⁱᵉ-Sébastienne, 12 oct. 1669.
2. Scholastique, 14 juil. 1671.

XII. Jⁿ-Bᵗᵉ-MARTIN, procureur au parlᵗ, † par. Sᵗᵉ-Croix 7 juin 1680. Il avait épousé Fᵒⁱˢᵉ *Martelot*, dont il eut :
1. Jⁿ-Baptiste, par. Sᵗᵉ-Croix 28 juil. 1670.
2. Jean, par. Sᵗ-Gorgon 25 août 1672.
3. Lˢᵉ-Françoise, ibid. 8 août 1673.
4. Jacques, par. Sᵗᵉ-Croix 15 sept. 1674.
5. Jeanne, ibid. 20 févr. 1676.
6. Étienne, ibid. 31 mai 1677.
7. Charlotte, ibid. 24 oct. 1679.

XIII. JACQUES, R. P. R., eut de Judith *Pacquin*, son épouse, Jⁿ-Claude, par. Sᵗ-Simplice 22 août 1686, ses parents étant encore de la R. P. R. : p. Jⁿ Morel, conseiller au parlᵗ.

XIV. JEAN, R. P. R., eut de Sara *N****, son épouse, Marie, 14 nov. 1614.

XV. ANTOINE, [conseiller au parlᵗ, † en 1724.]

XVI. NICOLAS, aman, épousa, étant âgé de 50 ans, par. Sᵗ-Gorgon 27 avril 1688, Gabrielle *Lucembourg*, fille de Jⁿ Lucembourg, chir. de la cité, et de † Anne *Mathieu*.

XVII. CLAUDE, [chevau-léger du Roi, épousa Alexise *la Droite*, † 28 oct. 1686, à 63 ans, et inhumée aux Carmes anciens, ainsi que ses enfants :
1. Catherine, † à 62 ans, 12 mai 1711.
2. Lucie, marchande, † après 15 ans d'une maladie des plus extraordinaires, 11 mars 1724, à 84 ans.
3. Alexise, † à 82 ans, 25 sept. 1724. Msc. Epit.]

XVIII. Divers.
1. ANNE. V. Gallois.
2. ANNE-Fᵒⁱˢᵉ. V. de Lages.
3. ANNE-Mᵗᵉ-Fᵒⁱˢᵉ. V. de Belchamps V.
4. ANTOINE. V. de Serignan.
5. ÉLISABETH. V. de la Cloche I, 1.
6. Jⁿ-CHARLES. V. du Pasquier de Dommartin II, 5.
7. JEANNE. V. Bancelin IX.
8. JUDITH. V. Petitjean de Rugy et du Pin.
9. MARGUERITE. V. Robert IV.
10. Mᵗᵉ-MARIE. V. d'Herbelet VII et Mayeur.
11. Pʳᵉ-BENOIT. V. Foës XII, 2.

MORELLE, *alias* MOREL ALEXANDRE, procureur au parlᵗ, épousa Barbe *Laurent*, † par. Sᵗ-Gorgon 24 avril 1765, à 68 ans. De leur mariage étaient nés par. Sᵗᵉ-Croix :
1. Christophe-Nᵃˢ, 25 janv. 1726 ; cap. au corps royal artillerie, † par. Sᵗ-Victor 7 déc. 1774.
2. Claude-Louis-Alexandre, 8 oct. 1727 ; † 18 sept. 1729.
3. Barbe-Charlotte, 17 sept. 1728 ; † par. Sᵗ-Maximin 23 août 1736.
4. Mⁱᵉ-Barbe, 16 août 1729 ; mariée à Claude-Antoine Godin.
5. Louise, 3 déc. 1730 ; † par. Sᵗ-Georges 3 janv. suiv.
6. Étienne-Alexandre, 4 mars 1732.

MOREMBERT (DE). V. Gray.

MORENVILLÉ (DE), *alias* DE MORANVILLÉ, JACQUES, R. P. R., conseiller de Mʳ le duc de Bouillon, son procureur génˡ en sa souveraineté de Sedan et Raucourt, fils de † Simon, bourgeois de Sedan, épousa, 17 sept. 1623, Rachel *le Duchat*, dont il eut :
1. Marie, 7 août 1624 ; mariée à Pʳᵉ Morel.
2. Élisabeth, mariée à Chˡᵉˢ Petitjean de Rugy.

MORENVILLÉ DE SOLEMY (DE) Mⁱᵉ-CATHERINE. V. Picault des Dorides.

MORET DU FLEURY JOSEPH, chev. de Sᵗ-Louis, cap. réformé à la suite de la ville de Metz, veuf d'Anne *de la Coulore de Vincelles*, épousa, par. Sᵗ-Gorgon 18 nov. 1734, Madeleine *Maret*, fille de † Jⁿ Maret, lieut. génˡ criminel et civil en la baronnie de la Bazoche, et de Madeleine Doublet.

MORFONACE (DE) PIERRETTE-JACQUETTE. V. Baconnière de Salverte.

MORGÈS (DE) PIERRE. V. de Bérard.

MORGUE, *alias* MORQUE. I. PIERRE, R. P. R., éc. de la grande écurie du Roi, puis fermier de ses domaines, fils des † Élie, bourgeois de Paris, et Suzanne Hardy, épousa, étant âgé de 25 ans, 24 nov. 1675, Suzanne *le Chenevix*, dont il eut :
1. Esther, 19 sept. 1676.
2. Suzanne, 20 janv. 1678.
3. Marguerite, 28 déc. 1679.
4. Henry, 15 févr. 1681.

II. ANTOINE, d'abord avocat à Thionville, puis conseiller au bailliage, fils de Jean, m^d, et de F^{oise} Munier, † à 77 ans, par. St-Marcel 3 sept. 1764. Il avait épousé, par. St-Livier 5 sept. 1715, Catherine *Lajeunesse*, † ibid. 20 juil. 1743, à 47 ans. De leur mariage étaient nés ibid. :
1. Madeleine, 12 juin 1716.
2. Anne, 25 août 1717; † 5 sept. suiv.
3. Gabriel, 13 oct. 1718.
4. Catherine, 14 oct. 1720; † 18 mars 1724.
5. Antoine-Ignace, 4 oct. 1722; † 30 déc. 1723.
6. Anne-Élisabeth, 18 janv. 1724.
7. M^{ie}-Cécile, 25 mars 1726.
8. Anne-M^{ie}, 22 août 1727.
9. Madeleine, 27 avril 1729; mariée à Ch^{les}-F^{ois} Baltus.
10. Charles, 18 janv. 1734; lequel suit.
11. J^{ph}-Antoine, 4 août 1735.

III. CHARLES, fils du préc., conseiller au bailliage et conseiller-échevin de la ville, † par. St-Marcel 22 mai 1787. Il avait épousé, par. St-Livier 14 déc. 1756, M^{ie}-Catherine *Évrard*, dont il eut Antoine, par. St-Livier 16 sept. 1757.

MORHAIN BARBE. V. Annibal.

MORHAIN (DE) ANNE-M^{IE}. V. Durand XIII.

MORICE FRANÇOISE. V. Trapette.

MORIGNY (DE) FRANÇOIS, noble, d'Avignon, épousa, par. Ste-Croix 23 févr. 1653, Toussaint *du Chastelet*, dame de Lognes au duché de Luxembourg, v^{ve} de Mr de la Forest, premier cap. major au rég^t de Nettancourt.

MORIN. I. MICHEL, éc., sgr de Villeray, cap. de cavalerie au rég^t de Monperoux, † à Goito en Italie : son service fut célébré par. St-Victor 13 nov. 1703. Il avait épousé Anne-Dieudonnée *Hordal du Lys*, † par. St-Victor 13 juin 1742. De leur mariage étaient nés ibid. :
1. Ignace-Michel-F^{ois}, 16 oct. 1699.
2. J^{ph}-Dieudonné, 9 mai 1701; † 29 suiv.
3. François, 14 nov. 1702 : p. Adrien de Lumier, éc., sgr de Guerinerye, cap. de cavalerie; m. Antoinette Hordal du Lys.

II. F^{ois}-RENÉ, cadet, natif d'Aigues-Mortes près Montpellier, † par. St-Jean de la Citadelle 27 juin 1733, à 22 ans.

MORINIÈRE (DE LA) N***, volontaire au rég^t de Lambert, † par. St-Eucaire 11 avril 1668.

MORIVILLE (DE), cfr MICHEL, J^{ques}. MICHEL, sgr de Chevalin, cap. réformé à la suite de Metz, † à 63 ans, par. Ste-Ségolène 25 avril 1743 : à son enterrement, N^{as}-Louis-Michel, son fils; Michel Clerginet, avocat au parl^t, son cousin.

MORLANNE PIERRE, chir. major au rég^t royal Pologne cavalerie, fils de Barthélemy et de J^{ne} Darmont, natif de Garos en Béarn, diocèse de l'Escar, âgé de 42 ans, fut rebaptisé sous condition par. St-Marcel 11 mars 1772, « son extrait de baptême n'ayant pu être trouvé malgré les plus exactes perquisitions ». Le 16 suiv., il épousa ibid. Anne-Antoinette *Janet* : au mariage, F^{ois} Janet, caissier gén^l des gabelles des Trois-Évêchés, frère de l'épouse; J^a Seriz, chir. de Mgr l'Évêque de Metz. — Du dit mariage naquirent par. St-Marcel :
1. Étienne-P$^{re\,(1)}$, 22 mai 1772 (*sic*).
2. Marie-F^{oise}, 20 août 1773.

MORLET, cfr MERLOT. I. JEAN, dir. du droit sur les cartes à Metz, fils de Jean et de M^{ie}-Anne David, de la par. St-Martin en Bièvre, diocèse de Sens, † par. St-Victor 8 mai 1760. Il avait épousé, ibid. 30 juil. 1754, Anne-Charlotte *Dubois de Sarrau* : au mariage, Théodore-F^{ois} de Monsen, éc., chev. de St-Louis.

(1) Il fut le fondateur des Sœurs de la Maternité de Metz.

II. SIMPLETTE. V. Travault I, 4.

MORLON JEANNE. V. des Meulles.

MOROQUES (DE). V. Goullet (note).

MORTAIGNE (DE) CHARLES, chev. de St-Louis, cap. command^t un bataillon du rég^t royal de Bavière, fils de Jacques, c^te de Mortaigne, lieut. gén^l du Roi, † par. St-Marcel 20 janv. 1737, à 50 ans : à son enterrement, Louis de Mortaigne, m^e de camp et major au rég^t royal allemand cavalerie, chev. de St-Louis ; J^n-P^re Kléber, F^ois-J^ph des Granges et J^ph-Louis de Lutzelbourg, lieutenants audit rég^t.

MORTEMANUS ISABELLE. V. Martin de Julvécourt IV, 5.

MORTHE (DE) FRANÇOIS, cadet, de la province de Guyenne, juridiction de Villeneuve, † à 23 ans. par. St-Jean de la Citadelle 19 déc. 1682 : à son enterrement, J^n de Bonal et Marc-Antoine de Caussade.

MORTIE (DE LA) FRANÇOIS, premier cap. au rég^t de Champagne, † par. St-Jean de la Citadelle 5 févr. 1672.

MORY, cfr MAULRY, JEANNE. V. Périn et de Mercy.

MOSBACH DE LINDEFELS (DE). V. de Marotte de Montigny.

MOSBERGER MAURICE, lieut. de la compagnie de Lavener au rég^t suisse de Pfiffer, en garnison à la citadelle, eut d'Anne-M^ie Soye, son épouse, par. St-Jean de la Citadelle 8 oct. 1767, J^n-Antoine-Ch^les : p. Antoine de Buben, aide-major ; m. Thérèse Christen, fille du s^r Christen, cap. : tous deux au dit rég^t.

MOSNY (DE) LOUIS-PHILIPPE-F^ois, cap. command^t au rég^t de Bourbonnais, eut d'Anne-L^se-Éléonore *Reignier du Tillet*, son épouse, par. St-Livier 18 déc. 1789, Hubert : p. Hubert de Mosny, cap. au rég^t de Guyenne, son oncle, représenté par un domestique ; m. Honorée-Éléonore Reignier du Tillet, épouse de J^n-Louis Duverger, s^r de Courcelles.

MOSSAT (DE) N***, chev., cap. au rég^t de Penthièvre, natif de Meymac près Tulle, † par. St-Simplice 18 févr. 1738, à 45 ans.

MOSSY (LE) JOSEPH, cap. maréchal-des-logis de la compagnie des gendarmes écossais du Roi en garnison à Metz, † par. St-Martin 6 nov. 1720 : à son enterrement, J^n Payssas, colonel de cavalerie et premier maréchal-des-logis ; P^re Quentin, cap. de cavalerie et maréchal-des-logis ; Marin de Belle-Fontaine, lieut. de cavalerie : tous de la dite compagnie.

MOTH DE BLANGE (DE) FRANÇOIS, lieut. au rég^t de Conti, † à 32 ans, par. Ste-Croix 23 juin 1731 : à son enterrement, F^ois-Louis-Armand de Roye, dit de la Rochefoucault, c^te de Roussy, lieut.-colonel ; Louis-F^ois de Solemy, major ; Montain Cœur de Roy, cap. : tous du dit rég^t.

MOTHE (LA), cfr LAMOTTE. I. ANTOINE. V. le Roux.

II. ÉLISABETH. V. de Savoy.

MOTHE (DE LA). I. J^ne-THÉRÈSE. V. de Saint-Paul de Vernécourt.

II. ANNE. V. de Saint-Germain II.

MOTHES DE BEAUREGARD J^n-BAPTISTE. V. de Lescure VII.

MOTTE. I. FRANÇOIS, trés. de France, fils de Joseph, entrepreneur des fortifications de Sarrelouis, et de Catherine Holtz, épousa, par. St-Gorgon 2 juil. 1719, Catherine *Poncin*, fille de † Pierre Poncin, entrepreneur des fortifications et des ponts et chaussées de Metz, et de J^ne Sené.

II. PIERRE-F^ois, fils du préc., sgr d'Altwiller, trés. de France à Metz, épousa, par. St-Martin 8 janv. 1771, Monique *Laroche*.

III. POLYCARPE, [ancien gardien aux Récollets, † 16 févr. 1754, ayant 80 ans d'âge et 43 ans de profession. Msc. Epit.]

MOTTE (DE LA). I. CLÉMENT, R. P. R., fut père de Suzanne, 27 juil. 1564.

II. HENRY-CH^les. V. du Plessier.

III. F^ois-DOMINIQUE. V. Piochard de la Bruslerie.

IV. JEANNE. V. Jeoffroy VII.

MOTTE DU BROCART (DE LA) MADE-

LEINE, fille de Guillaume, chev., b^on de Monge, sgr de la Motte, fut marraine par. St-Simplice 4 août 1694.

MOTTE DE VILLERS-CASSARD (DE LA) LOUIS, chev., sgr de Villers, chev. de St-Louis, lieut.-colonel command^t un bataillon au rég^t royal artillerie, † par. St-Gorgon 30 nov. 1751, à 69 ans.

MOUCHAIN (DE) GASTON-J^N-B^TE, éc., cap. dans la commissaire générale, épousa, par. St-Martin 1er janv. 1703, Anne-Louise *de Bérault de Belcastel*, v^ve de Mr du Roc, cap. au rég^t de Condé.

MOUCHE (DE LA). I. THOMAS, conseiller secrétaire du Roi en la chancellerie du parl^t, épousa Lucie *Brouard*, dont il eut Marthe, † à 77 ans, par. Ste-Croix 13 nov. 1717.

II. PIERRE, chantre et marguillier de la par. Ste-Croix, m^e de la confrérie des chantres et marguilliers de Metz, † 17 oct. 1632.

III. THOMAS, † par. St-Gorgon 21 mars 1676.

IV. FRANÇOISE et THOMAS. V. Vernier II.

V. JEANNE. V. Auburtin-Aubertin III.

MOUCHÉ DE LAUBESPIN (DE) CLAUDINE-CAROLINE. V. Saget II, 11.

MOUCHY (DE) MARIE. V. Soleil.

MOUFFAT BARBE. V. Salvia.

MOUFLE GENEVIÈVE-ANNE-M^IE. V. Lefebvre de Caumartin.

MOUHY (DE) DENIS-HILAIRE, éc., cap. de dragons, eut d'Élisabeth *de Villemur*, son épouse, par. St-Victor :
1. Charles, 9 mai 1701 : p. Ch^les Fourot, sgr de St-Memmin, Godan et Fontet, conseiller au parl^t ; m. M^ie de Brisacier, m^ise de Bouteville.
2. Anne-D^que, 16 déc. 1705 : p. D^que de Barberie de Saint-Contest ; m. Anne-Philippe d'Auburtin de Bionville.
3. Charlotte. V. de Flavigny XI, 2.

MOULEAU (DE) ANTOINE, d'Avignon, eut de M^ie-Anne *Raymond de Saint-Sulpice*, son épouse, par. St-Victor 18 déc. 1785, F^ois-Antoine-Éléonore-Auguste, † 22 avril suiv.

MOULIN J^n-PHILIPPE, conseiller du Roi, dir. de la monnaie, † par. St-Simplice 1er mars 1738, à 43 ans. Il avait épousé Anne-M^ie *Faviot, alias Facio*, † ibid. 5 juil. 1757, à 72 ans.

MOULIN (DE) MARGUERITE. V. de Trastelt.

MOULIN (DU) THÉOPHILE, R. P. R., éc., s^r de l'Orme-Grigny, cap. lieut. dans un des vieux régiments de S. A. E. de Brandebourg, fils de Louis, d^r en médecine, dem^t à Londres, et de Rébecca Taillard, épousa, étant âgé de 34 ans, 17 janv. 1672, Elisabeth *Petitjean de Rugy*, dont il eut :
1. Marie, 6 juin 1673 ; † 20 avril 1675.
2. Frédéric-Guillaume, 22 avril 1685 ; le père est chev. de l'ordre du Prince Electeur de Brandebourg, command^t dans Gritriel, cap. et major.

MOULIN-NEUF (DE) PHILIPPE, éc., sgr de Provenchaire, un des gardes du Roi de la compagnie de Mr Daras, de la province de Berry, † par. St-Martin 26 juil. 1682, à 40 ans.

MOULON (DE) CATHERINE-THÉRÈSE. V. de Guillemin.

MOURANT JEANNE. V. Haillecourt.

MOURAU, cfr MOREAU, NICOLAS, conseiller du Roi, greffier en chef civil et criminel du bailliage, receveur et contrôleur des consignations du dit bailliage, † par. Ste-Croix 24 janv. 1706.

MOURET (DE) JEAN, avocat au parl^t, épousa, à la chap. Ste-Reinette, par. St-Gorgon 31 janv. 1667, Anne *Bauquet de Saint-Amand*, dont il eut J^n-Baptiste, ibid. 22 août 1673.

MOURON (DE), alias DE **MOUZON**. I. NICOLAS *Rollin*, R. P. R., sgr de Xonville, Adaincourt et Mouron, eut de Madeleine *de Xonville*, son épouse :
1. Abraham, 14 déc. 1567.
2. Paul, 30 nov. 1568.
3. Louise, mariée à J^n de Roussy.
4. Rachel, mariée à J^n Philippe, s^r de Flescheim.
5. *Daniel*, qui suit.

II. DANIEL, R. P. R., fils du préc., épousa,

25 juin 1590. Marie *Deschamps*, fille de † honoré sgr Jacques Deschamps, des sgrs de Vaux et de Marsilly, de laquelle il eut :
1. Marie, 5 mai 1591.
2. Théophile, 4 avril 1598.
3. Jⁿ-Philippe, 12 nov. 1600.
4. Judith, 2 mars 1603.
5. Anne, 17 avril 1605.
6. Philippe, 29 juil. 1607.

III. FRANÇOISE. V. de Gennes.

MOUROT, alias MOREAU. I. FRANÇOIS, conseiller du Roi, gruyer, garde-marteau des eaux et forêts de Metz, † à 95 ans, par. St-Marcel 17 févr. 1724. Il avait épousé M^{ie} *Gury*, dont il eut ibid. :
1 *Claude-F^{ois}*, 30 déc. 1690; lequel suit.
2. M^{ie}-Françoise, 29 déc. 1691.
3. Nicolas, 16 juin 1693 ; † 23 août 1702.
4. Christine, 22 sept. 1694.
5. Élisabeth, 6 nov. 1695 ; mariée à N^{as} d'Eltouf de Pradines.
6. Jean, 17 déc. 1696.
7. Anne, 22 mai 1698 ; † 28 janv. 1700.
8. Claude, † à 6 ans, 21 avril 1708.
9. Marie, 29 avril 1703 ; † 14 oct. 1704.
10. Louise, 11 janv. 1705.

II. CLAUDE-F^{ois}, fils du préc., garde-marteau des eaux et forêts, eut de M^{ie}-Thérèse *Chonet*, son épouse, par. St-Marcel :
1. Jⁿ-Baptiste, † à 16 mois, 22 août 1726.
2. Henry-Joseph, 25 mai 1727.
3. Jⁿ-Baptiste, 3 janv. 1729.

III. SÉBASTIEN. V. Ruzier II.

MOUSON BARBE. V. du Soleil.

MOUSSET LAURENT-LOUIS. V. Dubor.

MOUSSON (DE) ÉLISABETH. V. Rollet.

MOUSSY (DE). I. FRANÇOIS, sgr de la Contour, gouverneur de la ville de Metz, eut de M^{ie} *de Grateloup*, son épouse :
1. Charles, par. St-Gorgon 2 sept. 1652 : p. Ch^{les} de Schomberg, duc d'Alluyn, pair et maréchal de France, conseiller du Roi, général de ses armées, gouverneur de Metz et des Trois-Évêchés ; m. M^{ie} de Hautefort, son épouse. — Le baptême fut administré par P^{re} Bédacier, évêque d'Auguste, suffragant de Metz.
2. François, par. St-Marcel 20 sept. 1656.
3. Marie, marraine par. St-Simplice 7 mars 1655.
4. Françoise, mariée à Mr de Lavogade, lieut. du gouverneur de Metz.

II. MADELEINE. V. le Page II, 2.

MOUTCHY (DE) CATHERINE-SUZANNE. V. Bertrand XIV.

MOUTIER DE LA FOSSE (DU) PIERRE, éc., officier du bataillon de Romillé au rég^t royal artillerie, fils de Gilles du Moutier de Montgouler, éc., et de N*** Pasqueraye ; † par. St-Simplice 28 sept. 1734 : à son enterrement, Alain-Gilles du Moutier de Montgouler, son frère, éc., cap. au rég^t de Torcy.

MOUY (DE) LOUIS, fils de François, éc., s^r d'Authoville, de la paroisse de Bourneville, élection de Pont-Audemer, bailliage de Rouen, † par. St-Marcel 11 déc. 1674.

MOUZIN. I. NICOLAS, m^d orfèvre, † par. St-Simplice 12 nov. 1762, à 70 ans. Il fut père de :
1. Jⁿ-*Nicolas*, qui suit.
2. Henry, m^d orfèvre et joaillier.

II. Jⁿ-NICOLAS, fils du préc., procureur au bailliage, eut de F^{oise} *Demange*, son épouse, par. St-Victor :
1. Jⁿ-Nicolas, 18 mars 1754.
2. Henry-Vincent, 22 juin 1755.
3. Marguerite, 7 juin 1756.
4. Marie, 1er sept. 1757.
5. J^{ques}-Dominique, 13 déc. 1758.
6. Martin-N^{as}-Victor, 8 déc. 1762 ; avocat au parl^t en 1790.

III. CHRISTOPHE-F^{ois}, procureur au parl^t, fils de François, huissier, et de Reine Naval, épousa, par. Ste-Ségolène 4 févr. 1738, Élisabeth *Remy*.

IV. CHRISTOPHE, intéressé dans les affaires du Roi, eut de Madeleine *Nicolas*, son épouse, Marie, † par. St-Simplice 6 janv. 1760, à 70 ans : à son enterrement, N^{as} Mouzin, m^d orfèvre, cousin, et Jⁿ-N^{as} Mouzin, procureur au bailliage.

V. Divers.
1. Anne. V. Maujean II.
2. Anne. V. Olry IX.
3. Anne-Madeleine. V. Thirion V.
4. Marguerite. V. Mengin II.
5. Pierrette. V. d'Avrange III.

MOUZON. I. Catherine. V. de Lévy III.
II. Marie. V. Coulon.

MOUZON (de), cfr de MOURON, Nicole. V. Pétrement.

MOY (de). I. Urbine-Guillemette-Élisabeth. V. d'Epinay St-Luc.
II. M^{ie}-Jeanne. V. Jourdain.

MOYNE (le). I. Nicolas, conseiller du Roi, président à mortier au parl^t, sgr de Cousance, Delme, Puzieux et Raucourt, fils de Louis, éc., conseiller secrétaire du Roi en la chancellerie du parl^t, et de M^{ie} Dubois, épousa M^{ie}-Anne *de Dompmartin*, † par. St-Martin 26 juil. 1711, à 40 ans. De leur mariage naquirent :
1. Michelle, par. St-Gorgon 3 janv. 1693.
2. Ch^{les}-Nicolas, † ibid. 11 avril 1697, à 3 ans.
3. L^{se}-M^{ie}-Anne, par. St-Simplice 5 déc. 1698 : p. Louis de Rochereau, chan. de la cathédrale, conseiller au parl^t; m. M^{ie}-Anne Laumosnier de Varennes, chan^{esse} de St-Pierre.
4. Ch^{les}-Étienne, ibid. 21 mars 1700 : p. Étienne Michelet, doyen de St-Sauveur; m. Charlotte de Saintignon, épouse de P^{re} Gargan.
5. J^{ques}-Louis, par. St-Martin 2 juil. 1707 ; sans doute le même que Louis, † par. St-Eucaire 3 nov. suiv.

II. M^{ie}-Louise. V. Duhaut.
III. Barbe. V. Archangély III.
IV. Anne. V. Talon.

MOYNE de BRENSAC (le) Jeanne. V. de Bonneval de la Place.

MOYNIER (de) Marie et M^{ie}-Madeleine. V. de Saint-Icar de Ligonier.

MOZET. I. Étienne, ministre de la R. P. R., fut père de :

1. Suzanne, mariée à Samuel de Saint-Aubin, puis à J^n Ferry.
2. Esther, mariée à Auguste de Montigny.

II. Étienne le jeune, R. P. R., conseiller du m^e-échevin, eut de M^{ie} *Fleutot*, son épouse, 27 sept. 1630, Marie, mariée à J^n d'Inguenheim.

MUISSON (de) Catherine. V. le Duchat VI, 8.

MULLEDY Jeanne. V. Coghlan.

MÜLLER. I. Guillaume-Chrétien, R. P. R., s^r de Weiskirch, épousa, 2 août 1665, M^{ie} *Marion*.
II. Claudine. V. de Marisy II.

MÜLLER (de) Christophe, éc., colonel au rég^t d'Anhalt, épousa à Mardigny 1er mai 1764, Barbe-J^{ne} *Georgin de Mardigny*.

MULNIER Jeanne. V. Gesnel.

MULOT Pierre, sgr de la Girouzière, command^t, † par. St-Gorgon 8 mars 1704, à 56 ans.

MUNCK de MÜNCHENSTEIN de LŒWENBURG (de) Marie-Anne-Claude-Walburge-F^{oise}-Casimire. V. le Goullon XXVIII.

MUNIER. I. Charles, procureur au parl^t, parrain par. St-Simplice 11 janv. 1697.
II. Anne-M^{ie}. V. Metzinger.
III. Jeanne-F^{oise}. V. Saget IV.
IV. J^{ne}-Geneviève. V. de Roncheval de Heuqueville.

MUNIER (le) F^{oise}-Denise-Thérèse. V. de Cappy.

MUNIÈRE (de) Marie. V. de Frohard.

MURAT (de) M^{ie}-Claude. V. Amelin de Rochemorin de Beaurepaire III.

MUSNIER de MOULINEUF (le). I. Alexandre-Louis, chev., ancien mousquetaire du Roi de la première compagnie, épousa M^{te}-Scholastique *Malherbe*, † par. Ste-Ségolène 13 janv. 1790, à 33 ans. De leur mariage étaient nés ibid. :

1. Alexandrine-Madeleine-Charlotte, 2 janv. 1777 : p. P^re-Ch^les de Malherbe, conseiller au siège présidial de Metz, aïeul mat.; m. Madeleine-F^oise Benoît, v^ve de Louis-Omer le Musnier, chev., sgr de Moulineuf, aïeule pat., représentée par M^te Lallemand, épouse du parrain, aïeule mat.
2. Alexandrine-L^se-M^te, 31 janv. 1778 : p. Louis le Musnier, chev., b^on de Blanzac et de la Rochandrie, sgr de Raix, Rouffignac et autres lieux, conseiller du Roi, lieut.-gén^l en la sénéchaussée et siège présidial d'Angoumois, dem^t à Angoulême, cousin germain pat. de l'enfant, représenté par Alexandre-Louis de la Rue des Roches, receveur des finances de Lorraine au dép^t de Briey, résidant à Metz; m. M^te Lallemand, aïeule mat.
3. Augustine-L^se-Rosalie, 9 févr. 1780 : p. J^n-B^te-Alexandre de la Rue des Roches; m. J^ne-L^se-Rosalie de Malherbe, épouse de J^n-B^te-Gaston b^on de Guillemin, ancien cap. au rég^t de Béarn.
4. Adélaïde-L^se-Justine, 3 juin 1785 : p. Louis Le Musnier, chev., sgr de Raix et de Rouffignac, b^on de Blanzac et de la Rochandrie, conseiller d'État, lieut.-gén^l en la sénéchaussée et siège présidial d'Angoumois; m. Charlotte-F^oise-L^se de Sailly, épouse de J^n-B^te-M^ie-J^ph de Cappy, chev., sgr de Montoy-la-Montagne, chev. de St-Louis, lieut.-colonel au rég^t des chasseurs des Alpes : tous deux sont représentés.
5. Adèle-Catherine-Maximilienne, 17 août 1789.

II. Madeleine et Louis-Ch^les-Omer-Alexandre. V. Baudinet de Courcelles (note).

MUSSEY (de) Dominique, [chan. de la cathédrale, † 6 janv. 1662, inhumé à la cathédrale. Msc. Epit.]

MUSSY (de) Catherine. V. le Duchat VI, 8.

MUTEL Henry-F^ois-Alexandre. V. Grandjean IV, 3.

MUZAC, *alias* MUSAC. I. Jean, dir. des hôpitaux du Roi établis à Metz et au pays messin, conseiller du Roi, premier assesseur et l'un des anciens échevins de la ville, natif des Chabannes ou Chabannet, vicomté de Turenne, diocèse de Cahors en Quercy, [fils d'Antoine, bourgeois, et d'Esther Frozat], † à 77 ans, par. St-Maximin 20 avril 1722, inhumé au grand chœur. Il avait épousé, étant âgé de 30 ans, en l'église des Prêcheresses 18 mars 1675 (l'acte aux registres de la par. St-Maximin), Gabrielle *Grosmangin*, âgée de 25 ans, laquelle mourut ibid. 1er nov. 1682. De leur mariage étaient nés ibid. :

1. Antoine-J^n, 28 janv. 1677; [reçu avocat au parl^t 22 août 1695, conseiller au conseil souverain d'Alsace 14 août 1698.]
2. Catherine-Rose, 3 mars 1678; mariée à F^ois de Broussonnet.
3. *Philippe*, 25 févr. 1679; lequel suit.
4. P^re-Denis, 10 janv. 1680 : p. Pierre Lochon; m. Anne Grosmangin.
5. J^n-*Nicolas*, 28 août 1682; lequel suivra.

II. Philippe, fils du précédent, sgr de Dainen-Saulnois et de Tragny, substitut du procureur gén^l au parl^t, conseiller au conseil souverain d'Alsace, puis président de la chambre des requêtes au parl^t de Metz, † subitement par. St-Maximin 20 févr. 1747, inhumé à la chap. St-Jean. Il avait épousé dans l'église des Dames de la Congrégation (l'acte aux registres de la par. St-Maximin) 30 juil. 1708, J^ne-Louise *Gourdin*, † par. St-Maximin 1er janv. 1743, inhumée en la chap. de St-Nicolas. De leur mariage étaient nés ibid. :

1. J^ne-Louise, 5 avril 1709 : p. Antoine-J^n-Musac, son oncle, cy-devant conseiller à la cour d'Alsace. — Elle fut mariée à Antoine de Mertrus de Saint-Ouen.
2. Philippe-F^ois, 28 mars 1710 : p. F^ois Gourdin, sgr de Peltre; m. Catherine Muzac, sa tante, épouse de F^ois de Broussonnet. — Il mourut 5 nov. 1717.
3. Gabrielle-Agathe, 25 mars 1711 : p. N^as Cannetel, sgr de Châtel-St-Blaise, conseiller au parl^t; m. Gabrielle Lochon, v^ve de René de la Fond, éc., colonel d'infanterie.— Elle mourut 20 déc. 1712.

4. *Nicolas*, 15 mars 1712 : p. N^as Cagnard ; m. Dorothée de Brolyodie du Breuil. — Lequel suit.
5. Agathe-Élisabeth, 28 févr. 1713 ; † 21 sept. 1715.
6. Anne, 18 mai 1714 : p. F^ois de Broussonnet ; m. Anne Couët, v^ve de Henry de Badsale. — Elle mourut 19 mars 1735 et fut inhumée aux caveaux de la Visitation.
7. Louise-F^oise, 16 août 1715.
8. J^ne-Catherine-Agathe, 30 sept. 1716 : p. N^as-F^ois Gourdin, conseiller du Roi, substitut du procureur gén^l au parl^t ; m. J^ne de Hoffelize, fille de César de Hoffelize, éc., sgr de Burtoncourt et de Chambrey. — Elle fut mariée à Ch^les de la Cour de Granville, puis à Ch^les-Frédéric de Gallois de Rampont.
9. Antoine-F^ois, 17 janv. 1718 : p. Antoine-F^ois Lochon, conseiller au parl^t ; m. Élisabeth Bennelle, épouse de Ch^les de Montigny, ancien cap. au rég^t d'Alsace. — Il mourut 27 juin 1724.
10. J^n-Philippe, 26 juil. 1719.
11. L^se-Élisabeth, 27 sept. 1720 ; mariée à Sébastien-Henry Herman.
12. F^ois-Joseph, 19 nov. 1721 : p. F^ois Rouyer, conseiller du Roi en ses conseils, premier avocat gén^l au parl^t ; m. Élisabeth d'Andlau, née b^onne du St-Empire, épouse de J^ph Faure de Fayolle. — Il mourut par. St-Victor 14 juin 1724.
13. Alexandre, 8 mai 1723 : p. Alexandre le Bachelé, avocat au parl^t ; m. Marthe d'Avrange, épouse de J^n-F^ois Gourdin.
14. Philippe-N^as, 19 févr. 1726 ; † 26 avril suiv., inhumé au collatéral de St-Nicolas.
15. Gabrielle, 19 oct. 1728.
16. F^oise-Philippine, 8 janv. 1732 : p. J^n-F^ois Maguin, conseiller au parl^t, sgr du comté de Roussy ; m. Jacobée-Philippine c^esse de Custines de Guermange, dame de Cheuby et d'Auchâtel. — Elle fut mariée à F^ois d'Amelin de Rochemorin de Beaurepaire.

III. NICOLAS, fils du préc., sgr de Tragny, Mercy-lès-Metz et autres lieux, prés. des requêtes au parl^t, [membre titulaire de l'Académie royale de Metz, et dir. de la dite académie en 1767], † par. St-Maximin 19 juil. 1782. Il avait épousé, par. St-Simplice 20 août 1748, J^ne *Bourdelois*, † par. St-Maximin 4 juin 1783. De leur mariage étaient nés par. St-Maximin :
1. Nicolas, 28 juil. 1750.
2. Claire-F^oise-Nicole, 9 mars 1752, mariée à F^ois-Gabriel Boudet de Puymaigre.
3. J^n-Nicolas, 17 mai 1753 ; † 25 mars 1762.
4. Thérèse, 4 janv. 1755 ; mariée à son beau-frère F^ois-Gabriel Boudet de Puymaigre.
5. P^re-Louis-Philippe, 15 févr. 1756.
6. Marthe-Augustine, 28 août 1757.
7. M^ie-Louise-F^oise, 12 oct. 1759.
8. Ch^les-Frédéric, 16 sept. 1763 ; † 20 déc. 1767.

IV. J^n-NICOLAS, oncle du préc., chir.-major au rég^t de la Fère, épousa J^ne *Bouchotte*, † par. St-Georges 3 avril 1733, à 25 ans. De leur mariage étaient nés :
1. Joseph, par. St-Maximin 7 nov. 1727.
2. Gabriel-F^ois, par. Ste-Croix 11 mars 1729 : p. F^ois-Gabriel Breckfeldt, éc., sgr de la Haye, lieut. au rég^t de la Fère ; m. M^ie Montaigu, épouse de Paul de la Cour, lieut. au dit rég^t. — Il mourut le 25 suiv.
3. Étienne, par. St-Martin 10 avril 1732.

MY (DE) ÉVRARD, mayeur et officier de la ville de Durbin, fils d'Auguste (mêmes qualités) et de Catherine de Flasseille, épousa, par. St-Eucaire 30 juin 1683, J^ne-Claude *Poulet* : au mariage, les Pères Récollets Evrard de My et Placide de Rond. Du dit mariage naquirent :
1. J^n-François, † par. St-Eucaire 9 oct. 1699, à 2 ans 1/2.
2. Charles, ibid. 31 juil. 1699.

MYON MARIE. V. Chardin II, 3.

MYON (DE). I. SIMON, R. P. R., fut père de :
1. Daniel, 11 janv. 1568.
2. Simon, 7 janv. 1569.

II. FRANÇOIS. V. Racle II, 2.

III. J-CHARLES. V. Creitte de Métric.

MYRE DE VILLERS (LE) Jn-Jques-Charles, éc., sgr de Villers, cap. au régt Dauphin infanterie, en garnison par. St-Simplice, fils de Jn-Jacques, éc., conseiller honoraire du Roi en sa cour des comptes de Normandie, et de Charlotte-Foise Lebar, de Lizieux, épousa, par. St-Maximin 29 août 1780, Catherine-Joséphine *de Saint-Aubin* : au mariage, Louis-Alexandre de Carrey, chev. d'Asnières ; Louis Aubert de Lespin, Anne-Daniel de Vaubert, éc., et Jn-Louis de Lapize, capitaines au régt Dauphin ; Jn-Louis le Myre, chev. de Villers, frère de l'époux. — Du dit mariage naquit Suzanne-Joséphine, par. St-Maximin 3 oct. 1781.

N

NABONNE (DE). V. de Narbonne.

NACQUART Sébastien-Étienne, éc., conseiller du Roi, lieut. de maréchaussée à Metz, eut d'Anne-Jacqueline-Lse *Olrion*, son épouse :
1. Jn-Louis, par. St-Victor 27 nov. 1771 : p. Jn Nacquart, conseiller du Roi au bailliage de Toul ; m. Mie-Jne Nacquart, fille du parrain, « laquelle ne sait écrire. »
2. Jne-Élisabeth, par. St-Georges 4 sept. 1773.
3. Jn-Étienne, parrain de la préc.
4. Anne-Joséphine-Julie, ibid. 14 mars 1775 : p. Pre de Frimont, éc., brigadier des armées du Roi, lieut.-colonel de la légion de Soubise, chev. de St-Louis ; m. Anne du Pasquier, son épouse, représentée par Anne-Mie-Joséphine Lajeunesse.
5. Dque-Fois-Alexis-Fourier, représentant le parrain de la préc.

NADOT DE FONTENAY Henry. V. Mey de Vallombre II.

NAGU DE VARENNES Jph-Alexandre. V. de Gevigny de Pointe.

NANCY Claude, procureur au parlt et trés. de la maréchaussée, † à 70 ans, par. St-Gorgon 22 mars 1743. Il avait épousé Catherine *Mangetaire*, † vve de lui, par. St-Georges 2 oct. 1761. De leur mariage étaient nés par. St-Gorgon :
1. Élisabeth, 23 févr. 1715.
2. Nicolas, 26 janv. 1716 ; curé de la par. St-Georges de 1743 à 1762.
3. N***, mariée à Philippe-Nas Didier, avocat à la cour souveraine de Lorraine.

NANTEUIL Scholastique-Augustine. V. de Lorme V.

NARBONNE (DE), alias DE NABONNE.
I. André, chev. de St-Louis, lieut. de grenadiers avec la commission de cap. au régt de Bourbonnais infanterie, cy-devant en garnison en Chambière, fils de Henry et de Gratiane Baqué, de Ladève, diocèse de Tarbes, épousa, par. St-Martin 26 janv. 1691, Mie-Foise *de Brem* : au mariage, Zacharie-Jn de Corn, cap. au dit régt ; Fois-Michel Boulle, chev. de St-Louis ; Jn-Nas-Jph de Marien, ancien officier au régt de Nassau : tous trois beaux-frères de la mariée.

II. Jn-François. V. Cadelle de Grandmaison.

NASSAU-DURINGUE (DE) Jn-Adolphe. V. de Sancé.

NASSAU-SARREBRÜCK (DE) Sophie-Charlotte. V. de Bacalan.

NASSAUD (DE). I. Charlotte-Chrétienne. V. Dubourt.

II. Thérèse-Ernestine. V. de Paviot.

NAU Dque-Remy-Théophile, premier clerc de Me Gondreville, procureur au bailliage, fils de François, avocat en parlt, et d'Angélique Évrard, épousa, par. St-Victor 14 août 1787, Mie-Catherine *Didricq*, fille de Nas-Jph Didricq, ancien premier huissier à la Chambre des requêtes du parlt, et de N*** Lelaquier.

NAUDET (du) Louis, cadet, natif du Naudet, proche Rennes en Bretagne, † par. St-Jean de la Citadelle 9 mars 1733.

NAUDEZ Anne. V. Machetay II.

NAUDIN Barbe. V. Mary IV.

NAULT de CHAMPAGNY. François-M^{re}, originaire de Luzy, diocèse d'Autun, éc., chev. de St-Louis, ancien cap. d'infanterie au rég^t de Champagne, dem^t rue Cour de Ranzières, fils de † Denis, éc., conseiller à la chambre des comptes de Dôle, et de Madeleine Cortet, épousa, étant âgé de 40 ans 1/2, par. St-Simplice 19 janv. 1779, Antoinette *Mary*, âgée de 45 ans.

NAUROY Marguerite. V. Nicolas IV.

NAVAL Reine. V. Mouzin III.

NAVARRE (de). I. Thomas, chev., premier président du bureau des finances de Metz, sgr de la Grange-le-Mercier, † par. Ste-Croix 25 mars 1698. Il avait épousé Anne *le Vacher de Beaulieu*, † ibid. 23 janv. 1706. De leur mariage étaient nés :

1. Jⁿ-B^{te}-Thomas, par. St-Martin 2 févr. 1666 ; lequel suit.
2. M^{ie}-Thérèse, ibid. 14 juin 1667.
3. Marguerite, marraine par. St-Gengoulph 14 août 1675.

II. Jⁿ-B^{te}-Thomas, fils du préc., chev., sgr de la Grange-le-Mercier, président à mortier au parl^t, † par. Ste-Croix 1er sept. 1744. Il avait épousé Catherine-Angélique *Gérard*, † ibid. 24 févr. 1750. De leur mariage étaient nés ibid. :

1. François, 18 févr. 1694 ; d'abord avocat, puis conseiller laïc au parl^t, il entra dans les ordres, devint chan. de la cathédrale, archidiacre de Vic, conseiller clerc au parl^t et mourut 15 oct. 1754. Il fut inhumé à la cathédrale.
2. M^{ie}-Anne, 11 oct. 1695 ; mariée à N^{as}-Louis Pière.
3. Claire-Thérèse, 30 nov. 1697 ; mariée à Théodore de Tschoudy.
4. P^{re}-Thomas, 30 déc. 1698 ; † 23 janv. 1701.
5. Angélique, 1er sept. 1704.
6. L^{se}-Élisabeth, 10 août 1707 ; † 29 nov. 1770.

III. Jacques. V. Marquiolle d'Alcajou.

NAY (de). I. Jeanne. V. le Grand.
II. M^{ie}-Marguerite. V. Potot III.

NÉAL (de) Anne-Élisabeth. V. de Perceval.

NELATON Thérèse. V. Cavaleri.

NEMEUTLER (de) Jⁿ-Henry. V. du Blanchi.

NÉRET. I. Jⁿ-Louis, éc., sgr de Plappecourt, conseiller secrétaire du Roi en la chancellerie du parl^t, † par. Ste-Croix 25 août 1752. Il avait épousé M^{ie}-Nicole *Toupet*, † ibid. 13 août 1753, à 86 ans. De leur mariage étaient nés :

1. *Daniel-Bon*, [à Paris 17 oct. 1713] ; lequel suit.
2. F^{oise}-Jeanne, mariée à N^{as}-J^{ph} Lefebvre.

II. Daniel-Bon, fils du préc., éc., sgr de Plappecourt conseiller auditeur en la chambre des comptes du parl^t, [† vers 1760]. Il avait épousé, par. St-Maximin 11 déc. 1753, Nicole *Duclos*, de Magny.

NESSELER Catherine. V. Rouëlle.

NETTANCOURT (de). I. Gabriel, sgr de Chastillon, eut d'Élisabeth *Aubertin*, son épouse, par. St-Simplice 9 juil. 1634, François : p. J^{ques} d'Aubertin, sgr de...

II. F^{ois}-Antoine. V. Marin.

NEUCHÈZE (de) Éléonore-Angélique. V. de Thiard.

NEUFCHASTEAU (du) ou de **NEUFCHASTEL**. I. Michel, R. P. R., chir., fut père de :

1. Suzanne, 9 janv. 1577.
2. Isaac, 23 sept. 1584.
3. Esther, 27 sept. 1591.
4. *Paul*, 25 août 1596 ; sans doute celui qui suit.
5. Jacob, qui épousa, 12 juin 1616, Suzanne *Pelletier*, fille de Jⁿ Pelletier.

II. Paul, R. P. R., sans doute fils du préc.,

monteur d'arquebuses, eut de Marie *de Vigneulles,* son épouse :
1. Sara, 19 oct. 1636.
2. Abraham, 24 nov. 1637.
3. Judith, 26 oct. 1639.

NEUHOFF (DE) THÉODORE et M^{ie}-ANNE-ÉLISABETH-CHARLOTTE. V. de Bellefeuillac et de Marneaux.

NEUNHEM (DE), *alias* DE NUENHEM PHILIPPE-GABRIELLE, [abbesse de Ste-Marie, † 25 févr. 1675. Msc. Epit.]

NEUVILLE DE LARBOULERIE (DE) CLAUDE-ANTOINE. V. de Sarrant.

NEUVINGEN (DE) FRANÇOIS-J^{ph}-VICTOR. V. de Gelb.

NEVELINUS DE JOST JEAN, cap. réformé du rég^t de Royal Bavière, épousa : 1° M^{te} *du Flost,* dont il eut Jⁿ-Philippe-Ch^{les}, par. St-Eucaire 10 févr. 1713 ; 2° M^{te} *Duscat,* dont il eut Marie-F^{oise}, par. St-Livier 1er janv. 1717.

NEVEUX LUCE. V. Jenot.

NEYSSEN (DE) ALEXANDRE-MAXIMIN, b^{on}, lieut.-colonel d'infanterie, chev. de St-Louis, cap. des grenadiers au rég^t d'infanterie de la Marck, pensionnaire du Roi et réformé à la suite de Metz, † par. St-Marcel 11 mars 1763, à 70 ans : à son enterrement, Henry-M^{ie} Dupré de Geneste, secrétaire perpétuel de l'académie des sciences, son neveu.

NICÉVILLE CH^{LES}-GASPARD-F^{ois}, éc., eut de M^{ie}-Josèphe *Demaret,* son épouse, par. St-Victor 18 juil. 1780, P^{re}-Théodore, † ibid. 4 oct. suiv.

NICHIL ÉLISABETH. V. Grandjean VI.

NICOLAÏ (DE) AYMARD-CHRÉTIEN-F^{ois}-MICHEL, évêque de Verdun. V. de Saint-Simon.

NICOLAS. I. N***, aman, fut père de Claudine, par. Ste-Croix 5 oct. 1605.

II. JEAN, avocat au parl^t, † par. St-Simplice 21 mai 1718. Il avait une sœur, Catherine, mariée à Claude-Étienne Fagnier, et un frère, Christophe, lieut. particulier au bailliage, † par. St-Martin 28 juil. 1719, à 55 ans, inhumé devant l'autel St-Nicolas. — Jean avait épousé Catherine *Soucelier,* † par. St-Simplice 1er janv. 1720. De leur mariage était né *Jacques,* probablement celui qui suit.

III. JACQUES, avocat au parl^t, procureur gén^l fiscal au bailliage de Vic, [† à Vic 4 nov. 1731]. Il eut une fille, Anne, mariée à F^{ois} Bonneau.

IV. JEAN, substitut du procureur gén^l au parl^t, eut de M^{te} *Nauroy,* son épouse, Abraham-F^{ois}, par. St-Martin 30 mai 1697.

V. LOUIS-F^{ois}-XAVIER, assesseur civil et criminel au bailliage, eut de M^{ie}-Rose-Julie *Gérardin,* son épouse, M^{ie}-Thérèse-F^{oise}, † par. St-Marcel 3 juin 1787, à 9 ans 1/2.

VI. Divers.
1. AGATHE. V. de Lévy.
2. BARBE. V. Durlot.
3. FRANÇOISE. V. Poinsignon de Redlach.
4. HÉLÈNE. V. Marchand.
5. MADELEINE. V. Mouzin IV.
6. M^{IE}-ALEXISE. V. de Montigny XXIV.
7. MARGUERITE, SÉBASTIENNE et CATHERINE. V. Féticq I, III et IV.
8. MARGUERITE. V. Tarcis et Burin de Taillardit.
9. MARIE. V. Lochon.
10. M^{IE}-CATHERINE. V. Esselin.
11. NICOLE. V. Marien IV.
12. RENÉE. V. Malchar XII.
13. SÉBASTIENNE-SCHOLASTIQUE. V. Herbin de Halle.

NICOLAS DE LEINSVILLERS IGNACE, chev. de St-Louis, cap. de grenadiers dans la milice du pays de Metz au bataillon de Blaise, fils des † F^{ois} Nicolas de Betting, cap. d'une compagnie de 100 fusiliers, et Barbe Cottin, habitant depuis un an Barst, annexe de Maxstadt, présentement par. St-Eucaire, épousa, par. St-Maximin 27 juil. 1739, Barbe-F^{oise} *Duclos.* A ce mariage, Philippe-Louis de Betting, lieut. au rég^t étranger de Saxe, neveu de l'époux; Alexandre le Bachelé, sgr en partie de Distroff, ancien curateur et cousin de l'épouse; N^{as} Chapelle, procureur gén[l] à la table de marbre au parl[t], beau-frère de l'épouse; F[ois]-Michel Durand, avocat au parl[t], cousin de l'épouse.

NICOLIGNY M[ie]-Rose. V. d'Elbecuto Orlandiny.

NIQUEL. I. Jacques, conseiller échevin de l'hôtel de ville, adjoint aux requêtes, eut de Catherine *Michelet*, son épouse, Louise, par. Ste-Croix 2 juin 1669.

II. Étienne, avocat au parl[t], épousa Scholastique *Bauquet de Saint-Amand*, † par. St-Victor 6 juin 1713, à 60 ans. De leur mariage étaient nés par. St-Gorgon :

1. Sébastien-F[ois], 24 mai 1676.
2. François, 3 mai 1677 : m. F[oise] Bauquet de St-Amand, sa tante.

III. Jeanne. V. Chardin II.

IV. Mangeotte. V. Marien.

NITSCH Pierre, d[r] en médecine, eut de Sophie-F[oise]-J[ne]-Julienne *d'Adolsheim*, son épouse, F[ois]-Ch[les]-J[ph]-Philippe-Eberhard, par. St-Maximin 8 avril 1784.

NIVOY. I. Dominique, doyen des procureurs au parl[t], † par. Ste-Croix 21 août 1758, à 84 ans. Il avait épousé : 1° par. St-Simplice 21 juil. 1705, Élisabeth *Poirier*, † par. Ste-Croix 20 oct. 1710; 2° J[ne] *Simonnet*, † ibid. 27 févr. 1749.

Du premier mariage naquirent ibid. :

1. Claude, 18 sept. 1708.
2. *Claude-F[ois]-N[as]*, 6 oct. 1709 ; lequel suit.
3. Claude, 18 oct. 1710.

Du second mariage naquit ibid. :

4. *Ferdinand-F[ois]*, 6 sept. 1714; lequel suivra.

II. Claude-F[ois]-N[as], fils du préc., procureur au parl[t], épousa : 1° par. St-Gorgon 18 mai 1745, M[ie]-Barbe *Gobert*, † à 20 ans, par. Ste-Croix 30 mars 1746; 2° J[ne]-Agathe *Mary*.

Du premier mariage naquit :

1. J[ne]-Marguerite, par. Ste-Croix 24 févr. 1746.

Du second mariage naquirent :

2. Marie, par. Ste-Croix 17 avril 1750.
3. Françoise-M[te], par. St-Simplice 25 févr. 1751.
4. F[ois]-Ferdinand, ibid. 19 déc. 1752.
5. M[ie]-Agathe, ibid. 25 avril 1754.
6. Catherine, ibid. 12 sept. 1756.

III. Ferdinand-F[ois], frère du préc., licencié en droit de l'université de Strasbourg, avocat au parl[t], épousa : 1° F[oise]-Salomée *Pin*, † à 23 ans, par. Ste-Croix 6 avril 1739; 2° Catherine-Diane *Thévenin*, † ibid. 17 juin 1753, à 33 ans; 3° M[ie]-Catherine *Petit*.

Du premier mariage naquirent par. Ste-Croix :

1. Dominique-F[ois], 2 sept. 1737.
2. F[ois]-Joseph, 9 févr. 1739; † par. St-Eucaire 11 sept. 1740.

Du second mariage naquirent ibid. :

3. M[te]-Catherine, 18 nov. 1746; † 15 janv. 1750.
4. J[n]-Ferdinand, 10 déc. 1747; † 25 févr. suiv.

Du troisième mariage naquirent ibid. :

5. Dominique-N[as], 4 mai 1757.
6. François, 16 juin 1758.
7. N[as]-Balthasar, 24 mai 1760.

IV. Nicolas épousa, par. St-Martin 25 juin 1666, Catherine *Charlier*.

NOAILLAN (de) Thomas, c[te], *alias* vic[te], cap. command[t] au rég[t] de Bourbonnais, fils de Louis-J[ph], c[te] de Lamezan, sgr de Villeneuve, Lamezan et autres lieux, et de M[ie] de Gusquet, de Clermont en Auvergne, domicilié à Metz par. S[t]-Georges, épousa, étant âgé de 53 ans, par. S[t]-Victor 20 janv. 1789, M[ie] *Dessulemoustier*, âgée de 16 ans, dont il eut :

1. Louis-J[ph], par. S[t]-Victor 28 févr. 1790.
2. M[ie]-Rosalie-Nicole, par. S[t]-Jean de la Citadelle 7 mai 1791 : p. N[as] Tunner, officier de S. M. Impériale, son g[d] oncle, dem[t] à Bruxelles; m. M[ie] de Noaillan-Lamezan, sa g[d] mère.

NOAILLES (de). I. Louis-Philippe-Marc-Antoine. V. de Plunkett.

II. M[ie]-Anne-F[oise]. V. de Girval et de Tailfumyr III, 2.

NOBLE (le). I. Eustache, chev., sgr de

Tenelier, b^{on} de Saint-Georges, conseiller du Roi et son procureur gén¹ au parl¹, eut de Pierrette *Michelin*, son épouse, par. S¹-Victor :
1. Simone, † 5 mai 1674.
2. N***, ondoyé 6 nov. 1673.
3. N***, ondoyée 8 mai 1676.
4. P^{re}-Jacques, 24 juin 1677.

II. MATHIAS. V. Colchen III, 4.
III. MARGUERITE. V. Linzweiler.

NOBLE DE LA PASSE (LE) P^{re}-LOUIS, éc., chev. de S¹-Louis, officier au rég¹ d'Auvergne, † par. S¹-Victor 14 sept. 1782. Il avait épousé : 1° Catherine *Bouson*, † par. S¹-Victor 11 avril 1780, à 35 ans ; 2° Catherine *Mangin*, fille de Barthélemy Mangin.

NOBLET CLAUDE, [m^e-échevin, † 5 févr. 1601. Journ. de Séb. Floret.]

NOËL. I. ÉDOUARD, R. P. R., cap. au rég¹ royal de Monmouth cavalerie, fils d'Édouard, chev., sgr de Pinqueringrange, et de N*** de Prochegrave, épousa, 28 août 1675, Judith *de Streuff de Lawenstein*.
II. Divers.
1. ANNE. V. Gardeur-Lebrun.
2. ANNE. V. de Ville VIII.
3. ANNE-BARBE, Jⁿ-BAPTISTE et M^{ie}-ANNE. V. Crespin VII.
4. ANNE-M^{ie}. V. Mengin.
5. ANNE-M^{ie}. V. Perrin de Brichambeau.
6. BARBE. V. Gallois V.
7. LOUISE, sœur de la préc. V. Pattée I, 3.
8. M^{ie}-ANNE. V. Galland.
9. YOLANDE-THÈCLE. V. Pattée II.

NOËL DE FERMONT (DE) ANNE-ADRIENNE et FRÉDÉRIC. V. Dilange V.

NOÏEL FRANÇOISE. V. de Sampy.

NOIER DE CRAY (DU) NICOLAS. V. Lefebvre XI.

NOIR (LE), alias LENOIR. I. ANNE et LOUIS. V. Bruillard IV.
II. ANTOINETTE et DANIEL. V. de Milly.
III. MARGUERITE. V. le Carnellot.

IV. MARIE. V. le Duchat XXIV.
V. M^{ie}-ANGÉLIQUE. V. Gueau de Gravelle.
VI. SUZANNE. V. de Marsal X, 2.
VII. THÉRÈSE-URSULE et M^{ie}-LOUISE. V. de la Ville II, 2 et 3.

NOIREL. I. ANNE. V. Lorette.
II. LOUISE. V. Hollande (note).

NOIRJEAN CLAUDE. V. de Paulo VI.

NOIROT Jⁿ-BAPTISTE. V. du Teil II, 3.

NOJON (DE) Jⁿ-EMMANUEL, éc., sgr de Broussay, eut de M^{ie} *Boichot*, son épouse, Henriette, mariée à Ignace Mignon.

NOLIBOIS. I. DANIEL, R. P. R., orfèvre, fils de † Pierre, orfèvre, épousa, 30 janv. 1622, Suzanne *de Marsal*.
II. DANIEL, R. P. R., m^d, épousa Anne *de Saint-Aubin*, † à 40 ans, 27 sept. 1668. De leur mariage étaient nés :
1. David, 24 avril 1661.
2. Moyse, 30 juil. 1662.
3. Louis, 17 juin 1665.
4. Jean, 27 oct. 1666.
III. JEAN, R. P. R., eut d'Anne *Chevillette*, son épouse, Charles, 13 sept. 1665.

NOLIVON (DE) MARIE. V. de Majaudie.

NOLLAN (DE) FRANÇOIS, c^{te} de Dano, † par. S¹-Victor 6 août 1677.

NOPTA (DE LA) ANGÉLIQUE. V. de Bonnafos de la Tour.

NORMAND ANTOINETTE. V. Chesnard de Layé.

NORMANDE (DE LA) JACQUES. V. Bertand.

NORMANVILLE (DE) MADELEINE. V. du Brun.

NORROY (DE), alias DE NOUROY et DE NAUROY. I. CHARLES, sgr et b^{on} de Serrières, sous la curatelle de Messire du Hautoy, fils de † Jean, chev., sgr et b^{on} de Serrières, et de M^{te}-Catherine de Celles, épousa, étant âgé de 21 ans, par. Ste-Croix 12 oct. 1671, Chrétienne *de Saintignon* : au mariage, J^{ph} de

Besanne, sgr de Louvigny; Louis de Goize, éc., sgr de Courcelles ; J^(ques) Richer, conseiller au parl^t ; P^(re) de Chermon, chev., sgr de Brinvilliers, allié de la mariée.

II. MARIE. V. de Cerretany.
III. MARGUERITE. V. de Rouvre.

NOSSIER (LE) ANNE. V. Boudat II.

NOUE (DE LA), cfr DE LANOUE. I. PIERRE, R. P. R., âgé de 40 ans, éc., s^r d'Ablunet, cap. d'infanterie au rég^t de Navarre, fils des † Jacques, éc., cap. d'infanterie pour le service des États généraux des Provinces unies des Pays-Bas, et Symone de Paroi ; † 17 août 1672. Il avait épousé, 5 oct. 1670, Anne *de Chartres*.

II. JEAN-J^(PH), cadet dans la compagnie du s^r b^(on) d'Augevilliers, cap. au rég^t royal artillerie en garnison à la citadelle, fils du s^r de la Noue, éc., sgr de Ville-au-Bois, † à 15 ans, par. St-Jean de la Citadelle 1^(er) févr. 1703.

III. LOUIS-PASCAL, parent du préc., commissaire ordinaire de l'artillerie, † âgé de plus de 80 ans, par. St-Jean de la Citadelle 29 sept. 1729.

NOUMION MADELEINE. V. du Lanty.

NOUVEILER ÈVE. V. Juriano.

NOVION (DE) J^(ques)-JÉROME, chev. de St-Louis, cap. en premier à la brigade de Loyauté corps royal artillerie, † par. St-Simplice 27 juil. 1763, à 42 ans.

NOYAELE (DE) M^(ie)-MADELEINE. V. de Bombelles.

NOYAL. I. DOMINIQUE, avocat au parl^t, † subitement d'un coup d'apoplexie, par. St-Victor 11 déc. 1712 : à son enterrement, ses frères Joseph, conseiller du Roi, échevin de l'hôtel de ville, et François, m^e-apothicaire de la ville.

II. FRANÇOIS, d^r en médecine, épousa M^(te) *Guichard*, † rue des Clercs, par. St-Gorgon 9 août 1761, à 69 ans. De leur mariage était née Marguerite, mariée à Antoine de Vaucray.

NOYERS (DES) GUILLAUME, dir. et receveur de la marque des fers, fils de † Jean et de M^(te) Mangin, épousa : 1° étant âgé de 42 ans, par. St-Simplice 23 sept. 1696, Catherine *Marc*, également âgée de 42 ans, v^(ve) de Henry Huot; 2° par. St-Victor 7 févr. 1728, Catherine *Lefebvre*, fille de † Claude-Antoine Lefebvre et d'Anne la Borde, laquelle mourut à 64 ans, par. St-Simplice 9 avril 1773.

NOYSSIN M^(ie)-CATHERINE. V. de Marneaux.

NUMAND (DE) ou DE NUMAUD J^n-CHARLES, chev., b^(on) d'Ordalle, épousa, par. St-Simplice 19 nov. 1679, M^(ie)-Anne *de Guillermin* : au mariage, P^(re) de Numaud, cousin germain de l'époux.

O

O'ARAH. V. de Blair (note).

OBELLIANNE. I. PIERRE, dit de Saint-Jure, eut de Catherine *Vinot*, son épouse, par. St-Simplice 26 avril 1680, Marguerite : p. Nicolas Jacquemin, sgr de Mardigny; m. Marguerite Lecomte.

II. P^(re)-PHILIPPE, avocat au parl^t, fils des † Pierre, notaire royal à Metz, et M^(te) Châtillon; † par. S^(te)-Ségolène 21 août 1747, « charitable envers les pauvres, dur à lui-même, exténué par les austérités d'une longue pénitence, accablé d'infirmités et de douleurs. »

OBERHAUSEN (D') M^(ie)-ÉLISABETH. V. Lasalle (note).

O'BIRNE CATHERINE. V. O'Toube.

O'BRIEN. I. TÉRENCE, éc., sgr et chef de Garane-Namonaegh et des deux baillis

Cahanes, du Château-Magner et de ses appartenances, en Irlande, chev. de St-Louis, ancien cap. aux rég^ts de Lœwenthal et de la Marck, † par. Ste-Ségolène 5 déc. 1780. Il avait épousé : 1° M^ie-M^te *O'Gradi*, † par. St-Simon 1er déc. 1756 ; 2° Barbe *Dauphin*, † par. Ste-Ségolène 1er juil. 1772.

II. Eugène, cap. au rég^t de son nom, eut de M^ie-Antoinette *de Bassecour*, son épouse, J^n-Eugène, par. Ste-Croix 24 déc. 1713.

III. Thaddée, major au rég^t de Walsh irlandais en garnison à Mézières, épousa, par. Ste-Ségolène 6 mai 1783, J^ne *de Barrelle*, v^ve de Georges de Barnewal, ancien cap. au rég^t de Berwick irlandais : au mariage, Simon de Lonergan, ancien cap. command^t au rég^t d'Anhalt ; N^as Cellier de Serainchamps, et Antoine Cellier, tous deux anciens cap. de cavalerie et gardes du corps du Roi.

ODAM. I. Claude, [plusieurs fois m^e-échevin de Toul, avait épousé : 1° Catherine N*** ; 2° Anne *le Liepvre*, † 5 nov. 1676, inhumée aux Récollets. Du premier mariage était né Louis, avocat au parl^t, puis lieut. part. au bailliage, marié à M^te *Mathiot*, et † en 1699.]

II. Catherine-Bonne. V. d'Engelgen.

III. Jeanne, parente de la préc. V. de la Tranchée de Villeneuve II.

IV. Marguerite. V. de Beausire II.

ODDE Ch^les-Antoine-Esprit-Eloy, fils de J^n-Antoine, éc., sgr du Bouchet, Pardeyrol et autres lieux, et de J^ne-M^ie de Veyrac, de la par. de le Monastier, près le Puy en Velay, † par. St-Simon 3 janv. 1772, à 19 ans.

ODET de DASTON. V. Dérieu.

ODET de RYANTZ Charles, chev., m^is de Villeroy et autres lieux, † à 36 ans, par. Ste-Croix 9 oct. 1710. A son enterrement, frère Antoine-Théodoric de Gaudet du Soudet, chev. de St-Jean de Jérusalem, commandeur de Metz et de Châlons-sur-Saône ; Ignace-Georges-Robert Rouaut, b^on d'Ogévilliers, cap. au rég^t royal artillerie ; Ch^les de Rorthais, chev., sgr des Touches, colonel de la milice du pays messin ; P^re-M^ie-Madeleine de Bréhan, éc., s^r du Plessis, cap. d'une compagnie détachée du rég^t de Poitou à la Citadelle.

ODO Michelle. V. d'Eltouf de Pradines.

O'FAVEL Marguerite. V. O'Toub.

OFFÉMONT (d') Gobelin. V. de Bombelles III, 2.

OGÉVILLER (d') Georges, chev., sgr et b^on d'Ogéviller, chev. de St-Louis, avait épousé J^ne *de Courcelles*, † par. St-Marcel 12 juil. 1733.

OGIER Françoise. V. Deu de Moncel.

O'GRADI M^ie-Marguerite. V. O'Brien.

OHÉVILLE (d') Anne. V. Doré.

OLIER Philbert-Édouard, chev., sgr de Fontenelle, cap. au rég^t des gardes du Roi, † par. Ste-Croix 5 oct. 1682. A son enterrement, Henry de Montigny, chev., sgr m^is de Congis, brigadier des armées du Roi, cap. command^t au rég^t des gardes du Roi ; N^as Beauchart, sgr de Champigny, cap. au même rég^t. [Son épitaphe fait mention de ses deux frères Nicolas-Edouard et J^n-Jacques « in magno galliae consistorio et in supremâ subsidiorum curia senatorum ». Msc. Epit.]

OLIVE (d') Louise. V. Larreategny de Vignolle.

OLIVET de CHAMOLLE (d') Denis. V. Demignot de la Balme.

OLIVIER P^re-Antoine. V. de Bérauville.

OLRION Anne-Jacqueline-L^se. V. Nacquard.

OLRY. I. Michel, R. P. R., m^d, fut père de :

1. *Drouin*, qui suit.

2. *Samuel*, 14 août 1579 ; lequel suivra.

II. Drouin, R. P. R., fils du préc., † 8 août 1652. Il avait épousé, 21 nov. 1593, Marie *Walroff*, fille de N^as Walroff et de J^ne Lebrun, dont il eut onze enfants. Deux seulement nous sont connues :

1. Marie, née 27 janv. 1602.
2. Anne, mariée, 8 févr. 1637, à P^re Berluchon.

III. SAMUEL, R. P. R., frère du préc., sgr de la Grange d'Envie, † 28 déc. 1639. Il avait épousé : 1° 27 août 1600, Anne *Walroff*, sœur de Marie ci-dessus ; 2° 5 juin 1620, Anne *le Duchat*, v^ve de Théodore, *alias* Thomas Bourdon.

Du premier mariage naquirent :

1. Samuel, 27 juin 1601.
2. *Daniel*, 16 févr. 1603 ; lequel suit.
3. Anne, 23 févr. 1605.
4. Anne, 16 févr. 1607 ; mariée à P^re Vert, avocat.
5. Pierre, 24 juil. 1609 ; lieut. d'une compagnie de gens de pied pour le service du Roi, il épousa, 27 janv. 1641, M^ie *Barthélemy*, v^ve de David Derlon, bourgeois.

Du second mariage naquirent :

6. Michel, 7 mars 1621.
7. *Jean*, 21 juil. 1623 ; lequel suivra VI.
8. Paul, 17 juil. 1626.

IV. DANIEL, R. P. R., fils du préc., eut de Suzanne *Lollier*, son épouse :

1. Suzanne, 2 avril 1634.
2. Jean, 25 mars 1635.
3. Marie, 20 févr. 1637.
4. *David*, 16 mars 1644 ; lequel suit.

V. DAVID, R. P. R., fils du préc., orfèvre, épousa, 14 août 1672, Judith *Modéra*, dont il eut :

1. Judith, 27 août 1674.
2. Sara, 2 mars 1676 ; † 1er juil. suiv.
3. Jeanne, 4 mars 1677.

VI. JEAN, R. P. R., oncle du préc., avocat au parl^t, diacre de l'église réformée, notaire royal, juge à Cassel, avait épousé, 28 déc. 1649, Judith *Dutemps du Portail*, dont il eut :

1. Jean, 2 sept. 1650 : p. Drouin Olry ; m. Judith Jalon, épouse de J^n Dutemps du Portail. — Il mourut le 26 suiv.
2. Louis, 30 oct. 1651 : p. Abraham le Duchat, sgr de Domangeville ; m. Rébecca Lecoq, v^ve de J^n Jalon. — Il mourut 12 nov. suiv.
3. Jean, 12 nov. 1652 : p. J^n Dutemps du Portail ; m. M^ie le Duchat, épouse de J^n Coullez, aman. — Il fut notaire à Sierck, puis à Metz ; il épousa Marie *Mathias*, de Charleville près Boulay, mourut par. St-Eucaire 8 oct. 1707 et fut inhumé à l'église.
4. Judith, 1er avril 1654 : p. Thomas le Duchat, avocat ; m. Rébecca Jalon, v^ve d'Adam Dutemps, s^r du Portail. — Elle fut mariée à D^que de Callestropade.
5. Marie, 25 juin 1656 : p. Paul Ferry, avocat ; m. M^ie Goffin, épouse de Gédéon le Bachelé.
6. Anne, 3 août 1659 : p. J^n Jalon, avocat ; m. Rachel le Bachelé. — [Elle épousa, 18 nov. 1682, J^n-Balthasar Claude, sgr de Moichet, près Cassel. Persécution de l'Église de Metz de Jean Olry, publiée par Othon Cuvier.]
7. Paul, 26 déc. 1660 : p. David Coullez, aman ; m. Anne Dutemps du Portail. — Il mourut 15 mars 1671.
8. Samuel, 6 déc. 1662 : p. J^ph Ancillon, avocat ; m. Suzanne Ferry. — Il mourut 4 janv. 1663.
9. Élisabeth, 4 avril 1664 : p. Gédéon le Bachelé ; m. Judith Morel. — Elle mourut 24 juil. suiv.
10. Jacob, 12 août 1665 : p. Jacob le Duchat, commissaire des guerres ; m. Dorothée de Saint-Aubin. — Il mourut le surlendemain.
11. Suzanne, 21 juil. 1666 : p. Benjamin Boudier, procureur ; m. Suzanne Coullez. — Elle mourut le 29 suiv.
12. Louis, 11 janv. 1668 : p. J^n Dutemps du Portail, enseigne au rég^t de St-Vallier ; m. Suzanne Chenevix, fille de Paul Chenevix, conseiller au parl^t. — Il mourut le 19 suiv.
13. Élisabeth, 29 sept. 1670 : p. J^ques Dutemps du Portail, ci-devant cap. major à Verdun. — Elle mourut 1er juin 1676.
14. Paul, 29 déc. 1672 : p. Paul Chenevix ; m. Anne de Flavigny, épouse de Paul Férier. — Il mourut 3 janv. suiv.
15. Marie, 17 janv. 1674 : p. Gédéon Allion ; m. M^ie Fériet, épouse de David le Duchat de Bévoie. — Elle mourut le 28 suiv.

16. Marie, 15 déc. 1675 : p. Gédéon le Duchat, conseiller au parl^t; m. Marie Boudier, fille de Benjamin Boudier, procureur.

17. Paul-Rimbert, 22 juil. 1677 : p. Paul-Rimbert Streuff de Lawenstein, brigadier des armées du Roi; m. M^{ie} Morel, épouse de J^{ques} Morel, bourgeois de Châlons.

18. Suzanne, 2 juin 1679 : p. Paul Jalon, d^r en médecine; m. Suzanne Fériet, fille de Paul Fériet, avocat.

VII. N^{as}-JOSEPH, bâtonnier des avocats au parl^t, eut de M^{ie}-Anne *Riston*, son épouse :

1. Marie-M^{te}, par. St-Simplice 20 juil. 1756.
2. Albert-N^{as}-J^{ph}, ibid. 13 sept. 1757 : p. Albert Riston, avocat à la cour de Lorraine; m. Barbe le Miré, son épouse. — Il mourut par. St-Eucaire le surlendemain.
3. Paul-M^{ie}-Joseph, par. Ste-Croix 3 sept. 1760; † 2 nov. suiv.
4. Anne-L^{se}-M^{ie}, ibid. 3 nov. 1761.
5. P^{re}-Joseph, ibid. 26 mai 1764.
6. Catherine-M^{ie}-Augustine, ibid. 12 nov. 1765.

VIII. Jⁿ-NICOLAS-F^{ois}, prévôt de Conflans en Jarnisy, † par. St-Livier 20 nov. 1758. Il avait épousé Louise *Gallois*, dont il eut *Nicolas-F^{ois}*, qui suit.

IX. NICOLAS F^{ois}, fils du préc., conseiller du Roi, lieut. gén^l à la table de marbre, épousa, étant âgé de 26 ans, par. St-Maximin 3 sept. 1743, Anne *Mouzin*, âgée de 18 ans, fille de Jⁿ-B^{te} Mouzin, m^d, et d'Élisabeth Gravelotte, de laquelle il eut :

1. Élisabeth, par. St-Simplice 30 nov. 1745.
2. Jⁿ-François, ibid. 10 nov. 1747.
3. Jⁿ-François, ibid. 16 janv. 1749.
4. Françoise, ibid. 6 mai 1750; † par. St-Livier 4 janv. 1758.
5. F^{ois}-Nicolas, ibid. 14 oct. 1751; lequel suit.
6. N^{as}-François, par. St-Livier 11 mai 1756; trés. de France, il épousa, par. St-Marcel 4 nov. 1783, Anne *Cajot*, âgée de 41 ans, v^{ve} de Jⁿ-Philippe-Mathieu le Secq de Crépy.
7. Anne-J^{ne}, ibid. 20 nov. 1758; †25 suiv.
8. Françoise, ibid. 21 nov. 1759; mariée à Louis-Claude de Lorme.
9. Anne-F^{oise}, ibid. 24 juil. 1762; † 7 déc. 1766.

X. F^{ois}-NICOLAS, fils du préc., conseiller au bailliage et conseiller de l'hôtel de ville, épousa, par. St-Victor 14 janv. 1777, Anne-M^{ie}-Éléonore *Maujean*, dont il eut par. St-Marcel :

1. Pierre, 4 oct. 1780.
2. Henry Daniel, † à 14 mois, 13 août 1783.
3. F^{oise}-Éléonore, 28 févr. 1784.
4. Jⁿ-Joseph, 9 août 1785; † 24 suiv.
5. J^{ph}-Gabriel, 27 oct. 1786.
6. Françoise, 29 déc. 1788; † 14 janv. suiv.
7. N^{as}-François, 21 mars 1790.

XI. J^N-JOSEPH, conseiller du Roi, échevin de l'hôtel de ville, eut d'Anne-L^{se} *de Lorme*, son épouse, Jⁿ-F^{ois}-Nicolas, par. St-Simplice 6 nov. 1740.

XII. JEAN épousa F^{oise} *Courageux*; leur petite-fille Françoise fut mariée à Paul Séchehaye.

XIII. MARTIN, conseiller du Roi, contrôleur gén^l du domaine et des bois du Roi en la généralité de Metz, † par. St-Livier 29 janv. 1730. Il avait épousé M^{ie} *Courageux*, † ibid. 11 juil. 1716, à 60 ans. De leur mariage étaient nées :

1. Barbe, † à 17 ans, ibid. 12 mars 1712.
2. Anne-Nicole, mariée à Jⁿ-Louis de Luc.

XIV. DIEUDONNÉ, licencié de l'université de Strasbourg, conseiller à la table de marbre du parl^t, eut d'Anne-L^{se} *Recouvreur*, son épouse, par. St-Simplice :

1. Michel, 2 nov. 1726.
2. Jⁿ-Louis, 10 oct. 1727 : p. Jⁿ-Louis de Luc, sgr de Grimont et Châtillon; m. Catherine de Saint-Aubin, dame de Cheminot, épouse d'Étienne Rollin, cap.
3. Joseph, 15 nov. 1728; † par. St-Martin 28 juil. suiv.
4. F^{oise}-Élisabeth, 25 sept. 1730.

XV. PIERRE, licencié ès droits, eut d'Élisabeth *Luxembourg*, son épouse, Nicolas, par. St-Gorgon 9 déc. 1723.

XVI. Pierre, lieut.-gén¹ de police des ville, faubourgs et bans de Toul, fils de Joseph, conseiller au siège présidial de Toul, et de F^oise Henry, épousa, étant âgé de 28 ans, par. St-Simplice 18 mai 1756, M^te de Chazelles, âgée de 18 ans.

XVII. Louis, de Saint-Avold, procureur-contrôleur au bailliage, eut de L^se-J^ne-Philippe de Briah, son épouse, Françoise, par. St-Eucaire 13 déc. 1697.

XVIII. David, R. P. R., m^e-orfèvre, épousa Salomée Roucel, † v^ve de lui, 22 juil. 1679, à 80 ans.

XIX. Divers.
1. Élisabeth. V. Stouts.
2. Françoise. V. Bourques.
3. Jeanne. V. la Bart.
4. Judith. V. Lhuillier de Sainte-Agathe.
5. M^ie-Jeanne. V. de Chaillion.

OMEGLIN Élisabeth V. Magière.

ONFROY. V. de Blair (note).

ONOFRIO Gabrielle. V. Villeroy (note).

OPPENORD Antoine-F^ois-Gaspard, éc., cap. au rég^t du Roi dragons, † par. St-Victor 18 févr. 1774, à 66 ans.

ORIGNY (D'). I. Nicolas, [d^r de la faculté de Paris, chan. de la cathédrale, † à 63 ans, 6 févr. 1767. Msc. Epit.]

II. André-J^ph, natif de Lyon, chev., cap. au rég^t d'Auxonne artillerie, fils d'Adam-Philippe d'Origny d'Ampierre et de J^ne Péchinée, dem^t à Lyon, épousa, étant âgé de 25 ans, par. St-Marcel 1er déc. 1789, Madeleine-Philippe Zweffelt de Suève : au mariage, Alexandre d'Ecriennes, officier cap. au corps royal artillerie; F^ois-M^ie-César de Perceval, officier au rég^t d'Auxonne; Antoine de Cabanes, chef de brigade au corps royal artillerie, cousin issu de germain de l'épouse.

III. M^ie-Adélaïde, M^ie-Anne-Ernestine et Adam-Claude. V. de Belchamps VIII.

ORIOLT de COLENCY J^ph-François, fils des † J^n-Baptiste, fermier gén^l de la Lorraine, dem^t à Bitche, et Catherine Frimont, épousa, étant âgé de 30 ans, par. St-Victor 29 juin 1784, Barbe Magaly, âgée de 24 ans, fille de Ch^les Magaly, rentier à Bitche, et de Catherine Lemfried.

ORIOT. I. Françoise. V. Eschallard.
II. Barbe. V. Masson IV.

ORLANDES de SALETON (D') Louis-F^ois-P^re, chev., cap. command^t au rég^t de Bourbonnais, fils de † François, chev., sgr de Saleton, et de M^te Duprilhon d'Argelles, de la par. St-Julien de Tournon, diocèse de Valence, épousa, étant âgé de 35 ans, par. St-Gengoulph 21 août 1787, M^te-Alexise Ladrague, âgée de 24 ans : au mariage, Marc-J^ph du Faure-Provillar, chev., sgr de Beauregard, chef de nom et d'armes, et Louis-F^ois-Philippe Demauny, chev., sgr en partie de Regy : tous deux cap. command^t au rég^t de Bourbonnais. — Du dit mariage naquit, ibid. 24 janv. 1788, M^te-Françoise, † le lendemain.

ORLÉANS (D') Nicolas, éc., s^r de Croissy en Berry, de la par. de Pierrefitte-ès-Bois, âgé de 18 ans, envoyé pour être reçu dans la compagnie des gentilshommes à Strasbourg, † par. St-Gengoulph 14 mars 1685 : à son enterrement, P^re d'Orléans, éc., s^r de Croissy, son frère; N^as Bonestat, éc., s^r de la Fontaine; Gabriel de Boyaux, éc., s^r de Vilmont, et René de Bar, éc., s^r de Grimonville : ces trois derniers cadets dans la compagnie des gentilshommes à la citadelle de Metz.

ORMEAUX (des) Jean, lieut. au rég^t royal des Cravattes, † à Luttange 27 déc. 1687, inhumé à l'église.

ORON (D') Marie. V. Valladier II.

ORTHE[1] (D'). I. Mathias, R. P. R., sgr de Falaize et autres lieux, [épousa Suzanne Deschamps, fille de N*** Deschamps, sgr de Fontaine, et d'Anne de Heu], dont il eut :
1. Louis, qui suit.
2. Anne, dame de Courcelles-Chaussy, Ogy, Ay, Prée (?) et autres lieux; mariée à David de Dompierre.

---

[1] Les détails entre [ ] sont empruntés aux notes de Mr de Courten.

3. Jeanne, dame de Trémery et Crépy, née 17 sept. 1610, † sans alliance 28 mai 1648.

4. Jⁿ-Mathias, [né posthume 11 janv. 1613].

II. Louis, R. P. R., fils du préc., chev., sgr de Fontaine, Falaize, Poix, Grimont, Frécourt, etc., cap. d'une compagnie de chevau-légers au régᵗ du cᵗᵉ de Guiche, [† 16 janv. 1657]. Il avait épousé [en 1641] Madeleine *de Pas de Feuquières*, † vᵛᵉ de lui, à 66 ans, 20 févr. 1681. De leur mariage étaient nés :

1. *Louis*, 23 mai 1642 ; lequel suit.
2. Théophile, 31 janv. 1646.
3. Charles, 9 juin 1647 ; sgr de Fontaine et Grimont, cap. au régᵗ de Turenne en 1676.
4. Guillaume-Antoine, né au château de Grimont 18 mai 1649.
5. *Mathias*, 15 déc. 1650 ; lequel suivra.
6. Jⁿ-Manassès, 23 juil. 1653 ; cap. au régᵗ de Piémont en 1684.
7. Anne-Henriette, dame de Crépy ; mariée à Jqᵘᵉˢ de Laumosnier de Varennes.

III. Louis, R. P. R., fils du préc., chev., cap. au régᵗ de Turenne, sgr de Fontaine, Falaize, Poix, etc., † 9 févr. 1681. Il avait épousé [en 1670] Anne-Catherine *de Dompierre*, dont il eut :

1. Madeleine, 7 juin 1671.
2. Jeanne, 11 août 1672 ; † 16 mai 1674.
3. David, 27 août 1677 ; † 3 nov. suiv.
4-6. [Louis, Anne et Jean].

IV. Mathias, frère du préc., sgr de Grimont, Châtillon, Courcelles-Chaussy, Vany, Frécourt, etc., chev., cap. au régᵗ des fusiliers du Roi, puis lieut. des maréchaux de France, † par. Sᵗᵉ-Ségolène 16 mai 1733. Il avait épousé : 1° Mˡˡᵉ *Morel* ; 2° Élisabeth *le Mercier*. — Du premier mariage naquirent :

1. Judith, R. P. R. 30 janv. 1685 ; mariée à Chˡᵉˢ de Douglas.
2. Mathias, par. Sᵗᵉ-Croix 30 mars 1687 ; † 2 mars 1689.
3. Mⁱᵉ-Adrienne, ibid. 29 mai 1690 : p. Fᵒⁱˢ du Hautoy, cᵗᵉ d'Arcicourt ; m. Adrienne de Pas de Feuquières, chanᵉˢˢᵉ

de Sᵗᵉ-Marie. — Elle mourut par. Sᵗᵉ-Ségolène 25 janv. 1775.

4. Anne-Nicole, ibid. 2 oct. 1691 ; mariée à Jⁿ-Claude de Saluces.

V. Christophe, sgr de Roucy, épousa N***, dame de Louvigny, † par. Sᵗ-Martin 24 oct. 1752, inhumée aux Augustins.

VI. Jⁿ-François, lieut. au régᵗ de Spaar, épousa Mʳᵉ-Anne *de Doisy*, dont il eut, par. Sᵗᵉ-Croix 26 oct. 1713, Mˡˡᵉ-Anne : p. Jᵖʰ de Carbonat, éc. ; m. Anne N***, épouse de Jⁿ de la Roche, cap. au régᵗ de Galma Irlandais.

ORTOMAN (d') Jⁿ-Jacques, jeune officier au régᵗ de Bourgogne en garnison par. Sᵗ-Simon, fils de † noble Jean, éc., et de Thyphine Baude ; † à 17 ans, 1ᵉʳ avril 1777 : à son enterrement, son frère Jⁿ-Jacques, cap. au même régᵗ.

ORTY (d'). V. de Lauzières de Thémines.

ORY. I. Clausquin, [chan. de la cathédrale, † 17 sept. 1588, inhumé à la cathédrale. Msc. Epit.]

II. Barbe. V. Regnault II.

III. Françoise. V. Gomé II.

ORYOT Marguerite. V. d'Armur de Gerbéville.

O'TOUB Lucas, d'Angleterre, chev., sénateur romain, cap. au régᵗ de Dylon Irlandais en garnison à Verdun, fils de † Bernard, éc., lieut.-colonel au régᵗ d'O'Toub en Irlande, et Mᵗᵉ O'Favel, épousa, par. Sᵗ-Simplice 27 juil. 1731, Catherine *O'Birne*, fille de Jⁿ O'Birne, cy-devant cap. au régᵗ de Filscheval, et de Dorothée Fourde, de Linster, de la comté de Vicklamme.

OTTELIN Madeleine. V. Boudat IV.

OUDET. I. Jⁿ-Louis, procureur au parlᵗ, † par. Sᵗ-Marcel 9 sept. 1710. Il avait épousé : 1° Jⁿᵉ *Marien* ; 2° par. Sᵗ-Livier 8 juin 1690, Jⁿᵉ *Jeandelize*, cousine de Jeanne Marien, laquelle mourut par. Sᵗ-Marcel 8 sept. 1736.

Du premier mariage naquirent par. Sᵗ-Livier :

1. Marie, 22 mars 1681 ; † 29 mai suiv.

2. Jn-Claude, 22 juil. 1682; † subitement, le lendemain du décès de son père.
3. Philippe, 5 mars 1684; † 7 août suiv.
4. Dominique, 23 juin 1685.
5. Jne-Marie, 6 janv. 1687; † 12 oct. suiv.
6. Mie-Cécile, 9 janv. 1688; mariée à Jn-Bte Molina.

Du second mariage naquirent par. St-Marcel :

7. Louise, 5 févr. 1692.
8. Étienne, 5 août 1693.
9. Claude, † à 6 ans, 12 nov. 1701.
10. Mie-Élisabeth, 19 nov. 1696.
11. Jean-Fois, 31 janv. 1698; intéressé dans les affaires du Roi, lieut. des gardes du gouvt de Metz, il épousa Gabrielle *Jamin*, dont il eut : 1° Anne, par. St-Maximin 4 juil. 1736; 2° Jn-François, par. St-Victor 10 janv. 1739; † 17 déc. 1741.
12. François, 29 avril 1699.
13. Henry, 27 mai 1700.
14. *Pierre*, 30 déc. 1701; lequel suit.
15. Jeanne, 24 juin 1703.
16. Jeanne, 29 juin 1706.

II. Pierre, fils du préc., † par. St-Marcel 21 avril 1736. Il avait épousé, ibid. 5 juin 1731, Nicole-Sara *Cachet*, † 16 janv. 1735. De leur mariage était née, par. St-Marcel 30 déc. 1734, Mie-Dominique, † ibid. 13 nov. 1741.

OUDIN Mie-Charlotte. V. du Mars d'Origny.

OURCHES (d') Didier et Pierre. V. le Goullon VIII, 4 et 5.

OURIÉ. I. Louis, éc., conseiller notaire secrétaire du Roi en la chancellerie du parlt, † par. St-Victor 16 oct. 1752, à 80 ans. Il avait épousé Foise *Gibout, alias Gibaut*, † ibid. 12 oct. 1761, à 76 ans. De leur mariage étaient nés :

1. Louis-Lupin, dir. génl des postes de Metz, sgr en partie de Vaux, † par. St-Victor 21 déc. 1772.
2. *Jacques*, qui suit.
3. Catherine, mariée à Jph-Claude de Pagny.
4. Anne, † à 55 ans, par. St-Victor 29 juil. 1783.

II. Jacques, fils du préc., cap. d'infanterie au régt de Limousin, chev. de St-Louis, † subitement, âgé d'environ 67 ans, par. Ste-Croix 18 déc. 1776. Il avait épousé, par. St-Simplice 26 janv. 1762, Jne-Antoinette *de Chazelles*, dont il eut par. Ste-Croix :

1. Mie-Louise, 18 déc. 1762; le père est dit petit-fils d'un officier du Roi et de S. A. Mgr le duc d'Orléans.
2. Catherine, 13 juil. 1764; mariée à Christophe-Louis Liabé.
3. Anne-Jne-Joséphine, 1er août 1765.
4. Barbe-Foise, 9 oct. 1767; mariée à Claude-Étienne Humbert de Pomecourt.
5. Laurette-Cécile, 24 nov. 1768.
6. Louis-Lupin, 25 juin 1770; [† colonel, sans alliance.]
7. Antoine, 10 juil. 1772.

OURY Anne. V. Auburtin VI, 7.

OUTRAGE Marie. V. Bournac VI.

OZANNE (d'). I. Daniel, R. P. R. avocat au parlt, lieut.-génl au bailliage de Sedan, sgr de Berry-au-Bac, le Saulcy, la Hamardière, fils de Claude, éc., sr de la Hamardière, épousa, 1er août 1632, Suzanne *le Bachelé*, † en sa maison de la Hautonnerie 17 mars 1679, inhumée au cimetière des réformés situé près de Pournoy-la-Grasse. De leur mariage naquirent :

1. *Daniel*, 2 avril 1634; lequel suit.
2. Charles, 19 août 1635.
3. Abraham, 12 janv. 1637; sgr de Grineusseville et de la Hautonnerie, † par. St-Gorgon 16 avril 1684.
4. Paul, 16 juil. 1639.
5. Claude, 24 mars 1641.
6. Suzanne-Christine, 2 août 1642.

II. Daniel, R. P. R., fils du préc., conseiller au parlt, sgr de Domangeville et Marsilly, † 6 sept. 1683. Il avait épousé, 25 nov. 1663, Mie *Morel*, † par. St-Gorgon 16 août 1711. De leur mariage naquirent :

1. *Daniel*, 3 sept. 1664; lequel suit.

2. Judith, 14 mai 1666.
3. Élisabeth, 30 août 1670; † religieuse Ursuline, 12 juin 1719.
4. André, 1ᵉʳ août 1673; chan. de la cathédrale.
5. Louise, 9 janv. 1675; religieuse Ursuline.
6. Frédéric, † 3 nov. 1675.
7. Jacques, 10 juil. 1676.
8. Marie, 4 janv. 1678; mariée à N^as Dugono.

III. DANIEL, fils du préc., chev., sgr de Brecklange, Raville, Voimehaut, président à mortier au parl^t, † par. St-Martin 13 oct. 1734. [Il avait épousé en 1695 Anne-Josèphe *de Sauterize de Campetz*, † sans postérité en 1743.]

IV. PHILIPPE. V. de Goize.

P

PACOTTE SIDONIE. V. Lefebvre de Ladonchamps (note).

PACQUIN ⁽¹⁾. I. JEAN, [fils de Jean, bourgeois de Metz et praticien du palais, né en 1616, † 31 août 1681.] Il avait épousé, [19 sept. 1649,] M^ie *Lehère*, [fille de Martin Lehère et de M^ie de Vigneulles], dont il eut entre autres enfants :

1. *Jean*, [né en 1652]; lequel suit.
2. Jérémie, [né en 1662; † en bas âge.]

II. JEAN, R. P. R., fils du préc.; m^d, [épousa Élisabeth *Beaudesson*, dont il eut J^n-*Baptiste*, qui suit.]

III. J^n-BAPTISTE, fils du préc., conseiller secrétaire du Roi maison et couronne de France, audiencier à la chancellerie du parl^t, abjura la religion protestante le 15 juin 1719, et mourut à 52 ans, par. St-Simplice 13 oct. 1734. Il avait épousé, par. St-Martin 8 août 1719, M^ie-Cécile *Lefebvre*, † par. Ste-Croix 13 août 1778, à 87 ans, inhumée par. St-Simplice. — De leur mariage étaient nés par. St-Martin :

1. J^n-B^te-Nicolas, 28 janv. 1721; avocat au parl^t, sgr de Rupigny, [† 3 juin 1806. Il avait épousé, en 1779, F^oise-L^se *le Cellier de Moranville*, † 1ᵉʳ févr. 1806, à 71 ans, sans postérité.]
2. François, 5 févr. 1722; avocat au parl^t, procureur du Roi, puis lieut.-gén^l à la table de marbre, † par. Ste-Croix 31 mars 1768. Il signait *Pacquin de Pomecourt*. Il eut une fille, Madeleine, mariée à J^n-B^te Guerrier.
3. Claude-Étienne ⁽¹⁾, 18 mai 1723.
4. M^ie-Madeleine, 6 mai 1724.
5. F^oise-Thérèse, 7 févr. 1732; mariée à J^n-B^te-Gilbert Gerard d'Hannoncelles.

IV. ÉLISABETH. V. de la Cour IX.

V. ANNE-ÉLISABETH. V. du Frenne.

VI. JUDITH. V. Morel XIII.

PAGE (LE). I. JEAN, R. P. R., bourgeois, eut de Madeleine *Bernhardt*, son épouse, Daniel, 2 déc. 1647.

II. FRANÇOIS, procureur au parl^t à sa création, commis aux saisies réelles, sgr de Thorel, † par. Ste-Croix 6 oct. 1679. Il avait épousé Catherine *Rochefort*, † v^ve de lui, ibid. 29 mars 1688. De leur mariage étaient nés :

1. *François*, [à Toul en 1638]; lequel suit.
2. Charles, par. Ste-Croix 25 janv. 1654 : p. Ch^les de Schomberg, pair et maré-

---

(1) Les détails entre [ ] et en note nous ont été fournis par M. le Président d'Hannoncelles.

(1) CLAUDE-ÉTIENNE, sgr de Wauzlemont, chev. de St-Louis, officier successivement au rég^t de Picardie et au corps du génie, puis colonel chef de brigade, † 18 mars 1799. Il avait épousé, à Wissembourg, M^ie-Ursule-Josèphe *de Colomé*, dont il eut :
1. N*** Pacquin de Wauzlemont, officier d'artillerie en 1787, † en émigration sans avoir été marié.
2. F^oise-Joséphine-Barbe, née 15 août 1775, † à Choisy-le-Roi 12 juil. 1860. Elle avait épousé, 4 mars 1793, Denis d'Aumont, cap. au corps royal du génie.]

chal de France, gouverneur de Metz; m. Madeleine de Moussy de la Contour. — Lequel suivra.

III. François, fils du préc., huissier au bailliage, † par. Ste-Croix 17 mai 1671. Il avait épousé J^{ne} *Pierron*, dont il eut ibid. :
 1. Philippe, fille, 17 avril 1653; † par. St-Victor 26 févr. 1698, inhumée proche la chap. de St-Jean.
 2. Louise, 22 déc. 1656; mariée à Marc-Antoine Ménard.
 3. Madeleine, 21 sept. 1659.

IV. Charles, frère du préc., sgr de Thorel, avocat au parl^t, † par. Ste-Croix 2 oct. 1714. Il avait épousé, par. St-Martin 20 juin 1677, Madeleine *Sallerin*, fille d'Étienne Sallerin et de J^{ne} Évrard, dont il eut :
 1. *Charles-F^{ois}*, par. Ste-Croix 20 août 1678; lequel suit.
 2. Louise, par. St-Simplice 7 juil. 1679 : p. Eustache le Noble, sgr de Tenelier, b^{on} de St-Georges; m. L^{se} Poutet, épouse de J^{ques} Péricard. — Elle mourut par. St-Livier 10 oct. suiv.
 3. Thomas, par. Ste-Croix 2 juil. 1681.

V. Charles-F^{ois}, fils du préc., professeur des cadets de la citadelle, eut de M^{ie}-F^{oise} *Boquelin, alias Bogelin,* son épouse, par. St-Simplice 20 déc. 1729, Anne-L^{se}, † 18 avril suiv.

VI. Dieudonné, fils de Théodore II, 3, épousa, par. St-Martin 12 janv. 1665, Anne *René*, fille d'Antoine René, dit Saint-Amant : au mariage, F^{ois} René, frère de la mariée.

VII. Dominique, eut d'Anne *Meffet*, son épouse :
 1. Catherine, mariée à Ch^{les}-Augustin Pantaléon.
 2. D^{que}-Nicolas, qui suit.

VIII. D^{que}-Nicolas, fils du préc., d^r en médecine, † par. Ste-Croix 7 févr. 1776, à 52 ans. Il avait épousé, par. Ste-Ségolène 18 mai 1756, Catherine *Grommelin*, dont il eut :
 1. P^{re}-Joseph, par. Ste-Ségolène 23 mai 1760.
 2. Geneviève-Charlotte-Catherine, par. Ste-Croix 23 juil. 1763.
 3. François, tonsuré à l'enterrement de son père.

IX. Didier, † par. St-Marcel 2 oct. 1695, à 103 ans. Il avait épousé en secondes noces Sérène *de Saint-Chaumont*, † par. Ste-Ségolène 29 déc. 1695, à 95 ans.

X. Jean-F^{ois}, employé pour le Roi, eut de Henriette *Dubois*, son épouse, rue Serpenoise, par. St-Martin 3 mars 1770, D^{que}-Henry : p. D^{que}-N^{as} le Page, médecin ci-dessus; m. Anne-Catherine le Page, épouse d'Augustin Pantaléon, graveur à la monnaie.

XI. Divers.
 1. Charles. V. Dumoulin II, 2.
 2. Françoise. V. Marc I, 3.
 3. Madeleine. V. de Malroy.
 4. Marie. V. de Pernet.

PAGEAU Catherine-Hélène. V. Dutertre III.

PAGEL. I. Pierre, de la ville de Toul, épousa Mangeon *Hordal du Lys*, [fille d'Evrard Hordal du Lys et de Claudon Frémy], de laquelle il eut :
 1. *Claude,* qui suit.
 2. N^{as}-Simon, chan. de Toul à l'enterrement du dit Claude.

II. Claude, fils du préc., éc., sgr de Vantoux, Ste-Croix et autres lieux, avocat au parl^t, m^e-échevin, † par. St-Simplice 2 janv. 1744, à 50 ans : à son enterrement, N^{as}-J^{ph} Olry, avocat au parl^t, et Ch^{les} Pagel, cap. d'infanterie au rég^t de Mareilles, ses neveux. — Il avait épousé, par. St-Simplice 16 févr. 1722, Anne-M^{ie} *Fromentin*, † ibid. 18 mai 1740, à 39 ans. De leur mariage étaient nés :
 1. Catherine, par. St-Simplice 19 janv. 1723 ; mariée à Gœry-Louis d'Hémel, *alias* d'Heinel.
 2. Anne-M^{ie}-Antoinette, † par. Ste-Croix 14 déc. 1724.
 3. M^{ie}-Catherine, par. St-Simplice 19 juin 1733.
 4. Anne-M^{ie}-Élisabeth, ibid. 13 oct. 1736.
 5. P^{re}-Nicolas, [en 1737] ; lequel suit.

6. Catherine-F^{oise}, par. St-Simplice 9 févr. 1740.
7. Pierre, prêtre de l'Oratoire, chan. de Toul, au mariage de P^{re}-Nicolas.
8. D^{que}-Remy, clerc, chan. de Toul, à l'enterrement de son père.

III. PIERRE-N^{as} *Pagel de Sainte-Croix*, fils du préc., éc., cap. d'infanterie au rég^t de Tournaisis, âgé de 25 ans, épousa, par. St-Gorgon 21 déc. 1762, F^{oise} *Fromentin*, âgée de 35 ans : au mariage, Goery-Louis d'Hémel, chev., lieut.-colonel d'infanterie, cap. des grenadiers au rég^t suisse de Bauquel, chev. de St-Louis, son beau-frère ; Ch^{les} Beaudesson, ancien conseiller échevin de l'hôtel de ville ; J^{ph} Beaudesson, greffier en chef au bureau des finances ; Louis-Humbert Beaudesson et Louis Bernard, notaire : tous quatre oncles de la mariée. — De ce mariage naquit F^{oise}-Barbe, par. St-Gorgon 4 déc. 1764.

IV. ANNE-LOUISE. V. de Chérisey IV.

PAGET DE MAISONVILLE GENEVIÈVE. V. Deu de Moncel.

PAGNY⁽¹⁾ (DE). I. CLAUDE, châtelain de Fribourg, eut de J^{ne} *Régnier, alias Rouyer*, son épouse, entre autres enfants :

1. *Claude*, qui suit.
2. Barbe-Élisabeth, [mariée à Ch^{les} Denay, procureur du Roi en la maîtrise particulière de Vic. Tous deux vivaient en 1727].
3. François, officier tailleur des bois en la saline de Moyenvic, au mariage de son frère Claude.

II. CLAUDE, fils du préc., conseiller secrétaire du Roi, † par. St-Victor 7 août 1740. Il avait épousé, ibid. 18 nov. 1721, M^{te} *Dubois*, fille de J^{ques} le Roux, dit Dubois, m^d, laquelle mourut ibid. 8 mai 1748, à 45 ans. De leur mariage étaient nés :

1. Jⁿ-Claude, par. St-Victor 4 mai 1724.
2. J^{ph}-Claude, par. St-Gorgon 22 mars 1726 ; lequel suit.
3. Ch^{les}-Nicolas, ibid. 7 juil. 1727.
4. M^{te}-Barbe, ibid. 4 avril 1729.

(1) Les détails entre [ ] et en note nous ont été fournis par M^r le président d'Hannoncelles.

5. Jⁿ-B^{te}-*Étienne*, par. St-Victor 3 août 1732 ; lequel suivra.
6. Marguerite, ibid. 22 févr. 1733 ; mariée à Ch^{les}-D^{que}-Gabriel de Saltzgeber.
7. Jⁿ-Claude, ibid. 23 janv. 1739.

III. J^{ph}-CLAUDE, fils du préc., éc., conseiller au parl^t, puis conseiller à la cour souveraine de Lorraine et Barrois, [† à Nancy 28 juin 1789]. Il avait épousé Catherine *Ourié*, dont il eut :

1. Laurette-Thérèse, par. St-Victor 27 juin 1752.
2. Louis, par. St-Marcel 17 oct. 1753. [Avocat au parl^t de Nancy, il se maria en 1779, entra au service militaire et se retira à Saintes avec le grade de capitaine.]

IV. Jⁿ-B^{te}-ÉTIENNE, frère du préc., éc., avocat au parl^t, dem^t rue Tête d'Or, épousa, par. St-Martin 17 juil. 1758, F^{oise}-Thérèse-Bonne *Lefebvre*, † par. St-Simplice 28 déc. suiv. : le 24 déc. elle avait donné le jour à un fils, Joseph⁽¹⁾.

PAIGE D'INGREMARD (LE) ANNE-M^{ie}-THÉRÈSE-HENRIETTE. V. de Chirier des Champs.

PAIGNON HUGUES-HENRY, éc., coseigneur de Lavernoze, sous-aide major au rég^t de Béarn en garnison à Metz, fils des † Louis-Arnaud et J^{ne}-F^{oise} de Varès, épousa, par. St-Martin 16 oct. 1770, M^{te} *Gachot*, v^{ve} de Jⁿ-B^{te} Peltre, officier d'infanterie, cy-devant de la par. de Thionville.

PAILLI M^{ie}-ANNE. V. de Cotte.

PAILLIES DE BEAUPARC (DES) M^{te}-CHARLOTTE, [dame de l'abbaye du Petit Clairvaux, † 5 mars 1729. Msc. Epit.]

PAINTAIRE ÉLISABETH-DENISE. V. Rouault III.

PAINTENDRE-DUMONTOY BARBE. V. Jacquinot II, 10.

(1) JOSEPH, après avoir été avocat au parl^t, mourut en mars 1804. Il avait épousé Nicole **Lefebvre de Plappecourt**, sa cousine germaine, † 9 janv. 1852. De leur mariage naquirent : 1° Charles, officier dans un rég^t de cuirassiers ; 2° Marie, née 6 août 1793 ; mariée, 14 nov. 1816, à Anatole-Albert-Godefroy de Lannoy, ancien garde du corps du Roi, fils d'Albert de Lannoy, ancien officier de cavalerie, et d'Anne-Marie Daviel ; morte à Courcelles-Chaussy 18 déc. 1870.

PAIRON Marguerite. V. de Chabanon-Sarette.

PAIXHANS Catherine. V. Potot.

PALIERME (de) Michel, gentilhomme, eut de F^{oise} de Peltre, son épouse, Michel, par. St-Livier 15 sept. 1687.

PALLAND (de), alias de PALLANT.
I. N***, b^{on}, chev. de St-Louis, cap. de dragons au rég^t d'Asfeldt, † à 66 ans, par. St-Marcel 10 déc. 1732. Il était sans doute l'époux de Reine Bague.

II. Otto-Hartard, sgr de Luttange, † ibid. à 80 ans, 14 nov. 1718. Il avait épousé, ibid. 5 févr. 1709, Catherine Thil, † à 66 ans, ibid. 13 déc. 1724. Avant leur mariage étaient nés ibid. :
1. Jean-Otto, 24 mai 1686.
2. *Jean-Hartard*, 17 mai 1688; lequel suit.
3. Anne-Élisabeth, † 10 nov. 1703, âgée de 12 à 13 ans.

III. Jean-Hartard, fils du préc., sgr de Luttange, † ibid. 7 mars 1748, inhumé dans l'église. Il avait épousé, étant officier au rég^t d'Alsace, à Luttange 19 mars 1710, avec dispense du 3e degré de parenté, Élisabeth-F^{oise} de Cabanès, † ibid. 29 mars 1760. De leur mariage étaient nés ibid. :
1. Anne-M^{ie}-Thérèse-Jeanne, 18 déc. 1710; mariée, à Luttange 25 janv. 1729, à Mathias Gredt, fils de † Jean Gredt, d'Œutrange, et de M^{ie} Leininger.
2. Élisabeth, 22 janv. 1713; † à l'hôpital à Metz, par. St-Georges 17 août 1743.
3. Catherine, 5 mars 1715; mariée à Louis Vaillant, sergent de justice à Luttange; morte ibid. 10 janv. 1780.
4. Anne-F^{oise}, 21 févr. 1717; mariée à N^{as} Bassompierre, charon; morte à Luttange 18 nov. 1783.
5. Nicolas, 29 avril 1719.
6. Charles, 6 mars 1721.
7. M^{ie}-Gertrude, 18 mai 1722; le père est laboureur.
8. J^n-B^{te}-Guillaume, 19 juil. 1726.
9. Ch^{les}-François, 20 mai 1729; parrain à Luttange 15 avril 1756, étant lieut. au rég^t de Neipperg.
10. Anne-Sabine, 31 mars 1732.
11. Jean, parrain 1er janv. 1757.

IV. Otto épousa Claude *Petit de la Vaulx*, † à Luttange 1er mars 1707, à 60 ans, inhumée dans la chap. de St-Adrien.

V. Anne-Madeleine, † à 10 ans, à Luttange 26 janv. 1670.

VI. Claude fut parrain à Luttange 23 déc. 1683.

VII. Madeleine. V. Petit de la Vaulx.

PALLANT de VILLEMBOURG René eut de Suzanne, « sa prétendue femme », René, par. St-Livier 12 nov. 1612.

PALLAS. I. Bernardin, éc., conseiller du Roi, lieut. gén^l au bailliage de Toul, fils de Gaspard, éc., argentier de Mme la Princesse Dauphine, maréchal-des-logis et gouverneur de la ménagerie à Vincennes, et de M^{ie} Petitmaire, de la par. de St-Jean du Cloître de Toul, épousa, étant âgé de 28 ans, par. Ste-Croix 17 oct. 1713, Dieudonnée *Daniel*, fille de Christophe Daniel, éc., et d'Anne Humbert.

II. F^{ois}-Bernardin et Charles. V. Humbert IV, 1.

PALLÉ Marguerite. V. Chervin de Rivière.

PALLES (de) Élisabeth-Jacqueline-Rosalie. V. Dubor.

PALLEZ Élisabeth. V. Tinot.

PALLU (de la) alias de la PALU Marie. V. le Seur IV.

PALSEAU (de) Thérèse. V. de Cabanes V, 5.

PALTEAU. I. Gabriel-F^{ois}, éc., sgr de Weymerange, conseiller du Roi, commissaire des guerres, premier secrétaire de l'intendance, † par. St-Simplice 31 janv. 1760. Il avait épousé Reine-F^{oise} *Wendel*, dont il eut :
1. *Gabriel-Claude*, par. St-Simplice 1er juil. 1738; lequel suit.
2. J^n-Louis Palteau de Chancelé, secrétaire de l'intendance, † par. Ste-Ségolène 15 juil. 1771, à 70 ans.

3. F^oise-Angélique, mariée à Claude-F^ois Dupin.
4. Augustin, avocat au parl^t; il épousa Anne *Maignan*, de la ville de Douzy en Nivernois, dont il eut J^ph-Alexis, secrétaire de l'intendance, † subitement par. St-Livier 20 avril 1753, à 20 ans.

II. GABRIEL-CLAUDE, fils du préc., éc., sgr de Weymerange, conseiller du Roi, commissaire des guerres, [conseiller au parl^t 14 févr. 1776, intendant des postes aux chevaux, relais et messageries de France en 1785], eut de Claude *de Biron*, son épouse, Gabrielle, † en nourrice, à 15 mois, par. St-Etienne le Dépenné 12 sept. 1761.

PANEL CATHERINE. V. Duclos VII.

PANGE DE MARILLAC J^n-BAPTISTE. V. de Rostaing.

PANOT NICOLAS, procureur au parl^t, eut de M^te *Lalance*, son épouse, par. St-Simplice :
1. J^n-Nicolas, 17 févr. 1737; conseiller du Roi, greffier à la table de marbre du parl^t, il épousa, à Jouy-aux-Arches (l'acte par. St-Simplice) 5 juil. 1785, F^oise *Pernot*, v^ve de J^ph Rouppert, m^d.
2. Anne-Louise, 22 avril 1738.
3. Marie, 31 mai 1739.
4. Catherine, 23 juil. 1740; mariée à Robert Milet.
5. M^ie-Anne, 2 oct. 1741.
6. Anne-M^te, 19 déc. 1742; mariée à F^ois Auburtin.
7. Michel, 21 août 1744; curé de Vry en 1779.
8. François, 24 sept. 1747.

PANTALÉON. I. CLAUDE, R. P. R., ceinturier, fut père de :
1. Sara, 29 sept. 1563.
2. Moyse, 9 avril 1576.
3. Aaron, 9 avril 1578.
4. *Isaac*, qui suit.

II. ISAAC, R. P. R., fils du préc., épousa : 1° 23 avril 1600, Elisabeth *Boldné*, fille de † Jean Boldné, tailleur d'habits; 2° 25 janv. 1618, Suzanne *Pichon*, v^ve d'Isaac Gordin.

Du premier mariage naquirent :
1. *Daniel*, 7 déc. 1608; lequel suit.
2. Isaac, 5 nov. 1611.
3. Judith, 9 juin 1614.

Du second mariage naquirent :
4. Charles, 17 févr. 1619.
5. Edmée, 27 sept. 1621.
6. Joseph, 5 déc. 1623.
7. Jean, 1er oct. 1627.

III. DANIEL, R. P. R., fils du préc., fondeur de cuivre, ajusteur des poids et mesures de la cité, épousa, 18 juil. 1632, Judith *Friard*, dont il eut :
1. Daniel, 20 avril 1633.
2. Jean, 10 mars 1634.
3. Daniel, 22 juil. 1635.
4. Abraham, 13 févr. 1637.
5. *Isaac*, 18 juin 1638; lequel suit.
6. Abraham, 17 mars 1641.
7. Samuel, 27 janv. 1642.
8. Daniel, 5 févr. 1643.
9. Judith, 13 févr. 1646.
10. Pierre, 10 mars 1650; † 6 juin 1674.
11. Joseph, 22 janv. 1655.

IV. ISAAC, R. P. R., fils du préc., m^e-graveur, épousa : 1° 28 janv. 1665, Anne *Charles*; 2° Anne *Montauban*. Du premier mariage naquirent :
1. Anne, 20 déc. 1665; † 4 oct. 1671.
2. Suzanne, 6 mars 1670.
3. Paul, 10 juin 1672; † 10 sept. 1676.
4. Marie, 3 févr. 1675.
5. Isaac, 26 juil. 1677; † 2 oct. 1678.
6. *Pierre*, 29 oct. 1679; lequel suit.
7. Judith, 19 mars 1682.
8. *J^n-Baptiste*, lequel suivra.

Du second mariage naquit :
9. Jean, par. Ste-Croix 15 sept. 1686.

V. PIERRE, fils du préc., graveur à la monnaie, † par. St-Simplice 28 déc. 1738. Il avait épousé : 1° par. St-Gorgon 5 févr. 1708, J^ne *de Magny*, † ibid. 2 mars 1718; 2° par. Ste-Croix 28 août 1719, Elisabeth *Fourcault*, âgée de 23 ans, fille de † Gabriel, secrétaire de M^r le président gén^l, et d'Anne-L^se Chavenet ou Chauvenet.

VI. J^n-BAPTISTE, frère du préc., m^e-graveur, graveur à la monnaie, † par. St-Simplice

7 mars 1749. Il avait épousé, par. Ste-Croix 25 nov. 1717, Anne *Fourcault*, âgée de 22 ans, sœur d'Elisabeth ci-dessus, laquelle mourut par. St-Simplice 25 déc. 1767. De leur mariage étaient nés par. St-Gorgon, à l'exception du dernier :

1. P^{re}-Joseph, 21 sept. 1718.
2. M^{ie}-Anne, 8 sept. 1719; † 29 avril 1722.
3. Gabriel, 28 févr. 1721.
4. M^{ie}-Élisabeth, 23 avril 1722; mariée à Antoine Maguin.
5. Ch^{les}-Augustin; graveur et officier de la monnaie, il épousa, par. St-Simplice 9 févr. 1751, Catherine *le Page*, dont il eut D^{que}-Augustin, ibid. 16 déc. suiv.
6. Jⁿ-Philippe, 11 août 1724.
7. Dominique, 14 nov. 1725; conseiller du Roi, prévôt des monnayeurs, † par. St-Simplice 19 juin 1789. Il avait épousé, ibid. 4 juil. 1752, M^{ie}-Anne *Valette*, âgée de 22 ans, fille de P^{re} Valette, m^d, et d'Anne Lalance, de laquelle il eut, ibid. 21 févr. 1753, Anne, mariée à Remy-P^{re} Menusier.
8. Jⁿ-Baptiste, en 1730; changeur pour le Roi en l'hôtel de la monnaie, il épousa, par. St-Eucaire 19 avril 1763, Anne-L^{se} *Baudouin*, âgée de 32 ans, fille de J^{ph} Baudouin, m^d, bourgeois, et de † J^{ne} Milet.
9. Jⁿ-Gabriel, 13 avril 1732.
10. Élisabeth, 5 juil. 1733.
11. Jⁿ-Pierre, par. St-Victor 20 févr. 1736; contrôleur des messageries royales, il épousa, par. St-Simplice 5 sept. 1770, Barbe *Dubois*, âgée de 29 ans, fille des † Toussaint Dubois, m^d, et M^{ie} Krierepphler.

VII. N***, avocat, épousa L^{se} *Sartorius*, † par. Ste-Croix 5 janv. 1689 : à son enterrement, P^{re}-*Philippe* Pantaléon, lieut.-gén^l au présidial, son petit-fils, qui suit; Ch^{les} Pantaléon, chan. de la cathédrale.

VIII. P^{re}-Philippe, petit-fils du préc., sgr de Moncheux, Solgne et Antilly, m^e-échevin de 1688 à 1690, conseiller au parl^t, premier président et lieut. gén^l au bailliage, † par. Ste-Croix 9 févr. 1716. Il avait épousé M^{ie}-Anne *Leurye du Proy*, dont il eut ibid. :

1. Ch^{les}-Louis, 12 oct. 1674.
2. Anne-M^{ie}, 13 oct. 1675.
3. Louis, 14 oct. 1676.
4. Pierre, 23 août 1677.
5. Anne-L^{se}, 12 janv. 1679; mariée à Ch^{les}-J^{ph} Besser.
6. Nicolas, 11 oct. 1680; licencié ès droits, curé de Ste-Croix, archiprêtre de Metz, † 2 févr. 1743.
7. François, 2 avril 1683; † 3 août suiv.
8. F^{oise}-Charlotte, 12 mars 1684.
9. Philippe-N^{as}, en mai 1685.
10. P^{re}-Philippe, 4 août 1686.
11. Claude, 29 août 1687.
12. M^{ie}-Anne-Geneviève, 8 sept. 1688.
13. M^{te}-Bernardine, 8 janv. 1690; † 6 janv. 1702.
14. Charles, 10 mai 1691; † à Arnaville 3 nov. suiv.
15. Ch^{les}-Dominique, 13 avril 1693; avocat au parl^t, « dont l'esprit est aliéné depuis nombre d'années, » † par. St-Simon 30 nov. 1757.

IX. David, oncle du préc., sgr de Pommereuil, cap^t au rég^t d'Anjou, † par. St-Victor 18 mars 1683 : à son enterrement, Ch^{les} Pantaléon, chan. de la cathédrale, et P^{re}-Philippe Pantaléon, conseiller au parl^t, son neveu.

X. P^{re}-Philippe-N^{as}, cap. au rég^t de Rozières, † par. Ste-Croix 2 déc. 1707 : à son enterrement, P^{re}-Philippe Pantaléon, lieut.-gén^l au présidial.

XI. Jean, R. P. R., fut père de Samuel, 6 janv. 1585.

XII. Claude. V. Moreau.

PARAGEAU Anne. V. Teinturier de Montaigu.

PARALIS M^{te}-Charlotte. V. Jeoffroy XIV.

PARC (du). I. Nicolas, éc., lieut. au rég^t de Champagne, natif de Fontainebleau, épousa, étant âgé de 28 ans, par. St-Martin 17 nov. 1676, Salomée *Mathieu*, dont il eut Étienne, ibid. 2 sept. 1677.

II. Jⁿ-Baptiste, ancien chir. major, veuf

d'Élisabeth *Henry*, épousa, étant âgé de 62 ans, par. St-Simplice 1er sept. 1789, Anne-F^{oise} *Faucheur*, âgée de 42 ans, fille de Jⁿ Faucheur, ancien notaire, et de † F^{oise} Breton : au mariage, Antoine du Parc, ancien m^d, frère de l'époux.

III. M^{ie}-Henriette. V. de Sardé.

PARCHAPPE Jean, éc., s^r du Fresne, natif de Péronne, fils des † Pierre et Madeleine de Taluy, épousa, par. St-Gorgon 23 févr. 1718, Barbe *Bary*, fille d'Étienne Bary et de † F^{oise} Mengin.

PARCHOT Antoine, R. P. R., épousa, 23 juil. 1565, Catherine *de Saint-Blaise*.

PARDIN (le) Anne. V. Thirion XI.

PARETH Philippe-Guillaume, lieut. au rég^t d'Alsace infanterie, épousa Anne-Catherine *Fickin*, † par. St-Livier 30 mars 1752 : à son enterrement, ses fils Joseph et Guillaume.

PARIGAULT. I. Marie-J^{ne}. V. Pottier des Gonvaux.

II. Anne. V. Viville II.

PARIGOT Catherine. V. Canot.

PARIN Esther. V. le Payen III.

PARIS. I. Noel, s^r de Grandville, inspecteur des manufactures du dép^t des Trois-Évêchés, † à 81 ans, par. St-Victor 7 oct. 1742.

II. F^{ois}-Philippe. V. Gueau de Gravelle.

PARIS (de). I. Anne, éc., sgr de la Bouxière-Villeneuve, proche... en Bourbonnais, † par. St-Martin 17 nov. 1635.

II. Nicolas, sgr de Mur, conseiller au parl^t, fut parrain par. St-Martin 28 févr. 1667.

III. Jean, gentilhomme anglais, premier lieut. au rég^t du duc de Monmouth, épousa, par. St-Martin 23 déc. 1675, M^{te}-M^{ie} *de Hombourg*.

PARIS-DUVERNAY Joseph. V. Toupet.

PARIS de la MONTAGNE Anne-Justine. V. Toupet.

PARISOT. I. Jⁿ-Michel, éc., conseiller du Roi, président lieut.-gén^l au présidial de Toul, épousa, par. Ste-Croix 21 juil. 1692, F^{oise} *d'Engelgen*.

II. M^{te}-Thérèse. V. Sellier.

III. J^{ne}-Christine. V. Vaillant III.

PARISOT (de). I. Charles-F^{ois}, éc., épousa, par. St-Martin 29 déc. 1695, Charlotte *de Clémery*, v^{ve} de Jⁿ-B^{te} de Florange : au mariage, Jⁿ de Pastel, éc., sgr de Craincourt, Martigny, etc.

II. M^{te}-Thérèse. V. Gillet de Vaucourt.

III. Louise-Charlotte. V. de Saint-Félix.

PARIZELLE Marguerite. V. Minet.

PARMENTIER Mangeon. V. d'Autriche.

PARNAJON Firmin-Claude. V. Breton (note).

PAROI (de) Symone. V. de la Noue.

PARSEVAL (de). I. Philbert. V. Pérain de Buys.

II. Anne-Victoire-L^{se}-Henriette-Delphine. V. d'Arros IV, 2.

PARTHOIS Françoise. V. Ferrand de Peltre.

PARTOIT Marguerite. V. Pattot de Grandcour II.

PARTS de CRONENBERG (des) J^{ph}-Ignace, c^{te} des Parts, b^{on} de Cronenberg, cap. au rég^t d'infanterie allemande de Link au service de France, eut de M^{ie}-Antoinette *du Chambye*, son épouse, par. St-Maximin 23 janv. 1733, J^{ph}-N^{as}-Magnus : p. J^{ph}-Alexandre le Vaillant de la Bazarderie, doyen de la cathédrale de Tournay; m. Claude-Nicole le Goullon, épouse de Gustave-Otton c^{te} de Loewenhaupt et du St-Empire.

PAS de FEUQUIÈRES (du). I. Manassé, R. P. R., chev., m^{is} de Feuquières, conseiller du Roi en ses conseils, lieut.-gén^l dans ses armées, gouverneur des ville et citadelle de Verdun, pays Verdunois et Trois-Évêchés, fut père de :

1. Jeanne, mariée à Louis d'Aumale.
2. Madeleine, mariée à Louis d'Orthe.

II. Louis, lieut. du gouverneur de la ville et

du pays de Verdun, fut père de Madeleine, marraine par. Ste-Croix 3 août 1673.

III. Divers.
1. ADRIENNE. V. d'Orthe IV, 3.
2. DIANE. V. Bourgeois du Châtenet.
3. MADELEINE. V. de Saint-Blaise XV, 2.
4. SUZANNE. V. le Bey de Batilly III.

PASCAL M^ie-ANNE. V. de Valicourt.

PASCAL DE MARCOL PHILIPPE. V. de Maud'huy.

PASQUERAYE. V. du Moutier de la Fosse.

PASQUIER. I. F^ois-ALEXANDRE-THÉODORE. V. de Blair (note).
II. THÉRÈSE. V. Commannel de Courcel.

PASQUIER D'ESTRÉES FRANÇOIS, conseiller trésorier-payeur au parl^t, † par. St-Gengoulph 30 nov. 1776. Il avait épousé Anne-F^oise Bachelard, dont il eut par. St-Gengoulph :
1. Barbe-M^ie-Marthe, 7 mars 1746; mariée à J^ques-Hubert de Gournay de Gallois.
2. J^ne-F^oise-Catherine, 26 janv. 1748; † par. St-Simplice 19 avril suiv.
3. M^te-Anne, 23 avril 1749.
4. Jean-F^ois, 30 juin 1750.
5. Étienne-F^ois, 11 juin 1751.
6. Marie-F^oise, 17 juil. 1752.
7. Anne-Agathe, 23 nov. 1753; mariée à J^ph Vaultrin.
8. F^oise-Barbe, 10 déc. 1754; mariée à Julien-Louis Angrave.
9. Anne-Étiennette, 14 mars 1758.
10. M^ie-Marthe, 30 juin 1759.

PASQUIER (DU). I. ANTOINE, R. P. R., de Neufchâteau en Lorraine, fut père de :
1. Gédéon, 17 févr. 1566.
2. Jacques, qui suit.

II. JACQUES, R. P. R., fils du préc., d^r en médecine, épousa, 13 mai 1582, Suzanne Antoine, fille de Philippe Antoine, joaillier, de laquelle il eut Suzanne, 17 avril 1583.

III. J^n-JACQUES, cy-devant cap., lieut. au rég^t du Pasquier suisse au service du Roi de Sardaigne, natif de Neufchâtel en Suisse, dem^t rue du Cambout, eut de Catherine-Barbe *Geiger*, son épouse, par. St-Martin 10 juil. 1750, J^ph-Xavier : p. J^ph-Léopold Geiger, prêtre chapelain de M^r le Recteur de la ville d'Offenbourg, son oncle; m. M^ie-Thérèse Geiger, sa tante.

IV. Divers.
1. ANNE. V. Nacquart.
2. M^ie-MADELEINE. V. de Gohin.

PASQUIER DE DOMMARTIN (DU).
I. NICOLAS, éc., b^on de Dommartin, sgr de Rainville et de Hayes, c^te de Fontenoy, lieut.-colonel de la mestre de camp générale des dragons, conseiller chev. d'honneur au parl^t, fils de Michel, éc., sgr de la Forest, chev. de St-Louis, b^on de Dommartin et de Fontenoy, et de M^te Rollin de Maconcourt, de la par. de Vicherey, diocèse de Toul, † par. St-Victor 27 mars 1731, inhumé aux Carmes-Déchaussés. Il avait épousé, étant âgé de 32 ans, par. St-Simplice 13 janv. 1697, J^ne-M^ie-Pauline *de Blair*, † par. St-Victor 30 juin 1746, à 68 ans. De leur mariage étaient nés :
1. Anne-M^ie-Pauline, par. St-Simplice 8 mars 1701; mariée à J^n-F^ois Pierre, sgr de Jouy.
2. *F^ois-Armand*, par. Ste-Croix 16 juin 1702; lequel suit.
3. Marguerite, ibid. 28 sept. 1704; † par. Ste-Ségolène 25 nov. 1734.
4. Armand, ibid. 21 déc. 1706.
5. M^ie-Thérèse, ibid. 13 août 1711; mariée à N^as-Joachim Descartes.

II. F^ois-ARMAND, fils du préc., b^on de Dommartin, sgr pour la moitié du comté de Fontenoy, de la sgrie Vallé, Hayes et Mussy-l'Évêque, conseiller chev. d'honneur au parl^t, † par. St-Victor 19 nov. 1785, inhumé par. St-Simplice. Il avait épousé, en cette dernière par. 1er mars 1729, Anne *Masson*, dont il eut ibid. :
1. F^oise-Pauline-Lucie, 13 déc. 1729; mariée à J^n-B^te-Ignace Chastel de Villemont.
2. J^ne-M^ie-Pauline, 26 déc. 1730; mariée à Antoine de Rouyn de Rogéville.
3. N^as-Armand, 18 févr. 1732; [cap. au rég^t de Champagne, puis au rég^t d'Austrasie, chev. de St-Louis, il fut tué à

la bataille de Gondelour dans l'Inde en 1783].

4. M^ie-Thérèse, 14 janv. 1734; † 22 août 1735.

5. Anne, 9 mai 1735 : p. Ch^les de Persode, sgr d'Ay et Trémery en partie, son g^d oncle; m. Anne Antoine, v^ve de Mr Fleutot, sa g^d tante. — [Elle épousa, en 1760, J^n-Ch^les Morel, sgr de Vitry-la-Ville].

6. *Ch^les-François,* 15 mars 1738 : p. Ch^les de Sauterize de Campetz, son cousin pat.; m. Claude-F^oise Masson, sa tante. — Lequel suit.

7. L^se-Madeleine-Thérèse, 17 oct. 1739; † par. Ste-Croix 14 juil. suiv., inhumée aux Carmes-Déchaussés.

8. Joachim-Angélique-Alexandre, par. St-Simplice 27 févr. 1745; [il signait *du Pasquier d'Hardémont.* Officier au rég^t de Champagne, il mourut le 1er janv. 1761, des suites d'une blessure reçue à la guerre de Hanovre le 24 juil. 1760].

III. CH^les-FRANÇOIS *du Pasquier de Fontenoy,* fils du préc., b^on de Dommartin, épousa Thérèse-Cécile *Pottier d'Ennery,* dont il eut par. St-Martin :

1. Michel-Ignace [1], 31 juil. 1767.
2. F^oise-Cécile, 15 sept. 1768; mariée à J^ques-Philbert Couët de Lorry.
3. Armande, 25 juil. 1772; † 6 mars suiv.

PASQUIN ÉLISABETH. V. Dufort.

PASSAGE (DU) LOUIS-ANTOINE-BERNARD. V. de Pichon.

PASSERA (DE) SOPHIE-ERNESTINE. V. de Bussy de Patissier.

PASSERAT DE LA CHAPELLE [2] LOUIS-F^ois, éc., s^r de Bellegarde, chev. de St-Louis, major au corps royal artillerie, épousa M^ie-Catherine-Victoire *Perrin des Almons,* [† à 76 ans, 18 juin 1824]. De leur mariage étaient nés par. St-Martin :

1. M^ie-J^ph-Honoré, 25 avril 1773 : p. J^ph Perrin des Almons, dir. de l'artillerie, son aïeul mat.; m. M^ie-Thérèse de la Live du Soleil, son aïeule pat., représentée par M^te-F^oise Perrin des Almons. [Il épousa, 20 vendémiaire an VII (oct. 1898), L^se-Pauline *Poutet*].

2. Antoine-Catherine-Félix, 14 déc. 1775 : p. Antoine-Honoré Passerat de la Chapelle, éc., chev. de St-Louis, major d'infanterie, lieut. pour le Roi de la ville de Beaune, représenté par P^re-Augustin-Victoire Perrin de Saint-Marcel, lieut.-colonel au corps royal artillerie; m. Catherine d'Antessanti des Almons, sa g^d mère mat., représentée par M^te-F^oise Perrin des Almons.

3. Augustin-Anne-Eugène, 22 juin 1780 : p. P^re-Augustin-Victor Perrin de Saint-Marcel, son g^d oncle mat.; m. Anne-Claudine Passerat de la Chapelle, sa tante pat., représentée par L^se-F^oise-Félicité Perrin de Saint-Marcel, sa tante mat.

PASTEL (DE) JEAN. V. de Parisot.

PASTUROL (DU) J^n-JOSEPH. V. Besnard de Boulenne I, 2.

PATENOTRE JEANNE. V. de Brunel IV.

PATIENCE MARIE. V. d'Avrange.

PATORNAY DE FIED (DE) J^n-ANTOINE-MADELEINE. V. d'Arros IV, 3.

PATRIE (DE LA) CH^les-CLAUDE-PHILIPPE. V. de Favier.

PATTÉE. I. J^n-BAPTISTE, doyen des procureurs du parl^t, † d'apoplexie, par. St-Marcel 25 avril 1736. Il avait épousé M^ie *Masson,* † par. St-Martin 15 oct. 1734, à 63 ans. De leur mariage naquirent par. St-Gorgon :

1. Jeanne-Claude, 4 juin 1691.
2. J^n-Mathieu, 10 janv. 1693.
3. Africain, 4 avril 1694; avocat au parl^t, † subitement par. St-Martin 24 sept. 1759 : à son enterrement, ses neveux par alliance J^ques-F^ois Gallois, secrétaire

---

[1] MICHEL-IGNACE, b^on de Dommartin, officier au service de France, † sur l'échafaud révolutionnaire en 1793, laissant de M^te-Madeleine de Blair, son épouse : 1° Ch^les-Hippolyte, officier de la garde, † à Vienne en 1809; 2° *Amour-Alphonse,* qui suit.

AMOUR-ALPHONSE, fils du préc., officier dans les lanciers de la garde, eut de Hyacinthe de Blochausen, son épouse : 1° Ch^les-F^ois-Joseph, cap. command^t le 2e rég^t de dragons en 1853; 2° Hippolyte-Maximilien; 3° M^ie-Pauline-Hyacinthe, mariée, en 1849, à Ludovic Raillardy de Prautois. *Biog. du Parl^t.*

[2] Les détails entre [ ] sont empruntés aux Notes de M^r le président d'Hannoncelles.

du Roi à la chancellerie du parl^t; F^{ois}-Benoît Marlier, conseiller auditeur en la chambre des comptes, et Jean-F^{ois} Mengin, conseiller au bailliage. Il avait épousé L^{se} *Noël*, † par. St-Martin 28 août 1774, à 77 ans.

4. *Jⁿ-B^{te}-P^{re}-Dieudonné*, 6 déc. 1695; lequel suit.
5. *Marthe*, 6 juin 1697.
6. *Léger*, 7 janv. 1699; lequel suivra.
7. *Anne*, 9 avril 1700; † par. St-Georges 27 juil. suiv.
8. *Jⁿ-Mansuy*, 28 mars 1705.
9. *Louis-Mathieu*, 21 sept. 1707; † par. St-Martin 5 oct. 1712.
10. *Jean-F^{ois}*, à l'enterrement de son père; lequel suivra.

II. J^N-B^{TE}-P^{RE}-DIEUDONNÉ, fils du préc., bourgeois, contrôleur des hôpitaux militaires, † par. St-Victor 19 oct. 1786. Il avait épousé : 1° M^{ie}-Roch *Blondel*, † par. St-Martin 23 mars 1730, à 30 ans; 2° par. St-Victor 19 mai 1733, Yolande-Thècle *Noël*, fille de F^{ois} Noël, procureur en la prévôté de Woid, et d'Anne Engnot, laquelle mourut v^{ve} de lui, par. St-Martin 3 avril 1776, à 80 ans. De leur mariage était né, par. St-Victor 3 mars 1734, Jⁿ-F^{ois}-Baptiste, peut-être le même que Jean, trésorier de la maréchaussée, qui assiste à l'enterrement de la mère.

III. LÉGER, frère du préc., employé pour le dixième, puis garde-magasin des vivres à Bruxelles, eut de J^{ne}-M^{ie} *Polch*, alias *Polech*, alias *Paulie* :

1. J^{ne}-Marguerite, par. St-Marcel 3 mars 1737.
2. Brice-Louis-N^{as}, ibid. 25 juin 1740.
3. Anne-M^{ie}, ibid. 7 janv. 1743; † 1er janv. 1745.
4. Ch^{les}-Joseph, par. Ste-Croix 1er mars 1747.
5. Joseph, ibid. 11 juin 1748 : p. J^{ph} de Bentabole, dir. gén^l des comptes des fourrages; m. M^{ie}-Anne Marchand, épouse de Maurice Tabouillot. — Il mourut 22 avril 1750.

IV. JEAN-F^{OIS}, frère des deux préc., avocat au parl^t, épousa M^{ie} *Urbain*, dont il eut par. St-Victor :

1. Jⁿ-J^{ques}-François, 11 août 1729.
2. Marie, 13 mai 1732.
3. Jeanne, 3 juil. 1733; † le lendemain.

V. FRANÇOIS, [† à 85 ans, 12 mars 1707, inhumé aux Prêcheresses. Msc. Epit.]

VI. LOUISE. V. Guichard V.

PATTOT DE GRANCOURT, *alias* GRANDCOUR. I. JEAN, m^e-brodeur, † par. Ste-Croix 2 janv. 1756. Il avait épousé M^{te} *Partois*, alias *Partoy*, † par. St-Gorgon 31 mars 1767, à 71 ans. De leur mariage étaient nés :

1. Françoise, † à 3 ans, par. St-Victor 11 mai 1733.
2. Christophe, † ibid. 7 juin 1736.
3. Joseph, par. St-Gorgon 27 juin 1737; † 12 févr. 1739.
4. Jacques, ibid. 23 mars 1739; † 17 nov. 1741.
5. Marguerite, mariée à J^{ques} Giraud.
6. F^{oise}-Dieudonnée, à l'enterrement de sa mère.
7. Nicolas, qui suit.

II. NICOLAS, fils du préc., dessinateur-peintre, m^e-brodeur, dem^t rue Vieille-Tappe, eut d'Élisabeth *Jacques*, son épouse :

1. François, par. St-Gorgon 27 sept. 1745.
2. Jⁿ-Nicolas, ibid. 31 août 1746.
3. Jⁿ-Louis, ibid. 26 déc. 1747.
4. F^{oise}-Dieudonnée, ibid. 26 oct. 1748.
5. M^{ie}-Joséphine, par. St-Martin 29 oct. 1750; † par. St-Marcel 29 oct. 1752 : le père est employé aux ponts et chaussées; il est dit sous-inspecteur à la naissance du suiv.
6. Jⁿ-Nicolas, par. St-Marcel 19 déc. 1751 : p. Jean, son frère; m. M^{ie}-J^{ne} Guitton, fille de Jⁿ Guitton, greffier de l'officialité, sous-inspecteur des ponts et chaussées. — Jⁿ-Nicolas, étant âgé de 26 ans, « cy-devant caporal au rég^t royal Comtois infanterie, et actuellement depuis le mois de mars chez Mr Jacques, curé de Bellange, son oncle », épousa, par. St-Gengoulph 18 nov. 1777, M^{ie} *Collin*, cy-devant en service chez le dit curé de Bel-

lange, fille des † N^as Collin et M^te Ravart, de la par. de Scy.

7. Barthélemy, par. St-Marcel 8 déc. 1752.
8. Louise, ibid. 14 févr. 1754.

PAUCHERON Nicole. V. Cueullet. III.

PAUL Thérèse. V. Woirhaye.

PAULME (DE LA) Claude, épousa, par. St-Eucaire 30 déc. 1663, Anne *d'Avrange*.

PAULO Marguerite. V. de Brye II.

PAULO (DE), *alias* DE PAULE. I. Mathias le jeune, licencié en droits, fils de noble Jean, conseiller du m^e-échevin, et de Claudine N***, épousa, par. St-Martin 5 août 1629, Anne-Laurette *Rulland*, † ibid. 30 avril 1636, inhumée aux Précheresses. De leur mariage était né François, ibid. 17 juil. 1630.

II. Mathias, chev., avocat au parl^t, lieut. particulier au bailliage, neveu de Louis, président au parl^t de Provence ; † par. St-Victor 17 sept. 1675 : à son enterrement, Louis et Nicolas Rollin, tous deux chan. de St-Sauveur, ses beaux-frères. — Mathias de Paulo avait épousé Claude *Rollin*, † à 86 ans, par. St-Victor 23 févr. 1706. De leur mariage étaient nés ibid. :

1. Marguerite, 1er avril 1649 ; mariée à Mathieu Andry.
2. Philbert, 22 févr. 1653.
3. Marie, 11 avril 1655.
4. Claude-F^oise, 21 nov. 1656 ; mariée au s^r Paget de Maisonville.
5. Pierre, 9 janv. 1659.
6. Louis-J^ph, 21 janv. 1660.
7. Nicolas, 4 août 1662.
8. Alexandre, au mariage de sa nièce Geneviève Paget de Maisonville.
9. Madeleine, mariée à N^as Durand.

III. J^n-Louis, † par. St-Gorgon 27 juin 1642, inhumé aux Précheresses.

IV. Jean, concierge du Saulcy, † par. St-Victor 22 avril 1684 : à son enterrement, F^ois Clerginet, époux de M^ie de Paulo, et Michel Lafargue, ses gendres.

V. Alexandre, [chan. de St-Sauveur, † 8 févr. 1724, inhumé en l'église de St-Sauveur. Msc. Epit.]

VI. Jean, [épousa Claude *Noirjean*, v^ve de Philippe Wilmin, laquelle mourut par. St-Étienne le Dépenné 11 févr. 1647. Msc. Epit.].

VII. N***, [éc. et conseiller en justice de Metz, épousa Jennon *René*, † par. St-Victor 29 janv. 1628. Msc. Epit.]

VIII. Françoise, † par. St-Gorgon 3 août 1668, à 33 ans.

IX. Divers.
1. Jean. V. Rulland II, 9.
2. Jean. V. Senocq II, 2.

PAVIOT (DE). I. Robert, sgr de Paviot au comté de Clermont, cap. de cavalerie, eut d'Anne-Judith *de Chirlay*, son épouse, 15 mars 1666, Louis-Bernard ; les cérémonies du baptême lui furent suppléées par. St-Eucaire 15 mars 1674 : p. Bernard Pellard de Givry, m^e-échevin de Metz ; m. L^se de Gournay, épouse de J^n-J^ques de Gournay, sgr de Secourt.

II. Jacques, éc., sgr de Holling, Eblange et de la prévôté de Rémelfang, eut d'Ernestine-Thérèse *de Nassau*, alias de *Nassaud*, son épouse :

1. François, † par. St-Maximin 30 août 1677.
2. Philippe-L^se, née ibid. 6 avril 1679 : p. Louis de Paviot ; m. Philippe de Rome.

PAYEN (LE). I. Pierre, R. P. R., d'Ars-sur-Moselle, fut père d'Abraham, 25 janv. 1569.

II. Jean, R. P. R., boucher, eut de M^ie *Pierrat*, son épouse :

1. Jean, 29 juin 1603.
2. Judith, 6 mars 1611.
3. Anne, 18 mai 1622.

III. Jean, R. P. R., vigneron proche St-Maximin, eut d'Esther *Parin*, son épouse, Daniel, 22 sept. 1638.

IV. Isaac, R. P. R., m^d boucher, épousa Sara *Danoue*, † à 77 ans, par. Ste-Ségolène 15 juil. 1701. De leur mariage étaient nés :

1. Suzanne, † 7 mai 1669.
2. Louis, 1er août 1670 ; † 14 suiv.
3. Esther, 5 juin 1672 ; † 10 suiv.

4. Sara, jumelle de la préc. ; † 1ᵉʳ janv. suiv.

V. François, conseiller au bailliage, fils de Jean et de Barbe Remy, † par. Sᵗ-Eucaire 18 avril 1753, à 82 ans. Il avait épousé, par. Sᵗ-Jean de la Citadelle 24 janv. 1701, Mⁱᵉ-Catherine *Aubertin*, † par. Sᵗ-Eucaire 29 mars 1750, à 75 ans. De leur mariage étaient nés en cette dernière par. :
1. Nicolas, 28 mars 1702 ; † 11 avril suiv.
2. Charles, 11 avril 1703.
3. Barbe-Fᵒⁱˢᵉ, 28 sept. 1704.
4. Fᵒⁱˢ-Joseph, 10 oct. 1705.
5. Jⁿ-Baptiste, 23 mai 1707.
6. Pierre, 27 mai 1709 ; chev. de Sᵗ-Louis, commissaire provincial d'artillerie, † rue des Allemands 3 févr. 1749.
7. Jⁿ-Charles, 14 août 1711.
8. *Chˡᵉˢ-Bruno*, 6 oct. 1715 ; lequel suit.

VI. Chˡᴱˢ-Bruno, fils du préc., avocat au parlᵗ et procureur du Roi au bureau des finances, dir. de la Société royale des Sciences et des arts, † par. Sᵗ-Maximin 11 nov. 1782. Il avait épousé Élisabeth-Hélène *Cointin*, † ibid. 7 juil. 1789, à 77 ans. De leur mariage étaient nés, entre autres enfants :
1. *Daniel-Chˡᵉˢ*, par. Sᵗ-Maximin 5 janv. 1742 ; lequel suit.
2. Lˢᵉ-Ursule, par. Sᵗ-Eucaire 28 févr. 1745.
3. Agathe-Antoinette, ibid. 13 oct. 1746.
4. Henry, † ibid. 6 déc. 1748.
5. *Charles-Fᵒⁱˢ*, ibid. 16 nov. 1752 ; lequel suivra.

VII. Daniel-Chˡᴱˢ, fils du préc., avocat au parlᵗ, premier secrétaire de l'Intendance, membre de l'Académie royale de Metz, épousa, par. Sᵗ-Livier 14 mai 1771, Gilberte-Jⁿᵉ-Mⁱᵉ *Cantat*, dont il eut ibid. :
1. Élisabeth-Jⁿᵉ-Mⁱᵉ, 5 févr. 1772.
2. Chˡᵉˢ-Antoine-Bruno, 2 déc. 1773.
3. Nᵃˢ-Gilbert, 5 févr. 1775.
4. Louis-Chˡᵉˢ-Julien, 24 sept. 1776.
5. Charles-Mⁱᵉ, 9 mai 1778 ; † par. Sᵗ-Simon 24 mai 1779.
6. André-Chˡᵉˢ-Antoine, 28 sept. 1780.
7. Charles-Fᵒⁱˢ, 20 juil. 1784.

VIII. Charles-Fᵒⁱˢ, frère du préc., avocat en parlᵗ, dir. génˡ des messageries royales, épousa, en la chap. du Séminaire Sᵗ-Simon située dans l'étendue de la par. Sᵗ-Étienne 13 mars 1785, Mⁱᵉ-Rose *Dumaine de la Josserie*, dont il eut ibid. :
1. Hélène-Agathe, 27 janv. 1786.
2. Nicole-Marie-Anne, 11 févr. 1788.

IX. Louis, sgr en partie de Jouy-aux-Arches, † par. Sᵗ-Livier 16 juin 1756, à 73 ans. Il avait épousé Catherine *Lalance*, dont il eut :
1. Michel, demᵗ à Corny, à l'enterrement de son père.
2. Marguerite, mariée à Jⁿ-Jqᵘᵉˢ Sauvage.
3. Catherine, mariée à Fᵒⁱˢ Croisille.
4. Mⁱᵉ-Anne, mariée, à 27 ans, à Fᵒⁱˢ Curé.

X. Jean, bourgeois, eut d'Anne *le Mosle*, son épouse :
1. *Gaspard*, qui suit.
2. Jean, conseiller du Roi, mᵉ particulier des eaux et forêts au déptᵗ de Metz, † par. Sᵗ-Martin 20 nov. 1781. Il avait épousé Mⁱᵉ-Anne *Jacquemaire*, † ibid. 25 avril 1758, à 31 ans. De leur mariage était née, ibid. 30 août 1750, Mⁱᵉ-Anne, mariée à Antoine Sthême.

XI. Gaspard, fils du préc., avocat, épousa, par. Sᵗ-Livier 27 janv. 1733, Jⁿᵉ-Mⁱᵉ *Dorvaux*, fille de Pʳᵉ Dorvaux, mᵈ, et de Mⁱᵉ Dosquet, de laquelle il eut :
1. *Pierre*, qui suit.
2. Anne, mariée à Dqᵘᵉ Viville.

XII. Pierre, fils du préc., épousa, étant âgé de 33 ans, par. Sᵗ-Gorgon 8 déc. 1767, avec dispense du 3ᵉ degré de consanguinité, Antoinette *Croisille*, âgée de 31 ans, fille de Louis Croisille et de Nicole le Payen. De leur mariage naquit Jⁿ-Pʳᵉ-François, ibid. 20 avril 1769.

XIII. François, ancien juge de la juridiction consulaire, † par. Sᵗ-Gorgon 26 janv. 1768, à 79 ans : à son enterrement, son fils *Jean-Fᵒⁱˢ*, qui suit.

XIV. Jean-Fᵒⁱˢ, fils du préc., secrétaire de l'hôpital Sᵗ-Nicolas, eut de Mⁱᵉ-Jⁿᵉ *Lagrave*, son épouse, Antoinette, par. Sᵗ-Martin 16 juil. 1759.

XV. Isaac, aman, † à 78 ans, par. Sᵗᵉ-Ségolène 19 déc. 1699 : à son enterrement, Jⁿ-Bᵗᵉ Mittollot, son gendre.

XVI. Divers.
1. Alexandre-Chˡᵉˢ-Jⁿ-Bᵀᴱ. V. de la Cour VII.
2. Anne. V. Gimel II.
3. Barbe. V. Lalance.
4. Marguerite. V. Cannetel.
5. Marie. V. Vaucremont II.

PAYEN (de) François. V. Lanau de Marais.

PAYOT. I. Suzanne. V. de Grassy.
II. Marie. V. Marc XVI.

PAYSSAS Jean. V. le Mossy.

PEAUCELLIER Valentin, [archidiacre de Vic, chan. de la cathédrale et scelleur, † 6 août 1611. Journ. de Séb. Floret. Son épitaphe à la cathédrale porte Plaucelier et 1612. Msc. Epit.]

PECAULD (de) Louis-Hyacinthe-Théophile. V. de Favier.

PÊCHE (de la) Pierre, conseiller-maître en la chambre et cour des comptes, aides, domaines et finances du comté de Bourgogne, fils de Laurent, conseiller du Roi au bailliage de Verdun, et de Mᵉ-Catherine-Angélique Legay, épousa, étant âgé de 35 ans, par. Sᵗ-Simplice 18 juil. 1769, Fᵒⁱˢᵉ-Mᵉ *Darlu de Roissy*, âgée de 17 ans : au mariage, Louis-Jᵖʰ de la Pêche, éc., contrôleur des guerres à Verdun ; Claude-Casimir de Rancé, éc., ancien lieut. génˡ, demᵗ à Metz ; Hubert-Auguste de Rancé, chan. de la cathédrale de Verdun. De leur mariage naquit, par. Sᵗ-Simplice 6 mars 1771, Pʳᵉ-Étienne, † 7 mars suiv.

PÊCHEUR. I. Jⁿ-Pierre, procureur au bailliage, eut de Mᵉ *Lansemant*, son épouse, par. Sᵗ-Victor :
1. Jⁿ-Bᵗᵉ-Pierre, 6 oct. 1778 : p. Jⁿ-Bᵗᵉ Lansemant, conseiller du Roi, commissaire aux saisies réelles du bailliage ; m. Anne Pécheur, tante de l'enfant.
2. Mᵉ-Mᵗᵉ-Joséphine, 13 sept. 1783 : p. Jᵖʰ-Dᵘᵉ Rolland, notaire au bailliage de Château-Salins, résidant à Vatimont, son cousin pat. ; m. Mᵉ-Catherine Lansemant, épouse de Hubert Lemaire, procureur au parlᵗ, sa tante mat.
3. Mᵉ-Rose, 3 juil. 1785.
4. Anne-Charlotte-Victoire, † à 11 mois, 8 août 1788.
5. Charles, 27 janv. 1791.

II. Élisabeth. V. Pierre VI.

PÉCHINÉE Jeanne. V. d'Origny II.

PÉCHONNE (de) Daniel. V. des Aydes.

PEIFFER Louis, mᵈ, bourgeois de Metz, sgr haut-justicier en partie de Léoviller, épousa Béatrix *Stolz*, † à 31 ans, par. Sᵗ-Victor 22 janv. 1774.

PEIGNIER Claude. V. Geoffroy.

PÉLIGARD Barbe. V. d'Adeling.

PELLARD de GIVRY (de). I. Pierre, sgr de Givry et de Servigny, eut de Suzanne *le Goullon*, son épouse :
1. Gabriel-Louis, par. Sᵗ-Maximin 29 janv. 1627.
2. Anne-Chrétienne, jumelle du préc.
3. Françoise, mariée à Paul de la Téranne.

II. Bernard, chev., mᵉ-échevin, lieut. du Roi au gouvᵗ de Metz, sgr de Servigny, † par. Sᵗ-Gorgon 17 août 1697, à 75 ans, inhumé à la cathédrale. Il eut de Thérèse *d'Hermay*, son épouse, Mᵉ-Lˢᵉ-Charlotte, mariée à Nicolas cᵗᵉ de Fontaine.

III. Jean. V. de Fontaine III, 1.

IV. Madeleine-Nicole. V. le Grand II.

PELLETIER François. V. Bassalaigne.

PELLETIER (le), *alias* PELLETIER.
I. Laurent-Michel, chev., sgr de Retonféy, Argers, Woilemont, Maupertuy et Montjouy, commandeur de l'ordre de Sᵗ-Louis, lieut. génˡ des armées du Roi, inspecteur génˡ du corps royal artillerie, demᵗ à la porte Sᵗ-Thiébaut, † à 67 ans, par. Sᵗ-Martin 5 mai 1765. Il avait épousé Mᵉ-Catherine-Fᵒⁱˢᵉ *de Bertin de Drezelincourt*, † ibid. 19 mars 1766, à 40 et ... ans : à son enterrement, ses neveux Augustin-Louis-Michel le Pelletier, chev. de Sᵗ-Louis, cap. au corps royal artillerie, et Louis-Fᵒⁱˢ chev. le Pelletier de Glatigny, lieut. au même corps ; ses

cousins par alliance J^n-J^{ph}-Ch^{les} Besnard de Boulenne, cap. de cavalerie, et Laurent-Michel-J^{ph} Boileau, colonel au corps royal artillerie. — Du dit mariage naquirent par. St-Martin :

1. Gabriel-J^{ph}-Augustin-Laurent, 23 août 1749 : p. Gabriel-J^{ph}-Augustin Maresse, éc., commissaire des gardes du corps du Roi, son g^d oncle mat; m. M^{ie}-Geneviève Pelletier, v^{ve} de J^{ph} le Feron, chev., sgr de Troly, Brueil, Lhermite, etc., chev. de St-Louis, officier des mousquetaires du Roi et m^e des eaux et forêts de Compiègne.
2. Louis-Auguste-F^{ois}, 26 oct. 1751 : p. Louis-Auguste Pelletier, sgr de Liocourt, maréchal des camps et armées du Roi, command^t en chef l'artillerie au dép^t de Metz et à l'école militaire, son oncle; m. M^{ie}-Catherine-F^{oise} de Bertin de Drezelincourt, épouse de J^n-F^{ois}-René de Sourme-Desguigny, ancien cap. de cavalerie, sa tante : tous deux furent représentés.
3. Félix-J^n-J^{ph}, 22 mars 1753 : p. J^{ph}-Félix Pelletier de Prévalon, confrère de l'Oratoire, son oncle ; m. M^{ie}-J^{ne} Maresse, épouse de Mr Beauval, chev. de St-Louis, lieut. des chasses de la capitainerie royale de Compiègne, sa tante mat. : tous deux furent représentés.
4. Bernard-Laurent, 3 mai 1754.
5. Michel-Augustin *Pelletier d'Argers*, chev., lieut. en premier au rég^t de Metz corps royal artillerie, à l'enterrement de sa mère.

II. CLAUDE-M^{IE}. V. de Turgot.

III. SUZANNE. V. du Neufchasteau.

IV. MICHEL-ROBERT. V. Gaudet I, 18.

V. N***. V. Durand (note).

PELLISSON, alias PULLISSON, SUZANNE. V. d'Auteville.

PELLOT (LE) ANNE-M^{IE}-CLAIRE. V. de Renardi.

PELLOTTE DIEUDONNÉE. V. le Braconnier XXI.

PELOUX DE RORBEL JOSEPH, éc., conseiller du Roi, commissaire ordonnateur des guerres, † par. St-Gengoulph 27 août 1746. Il eut de M^{ie}-Sophie *de Mongrand*, son épouse, Gabriel, † en nourrice, par. St-Eucaire 24 août 1748.

PELTIER ALEXANDRE, cap. en second au rég^t de Besançon corps royal artillerie, † à 56 ans, rue de la Monnaie, par. St-Simplice 4 nov. 1787 : à son enterrement, N^{as} Peltier, bourgeois, son frère; J^n Peltier, loueur de carrosses, son neveu.

PELTRE. I. JACQUEMIN, R. P. R., fut père de Marie, mariée à Samuel Boudat.

II. JEAN, R. P. R., chir., fut père de Jean, 15 déc. 1610.

III. PIERRE, R. P. R., m^d, eut de Suzanne *le Bachelé*, son épouse :
1. Jean, 29 août 1627.
2. Jacques, d^r en médecine, qui épousa, 6 déc. 1648, M^{ie} *Pérignon*.

IV. PIERRE, économe à l'hôpital St-Nicolas, eut de L^{se} *Guichard*, son épouse, Lucie, mariée à J^n-B^{te} Dutemps du Portail.

V. JACQUES, procureur au bailliage, † par. St-Eucaire 28 juil. 1690 : à son enterrement, Ch^{les} Clément, procureur au présidial. Il avait épousé Claudine *de Saint-Chaumont*, † par. Ste-Ségolène 24 août 1673, à 40 ans, inhumée en la chap. Notre-Dame. De leur mariage naquirent :
1. Jean-F^{ois}, par. Ste-Croix 5 déc. 1668.
2. Barbe, ibid. 27 nov. 1672.
3. Catherine, mariée à Louis-N^{as} de Grandpré.

VI. JACQUES, m^e-apothicaire, eut de Madeleine *Dubois*, son épouse :
1. Marie, mariée à J^n de Montaud.
2. *Jean*, qui suit.

VII. JEAN, fils du préc., m^e-apothicaire, eut de Suzanne *Chardin*, son épouse :
1. Jean, commis au bureau des directions du domaine, † officier au rég^t d'Alsace, par. St-Gorgon 11 janv. 1752. Il avait abjuré le protestantisme, ibid. 28 sept. 1738, et épousé le surlendemain M^{te} *Gachot*, fille de J^n Gachot et de M^{ie} Gouttière.
2. J^n-Jacques; âgé de 65 ans, il épousa,

par. St-Victor 18 avril 1780, Barbe *de Guise*, âgée de 42 ans.
3. Étienne, † par. St-Gorgon 10 nov. 1743, à 18 ans.
4. *Pierre*, qui suit.

VIII. Pierre, fils du préc., me-apothicaire en Fournirue, épousa : 1° Catherine *Lamotte*, † par. St-Gorgon 12 avril 1756, à 33 ans ; 2° par. Ste-Croix 7 sept. 1756, Mie-Lse *Collignon*, âgée de 18 ans, fille de Jn-Bte Collignon, md orfèvre, et de Mie-Mte Maréchal.

Du premier mariage naquirent par. St-Gorgon :
1. Suzanne-Mie, 18 juil. 1750.
2. François-Mie, 20 oct. 1751.

Du second mariage naquirent ibid. :
3. Suzanne-Mie-Lse, 23 juin 1757.
4. Madeleine-Lse, 9 oct. 1759.
5. Mte-Françoise, 12 janv. 1762.
6. Marie, 24 oct. 1763.
7. Élisabeth, 28 août 1765 ; † 25 avril suiv.
8. Françoise, 24 avril 1768.

IX. Jacques, [chan. de St-Sauveur, † 19 mai 1766, à 40 ans, inhumé en l'église St-Martin. Msc. Epit.]

X. Divers.
1. Catherine. V. de Lescure III.
2. Catherine. V. Champion.
3. Françoise. V. de Palierme.
4. Gertrude. V. Joly.
5. Jn-Baptiste. V. Paignon.
6. Marie. V. le Goullon XL.
7. Marie. V. Lallemand II.
8. Sara. V. du Bois II.
9. Suzanne. V. de Cadelle de Grandmaison.

PÉMOLIÉ DE SAINT-MARTIN (DE) Bertrand-Mie, chev., sgr de Bédorède, St-Martin et autres lieux, chev. de St-Louis, cap. au régt de Champagne, fils de Raymond, éc., sgr de Bédorède, St-Martin, Yvis, etc., et de Mie de Grignon, épousa, par. St-Gengoulph 15 mars 1753, Mie-Anne *Morel*.

PENCISQUE (DE) N***, sgr de la Grange, épousa, par. St-Marcel 24 nov. 1638, Madeleine *de Balbo*.

PENDERGAST (DE), *alias* PRENDERGAST Marie. V. Lonergan.

PÈNE (DE) Madeleine. V. Tardif.

PENIER Catherine. V. Masson IV.

PÉPIN. I. Mie-Madeleine. V. du Pérille.
II. Marie. V. de Favarre.

PEPLIN Rose. V. de Campourcy.

PÉRAIN DE BUY Claude-Nas, sgr de Buy, receveur des deniers patrimoniaux et d'octroi de la ville de Metz, trés. de l'artillerie et du génie, fils de Nas-Charles, avocat au parlt de Paris, commissaire des vivres au dépt de Metz, et de Louise-Mte Durfert ; † rue Ste-Glossinde, par. St-Gengoulph 30 juin 1760, à 45 ans. Il avait épousé Claude-Foise *Thomas*, † ibid. 8 janv. 1779. De leur mariage étaient nés :
1. Jne-Mie-Lse-Augustine, par. St-Martin 1er oct. 1737 ; mariée à Jn-Fois-Raymond Guy.
2. Françoise, ibid. 26 oct. 1739 : p. Jn-Bte Thomas de Pange, commissaire des vivres au dépt de Metz ; m. Foise Thomas, sa fille.
3. Anne-Justine, ibid. 22 mai 1741.
4. Pre-Claude, par. St-Gengoulph 1er juil. 1743.
5. Élisabeth-Foise, ibid. après le 4 nov. 1744 (l'acte est sans date) : p. Jn-Fois Verdun de Montchiroux, fermier génl des domaines et gabelles de la Lorraine et des Évêchés ; m. Élisabeth-Foise Ferrand, épouse de Philbert de Parseval, fermier génl.
6. Alexandre-Philippe, ibid. 27 oct. 1746 : p. Philippe de Boulogne, éc., commissaire génl des vivres de Flandre et d'Allemagne ; m. Mie-Sophie de Mongrand, vve de Jph Peloux de Rorbel.
7. Anne, ibid. 5 janv. 1748.
8. Adrien-Fois, ibid. 16 juin 1750.
9. Auguste-Jn-Bte, ibid. 25 janv. 1752.
10. Alexandre, parrain par. St-Eucaire 23 avril 1760 ; peut-être le même qu'Alexandre-Philippe ci-dessus.

PERAULT Michel, chev. de St-Louis, cap. au régt de Villeroy cavalerie, épousa

F^oise *Courageux*, v^ve de J^n Olry, laquelle mourut à 90 ans, par. St-Simplice 28 avril 1763.

PERBAL Barbe et François. V. Legaux.

PERCEVAL. I. Claudon. V. le Goullon XV.

II. Jeanne. V. Saget VI.

PERCEVAL (de), *alias* de **PERSEVAL**.
I. François, éc., ingénieur et cap. au rég^t de Piémont, † par. St-Martin 11 août 1643.

II. Philbert-M^ie-César, lieut. en premier au rég^t d'Auxonne artillerie, fils des † F^ois-Philbert, éc., sgr de Perthuis, Conflans, Montmartin, etc., et M^ie-Anne-Sophie de Tolor, épousa, par. St-Martin 31 mai 1790, Frédérique-Alexandre-Thérèse-Caroline *de Bergh*, fille de Louis-Ch^les de Bergh, chev. de St-Louis, brigadier des armées du Roi, colonel au rég^t royal de Deux-Ponts, et d'Anne-Élisabeth de Néal.

III. F^ois-M^ie-César. V. d'Origny II.

PERDRIAC (de), *alias* de **PERDRIAT**, Gabriel, éc., s^r de la Fragnée, cap. au rég^t de dragons de la Reine, fils de † David, éc., s^r de la Fragnée, et de Gabrielle de Poisnac, épousa, étant âgé de 35 ans, par. St-Marcel 7 déc. 1701, J^ne-F^oise *Chaumont*, *alias de Saint-Chaumont*, dont il eut ibid. :

1. Maximilienne-Ursule, 27 oct. 1702 ; † 29 sept. 1706.
2. Jacques, † à 21 mois, 17 sept. 1706.
3. Béatrix-Angélique, 22 juin 1715 : p. J^ques de Gaultier, chev., sgr du Tilleul, lieut.-colonel au rég^t des dragons de la Reine ; m. Béatrix Baigneux, épouse d'Adrien de Monsure.
4. Gabriel-Barthélemy, 14 août 1718 ; † 25 sept. 1727.

PERDRIGEON M^ie-Anne. V. de Fonton.

PERDRIX Marguerite. V. Maclot II et de Ballières.

PÉRET Catherine. V. Jacob de la Cottière.

PÉRICARD Jacques, [natif de Troyes en Champagne, Msc. Epit.], conseiller au parl^t pendant 47 ans, † par. Ste-Croix 31 déc. 1688. Il avait épousé : 1° par. Ste-Croix 7 sept. 1660, Bonne-Catherine *du Mesnil de Vaux*, v^ve de F^ois de Guercir, s^r de Rogues, maréchal des camps et armées du Roi, laquelle mourut ibid. 2 déc. 1676 ; 2° ibid. 13 sept. 1678, Louise *Poutet*, † à 73 ans, 16 juil. 1714.

PÉRIGNON. I. Odard, R. P. R., bourgeois, fils de noble Odard, sgr de Rancourt, bourgeois de Troyes, épousa, 22 sept. 1604, Judith *Chauveau*, dont il eut :

1. Madeleine, 15 mai 1616.
2. Anne, † 25 janv. 1679, à 60 ans.
3. Jeanne, mariée à David de Saint-Aubin.
4. Élisabeth, mariée à P^re Bachelé.
5. Judith, mariée à J^ques de Marolles, puis à Thomas le Duchat.

II. Jean, R. P. R., m^d, épousa, 7 mai 1600, Judith *le Bachelé*, dont il eut *Jean*, qui suit.

III. Jean, R. P. R., fils du préc., procureur au parl^t à l'époque de sa création, épousa, 2 mai 1627, Élisabeth *Chevillette*, † à 62 ans, 30 juil. 1670. De leur mariage étaient nés :

1. Élisabeth, 16 janv. 1628.
2. Jean, 11 mai 1631.
3. Marie, 4 févr. 1633.
4. Isaac, 6 avril 1635.
5. Jean, 17 sept. 1636.
6. Élisabeth, 5 févr. 1639.
7. Paul, 19 juil. 1641.
8. Louis, 4 juil. 1643.
9. Anne, 25 déc. 1644.
10. *David*, 10 juil. 1647 ; lequel suit.

IV. David, R. P. R., fils du préc., eut de Suzanne *Braconnier*, son épouse :

1. Suzanne, 12 août 1676 ; † 22 suiv.
2. Suzanne, 30 janv. 1680 ; † 9 févr. suiv.
3. David, 12 sept. 1684 ; † 24 suiv.

V. Divers.
1. Barbe. V. Sauvage IV.
2. Louise. V. Sergent III.
3. Madeleine. V. Maclot II.
4. Marie. V. Peltre III, 2.

5. M^ie-Françoise. V. Jeannin.
6. Nicolas. V. Laurent III.

PÉRILLE (du) J^n-Jacques, éc., chev. de St-Louis, commissaire provincial de l'artillerie, command^t l'école de cette arme à Metz en 1724, fils de † Didier, officier de la défunte Reine, et de M^ie-Madeleine Pépin, avait épousé, par. St-Victor 29 avril 1720, F^oise-Marguerite *Frémont*.

PÉRIN. I. Nicolas, m^d, dem^t à Bettincourt dans le Clermontois, épousa M^ie *Mélinet*, † par. Ste-Croix 8 nov. 1759 : à son enterrement, ses fils
1. Jean, greffier et tabellion à Pontoy.
2. *Louis*, qui suit.

II. Louis, fils du préc., procureur au parl^t, † par. St-Victor 6 juin 1781, à 66 ans. Il avait épousé : 1° par. St-Gorgon 17 juin 1744, M^ie *Bertrand*, † par. Ste-Croix 21 déc. 1750; 2° J^ne-M^ie *Voyard*, † par. St-Victor 15 oct. 1789, à 79 ans.

Du premier mariage naquirent par. Ste-Croix :
1. Dominique, 11 avril 1747.
2. Louis-Étienne, 11 avril 1748.
3. J^n-François, 9 sept. 1749.
4. *Claude-F^ois*, 21 nov. 1750; lequel suit.

Du second mariage naquit :
5. *Dominique*, qui suivra.

III. Claude-F^ois, fils du préc., avocat au parl^t, [b^on de l'Empire, procureur gén^l à la cour royale de Metz, chev. de la Légion d'honneur et du Mérite civil de Bavière, † à Metz 17 déc. 1821, inhumé au cimetière d'Augny.] Il avait épousé, par. St-Maximin 31 août 1779, M^ie *Emmery*, dont il eut ibid. :
1. J^ne-M^ie-Claude-Félicité, 27 avril 1780; † 27 août 1783.
2. Louis-M^ie-Claude-Maximin, 30 juin 1782 : p. Louis-Maximin Emmery, receveur de l'hôtel de ville, oncle mat.; m. M^ie Périn, épouse de Claude Segond, procureur au parl^t. — Il mourut 10 août 1783.
3. M^ie-J^ne-Sophie-Dominique, 10 oct. 1784; [longtemps conseiller à la cour royale de Metz, il mourut à Marienthal, au duché de Luxembourg, 30 janv. 1850.]
4. M^ie-Claude-Félicité, 1er févr. 1787; † 9 nov. 1790.

IV. Dominique, frère du préc., procureur au parl^t, [puis conseiller à la cour royale], avait épousé Élisabeth *Collignon*, dont il eut :
1. Jean-M^ie, par. St-Martin 17 mars 1777.
2. Claude-F^ois, ibid. 18 juil. 1778.
3. Claude-Victor, par. St-Victor 24 juil. 1783.
4. J^n-Baptiste, ibid. 17 août 1784.
5. M^ie-Pierre, ibid. 17 mars 1786.

V. J^n-Louis l'aîné, procureur au parl^t, fils de Claude, rentier, dem^t à Bettincourt au Clermontois, eut de M^te *Thirion*, son épouse, par. St-Victor :
1. M^te-Henriette, 17 déc. 1777 : p. Claude Périn, aïeul pat., représenté par Claude-F^ois Périn, avocat au parl^t; m. M^te Lehaze, épouse de F^ois Thirion, ancien m^d et conseiller-échevin de l'hôtel de ville de Verdun, aïeule mat., représentée par M^te-Henriette Thirion, épouse de J^ques-Philippe Read, médecin du Roi à l'hôpital militaire de Metz, membre de la Société des sciences et des arts, membre du collège royal de médecine de Paris, tante mat.
2. Anne-M^ie-Julie, 7 juin 1780.
3. Henriette-Adélaïde, 10 avril 1782; † 11 juil. 1783.

VI. F^ois-Antoine, ancien avocat à la cour souveraine de Lorraine, dem^t rue des Jardins, eut d'Élisabeth *Ferquel*, son épouse, Anne-Agathe, par. St-Gorgon 23 févr. 1764.

VII. Jacques, avocat au parl^t, intéressé dans les affaires du Roi, fils de Louis, dir. des vivres à Verdun, et de † Henriette Husson, épousa, par. St-Gengoulph 22 nov. 1769, M^ie-F^oise *de Brunel*.

VIII. Divers.
1. Anne. V. Trouville.
2. Anne-Agathe. V. Gerard d'Hannoncelles (note).
3. Barbe. V. Régnier d'Arraincourt II, 10.
4. Catherine. V. Godefroy.

5. Gabrielle. V. Taizon.
6. Judith. V. Antoine V.
7. Madeleine. V. Emmery.
8. Madeleine. V. Spessoles de Saint-Ozo.
9. Marie. V. Chardin III et Georges I, 4.
10. M^ie-Thérèse. V. de Presmain.
11. Michel. V. de Gray de Malmédy IV, 3.

PÉRISSE Anne. V. des Andrés.

PERNET. I. Françoise. V. Monmerqué II.
II. Antoinette. V. Fornachon II.
III. Anne-Élisabeth. V. Hollandre.
IV. Sophie. V. Christen.

PERNET (de). I. Nicolas, s^r de Poinsin, eut d'Anne *Devaux*, son épouse, Thomas, par. St-Simplice 10 avril 1680 : p. Thomas de Bragelonne, premier président au parl^t; m. M^ie le Page, épouse de F^ois Bazin, sgr de Baudeville et autres lieux, conseiller du Roi en ses conseils, m^e des requêtes ordinaires de son hôtel, intend^t des Trois-Évêchés.
II. P^re-Hyacinthe, éc., cap. d'infanterie, épousa Anne *de Gréaume de la Chardonnière*, fille de Jacques, éc., sgr de la Chardonnière ou Chaudronnière, lieut. des grenadiers au rég^t de Beaucoisé, et de J^ne Prin, de laquelle il eut :
1. Jeanne, par. St-Martin 19 sept. 1720.
2. Thomas-Hyacinthe, par. St-Simplice 26 janv. 1722.
3. Étienne, ibid. 21 juin 1723.

PERNETTE Anne-M^ie. V. d'Inguimbert de Pramiral.

PERNIN (de) Benoit, m^e d'hôtel de Mgr de Harlay, eut de M^ie *Joly*, son épouse, par. St-Simplice 11 nov. 1719, Louis-Ch^les : p. Mgr Louis-Auguste-Achille de Harlay, intend^t des Trois-Évêchés ; m. M^ie-Charles de la Vie : tous deux représentés.

PERNOT Françoise. V. Panot.

PÉROLLE. I. Antoine, † par. St-Eucaire 25 mars 1697, avait épousé Marie *Gonty*, † ibid. 15 nov. 1696. De leur mariage étaient nés :

1. Étienne, curé de Jaulny ; † par. St-Livier 12 févr. 1705, à 50 ans.
2. *Joseph*, qui suit.
3. *Philippe*, qui suivra.
4. Pierrette, mariée à Blaise Gilon.
5. François, échevin de l'hôtel de ville, qui épousa M^te *Barbé*, † à 57 ans, par. St-Livier 12 mai 1740. De leur mariage étaient nées Marguerite, mariée à N^as Evrard, et M^ie-Madeleine, mariée à César Evrard.

II. Joseph, fils du préc., avocat au parl^t, procureur du Roi en la maîtrise particulière des eaux et forêts, épousa, par. St-Livier 1er août 1695, Louise *Waray*, fille de Louis Waray et de Barbe Mangeot, laquelle mourut par. Ste-Croix 21 avril 1758. De leur mariage naquirent par. St-Victor :

1. Catherine-Josèphe, 12 mai 1697 ; mariée à Ch^les Conlet.
2. Joseph, 23 févr. 1699.
3. J^ne-Charlotte, 2 avril 1702.
4. M^ie-Madeleine, 16 avril 1703 ; supérieure de la Propagation de la Foi, † par. Ste-Croix 8 oct. 1788.
5. *Nicolas*, 23 juil. 1705 ; lequel suit.

III. Nicolas, fils du préc., procureur au parl^t, † par. St-Victor 1er nov. 1745. Il avait épousé, par. St-Simplice 20 juin 1731, Anne-Catherine *Guératte, alias Queyrat*, fille de Jean Queyrat et de † Christine Plicard, de laquelle il eut :

1. Anne-Catherine, par. Ste-Croix 25 mai 1732.
2. J^ne-Louise, ibid. 2 juil. 1733.
3. J^ques-Joseph, par. St-Gorgon 10 juil. 1734.
4. Marguerite, ibid. 12 sept. 1737.
5. Claude-N^as, ibid. 14 oct. 1738.
6. Claude-J^ph, par. St-Victor 17 avril 1742.
7. Louise, mariée à D^que Jacob.

IV. Philippe, oncle du préc., m^d, † par. St-Livier 25 août 1726, à 68 ans. Il avait épousé M^ie-Madeleine *Guillaume*, † ibid. 13 juin 1717. De leur mariage étaient nés :

1. Joseph, physicien, † par. St-Livier 6 févr. 1715.
2. François, à l'enterrement de sa mère.

3. M‍ie-Jeanne, mariée à J‍n Doger.
4. H‍enry, † à 8 ans, par. S‍t-Livier 30 juil. 1707.
5. Claude, né ibid. 23 nov. 1705; † 21 janv. 1709.

V. PHILIPPE, éc., conseiller du Roi, ancien juge consulaire et major de la milice bourgeoise, trés. au bureau des finances, † par. S‍te-Croix 18 sept. 1787, à 86 ans. Il avait épousé Anne *Provence*, † ibid. 30 janv. 1777, à 89 ans. De leur mariage étaient nées :
1. Marguerite, mariée à Gabriel de Beccary-Lebrun.
2. Anne, mariée à J‍n-Guillaume-N‍as Jacquesson.

VI. CLAUDE, cavalier au rég‍t de Dubordage, eut de M‍te *Brayon*, son épouse, Charles, par. S‍t-Livier 31 août 1697.

VII. M‍ie-MADELEINE. V. Evrard IV.

PÉRONNE DE GOUGE M‍ie-JEANNE. V. Landru de Neuilly.

PEROT MICHEL. V. Bardou du Hamel.

PÉROUSE (DE LA), *alias* DE LA PÉROUSSE. I. CLAUDE, enseigne de la colonelle des bombardiers et commissaire d'artillerie, † par. S‍t-Gorgon 18 oct. 1689, à 32 ans.

II. J‍ph-FRANÇOIS. V. Rodrigues.

PERRARD DE VILLERS ANNE-M‍ie-NICOLE-FÉLICITÉ. V. Rambourg.

PERRAULT DE ROUGERON, *alias* PERREAULT BENOIT, lieut. au rég‍t de Condé, fils d'Antoine, avocat de la cour de Dijon, sgr de Rougeron, et de F‍oise de Scirne (?), épousa : 1° étant âgé de 23 ans, par. S‍t-Eucaire 30 nov. 1675, Anne *le Hongre*, fille de † le s‍r Hongre, sergent au rég‍t de la Ferté, et de Sébastienne Dedon, laquelle mourut ibid. 11 avril 1702 ; 2° ibid. 10 juil. 1702, Anne *Godfrin*, v‍ve du s‍r Boudaine, laquelle mourut ibid. 24 févr. 1744, à 81 ans. Du premier mariage était née Marguerite, ibid. 7 sept. 1676.

PERRIER (DU) PROTAIS, receveur des contrôles et domaines du Roi, eut de M‍te *Deny*, son épouse, Geneviève, † à 72 ans, par. S‍t-Victor 11 déc. 1775, dans la maison de son frère, chan. de la cathédrale.

PERRIET MARIE. V. Fortin.

PERRIN, *cfr* PÉRIN. I. CHRISTOPHE, m‍d, épousa, par. S‍t-Simon 7 sept. 1743, M‍ie *Régnier*.

II. ÉLISABETH. V. de la Saux.

III. M‍ie-THÉRÈSE. V. de Sousmain.

PERRIN DES ALMONS [1]. I. ANDRÉ, sgr du Hautbois, domicilié à Freistroff, fils de René, sgr du Hautbois, conseiller du Roi en l'élection et principauté de Joinville, et d'Anne Vivot, épousa, étant âgé de 32 ans, par. S‍te-Croix 3 nov. 1680, Madeleine *Huguenot de Boncourt*, † par. S‍t-Gorgon 7 juil. 1714. De leur mariage étaient nés :
1. Catherine, † à 16 ans, par. S‍t-Gorgon 15 août 1699.
2. J‍ques-Louis, qui suit.

II. J‍ques-LOUIS, fils du préc., éc., sgr des Almons, du Hautbois et de la haute vouerie de S‍t-Marcel, syndic honoraire de la ville de Metz, [† à 77 ans, 11 mai 1766]. Il avait épousé, [en 1715], M‍te *Hollande*, † par. S‍t-Eucaire 23 févr. 1762. De leur mariage étaient nés :
1. Humbert-Ch‍les, par. S‍te-Croix 20 oct. 1716 ; † 29 août 1718.
2. *Joseph*, ibid. 25 sept. 1717 ; lequel suit.
3. Anne, ibid. 23 avril 1719.
4. Marguerite, ibid. 9 avril 1721.
5. Hubert-Sébastien, par. S‍t-Martin 7 déc. 1722.
6. Marguerite-F‍oise, ibid. 8 mai 1724.
7. Marguerite, ibid. 14 oct. 1725 ; mariée à F‍ois de Martinet.
8. P‍re-Augustin-Victoire, par. S‍te-Croix 23 mars 1729. [Il commanda l'école d'artillerie, devint maréchal de camp en 1788, et mourut en 1811. Il avait épousé M‍ie-Anne-Catherine-Madeleine *Ballard d'Invillers*, fille de Louis-Henry Ballard d'Invillers, maréchal de

---

[1] Les détails entre [ ] sont empruntés aux Notes de M‍r le Président d'Hannoncelles.

camp, inspecteur gén¹ d'artillerie, laquelle mourut à 69 ans, 20 mai 1807. De leur mariage naquirent deux filles, mortes sans alliance.]

9. Charlotte-M^te, ibid. 23 mars 1731.

III. JOSEPH, fils du préc., éc., sgr de Mazières, chev. de St-Louis, dir. de l'artillerie, lieut.-gén¹ du Roi, avait épousé M^ie-Catherine *d'Antessanti*, du duché de Mantoue, dont il eut :

1. M^ie-Catherine-Victoire; mariée à Louis-F^ois Passerat de la Chapelle.
2. [Constance, mariée à N*** Doms d'Hautecour.
3. Marguerite-F^oise, mariée à N*** le Masson, ancien m^e particulier des eaux et forêts.]
4. Louise-F^oise-Félicité. V. Passerat de la Chapelle.

PERRIN DE BRICHAMBEAU F^ois-JOSEPH, éc., avocat au parl^t, sgr de Brichambeau, eut d'Anne-M^ie *Noël*, son épouse, par. St-Simplice :

1. Jean, 7 déc. 1695 : p. J^n Vassart de la Rotte; m. Anne-Catherine Huyn, épouse de F^ois Maguin, ancien lieut. du m^e-échevin.
2. Claude-Antoine, 17 janv. 1697 : p. Antoine André, avocat au parl^t; m. Claude-F^oise Antoine, fille de Marc Antoine.

PERRON (DE), *alias* DE PÉRON J^n-NICOLAS, chev. de St-Louis, cap. au rég^t de Touraine, fils de † Pierre et de F^oise Dauban, de Marseille, épousa, étant âgé de 60 ans, par. St-Victor 19 avril 1774, Henriette-F^oise *Roland de Gombart*, âgée de 45 ans, v^ve de Daniel de Mahouy, cap. au rég^t de Rotte Irlandais. Au mariage, P^re-Emmanuel de Dosme, chev. du St-Empire, cousin de la mariée; Taris de Champrenard et Étienne de Gramont de Villemontès, capitaines de grenadiers au rég^t de Touraine; Térence O'Brien, chev. de St-Louis.

PERROT FRANÇOIS, R. P. R., noble, fut père d'Espérance, 3 nov. 1563.

PERROT DE GALBERT M^ie-VIRGINIE et GUY. V. Baltus V.

PERROUX DES MAZIÈRES (DU) FRANÇOIS, sgr des Mazières, command^t un bataillon au rég^t de la Couronne, chev. de St-Louis, fils des † Tiburce, éc., sgr des Mazières, et Madeleine *d'Assy*, de la par. de Sauzay-le-Potier, diocèse de Bourges, épousa, par. Ste-Croix 29 oct. 1743, Catherine *de la Fond*, v^ve d'Adrien de Monsure de Cany, dont il eut par. St-Marcel :

1. Gabrielle-Onésime, 3 sept. 1744.
2. Louis-Ignace, 7 déc. 1745.
3. M^ie-Rose, 1er déc. 1746; † 12 août 1770.

PERRUCHOT BERNARD, avocat en parl^t, munitionnaire gén¹ des hôpitaux de l'armée d'Italie, fils de † Antoine, bourgeois de Dijon, et d'Anne Bornot, épousa, par. St-Martin 3 juil. 1753, Anne-M^ie-Joséphine *Baconnière de Salverte*.

PERSEVAL (DE). V. de Perceval.

PERSODE, *alias* PERSOD. I. PIERRE, R. P. R., m^d, secrétaire interprète en langue germanique, fils de F^ois, natif de Persode, épousa, 5 mai 1613, Suzanne *de Saint-Aubin*, dont il eut :

1. Pierre, 29 août 1614.
2. Suzanne, 19 févr. 1616.
3. Louise, 16 mai 1618; sans doute l'épouse de J^n Jennet, dame de Peltre en 1681.
4. Marie, 20 mai 1621.
5. *Louis*, 28 avril 1624; lequel suit.
6. Charles, 9 mai 1627.
7. Marie, 1er mai 1630; mariée à J^n Allion.
8. Michel, 18 juil. 1632.

II. LOUIS, R. P. R., fils du préc., m^d, conseiller-échevin de l'hôtel-de-ville, † 7 sept. 1668. Il avait épousé : 1° 24 déc. 1651, Élisabeth *Couilez*; 2° 4 juil. 1660, Suzanne *Persode*.

Du premier mariage naquirent :

1. Louis, 6 nov. 1652.
2. Pierre, 7 avril 1654.
3. Élisabeth, 8 mars 1656.

Du second mariage naquirent :

4. Suzanne, 15 avril 1661.
5. Louise, 23 avril 1662.

6. Louis, 7 avril 1666.
7. Charlotte, 2 févr. 1668.

III. MICHEL, R. P. R., m^d, fut père de :
1. Pierre, 26 févr. 1616.
2. Marie, mariée à P^{re} le Goullon.
3. Madeleine, mariée à Daniel le Goullon.
4. *André*, qui suit.
5. Michel, ancien cap. et major de Verdun, † 17 mars 1675, à 66 ans.
6. Suzanne, mariée à Isaac Blaise, puis à Israël le Goullon.

IV. ANDRÉ, R. P. R., fils du préc., aman, conseiller au bailliage, † à 72 ans, 13 déc. 1678. Il avait épousé, 25 avril 1632, Suzanne *Goffin*, † à 76 ans, 15 nov. 1676. De leur mariage naquirent :
1. Paul, 24 avril 1633; † 7 sept. 1668.
2. Suzanne, 3 déc. 1634.
3. *André*, 2 janv. 1636; lequel suit.
4. Louise, 6 déc. 1637.
5. Madeleine, 28 août 1640.
6. Michel, 30 août 1642.

V. ANDRÉ⁽¹⁾, R. P. R., fils du préc., conseiller au bailliage, [† en 1701]. Il avait épousé, 18 sept. 1672, Rachel *Morel*, âgée de 18 ans, dont il eut :
1. André, 13 juil. 1673; † 30 août suiv^t.
2. Suzanne, 17 juin 1674; [mariée à Philippe de Plantamour, conseiller au conseil privé du Roi de Pologne Électeur de Saxe, dont postérité].
3. Rachel, 23 nov. 1675.
4. Louise, 29 nov. 1676; [mariée à M. de Kagel, cap. d'infanterie au service de Russie, dont postérité].
5. Marie, 5 mars 1678; [mariée à M. Herant, chapelain de la Reine de Danemarck et ministre de l'église française de Copenhague, dont postérité].
6. Madeleine, 18 mars 1679; [mariée à Jⁿ Bodt, major gén^l des armées du Roi de Prusse, dont postérité].
7. Judith, 19 déc. 1680.
8. Paul, 23 août 1682; [cap. de cavalerie, il épousa d^{elle} *de Pliute*, dont postérité].
9. André, 2 déc. 1683; lieut.-colonel

(1) Les détails entre [ ] nous ont été fournis par M^r le c^{te} David de Riocour, au château de Vitry-la-Ville (Marne).

dans les troupes de Prusse en 1725. [Il avait épousé d^{elle} *Maillet*, dont postérité].
10. *Charles*, 25 mars 1685 ; lequel suit.

VI. CHARLES, fils du préc., conseiller du Roi, garde des sceaux de la chancellerie au parl^t, sgr de la Hautonnerie, Ay, Trémery et Hauconcourt, † par. Ste-Croix 29 mars 1757, inhumé aux Carmes-Déchaussés. Il avait épousé M^{te} *de Blair*, † par. Ste-Croix 2 oct. 1767. De leur mariage naquit, ibid. 14 juin 1725, André-Armand ; éc., sgr de Brecklange, cap. au rég^t de Dompierre cavalerie, à l'enterrement de son père.

VII. PIERRE, R. P. R., sgr de Maizery, eut de Catherine *Pomert*, son épouse, Suzanne, 5 nov. 1666.

VIII. CHARLES, R. P. R., commis de Mgr le marquis de Bernis, secrétaire des commandements de Sa Majesté, épousa Elisabeth *Rousseaux*, marraine 7 août 1669.

PERSON CHARLES, peintre ordinaire du Roi et recteur de l'Académie royale de Paris, épousa F^{oise}-M^{te} *Bruiant*, † v^{ve} de lui, par. St-Martin 17 juil. 1670, à 60 ans, inhumée « proche l'autel St-Sébastien au dehors du balustre ». De leur mariage étaient nées :
1. Marguerite, mariée à Lancelot, *alias* F^{ois} François.
2. N***, mariée à N^{as} Chouffeurt.

PERSY FRANÇOISE. V. de Gilbert de Saint-Laurent III.

PERY (DE). V. de Faure.

PESCATORE M^{ie}-MADELEINE-ÉMILIE. V. Gerard d'Hannoncelles (note).

PESSÉ, *alias* PÉSIÉ, FRANÇOISE et MATHIEU. V. Darlu de Roissy.

PESSOLES (DE) LOUIS-AUGUSTE-BÉNÉDICT, officier d'artillerie, éc., fils de † Jean, éc., secrétaire des commandements de † S. A. R. le duc du Maine, et de Suzanne Bath, épousa, par. Ste-Ségolène 27 août 1736, Barbe *Forest*, fille de † Nicolas Forest, m^d, et de N*** Willaume.

PETELOT DIEUDONNÉE. V. le Braconnier XXI.

PÉTERQUIN Suzanne. V. Ferry XII.

PETIN. I. J^{ph}-Michel, conseiller secrétaire du Roi en la chancellerie du parl^t, avait épousé Catherine-Diane *de la Tour*, † subitement par. St-Martin 27 déc. 1750, à 84 ans.

II. Philippe, bourgeois, avait épousé Anne *Lhuillier*, † par. St-Martin 13 janv. 1738, à 98 ans. De leur mariage naquit Claude-Etienne, conseiller du Roi, garde-livres en la chambre des comptes du parl^t.

PETIT. I. Jean, [chan. et prévôt de N.-D. de la Ronde, † 11 déc. 1755, à 90 ans, inhumé à la cathédrale. Msc. Epit.]

II. Antoine, [sgr de Passy, Serilly et Ebercourt, doyen des conseillers au parl^t, † en 1703. Il avait épousé Anne *de la Forest*].

III. Divers.
1. Angélique. V. Lajeunesse XII.
2. Ermine. V. de Cerretany IV.
3. Jeanne. V. Maimbourg II.
4. Marguerite. V. Guyot V.
5. M^{ie}-Anne-M^{te}. V. Pierre III, 1.
6. M^{ie}-Catherine. V. Nivoy III.

PETIT de la VAULX. I. Catherine fut marraine à Luttange 15 mars 1681, ne sachant écrire.

II. Charles, sgr en partie de Luttange, y fut parrain 7 mars 1687.

III. Alexandre, sgr de Luttange et Donmaire, † à Luttange 2 juin 1709. Il avait épousé Madeleine *de Pallant*, † à 93 ans, ibid. 14 févr. 1732. De leur mariage était née Catherine-Régine, mariée à Augustin-Marcel de Cabanes.

IV. Pierre, sgr de Kemplich, épousa Lucie *Dattel*, † à Luttange 12 oct. 1719.

V. Claude. V. Dattel V.

PETIT-GOZ Jean. V. Copperel.

PETITJEAN. I. Mathieu, R. P. R., eut d'Anne *Alexandre*, son épouse, Jérémie, 4 avril 1651.

II. Divers.
1. Anne. V. Grandjambe XVI et de Saint-Aubin VII.
2. Ch^{les}-Norbert. V. Chonet de Bollemont.
3. Françoise. V. Auburtin-Aubertin X.
4. Madeleine. V. Michelet de Vatimont III.
5. Marie. V. Duclos.
6. Marie. V. Aumaistre.
7. Suzanne. V. de Saint-Aubin IX.

PETITJEAN de RUGY. I. Charles, R. P. R., sgr de Rugy, fils de Moyse, sgr de Rugy, épousa, 25 juil. 1649, Elisabeth *de Morenvillé*, † 12 juin 1681. De leur mariage naquirent :
1. Judith, 2 sept. 1650; mariée à David Goullet, sgr de Crépy.
2. Élisabeth, 30 janv. 1652; mariée à Théophile du Moulin.
3. Charles, 3 juil. 1655.
4. Suzanne, 5 avril 1658; mariée à Jⁿ Malchar.
5. Marie, 15 oct. 1660.
6. Dorothée, 8 août 1663.
7. Rachel, 23 oct. 1665.
8. Joseph, 6 juil. 1669; † 26 déc. 1671.

II. N***. V. Possélius.

PETITMAIRE Marie. V. Pallas.

PETITPAIN Anne-Élisabeth. V. Voyart III, 2.

PETITPIED M^{ie}-L^{se}-Françoise. V. Duverger.

PÉTREMAND D'AMONDANS Philippe-J^{ph}-F^{ois}, chev., sgr d'Amondans, chev. de St-Louis, cap. au rég^t de Champagne, fils de † Denis-Grégoire, chev., sgr d'Amondans, conseiller au parl^t de Besançon, épousa, par. St-Jean de la Citadelle 17 nov. 1722, Charlotte *de Theys*, fille de P^{re} de Theys, chev., sgr de Moulard, chev. de St-Louis, lieut. de Roi à la citadelle, et de † M^{te} d'Egmond de Bergh et Hervillers : au mariage, Ignace-Philippe de Pétremand, chev. de Malte, frère de l'époux ; Jⁿ de Monssolens, chev. de St-Louis, son ami.

PÉTREMAND de VALAY J^{ne}-Sabine-Thérèse. V. de Tinseau.

PÉTREMENT Nicolas eut de Nicole *de Mouzon*, son épouse, par. Ste-Croix :

1. Gabrielle, 9 avril 1669 : p. Louis Poutet, receveur au bailliage ; m. Gabrielle Auburtin.
2. F^{ois}-Antoine, 13 juin 1672.
3. Jⁿ-Antoine, 24 oct. 1674.

PETRI (DE) F^{ois}-ADAM, [chev. de St-Louis, cap. au rég^t d'Alsace infanterie allemande, † par. St-Maximin 21 janv. 1715, à 45 ans, inhumé dans l'église. Msc. Epit.].

PÉTRY DE LHOSTULERIE GENEVIÈVE-ANGÉLIQUE. V. Mauger de Belle-Isle.

PEUGNÉ (DE) HENRY-LOUIS. V. Rothé de Maray de Lasalle.

PEYER THOMAS. V. Christen.

PEYRADE (DE LA) GUILLAUME, cap. au rég^t de Bourbon infanterie, † à 67 ans, par. St-Gorgon 26 oct. 1733. Il avait épousé Christine *Marchand*, dont il eut Jⁿ-Baptiste, ibid. 31 août 1729.

PEYRE (DE LA) M^{ie}-MADELEINE. V. de Berry.

PEYTES DE MONTCABRIÉ HECTOR-AUGUSTIN, chev. de Montcabrié, lieut. au rég^t de Champagne, fils de N*** Peytes de Montcabrié, éc., et de N*** Babut, † par. St-Livier 9 sept. 1771, à 21 ans : à son enterrement, Claude-Constant de Marfaing, chev. de St-Louis, colonel cap. des grenadiers du dit rég^t.

PFISTER (DE) MAXIMILIEN LOUIS-CH^{LES}. V. Gardeur-Lebrun II, 7.

PHÉLIX SARA et PIERRON. V. Marion II.

PHILBERT. I. BARBE. V. Gauvain VII.
II. BARBE, alias ANNE. V. Jobal II.
III. CATHERINE. V. le Goullon XLVIII.

PHILIPPE. I. PAUL, R. P. R., aman, † à 66 ans, 16 oct. 1685. Il avait épousé : 1° Élisabeth *des Meulles*; 2° Anne *de Couët*, † par. St-Gengoulph 2 avril 1686. Du premier mariage étaient nés :
1. Marie, 29 juin 1655.
2. Esther, mariée à Samuel Beaudesson.
3. Paul, à l'enterrement de son père.
4. Pierre, ibid.

II. Divers.
1. ANNE. V. Barrelle d'Alberteau.
2. ANNE. V. de la Croix de Plainval.
3. ÉLISABETH. V. Gérardin.
4. MARGUERITE. V. Job II.
5. MARIE. V. Bertrand XII, 2.
6. M^{IE}-MARTHE. V. de Raynal.
7. SARA. V. Bennelle IV.
8. SCHOLASTIQUE. V. Arnould II.
9. SUZANNE. V. de la Croix III.
10. SUZANNE. V. Lours.
11. SUZANNE. V. de Saint-Aubin IX.

PHILPIN, *alias* PHULPIN. I. JOSEPH, m^e de la poste aux chevaux, épousa, par. St-Victor 16 janv. 1731, Catherine *Gattebois des Forges*, † par. St-Gengoulph 31 mars 1784. De leur mariage était né Jean, ibid. 9 août 1732.

II. Divers.
1. ANNE. V. Brandebourg.
2. ANNE. V. Michelet IV.
3. ANNE et FIRMIN. V. Charuel de Sainte-Croix III.
4. MATHIEU. V. Duclos VII.
5. NICOLE. V. Wallet de Merville.

PIART-DESRINETS J^N-CLAUDE, commis aux travaux du Roi, eut de M^{ie} *Felot*, son épouse, par. St-Eucaire :
1. Barbe, 2 janv. 1738.
2. M^{ie}-Madeleine, 6 avril 1739.

PIART DE METZ FRÉDÉRIC, éc., cap. au rég^t d'Orléans, de St-Mihiel, fils de N***, éc., et de Claude Wary, épousa, étant âgé de 29 ans, par. St-Gorgon 2 juin 1699, M^{ie}-Laurette *Foës*, âgée de 17 ans.

PICARD, cfr PICQUART. I. NICOLAS, bourgeois de Metz, † à 65 ans, par. St-Victor 29 févr. 1708. Il avait épousé Christine *Alix*, dont il eut ibid. :
1. *Claude-F^{ois}*, 15 juin 1689; lequel suit.
2. N***, mariée à Henry Maujean.

II. CLAUDE-F^{OIS}, fils du préc., conseiller secrétaire du Roi en la chancellerie du parl^t, † par. St-Victor 13 févr. 1725, à 33 ans. Il avait épousé : 1° par. St-Martin 16 nov. 1712, Mlle *Lefebvre*; 2° cinq semaines avant de mourir, par.

St-Gorgon 8 janv. 1725, Mie-Cécile *Dubreuil*. — Du premier mariage naquirent :
1. Nas-Sébastien, par. St-Martin 20 janv. 1714; † 20 mai 1715.
2. Jeanne-Mte, ibid. 2 nov. 1714; † 20 nov. 1715.
3. Jacques, ibid. 22 déc. 1715.
4. Antoine, ibid. 6 nov. 1716.
5. *Étienne-Fois*, ibid. 25 nov. 1718; lequel suit.
6. Nas-*Joseph*, par. St-Marcel 15 juil. 1722; lequel suivra.
7. Claude-Barthélemy, ibid. 22 oct. 1723.
8. Nicolas, † à 5 mois, ibid. 23 avril 1725.

III. ÉTIENNE-Fois, fils du préc., sgr de Donjeux, [conseiller au bailliage, puis au parlt, † vers 1772]. Il avait épousé, par. St-Gorgon 11 sept. 1742, Charlotte *Martinet de Nibouville*, dont il eut par. Ste-Croix :
1. Jne-Nicole, 19 nov. 1744; mariée à Jph-Valentin de Cueüllet.
2. Ursule-Antoine, 30 août 1747; cap. au régt de Bourbon infanterie.
3. Mie-Anne-Nicole, 4 avril 1749.

IV. Nas-JOSEPH *Picard d'Eisch*, frère du préc., cap. au régt de Limousin, épousa, par. St-Gorgon 6 mai 1749, Anne-Rose *du Rocheret* : au mariage, Chles-Louis Bardou du Hamel, avocat au parlt, sgr de Grémecey, cousin et curateur de la mariée; Chles-Henry Busselot, président au bureau des finances, cousin de la mariée. Le mariage fut bénit en la chapelle de Ste-Reynette par Louis Busselot, jésuite, recteur du collège de Chaumont, oncle de la mariée. Celle-ci mourut à 50 ans, par. Ste-Croix 21 sept. 1782. — Du dit mariage naquirent par. Ste-Croix :
1. Fois-Nas-Antoine, 5 déc. 1750.
2. Mie-Rose-Charlotte, 30 mai 1752; † 30 juil. suiv.
3. Foise-Charlotte, 26 août 1754; mariée à Jn-Pre Goullet de la Tour.

V. JOSEPH, conseiller-échevin de l'hôtel de ville, épousa Catherine *Bricard*, † par. St-Simplice 29 avril 1737.

VI. Divers.
1. ANNE. V. Mathieu VIII.
2. Jn-NICOLAS. V. Pierre III, 1.
3. Mie-ANNE. V. Dumaine de la Josserie.

PICAUD DE LA POMMERAYE Fois-PIERRE, cadet, natif de Bretagne, † par. St-Jean de la Citadelle 29 sept. 1730.

PICAULT DES DORIDES Louis-Jx-Fois, chev., aide-major enseigne des Suisses de la garde de Monsieur, cap. premier aide-major au régt de la Couronne infanterie en garnison par. St-Simon, eut de Mie-Madeleine *Solemy*, son épouse, ibid. 2 avril 1775, Mie-Catherine-Lse-Mélanie : p. Louis-Fois Picault des Dorides, chev., sgr des Dorides, visiteur génl des ports maritimes et des rivières navigables des généralités d'Auch et Bayonne, chev. de l'ordre du Roi, son gd père; m. Mie Catherine de Morenville de Solemy, dame de Lucante, Villé, Morenvillé et autres lieux, sa gd mère : tous deux représentés.

PICHARDIÈRE (DE LA) Fois-ARMAND, cap. au régt Dauphin, † par. St-Jean de la Citadelle 6 avril 1693.

PICHOMEY MARGUERITE. V. Couez.

PICHON. I. SUZANNE. V. Pantaléon II.
II. Mie-ANNE et FERDINAND. V. Fériet IX.

PICHON DE FONTANIÈRE. I. PIERRE, éc., commissaire des guerres, chev. de St-Louis, sgr d'Aulnoux-la-Grange, fils des † Louis Pichon de la Gacherie, éc., et Mie Barde, † par. St-Gengoulph 12 déc. 1765, à 73 ans. Il avait épousé, ibid. 1er mars 1745, Jne-Barbe-Catherine *Bonnet* d'Aulnoux, dont il eut ibid. :
1. Christophe-Pre, 15 mai 1746 : p. Jn-Christophe d'Auburtin, sgr de Charly; m. Madeleine de Conflans, vve de messire de Conflans. — Lequel suit.
2. Chles-Ignace, 5 août 1748; † en nourrice, par. St-Simplice 9 nov. suiv.

II. CHRISTOPHE-PRE, fils du préc., éc., conseiller du Roi, commissaire ordinaire des guerres, employé au dépt de Metz, eut de Claudine-Foise-Nicole *Gabriel*, son épouse :
1. Mie-Anne-Catherine-Lse-Sophie, par. Ste-Ségolène 24 nov. 1769 : p. Louis-Claude Gabriel, doyen des avocats au

parl^t ; m. M^ie-Anne-Sophie Hardy du Plessy, épouse d'Antoine-Raymond-J^n-Gualbert de Sartine, c^te d'Alby, conseiller d'Etat et lieut. gén^l de police de la ville, prévôté et vicomté de Paris, représentée par la g^d-mère pat.

2. L^se-Claudine-Anne-M^ie, † par. St-Gengoulph 1er nov. 1771.

3. Ch^les-M^ie-J^ph-Dieudonné, par. St-Gengoulph 16 mars 1771 : p. Ch^les de Borde, représenté par J^ph-Dieudonné de Chazelles, cap. de mineurs au corps royal artillerie; m. M^ie-Josèphe de Lescure, v^ve de Georges Gabriel. — Il mourut le 30 sept. suiv.

4. Barbe-J^ne-Catherine-Charlotte-L^se-Sophie, ibid. 23 avril 1773 : p. Louis-Claude de Lescure, g^d oncle mat. représenté par Ch^les-Alexandre de Rampont, officier au rég^t royal infanterie; m. J^ne-Barbe-Catherine Bonnet, g^d mère pat.

5. M^ie-Antoinette, † à 2 mois, par. St-Simplice 30 oct. 1785.

III. JEAN, éc., sgr de Fontanière, commissaire des guerres, assista à l'enterrement de M^ie-M^te le Bachelé, par. St-Martin 13 sept. 1747.

PICHON (DE) J^n-Baptiste, éc., chev. de St-Louis, cap. au rég^t de Poitou infanterie, fils de † Yriex de Pichon, éc., sgr du Gravier et de Baure, et de M^ie Desfeignier; † à 50 ans, par. St-Gengoulph 20 avril 1772. Il avait épousé, ibid. 22 nov. 1768, J^ne-Barbe-Catherine *Bonnet* d'Aulnoux, v^ve de P^re Pichon de Fontanière ci-dessus : au mariage, J^ph de Lambertye, cap. au rég^t de Poitou, cousin du marié; P^re de Lescure, procureur fondé pour consentir au mariage ; J^n-B^te Mothe de Beauregard, Louis Beauregard et Louis-Antoine-Bernard du Passage : tous trois cap. au même rég^t; F^ois du Buat, lieut. au rég^t de Metz corps royal artillerie, sgr de Coin ; Louis-Claude de Lescure, conseiller au parl^t, sgr de Bathelémont et St-Médard; Paul de Bacalan, ancien cap. au rég^t de Briqueville infanterie.

PICHOT. I. PIERRE, lieut. de cavalerie au rég^t de la Marche, eut de Madeleine *Croisille*, son épouse, Marguerite, par. Ste-Croix 18 déc. 1774.

II. F^oise-MARTHE et ANTOINE. V. Lefebvre de Ladonchamps II.

PICHOTTE MARIE. V. Besser XI.

PICON ANDRÉ-LOUIS-M^ie-FIDÈLE, chev. d'Andrezel, fils de Louis-René, m^is d'Andrezel, chev. de St-Louis, command^t au fort Belin-sur-Salin en Franche-Comté, et d'Élisabeth Chenau, † à 12 ans et demi, par. St-Simon 22 juin 1763 : à son enterrement, Christophe-F^ois-Thérèse-Élisabeth Picon d'Andrezel, officier au rég^t de marine, son frère ; M^ie-Anne Gomé de la Grange, épouse de Henry-M^ie Dupré de Geneste, cousine du défunt.

PICQUARD, *cfr* PICARD FRANÇOIS, procureur au parl^t, fils de F^ois, cap. lieut. des gardes à cheval, et d'Anne Massé, dem^t à Bauzé, épousa, étant âgé de 24 ans, par. St-Victor 13 nov. 1748, M^ie *Marc*, dont il eut, rue Nexirue, par. St-Gorgon :

1. J^n-Louis-F^ois, 18 sept. 1749.
2. Anne-M^ie-L^se, 1er sept. 1750; mariée à J^n-J^ph Bourgeois.
3. M^ie-Barbe-Charlotte, 27 oct. 1751; † par. St-Victor 2 mai 1765.
4. Louis-Michel, 24 déc. 1753.
5. J^ne-Philippine, 2 févr. 1755.
6. Mathias-Étienne, 24 févr. 1757.
7. Barbe-Victor, 17 févr. 1758.

PICQUART DE MONCHANUT JEAN, éc., cap. des grenadiers au rég^t du Plessis Bellière, † par. St-Livier 20 mai 1679.

PICQUOT DE PUISAC. I. FRANÇOIS, officier major au rég^t d'Alsace, eut d'Anne-Élisabeth *Doving*, son épouse, Ch^les-Frédéric, par. St-Martin 27 janv. 1738.

II. F^ois-BERNARD, lieut. de la légion de Conflans, compagnie de Marisy, fils de F^ois, lieut.-colonel au rég^t royal Suède, et d'Élisabeth Dérignier, † à 21 ans, par. St-Livier 20 juin 1764.

PIDANCET JEAN, sgr de Coincy, avocat au parl^t de Paris, conseiller du Roi, président juge des fermes et domaines de France au dép^t de Metz, frontières de Luxembourg et de la Sarre, fils de J^n-Louis, eut de M^ie-Élisabeth *de Renouard* de la Nevais, son épouse, par. St-Étienne 21 nov. 1768, Jn-Louis(1).

II. CLAUDE. V. Dupériez.

PIDOLLE, alias DE PIDOLLE. I. Fois-GODEFROY, fils de François, sgr de la Quinte, chev. de l'Empire, et d'Hélène de Thiere, d'Errang au diocèse de Trèves, épousa, par. St-Martin 6 nov. 1725, Anne-Lse *Guichard* : à ce mariage, Chles de Pidolle, chan. de St-Paulin de Trèves. De leur mariage naquit Marie-Élisabeth, mariée à Fois Lecomte.

II. THÉRÈSE, HÉLÈNE-THÉRÈSE, CATHERINE, GODEFROY-BENOIT et FRANÇOIS. V. de Lixières.

PIE (DE) JEAN. V. de Bombelles I, 5.

PIED ÉTIENNE. V. Harquel I, 3.

PIEDEFER (DE) TIMOTHÉE, R. P. R., éc., sgr de St-Mars, gentilhomme de la vénerie du Roi et homme d'armes de la compagnie de la Reine régente, fils de Timothée, éc., sgr de St-Mars, épousa, 31 août 1614, Anne *Louis*.

PIEFORD Jx-BAPTISTE, avocat en parlt, fils des † Michel, prévôt de Montigny, et Mte Froideau, épousa, par. St-Victor 21 juin 1691, Jne *Lançon*.

PIEN MARIE. V. de Belchamps IX.

PIENNE (DE). I. JEAN, cap., avait épousé Julienne *Millon*, † par. Ste-Ségolène 8 oct. 1695.

II. ANNE-MIE. V. de Lansac.

PIERLOT. I. MARIE. V. Vignon II, 19.

II. N***. V. Lasalle (note).

PIERRARD DE SAINT-ARNOULD GEORGES, noble, sr de St-Arnould, conseiller du Roi, gd-prévôt de la connétablie de France en la généralité de Metz, Lorraine et Barrois, « bienfaiteur de la par. St-Martin », † au retour de la campagne de Hollande, par. St-Martin 30 mars 1673. — Il avait épousé : 1° Foise *Marcant*, † ibid. 7 juin 1668; 2° par. St-Maximin 12 juil. 1669, Anne *François*.

PIERRAT. I. JEAN, R. P. R., cap. au régt d'Utot, fils de † Jean, bourgeois, épousa, 19 août 1646, Suzanne *le Coullon*, vve de Jn le Goullon.

II. SUZANNE. V. Fériet VI.

III. PIERRE. V. d'Aussy des Coutures.

IV. MARIE. V. le Payen II.

PIERRE, alias PIÈRE. I. NICOLAS, [éc., fils de Pierre, épousa, en 1626, Mie *Dognon*, dont il eut Nicolas, qui suit.]

II. NICOLAS, fils du préc., [éc., épousa, 7 sept. 1662, Ursule *Herbé*], dont il eut Godefroy, qui suit.

III. GODEFROY, fils du préc., président à mortier au parlt, † par. St-Gorgon 9 sept. 1732. Il avait épousé, [16 oct. 1695], Mie-Anne *Cannetel*, † à 25 ans, par. St-Gorgon 2 févr. 1703. De leur mariage étaient nés :

1. Nns-Louis, par. St-Martin 18 août 1696; lequel suit.
2. Henry, par. St-Gorgon 19 août 1697.
3. Antoine, ibid. 10 janv. 1699; [capt au régt d'Etampes, † d'une fièvre chaude à Dunkerque en juin 1730. Il signait *Pierre de Châtel*].
4. *Jean-Fois*, ibid. 10 janv. 1700; lequel suivra.
5. Jacques, ibid. 26 févr. 1702.

IV. NICOLAS-LOUIS, fils du préc., président à mortier au parlt, [† 22 janv. 1765, sans laisser d'enfants de] sa femme Mie-Anne de Navarre, † par. St Gorgon 20 avril 1742, à 46 ans. Il signait *Pierre d'Augny*.

V. JEAN-FOIS, frère du préc., président à mortier au parlt (il signait *Pierre de Jouy*), [† 17 nov. 1780, inhumé aux Carmes Déchaussés]. Il avait épousé [en 1726] Anne-Mie-Pauline *du Pasquier de Dommartin*, † par. Ste-Croix 8 mai 1738, à 35 ans. De leur mariage étaient nés :

1. Jne-Mie-Pauline, par. St-Victor 19 août 1728.
2. Madeleine-Lse-Euphrasie, † à 13 ans, par. Ste-Croix 25 juin 1742.

---

(1) JEAN-LOUIS eut de N*** Galand, son épouse :
1. Jn-François, conseiller à la cour d'appel de Metz, ancien député.
2. Jn-Victor, ancien secrétaire de la mairie de Metz.
3. Charles, propriétaire à Montoy. (*Biog. du Parlt*.)

3. N^as-J^n-Godefroy, par. St-Victor 17 mars 1730.
4. L^se-Madeleine, ibid. 31 mai 1731.
5. N^as-Louis-M^ie, par. Ste-Croix 8 févr. 1734; président à mortier, membre de l'Académie royale de Metz, † ibid. 31 mars 1780, inhumé aux Carmes Déchaussés. Il signait *Pierre de Châtel*.

VI. ESPRIT-CLAUDE, éc., sgr de Sivry-Toulon, chev., conseiller à la cour souveraine de Lorraine et Barrois, fils de J^ph-Michel, éc., procureur gén^l de S. M. Impériale au bureau des liquidations, et d'Élisabeth Pêcheur, de Nancy, épousa, étant âgé de 28 ans, par. St-Gengoulph 8 déc. 1761, M^ie-Adélaïde *d'Artois*, âgée de 20 ans, fille de F^ois d'Artois et de M^ie-J^ne de Brye : au mariage, J^n-F^ois Pierre, sgr de Jouy-aux-Arches, président à mortier au parl^t, fondé de pouvoirs du père du marié; Ch^les-Philippe-Auguste Pierre de Rainville, éc., lieut. au rég^t de Limousin, frère du marié; P^re-Antoine Dumat, éc., conseiller du Roi de Pologne, avocat de Sa Majesté au bailliage de Pont-à-Mousson et d^r agrégé en la faculté de droit de l'université de la même ville, beau-frère du marié; J^ph-Antoine François, éc., doyen des conseillers au bailliage de Nancy, oncle; P^re-F^ois Chailly, conseiller du Roi, receveur gén^l des consignations dans le duché de Lorraine et Bar, cousin; N^as-F^ois-P^re Baconnière de Salverte, éc., conseiller secrétaire du Roi maison et couronne de France.

PIERRE. I. JEAN, doyen des avocats du bailliage d'Allemagne, avait épousé M^ie-Anne *Jacquemin*, † v^ve de lui, par. St-Marcel 10 oct. 1761. De leur mariage étaient nés :
1. J^n-F^ois-Louis, qui suit.
2. J^n-Nicolas, qui suivra.
3. M^ie-Madeleine, ci-dessous II, 2.
4. Catherine, mariée à Georges-J^ph Urich.
5. Joseph, ci-dessous II, 3.
6. Anne-M^ie-M^te, mariée à J^n-N^as le Vecho.

II. J^n-F^ois-LOUIS, fils du préc., conseiller au bailliage, épousa J^ne *Marius*, † par. St-Marcel 8 juil. 1776, à 60 ans. De leur mariage étaient nés ibid. :
1. F^ois-Henry, 30 déc. 1748.
2. François, 25 déc. 1749 : p. F^ois Marius, prêtre, son oncle; m. M^ie-Madeleine Pierre, religieuse de la Congrégation, sa tante.
3. Joseph, 9 avril 1751 : p. J^ph Pierre d'Hagondange, son oncle; m. M^te-M^ie Pierre, épouse de J^n-N^as le Vecho, sa tante.
4. Catherine-Rose, 30 sept. 1753.
5. Anne-M^ie-M^te, 25 févr. 1756.

III. JEAN-N^AS, frère du préc., dir. de la bullette, vérificateur, *alias* receveur des domaines du Roi, † par. St-Martin 26 mai 1778, à 60 ans. Il avait épousé : 1° Barbe *Bennequin*; 2° M^ie-Anne *Lalance*, † à 31 ans, par. St-Martin 1er janv. 1771. Du premier mariage étaient nés par. St-Marcel :
1. J^n-Louis-Auguste, 7 févr. 1751 : p. J^n-N^as Suby, notaire royal à Metz; m. M^te Petit, épouse de J^n-N^as Picard, inspecteur des carrosses et messageries royales de Metz. — Lequel suit.
2. M^ie-Madeleine, 14 mai 1752.
3. Barbe-Félicité, 6 nov. 1753 : p. Félix Bennequin, religieux au noviciat du couvent de Morimont, son oncle; m. Barbe Bennequin, épouse de Mr Gemel, m^d magasinier.
4. Anne-M^ie-J^ne, 24 mai 1755.
5. Jean-N^as, chan. de St-Thiébaut, curé de St-Martin de 1779 à 1791.
6. *Jean-F^ois*, qui suivra.

IV. J^n-LOUIS-AUGUSTE, fils du préc., conseiller du Roi et son procureur gén^l à la table de marbre, épousa, en l'église collégiale de St-Thiébaut, avec la permission du curé de St-Martin, 1er mai 1780 (l'acte aux registres de la par. St-Étienne le Dépenné), Anne-M^ie-Joséphine *Dumaine de la Josserie*, dont il eut, par. St-Martin 6 janv. 1782, J^n-Nicolas. [Ce dernier, ancien lieut. de vaisseau et conseiller de préfecture de la Moselle, épousa Thérèse *Gentil*, dont il eut J^ne-Louise, mariée à Alfred de Faultrier, ancien représentant de la Moselle].

V. JEAN-F^ois, frère du préc., avocat au parl^t, dem^t rue des Prêcheresses, épousa, par. St-Simplice 31 août 1779, Louise *Marc*, dont il eut par. St-Martin :

1. M{ie}-Cécile-L{se}-Nicole, 2 juin 1780 : p. J{n}-N{as} Pierre, curé de St-Martin, son oncle.
2. Anne-M{ie}-Josèphe-Nicole, 12 mars 1784.

PIERRE (DE LA) NICOLE. V. Jeander.

PIERRE DE SÉPAUX (DE) GABRIEL. V. de la Chesserie de Trémoulet.

PIERREQUIN ANNE. V. Sauterize de Campetz.

PIERRON, cfr DE BETTAINVILLERS. I. PIERRE, conseiller du Roi, contrôleur gén{l} des restes et garde des archives de la chambre des comptes, eut de M{ie} *Hoffman*, son épouse, par. St-Martin :
1. M{ie}-Anne, † à 16 ans, 17 oct. 1710.
2. Charles, 7 mars 1698.
3. Anne-Catherine-Élisabeth, 27 sept. 1699.

II. Divers.
1. BERNARDIN. V. Michon de Rougy.
2. JEANNE. V. le Page III.
3. MARIE. V. Marchand II.
4. M{ie}-LOUISE. V. Dufresne III.

PIERROT SALOMÉE. V. Praillon.

PIERSENÉ. I. SARA. V. Grandjambe XI.
II. SALOMÉE. V. Guyot IV.

PIERSON. I. BARBE. V. Barbé III.
II. SUZANNE. V. Barbier.
III. SUZANNE. V. de Savigny III.

PIERSON (DE) ANNE-ANTOINETTE. V. le Masson de Rancé.

PIERSONY PIERRE, avocat à la cour, épousa M{te} *de Baçoille*, † par. St-Martin 14 sept. 1625.

PIGEOL (DE), alias DE POUGEOL, alias DE PUGEOL, FRANÇOIS, éc., sgr de la Tarade, gouverneur de Vry, épousa Madeleine *Balbo*, v{ve} du sr de Pencisque, laquelle mourut par. St-Martin 7 avril 1658. De leur mariage naquirent :
1. Fleury-Urbain, par. St-Gorgon 25 déc. 1652 : p. Fleury Gournay de Talange; m. Urbaine de Gournay.

2. Louise, jumelle du préc. : p. N{as} Balbo de Colligny; m. L{se} des Armoises.
3. Marie-F{oise}, par. St-Victor 30 oct. 1655.
4. François, ibid. 29 oct. 1657.
5. André, ibid. 1er avril 1659.

PIGEON FRANÇOISE. V. Desjardins.

PIGET MARIE. V. le Braconnier XVII.

PIGNON THÉRÈSE. V. Tresca.

PIGOT SUZANNE. V. de Hart.

PILATRE DES ROSIERS MATHURIN, aubergiste au Pavillon Royal, † à 67 ans, par. St-Simon 15 août 1782. Il avait épousé Madeleine *Willmard*, dont il eut ibid. :
1. Élisabeth, 4 févr. 1750.
2. Anne, 28 juin 1751; † 31 juil. 1752.
3. Jean, 18 juil. 1752; † 22 janv. 1764.
4. François, 30 mars 1754; [célèbre aéronaute, mort victime de son courage 15 juin 1785. Biog. de la Moselle].
5. M{ie}-Anne, 13 sept. 1757.

PILLA MARIE. V. Beaudesson XII, 2.

PILLARD (DU). I. ÉLISABETH. V. de Pugny.
II. CATHERINE-ÉLÉONORE. V. d'Antignac.

PILLARD DE REQUIN (DU) I. J{ques}-REMY, éc., sgr de Requin, conseiller du Roi, président lieut. gén{l} civil et criminel au bailliage de Sarrelouis, fils des † Louis, éc., command{t} d'artillerie au dép{t} d'Alsace, et Madeleine Chaffaut, épousa, par. St-Victor 20 nov. 1692, Anne-M{te} *d'Auburtin* de Chesny.

II. J{ques}-REMY-CH{les}-F{ois}-N{as}, éc., sgr de Bionville, Rhoden, Wœlfling, Brettnach, Lixing, Ebersing et autres lieux, major d'infanterie, épousa M{ie}-Barbe *Jacomel de Bien-Assise*, dont il eut par. St-Simplice :
1. Mathieu-Sébastien-M{ie}, 15 juil. 1765 : p. Mathieu-Sébastien du Pillard de Requin, éc., sgr de Rhoden, ancien président lieut. gén{l} au bailliage de Sarrelouis, son g{d} oncle pat.; m. M{ie}-Barbe-Suzanne Fauveau, dame de Bionville, v{ve} en 2{des} noces de Magdelon-Timoléon-Henry de Savonnières.

2. Georges-Ch{les}-M{ie}, 27 oct. 1767 : p. Georges-Ch{les} Jacomel, chev., sgr de Bien-Assise, ancien cap. de cavalerie, g{d} oncle mat.; m. M{ie}-Anne-Ursule du Pillard de Requin, épouse de J{ques} Michelet de Vatimont.

3. M{ie}-Barbe-Thérèse-Charlotte, 28 oct. 1769.

III. Ch{les}-F{ois}-Nicolas. V. de Bock.

PILLE (de). I. Nicolas, fils de † Marc et de Catherine Méguinon, de la par. St-Paul de Paris, épousa, par. St-Simplice 11 mai 1670, Élisabeth *de Streiff*, âgée de 26 ans, dont il eut, par. St-Victor 29 oct. 1680, M{ie}-Bernard-N{as} : p. Bernard de Pellard de Givry, lieut. de Roi au gouv{t} de Metz; m. M{ie}-Thérèse de Bossuet, épouse d'Isaac de Chasot.

II. Anne-Catherine. V. Gillot VII.

PILLEMENT. I. Antoine-Ch{les}, sgr de Russange, Marly, Wavre, Blénod, Jezainville et autres lieux, conseiller d'État ordinaire de S. A. R. de Lorraine et conseiller en sa cour souveraine, fils de Christophe et de M{ie} de Senent, [† à Nancy en 1729]. Il avait épousé Antoinette-Dorothée *Redoublé*, † à 82 ans, par. Ste-Croix 18 févr. 1747. De leur mariage était née Anne-Catherine-F{oise}, mariée à Armand d'Arros de la Mothe.

II. Gabriel-Thiébaut. V. de Vannier.

III. Marie. V. Rouaut.

PILLON, *alias* PILON. I. Anne. V. Michelet I, 4.

II. Rachel. V. Michelet X.

III. Suzanne. V. Beaudesson XIX.

PILLON de SAINT-PAUL Laurent. V. de Baroille.

PILTIER Louis, éc., sgr de Biour, commissaire de l'artillerie au dép{t} de l'Alsace, † à 41 ans, par. St-Martin 14 avril 1679 : à son enterrement, dom Godefroy de Paule, célérier de l'abbaye d'Orval, et F{ois} Chaffaut, conseiller au parl{t}, ses beaux-frères.

PIN F{oise}-Salomée. V. Nivoy III.

PIN (le) Paul, R. P. R., lieut. de la mestre de camp du rég{t} de cavalerie de la Valette, fils de † Claude, receveur gén{l} des domaines de Lametz, et de Louise Gomeret, épousa, étant âgé de 30 ans, 29 juin 1672, Madeleine *Ferry*, âgée de 25 ans.

PINA (de). V. de Balthasar (note).

PINACEAU (de) Louis, sgr de Franconville, épousa Madeleine-Charlotte *N****, † par. St-Martin 9 août 1682 : à son enterrement, P{re} de Launoy, éc.

PINGUET de SUZÉMONT François, chev., b{on} de Fontoy, conseiller au parl{t}, [puis conseiller de S. A. R. le duc de Lorraine en son conseil des finances et des bois et en sa cour souveraine de Nancy], épousa, par. St-Victor 11 nov. 1687, J{ne} *Grenon de Chantilly*, v{ve} de Gœry Jeannot, sgr de Fontoy, dont il eut, ibid. 29 nov. 1693, M{te}-Hyacinthe.

PINODE Lucrèce. V. Christian.

PINOT Marguerite. V. Labrousse.

PINTEVILLE (de) Jeanne. V. Gargan.

PIOCHARD de la BRULERIE François, de Joigny en Bourgogne, aspirant au corps royal artillerie, pensionnaire au collège St-Louis, fils de J{n}-Étienne et de M{ie}-Élisabeth Chollet de Joigny, † à 17 ans, par. St-Simon 1er oct. 1780 : à son enterrement, F{ois}-D{que} de la Motte, J{ques}-F{ois} de Tonduty de la Balmondière, Ch{les}-J{ques} de la Mare et Antoine Deneux, aspirants et pensionnaires au dit collège.

PIOCHE. I. Nicolas, m{e}-sculpteur, de Paris, † à 75 ans, par. St-Livier 24 sept. 1781. Il avait épousé M{ie}-Suzanne *Briant*, dont il eut :

1. Jeanne, † à 11 ans, par. St-Livier 11 déc. 1765.

2. J{n}-Baptiste-P{re}, qui suit.

3. J{n}-Baptiste, qui suivra.

II. J{n}-B{te}-Pierre, fils du préc., peintre de l'Académie de St-Luc, épousa, étant âgé de 23 ans, par. St-Marcel 30 nov. 1757, M{ie}-Thérèse *Mangin*, âgée de 21 ans, fille de F{ois}-Léopold Mangin, peintre, et d'Anne-Sigisberte Cramoisy. De leur mariage naquirent :

1. M^ie-Élisabeth, par. St-Marcel 2 avril 1760.
2. François, ibid. 9 mai 1761.
3. Ch^les-Augustin, ibid. 2 sept. 1762; [sculpteur très distingué. Biog. de la Moselle].
4. M^ie-Guillaume, ibid. 3 mars 1764.
5. J^n-Michel, ibid. 5 août 1766.
6. M^te-Louise, ibid. 7 nov. 1767.
7. J^ph-Antoine-M^ie, par. St-Victor 22 juin 1770 : p. J^ph Guillaume, ingénieur des ponts et chaussées; m. M^te Robert, épouse de F^ois Plonguer, receveur de la vente étrangère.

III. J^n-Baptiste, frère du préc., brigadier des gardes de M^r le Maréchal d'Armentières, † à 24 ans, par. St-Marcel 9 juin 1769.

PION. I. Ancelle. V. de Vigneulles VII.

II. Anne. V. le Goullon XXXIII.

III. Marie. V. Grandjambe IX.

PIPART M^ie-Anne. V. Lallier.

PIPART (de) Renée. V. de Lincolle.

PIQUOT. I. Anne et André. V. de Fontaine.

II. Julienne. V. Lasalle de Vitry.

PISCADORE Jean, R. P. R., natif de Middelburg en Zéelande, lieut. au rég^t de M^r le c^te de Guische, eut de Mlle *Jurnetse* (?), son épouse, Sara, 12 déc. 1643.

PISTORIUS J^n-Nicolas, R. P. R., bailly de Morhange, eut de M^ie *Fériet*, son épouse, J^n-Philippe, † à 8 ans et 4 mois, 2 sept. 1668.

PISTORIUS (de) J^n-Philippe, lieut. au rég^t de Navarre, † par. St-Simplice 12 nov. 1676 : à son enterrement, N^as le Jeune, *alias* le Jeunet, éc., sgr d'Oriocourt, et Thomas de la Rivière, sgr de Fleury, ses beaux-frères. Il eut de F^oise-Lucie *le Jeunet*, son épouse, M^ie-Antoinette, mariée à F^ois du Rocheret.

PISTRE Angélique. V. de Saint-Bonnet.

PITARD de PLESSY M^ie-Anne. V. Gourdin I, 6 et Graffard.

PITART N^as-Jean, éc.; s^r de la Feuquière, de la ville de Domfront en Normandie, † par. St-Eucaire 13 août 1635.

PITOISET (de) Éléonore. V. de Bombelles.

PITTAU Madeleine. V. de Blair II.

PITTELIN Nicolas avait épousé Claudine *Rulland*, † v^re de lui, par. St-Martin 4 avril 1640.

PIVOL (de) M^ie-Cécile-Benoîte. V. Pottier.

PLAIMPEL Nicolas, [professeur en théologie, ex-provincial et définiteur gén^l de la province de St-Louis de l'ordre des Frères-Prêcheurs, ayant été appelé de son couvent de Rouen par Mgr le duc de Coislin, évêque de Metz, pour prêcher une 13e fois en l'église cathédrale, † au monastère des Prêcheresses 22 janv. 1721, à 56 ans. Msc. Epit.]

PLAISANT I. J^ph-Hyacinthe, intéressé dans les affaires du Roi, receveur des revenus des abbayes de St-Symphorien et de St-Vincent et de la seigneurie de Florange, † par. St-Simplice 22 janv. 1763, à 67 ans. Il avait épousé Charlotte *Geny-la-Croix*, † ibid. 11 mai 1751. De leur mariage étaient nés :
1. Louise, par. St-Livier 17 déc. 1742.
2. *François*, ibid. 17 janv. 1744; lequel suit.
3. Ch^les-Nicolas, ibid. 17 avril 1745; † par. St-Simplice 14 févr. 1751.
4. F^ois-Joseph, ibid. 24 juil. 1746.
5. Jeanne, ibid. 22 sept. 1747.
6. Thomas-F^ois, par. St-Simplice 26 janv. 1750.
7. Élisabeth, mariée à J^ques de Horne.
8. Anne-J^ne, mariée à Pierre de Saint-Hillier.
9. Anne, mariée à J^n-B^te Grosset.

II. François, fils du préc., avocat du Roi au bailliage, épousa, par. St-Martin 2 sept. 1789, Barbe *Henry*, v^ve de P^re-F^ois Bachelard, employé dans les affaires du Roi, de laquelle il eut, ibid. 16 févr. 1790 (*sic*), Nicolas-Quirin.

III. Dieudonné, oncle du préc., huissier au

bailliage, eut de M^te *Valette*, son épouse, N^as-Sébastien, par. St-Martin 20 janv. 1729.

IV. Anne. V. Gardeur-Lebrun.

PLAIT M^ie-Anne et Pierre. V. Collin de Combles.

PLANCHARD Jean, éc., sgr du Puy, lieut. au rég^t de Turbilly. eut de Gillette *le Heup*, son épouse, Catherine, par. St-Simplice 11 oct. 1707.

PLANELIER Jeanne. V. de la Valle.

PLANITZ (de). V. de Gelb.

PLANQUE (de) Marie. V. Dattel X.

PLANTA Marguerite. V. de Tschudy.

PLANTA (de) J^n-Henry, b^on de Planta en la ville de Bergh, pays des Grisons, ancien cap. à la suite de Metz, † à 70 ans, par. St-Marcel 6 nov. 1744 : à son enterrement, Georges Sprecher de Berneg, chev. de St-Louis, ancien major au rég^t suisse de Brendlet.

PLANTADE (de) Ch^les-Hippolyte, chev., lieut. au rég^t d'Aquitaine, † par. St-Gorgon 18 oct. 1767, à 30 ans.

PLANTAMOUR (de) Philippe. V. Persode V, 2.

PLASSIARD Claude-F^ois, conseiller du Roi, receveur des émoluments du sceau de la chancellerie au parl^t, fils de Charles, fermier des domaines du Roi, et de F^oise Hun, épousa, à l'âge de 27 ans, étant dir. des forges de Hayange, par. St-Marcel 29 janv. 1763, M^ie-Madeleine *Seiquer*, âgée aussi de 27 ans, fille de † J^n Seiquer, bourgeois, et de Barbe Trotyanne : au mariage, J^n-P^re Wendel, abbé de Vernainvilliers ; Mathieu Seiquer, avocat en parl^t, cousin de l'épouse. — M^ie-Madeleine Seiquer mourut par. St-Eucaire 6 nov. 1788 : à son enterrement, ses trois fils Charles-N^as-F^ois, F^ois-Louis-Bruno et Georges-André.

PLATINE. I. Nicolas, m^d apothicaire, eut de N*** *Malherbe*, son épouse :
1. Nicole, mariée à J^n Jacob, m^d, puis à F^ois Malherbe.

2. Benjamin, d^r en médecine, premier échevin de l'hôtel de ville, † par. Ste-Croix 8 mars 1708.

II. Jean, conseiller au parl^t, eut de Marie N***, son épouse, M^ie-Sibille, par. St-Victor 12 févr. 1645.

III. N***, jadis treize, eut de Pierrette *Busselot*, son épouse, par. St-Martin 1er juil. 1635, J^n-Louis : p. Jean de Rocquepine, lieut. du gouverneur ; m. Louise de la Valette, abbesse de Ste-Glossinde.

IV. Jacques, [procureur et munitionnaire pour le Roi des villes et pays de Trèves et de Metz, † 10 oct. 1638, à 48 ans].

V. Jacques épousa Anne *Madeleine*, † v^ve de lui, par. St-Georges 8 déc. 1680.

VI. Anne. V. Georges II.

VII. Françoise. V. Geoffroy VII.

VIII. Louise. V. de Guimesty.

PLAUCELIER. V. Peaucellier.

PLEICHE (de) Françoise. V. de Greiche et d'Autriche.

PLEITTE Marguerite. V. Rulland V.

PLESSIER (du), *cfr* DUPLESSIER de FONCHETTE, Gilbert, chev., sgr de Certamont, brigadier des armées du Roi, lieut.-colonel command^t un bataillon du rég^t royal artillerie, chev. de St-Louis, † par. St-Gorgon 23 avril 1728 : à son enterrement, Ch^les-Alexandre du Plessier et Eugène du Plessier, lieutenants au même bataillon ; Louis-J^ph du Plessier, sous-lieut., et Bernard-F^ois-Joseph du Plessier, cadet : tous quatre ses neveux ; Louis de la Motte, chev., sgr de Villers, et Henry-Ch^les de la Motte, capitaines aidesmajors au même bataillon.

PLESSIS (du), *cfr* DUPLESSIS et LE BAS du PLESSY, Catherine. V. de Birach.

PLESSIS D'ARGENTRÉ (du) J^n-Baptiste. V. du Coëtlosquet.

PLESSIS de RONVILLE (du) M^ie-Monique. V. de Montigny XVII.

PLESSY. I. André, [premier sergent de

l'hôtel de ville, † par. St-Simplice 30 juil. 1670, à 80 ans. Msc. Epit.]

II. François, [aman de St-Simplice, épousa M^{ie} Sara *Lhuillier*, † à 44 ans, 17 sept. 1689. Msc. Epit.]

III. Louis, fils du préc., avocat au parl^t, fut parrain par. St-Simplice 13 oct. 1695. Il épousa, à Sarrebourg 3 mai 1695, M^{te} *Voinier*.

IV. Jean-F^{ois}, avocat au parl^t, avait épousé Anne-M^{te} *Menotte*, † v^{ve} de lui, par. St-Maximin 20 nov. 1734.

V. Philippe, dir. de l'hôpital royal dit la Cornugéline, eut de M^{ie}-Anne *Favre*, son épouse, par. St-Georges :
1. Jⁿ-Baptiste, 3 janv. 1724.
2. Marie, 15 sept. 1725.

VI. Maurice, huissier audiencier au bailliage, eut de Madeleine *Alexandre*, son épouse, Marguerite, par. St-Livier 24 mars 1699.

VII. Marie. V. Demange VI.

VIII. Françoise. V. de France.

PLESSY (du). I. Antoine, R. P. R., fut père de Daniel, 4 févr. 1589.

II. J^{ques}-Louis, gentilhomme, étant en l'Académie du s^r J^{ques} Cadelle, sgr de Grandmaison, fut parrain par. Ste-Croix 16 oct. 1672.

PLICARD. I. Jean, conseiller du Roi, ancien échevin de l'hôtel de ville, notaire royal au bailliage, † par. St-Victor 25 mai 1744, à 60 ans : à son enterrement, Louis Gautier, curé du Ban-St-Pierre, et F^{ois} Alexandre, ses neveux. — Il avait épousé Anne-Catherine *Boury*, † ibid. 5 avril 1765, à 86 ans. De leur mariage étaient nés :
1. Jⁿ-*Nicolas*, qui suit.
2. M^{te}-Thérèse, mariée à Jⁿ-F^{ois} Ruzier.
3. Marie, mariée à P^{re} Varin.

II. Jⁿ-Nicolas, fils du préc., avocat au parl^t, † par. St-Victor 17 oct. 1743. Il avait épousé, par. St-Maximin 4 avril 1741, F^{oise} *Radelet*, dont il eut :
1. Jⁿ-Ch^{les}-Nicolas, par. St-Gorgon 6 sept. 1733, légitimé au mariage de ses parents; † par. St-Maximin 28 nov. 1753.

2. F^{oise}-Thérèse, par. St-Victor 15 févr. 1742; † 5 sept. 1746.

III. Christine. V. Pérolle III.

PLIUTE (de). V. Persode V, 8.

PLONGUER François. V. Pioche II, 7.

PLUNKETT (de). I. Jean-F^{ois}, b^{on}, garde du corps du Roi, eut de M^{ie}-Agnès *le Masson de Rancé*, son épouse, par. St-Maximin :
1. Claude-Casimir, 23 oct. 1780 : p. Jⁿ-B^{te}-Claude le Masson de Rancé, prieur de St-Martin en Saintonge, son oncle; m. Anne Maurice, v^{ve} de Louis-Léopold b^{on} de Plunkett, sgr de Sarreinsming, sa g^d mère, représentée par M^{ie}-Madeleine Maurice de Sarreinsming, épouse de Philippe c^{te} Dessofy-Kleinholtz, sgr de Dugny, cap. de cavalerie.
2. Victor-Maurice, 11 sept. 1782 : p. Victor-Maurice c^{te} de Caraman, lieut.-gén^l des armées du Roi et de la province de Languedoc, commandeur de l'ordre de St-Louis, command^t pour le Roi dans les Trois-Évêchés, pays de la Sarre et de la Meuse, etc.; m. M^{ie}-Madeleine-F^{oise} Lescoureul de la Touche, épouse de Jⁿ de Pont, chev., sgr de Manderoux, Forge, Puis-de-Louard et autres lieux, conseiller du Roi en tous ses conseils, conseiller honoraire au parl^t de Paris, m^e des requêtes honoraire du Roi en son hôtel, intend^t de justice, police et finances au dép^t de Metz.
3. Charlotte, 16 sept. 1783 : p. Louis-Philippe-Marc-Antoine de Noailles, prince de Poix, cap. des gardes du corps, gouverneur des villes et châteaux de Versailles, Marly et dépendances ; m. Charlotte b^{onne} de Guillemin, épouse de Léopold-Ch^{les} c^{te} du Hautoy : tous deux représentés. — Elle mourut 30 août 1785.

II. Ch^{les}-F^{ois}-Louis-Alexandre-Léopold, frère du préc., chev. de Plunkett, b^{on} d'Ouzanie, ancien major des troupes de la colonie de Surinam au service de la Hollande, eut de M^{ie}-Gertrude *Vauzelder van Beveren*, son épouse, par. St-Étienne-le-Dépenné 11 janv. 1788,

Anne-F^oise : p. J^n-F^ois de Plunkett, son oncle ; m. Anne Maurice de Sarreinsming, son aïeule pat.

POCHARD (DE) J^PH-PROSPER, chev., cap. au rég^t de Bourbonnais, originaire de Mirecourt en Lorraine, en garnison à Metz, eut de M^ie-Catherine *de Rausaing*, originaire de St-Dié, son épouse, par. Ste-Croix 23 janv. 1790, M^ie-J^ne-Sidonie, † 7 févr. suiv.

POCHET JEANNE. V. Gautier II.

PODIUS (DE) LOUIS. V. des Rivets.

POERSON ANNE-GABRIELLE. V. Rouffeaux.

POEYDARÉ ADRIEN, R. P. R., éc., sgr de Campagnolle, cap. au rég^t royal des vaisseaux, fils des † Adrien, sgr de Campagnolle et de Cardonnet, dem^t à Rehs(?) en Béarn, et M^ie de Romallet, épousa, étant âgé de 42 ans, 2 juil. 1681, M^ie *le Duchat*, « âgée de 40 ans », v^ve de Barthélemy Morel, sgr de Villers-l'Orme. La mariée dans le dit acte se rajeunit de trois ans : voir le Duchat XVII, 9.

POGE (DE) ANTOINE. V. de Bréhan du Plessis.

POIGNAND, *alias* LE POUGNANT, PHILIPPE. V. Foës V.

POINCE (LE) MARIE. V. Aubry.

POINSELOT. I. ANNE. V. Chautant.
II. M^ie-ANNE. V. Gallois VII.

POINSIGNON. I. NICOLAS, conseiller receveur des amendes au parl^t, sgr de Samply, dem^t rue des Trinitaires, † à 61 ans, par. Ste-Croix 12 sept. 1718, inhumé aux Sœurs Collettes. Il avait épousé Anne *Jacques*, † ibid. 7 nov. 1737. De leur mariage naquirent :
1. *Jacques*, qui suit.
2. *J^n-Baptiste*, qui suivra.
3. Nicolas. V. Creitte de Métric.

II. JACQUES, fils du préc., lieut.-gén^l à la table de marbre au parl^t, [† 25 janv. 1751]. Il avait épousé à Lagarde, diocèse de Metz, M^te *le Vasseur*, † par. Ste-Croix 2 août 1761, inhumée aux Sœurs Collettes : à son enterrement, J^n-F^ois le Vasseur, éc., gentilhomme ordinaire du Roi, sgr de Vannecourt, son frère. — De leur mariage naquirent :
1. *Dominique*, par. Ste-Croix 17 juin 1717 ; lequel suit.
2. J^n-Baptiste, par. St-Gorgon 5 janv. 1720.
3. Jacques, par. St-Victor 8 juin 1725.
4. Anne-Catherine, ibid. 14 juil. 1726 ; mariée à P^re-Paul Ganot.

III. DOMINIQUE, fils du préc., conseiller du Roi, trés. gén^l de France, † par. St-Marcel 17 avril 1757. Il avait épousé, par. St-Simplice 8 août 1747, Madeleine *Beaudesson*, † par. St-Martin 24 oct. 1780, à 63 ans. De leur mariage étaient nés :
1. Anne, par. St-Simplice 30 mai 1748 ; mariée à Louis-Claude de Brazy.
2. Charles, par. St-Gorgon 24 août 1749.
3. Catherine-M^te, par. St-Marcel 17 nov. 1751 ; mariée à J^n-F^ois Creitte de Métric.
4. Alexandre, ibid. 17 nov. 1752 ; † 28 suiv.

IV. J^n-BAPTISTE, oncle du préc., receveur des amendes à la table de marbre, épousa : 1° par. St-Martin 5 févr. 1720, Anne *Hillaire*, fille de J^ques Hillaire, chir. à Metz, et d'Anne Ladrague, laquelle mourut par. Ste-Croix 8 juil. 1723 ; 2° par. St-Livier 24 avril 1725, étant âgé de 36 ans, M^ie-Geneviève *Bertrand*, fille de Vincent Bertrand, m^d, et de J^ne Pérard, âgée de 20 ans, laquelle mourut par. St-Georges 1er janv. 1784.

Du premier mariage naquirent par. Ste-Croix :
1. J^ph-Étienne, 19 mars 1721.
2. Dominique, 8 juil. 1722.
3. Pierre, 12 juin 1723.

Du second mariage naquirent :
4. *Vincent*, par. St-Livier 25 mars 1726 ; lequel suit.
5. M^ie-Anne, par. Ste-Ségolène 15 févr. 1728.
6. M^ie-Thérèse, par. St-Livier 14 sept. 1735.
7. Jacques, ibid. 24 août 1736.

V. VINCENT, fils du préc., sgr de Ste-Agathe, épousa M^te *Lhuillier de Sainte-Agathe*, dont il eut par. St-Georges :

1. M^ie-Judith, † à 4 ans, 21 juil. 1762.
2 P^re-Ernest, 23 févr. 1762.
3. Nicolas-M^te, 10 mars 1764.
4. Anne-M^ie, 12 juin 1767 ; † le même jour.

VI. Divers.
1. Anne. V. Bailly II.
2. Barbe. V. Dossau.
3. Françoise. V. Husson.
4. Gury. V. Saunier.
5. Marguerite. V. Bertrand IX.

POINSIGNON de REDLACH François, huissier au parl^t, eut de F^oise *Nicolas de Betting*, son épouse, Nicolas, lieut. d'infanterie au service de France, † par. St-Gengoulph 18 mars 1749, inhumé dans l'église.

POINSOT des MARNAIS. I. Antoine-J^ph-M^ie, garde-magasin des vivres, fils des † Nicolas, conseiller du Roi et son procureur en l'hôtel de ville de Maubeuge, et Anne-M^te-Adrienne Lignol, épousa, étant âgé de 32 ans, par. Ste-Croix 4 févr. 1751, M^ie-Agnès *Voyart*, âgée de 20 ans. A ce mariage, P^re de Coune, garde-magasin des vivres de Vic et Marsal, beau-frère du marié ; F^ois de Lasalle, dir. gén^l des vivres des Trois-Évêchés et de la Lorraine.

II. Gilbert, dir. gén^l des vivres des Trois-Évêchés et de la Lorraine, † à 35 ans, par. St-Marcel 29 nov. 1749 : à son enterrement, son frère Joseph.

POIRÉ. I. Marguerite. V. Rouyer.
II. M^ie-Anne. V. Ancillon V.

POIRIER Élisabeth. V. Nivoy.

POIROT, *alias* POIREAU. I. François, avocat au parl^t, eut d'Anne-M^te *Bailleux*, son épouse, P^re-Casimir, par. St-Maximin 22 avril 1788.
II. M^te-Suzanne. V. Lanty (note).

POIROT de VALCOURT Christophe-J^ph-F^ois, éc., sgr de Valcourt et de la Bergerie, conseiller du Roi, commissaire ordinaire des guerres au dép^t de Metz, eut d'Anne-F^oise-Dieudonnée *Tabouillot*, son épouse :

1. Louis-J^ph, par. St-Martin 30 juin 1768 : p. Louis de Conflans, m^is d'Armentières, maréchal de France, command^t en chef de la province des Trois-Évêchés, représenté par Chrétien Tabouillot, oncle mat. ; m. Diane-Gabrielle de Jussac, m^ise d'Armentières, représentée par Anne-M^ie-Michelle Tabouillot, tante mat. — Il mourut par. St-Maximin 21 juil. suiv.
2. Maurice-J^ph, ibid. 3 mai 1769 ; † 12 avril suiv.
3. Louis-Chrétien-J^ph-Maurice, par. St-Victor 18 juil. 1771.
4. Louis-J^ph, ibid. 26 sept. 1772 : p. Louis Boissette, chev. de St-Louis, ancien lieut.-colonel de cavalerie, son oncle ; m. Marie Poirot, sa tante.
5. M^ie-Célestine-Dieudonnée-Michel, ibid. 4 mai 1776 : p. Michel Pottier, sgr d'Ennery, Mancourt, etc. ; m. M^ie Simone-Célestine de Valory, fille de † Ch^les-Joseph de Valory, ingénieur en chef, lieut. pour le Roi command^t à Toul, et de Barbe d'Aynis.

POIRSON N***, fiscal en la g^de cour de Mgr le Cardinal de Givry, évêque de Metz, eut d'Élisabeth N***, son épouse, par. St-Martin 17 janv. 1610, Anne : p. Jacques de Sarigot, éc., lieut. d'une compagnie de gens de pied pour le service du Roi à Metz ; m. Anne Praillon, épouse de Siméon Aubertin, chancelier du cardinal.

POISIEUX de PAVANT (de) Charles V. d'Anglure.

POISNAC (de) Gabrielle. V. de Perdriac.

POISSON de VAUDREWEILE. V. de Folliot.

POITIERS (de) Charles, c^te, jadis gouverneur de Bouillon, eut de J^ne *d'Estanteville*, son épouse, par. St-Maximin 17 sept. 1684, Emmanuelle-Éléonore : p. Bernard Geoffroy, conseiller au parl^t, remplaçant S. A. Eminentissime Emmanuel cardinal de Bouillon ; m. M^te Geoffroy, remplaçant S. A. Eléonore duchesse de Bavière.

POLCH J^ne-Marie. V. Pattée III.

POLIGNAC (de) Léonie. V. Jobal (note).

POLYANDER Jean, ministre de la R. P. R. à Montoy, fut père de Jean, 29 mars 1568.

POMERT Catherine. V. Persode VII.

POMMERAT Agnès. V. Raymond.

POMMERAYE (de la). I. Catherine, fille du Séminaire de la doctrine chrétienne, † à 50 ans, par. St-Gengoulph 6 mars 1783.
II. Jacques, ancien lieut. au rég^t de la Cornette Blanche cavalerie, † à 68 ans, par. St-Martin 4 févr. 1747. Il avait épousé M^{ie}-Elisabeth *Gand*, † ibid. 5 févr. 1748.
III. Marc-Antoine. V. Bouret I, 4.

POMMERT (de) Jacques, R. P. R., m^d, de Francfort, épousa, 19 déc. 1660, J^{ne} *de Saint-Aubin*.

POMPEY Joseph-F^{ois}, avocat au parl^t, † par. St-Victor 2 mai 1790, à 51 ans. [Il avait épousé Thérèse-Nicole *Thomas*].

PONCELET Élisabeth. V. Robert IV, 4 et d'Hillerin de la Grange.

PONCET. I. M^{ie}-Marguerite. V. de Bacalan II.
II. Claude. V. la Faverie de Blauzac.

PONCHETTE (de) N***, enseigne en la compagnie de Mr de Saint-Quentin, † de la contagion, par. St-Martin 8 août 1636.

PONCIN Catherine. V. Motte.

PONSART Antoine, sgr en partie de Retonféy, † par. St-Gengoulph 27 nov. 1718. Il avait épousé Anne *Galtebois des Forges*.

PONSORT (de) M^{ie}-Philomène. V. Lefebvre de Ladonchamps (note).

PONT (de). I. Ch^{les}-Frédéric, éc., sgr des Avesnes, officier, eut de Renée *Fuzelier*, son épouse :
1. Jeanne, par. St-Maximin 13 oct. 1647.
2. Charlotte, par. St-Marcel 6 avril 1651 : p. J^{ques} Guillermin, sgr de Corny.
3. François, par. Ste-Ségolène 28 févr. 1653 : p. F^{ois} de Moussy, s^r de la Contour, lieut. gén^l des armées du Roi et m^e de camp de la garnison de Metz; m. Eléonore Pitoiset, épouse de P^{re} de Bombelles.
4. Henry, ibid. 6 juil. 1654 : p. Henry de la Téranne, sgr de la Carmesse, cap.; m. Anne Auburtin.
II. Jean. V. de Plunkett.

PONT de RENNEPONT (de), *cfr* de RENNEPONT, Claude-Alexandre, m^{is} de Rennepont, m^e de camp, eut d'Anne *de Bettainvillers*, son épouse, par. St-Gorgon :
1. Madeleine-F^{oise}, 22 sept. 1713 : p. J^{ph} le Bègue, garde des sceaux et secrétaire d'Etat de S. A. de Lorraine, son ambassadeur auprès des Etats généraux; m. Anne le Prudhomme, v^{ve} de Ch^{les} le Bègue, lieut.-colonel sous le commandement de Charles V, duc de Lorraine, pour le service de l'Empereur.
2. Pierre, 17 févr. 1715.
3. Élisabeth, † à 8 ans 1/2, 27 mars 1725.
4. Dieudonné, † à 3 ans 1/2, 8 nov. 1722.
5. M^{ie}-Anne, 2 déc. 1723.

PONT (du). I. Alix, † par. St-Maximin 7 nov. 1664.
II. Divers.
1. Charlotte. V. Ulrich.
2. Françoise. V. Regnauldin.
3. Raymond. V. Beaudesson XXVI.
4. Sara. V. Beaudesson XV.

PONT (le) Anne. V. Rollet.

PONTOY Anne. V. Laroche.

PONZE (de) M^{ie}-Agathe. V. Charpentier III.

PORTAIL de la SYLVE (du), *alias* du PORTAL, Antoine, ingénieur ordinaire du Roi, eut de F^{oise}-Antoinette *de Sayvelle*, son épouse :
1. Gabrielle-Catherine, par. St-Maximin 12 janv. 1736; la mère est dite F^{oise}-Antoinette des Culs.
2. Christine-L^{se}, par. Ste-Croix 15 nov. 1737; † 12 août suiv.
3. Félix-Antoine, ibid. 13 oct. 1738.
4. Pierrette-Nicole, ibid. 27 févr. 1740.

PORTE (LA) Jn-Baptiste et Mie-Anne. V. Bournac III.

PORTE (DE LA). I. Joseph [premier président au parlt, † à Paris 16 juil. 1716, à 84 ans]. Il avait épousé, [en 1669], Charlotte-Christine *de Servien*, † par. St-Gorgon 3 août 1727, à 77 ans.

II. François, major de Metz, † par. St-Martin 6 avril 1673.

III. Charles, me particulier des eaux et forêts à Longwy, eut de Mie-Anne *Gonel*, son épouse, Mie-Anne, † à 66 ans, par. St-Gengoulph 27 déc. 1779.

IV. Divers.
1. Jacquette. V. de Londeix.
2. Madeleine. V. de Faultrier.
3. Mie-Anne. V. Dessen.
4. Mie-Christine. V. Wilbert.

PORTES DE PARDAILLANT (DES) Pre-Étienne, éc., cap. d'infanterie, ingénieur ordinaire du Roi, fils des † Pierre, éc., sgr de Tignonville et Amboisseville, et Mie-Louise Raulin, natif de Paris, épousa, étant âgé de 28 ans, par. St-Simplice 4 avril 1754, Mte-Joséphine *d'Hennessy*, dont il eut, ibid. 11 avril 1757, Justin-Jn-Étienne : p. Justin de Lée-Habbée, de St-Germain en Laye, son gd... mat. ; m. Madeleine des Portes de Pardaillant, épouse de messire Grandjean de Fouchy, secrétaire perpétuel de l'Académie des sciences et auditeur à la chambre des comptes de Paris.

POSSÉLIUS. I. Jean, dr en médecine de la faculté de Montpellier, sgr en partie de la baronnie de Fontoy et Rochonvillers, fils de Jean, intéressé dans les affaires du Roi à Thionville, et de Mie-Salomée Dufour, épousa, étant âgé de 30 ans, par. St-Eucaire 29 mai 1759, Isabelle *la Rive*, âgée de 21 ans, dont il eut ibid. :
1. Anne-Lse, 9 févr. 1761 ; mariée à Casimir-Fois-Xavier Louis, dit de Brück.
2. Jn-Pierre, † à 3 ans 1/2, 1er août 1766.
3. Alexise-Mie, née posthume 15 sept. 1766 : p. Christophe Possélius, me-apothicaire à Thionville ; m. Alexise Possélius, épouse du sr Petitjean, md, à Metz.

II. François, md, bourgeois de Thionville, eut de Mie *Coëx*, son épouse :
1. François, † à 27 ans, par. St-Victor 2 juin 1742.
2. Jn-Walter, avocat au parlt, † à 74 ans, par. St-Marcel 30 août 1782, veuf de Charlotte *Zeder* : à son enterrement, Christophe, me-apothicaire à Thionville, son fils.

III. Madeleine. V. Alexandre IV.

POSTELLE (DE) Jean, sgr de Camecourt et Martigny, lieut.-colonel au régt de St-Frémont dragons, épousa, avec dispense de l'empêchement de parenté du troisième degré, par. St-Victor 28 oct. 1690, Catherine-Gérardine-Ferdinande *de Fleuron*, fille de † Girard de Fleuron et de Catherine-Ernestine de Fleschammer : au mariage, Denis de Fleuron, chan. de la cathédrale ; Fois du Han, sgr de Martigny, cap. au premier bataillon de Navarre, et Claude-René Dauphin, sgr de Moncel et de Hauconcourt, cousins du marié.

POTHIER François, dir. et très. des vivres des Trois-Evêchés et de la Lorraine, eut de Catherine-Anne-Mie-Élisabeth *de Salomon*, son épouse :
1. Honoré-Fois, par. St-Victor 19 août 1782 ; † 31 suiv.
2. Honorée-Mie-Foise, par. St-Gengoulph 23 juin 1783 : p. Honoré de Tholozan, régisseur génl des vivres de France, demt à Paris, son oncle par alliance ; m. Mte Pothier, épouse de Pre Tiffet, dir. des domaines du Roi en la province de Bourgogne, sa tante, demeurant en la ville de Dijon : tous deux furent représentés.
3. Benoîte-Mte, ibid. 19 déc. 1784.
4. Élisabeth, ibid. 22 avril 1786 : p. Pre Cointoux, ancien conseiller au parlt, préteur de la ville de Haguenau ; m. Élisabeth-Salomée de Salomon : ses oncle et tante.
5. Auguste-Fois, ibid. 17 févr. 1790 : p. Auguste bon d'Heymann, maréchal de camp, inspecteur de cavalerie et commandt en Basse-Alsace, représenté par Auguste de Guentz, cap. de remplacement au régt de colonel génl des

hussards ; m. Anne-M^ie-Scholastique Louët, b^onne d'Heymann, épouse du parrain, représentée par Honorée Pothier, sœur de l'enfant.

POTIER. I. J^n-Jacques, éc., commissaire des guerres au dép^t des Trois-Évêchés, dem^t rue des Huiliers, eut de M^ie-Anne *de Baillivy*, son épouse, par. St-Simplice 7 mars 1780, P^re-Jacques : p. P^re de Canteloup, cap. au rég^t de Bourbonnais infanterie, oncle pat. par alliance; m. Anne-Germaine-Rosalie de Baillivy, épouse de Dieudonné-César de Cueuillet, c^te de Bey.

II. Catherine. V. Braun.

POTIER-DUMESNIL. I. Nicolas, † par. St-Victor 26 janv. 1743, à 80 ans. Il avait épousé Catherine *Bassompierre*, † ibid. 21 avril 1747, à 87 ans. De leur mariage étaient nés :

1. *François*, qui suit.
2. *Henry*, qui suivra.

II. François, fils du préc., m^d de bois, † par. St-Victor 6 févr. 1759, à 70 ans. Il eut un fils, Pierre, avocat au parl^t, † par. St-Marcel 24 nov. 1771.

III. Henry, frère du préc., m^d bonnetier, † par. Ste-Croix 27 janv. 1752. inhumé par. St-Victor. Il avait épousé F^oise *Mahuet*, † à 100 ans, par. St-Victor 20 déc. 1772. De leur mariage était née Catherine, mariée à J^n-B^te Mathieu.

POTOT. I. J^n-Étienne, conseiller du Roi, receveur des finances à Thionville, fils des † J^n-Nicolas, notaire et arpenteur royal à Bourgaltroff, et Françoise Baré, épousa, par. St-Victor 10 févr. 1735, Élisabeth *Guerrier*. Le mariage fut célébré en la chapelle des Carmélites. Au mariage assista Simon Potot, receveur des fermes du Roi, frère de l'époux.

II. J^n-F^ois-Nicolas, fils de Jean-N^as, géomètre et arpenteur royal, dem^t à Mézières, et de † Catherine Paixhans, épousa, étant âgé de 27 ans, par. St-Simplice 16 févr. 1757, M^ie-Josèphe *Auburtin,* fille de Dominique Auburtin, bourgeois, et de Catherine Boulanger, de laquelle il eut par. St-Martin :

1. Anne-M^ie-Nicole, 19 févr. 1758.
2. J^ne-Catherine-Joséphine, 1er déc. 1759; † 12 mars 1766.
3. J^n-N^as-Eustache, 16 févr. 1761 ; † 20 déc. 1774.
4. J^ne-M^ie-Josèphe, 23 juin 1762; † 25 mai 1767.
5. N^as-M^ie-Dieudonné [1], 12 juin 1771 : p. Nicolas Potot, géomètre et arpenteur royal de la maîtrise et gruerie des eaux et forêts de Vic ; m. M^ie-M^te de Nay, épouse de J^n-Eustache Potot, conseiller correcteur au parl^t.

III. J^n-Eustache, [frère du préc., avocat en parl^t, naquit 2 avril 1734 à Fribourg au bailliage de Vic, de J^n-Nicolas et de N***, v^ve Simon. Conseiller correcteur du Roi en la chambre des comptes, il obtint des lettres d'honneur qui lui conférèrent la noblesse et furent enregistrées au parl^t de Metz 26 févr. 1780; il fut nommé, en 1789, syndic de la noblesse du bailliage de Vic, et mourut à Fribourg, son lieu natal, en 1805. Il avait épousé M^ie-M^te *de Nay*, fille du procureur du Roi au bailliage de Vic. De ce mariage il n'est resté qu'une fille, † à Marimont 24 mai 1834].

POTTHAFT (de) Maximilien-Vincent. V. de Mélisse.

POTTIER. I. Michel, sgr de Maizeroy, Ennery, Rugy, Flévy, Mancourt, Mondelange et Fresnoy, commissaire du Roi pour l'inspection des hôpitaux militaires du royaume, conseiller notaire secrétaire du Roi en la chancellerie du parl^t, dem^t rue derrière la Grande Maison [2], † par. St-Gengoulph 12 avril 1788, inhumé à Maizeroy. Il avait épousé : 1° M^ie-Cécile-Benoîte *de Pivol*, † par. St-Martin 28 sept. 1751, à 24 ans; 2° Catherine *Amat du Lauza*.

Du premier mariage naquirent :

1. J^ques-Michel, † à 2 ans, par. St-Martin 14 août 1753.
2. P^re-Michel ; commissaire des guerres et sgr d'Ennery, il épousa, par. S^t-

---

[1] Membre de la Compagnie de Jésus, † à Metz 2 mai 1837, en odeur de sainteté : sa tombe au cimetière de l'Est est l'objet de la vénération des Messins.
[2] Aujourd'hui rue du Grand-Cerf.

Martin 21 nov. 1780, M¹ᵉ-Louise-Charlotte *de Faultrier*. Il signait *Pottier du Fresnoy*.

Du second mariage naquirent .

3. Gabriel-Éléonore, par. Sᵗ-Martin 31 déc. 1761.
4. *Antoine-Fᵒⁱˢ-Fortunat*, ibid. 11 févr. 1764; lequel suit.
5. M¹ᵉ-Fᵒⁱˢᵉ-Pauline, ibid. 14 avril 1765.
6. M¹ᵉ-Agathe-Rose-Adélaïde, par. Sᵗ-Gengoulph 17 nov. 1766; † par. Sᵗ-Martin 5 déc. suiv.
7. M¹ᵉ-Catherine-Julie, mariée à Chˡᵉˢ-Léonard de Larreategny de Vignolle.
8. Thérèse-Nicole, mariée à Charles du Pasquier de Fontenoy.

II. Antoine-Fᵒⁱˢ-Fortunat, fils du préc., dit *Pottier de Mancourt*, sgr de Fresnoy, [épousa, vers l'année 1785, Charlotte-Monique *de Blair*, et mourut en 1829. Dans une lettre de mars 1827, il dit avoir eu 9 enfants : nous n'en connaissons que 8, savoir : 1° Antoinette, mariée à N*** Déliagre, chef d'une maison de commerce de Hambourg; 2° Félix-Isidore-Armand-Fᵒⁱˢ, baptisé à Berlize, aujourd'hui par. de Bazoncourt, 11 janv. 1787. : p. Fᵒⁱˢ-Isidore bᵒⁿ de Blair, sgr des Étangs, major de dragons; m. Félicie Amat du Lauza, gᵈ tante pat. : tous deux représentés; 3° Anne-Catherine-Julie, mariée à N*** Baltus; 4° Élise-Rosalie; 5° Charlotte; 6° Frédéric; 7° Éléonore; 8° Maria. Notes de Mʳ de Courten].

III. Françoise. V. Éléonor du Pradel.

IV. Anne. V. Robert VI.

POTTIER de GONVAUX Jⁿ-Bᵗᵉ-Simon, avocat en parlᵗ de Paris, fils de Jⁿ-Simon, intéressé dans les affaires du Roi, et de M¹ᵉ-Jⁿᵉ Parigault, épousa, étant âgé de 27 ans, par. Sᵗ-Simon 15 juin 1778, Jeanne-Fᵒⁱˢᵉ *Richard*, âgée de 21 ans, fille de † Pʳᵉ-Antoine Richard, ancien secrétaire géographe de Mʳ le duc de Chevreuse, et de Charlotte-Scholastique Grappe.

POUGEOL (de) V. de Pigeol.

POUILLAC (de) François. V. de Roger de Belloquet.

POUILLY Marguerite. V. Modéra.

POUILLY-LANÇON (de) Henriette. V. d'Anglebert.

POUMIÉ (de) M¹ᵉ-Henriette. V. de Rampont.

POUPART. Marie. V. du Boulay.

POUPET (de) Antoine, sgr de la Bouillarderie, capᵗ au régᵗ de Richelieu, fut témoin d'un mariage, par. Sᵗ-Eucaire 6 nov. 1736.

POUPOT François, aide-major de la milice du Pays Messin, † 21 sept. 1748, à 55 ans, inhumé à l'église de la par. Sᵗ-Marcel. Msc. Epit.]

POURCELLES (de) Richard, lieutᵗ au régᵗ de Dorington Irlandais, eut de Jⁿᵉ-Thérèse *Carlière*, son épouse, Augustine, par. Sᵗ-Simplice 31 janv. 1714.

POURCHOLT (de) Louis-Guillaume. V. de Bondorff.

POURLIS (de) Jeanne. V. de la Bonde.

POURROY (de) Joseph. V. de Gohin.

POURTHIER (de) Anne. V. de Cabanes (note).

POUSSART de FORS du VIGEAN Françoise, [abbesse de Sᵗ-Pierre, † 15 juin 1756, à 60 ans, inhumée en l'église de son monastère. Msc. Epit.]

POUTET. I. Jean, fils de Jean, procureur au palais, treize et changeur, avocat au parlᵗ, puis procureur du Roi au bailliage, sgr de Vitrange, Jussy, Sᵗᵉ-Ruffine et Malroy, † à 78 ans, par. Sᵗᵉ-Croix 2 sept. 1668. Il avait épousé Philippe *Marchal*, alias *Maréchal*, † ibid. 13 sept. 1673. De leur mariage étaient nés ibid. :

1. Marguerite, 7 mai 1620.
2. Anne, 4 févr. 1627; mariée à Fᵒⁱˢ Bruillard.
3. *Jean*, 11 juin 1629; lequel suit.
4. Anne-Philippe, 30 juil. 1631; mariée à Chˡᵉˢ le Duchat.
5. *Charles*, 3 févr. 1637; lequel suivra III.
6. *Henry-Fᵒⁱˢ*, 7 avril 1642; lequel suivra V.
7. Louise, mariée à Jᵠᵘᵉˢ Péricard.
8. Pauline, mariée à Nᵃˢ de Rozières.

9. Jⁿ-Louis, avocat au parlᵗ, puis conseiller et procureur du Roi au bailliage, † par. Sᵗᵉ-Croix 19 févr. 1683. Il avait épousé Anne *de la Roche-Hullin*, marraine par. Sᵗ-Eucaire 25 déc. 1675.

II. JEAN, fils du préc., receveur des finances, sgr de Vitrange, † par. Sᵗ-Eucaire 19 oct. 1684, inhumé en la chap. Notre-Dame. Il avait épousé Jⁿᵉ-Agnès-Thérèse *Vigneron*, dont il eut ibid. :
1. Catherine, 12 janv. 1670 ; † 5 sept. 1692.
2. Jⁿ-Louis, 18 juil. 1674.
3. Henry, 25 déc. 1675.
4. Anne-Philippe, 19 mars 1677.
5. Suzanne-Fᵒⁱˢᵉ, 19 oct. 1679 : p. Jques Péricard, doyen des conseillers du parlᵗ ; m. Anne-Suzanne de Vigneulles du Sardomée-Walhorne, vᵛᵉ du sʳ de Vigneulles, de la par. de Boulay.
6. Pauline, 15 juin 1681 : p. Chˡᵉˢ Poutet, conseiller du mᵉ-échevin, sgr de Malroy ; m. Pauline Poutet, épouse de Nᵃˢ de Rosières. — Elle fut mariée à Jⁿ-Fᵒⁱˢ Damon de Saint-Pé.
7. Jⁿᵉ-Claude, mariée à Évrard de Mÿ.

III. CHARLES, frère du préc., sgr de Malroy et la Horgne, conseiller du mᵉ-échevin, † par. Sᵗᵉ-Croix 30 oct. 1711. Il avait épousé, ibid. 26 mars 1674, Judith *de Flavigny* de Mancourt, nouvellement convertie de la R. P. R., † ibid. 7 avril 1692. De leur mariage étaient nés ibid. :
1. Catherine, 8 janv. 1675.
2. Jⁿᵉ-Louise, 22 févr. 1676 ; † 16 sept. 1688.
3. *Henry*, 27 déc. 1677 ; lequel suit.
4. Jacques, 15 sept. 1680.
5. Marie, 28 juin 1685 ; † 9 oct. 1686.
6. Marie, 12 août 1686.
7. Étienne, 2 nov. 1690.

IV. HENRY, fils du préc., conseiller au parlᵗ, sgr de Malroy, Vitrange et la Horgne, † par. Sᵗᵉ-Croix 16 août 1709. Il avait épousé Catherine *Jacquemin*, dont il eut ibid. :
1. Chˡᵉˢ-Benoît, 21 mars 1706 ; sgr de Malroy, † par. Sᵗᵉ-Croix 8 févr. 1727.
2. Lˢᵉ-Isidore, 29 mars 1707 ; † 25 déc. 1709.
3. Marie, 22 août 1708.
4. Mⁱᵉ-Anne, mariée à Jⁿ-Fᵒⁱˢ Jobal.

V. HENRY-Fᵒⁱˢ, oncle du préc., sgr de Vitrange et Prayel, lieut. particulier au bailliage, subdélégué de l'Intendᵗ, mᵉ-échevin, puis président à mortier au parlᵗ, † par. Sᵗᵉ-Croix 28 janv. 1726. Il avait épousé : 1° par. Sᵗ-Eucaire 12 oct. 1669, Mⁱᵉ-Thérèse *de la Cloche*, nouvellement convertie de la R. P. R., fille de David de la Cloche, mᵉ de la monnaie, et d'Esther Nicolas, laquelle mourut sans enfants, par. Sᵗᵉ-Croix 21 avril 1688, « ayant vécu avec édification dans la religion catholique » ; 2° par. Sᵗᵉ-Croix 28 déc. 1692, Mⁱᵉ *Cueüllet* de Villers, † par. Sᵗᵉ-Ségolène 3 juin 1747, inhumée par. Sᵗᵉ-Croix. Du second mariage étaient nés par. Sᵗᵉ-Croix :
1. Mⁱᵉ-Anne, 10 févr. 1694.
2. Anne, 7 mai 1697.
3. Jⁿᵉ-Marie, 18 oct. 1698 ; mariée à Jⁿ-Henry Lefebvre de Ladonchamps.
4. Jⁿᵉ-Thérèse, 10 oct. 1700.
5. *Henry-Jⁿ*, 30 juil. 1702 ; lequel suit.
6. Louise, mariée à Jques de Couët.

VI. HENRY-Jⁿ, fils du préc., chev., bᵒⁿ du Sᵗ-Empire Romain, sgr de Prayel, Burtoncourt, Bocange, Gravelotte et autres lieux, président à mortier au parlᵗ, † par. Sᵗ-Martin 27 avril 1781, [au moment même où le Roi Louis XVI venait de lui accorder le titre de baron]. Il avait épousé Charlotte-Élisabeth *Alix-Duval*, † vᵛᵉ de lui, ibid. 27 juil. 1785, à 69 ans. De leur mariage étaient nés :
1. Mⁱᵉ-Fᵒⁱˢᵉ, par. Sᵗᵉ-Croix 8 oct. 1731.
2. Marthe-Henriette, ibid. 1ᵉʳ août 1734 ; mariée à Louis-Philippe-Paul de Marion.
3. *Henry-Jques*, ibid. 9 avril 1738 ; lequel suit.
4. Fᵒⁱˢ-Henry, ibid. 11 juin 1739.
5. Lˢᵉ-Pauline, ibid. 25 janv. 1741 ; mariée à Hyacinthe-Antoine de Marion.
6. Étienne-Pʳᵉ-Mⁱᵉ, ibid. 14 août 1742. [Successivement lieut.-colonel du régᵗ de la Marine, où il sut distinguer Bernadotte, qu'il prit pour son secrétaire, puis colonel du régᵗ de Bourbonnais, il émigra en 1792, fit les campagnes du

corps du prince de Condé, fut promu maréchal de camp 5 janv. 1797 et obtint, 22 févr. 1815, le brevet honorifique de lieut.-gén¹. Il mourut à Metz 1ᵉʳ sept. 1825. Biog. du Parl¹ et Notes de Mʳ de Courten.]

7. Fᵒⁱˢ-Charles, par. Stᵉ-Ségolène 22 oct. 1743; lequel suivra.

8. Anne-Pierrette-Charlotte, ibid. 5 nov. 1745; mariée à Fᵒⁱˢ-Médéric de Folliot.

9. Pʳᵉ-Louis-Ambroise, ibid. 4 avril 1748; † le lendemain.

VII. HENRY-Jᵠᵘᵉˢ, fils du préc., conseiller au parl¹, [mᵉ-échevin de 1780 à 1783, député de la noblesse aux États généraux en 1789, maire de Metz en 1790, puis procureur gén¹ syndic près le Conseil gén¹ du dépᵗ, † guillotiné à Paris 9 mai 1793]. Il avait épousé, par. Sᵗ-Maximin 17 janv. 1769, Mⁱᵉ-Gabrielle de Marion, dont il eut :

1. Lˢᵉ-Charlotte, par. Sᵗ-Martin 25 nov. 1769; † par. Sᵗ-Maximin 11 août 1773.
2. Henry-Anne, par. Sᵗᵉ-Croix 1ᵉʳ janv. 1771; † 1ᵉʳ sept. suiv.
3. Lˢᵉ-Louise, ibid. 27 juil. 1772; mariée à Fᵒⁱˢ-Antoine-Fidèle Rumpler.
4. Lˢᵉ-Pauline, par. Sᵗ-Maximin 16 mai 1774; mariée à Mⁱᵉ-Jᵖʰ-Honoré Passerat de la Chapelle.
5. Ursule-Lˢᵉ-Mⁱᵉ-Joséphine, ibid. 14 déc. 1777; mariée à Honoré Bertrand de Boucheporn.
6. Henry-Chˡᵉˢ, ibid. 29 janv. 1779; † subitement par. Sᵗ-Martin 5 juin 1790.
7. Charlotte-Jacobine, ibid. 15 déc. 1780; mariée à Louis-Gabriel de Marion.
8. Henry-Chˡᵉˢ, ibid. 10 mars 1782; † 3 janv. 1789.

VIII. Fᵒⁱˢ-CHARLES, frère du préc., [entra au service d'Autriche et devint major du régᵗ d'Emmeric-Esterhazy; il se distingua à Weidnau et à Romald en 1779 contre les Prussiens et fut promu chev. de l'ordre de Marie-Thérèse. Il est mort à Strasbourg en 1790. Il avait épousé sa nièce Mˡᵉ-Victoire *Folliot de Crenneville*, dont il eut une fille, Judith-Charlotte, qui épousa en 1810 son oncle, Chˡᵉˢ Folliot de Crenneville, lieut. gén¹ et gouverneur de Milan.]

IX. JEAN, hôtelier à l'enseigne de la Rochelle, probablement le père de Jean I, fut parrain par. Stᵉ-Croix 31 mars 1625.

X. JEAN, lieut. du mᵉ-échevin, fut parrain par. Stᵉ-Croix 21 sept. 1653.

XI. LOUIS, avocat au bailliage, fut parrain par. Sᵗ-Simplice 27 mars 1664.

POYARD. I. SUZANNE. V. le Braconnier XIV.

II. ESTHER. V. de Marsal VI, 1.

POYREL (DE) NICOLAS, éc., sʳ de Grandvant, gentilhomme servant du Roi et 1ᵉʳ huissier du cabinet de la Reine-Mère, fut parrain par. Sᵗ-Martin 25 sept. 1657.

PRADEL (DU) IGNACE, de Nancy, † par. Sᵗ-Livier 6 mars 1680.

PRADEL DE LAMASE JOSEPH. V. de Majaudie.

PRADINE (DE) CLAUDE, [chanᵉˢˢᵉ de Sᵗ-Pierre, † à 80 ans, 17 nov. 1612, inhumée en l'église de son monastère. Msc. Epit.]

PRADITTE (DE) MARIE-Jⁿᵉ. V. de Belancourt.

PRAETOR JEAN, [natif de «Hergugneio», secrétaire du registre secret des papes Grégoire XIII et Sixte V à Rome, nommé par ce dernier pape chan. de la cathédrale de Metz et archidiacre de Sarrebourg, † 4 avril 1628, inhumé à la cathédrale. Msc. Epit.]

PRAILLON. I. MICHEL, aman, noble, demᵗ en Chaplerue, † par. Sᵗ-Martin 29 avril 1657 : à son enterrement, Baptiste, son frère, abbé de Sᵗ-Symphorien. Il avait épousé : [1º Jⁿᵉ d'*Aurouyn*, † en 1590, Msc. Epit.]; 2º Jⁿᵉ *des Albrons*, † par. Sᵗ-Martin 1ᵉʳ janv. 1610.

II. JACQUES, sgr des maison et château de Sorbey et Tragny-en-Saulnois, voué d'Aube, Tragny et Moncheux-la-Grande en partie, mᵉ-échevin de Metz, conseiller et secrétaire de la chambre du Roi, interprète de S. M. en langue germanique, ambassadeur de Henri III en Pologne, † à 80 ans, par. Sᵗ-Martin 6 mai 1623. Il avait épousé, ibid. 10 nov. 1578,

Salomée *Pierrot*, fille de F^ois Pierrot, de Nomeny, laquelle mourut par. St-Martin 28 oct. 1635. De leur mariage étaient nés ibid. :
1. Catherine, 4 mars 1601 : p. J^n Saulnier, abbé de St-Vincent; m. Catherine d'Haraucourt. — Elle fut mariée à Philippe de Garges.
2. Henry, 9 mai 1603.
3. Michel, 21 juin 1606.
4. Anne, mariée à Siméon Auburtin.
5. Madeleine, [mariée à Antoine de Lénage].
6. Françoise, mariée à Lazare de Selve.
7. Philippe; licencié ès lois, sept fois m^e-échevin de Metz, † à 57 ans, par. St-Martin 11 nov. 1645, inhumé dans l'église « où sont déjà enterrés ses père, mère, g^d père et g^d mère ». Il avait épousé, ibid. fin août 1609, Anne *Hellot*, fille de Henry Hellot, noble homme, sgr de Fossieux, Phlin et Thésey en partie, lieut. gén^l au bailliage de Nomeny, et de M^ie Rutant.

III. FRANÇOIS, [chan. de la cathédrale, archidiacre de Sarrebourg, † 25 nov. 1594, à 42 ans. Msc. Epit.]

IV. JEAN, [chan. de la cathédrale, neveu du préc., † 5 févr. 1627, à 39 ans. Ibid.]

PRAILLY (DE) LOUIS, chev. de St-Louis, ancien lieut. colonel de cavalerie, † à 79 ans, par St-Victor 27 déc. 1753 : à son enterrement, J^ques Husson, chan. de la cathédrale de Metz, et F^ois Husson, chan. de la cathédrale de Toul, ses neveux; Mathias le Seur, ancien commissaire d'artillerie, son cousin-germain.

PRASLIN, *alias* PRALIN. I. JACQUES, huissier au parl^t, eut de Claudine *Sauvage*, son épouse :
1. Christophe, qui suit.
2. Charles, qui suivra.
3. Thomas, [officier au rég^t de Saillans, en 1729].

II. CHRISTOPHE, fils du préc., lieut. au rég^t de Saillans, † par. St-Martin 28 janv. 1729. Il avait épousé, ibid. 7 janv. 1727, Anne *Léglise*, fille d'Antoine Léglise, entrepreneur, et de M^te Régnier, de laquelle il eut ibid. :
1. Antoine, 7 sept. 1727.
2. Marguerite, 4 août 1728 ; † 9 août 1730.

III. CHARLES, frère du préc., procureur au parl^t, [† 28 juin 1742]. Il avait eu de M^ie-Anne *Harmant*, son épouse :
1. M^ie-Anne, par. St-Martin 25 déc. 1728.
2. N^as-André, ibid. 30 nov. 1729.
3. M^ie-Anne, ibid. 30 mai 1731 ; † par. St-Victor 8 déc. 1779.
4. Jeanne, ibid. 18 déc. 1732 ; † 3 août 1736.
5. Anne, par. St-Gorgon 31 janv. 1734 ; † par. St-Martin 30 août 1736.
6. Étienne-Louis, ibid. 5 août 1735.
7. M^ie-Anne, par. St-Martin 12 nov. 1736; † 6 août 1752.
8. André-Dieudonné, ibid. 1er déc. 1737.
9. Gabriel-F^ois, ibid. 9 avril 1739 ; † 21 suiv.
10. Ch^les-Mathieu, ibid. 20 sept. 1740 ; procureur au parl^t, au décès de sa sœur ci-dessus 3.
11. Antoine-F^ois, ibid. 3 avril 1742.

PRÉFONVAL CHARLES. V. de Durand d'Haraucourt.

PREIEL ADAM, R. P. R., natif du duché de Deux-Ponts, eut un fils, J^n-Balthasar, baptisé à Metz 10 août 1625 : p. J^n-Balthasar Hoffman, d^r et conseiller de S. A. de Deux-Ponts, et Théodore Goz, éc., sgr d'Aubecourt ; m. Élisabeth de la Porte, épouse de Regnault Goz de Grosyeux.

PREIN JEANNE. V. Chabanat-Dumont.

PREL (DU). I. AMÉLIE-MADELEINE, fille de Ch^les-M^ie-J^ph b^on du Prel, sgr d'Erpeldange, conseiller d'épée et député résident des États de la province du Luxembourg, et de M^ie-Josèphe-Catherine de Lasalle de Dilling, † à 20 mois, par. Ste-Ségolène 4 août 1778.

II. M^ie-ANNE. V. Creitte de Métric.

PRESLE ARMAND, cy-devant commissaire gén^l des vivres, eut de Denise *Charles*, son épouse, par. St-Marcel :

1. Antoine, 24 sept. 1678 : p. Antoine Grosmangin, trés. des vivres; m. Anne Chenal de la Violette, épouse en 2des noces du s^r Brunost, conseiller secrétaire du Roi en la chancellerie du parl^t.
2. Armand, 20 janv. 1682 : p. Étienne Jeoffroy, fermier gén^l des gabelles des Evêchés; m. M^{ie}-Madeleine Renouard, épouse du s^r de Launay, payeur de la cavalerie et de l'infanterie des Trois-Évêchés et du comté de Chiny.
3. J^{ph}-Denis, 22 mars 1684; † par. St-Livier 10 mai suiv.

PRÉS DE LA FERTÉ (DES) PIERRE eut de Judith *Coiffeté*, son épouse, par. St-Gorgon :
1. Charles-J^{ph}, 3 juil. 1660.
2. Marie, 10 août 1661 : p. Didier Cunin, aumônier de la Cour.
3. Marc-Antoine, 15 août 1662.
4. Claire, 25 févr. 1664.
5. Anne, 9 juin 1665 ; la mère est dite Suzanne.

PRÉVOST, *alias* PRÉVOT. I. NICOLAS, conseiller du Roi et son commissaire aux saisies réelles au bailliage, † par. Ste-Ségolène 4 oct. 1728, à 86 ans 1/2. Il avait épousé Anne *Capsé*, † par. Ste-Croix 28 août 1694. De leur mariage étaient nés par. Ste-Croix :
1. Charles, 8 juin 1686.
2. P^{re}-Philippe, 2 juin 1687; [greffier en chef au bailliage].
3. Pierre, 27 août 1688.
4. Charlotte, 14 oct. 1689 ; mariée à P^{re}-F^{ois} Lajeunesse.
5. M^{ie}-Anne, 6 déc. 1690.
6. Antoine, 18 janv. 1692; prêtre du diocèse de Metz, à l'enterrement de son père.
7. Étienne, 17 janv. 1693.
8. Marguerite, 9 août 1694.

II. HENRY, [conseiller au parl^t, né à Paris 17 mai 1638, de Claude, m^d, bourgeois, et d'Elisabeth Legendre, † 6 août 1689].

III. LOUIS, m^e-chir.. † par. St-Maximin 20 nov. 1770, à 87 ans : à son enterrement, D^{que} Prévost, ancien cap. des grenadiers de France, chev. de St-Louis, son fils; Frédéric Vonessen, m^e-chir: stipendié de la ville de Metz, son gendre; F^{ois} Banaté, chir.

IV. M^{ie}-ÉLISABETH. V. Dartenay.
V. CATHERINE. V. de Durau.
VI. MARIE. V. Leurye du Proy.

PRÉVOST DE CHANTEMERLE ÉTIENNE. V. Hébert de Maison-Noire III, 2.

PREZ (DE) LOUIS-AMABLE, chev., sgr de Crassier, chev. de St-Louis, lieut.-colonel au rég^t royal de Deux-Ponts, cy-devant en garnison à Metz, fils des † J^n-Baptiste, chev., sgr de Crassier, syndic de la noblesse du pays de Gex, et M^{ie}-Anne de Forax, épousa, par. St-Martin 16 oct. 1788, Louise *du Buat*, dame en partie de St-Epvre.

PRIGNON SUZANNE. V. de Vigneulles II.

PRIGNY (DE) GEORGES, conseiller médecin ordinaire du Roi, † par. St-Victor 15 déc. 1732, à 87 ans. Il avait épousé : 1° Catherine *Pseaume* ; 2° par. St-Victor 7 janv. 1706, Elisabeth-Catherine *Geoffroy*, † ibid. 28 sept. 1722. Du second mariage étaient nés ibid. :
1. Pierre, 11 déc. 1706; † 2 mars suiv.
2. Marguerite, 14 déc. 1708; mariée à F^{ois} Dattel.
3. Nicole, 6 janv. 1711; mariée à Claude-Etienne Gillot.
4. Catherine, 11 janv. 1714; † 6 févr. suiv.
5. Élisabeth, 11 oct. 1716.
6. Nicolas, 6 nov. 1717.
7. Catherine, † à 19 jours, 29 août 1719.
8. Marquise, 29 sept. 1720.
9. Claude, à l'enterrement de son père.

PRILLA QUINTINNE. V. le Bachelé XXIII.

PRILLE (DU) PHILIPPE-N^{as}, éc., chev. de St-Louis, ancien garde du corps du Roi, † rue du Séminaire de St-Simon, par. St-Martin 28 août 1767. Il avait épousé Anne *Bernard*, dont il eut :
1. Louis, par. St-Maximin 15 sept. 1735.
2. Joseph, ibid. 13 oct. 1736.
3. Christophe, par. Ste-Croix 31 juil. 1737; garde du corps du Roi à la

compagnie de Villeroy, à l'enterrement de son père.
4. Louise, ibid. 13 août 1738.
5. Marie, ibid. 23 nov. 1739; mariée à Christophe-D^{que} Crespin.
6. Nicolas, ibid. 1er sept. 1741.
7. Anne-Charlotte-L^{se}-F^{oise}, ibid. 28 août 1742.
8. Ch^{les}-Louis, ibid. 2 oct. 1744.
9. Anne-Agathe-Edmond-Charlotte, par. St-Simplice 30 nov. 1745 : p. Edmond-Ch^{les} le Clair de Châtelaine, éc., garde du corps du Roi; m. Anne-Agathe de la Rozière, épouse de N^{as} Blaise, dir. et trés. de la monnaie. — Le père est dit porte-étendard des gardes du corps du Roi compagnie de Villeroy, pensionnaire de S. M., rue de la Chèvre.
10. Pierre, vicaire à Thiaucourt, à l'enterrement de son père; curé de Lidresing, au mariage de Marie sa sœur.

PRIN Jeanne. V. de Pernet II.

PRINET de la GRANDVILLE Arnould-Louis-J^{ques}, chev. de St-Louis, ancien colonel au rég^t d'Aubigny dragons, † par. St-Victor 21 janv. 1776, à 82 ans.

PRISLE Catherine. V. de la Chevaleret.

PROA Émilie. V. Lasalle (note).

PROCHEGRAVE (de). V. Noël.

PRODEQUIN Marie. V. Rutant IV.

PROISSY (de) Jean, R. P. R., chev., sgr de Marigny et St-Jean, cap. d'une compagnie de chevau-légers, épousa, 8 nov. 1648, Judith d'Aumale, dont il eut Jeanne, 4 août 1658.

PROSKAU (de) Carline. V. de Dietrichstein.

PROST. I. Marguerite. V. Belquienne.
II. Sophie-Gabrielle. V. de Lauzières de Thémines (note).

PROUVÉ Catherine et Anselme. V. Auger.

PROVENCE Anne. V. Pérolle V.

PROVIN Huguette. V. Soucelier.

PROVOST. I. Idon. V. le Bachelé XIII.
II. Sara. V. de Belchamps XIII.

PRUDHOMME (le) Anne. V. de Pont de Rennepont.

PRUGNON. I. Marie-M^{te}. V. de Lallemand de Liocourt.
II. Catherine. V. de la Rivière VII.

PRUNE (de) Charlotte. V. du Hautoy III, 1.

PSAULME, alias PSEAUME. I. Ursule. V. Fagnier II.
II. Catherine. V. Prigny.

PSAULME de ROSSELANGE, alias PSEAUME, Sébastien, cap. au rég^t royal infanterie, eut d'Antoinette Herman, son épouse :
1. Philippe-J^{ph}, par. Ste-Croix 16 nov. 1748 ; † subitement par. St-Simon 1er sept. 1779 : à son enterrement, Gabriel de Beccary, son oncle.
2. Anne-Élisabeth, par. St-Marcel 27 févr. 1750 : p. Philippe Pérolle, g^d père; m. Élisabeth Herman, g^d mère.
3. M^{te}-Antoinette-Claudine, ibid. 21 mai 1751.

PUGEOL Renée. V. Cellier.

PUGEOL (de), cfr de PIGEOL, Callixte, chev., sgr de Saptes, Comptes et Montblanc, cap. au rég^t de Rouergue, natif de Carcassonne, fils de Pierre, sgr des mêmes lieux, et de L^{se} de Boussigues, épousa, étant âgé de 30 ans, par. St-Marcel 20 avril 1676, Gabrielle d'Auburtin.

PUGNY (de) Georges, natif de Marsal, cap. lieut. dans la mestre de camp cavalerie de M^r le Prince, eut d'Élisabeth Pillard, son épouse, François, par. St-Simplice 9 août 1674.

PUISSET de BON FOSSÉ (de) J^n-Louis, éc., cap. d'infanterie au bataillon de milice d'Alençon, eut de M^{ie}-Anne Steinveler, son épouse, par. St-Livier 16 avril 1743, Anne-Catherine-Gertrude : p. J^n-Ch^{les} de Bernard, chev., sgr et patron honoraire des paroisses de Labellière, Francheville, etc.; m. Anne-Catherine-Gertrude Steitz de la Filiolie de Saunier.

PULLENOY (DE). I. JACQUES, s^r de la Vallée, natif de Normandie, lieut. au rég^t de Grancey dans la compagnie de Mr de la Mairie, † par. Ste-Croix 6 nov. 1675.

II. JEANNE. V. Fremyn.

PULLISSON. V. Pellisson.

PURNOT CLAUDE. V. Bernard IV.

PÜTZ M^{ie}-AGNÈS. V. Hennequin III.

PUYPAYROUX (DE) JACOB fut parrain par. St-Simplice 13 mars 1701.

PUYS (DE). I. JACQUES, R. P. R., command^t une compagnie de gens de pied à Verdun, épousa, 29 mai 1644, Élisabeth *Mathé*, v^{ve} de Ch^{les} de Montigny.

II. MARC, R. P. R., sgr de Maizeroy et d'Adaincourt en partie, † à 50 ans, 7 oct. 1668.

III. PIERRE, R. P. R., cadet gentilhomme à la citadelle, natif de Manne, province de Guyenne, † à 22 ans, 3 févr. 1685.

IV. JUDITH. V. de Caradreux.

PYROT⁽¹⁾. I. M^{ie}-CATHERINE-CHRISTINE. V. Joffrenot de Montlebert.

II. HUBERT, éc., conseiller du Roi, avocat au parl^t de Nancy, puis au parl^t de Metz, substitut du procureur gén^l, [député à l'Assemblée législative de 1791, à la Chambre de 1815; conseiller à la cour impériale de Metz en 1811, président de chambre en 1821, chev. de la Légion d'honneur en 1825], fils de J^{ph}-Antoine, avocat au parl^t de Nancy, et d'Anne-M^{ie} Voirin; [† à 76 ans, à Metz 13 août 1834]. Il avait épousé, par St-Gengoulph 3 févr. 1789, M^{ie} *Régnier* d'Arraincourt. A ce mariage, Simon Régnier, doyen des substituts du parl^t; N^{as} Régnier, entrepreneur des fortifications du Roi; J^{ph}-F^{ois} Voirin, chan. de St-Thiébaut; Jⁿ-F^{ois} Joffrenot de Montlebert, conseiller auditeur à la chambre des comptes; dom Didier Petitjean, prieur de Villers-Bettnach; Antoine de Barrois de Sarrigue; Ch^{les}-Étienne de l'Épinois, commissaire des guerres. — De ce mariage naquirent :

1. Nicolas⁽¹⁾, par. St-Victor 19 nov. 1789.
2. Élisabeth, [mariée, 1er févr. 1817, à Ch^{les}-Hyacinthe-Victor Debonnaire de Gif, major des chasseurs à cheval de la Meuse; morte sans postérité.]

---

(1) Les détails entre [ ] et en note nous ont été communiqués par M. le Président d'Hannoncelles.

Q

QUADT DE LANDSKRON. I. L^{se}-MADELEINE. V. Addée.

II. JULIANE-MADELEINE. V. Bennelle II, 6, et Addée.

QUAITA ÈVE-RÉGINE-LOUISE. V. Rœderer II.

QUATEVILLE DE BASGUE (DE) JEAN épousa, par. St-Simplice 24 juil. 1655, Suzanne *Gravault*, après avoir abjuré l'hérésie.

QUERLONDE (DE) BENOIT-CLAUDE, né 11 avril 1721, éc., ingénieur ordinaire du Roi à Marsal, fils de Pierre, éc., ingénieur en chef à Marsal, et de † Apolline Génin, épousa, à Luttange 7 sept. 1745, Élisabeth *Despinette*, dont il eut ibid. :

1. Claude-D^{que}, 6 juin 1746 : p. F^{ois}-D^{que} Despinette, éc., cap. au rég^t d'Alsace, représenté par Alexandre Despi-

---

(1) NICOLAS, avocat à la cour impériale de Metz (1811), conseiller auditeur à la cour royale (1814), avocat général (1816), conseiller (1826), † à Metz 12 juil. 1827, inhumé, comme son père, au caveau de la famille à Peltre. Il avait épousé, 21 sept. 1818, Anne Hollande de Colmy, † à Metz 12 mai 1865. De leur mariage étaient nés :
1. Charles, 29 juin 1819; † 9 août suiv.
2. Louis, 5 août 1822; avocat à la cour royale de Metz (1846), † à Paris 7 juin 1849, sans avoir été marié.
3. M^{ie}-Caroline, 9 déc. 1823; mariée à Théodore-Joseph Boudet de Puymaigre.
4. L^{se}-Élisabeth, 11 févr. 1824; mariée à F^{ois}-Jules Gerard d'Hannoncelles.

nette; m. M^ie-Claire-Catherine de Querlonde, épouse d'Amand-Achille de Courten, éc., cap. au rég^t de Courten.
2. Élisabeth, 9 oct. 1748.
3. M^ie-Marguerite, 14 févr. 1750.
4. Claudine-F^oise, 18 févr. 1751; † 10 sept. 1753.
5. Augustin, 12 nov. 1751; † le même jour.
6. M^ie-Madeleine, 14 févr. 1753.

QUENTIN Pierre. V. le Mossy.

QUÉRINE (le) Anne. V. Malbeste.

QUEXIN Barbe. V. le Coullon II.

QUIEN, *alias* KIN. I. Daniel, R. P. R., fut père de Judith, mariée à Samuel Morel.

II. Jean, R. P. R., fut père de :
1. Anne, mariée à P^re Michelet.
2. Sara, mariée à Étienne Malchar.

III. Philippe, R. P. R., eut de Suzanne *Michelet*, son épouse, Suzanne, 14 janv. 1676.

QUILLANTE (de la) ·N***, lieut. de dragons, eut de Catherine *Frapard*, son épouse, Élisabeth, par. Ste-Ségolène 11 janv. 1712.

QUINÉMONT de VARENNES Marie. V. de Couët de Boigodan.

QUINSACQ (de) N***, lieut. de M^r le Gouverneur de Metz, fut parrain par. St-Marcel 7 mai 1643.

QUINTIN. V. de Fontaine II.

QUIROS Jacques. V. Boulard III.

QUREILLE de SAINTE-MARIE (de) Ch^les-Joseph, chev. de l'Aigle Rouge de Brandebourg et de celui de Pologne, colonel de cavalerie, sgr d'Itzbach, eut de M^ie-Anne-F^oise *de Joanni d'Anthoin*, son épouse, par. St-Marcel 16 mars 1781, F^oise-Félicité : p. J^ques-F^ois de Giesen, chev. de St-Louis, cap. retiré de hussards; m. F^oise de Sainte-Marie, la douairière, née Forget de Barst, sa g^d mère pat. : tous deux représentés.

R

RABEAU (de) M^ie-Madeleine. V. de Hoffman.

RABEL Guillaume, chev. de St-Louis, aide-major de Metz, pensionné du Roi, épousa Christine *Baugard*, † v^ve de lui, par. St-Gengoulph 4 juin 1782.

RABIGNAU de MONTELOU Michel, conseiller du Roi, dir. et trés. de la monnaie, eut de M^ie *Maudelon*, son épouse, par. St-Simplice 22 févr. 1699, J^n-Louis : p. J^n-Louis Ainaut, trés. de l'extraordinaire des guerres; m. Anne d'Auburtin.

RABUAT. I. Jacques, natif de Coursan en Champagne, m^e d'hôtel de M^r l'abbé de Coursan, épousa, étant âgé de 25 ans, par. Ste-Croix 23 nov. 1668, J^ne *la Colle*, native de Courtemange près Vitry, âgée de 22 ans : à ce mariage, F^ois Grossier, chan. et archidiacre de la cathédrale. Du dit mariage naquirent :
1. *Louis-Anne*, qui suit.
2. Anne, mariée à J^n d'Avrange.

II. Louis-Anne, fils du préc., conseiller au bailliage, † par. St-Maximin 10 déc. 1733, à 54 ans : à son enterrement, ses neveux Etienne d'Avrange, avocat au parl^t, et J^n-F^ois Gourdin, sgr de Peltre ; ses cousins René de Bouchard de la Noye, chev. du St-Empire, et P^re Lecomte de Grosyeux. — Il avait épousé Élisabeth *de Montberry*, † ibid. 27 mai 1758, à 70 ans et un mois. De leur mariage était né, ibid. 5 juin 1717, F^ois-*Pierre*, qui suit.

III. F^ois-Pierre, fils du préc., sgr de Saulcy et Tronville en partie, président au présidial et lieut. gén^l au bailliage, † par.

St-Maximin 19 août 1784. Il avait épousé : 1° Anne *Gravelotte*, † ibid. 24 mai 1763, à 46 ans; 2° ibid. 16 déc. 1771, M^{ie}-F^{oise} *Deschamps*, fille des † Jⁿ Deschamps, intéressé dans les affaires du Roi, et Madeleine Véré.

Du premier mariage naquirent par. St-Maximin :

1. Louis-Philippe, 25 août 1737; † 23 juil. 1758.
2. Marguerite, 12 août 1739.
3. Marthe, 5 août 1740; † 1er août 1758.
4. F^{ois}-Pierre, 15 sept. 1741.

Du second mariage naquit ibid. :

5. F^{ois}-Pierre, 22 nov. 1772.

RACLE. I. JEAN, [célèbre graveur de la monnaie des ducs de Lorraine, conseiller secrétaire du Roi maison et couronne de France, avait épousé J^{ne} *Cheminot*, dont il eut neuf enfants] ; nous ne connaissons que les quatre suivants :

1. Jean, qui suit.
2. Jeanne, mariée à F^{ois} Estienne d'Augny.
3. Marie, mariée à Philippe des Rivets.
4. Louis, sgr de Sornéville ; il épousa, par. Ste-Croix 13 nov. 1678, Suzanne *de Lespingal*, v^{ve} d'Alexandre Hellot de Fossieux, dont il eut, ibid. 15 juin 1679, Bertrand-Louis, † par. St-Marcel 9 nov. 1681.

II. JEAN, fils du préc., éc., sgr de St-Marcel et Sornéville, † par. St-Martin 14 janv. 1730, à 81 ans. Il avait épousé, par. Ste-Ségolène 8 juil. 1675, Catherine-F^{oise} *de Bonnefoy*, dont il eut :

1. Jean, par. St-Victor 27 déc. 1674 (*sic*).
2. François, par. St-Livier 15 mars 1677 : p. F^{ois} de Myon, chan. de la cathédrale ; m. J^{ne} Racle, épouse de Mr Estienne d'Augny, tante de l'enfant. — Il mourut par. Ste-Ségolène 4 févr. 1694.
3. Henriette-L^{se}, par. St-Gorgon 25 févr. 1679.
4. Suzanne-L^{se}, ibid. 31 juil. 1681.
5. Ch^{les}-Philippe, ibid. 11 mars 1683 ; [conseiller des requêtes du palais].
6. Ch^{les}Pierre, ibid. 18 avril 1685 ; lequel suit.
7. Jean-F^{ois}, par. Ste-Ségolène 16 nov. 1686.
8. Henriette-Éléonore, mariée à N^{as} Marien.

III. CH^{LES}-PIERRE, fils du préc., éc., épousa J^{ne}-Claire *Estienne d'Augny*, † par. Ste-Croix 18 juin 1763, à 86 ans. De leur mariage étaient nés :

1. Claire-M^{te}, par. St-Victor 5 janv. 1711.
2. Antoine-N^{as}, par. St-Martin 24 févr. 1712 : p. N^{as} Estienne d'Augny, m^e-échevin ; m. Antoinette Racle, épouse de Louis de Bonnefoy, conseiller d'honneur au parl^t.
3. Anne-Louis, ibid. 6 mai 1713 : m. Anne-M^{te} Racle, dame de Sornéville.

IV. ÉTIENNE, [g^d oncle du préc., succéda à son frère dans les fonctions de graveur des monnaies de Lorraine, puis vint se fixer à Metz vers 1670 en qualité de graveur de la monnaie de cette ville]. Il mourut par. St-Simplice 22 août 1690, à 60 ans.

RACLOT JEAN, R. P. R., procureur au parl^t, eut de J^{ne} *Vert*, son épouse, 5 nov. 1639, Jeanne : p. Ch^{les} le Goullon, sgr d'Hauconcourt, receveur des consignations au parl^t. — Elle fut mariée à Ch^{les} de Montaigu.

RADELET. I. ARNOULD, fils d'Arnould, tous deux entrepreneurs des fortifications, épousa F^{oise} *de la Cour*, dont il eut :

1. Françoise, mariée à Jⁿ-N^{as} Plicard.
2. Anne, mariée à F^{ois} Dartenay.

II. MARIE. V. Demange IV.

RAFFAY (DE) FRANÇOIS. V. Christian.

RAFFELIN ANGÉLIQUE-M^{te}. V. de Loyauté.

RAFFY FRANÇOIS, conseiller du Roi, receveur gén^l des domaines, conseiller secrétaire du Roi en la chancellerie du parl^t, épousa, par. St-Martin 20 oct. 1687, M^{te} *Jeoffroy*, dont il eut ibid. :

1. F^{ois}-Nicolas, 15 avril 1689.
2. M^{te}-Marie, 16 avril 1690.
3. Jⁿ-Louis, 13 août 1692 : p. Mgr d'Aubusson de la Feuillade, évêque de Metz ; m. Anne le Clerc de Lesseville, épouse de Guillaume de Sève.

4. Antoine-Alexis, 19 juin 1696; conseiller au parl[t], [† 10 févr. 1755].

RAGEST Dominique, procureur de la Cour-l'Évêque, fut parrain par. St-Eucaire 28 déc. 1605.

RAGET (du) Achille. V. Beausire (note).

RAGOIS (de) Anne. V. de Saint Jure III.

RAGUET F[ois]-Joseph, chev. de St-Louis, cap. au rég[t] suisse de Diesbach, fils de J[n]-Thiébaut, ancien lieut. dans la Mayne de Cheveny, dem[t] à Grand-Fontaine, et de † Anne-M[te] Comant, du diocèse de Besançon, épousa, étant âgé de 39 ans, par. Ste-Ségolène 16 févr. 1751, J[ne]-L[se] *Malherbe*.

RAHIER (de) Louis-Ignace, b[on], c[te] de Linzman et de Harzé, sgr de Preisch et autres lieux, fut parrain par. St-Simplice 10 mars 1739.

RAIGECOURT (de). I. Jacques, fils d'Antoine et de Philippe de Pfaffenhoven, éc., sgr de Marly, Pournoy, Amnévile, conseiller d'État et chambellan de S. A. de Lorraine, conseiller et m[e] d'hôtel ordinaire du cardinal de Lorraine, gouverneur de Bitche, † par. St-Simplice 9 nov. 1619, inhumé en la chap. de St-Pierre et de St-Paul auprès de sa femme Madeleine *de Gournay*. Celle-ci était morte ibid. 26 mars 1618 : à son enterrement « la harangue funèbre fut prononcée par le R. P. Rampoy, prieur des Carmes. » De leur mariage étaient nés :

1. *Jacques*, qui suit.
2. François, sgr de Pournoy et Amnéville, cap. au rég[t] de Phalsbourg, tué à la guerre en 1621, inhumé par. St-Simplice le 1er déc.

II. Jacques, fils du préc., sgr de Marly et Pournoy, épousa Renée *d'Urre de Tessières*, [† 15 juin 1636, inhumée aux Sœurs Colettes. Msc. Epit.]. De leur mariage étaient nés :

1. Charles, [sgr de Commercy et Vignot, souverain de Fougerolles, cap. de cavalerie au rég[t] de Fabert, † sans alliance, à l'armée de Flandre 17 août 1655,] inhumé à Metz aux Sœurs Colettes. Msc. Epit.]
2. J[ques]-Gabriel, parrain par. St-Simplice 14 déc. 1652.

III. Antoine, cousin germain du préc., fils de Philippe et de Philippe de Gournay, eut de Renée-Isabelle *de Florainville*, son épouse :

1. *Henry-Philippe*, qui suit.
2. Claude, mariée à J[n]-Christophe de Gournay.
3. Anne, mariée à Léonard de Ficquelmont.

IV. Henry-Philippe, fils du préc., chev., sgr d'Ancerville, Bayonville, Thésey et les Etangs, épousa, par. St-Martin 12 janv. 1638, Ermengarde *d'Aumale*, dont il eut par. St-Gorgon :

1. Louis, 22 déc. 1638 : p. Louis de Raigecourt, sgr d'Ancerville; m. Anne de Raigecourt, dame de Remiremont, sa tante.
2. Anne-Claude, 29 sept. 1639 : m. Claude de Raigecourt, dame de Remiremont, sa tante.
3. *Henry-F[ois]*, 21 oct. 1642; lequel suit.
4. M[ie]-Barbe, mariée à Henry-Anne d'Ernecourt.

V. Henry-F[ois], fils du préc., chev., sgr d'Ancerville, Bayonville, les Etangs, etc., eut d'Anne-Claude, alias F[oise] *de Lavaulx*, son épouse :

1. Marguerite-F[oise], mariée à Emmanuel-Auguste c[te] Duc.
2. Jeanne, mariée au s[r] de la Barre.

VI. Bernard, g[d] oncle du préc., chev., b[on] des Etangs, sgr d'Ancerville, Thésey, Bayonville, Charmoy, le Ban de Buzy, Maréville, etc., g[d] maître de l'artillerie de Lorraine, sénéchal et chambellan héréditaire de l'Évêché de Metz, épousa M[ie]-Barbe *d'Haraucourt*, dame de Remiremont, † à 80 ans, par. Ste-Croix 24 févr. 1679, inhumée en la chap. de S[t]-Nicolas.

VII. Ch[les]-Bernard, petit-fils du préc., fils de François, c[te], et de Béatrix-Thérèse de Bauffremont, maréchal de Lorraine, g[d] bailly de S[t]-Mihiel, conseiller d'État de S. A. R. de Lorraine, eut de F[oise]-Catherine-Gertrude *des Armoises*, son épouse, entre autres enfants, F^{oise}-Louise, mariée à D^{que}-Joseph b^{on} de Ritter.

VIII. Anne-F^{oise}-Gabrielle, petite-fille du préc., fille de Ch^{les}-Ignace-Étienne et de J^{ne}-Philberte-Gabrielle de Rosières. V. de Reiffenberg.

IX. Christophe, m^{is}, cousin germain de la préc., fils de Louis-Antoine et d'Anne-Marie de Gournay, c^{te} du St-Empire, sgr de Grosyeux, Augny, Buzy, Bayonville, Vignot, Malaumont, Merchingen, Bitzberger, Chevillon, etc., chan. de Liège en 1773, puis chambellan de Leurs Majestés Impériales, eut de M^{ie}-Josèphe *de Saintignon*, son épouse :

1. Élisabeth-M^{ie}-Charlotte-Léopolde, par. St-Victor 13 nov. 1753 : p. Léopold c^{te} de Raigecourt, chambellan de S. M. Impériale, au nom de Plaicard c^{te} de Raigecourt, abbé de Charlieu, aumônier du Roi et nommé à l'Évêché d'Anvers, son oncle pat.; m. Élisabeth-Charlotte d'Argelé, épouse de N^{as}-Godefroy b^{on} de Haën.
2. M^{ie}-L^{se}-Lothaire, ibid. 12 févr. 1755.
3. M^{ie}-Josèphe-Godefroy, ibid. 16 août 1756.
4. J^{ph}-Louis-Ferdinand-Maximilien-Victor, ibid. 11 avril 1765 : p. Ferdinand-Gaston duc de Croÿ, prince de Berghes, chev. de la Toison d'or, représenté par J^{ph} c^{te} de Saintignon, chan. régulier, procureur gén^l de son ordre; m. Maximilienne-Thérèse Doignier, née c^{esse} de Coupignies et princesse de Berghes, duchesse de Croÿ, représentée par Catherine c^{esse} de Raigecourt, dame de Remiremont, c^{esse} du St-Empire Romain.
5. Antoine-Bernard-Anne-Ch^{les}-Barthélemy-Victor, ibid. 26 mars 1766 : p. Antoine-Bernard c^{te} des Armoises, m^{is} d'Aulnoy, lieut. gén^l des armées de l'Empereur, représenté par Barthélemy de Castellane, cap. au rég^t de Champagne; m. Anne de Beauvau, m^{ise} des Armoises, représentée par Anne-Charlotte Aubierge, née c^{esse} de Ficquelmont.
6. Jⁿ-Antoine-J^{ph}-Louis-Ch^{les}, ibid. 23 déc. 1767 : p. Jⁿ-Antoine-J^{ph} c^{te} de Saintignon, chev., sgr de Puxe, Jeandelize, Goyvaux, Brainville et autres lieux, chambellan actuel, chev. de l'ordre de Marie-Thérèse, lieut. gén^l et colonel propriétaire d'un rég^t de dragons au service de L. M. I. R. Apostoliques; m. M^{ie}-Charlotte-Élisabeth-Léopold-Plaicarde c^{esse} de Raigecourt de St-Balmont, c^{esse} du St-Empire Romain, chan^{esse} de Remiremont, représentant L^{se}-Antoinette m^{ise} des Armoises de Spincourt.
7. M^{ie}-Thérèse-Charlotte-Joséphine, ibid. 19 avril 1769 : p. J^{ph} m^{is} de Raigecourt et de Gournay, c^{te} du St-Empire Romain, chambellan de L. M. I., lieut.-colonel à leur service, chev., sgr de Jaulny, Friauville, etc., son oncle pat., représenté par Ch^{les}-F^{ois} de Lahaulsse, chev., sgr de Joudreville, du fief de Sancy et autres lieux, lieut.-colonel d'infanterie et cap. de grenadiers à la légion de Conflans; m. Thérèse b^{onne} de Roll d'Emenholtz, née m^{ise} de Raigecourt, c^{esse} du St-Empire Romain, sa tante pat., représentée par M^{ie}-L^{se} c^{esse} de Raigecourt de Tailly, c^{esse} du St-Empire Romain, chan^{esse} de Remiremont.
8. Ch^{les}-Joseph, ibid. 1er janv. 1771; officier d'un rég^t d'infanterie en garnison à Nancy, il fut parrain par. St-Eucaire 5 mai 1790.
9. M^{ie}-Charlotte-Jérôme, par. St-Martin 13 juin 1772 : p. Ch^{les}-Jérôme c^{te} de Raigecourt de Comté, c^{te} du St-Empire Romain, chambellan de L. M. I., ancien guidon de gendarmerie au service de France, chev. de St-Louis, sgr de Menoux, Tremblecourt et autres lieux, g^d oncle pat., représenté par J^{ph} m^{is} de Raigecourt, frère de l'enfant; m. M^{ie}-L^{se} m^{ise} de Raigecourt, dame de Remiremont, sœur de l'enfant.
10. Ch^{les}-Antoine, ibid. 12 août 1774.
11. F^{ois}-J^{ph}-Gabriel, ibid. 25 mars 1779.

X. Nicolas, sgr d'Ancerville, fut parrain par. St-Maximin 15 août 1661.

XI. M^{ie}-Anne. V. Bachelard I, 3.

XII. Richard. V. de Gournay.

RAILLARD de GRANVELLE Benoit-

Georges, [né, à Vesoul 14 mai 1746, de J⁻-François, avocat en parl⁺, et de Denise Balay, conseiller au parl⁺ de Flandre, président à mortier au parl⁺ de Metz, puis conseiller du Roi en tous ses conseils, m⁻ des requêtes ordinaire de son hôtel et intend⁺ au dép⁺ de la régie générale de ses droits d'aides et autres y joints], épousa F⁻⁻⁻-Eugénie *de Vaticourt*, dont il eut, par. S⁺-Martin 27 oct. 1782, M⁻⁻-F⁻⁻⁻-Pauline : p. J⁻-F⁻⁻⁻ Raillard de Granvelle; conseiller honoraire en la chambre des comptes de la Franche-Comté, son g⁻ père ; m. M⁻⁻-Madeleine-J⁻⁻⁻ de Calonne, épouse de Maximilien-Marie c⁺⁻ de Vaticourt, sa g⁻ mère.

RAILLARDY DE PRAUTOIS Ludovic. V. Pasquier de Dommartin (note).

RAINCOURT (DE) M⁻⁻-Catherine. V. de Simonet.

RAINVILLE (DE) Charles-F⁻⁻⁻, avocat en parl⁺, économe de la Propagation, † par. S⁺-Martin 12 avril 1722, à 56 ans.

RALLIN (DE) Anne. V. de Malaizé.

RAMBERT Anne. V. Hugon d'Arraincourt.

RAMBOUR Abraham, ministre de la R. P. R. en l'église de Sedan et professeur de théologie de l'Académie, fils de F⁻⁻⁻, bourgeois, épousa, 9 août 1620, Suzanne *le Duchat*, † ibid. 23 déc. 1674.

RAMBOURG Étienne, fermier gén⁻ de la commanderie de Metz, eut d'Anne-M⁻⁻-Nicole-Félicité *Perrard de Villers*, son épouse, Ch⁻⁻⁻-Félix-N⁻⁻, par. S⁺⁻-Croix 23 août 1771.

RAMIÈRE (DE) Marie. V. Rose.

RAMLINGEN (DE) Anne-J⁻⁻. V. de l'Hoste de la Motte.

RAMON (DE) Henry, secrétaire de M⁻ le M⁻⁻ de Varennes, fut parrain par. S⁺-Simplice 28 déc. 1702.

RAMPONT (DE). I. Charles, éc., conseiller secrétaire du Roi, veuf de M⁻⁻-Henriette *de Poumié*, épousa, par. S⁺-Marcel 10 juil. 1753, M⁻⁻-F⁻⁻⁻ *Régnier-Dumesnil*.

II. Ch⁻⁻⁻-Alexandre. V. Pichon de Fontanière II, 4.

RANÇAY (DE) Louis, cap. au rég⁺ de la marine, eut de F⁻⁻⁻ *la Génilière*, son épouse, Claude, par. S⁺-Marcel 13 déc. 1705.

RANCÉ (DE) Claude-Casimir et Hubert-Auguste. V. de la Pêche.

RANDERODE DE TULLIÈRES (DE) J⁻-F⁻⁻⁻-Gabriel, chambellan de M⁻ le duc de Deux-Ponts, chev. de S⁺-Louis, cap. command⁺ au rég⁺ de Deux-Ponts, † à 51 ans, par. S⁺-Livier 30 nov. 1790.

RANDON Étienne. V. du Boulay.

RANTZAU (DE) J⁻⁻⁻-Armand, c⁺⁻, brigadier des armées du Roi, † par. S⁺⁻-Ségolène 18 juil. 1736, à 80 ans : à son enterrement, J⁻⁻⁻-Louis-J⁻⁻ chev. de Lauretau, son neveu; P⁻⁻ Lombard, sgr de S⁺-Pierre, chev. d'honneur au bureau des finances; Hilaire de Beaupouyet, cap. d'infanterie.

RAPOUEL J⁻-Baptiste, [chan. de la cathédrale, † à 58 ans, 4 mars 1700. Msc. Epit.].

RASCASE DE GROS Hyacinthe. V. de la Fléchière d'Arbouse.

RASORIS J⁻-Henry, sgr en partie de Servigny, † par. S⁺-Eucaire 7 oct 1637, inhumé au chœur de la chapelle Notre-Dame.

RATÉ (DE) Anne. V. Charuel de Sainte-Croix I, 6.

RATHSAMHAUSEN (DE) Charlotte-Madeleine. V. de Wenetz.

RAUCOULT (DE) Lionnette-M⁻⁻. V. de la Chesserie de Trémoulet.

RAULIN M⁻⁻-Louise. V. des Portes de Pardaillant.

RAUQUIL André-F⁻⁻⁻, conseiller d'honneur au bailliage, † à l'auberge de la Croix-d'Or, par. S⁺-Martin 17 août 1774, à 62 ans.

RAUSAING (DE) M⁻⁻-Catherine. V. de Pochard.

RAUX. I. P⁽ʳᵉ⁾-Nicolas, lieut. criminel au bailliage, sgr de Tonne-les-Prés, fils de Pierre, sgr de Tonne-les-Prés, conseiller du Roi, assesseur et garde-marteau en la prévôté et gruerie royale d'Arrancy, et de F^oise Olry, épousa, par. St-Martin 23 févr. 1769, L^se-Thérèse *Mary*, dont il eut ibid. :
1. Antoine, 20 nov. 1769.
2. Pierre, 19 déc. 1770.
3. Antoinette, 18 juil. 1776.
4. François, 23 mai 1778.

II. M^ie-Thérèse, sœur du préc. V. Chonet de Bollemont.

RAVAULX, alias RAVAUT ou RAVAULT. I. Rolland, éc., sgr de Launay, conseiller au parl^t, procureur gén^l à la Chambre Royale, [d'une famille originaire de la Tiérache], eut de M^ie *de Guiborat*, son épouse :
1. M^ie-Angélique, marraine par. St-Victor 29 avril 1681.
2. *Rolland*, qui suit.

II. Rolland, fils du préc., chev., sgr de Launay, Signy-le-Petit et la Grange-au-Bois, conseiller au parl^t, [† 14 juil. 1721]. Il avait épousé, par. St-Simplice 21 oct. 1692, M^ie *Boudier*, v^ve de Louis de Flavigny, laquelle mourut rue du Grand Cerf, ibid. 28 mai 1742. De ce mariage était née, ibid. 2 nov. 1694, M^ie-Angélique, mariée à Claude-F^ois de Maillard de Landreville.

RAVELLY. I. Jean, d^r médecin stipendié de la ville de Metz, † à 83 ans, par. St-Simplice 12 janv. 1723.

II. Charlotte-Élisabeth. V. de Marionnelz.

III. F^oise-Thérèse. V. de la Rouvroye.

RAVENEAU Anne. V. Giraud.

RAVENEL. I. Jean, R. P. R., eut une fille Élisabeth, 29 sept. 1623.

II. Suzanne. V. le Braconnier XVII.

RAVENEL (de) Robert. V. Gournay XI.

RAVENY (de) Barbe. V. Audens.

RAVINEL (de) Remy, sgr de Domjulien et Girauviller, avocat au parl^t, eut d'Anne-F^oise *de l'Espée*, son épouse, Anne, par. St-Victor 17 oct. 1696.

RAVOT J^n-Baptiste, [sgr d'Ombreval, premier président du parl^t, † 23 sept. 1673 en la maison abbatiale de Ste-Glossinde, qui lui servait d'hôtel, inhumé à la cathédrale en la chap. St-Nicolas. Il avait épousé Geneviève *Berthelot*, dont le neveu Louis-Henry Berthelot de Saint-Laurent fut reçu conseiller au parl^t en 1721. Biog. du Parl^t et Msc. Epit.]

RAYMOND. I. Claude, professeur de langue latine, † à 66 ans, par. St-Maximin 5 sept. 1737. Il avait épousé Agnès *Pommeral*, dont il eut :
1. J^n-*Baptiste*, qui suit.
2. François, notaire à Sierck, à l'enterrement de son père.
3. Élisabeth, mariée à Ch^les Vinocq de Laffont.

II. J^n-Baptiste, fils du préc., dir. gén^l des hôpitaux militaires du dép^t de Metz, † par. St-Simon 22 sept. 1772, à 74 ans. Il avait épousé J^ne *Henry*, dont il eut :
1. J^ne-Marie, par. St-Livier 1er avril 1737; † 17 mars 1740.
2. Michel-Jean, ibid. 16 juil. 1738.
3. Nicole, ibid. 22 juin 1739.
4. François, chan. régulier, à l'enterrement de son père.

RAYMOND (de). V. Lanau de Marais.

RAYMOND de SAINT-SULPICE M^ie-Anne. V. de Mouleau.

RAYNAL (de) François, éc., conseiller du Roi, ancien trés. de France à Paris, avait épousé M^ie-Marthe *Philippe*, † v^ve de lui, par. St-Maximin 6 août 1751. De leur mariage naquirent :
1. M^ie-Madeleine, mariée à 65 ans, à Henry-Louis de Salvaing de Boissieu.
2. M^ie-Françoise, mariée à F^ois-Adrien de Hault.

RAZES (de). I. Marie-F^oise et Charles. V. Mangin V.

II. Ch^les-René. V. Joulard d'Iversay.

READ J^ques-Philippe-J^ph, d^r en médecine,

membre de la Société des sciences et des arts de Metz et du collège royal de médecine de Paris, eut de Mlle-Henriette *Thirion*, son épouse :
1. J^{ne}-Louise-F^{oise}, par. St-Victor 19 nov. 1773 : p. F^{ois} Thirion, ancien conseiller du Roi, assesseur de l'hôtel de ville de Verdun, aïeul mat. ; m. J^{ne}-Louise Read, tante pat.
2. J^{ques}-F^{ois}-Joseph, par. Ste-Croix 6 avril 1775 : p. Jⁿ-F^{ois} Thirion, oncle mat., de Verdun ; m. M^{ie}-Anne-Josèphe Read, tant. pat., représentée par M^{ie}-Hélène Thirion, tante mat.

RÉAUX (DES) PIERRE, chev. de St-Jean de Jérusalem, cap. de cavalerie au rég^t de Locmaria, fils de René, chev., sgr de Brantigny, Athy et Coclois, lieut. des gardes du corps du Roi, et d'Anne de Rochereau ; † par. St-Victor 6 janv. 1676.

REBOURSEL M^{ie}-ÉLISABETH. V. Favier.

RÉCICOURT (DE). I. FRANÇOIS, sgr d'Arcicourt, éc., chev. des ordres de St-Louis et du St-Esprit, major au rég^t de Bouzolles, eut d'Anne *Jayette*, son épouse :
1. Catherine, mariée à N^{as} Godefroy.
2. *Richard*, qui suit.

II. RICHARD, fils du préc., sgr d'Arcicourt, chev. de St-Louis, cap. de cavalerie au rég^t de Bouzolles, puis au rég^t de Cosse, † par. St-Gorgon 13 déc. 1758, à 83 ans, inhumé aux Frères Prêcheurs. Il avait épousé, par. St-Gorgon 15 févr. 1713, M^{ie} *Rollin*, † ibid. huit jours avant son mari, à 82 ans. De leur mariage naquirent ibid. :
1. François, 30 août 1714.
2. Antoinette-Catherine, 6 janv. 1717 ; mariée à Ch^{les}-N^{as} Thierry, b^{on} de St-Baussant.

RECOURT (DE) MICHEL, pensionnaire au collège de St-Louis, fils de P^{re}-Florimond-Ch^{les}-J^{ph}, chev., sgr du Sart, et d'Antoinette Frémyn, de la Picardie, bailliage de Laon, † par. St-Simon 8 mars 1787, à 13 ans et demi : à son enterrement, P^{re}-Remy-J^{ph} de Recourt du Sart, officier au rég^t royal Auvergne infanterie ; Louis-F^{ois} Pas- serat de la Chapelle de Bellegarde, brigadier des armées du Roi.

RECOUVREUR ANNE-L^{se}. V. Olry XIV.

REDING (DE) ANTOINE. V. Christen.

REDLACH NICOLAS, sgr de Betting, fut parrain par. St-Marcel 7 sept. 1747.

REDON (DE). I. ANNE-F^{oise}. V. de Lambertye II.

II. N***. V. Goullet (note).

III. ADRIENNE. V. Lefebvre de Ladonchamps (note).

REDON DES FOSSÉS (DE) SÉBASTIEN, chev., lieut. au rég^t Dauphin dragons en garnison au Fort, par. St-Simon, fils de Sébastien-Adrien Florimond, éc., sgr des Fossés, b^{on} de Mansonville, ancien mousquetaire du Roi, et d'Élisabeth Dulong, épousa, étant âgé de 30 ans, par. St-Victor 21 avril 1789, Catherine *Hanès*, âgée de 17 ans, fille de Toussaint Hanès, président des juges-consuls de Metz, et de Catherine Bello : au mariage, Jⁿ-Louis-M^{ie}-Hyacinthe le Bourgeois du Cherray ; René-Hyacinthe de Maud'huy, sgr de Preny. — Du dit mariage naquit, ibid. 26 févr. 1790, Sébastien-Adrien.

REDOUBTÉ. I. DOROTHÉE, fille d'Étienne, contrôleur, fut marraine par. St-Eucaire 27 juin 1680.

II. CHARLES. V. d'Arros III, 4.

III. ANTOINETTE-DOROTHÉE. V. Pillement.

IV. CHARLOTTE. V. de Bazelaire de Colroy.

V. M^{ie}-SUZANNE. V. de Ban et de Montagnac.

REDOUBTÉ DE BAMONT. I. ARMAND-J^{ph}. V. de Marien de Frémery.

II. JOSEPH. V. de Bazelaire de Colroy.

REFUGE (DE) POMPONE, m^{is}, chev. de St-Louis, lieut. gén^l des armées du Roi, command^t en chef dans les Trois-Évêchés, époux d'Anne-F^{oise} *d'Elbenne*, † à 70 ans, par. St-Victor 26 sept. 1712, « dans la participation des Sacrements de pénitence et d'extrême-onction, n'ayant pu recevoir le sacrement d'eucharistie à cause d'un cathare, qui estait tombé sur la langue et sur les amigdalles qui empêchaient d'avaler et de recevoir le sacrement d'eucharistie comme viatique ». A son enterrement, Henry de Refuge, chev., sgr de Maisse, cy-devant cap. au rég^t des gardes françaises, chev. de St-Louis; Henry-F^{ois} de Hennin, aide de camp du défunt.

REGNAULDIN, cfr RENAUDIN. I. Ch^{les}-Simon, aman, fils des ✝ J^{ques} et F^{oise} du Pont, épousa, par. St-Eucaire 1er déc. 1691, M^{ie}-Madeleine *Losson*.

II. Marguerite. V. Auburtin III et Godard.
III. Privée. V. François XI.
IV. M^{ie}-Cécile. V. Blaise II.

REGNAULT, alias **RENAULT**. I. Isaac, R. P. R., dit la Baulme, lieut. de la compagnie de la colonelle du rég^t de dragons du Roi, fils d'Isaac, épousa, 17 juin 1663, Élisabeth *le Bachelé*, dont il eut :

1. Pierre, ✝ à 3 ans, 1er mai 1670.
2. Élisabeth, 24 mai 1669; le père est capitaine.
3. Jeanne, 27 mai 1670.
4. Judith, 21 oct. 1671; ✝ 16 oct. 1674.
5. Charles, 18 nov. 1674; éc., cap. au rég^t de Vexin, sgr de Servigny-lès-Raville, Frécourt, Moriville et dépendances, il épousa Madeleine de *Fraumarin*, ✝ à 83 ans, par. St-Simplice 21 juin 1778. De leur mariage était née Madeleine, mariée à Claude-Casimir le Masson de Rancé.
6. Marie, 6 oct. 1676; ✝ 8 juil. suiv.
7. Jean, 15 oct. 1678; le père est cy-devant capitaine.

II. Pierre, substitut du procureur gén^l au parl^t, ✝ par. Ste-Croix 25 août 1711, à 63 ans. Il avait épousé Barbe *Ory,* dont il eut :

1. Laurette, mariée à Daniel Leclerc, orfèvre, par. Ste-Croix 1er déc. 1708.
2. Jeanne, mariée, à 18 ans, à N^{as}-F^{ois} Marc.

III. Claude-F^{ois}, sgr de Grosyeux et Pisserécourt, contrôleur de l'avant-garde, ✝ par. St-Victor 17 mars 1686. Il avait épousé Anne-Christine *Lambert*.

IV. Divers.
1. Anne. V. Brussaux.
2. Antoinette. V. Cueullet II
3. Claudine. V. Dauphin.
4. F^{oise}-Pétronille. V. le Roy II.
5. Lucie. V. Dartenay.
6. Marguerite. V. le Bourgeois du Cherray (note).
7. Marie. V. Roger du Peron.
8. Marie. V. Coulet.

REGNAULT D'YRVAL Maurice-J^{ph}, conseiller au parl^t, fils des ✝ Nicaise, éc., conseiller au présidial de Rheims, et M^{ie}-Thérèse Cloquet, épousa, par. St-Gengoulph 20 mars 1770, M^{ie}-Antoinette *de Cormontaigne*, dont il eut, par. St-Victor 30 janv. 1771, Étienne : p. Claudetienne Regnault, dem^t à Mazarin, représenté par Louis-Ch^{les}-J^{ph} de Cormontaigne; m. M^{ie}-Nicole-Antoinette Regnault de Houssaye de Beaurepaire.

RÉGNIER, alias **REIGNIER**. I. Nicolas, procureur, puis greffier en chef civil au parl^t, fils de Jean, receveur au bailliage de Toul, et de J^{ne} Fétizon, ✝ par. Ste-Croix 5 juin 1716, à 75 ans. Il avait épousé, ibid. 15 févr. 1665, Catherine *le Lorrain*, d'Orny, ✝ ibid. 8 juin 1725. De leur mariage naquirent ibid. :

1. *Jacques*, 12 sept. 1669; lequel suit.
2. Philippe-F^{oise}, 2 janv. 1673.
3. P^{re}-Nicolas, 4 juil. 1674.
4. J^n-Baptiste, 16 sept. 1676 ; ✝ par. St-Marcel 20 oct. suiv.
5. François, 14 oct. 1677.

II. Jacques, fils du préc., conseiller au parl^t, sgr de la châtellenie de Taintrux et d'Arry, ✝ par. Ste-Croix 1er mai 1741. Il avait épousé, ibid. 30 avril 1696, M^{ie}-Élisabeth *Cogney*, âgée de 21 ans, ✝ ibid. 24 déc. 1756. De leur mariage étaient nés ibid. :

1. Nicolas-M^{ie}, 25 avril 1697.
2. M^{ie}-Catherine, 18 avril 1698; ✝ 27 oct. 1729.
3. Ch^{les}-Pierre, 16 avril 1699; officier de dragons, sgr de la châtellenie de Taintrux et autres lieux, à l'enterrement de sa g^d mère pat.
4. J^{ques}-Godefroy, 29 mars 1700.

5. Dominique, 6 avril 1701.
6. Louis-F^{ois}, 23 sept. 1704.
7. M^{ie}-Angélique, 21 avril 1706.
8. M^{ie}-Anne, 24 juil. 1707.
9. M^{ie}-Madeleine, 5 août 1709.
10. Élisabeth-Thérèse, 5 mai 1711 ; mariée à J^n-B^{te}-P^{re} de Clinchant d'Aubigny.

III. J^{ques}-AUGUSTIN, notaire royal et secrétaire du Roi à Gorze, † par. St-Simplice 28 nov. 1729, à 75 ans : à son enterrement, Louis de Lévy, procureur au présidial, son beau-frère. Il avait épousé, par. St-Martin 2 juin 1693, Barbe *Huguenin*.

IV. MARGUERITE. V. Colson II.

RÉGNIER, *alias* **REIGNIER** D'ARRAINCOURT (1). I. ANDRÉ, m^e-charpentier, entrepreneur, † par. Ste-Ségolène 15 oct. 1746, à 83 ans, inhumé au chœur de la chap. Notre-Dame. Il avait épousé Anne-Claudine *Hautemarche*, † ibid. 28 août 1726, à 52 ans, inhumée près de son mari. De leur mariage étaient nés :

1. *Jean*, qui suit.
2. *J^n-André*, qui suivra III.
3. *Jacques*, qui suivra IV.
4. Gabrielle, par. Ste-Ségolène 11 sept. 1700 ; † 7 avril 1704.
5. Charlotte, jumelle de la préc. ; † 23 sept. 1702.
6. Charles, ibid. 3 mars 1702 ; † 16 avril 1726, inhumé en la chap. Notre-Dame.
7. P^{re}-André-J^n, ibid. 2 déc. 1708.
8. André-F^{ois}, ibid. 2 avril 1713 ; conseiller d'honneur au bailliage, † par. St-Martin 17 août 1774, en son domicile à la Croix d'or : à son enterrement, P^{re}-Edme ci-dessous VII.

II. JEAN, fils du préc., m^e-charpentier, entrepreneur, fermier des domaines de la ville, † dans la Grand'rue de la Ville-Neuve, par. St-Simon 6 août 1777, à 80 ans, inhumé par. St-Marcel. Il avait épousé Madeleine *le Loup*, † par. St-Simon 23 juil. 1779, à 80 ans. De leur mariage naquirent :

1. Mathias, par. Ste-Ségolène 24 août 1721 ; † 17 sept. suiv.
2. Marie, ibid. 15 déc. 1722; mariée à Christophe Perrin.
3. J^n-Pierre, ibid. 28 juil. 1726 ; † 8 août suiv.
4. J^n-Pierre, ibid. 6 oct. 1727; ancien officier au rég^t de la Marck, il épousa, par. St-Livier 17 mars 1751, M^{ie}-F^{oise} *Stemer*, fille de F^{ois}-Claire Stemer, officier de l'intendance, et de † M^{te} Chappelier, de laquelle il eut J^n-Pierre, par. St-Marcel 8 mai 1752.
5. Claudine-Nicole, ibid. 16 mai 1729.
6. J^n-Antoine, par. St-Simplice 8 juil. 1732.
7. André, ibid. 28 mai 1733.
8. P^{re}-André, par. St-Marcel 29 nov. 1736.
9. M^{ie}-Madeleine, ibid. 1er avril 1738.
10. François, par. St-Simon 26 mars 1742 ; il épousa, ibid. 28 nov. 1780, Barbe *Périn*, fille de F^{ois} Périn, m^d, et de F^{oise} Willier.
11. Barbe, mariée à F^{ois} Moré.
12. Anne-Barbe, mariée à J^{ph}-Bruno le Blanc de l'Isle.

III. J^n-ANDRÉ, frère du préc., entrepreneur et architecte, épousa M^{ie}-J^{ne} *Leclerc*, † par. St-Marcel 16 janv. 1751, à 39 ans. De leur mariage étaient nés ibid. :

1. Suzanne-Nicole, mariée à Philippe Voyard.
2. M^{ie}-Thérèse, 30 mai 1739 ; † par. St-Victor 1er avril suiv.
3. Jeanne, 19 sept. 1741 : p. P^{re} Régnier, cousin ; m. J^{ne} Régnier, cousine.
4. N^{as}-Gilles-J^n-André, 13 avril 1743.
5. André, 13 sept. 1744.
6. Pierre, 1er nov. 1745 ; † 29 août 1763.
7. M^{ie}-Thérèse, 13 juin 1749 ; mariée à J^{ph} Lapeyre.
8. Marie, marraine de la préc.
9. Félicité, mariée à Barthélemy Calmus, dit Richemont.
10. Anne, mariée à J^{ph} Bertrand.

IV. JACQUES (1), frère des deux préc., m^e-

---

(1) Les détails entre [ ] sont empruntés aux notes de M^r le président d'Hannoncelles.

(1) Il acquit la terre d'Arraincourt 30 mai 1743 et en prit le nom.

charpentier, puis entrepreneur pour le Roi, † par. St-Simon 2 oct. 1750. Il avait épousé Louise *Ladrague*, † par. St-Marcel 30 oct. 1736. De leur mariage étaient nés :

1. Nicolas, par. St-Eucaire 3 févr. 1726; [† entrepreneur des fortifications, sans avoir été marié].
2. Jeanne, ibid. 2 nov. 1727; mariée à Léopold-J^{ph} Saget.
3. André-Ch^{les}-Louis, ibid. 23 janv. 1729 : p. André-Ch^{les} d'Herbelet, éc., commissaire provincial d'artillerie; m. Louise des Rosières, v^{ve} de P^{re} de Bréhan du Plessis.
4. M^{ie}-Louise, ibid. 7 juin 1730.
5. Jⁿ-*André*, par. St-Marcel 8 sept. 1734; lequel suit.
6. J^{ne}-Françoise, ibid. 30 oct. 1736.
7. *Simon*, qui suivra.
8. Marie, mariée à Henry-J^{ques} Arnould.

V. Jⁿ-ANDRÉ, fils du préc., conseiller auditeur en la chambre des comptes, [† 10 avril 1810]. Il avait épousé : 1° M^{ie}-F^{oise} *Thirion*; 2° par. St-Eucaire 26 juil. 1763, Élisabeth *Grandjean*, [laquelle mourut à Crépy-près-Peltre 6 déc. 1823, à 86 ans]. Du second mariage étaient nés :

1. Pierre, par. St-Marcel 30 avril 1764.
2. Marguerite, par. St-Martin 28 juil. 1766; mariée à Hubert Pyrot.

VI. SIMON, frère du préc., substitut du procureur gén^l au parl^t, juge suppléant du district de Metz en 1790, épousa, par. St-Simplice 12 janv. 1751, M^{ie}-F^{oise}-Agathe *Thirion*, dont il eut ibid. :

1. J^{ne}-Marie, 15 mars 1752; † par. St-Livier 21 nov. suiv.
2. F^{ois}-Pierre, 6 août 1753.
3. M^{ie}-Rose-L^{se}, 13 nov. 1754; † par. St-Martin 28 mars 1762.

VII. P^{re}-EDME, de la famille des préc., contrôleur des postes et receveur de la loterie royale de France, épousa : 1° Élisabeth *Lefebvre*, † par. St-Victor 13 janv. 1785, à 48 ans; 2° étant âgé de 50 ans, ibid. 13 mars 1787, M^{ie}-Gabrielle *Sauvage*. Du premier mariage naquirent :

1. Ch^{les}-P^{re}-Dominique, par. St-Gorgon 9 août 1765.

2. M^{ie}-Élisabeth-Thérèse, ibid. 16 juil. 1766.
3. Louis-Edme-J^{ph}, par. St-Victor 28 mars 1769.
4. P^{re}-Joseph, ibid. 15 juil. 1770 : p. J^{ph} Renard de Constance, contrôleur des vingtièmes dans les Trois-Évêchés; m. M^{ie}-Josèphe Dubois, fille de Jⁿ-F^{ois} Dubois, ancien échevin de ville à Valenciennes, dir. en chef de la manufacture des mousselines de Metz, et de M^{ie}-Anne de Lobal. — Il mourut 4 avril 1780.

RÉGNIER DU MESNIL FRANÇOIS, conseiller à la table de marbre du parl^t, sgr du Mesnil près Courcelles-Chaussy, † par. St-Gengoulph 30 mars 1753, à 75 ans. Il avait épousé : 1° Anne-Marthe *Busselot*; 2° par. St-Gengoulph 9 mai 1719, M^{te} *Dilange*, † ibid. 29 oct. 1752. Du second mariage étaient nés :

1. F^{oise}-Agathe, par. St-Gengoulph 5 févr. 1720; mariée à Henry-Gilles d'Aspremont.
2. Marguerite, par. St-Martin 1er févr. 1722.
3. Louis, ibid. 30 nov. 1724.
4. Marie-F^{oise}, ibid. 26 janv. 1726; mariée à Ch^{les} de Rampont.
5. F^{ois}-Hubert, ibid. 7 avril 1728 : p. Hubert de Chaux, ancien officier; m. Anne-M^{ie} la Rue, v^{ve} de Jⁿ-B^{te} du Verger, officier au rég^t de Pas.
6. Louise, par. St-Gengoulph 26 oct. 1731.
7. N^{as}-Thomas, ibid. 16 juil. 1735.
8. Agathe-J^{ne}, ibid. 24 juin 1737.

RÉGNIER DU TILLET. I. HONORÉE-ÉLÉONORE. V. Duverger.

II. ANNE-L^{se}-ÉLÉONORE. V. de Mosny.

RÉGNIER (DE) J^{ques}-HENRY. V. d'Hauteval.

REGUELEYNE (DE), *alias* DE REQUELEYNE, BÉNIGNE, cap. d'un rég^t d'infanterie, eut d'Anne-Barbe *de Bagaris*, son épouse :

1. Henry-Hasfard, par. Ste-Croix 6 déc. 1716 : p. Henry-Hasfard de Rouville, évêque de Spire, prince du St-Empire, représenté par Henry de Villemur, commissaire provincial d'artillerie en

France; m. Elisabeth de Mouhy, née de Villemur.

2. Bénigne, par. St-Martin 20 févr. 1720; le père est ancien cap. au régt de Picardie, réformé à la suite de la ville de Metz.

3. Anne-Barbe, ibid. 29 sept. 1721.

REIFFENBERG (DE) P^{re}-Philippe-J^{ph}, c^{te}, sgr de Mussot et autres lieux, lieut. au rég^t du Roi infanterie, eut d'Anne-F^{oise}-Gabrielle c^{esse} *de Raigecourt*, son épouse, par. Ste-Croix 27 nov. 1754, Plaicart-Ch^{les}-Antoine-J^{ph} : p. Plaicart c^{te} de Raigecourt, nommé à l'évêché d'Anvers, aumônier du Roi, abbé de Charlieu et de St-Pierre; m. M^{ie}-Charlotte m^{ise} de Viray, née c^{esse} de Gourcy, dame d'Afféville et autres lieux : tous deux représentés.

REIGNIER DU TILLET. V. Régnier.

REINACH (DE). I. J^{ne}-M^{ie}-Rose reçut le supplément des cérémonies du baptême dans l'église des dames Ursulines, par. St-Marcel 13 oct. 1721, des mains de N^{as} Baudouin, d^r de Sorbonne, g^d chantre et chan. de la cathédrale, vicaire gén^l et supérieur de la maison des Ursulines : p. J^n-Philippe de Saillans d'Estains, lieut. gén^l des armées du Roi; m. M^{ie}-Charlotte Meschastain, abbesse de Ste-Marie.

II. F^{ois}-Henry-Ch^{les}. V. de Villers V, 2.

III. Josèphe. V. Flachslande.

REMEUR Henry. V. de Courtin III.

REMIAT Alizatte, mère de Mme de Dommartin, eut son service anniversaire par. St-Martin 15 oct. 1566; dame de Secourt et de Vandières, fille de Nicolle, éc., aman et échevin, et d'Amicie d'Aspremont, elle fut la seconde femme de Regnault de Gournay, aman et échevin du palais, fils de F^{ois} de Gournay et de dame Perrette Louise. Msc. Epit.]

REMION Israël, R. P. R., aman, eut d'Anne *Grandjambe*, son épouse :

1. Anne, 5 nov. 1623.
2. Charles, 14 déc. 1625.
3. Madeleine, 18 mars 1643.

REMOIVILLE Madeleine. V. Georges de Vrémy IV.

REMONDIÈRE-OUGADIN (DE LA) Jacques, enseigne de Mr de Champerouge au rég^t du baron de...., † par. St-Martin 16 oct. 1635.

REMY. I. Nicolas, procureur au parl^t, fils des † François, notaire royal, greffier en chef de la maréchaussée, et M^{te} Girard, † par. Ste-Ségolène 21 juin 1742, à 75 ans. Il avait épousé, par. St-Livier 4 juin 1712, Élisabeth *Roupeurt*, fille de † Abraham Roupeurt et de M^{ie} Montaigu, laquelle mourut par. Ste-Ségolène 8 oct. 1733. De leur mariage étaient nés en cette dernière paroisse :

1. Élisabeth, 27 déc. 1714; † 21 sept. 1717.
2. Charlotte-Humbert, 25 juin 1716.
3. Louis-Philippe, 20 juil. 1717; † 10 sept. 1718.
4. Élisabeth, 27 janv. 1719 ; mariée à Christophe-F^{ois} Mouzin.
5. Jean, 29 sept. 1720.
6. François, rentier, † à 58 ans, par. Ste-Ségolène 24 févr. 1782.
7. *Pierre*, qui suit.

II. Pierre, fils du préc., procureur au parl^t, épousa, par. Ste-Croix 17 déc. 1737, M^{ie} *Thiva*, fille de D^{que} Thiva, m^e-boulanger, et de M^{ie} Volmerange, dont il eut François, † à 2 mois, par. St-Simon 18 août 1758.

III. Claude, procureur au bailliage, † par. St-Simplice 27 nov. 1767, à 62 ans. Il avait épousé Élisabeth *Emmery*, dont il eut :

1. Michel, procureur au bailliage, qui épousa, par. Ste-Croix 17 mars 1768, J^{ne}-M^{ie} *Blouet*.
2. M^{ie}-Anne, mariée à D^{que}-Christophe Royer.

IV. Nicolas, [greffier des présentations au parl^t, épousa Marthe *Bacquin*, fille d'Isaac Bacquin le Vieux, R. P. R., dem^t à Phalsbourg, laquelle mourut vers 1770].

V. Jean, m^e de langue latine, précepteur des enfants Gerard d'Hannoncelles, eut de J^{ne} *Marsal*, son épouse, par. S^t-

Étienne le Dépenné 4 août 1773, J^n-B^{te}-Barbe-F^{ois} : p. J^n-B^{te}-F^{ois}-Gilbert Gerard d'Hannoncelles ; m. Madeleine-Barbe Gerard d'Hannoncelles.

VI. Divers.
1. ANNE. V. Marchand.
2. BARBE. V. Bertrand XVI.
3. MADELEINE. V. Daniel.
4. MARGUERITE. V. Fournier de Morlais.

REMY (DE) MARIE. V. de Blair.

REMY DE COURNON. I. M^{ie}-F^{oise}-JOSÉPHINE. V. Boucher de Gironcourt.

II. MARIE-F^{oise}. V. de Trouville.

RENAL PIERRE, lieut. au rég^t suisse, eut de J^{ne}-Ulrich-Charlotte *Jemig de Schwerstaedt*, son épouse, par. St-Simplice 15 févr. 1764, Samuel-P^{re}-Chrétien : p. Samuel Dienner, commandeur de l'Ordre du Mérite, maréchal des camps et armées du Roi et colonel d'un rég^t suisse de son nom ; m. Christine de Tschudy, épouse de Claude de Tschudy, g^d bailly : tous deux représentés.

RENARD MARIE. V. le Goullon XXIV, 13.

RENARD DE CONSTANCE J^{ph}-PIERRE, ancien contrôleur du vingtième, veuf d'Anne *David*, † par. St-Victor 25 janv. 1774, à 70 ans.

RENARD DE FÜSCHEMBERG. I. ÉLISABETH. V. Goulet de Montlibert.

II. M^{ie}-SUZANNE-CHARLOTTE. V. du Buat III.

RENARDY (DE) ANNE-M^{te}. V. Ruzier II.

RENATIER DE SAINT-MARTIN (DE) MARGUERITE. V. de Foix de Candale.

RENAUD, *cfr* REGNAULD. I. FRANÇOIS, sgr d'Aigremont, eut de Charlotte *Charette*, son épouse, Anne, par. St-Marcel 12 nov. 1643.

II. MARIE. V. Huyn et Jobal IV.
III. BARBE et NICOLAS. V. Robin.
IV. PIERRE. V. Belchamps.

RENAUDIN. I. FRANÇOIS, sgr de Saulny en partie, épousa F^{oise} *le Jennet*, alias *le Jeunel*, † par. St-Gengoulph 27 avril 1716. De leur mariage naquirent :

1. Jean, sgr de Chantrenne, † par. St-Gengoulph 27 avril 1716, à 40 ans; il avait épousé, par. Ste-Ségolène 16 avril 1714, Gabrielle-Antoinette *Guyet*, dame de Chantrenne, † par. St-Gengoulph 10 sept. 1736.
2. Marguerite, † à 51 ans, par. St-Gengoulph 4 avril 1721.
3. Françoise, mariée à F^{ois}-Élie Déodeau.

II. JEAN, cap. en chef de la compagnie des bourgeois de Ste-Ségolène et douzainier de ladite paroisse, † 21 nov. 1630. Il avait épousé M^{te} *de Bar*.

III. REGNAULT. V. Bague I, 5.

IV. MARGUERITE. V. Thirion XII.

RENAULD M^{ie}-SOPHIE-ÉLISABETH. V. Villeroy (note).

RENCE GODEFROY, avocat au parl^t, fut parrain par. St-Victor 16 juil. 1710.

RENÉ. I. ANNE. V. le Page VI.
II. JENNON. V. de Paulo VII.

RENEL. I. ÉLISABETH. V. Bazin.
II. BENJAMIN. V. Chauveau.

RENNEL (DE) ANNE. V. de Greiche.

RENNEPONT (DE), *cfr* DU PONT DE RENNEPONT FRANÇOIS. V. Duhoux.

RENNEVILLE (DE) ANNE. V. Chominel.

RENOUARD. I. M^{ie}-MADELEINE-AGATHE. V. de Launay.

II. FRANÇOISE. V. de Béhaigne.

RENOUARD DE LA NEVAIS (DE). I. J^n-JACQUES, [fils de J^n-Jacques], dem^t rue de la Haye, commissaire gén^l des poudres des Trois-Évêchés, conseiller secrétaire du Roi audiencier en la chancellerie du parl^t, sgr de Billy, † par. St-Marcel 17 sept. 1741, à 67 ans. Il avait épousé : 1° Catherine-Thérèse *Hennequin* ; 2° Mme *d'Hauteval*. Du premier mariage naquirent par. St-Marcel :
1. Élisabeth, 19 janv. 1708.
2. Charlotte-Thérèse-Angélique, 13 nov. 1710 ; † 6 janv. suiv.
3. Angélique-Béatrix-Thérèse, 17 févr. 1712 ; † 1er févr. 1714.

4. Jⁿ-Claude, 4 avril 1713; secrétaire du Roi audiencier en la chancellerie du parlᵗ, sgr de Billy, il épousa Barbe-Rose *Gehot*, fille de Jⁿ-Baptiste Gehot, d'Eix, prévôt de la connétablie de France, de laquelle il eut Catherine-Rose, marraine par. Sᵗ-Marcel 19 juil. 1778.
5. *Martin*, 17 juil. 1714; lequel suit.
6. Jⁿ-Jacques-Fᵒⁱˢ, 12 janv. 1716; † 7 janv. 1721.
7. Thérèse-Scholastique, 29 mars 1717; † 29 janv. 1721.
8. Anne-Mⁱᵉ, 21 sept. 1718.
9. Jⁿ-Jacques, 16 sept. 1722; † 18 déc. 1724.

II. MARTIN, fils du préc., éc., sgr de Billy, épousa, par. Sᵗ-Simplice 30 déc. 1741, Catherine *Hessignon*, dont il eut par. Sᵗ-Marcel :
1. Barbe-Rose, 29 nov. 1742; † ibid. 17 déc. suiv.
2. Nᵃˢ-Charles, 18 févr. 1745 : p. Nᵃˢ-Chˡᵉˢ Gehot, éc., prévôt de la maréchaussée à Verdun; m. Anne-Charlotte Hennequin, épouse du parrain.
3. Mⁱᵉ-Élisabeth, 29 sept. 1746 : p. Jⁿ-Jqᵘᵉˢ Hessignon, son oncle; m. Mⁱᵉ-Élisabeth Gehot, vᵛᵉ de Jᵖʰ Clément, gentilhomme servant chez le Roi : tous deux représentés. — Elle fut mariée à Jⁿ Pidancet.
4. Barbe-Rose, 11 sept. 1747 : p. Fᵒⁱˢ Gehot, sgr d'Eix, de la ville de Verdun; m. Barbe-Rose Gehot, tante de l'enfant — Elle fut mariée à Pʳᵉ Mangin.
5. Élisabeth, 26 sept. 1748 : p. Jⁿ-Jacques Gehot, fils de Jⁿ-Baptiste Gehot, ancien prévôt de la maréchaussée; m. Élisabeth Renouard de la Nevais, tante de l'enfant. — Elle mourut 16 mars suiv.
6. Marguerite, 11 oct. 1749; † 9 mars 1752.
7. Thérèse-Élisabeth, 3 janv. 1751.
8. Mⁱᵉ-Catherine, 12 avril 1752.
9. Mⁱᵉ-Catherine, 25 févr. 1753; [mariée 1° à Antoine Diesche, cap. de grenadiers au régᵗ de Piémont; 2° à Mʳ de Coulange, génˡ d'infanterie].
10. Marguerite, 26 janv. 1754.

REPAIRE (DU) PIERRE, chev., cap. et aide-major de la colonelle générale des dragons, † par. Sᵗ-Gorgon 26 avril 1712, à 60 ans, inhumé chez les Pères Capucins.

RESANCOURT (DE) CHARLES, dit la Baume, originaire de Dieu-le-Fils en Dauphiné, épousa, par. Sᵗ-Martin 28 oct. 1688, Mⁱᵉ-Thérèse *Beaulieu*.

RÉSIMONT (DE) ÉTIENNE, cy-devant sergent au régᵗ de Conty, commis des droits réunis, fils des † Antoine-Jᵖʰ et Catherine Steinberg, épousa, étant âgé de 29 ans et 9 mois, par. Sᵗ-Livier 25 sept. 1759, Élisabeth *Salter*, âgée de 25 ans, fille de Jⁿ Salter, mᵉ-cordonnier, et de Barbe Brême, dont il eut ibid. :
1. Anne-Élisabeth, 13 févr. 1761.
2. Thérèse, † ibid. 4 août 1765, à 14 mois.

RESMORTE (DE) NOËL et VICTOIRE. V. de Cormontaigne.

RESY (DE) ANNE-Mⁱᵉ. V. Bellanger de Charly.

RETORFORT (DE). I. JEAN, R. P. R., éc., cap. au régᵗ des gardes écossaises, natif d'Écosse, fils d'André, épousa, 8 févr. 1660, Suzanne *de Saint-Aubin*, vᵛᵉ de Gaspard Mangin.

II. ADAM, R. P. R., cap., sgr de Walles, épousa, 11 juin 1662, Élisabeth *de Saint-Aubin*, vᵛᵉ du sʳ Bouvières ou Bonnières, ministre d'Anneviller, de laquelle il eut :
1. Suzanne, 4 juil. 1663.
2. André, 7 sept. 1664.
3. Élisabeth, 25 déc. 1668.

RETZ (DE) MARGUERITE. V. d'Arros I, 1.

RETZ (DU) GILLETTE. V. Morel VII.

REU (DE) AIMÉE-Mⁱᵉ, fille de Jⁿ-Baptiste, de Sᵗ-Germain-en-Laye, et de Fᵒⁱˢᵉ Lefebvre, † par. Sᵗ-Gengoulph 29 déc. 1682.

REUMAUX (DE) MARIE. V. Guyet II.

REUMONT (DE) CHRISTOPHE. V. de Gourcy.

REVOIRAT-DESTOURS CLAUDE, lieut. au régᵗ de dragons d'Harcourt, fils de

François et de † Madeleine Ballaze, de Vienne en Dauphiné ; † par. St-Marcel 6 juil. 1753, à 32 ans.

REY (DE) SUZANNE. V. Bouffard de la Garrigue II, 3.

REYNAL DE SAINT-PRINS (DE) LOUIS-ANTOINE. V. de Verpy II, 2.

RHEIMS (DE). I. CHARLES, sgr de Lorry devant-le-Pont et de Bernécourt, eut de M^{te} *de Biermont*, son épouse :
1. Étienne, par. St-Martin 15 déc. 1671.
2. Renée-L^{se}, mariée à Michel de Lamezan.

II. ANTOINE-BERNARD. V. de Lamezan I, 1.

RIANCOURT (DE). I. PONCE, éc., natif de la Croix-au-Bois en Champagne, gentilhomme cadet, † par. St-Victor 2 mars 1683.

II. LOUIS-CHRISTOPHE. V. de la Fontaine II.

RIANCOURT-VAUZELLES (DE) M^{ie} ÉLÉONORE. V. de Tschudy VI, 3.

RIAU (DU) FLORENT, sgr de Bourneuf, fils de Gilles, sgr de Bourneuf, et de M^{te} de Therres, de St-Martin de Nigelles, pays de Beauce, épousa, par. St-Eucaire 26 janv. 1668, Catherine *Herbillon*, fille du s^r J^{ques} Herbillon et de Dieudonnée Jacquemot : au mariage, D^{que} d'Harquel, garde-sceau au bailliage ; Ch^{les} Beauregard, curé de St-Jean de la Citadelle, et Pierre Laurent, curé de Hauconcourt. — La mariée ne sait pas écrire.

RIBAUPIERRE (DE), *alias* DE RIBEAUPIERRE. I. FRANÇOIS, chev. de St-Louis, colonel d'infanterie, aide-major aux gardes suisses du Roi, eut de M^{ie} *Volmerange*, son épouse :
1. J^{ne}-Anne-M^{ie}, par. St-Livier 27 août 1758 : p. F^{ois} Lambert, avocat au parl^t ; m. Anne Lambert, v^{ve} de J^n-Ch^{les} Volmerange, admodiateur de l'abbaye de St-Clément, sa g^d mère.
2. Ch^{les}-Alexandre, par. St-Marcel 9 juin 1763 ; † par. St-Victor 15 avril 1768.
3. Jean-F^{ois}, ibid. 11 juil. 1764 : p. J^n-Ch^{les} Milet, receveur des droits réunis à Thionville, son oncle.
4. Hippolyte-Anselme, par. St-Victor 12 août 1767.

5. J^n-Ch^{les}-Étienne, parrain du préc.
6. Henry-Sébastien-Louis, ibid. 13 juil. 1768.
7. Anne-Marie, ibid. 19 avril 1770.
8. M^{ie}-Charlotte, † à 24 ans, par. St-Livier 1er sept. 1783.
9. Ch^{les}-Roger, sous-lieut. au rég^t de Deux-Ponts, à l'enterrement de la préc.
10. François, « jeune fils », au même enterrement.

II. MARC-F^{ois}-AUGUSTIN, cousin du préc., officier au rég^t de Courten, assistait à l'enterrement du chir. du dit rég^t, par. St-Georges 3 avril 1733.

RIBERVALLE MARGUERITE. V. du Vivier de Tournefort.

RICARD MADELEINE. V. le Roy III.

RICARVILLE (DE) RENÉ épousa Anne-M^{te} *Darboué*, marraine par. St-Simplice 15 sept. 1712.

RICAUD DE VILLENEUVE HENRY. V. de Brancart.

RICAUX DU TRONCHET (LE) CHARLES. V. Boulay.

RICCÉ (DE) LOUIS-MARC-HILAIRE. V. Dessoffy de Cserlseck.

RICHARD. I. LOUIS, procureur au parl^t, † par. St-Martin 28 mars 1681. Il avait épousé Salomée *Boulenne, alias de Balet*, † ibid. 22 oct. 1686, à 70 ans. De leur mariage étaient nés :
1. Jean-F^{ois}, par. St-Martin 20 nov. 1635 : p. J^n-F^{ois} de Chambrey, sgr du dit lieu, conseiller au parl^t ; m. Salomée de Bastogne.
2. Louis, [à Toul en juin 1640].
3. F^{oise}-Salomée, par. St-Martin 1er janv. 1655.
4. Claude-L^{se}, mariée à Léger Blanchard.

II. J^n-CHARLES, [bourgeois, eut d'Anne *le Boulon*, son épouse :
1. P^{re}-Guillaume, avocat au parl^t, puis bailly de Bitche.
2. Jean, avocat au parl^t.
3. François, doyen de Hombourg.
4. Gabrielle, mariée à F^{ois} le Labriet].

III. Jean, m^d, épousa Anne *Jeandelize*, † à 65 ans, par. St-Gengoulph 4 juin 1755.

IV. François, d^r en médecine, fils de François, bourgeois, et de † J^ne Damien, épousa, étant âgé de 25 ans 6 mois, par. St-Livier 9 févr. 1746, M^ie-M^te *Hyan*, âgée de 22 ans, fille de † Samuel Hyan, m^d, et de M^ie Séchehaye, de laquelle il eut ibid. :
1. J^n-François, 12 janv. 1747.
2. J^n-Claude-Bertin, 20 janv. 1748.
3. Paul, 24 avril 1749.

V. François-M^ie, conseiller et médecin du Roi à l'hôpital militaire de Sarrelouis, subdélégué de l'Intendant de Metz au dép^t de la dite ville, eut de M^ie-Barbe *Geoffroy*, son épouse, Philippe-F^ois, lieut. au rég^t d'infanterie de Sarrebrück, † par. St-Gengoulph 26 sept. 1756, à 19 ans.

VI. Nicolas, sgr de Raville, et François, sgr d'Othe (?), furent parrains par. Ste-Croix 9 juil. 1669.

VII. Divers.
1. Claude-J^ph. V. Ducard.
2. Élisabeth et Ch^les-Dominique. V. Colchen II.
3. Esther. V. de Vigneulles VI, 4.
4. Françoise et Catherine. V. Henry V.
5. Jeanne-F^oise et P^re-Antoine. V. Pottier de Gonvaux.
6. Louis. V. Goullet II, 3.
7. Marguerite. V. Vassart.
8. M^te-Élisabeth. V. Martin de Julvécourt III.
9. Marie. V. le Braconnier XI.
10. M^ie-Anne. V. Sthème II, 4.

RICHARD D'ABONCOURT (de). I. Charles. V. Jobal (note).

II. Sophie. V. du Coëtlosquet (note).

RICHARD DE CLEVANT. I. Claude. V. Fabert II.

II. Anne et Christiane. V. de Bonnefoy II.

RICHARDI N***, [de Loupmont, primicier et chan. de la cathédrale, † en 1573. Msc. Epit.]

RICHE (le) Catherine. V. Collin VI.

RICHEMONT Louise. V. Cugnin.

RICHEPANSE, alias **RICHEPANCE**, Antoine, fourrier de la compagnie de Courcelles au rég^t de Conty cavalerie, en garnison par. St-Simon, fils majeur de † J^n-Baptiste, huissier audiencier, de Cormatin, et de Philippe Guiniart, de la par. St-Gengoulph-le-Royal, diocèse de Châlons-sur-Saône, épousa, par. St-Simon 8 janv. 1770, M^ie *Coquel*, fille de Louis Coquel, maréchal-des-logis de la dite compagnie, et d'Elisabeth Senet, de laquelle naquit, 25 mars suiv. (sic), Antoine, [qui fut le brillant général de division de la République, † commandant en chef de la Guadeloupe. Biog. de la Moselle.]

RICHER. I. F^ois-Denis, avocat en parl^t, ancien conseiller échevin et très. de l'hôtel de ville de Nancy, † par. Ste-Croix 7 févr. 1788, à 58 ans.

II. Jacques, [licencié en théologie de la faculté de Paris, chan. de la cathédrale de Chartres, puis de celle de Metz, conseiller-clerc au parl^t, † 29 déc. 1701; inhumé à la cathédrale, ou son frère Louis, sgr de Lisle et de Vrigny, lui fit ériger un monument. Msc. Epit.]

RICHET. I. Barbe. V. Lallouette.

II. Nicole. V. Floccart.

III. Anne-Christine. V. Julliard.

RICHEZ J^ph-Adolphe. V. Trouet de Coutaillou.

RICHIER Jean, ministre de la R. P. R. à Bar-sur-Seine, fils de † Jean, bourgeois, épousa, 5 août 1646, Marthe *le Bachelé*.

RICHON Louise. V. de la Coste.

RICHOUFFTZ Claude-F^ois. V. Mercier de l'Épinay.

RICLOT (de). I. Rose-Charlotte. V. de Milly II.

II. Ursule-Catherine. V. de Saint-Hillier V.

RIDEN Marguerite. V. de Bresson.

RIDESEL (de). I. M^ie-Agathe. V. de Gournay III.

II. Édouard. V. de Custines I, 2.

RIDOUET DE SANCÉ (de), cfr. DE

SANCÉ. I. J^{ques}-Antoine, chev., lieut. d'artillerie command^t en second l'école de cette arme à Metz, chev. de St-Louis, b^{on} de Corvol, d'Ambernard, sgr de Chavannes, Lanoue, St-Martin-des-Vaux et autres lieux, dem^t place St-Thiébault, épousa J^{ne}-Marthe-Madeleine *Faultrier*, † à 28 ans, par. St-Martin 19 juin 1756. De leur mariage étaient nés ibid. :

1. Adélaïde-M^{ie}-Félicité, 16 août 1751 : p. Gédéon-Amaury-René de Ridouet de Sancé, chev., sgr de Sancé, Escompolier et autres lieux, dem^t en son château de Sancé, par. St-Martin d'Arée, près de la ville de Baujé en Anjou; m. M^{ie}-Catherine Deschamps, épouse en 2des noces de Joachim-Michel-Eusèbe Faultrier, g^d père de l'enfant : tous deux sont représentés.
2. Barbe-Madeleine-Erménégilde, 13 avril 1753.
3. J^n-Louis-Alexandre-Gédéon, 18 mars 1755 : p. J^n-Louis le Clerc de Martres, ancien trésorier de S. A. Sér. Mgr de Charollais, g^d oncle de la mère de l'enfant.

II. N***. V. Voyart II, 5.

RIED (de). V. Kellermann.

RIEUX (de) David, sgr de Pommerot-de-Jacques, natif du Languedoc, cy-devant R. P. R., épousa, étant âgé de 31 ans, par. Ste-Ségolène 15 juin 1690, Anne-M^{te} *Genson*, v^{ve} de Georges Inguin, cap. au rég^t de Cantelme au service d'Espagne, native de Trèves, de laquelle il eut, ibid. 23 oct. 1692, P^{re}-Antoine.

RIEUX (des) Pierre, [sgr de Tournage, lieut. d'une compagnie dans l'ancienne garnison de Metz et cap. des portes, † par. St-Maximin 17 mars 1653. Msc. Epit.]

RIGAUD Élisabeth et Anne. V. de la Rigaudie.

RIGAUDIE (de la) J^x-Baptiste, éc., sgr de Lamberty, cap. au rég^t de Chartres, eut d'Élisabeth *Rigaud*, son épouse, par. Ste-Croix :

1. Anne-Élisabeth, 21 avril 1715 : p. Élie de Lespinasse, éc., ancien cap. d'infanterie, au nom et place de Laurent de la Rigaudie, éc., sgr de la Rigaudie; m. Anne Rigand.
2. Gérard, 19 mai 1716 : p. Gérard-Michel de la Jonchère, trés. gén^l à l'extraordinaire des guerres; m. Marie de la Rigaudie. — Il mourut 29 juil. 1718.

RIGUET (de) Antoine. V. Estienne de Procheville I, 8.

RINDFOUSS. I. Daniel, R. P. R., m^d, fils de Gaspard, marchand, épousa, 17 sept. 1628, Suzanne *Jennet*, dont il eut :

1. Suzanne, 29 août 1629; mariée à F^{ois} Goullet.
2. Daniel, 29 mai 1631.
3. Marie, 11 févr. 1633.
4. Louise, 11 avril 1634 : p. Jérémie le Goullon, avocat; m. Louise Persode.
5. Marie, 18 juil. 1635.
6. Jean, 2 août 1636.
7. Marie, 14 oct. 1637; mariée à J^n Friard.
8. *Henry*, 19 oct. 1639; lequel suit.
9. Anne, 13 févr. 1642.
10. Daniel, 2 juin 1643.
11. Madeleine, 6 sept. 1644.
12. Élisabeth, 29 janv. 1647.
13. Judith, 14 nov. 1648.
14. Marthe, 12 oct. 1652.

II. Henry, R. P. R., m^d, fils du préc., épousa, 13 févr. 1667, M^{ie} *Jennet*, dont il eut Suzanne, 26 août 1668.

III. Marthe. V. de la Cour III.

RIOUX de MESSIMY (des) Claude, [premier président et intend^t de la principauté de Dombes, fils d'Antoine, conseiller au parl^t de Dombes, † à Trévoux 9 nov. 1712, à 39 ans. Il eut de N*** de *Maléxieux*, son épouse] :

1. F^{oise}-Nicole-Cécile, mariée à Daniel-J^n-Antoine-F^{ois} Morel.
2. Joseph, [prêtre du diocèse de Lyon; lequel prêta serment devant le parl^t de Metz en qualité de chan. de la cathédrale de Verdun, 4 mai 1751].
3. Paul-Remy, sgr de Séran et Donjeux, avocat gén^l au parl^t, rue des Parmentiers, † par. St-Martin 20 mars 1791, à 85 ans. Il avait épousé : 1° M^{te} *de Chais*, † par. St-Victor 4 oct. 1759,

à 29 ans, après avoir donné le jour le 30 sept. préc. à M⁽ⁱᵉ⁾-Catherine-Victoire-Joséphine; 2° M⁽ᵗᵉ⁾-Nicole *de la Croix d'Évry*.

RISCH J⁽ⁿᵉ⁾-M⁽ᵗᵉ⁾-ROSALIE. V. Adam III.

RISON (DE) F⁽ᵒⁱˢ⁾-ANNE, éc., chev. de S⁽ᵗ⁾-Louis, command⁽ᵗ⁾ les ville et citadelle de Verdun, fils de Joseph, éc., sgr de Kersainthay, et de Sylvie de Vachet, épousa, étant âgé de 66 ans, par. S⁽ᵗ⁾-Martin 19 mars 1755, F⁽ᵒⁱˢᵉ⁾ *de Thouvenin*, âgée de 43 ans, douairière de François-de-Sales c⁽ᵗᵉ⁾ de Rozières, sgr en partie de la Croix-sur-Meuse.

RISSAN (DE) PIERRE, chev. de Rissan, sgr de Hut et Colombé, ingénieur et premier cap. du rég⁽ᵗ⁾ Dauphin infanterie, m⁽ᵉ⁾-échevin de Metz, conseiller chev. d'honneur au parl⁽ᵗ⁾, [fils de Guy, cap. au rég⁽ᵗ⁾ de Bigorre; † 5 nov. 1739, à 54 ans]. Il avait épousé [en 1692], Élisabeth *Grandjambe*.

RISTON. I. ANNE. V. Desjean.

II. M⁽ⁱᵉ⁾-ANNE et ALBERT. V. Olry VII.

RITTER (DE) D⁽ᵠᵘᵉ⁾-JOSEPH, b⁽ᵒⁿ⁾, fils des † Antoine-Charles, b⁽ᵒⁿ⁾, et M⁽ⁱᵉ⁾-Madeleine b⁽ᵒⁿⁿᵉ⁾ Hélière d'Elber, natif du pays de Gueldre, épousa, par. S⁽ᵗ⁾-Victor 25 août 1710, F⁽ᵒⁱˢᵉ⁾-L⁽ˢᵉ⁾ *de Raigecourt*.

RITTIER JEAN et ÉLISABETH. V. Despinette VII.

RIVARD F⁽ᵒⁱˢᵉ⁾-MARGUERITE. V. de Sarrau d'Arasse.

RIVE (LA) NICOLAS, intéressé dans les affaires du Roi, épousa L⁽ˢᵉ⁾ *la Villette*, † à 66 ans, par. S⁽ᵗ⁾-Simplice 31 oct. 1765. De leur mariage étaient nés :

1. François, officier au rég⁽ᵗ⁾ de Lyonnais, à l'enterrement de sa mère.
2. Guillaume, chan. régulier de S⁽ᵗ⁾-Antoine, ibid.
3. Isabelle, mariée à J⁽ⁿ⁾ Possélius.
4. M⁽ⁱᵉ⁾-Thérèse, mariée à F⁽ᵒⁱˢ⁾ Tabouillot.

RIVERRE (DE) J⁽ⁿᵉ⁾-MARIE. V. de Givrecourt.

RIVETS (DES), *alias* DES RIVERTS.

I. DIEUDONNÉ, *alias* DAVID, noble, épousa Anne *du Choquay*, † par. S⁽ᵗ⁾-Eucaire 31 mai 1664. De leur mariage étaient nés ibid. :

1. Philberte, 26 mai 1632 : p. Ch⁽ˡᵉˢ⁾ de Gournay ; m. Philberte de Marteau. — Elle épousa Gabriel de Han.
2. Françoise, 14 mai 1633 : p. Louis de Podius ; m. F⁽ᵒⁱˢᵉ⁾ de Creux.
3. Louise, mariée à Regnault de Gournay.

II. PHILIPPE, sgr de Bettange, eut de M⁽ⁱᵉ⁾-J⁽ⁿᵉ⁾ *Racle*, son épouse, par. S⁽ᵗᵉ⁾-Ségolène :

1. J⁽ⁿᵉ⁾-Marie, 11 nov. 1672 : p. J⁽ᵠᵘᵉˢ⁾ Péricard, conseiller au parl⁽ᵗ⁾; m. J⁽ⁿᵉ⁾ Cheminot, v⁽ᵛᵉ⁾ de J⁽ⁿ⁾ Racle. — Elle épousa Louis Clément, sgr de Voisy.
2. J⁽ⁿᵉ⁾-Catherine, 25 nov. 1673 : p. Regnault de Gournay, sgr de Rembercourt; m. J⁽ⁿᵉ⁾ de Racle, épouse de F⁽ᵒⁱˢ⁾ Estienne d'Augny.
3. Gabriel-Louis, 12 juin 1677.
4. N***, 10 mai 1681.

RIVIER ÉLISABETH. V. André II.

RIVIÈRE FRANÇOISE. V. Chrétien.

RIVIÈRE (DE LA). I. NICOLAS, R. P. R., fut père d'Élisabeth, 25 mai 1562.

II. CLAUDE, R. P. R., fut père de Daniel, 2 févr. 1564 : p. Regnault de Barisy et Thiedrich Gournay de Talange ; m. M⁽ᵗᵉ⁾ de la Rivière, épouse de M⁽ʳ⁾ de Jaulny.

III. THOMAS, éc., s⁽ʳ⁾ du Fleury, Vatimont et Vantoux, † par. S⁽ᵗ⁾-Gengoulph 24 nov. 1731, à 95 ans. Il avait épousé M⁽ⁱᵉ⁾-Catherine *le Jennet*, dame de Vantoux, † ibid. 11 août 1695. De ce mariage naquirent :

1. F⁽ᵒⁱˢ⁾-Charles, par. S⁽ᵗ⁾-Martin 22 avril 1666 : p. Ch⁽ˡᵉˢ⁾ de la Rivière, vicaire de Vallières ; m. F⁽ᵒⁱˢᵉ⁾ des Forges.
2. Charles, à un enterrement par. S⁽ᵗ⁾-Simplice 18 août 1668.
3. F⁽ᵒⁱˢᵉ⁾-Charlotte. V. du Rocheret I, 7.
4. Jean, parrain par. S⁽ᵗ⁾-Gengoulph 24 mai 1676.

IV. J⁽ᶜʰ⁾-THOMAS, petit-fils du préc. V. Bardou du Hamel.

V. ANTOINE, éc., ancien officier au rég⁽ᵗ⁾ Dauphin infanterie, eut d'Anne-F⁽ᵒⁱˢᵉ⁾ *Taf-*

fin, son épouse, par. Ste-Croix 9 août 1750, Louis-Mie-Casimir : p. Louis-Mie cte de Gisors, colonel au régt de Champagne ; m. Mie-Casimire de Béthune, épouse du duc de Belleisle.

VI. Nicolas, conseiller du Roi, receveur de la chancellerie au parlt, fils de Fois et de Catherine Didier, épousa Catherine *Prugnon,* dont il eut, par. St-Simon en 1747, un enfant mort après sa naissance.

VII. N*** eut de Mte *Dilange,* son épouse, Philippe, par. St-Georges 10 mars 1634.

VIII. Divers.
1. Françoise. V. Taverne.
2. Marguerite. V. Marc XIII.
3. Mie-Thérèse. V. du Rocheret I, 4.
4. Mte-Anne-Ursule. V. Lallemant de Liocourt.

RIVOIS (de) Isaac. V. de la Forge.

ROBERT, *cfr* ANNIBAL. I. Ignace épousa Claudine *Fabert,* † par. St-Victor 18 févr. 1721. De leur mariage étaient nés :
1. *Nicolas,* qui suit.
2. Fois-Joseph, curé de St-Victor, † 6 avril 1737, à 76 ans, après avoir administré la paroisse 19 ans.

II. Nicolas, fils du préc., procureur au parlt, † par. St-Gorgon 5 oct. 1743, à 78 ans. Il avait épousé Lse *Amidaillance,* alias Mie-Lse *Amy-Dalains,* dont il eut par. St-Martin :
1. *François,* qui suivra.
2. *Ignace,* 10 mai 1695 ; lequel suit.
3. Denis-Nas, 15 mars 1696 ; procureur au parlt, † par. St-Martin 9 déc. 1755 : il signait *Robert-Doncourt.*
4. Marguerite, 25 janv. 1700.

III. Ignace, fils du préc., procureur au parlt, eut de Madeleine *Martinot,* son épouse :
1. Mie-Madeleine-Lse-Josèphe, par. Ste-Croix 26 août 1726.
2. Marie, ibid. 20 sept. 1727 ; † 13 juin 1729.
3. Mie-Madeleine-Charlotte, par. St-Gorgon 31 juil. 1731.
4. Nicolas, ibid. 15 juin 1733.

IV. François, frère du préc., procureur au parlt, † par. St-Martin 30 avril 1761, à 77 ans. Il avait épousé : 1° Mte *Morel,* † par. St-Victor 17 mai 1714 ; 2° Anne-Dieudonnée *le Masson,* † ibid. 8 sept. 1745, à 45 ans.

Du premier mariage naquit par. St-Livier :
1. Nicolas-Fois, 6 déc. 1712 ; il épousa, par. St-Livier 16 juin 1739, Barbe *Chouffeurt,* âgée de 24 ans, fille de Dque Chouffeurt, me-boulanger, et d'Anne Maréchal.

Du second mariage naquirent par. St-Victor :
2. Henry-Georges, 23 avril 1717.
3. Marguerite, 8 mars 1718.
4. Claude, 13 févr. 1719 ; avocat au parlt, puis juge-gruyer des terres et seigneuries de Marange et Mercy-lès-Metz, [† 23 avril 1762]. Il avait épousé, par. St-Maximin 15 févr. 1746, Elisabeth *Poncelet,* fille de Claude Poncelet.
5. Jques-Louis, 19 août 1720.
6. Mie-Anne, 13 août 1721.
7. Barbe, 22 févr. 1725.
8. François, 3 avril 1726.
9. Anne-Dieudonnée, 14 déc. 1728.
10. Anne, 30 déc. 1729.
11. Jean-Fois, 27 mars 1731 ; † 17 oct. 1741.
12. Anne-Foise, 9 mars 1732.
13. Anne-Scholastique, 11 févr. 1733 ; † 2 nov. 1741.
14. Claude-Pre, 18 janv. 1734.
15. Louis-Nas, 31 janv. 1735.
16. Nas-Dieudonné, 23 févr. 1736 ; † 26 suiv.
17. Fois-Dieudonné, 6 sept. 1737.
18. Jn-Nicolas, 4 sept. 1739.

V. Pierre, † par. St-Gorgon 14 janv. 1688, à 95 ans. Il fut père de *Christophe,* qui suit.

VI. Christophe, fils du préc., procureur au bailliage et aman, † par. St-Gorgon 2 oct. 1703, à 53 ans. Il avait épousé : 1° par. Ste-Croix 1er oct. 1673, Mie *Carita,* vve de Jn Gachot, laquelle mourut ibid. 19 mars 1675 ; 2° Anne *Poitier,* alias *Poitier,* † par. St-Gorgon 18 nov. 1708.

Du second mariage naquirent :
1. Henry, par. Ste-Ségolène 17 juin 1680 ;

marié, ibid. 26 janv. 1706, à Catherine *Capsé*, fille de F^{ois} Capsé, d^r en médecine.
2. Marie, par. St-Martin 25 févr. 1682.
3. Anne, ibid. 27 août 1683.
4. François, ibid. 6 nov. 1684.
5. Élisabeth, ibid. 17 avril 1686.
6. Philippe, fille, par. St-Gorgon 6 janv. 1689.
7. Catherine, ibid. 29 août 1690.
8. J^{ne}-Françoise, ibid. 19 mai 1692.
9. Pierre, ibid. 7 juil. 1693.
10. Anne, ibid. 29 mai 1695.
11. Christophe, ibid. 10 avril 1698.

VII. PHILIPPE, procureur au parl^t, † à 44 ans, par. St-Simplice 7 avril 1710. Il avait épousé J^{ne} *Jeander*, dont il eut par. St-Martin :

1. Marguerite, 25 févr. 1693.
2. Philippe, 21 févr. 1696.
3. Marguerite, 13 nov. 1697.
4. Marie, 16 janv. 1699.
5. Anne-Philippe, 25 avril 1702.
6. M^{ie}-Jeanne, 20 juin 1706.
7. Philippe, 15 août 1709 ; † 30 oct. 1710.

VIII. NICOLAS épousa J^{ne} *Chapelier*, marraine par. St-Simplice 25 oct. 1728.

IX. NICOLAS eut de Louise *Chardin*, son épouse, Marie, par. St-Martin 9 juil. 1701.

X. Divers.
1. ANNE. V. Marc I, 3.
2. ANNE-CLAUDE. V. des Fontaines.
3. BARBE. V. de Brian.
4. CHARLOTTE. V. le Braconnier XXVII.
5. FRANÇOISE. V. de Hombourg.
6. JEAN. V. Teinturier de Montaigu.
7. MARGUERITE. V. Pioche II, 7.

ROBERT DU CHATEAU ANNE-JOSÈPHE. V. Liabé II, 8.

ROBERT (DES). I. FRANÇOIS, éc., chev. de St-Louis, cap. au rég^t de Champagne, sgr de Maisoncelle, natif de Sedan, fils de † Noël, brigadier des armées du Roi et son lieut. au gouv^t de Huningue, et de L^{se}-Renée de Beaumont, épousa : 1° Jeanne *de Wendel*, † par. St-Simplice 24 févr. 1739, à 19 ans ; 2° par. St-Martin 10 janv. 1741, M^{te} *Andry*, † 10 nov. suiv.. après avoir mis au monde, le 5 précédent, Louis : p. Louis duc de St-Simon, pair de France, grand d'Espagne de première classe, g^d bailly et gouverneur de Senlis, cy-devant conseiller au conseil de régence, ambassadeur extraordinaire en Espagne, vidame de Chartres, m^{is} de Neffet, chev. des ordres de Sa Majesté ; m. M^{ie}-Elisabeth de Saint-Simon, épouse du c^{te} de Laval-Montmorency, lieut. gén^l des armées du Roi, command^t des Trois-Évêchés. — L'enfant mourut 7 avril 1744.

II. LOUIS-BENOIT, cousin germain et beau-frère du préc., sgr d'Escouvier, cap. au rég^t de Senneterre, puis command^t des ville et château de Sierck, † par. St-Gengoulph 9 sept. 1777, à 72 ans. [Il avait épousé M^{ie}-Agnès *de Wendel*, dont il eut François, marié, à la Martinique en 1796, à Catherine de Bourck, dont postérité. Général. de Gargan, p. 183]. Selon la Biographie du Parl^t, Louis-Benoît des Robert aurait aussi épousé une fille de J^{ph}-Grégoire Soucelier.

III. RAYMOND. V. Marion X, 5.

ROBICHE. I. MADELEINE. V. Lottin.

II. M^{ie}-ANNE, sœur de la préc. V. Hollandre.

ROBILLAN (DE) GUILLAUME, † par. St-Victor 20 août 1660.

ROBILLARD. I. FRANÇOIS, professeur royal à l'école d'artillerie, eut de M^{ie}-Nicole *Esselin*, son épouse :
1. Philippe, † par. St-Marcel 25 nov. 1745, à 22 ans et un mois.
2. Laurence, mariée à J^n-Louis Lombard.

II. FIACRE, chev. de l'ordre du Roi, chir. major de ses armées et de l'hôpital auxiliaire, eut de M^{ie}-Louise *d'Heinel*, son épouse, par. St-Simon 18 juil. 1790, Ch^{les}-Maximilien : p. Ch^{les} de la Meth, m^e de camp des cuirassiers ; m. Catherine Pagel, sa g^d mère, v^{ve} du s^r d'Heinel, lieut.-colonel au rég^t suisse de Dulin-Châteauvieux.

III. MADELEINE. V. Bauduyn.

IV. GUILLAUME. V. Jeoffroy VI, 1.

ROBIN. I. J^n-BAPTISTE, [né à Romans en

Dauphiné, de Jean, m[d] banquier à Metz, et de Claudine Trouillot, conseiller-secrétaire du Roi en la chancellerie du parl[t], commissaire provincial ordonnateur des guerres, subdélégué général de l'intendance de Metz, obtint le titre de c[te] de Castille et de chev. de S[t]-Michel, et mourut d'apoplexie au mois de juin 1732, à 67 ans]. Il avait épousé, par. S[t]-Simplice 23 nov. 1693, Barbe *Renault*, fille de N[as] Renault, receveur des finances à Metz, et de Barbe Larcher, de laquelle il eut :

1. Nicolas-Anne, par. S[t]-Simplice 24 avril 1698 : p. N[as] Renault, son g[d] père ; m. J[ne]-M[ie] de Galbert de Ronchot, épouse de J[n]-Anne de Serment, lieut. du Roi à la Citadelle. [Il fut commissaire ordonnateur des guerres, puis conseiller au parl[t] et c[te] de S[t]-Challiez].
2. Louise, ibid. 27 sept. 1699.
3. J[n]-Baptiste, ibid. 7 avril 1701 ; [c[te] de S[t]-Challiez, sgr de Tilloy, il fut reçu conseiller au parl[t] 30 juin 1727 et remplacé en 1733].
4. François, par. St-Gorgon 26 oct. 1706.
5. Philippe-F[ois]-Benjamin, par. St-Simplice 23 oct. 1713 : p. J[n]-Philippe, c[te] de Saillans d'Estaing, lieut. gén[l] du Roi à Metz ; m. M[ie]-F[oise] le Maître, épouse de Mr Barberie de St-Contest, intend[t] du Roi.

II. Nicolas, inspecteur des ponts et chaussées de la Lorraine Allemande, fils de † Nicolas et de F[oise] Marchal, de la par. d'Oursch, diocèse de Toul, épousa, étant âgé de 30 ans, par. St-Simplice 20 mai 1760, Dorothée *Guion*, âgée de 24 ans, fille de F[ois]-Ch[les]-Nicolas Guion, fermier du marquisat de Faulquemont, et de M[te] Kirch. Au mariage, D[que] Cosserat, oncle de la mariée, procureur au bailliage de Faulquemont ; F[ois] Goutte, conseiller de l'hôtel de ville de St-Avold ; J[ques] Robin, inspecteur des ponts et chaussées, frère du marié.

III. Pierre, priseur juré de la ville. épousa M[ie] *Genot*, † à 65 ans, par. St-Victor 10 nov. 1741 : à son enterrement, Nicolas, son fils.

IV. François, postillon de M[r] l'Intend[t],

eut de M[te] *Bricque*, son épouse, André, par. St-Victor 8 juin 1752.

V. Louis, avocat au parl[t], fut parrain par. St-Victor 10 oct. 1667.

VI. M[ie]-Thérèse. V. Dupuy de la Garde.

ROBLERT Marguerite. V. Roucel IV.

ROC Rachel. V. d'Escars.

ROC (du). I. Honoré-Michel, cap. au rég[t] de l'ancienne marine, fils des † J[n]-Michel et Louise Lefranc, épousa, étant âgé de 23 ans, par. St-Gengoulph 24 juil. 1691, Antoinette-F[oise] *Durand d'Haraucourt*, âgée de 15 ans et demi (*sic*), dont il eut par. St-Jean de la Citadelle :

1. Antoinette-F[oise], 17 févr. 1692 (*sic*).
2. Charlotte, 20 janv. 1693.
3. Marie, 16 août 1694 : p. Guillaume de Sève, premier président au parl[t] ; m. Thérèse d'Hermay, épouse de Bernard Pellard de Givry.
4. Bernard-N[as], 19 janv. 1696.
5. Michel, 11 févr. 1697.

II. N***. V. de Mouchain.

ROCHAS (de) Marie. V. Rollet II.

ROCHE (la), cfr LAROCHE. I. Jeanne. V. Loubert.

II. Jeanne. V. Rousselot.

ROCHE (de la). I. Gérard, chan. de la cathédrale, fut parrain par. Ste-Croix 28 avril 1689.

II. N***, carabin, eut de Barbe N***, son épouse, Judith, par. St-Martin 22 déc. 1619.

III. Antoine-J[n], c[te] du Rouzet, chev., sgr de Giat, Merville, Trachesse, Bousquet et autres lieux, cornette de cavalerie au rég[t] de Moutier, fils de † J[n]-Baptiste, sgr des mêmes lieux, et d'Anne de la Conture-Renon, épousa, par. St-Victor 17 févr. 1749, M[ie]-Geneviève-Casimire-Fortunée *Duprat* : au mariage, Louis m[is] de Chérisey, et Ch[les]-Paul chev. de Chérisey. — De ce mariage naquirent par. St-Victor :

1. M[ie]-Casimire-Thérèse-Geneviève, 10 déc. 1749 : p. Frédéric-Jérôme de Roye de la Rochefoucault, cardinal de l'Église

Romaine, archevêque de Bourges, commandeur de l'ordre du St-Esprit, ambassadeur extraordinaire auprès du St-Siège, représenté par Antoine de Montlaur, cap. aide-major au régt de Talarin ; m. Mme de Béthune, épouse de Chles-Louis-Auguste Foucquet de Belle-Isle, représentée par Mie-Lse Évrard, épouse de Thomas-Roger Duprat.

2. Anne-Victoire, 9 déc. 1752; † par. St-Marcel 26 sept. suiv.

IV. GILBERT, de la compagnie des cadets, natif de Venard en Bourbonnais, † par. St-Jean de la Citadelle 19 août 1732, à 19 ans.

V. Divers.
1. JEAN. V. d'Orthe VI.
2. Mie-MARGUERITE. V. de la Roche-Girault II, 2.
3. RODOLPHE. V. de Lespinasse.
4. SUZANNE. V. le Braconnier II.
5. THOMAS. V. Berre.

ROCHE-AYMON (DE LA). I. FRANÇOIS, gentilhomme du ban et de l'arrière-ban de Berry, † par. St-Maximin 23 nov. 1674, à 45 ans, inhumé devant l'autel Notre-Dame.

II. ANTOINE-LOUIS-Fois. V. de la Vernet.

ROCHEBRUNE (DE) JEAN-Fois, cadet au régt de Picardie en garnison à la citadelle, fut parrain par. St-Jean de la Citadelle 26 oct. 1672.

ROCHECHOUART (DE) Mie-MARGUERITE. V. de Sève.

ROCHE D'EURE (DE LA) JEAN-Fois, cadet au régt de Toulouse infanterie, † à 25 ans, par. St-Simplice 10 juin 1718 : à son enterrement, ses frères Emeric-Jph, cap., et Henry, lieut. au même régt.

ROCHEFORT FRANÇOIS. I. V. la Faverie de Blauzac.

II. CATHERINE. V. le Page II.

ROCHEFORT (DE). I. JOSEPH, chev. de la Ville-Geury, fils des † Gilles-Anne et Anne-Pélagie-Thérèse de Goyon, *alias* de Gouyon, épousa, en l'église du Séminaire St-Simon 22 août 1777, jour de vendredi, avec dispense du 3e degré de consanguinité, Pélagie-Claudine *de Goyon des Rochettes* (L'acte de mariage aux registres de la par. St-Martin).

II. N***. V. du Séjeal.

ROCHEFOUCAULT (DE LA), cfr D'ANTILLY, MATHIEU fut parrain par. St-Jean de la Citadelle 30 mai 1684.

ROCHE-GIRAULT (DE LA), *alias* GIRAULT DE LA ROCHE. I. ETIENNE, colonel de dragons au régt d'Autriche, épousa : 1° Mte *Scharff*, dont il eut *Jean-Fois*, qui suit; 2° étant âgé de 60 ans, par. St-Maximin 25 juil. 1701, Suzanne *de Montigny*, vve de Mr de Constant, cap. des grenadiers au régt royal de Nassau, âgée de 45 ans.

II. JEAN-Fois, fils du préc., cap., épousa, étant âgé de 34 ans, par. St-Eucaire 4 juin 1715, Madeleine *Lebrun*, fille de Michel Lebrun, bourgeois, et de Catherine Barthe : au mariage, Jn-Michel Scharff, conseiller du Roi, lieut. génl de police à Thionville; Chles de Montigny, ancien cap. au régt d'Alsace; Mathieu Jeoffroy, conseiller au parlt; Jn-Fois Volter, conseiller du Roi au bâilliage; dom Fois-Alexis Girault, procureur de l'abbaye de Villers; Jques Lebrun, substitut du procureur du Roi. — De ce mariage naquirent ibid. :

1. Michel, 26 mai 1719.
2. Jacques-Fois, 4 oct. 1721 : p. Jques Lebrun, ci-dessus ; m. Mie-Mte de la Roche, épouse de N*** de Jeoffroy, commissaire des guerres, de Toul.

III. JACQUES-Fois, chev. de St-Louis, colonel au régt de Strasbourg corps royal artillerie, épousa Catherine *de Volckringer*, † à 49 ans, par. Ste-Croix 11 sept. 1781 : à son enterrement, Denis-Juste Trouville, commissaire des guerres au dépt de Metz. — Leur fille Mie-Foise fut mariée à Jn-Henry Cte de Roucy.

ROCHE-HULLIN (DE LA) ANNE. V. Poutet I, 9.

ROCHELAMBERT (DE LA). V. Goullet.

ROCHEREAU (DE). I. LOUIS, [éc., sgr de Hauteville, Blaize et le fief de Stainville, originaire de Châlons-sur-Marne, conseiller au parl^t, épousa en 1640, Agnès *Horquelin*], dont il eut :

1. Louis, [conseiller-clerc au parl^t, ☩ doyen des chan. de la cathédrale 14 févr. 1715, inhumé à la dite cathédrale derrière les stalles du chœur dans la croisée de N. D. la Tiercé, près de la porte des souterrains, à l'angle droit de l'escalier. Msc. Epit.]
2. Denis, [conseiller honoraire au grand conseil, héritier du préc. Ibid.]
3. Jacquette, [héritière du même. Ibid.]

II. ANNE. V. des Réaux.

ROCHERET (DU). I. GASPARD-ANTOINE-F^{ois}, éc^r, s^r de Miry-la-Pin, Caudille, Fiene et Charon, aide-major, puis cap. au rég^t de Languedoc, épousa, par. St-Simplice 1er oct. 1676, M^{ie}-Antoinette *de Pistorius* : au mariage, M^r de St-Anthoine, command^t un bataillon dudit rég^t; Nicole le Jeunet, sgr d'Oriocourt et Vantoux; Thomas de la Rivière, oncle de l'épouse; Élie Déodeau, éc^r. Du susdit mariage naquirent par. St-Simplice :

1. Catherine-Nicole, 21 oct. 1677 : p. N^{as} le Jeunet, sgr d'Oriocourt, médecin ordinaire du Roi; m. Catherine du Rocheret.
2. M^{te}-Antoinette, 12 févr. 1680 : p. Gaspard-François du Rocheret, éc^r, sgr de Charon; m. M^{te} Humbert, de Pont-à-Mousson.
3. Thomas, 1er déc. 1681 : p. Thomas de Bérard, sgr de Sorbey, m^e-échevin; m. M^{ie}-Urbaine Braconnier de Mont.
4. Antoine-F^{ois}, 31 mars 1683 : p. Antoine Chauvenel, chev., sgr de Couvigny, cap. au rég^t de Languedoc; m. M^{ie}-Thérèse de la Rivière, fille de Ch^{les} de la Rivière, chev., sgr de Fresnes, lieut. du Roi à la citadelle de Cambrai et cap. d'une compagnie de 500 gentilshommes.
5. F^{ois}-Élie-Antoine, 22 sept. 1684 : p. Élie Déodeau, lieut. au rég^t du Roi; m. F^{oise} Vernier, v^{ve} de Mr Alexandre, sgr de Craincourt. — Chev. de St-Louis, sgr d'Oriocourt, Fassoncourt, Villé et Ozier, cap. au rég^t de Languedoc infanterie, il mourut par. St-Gorgon 4 mars 1748 : à son enterrement, Ch^{les}-Henry de Busselot, président au bureau des finances, son cousin; Ch^{les}-Louis Bardou du Hamel, avocat au parl^t, son cousin-germain par alliance. — Il avait épousé Antoinette *Busselot*, dont il eut Anne-Rose, mariée à N^{as}-J^{ph} Picard d'Eisch.
6. Anne, 15 févr. 1687 : p. Étienne Vernier, sgr de Vatimont; m. Anne le Clerc, fille de Bertrand le Clerc, avocat au parl^t.
7. Charlotte-Alexandre, 26 janv. 1689 : p. Alexandre-Bernard Crespin, sgr de la Woëwre et de Riche; m. F^{oise}-Charlotte de la Rivière, fille du s^r du Fleury.
8. N***, ondoyée 24 juil. 1693.
9. M^{ie}-Anne, 26 oct. 1696 : p. F^{ois} de Beaudville, cap. au rég^t de Languedoc; m. Judith de Goz, épouse de Louis Bertrand, conseiller au parl^t.

II. ANTOINE, lieut.-colonel au rég^t de Languedoc, ☩ par. St-Simplice 25 juin 1705, à 62 ans.

ROCHES (DES) F^{ois}-PAUL, cap. au rég^t de Montmorency en garnison à Metz, ☩ à 45 ans, par. St-Livier 3 nov. 1737.

ROCHETTE (DE LA). I. N***, colonel, natif de Lancuveville, ☩ à l'hôtel du Grand Maure, par. St-Martin 14 oct. 1637.

II. GUILLAUME, cadet, natif d'Auvergne, proche Brioude, ☩ par. St-Jean de la Citadelle 26 juin 1732, à 20 ans.

III. N***. V. d'Inguimbert de Pramiral.

ROCHE-VALENTIN (DE LA). V. de Valentin.

ROCHON MICHEL, avocat en parl^t, ☩ à 63 ans, par. St-Simplice 2 sept. 1706.

ROCHOUX (DE) MICHEL (le même que le précédent?) doyen du parl^t (*sic*) et secrétaire de M^r l'Intendant, fut parrain par. St-Eucaire 20 avril 1702.

ROCQUEFEUILLE (DE), cfr ROQUEFEUILLE, J^{ques}-GERMAIN, chev. de St-Louis, ancien lieut. au rég^t royal Pologne cavalerie, ☩ à 66 ans, par. St-Victor 29 déc. 1787.

ROCQUEPINE (DE) JEAN. V. Platine III.

RODAIS (DE) P^{re}-André. V. de Contades.
RODAS Juliette. V. Dumas.
RODAT Élisabeth. V. du Mesnil.
RODE Agathe. V. Grandjambe XII.
RODE DE CATTENOM (DE) Françoise. V. Hellot III.
RODEMACK (DE) Anne. V. le Goullon XX.
RODER (DE) Louise. V. de Tori.
RODOLPHE Nicolas, conseiller du Roi et son lieut. particulier en la maîtrise des eaux et forêts, puis conseiller à la table de marbre du parl^t, eut de M^{ie}-F^{oise} *de Brye*, son épouse :
1. J^{ne}-Claude, par. St-Maximin 18 juil. 1754.
2. M^{ie}-Anne-Nicole-F^{oise}, ibid. 11 mai 1755.
3. Anne-M^{te}, ibid. 29 août 1756; † par. St-Martin 13 sept. suiv.
4. J^{ph}-Jacques, ibid. 6 oct. 1757.
5. Félicité, par. St-Étienne-le-Dépenné 29 mai 1762.
6. M^{ie}-Gabrielle, † âgée de 3 jours, par. St-Simplice 20 nov. 1765.

RODRIGUES Melchior-Ch^{les}, lieut. au rég^t du c^{te} de Costa, troupes bavaroises, eut de M^{ie}-Anne *Haylin*, son épouse, par. St-Livier 13 déc. 1711, M^{ie}-Anne-Thérèse-Isabelle : p. J^{ph}-F^{ois} c^{te} de la Pérouse, cap. au dit rég^t ; m. M^{ie}-Anne Rodrigues, épouse de Mr Fpirt, cap. au même rég^t.

ROEDERER. I. P^{re}-Louis, substitut du procureur gén^l, bâtonnier des avocats, membre de l'Académie royale de Metz, sgr d'Escouvier, Sancy, Woël, Brauville et autres lieux, [† 3 mars 1789]. Il avait épousé M^{te} *Gravelotte*, † par. St-Gorgon 11 juin 1768. De leur mariage naquirent :
1. F^{ois}-Nicolas, par. St-Simplice 5 déc. 1740 : p. F^{ois} Lemoine, sgr du Ban Baral à Ancy-sur-Moselle.
2. F^{ois}-P^{re}-Hubert, ibid. 3 nov. 1741 : p. F^{ois}-P^{re} Rabuat, conseiller au bailliage; m. M^{te} Lemoine, v^{ve} de Toussaint Gravelotte, avocat au parl^t. — Les parents demeurent « au haut de la cour de Ranzières dans l'appartement séparé de la maison de Mr Martinet de Nibouville, autrefois la maison de Melle Nolibois ».
3. M^{ie}-Marguerite, ibid. 24 déc. 1742 ; mariée à F^{ois} Thirion.
4. Anne, ibid. 29 janv. 1744 : p. Adam-J^{ph} Soucelier, officier au rég^t royal Suédois, sgr d'Itzing ; m. Anne Gravelotte, épouse de P^{re} Rabuat. — Elle fut mariée à Louis-Antoine Ména.
5. Louis, ibid. 28 janv. 1745 : p. Louis de Bouteiller, avocat au parl^t ; m. Louise-F^{oise} Muzac. — Il mourut 1er mai 1746.
6. Simon-P^{re}, par. St-Gorgon 9 sept. 1746.
7. Agathe-L^{se}, ibid. 7 févr. 1748; † en nourrice, par. St-Simplice 23 févr. suiv.
8. Jⁿ-Louis, ibid. 2 févr. 1749; les parents demeurent « dans la maison à grande porte cochère rue Chèvremont, vis-à-vis le grenier de la ville. »
9. Jⁿ-Louis, ibid. 24 août 1751.
10. Louis-Philippe, ibid. 5 oct. 1752; † par. St-Simon 13 juil. suiv.
11. P^{re}-Louis, ibid. 15 févr. 1754; lequel suit.
12. Marie, ibid. 24 juil. 1755.
13. J^{ne}-Marguerite, ibid. 14 janv. 1757; mariée à Jⁿ-P^{re} Gentil.
14. Joseph-F^{ois}, ibid. 23 juil. 1759 ; conseiller au bailliage, il épousa, par. St-Marcel 2 mai 1786, M^{ie}-Rose *Lajeunesse*.
15. Jⁿ-Louis, ibid. 23 oct. 1760.

II. P^{re}-Louis, fils du préc., domicilié rue Chèvremont, conseiller au parl^t, membre de l'Académie royale de Metz, [député à l'Assemblée nationale de 1789, g^d officier de la Légion d'honneur sous l'Empire, † à Paris en déc. 1836]. Il avait épousé : 1° Ève-Régine-Louise *Quaita*, [fille d'Antoine-M^{ie} Quaita, banquier de Francfort, conseiller intime de S. A. Mgr le Prince de Lœwenstein-Wertheim, et de Catherine-Claire Bessel, laquelle divorça et s'unit au gén^l Deperrière ; 2° N*** *Decrétot*, fille d'un manufacturier de Normandie, dont il eut une fille mariée à Laurent de Willarceau, ancien préfet.] Du premier mariage étaient nés par. Ste-Ségolène :

1. P^{re}-Louis, 3 mai 1780.
2. Antoine-M^{ie}, 15 mai 1782.
3. F^{oise}-Marthe, 7 oct. 1783.
4. Anne-M^{ie}-L^{se}, 31 janv. 1788.
5. M^{ie}-Joséphine, 5 janv. 1790.

ROGER JEAN, éc., major de Toul, épousa Alexise *Bayon de Richebois*, † par. St-Livier 3 juin 1710.

ROGER DE BELLOQUET FRANÇOIS, fils de N*** et de Jeanne N***, naquit par. St-Victor 28 juil. 1644.

ROGER DU COULON. I. NICOLAS, chev. de St-Louis, cap. réformé à la suite du rég^t de Champagne, ingénieur ordinaire du Roi, † par. St-Marcel 20 févr. 1734. Il avait épousé Sara *de Chavenel*, † ibid. 9 mai 1741. De leur mariage étaient nés :
1. M^{te}-Nicole, mariée à Gédéon de Saint-Blaise.
2. N^{as}-*Fortuné*, qui suit.

II. N^{as}-FORTUNÉ, fils du préc., éc., chev. de St-Louis, cap. au rég^t d'infanterie de Brissac, sgr de Chesny, Rozérieulles et autres lieux, † à 75 ans, par. St-Marcel 30 nov. 1784. Il avait épousé, ibid. 27 janv. 1750, Catherine-Nicole *de Gray de Malmédy*, dont il eut ibid. :
1. Antoinette-Dorothée-Philippine, 10 juil. 1755 ; † 15 août suiv.
2. M^{ie}-Sébastienne-Charlotte, 5 juil. 1756.
3. Catherine-Nicole, 28 mars 1758 ; † 17 juin suiv.
4. N^{as}-Philippe-Jⁿ-F^{ois}, 6 avril 1759.
5. Nicole-Barbe-Michelle, 21 mai 1761 ; † le surlendemain.
6. Barbe-Nicole, 2 août 1764.
7. Barbe-Charlotte-Nicole, 28 mars 1766.
8. J^{ques}-*Philippe*, qui suit.
9. M^{te}-L^{se}-Nicole, née à Chesny 23 mars 1771 : p. Louis-Juste de Galbert, éc., lieut.-gén^l command^t de la ville neuve de Dresde, son g^d oncle ; m. M^{te}-Louise de la Garde, sa g^d tante : tous deux représentés.

III. J^{QUES}-PHILIPPE, fils du préc., éc., sgr de Chesny, lieut. au rég^t d'Aunis, « cy-devant en garnison à St-Omer, actuellement à Calais », épousa : 1° par. Ste-Ségolène 12 déc. 1786, M^{ie}-Charlotte *le Duchat* ; [2° Henriette *Malherbe*, † 6 janv. 1843]. Du premier mariage naquirent :
1. F^{ois}-Frédéric-Philippe, par. Ste-Ségolène 13 août 1788.
2. J^{ques}-Philippe-Ch^{les}, par. St-Gengoulph 30 juin 1790.

ROGER DU PERON EDME, sgr de Courcelles, commissaire au dép^t de Metz et Lorraine, eut, de M^{ie} *Regnault*, son épouse, par. Ste-Croix :
1. Barbe-M^{te}, 28 oct. 1685.
2. Geneviève, 22 oct. 1686.

ROGHES (DE) M^{ie}-CHARLOTTE. V. du Sauget de Neuville.

ROGIER DE NEXON PIERRE. V. de Champinorin de Varennes.

ROGNON THÉRÈSE. V. Monleau.

ROISIN (DE) CATHERINE. V. de Monsollens.

ROLAND. I. JACQUES, [chir., visiteur catholique pour les pestiférés, † de la peste, 13 août 1625. Journ. de Séb. Floret.]

II. F^{oise}-THÉRÈSE-JOSÉPHINE. V. Lecomte V.

ROLAND DE GOMBART HENRIETTE-F^{oise}. V. de Perron.

ROLLAND I. JOSEPH, [tabellion à Rémilly, eut d'Anne *Gillet*, son épouse :
1. Jⁿ-B^{te}-*Dominique*, né à Rémilly 31 juil. 1753] ; lequel suit.
2. J^{ph}-Dominique, notaire royal au bailliage de Château-Salins avec résidence à Vatimont. Il épousa Barbe *Guelle*, dont il eut, par. St-Simplice 14 juin 1783, J^{ph}-D^{que}-Jⁿ-B^{te}-Félix : p. Jⁿ-B^{te} Rolland, avocat au parl^t, son oncle.
3. Jⁿ-François, [clerc du palais à Metz en 1783].
4. Dominique, [id.]

II. Jⁿ-B^{te}-DOMINIQUE, fils du préc., [avocat au parl^t, conseiller de la cour impériale sous l'Empire, ensuite de la cour royale, membre de la Chambre des députés, † 29 nov. 1821, à 69 ans]. Il avait épousé, par. St-Victor 29 avril 1783,

Mie-Anne-Cécile *Loiseau de Persuis*, âgée de 21 ans, fille de Jn-Nas Loiseau de Persuis, chef de musique à la cathédrale, et de Mie-Anne Liouville. De leur mariage naquit, ibid. 6 févr. 1784, Joséphine-Barbe-Cécile.

III. NICOLAS, chev. de St-Louis, aide-major de Nancy, fils de Jacques et de Jne François, épousa, par. Ste-Croix 26 avril 1740, Louise *Favre*.

IV. JEANNE. V. Choné.

ROLLAND DE RÉAUVILLE (DE) ANTOINE, natif d'Aix en Provence, chev. de Malte, lieut. au régt de Champagne compagnie Bayle 3e bataillon, fils de noble Fois, mis de Cabannes, président à la chambre des comptes, aides et finances de Provence, et de dame ..... de l'Étang de Parade; † rue des Allemands, par. St-Eucaire 16 juin 1724, à 18 ans : à son enterrement, Messieurs de Colombey, de la Beloguière et Suève de Vechy (?).

ROLLET. I. JEAN, conseiller d'État de S. A. de Lorraine, fut parrain, et Anne *le Pont*, son épouse, marraine, par. St-Martin 15 mars 1628.

II. JEAN, [fils d'un md chaussetier de la place St-Louis, conseiller du Roi, receveur particulier de la généralité de Metz], puis conseiller auditeur des comptes au parlt, † par. St-Simplice 22 oct. 1679. Il avait épousé : 1° par. St-Victor 21 sept. 1664, Mie *de Viserny;* 2° par. St-Simplice 13 juil. 1678, Mie *de Rochas*, vve de Fois Lescamonssül, gouverneur de Bassigny : à ce dernier mariage, N*** le Grand, sgr de Mont et autres lieux; Christophe de la Routte, sgr de St-Remy-aux-Bois; Nas Regnault, receveur des finances; 3° [Elisabeth *Collignon de Monton*, fille de Louis Collignon de Monton]. Du premier mariage naquirent :

1. Ignace, par. St-Simplice 7 janv. 1668.
2. Claire-Lse, mariée à Louis Lançon de Sainte-Catherine.

III. ANDRÉ, éc., sgr de Bacourt, † à 40 ans, par. St-Martin 19 févr. 1689.

IV. ÉLISABETH. V. Senocq II.

V. BARBE. V. Dattel IX.

ROLLIN. I. NICOLAS. V. de Mouron.

II. PHILIPPE, R. P. R., receveur de la cité, fut père de Marguerite, mariée à Daniel de Saint-Blaise.

III. ÉTIENNE, huissier au bureau des finances, fils de Dominique, magasinier à sel à Corny, et de Mte Virion, épousa, par. Ste-Ségolène 15 déc. 1779, Elisabeth *Solceret de Châtillon*.

IV. PHILIPPE, avocat au parlt, ancien échevin de la ville, † par. St-Victor 15 mai 1699. Il avait épousé Anne *d'Auxin*, dont il eut Françoise, mariée à Jn de la Croix.

V. NICOLAS, sgr de Chambrey, † par. St-Gorgon 18 juil. 1677.

VI. FRANÇOIS, [chan. de la cathédrale, † 19 juil. 1744, à 74 ans, inhumé à la cathédrale. Msc. Epit.]

VII. NICOLAS, [chan. de Saint-Sauveur, † 14 avril 1691, à 60 ans. Ibid.].

VIII. Divers.
1. BARBE. V. le Goullon XX.
2. BARBE. V. Lambert III, 2.
3. CATHERINE. V. le Goullon XXXVII.
4. CHARLOTTE. V. Grandjambe XII.
5. CLAUDE, LOUIS et NICOLAS. V. de Paulo II.
6. CLAUDE, LOUIS et MARGUERITE. V. Martigny.
7. ÉTIENNE. V. de Saint-Aubin IX, 8.
8. JEANNE. V. Mésoyer-Conflant.
9. MARIE et JOSEPH. V. Ancillon X.
10. MARIE. V. de Récicourt II.
11. MARIE. V. le Braconnier XVI.
12. MARIE et CHARLOTTE. V. Gattebois des Forges III.
13. MARTHE. V. Alix-Duval II.
14. SUZANNE. V. de Flavigny XII.

ROLLIN DE MACONCOURT MARGUERITE. V. du Pasquier de Dommartin.

ROMALLET (DE) MARIE. V. de Poeydaré.

ROMANET (DE). I. EMMANUEL-HUBERT-Fois-Dque, cte, chev., bon de Rosay, sgr de Labergément, Latrin et autres lieux, cap. au régt de la marine, chev. de St-Louis, fils de † Adrien-Fois cte de Romanet, bon de Rosay, cap. au régt de St-Maurice, et de Jne-Thérèse de Faltan, épousa, étant âgé de 28 ans, dans la chapelle de Frescaty 20 déc. 1745 (l'acte à la par. St-Victor), Mte-Madeleine *d'Huart* : le mariage fut bénit par Mgr de Saint-Simon, évêque de Metz. Du dit mariage naquirent par St-Simplice :

1. Jph-Christophe-Emmanuel, 30 sept. 1746 : p. Jph d'Huart, lieut. au régt royal Suédois, son oncle ; m. Suzanne-Mte bonne d'Huart, sa tante.
2. Jph-Christophe-Sidoine, 15 avril 1750 : p. Jn-Christophe-Sidoine bon d'Huart, cap. au régt de la Fère, son oncle, représenté par Maurice-Chles bon d'Huart, aussi son oncle ; m. Mte Blaise, bonne d'Huart, son aïeule mat., représentée par Séraphine d'Huart, sa tante. — Il mourut 1er juin suiv.

II. N***. V. Goullet (note).

ROMBIUS DE SEHENKENSTEIN (DE) Mie-Antoinette. V. de Gougon.

ROME (DE). I. Philippe fut marraine par. St-Eucaire 6 févr. 1689.

II. Catherine. V. Leclerc IV.

ROMELLY (DE) Gilles, éc., commandt du Fort Blanc de Strasbourg, chev. de St-Louis, † à 83 ans, par. St-Gengoulph 29 janv. 1768 : à son enterrement, Jn-Bte-Nas-Louis de Villicy, éc., sgr de Terville ; Fois-Aimé de Seillons, lieut.-colonel au corps royal artillerie.

ROMILLEY (DE) Jacques, éc., eut de Louise cesse *de Linange*, son épouse, par. St-Eucaire 19 oct. 1689, Urbain-Etienne : p. Etienne Michelet d'Ogy ; m. Mie-Urbaine d'Arraincourt.

ROMMEFORT DE CLUSEAUX (DE). V. le Secq de Crépy.

ROMPONSEL (DE) Jacques, dit la Montagne, eut de Madeleine *de Bréville* ou *Breuvil*, son épouse, par. St-Martin 2 mars 1641, Jean-Fois : p. Jean de Saint-Jure ; m. Foise de Roucel de Vernéville.

RONCHEVAL DE HEUQUEVILLE (DE), *alias* DE ROUCHEROLLE DE HEUGNÉVILLE, Louis-Philippe, pensionnaire de Mgr l'Évêque, eut de Jne-Geneviève *Munier*, son épouse :

1. Élisabeth-Lse, par. St-Gorgon 25 mai 1708.
2. Claire-Foise, par. Ste-Croix 19 nov. 1709.

ROND (DE) Pre-Placide. V. de Mÿ.

RONDE (LA). I. Élisabeth. V. de Vilac.

II. Esther. V. le Braconnier II.

RONJOUX, *alias* ROUJOUX, François, me-apothicaire, natif de Sedan, eut de Jne *Brouard*, son épouse, Françoise, par. St-Gorgon 8 juil. 1620.

ROOSE DE BAISY (DE). V. d'Alsace-Hennin III.

ROQUEFEUILLE (DE). I. Jn-Pierre. V. des Forges III.

II. Thérèse-Élisabeth. V. Chevreau.

ROQUIGNY (DE) N***, cap. au régt de Blaisois, eut de Mie-Anne *Dauvillier*, son épouse, Anne, par. Ste-Ségolène, 23 juillet 1710.

RORBAC (DE) Mie-Concorde-Adélaide. V. de Couët de Boigodan.

RORTHAIS (DE), *alias* DE RORTHAYS. I. Charles, sgr des Touches, écuyer de Mgr le Maréchal de Schomberg, épousa, par. St-Victor 28 déc. 1653, Catherine *de la Matraye*, † par. St-Gengoulph 20 mai 1691, à 75 ans. De leur mariage naquit Charles, qui suit.

II. Charles, éc., sgr des Touches, l'un des 200 chevau-légers de la garde ordinaire du Roi, puis colonel de la milice du pays messin, † à 76 ans, par. St-Gengoulph 3 févr. 1731. Il avait épousé, par. St-Gengoulph 10 avril 1674, Jne *Lespingal*, vve de Nas-Fois Darboy, de laquelle il eut ibid. :

1. Mte-Charlotte, 14 août 1675 : p. Nas Balbo de Colligny ; m. Mte de Navarre, fille de Thomas de Navarre. — C'est elle sans doute, peut-être sa sœur Mte-Louise ci-dessous, qui fut mariée à Jn Féré.
2. Jeanne, 20 août 1676 ; † par. St-Georges 25 mai 1721.

3. Antoine, 22 avril 1678 : m. Lucie Adam, épouse de Jⁿ-F^{ois} Dattel.
4. M^{te}-Louise, 6 févr. 1680 : p. Louis de Bérault-Belcastel, sgr d'Ennery, g^d bailly de Metz ; m. Anne-M^{te} de Sornéville.
5. Ch^{les}-Louis, 1er févr. 1682.
6. Élisabeth, 13 août 1685 : p. Jⁿ-F^{ois} Dattel, fils de Jⁿ-F^{ois} Dattel de Luttange.
7. Ch^{les}-André, 1er nov. 1686 : p. André de Guillermin, conseiller au conseil souverain d'Alsace ; m. F^{oise} Hellot de Fossieux, fille d'Alexandre Hellot de Fossieux. — Il mourut 23 juil. 1689.

RORTHAIS DE MOMBAIL (DE) HENRY-GABRIEL, cadet au rég^t de Bourgogne au quartier Coislin, fils de N***, chev., sgr de Mombail et autres lieux, chev. de St-Louis, et de dame ....., de Beaulieu près Palluau en Poitou, † à 16 ans, par. St-Martin 12 avril 1777 : à son enterrement, Jⁿ-B^{te} Dupleix de Cadignan, cap. de chasseurs, et Louis-Jⁿ-B^{te} Macé de Vaudoré, cap. : tous deux du rég^t du défunt.

ROSCACHE (DE), alias RASCACHE, YOLANDE-NICOLE. V. de Saint-Didier I, 5.

ROSE MARGUERITE. V. Ferrand.

ROSE DE VOISIN JACQUES. V. de Majaudie.

ROSE (DE) BAPTISTE, c^{te} de Rose, major de cavalerie, cap. au corps des carabiniers 5e brigade, époux de N*** de Vassé, résidente à Perpignan, † à 31 ans, par. St-Livier 1774 : à son enterrement, Louis de Foucaut de Pontbrian, cap. aide-major, et Antoine-F^{ois} de Formier de Prax : tous deux du corps des carabiniers.

ROSET (DE) M^{ie}-LOUISE. V. de Balthasar.

ROSIÈRES (DE). V. de Rozières.

ROSNIN-VINEN (DE) GASTON, m^{is}, sgr de Tremaignon et autres lieux, chev. de St-Louis, maréchal des camps et armées du Roi, employé en cette qualité dans la province des Trois-Évêchés, époux de Louise du Fossé ; † par. St-Simplice 5 déc. 1743, à 53 ans : à son enterrement, Mgr Gay-Claude-Roland c^{te} de Laval-Montmorency, lieut.-gén^l des armées du Roi, gouverneur de Philippeville, command^t en chef des Trois-Évêchés, Sarre, frontières de Luxembourg, gouv^t de Sedan, Mousson, Mézières, Rocroy, Charleville et frontières de Champagne ; Jⁿ-Fortunat de Serre de Rochecolombe, brigadier des armées du Roi, lieut. au gouv^t de Metz.

ROSOIS ANNE. V. le Carnellot.

ROSOIS (DU) CHARLES, chir. major au rég^t du prince Camille cavalerie, fut père de Jⁿ-Charles, par. St-Simplice 25 déc. 1744.

ROSSELANGE (DE) MATHIEU, procureur au parl^t, puis conseiller d'État de Charles IV duc de Lorraine, et son procureur gén^l en la chambre des comptes du Barrois, avait épousé M^{te} *Liègue*, alias *Liéger*, dont il eut :
1. Claudine, [née à Toul par. St-Jean 5 oct. 1642].
2. Jⁿ-Joseph, conseiller au parl^t, puis cap. prévôt, gruyer et receveur de Lachaussée en Lorraine, [† 10 août 1690].
3. F^{oise}-Thérèse, née à Metz, par. Ste-Croix 31 oct. 1662.

ROSSET (DE) M^{ie}-THÉRÈSE. V. de Rostaing.

ROSSIGNOL. I. NICOLAS, greffier en chef de la maréchaussée en la généralité de Metz, épousa, par. St-Martin 16 juin 1695, F^{oise} *le Labriet*.

II. MARGUERITE. V. Bachelard II.

ROSSIGNOL (DE) BONAVENTURE-ROBERT. V. de Bernage.

ROSTAING (DE) GERMAIN-MICHEL, éc., sgr de Pouilly et des Mésangères, lieut. du g^d m^e de l'artillerie, comm^{dt} l'artillerie en chef au dép^t et aux écoles de Metz, † par. St-Jean de la Citadelle 27 août 1729, [à 51 ans 7 mois et 18 jours Msc. Epit.] : à son enterrement, Jⁿ-J^{ph} Gérardy, son neveu ; Jⁿ-J^{ques} du Pérille, commissaire provincial d'artillerie command^t à Metz ; André-Ch^{les} d'Herbelet, commissaire d'artillerie à la citadelle. — Il avait épousé J^{ne}-Élisabeth *de Senneville*, dont il eut :

1. M^ie-Louise-Thérèse, par. St-Simplice 6 mai 1704 : p. Philippe Anne, sgr de Servigny; m. Marie des Noyers, épouse de Martin Gaulthier d'Aulnoy.

2. Ch^les-Louis, par. Ste-Croix 20 sept. 1705; commissaire ordinaire d'artillerie, sgr de Pouilly et des Mésangères, il épousa, par. St-Gengoulph 17 nov. 1732, M^ie-Élisabeth *Crespin* de la Woëvre.

3. Marguerite, par. St-Simplice 21 déc. 1708 : p. Philippe Hauys, sgr de Servigny, contrôleur provincial d'artillerie; m. M^te de Louy ou Lévy, épouse du s^r de la Salle, lieut. de cavalerie au rég^t d'Aultane.

4. Michelle-Hortense, par. St-Martin 29 sept. 1710.

5. Thérèse-Charlotte-Élisabeth, ibid. 5 sept. 1711 : p. André-Ch^les d'Herbelet ci-dessus; m. M^ie-Thérèse de Rosset, v^ve de F^ois de Molard, éc., sgr de Martilly, ingénieur ordinaire du Roi.

6. J^ne-F^oise-Victoire, par. St-Gengoulph 21 juin 1714; † 17 déc. 1716.

7. Michel-Antoine, ibid. 5 nov. 1717.

8. Catherine-M^ie-Ange, mariée à F^ois-N^as Arbaleste de Melun.

9. Philippe-J^ph. V. Arbaleste de Melun.

ROSTAING DE BATAILLE DE FONCLAIR (DE) JOSEPH, chev., cap. au corps royal artillerie rég^t de Grenoble, fils de † Joseph, chev., et d'Élisabeth de Wial de Flotte, du château d'Ancelle en Dauphiné, épousa, par. St-Martin 14 nov. 1780, Pétronille *de Longueil*, fille de J^ph-Gilbert de Longueil, chev., sgr de Saulzez, Beauverger et Listenois, et d'Anne Chevarier : le mariage fut bénit par Claude de Longueil, prévôt et chan. de St-Thiébault. Au mariage, Claude-Louis d'Augenoust, colonel au corps royal artillerie; Philippe Evrard de Longeville, chev. de St-Louis, éc., lieut.-colonel au rég^t de Grenoble corps royal artillerie; F^ois de Montholon, chev., prêtre du diocèse de Paris, chan. et g^d doyen de la cathédrale de Metz, vicaire gén^l, abbé de Valseri (ordre des Prémontrés) et conseiller d'honneur au parl^t; Claude de Séguier, chev. haut-justicier de Liancourt, en partie des fiefs de Courtieux et Monthelu, ancien lieut.-colonel d'infanterie et lieut. pour le Roi au gouv^t de la ville de Metz.

ROTHÉ DE MARAY DE LASALLE GABRIEL, lieut. au rég^t royal infanterie, dem^t à l'ancienne salle des mathématiques au pavillon de la H^te-Seille, fils de Gabriel, major au même rég^t, chev. de St-Louis, et d'Anne Burantin; † à 14 ans, par. St-Simplice 23 févr. 1742 : à son enterrement, Pierre de la Blignière, chev. de St-Louis, command^t le 3e bataillon du rég^t royal; Henry-Louis de Peugné, chev. de St-Louis, cap. des grenadiers, et J^ques de la Coste, chev. de St-Louis, cap. : tous deux au rég^t du défunt.

ROTTIER D'ENNEVILLE URBAIN-F^ois, secrétaire de M^r le chev. de Tresseman, inspecteur gén^l d'infanterie, eut de Catherine *Derlon*, son épouse, J^n-Paul, par. St-Gorgon 28 nov. 1715.

ROUAIGUE (DE) SUZANNE. V. Trouville.

ROUAULT, *alias* ROUAUT. I. GEORGES-ROBERT, m^is d'Assy, b^on d'Ogévillers, chev., cap. d'une compagnie d'ouvriers au corps royal artillerie, † à 82 ans, par. St-Marcel 12 nov. 1757.

II. J^ques-LOUIS, frère du préc., m^is de Gammache, c^te de Puttelange, épousa Charlotte *de Silly*, alias de *Sailly*, † v^ve de lui, par. St-Maximin 22 mars 1739 : à son enterrement, J^ques Couët, sgr de Lorry et Marsilly en partie, son cousin germain; F^ois de Navarre, archidiacre et chan. de la cathédrale de Metz, conseiller au parl^t et vicaire gén^l de Marseille. — De leur mariage naquit Christine-Louise, mariée à Claude-Henry de Tschoudy.

III. N^as-JOACHIM, c^te d'Arnet, épousa Élisabeth-Denise *Paintaire*, † v^ve de lui, par. St-Maximin 1er févr. 1758, à 73 ans. De leur mariage était né *Louis-Denis*, qui suit.

IV. LOUIS-DENIS, fils du préc., chev., m^is d'Assy, c^te d'Arnet, cap. de cavalerie, eut d'Anne-M^ie-Thérèse *du Bénéfice de Mortagne*, son épouse, par. St-Etienne-le-Dépenné :

1. Louis-Alexandre, † à 5 ans, 28 juin 1752.
2. Christine-L^se, 2 nov. 1750 : p. Georges-Robert Rouaut, ci-dessus ; m. Christine-Louise Rouaut, épouse de Claude-Henry de Tschoudy.
3. Charlotte-Christine-Élisabeth-Thérèse, 2 nov. 1751 : p. Claude-N^as du Bénéfice de Mortagne, éc., gentilhomme et officier des cadets du Roi de Pologne, son g^d père ; m. Elisabeth-Denise Paintaire, sa g^d mère. — Elle mourut 5 sept. suiv.
4. Ange, 13 mai 1755 : p. Ange du Teil, cap. au rég^t royal artillerie, représenté par J^n-Ange-Antoine du Teil, son fils ; m. Ursule Lhuillier de Spitzemberg, épouse du parrain, représentée par Mlle-Anne-Catherine-Elisabeth du Teil, sa fille.

V. Guy, éc., sgr de la Bonnerie, officier dans la milice de Normandie au bataillon de Mortagne, † à 20 ans, par. St-Jean de la Citadelle 13 juin 1742.

VI. Christophe. V. d'Arros III.

VII. Ignace-Georges-Robert. V. Odet de Ryantz.

ROUBIS Jean, substitut du procureur gén^l au parl^t, épousa Barbe *Bachelard*, † à 69 ans, par. Ste-Croix 4 févr. 1781. De leur mariage étaient nés :
1. P^re-N^as-Jean, par. St-Victor 25 févr. 1735.
2. Jeanne, mariée à J^n-Louis Bernard.

ROUCEL, c/fr ROUSSEL. I. Pierson, R. P. R., fut père d'Ambroise, 2 avril 1564.

II. Abraham-F^ois. V. de Gournay de Gallois II, 2.

III. Élisabeth. V. Goujon.

IV. Nicole. V. de Berrard.

V. Salomée. V. Olry XVIII.

ROUCEL (le). I. Henry, R. P. R., fut père de Melchisédech, 1er sept. 1564.

II. Gérard, R. P. R., dem^t à Marly, fut père de Paul, 4 févr. 1579.

III. Georges, R. P. R., eut de M^te N***, son épouse :
1. Suzanne, 25 août 1585.

2. Étienne, 9 nov. 1586.

IV. François eut de M^te *Roblert*, son épouse, Marguerite, par. St-Martin 23 mars 1646.

ROUCEL (de)^(1). I. Philippe, sgr d'Aubigny, Vernéville, etc., fils de Warin, sgr d'Aubigny, Vernéville, etc., et d'Anne de Gournay, [† à Nancy 16 sept. 1583, à 52 ans, inhumé aux Célestins à Metz. Msc. Epit.] Il avait épousé Madeleine *de Chahanay*, fille d'Antoine de Chahanay, sgr de St-Mard, et d'Aliénor de Dommartin, [laquelle mourut à 59 ans, 30 mars 1600. Msc. Epit.] De leur mariage naquirent :
1. *Jean*, par. St-Martin 22 nov. 1568 : p. Mr de Theval, gouverneur de la ville, et Mr de Vadoncourt, gouverneur de la citadelle ; m. N***, épouse du s^r Blanchet, cap. à la porte des Allemands. — Lequel suivra.
2. *Nicolas*, ibid. en 1570 ; lequel suit.
3. Philippe, ibid. 16 juil. 1572.
4. François, ibid. 28 déc. 1573 ; † 19 avril suiv., inhumé aux Célestins.
5. Regnault, ibid. 26 janv. 1576 ; † 17 avril suiv.
6. Antoine, ibid. 23 avril 1577 ; sgr de Vany, Champel, etc., chan. et princier de la cathédrale, † 5 févr. 1613.
7. Marguerite, ibid. 21 août 1578 ; les parents demeurent rue du Neufbourg.
8. François, ibid. 25 avril 1580 ; chev. de Malte, commandeur de Marbotte, sgr de Cheuby, Marsilly, etc., † 26 déc. 1636.
9. Anne, mariée à Adam de Custines.
10. Madeleine, [mariée à N^as des Armoises, sgr de Jaulny, Aix et Lixières].
11. Anne, chan^esse de Ste-Marie, † 1er nov. 1625.

II. Nicolas, fils du préc., sgr de Vernéville, Vany, Fléville, Lixières-en-Woëwre, conseiller d'Etat de S. A. de Lorraine, † par. St-Martin 6 avril 1656, « après avoir fait son jubilé », inhumé aux Célestins. Il avait épousé : 1° [18 août 1597, Catherine-Antoinette *de Savigny*, fille de Wary de Savigny, sgr de Leymont, Chardogne, etc., bailly et gouverneur de Bar, et d'An-

(1) Les détails entre [ ] et sans indication de source sont tirés de *Metz ancien*, par le b^on d'Hannoncelles.

toinette de Florainville], [laquelle mourut à 35 ans et 9 mois, sans enfants, 2 juin 1616, et fut inhumée aux Célestins. Msc. Epit.]; 2° Ide *de Manteville*, fille de N^as de Manteville, sgr du dit lieu et de Villers-le-Rond, originaire d'Angleterre, et de Catherine de Housse, laquelle mourut à 81 ans, par. St-Martin 11 août 1668, et fut inhumée aux Célestins. Du second mariage naquirent par. Ste-Martin :

1. Françoise, 23 nov. 1620; mariée à J^n-Louis d'Affricq.
2. Henry, 24 mars 1624 : p. S. A. de Lorraine Henry II, représenté par J^n-Philippe de Roucel, sgr d'Aubigny; m. la princesse de Phalsbourg Henriette de Lorraine, représentée par Madeleine de Gournay, dame de la Trillière.
3. Théodore, 1er août 1627 : p. Girard de Scharfenbourg, justicier des nobles au duché de Luxembourg, représenté par Henry de Haraucourt, chan. et chancelier de la cathédrale; m. Claude de Haraucourt, abbesse de Ste-Marie. — Il mourut par. St-Martin 13 déc. 1702 et fut inhumé aux Célestins : à son enterrement, Humbert de Diespach de Belle-Roche, officier au rég^t des gardes suisses, son petit-neveu et héritier.

III. JEAN, frère du préc., sgr d'Aubigny, Pouilly et Peltre, † par. St-Martin 14 oct. 1611. Il avait épousé, [à Vaudrevange 14 mars 1587], Anne *de Warsberg*, fille de Jean b^on de Warsberg et d'Anne de Faust, [laquelle mourut à 45 ans, 10 mars 1625, et fut enterrée à l'Ave Maria. De leur mariage naquirent 5 enfants Msc. Epit.], dont les trois suivants, par. St-Martin :

1. Anne-Madeleine, 23 janv. 1601.
2. J^n-*Philippe*, 30 déc. 1601 : p. Samson de Warsberg, et N^as de Roucel, oncle de l'enfant; m. Anne de Roucel, épouse de Custines. — Lequel suit.
3. Ursule, 14 nov. 1606.

IV. J^n-PHILIPPE, fils du préc., [sgr d'Aubigny, Vandeléville, Fléville, Lixières et Peltre, † en son château de Fléville 3 sept. 1672, à 70 ans, inhumé dans l'église de Lixières. Msc. Epit.]. Il avait épousé Barbe-Judith *de Gournay*, † par.

St-Martin 22 janv. 1680. De leur mariage étaient nés ibid. :

1. Ursule-Claude, [en 1631]; mariée à Antoine-Philippe de Custines.
2. François, [vivant en 1635 et 1650].
3. Louis-Philippe, 12 sept. 1633.
4. Henry-Gabriel, 1er févr. 1637 : p. Henry de Gournay; m. F^oise de Roucel.
5. Françoise, [chan^esse et doyenne du chapitre de Bouxières, † en 1716, à 78 ans].
6. *Goeric-J^n-N^as*, 26 janv. 1639 : p. J^n-J^ques de Gournay, b^on de Secourt; m. Nicole de Gournay, dame de Remiremont. — Lequel suit.
7. J^n-Philippe, 26 oct. 1640.
8. Anne; les cérémonies du baptême lui furent suppléées 6 avril 1648 : p. Ch^les-Antoine de Custines, chan. de la cathédrale; m. F^oise de Lenoncourt, abbesse de Ste-Glossinde.
9. Louise, † par. St-Victor 7 mai 1704, inhumée à l'abbaye de Ste-Marie.

V. GOERIC-J^N-N^AS, fils du préc., sgr d'Aubigny, Vandeléville, Fléville, Baudeville et Lixières, † par. St-Martin 5 févr. 1701, inhumé à Fléville. Il avait épousé 1° Anne *de Vignacourt*; 2° par. St-Victor 15 févr. 1690, Anne-Catherine *de Beauvau*, fille de Henry m^is de Beauvau, et de Catherine de Haraucourt. Du premier mariage naquirent :

1. Antoinette-Catherine, par. St-Martin 19 mars 1676.
2. Gabrielle, mariée à Léonard-Claude c^te de Briey, b^on de Landres.
3. Pierre, [tué en 1706 à la bataille de Ramillies, étant brigadier des armées du Roi : il fut le dernier de son nom].

VI. LOUISE, chan^esse de Ste-Glossinde, fut marraine par. St-Gengoulph 2 sept. 1678.

ROUCHEROLLE DE HEUGNÉVLLE (DE). V. de Roncheval de Heuqueville.

ROUCOUR. I. JEAN, secrétaire particulier de M^r le Goullon de Champel, procureur gén^l au parl^t, † par. St-Gorgon 5 oct. 1734, à 61 ans. Il avait épousé : 1° F^oise *Modéra*; 2° M^ie *Baucour*. Du premier mariage naquirent :

1. Charles, vicaire de St-Marcel, qui bénit le mariage de son frère.
2. Jn-Pierre, qui suit.

II. JEAN-PIERRE, fils du préc., avocat au parlt, syndic royal procureur du Roi en l'hôtel commun de Metz, puis dir. du théâtre et membre de l'académie royale, † par. St-Victor 3 déc. 1764, à 52 ans. Il avait épousé, par. St-Gorgon 5 févr. 1737, Madeleine *Arnould*, fille de Jn Arnould, fourbisseur.

ROUCY (DE). I. JEAN-HENRY, cte, sgr d'Hémestroff, eut de Mie-Foise *de la Roche-Girault*, son épouse, par. St-Martin 17 janv. 1789, Alexandrine-Charlotte : p. Jacques-Fois, chev., cte de la Roche-Girault, maréchal des camps et armées du Roi, aïeul mat.; m. Charlotte de Forget de Barst, cesse douairière de Roucy, aïeule pat.

II. BON. V. de Barisy.

ROUE (DE LA) Mie-CATHERINE-VICTOIRE. V. de Gravenreuth.

ROUELLE LOUIS-CORNEILLE, officier au régt provincial de Nancy, fils des † Jean-Fois, ancien conseiller de S. M. le Roi de Pologne et son procureur au siège de St-Avold, et Catherine Nesseler; † à 54 ans, par. Ste-Croix 30 sept. 1781 : à son enterrement, Jn Rouelle, ancien médecin du Roi, son parent. Il avait épousé, ibid. 1er mars 1774, Barbe-Madeleine *Guerrier*.

ROUFFAUX, alias ROUFFEAUX. I. BARBE. V. des Jacques de Plombois.

II. ANNE, sœur de la préc. V. Mayeur II.

ROUGE (LE) ANNE, fille de Jacques, lieut. du prévôt des bandes, fut marraine d'une cloche, fondue pour Dornot, et bénite par. St-Simplice 13 mai 1693.

ROUGÉ-DUPLESSIS-BELLIÈRE (DE) INNOCENTE-CATHERINE. V. Foucquet I, 7.

ROUILLARDIÈRE (LA) JOSEPH, fils de N***, cap. d'une compagnie d'ordonnance, † par. St-Marcel 27 août 1678, à 5 mois.

ROUILLON Fois-ÉTIENNE, conseiller au parlt, fils de Jn-Bte, receveur des finances à St-Mihiel, et de Jne le Rosle, épousa, par. St-Maximin 1er juil. 1788, Mie-Madeleine *Sthème*, âgée de 16 ans et demi.

ROUIN (DE) CHARLOTTE. V. de Salse V.

ROUIN DE ROGÉVILLE (DE), alias ROUYN, ANTOINE, chev., sgr de Lille et de Vassincourt, cap. d'infanterie au régt de Deux-Ponts infanterie, chev. de St-Louis, épousa Mie-Pauline *du Pasquier de Dommartin*, † rue des Parmentiers, par. St-Martin 21 juil. 1774, inhumée par. St-Simplice. De leur mariage était née Béatrix-Pauline, mariée à Louis-Mie Fleutot de Domgermain.

ROUJOUX FRANÇOIS. V. Harquel.

ROUJOUX (DE) INNOCENTE. V. de Mellin.

ROULIÈRE (DE LA) N***, de Lyon, lieut. au régt de Navarre, † par. St-Gorgon 18 sept. 1733.

ROULINIÈRE (DE LA) N***, commissaire d'artillerie, † par. St-Simplice 2 févr. 1673.

ROULLAINS CHARLES, chev., sgr de Boisseville, cap. au régt d'Artois, † rue des Madeleines, par. St-Martin 20 mai 1762 : à son enterrement, Augustin Desarneaux de la Chapelle, chan. de St-Thiébaut et pensionnaire du Roi, son cousin ; Fois Andry, doyen, et Jn-Fois Picard, chan., de St-Thiébaut.

ROUOT (DE), cfr ROUAUT, LOUIS-DENIS, chev., avocat au parlt de Nancy, veuf de Julie *Boudin d'Antenay*; † par. St-Eucaire 1er sept. 1785, à 32 ans : à son enterrement, Ladislas Rouot de Marange, éc., sgr de Chillon, ancien officier de hussards, son frère ; Jn-Fois-Louis Pierre, conseiller au bailliage.

ROUPPEURT, alias ROUPPERT. I. JEAN, conseiller-échevin de l'hôtel de ville, † par. St-Maximin 28 févr. 1730, à 66 ans.

II. Divers.
1. ÉLISABETH. V. Chevillette.
2. ÉLISABETH. V. de Magny IV.
3. ÉLISABETH. V. Remy.
4. ESTHER. V. Roux.

5. SUZANNE. V. Georges I.

ROUSSAYE (DE) MICHEL. V. Fabert III, 13.

ROUSSEAU. I. N***, sgr des Bordes, trés. extraordinaire des guerres au dép^t de Luxembourg, eut de M^{ie}-M^{te} *Mollet*, son épouse, par. St-Simplice 22 avril 1693, un fils N*** : p. Philippe-Évrard-Bavière, prince de Morbach et Lure, c^{te} de Lœwenstein, Wertheim, Rochefort, Montaigu, etc., abbé de Gorze, g^d doyen de Strasbourg ; m. M^{ie}-Thérèse de Brisacier de Boudeville-Malortye.

II. FRANÇOIS, avocat au parl^t, puis receveur gén^l des domaines et forêts du Roi en la généralité de Metz, [† 31 janv. 1727, à 72 ans, inhumé aux Prêcheresses. Msc Epit.]. Il avait épousé Élisabeth *Houbault*, † à 65 ans, par. St-Martin 28 déc. 1724.

III. JÉROME, conseiller du Roi, contrôleur contre-garde de la monnaie, commissaire et contrôleur des saisies réelles au parl^t, † par. St-Simplice 17 juil. 1751, à 82 ans. Il avait épousé M^{ie}-Madeleine *Troiseu*, † ibid. 11 déc. 1761, à 91 ans.

ROUSSEAUX. I. ÉLISABETH. V. Persode VIII.

II. CHARLOTTE. V. de Schwartzhausen.

ROUSSEL. I. JACQUES, procureur au parl^t, † par. St-Victor 16 févr. 1682. Il avait épousé Barbe *Gillot*, † ibid. 25 avril 1695. De leur mariage étaient nés :
1. [François, à Toul, 8 sept. 1640.
2. Jeanne, ibid. 27 août 1642.
3. *Jacques*, ibid. 26 août 1644; lequel suit.
4. Charles-F^{ois}, qui vivait encore en 1695].

II. JACQUES, fils du préc., conseiller au bailliage, † par. Ste-Croix 11 mars 1728. Il avait épousé : 1° par. St-Victor 14 juin 1672, M^{te} *Bruillard*, † ibid. 30 déc. suiv.; 2° ibid. 8 févr. 1683, M^{ie} *Godefroy*, † par. Ste-Croix 30 juin 1740. Du second mariage étaient nés :
1. Jⁿ-Baptiste, par. St-Victor 1er oct. 1684; il fut avocat au parl^t.
2. Pierre, ibid. 27 juil. 1686.
3. Marguerite, ibid. 16 oct. 1687.
4. Michel, ibid. 15 nov. 1692.

5. Catherine-Joséphine, par. St-Gorgon 16 oct. 1696; mariée à Antoine Josse.
6. Élisabeth-Rose, par. St-Victor 15 oct. 1698; † par. Ste-Croix 26 juin 1776.

III. ABRAHAM, eut de M^{ie} *Marchand*, son épouse :
1. *Jean*, qui suit.
2. M^{ie}-Anne, † à 52 ans, par. St-Simplice 16 juin 1746 : à son enterrement, N^{as} Marchand, curé de St-Gorgon, et F^{ois} Marchand, bourgeois, ses cousins-germains mat.

IV. JEAN, fils du préc., ancien conseiller-échevin de l'hôtel de ville, doyen des conseillers du Roi notaires royaux, † par. St-Victor 14 janv. 1768, à 73 ans : à son enterrement, son neveu Jⁿ-André Régnier, conseiller auditeur à la chambre des comptes du parl^t. — Il avait épousé, par. St-Simplice 13 déc. 1722, Madeleine *Grandjean*, † ibid. 26 avril 1736, à 38 ans. De leur mariage étaient nés par. St-Victor :
1. Élisabeth, mariée à J^{ph} Demange.
2. Marie, † à 6 ans 1/2, 4 oct. 1732.
3. F^{ois}-Abraham, 8 févr. 1728.
4. Jⁿ-Pierre, 20 juil. 1730.

V. Divers.
1. CATHERINE. V. Malherbe II.
2. MARGUERITE. V. Vintimillio.
3. SALOMÉE. V. Rouyer.
4. SUZANNE. V. de Combles IV, 4.

ROUSSELETI. I. CLAUDE, [chan. et g^d chantre de la cathédrale, † 3 janv. 1577. Msc. Epit.].

II. DOMINIQUE, g^d coûtre de la cathédrale, † 7 oct. 1577. Ibid.]

III. ANTOINE, [de Pont-à-Mousson, prótonotaire apostolique, chancelier et chan. de la cathédrale, official gén^l de l'Évêché, † 1er oct. 1623. Ibid.]

ROUSSELOT. I. Louis, † par. St-Simplice 22 mars 1679. [Il avait épousé Jeanne *la Roche*, † 19 mai 1672, inhumée à St-Martin. Msc. Epit.].

II. Jⁿ-BAPTISTE, fils du préc., [curé de Semécourt, † par. St-Gengoulph 4 févr. 1694. Ibid.]

III. François, [curé de St-Gengoulph, † 23 déc. 1695, inhumé en son église. Ibid.].
IV. Madeleine, [† par. St-Simplice 9 janv. 1683. Ibid.]
V. Marie, [† 2 avril 1685, inhumée aux Ursulines. Ibid.]
VI. Barbe, [† 24 janv. 1706, inhumée aux Ursulines. Ibid.]
VII. Anne, [† 8 déc. 1719, inhumée aux Ursulines. Ibid.]
VIII. Barbe. V. Bague.
IX. Françoise. V. Crespin II.
X. Madeleine. V. Beaudesson XXVI.
XI. M^{te}-Barbe et Didier-N^{as}. V. Marc IV, 3.

ROUSSELOT de HÉDIVAL Barbe-Sibille. V. de Blockande.

ROUSSY (de) Judith. V. de Saint-Just.

ROUTTE (de la) Christophe. V. Rollet II.

ROUVILLE (de) Henry-Hasfart. V. de Regueleyne.

ROUVRAY (de) Pierre, cap. au bataillon d'Argentan, milice de Normandie, † par. St-Simon 30 août 1742 : à son enterrement, Aprix de Bonnier, cap. command^t; J^{ques} le Masson, cap.; le chev. de Beaurepaire, aide-major : tous trois au même bataillon.

ROUVRE (de) Jⁿ-Nicolas, avocat en parl^t, m^e particulier des eaux et forêts, eut de M^{te} *de Norroy*, son épouse, par. St-Martin 7 mai 1696, F^{oise}-Marguerite.

ROUVROYE (de la), *alias* de la ROUVRAYE, Alexandre-Simon, éc., cap. au rég^t de Languedoc infanterie, eut de F^{oise}-Thérèse *Ravelly*, son épouse, par. St-Simplice :
1. Élisabeth-M^{te}, 24 janv. 1713.
2. Charlotte-Apolline, 9 févr. 1717 : p. Renaud Thorel, avocat au parl^t; m. Charlotte Clément, épouse de Louis Guichard.
3. F^{oise}-Thérèse, 22 déc. 1718.
4. Louis-Alexis, 18 juil. 1721.
5. Charlotte-Élisabeth, 13 juil. 1724 : p. J^{ques}-Philippe de Hethout, éc., sgr chev. du Saussay, lieut. au rég^t d'Orléans cavalerie ; m. Charlotte-Élisabeth Ravelly.

ROUX. I. Jean, R. P. R., avocat en parl^t, aman, fils de Pierre, m^d, épousa : 1° 30 déc. 1646, Esther *Rouppeurt*, fille de Paul, m^d; 2° étant âgé de 56 ans, 12 sept. 1674, Suzanne *Montaigu*, âgée de 46 ans, v^{ve} de Daniel Hennequin, m^d chaussetier, — Du premier mariage naquirent :
1. David, 11 oct. 1650.
2. Pierre, 18 mai 1652.
3. Élisabeth, 9 août 1653.
4. Paul, 20 juil. 1655.
5. Isaac, 14 févr. 1657.
6. Jeanne, 3 mai 1658.
7. Jean, 5 nov. 1660.

II. Jean, curé de St-Eucaire pendant 50 ans, archiprêtre de Metz pendant 20 ans, † 18 avril 1681, à 79 ans.

ROUX (de). I. Jacques, R. P. R., éc., maréchal-des-logis d'une compagnie de dragons, fils de † Jⁿ, éc., dem^t à Meruyes, diocèse de Nîmes, épousa, étant âgé de 26 ans, 25 avril 1685, Esther *Lours*, âgée de 35 ans, v^{ve} de Marc-Antoine Daudet, bourgeois de Metz.

II. F^{ois}-Victor-César-Auguste. V. d'Huart II, 10.

ROUX (le). I. Adam, R. P. R., un des magistrats de la ville, épousa Judith *Jacobé*, † à 58 ans, 7 oct. 1680. De leur mariage naquit Suzanne, mariée à Paul Danoue.

II. Pierre, né à St-Didier en Auvergne, † par. St-Eucaire 5 avril 1691, à 25 ans.

III. Gilles, sgr de Xanrey, lieut.-colonel au rég^t de Mélar cavalerie, eut un fils N***, par. Ste-Croix 22 janv. 1690.

IV. Jⁿ-Edme-P^{re}, chev. de St-Louis, sgr et patron de Ricarville et du Feugueray, cap. au rég^t d'Orléans dragons, fils d'Edme-Claude-P^{re}, s^r de la Vallée et d'Épinay, et de M^{ie}-Anne Denise, de Neufchâtel en Normandie, épousa, étant âgé de 38 ans, par. St-Martin 17 févr. 1767, Anne-M^{ie} *Champion* : le mariage fut célébré aux Madeleines.

V. Nicolas, [prêtre du diocèse de Laon, bachelier en théologie de la faculté de Paris, chan. de la cathédrale, vicaire gén¹ de Mgr l'Évêque de Metz, † à 79 ans, 31 oct. 1689, inhumé à l'église de la Présentation de Notre-Dame. Msc. Epit.]

VI. Laurette-Thérèse. V. Vaillant II.

ROUX (le) dit DUBOIS Jacques et Marguerite. V. de Pagny II.

ROUX de RANCÉ (le) Marie-Foise. V. de Bombelles III.

ROUX de RONGEVILLE (le) Jn-Baptiste, eut d'Anne-Lse *Fauvaux de Bermont*, son épouse, par. St-Martin 25 juin 1691, Louis, † par. St-Eucaire 17 août suiv.

ROUYER, *cfr* ROYER. I. Jacques, R. P. R., dr en médecine, fils de † Domange, gruyer arpenteur gén¹ du comté de Salm, à Badonvillers, épousa, 21 févr. 1621, Salomée *Roussel*, fille de Mathis Roussel, md.

II. François, conseiller du Roi, son avocat au bailliage de Pont-à-Mousson, fils de † Nas-Fois, assesseur civil et criminel au dit bailliage, et de Jne-Foise Fabvrier, épousa, par. Ste-Ségolène 21 mai 1776, Anne *Dubreuil* : au mariage, Théodore-Fois Rouyer, lieut. particulier au bailliage de Verdun, oncle pat. du marié ; Claude-Fois Fabvrier, prieur de la commanderie de St-Antoine de Metz, oncle mat. du marié.

III. Nicolas, éc., demt à Norroy-lès-Metz, épousa, par. Ste-Croix 23 févr. 1653, Anne-Mte *de la Falaise*, vve de Nas Collesson.

IV. Christophe, bourgeois, rue du Wad-Billy, épousa Mte *Poiré*, † vve de lui, par. St-Simplice 8 janv. 1759, à 74 ans. De leur mariage naquirent :

1. Joseph, avocat en parlt, à l'enterrement de sa mère.
2. Dque-Christophe, qui suit.

V. Dque-Christophe, fils du préc., conseiller du Roi, greffier de la maîtrise royale des eaux et forêts, eut de Mie-Anne *Remy*, son épouse, par. St-Maximin :

1. Claude-Mie-Jeanne, 27 nov. 1765.
2. Hyacinthe, 3 janv. 1772 ; † 8 mars 1781.
3. Louis-Auguste, 31 août 1775.

VI. Marie. V. de Tailfumyr.

VII. Alexise. V. de Guise.

ROUYER de la COUR Fois-Théodore, frère de Fois Rouyer ci-dessus II, lieut. particulier au bailliage de Verdun, eut d'Anne-Mte *Jacquinot*, son épouse, par. Ste-Croix 15 janv. 1787, Anne-Mie-Catherine : p. Chles-Norbert Jacquinot, avocat en parlt, premier secrétaire des finances de M. le cte d'Artois, résidant à Paris ; m. Mie-Catherine Jacquinot, résidant à Pont-à-Mousson : tous deux représentés.

ROUYER (de) Émilie. V. Liabé (note).

ROUYN de ROGÉVILLE (de). V. de Rouin.

ROUZIÈRES (de). V. de Rozières.

ROVIOUX Françoise. V. du Gast.

ROWIEZ (de) Jne-Gertrude. V. Fillotte III.

ROY (le). I. Nicolas, maréchal des camps et armées de Sa Majesté, commandt au gouvt de Metz, † par. Ste-Croix 1er nov. 1689. Il avait épousé Geneviève *de Cisternay du Fay*, dont il eut Charlotte, mariée à Chles Mathis.

II. Jn-René, gentilhomme servant chez le Roi, eut de Foise-Pétronille *Regnault*, son épouse, par. St-Victor 27 août 1689, Anne-Foise : p. Nas le Roy ci-dessus ; m. Anne-Christine Lambert, vve de Claude-Fois Regnault.

III. Étienne-Honoré, éc., eut de Madeleine *Ricard*, son épouse, par. St-Simplice :

1. Mie-Madeleine-Jacqueline, 17 déc. 1697 : p. Jques-Étienne de Turgot, chev., sgr de Fourmont, conseiller du Roi en ses conseils, me des requêtes ordinaires de son hôtel, intendt de justice, police et finances des Évêchés, du duché de Luxembourg et du comté de Chiny et des frontières de Champagne ; m. Mie-Anne Dompmartin, épouse de Nas le Moyne, président à mortier au parlt.

2. J^(ques)-Étienne, 17 déc. 1698 : p. J^(ques)-Étienne de Turgot ci-dessus; m. Anne-Nicole de Belloy, épouse de J^(ques)-Antoine d'Alsace Hennin Liétard.
3. M^(ie)-Madeleine, 6 déc. 1699 : p. Claude de Thiard, c^(te) de Bissy, commandeur des ordres du Roi et lieut. gén^l en ses armées, command^t dans les Evêchés ; m. Claude-M^(ie) le Pelletier, épouse de M. de Turgot ci-dessus.
IV. DIDIER, [abbé de St-Symphorien, † 2 juin 1559, inhumé à l'église St-Sauveur. Msc. Epit.]
V. JACQUES. V. Vincent.
VI. LOUISE. V. de Cadelle de Grandmaison.
VII. MARGUERITE. V. Mayeur I, 1.

ROY DE BONSOL (DE) JEAN, né à Calviac en Guyenne, éc., chev. de St-Louis, cap. command^t des grenadiers au rég^t de Piémont en garnison à la citadelle, † par. St-Jean de la Citadelle 1^(er) mai 1785.

ROY-DUGUÉ (LE) ANNE-J^n-ANTOINE, chev., sgr des fiefs de la Valette et de Tardif situés dans le Clermontois, command^t en troisième l'école d'artillerie de Metz, eut de Catherine *Guérin*, son épouse :
1. F^(ois)-Hyacinthe, par. St-Marcel 20 janv. 1730 : p. Hyacinthe de Charbenace, s^r de Condé, éc., sgr de St-Pierre-Aigle, cap. au rég^t royal allemand ; m. M^(ie)-Catherine Guérin de Laulecour. — Il mourut 24 mars 1731.
2. Anne-F^(ois), représentant le parrain du préc.
3. Scholastique, représentant la marraine du même.
4. Françoise, ibid. 26 févr. 1731 : p. F^(ois) Maret de la Loge, sgr de Bronel, Balon, Lignay, etc.
5. Edme-F^(ois), marraine de la préc.
6. Henry-J^n-F^(ois), ibid. 28 avril 1732.
7. Anne-Alexise, ibid. 30 avril 1733.
8. Anne-M^(ie)-Alexise, par. St-Jean de la Citadelle 11 déc. 1734.
9. Anne-Gabriel-Hilaire, ibid. 16 janv. 1736.
10. Aimée-Émilie, † ibid. 25 mai 1742, à 22 ans et 8 mois.

ROY D'HERVAL (LE) JEAN-F^(ois), surnuméraire au rég^t royal artillerie, bataillon de Varèze, originaire de Versailles, † par. St-Marcel 4 mars 1740.

ROYDON FRANÇOIS. V. Martin II.

ROYE (DE) F^(ois)-LOUIS-ARMAND. V. de Moth de Blange.

ROYE DE LA ROCHEFOUCAULT (DE) FRÉDÉRIC-JÉROME. V. de la Roche III, 1.

ROYER. I. ADAM, R. P. R., fils de Claude, de Varennes, épousa, 29 juin 1598, M^(ie) *le Duchat,* dont il eut : 1° Elisabeth, mariée à Jean Grandjambe ; 2° Marie, mariée à Paul Grandjambe.
II. DOMINIQUE, eut d'Anne *Gilmée*, son épouse, J^(ne)-Marie, par. S^(te)-Croix 30 nov. 1710.
III. F^(ois)-HYACINTHE, éc., avocat au parl^t, fils de Dominique, éc., sgr du fief du poids de la ville de Toul, conseiller secrétaire du Roi maison et couronne de France, contrôleur à la chancellerie du parl^t, et de †.F^(oise) Vautrain, épousa, étant âgé de 28 ans, par. St-Simplice 13 déc. 1746, M^(ie)-F^(oise) *Thirion* : au mariage, Louis Louis, avocat au parl^t, beau-frère de l'époux ; J^n Cambray, licencié ès droits, vicaire de la par. St-Jean de Toul.
IV. MICHEL, † à 28 ans moins 10 jours, par. St Maximin 28 janv. 1785.
V. BALTHASAR, conseiller du Roi, m^e-échevin, eut un fils Balthasar, par. St-Livier 29 sept. 1613.
VI. BALTHASAR, chan. de la cathédrale, fut parrain par. St-Gorgon 11 juin 1623.
VII. JEAN, [noble, vicaire gén^l, † en 1664, inhumé à la cathédrale. Msc. Epit.]
VIII. Divers.
 1. ANNE. V. de Couët VII.
 2. CATHERINE. V. Dilange III.
 3. CATHERINE. V. d'Avrange.
 4. CLAIRE. V. Dauphin.
 5. DANYOT. V. de Bazoille II, 2.
 6. HENRY. V. de Barandiéry-Montmayeur.
 7. LÉA. V. le Goullon XIX et le Duchat XVII.
 8. MARIE. V. Grandjambe XVI et le Goullon IV.

9. Renée. V. Levert.

ROYER de BALNOT J^{ne}-Élisabeth. V. du Coëtlosquet II, 2.

ROYRAND (de) Ch^{les}-Aimé et Ch^{les}-Augustin. V. Joulard d'Iversay.

ROZIÈRES (de), *alias* de ROUZIÈRES *ou* de ROSIÈRES. I. Nicolas, † par. St-Maximin 8 janv. 1663 ; il avait épousé Philippe *Bartelle*, † ibid. 10 févr. 1662. De leur mariage étaient nés ibid. :

1. Jeanne, 25 déc. 1612 : p. N*** Guillermin, chan. de St-Sauveur ; m. Mme de Saint-Pierre.
2. Philippe, 30 nov. 1614 ; mariée à Claude Jullien.

II. Nicolas, conseiller au bailliage, † par. St-Maximin 11 déc. 1681. Il avait épousé, [1er oct. 1634], Pauline *Poutet*, † ibid. 30 mai 1686. De leur mariage naquirent :

1. Marguerite, par. Ste-Croix 10 sept. 1641 ; † 1er janv. 1675.
2. *Nicolas*, ibid. 19 janv. 1644 : p. N^{as} Martigny, chan. de la cathédrale et conseiller au bailliage ; m. Mahaut Rutant. — Lequel suit.
3. Louise, ibid. 22 janv. 1646 : p. F^{ois} Bruillard, avocat au parl^t ; m. Louise de Beau, épouse de Louis Maguin, conseiller au parl^t. — Elle fut mariée à Rodolphe de la Roche, puis à Elie de Lespinasse.
4. Henry-Raymond, par. St-Maximin 8 févr. 1648 : p. Henry - Raymond de Bonnefoy, g^d prévôt de la maréchaussée ; m. Anne du Choquay, épouse de Dieudonné des Rivets, gouverneur de Remiremont. — Il mourut ibid. 13 nov. 1668.
5. Claude-Philippe, ibid. 4 mars 1650.
6. Pauline, ibid. 23 juin 1652 : p. N^{as} Conrard, procureur au bailliage ; m. Pauline Lucquin, épouse de Philbert Estienne d'Augny. — Elle épousa J^{ph} de Saintignon.
7. Jeanne, ibid. 4 avril 1654.
8. Ursule, ibid. 20 juin 1655 : p. Louis de Raigecourt ; m. Ursule de Roucel d'Aubigny. — Elle fut mariée à Claude Thiriet.
9. M^{ie}-Bonne, ibid. 2 mai 1659 ; mariée à P^{re} Morel.
10. Claude, peut-être le même que Claude-Philippe ci-dessus, « jeune fils, » † par. Ste-Croix 7 déc. 1673.

III. Nicolas, fils du préc., procureur du Roi au bailliage, épousa, par. Ste-Croix 24 mai 1674, Thérèse-Nicole *Maillet*, âgée de 20 ans, fille de † Humbert Maillet, trés. gén^l de l'Évêché de Verdun, et de Claude Bouvier, laquelle mourut par. St-Gorgon 24 avril 1740, à 88 ans. De leur mariage naquirent :

1. Louis-Philippe, par. Ste-Croix 20 avril 1675.
2. M^{ie}-Louise, ibid. 27 févr. 1676 ; † 17 mai 1683.
3. Louis, ibid. 28 janv. 1677.
4. N^{as}-Jⁿ-Isidore, ibid. 8 oct. 1678.
5. Claude-Louis, ibid. 20 août 1679.
6. Marie, par. St-Maximin 7 août 1680.
7. Jacques, par. Ste-Croix 29 août 1682.
8. Henry, ibid. 27 sept. 1683.
9. Ch^{les}-Isidore, ibid. 21 sept. 1684 ; trés. au dép^t de Thionville, il épousa Claude-Thérèse-Cécile *de la Croix*, dont il eut, par. St-Gorgon 4 janv. 1715, Thérèse-J^{ne} : p. Jⁿ-B^{te} de la Croix, lieut.-colonel de cavalerie.
10. Henry-Rodolphe, ibid. 11 oct. 1685.
11. *Thomas-N^{as}*, ibid. 3 mars 1687 ; lequel suit.
12. Anne-Gabrielle, ibid. 4 janv. 1690.
13. Paul-Nicolas, ibid. 8 déc. 1690 ; † par. St-Gorgon 28 févr. 1707.
14. Élisabeth-Thérèse, ibid. 14 févr. 1692.
15. Louise, mariée à P^{re}-M^{ie}-Madeleine de Bréhan du Plessis.

IV. Thomas-N^{as}, fils du préc., chev., colonel d'infanterie, dir. des fortifications des Trois-Évêchés, chev. de St-Louis, † par. St-Victor 10 oct. 1770. A son enterrement, Marc-Antoine de Fière de Cinq Marc (?), brigadier des armées du Roi, chev. de St-Louis, ingénieur en chef ; Jⁿ-Armand de Blair, conseiller au parl^t ; Jⁿ-Louis Auberon, commissaire des guerres, dir. des fermes du Roi ; Joseph-P^{re}-Paul Jobal, command^t à la citadelle. — Il avait épousé Barbe *de Lara*, dont il eut :

1. Louise, marraine par. S.t-Eucaire 17 oct. 1747.
2. L.se-Barbe, † à 68 ans, par. S.t-Victor 23 nov. 1788, inhumée aux Sœurs Colettes.

V. Ch.les-Antoine, chev., sgr de Vezin, Bouillonville et Moucheron-le-Petit, eut de M.te *Maillet*, son épouse :
　1. M.ie-Charlotte, par. S.t-Martin 12 août 1681 : p. Guillaume de Sève, premier président; m. M.ie-Charlotte-L.se de Pellard de Givry.
　2. Louise-F.oise, par. S.t-Simplice 30 juil. 1691 : p. Mgr le m.is de Boufflers, colonel gén.l des dragons de France, gouverneur gén.l de Lorraine, commandeur des ordres du Roi, représenté par Claude Abel de Poilbois, major de Metz; m. M.me l'abbesse de S.t-Pierre.
　3. Françoise, marraine par. S.t-Simplice 9 oct. 1695.

VI. François, g.d aumônier de Mgr le cardinal-évêque, fut parrain par. S.t-Eucaire 21 déc. 1600.

VII. Jeanne fut marraine par. S.t-Simplice 9 août 1653.

VIII. Pierre, conseiller du m.e-échevin, fut parrain par. S.t-Maximin 8 juil. 1622.

IX. Benoit, lieut., eut de M.ie *Mathis*, son épouse, Benoît, par. S.t-Eucaire 17 mai 1670.

X. Louise, épouse de M.r Desbourguest, gouverneur de la citadelle, fut marraine par. S.t-Simplice 12 nov. 1657.

XI. François, fils de François et d'Anne Genot, † à 21 ans, par. S.t-Maximin 16 août 1733.

XII. Divers.
　1. Barbe. V. Huot de Grandcour III.
　2. Barbe-Nicole. V. de Barat de Boncourt.
　3. F.ois-de-Sales. V. de Rison.
　4. Françoise. V. du Blanchi.
　5. Jeanne. V. Thirion-Chavais.
　6. M.ie-Charlotte-Octavie et Ch.les-J.ph-Émile. V. de Wendel (note).
　7. M.ie-Joséphine-Alexandrine. V. d'Arros IV, 5.
　8. Paul-Louis-Antoine et L.se-Barbe. V. de Curel.

ROZVILLE Dominique. V. Leleu.

RUA de FONGATTE M.ie-J.n-Baptiste. V. de Gohin.

RUAUX Charles. V. d'Anglebert.

RUBENARD (de la) Jacques. V. de Haitze.

RUE (la) Anne-M.ie. V. du Verger.

RUE (de la) Clémence. V. de Longuevalle.

RUE des ROCHES (de la). I. J.n-B.te-Alexandre, conseiller du Roi, receveur particulier des finances à Briey, † à 67 ans, par. S.t-Victor 14 sept. 1783.

II. Alexandre-Louis. V. le Musnier de Moulineuf.

RUE de la VALLÉE (de la) Françoise. V. Thomas de Pange.

RUELLE (de la) Claude. V. de Montaigu III.

RULLAND. I. Sébastien, † par. S.t-Martin 15 mars 1638. Il avait épousé M.te *Foës*, † ibid. 20 févr. 1625. De leur mariage naquit *Gilles*, qui suit.

II. Gilles, fils du préc., receveur de la bullette, † par. S.t-Martin 21 févr. 1661, à 74 ans. Il avait épousé : 1° F.oise *Laurent*, † ibid. 11 nov. 1635; 2° ibid. 26 nov. 1636, Reine *Dilange*.

　Du premier mariage naquirent par. S.t-Martin :
　1. Laurette, 20 mai 1611 : p. J.n Foës, d.r ès-droits et chan. de la cathédrale; m. Claudon de la Vallée, épouse de N.as Maguin. — Elle est sans doute la même qu'Anne-Laurette, mariée à Mathias de Paulo, puis à Mathieu Jeoffroy.
　2. Françoise, 3 févr. 1614; mariée à F.ois le Labriet.
　3. Jacques, 13 janv. 1617.
　4. Marie, 29 mars 1618 : p. Bastien Rulland, chan. de la cathédrale; m. Antoinette Laurent, fille de J.n Laurent, échevin de la par. S.t-Martin.
　5. Jean, 7 mai 1621; † 3 juil. 1641.
　6. Anne, 27 janv. 1624.
　7. Marie, 30 juin 1627; mariée à Bernard Jeoffroy.

8. Jacques, 12 oct. 1629 : p. J^ques Rulland, chan. de la cathédrale ; m. Claudine Noirjean, épouse de J^n de Paulo, treize et conseiller en la justice de Metz.

Du second mariage naquirent ibid. :

9. Marguerite, 11 oct. 1638 : p. J^n Royer, chan. et g^d archidiacre de la cathédrale ; m. M^te Dilange, épouse du s^r de la Farge, cap. des portes. — Elle fut mariée à César Huyn.

10. *Jacques*, 20 avril 1640 : p. J^ques Martignon, chan. et trés. de la cathédrale ; m. Barbe Geoffroy, épouse d'Antoine Andry, treize. — Lequel suit.

III. JACQUES, fils du préc., sgr de Grignan, avocat au parl^t, † par. St-Victor 3 déc. 1726. Il avait épousé : 1° ibid. 12 avril 1663, J^ne *Geoffroy*, † par. St-Martin 14 janv. 1667 ; 2° Anne *Laurent*, † ibid. 21 déc. 1681, à 35 ans ; 3° par. Ste-Croix 26 avril 1683, Agnès *Marescot de Villeneuve*, † par. St-Martin 17 janv. 1716, à 74 ans.

Du premier mariage naquirent :

1. Nicolas, par. St-Victor 1er janv. 1664.
2. M^ie-Thérèse, par. St-Martin 29 mars 1666 : p. César Huyn, lieut. gén^l au bailliage de Vic ; m. M^te Dilange.

Du second mariage naquirent par. St-Martin :

3. *Claude*, 6 mars 1673 ; lequel suit.
4. Antoine, 5 sept. 1674.
5. Suzanne, 22 nov. 1675.
6. Jeanne, 4 juil. 1677.
7. Jacques, 9 août 1678.

Du troisième mariage naquirent :

8. Marie, par. St-Gengoulph 17 mars 1684 ; † par. St-Victor 20 déc. 1703, inhumée par. St-Martin.
9. L^se-Claude, par. Ste-Croix 6 sept. 1687 ; † par. St-Marcel 15 juil. suiv. Le père est cap. de la par. Ste-Ségolène.

IV. CLAUDE, fils du préc., avocat au parl^t, sgr de Jouy-aux-Arches, † par. St-Victor 16 janv. 1763. Il avait épousé, ibid. 21 mars 1695, Catherine *Geoffroy*, † ibid. 6 févr. 1727. De leur mariage naquirent ibid. :

1. Jacques, 20 mai 1696.

2. Catherine-Agnès, 17 nov. 1705 ; † 28 avril 1789.
3. Michel, 17 avril 1707 ; conseiller au parl^t, † par. St-Victor 7 sept. 1774, inhumé par. St-Martin. Il avait épousé, par. St-Victor 20 févr. 1759, J^ne-M^te *Vaillant*, † ibid. 5 déc. 1788, à 63 ans.
4. J^ques-Claude, 28 juil. 1713 ; chan. de la cathédrale, † 13 févr. 1783.
5. Nicolas, 1er juil. 1717.
6. M^ie-Nicole, mariée, à 29 ans, à J^n-Louis Caubet de Laussedat.

V. ANTOINE, boucher, † par. St-Martin 10 janv. 1652. Il avait épousé : 1° Catherine *Bayer* ; 2° F^oise *Haudebout*.

Du premier mariage naquirent par. St-Martin :

1. Dieudonné, 28 avril 1624.
2. Antoine, 24 mai 1626.
3. Étienne, 30 avril 1628.

Du second mariage naquirent ibid. :

4. Pierre, 26 déc. 1633.
5. Jean, 14 janv. 1637.
6. Lucie, 2 janv. 1639.
7. Barbe, 11 oct. 1641.

VI. NICOLAS, m^d boucher, † par. St-Martin 2 sept. 1667. Il épousa : 1° par. St-Martin 28 nov. 1626, F^oise *Vernier*, fille de Didier Vernier ; 2° M^te *Louvain* ; 3° M^te *Pleitte*.

Du premier mariage naquirent par. St-Martin :

1. Marguerite, 24 août 1628.
2. Françoise, 5 sept. 1632.
3. Gilles, 26 déc. 1633.
4. Lucie, 24 févr. 1636.
5. Françoise, 5 juil. 1637.
6. Bastien, 20 janv. 1639.

Du second mariage naquit ibid. :

7. Anne, 29 janv. 1649.

Du troisième mariage naquirent ibid. :

8. Marguerite, 12 juil. 1652.
9. Jean, 1er janv. 1656.
10. Jacques, 7 févr. 1658.

VII. TISSE, eut de J^ne *Hermant*, son épouse, par. St-Martin :

1. Laurette, 28 déc. 1633.
2. Didier, 27 févr. 1636.

VIII. Divers.
1. CLAUDINE. V. Pittelin.
2. JENNON. V. Suzonne III.
3. LAURETTE. V. Bague II.

RUMILLY (DE) ÉLISABETH. V. de Magny III.

RUMPLER Fois-ANTOINE-FIDÈLE, officier au régt de Salm-Salm, fils de Fois-Mathias, bourgmestre de Schlesstadt, et de Jne Véber, épousa, étant âgé de 24 ans, par. St-Maximin 4 janv. 1791, Louise *Poutet*, âgée de 18 ans : au mariage, Louis-Philippe-Paul de Marion, ancien officier au régt royal Bavière, oncle mat. de l'épouse ; Chles de Cheppe, ancien conseiller au parlt, son oncle mat. par alliance ; Philippe-Antoine d'Hunolstein, président du dépt de la Moselle.

RUPAIRE (DE) MARIE fut marraine par. St-Jean de la Citadelle en 1649.

RUPERT (DE), *cfr* ROUPPEURT, ANDRÉ, lieut., † par. St-Eucaire 29 avril 1690.

RUPPERT (DE) N***, † par. St-Jean de la Citadelle 26 mars 1657.

RUPT (DE), *cfr* DERUPT, MTE-CHARLOTTE. V. Chapuy.

RUSÉ, *cfr* RUZEZ, Mte-LOUISE. V. Thomas IV.

RUSQUE (DE) ANTOINETTE. V. Gerard d'Hannoncelles.

RUSTAING DE SAINT-JORRY. I. GUILLAUME, éc., conseiller secrétaire du Roi maison et couronne de France, contrôleur en la chancellerie du parlt, avait épousé Suzanne *Favonne de Layans*, † par. Ste-Croix 1er juin 1679. De leur mariage étaient nés :
1. *François*, qui suit.
2. Charles, † par. St-Gorgon 8 août 1668, à 15 ans.

II. FRANÇOIS, fils du préc., conseiller au parlt, eut de Mte *de Chabray*, son épouse :
1. Louis, par. St-Victor 11 janv. 1684; avocat au parlt.
2. Anne-Mte, ibid. 5 juil. 1687.

3. Anne-Charlotte, par. St-Georges 7 févr 1692 ; † en nourrice 19 sept. suiv.

RUSTAING DE SAINT-JORRY DE SAINT-JEAN. V. de Valentin.

RUTANT. I. BLAISE, R. P. R., passementier rue Vincentrue, me du poids de la ville, fils de Claude, md de St-Mihiel, épousa, 2 déc. 1605, Mie *Chappelot*, fille de Nas Chappelot, dont il eut :
1. Madeleine, 28 nov. 1610.
2. Daniel, 9 oct. 1615.
3. Marie, 17 oct. 1618.
4. Paul, 31 mai 1620.
5. Marie, 29 mai 1622.
6. Marie, 23 juil. 1628.
7. Pierre, 10 janv. 1630.
8. Suzanne, mariée à Samuel de Magny.

II. CLAUDE, R. P. R., drapier, fut père de :
1. Judith, 30 déc. 1616.
2. Marie, jumelle de la préc.
3. Jean, 24 mai 1618.
4. *Daniel*, 27 déc. 1620; lequel suit.
5. Abraham, 9 juin 1624.

III. DANIEL, R. P. R., fils du préc., épousa, 23 nov. 1642, Anne *de Bize*, dont il eut :
1. *Daniel*, 10 avril 1644; lequel suit.
2. Sara, 17 mai 1646.
3. Paul, 5 févr. 1649.
4. Abraham, 5 mai 1656.
5. Abraham, 10 juin 1658.
6. David, 22 déc. 1660.

IV. DANIEL, R. P. R., md drapier, † 23 déc. 1675. Il eut de Marie *Prodequin*, son épouse, Jean, † 12 juil. 1675.

V. CHARLES, éc., avocat au bailliage de St-Mihiel, † par. St-Gengoulph 13 mai 1682.

VI. NICOLAS, éc., fils de N***, lieut. géni au bailliage de St-Mihiel, de la par. St-Sébastien de Nancy, épousa, par. St-Victor 25 nov. 1668, Catherine *Caboche*, fille de Fois Caboche, conseiller d'État de S. A. de Lorraine.

VII. Jn-BAPTISTE, architecte de Mgr l'Évêque, épousa Barbe *Georgin*, † à 39 ans, par. St-Victor 5 juil. 1784, inhumée par. Ste-Ségolène.

VIII. Divers.
1. Anne-Mahaut. V. Maguin II.
2. Claude. V. de Bettainvillers.
3. Mahaut. V. de Rozières II, 2.
4. Marguerite. V. Bruillard III.
5. Marie. V. Praillon II, 7.
6. Sara. V. de Bize III.

RUTEAU (de) Guillaume-Anne, éc., sr de la Gommeraye, un des gendarmes du Roi, de la compagnie de Flandre, † par. Ste-Croix 18 mars 1688.

RUZEZ Pierre, fils de Pierre, chapelier, et de Louise Henriot, épousa, étant âgé de 24 ans, par. St-Simplice 14 avril 1704, Jne le Goullon.

RUZIER. I. Jean, conseiller de Mr le cte de Vied et de Bockange, inspecteur de ses comtés, épousa, par. St-Victor 25 avril 1695, Anne-Mie Gallois, vve d'Élisée de Villicy, de Faulquemont, dont il eut Jean-Fois, qui suit.

II. Jean-Fois, fils du préc., sgr en partie de Téting, Hesser, Servigny-lès-Raville, Frécourt, Moriville et Bonnevise, avocat du Roi au bailliage de Sarrelouis, puis conseiller au bailliage de Metz et secrétaire interprète du Roi, † par. St-Victor 12 sept. 1769, à 72 ans. Il avait épousé : 1° par. St-Victor 18 avril 1731, Mte-Thérèse Plicard; le mariage fut bénit par dom Sébastien Mourot, abbé de St-Avold, bénédictin; 2° par. St-Eucaire 30 janv. 1748, Anne-Mte de Renardy, † par. St-Victor 12 oct. 1771, à 73 ans. Du premier mariage étaient nés par. St-Victor :
1. Jn-François, 29 sept. 1736; † 21 juin 1751.
2. Anne-Catherine, 26 oct. 1739.
3. Jn-Nicolas, 6 oct. 1740; † 24 janv. 1745.
4. Anne, † à 12 ans, 4 juin 1749.
5. Charlotte, mariée à Chles-Fois Dupin.
6. Lse-Françoise, mariée à Bernard Lefebvre de Vulmont.

S

SABATEY (de) Louis, lieut. des grenadiers au régt de Touraine compagnie de Champ-Renard, fils d'Antoine et de Mlle Illy, natif d'Agen en Guyenne, † par. St-Livier 18 août 1773, à 40 ans.

SABOLLE (de) Louise. V. Duprat.

SABOT Sara. V. de Montigny XIX.

SABRAN (de) André. V. Mamiel V, 2.

SABREY (de) Nicolas-Maurice, † par. St-Victor 4 févr. 1636.

SAGE de TREFFORT (le) Chles-Dorothée, fils de Chles-Antoine, bourgeois de Lyon, et de Mte Guimet, épousa, étant âgé de 39 ans, par. St-Victor 6 févr. 1749, Antoinette Grinsart, âgée de 38 ans, fille de Jph Grinsart, md, et de Catherine Godfrin.

SAGET[1]. I. Joseph, chir.-major de l'hôpital militaire, † à 78 ans, par. St-Simon 7 août 1759. Il avait épousé Mie Delhalle, dont il eut :
1. Léopold-Jph, qui suit.
2. Mie-Anne, mariée à Victor Léquillant-Fortin.

II. Léopold-Jph, fils du préc., chir.-major de l'hôpital royal et militaire, † par. St-Simon 31 mars 1773, à 55 ans. Il avait épousé, ibid. 16 janv. 1747, Jne Régnier, † par. St-Marcel 24 oct. 1776. De leur mariage étaient nés par. St-Simon :
1. Jques-Léopold, 26 sept. 1747; † 14 oct. suiv.
2. Léopold-Jph, 13 oct. 1748; lequel suit.

[1] Les détails entre [ ] sont empruntés aux Notes de Mr le Président d'Hannoncelles.

3. Anne-M^ie-Victoire, 24 juil. 1750; † 29 oct. 1751.
4. M^ie-Agathe-F^oise-Reine, 6 janv. 1753; † par. St-Victor 8 févr. 1779, sans avoir été mariée.
5. J^n-André-Philippe-Léopold, 9 mars 1754; † par. St-Livier 20 suiv.
6. M^ie-Jeanne, 7 mars 1755.
7. *J^ph-Augustin*, 13 févr. 1757; lequel suivra.
8. J^n-André, 2 janv. 1759.
9. M^ie-Josèphe, 28 mars 1760; mariée à N^as de la Cour.
10. Élisabeth, 28 juil. 1761; † 20 déc. 1763.
11. Antoine-Ch^les-Placide, 5 oct. 1763 : p. Antoine Moreau de Véronne, licencié en théologie en l'université d'Avignon, chan. de la cathédrale de Metz; m. Claudine-Caroline de Mouché de Laubespin, chan^esse de St-Pierre : tous deux représentés. — [Il mourut à Saumur, où il servait dans un rég^t de dragons, 12 mars 1783.]
12. M^ie-Émilie, 6 mars 1765.
13. M^ie-Josèphine-Émilie, 26 oct. 1768; mariée, en 1789, à J^n Jacob.

III. LÉOPOLD-J^PH, fils du préc., ingénieur en chef du Roi pour les ponts et chaussées du dépt des Trois-Évêchés, auparavant à Verdun, épousa, par. St-Marcel 29 janv. 1788, J^ne *Lecomte*, dont il eut :
1. J^ne-F^oise-Euphrasie, par. St-Marcel 3 sept. 1790; [mariée à N*** Legriel, morte 9 juin 1815.
2. Célestine, mariée à Victor de Bry d'Arcy.
3. Honorine-Émilie, mariée au v^te de Pontbriant.
4. Philippe-Édouard, † à Nouilly 25 janv. 1869. ayant épousé Cornélie-F^oise *Espagne*].

IV. J^PH-AUGUSTIN, frère du préc., intéressé dans les affaires du Roi, épousa, par. St-Simon 14 févr. 1786, J^ne-F^oise *Munier*, dont il eut :
1. J^ne-M^ie-Joséphine-Émilie, par. St-Victor 15 janv. 1788 : p. Léopold-J^ph Saget, oncle; m. J^ne-Thérèse v^ve Daclin, dem^t à Besançon, représentée par M^ie-Joséphine-Émilie Saget.
2. J^n-B^te-D^que-Jules, par. St-Livier 6 sept. 1790.

V. J^N-BAPTISTE, m^e-menuisier, cy-devant dragon au rég^t royal, fils de † Antoine Saget et de M^ie-Joséphine Wibert, de la ville d'Avesnes, province de Hainaut, épousa : 1° par. St-Livier 21 nov. 1752, M^ie-Catherine *Libre*, âgée de 36 ans, v^ve de Ch^les Narret, m^e-menuisier, laquelle mourut ibid. 15 mai 1775; 2° ibid. 1er août suiv., M^ie *Belhat*, âgée de 32 ans, fille de Michel Belhat et de F^oise Maire. De ce second mariage naquirent ibid. :
1. J^n-Baptiste, 4 août 1776; † 25 juil. 1781.
2. Adrien, 30 déc. 1777; † 27 juil. suiv.
3. J^n-Baptiste, 19 avril 1780.
4. Nicolas, 1er mai 1782; † 18 suiv.

VI. PIERRE épousa, par. St-Martin 14 mai 1672, jour de dimanche, J^ne *Perceval*.

SAGEY (DE). I. CLAUDE-JUDITH-MICHEL, chev., sgr de Nascy, fils d'Antoine-Adrien, chev., sgr de Nascy au comté de Bourgogne, et de J^ne-F^oise de Cécile, épousa, par. St-Gorgon 10 févr. 1755, M^ie-M^te *d'Arros*. A ce mariage, J^n-B^te de Sagey, chev. de St-Louis, ancien cap. d'infanterie, oncle du marié; Ch^les-M^ie-J^ph du Prel, lieut.-colonel d'infanterie command^t le 2e bataillon du rég^t d'Enghien, chev. de Malte, oncle mat. du marié; Etienne-Louis Jobal, président à mortier, son oncle; André-Ch^les le Bachelé, conseiller au parl^t, cousin et curateur de la mariée; Ch^les le Vayer, conseiller d'honneur au parl^t, aussi cousin de la mariée. De ce mariage naquit Louis-Adrien-F^ois, chev. de l'ordre de Jérusalem; † par. St-Livier 7 mars 1780, à 15 ans et demi.

II. F^ois-XAVIER-JUDITH. V. d'Arros IV, 5.

SAGUEZ MARIE. V. Morel VI.

SAIGNES (DE) JEAN, cap.-enseigne à la porte des Allemands, fut père de :
1. Anne, par. St-Eucaire 15 févr. 1604 : p. Séverin de Marsollier, cap. à la porte des Allemands; m. Mme de Saint-Prin, et Catherine de Dorin, épouse du cap. de Bourneuf.
2. Jeanne, marraine ibid. 8 juil. 1604.

3. Brandelis, ibid. 1er août 1606 : p. Brandelis de Baumont, enseigne de Mr de Villadot, cap. des gardes du Roi ; m. Jne de Bourneuf.
4. Théodericque, ibid. 13 mars 1609 : p. Fois de Callestropade ; m. Théodericque Vignon.
5. Bernard, ibid. 24 nov. 1613 : p. Bernard mis de la Valette.

SAILLIÉ (DE) FRANÇOISE. V. de Mathelin.

SAILLIET. I. JN-BAPTISTE, conseiller du Roi, lieut. génl civil et criminel au bailliage de Clermont en Argonne, eut d'Élisabeth *le Moleur*, son épouse :
1. Antoine, par. St-Marcel 2 sept. 1682.
2. Claude, par. Ste-Ségolène 23 févr. 1688 ; † 11 oct. 1689.
3. Jn-Baptiste, par. St-Marcel 28 déc. 1694 ; lieut. à la table de marbre du parlt, [† en 1720].

II. Jn-Bte-FRANÇOIS, substitut du procureur génl, [né 4 nov. 1676] d'Ignace, avocat en parlt, et de Mie *alias* Catherine Fourrier, eut d'Anne *de Garaudé*, son épouse, par. St-Martin :
1. Mie-Anne, † à 21 ans, 24 mai 1724.
2. Madeleine-Foise, 2 oct. 1703.
3. François, 11 déc. 1704.
4. Jne-Marie, 21 déc. 1705 ; † par. St-Maximin 21 mars 1722, inhumée au cimetière de la Visitation.
5. Antoinette, 6 mai 1707.
6. Henriette, 23 janv. 1709 ; † 4 févr. 1720.
7. Nicole-Anne, 30 avril 1711.
8. Nicole-Catherine, 30 mars 1712.
9. Ignace, 26 juil. 1713 : p. Ignace Sailliet, éc., procureur du Roi en l'hôtel de ville de Verdun ; m. Ursule Jarsme, épouse de Me Garaudé, premier avocat du Roi au présidial de Verdun.
10. Marie, 5 sept. 1714.
11. Marie-Catherine, 26 déc. 1715.
12. Antoinette, 17 sept. 1718 ; † 21 suiv.
13. Ignace, 8 oct. 1720.

III. FRANÇOIS, [avocat au parlt, conseiller au bailliage de Verdun, † en août 1731].

IV. ANNE. V. Mignon.

SAILLY (DE). I. HENRIETTE-ROLANDE-Foise. V. de Bry d'Arcy III.
II. CHARLOTTE. V. Rouaut II.
III. CHARLOTTE-Foise-Lse. V. le Musnier de Moulineuf I, 4.

SAIMBUT (DE) CHARLES, sgr des Garennes, cy-devant lieut. au régt d'Orléans dragons, fils des † Charles et Mie-Madeleine Charlette, de Verneuil en Bourbonnais, épousa, par. Ste-Croix 28 oct. 1742, Barbe *Brouillier*, vve de Jph Toleret, de la par. de Varize.

SAINSÈRE JN-BAPTISTE, économe de l'hôpital auxiliaire militaire de Metz, fils de Jn-Bte et d'Anne Lagny, eut de Jne-Lse-Edène *Valcourt*, son épouse, par. St-Simon 31 juil. 1790, Jn-Bte-Auguste : p. Jn-Bte de Bar, chev. de St-Louis, major d'infanterie.

SAINT-AMAND (DE) PAUL. V. Sauvage de l'Isle de Sainte-Claire.

SAINT-AMANT (DE) Mie-JÉRÔME-TRISTAN. V. Mangin V.

SAINT-ANDRÉ (DE) JEAN, eut de Nicole N***, son épouse, Anne, par St-Martin 17 juil. 1606.

SAINT-ANTOINE (DE). V. du Rocheret I.

SAINT-ARCHANGE (DE). I. LOUIS-JPH, éc., sr de la Sainville et de Larvinelle, cap. en pied au régt du Maine infanterie, du diocèse d'Arras, épousa, par. St-Simplice 29 sept. 1720, Suzanne *de Bousse*, † ibid. 12 déc. 1721.
II. Mte-JEANNE. V. d'Hennessy.

SAINT-ARNOULD (DE) GEORGES. V. de Valette I, 2.

SAINT-AUBIN (DE), *ou* AUBIN. I. JACQUES, R. P. R., dr en médecine, épousa, 20 janv. 1585, Anne *Busselot*, fille de Pre Busselot, de laquelle il eut :
1. Pierre, 29 mai 1589.
2. Anne, 25 oct. 1591.
3. *Jacques*, 21 avril 1593 ; lequel suit.
4. Suzanne, 27 août 1595 ; mariée à Pre de Persode, puis à Paul le Bachelé.

5. Louise, mariée à Jⁿ François.

II. JACQUES, R. P. R., fils du préc., aman, conseiller du m^e-échevin, treize en 1632, épousa : 1° 5 août 1618, Esther *Collin*, fille de † Daniel Collin; 2° Suzanne *Dubois*.

Du premier mariage naquirent :
1. Jacques, 12 juil. 1619.
2. Esther, 25 mars 1626.
3. Suzanne, 31 mars 1632.
4. Jean, 22 sept. 1634.

Du second mariage naquirent :
5. Louis, 7 déc. 1642.
6. Suzanne, 10 janv. 1644.
7. Jean, 28 juil. 1645.
8. Marguerite, 4 sept. 1646.
9. Apollo, 27 août 1648.
10. Marguerite, † à 30 ans, 16 nov. 1680.

III. ANTOINE, R. P. R., fut père de :
1. Marie, mariée à Thomas Duchat : le père est dit de Saint-Aubin.
2. *Jean*, qui suit. Au mariage de Jean, le père est dit Aubin, et Jean est dit de Saint-Aubin.

IV. JEAN, R. P. R., fils du préc., diacre de l'église réformée, m^d en Fournirue, épousa, 17 mai 1589, Dorothée *Duchat*, dont il eut :
1. David, 29 mars 1592; lequel suivra X.
2. Marie, 5 août 1594.
3. Suzanne, 5 janv. 1597.
4. Dorothée, 15 nov. 1598 ; mariée à Jⁿ Coullez.
5. Esther, 2 févr. 1601 ; mariée à Didier de Mageron, puis à Ch^{les} de Lima, *alias* d'Elman.
6. Samuel, 27 oct. 1602; lequel suit. — Le père est dit de Saint-Aubin, après avoir été dit Aubin aux cinq baptêmes préc.
7. Moyse, 19 déc. 1604; lequel suivra. — Le père est dit Aubin, ainsi qu'aux deux baptêmes suiv.
8. Benjamin, 27 mai 1607.
9. Benjamin, 3 août 1608; sgr d'Antilly au mariage de Paul son neveu ci-dessous XII; † 19 nov. 1683.
10. Élisabeth, 21 sept. 1611; le père est dit de Saint-Aubin.

11. *Jean*, qui suivra VII.

V. SAMUEL, R. P. R., fils du préc., m^d, diacre de l'église réformée, épousa, 28 avril 1624, Suzanne *Moxet*, dont il eut :
1. Suzanne, 9 févr. 1625 ; le père est dit de Saint-Aubin, et le nom se continue dans la famille.
2. Samuel, 20 sept. 1626.
3. Anne, 18 juin 1628 ; mariée à Daniel Nolibois.
4. Louis, 27 janv. 1630.
5. Louise, 10 mars 1632.
6. Esther, 29 sept. 1633.
7. Samuel, 12 mars 1635.
8. Moyse, 29 avril 1636 ; † 4 déc. 1680.
9. Marie, 17 juil. 1638.
10. Élisabeth, 25 oct. 1639.

VI. MOYSE, R. P. R., frère du préc., m^d en Fournirue, épousa, 26 déc. 1627, Suzanne *Coullet*, dont il eut :
1. Marie, 16 févr. 1629.
2. Suzanne, 30 juin 1630.
3. Moyse, 21 avril 1632.

VII. JEAN, R. P. R., frère des deux préc., m^d, épousa : 1° 3 mai 1615, Esther *Braconnier* ; 2° 18 févr. 1624, Suzanne *le Goullon* ; 3° 20 sept. 1637, Anne *Petitjean*, v^{ve} de Paul Grandjambe.

Du premier mariage naquirent :
1. Esther, 23 août 1617 ; mariée à Henry de Chenevix.
2. Jean, 20 oct. 1619 ; lequel suit.

Du second mariage naquirent :
3. Jérémie, 3 nov. 1628.
4. Jérémie, 7 avril 1630.

Du troisième mariage naquirent :
5. Paul, 3 juin 1639.
6. Dorothée, 19 août 1640.
7. Samuel, 7 déc. 1641.

VIII. JEAN, R. P. R., fils du préc., sgr de Vaudreville, épousa : 1° 14 juin 1643, Anne *Grandjambe*, fille de Paul Grandjambe, bourgeois ; 2° 17 déc. 1656, Esther *Gauvain*.

Du premier mariage naquirent :
1. Suzanne, 23 déc. 1644 ; mariée à Jⁿ Jennet, ministre de Courcelles-Chaussy.

2. Anne, 2 déc. 1645.
3. *Paul*, 5 févr. 1647; lequel suit.
4. Pierre, 7 juin 1649.
5. Charles, 16 juin 1650; sgr de Vaudreville, † par. St-Eucaire 3 juin 1730.
6. Benjamin, 19 févr. 1652.
7. Alexandre, 19 juin 1653.
8. Louis, 10 août 1654.
   Du second mariage naquit :
9. Louis, 20 juil. 1657.

IX. PAUL, R. P. R., fils du préc., sgr de Cheminot, épousa, 5 juil. 1676, Suzanne *Philippe*, âgée de 16 ans, fille de Jérémie et de † Suzanne Petitjean, de laquelle il eut :
1. Jean, 7 mai 1677.
2. Anne, 1er sept. 1678; † par. St-Simplice 21 juin 1686.
3. Marguerite, 13 sept. 1679; mariée à J^n-Louis d'Allegrin.
4. Mathieu, 30 oct. 1680.
5. Paul, 13 oct. 1683; † 14 sept. suiv.
6. Anne, par. St-Simplice 21 juin 1686, les parents étant encore de la R. P. R.
7. Paul-Philippe, ibid. 20 juil. 1688 : p. Paul Chenevix de Storff, gén^l major des Vénitiens ; m. Philippe Arnould, épouse d'Antoine Praslin, procureur au présidial.
8. Catherine, ibid. 5 oct. 1689; mariée à Étienne Rollin, sgr d'Erstroff, cap. au rég^t de Picardie.
9. J^{ques}-Paul, ibid. 9 déc. 1691 : p. J^{ques} Michelet, chan. de St-Thiébaut ; m. M^{ie} Morel, v^{ve} de Daniel d'Ozanne, conseiller au parl^t.
10. Jacques, † par. St-Eucaire 24 mai 1696, à l'âge de 3 ans.
11. Suzanne, ibid. 22 mars 1698.

X. DAVID, R. P. R., g^d oncle du préc., sgr de Buy, m^d, secrétaire interprète du Roi en langue germanique, épousa : 1° 12 nov. 1617, Claude *Braconnier ;* 2° 21 avril 1624, J^{ne} *Pérignon ;* 3° 19 mai 1658, Sara *Dubois*, v^{ve} de Louis Joudreville, cap.
   Du premier mariage naquit :
1. Marie, 22 juil. 1620.
   Du second mariage naquirent :
2. David, 1er avril 1626.

3. Élisabeth, 10 mai 1630.
4. David, 23 avril 1633.
5. *Oudard*, 20 janv. 1635; lequel suit.
6. Jean, 22 févr. 1636.
7. Benjamin, 19 avril 1637.
8. Jeanne, 12 déc. 1638; mariée à J^{ques} de Pommert.
9. Paul, 22 nov. 1639.
10. Pierre, 2 mai 1643.
11. *Paul*, 10 mars 1646 ; lequel suivra.

XI. OUDARD ou ÉDOUARD, R. P. R., fils du préc., secrétaire du Roi interprète en langue germanique, † après avoir abjuré, par. St-Maximin 6 avril 1687. Il avait épousé, R. P. R. 9 juil. 1662, M^{ie} *Blaise*, dont il eut :
1. David, 8 juil. 1663.
2. Marie, 23 janv. 1665.
3. Louis, 28 avril 1668.
4. Oudard, 15 janv. 1670 : p. Auguste Blaise, lieut. de cavalerie. — Il mourut 25 mai 1671.
5. Paul, 23 mai 1671.
6. Daniel, 5 août 1672; † 19 suiv.
7. Jeanne, 29 mars 1674.
8. Judith, 2 mai 1675; † 3 sept. suiv.
9. Oudard, 3 déc. 1676.
10. Jean, 8 janv. 1678; éc., gentilhomme de la Chambre du Roi, secrétaire interprète en langue germanique, il eut d'Anne-M^{ie} *Fischer*, son épouse : 1° Anne-Élisabeth, par. St-Maximin 4 nov. 1700 : p. J^n-Antoine Muzac; m. Élisabeth le Bachelé, fille de Ch^{les} le Bachelé, médecin; 2° Henry, ibid. 5 oct. 1704.
11. Anne, 28 janv. 1680.

XII. PAUL, R. P. R., frère du préc., sgr de Coin et d'Arraincourt, épousa, 20 janv. 1669, M^{ie} *Malchar*, dont il eut :
1. Paul, 1er sept. 1675; † 5 oct. suiv.
2. *Benjamin*, 14 mars 1678; lequel suit.
3. Jeanne, 11 sept. 1679; † 8 déc. 1680.
4. Elisabeth, 3 déc. 1680.
5. Charles, 29 nov. 1682.
6. Louis, 20 juin 1684; † 12 août suiv.

XIII. BENJAMIN, fils du préc., officier au rég^t royal artillerie, puis cap. au rég^t de Thiange, sgr d'Arraincourt, Domange-

ville, etc., épousa, par. St-Gorgon 26 sept. 1707, Mlle *le Goullon*, † par. St-Gengoulph 24 juin 1757. De leur mariage naquirent :
1. M^{ie}-Henriette, † à 70 ans, par. St-Gengoulph 20 avril 1786.
2. *Paul-Louis*, à l'enterrement de la préc.; lequel suit.
3. *F^{ois}-Philippe*, lequel suivra.
4. Ursule-Catherine, mariée à Louis de Villicy de Tourville.
5. M^{ie}-Charlotte, mariée à Louis le Grand.
6. Marthe, mariée à N^{as}-J^{ph} le Grand.

XIV. PAUL-LOUIS, fils du préc., éc., commissaire d'artillerie, puis premier factionnaire au rég^t de Toul corps royal artillerie, enfin colonel d'artillerie, dem^t rue Mazelle, épousa, par. St-Martin 8 juil. 1749, Suzanne *Aubert*, dont il eut:
1. Barbe, par. St-Gengoulph 2 oct. 1750; mariée à F^{ois}-Sébastien-Augustin le Masson de Rancé de Frécourt.
2. L^{se}-Henriette-Nicole, ibid. 22 mars 1752; mariée à Eugène-Clément des Brochers des Loges.
3. Anne-Ch^{les}, par. St-Eucaire 30 mai 1753 : p. Jⁿ-Ch^{les} le Vayer, sgr de Sailly; m. M^{te} Couët du Vivier, fille de J^{ques} Couët du Vivier.
4. Élisabeth-Bonne, ibid. 25 févr. 1755; † de la contagion, ibid. 3 août 1783.
5. Catherine-Joséphine, ibid. 5 juil. 1756; mariée à Jⁿ-J^{ques}-Ch^{les} le Myre de Villers.
6. Louis-N^{as}, par. St-Maximin 29 oct. 1764.
7. Antoine-Louis-Henry, ibid. 17 déc. 1765; † 15 nov. 1775.
8. M^{ie}-Henriette, ibid. 14 août 1767 : p. J^{ques}-Henry chev. des Mazis, chev. de St-Louis, lieut.-colonel au corps royal artillerie.

XV. F^{ois}-PHILIPPE, frère du préc., éc., chev. de St-Louis, cap. au rég^t d'Alsace, † subitement par. St-Gengoulph 6 mai 1770. Il avait épousé, par. St-Martin 29 avril 1749, M^{te}-L^{se} *Aubert*, dont il eut :
1. Sébastien-Henry, par. St-Victor 17 déc. 1750.
2. Jⁿ-B^{te}-N^{as}-Louis, par. St-Gengoulph 2 déc. 1755.
3. F^{oise}-Charlotte-Barbe, ibid. 8 sept. 1760; † 4 sept. 1762.

XVI. MOYSE, R. P. R., épousa, 30 déc. 1663, Esther *N****.

XVII. Divers.
1. DOROTHÉE. V. Duclos II.
2. ESTHER. V. de Lemud III.
3. LOUISE. V. François II.
4. MARIE. V. Danoue.
5. SUZANNE. V. Messatte.
6. SUZANNE et ÉLISABETH. V. de Retorfort.

SAINT-BALMONT (DE) Jⁿ-B^{te}-ALEXANDRE. V. de Manscourt.

SAINT-BENOIST (DE) FRANÇOIS, chev., sgr de St-Benoist, lieut. dans la compagnie de son frère au rég^t de Champagne, † par. Ste-Croix 16 oct. 1673. Il avait épousé Anne *Estienne d'Augny*, † ibid. 30 déc. 1672.

SAINT-BLAISE (DE). V. Blaise.

SAINT-BILLIEN (DE). V. Durand VI.

SAINT-BONNET (DE) N***, cap. à la porte St-Thiébaut, épousa, par. St-Martin 16 juil. 1642, Angélique *Pistre*, † ibid. 29 août 1654.

SAINT-CHAUMONT (DE). I. FRANÇOIS eut de Catherine *N****, son épouse, Olry, par. Ste-Ségolène 26 sept. 1627.

II. FRANÇOIS, huissier au bailliage, † par. Ste-Ségolène 15 mars 1671, à 88 ans : à son enterrement, N^{as} de Saint-Chaumont, son petit-fils.

III. JEAN, fils du préc., huissier au bailliage, eut de Catherine *de Barre*, son épouse, Catherine, par. Ste-Ségolène 15 janv. 1668.

IV. Divers.
1. CLAUDE. V. Arnould.
2. CLAUDINE. V. Peltre V.
3. J^{ne}-FRANÇOISE. V. de Perdriac.
4. LÉONARD. V. Bachelard I, 3.
5. SÉRÈNE. V. le Page IX.

SAINT-CLOUD (DE) F^{ois}-THOMAS-ÉLISABETH. V. d'Hunolstein II.

SAINT-CYR (DE) GABRIEL, chev. de St-Louis, cap. d'infanterie au rég^t de Conflans, † par. St-Victor 1er juil. 1763, à 33 ans : à son enterrement, le chev. Ferdinand-Ernest de Marisy, cap. de hussards; de Chambeau, lieut. d'infanterie.

SAINT-DENIS (DE). I. CHARLES, éc., command^t le bataillon de Conty, chev. de St-Louis, † à 55 ans, par. St-Martin 3 févr. 1734 : à son enterrement, Gustave de Martenville, cap. au rég^t de la Reine cavalerie.

II. DENIS, chev., cap. command^t au rég^t d'Orléans infanterie en garnison à Poitiers, fils de Claude-Denis-F^{ois}, chev., sgr du Plessis, ancien maire électif de la ville de Châteaudun, et de M^{ie}-Madeleine Triballet, épousa, étant âgé de 42 ans, par. St-Victor 3 avril 1781, L^{se}-Antoinette *Clermon de Flavigny*, âgée de 42 ans, v^{ve} de Georges-Alexandre Maréchal de la Chataignerie, éc., de Laon : à ce mariage, Ch^{les}-Hertwich de Vanderlinder, chev., lieut. au corps royal artillerie et valet de chambre ordinaire du Roi; Jⁿ-B^{te}-Ch^{les}-André-Hyacinthe de Chappes, ancien cap. aide-major d'infanterie, lieut. pour le Roi au gouv^t d'Étain en Lorraine; Jⁿ-Paul Audoul de Saint-Julien, éc., conseiller du Roi, commissaire des guerres; J^{ph} Aubry d'Arrancy, cap. au corps royal artillerie.

SAINT-DIDIER (DE). I. Jⁿ-BAPTISTE, procureur au parl^t, épousa Catherine *Fontaine*, † par. St-Martin 8 févr. 1698, à 82 ans. De leur mariage étaient nés :
1. Jⁿ-B^{te}-Pierre, [à Toul en févr. 1641].
2. Jⁿ-Baptiste, [ibid. 7 janv. 1644].
3. P^{re}-Alexandre, [ibid. 30 juil. 1648].
4. *Joseph*, [ibid. vers 1652]; lequel suit.
5. Jⁿ-Baptiste, [ibid. en 1655. Il succéda à son père dans la charge de procureur au parl^t]. Il épousa Yolande-Nicole *de Roscache* (?), dont il eut, par. Ste-Ségolène 24 oct. 1684, Yolande-Catherine.
6. Jeanne, mariée à Étienne Vaucremont.
7. Philippe, par. St-Gorgon 4 déc. 1660.
8. Catherine, ibid. 24 oct. 1662.

II. JOSEPH, fils du préc., sgr du Ban-St-Pierre, substitut du procureur gén^l au parl^t, garde de la monnaie, † par. St-Martin 13 avril 1730. Il avait épousé, ibid. 26 nov. 1680, Anne *Jeoffroy*, † à 95 ans, ibid. 17 mai 1747. De leur mariage étaient nés ibid. :
1. Anne-M^{ie}, 30 août 1681; mariée à Louis Mamiel.
2. Catherine, 24 oct. 1682.
3. P^{re}-Joseph, 12 oct. 1683.
4. J^{ph}-Léonard, 26 sept. 1684.
5. Ch^{les}-Joseph, 7 oct. 1685.
6. *Claude-Alexandre*, 2 févr. 1687; lequel suit.
7. Ch^{les}-Joseph, 28 avril 1688.
8. Anne, 6 juin 1689.
9. P^{re}-Joseph, 5 sept. 1690.

III. CLAUDE-ALEXANDRE, fils du préc., conseiller au parl^t, sgr du Ban-St-Pierre, † par. St-Martin 18 sept. 1756. Il avait épousé, par. St-Simplice 30 avril 1715, Anne *Bonneau*, dont il eut ibid. :
1. Anne-Josèphe, 24 janv. 1716; mariée à N^{as}-Louis-F^{ois} Bertrand.
2. Anne-Thérèse, 5 déc. 1716.
3. Louis-J^{ph}, 30 juil. 1719.

SAINT-FÉLIX (DE) J^{ph}-ÉTIENNE, c^{te}, sgr de Domnom et Bisping, résidant à Dieuze, eut de L^{se}-Charlotte b^{onne} *de Parisot de Bernécourt*, son épouse, Rosalie, par. St-Georges 27 avril 1785.

SAINT-GENEST (DE). I. BERNARD, prêtre, chan. de Ste-Glossinde, † par. Ste-Croix 3 sept. 1677.

II. GIBAUT, cap., avait épousé Anne *Girardin*, † par. Ste-Croix 15 déc. 1709. De leur mariage était né, ibid. 29 mai 1654, Philippe-Sauveur : p. Philippe Darmène, d^r en médecine; m. M^{tte} Thirion.

SAINT-GENIS (DE) MADELEINE. V. Grostête de Plichancourt.

SAINT-GEORGES (DE). I. N***, cap., ingénieur des fortifications, † par. St-Gorgon 31 août 1632.

II. N***, chev. de St-Louis, premier cap. au rég^t de cavalerie de Villepreux, † par. St-Martin 1712, à 79 ans.

SAINT-GERMAIN (DE). I. CHARLES, b^{on}, sgr de Carlan, Chavane, la Tour-de-Culay et Flacei, chev. de St-Louis, ancien cap. d'infanterie au rég^t de Flandre, fils des † Claude-Louis, b^{on}, cap. au rég^t de la Chennelay infanterie, sgr des mêmes lieux, et de J^{ne}-M^{ie} de Laurentin de Beaufort, épousa, étant âgé de 34 ans, par. St-Gengoulph 27 juil. 1767, Élisabeth-F^{oise} *de Badrot*, b^{onne} de Hilsprich, dame de Lostroff, Guinzeling et autres lieux, bailliage de Dieuze, âgée de 27 ans, fille de Philippe-J^{ph} de Badrot, b^{on}, ancien officier au service de Sa Majesté, et de F^{oise} b^{onne} Blancpain.

II. Jean eut de Gabrielle *Collignon*, son épouse, par. St-Eucaire 1er mai 1691, Pierre : p. P^{re} Foucquet ; m. Anne de la Mothe.

III. M^{ie}-Élisabeth. V. de Frohard.

IV. F^{ois}-Gaspard. V. le Maillot II.

SAINT-HEULLIEN (de) Angélique. V. d'Ernecourt III.

SAINT-HILAIRE (de) N***, lieut. au rég^t de Navarre, † par. St-Simplice 3 oct. 1682 : à son enterrement, les lieutenants du même rég^t, Labatue, de Beauvalle, de Bigeonne.

SAINT-HILLIER (de). I. Antoine, [chan. et official de la cathédrale de Verdun, conseiller-clerc au bailliage de cette ville, fit son testament le 4 sept. 1722 et mourut peu de temps après. Sa sœur F^{oise} avait épousé N*** Sauvage et fut la mère de Théodore Sauvage, d^r en médecine].

II. Antoine, neveu du préc., commissaire d'artillerie, fils de Théodore, avocat au parl^t, puis conseiller secrétaire du Roi en la chancellerie du bailliage de Verdun, et de M^{ie}-Anne Fournel, épousa, par. St-Martin 15 févr. 1729, M^{te} *Hollande*, † ibid. 27 janv. 1740. De leur mariage naquirent :
1. François, par. St-Simplice 30 avril 1731.
2. Louis-Dieudonné, ibid. 2 déc. 1732 ; † 3 mars 1734.
3. F^{oise}-Marguerite, ibid. 1er mars 1734.
4. Charles, par. St-Martin 17 déc. 1735 ; prêtre de l'ordre de Malte, à l'enterrement de sa belle-sœur ci-après III.
5. Antoine, ibⁱd. 2 juil. 1737. [Il devint général du génie, commanda l'école d'application du génie et de l'artillerie, lorsque les deux écoles furent réunies à Metz, et mourut vers 1810. Il avait épousé une demoiselle *Gouvion*, v^{ve} de Mr de la Barodière, dont il n'a pas eu d'enfants.]
6. *Pierre*, ibid. 10 oct. 1738 ; lequel suit.

III. Pierre, fils du préc., éc., chev. de St-Louis, cap. au rég^t de Penthièvre infanterie, avait épousé M^{te}-Adélaïde *Savoye*, de Rheims, † à 27 ans, par. St-Martin 17 août 1786. De leur mariage étaient nés :
1. Louis, [† chef de bataillon en 1816].
2. M^{ie}-Antoinette, par. St-Martin 24 juil. 1786 ; [mariée au colonel d'artillerie de Lévis].
3. Victorine, [mariée à Auguste Gand].

IV. Pierre, éc., cap. de cavalerie, un des gardes du corps de Sa Majesté, dem^t à Verdun, fils de † Henry, conseiller au bailliage de Verdun, et d'Ursule-Catherine de Riclot, épousa, par. Ste-Ségolène 17 juin 1766, Anne-J^{ne} *Plaisant*.

V. Barbe. V. Guérin III.

SAINT-HULLEN (de) Charlotte-Félicité. V. de Sainte-Aldegonde.

SAINT-ICAR de LIGONIER (de) Antoine, cap. au rég^t de Lorraine, eut de M^{ie} *de Moynier*, son épouse, par. St-Simplice 13 juin 1705, Suzanne-Antoinette : p. Paul de Bouffard de la Garrigue ; m. M^{ie}-Madeleine de Moynier.

SAINTIGNON (de), *alias* de SAINT-IGNON. I. Marie, dame de Saint-Pierre, fut marraine par. St-Simplice 3 févr. 1617.

II. M^{ie}-Guillaume. V. de Cussigny.

III. L^{se}-Thérèse-Catherine, fille de Jⁿ-Antoine-J^{ph} c^{te} de Saintignon, chev., sgr de Puxe, Jeandelize, Brainville, Goiveaux, Cosne, Veaux et Varnimont en partie, chambellan, premier chev. de l'ordre de Marie-Thérèse, conseiller intime d'État actuel, lieut.-gén^l et colonel propriétaire d'un rég^t de dragons pour le service de L. M. I. R. Apostoliques, et de M^{ie}-Apolline née c^{esse} de Saintignon, dame de l'ordre illustre impérial de la Croix de l'Étoile ; † par. St-Victor 20 févr. 1773, à

19 ans et 3 mois : elle fut inhumée à Puxe.

IV. Joseph, chev., sgr de Puxe et de Jeandelize, épousa, étant âgé de 40 ans, par. Ste-Croix 25 nov. 1691, Pauline *de Rouzières*.

V. Henry-Innocent, [chan. de la cathédrale, † 23 mai 1737, à 57 ans, inhumé à la cathédrale. Msc. Epit.]

VI. Bernard, chev., sgr de Villers, eut de M^{ie} *de Lavardin*, son épouse :
1. Chrétienne ou Christine, mariée à Ch^{les} de Norroy de Serrières.
2. Éric ou Elvire. V. Bancelin IX, 7.
3. Charlotte, mariée à P^{re} Gargan.

VII. Adrien, c^{te}, maréchal des camps et armées du Roi d'Espagne, avait épousé M^{ie}-Thérèse b^{onne} *de Haen*, fille de Philippe-F^{ois} b^{on} de Haen et de M^{ie}-Agnès-Caroline de Cools, laquelle mourut par. St-Livier 2 févr. 1778, chez les religieuses de la Congrégation, laissant pour unique héritière M^{ie}-Thérèse-Josèphe-Angélique c^{esse} de Saintignon, sa fille, mariée à Christophe m^{is} de Raigecourt.

SAINT-JEAN (de) M^{ie}-Florence. V. Dilange VI.

SAINT-JULIEN (de) J^{ph}-Antoine, b^{on} de Saint-Julien et de Malval, cap. au rég^t de Thiange dragons, † par. St-Victor 25 août 1751 : à son enterrement, Ch^{les} de Chastillon, cap. au rég^t de Cambise ; Mr de Clervaux, cap. lieut. au rég^t du Roi dragons, chev. de St-Louis ; F^{ois} Amelin de Beaurepaire, major au rég^t de Thiange.

SAINT-JURE (de). I. Jean *Bertrand*, dit de Saint-Jure, sgr de Mercy-lès-Metz, fils de Claudon Bertrand, dit de Saint-Jure, boucher, « éc., sgr de Mercy le Haut, ayant exercé la judicature en cette ville l'espace de 42 ans, ayant été m^e-échevin, sgr treize, aman et échevin de la paroisse, vivant très catholiquement », † par. St-Martin 8 mai 1628, à 69 ans, « inhumé devant la chap. des Saints-Fonds, au pied des degrés de la chap. St-Nicolas. » Il avait épousé, ibid. 9 juin 1578, M^{ie} *Alexandre*, fille de Pierron Alexandre, boucher, laquelle mourut 23 janv. 1633. De leur mariage étaient nés :
1. Jⁿ-Baptiste, [en 1588 ; jésuite ⁽¹⁾, † à Paris 30 avril 1657].
2. Marie, par. St-Martin 15 août 1601 ; mariée à Louis de Boissy.
3. F^{oise}-Salomée, mariée à Jⁿ Drouard.
4. Charles, [sgr de Mercy-lès-Metz, chan. de la cathédrale, † à 58 ans, en 1656. Msc. Epit.]
5. *Jean*, qui suit.

II. Jean, fils du préc., sgr de Mercy-lès-Metz, treize et aman, [† à 42 ans, par. St-Martin 13 févr. 1632. Msc. Epit.] Il avait épousé Claude *Maler*, † trois jours après son mari. De leur mariage étaient nés :
1. Jean, par. St-Maximin 16 févr. 1616 ; sgr de Marange, † par. Ste-Croix 9 avril 1696.
2. Claude, ibid. 19 juil. 1620.
3. Philippe, ibid. 16 févr. 1622.
4. Marguerite, par. St-Martin 20 mars 1627.
5. *Charles*, ibid. 1er mai 1629 ; lequel suit.
6. Marie, ibid. 12 sept. 1630 ; mariée à Ch^{les} Damon de Saint-Pé.

III. Charles, fils du préc., chev., sgr de Mercy-lès-Metz, [† à Besançon 15 avril 1673 ; son cœur fut déposé dans la chap. de Mercy-lès-Metz]. Il avait épousé Anne *Ragois*, † par. Ste-Croix 11 mars 1708, inhumée à la chap. de Mercy-lès-Metz. De leur mariage étaient nés :
1. Anne-M^{ie}, par. Ste-Croix 27 févr. 1658 ; mariée à Ch^{les}-César de Montalembert.
2. Anne, ibid. 17 déc. 1659.
3. Louise, ibid. 31 juil. 1661.
4. *Joseph*, par. Ste-Ségolène 11 mai 1663 ; lequel suit.
5. Antoine-F^{ois}, ibid. 19 juin 1664.
6. Ch^{les}-Ignace, baptisé ibid. 10 juil. 1666, ondoyé à sa naissance dix mois auparavant.
7. Jean, ibid. 3 févr. 1667 : p. Jⁿ-F^{ois} Dattel, sgr de Luttange ; m. Elisabeth

---

(1) Auteur de l'ouvrage spirituel très apprécié dans le monde ecclésiastique, *De la Connaissance et de l'amour du Fils de Dieu*, en trois volumes. Nombreuses éditions.

Caboche, v^{ve} de César Hallot. — Sgr de Lure, de Mercy et de Marange, maréchal de camp, chambellan, colonel command^t le rég^t des gardes de S. A. E. de Bavière, il mourut subitement par. St-Victor 27 janv. 1723 et fut inhumé en la chap. de Mercy.

8. Louis, par. St-Gorgon 15 oct. 1667 (sic).
9. Claude, ibid. 21 mars 1669 ; premier cap. au rég^t royal cavalerie, † par. St-Victor 2 déc. 1721, inhumé en la chap. de Mercy.
10. Madeleine, ibid. 24 mars 1670.
11. Alexandre, ibid. 6 nov. 1671.
12. Jean-F^{ois}, ibid. 22 nov. 1672.
13. J^{ne}-Thérèse, ibid. 26 mai 1674.

IV. JOSEPH, fils du préc., chev., sgr de Mercy-lès-Metz, Scy, les G^{des}-Armoises et autres lieux, lieut. gén^l de la garde du Roi de Bavière, dite rég^t du Prince Electeur, † rue des Clercs, par. St-Victor 28 août 1721, inhumé en la chap. de Mercy⁽¹⁾. Il avait épousé M^{te} *de Martinet*, dont il eut :

1. F^{ois}-Joseph, par. Ste-Croix 23 déc. 1709.
2. Jⁿ-Baptiste, par. St-Martin 15 nov. 1712 : m. M^{te} Doën, épouse de Claude de Tournebulle, chev., sgr de St-Equier, Bussemont-à-Seine et autres lieux. [Il fut le dernier de sa famille. Il était officier au rég^t des gardes françaises, quand il mourut sans postérité en 1744. Biog. de la Moselle et Biog. du Parl^t.]

SAINT-JUST (DE). I. GÉDÉON, R. P. R., sgr de St-Just, épousa : 1° Judith *de Roussy* ; 2° Anne *Géligne*. — Du premier mariage naquirent :

1. Marie, 6 avril 1616.
2. Edmée, 2 févr. 1618.

II. GUSTAVE-ADOLPHE, R. P. R., cap., puis command^t au rég^t des vaisseaux, sgr de St-Just, Maizery, Marsilly, Ogy, Chauvaincourt, Viller et Chanlay, † par. St-Simplice 17 juil. 1706, à 67 ans. Il avait épousé M^{ie} *Allion*, dont il eut :

(1) Le dit rég^t du Prince Électeur, en garnison à Metz, fit célébrer, en 1884, à l'église d'Ars-Laquenexy, dont Mercy-lès-Metz est l'annexe, un service solennel pour ses deux chefs Joseph et Jean III, 7 ; chaque année encore, une députation du même rég^t fait une visite officielle à leurs tombes.

1. Maurice, 14 mars 1678.
2. Gustave-Adolphe, 14 avril 1683 ; † 24 suiv.
3. M^{ie}-Angélique-Thérèse, mariée à Claude-Michel Bernard de Beauregard.
4. Philippe-Gédéon, à l'enterrement de sa g^d mère mat.

SAINT-LAURENT (DE). I. N***, épousa M^{ie} *Durand*, † par. St-Victor 7 nov. 1633.

II. MARGUERITE. V. Cavaleri.

SAINT-LIVIER (DE) LOUIS-J^{PH}-ANDRÉ. V. de Saulx.

SAINT-LOUIS (DE) FRANÇOIS. V. de Semellay.

SAINT-LUC (DE) N***, éc., cap. et maréchal-des-logis des chevau-légers de la Reine, épousa, par. St-Livier 1er févr. 1690, Charlotte *Martignon*, v^{ve} de Regnault Thorel.

SAINT-MARS (DE) THÉRÈSE-ANGÉLIQUE. V. d'Huart.

SAINT-MARTIN (DE) I. N*** eut de Dieudonné *Collignon*, son épouse, par. St-Marcel :

1. Louise, 2 juil. 1634 ; † 29 août suiv.
2. Catherine, 12 nov. 1637.
3. Guillaume, 8 janv. 1640.

II. GASPARD, noble homme, chev., s^r de St-Martin, natif de Scène en Provence, catholique, puis calviniste à Genève, revint à Metz et abjura, sur sa demande, devant toute la paroisse de Ste-Ségolène, 23 nov. 1704, après le prône de la messe.

III. ALEXANDRE, officier au rég^t de Berry, épousa M^{ie}-Thérèse *de Gondrecourt*, dont il eut André, par. St-Eucaire 20 juil. 1693 ; le père et la mère sont de Boulay.

IV. LOUIS. V. Marquiolle d'Alcajou.

SAINT-ORMAN (DE). I. N***, officier de la citadelle, épousa M^{ie} *Serib* (?), † âgée de plus de 80 ans, après avoir abjuré l'hérésie, par. St-Eucaire 16 mars 1653.

II. N***, d^{elle}, † par. St-Jean de la Citadelle 22 déc. 1656.

SAINT-PAUL (DE) CLAUDE, R. P. R., éc., cap. d'une compagnie d'infanterie au rég^t de Turenne, puis gén^l major command^t les troupes de Mgr le Prince de Neufbourg, fils de F^{ois}, lieut. de la compagnie de Mgr le Prince de Sedan, épousa, 14 avril 1641, Anne *d'Inguenheim*, v^{ve} de Jacob Busselot, de laquelle il eut :
1. François, 10 déc. 1641.
2. Claude, 14 oct. 1642.
3. Madeleine, 25 nov. 1643.
4. Louis, 30 mai 1646.
5. Louis, 10 avril 1648.
6. Anne, 28 oct. 1651 ; mariée à Michel de Breuille de Grandbois.

SAINT-PAUL DE VERNÉCOURT (DE) JACQUES, cap. au rég^t royal cavalerie, eut de J^{ne}-Thérèse *de la Mothe*, son épouse, Anne, par. St-Livier 26 oct. 1698.

SAINT-PÈRE (DE) JEAN, éc., cap. au rég^t de la Sarre, natif du Berry, † à 30 ans, par. St-Marcel 28 déc. 1689.

SAINT-PÉRIER (DE) J^n-BAPTISTE, éc., sgr de Bardeville, commissaire provincial d'artillerie, fils des † Charles, sgr de Durand, cap. et major au rég^t de Chemeran, et M^{ie} Fondrière, du diocèse de Chartres, par. de Cobran, assisté de Ch^{les} de Saint-Périer et de Ch^{les}-Michel Lefebvre, prêtre bachelier de Sorbonne, épousa, étant âgé de 41 ans, par. Ste-Croix 17 juin 1698, M^{ie} de *Gaulthier*, dont il eut Charlotte-Anne-M^{ie}, par. St-Jean de la Citadelle 14 avril 1699.

SAINT-PIERRE (DE) N*** fut marraine par. Ste-Eucaire 18 sept. 1667.

SAINT-PRIVÉ (DE) MARGUERITE. V. Estienne de Chaussegros.

SAINT-QUENTIN (DE). I. CLAUDE, [gouverneur de Marville, épousa Gabrielle *Dexonos*, † v^{ve} de lui, 3 mai 1701, inhumée à Ste-Glossinde. Msc. Epit.]
II. JEANNE. V. de Salse.

SAINT-REMY (DE). I. P^{re}-RENÉ, éc., sgr de la Cour, président à l'élection de Ste-Menehould, épousa Catherine *Godefroy*, † par. St-Victor 11 nov. 1713,

après avoir donné le jour à Catherine-Pierrette le 3 préc.
II. M^{te}-CHRISTINE et JEAN. V. le Seur VI.
III. N*** eut de Barbe *d'Anglure*, son épouse :
1. René, à Vic 14 mars 1671 ; les cérémonies du baptême lui furent suppléées par. St-Marcel 26 févr. 1672 : p. René de Saint-Remy, chev., sgr de Fonter ; m. Anne-F^{oise} de Groust, épouse de Louis-Saladin d'Anglure.
2. Charles, par. St-Marcel 23 févr. 1672 : p. Henry-Philippe c^{te} de Fumigère, fils ; m. Madeleine Barton de Montbas, épouse de M^r d'Halanzy, cap. et major au rég^t de cavalerie de Mgr de Vaudémont.

SAINT-SIMON-SANDRICOURT (DE). I. BALTHASAR-HENRY, c^{te} de Saint-Simon-Sandricourt, m^e de camp, cap. des gardes du corps de S. M. Polonaise, gouverneur g^d baillif des ville et château de Senlis, fils des † Louis-F^{ois} m^{is} de Saint-Simon-Sandricourt, et L^{se}-M^{ie}-Gabrielle de Gourgues, de la par. de St-Sulpice à Paris, épousa, étant âgé de 37 ans, dans la chapelle de Frescaty près Montigny (l'acte aux registres de la par. St-Victor) 26 juin 1758, Blanche-Élisabeth *de Saint-Simon*, née par. St-Victor 5 mars 1737, fille de † Henry m^{is} de Saint-Simon, maréchal des camps et armées du Roi, command^t pour S. M. dans le pays messin, ancien colonel du rég^t de Saint-Simon infanterie, et de Blanche Zacharia, de la par. St-Sulpice de Paris de droit, de la par. St-Marcel de Metz de fait. Au mariage, M^{ie}-Elisabeth de Saint-Simon, v^{ve} de Mgr Claude-Roland de Montmorency, maréchal de France, fondée de pouvoirs de Blanche Zacharia; Mgr Claude-Antoine de Choiseul, évêque de Châlons, c^{te} et pair de France ; Mgr Aymard-Chrétien-F^{ois}-Michel de Nicolaï, évêque de Verdun, prince du St-Empire ; Ch^{les}-Louis-J^{ph}-Alexandre de Canouville, m^{is} de Raffetot, m^e de camp, sous-lieut. des chevau-légers de Mgr le Dauphin, cousin pat. de l'épouse, résidant ordinairement en son hôtel rue du Bac à Paris ; Claude de la Richardie, c^{te} de Besse, lieut.-colonel de cavalerie, enseigne des gens d'armes de Mʳ le duc d'Aquitaine, cousin germain de l'épouse, résidant ordinairement au château d'Auliac en Auvergne. Outre les précédents signent : le cᵗᵉ Foucquet ; Pʳᵉ d'Augny ; de Bernage de Vaux ; le chev. de Drièdela Forées ; Foucquet-Lesseville ; le mⁱˢ de Beaumont ; Courteville d'Hodicq ; l'abbé de Belbœuf ; l'abbé de Saint-Simon de Montbleru ; Mⁱᵉ de Bernage ; Duprat de Beaumont ; Ravaut, provicaire génˡ. — Le mariage fut bénit par Mgr de Saint-Simon, évêque de Metz.

II. Louis et Mⁱᴱ-Élisabeth. V. des Robert.

III. N***. V. de la Tournelle.

SAINT-SOLIEU (DE) Angélique. V. de Béronne.

SAINT-SULPICE (DE), cfr RAYMOND DE SAINT-SULPICE, Anne. V. de Sainte-Foix.

SAINT-SUPERY (DE) Jean, chev., sgr de Lille, chev. de Sᵗ-Louis, ancien major de la citadelle, † âgé de plus de 80 ans, par. Sᵗ-Jean de la Citadelle 8 nov. 1741.

SAINT-SUPPLICE (DE) Françoise. V. de Laborde.

SAINT-TOUR (DU) François, sgr de Riocaye-des-Mesnils et du Bigaroch-Périgordin, † par. Sᵗ-Eucaire 3 sept. 1635.

SAINT-VALLIER (DE) Jean-Fᵒⁱˢ, éc., chev. de Sᵗ-Louis, ancien lieut.-colonel au corps royal artillerie, † par. Sᵗ-Gengoulph 28 avril 1769, à 83 ans. Il avait épousé, par. Sᵗᵉ-Ségolène 25 sept. 1765, Thérèse-Fᵒⁱˢᵉ *Danjou*, fille des † Jⁿ Danjou et Mⁱᵉ Jamin, de laquelle il eut, par. Sᵗ-Martin 27 déc. 1768, Mᵗᵉ-Mⁱᵉ-Louise : p. Jⁿ de Bigu, chev. de Chery, lieut. au régᵗ de Flandre ; m. Mᵗᵉ-Mⁱᵉ-Lˢᵉ Blois, épouse de Mᵉ Blois, ancien lieut. de maréchaussée au dépᵗ de Metz, représentée par Marie, sœur de l'enfant.

SAINT-VICTOR (DE) Élisabeth-Suzanne, fille de Chˡᵉˢ-Joseph, cap. de cavalerie au régᵗ de Villars, et de Thérèse de la Vanne, † par. Sᵗ-Maximin 29 nov. 1727, à 8 ans et demi.

SAINT-VIMONT (DE) Gabriel. V. de Clémin.

SAINT-VINCENT (DE). I. Philippe-Hyacinthe. V. Durand (note).

II. N***. V. de Gournay I, 4.

SAINTE-ALDEGONDE (DE) Philippe-Louis-Maximilien-Ernest-Marie, cᵗᵉ de Sᵗᵉ-Aldegonde et de Noircarmes, colonel aux grenadiers de France, fils de Louis-Bon-Jᵖʰ-Guillain cᵗᵉ de Sᵗᵉ-Aldegonde et de Noircarmes, bᵒⁿ de Rieulay, et de Mᵗᵉ-Philippine de Landas-Louvignies, épousa, étant âgé de 23 ans, par. Sᵗ-Victor 20 déc. 1770, Charlotte-Félicité *Duhamel*, âgée de 18 ans, résidant à l'abbaye royale de Sᵗ-Louis, fille d'Etienne cᵗᵉ Duhamel et de Charlotte-Félicité de Saint-Hullen, de Châlons en Champagne. Au mariage, René-Fᵒⁱˢ cᵗᵉ de Foucquet, lieut. génˡ du pays messin ; Chˡᵉˢ-Marc-Jⁿ-Fᵒⁱˢ-Régis mⁱˢ de Boufflers, maréchal des camps et armées du Roi, inspecteur génˡ d'infanterie, gouverneur des ville et château de Pont-à-Mousson, lieut. génˡ du Beauvoisis, etc. ; Anne-Jᵖʰ-Hippolyte de Maurès, cᵗᵉ de Malartie, brigadier d'infanterie, colonel du régᵗ de Vermandois ; Jᵖʰ-Ignace de Sainte-Aldegonde-Noircarmes, abbé de Breteuil et de Sᵗ-Pierre-sur-Dive, cy-devant aumônier ordinaire du Roi, prévôt de l'église collégiale de Seclin. Outre les précédents signent : Duhamel de Bourseville ; Choiseul, abbesse de Sᵗ-Louis. — Le mariage fut bénit par le cardinal de Montmorency, évêque de Metz.

SAINTE-FOIX (DE) Jean-Marc, cy-devant cap. au régᵗ de Grancé, eut d'Anne *de Saint-Sulpice*, son épouse, Jⁿ-Marc, par. Sᵗ-Jean de la Citadelle 25 avril 1676.

SAIVELLES (DE). V. de Sayvelles.

SALAMONDES (DE) Claude-Mⁱᵉ-César. V. Jacob de la Cottière.

SALEL (DE) Théodore, R. P. R., éc., cy-devant maréchal de bataille aux armées du Roi, cap. et major au régᵗ de Louvigny, † à 70 ans, 1ᵉʳ juil. 1684.

SALIANS D'ESTAING (DE) Jʀ-Philippe, chev. de Sᵗ-Louis, lieut. génˡ des armées du Roi, gouverneur et lieut. gén¹ ès ville, pays de Metz et Trois-Évêchés, command' en chef pour le service de S. M. dans les ville et évêché de Toul, sur la frontière du Luxembourg, rivières de Moselle et de Sarre, lieut.-colonel au rég' des gardes françaises, † par. S'-Victor 2 août 1723, inhumé le 8 à la cathédrale, tous les corps de la ville assistant à son convoi. [Il avait épousé M¹ᵉ-Hyacinthe *le Danois de Cernay*, † à Paris 20 mars 1731, à 48 ans].

SALIN (DE) MADELEINE. V. de Lamezan.

SALIVET (DE) J⁽ᵉ⁾-F⁽ᵒⁱˢ⁾-IGNACE, chev., sgr de Fouchécourt, Purgerot et autres lieux, officier command' à Metz les recrues du rég' de Rohan-Rochefort infanterie, fils de † Antoine-F⁽ᵒⁱˢ⁾, chev., sgr des lieux sus-dits, et de L⁽ˢᵉ⁾ Damey, domiciliée à Fouchécourt, annexe d'Aboncourt, diocèse de Besançon, épousa, étant âgé de 21 ans, par. S'-Gorgon 22 janv. 1759, M¹ᵉ *Sébastien*, fille de P⁽ʳᵉ⁾-F⁽ᵒⁱˢ⁾ Sébastien et de M¹ᵉ Monnier.

SALLE DE ROCHEFORT PIERRE, éc., sgr de Rochefort, cap. au rég' de la marine, épousa, étant âgé de 40 ans, par. S¹ᵉ-Croix 24 mai 1671, en la chap. de la Propagation de la Foi, Louise *de Chartres*, âgée de 25 ans. A ce mariage, F⁽ᵒⁱˢ⁾ Frichat de Fiesoles, sgr de Taillancourt, et Henry-Claude Guillon de Maloeuvre, chev., sgr de la Pommerade, capitaines au même rég'. — Louise de Chartres mourut vᵛᵉ à 79 ans, par. S'-Gorgon 5 juin 1725.

SALLE (DE LA). V. de Lassalle et Tréponat.

SALLECT ANNE. V. de Troville.

SALLERIN MADELEINE. V. le Page IV.

SALLES (DES), *cfr* DESSALLES, HENRY, R. P. R., sgr de Coussé, eut d'Elisabeth *de Mérode*, son épouse, Catherine, 28 mars 1603.

SALM (DE) PHILIPPE-BERNARD-CH⁽ᴸᴱˢ⁾-THÉODORE. V. de Mazerulle I, 4.

SALOMON. I. NICOLAS, conseiller du Roi, assesseur à l'hôtel de ville, fils de Nicolas et neveu de Dominique, † par. S'-Victor 8 mars 1728. Il avait épousé, par. S'-Martin 10 févr. 1676, M¹ᵉ *Maillefert*, fille de Marc Maillefert, nièce d'Antoine Maillefert et sœur d'Etienne Maillefert, chan. de Gorze, laquelle mourut par. S'-Martin 9 avril 1740, à 82 ans. De leur mariage naquirent par. S'-Victor :
1. Charles, 8 févr. 1686.
2. Nicolas, 1ᵉʳ janv. 1691.
3. *Pierre*, 31 janv. 1692; lequel suit.
4. P⁽ʳᵉ⁾-Nicolas, 24 mars 1693.
5. Françoise, mariée à J⁽ⁿ⁾ Bachelard.
6. Jean, conseiller du Roi, son avocat gén¹ au bureau des finances.

II. PIERRE, fils du préc., conseiller correcteur en la chambre des comptes au parl', † par. S'-Martin 3 mars 1747. Il avait épousé, ibid. 3 déc 1715, Anne *Lefebvre*, † à 59 ans, ibid. 11 mai 1754. De leur mariage étaient nés :
1. M¹ᵉ-Henriette, par. S'-Victor 1ᵉʳ nov. 1717; mariée à Louis-P⁽ʳᵉ⁾ Bertrand de Chailly.
2 Claude-N⁽ᵃˢ⁾, par. S'-Gorgon 22 avril 1719.
3. Nicole-F⁽ᵒⁱˢᵉ⁾, par. S'-Martin 21 mai 1720; † 26 juil. 1724.
4. Nicolas, ibid. 15 nov. 1721.

III. NICOLAS, cousin du préc., éc., premier avocat gén¹ au conseil souverain d'Alsace, † à 44 ans, par. S'-Martin 22 nov. 1740, inhumé au chœur de l'église.

IV. ÉTIENNE, procureur au présidial, épousa, par. S¹ᵉ-Croix 16 juin 1692, Suzanne *Michelet*, âgée de 15 ans, dont il eut ibid. :
1. P⁽ʳᵉ⁾-Philippe, 14 janv. 1694.
2. Étienne-Ch⁽ˡᵉˢ⁾, 9 juil. 1695.
3. J⁽ⁿ⁾-Louis, 2 sept. 1696.
4. Anne, 5 nov. 1697; † par. S'-Gengoulph 14 mai 1771.
5. Jeanne, 18 févr. 1699.
6. Anne-F⁽ᵒⁱˢᵉ⁾, 24 sept. 1700.
7. Pierre, 20 juil. 1702.
8. J⁽ᵘᵉˢ⁾-Étienne, 8 déc. 1703.
9. J⁽ⁿ⁾-Etienne, 14 juin 1707.
10. Étienne-N⁽ᵃˢ⁾, † à 4 ans, par. S'-Marcel 14 déc. 1712.

V. FRANÇOISE. V. Marc VIII.

SALOMON (de). I. Bénédicte-M^{ie}-Anne, Jⁿ-Baptiste, Jeanne, Louis-Dagobert, M^{ie}-Élisabeth et Béat-Dagobert. V. de Tholozan.

II. Catherine-M^{ie}-Élisabeth-Anne et Élisabeth-Salomée. V. Pothier.

SALSE (de). I. Pierre, c^{te}, sgr de Sorbey, Onville, Soumelly, Givron, Bayonville et autres lieux, fils de Pierre, sgr de Caimpour, et de J^{ne} de Saint-Quentin, épousa, étant âgé de 23 ans, par. St-Maximin 26 août 1697, Charlotte *le Goullon* de Borny, dont il eut :
1. J^{ne}-Charlotte, par. St-Maximin 22 oct. 1698; mariée à Jⁿ-J^{ph} de Berry.
2. Paul, par. St-Martin 22 janv. 1700; clerc du diocèse de Metz en 1725.
3. Jⁿ-Gédéon, ibid. 6 mars 1701.
4. *Charles*, ibid. 2 avril 1702; lequel suit.
5. Guillaume, ibid. 17 avril 1703.
6. Frédéric, ibid. 25 févr. 1705; ancien cap. au rég^t de Normandie, sgr de Son et Aspremont, à l'enterrement de sa sœur 8.
7. Pierre, † à 16 ans, ibid. 20 juin 1724.
8. M^{ie}-Scholastique, † à 45 ans, par. St-Victor 3 juin 1755.

II. Charles, fils du préc., chev., sgr de Marange, Son et Loyville, ancien cap. au rég^t de Languedoc, † par. Ste-Ségolène 28 juil. 1775. Il avait épousé : 1° Thérèse *Johannes*; 2° par. St-Martin 1er févr. 1735, L^{se} *de Saint-Blaise*. De ce second mariage naquirent ibid. :
1. Michel-Ch^{les}, 27 nov. 1735.
2. M^{ie}-Scholastique, 4 mai 1737; † par. Ste-Ségolène 6 déc. 1783, à 46 ans, inhumée au caveau sous le sanctuaire.
3. Suzanne, 30 mai 1738.
4. Nicole, 22 juil. 1739.

III. Frédéric, chev., officier au rég^t de Rohan Soubise, du diocèse de Vannes, fils de † Jⁿ-Baptiste, chev., sgr d'Aincreville, du fief de Milly et autres lieux, chev. de St-Louis, et de F^{oise} de Zweffelt de Suève, domiciliée à Milly, diocèse de Rheims, épousa, étant âgé de 23 ans, par. St-Victor 16 janv. 1787, Suzanne-Charlotte *de Marion*, dont il eut, ibid. 15 mars 1790, Anne-Thérèse-M^{ie} : p. Jⁿ-Louis-M^{ie}-Hyacinthe le Bourgeois du Cherray, son oncle mat. par alliance; m. Anne-Thérèse de Suève, épouse de J^{ques}-Jⁿ-F^{ois} c^{te} de Mégret, chef de brigade au rég^t de Metz artillerie, sa g^d tante : tous deux représentés. — Anne-Thérèse-M^{ie} fut mariée à Amédée Lefebvre de Ladonchamps.

IV. Jⁿ-Ch^{les}-Laurent, v^{te}, chev., sgr d'Aspremont, Châtel, Baulny, Exermont, Louny et le Mont-de-Pierre, eut de Madeleine-L^{se}-Thérèse *d'Ernecourt*, son épouse :
1. Marie-Scholastique, mariée à J^{ph}-Guillaume-Xavier le Goullon.
2. *Louis-M^{ie}-Ch^{les}*, qui suit.
3. Louis-Ch^{les}-Hippolyte, ci-dessous V.

V. Louis-M^{ie}-Ch^{les}, fils du préc., v^{te} de Deville, sgr en partie d'Aspremont, Châtel, Baulny, Exermont, Louny et le Mont-de-Pierre, ancien officier d'infanterie, eut de Charlotte *de Rouin*, son épouse, par. Ste-Ségolène 21 mars 1791, L^{se}-Charlotte : p. Louis-Ch^{les}-Hippolyte de Salse, officier au rég^t de la reine cavalerie, son oncle; m. F^{oise} de Suève de Rouin de Failly, son aïeule mat.

VI. Armand, petit-fils de Pierre I. V. de Constant.

SALTER Élisabeth. V. de Résimont.

SALTZER Jean, R. P. R., aman, épousa Judith *Adam*, † à 64 ans, 18 oct. 1684.

SALTZGAIBRE, *alias* **SALTZGEBER** Christian, *alias* Christophe, cap. au rég^t suisse de Castellas, † rue du Champé, par. St-Eucaire, 25 mai 1759. Il avait épousé Isabelle-Claire *Blanc*, † ibid. 12 juil. 1772, à 72 ans. De leur mariage étaient nés :
1. Ch^{les}-D^{que}-Gabriel, par. St-Maximin 23 mars 1718; chev. de St-Louis, ancien cap. au rég^t royal Bavière, sgr en partie de Nouilly, dem^t rue Mabile par. St-Eucaire, il mourut par. St-Victor 25 mai 1774, ayant épousé : 1° M^{te} *de Pagny*, † à 27 ans, par. St-Eucaire 15 janv. 1762 ; 2° Anne-Gabrielle *de Brye*, † par. St-Martin 1785, à 63 ans.
2. Marguerite, † à 2 mois 1/2, par. St-Jean de la Citadelle 28 août 1719.

3. M^ie-Anne-Julienne, ibid. 19 juin 1720 : p. Julien Lefèvre du Perron, éc., sgr des Landes, lieut.-colonel de cavalerie; m. M^ie-Anne Emmery de Boisloge. — Elle fut mariée à Marcel de Garcia.
4. Charlotte, par. St-Eucaire 7 nov. 1721; † 25 juil. 1761.
5. Catherine-Élisabeth, ibid. 3 août 1729.
6. J^n-F^ois-Xavier, ibid. 13 juin 1730.
7. M^ie-Nicole, ibid. 29 déc. 1733.
8. Christophe, curé de Serrouville, à l'enterrement de sa mère.

SALUCES (DE). I. J^n-CLAUDE, chev., sgr du château de Novéant et de Jouy, fils de Mathurin, chev., sgr du château de Novéant, ancien cap. de cavalerie, et de Barbe Gaurain, épousa, étant âgé de 30 ans, par. Ste-Ségolène 3 févr. 1714, Anne *d'Orthe*, âgée de 22 ans, † v^ve de lui, par. Ste-Croix 10 avril 1778, étant dame de la Hautonnerie, Vany et Chieulles.
II. M^ie-LOUISE et F^ois-FERRY. V. de Mazerulle I et II.

SALVAING DE BOISSIEU (DE) HENRY-LOUIS, chev., cap. aide-major au rég^t de Champagne infanterie, chev. de St-Lazare de Jérusalem et de N.-D. du Mont-Carmel, fils de J^ph-Claire, chev., command^t au fort de Landau, chev. de St-Louis, sgr de Rochelaure, et de M^ie-Anne Brun de Boisnoir, épousa, étant âgé de 30 ans, par. St-Gengoulph 21 sept. 1772, M^ie-Madeleine *de Raynal*, âgée de 65 ans : au mariage, F^ois-J^ph de Salvaing de Boissieu, chev., cap. au rég^t de Béarn, cousin-germain du marié.

SALVIA JOSEPH, m^e en chirurgie, veuf de Barbe *Mouffat*, † par. St-Marcel 4 mars 1791, à 82 ans.

SALZENHOFEN (DE). V. Lasalle (note).

SALZIN ANNE-ÉLISABETH. V. Berwick de Villerstaett.

SAMES CH^les-GUILLAUME, cap. aide-major au rég^t de Nassau-Usingen en garnison à Metz, eut de M^ie-J^ne *Gouard*, son épouse, rue de la Princerie, par. St-Gorgon 9 juil. 1754, Ch^les-Eric : p. J^n-Eric de Stenval, représenté par Frédéric-Bernard de Junge : tous deux cap. au susdit rég^t.

SAMPY (DE) JEAN, cornette au rég^t de Fontaine cavalerie, fils d'Étienne, cap. au même rég^t, et de † F^oise Noiel, épousa, par. St-Gengoulph 9 avril 1714, F^oise *de Barat de Boncourt*, fille de François de Barat de Boncourt et de Catherine de Fermont.

SAMPY-GARJOLET (DE) JACQUELINE-THÉRÈSE. V. de la Fond.

SAMSON. I. BARBE. V. Goussaud II.
II. M^ie-ANNE. V. de Couët XII.
III. M^ie-ANNE. V. Breton IV.

SANCÉ (DE), cfr RIDOUET DE SANCÉ CH^les-GUILLAUME, cap. aide-major au rég^t de Nassau infanterie allemande, eut de M^ie-J^ne *Boire*, son épouse, par. St-Marcel :
1. J^n-Adolphe, 19 mai 1756 : p. J^n-Adolphe prince de Nassau-Usingen, colonel du rég^t de cavalerie de son nom, représenté par J^ques-Antoine de Ridouet de Sancé, chev., dir. en chef pour l'artillerie au dép^t de Verdun; m. J^ne-Marthe-Madeleine de Faultrier, épouse du dit s^r de Sancé, représentée par Anne-Marthe-Catherine de Sancé.
2. M^ie-Anne-Félicité, 4 déc. 1757 : p. Ch^les-F^ois c^te de Horion, chambellan de L. M. I., colonel du rég^t d'infanterie de son nom; m. M^ie-Anne c^esse de Horion, chan^esse du chapitre de Maubeuges, représentée par Félicité Régnier, fille de J^n-André Régnier, entrepreneur des fortifications.

SANCOURT (DE). V. de Longat.

SANDREZ (DE) FRANÇOISE. V. de la Fabrié.

SANNERÉ (DE) MARIE, R. P. R., fille de Pierson, naquit 8 févr. 1609.

SANTISSE DE BEAUPUIS (DE) J^n-BAPTISTE, chev. de St-Louis, cap. aide-major au rég^t de Touraine, † à 32 ans, par. St-Jean de la Citadelle 10 juin 1753 : à son enterrement, J^n-F^ois de Barandiéry des Huiles, cap.; P^re de Santisse-Dauban, cap. de grenadiers : tous deux au rég^t du défunt.

SAPPEL Abel. V. Lemoine de Chalouette.

SAR (le), alias le SART Suzanne-Chrétienne. V. de Lensmann.

SARAMÉA (de) François. V. de Monredon.

SARDÉ (de) Humbert-Baulduin, éc., sgr de Villers-devant-Orval, eut de M^{ie}-Henriette *du Parc*, son épouse, Charlotte-F^{oise}, par. St-Victor 13 déc. 1684.

SARIGOT (de) Jacques. V. Poirson.

SARRANT (de) Gabriel, chev., cap. aide-major au rég^t de Béarn, chev. de St-Louis, † aux casernes de Coislin, par. St-Martin 5 déc. 1775, à 46 ans : à son enterrement, Claude-Antoine de Neuville de Larboulerie, major au même rég^t.

SARRAU d'ARASSE (de) Antoine-J^{ph}, cap. au rég^t de Piémont, fils de Gratien, chev. de St-Louis, command^t au dit rég^t, originaire de Landrecy, diocèse de Cambrai, et de F^{oise}-M^{te} Rivard, épousa, par. St-Simplice 16 juin 1739, Hélène-Thérèse *de Lixier* : au mariage, Auguste de Sarrau d'Arasse, lieut. au même rég^t, et Jⁿ-Édouard de Sarrau d'Arasse, frères de l'époux; Jⁿ-Claude de Sarrau, son oncle, command^t un bataillon du même rég^t.

SARRAU de BRYE Jean. V. de Malortye.

SARRAZIN, alias SARAZIN. I. Claude, R. P. R., avocat, treize en 1628, puis conseiller du m^e-échevin, épousa, 28 janv. 1624, Élisabeth *Lespingal*, † à 80 ans, 27 avril 1685. De leur mariage naquirent :
1. Élisabeth, 1er mai 1626.
2. Marie, 24 mai 1628; mariée à Louis Ferry.
3. Anne, 25 août 1630.
4. Sara, 20 août 1631; mariée à Ch^{les} Goffin.

II. P^{re}-Isidore, avocat au parl^t de Paris, commissaire des poudres et salpêtres à Metz, fils de Georges-F^{ois}, éc., ancien échevin de l'hôtel de ville de Paris, et de Geneviève-F^{oise} Chastelain, de la par. St-Nicolas des Champs de Paris, épousa, étant âgé de 30 ans et 11 mois, par. St-Victor 4 mai 1779, J^{ne}-L^{se} *Crépin*, âgée de 30 ans, fille de Jⁿ-Philippe Crépin et de J^{ne} Prévôt.

III. Sara. V. Fleutot II.

IV. Judith. V. Goffin II.

SARRAZIN (de) Charles. V. Gomé IV.

SARRÉ François. V. le Duchat I, 2.

SART (le). V. le Sar.

SARTHE (de) Jacquette. V. de Sérignan.

SARTINE (de) Antoine-Raymond-Jⁿ-Gualbert. V. Pichon de Fontanière II, 1.

SARTORIUS. I. Claude, [m^e ès arts libéraux et notaire, † à 75 ans, par. Ste-Croix 10 sept. 1588, inhumé en l'église. Son monument fut érigé par *Charles*, son fils, qui suit. Msc. Epit.].

II. Charles, fils du préc., m^e-échevin, changeur et treize, [† 3 avril 1625. Journ. de Séb. Floret]. Il avait épousé, par. Ste-Croix 25 févr. 1590, M^{te} *Foës*, † ibid. 8 sept. 1648, à 75 ans. De leur mariage étaient nés ibid. :
1. Claude, 18 déc. 1604.
2. François, 16 févr. 1606.
3. Nicole, 30 mars 1611.
4. Georges, 4 nov. 1613.

III. Charles le jeune, aman de St-Médard, conseiller au bailliage, sgr de Charly et Loyville en partie, † par. St-Eucaire 15 déc. 1671, à 77 ans, inhumé à la chap. de la Sainte Vierge. Il avait épousé Anne *Humbert* dite *le Bonhomme*, † ibid. 29 déc. 1685, à 84 ans. De leur mariage étaient nés :
1. Baptiste, par. Ste-Croix 31 mars 1624 : p. Baptiste Foës, chan. de la cathédrale; m. M^{te} Foës, épouse de Ch^{les} Sartorius.
2. Charles, par. Ste-Ségolène 9 juin 1625; jésuite, à l'enterrement de son père.
3. Claude, par. St-Maximin 11 juin 1627.
4. Philippe, par. St-Eucaire 20 févr. 1633.
5. Louis, † à 40 ans, par. St-Eucaire 4 sept. 1674.
6. Anne-Philippe, mariée à Abraham-Louis Darmène, puis à Philippe d'Auburtin.
7. M^{te}-Renée, mariée à Ignace Laurent du Quarel.

IV. Claude eut de M¹ᵉ-Anne N***, son épouse, par. Sᵗᵉ-Croix :
1. Catherine, 9 nov. 1597.
2. Anne, 22 oct. 1603.

V. Divers.
1. Catherine et Claude. V. Tiercelin I, 2.
2. Claudine, épouse de N***, apothicaire, fut marraine par. Sᵗᵉ-Croix 24 oct. 1602.
3. Louise. V. Chomuel.
4. Louise. V. Pantaléon VII.
5. Louise. V. le Bonhomme III.
6. Lucie. V. Foës V, 3.

SATELLE Jᵠᵘᵉˢ-Maximilien. V. de Grassy.

SAUDONCQ (de) Fᵒⁱˢ-Jⁿ-Népomucène-Ignace-Timothée-Dumont, bᵒⁿ de Saudoncq, premier lieut. au 3ᵉ régᵗ de chevau-légers en garnison à Mirecourt, fils de M¹ᵉ-Jᵖʰ-Constantin bᵒⁿ de Saudoncq, ancien colonel d'infanterie au service de France, chev. de Sᵗ-Louis, et de Jⁿᵉ-Louise de la Lance de Moranville, de Heiligbrunnen près de Bitche, épousa, étant âgé de 34 ans, par. Sᵗ-Victor 20 avril 1784, M¹ᵉ-Lucie bᵒⁿⁿᵉ *le Grand*, douairière de Jⁿ-Fᵒⁱˢ-Augustin bᵒⁿ de Martigny. Au mariage, Ferdinand-Thomas de Guyot, chev. de Malseignes, brigadier des armées du Roi, major génᵉˡ du corps de carabiniers de Monsieur, chev. de Sᵗ-Louis et de Sᵗ-Georges, sgr de la baronnie de Maiche en Franche-Comté ; Jⁿ-Fᵒⁱˢ-M¹ᵉ de Castres, chev. de Sᵗ-Louis et de N.-D. du Mont-Carmel, mᵉ de camp en second de la 2ᵉ brigade du corps de carabiniers de Monsieur ; le vᵗᵉ de Croville, cap. de cavalerie, lieut. en premier au corps des carabiniers, chev. de Sᵗ-Louis ; Jⁿ-Balthasar-Hector-Amédée de Bonardi, mⁱˢ de Menil, officier des carabiniers.

SAUGET de Neuville (du). I. Louis, éc., sgr de Neuville, fils de † Louis et de Fᵒⁱˢᵉ-Angélique-M¹ᵉ Gérardeau, originaire du diocèse de Toul, épousa, par. Sᵗ-Victor 20 août 1709, Edme *de Bonnet de Beaudeduit*, dont il eut Anne, ibid. 27 mars 1714.

II. Fᵒⁱˢ-Louis, éc., cy-devant officier au régᵗ royal Bavière, eut de Charlotte *de Roghes*, son épouse :

1. Chˡᵉˢ-François, † par. Sᵗ-Victor 17 sept. 1750, à 17 mois.
2. M¹ᵉ-Marguerite, † à 15 jours, par. Sᵗ-Marcel 13 août 1750.

SAULNIER (de) Jean, [abbé de Sᵗ-Vincent, natif de Ville-sur-Yron, † 28 mars 1618. Journ. de Séb. Floret et Msc. Epit.]

SAULNY (de) Jʳ-Baptiste, [mᵉ-échevin, † 22 juil. 1632. Journ. de Séb. Floret.]

SAULON (de) Paul, grand voyer de la généralité de Metz, cap. au régᵗ de Bourgogne, † à 46 ans, par. Sᵗ-Marcel 29 avril 1740. Il avait épousé Charlotte *Antoine*, dont il eut :

1. Charlotte-Pauline, par Sᵗ-Gengoulph 29 nov. 1737 ; † 10 déc. suiv.
2. Louis-Auguste-Pʳᵉ-Paul, né posthume, par. Sᵗ-Marcel 8 juil. 1740 : p. Pʳᵉ Malfètes, professeur de mathématiques au régᵗ du Roi infanterie ; m. Nicole de la Pierre, épouse de Henry-Fᵒⁱˢ Jeander, conseiller au bailliage.

SAULX (de) Chˡᵉˢ-Éléonore, élève au corps royal artillerie, fils de N***, lieut. de la maréchaussée de Joinville en Champagne, et de N*** de Florivier, † par. Sᵗ-Simplice 1ᵉʳ avril 1791, à 22 ans : à son enterrement, Jᵠᵘᵉˢ-M¹ᵉ-Etienne Dubois des Cours, et Louis-Jᵖʰ-André de Saint-Livier, tous deux cap. d'artillerie au régᵗ de Daunoux.

SAUNERÉ Jeanne. V. de la Fourcade.

SAUNIER. I. Hilaire, éc., sgr de la Filliolie, cy-devant lieut. au régᵗ de Penthièvre, fils des † Henry, éc., sgr de la Filliolie, et M¹ᵉ-Léonarde de Jay, du diocèse de Périgueux, par. Sᵗ-Jean de Boulazat, épousa, par. Sᵗ-Simon 4 juil. 1743, Anne-Catherine-Gertrude *Steitz*, fille de † Frédéric Steitz, notaire apostolique, et d'Anne Statu, de la par. Sᵗ-Louis de Sarrelouis, diocèse de Trèves. De leur union naquirent :

1. Hilaire, 10 mai 1740 ; légitimé au mariage des parents.
2. Jᵖʰ-Désiré, par. Sᵗ-Simon 2 janv. 1744 (*sic*) : p. Jᵖʰ-Désiré Desaix, chev. de Malte ; m. Gertrude Trater, épouse de Cuny Poinsignon.

3. Anne-Barbe, ibid. 15 nov. 1745.

II. JEAN. V. Chevers.

III. JEANNE. V. Adam.

IV. DOMINIQUE. V. Clément V.

SAUSIER ANNE. V. de Marsal XIII.

SAUTERIZE DE CAMPETZ, cfr DE CAMPETZ. I. MATHIEU, éc., sgr de Campetz et de la Motte-Bouhette, ancien cap. au régt de Picardie, † par. St-Victor 23 déc. 1712, à 80 ans, inhumé par. St-Livier. Il avait épousé : 1° Bernarde *de Montoreille*; 2° par. Ste-Croix 27 févr. 1680, Madeleine *Foës*, † à 80 ans, ibid. 3 avril 1737, inhumée à la chap. de N.-D. de Lorette, dite des Foës, à la cathédrale.

Du premier mariage naquirent par. St-Livier :

1. Joseph, 6 août 1674 : p. Jph de Bonnecasse, éc., cy-devant cap. au régt de Picardie ; m. Anne Pierrequin, épouse du sr Jn de Bonnecasse, éc., sr de la Salle. — Il mourut 30 oct. 1676.
2. Anne-Foise, 1er août 1676.

Du second mariage naquirent ibid. :

3. Mte-Joséphine, 25 janv. 1682 ; dame de Fercomoulin, † par. Ste-Croix 14 mai 1748, inhumée par. St-Victor.
4. Anne, 28 sept. 1687 : p. Chles Foës, éc., sgr de Fercomoulin; m. Anne de Sauterize de Campetz. — Elle fut mariée à Pre-Alexandre Hillaire-Canon.
5. *Louis-Fois*, 26 mai 1691 ; lequel suit.
6. Anne-Josèphe, mariée à Daniel d'Ozanne.

II. LOUIS-Fois, fils du préc., conseiller au parlt, † par. St-Livier 24 août 1727. Il avait épousé Angélique *de Blair*, dame de Luc, Brecklange, Raville et Voimehaut, † vve de lui, ibid. 5 nov. 1748. De leur mariage étaient nés par. Ste-Croix :

1. Madeleine, 24 mars 1720 ; † par. St-Gorgon 1er oct. 1734.
2. Louis, 26 juil. 1721; † par. St-Livier 30 août 1727.
3. Charles, 11 avril 1724; chev., sgr de Brecklange et Chanville, cap. au régt royal Cravate cavalerie, † par. Ste-Croix 19 févr. 1746, inhumé par. St-Livier.

SAUTON DE MOUSTRON (DE) FRANÇOIS, mis d'Escouloubre, bon de Belcastel, sgr de Vialla, Vieille-Vigne et autres lieux, maréchal des camps et armées du Roi, inspecteur génl de sa cavalerie et de ses dragons, chev. de St-Louis, veuf de dame *de Montcalm*; † par. St-Victor 25 nov. 1769, inhumé par. St-Gorgon : à son enterrement, Jn-Jph de la Beuvière, chev. de St-Louis, major de la place de Metz; Pre-Henry de Beausire, maréchal des camps et armées du Roi; Pre-Chles Gautier de la Motte, major de la citadelle.

SAUVAGE. I. Jx-JACQUES, procureur au parlt, † par. St-Victor 11 sept. 1724. Il avait épousé Jne *Hugon*, † ibid. 17 mai 1720 De leur mariage étaient nés :

1. Jn-Jacques, par. St-Martin 12 févr. 1700.
2. Jeanne, ibid. 11 mai 1701; mariée à Louis Lambert.
3. Anne-Mte, par. St-Victor 15 mai 1705.
4. *Jn-Jacques*, ibid. 26 mai 1706; lequel suit.
5. Philippe, ibid. 26 avril 1708.
6. Marguerite, ibid. 21 déc. 1709; † 10 sept. suiv.
7. Christophe, ibid. 21 févr. 1711; † 17 avril 1712.
8. Philippette, ibid. 24 mai 1712.
9. Jn-François, ibid. 20 mai 1713; † 20 févr. suiv.
10. Jques-Fois-Laurent, ibid. 24 juil. 1714.
11. Agnès, ibid. 30 oct. 1715; mariée à Michel Vivaux.
12. Anne, ibid. 8 août 1717; † par. St-Gorgon 31 juil. suiv.

II. Jx-JACQUES, fils du préc., avocat au parlt, greffier des traites et fermes du Roi, épousa Mte *le Payen*, † par. St-Victor 15 juin 1790, à 71 ans. De leur mariage naquirent par. St-Victor :

1. Christine-Mte, 5 janv. 1746; † le lendemain.
2. Jn-Louis, 14 févr. 1747; procureur à la cour souveraine de Nancy, puis au parlt de Metz, ensuite faisant partie de

l'administration de la loterie, il épousa, par. St-Simplice 16 avril 1776, M^{te} *Barbé*, [† à Metz à un âge très avancé].
3. Marie, 17 déc. 1747.
4. Barbe, 4 déc. 1748.
5. François, 6 mars 1750.
6. Jⁿ-Jacques, 8 avril 1751.
7. François, 6 mai 1752; † 17 juil. 1764.
8. Jⁿ-Baptiste, 23 avril 1754.
9. Marguerite, 21 févr. 1759; † 25 mai 1761.

III. Jⁿ-JACQUES, bourgeois de Ste-Menehould, épousa Elisabeth *Macart*, † par. St Gengoulph 23 mai 1752, à 72 ans : à son enterrement, son fils, *P^{re}-Gabriel*, qui suit.

IV. P^{RE}-GABRIEL, fils du préc., employé au bureau de l'extraordinaire des guerres, † par. St-Gengoulph 17 déc. 1766, à 48 ans. Il avait épousé Barbe *Pérignon*, dont il eut ibid. :
1. Élisabeth-F^{oise}, 3 déc 1751.
2. F^{oise}-Barbe, 14 févr. 1753.
3. P^{re}-Gabriel-D^{que}, 30 sept. 1754.
4. M^{ie}-Gabrielle, 31 mai 1756.

V. Divers.
1. ANNE. V. Thomas II.
2. BARBE-SCHOLASTIQUE. V. Hochstein.
3. CLAUDINE. V. Morand de la Coste.
4. CLAUDINE. V. Praslin.
5. JEANNE. V. Marc II.
6. THÉODORE. V. de Saint-Hillier.

SAUVAGE (LE) JÉRÔME, éc., sgr de Bussière, de la par. St-Jean-Baptiste de Chaumont, épousa, par. St-Victor 17 juin 1684, Laurette *Jeanjean*, v^{ve} de Ch^{les} d'Auburtin, laquelle mourut à 77 ans, pensionnaire à l'abbaye de St-Pierre, ibid. 11 janv. 1737. De leur mariage étaient nés ibid. :
1. Anne-Charlotte, 27 mars 1687.
2. Regnault-Jérôme-Henry, 23 sept. 1689.
3. Élisabeth-J^{ne}, 17 déc. 1694.

SAUVAGE DE L'ISLE DE SAINTE-CLAIRE, *alias* DE L'ISLE SAINTE-CLAIRE LOUIS, chev. de St-Louis, cap. au rég^t royal artillerie bataillon de Pigar, fils des † Charles et Cunégonde Jeoffroy, du diocèse de Paris, résidant à Metz, par. St-Simplice, épousa, étant âgé de 47 ans, par. St-Eucaire 16 déc. 1722, Suzanne *Lours*, v^{ve} de Jⁿ-F^{ois} Laurent de Charly, âgée de 42 ans : au mariage, Louis de Moreau, chev. de St-Louis, cap., et Paul de Saint-Amand, lieut. : tous deux au susdit rég^t. — Du dit mariage naquit, par. St-Eucaire 25 janv. 1723, Louis-Ch^{les}-Borromée.

SAUVAL M^{ie}-CATHERINE. V. Ibrelisle.

SAUVAN MARGUERITE. V. Blouet II.

SAUVEUR DE CUEURS DE COGOLLIN N***. enseigne des vaisseaux du Roi, eut de F^{oise} *de Fullolis*, son épouse, par. St-Victor 28 avril 1740, J^{ph}-Gérauld : p. J^{ph}-Gérauld de Seisserer, sgr de Seyrac, conseiller chev. d'honneur au bureau des finances de Toulouse, cap. au rég^t de la Couronne; m. Laurence Boyer, épouse de Salomon-Jⁿ b^{on} de Cronhielm.

SAUX (DE LA), *alias* DE LA SAULX, cfr DE SAULX, Jⁿ-GASPARD, cap. d'une compagnie de fusiliers, † par. St-Eucaire 16 janv. 1688. Il avait épousé : 1° ibid. 7 nov. 1644, Élisabeth *Perrin*, v^{ve} du s^r de Pézenas; 2° étant lieut. du rég^t de Champagne, aide-major à Lille, par. St-Victor 13 janv. 1669, Geneviève-F^{oise} *Crespin* de la Woivre, fille de Philippe Crespin, sgr de la Woivre. Du second mariage naquirent :
1. Christophe, par. St-Victor 12 nov. 1671 ; [chan. de la cathédrale, † 22 mai 1742. Msc. Epit.]
2. Jⁿ-Dominique, par. St-Martin 5 févr. 1678.

SAVARY J^N-FRANÇOIS, [originaire de Paris, chan. de la cathédrale de Metz, conseiller clerc au parl^t, † 5 avril 1728, inhumé à la cathédrale. Msc. Epit.]

SAVARY DE COURTILLE ALEXIS. V. Garson de Prehedno.

SAVASKY (DE) JEAN. V. de Couët I, 1.

SAVIGNY (DE). I. ANTOINE, R. P. R., boucher, fut père de :
1. Suzanne, 29 déc. 1561.

2. Catherine, mariée à Jⁿ Thiedric.
3. *Thierry*, qui suit.

II. THIERRY, R. P. R., fils du préc., boucher, puis hôte au Cheval Blanc, épousa : 1° 11 mai 1578, Zabillon *Christophle*, fille de Pierron Christophle, hôte au dit Cheval Blanc; 2° 21 janv. 1601, Anne *Maupassant*, fille de Gontier Maupassant, de Châlons. Du premier mariage naquirent :
1. Élisabeth, 16 oct. 1579.
2. Sara, 28 nov. 1582.
3. Rachel, 29 juin 1584.
4. Suzanne, 27 avril 1588.
5. Judith, 26 déc. 1589.
6. *Jérémie*, 27 oct. 1591 : p. Jérémie le Goullon, greffier, et Didier le Braconnier; m. Anne, épouse de Jⁿ le Goullon. — Lequel suit.
7. Anne, 14 juin 1602; mariée à Benjamin Anguenet, ministre à Lixheim.

III. JÉRÉMIE, R. P. R., fils du préc., garnisseur de chapeaux « sous les arvolds de la petite place », épousa, 12 avril 1610, Suzanne *Pierson*, dont il eut :
1. Jérémie, 17 févr. 1612; lieut. d'une compagnie de chevau-légers, il épousa, 1ᵉʳ avril 1641, Mⁱᵉ *de Vigy*, fille de Jacob de Vigy, bourgeois.
2. Rachel, 10 août 1614.
3. Suzanne, 16 août 1615; mariée à Abraham Guerre.
4. François, 13 août 1617.
5. Anne, 28 nov. 1618 : m. Suzanne de Savigny, épouse de Daniel Drouin, mᵈ, garnisseur de chapeaux.
6. Gédéon, 23 févr. 1620.

IV. ÉLISABETH fut marraine par. Sᵗᵉ-Croix 7 août 1625.

V. N*** épousa Mᵗᵉ *de Heu*, marraine par. Sᵗ-Martin 13 mai 1576.

VI. RENÉ de Savigny ou de Sickingen, sgr de Landsthul, eut d'Aimée *de Barisy*, son épouse, François, 21 déc. 1603.

VII. JEAN. V. de Gournay I, 4.

VIII. CATHERINE-ANTOINETTE et WARY. V. de Roucel II.

IX. ANNE. V. de Vodeville.

SAVONNIÈRES (DE) MAGDELON-THIMOLÉON-HENRY, chev., sgr du Val, Bionville et autres lieux, fils de Magdelon-Thimoléon, sgr d'Entre-deux-Bois et de la Cour de Nel, au pays du Maine, † par. Sᵗ-Simplice 13 avril 1750, à 35 ans. Il avait épousé Mⁱᵉ-Barbe-Suzanne *de Fauveau*, vᵛᵉ de Chˡᵉˢ Jacomel de Bien-Assise, laquelle mourut ibid. 30 juin 1775, à 56 ans. De leur mariage étaient nés :
1. Thimoléon-Magdelon-Fᵒⁱˢ, par. Sᵗ-Gorgon 28 nov. 1744 : p. son gᵈ père pat.; m. Mⁱᵉ-Fᵒⁱˢᵉ de Savonnières, épouse de Chˡᵉˢ-Louis de Maillé, cᵗᵉ de la Tour d'Andry. — Il était, en 1757, sgr de la cour de Nel, lieut. au régᵗ de Normandie.
2. Henry-René-Mⁱᵉ, ibid. 27 oct. 1745 : p. Henry-Fᵒⁱˢ de Savonnières, chev., sgr de Mauléon, cousin de l'enfant, représenté par Chˡᵉˢ-Antoine de Jacomel de Bien-Assise; m. Renée-Madeleine de la Savonnière, épouse de Chˡᵉˢ-Isaac de Boissard, chev., sgr de Launay, Genêts, Berville, Foires et autres lieux, tante de l'enfant, représentée par Mⁱᵉ-Barbe-Suzanne de Jacomel de Bien-Assise. — Il mourut par. Sᵗ-Simplice 31 déc. 1754.
3. Mⁱᵉ-Charlotte-Adélaïde, par. Sᵗ-Simplice 17 juil. 1747; mariée à Jⁿ-Nᵃˢ-Étienne bᵒⁿ de Bock.
4. Lˢᵉ-Jⁿᵉ-Jacobine, ibid. 9 févr. 1750 : p. Louis de Mérille, chev., cᵗᵉ de la Courlanderie, bᵒⁿ d'Entrasme, son cousin, représenté par Antoine-Chˡᵉˢ Jacomel de Bien-Assise, lieut. au régᵗ de Normandie; m. Jacobine de Dominique, épouse de Michel-Armand mⁱˢ de Broc, colonel au régᵗ de Bourbon infanterie, sa cousine, représentée par Barbe-Suzanne Jacomel de Bien-Assise. — Elle fut mariée à Jᵖʰ-Barthélemy-Oddo de Bonniot de Chenicourt.

SAVOY (DE) CLAUDE, fils de Woirin-Fᵒⁱˢ, épousa, par. Sᵗ-Simplice 17 mai 1608, Élisabeth *la Mothe*, fille de Nᵃˢ la Mothe.

SAVOYE Mᵗᵉ-ADÉLAÏDE. V. de Saint-Hillier IV.

SAYVELLES (DE), *alias* DE SAIVELLES.

I. Joseph, chev., cap. de grenadiers au régt de Blaisois, fils de Philbert, éc., sgr de Naumont, par. de Balon, au diocèse de Rheims, et de Mlle de Serpe, épousa, par. St-Marcel 7 janv. 1700, F^{oise} *Ancillon*, dont il eut, ibid. 6 janv. 1701, Lucie-Reine, † 24 févr. suiv.

II. F^{oise}-Antoinette. V. du Portail de la Sylve.

SCANNIBOUR (DE) Marguerite, dame de Ste-Marie, fut marraine par. St-Simplice 10 juin 1669.

SCARPATET P^{re}-Antoine, cap. au régt de Salis, fils de P^{re} et d'Orsola Traverse, natif de Conters au pays des Grisons, † par. St-Livier 21 oct. 1777, à 45 ans.

SCELESTATT Frédéric. V. Kreuter.

SCHARFENBOURG (DE) Girard. V. de Roucel II, 3.

SCHARFF. I. Anne. V. Fringant III.

II. Marguerite et Jⁿ-Michel. V. de la Roche-Girault I et II.

III. M^{ie}-Agnès. V. Michelet de Vatimont IV.

SCHAUEMBOURG (DE). I. N***, sgr de Belle-Croix, fut parrain par. St-Eucaire 8 févr. 1613.

II. P^{re}-Mathias, eut de Madeleine *de Custines*, son épouse :
1. Antoine, par. St-Gorgon 29 juil. 1621.
2. Barbe, jumelle du préc.

III. Dorothée. V. Bérault de Belcastel.

SCHEFFERT Villibrod. V. Dosquet I, 7.

SCHEFLER Claire-Élisabeth. V. Idlinger.

SCHELANDRE (DE), alias DE XELLANDRE Jean, R. P. R., sgr du Tailly, Chaumont, etc., épousa M^{ie} *le Goullon*, † v^{ve} de lui, à 77 ans, 31 mars 1668. De leur mariage étaient nées :
1. Judith, mariée à Samuel, *alias* Jⁿ-Rembert Streuff de Lawenstein.
2. Madeleine, mariée à Richard de Chavenel.

SCHENAVIÉ Jean, R. P. R., m^d, fils de Théobald, conseiller au canton de Bâle, épousa, 13 févr. 1667, Anne *Jennet*.

SCHENECK DE GRASSENBERG Anne-Marie. V. de Grassmann.

SCHIELÉ Jⁿ-Jacques, éc., conseiller secrétaire du Roi en la chancellerie du conseil souverain d'Alsace, eut de M^{ie}-F^{oise} *Carré*, son épouse, M^{ie}-Anne, † aux Ursulines par. St-Marcel 27 déc. 1779, à 13 ans.

SCHILPLIN. I. Balthasar, cap. au régt d'Alsace, épousa M^{ie}-Madeleine *de Steinhausen*, † à 80 ans, par. St-Simplice 2 juin 1721, inhumée proche l'escalier de St-Michel : à son enterrement, son fils, Jⁿ-Louis, qui suit.

II. Jⁿ-Louis, fils du préc., cap. au régt d'Alsace, épousa Julienne-Christine *Cronne*, dont il eut, par. St-Martin 10 avril 1730, Laurent-N^{as} : p. Laurent-N^{as} b^{on} de Moitrey. — L'enfant mourut le surlendemain.

SCHLMENZER Joseph. V. de Bacalan II.

SCHMALTZ Barbe. V. Ladrague IV.

SCHMITT. V. Lasalle (note).

SCHOBEL Antoine, natif de Gosebach, en Souabe, juridiction de Vicssenseig, officier porte-enseigne au régt d'Anhalt, † par. St-Livier 7 janv. 1761, à 48 ans : à son enterrement, de Zoller, lieut.-colonel, et de Lichtenstein, major : tous deux du dit régt.

SCHOLS Georges-Gabriel. V. Foy de Morcourt.

SCHOMBERG (DE) Charles. V. de Bombelles I, 6, et de Lallouette III, 5.

SCHOT Pierre. V. Goullet I, 3.

SCHOUMERT Anne-Madeleine. V. de Brem.

SCHREINER Jean, aide-major lieut. de la colonelle du régt de Courten, natif de Conge en Velay, † par. St-Livier 17 févr. 1737, à 58 ans : à son enterrement, de la Valle, cap. de la colonelle ; Maier, cap. lieut. : tous deux au susdit régt.

SCHUHLBLAUS M^{ie}-Agnès. V. Cochois.

SCHWAUB (LE). I. Isaac, R. P. R., procureur, eut de Suzanne *de Vigneulles*, son épouse, Marthe, 17 juin 1626.

II. Esther. V. Boudaine III.

SCHWARTZ (de) Christophe, chev. de St-Louis, cap. command^t au rég^t de Saxe infanterie allemande, natif de Brême en Allemagne, † par. Ste-Ségolène 6 mai 1737.

SCHWARTZENHAUSEN (de). I. Ch^{les}-Joseph, chev. de St-Louis, premier cap. au rég^t d'Alsace infanterie allemande, † par. St-Simplice 2 sept. 1739, à 57 ans. Il avait épousé M^{ie}-Madeleine-Charlotte *Rousseaux*, † ibid. 7 sept. 1735. De leur mariage était né, par. St-Eucaire 28 nov. 1733, *Jérôme-Louis-J^{ph}*, qui suit.

II. Jérome-Louis-J^{ph}, fils du préc., bachelier en droit, eut d'Anne-Catherine *Dartenay*, son épouse :
1. F^{ois}-Louis-Jérôme, par. St-Simplice 1er juil. 1752 : p. F^{ois} Dartenay, conseiller du Roi, greffier en chef au parl^t, son aïeul mat.; m. M^{ie}-Madeleine Troiseux de la Vieuville, sa bisaïeule pat.
2. N^{as}-Esprit, ibid. 10 juin 1753.
3. Joseph, ibid. 21 juil. 1754; le père est conseiller du Roi, très. de France au bureau des finances de la généralité de Metz.
4. Claude-N^{as}, par. St-Gorgon 17 août 1755.
5. Anne-Sophie, ibid. 25 oct. 1756.
6. Pauline-M^{ie}-Victoire, ibid. 23 févr. 1758.
7. Jérôme-Louis-J^{ph}, par. St-Simplice 21 sept. 1759.

SCHWENGSFELDT (de) Frédéric, b^{on}, sgr de Grinstein, major au rég^t d'Alsace, eut de J^{ne}-Josèphe *de Bergh*, son épouse, par. St-Gengoulph :
1. M^{ie}-Thérèse-Charlotte, 6 août 1754 : p. Ch^{les} b^{on} de Bergh, son oncle, major au rég^t de Bergh infanterie allemande, représenté par Mr de Geofre, chev. de St-Louis, command^t au rég^t de Champagne; m. Catherine-Thérèse de Bergh, née de Bullingen, sa g^d mère. — Elle mourut 5 oct. suiv.
2. N***, ondoyée 15 mai 1756.

SCIO. I. Judith. V. Bancelin II, 5.
II. Odeliatte et François. V. Marion.

SCIRNE (de) Françoise. V. Perrault de Rougeron.

SCOURION Charles-F^{ois}, sgr de la Houssaye, Henneville, Friaucourt, Hardivillier, Hauteville-lès-Montigny, la Tour-Mons-Vaux de Vienne et Gimart, fils de † Nicolas, éc., sgr des dits lieux, et de Louise *Verrot*, épousa, par. St-Victor 30 oct. 1701, Marthe *Daunois*, fille de Louis Daunois et de † Judith Gallois. De leur mariage naquirent :
1. Anne-Thérèse, par. St-Simplice 11 juin 1702 (*sic*).
2. Ch^{les}-Antoine, par. St-Martin 4 juil. 1703.
3. Charlotte-Henriette, ibid. 3 mai 1705 : p. Claude-Henry Grimont, notaire royal et apostolique; m. Charlotte Dupont, épouse de Jean Ulrich.
4. Catherine, par. Ste-Croix 3 juil. 1706.
5. Claude-Ch^{les}, par. St-Simplice 29 oct. 1707 : p. Claude Martin, sgr de St-Humbert; m. M^{te} du Grost, épouse du s^r Mogeain, dir. des domaines.
6. Pierre, ibid. 12 août 1708.
7. Paul, ibid. 18 févr. 1710.
8. Pierre, ibid. 23 nov. 1710.
9. F^{ois}-Joseph, ibid. 17 oct. 1711.

SÉBASTIEN Marguerite. V. de Salivet.

SECHAMPS (de) J^{ques}-Paul-Melchior-Henry, éc., sgr de Sechamps près Toul et de Romemort, épousa, étant âgé de 33 ans, par. St-Gorgon 13 janv. 1682, M^{te} *Gaugué*, âgée de 24 ans, dont il eut ibid. :
1. F^{ois}-Henry, 22 mai 1683.
2. P^{re}-Paul, 29 juin 1684.
3. Françoise, 1er août 1692.

SÉCHEHAYE. I. Daniel, R. P. R., m^d drapier, épousa, 29 sept. 1658, Madeleine *Bernard*, dont il eut :
1. Marie, 12 juil. 1662.
2. *Paul*, 30 oct. 1665; lequel suit.
3. Judith, 13 oct. 1666.
4. Suzanne, 26 août 1667; † 9 sept. suiv.
5. Judith, † à 3 mois, 6 déc. 1668.
6. Jeanne, 7 oct. 1669; † 10 oct. 1670.
7. Anne, 1er juil. 1671; † 29 déc. 1681.

8. Isaac, 6 déc. 1672.
9. Daniel, 7 avril 1674; † 28 suiv.
10. Abraham, 27 mars 1675.
11. Suzanne, 16 déc. 1676; mariée à Élie Fauveau.
12. Marie, † à 28 mois, 22 sept. 1680.
13. Anne-M^{ie}, 10 juil. 1679.
14. David, 19 déc. 1680; † le surlendemain.
15. Louise, 23 mars 1682.

II. PAUL, fils du préc., m^d teinturier, ancien échevin de la par. St-Marcel, † ibid. 16 sept. 1745. Il avait épousé Anne *Lecoq*, † à 80 ans, ibid. 12 déc. 1755. De leur mariage étaient nés :
1. Marie, mariée à Samuel Hyan.
2. *Paul*, qui suit.

III. PAUL, fils du préc., m^d drapier, † à 60 ans, par. St-Livier 5 févr. 1749. Il avait épousé M^{te} *Charton*, † à 56 ans, ibid. 14 janv. 1740. De leur mariage était né *Paul*, qui suit.

IV. PAUL, fils du préc., m^d, épousa, par. St-Simplice 7 févr. 1741, F^{oise} *Olry*, fille d'Étienne Olry, m^d à Moyeuvre, et de Madeleine Thiébaut, de laquelle il eut par. St-Marcel :
1. Paul, 1er févr. 1742 : p. Paul Séchehaye, m^d teinturier, bisaïeul; m. F^{oise} Courageux, bisaïeule. — Il mourut 13 sept. 1743.
2. Paul, 22 févr. 1744 : p. Paul Séchehaye, m^d, aïeul; m. Madeleine Thiébaut, aïeule.
3. *J^n-Joseph*, 2 oct. 1746 : m. M^{ie} Séchehaye, épouse de Gilles Stregnard, écuyer de Mgr le maréchal de Belle-Isle. — Lequel suit.
4. Anne-F^{oise}, jumelle du préc.

V. J^N-JOSEPH, fils du préc., conseiller du Roi au bailliage, [procureur syndic de la ville de Metz, puis procureur du Roi près le siège de la maréchaussée des Trois-Évêchés, président du tribunal du district de Boulay en 1790, juge au tribunal civil de Metz après l'émigration, † en 1814.] Il avait épousé : 1° par. St-Simplice 15 mars 1768, Barbe *Lambert*, âgée de 19 ans, † par. St-Livier 30 mai 1776; 2° M^{ie}-Barbe *Barthélemy*, fille de J^n-N^{as} Barthélemy, conseiller du Roi, son assesseur civil et criminel au bailliage de Briey.
Du premier mariage naquirent par. St-Livier :
1. Lambert, 5 janv. 1769; † 8 oct. 1772.
2. Paul, 5 avril 1770.
3. Louis, 4 janv. 1771; † le surlendemain.
4. Anne-M^{ie}-Éléonore, 30 sept. 1773; mariée à J^n-B^{te} Tribout de Moremberg.
5. Pierre, 16 mai 1776.
Du second mariage naquirent ibid. :
6. Paul-Joseph, 24 mars 1778.
7. Jean-Nicolas, 19 janv. 1780 [1].
8. Jean-Philippe, 18 nov. 1782 [2].

VI. Divers.
1. DANIEL. V. le Goullon XVIII.
2. ÉLISABETH. V. le Bugnet.
3. MADELEINE. V. de Vigneulles XIV.
4. SARA. V. Humbert V.
5. SARA. V. Lecoq III.

SÈCHEPINE. I. ANNE. V. Boursier de Mondeville.

II. ANNE. V. de Vars de Vaussereuil.

SECQ DE CRÉPY (LE). I. J^n-PHILIPPE, éc., chev. de St-Louis, lieut. de cavalerie, command^t de la maréchaussée en résidence à Vic, épousa Anne *Sequer*, † par. St-Victor 26 déc. 1785, à 54 ans. De leur mariage étaient nés :
1. Jeanne, mariée à J^n-Ch^{les} Lambert.
2. *J^n-Philippe-Mathieu*, qui suit.

II. J^N-PHILIPPE-MATHIEU, fils du préc., officier d'infanterie, âgé de 22 ans, épousa, par. St-Livier 6 juin 1781, M^{ie}-Anne *Cajot*, fille de P^{re} Cajot, m^d, échevin de l'hôtel de ville de Verdun, et d'Anne-Catherine Toussaint.

SÉEPACH (DE) M^{ie}-ÉLÉONORE. V. de Guébel.

SEGOND CLAUDE. V. Périn III, 2.

---

(1) JEAN-NICOLAS, ancien membre du conseil municipal et juge de paix du premier canton de Metz, épousa F^{oise}-Éléonore Olry, dont : 1° Eugène, mariée à Émilie de Mairesse; 2° Charles, † sans alliance; 3° Élisabeth, mariée en secondes noces à Mr Lacroix, conseiller à la cour d'appel de Nancy.
(2) JEAN-PHILIPPE, cap. d'artillerie, † à Erfurt, sans laisser de postérité de L^{se}-Charlotte de Marisien, son épouse.

SÈGUE (DE) GERMAIN. V. Mathis IX.

SÉGUIER LOUIS, chan. de la cathédrale, † par. St-Gorgon 13 janv. 1735.

SÉGUIER (DE). I. CLAUDE. V. de Rostaing de Bataille de Fouclair.
II. F^{ois}-CLAUDE. V. d'Hunolstein.
III. JEANNE. V. de Blair.
IV. JEANNE. V. de la Cour III.

SÉGUIER DE SAINT-CYR FRANÇOISE. V. de Cossard.

SÉGUR (DE). I. HENRY-PHILIPPE et HENRY-F^{ois}. V. de Cronhielm.
II. LOUIS. V. de Bacalan II.

SEIGLIZ (DE) JOSEPH, lieut. au rég^t du Prince Électeur de Bavière, fils de Casimir, major au rég^t de dragons au service du Prince Électeur de Brandebourg, et de M^{ie} Tansk, dem^t à Vialay en Prusse, assisté de Maximilien Alsamb, commissaire des guerres au service de la dite Altesse Electorale, et de Ch^{les} de Rainville, avocat au parl^t, épousa, par. St-Gorgon 12 juin 1709, J^{ne}-Baptiste *Genot*, âgée de 18 ans, fille de J^{ques} Genot, officier de l'Évêque de Metz. Au mariage assistait Jⁿ de Heune, officier du dit Évêque.

SEIGNIER. V. Foureau-Seignier.

SEILLONS (DE) F^{ois}-AIMÉ, chev., sgr de la Barre, Courcelles-Chaussy, la Hautonnerie et Vany, lieut.-colonel au corps royal artillerie, sous-dir. à la direction de Metz, chev. de St-Louis, fils des † François, chev., sgr de la Barre, et F^{oise} Boureau, épousa, par. Ste-Ségolène 25 sept. 1764, M^{ie}-Charlotte *Douglas*, douairière de Jⁿ-B^{te}-N^{as} de Mazerulle : au mariage, Étienne-F^{ois} chev. de Voisins, chev. de St-Louis, lieut.-colonel de la brigade de Loyauté corps royal artillerie; F^{ois} de Formanoir, lieut.-colonel au corps royal artillerie, sous-dir. à la direction de Metz. — M^{ie}-Charlotte Douglas mourut ibid. 18 oct. 1789, à 69 ans.

SEIRAS DE SAINT-PRIVAT JOSEPH. V. de la Fléchière d'Arbousse.

SEISSERER J^{ph}-GÉRAULT. V. Sauveur de Cuers de Cogollin.

SEITZ M^{ie}-THÉRÈSE. V. Christen.

SÉJÉAL (DU) Jⁿ-BAPTISTE, aide-major de la porte Chambière, chev. de St-Louis, † à 80 ans, par. St-Georges 3 oct. 1762. Il avait épousé M^{ie}-Michelle *Arnould*, v^{ve} du s^r Rochefort, cap. lieut. au rég^t d'Orléans dragons, laquelle mourut ibid. 27 mars 1747.

SELLE ANNE. V. de Grassy.

SELLE dite BERTRAND M^{ie}-ANNE. V. de Melisse.

SELLIER. I. NOEL épousa M^{te} *Barotte*, † à 81 ans, par. St-Marcel 19 nov. 1725. De leur mariage naquit *Christophe*, qui suit.
II. CHRISTOPHE, fils du préc., avocat au parl^t, échevin de l'hôtel de ville, † par. St-Victor 14 févr. 1743, à 66 ans. Il avait épousé, par. St-Marcel 14 juil. 1705, Nicole *Jennesson*, † par. St-Martin 8 juin 1751, à 76 ans : à son enterrement, deux de ses petits-fils, P^{re}-N^{as} de Prille, clerc du diocèse de Metz, et Louis-N^{as} de Prille.
III. Jⁿ-DANIEL, dir. des vivres des armées du Roi, † à 76 ans, par. St-Gengoulph 26 oct. 1748. Il avait épousé M^{ie}-F^{oise} *Poinsignon*, dont il eut deux :
 1. M^{ie}-Catherine, 28 mars 1732.
 2. F^{oise}-Agnès, † 1er mai 1754, à 23 ans.
IV. N***. V. Bogelot.

SELVE (DE). I. LAZARE, conseiller du Roi en son conseil d'État et privé, président pour S. M. ès villes, comtés et évêchés de Metz, Toul et Verdun, † par. St-Martin 18 août 1623 : il est dit membre de la confrérie de St-Michel, sgr de Breuil et de Marignan. Il avait épousé : 1° Théodora *Vignoy*, v^{ve} d'Étienne Boylesve, sgr d'Auvers, [† 6 juil. 1612, inhumée en l'église abbatiale de St-Arnould, près l'autel de la Passion, Msc. Epit.] ; 2° par. St-Martin 8 févr. 1614, F^{oise} *Praillon*.
II. FRANÇOISE. V. de Bérard.
III. CHARLOTTE. V. de Vauborel II, 3.

SELZET d'ELVAIN (1) M^ie-Anne. V. de Cailloux II.

SEMAN (de) Charles, R. P. R., fils de † Gédéon, épousa, 22 févr. 1632, Suzanne *de Montigny*.

SEMELLAY (de) Jacques, éc., sgr de la Lignerotte, cap. au rég^t de Languedoc dragons, chev. de St-Louis, † par. St-Victor 2 sept. 1736. A son enterrement, Henry Château-Renarda, lieut.-colonel du dit rég^t, chev. de St-Louis; J^n-M^ie d'Inguimbert de Pramiral, major au rég^t de Toulouse; J^n-F^ois de Boyer, Etienne Bellon, capitaines, et F^ois de Saint-Louis, cap. aide-major, au rég^t du défunt.

SEMELLÉ Anne-Barbe, François et Antoine-F^ois. V. Masson IV.

SENAULT Louis, [m^e-chirurgien, officier, † 4 avril 1693, à 54 ans, inhumé aux Précheresses. Msc. Epit.]

SENENT (de) Marie. V. Pillement.

SENÉ Marie. V. Chautant.

SENET Élisabeth. V. Richepance.

SENNE (le) Antoine-J^ph. V. de Beauvoir de Sericourt.

SENNETON (de). I. Marie, fille du président royal Antoine, fut baptisée R. P. R. 4 oct. 1568 : p. Mr du Molinet, s^r de Grosbois.

II. Charles, [abbé de St-Arnould, † 28 juin 1611. Journ. de Séb. Floret.]

III. Charles, [abbé de St-Arnould, d^r *in utroque jure*, chancelier du diocèse, vicaire gén^l et official gén^l, † à 81 ans, 6 juil. 1749, inhumé à la Cathédrale. Msc. Epit.]

IV. Marie. V. du Hayer.

SENNETON de CHERMONT (de) Henry-Claude, ingénieur ordinaire du Roi, cap. au rég^t d'infanterie de la Gervaisais, eut de Claudine *de Lavemont*, son épouse, par. St-Jean de la Citadelle :
1. P^re-Claude, 27 juin 1717 : p. P^re de la Salle, ingénieur ordinaire du Roi en chef à Longwy et cap. au rég^t de Normandie ; m. M^ie Tellier, épouse de Mr de Chermont, dir. des fortifications des Trois-Évêchés.
2. Louis-F^ois, 8 sept. 1718.

SENNEVILLE (de). I. J^n-Baptiste, commissaire d'artillerie, fils du s^r Michelet de Senneville et d'Anne-M^ie Bornard, originaire de Liège, † à 22 ans, par. St-Simplice 15 mai 1706.

II. J^ne-Isabelle-Victoire. V. de Rostaing.

SENOCQ. I. Jean, R. P. R., fils de Claude, conseiller à Verdun, épousa, 30 juil. 1600, M^te *Gauvain*.

II. Claude, sgr de Flévy, † par. St-Martin 17 avril 1635. Il avait épousé Élisabeth *Rollet*, dont il eut ibid. :
1. Louis, 15 mars 1628 : p. J^n Rollet, conseiller d'État de S. A. de Lorraine; m. Anne le Pont, son épouse.
2. J^n-Claude, 1er févr. 1632 : p. Jean de Paulo, lieut. du s^r de Montestruc; m. Anne Fabert, épouse du s^r du Jardin.
3. Philippe, 27 déc. 1632; sgr de Flévy, † 2 mars 1667.
4. Alexandre-Claude, 25 mars 1634.
5. Louise-Diane, posthume, 11 juil. 1635.

III. J^n-Claude, éc., sgr de Flévy, † à 44 ans, par. St-Martin 21 mai 1680 : à son enterrement, Charles, son frère, qui suit.

IV. Charles, frère du préc., éc., sgr de Flévy, épousa Apolline *Godefroy*, † par. St-Victor 22 mai 1684.

V. François, trés. de France, eut de Claire *Jeoffroy* ou *Geoffroy*, son épouse :
1. Françoise, par. St-Gorgon 20 sept. 1665.
2. Barbe, mariée à Alexandre Daniel.

VI. Ch^les-Michel. V. Dattel V, 2.

VII. Catherine-F^oise. V. Geoffroy IV.

VIII. M^ie-Anne. V. Dattel VI, 8.

SEPTSOLS Louis-Auguste, sgr en partie de Buy, épousa Élisabeth *Évotte*, † v^ve de lui, à 67 ans, par. St-Maximin 6 juil. 1762.

---

(1) Dans le cours de l'impression de notre ouvrage, nos recherches nous ont fait supposer qu'il s'agit de la famille *Seltzer d'Elvange*.

SEQUER, *alias* **SEIQUER**. I. ANNE. V. le Secq de Crépy.

II. M^{ie}-MADELEINE. V. Plassiard.

SERAINCHAMPS (DE), *alias* DE **STRAINCHAMPS** *ou* **STRINCHAMPS**. I. LOUIS, b^{on} du St-Empire, colonel pour le service de S. M. catholique, sgr de Brabant, le Sart et Trieux, épousa, par. St-Maximin 17 janv. 1660, Anne-Catherine *de Custines* : à ce mariage, Georges de Bettainvillers, oncle mat. du marié.

II. N***, eut d'Anne *de Bischebourg*, son épouse, par. St-Gorgon 2 juil. 1635, Ch^{les}-Joseph : p. Ch^{les} de Lorraine, abbé et sgr de Gorze, représenté par Jⁿ Mahuet, avocat au parl^t; m. Claude d'Haraucourt, abbesse de Ste-Marie, représentée par Catherine d'Haraucourt, sa nièce.

III. LOUIS-GABRIEL, chev., sgr de Han-devant-Pierrepont, épousa Anne-Gabrielle *de Housse*, † par. St-Gorgon 6 janv. 1759 : à son enterrement, Philippe-Honoré de Serainchamps, chan. de St-Sauveur.

IV. ANDRÉ, cousin du préc., chev. de Malte, commandeur de la commanderie de Belle-Croix et procureur gén^l de son ordre au grand prieuré de Champagne, † en l'hôtel de Malte, par. Ste-Croix 12 juin 1752, à 68 ans : à son enterrement, Isaïe de Goury, cap. au rég^t royal Barrois, son neveu.

V. CHARLES, cap. au rég^t de Périgord, eut d'Anne *Gautier*, son épouse, Barbe, par. St-Livier 27 avril 1640.

VI. Divers.
1. ANNE-GABRIELLE et CHARLES. V. Cellier V.
2. ÉLISABETH. V. Dattel III.
3. F^{ois}-CHARLES. V. de Gray de Malmédy III, 1.
4. URSULE-CATHERINE, MARGUERITE, ANDRÉ et F^{ois}-EUSTACHE. V. de Custines III et VIII.

SÉRAPHON M^{ie}-DOROTHÉE. V. Caillet.

SERGENT. I. BLAISE, m^e des forges et fourneaux de Bayard en Champagne, un des fermiers généraux de l'abbaye de Gorze, puis conseiller du Roi, président et juge des traites et fermes de la généralité de Metz, fils de Jean, greffier en chef des prévôté et gruerie de Conflans-en-Jarnisy, et de M^{ie} Maréchal; † par. St-Maximin 7 avril 1771, à 70 ans. Il avait épousé, à Pagny-sous-Prény 9 févr. 1745, Barbe *Georgin*, dont il eut :

1. Claude-Georges, avocat au parl^t, † par. St-Maximin 19 avril 1775, à 28 ans. Il signait *Sergent de Lavanne*.
2. M^{ie}-Françoise, † à 7 ans, ibid. 28 nov. 1755.
3. Jean-B^{te}-Gaston, par. St-Gengoulph 31 janv. 1750.
4. *Georges-Blaise*, par. St-Maximin 18 mai 1754; lequel suit.
5. Ursule-L^{se}, ibid. 10 mai 1755 : p. Jⁿ-N^{as} Sergent, fils de Georges Sergent, sgr de Belay en Champagne, représenté par Georges-Claude Sergent, de Metz; m. Ursule Jacques, épouse de Daniel Cointin, conseiller référendaire en la chancellerie du parl^t, représentée par Ursule-L^{se} le Payen.
6. Jⁿ-François, ibid. 15 oct. 1757; garde du corps de Monsieur frère du Roi, à l'enterrement du suiv.

II. GEORGES-BLAISE, fils du préc., dem^t rue des Augustins, éc., cap. de cavalerie, garde du corps de Monsieur frère du Roi, épousa, par. St-Victor 25 sept. 1787, M^{ie}-Anne *Hillaire*, dont il eut, par. St-Martin 16 sept. 1788, Barbe-Clémentine : p. Sébastien Hillaire, aïeul mat.; m. Barbe Georgin, aïeule pat. — Georges-Blaise signait *Sergent de Lavanne*.

III. FRANÇOIS, contrôleur et receveur des domaines du Roi au bureau de St-Dizier, fils de J^{ques}-Madeleine, ancien juge-consul et cap. de la compagnie colonelle de bourgeoisie de Châlons, et de † Louise Pérignon, épousa à Lessy (l'acte à la par. Ste-Croix) 15 oct. 1753, M^{ie} *Watrin*, fille de Joseph Watrin, premier huissier audiencier à la table de marbre du parl^t, et d'Anne-M^{ie} Aveline : au mariage, Blaise Sergent ci-dessus I; Remy-Louis Thuillier de Desaunay, éc., lieut. command^t des maréchaussées du Barrois, dem^t à Bar-le-Duc. — Du dit mariage naquit, par. Ste-Croix 10 sept. 1755, J^{ques}-Madeleine.

IV. Anne-L^{se}. V. de la Bussière.

V. Barbe-Philippe, Laurent et Pierre. V. Bollioud.

SERIB (?) (de) Marie. V. de St-Orman.

SERIGNAN (de) Jean, lieut. du Roi au gouv^t de Metz, eut de Jacquette *de Sarthe*, son épouse, par. St-Gorgon :
1. Gabriel, 7 févr. 1647 : p. Antoine Morel, aumônier de Mr de Serignan ; m. Élisabeth Brouard.
2. François, jumeau du préc. : p. F^{ois} Fontaine, aumônier des dames de la Présentation ; m. Anne Martignon.
3. Martin, 14 oct. 1648.
4. Jacquette-Philippe, 1er mai 1650 : p. Jⁿ Urbain, chan. régulier de l'ordre de St-Augustin, curé de Ste-Ségolène.

SERIGOT (de), *alias* de SARIGOT Jacques, éc., sergent-major de la ville de Metz, lieut. d'une compagnie de gens de pied, † par. St-Gorgon 6 mars 1633. Sa fille Catherine fut marraine par. St-Martin 20 juin 1612.

SERISTORY Camille. V. d'Elbecuto-Orlandiny.

SERIZ Jean. V. Morlanne.

SERMENT (de) I. Jⁿ-Alain, éc., lieut. du Roi à la citadelle, eut de J^{ne}-M^{ie} *de Galbert de Ronchot*, son épouse, par. St-Jean de la Citadelle :
1. Angélique-F^{oise}-M^{te}, 17 avril 1699 : p. Louis-Honoré de Serment, au nom de Ch^{les}-J^{ph} Dalery ; m. J^{ne}-Thérèse-Alexandrine de Serment, représentant d^{elle} Dalery.
2. L^{se}-Angélique-Josèphe, 4 sept. 1700.

II. Louis-Honoré. V. de Bernard.

SEROCOURT (de) Gabrielle. V. de Custines.

SEROD du COUDRAY Dominique, natif de Dainville, proche Gondrecourt, diocèse de Toul, commissaire au bureau de la direction des fermes du Roi, † à 36 ans, par. St-Gorgon 6 janv. 1766.

SERON Joseph, [d^r en Sorbonne, chan. de la cathédrale, chancelier du diocèse, vicaire gén^l et official, † à 81 ans, 6 juil. 1749, inhumé à la cathédrale. Msc. Epit.

SERPE (de) Marie. V. de Sayvelles.

SERPET (de) Charles, sgr de Hauy, officier des armées de Louis XIII, roi de France, † par. St-Gorgon 2 oct. 1635.

SERRE. I. François, R. P. R., secrétaire interprète du Roi, fut père de :
1. Anne, mariée à Ch^{les} Braconnier.
2. Marie, mariée à David le Goullon.

II. Abraham *Serre*, peut-être *Sarre*, R. P. R., épousa, 26 janv. 1657, J^{ne} *Braconnier*.

III. Judith. V. le Goullon III.

SERRE (de) I. Antoine, R. P. R., éc., un des chevau-légers de la garde du Roi, épousa, 4 juil. 1638, M^{ie} *Malchar*, v^{ve} de David le Goullon, de laquelle il eut Jean, 17 mai 1639.

II. Charlotte. V. le Bas du Plessy.

SERRE de ROCHECOLOMBE (de) Jⁿ-Fortunat, chev. de St-Louis, brigadier des armées du Roi et son lieut. command^t au gouv^t de Metz, † par. St-Gorgon 21 août 1751, à 80 ans.

SERRE (de la), cfr. BESSER XIII.
I. Nicolas, sgr de Distroff et de Wies (Metzerwisse), épousa, par. Ste-Ségolène 18 août 1664, M^{ie} *de Bonnefoy*, fille de Raymond de Bonnefoy, g^d prévôt de la maréchaussée des villes de Metz, Toul et Verdun, de laquelle il eut Ch^{les}-Gabriel, à Distroff 29 sept. 1669 ; les cérémonies du baptême lui furent suppléées à Metz, par. Ste-Ségolène 25 mars 1676 : p. Ch^{les} Duret de Chevry, conseiller au parl^t ; m. Gabrielle de Bonnefoy, fille de Bernard de Bonnefoy, sgr de St-Marcel.

II. N***. V. le Seur VI, 2.

SERRES (de) Michel-Amable, s^r de la Tour, cap. au rég^t de Navarre, eut de Thérèse-Anne-Catherine *Brochette*, son épouse, par. St-Simplice :
1. Anne-J^{ph}, 17 oct. 1732 : p. Mr du Vivès, s^r des Buchailles, conseiller du Roi et médecin résidant à Riom ; m. Catherine Lambert, épouse de Richard Brochette, éc., conseiller du

Roi et commissaire des guerres à Verdun : tous deux représentés.

2. Michel, † 30 juin 1733.

SERRIER (DE) CHARLES. V. de Belloy.

SERRIÈRE CATHERINE, v­ve de N*** Dufort de Grandmaison, ancien officier de dragons, † par. St-Simplice 8 juil. 1778.

SERRIÈRE DE COURCY Fois-ALEXANDRE, lieut. au régt de Noailles, eut de Barbe-Geneviève *Commissy*, son épouse, Claude-Étienne, † par. St-Simplice 10 mai 1745, âgé de 2 ans.

SERRIÈRES (DE). I. N***, R. P. R., fut père d'Élisabeth, 1er juin 1597.

II. PAUL, R. P. R., éc., treize, licencié ès lois, avocat au parlt, sgr de Vigny et de Jouy, fils de noble Antoine, † à 75 ans, 17 sept. 1668. Il avait épousé, 12 mai 1624, Esther *Dommangin*, fille de Jn Dommangin, bourgeois, laquelle mourut 17 sept. 1683. De leur mariage étaient nés :
1. Paul, 25 mai 1625.
2. Charles, 5 avril 1628.
3. Jean, 21 juil. 1630.
4. Pierre, 28 sept. 1631.
5. David, 16 janv. 1633.
6. Charles, 19 mai 1634.
7. Louis, 10 août 1635.
8. Esther, 8 mai 1637.
9. Élisabeth, 21 oct. 1638.
10. Esther, 10 mars 1640; mariée à Paul le Bachelé, puis à Edouard Couk, et à Fois de Chastellier.
11. Jeanne, 18 avril 1642.
12. Philippe, 13 déc. 1646.
13. Judith, 22 mars 1650.
14. Charles, 13 mars 1652.

III. JEANNE. V. Morel VI.

SERT CHARLOTTE. V. le Bas du Plessy.

SERVAIS, *alias* DE SERVAIS GUILLAUME, R. P. R., éc., sgr de Hayes, cap. et major au régt de cavalerie de Mr de Beauvau, épousa, 18 août 1648, Anne *Michelet*, dont il eut :
1. Anne, 18 févr. 1650.
2. Judith, 25 janv. 1655.
3. Élisabeth, 25 févr. 1656.
4. Marie, 2 févr. 1657.
5. Philippe, 25 févr. 1658.
6. Jean, 11 avril 1660.
7. Guillaume, 7 sept. 1661.
8. Suzanne, 8 juil. 1665.
9. Anne, 30 oct. 1666.
10. Élisabeth, 10 juil. 1668.

SERVANT CATHERINE. V. Morand de la Coste.

SERVIEN (DE) CHARLOTTE-CHRISTINE. V. de la Porte.

SERVIN. I. MICHEL, conseiller du Roi, receveur des consignations au parlt, eut de Catherine-Charlotte *Domicile*, son épouse :
1. Pre-Louis, par. St-Victor 25 août 1699.
2. Catherine-Béatrix, par. St-Martin 23 janv. 1706; † 25 août suiv.
3. *Jérôme*, qui suit.

II. JÉRÔME, fils du préc., † par. St-Gengoulph 15 juil. 1745. Il avait épousé, ibid. 30 sept. 1743, Anne *Cotte*, fille de Jph Cotte, entrepreneur, et d'Anne Nicolas, laquelle mourut ibid. 15 mai 1747. De leur mariage était né Joseph, ibid. 16 août 1744.

SEUFFT Mie-ANNE. V. de Goy.

SEUR (LE). I. FRANÇOIS, R. P. R., épousa, 3 mai 1563, Isabeau *Mimion*, fille de Nas Mimion.

II. ANDRÉ, natif de Granville-la-Teinturie en Normandie, cavalier de la compagnie de Parme au régt de Quatin, † par. Ste-Ségolène 24 août 1643.

III. MANSUY, lieut. du prévôt provincial de la maréchaussée, épousa, par. St-Eucaire 21 août 1675, Mie *Mathis*, dont il eut :
1. Catherine, par. St-Eucaire 4 oct. 1675 (*sic*); mariée à Jn-Bte de Favarre.
2. Marguerite, jumelle de la préc.
3. Mte-Renée, ibid. 8 juin 1678.
4. Constant-Mansuy, par. St-Victor 15 août 1679.
5. Claude, ibid. 5 oct. 1680 : p. Claude Foës, conseiller au parlt; m. Mie-Thérèse de Bossuet, épouse d'Isaac de Chasot.

6. *André*, ibid. 28 janv. 1682; lequel suivra.

7. *Mathieu*, qui suit.

IV. MATHIEU, fils du préc., ancien commissaire d'artillerie, † par. St-Martin 23 oct. 1767, à 81 ans. Il avait épousé, ibid. 3 nov. 1735, M{ie} *de la Pallu*, fille de † F{ois} de la Pallu, cap. au rég{t} de Toulouse, et de Charlotte du Mesnil : au mariage, J{n}-Louis le Seur, chan. de la cathédrale. De leur mariage naquirent par. St-Martin :

1. Dieudonné-Étienne, 20 juin 1737.
2. J{n}-Louis, 24 juin 1738.
3. Charles, 19 nov. 1741.

V. ANDRÉ, frère du préc., éc., avocat au parl{t}, très. de France, auditeur rapporteur des comptes de la fourniture des étapes de la généralité de Metz, dem{t} au Ban-St-Martin, † 23 août 1736, inhumé par. St-Gorgon. Il avait épousé, par. St-Gengoulph 8 oct. 1709, M{ie}-Anne *Dutemps du Portail*, † à 72 ans, par. St-Eucaire 19 déc. 1762 : à son enterrement, J{n} Deschamps, chev. de St-Louis, ancien cap. au rég{t} de Laval; Louis-Germain Eschallard de la Bourguignière, aide-major; Ch{les} Bruno le Payen. De leur mariage étaient nés :

1. J{n}-B{te}-André, par. St-Gorgon 2 mai 1711.
2. Charles, par. St-Martin 5 mai 1713; † par. St-Marcel 29 mars 1732.
3. P{re}-*Marthe*, ibid. 15 mai 1714; lequel suit.
4. M{ie}-Anne, ibid. 29 mai 1715; † par. St-Gengoulph 20 août 1736.
5. Marie, ibid. 10 juin 1716; † 27 févr. 1720.
6. Étienne-D{que}, ibid. 8 déc. 1717.
7. André-Laurent, ibid. 30 mars 1719.

VI. P{re}-MARTHE, fils du préc., éc., sgr en partie de Ste-Agathe et aide-major d'infanterie, épousa, par. St-Marcel 19 juin 1753, M{te}-Christine *de Saint-Remy*, fille des † J{n} de Saint-Remy, éc., sgr de Ripont, ancien officier d'infanterie, et J{ne} de Belchamps, de Herserange, diocèse de Trèves, de laquelle il eut :

1. J{n}-Mathieu-P{re}-Martin, par. St-Marcel 11 nov. 1756.
2. J{n}-B{te}-Louis, ibid. 25 sept. 1757 : p. J{n}-B{te} Violet, aide-major de la ville ; m. Barbe Dolzé, épouse de Mr de la Serre, chev. de St-Louis, aide-major de la ville. — Il mourut 1er janv. 1759.
3. P{re}-*Martin*, qui suit.

VII. P{re}-MARTIN, fils du préc., éc., sgr de Ste-Agathe, épousa, à Marville 5 mars 1788 (l'acte aux registres de la par. St-Eucaire), M{te} *Maring*, fille de J{n}-P{re} Maring et de M{ie} Jouant, de laquelle il eut :

1. P{re}-F{ois}-Marie, par. St-Eucaire 2 févr. 1789.
2. Marie-M{te}, par. St-Marcel 19 janv. 1790.

VIII. J{x}-LOUIS, lieut. au bataillon de milice du Verdunois en garnison à Thionville, fils de Mathias, éc., ancien commissaire d'artillerie, et de † M{ie} de Capola, épousa, étant âgé de 21 ans, par. St-Georges 29 mai 1759, Nicole *Gillot*, âgée de 18 ans, dont il eut :

1. Pierre, par. St-Georges 25 févr. 1760.
2. Thérèse-Antoinette-Laurent, par. Ste-Croix 22 août 1761.
3. M{ie}-Philippe-Auguste, par. St-Victor 27 janv. 1764.

IX. ÉTIENNE, commissaire d'artillerie, † à 59 ans, par. St-Gengoulph 28 janv. 1748.

X. J{n}-BAPTISTE. V. de Thuret.

SEUR (DE) J{n}-EUSTACHE eut de J{ne} *Menvelle de Belleville*, son épouse, Diane-Sérène, par. St-Victor 30 sept. 1686.

SÈVE (DE) GUILLAUME, chev., sgr de Châtillon-le-Roi, Izy et autres lieux, conseiller du Roi en ses conseils, m{e} des requêtes ordinaire de son hôtel, premier président au parl{t} de Metz, intend{t} des Trois-Évêchés, premier échevin d'honneur de la par. St-Simplice, fils d'Alexandre et de M{ie}-M{te} de Rochechouart, frère de Guy, évêque d'Arras, † par. St-Simplice 13 avril 1696, à 58 ans, inhumé à la cathédrale en la chap. de St-Nicolas. Il avait épousé Anne *Leclerc de Lesseville*, † trois jours avant son mari, à 57 ans, inhumée comme lui à la cathédrale. De leur mariage étaient nés :

1. N{as}-Claude, [d{r} de Sorbonne, chan. de la cathédrale d'Arras, † en 1709].

2. Guillaume, [cap. de carabiniers].
3. Guy, abbé, bachelier en théologie, à l'enterrement de son père.
4. Alexandre, [conseiller au parl^t].

SHÉE (DE) ROBERT, chev. de St-Louis, ancien m^e de camp de cavalerie, † par. St-Victor 24 févr. 1774, à 73 ans.

SIFFREDY (DE) CLAUDE. V. de Greiche IV, 2.

SIGNEULLE LUCIE. V. Tabouret.

SIGNEULLE (DE) FRANÇOIS, curé et archiprêtre de Cuvry, fut parrain par. St-Martin 24 avril 1645.

SIGNIÈRE (DE) J^n-PIERRE, éc., chev. de St-Louis, lieut.-colonel au rég^t de Provence, sgr de Signière, natif d'Aix en Provence, † par. St-Simplice 23 août 1732, à 61 ans.

SIGRONDE CLAUDINE. V. Trouet de Coutalliou.

SILLER DE SOUGÉ (DE) J^{ques}-ANTOINE, cadet, de Briançon en Normandie, † par. St-Jean de la Citadelle 5 oct. 1732, à 18 ans.

SILLY (DE). I. LOUIS eut d'Anne-Claude *Auburtin*, son épouse, Gabrielle-Nicole, par. St-Gorgon 26 juil. 1638.
II. N***, sgr de Silly, avait épousé Anne-M^{ie} *Didier*, † par. St-Martin 26 nov. 1675.
III. LOUIS, éc., eut de N*** *Estienne de Procheville*, son épouse, Claude-Anne, par. St-Martin 16 mars 1679.
IV. CHARLOTTE. V. Rouault II.
V. GABRIEL-F^{ois} et BARBE-ALEXANDRINE. V. de Curel I, 4.
VI. MARIE. V. de Bélestin II.

SIMIANE DE MONCHAT (DE) J^{ques}-EDME-CLAUDE, c^{te} de Monchat, gouverneur des ville et citadelle de Valence, sénéchal de Valentinois, eut de Claude-Renée *de Lineulle*, son épouse, par. St-Marcel 17 juin 1668, Ursule-F^{oise} : p. Claude de Bruillard de Coursan, d^r ès-droits, conseiller d'État, princier de la cathédrale, abbé commendataire de St-Symphorien et vicaire gén^l « seul et irrévocable au spirituel et temporel » de l'Évêché de Metz; m. F^{oise} de Moussy de la Contour, épouse de Mr de Lavogade, lieut. du Roi au gouv^t de Metz.

SIMMEREN (DE). LOUIS. V. de Béchevel.

SIMON. I. LOUIS, conseiller d'État du Roi de Pologne, conseiller au parl^t, † par. St-Simplice à 45 ans et 4 mois, inhumé au chœur de l'église.
II. NICOLAS, [de Bruville près Baccarat, chan. de la cathédrale, † 7 mars 1632, inhumé à la cathédrale. Msc. Epit.]
III. Divers.
1. ANNE-M^{ie}-ÉLISABETH. V. de Brazy II.
2. APOLLINE. V. Gaudet.
3. ÉLISABETH, fille de N***, cap., fut marraine par. St-Livier 24 avril 1677.
4. JEANNE. V. de Brunel.
5. MADELEINE. V. Jeoffroy XVI, 1.
6. MARGUERITE et NICOLAS. V. d'Harquel II.
7. MARGUERITE. V. Mathis IV.
8. M^{ie}-ÉLISABETH-F^{oise}. V. Cachet.

SIMONET (DE) ANTOINE, chev., sgr de Singly, cap. command^t au rég^t du maréchal de Turenne, fils des † P^{re}-Louis-Hector, chev., sgr du susdit lieu, et M^{ie}-Catherine de Raincourt, dame de Balère et de Singly, au diocèse de Rheims, épousa, étant âgé de 42 ans, par. St-Victor 25 janv. 1780, Anne-Catherine *Colmar*, âgée de 38 ans, fille des † J^n-B^{te} Colmar, négociant à Thionville, et Anne-Madeleine Haine : au mariage, Louis-Auguste Bournac, éc., membre de la noblesse des trois ordres de la ville, sgr de Scy, Lessy, Châtel, Court, Fercourt, Grimanvigne, Labarre et autres lieux.

SIMONIN. I. CATHERINE. V. Jannot.
II. FRANÇOIS. V. Maclot II.

SIMONNEAU DIEUDONNÉE. V. Clément IV.

SIMONNET JEANNE. V. Nivoy.

SIMONY. I. DOMINIQUE, huissier audiencier au bailliage, † par. St-Eucaire 1er mars 1788. Il avait épousé M^{tle} *Gustine*, dont il eut *Pierre*, qui suit.

II. PIERRE, fils du préc., avocat au parl^t, eut de F^{oise} *Gueden*, son épouse, M^{te}-F^{ois}-Joseph, par. St-Martin 6 sept. 1772.

SINETY (DE) ALPHONSE-TOUSSAINT-M^{ie}. V. Dosquet II, 8.

SIRY JEANNE. V. Bonnard.

SISAY ANNE-M^{ie}. V. Baillet.

SOHALLAT DE FONTALLARD (DE).
I. JEAN-F^{ois}, ancien officier au service de l'Impératrice Reine de Hongrie, eut de Barbe-M^{ie} *Jacquot*, son épouse, par. St-Marcel 24 août 1768, Thérèse-Victoire : p. Ch^{ies} du Fort de Grandmaison, ancien contrôleur des domaines ; m. Thérèse-Geneviève de Sohallat de Fontallard, tante de l'enfant.

II. M^{ie}-ANASTASIE et Jⁿ-FRANÇOIS. V. de Bock III.

SOL J^N-PIERRE, sgr de Buy, conseiller notaire du Roi en la chancellerie du parl^t, † par. Ste-Croix 17 avril 1764, inhumé le surlendemain aux Sœurs Colettes. Il avait épousé J^{ne} *Fleutot*, † ibid. 3 déc. 1765, à 63 ans.

SOLCERET DE CHATILLON (DE) JOSEPH-MARIE, fils de † Jⁿ-B^{te}, commissaire provincial d'artillerie, et de F^{oise}-Madeleine Robert, épousa, par. St-Victor 30 août 1734, M^{ie} *Bellot, alias Bello*, fille de † D^{que} Bello et de F^{oise} Coffin, de laquelle il eut ibid. :
1. Élisabeth, 14 avril 1735.
2. M^{ie}-Josèphe, 24 mai 1736.
3. Élisabeth, 29 août 1737 ; mariée à Étienne Rollin.

SOLEIL PIERRE, sgr de la Paule, conseiller du Roi et son procureur gén^l des eaux et forêts, eut de M^{ie} *de Mouchy*, son épouse, Madeleine, dite du Bocage, † à 18 ans, par. St-Marcel 3 nov. 1679.

SOLEIL (DU) LOUIS, m^e en pharmacie, fils de Jⁿ-Pierre, m^e en pharmacie, et de Barbe Mouson, épousa, étant âgé de 33 ans, par. St-Simplice 19 juin 1787, Catherine-F^{oise} *Toussaint*, âgée de 20 ans, fille de Jⁿ Toussaint, rentier, et de † F^{oise} François.

SOLEIL DE MONLARNARD BERNARD, de Gascogne, épousa, par. St-Martin 25 avril 1652, M^{te} *Dilange*, v^{ve} de Georges Bar.

SOLEMY M^{ie}-MADELEINE. V. Picault des Dorides.

SOLEMY (DE) LOUIS-F^{ois}. V. de Moth de Blange.

SOLIER PIERRE, éc., sgr de Chazelles, dir. et receveur gén^l des domaines, et son épouse, J^{ne}-Amable *Demalet de la Vedrine*, furent parrain et marraine par. St-Gengoulph 25 sept. 1776.

SON (DE) ONUFRIEN, sgr de Rouguerolle et de Montfaurel, épousa, au château de Monfoxu (peut-être Montfaurel) 29 mai 1592, M^{ie} *de Barisy*, v^{ve} de Bon de Roucy, éc., sgr de Manre et Vauldeu, après avoir abjuré la religion catholique et s'être fait instruire de la religion protestante. (L'acte aux registres de la R. P. R.). De leur mariage naquit François, 7 mars 1593.

SORAN AIMÉE. V. Dubalay.

SORÉE (DE) URBAINE. V. Braconnier V, 2.

SORET. I. FRANÇOISE. V. de Bauvillier.
II. MARIE. V. Gillot IV.

SORIN M^{ie}-ANNE et PIERRE. V. de Bonneval de la Place II.

SORIN (DE). V. Barau de Peughé.

SORIN DE LA ROCHE PIERRE, ancien commissaire des poudres et salpêtres au dép^t de Metz, † à 86 ans, par. St-Maximin 7 déc. 1755. Il avait épousé Aimée *Cuchot d'Herbain*, † à 80 ans, ibid. 6 févr. 1755. De leur mariage était né André, dir. de la régie générale et des domaines réunis du Roi, † ibid. 6 mars 1785, à 82 ans.

SORNET M^{ie}-BARBE. V. Bécœur IV.

SORNEVILLE (DE) ANNE-M^{ie}. V. de Rorthais.

SOUCELIER, *alias* SOUCELLIER. I. ÉTIENNE, avocat au parl^t, † par. St-Victor 21 déc. 1677. Il avait épousé

SOU — 593 — SOU

Huguette *Provin*, † par. St-Simplice 29 avril 1690, à 85 ans. De leur mariage étaient nés :
1. Catherine, mariée à Jⁿ Nicolas.
2. *François*, [né à Toul en 1638]; lequel suit.
3. Marie, mariée à F^{ois} Bricard.

II. François, fils du préc., avocat du Roi au bailliage de Thionville, épousa M^{te} *Chausse*, dont il eut *Jⁿ-Nicolas*, qui suit.

III. Jⁿ-Nicolas, fils du préc., avocat du Roi au bailliage de Thionville, épousa, par. St-Eucaire 14 mai 1691, Madeleine *Boudet*, dont il eut *J^{ph}-Grégoire*, qui suit.

IV. J^{ph}-Grégoire, fils du préc., [fut procureur du Roi au siège de la police de Thionville. Il eut une fille, qui épousa Louis-Benoît des Robert, command^t de Sierck.]

V. Adam-J^{ph}, officier au rég^t royal Suédois, sgr d'Itzing (il signe *Soucelier d'Itzing*), épousa, [2 déc. 1741], M^{te} *Lemoine*, v^{ve} de Toussaint Gravelotte. — Il était frère de Richard-Théophile, archiprêtre du Val de Metz et curé d'Ancy-sur-Moselle.

VI. Claude. V. Lemaire.

SOUCHAY de MAINVILLERS (de) Paul, R. P. R., éc., sgr de Mainvillers, cap. au rég^t royal des vaisseaux, eut de Mlle *de Goz*, son épouse :
1. Louis, 12 août 1669 : p. Louis de Souchay, éc., sgr de Bandelion, absent. — Il mourut 1er oct. suiv.
2. Élisabeth, 20 janv. 1678.
3. Louise, 13 févr. 1684; dame de Fourcheux, † par. St-Martin 29 sept. 1753.
4. Élisabeth, † à 70 ans, rue des Précheresses, par. St-Martin 27 juin 1755.
5. Marie, dame de Fourcheux, † rue du Jeu de Paume, par. St-Martin 5 févr. 1761, à 86 ans.
6. Suzanne, mariée à Ch^{les} Mathieu.

SOUCHOT Anne-Thérèse. V. Daulnoy.

SOUDIEUX Jeanne. V. Beauregard.

SOUILLARD (de) Bertrand, R. P. R., dit de Monmège, sgr d'Azerur (?), épousa, 9 avril 1565, M^{te} *de Hu*, fille de Robert de Hu.

SOULTAIN. I. Alixon. V. Grandjambe XIX.

II. Reine. V. Travault III.

SOUPLET Marie, [fondatrice des Carmélites, † 9 avril 1681, à 79 ans, ayant passé 10 ans au Carmel; inhumée au monastère. Msc. Epit.]

SOURCE (de la). V. de Guillermin.

SOURCY (de). V. de Bergerac.

SOURIN Claude, [chan. de Hombourg, † 24 nov. 1637, inhumé à St-Martin; avec lui reposent Nicolas, son père, et Anne, sa mère. Msc. Epit.]

SOURME-DESGUIGNY (de) Jⁿ-F^{ois}-René, épousa M^{ie}-Catherine-F^{oise} *de Bertin de Dreslincourt*, marraine par. St-Martin 26 oct. 1751.

SOUSMAIN (de) François, chev. de St-Louis, sgr de Clerville, major au rég^t de Laval, épousa M^{ie}-Thérèse *Perrin*, † à 86 ans, par. St-Eucaire 28 juil. 1761.

SOUSTRASSE (de) Adrien. V. Marion XI, 2.

SOUVERT (de) Claude, dit Desmonnières, sergent, fils de † Georges, éc., garde de la manche du Roi, et de J^{ne} Arminot, de la par. de Chaufeau en Bourgogne, diocèse de Langres, épousa, par. St-Jean de la Citadelle 25 août 1704, Élisabeth *Coq*, fille des † Jⁿ Coq et Barbe Watié. De leur mariage naquirent ibid. :
1. Claude-Firmin, 19 avril 1705 (*sic*); † 1er mai suiv.
2. Augustin, 22 août 1710; † 9 sept. suiv.
3. M^{ie}-Madeleine, 28 oct. 1711; † 19 sept. 1714.
4. Antoine, 22 juil. 1713.
5. P^{re}-Ambroise, 8 déc. 1714.
6. Marguerite, 1er août 1716; † 15 août suiv.
7. Jean, 27 sept. 1717.
8. Ch^{les}-Richard, 4 nov. 1719.
9. Marie, 20 févr. 1721.
10. J^{ne}-Catherine, 27 déc. 1723; † 15 juil. suiv.

11. Martin, 2 déc. 1726; † 1ᵉʳ mars suiv.

SOYE Anne-Mⁱᴱ. V. Mosberger.

SPANHEIM (de) Frédéric. V. le Bachelé XX, 5.

SPARQUE (de) Antoine fut parrain par. Sᵗ-Eucaire 9 mars 1681.

SPARRE (de) Jᵖʰ-Ignace, cᵗᵉ, cap. au régᵗ de Linq, eut d'Antoinette *de Zaleau de Chambise*, son épouse, Louis, auquel les cérémonies du baptême furent suppléées par. Sᵗ-Victor 7 sept. 1734 : p. Jⁿ-Fortunat de Serre de Rochecolombe, brigadier des armées du Roi; m. Mⁱᵉ-Casimire-Emmanuel-Thérèse-Geneviève de Béthune, épouse de Chˡᵉˢ-Louis-Auguste Foucquet de Belle-Isle. — Louis mourut en nourrice, par. Sᵗ-Eucaire 11 mars 1735, à 11 mois : à l'acte de décès, le père est cap. au régᵗ de Pellegrin.

SPECHER Gertrude. V. Bécœur V.

SPESSOLES de SAINT-OZO Joseph, intéressé dans les affaires du Roi, fils de Jⁿ-Baptiste, ancien officier de cavalerie « actuellement » à Metz, intéressé dans les affaires du Roi, et de Mⁱᵉ-Anne Lefebvre, épousa, étant âgé de 22 ans, par. Sᵗ-Simplice 17 oct. 1761, Fᵒⁱˢᵉ *Boislandon*, fille majeure des † Joseph Boislandon, bourgeois, et Madeleine Périn : au mariage, Élie de Maysonad.

SPIGEL Anne. V. Despinette VI.

SPILLEMECHER (de) Guillaume, dit de la Chapelle, cap. à Thionville, épousa, par. Sᵗ-Victor 12 juil. 1662, Charlotte *de Strenge*, vᵛᵉ de Fᵒⁱˢ de Cléry, cap. dans les troupes du maréchal de la Ferté.

SPINGA. I. Anne-Mᵀᴱ. V. Grinsart.
II. Catherine. V. Destroges.

SPOL Geneviève. V. Molina IV.

SPRECHER de BERNEG Georges, éc., chev. de Sᵗ-Louis, ancien major au régᵗ suisse de Brindelay, † par. Sᵗ-Martin 17 sept. 1751, à 80 ans. Il avait épousé Mⁱᵉ-Claude *François*, † ibid. 6 mars 1741, à 77 ans : à son enterrement, Toussaint François, prêtre, son frère.

STAËL de HOLSTEIN. V. de Hurdt.

STAINVILLE (de). I. Françoise, [religieuse de Saint-Pierre, † 19 févr. 1646. Msc. Epit.]
II. Pauline. V. de Dorin de Bourneuf.
III. Philberte. V. Mainhulle.

STASE Walter, chev. de Sᵗ-Louis, ancien cap. des grenadiers au régᵗ de la Fertimbaut, † à 87 ans, par. Sᵗᵉ-Croix 29 janv. 1750. Il avait épousé Anne *Lallement*, † à 82 ans, ibid. 28 janv. 1766.

STATU Anne. V. Saunier.

STEFNÉ (de) Joseph, bᵒⁿ, conseiller intime de S. A. S. E. de Cologne, eut de N*** *de Melisse*, son épouse, Antoine, † pensionnaire au Collège Sᵗ-Louis, par. Sᵗ-Simon 4 juin 1763, à 13 ans 1/2.

STEIN (de) Jⁿ-Christophe, bᵒⁿ, cy-devant lieut.-colonel des chasseurs de Fischer, chev. de Sᵗ-Louis, † dans la prison militaire, par. Sᵗ-Martin 14 mars 1768, à 52 ans, après avoir abjuré la religion protestante.

STEINBERG Catherine. V. de Résimont.

STEINHAUSEN (de) Mⁱᴱ-Madeleine. V. Schilplin.

STEINVELER Mⁱᴱ-Anne. V. de Puisset de Bon-Fossé.

STEITZ Anne-Catherine-Gertrude et Frédéric. V. Saunier.

STELINGT Élisabeth. V. de Stoffels.

STEMER. I. Nᵃˢ-Fᵒⁱˢ-Xavier, secrétaire de l'Intendance, fils de Fᵒⁱˢ-Blaise, bourgeois, et de Mᵗᵉ Chapelier, † par. Sᵗ-Victor 23 nov. 1780, à 50 ans. Il avait épousé, par. Sᵗ-Victor 6 juin 1754, Anne *Bachelier*, âgée de 29 ans, fille de † Pʳᵉ Bachelier, dir. des comptes des vivres d'Alsace, et de Mᵗᵉ Drapier, de laquelle il eut, ibid. 27 mai 1755, Mᵗᵉ-Barbe-Fᵒⁱˢᵉ.
II. Marie-Fᵒⁱˢᴱ. V. Régnier d'Arraincourt II, 4.

STENGEL (de) Henry. V. de Hurdt.

STENVAL (de) Jⁿ-Eric. V. Sames.

STERNBERG (de) Léopoldine. V. de Lichtenstein.

STEUVIN (de) Claude. V. Gillot II, 1.

STHÈME. I. Joseph, trésorier de France, [† 22 déc. 1757]. Il avait épousé M^{ie}-Madeleine *Deulneau*, dont il eut :
1. *Antoine*, qui suit.
2. Alexandre, [7 mai 1733; avocat au parl^t, puis trés. de France], il épousa M^{ie}-Anne *Henry*.
3. Jacques, ci-dessous II, 3.
4. François, ci-dessous II, 5.

II. Antoine, fils du préc., éc., sgr de Jubécourt, gendarme de la garde ordinaire du Roi et son conseiller maître particulier au siège royal de la maîtrise des eaux et forêts de Metz, dem^t rue des Prêcheresses, eut de M^{ie}-Anne *le Payen*, son épouse, par. St-Martin :
1. M^{ie}-Madeleine, 20 oct. 1771 : mariée, à 16 ans 1/2, à F^{ois}-Etienne Rouillon.
2. Alexandre, 4 janv. 1773.
3. M^{ie}-Anne-Justine, 17 août 1774 : p. J^{ques} Sthème, prêtre du diocèse de Verdun, son oncle; m. M^{ie}-Anne le Payen, épouse de F^{ois} Curé.
4. M^{ie}-Anne, 15 sept. 1776 : p. F^{ois}-Antoine Deulneau, chan. de la cathédrale de Verdun, g^d oncle paternel de l'enfant, représenté par Ch^{les} de Gourcy, chev. de St-Etienne de Hongrie, ancien officier de L. M. I.; m. M^{ie}-Anne Richard, épouse de J^{ques} Deulneau, chev. de St-Louis, cap. de cavalerie, lieut. du prévôt de la maréchaussée de Verdun, g^d tante par alliance, représentée par M^{ie}-Madeleine Sthème, cousine germaine de l'enfant.
5. Madeleine-Henriette, 2 oct. 1780 : p. F^{ois} Sthème, cap. de cavalerie et garde du corps du Roi, son oncle; m. M^{ie}-Anne Demange, épouse du parrain.

STIERNBERG (de) Frédéric-Guillaume. V. Creitte de Métric.

STIOBEN (de) Paul-Louis. V. de Bock IV.

STIR (de), *alias* de STYR Jⁿ-Frédéric,
chev. de St-Louis, ancien lieut.-colonel au rég^t d'Alsace, colonel réformé à la suite de Metz, † à 83 ans, rue du Champé, par. St-Eucaire 11 mai 1721.

STOFFEL. I. Anne-M^{te}. V. de Verpy.

II. Barbe. V. Barthélemy.

III. Madeleine. V. Colchen III.

STOFFELS (de) Charles, officier des troupes du prince Palatin, eut d'Auguste *de Biland*, son épouse, par. Ste-Croix 6 juin 1766, Frédéric-Ch^{les} : p. Ch^{les} b^{on} de Bergh, chev. de St-Louis, brigadier des armées du Roi, colonel au rég^t royal Deux-Ponts; m. Elisabeth Stelingt.

STOLBERG (de) Gustave. V. d'Elbecuto-Orlandiny.

STOLZ, *alias* STOLTZ. I. Béatrix. V. Peiffer.

II. Étienne. V. Dosquet III.

III. Jeanne. V. Chambeau.

STOPHLIN Marguerite. V. Jeoffroy X.

STOTINGER (de) Ferdinand-Antoine, lieut. au rég^t d'Alsace, eut de M^{ie}-Thérèse *de Wanhal*, son épouse, Jⁿ-Ch^{les}, par. Ste-Croix 4 nov. 1715.

STOTHEUS Élisabeth. V. Berre.

STOUTZ, *alias* STOUTS. I. Jⁿ-Laurent, R. P. R., bailly de Créhange, avocat en parl^t, † à 60 ans, 9 juil. 1674. Il avait épousé Elisabeth *Olry*, † à 70 ans, 11 oct. 1675.

II. Jⁿ-Frédéric, R. P. R., sgr de Bannay et de Vaudoncourt, eut de M^{ie} *le Coullon*, son épouse :
1. Jⁿ-Charles, 10 mai 1675.
2. Marie, † 2 janv. 1677.
3. Paul, 12 sept. 1679.
4. Jean, 20 juil. 1682.

III. Anne-Élisabeth. V. Gallois IV.

STREGNARD Gilles. V. Séchehaye IV, 3.

STREIFF (de), *cfr* STREUFF de LAWENSTEIN. I. Frédéric, maréchal des camps et armées du Roi, épousa Suzanne-Thérèse *Guyot*, † par. St-Gengoulph 22 sept. 1730, à 67 ans.

II. Élisabeth. V. de Pille.

STRENGE (DE) CHARLOTTE. V. de Spillmecher.

STREUFF DE LAWENSTEIN, alias STREIFF DE LAWENSTEIN. I. J^n-REIMBERT, R. P. R., sgr de Bacourt, le Tailly et la Grange-le-Mercier, lieut. gén^l de la cavalerie du Roi de Suède, colonel gén^l des troupes étrangères en France, épousa : 1° Judith *de Schelandre*, † à 45 ans, 19 juil. 1669; 2° 31 mai 1673, Suzanne *de Chenevix*. Du premier mariage étaient nés :
1. M^{ie}-Madeleine, née à ....., baptisée à Metz 28 déc. 1647 ; mariée à Quirinus de Honneste.
2. Jeanne, 25 juil. 1651.
3. Judith, 21 mars 1654 ; mariée à Édouard Noël.
4. Jean, 29 sept. 1656.
5. Frédéric, 24 août 1658.
6. Frédéric-Ch^{les}, 24 nov. 1660.

II. PHILIPPE. V. Addée.

STRICKLAND ROGER. V. Coghlan.

STRINCHAMPS (DE). V. de Serainchamps.

STROH M^{ie}-CATHERINE. V. Bécœur V.

STRZYZOUSKI MICHEL-SIMON, chev., major d'infanterie, chev. de St-Louis, ancien cap. des grenadiers au rég^t d'Anhalt allemand, épousa, étant âgé de 56 ans, par. Ste-Croix 7 févr. 1775, Monique *Annibal*, âgée de 52 ans, v^{ve} de J^n-B^{te} Maclot.

STYR (DE). V. de Stir.

SUALE M^{ie}-MADELEINE, [supérieure des filles de la Charité, † 11 janv. 1768, ayant 87 ans d'âge et 64 de religion ; inhumée à l'hôpital Bon-Secours. Msc. Épit.]

SUBY. I. J^n-NICOLAS, conseiller du Roi, notaire et échevin de la par. Saint-Martin, dem^t rue de la Grande-Maison, fils de † Claude et de Catherine Ansiot, de Longwy, épousa, étant âgé de 29 ans, par. St-Victor 13 janv. 1746, M^{te} *Braconnier*, âgée de 20 ans, dont il eut :

1. Barbe-Éléonore, par. St-Martin 9 oct. 1749.
2. Jean-F^{ois}, ibid. 21 sept. 1752.
3. Michel-M^{ie}, ibid. 30 août 1756.
4. Thérèse-Cécile, par. St-Simplice 3 sept. 1757.
5. Claude-Louis, parrain de la préc.
6. *J^n-François*, qui suit.

II. JEAN-F^{ois}, fils du préc., éc., ancien commissaire des guerres, président au bureau des finances de la généralité de Metz, eut d'Adélaïde-Gabrielle *Collignon*, son épouse, par. St-Martin :
1. Adélaïde-Catherine-Toussaint, 1er juil. 1786.
2. Albert-F^{ois}-Thérèse, 26 déc. 1787.
3. Alexis-J^n-M^{ie}, 9 oct. 1789.

SUCHARD M^{ie}-FRANÇOISE. V. Fischer de Dicourt.

SUCY (DE) CH^{les}-NICOLAS, conseiller du Roi, sgr de Chambaut, commissaire ordinaire des guerres aux départements et provinces de Saintonge, Brouage, la Rochelle, départi aux Trois Evêchés, eut de Florimonde *de Charpentier*, son épouse, par. Ste-Croix 19 févr. 1679, Georges, ondoyé le surlendemain. Les cérémonies du baptême lui furent suppléées ibid. 31 mars 1680 : p. Mgr d'Aubusson de la Feuillade, archevêque d'Embrun et évêque de Metz ; m. Geneviève de Cisternay du Fay, épouse du s^r le Roy, command^t en la ville de Metz.

SUFFISE (DE) HÉLÈNE. V. de Barjaq.

SUITTE DE PELLEPORTE (LA) ABRAHAM, m^e de camp d'un rég^t de cavalerie, chev., sgr de Pagny, fut parrain par. St-Victor 18 sept. 1698.

SUQUET CLAUDINE. V. Guyet de la Fontenelle.

SURELLE MARGUERITE. V. Gustal de Crouste.

SURGIS (DE) MARTHE. V. Masson II.

SURMONT (DE) M^{ie}-JOSÈPHE fut marraine par. St-Victor 2 janv. 1703.

SURNIN (DE) N***, sgr de Louvigny,

épousa M^ie *Boutilar*, marraine par. St-Simplice 29 déc. 1620.

SURVILLE (DE) AGNÈS-THÉRÈSE fut marraine par. St-Eucaire 13 déc. 1706.

SUTTOR MARIA-ANNA. V. Molina III, 14.

SUZANNE (DE) JEANNE. V. de Guéroult.

SUZONNE. I. GÉRARD, R. P. R., boucher, fut père de :
1. Jean, 18 nov. 1576.
2. Esther, 27 oct. 1581.
3. Daniel, 25 janv. 1584.
4. Salomée, 26 oct. 1590.

II. DAVID, R. P. R., boucher, eut de M^ie *Talange*, son épouse, Marie, 8 juil. 1638.

III. LOUIS, aman, † par. St-Martin 14 juil. 1632, à 48 ans. Il avait épousé Jennon *Rulland*, † à 80 ans, ibid. 23 août 1668. De leur mariage étaient nés ibid. :
1. Marie, 17 janv. 1624.
2. Louis, 21 mars 1626.
3. Anne, 16 juin 1628.
4. Jacques, lequel « après avoir fait le cours de ses études au Collège de Pont-à-Mousson, espérant les poursuivre, étant allé à Rome, fut saisi d'une fièvre continue qui lui fit perdre la vie en sept. 1629. » Il fut inhumé à Rome en l'église de la Trinité-du-Mont.
5. Françoise, mariée à J^n François.
6. Lucie, mariée à F^ois Maulry.

7. Marguerite, *alias* Marie, mariée à Fleury Jeoffroy.

IV. JEAN, chan. de la cathédrale, † par. St-Martin 24 avril 1667.

V. CATHERINE. V. Grandmaire III.

VI. LORATTE. V. Berseaux.

SYLVESTRE. I. JEAN, gouverneur de l'hôpital, eut de Catherine N^{***}, son épouse :
1. René, qui épousa, par. St-Gorgon 9 avril 1619, Catherine *Noirjean*.
2. Nicolas, qui épousa, ibid. 9 févr. 1625, Anne *Noirjean*.
3. Gabrielle, par. St-Martin 16 janv. 1611.
4. Louis, ibid. 19 déc. 1612.
5. Philippe, ibid. 19 sept. 1614.

II. ANNE. V. Maimbourg.

SYLVESTRE DE COMEAU NICOLAS, chev., gentilhomme ordinaire de † S. A. R. Mgr le duc Charles de Lorraine, receveur principal des fermes du Roi au dép^t de Metz, eut de M^te *Coster*, son épouse, par. St-Maximin 3 avril 1784, Victor-Paul : p. Victor-Paul Coster, avocat au bailliage d'Épinal, aïeul mat.; m. Élisabeth-M^te Cupers, épouse du chev. Coster, ancien premier commis des finances, dem^t à Nancy.

SYMON DE LA TREISCHE CHARLOTTE-THÉRÈSE. V. Gerard d'Hannoncelles III.

T

TABOUILLOT. I. FRANÇOIS, fils de Jean et de M^te Quillet, natif de Damvillers, dem^t à Metz depuis 3 ans, épousa, étant âgé de 25 ans, par. St-Simplice 8 janv. 1697, F^oise *Hannette*, âgée de 20 ans, fille de †Benoît Hannette et de Claude Jobar.

II. FRANÇOIS, sans doute le même que le préc., dir. des fourrages à Damvillers, fut père de :
1. *Maurice*, qui suit.

2. Claude, procureur du Roi à Marville, sgr du Rupt; il épousa M^te-Sidonie *Guillemin*, dont il eut *François*, qui suivra.

3. Louis, dir. des vivres à Montmédy; il épousa Anne *Grandjean*.

III. MAURICE, fils du préc., dir. des fourrages à Metz, puis conseiller du Roi, receveur et contrôleur des consignations du bailliage, sgr d'Aube, Tronville et

Puzieux, eut d'Anne *Marchand*, son épouse :
1. Anne-F^{oise}-Dieudonnée, mariée à Christophe-J^{ph}-F^{ois} Poirot de Valcourt.
2. F^{ois}-Maurice, par. St-Victor 27 févr. 1746.
3. Chrétien, par. St-Livier 2 avril 1747 : p. Chrétien Marchand, curé de Châtel-St-Germain, représenté par F^{ois} Tabouillot, le g^d père; M^{ie}-Sidonie Guillemin, tante de l'enfant. — Il fut avocat au parl^t.
4. Anne, ibid. 20 févr. 1748; † par. St-Marcel 2 août suiv.
5. Anne-M^{ie}-Michel, par. St-Martin 20 juin 1752.
6. J^{ne}-Thérèse-Dieudonnée, ibid. 14 sept. 1753; [mariée à N*** de Mozetter, major d'un rég^t suisse au service de la France].
7. Anne, ibid. 3 mars 1755; mariée à Henry-J^n-B^{te}-Armand de Fribois.
8. N^{as}-Maurice, ibid. 24 févr. 1756; les parents demeurent rue des Parmentiers.
9. M^{ie}-Lucie, ibid. 31 mai 1758; mariée à René Claude.

IV. FRANÇOIS, cousin-germain du préc., lieut. particulier au bailliage de Sedan, épousa, par. St-Eucaire 27 janv. 1761, M^{ie}-Thérèse *la Rive*, dont il eut par. St-Victor :
1. F^{ois}-Auguste, 5 juil. 1780.
2. Guillaume, parrain du préc.
3. M^{ie}-F^{oise}, marraine du même.
4. M^{ie}-Thérèse, 19 janv. 1782.

V. NICOLAS (dom), prieur du collège St-Symphorien, assista à l'enterrement de Louis le Bas du Plessis.

VI. JEAN-F^{ois}. V. de la Cour V.

VII. CLAIRE-L^{se}. V. Marchal (note).

TABOURET SIMÉON, éc., s^r des Marteaux, natif d'Orguehau, prévôté d'Andelot, † à 68 ans, vers le 6 juin 1675, jour auquel on fit son service par. St-Martin. Il avait épousé une d^{elle} *de Flavigny*, † ibid. 22 nov. suiv., à 55 ans.

TACHE (LA) CATHERINE. V. d'Huart de Wartz.

TAFFIN ANNE-F^{oise}. V. de la Rivière V.

TAILFUMYR (DE), DE TAILLEFUMIER selon dom Pelletier. I. CHARLES, [éc., sgr de Moranville, fils de N^{as} et de M^{ie} Rouyer, né à Commercy et baptisé en l'église St-Pantaléon de la dite ville 22 mai 1626, procureur du Roi au bailliage de St-Mihiel, puis conseiller au parl^t de Metz, † à St-Mihiel 25 mai 1704, à 75 ans. Il avait épousé, 12 févr. 1654, Henriette *de Mageron*, dont il eut :
1. D^{que}-Hyacinthe, né à St-Mihiel 4 oct. 1664]. — Lequel suit.
2. M^{ie}-Anne-M^{te}, mariée à F^{ois} Hordal du Lys.

II. D^{que}-HYACINTHE, fils du préc., chev., président à mortier au parl^t, sgr de Fresnel, Moranville, Rogéville, Cussigny, Chevillon et autres lieux, † par. St-Victor 17 mars 1753, inhumé par. St-Gorgon. Il avait épousé, par. St-Victor 24 avril 1696, M^{ie}-Thérèse *Bollioud*, † par. St-Gorgon 11 mai 1713, à 37 ans. De leur mariage étaient nés en cette dernière paroisse :
1. Ch^{les}-F^{ois}-Dieudonné, 19 oct. 1706; lequel suit.
2. Louis-Henry-Hyacinthe, 12 déc. 1707; [il succéda à son père dans la charge de président à mortier 28 août 1741 et mourut sans alliance].
3. J^n-B^{te}-F^{ois}-Dominique, 5 oct. 1709.
4. M^{ie}-F^{oise}-Thérèse, 3 mai 1711.

III. CH^{LES}-F^{OIS}-DIEUDONNÉ, fils du préc., sgr de Cussigny, président à mortier au parl^t, eut de M^{ie}-Suzanne *de Toustaint de Virey*, son épouse, par. St-Victor :
1. M^{ie}-Suzanne-Charlotte, 15 mai 1743 : p. son g^d père pat.; m. M^{ie}-Thérèse de Toustaint, v^{ve} de J^n-B^{te} Dattel, chev., premier cap. au rég^t d'Hiergar dragons pour le service de S. M. Impériale et Catholique, représentée par Charlotte-Agnès de Toustaint, tante de l'enfant. — Elle mourut 5 juil. suiv.
2. M^{ie}-Louise, 7 févr. 1746 : p. Louis-J^n-M^{ie} prince de Bourbon, duc de Penthièvre, Rambouillet et Châteauvillain, commandeur des ordres du Roi, g^d amiral de France, gouverneur et lieut. gén^l du Roi en Bretagne, représenté par

Jⁿ-Fortunat de Serre de Rochecolombe, lieut. de Roi à Metz; m. M^{ie}-Anne-F^{oise} de Noailles, c^{esse} de la Marck et du St-Empire, représentée par M^{ie}-Anne-Reine Mohr b^{onne} de Waldt, chan^{esse} de Ste-Marie.

3. M^{ie}-Charlotte-F^{oise}, 4 juin 1752.

TAILLARD Rébecca. V. du Moulin.

TAILLEUR Jⁿ-Baptiste, avocat à la cour en exercice à Bouzonville, épousa, par. St-Simplice 1745, F^{oise} *de Hourdt*, fille de Mathieu de Hourdt, de Luttange, et de Sébastienne d'Ussule.

TAILLY (du) Éléonore-F^{oise}. V. de Maucoux.

TAIRON (du) Claude, éc., lieut. de la cohorte du rég^t colonel, originaire du Languedoc, † à 38 ans, par. St-Martin 27 nov. 1689 : à son enterrement, Ch^{les} Jacobé de Monvaux, éc., ancien colonel, et Ch^{les} d'Urville, ancien officier : tous deux du rég^t de Turenne.

TAIZON. I. Étienne, dir. de la monnaie, épousa Gabrielle *Périn*, † à 55 ans, par. St-Simplice 20 avril 1773 : à son enterrement, Etienne Taizon, m^d, et F^{ois}-Etienne Taizon, ses fils; N^{as} Bernard, m^d magasinier, son gendre.

II. Marie. V. Lapierre.

TALANGE Marie. V. Suzonne II.

TALARIE de CHALMAZEL César-M^ᵐ-Phébus. V. de Foucquet.

TALBO Catherine. V. Gobin.

TALBORT de LORBIGNIE Marguerite. V. de Martinet.

TALON Joseph, fils de Ch^{les}-François, juge-gruyer de la sgrie de Baleycourt, ancien procureur gén^l fiscal de l'Evêché de Verdun, et d'Anne le Moyne, épousa, par. St-Martin 27 avril 1747, J^{ne} *Thissier*, v^{ve} de Jⁿ-B^{te} Milet, lieut. des gardes du gouverneur de Metz et concierge des casernes de Coislin.

TALUY (de) Madeleine. V. de Parchappe.

TANETTE Anne. V. Lejeune de Sempigny.

TANNEGUY du CHASTEL F^{ois}-J^{ques}-Louis. V. Blain.

TANOTTE Barbe. V. de Domgermain.

TANSK Marie. V. de Seigliz.

TARCIS, *alias* TARSIS, TERCY, TERCIS. I. Claude-F^{ois}, avocat au parl^t, † à 30 ans, par. Ste-Ségolène 13 juin 1673. Il avait épousé, étant avocat au parl^t de Nancy, par. St-Livier 1er déc. 1668, M^{ie} *Nicolas*, dont il eut, ibid. 30 oct 1672, Jean, † ibid. 11 janv. 1689.

II. Louis, président premier au bailliage, sgr de Burtoncourt et Bocange, † à 59 ans, par. St-Livier 31 juil. 1729. Il avait épousé : 1° Elisabeth *Lespingal*, v^{ve} de Thomas Alix-Duval, laquelle mourut ibid. 2 déc. 1721, à 68 ans; 2° ibid. 16 janv. 1725, J^{ne} *Darras*, v^{ve} de F^{ois} Grimond, laquelle mourut par. Ste-Croix 22 mars 1762, à 80 ans. Du premier mariage naquirent par. St-Livier :

1. Anne-Élisabeth, 7 déc. 1697; mariée à Gabrielle d'Elliée de Belleau, puis à Georges Mamiel.

2. Marie, 12 févr. 1700; † le même jour.

III. Catherine-Barbe. V. de Longchamp.

TARDEUR (le) Charles. V. Blaise X, 4.

TARDIF. I. F^{ois}-Remy, chev., sgr d'Hamonville, ingénieur ordinaire du Roi, cap. au rég^t de la Couronne, veuf d'Anne *Blanchard*, épousa, par. St-Martin 23 mai 1733, Catherine *Fion*, fille d'Aymond Fion et de J^{ne} Franquinet : à ce mariage, Jⁿ-F^{ois} Chevalier, ingénieur du Roi, cap. d'infanterie au rég^t du Roi; Jⁿ-P^{re} Lamourouse de Beaume, éc., ingénieur du Roi. De ce mariage étaient nés :

1. Jⁿ-F^{ois}-Remy, 28 avril 1734 : p. Remy Tardif, chev. de St-Louis, maréchal des camps et armées du Roi, ancien dir. ingénieur des fortifications du Dauphiné et ensuite des Trois-Evêchés et de la Sarre; m. M^{ie}-J^{ne} de ....., représentée par Madeleine de Pène, épouse du parrain. — Il mourut 3 mai suiv.

2. Edmond-F^{ois}-Louis, 13 août 1735; † par. Ste-Croix 24 suiv.

3. M^{ie}-Élisabeth, 15 juil. 1737 : p. J^{ques}

Tardif, chan. de la cathédrale de Toul; m. M^ie-Élisabeth Fion, épouse du s^r Morel, bourgmestre de Gand.

II. Marie. V. de Valette.

III. Jacques. V. le Bourgeois du Cherray I, 3.

TARDIF de MOIDREY J^n-Alexandre. V. Gerard d'Hannoncelles III, 3.

TARDIF de PETITVILLE M^ie-Anne. V. Goullet (note).

TARDRE (du) Éléonore. V. Girault II.

TARLÉ (de) Adélaïde-J^ne-Antoinette. V. Joffrenot de Montlebert.

TARON. I. Anne. V. Beaudesson XIII.

II. Marie. V. Beaudesson XIV.

TAROT Lucie. V. le Goullon XXXVIII.

TARTONNE (de) Claire-Rose. V. de Mazin.

TARTRE (la) Barbe. V. Hennequin IV.

TARVIDON de MONTBRISON M^ie-Thérèse. V. de Chaillion II, 2.

TASSIN Barbe. V. de Montcharnaux.

TASSINOT de FRESNAY Jacques. V. de Leurye du Proy II.

TASSY (de)-Charles, cap. au rég^t de Picardie, épousa, par. St-Marcel 17 nov. 1693, M^te *Dilange*, dont il eut ibid. :
1. N^as-Antoine, 24 oct. 1694.
2. N^as-Noël, 25 déc. 1695.
3. F^ois-Adrien, 29 nov. 1696.
4. Anne-Félix, fille, 21 mars 1699.
5. Martin-Ch^les, 6 oct. 1700.
6. F^oise-Laurence, 28 août 1702.

TAULNY Salomée. V. Jacobé V.

TAUPIN Jeanne. V. Michelet XIII.

TAVEAU Marie. V. de Chièvres II.

TAVERNE J^ph-J^ques-Raphaël, ancien officier au rég^t de la Marck, fils de J^ques, éc., ancien garde du Roi, contrôleur gén^l entreposeur et agent à la commission de Saumur, et de † Barbe Carlier, du diocèse de Limoges, épousa, par. St-Simon 24 juil. 1764, F^oise *de la Rivière*, fille de F^ois de la Rivière, rentier, et de Catherine Didier, de laquelle il eut, ibid. 4 juil. 1765, J^ques-François.

TAVERNE de MORVILLIERS. I. César-Antoine, éc., cap. de cavalerie au rég^t royal Roussillon, fils de Louis et de J^ne-Anne Lappy, épousa, dans la chap. castrale de Coin-sur-Seille (l'acte à la par. St-Victor) 25 mai 1716, M^ie-Agnès *Vernier*, dont il eut par. St-Victor :
1. M^ie-Charlotte, 22 avril 1717 : p. Louis Vernier; m. M^ie-Charlotte Lavie, épouse de Louis-Auguste-Achille de Harlay, c^te de Cely, chev., conseiller du Roi en ses conseils, m^e des requêtes ordinaires de son hôtel, intend^t de justice, police et finances au dép^t de Metz, frontières de Champagne, de Luxembourg et de la Sarre.
2. Anne-L^se, 9 févr. 1718 : p. Louis-César de Bry d'Arcy; m. Anne-Thérèse Herbelet.

II. Louis. V. Douzant de la Nouvelotte.

TAVERNIER Gabrielle. V. le Bret de Courcelles.

TEIL (du)[1]. I. J^n-Ange, éc., cap. au rég^t royal artillerie, bataillon de Valenceau, fils de † J^n-Ange, éc., aide-major, cap. au même rég^t, et de M^ie-Thérèse de la Brosse, épousa, par. St-Martin 23 juil. 1743, Ursule *Lhuillier de Spitzemberg*, v^ve de F^ois-César Liégeault, [morte à St-Dié 20 janv. 1783]. De leur mariage étaient nés :
1. M^ie-Anne-Catherine-Élisabeth, par. St-Martin 7 mai 1744.
2. Dieudonné-N^as, par. St-Simplice 4 oct. 1746 : p. Dieudonné-N^as Hugo, fils du s^r Hugo, conseiller à la cour souveraine de Lorraine; m. Gertrude Lhuillier de Spitzemberg, sa tante. — Il mourut 11 avril suiv.
3. J^n-Ange-Antoine, par. St-Gengoulph 1er déc. 1747 : p. Antoine chev. du Teil, ancien cap. de grenadiers au rég^t de Bourbon, chev. de St-Louis; m. Anne

[1] Voir, pour les détails entre [ ], *Une Famille militaire au XVIIIe siècle*, par le b^on Joseph du Teil. Paris, Alphonse Picard, 1896.

Lhuillier de Spitzemberg, v^ve de Ch^les Hugo, ancien conseiller de la chambre des comptes de Lorraine. — [Lieut.-colonel au rég^t royal, il mourut à St-Dié 26 mai 1823, sans alliance].

4. J^n-Joseph, ibid. 25 nov. 1749 : p. J^n-J^ph du Teil, prêtre du diocèse de Sisteron, son oncle ; m. Madeleine du Teil, sa tante.

5. Ursule, ibid. 12 nov. 1751.

II. JEAN, cousin du préc., éc., cap. au corps royal artillerie, chev. de St-Louis, épousa, à Mardigny 26 nov. 1771, M^te-L^se *Georgin de Mardigny*, dont il eut par. Ste-Ségolène :

1. Georges-F^ois, 25 juil. 1774.
2. M^te-Louise, 25 mai 1776.
3. Marguerite, 24 janv. 1778 ; le père est major au corps royal artillerie rég^t de la Fère. — [Elle épousa, à Strasbourg 17 févr. 1793, J^n-B^te b^on Noirot, depuis maréchal de camp, commandeur de la Légion d'honneur].
4. Marie, 21 févr. 1780.
5. Romain, 30 mars 1788.

III. M^ie-CÉSAIRE, neveu du préc. V. de Verpy IV.

IV. HILAIRE. V. des Jacques.

V. EULALIE. V. Lanty (note).

TEINTURIER DE MONTAIGU JEAN-F^ois, fils de Jean, conseiller au parl^t, et de Louise de Montaigu, † par. St-Gorgon 25 nov. 1754, à 53 ans : à son enterrement, Ch^les Teinturier, chan. archidiacre de Verdun, conseiller clerc au parl^t de Metz, son oncle. — Il avait épousé, par. St-Maximin 9 mars 1751, Anne *Parageau*, v^ve de J^n Robert, ancien cap. de vaisseaux de la compagnie des Indes.

TELLIER M^ie-JEANNE. V. de Chermont.

TELLIER (LE) JEAN, éc., ancien cap. au rég^t de Tournaisis infanterie, réformé à la suite de la place de Metz, † à 80 ans, par. St-Victor 7 août 1758.

TELLIER DE TOURNEVILLE (LE) CATHERINE. V. Fabert II, 3.

TEMPIÉ ANTONIA. V. Durand VI, 1.

TEMPLAIRE ANNE. V. Mathis IX.

TENDE (DE) F^ois-CHRISTOPHE, chev. de Tende, sous-lieut. au rég^t royal artillerie, bataillon de la Mothe, fils de Guillaume-Gaspard, éc., sgr de Becourt-aux-Bois, ancien cap. d'infanterie, et d'Hyacinthe-Linarde Daveluy ; † à 20 ans, par. St-Simon 30 juil. 1752.

TENNETAR (DU) HENRY-MICHEL. V. Bécœur IV, 3.

TÉRANNE (DE LA). I. PAUL, s^r de Saint-Paul, cap. de l'ancienne garnison de Metz, épousa, par. Ste-Croix 15 févr. 1648, F^oise *de Pellard de Givry*, dont il avait eu Pauline, par. St-Victor 30 janv. préc. (*sic*).

II. HENRY. V. de Bombelles I, 7.

TERCIS. V. Tarcis.

TERRIER (LE) CHARLES, éc., † par. St-Victor 26 févr. 1753.

TERVENUS (DE) ANNE-CHARLOTTE. V. Doré de Crépy.

TERZUWEICH MARGUERITE. V. Jacquinot II, 11.

TESTU DE MENONVILLE N^as-RENÉ, cadet, † par. St-Jean de la Citadelle 15 nov. 1729.

TEXIER D'HAUTEFEUILLE. I. MARIE, [professe de l'abbaye royale de Chelles, nommée par Louis XIV coadjutrice de Madame de Foix de Candale en 1680, pour réformer l'abbaye de Ste-Glossinde, † à 46 ans, 27 sept. 1681. Msc. Epit.]

II. CATHERINE, [sœur de la préc., comme elle professe de Chelles, lui succéda comme abbesse et mourut, à 85 ans, 12 janv. 1719. — Toutes deux furent inhumées en l'église Ste-Glossinde. Ibid.]

THEISSIER PIERRE, treize, conseiller du m^e-échevin, sgr de la Roche-Serrière, épousa M^ie *Mamiel*, † par. Ste-Croix 13 mars 1661, inhumée à la Présentation. De leur mariage étaient nés :

1. Anne, par. St-Martin 18 févr. 1628 : p. Abraham de Fabert, sgr de Moulins, aman ; m. Anne Hellot, épouse de

Philippe Praillon. — Elle fut mariée à Claude Estienne de Procheville.
2. Marie, par. Ste-Croix 20 janv. 1630.
3. Françoise, ibid. 5 août 1631; mariée à Philippe Auburtin.
4. Pierre, ibid. 3 mai 1633.
5. Marguerite, ibid. 31 déc. 1634.
6. Marguerite, ibid. 26 janv. 1637.
7. Jacques, ibid. 27 mars 1638.

THELIN (DE) FERRY. V. Mercure de Vecchi.

THÉRET LOUISE. V. Chevreau.

THÉROUANNE (DE). V. Bague II, 6.

THERRES (DE) MARGUERITE. V. du Riau.

THÉSIÈRE (DE) N***, éc., sgr de la Chaise, mousquetaire dans la première compagnie du Roi, fils de N***, sgr de Thésière, dem^t à la Chaise en Périgord, † à 24 ans, par. St-Gorgon 7 sept. 1744. A son enterrement, J^{ph} la Chapelle, m^{is} de Jumillhac, b^{on} d'Asfeuille et du Langoirand, sgr de Chenon et Punuxgoux, maréchal des camps et armées du Roi, cap. lieut. de la dite compagnie des mousquetaires à cheval servant à la garde du Roi, lieut. de Roi du Périgord; Jⁿ-B^{te} de la Barre de Martigny, sous-aide-major, et Ch^{les} de la Forest, mousquetaire : tous deux de la même compagnie.

THEVAL (DE). V. de Roucel I, 1.

THÉVENIN, cfr DESJARDINS, CATHERINE-DIANE. V. Nivoy III.

THEYS (DE) CHARLOTTE. V. Pétremand d'Amondans.

THIARD (DE), alias DE THIARS, CLAUDE, c^{te} de Bissy, b^{on} de Pierre et de Vauvry, chev. des ordres du Roi, lieut. gén^l de ses armées, command^t aux Trois-Évêchés, † en son domicile à la Haute-Pierre, par. St-Victor 3 nov. 1701, inhumé à Pierre en Bourgogne. [Il avait épousé, en 1648, Éléonore-Angélique de Neuchèze, dont il eut Henry-Pons, évêque de Toul et de Meaux, puis cardinal].

THIBAULT (DE) JEAN, [éc., sgr de Thibault, lieut. d'une vieille compagnie de gens de pied pour le service du Roi à Metz, sergent-major au rég^t de Mr de Saucourt, † à 42 ans, 4 mai 1633, inhumé aux Carmes anciens. Msc. Epit.]

THIBAULT DE MENONVILLE. I. LOUIS, commissaire ordinaire des guerres à Vic, avait épousé [5 mai 1676] M^{te} Huyn, dont il eut :
1. [F^{ois}-Louis].
2. Jⁿ-Louis, [14 juin 1692]; lequel suit.
II. Jⁿ-LOUIS, fils du préc., conseiller au parl^t, sgr de Landonvillers, † par. St-Martin 25 avril 1776. Il avait épousé, ibid. 1er déc. 1719, Suzanne de Saint-Blaise, dont il eut ibid. :
1. Marguerite-F^{oise}, 21 août 1720 (sic); mariée à Jⁿ-Paul Besser.
2. Jⁿ-Louis, 5 déc. 1721; † par. St-Eucaire 23 juil. 1724.
3. Jⁿ-Paul, 7 févr. 1724.
4. Louis-J^{ques}-M^{ie}, 21 avril 1725.
5. Anne-Suzanne, 9 oct. 1726; mariée à Jⁿ-B^{te}-Louis de Leurye du Proy.
6. Nicole-Thérèse, 18 mars 1728; † par. St-Eucaire 14 août 1729.
7. Jⁿ-F^{ois}-Louis, 4 sept. 1731; † 7 févr. 1735.
8. Anne, 25 sept. 1636; mariée à Louis-Philippe-Paul de Marion.
III. L^{se}-BARBE. V. Busselot V.

THIBERT. V. Foës XII, 2.

THIBOUT (DE) HONORINE. V. de Melisse.

THIÉBAULT. I. Jⁿ-NICOLAS, chev., président à mortier au parl^t, † par. Ste-Ségolène 6 juin 1737. Il avait épousé M^{te}-Élisabeth Maclot, † ibid. 14 oct. 1768, à 87 ans. De leur mariage étaient nés :
1. Élisabeth-L^{se}, par. St-Martin 23 nov. 1702.
2. Jⁿ-Nicolas, ibid. 4 janv. 1706.
3. Catherine-Élisabeth, mariée à Jⁿ-Louis d'Alsace-Hennin.
II. LOUIS, huissier au parl^t, eut de M^{te} Leclerc, son épouse, F^{ois}-Victor, par. St-Victor 22 août 1702.
III. BARTHÉLEMY, procureur au parl^t, greffier de la juridiction consulaire, épousa Barbe

Conrard, † à 75 ans, par. St-Gengoulph 26 sept. 1781. De leur mariage naquirent:
1. Nicolas, par. Ste-Croix 20 avril 1726; † par. St-Gorgon 20 sept. 1731.
2. F^{ois}-Barthélemy, ibid. 2 avril 1727.
3. N^{as}-Barthélemy, ibid. 16 mai 1728.
4. Alexandre, commis au bureau de l'extraordinaire des guerres, † par. St-Gengoulph 26 sept. 1781, à 51 ans.
5. Madeleine, par. St-Gorgon 24 oct. 1730.
6. Thiébault, ibid. 26 oct. 1731.
7. François, ibid. 18 oct. 1732; † 5 févr. 1739.
8. J^{ph}-Augustin, † par. St-Victor 16 avril 1789, à 57 ans.
9. Louis, par. St-Gorgon 29 janv. 1734.
10. Catherine, ibid. 5 déc. 1735.
11. Barthélemy-Alexandre, ibid. 12 mars 1737; † 14 janv. 1751.
12. Gabrielle, ibid. 29 juil. 1738.
13. Anne, ibid. 18 avril 1743.
14. Pierre, ibid. 16 mai 1745; [avocat au parl^t et conseiller-échevin de l'hôtel de ville, greffier de la juridiction consulaire, membre du Conseil des Anciens en l'an IV de la République, † greffier en chef de la cour d'appel de Metz, 28 déc. 1806].
15. Henry-Louis, ibid. 2 oct. 1746.
16. Jⁿ-Baptiste, ibid. 21 août 1748.

IV. MADELEINE. V. Séchehaye IV.

THIÉBAULT (DE) JEAN, épousa, par. St-Livier 24 mai 1628, Dieudonnée *de Crusnes, alias de Crève*, v^{ve} de Mr de Callitrope, laquelle mourut à 72 ans, ibid. 18 mars 1646, et fut inhumée aux Carmes anciens.

THIEDRICH. I. ÉLISABETH. V. Bachelé X.
II. JACQUES. V. du Bos.

THIÈRE (DE) HÉLÈNE. V. de Pidolle.

THIÉRY HENRY. V. de Lasalle (note).

THIERRY DE SAINT-BAUSSANT CH^{les}-NICOLAS, b^{on} de St-Baussant, conseiller au parl^t, fils de Jⁿ-Baptiste, doyen des conseillers au bailliage de St-Mihiel, et de J^{ne} de la Morre, épousa, par. St-Victor 5 mars 1737, Catherine-Antoinette *de Récicourt d'Arcicourt*, dont il eut ibid. :
1. Jⁿ-B^{te}-Charles, 15 janv. 1738; † par. St-Gorgon 8 mars 1754.
2. Richard, 15 févr. 1739.

THIERSANT. V. Tiersant.

THIL CATHERINE. V. de Palland II.

THIOLET (DE) SIMON, ancien m^e-échevin de Metz, † par. St-Marcel 15 déc. 1663. Il avait épousé Virginie *de Maugiron*, v^{ve} de Jⁿ-Ch^{les} (*alias* Claude) de Gournay.

THIONVILLE. I. GABRIELLE. V. Courcol.
II. JEANNE. V. Demange V.

THIRIET. I. NICOLAS, avocat au parl^t, eut d'Antoinette *Laurent*, son épouse, par. St-Martin 20 mai 1635, Dieudonnée : p. Jⁿ Drouart, de Vic; m. F^{oise} Laurent.
II. FLORENTIN épousa, par. St-Martin 6 juil. 1637, M^{te} *Triplot*.
III. ANTOINETTE et ÉTIENNE. V. de Cosson II.
IV. CLAUDE, avocat au parl^t, conseiller du Roi, lieut. de la maîtrise des eaux et forêts de Vic et receveur des droits patrimoniaux et d'octroi, épousa : 1° M^{ie}-Catherine *Malouy*; 2° par. St-Maximin 16 sept. 1698, Ursule *de Rozières*.

THIRION. I. FRANÇOIS fut père de :
1. *Dominique*, qui suivra.
2. François, curé de Scy, à l'enterrement de son frère II.
3. *Pierre*, qui suit.
4. Marie, mariée à Jⁿ Marchand.
5. Anne, épouse de Claude Lebrun; † 21 août 1678.
6. Salomée, née par. St-Eucaire 2 déc. 1610 : p. Fiacre Mainhulle; m. Salomée Pierrot, épouse du s^r Praillon.

II. PIERRE, fils du préc., † à 46 ans, par. St-Simplice 3 mars 1673. Il avait épousé, ibid. 5 déc. 1651, M^{te} *Boué*, † ibid. 6 octobre 1704, à 72 ans. De leur mariage étaient nés :
1. Marguerite, par. St-Simplice 5 nov. 1658.
2. Claude, ancien curé de St-Maximin, retiré par. St-Gengoulph, † 3 juil. 1736, à 76 ans.

3. Philippe, procureur au parl^t, † à 38 ans, par. St-Maximin 17 sept. 1705, sans postérité.
4. Pierre, conseiller au bailliage, † à 51 ans, par. St-Maximin 13 juil. 1721, sans postérité.

III. Dominique, frère du préc., huissier au bailliage, † à 92 ans, par. St-Simplice 18 juil. 1700, inhumé au tombeau de ses ancêtres. Il avait épousé Catherine *Capsé*, † ibid. 26 déc. 1696. De leur mariage étaient nés ibid. :

1. Claude, licencié en droits, curé d'Oron, puis de Cuvry et archiprêtre du Val de Metz, † ancien curé de St-Maximin 1er avril 1706, à 69 ans.
2. Madeleine, mariée à Pierre Lajeunesse.
3. Philippe, 20 févr. 1646; mariée à Adam Mercier.
4. M^{ie}-Salomée, 14 oct. 1648.
5. Louise, 31 janv. 1650.
6. *Pierre*, 5 juil. 1652; lequel suit.
7. Marguerite, 1er août 1655; mariée à Daniel Cabouilly.
8. Jean-F^{ois}, 27 juin 1660.
9. Catherine, mariée à J^n-F^{ois} Mathis.

IV. Pierre, fils du préc., avocat au parl^t, notaire royal et apostolique, lieut. du m^e-échevin, † par. St-Eucaire 5 nov. 1737, inhumé par. St-Simplice. Il avait épousé F^{oise} *Auburtin*, † par. St-Simplice 1er oct. 1736, à 77 ans. De leur mariage étaient nés ibid. :

1. Catherine, 15 févr. 1681.
2. Claude, 23 nov. 1682; religieux bernardin, sous-prieur de l'abbaye de Villers, il bénit les mariages de Marguerite, sa sœur, et de François, son frère.
3. François, 14 mai 1685.
4. François, 2 juin 1686.
5. *Nicolas*, 7 nov. 1687; lequel suit.
6. J^{ne}-Nicole, 1er nov. 1688.
7. Charles, 13 juil. 1690.
8. Joseph, 4 juin 1692.
9. *François*, 23 juil. 1693; lequel suivra.
10. Jeanne, 6 oct. 1694.
11. Nicole, 2 mai 1698.
12. P^{re}-Nicolas, 1er mars 1709.
13. Marguerite, mariée à Gabriel Milet.

V. Nicolas, fils du préc., sgr de Henneté, lieut. au rég^t de Poitou, puis trés. de France au bureau des finances, † par. St-Simplice 25 avril 1745. Il avait épousé, par. St-Maximin 18 mars 1717, Anne-Madeleine *Mouzin*, † à 72 ans, par. St-Martin 12 févr. 1756, inhumée par. St-Simplice. De leur mariage étaient nés :

1. P^{re}-Nicolas, par. St-Maximin 4 mars 1718; clerc du diocèse, † 15 févr. 1741.
2. Marie-F^{oise}, ibid. 21 sept. 1720; mariée à F^{ois}-Hyacinthe Royer.
3. Gabriel, ibid. 25 sept. 1721; sgr de Henneté, trés. gén^l des finances et g^d voyer au bureau des finances de la généralité de Metz, † par. St-Simplice 6 févr. 1746, sans alliance.
4. François, par. St-Simplice 18 janv. 1723.

VI. François, frère du préc., conseiller auditeur en la cour des comptes, aides et finances du parl^t, sgr d'Adaincourt, H^{te}-Bévoy et Vercly, † par. St-Simplice 16 mars 1766. Il avait épousé dans la chap. de H^{te}-Bévoy, par. St-Eucaire 30 août 1718, Anne-Esther *Chautant*, † par. St-Simplice 5 oct. 1759. De leur mariage étaient nés :

1. Pierre, par. St-Gengoulph 21 déc. 1719. « Abbé de Morimond, un des premiers pères de l'ordre de Citeaux, chef et supérieur immédiat des de Calatrava, Alcantara, Monte-Christo et Avis, » il bénit le mariage de son frère VII.
2. Marie-F^{oise}, ibid. 16 nov. 1720; † 28 mai suiv.
3. Étienne-Alexandre, ibid. 10 janv. 1722.
4. M^{ie}-F^{oise}-Agathe, ibid. 5 févr. 1723; mariée à Simon Régnier d'Arraincourt.
5. Claude-N^{as}, ibid. 5 déc. 1724.
6. Gabriel, ibid. 8 janv. 1726.
7. Rose-L^{se}, par. St-Simplice 16 févr. 1727; † 31 juil. 1757.
8. Anne-Charlotte, ibid. 15 juin 1728.
9. *François*, ibid. 8 mars 1731; lequel suit.
10. P^{re}-Joseph, ibid. 1er juil. 1732.
11. Philippe-J^{ph}, sgr de Vercly, chev. de St-Louis, major d'artillerie en 1780, retiré en 1788.

VII. François, fils du préc., chev. de St-Louis, cap. au corps royal artillerie, sg^r de H^{te}-Bévoy, Vercly et Adaincourt, épousa, en la chapelle de H^{te}-Bévoy, par. St-Eucaire 26 sept. 1763, Marguerite *Roederer*, dont il eut :
1. François, par. St-Simplice 16 nov. 1764; officier d'artillerie au rég^t de la Fère en 1783.
2. Marguerite, par. Ste-Croix 8 juin 1766.
3. P^{re}-Henry, ibid. 14 déc. 1767.
4. Louis-F^{ois}, par. St-Victor 20 juin 1770.
5. Louis-F^{ois}, parrain du préc.
6. Marie, † par. St-Eucaire 13 nov. 1779, à 7 ans et 4 mois.
7. Marguerite, par. St-Eucaire 15 déc. 1773; † 24 avril 1775.
8. F^{oise}-Marie, par. Ste-Croix 13 févr. 1778.
9. M^{ie}-Anne, marraine de la préc.

VIII. Jean eut d'Anne *Goutier*, son épouse, par. St-Simplice :
1. Jean, 22 juin 1645.
2. Jean, 22 juil. 1646.
3. Madeleine, 1er janv. 1648; mariée à P^{re} Thirion, m^d cirier, bannerot de St-Eucaire. De leur mariage naquit Nicolas, par. St-Simplice 13 oct. 1682.
4. Jeanne, 21 févr. 1650.
5. Catherine, 27 avril 1651.
6. Jacques, 4 avril 1655.
7. Étienne, 17 juin 1656.
8. Chrétienne, 15 août 1657.

IX. François, m^d, conseiller du Roi, conseiller-échevin de l'hôtel de ville de Verdun, eut de M^{te} *Lehaze*, son épouse :
1. Marguerite, mariée à Jⁿ-Louis Périn.
2. M^{te}-Henriette, mariée à J^{ques}-Philippe-J^{ph} Read.
3. M^{ie}-Hélène. V. Read.

X. Dominique, curé de Ste-Marie-aux-Chênes, mentionné par. St-Eucaire 15 mai 1645.

XI. Claude eut d'Anne *le Pardin*, son épouse, Annibal, par. St-Martin 4 août 1644.

XII. Nicolas épousa, par. St-Simplice 17 janv. 1655, M^{te} *Renaudin*.

XIII. Théodore eut de Nicole N***, son épouse, Jean, par. St-Martin 9 sept. 1652.

XIV. Divers.
1. Françoise. V. Jeoffroy VI, 1.
2. Marguerite. V. Darmène II.
3. M^{te}-Françoise. V. Régnier d'Arraincourt V.
4. Pierre. V. Mathis IX.
5. Sophie-L^{se}. V. de Gueisen.

THIRION-CHAVAIS N***, magistrat de la ville de Metz, épousa J^{ne} *de Rozières*, † par. St-Maximin 17 avril 1681 : à son enterrement, N^{as} de Rozières, avocat au parl^t.

THIS Laurette. V. Duchesne.

THISSIER Jeanne. V. Talon.

THIVA Marie. V. Remy II.

THOLOZAN (de) Honoré, éc., conseiller secrétaire du Roi maison et couronne de France en la chancellerie du conseil souverain d'Alsace, régisseur gén^l des vivres pour le Roi au dép^t des Trois-Évêchés, eut de Bénédicte-M^{ie}-Anne *de Salomon*, son épouse, par. St-Gengoulph :
1. Jⁿ-Baptiste, 15 avril 1771 : p. Jⁿ-B^{te} de Salomon, chev., président à mortier au conseil souverain d'Alsace ; m. Jeanne dame de Salomon, représentée par L^{se}-M^{te} de Barandier.
2. M^{ie}-Étienne, représentant le parrain du préc.; avocat au parl^t.
3. M^{ie}-Judith, 15 juin 1772.
4. Joséphine-Salomée, 11 août 1773.
5. M^{ie}-Élisabeth, 2 juin 1775 : p. Louis-Dagobert de Salomon, avocat au conseil souverain d'Alsace, son oncle ; m. M^{ie}-Élisabeth de Salomon, sa tante.
6. Barbe-Antoinette, 27 févr. 1777.
7. M^{te}-Thérèse, 21 févr. 1779 : p. Béat-Dagobert de Salomon, éc., conseiller du Roi, receveur gén^l des domaines et bois d'Alsace ; m. Anne-M^{te} de Gauthier : ses aïeux mat.

THOMAS. I. Christophe, procureur au présidial, † à 73 ans, par. St-Gorgon 5 mars 1726. Il avait épousé, ibid. 8 janv. 1695, F^{oise} *Jeanjean*, † à 58 ans, ibid. 10 mars 1730. De leur mariage étaient nés ibid. :
1. M^{ie}-Madeleine, 2 févr. 1696.

2. Jⁿ-*Michel*, 15 juin 1697; lequel suit.
3. Christophe-Adrien, 10 juil. 1699.
4. Claude-Christophe, 10 mars 1702.
5. Jean-F^{ois}, 19 janv. 1704.
6. M^{ie}-Anne, jumelle du préc.
7. D^{que}-Remy, 17 avril 1705; procureur au parl^t, † par. St-Simplice 11 juin 1738.
8. Louise, 9 févr. 1707; † 4 avril 1729.
9. Claude-F^{oise}, 30 juil. 1708; mariée à Claude-N^{as} Pérain de Buy.
10. P^{re}-Christophe, 11 mai 1710.
11. M^{ie}-Madeleine, 14 juil. 1714.

II. J^N-MICHEL, fils du préc., procureur au bailliage, puis greffier à la table de marbre, † par. St-Gengoulph 27 août 1743. Il avait épousé Anne *Sauvage*, dont il eut par. St-Gorgon :
1. Anne, 18 févr. 1729.
2. Charles, 17 janv. 1731.
3. Claude, 9 mai 1732.
4. Marie, 5 mai 1733.

III. NICOLAS-F^{ois}, conseiller au siège du grand maître des eaux et forêts au dép^t de Metz, fils de † Jacques, commissaire de police, et d'Anne Gravelotte, épousa, par. Ste-Croix 10 avril 1725, Catherine *Bachelard*, dont il eut par. Ste-Ségolène :
1. N^{as}-Étienne, 6 août 1727.
2. F^{ois}-Louis, 9 sept. 1728.
3. Anne-L^{se}, 25 août 1729; † 29 sept. 1730.
4. P^{re}-Thomas-Mathieu, 22 sept. 1730.
5. Barbe-Thérèse, 15 oct. 1731.
6. Henry-Étienne, 26 nov. 1732.
7. M^{ie}-Catherine, 19 mars 1734; mariée à P^{re}-Paul Dumoulin.
8. Ch^{les}-Nicolas, 16 sept. 1735.
9. Laurence-Julienne, 17 mai 1738.
10. Marguerite, 16 août 1739.

IV. Jⁿ-BAPTISTE, commis et receveur au grenier à sel, eut de Mre *Ruzé*, son épouse, par. St-Gorgon :
1. Madeleine-Charlotte, 16 mai 1737; les parents demeurent rue des Clercs.
2. Joseph, 1er janv. 1739.
3. Suzanne-Pauline, 16 févr. 1740.
4. Claude-N^{as}-F^{ois}, 27 avril 1741.
5. J^{ne}-Marguerite, 30 mai 1742.
6. Nicolas, 11 déc. 1743.
7. Pierre, 6 mars 1745.
8. J^{ph}-Alexis, 11 mai 1746; les parents demeurent rue du Haut-Poirier.
9. Jeanne, 19 déc. 1747; le père est admodiateur de la terre de Bazoncourt.
10. Christine, 10 janv. 1749.

V. M^{ie}-ÉLISABETH-CATHERINE et HYACINTHE.
V. Georges IV.
VI. LOUISE. V. Guichard V, 1.
VII. J^N-NICOLAS. V. Joulard d'Iversay.
VIII. THÉRÈSE-NICOLE. V. Pompey.

THOMAS DE PANGE⁽¹⁾. I. Jⁿ-B^{te}-LOUIS-BENOIT, [né à Clermont en Argonne 17 déc. 1688], chev., sgr de Pange et de la Vallée, trés. principal des Pairs du Roi au dép^t de Metz, [fils de Richard, prévôt de Clermont en Argonne, et de F^{oise} de la Rue de la Vallée; † à Paris 13 avril 1769]. Il avait épousé, [à Clichy en l'Aunois, diocèse de Paris, 15 juin 1716], F^{oise} *Thumery*, [† à Paris 13 avril 1752]. De leur mariage naquirent :
1. Jⁿ-B^{te}-François, par. St-Gorgon 9 nov. 1717⁽²⁾ : p. Jⁿ-B^{te}-Saillet, éc., avocat au parl^t; m. sa g^d mère pat.

---

(1) Les détails entre [ ] et en note nous ont été communiqués par M^r le c^{te} Maurice de Pange. — Voir, pour une généalogie complète de la famille, le *Nobiliaire de Lorraine* de dom Pelletier, et l'*Histoire généalogique des Pairs de France*, par M. de Courcelles, généalogiste honoraire du Roi, t. V, Paris, 1825, in-4°.

(2) JEAN-BAPTISTE-FRANÇOIS fut pourvu de l'office de grand bailly d'épée de la ville de Metz et mourut à Paris 16 août 1780. De son mariage avec Mlle Geneviève de Chambon naquit, à Paris 19 août 1770, *Marie-Jacques*, qui suit.

MARIE-JACQUES, fils du préc., pair de France, maréchal des camps et armées du Roi, chev. de St-Louis et de St-Jean de Jérusalem, g^d officier de la Légion d'honneur, † à Pange 27 oct. 1850. Il avait épousé, en l'église de Boussu en Hainault, 25 sept. 1809, Élisabeth-Victoire-Charlotte-Henriette de Riquet de Caraman, fille de Maurice-Gabriel-Joseph de Riquet, c^{te} de Caraman, pair de France, et de Mlle-Gabrielle-F^{oise}-Joséphine d'Alsace-Hennin, princesse de Chimay, c^{esse} de Boussu, laquelle mourut à Pange 27 oct. 1844. De leur mariage étaient nés :
1. Mlle-Thérèse-Gabrielle, 19 juin 1812; mariée à Ch^{les} c^{te} de Bourcier de Villers.
2. *Marie-Anne-Maurice*, à Paris 5 juil. 1813; lequel suit.
3. Mlle-Mathilde, à Metz 21 févr. 1815; mariée, 21 juin 1835, à Fernand c^{te} Marescalchi, d'une famille patricienne de Bologne; † à Paris 15 mars 1845.
4. Mlle-L^{se}-Charlotte, 4 nov. 1816; mariée, 17 août 1836, à Armand-Ch^{les}-Septime de Fay, c^{te} de la Tour-Maubourg, ambassadeur à Rome; † 9 nov. 1850.
5. Mlle-Antoinette-J^{ne}-Victoire, 1er nov. 1818; mariée, 8 juil. 1839, à Adolphe-Frédéric-M^{ie}-Joseph-Victor de Riquet de Caraman, fils du duc de Caraman, ambas-

2. Anne-F^oise, par. St-Martin 18 août 1719 : p. Louis Thomas, sous-diacre du diocèse de Verdun, son oncle; m. M^ie-Anne le Moleur, épouse de Bertrand Jeoffroy. — Elle mourut 4 oct. suiv.

3. Louis-F^ois, ibid. 2 déc. 1720; [abbé de la Vieuville au diocèse de Dol en Bretagne, † à Paris 20 avril 1750].

4. Françoise, ibid. 28 sept. 1723 : p. Louis-N^as Beveau, éc., sgr de Puzieux; m. M^ie-Claudette de Thumery, fille de Louis de Thumery, éc., sgr de Chaumont-la-Ville et Tolaincourt. — [Elle épousa, dans la chap. du château de Brunoy 26 mai 1744, Antoine Mégret d'Etigny, intend^t d'Auch et de Pau, et mourut à Paris 20 juil. 1789].

5. M^ie-Anne, ibid. 28 sept. 1724. — [Elle épousa, à Paris 2 avril 1748 (1742, selon dom Pelletier), J^n-J^ph m^is de la Rochefoucault-Langeac, brigadier des armées du Roi, colonel du rég^t de cavalerie de son nom, et mourut ibid. 17 avril 1768].

6. J^n-B^te-Nicolas, par. St-Simplice 14 déc.

sadeur à Vienne, et de Joséphine-Léopoldine Guislaine c^esse de Mérode-Westerloo; † 4 janv. 1880.

MARIE-ANNE-MAURICE, fils du préc., m^is de Pange, † à Pange 30 août 1878. Il avait épousé, dans la chapelle de la Chambre des Pairs 15 févr. 1842, Joséphine-Adolphine-Félicité Mouton de Lobau, fille de Georges Mouton, c^te de Lobau, maréchal de France, et de Félicité-Caroline-Honorine c^esse d'Arberg, chan^esse de Novelles, puis dame d'honneur de la duchesse d'Orléans, de laquelle il eut :

1. M^ie-Jacqueline-Félicité, 22 déc. 1842; religieuse au Sacré-Cœur de Paris.
2. *Marie-Jean-Charles-Adolphe*, à Pange 4 avril 1844; lequel suit.
3. M^ie-Mathilde-Charlotte-J^ne, 31 mai 1845; mariée, 26 juin 1871, à Eugène-N^as-Clément v^te d'Astanières.
4. M^ie-Ch^les-Maurice, 5 janv. 1848, c^te de Pange, il épousa, 11 nov. 1878, M^ie-Rosalie-Zoé de Riquet de Caraman, fille de Victor-Ch^les-Antoine de Riquet de Caraman et de L^se-Victurnienne des Balbes de Berton.

MARIE-JEAN-CHARLES-ADOLPHE, fils du préc., m^is de Pange, ancien chef d'escadron d'artillerie, attaché militaire à Vienne, officier de la Légion d'honneur, épousa, 29 mai 1872, M^ie-Laure-Rosalie-Amélie Grasset, † à Vienne (Autriche) 21 déc. 1886, à 34 ans. De leur mariage sont nés :

1. Maurice, 14 mars 1873; attaché au ministère des affaires étrangères.
2. François, 6 avril 1874.
3. Pierre, 2 août 1875 ; lieut. de dragons.
4. Jacques, 2 juin 1878 ; élève de l'école spéciale militaire de St-Cyr.
5. Jean, 8 avril 1881; élève de l'école des Chartes.
6. M^ie-Caroline-J^ne-Amélie, 19 juin 1884; † à Paris 3 juil. 1896.

1726; [b^on de Mareuil, vic^te d'Ay et d'Avenay, sgr de Vernassal, maréchal de camp, chev. de St-Louis, † en son château de Mareuil, diocèse de Rheims, 29 août 1744.]

II. LOUIS, frère du préc., [d^r en théologie, chan. et g^d aumônier de la cathédrale, abbé commendataire de Preuilly, † à 69 ans, 11 mars 1765, inhumé à la cathédrale. Msc. Epit.].

THOMAS-DEHALLAS MARIE. V. de Brye.

THOMASSIN. I. SUZANNE. V. Beaudesson XXV.

II. ANNE. V. le Braconnier XVII.

THOMASSIN (DE). I. CHRISTINE. V. de Hault III.

II. ÉTIENNE. V. de Cossard.

THOMESSON (DE) M^ie-ANTOINETTE. V. de la Falquière.

THOREL. I. REGNAULT, bourgeois, noble homme, échevin de la par. St-Livier, † ibid. à 73 ans, 18 déc. 1686. Il avait épousé Charlotte *Martignon*, † à 82 ans, ibid. 24 nov. 1697. De leur mariage étaient nés :

1. *Regnault*, qui suit.
2. *Jean*, qui suivra.
3. Nicolas, † à 20 ans, par. St-Victor 19 août 1668.

II. REGNAULT, fils du préc., avocat au parl^t, † à 77 ans, par. St-Victor 10 sept. 1729. Il avait épousé Élisabeth-F^oise *Barette*, dont il eut, par. St-Livier 5 oct. 1678, Charlotte-Dieudonnée, † 29 août 1682.

III. JEAN, frère du préc., conseiller au bailliage, avait épousé Anne *Barette*, † par. St-Victor 3 sept. 1728. De leur mariage étaient nés :

1. Charlotte-F^oise, par. St-Marcel 28 avril 1688; mariée à Michel de Charpy.
2. Regnault-F^ois, par. St-Victor 28 sept. 1691.
3. Charles, par. St-Livier 12 mai 1694.
4. Marguerite, ibid. 15 nov. 1696.
5. J^n-Joseph, ibid. 11 mars 1698. V. de Loyauté.

6. Élisabeth, ibid. 10 déc. 1701 ; mariée à Léopold de Villeneuve.
7. Blaisette, mariée à Pierre Bruillard.

THOUVENIN. I. Françoise. V. Gomé.
II. Marguerite et Nicolas. V. Maillet II.
III. Marthe. V. Mélard.

THOUVENIN (de) Françoise. V. de Rison.

THOUVENY. I. Anne-L^{se}. V. Machetay II.
II. Bonne. V. Mareschal II.

THRÉSOR Françoise. V. de Brunel.

THUILLIER Gilles, m^d, eut de Philippe le Goullon, son épouse, par. St-Gorgon :
1. Louis, 6 nov. 1654.
2. Jeanne, 4 mars 1657.
3. Madeleine, 6 août 1658.

THUILLIER de DESAUNAY Remy-Louis. V. Sergent III.

THUMERY (de). I. François, Louis et M^{ie}-Claudette. V. Thomas de Pange.
II. Charles-Henry, [chan. de la cathédrale, † 18 oct. 1769].

THURET (de) Henry, sgr de Beaune, dem^t à Ville-sur-Yron, eut de Catherine de Gourcy, son épouse :
1. J^{ques}-Nicolas, s^r de Beaune, † à 30 ans, par. St-Marcel 29 déc. 1698.
2. Paul, éc., sgr de Verneuil ou Vernéville, ancien cap. de dragons au rég^t Dauphin, chev. de St-Louis, premier aide-major de Metz, dem^t à la porte des Allemands, † à 80 ans, par. St-Gengoulph 14 mai 1761. Il avait épousé Gabrielle-Albertine de Gourcy, † par. St-Eucaire 21 févr. 1754. De leur mariage était né Florimond, cap. au rég^t royal Lorraine infanterie, † par. St-Eucaire 24 avril 1755 : à son enterrement, Antoine de la Fère, aide-major de Metz, chev. de St-Louis.

TIBERGEAUX (de) François, éc., lieut. provincial d'artillerie, † à 68 ans, par. St-Martin 2 août 1696.

TIERCELIN. I. François, d^r en médecine, eut de Catherine Sartorius, son épouse :

1. Marguerite, mariée à Jⁿ Audinot.
2. Henry, par. St-Gorgon 19 nov. 1629 : p. Henry de Haraucourt, doyen des chan. de la cathédrale ; m. Claude Sartorius, épouse du s^r Burthar, de la par. St-Maximin.
3. Barbe, ibid. 19 juil. 1632.
II. N***, d^{elle}, † par. Ste-Croix 3 janv. 1640.
III. François, † par. Ste-Croix 31 janv. 1640.
IV. Antoine, sgr d'Iverly, † par. Ste-Croix 22 janv. 1686.
V. Élisabeth. V. le Goullon XXII.
VI. Marguerite. V. le Labriet II.

TIERCET. I. Benoit, intéressé dans les affaires du Roi, † à 66 ans, par. St-Martin 15 janv. 1736 : à son enterrement, ses fils :
1. Gilles, greffier en chef des présentations au parl^t, † par. St-Victor 23 juil. 1763, à 61 ans. Il avait épousé M^{ie} Grandjean, v^{ve} de Claude Chenu, laquelle mourut par. St-Maximin 3 mars 1757, à 58 ans.
2. Louis, qui suit.
II. Louis, fils du préc., intéressé dans les affaires du Roi, dem^t rue Chaplerue, † par. St-Martin 14 juil. 1782. Il avait épousé Madeleine Bricard, dont il eut :
1. Jean-P^{re}, qui suit.
2. Benoit, greffier en chef des présentations au parl^t, à l'enterrement de son père.
3. Catherine, mariée à N^{as}-F^{ois} Grandjean.
4. Anne-Marie, par. St-Gengoulph 31 juil. 1734.
III. Jean-P^{re}, fils du préc., avocat au parl^t, épousa, par. Ste-Croix 10 févr. 1766, Madeleine Alexandre, dont il eut Madeleine-L^{se}, par. St-Martin 7 mars 1767.
IV. Jacques, neveu de Gilles, lieut. au rég^t royal Bavière, † à 23 ans, par. St-Martin 23 déc. 1746.
V. Catherine. V. Lasalle V.

TIERSANT, alias THIERSANT. I. Jean, fils de Louis, alias Jean, avocat au parl^t de Paris, et de J^{ne} de Vassort, alias Vassart, avocat au parl^t de Paris comme son père, puis à celui de Metz, [procureur

gén¹ au conseil provincial de Luxembourg, puis président aux requêtes du palais à Metz, † à Paris 17 nov. 1713, à 62 ans].
Il avait épousé : 1° par. St-Simplice 28 avril 1675, M^{ie} *Faron*, précédemment de la R. P. R., fille de Jⁿ Faron, m^d bourgeois de Metz, et de Sara Vert, laquelle mourut par. St-Gorgon 3 mai 1681; 2° par. St-Victor 14 sept. suiv., Pétronille *Claussin*, fille de Gigon Claussin et de M^{te} Cointré.

Du premier mariage naquirent par. St-Gorgon :
1. Jⁿ-Louis, 23 mars 1677.
2. Jⁿ-Louis, 5 juil. 1678.
3. Barbe, 23 mars 1680.

Du second mariage naquirent :
4. Jean-F^{ois}, par. St-Martin 26 juil. 1684.
5. Joseph, ibid. 30 sept. 1685.
6. Claude-Ch^{les}, ibid. 14 janv. 1687.
7. Marguerite, ibid. 19 oct. 1688.
8. Christophe, ibid. 1er févr. 1691.
9. F^{ois}-Gabriel, ibid. 14 févr. 1692; le père est sgr de Buy.
10. L^{se}-Pétronille, ibid. 10 juil. 1693.
11. Charles, † à 6 ans, ibid. 20 sept. 1703.
12. Ch^{les}-Alexis, par. St-Simplice 18 sept. 1698; † par. St-Gorgon 27 févr. 1707.
13. P^{re}-Marc, par. St-Gorgon 30 juil. 1702.
14. M^{ie}-Anne, ibid. 2 nov. 1704.
15. M^{te}-Henriette, ibid. 2 mars 1706.
16. Anne-F^{oise}, ibid. 3 mars 1708.

II. NICOLAS, neveu du préc., chan. de Saint-Pierre-aux-Images, ancien curé de Thionville, † par. St-Martin 5 sept. 1781, à 94 ans.

TIFFET PIERRE. V. Pothier.

TILLEMONT DE PINAUX ANNE. V. Aubry III.

TILLET (DU), *cfr* RÉGNIER DU TILLET, M^{ie}-CLAIRE. V. de Maurepas.

TILLON (DE). I. CHARLOTTE. V. Durand d'Haraucourt.

II. THÉRÈSE, sœur de la préc. V. Cellier VI.

III. MARIE-F^{oise}. V. de Baraud.

TILLOT BARBE. V. Mangay.

TILLY FRANÇOISE. V. de Grande.

TILLY (DE) J^{ques}-LOUIS-F^{ois}. V. le Forestier.

TIMBRUNNE (DE) PIERRE, chev., lieut. d'infanterie, † par. St-Gorgon 9 mars 1692.

TINOT. I. HENRY, juge et président de la chambre consulaire des marchands, † par. St-Eucaire 21 juin 1778, à 72 ans. Il avait épousé Élisabeth *Pallez*, † ibid. 8 oct. 1779, à 70 ans. De leur mariage étaient nés :
1. Daniel-Henry, curé de Thionville, à l'enterrement de sa mère.
2. *Antoine-Henry*, qui suit.
3. Anne, mariée à Ch^{les}-N^{as} Camus.

II. ANTOINE-HENRY, fils du préc., avocat au parl^t, épousa, étant âgé de 38 ans, par. St-Simplice 28 nov. 1780, Lucie *Lansuriaux*, fille de Louis Lansuriaux, m^d, et de Lucie Michon. De leur mariage naquit, par. St-Eucaire 11 août 1783, Marie, mariée à René Bertrand de Boucheporn.

III. MARIE. V. Marien V.

TINSEAU (DE) CLAUDE-PHILIPPE-ALEXANDRE, chev., sgr d'Ogicourt, puis de Flanville et Retonféy, lieut.-colonel au rég^t de Turenne, fils de M^{ie}-Nicolas, chev., sgr de Gennes, Tréput et autres lieux, conseiller honoraire au parl^t de Franche-Comté, et de J^{ne}-Sabine-Thérèse de Pétremand de Valay, [† à Metz 21 juin 1806]. Cap. command^t au rég^t de Noailles dragons en garnison à Metz, âgé de 33 ans, il avait épousé, dans la chapelle du château épiscopal de Frescaty, par. de St-Privat-Montigny 30 sept. 1777, Anne *de Leurye du Proy*, âgée de 23 ans. Le mariage fut bénit par Mgr de Montmorency, évêque de Metz. Du côté de l'époux, les témoins furent Ch^{les}-Antoine-Balthasar de Tinseau, conseiller au parl^t de Franche-Comté, et Ch^{les}-M^{ie}-Thérèse-Léon de Tinseau, officier au corps royal du génie; du côté de l'épouse, Jⁿ-B^{te}-F^{ois}-J^{ph} de Laubrussel, conseiller au parl^t, et Paul-F^{ois} de Laubrussel, chan. de la cathédrale et archidiacre; aux signatures, outre les précédents, Choiseul, abbesse de St-Louis. Du dit mariage naquirent :

1. Antoine-Ch^{les}-Eugène⁽¹⁾, par. St-Martin 6 juil. 1778 : p. Jⁿ-Antoine de Tinseau, évêque de Nevers, g^d oncle pat., représenté par N^{as} de Lançon ; m. Charlotte-Eugénie c^{esse} de Choiseul, abbesse de St-Louis, représentée par L^{se} de Laubrussel.

2. Jⁿ-Félix-N^{as (2)}, ibid. 25 juin 1781.

3. Thérèse-Eugénie, ibid. 1er avril 1783 : p. Louis de Saint-Blaise, chef de brigade au corps royal artillerie, son oncle ; m. son aïeule pat. — Elle mourut par. St-Marcel 1er juil. suiv.

4. Alexandre-Ch^{les}, ibid. 9 sept. 1785 : p. Ch^{les}-F^{ois} de Goujon de Thuisy de Vergeur, chev. non profès de St-Jean de Jérusalem, b^{on} de Vergeur et de Chalerange, sgr de St-Pierre-à-Arne, cap. command^t au rég^t de Noailles dragons et prieur commendataire du prieuré royal de N.-D. du Blaisis ; m. Claude-F^{oise}-Félicité de Tinseau, tante pat. — Il mourut en nourrice, par. St-Maximin 31 oct. suiv.

5. Anne-Hortense, par. St-Gengoulph 22 sept. 1788 : p. Louis-Philippe-Paul de Marion, lieut., g^d oncle mat. par alliance ; m. Anne-Charlotte-Désirée de Tinseau, g^d tante pat. Le père est dit procureur syndic provincial de la généralité pour les ordres du clergé et de la noblesse. — Anne-Hortense épousa Ch^{les} Durand de Villers.

6. Charles⁽¹⁾.

(1) ANTOINE-CHARLES-EUGÈNE, contrôleur, secrétaire gén^l de la Moselle, sous-préfet de Sarreguemines sous la Restauration, † 4 déc. 1861, inhumé à Jussy. Il avait épousé, à Metz 22 août 1809, J^{ne}-Charlotte-M^{ie}-Gabrielle-Séraphine de Lauzières de Thémines, † 5 avril 1858, inhumée à Jussy dans la chap. de la Sainte Vierge bâtie pour elle. De leur mariage naquirent :
1. *Henry-Hugues-Antoine-Gaston*, 13 juin 1810 ; lequel suit.
2. L^{se}-Félicie, 31 mars 1812 ; religieuse du Sacré-Cœur.
3. *Hugues-Antoine-Charles*, 19 mars 1815 ; lequel suivra.
4. Hugues-Albéric, 23 janv. 1818 ; † 6 avril 1874, colonel de cavalerie, dir. du haras d'Afrique.
5. Claire-Suzanne, 19 sept. 1819 ; mariée, 15 juil. 1852, au c^{te} du Rosier de Magnieu.
6. M^{ie}-Thérèse-Armand, 5 mars 1822 ; chan. honoraire de la cathédrale, † 13 juin 1887.

HENRY-HUGUES-ANTOINE-GASTON, fils du préc., juge, † à Toul. Il avait épousé, 22 août 1848, Anne-F^{oise}-Amélie d'Archambault, dont il eut, à Toul 20 oct. 1849, *Hugues-Antoine-Edgard*, qui suit.

HUGUES-ANTOINE-EDGARD, fils du préc., aujourd'hui le chef de la famille, a épousé, à Arras en l'église de N.-D. des Ardents 22 févr. 1879, M^{ie}-Gabrielle-Adèle-Julie Cochet d'Hattecourt, dont il a eu :
1. Gaétan-Antoine-Louis-M^{ie}, à Arras 20 févr. 1881.
2. Ch^{ies}-Albéric-M^{ie}-Gabriel, 2 févr. 1883.
3. Suzanne-M^{ie}-Josèphe-Nicole, ibid. 24 mars 1885.
4. Alain, né à Toul au commencement de sept. 1894.

HUGUES-ANTOINE-CHARLES, oncle du préc., lieut.-colonel de cavalerie, officier de la Légion d'honneur, épousa, 2 mai 1852, Caroline de Cacheleu, dont il a eu : 1° Antoine-Gontran ; 2° Henry-N^{as} ; 3° Jeanne, mariée à Ernest d'Acqueville ; 4° Edith, mariée au c^{te} Fernand de Butler.

(2) JEAN-FÉLIX-NICOLAS, officier de gendarmerie, † en avril 1852. Il avait épousé M^{ie}-M^{ie}-Elisabeth Henry de Reinange, † à Metz 29 janv. 1865. De leur mariage naquit, à Thionville 11 déc. 1824, *Joseph-Lyonnel*, qui suit.

JOSEPH-LYONNEL, fils du préc., colonel d'artillerie command^t en second l'école polytechnique, épousa à Rivage 30 nov. 1869, M^{ie}-Sidonie de Nonancourt, dont il eut : 1° Alexandre-Joseph-Roger, né à Metz 11 déc. 1868 ; 2° Germaine, née à Langres 27 juin 1878.

TIROLLE (DE) Jⁿ-B^{te}-GASTON. V. Estienne de Procheville I, 12.

TISSERANT ANNE-M^{ie}. V. Ethis IV.

TISSERANT DE MONTCHARVEAUX ALEXANDRE, cap. réformé à la suite de Metz, † à 86 ans, par. St-Marcel 1er avril 1768. Il avait épousé Louise *de Vienne*, dont il eut Élisabeth, † à 3 ans, ibid. 7 nov. 1703.

TITEUX CATHERINE. V. de Guimesty.

TIZAR DU COUDRAY LOUIS J^{ph}-CÉSAR, cadet, natif de Blois, † par. St-Jean de la Citadelle 27 oct. 1730.

TOBIN SYLVESTRE, veuf de Lucie-Catherine-Albertine *Zeilhover*, épousa, par. St-Gorgon 2 juin 1744, M^{ie} *Tréponat de la Salle*.

TOLOR (DE) M^{ie}-ANNE-SOPHIE. V. de Perceval II.

TONDUTY DE LA BALMONDIÈRE (DE) JACQUES-F^{ois}. V. Piochard de la Brûlerie.

(1) CHARLES, né 24 févr. 1793, un des fondateurs de la Gazette de Metz, † à Peltre 2 sept. 1868. Il avait épousé, 18 févr. 1823, Laurent-Eugénie de Belchamps, † à Peltre le 10 oct. 1852. De leur mariage sont nés : 1° Valéry-Antoine-M^{ie}-N^{as}, 5 janv. 1829 ; maire de Peltre, marié à Agathe de Turgy ; 2° Félix-Charles-Marie, 23 juil. 1831 ; lequel suit.

FÉLIX-CHARLES-MARIE, fils du préc., † à Pouilly 24 mai 1893. Il avait épousé, à Vervins, Louise Aubé de Braquemont, dont il eut : 1° Robert-Antoine-M^{ie}, † à 18 ans, à Hières (Var) 12 mars 1882 ; 2° André-Henri-M^{ie}, † à 20 ans, à Pouilly 15 juin 1885 ; 3° Geneviève-M^{ie}-Alexandre, † à 23 ans, à Sillegny 1er mai 1886 ; 4° M^{ie}-Madeleine-Gabrielle-Valérie, née à Auteuil 19 nov. 1873.
(*Généalogie de la famille de Tinseau*.)

TONNELIER. I. Christophe. V. Belquienne.
II. Claire et Anne. V. Viville.
III. Étienne. V. Dumay.
IV. Madeleine. V. de Beauvais II.
V. M^{ie}-Madeleine. V. Camuset.
VI. Pierre. V. Ducoudray.

TOPFER Anne-M^{te}. V. Foucquet du Closneuf.

TORET (de) Joseph, éc., sgr d'Herculet, originaire de Thaïs en Dauphiné, † par. St-Martin 16 août 1683, à 22 ans, inhumé à la citadelle, où il était en garnison.

TORNERY (de) Pierre, cap. d'une compagnie suisse, dem^t à Vic, eut de Charlotte-Nicole *Jacquinet*, son épouse, Claude-Nicole, par. St-Gorgon 13 févr. 1682.

TORRIGNY (de) Daniel, chev. de St-Louis, lieut.-colonel au rég^t royal artillerie, † par. St-Gengoulph 22 août 1728.

TORY (de) Bernard, major au rég^t de cuirassiers de S. A. E. de Bavière, eut de Louise *de Roder*, son épouse, par. St-Eucaire 15 oct. 1712, Catherine-Thérèse : p. Arnould-Bernard b^{on} de Bergh, cap. de cavalerie; m. Catherine-Élisabeth de Bergh, née de Molsberg, son épouse.

TOUCHE (de la), *cfr* MENGIN de la TOUCHE. I. Charles. V. de Saint-Blaise XVIII, 2.
II. Jean et François. V. de Guérin.

TOUPET, *alias* TOUPPET. I. Jⁿ-Louis, fils de N***, intéressé dans les fermes du Roi, et de M^{ie}-Anne de Milly, de la par. St-Méry de Paris, épousa, par. St-Marcel 13 juin 1747, Charlotte-M^{ie} *Boudat d'Avancy*, † ibid. 3 déc. 1750. De leur mariage étaient nés ibid. :
1. Anne-Justine-Josèphe, 15 janv. 1749 : p. J^{ph} Paris-Duvernay, éc., administrateur gén^l des subsistances des troupes du Roi; m. Anne-Justine Paris de la Montagne, v^{ve} de Maximilien-Jⁿ c^{te} de Choiseul, colonel du rég^t de son nom.
— Elle mourut 22 déc. 1750.

2. Jⁿ-Louis-Daniel, 13 nov. 1749.
3. Joseph, 21 oct. 1750.
II. Françoise et Jean. V. Dattel.
III. M^{ie}-Nicole. V. Néret.

TOUR (de la), *cfr* HERBELET de la TOUR. I. Nicolas, c^{te} de la Tour-en-Woëwre, chev., sgr de Jeandelize, cap. de cavalerie au rég^t de Béthune, avait épousé Anne-Thérèse née b^{onne} *de Landres de Briey*, † par. St-Victor 30 nov. 1788, à 83 ans.
II. Étienne, sgr du Mesnil, lieut.-gén^l au bailliage de Thionville, épousa Anne *de Gray de Malmédy*, † par. St-Maximin 11 oct. 1719. De leur mariage était née Catherine-Diane, mariée à J^{ph}-Michel Petin.
III. Étienne, éc., ancien cap. aux gardes de Mgr le duc de Lorraine, † à 55 ans, par. St-Victor 12 août 1739 : à son enterrement, J^{ph}-Hyacinthe de Gray, chan. de St-Sauveur.
IV. Charles, [chan. de St-Sauveur, † 18 déc. 1714, inhumé à St-Sauveur. Msc. Epit.]
V. Aimée. V. de Birach II.
VI. Barbe-F^{oise}. V. de Gray de Malmédy III.
VII. Paul. V. de Bry d'Arcy III, 3.

TOUR D'AUVERGNE (de la) Ch^{les}-Godfroy. V. Grandeau I, 3.

TOURAUD Martine. V. Blottefier.

TOURNAY Claude-Antoine, licencié en droit, fils de Jⁿ-André, doyen et professeur de la Faculté de médecine de Nancy, et de Barbe Mathieu, épousa, par. Ste-Ségolène 15 mai 1787, Anne-Antoinette *Voyard*.

TOURNAY (de). I. Pierre, cap. aux portes et lieut. de Mr de la Chesnets, † par. St-Maximin 17 mai 1653, inhumé au chœur de l'église, proche l'autel du côté de l'épître.
II. Adam-J^{ques}, cap. au rég^t de la Couronne, de Paris, † subitement par. St-Simon 9 nov. 1775.
III. N***. V. Laurent II, 4.

TOURNEBULLE (de) Claude. V. de Saint-Jure IV, 2.

TOURNELLE (de la). I. Georges-F^ois, v^te, chev.. sgr de Solgne, Chanteloup et du fief d'Essay en Nivernais, ancien colonel au rég^t de Nice, brigadier des armées du Roi, fils de Gilbert, b^on, chev., sgr de Reugny, Essay et autres lieux, command^t au rég^t de Mortemart, et de M^ie-Anne Lescarbot, en leur vivant domiciliés à Guipy, diocèse de Nevers; † à 61 ans, par. St-Victor 5 févr. 1784. Il avait épousé, étant cap. au rég^t de Cambise, par. St-Eucaire 3 févr. 1756, Anne-L^se-Charlotte *le Vayer*, † à 72 ans, par. St-Martin 8 sept. 1732. De leur mariage étaient nés par. St-Gengoulph :
1. J^n-Ch^les-Louis, 15 déc. 1761 : p. J^n-Ch^les m^is de la Tournelle, chef de brigade de gendarmerie; m. Anne-L^se le Vayer, v^ve de Louis-Armand c^te de Balthasar. — Lequel suit.
2. Ch^les-M^ie-Thérèse, 5 janv. 1764 : p. J^n-Ch^les le Vayer, conseiller chev. d'honneur au parl^t; m. Thérèse Baillon, v^ve de François c^te de la Tournelle, élu pour la noblesse des États de Bourgogne. — Lequel suivra.

II. J^n-Ch^les-Louis, fils du préc., cap. au rég^t de Languedoc dragons, † par. St-Simplice 13 avril 1782. Il avait épousé, ibid. 1er mai 1781, L^se-Jacqueline *de Marion*, dont il eut une fille posthume, L^se-Charlotte, ibid. 9 nov. 1782, baptisée par F^ois Jobal, vicaire-gén^l d'Angers, chan. de la cathédrale de Metz.

III. Ch^les-M^ie-Thérèse, frère du préc., ancien cap. au rég^t royal Champagne cavalerie, eut d'Anne-M^ie-F^oise *Harvier*, son épouse, Anne-Gabrielle-Victorine, par. St-Martin 16 avril 1792.

IV. Anne-L^se-Charlotte. V. de Tschudy IV, 1.

V. Charles. V. du Coëtlosquet (note).

TOURNOIS J^n-Gilles, procureur au parl^t, dem^t rue des Huiliers, avait épousé Catherine-M^te *Henry*, † à 73 ans, par. St-Martin 21 juil. 1751. De leur mariage étaient nés :
1. Françoise, par. Ste-Croix 21 juin 1693.
2. Jean, par. St-Gorgon 24 sept. 1694.
3. Jean, ibid. 13 juil. 1696.
4. Gilles-N^as, ibid. 9 oct. 1697.
5. J^n-F^ois, ibid. 5 mars 1699; † 13 mars 1700.
6. François, ibid. 22 avril 1701.
7. Marguerite, ibid. 11 oct. 1703.
8. Anne-Nicole, ibid. 27 févr. 1705.
9. J^n-Baptiste, ibid. 23 janv. 1707; avocat au parl^t en 1743, vicaire de la par. St-Martin à l'enterrement de sa mère.
10. Dominique, ibid. 30 oct. 1708; † par. Ste-Croix 13 déc. 1722.
11. Claude-Gabriel, ibid. 11 oct. 1710; † noyé dans la Moselle entre la butte et l'hôpital de Cornugéline, par. St-Georges 1er juil. 1728.
12. M^ie-Catherine, ibid. 21 nov. 1712.
13. Henriette, ibid. 10 févr. 1715.

TOURON Anne-M^ie. V. Liabé.

TOUROS Charles-F^ois, chev., sgr de Milon, ingénieur ordinaire du Roi, lieut. réformé au rég^t de Piémont, fils de Magdelon, chev. de St-Louis, sgr de Milon, ingénieur en chef au dép^t de Metz et cap. réformé au rég^t de Normandie, et de † Denise-F^oise *Lehaubry*, épousa, par. St-Simplice 27 avril 1723, M^ie-J^ne-Thérèse *de Gauthier*.

TOURTIER Marie. V. de Herre II.

TOURVILLE (de) Nicolas, officier dans les troupes du Roi, épousa, par. St-Victor 24 déc. 1670, Catherine *de Besson*.

TOUSSAINT. I. Didier, [abbé de St-Arnould, † 21 juil. 1595. Journ. de Séb. Floret].
II. Divers.
1. Anne. V. de Vigneulles XVI, 4.
2. Catherine. V. Cuny II.
3. Catherine-F^oise. V. du Soleil.
4. Jeanne. V. Milet.
5. Marguerite. V. Antoine IV.
6. Marie. V. Beaudesson XXI.
7. Marie-Anne. V. de Lescot.

TOUSSAINT (de) Charlotte-Antoinette-Joséphine. V. de Cuny.

TOUSTAIN (de) M^ie-Suzanne et M^ie-Thérèse. V. de Tailfumyr III, 1.

TOUSTAIN de VIRAY (de) Louis-Félix et Mᴵᴱ-Françoise. V. Bourdelois II.

TOUTLEMONDE Dominique. V. Gobineau de Montluisant.

TRAICT (du) Mᴵᴱ-Madeleine, fille de Charles, de Cheny, fut marraine par. Sᵗ-Eucaire 14 août 1693.

TRANCHÉE de VILLENEUVE (de la). I. François, sgr de Villeneuve, eut de Mᵗᵉ *de Bouville*, son épouse :
1. François, † à 86 ans, par. Sᵗ-Jean de la Citadelle 2 avril 1709.
2. *Philippe*, qui suit.

II. Philippe, fils du préc., sgr de Villeneuve, éc., chev. de Sᵗ-Louis, aide-major à la citadelle, † à 93 ans, par. Sᵗ-Jean de la Citadelle 24 avril 1735 : à son enterrement, Henry-Guillaume d'Engelgen, conseiller au parlᵗ, exécuteur testamentaire et parent; Louis-Laurent du Lac de Montereau et Nᵃˢ-Laurent du Lac de Montereau, lieut. des gardes du duc de Lorraine, parents; Antoine du Bochet, lieut. commandᵗ à la citadelle ; le sʳ de Saint-Supery, major ibid. ; le sʳ de Bouchon, aide-major ibid. — Philippe avait épousé Jⁿᵉ *Odam*, † ibid. 24 sept. 1733.

TRANCHET Christine-Cécile. V. Georges d'Alnoncourt.

TRAPETTE Pierre, inspecteur des ponts et chaussées du dépᵗ de Coblence, eut de Fᵒⁱˢᵉ *Morice*, son épouse, par. Sᵗᵉ-Croix 9 mai 1758, Jⁿ-Gabriel-Fᵒⁱˢ-René-Louis : p. Jⁿ-Gabriel-Fᵒⁱˢ-Louis-René de Foucquet; m. Louise Bertrand de Chailly.

TRASTELT (de) Jacques-Fᵒⁱˢ, lieut. au régᵗ d'Alsace, fils de Nicolas, sgr d'Aurendorf, chev. de Sᵗ-Louis, lieut.-colonel au même régᵗ, et de Mᵗᵉ de Moulin, † à 18 ans, par. Sᵗ-Eucaire 14 janv. 1716.

TRATER Gertrude. V. Saunier.

TRAVAULT, *alias* TRAVALT. I. André, R. P. R., aman, fut père de :
1. François; il épousa : 1° 15 avril 1580, Simplette *Morlet;* 2° 16 sept. 1584, Jⁿᵉ *de Lemud;* 3° 16 janv. 1594, Anne *Grandjambe*.
2. Jean, 14 févr. 1563.
3. Marie, 10 juin 1565.
4. Suzanne, 30 juin 1569.
5. *André*, qui suit.
6. Anna, mariée à Jérémie Grandjambe.

II. André, R. P. R., fils du préc., aman, treize, sgr de Poix et Gravelotte en partie, épousa, 14 août 1589, Anne *Voirgier*, fille de Fᵒⁱˢ Voirgier, de laquelle il eut :
1. Judith, 22 sept. 1595 ; mariée, à 16 ans, à Paul d'Aumale.
2. André, 19 août 1605.

III. Jean, R. P. R., dit le jeune, épousa : 1° 2 déc. 1576, Reine *Soultain;* 2° 31 août 1578, Renée *d'Inguenheim*. Du second mariage naquirent :
1. Jean, 31 août 1579 : p. André Travault, aman, et Gaspard Braconnier; m. Anne Travault, épouse de Philippe Antoine, lapidaire.
2. François, 30 nov. 1580.
3. Charles, 18 mars 1582.
4. Élisabeth, 23 déc. 1584; mariée à Fᵒⁱˢ de Combles, ministre.
5. Suzanne, 22 janv. 1587.
6. Anne, 2 mai 1588.
7. Paul, 26 sept. 1590.
8. David, 8 nov. 1591.
9. Daniel, 9 déc. 1593.
10. Jeanne, 26 juil. 1598.
11. Charlotte, 6 févr. 1600.
12. François, 8 févr. 1602.

IV. Nicolas, aman, épousa Claude N***, marraine par. Sᵗ-Martin 2 oct. 1601.

V. Marie. V. Marien II.

TRAVERSE Orsola. V. Scarpatet.

TRAYS de VALCOURT Mᴵᴱ-Anne, originaire de la Flandre, † par. Sᵗ-Maximin 21 oct. 1764, à 66 ans.

TRÉCOURT Jeanne. V. Lapeyre.

TREGGUY d'ORIVAL Anne-Mᴵᴱ-Thérèse-Catherine. V. Babaud et Georges de Chelaincourt IV.

TREIZE. V. de Beausire V, 2.

TRÉMONTRE (de), *alias* de TRÉNONT, Marie. V. de Béronne.

TRENELLE (DE) N***, c^{te}, m^{is} de Dulene, fils de M^r le m^{is} de Trenelle, lieut. gén^l des armées du Roi, command^t des gendarmes de S. M., † à 22 ans, par. St-Simplice 18 août 1714 : à son enterrement, Martin Gaulthier, sgr d'Aulnoy, et le chev. Dumagy, tous deux lieut. d'artillerie au dép^t de Metz.

TRÉPONAT DE LA SALLE, alias TROPENAT, PIERRE, lieut. de cavalerie au rég^t de Brisac, fils de † Jean et de Vincente Papon, épousa, par. St-Victor 24 janv. 1701, M^{te} *de Lévy*, dont il eut :
1. Louis-P^{re}, par. St-Simplice 8 mai 1702 : p. Louis de Lévy, son oncle, procureur au présidial; m. M^{ie} Plessy, fille de F^{ois} Plessy, aman. Le père est lieut. au rég^t de Menonville.
2. Marguerite, mariée à Sylvestre Tobin.

TRESCA GASPARD, chir. major, † par. St-Victor 16 oct. 1763, à 92 ans. Il avait épousé Thérèse *Pignon*, † ibid. 9 mars 1765, à 80 ans.

TRESSEMANES (DE) ANDRÉ, chev. de l'ordre de St-Jean de Jérusalem, maréchal des camps et armées du Roi, inspecteur gén^l d'infanterie et major gén^l, fut parrain par. St-Simplice 17 mars 1711.

TRESTONDANT (DE) MADELEINE, [chan^{esse} de l'abbaye de St-Pierre, † à 60 ans, 10 juin 1719, inhumée à St-Pierre. Msc. Epit.].

TRÉTIENNE MARGUERITE. V. d'Escars et de Bergerat.

TRIBALLET M^{ie}-MADELEINE. V. de Saint-Denys II.

TRIBOUT DE MOREMBERT J^N-BAPTISTE, garde du corps du Roi, fils de Jⁿ-François, cap. aide-major au rég^t d'Orléans dragons, chev. de St-Louis, et de M^{ie}-Élisabeth Bonnescuelle de Lespinois, de Vassy (H^{te}-Marne), épousa, étant âgé de 23 ans, par. St-Livier 11 janv. 1791, Anne-M^{ie}-Éléonore *Séchehaye*, âgée de 19 ans : au mariage, Gilles-J^{ph} Bonnescuelle de Surmont, homme de loi de la par. de Joncreuil, diocèse de Troyes, cousin germain de la mariée.

TRIBOUT (DE) HONORINE et ALEXANDRE-THÉODORE. V. de Melisse.

TRICHOT MARGUERITE. V. Goussaud.

TRICORNOT (DE) CH^{LES}-ANTOINE, sgr de Chaigné en Bourgogne, fut parrain par. St-Simplice 24 juin 1624.

TRINCHANT MARGUERITE. V. Lange.

TRIPPEL MADELEINE. V. Boudet.

TRIPLOT. I. JACQUES, treize, épousa Anne *Lombard*, † par. St-Martin 26 mars 1624.
II. BARBE. V. de Maresse.
III. FRANÇOISE. V. le Labriet I, 3.
IV. MARGUERITE. V. Thiriet II.

TRISSELLE MADELEINE. V. Boudet.

TRIVULÉE ALEXANDRE-GEORGES, éc., sgr de Caumartin, eut de M^{ie} *de Ville*, son épouse, J^{ne}-Thérèse, par. Ste-Ségolène 2 mars 1711.

TROISDAMES M^{ie}-AGNÈS. V. Dudrot.

TROISEU M^{ie}-MADELEINE. V. Rousseau III.

TRONÇON DE CHAUMONTEL M^{ie}-ANNE. V. Garnier de Montereau.

TRONVILLE. V. Trouville.

TROPENAT. V. Tréponat.

TROTYANNE⁽¹⁾. I. JEAN-F^{OIS}, [né à Tressange 19 févr. 1737], avocat au parl^t, receveur des consignations au bailliage de Thionville, [député à l'Assemblée provinciale des Trois-Évêchés en 1787, membre du conseil des anciens en 1797 et du conseil général du dép^t de la Moselle sous le Consulat, † à Ottange 16 juil. 1812]. Il avait épousé M^{te}-Ève-Gabrielle *de Chaux*, [† ibid. 31 janv. 1816]. De leur mariage étaient nés :
1. F^{ois}-Marie, par. St-Martin 7 sept. 1769 : p. F^{ois}-Hubert de Chaux, intéressé dans les affaires du Roi, dem^t à Thionville, représenté par N^{as}-Étienne-Sébastien de

(1) Pour les détails entre [ ] et en note, voir la *Généalogie de Gargan*, p. 213 et 214.

Chaux, lieut. particulier en la maîtrise des eaux et forêts de la même ville.
2. Flavien-F^{ois}-Théophile, ibid. 15 oct. 1770.
3. J^{ph}-Hippolyte$^{(1)}$, [né à Thionville 3 août 1774].
4. N***, [mariée à N*** Demailly].
5. N***, [mariée à N*** Cochard].
II. Barbe. V. Plassiard.

TROUET de COUTALLIOU Joseph-F^{ois}, lieut. des hussards de Ferrari, fils de J^n-Louis, éc., cap. d'infanterie, et de J^{ne}-Claudine de Juilliot de Pinsul, du diocèse de St-Claude, épousa, par. St-Marcel 25 nov. 1749, Claudine *Auclerc*, fille de † J^{ques} Auclerc, fermier des vivres du Roi, et de Claudine Sigronde : au mariage, de Vernier, cap. ; J^{ph}-Adolphe Richez, chir. major ; André de Lindenbaum, cap. : tous trois du rég^t de Ferrari.

TROUVÉ de SÈVE (de) Catherine et Rose. V. Cellier V.

TROUVILLE, *alias* TRONVILLE J^n-Roch, conseiller du Roi, contrôleur gén^l des domaines et bois au dép^t de Metz, avocat au parl^t et secrétaire en chef de l'intendance, puis commissaire des guerres, sgr de Ban-St-Pierre, Clouange et autres lieux, † par. St-Martin 8 juil. 1778, à 59 ans : à son enterrement, l'abbé Trouville, chan. de Ste-Madeleine de Verdun, son frère.
— Il avait épousé Madeleine *Wolckringer*, dont il eut par. St-Victor :
1. Denis-Juste, 8 août 1755 : p. Denis Wolckringer, conseiller du Roi, maire perpétuel et lieut. gén^l de police honoraire à Thionville, aïeul mat.; m. Anne Périn, v^{ve} de Cuny Trouville, contrôleur pour le Roi de l'hôpital militaire de Longwy, aïeule pat., représentée.
2. Suzanne-Victoire, 23 mars 1758 : p. Bernard Trouville, curé de Dieuze, représenté; m. Suzanne de Rouaigue, épouse de Denis Wolckringer, aïeule mat.
— Elle mourut 2 déc. suiv.

TROUVILLE (de) N^{as}-Ch^{les}-Joseph, fils de Nicolas, ancien cap. de cavalerie, chev. de St-Louis, gouverneur des pages de Mme la c^{esse} de Provence, de Ligny en Barrois, et de M^{ie}-F^{oise} Remy de Cournon, † à 11 ans, par. St-Simon 1er nov. 1771 : à son enterrement, Louis Remy de Cournon, cap. au corps royal artillerie, son oncle.

TROVILLE (de) J^n-Baptiste, chev., major au rég^t de Brissac cavalerie, épousa, par. St-Martin 21 mai 1701, Anne *Sallect* (?).

TRUSSON Claire. V. de Gautier de la Motte.

TRÜSTETT (de). I. J^n-Herman, éc., chev. de St-Louis, major au rég^t d'Alsace, dir. de la noblesse de la Basse-Alsace, avait épousé L^{se}-Constance-Angélique N***, † à 66 ans, par. Ste-Ségolène 11 mai 1758. De leur mariage était née M^{ie}-L^{se}, mariée à Gaspard-M^{ie}-Hippolyte d'Elbecuto-Orlandiny.
II. Anne-Sophie. V. Lamy II.

TSCHUDY (de), *alias* de TSCHOUDY. I. Théodore, R. P. R., cap. d'une compagnie franche suisse au service du Roi, fils de † Laurent, secrétaire interprète du Roi pour les trois langues grisonnes, cap. major au rég^t de Chauvestein, et de M^{tle} Planta, épousa, étant âgé de 26 ans, 28 janv. 1674, Élisabeth *Grandjambe*, âgée de 15 ans : au mariage, Louis Tschudy et Pierre Courten, capitaines de compagnies franches. De leur mariage naquirent :
1. *J^n-Henry*, 20 nov. 1674; lequel suit.
2. *Théodore*, 4 mars 1681 ; lequel suivra V.
3. Paul, 3 févr. 1683.
4. Louis, 1er août 1684.
II. J^n-Henry, fils du préc. sgr d'Augny,

---
(1) Joseph-Hippolyte, m^e de forges à Ottange, † au château de Pépinville près Richemont 2 nov. 1836. Il avait épousé, à Thionville 16 févr. 1818, Anne-M^{ie}-Eléonore de Mairesse, † à Strasbourg 24 janv. 1847. Tous deux furent inhumés à Richemont. De leur mariage étaient nés à Ottange :
1. M^{ie}-Laure-Rosalie, 8 mars 1821 ; mariée, à Richemont 22 févr. 1843, à Gabriel-Auguste Daubrée, qui fut membre de l'Institut de France (Académie des sciences), inspecteur gén^l des mines, directeur de l'Ecole des mines, professeur au Muséum d'histoire naturelle, commandeur de l'ordre de la Légion d'honneur, g^d croix et commandeur de plusieurs ordres étrangers, et mourut à Paris 29 mai 1896.
2. M^{ie}-F^{ois}-de-Sales-Hippolyte, 8 avril 1823.

chef de bataillon au rég^t suisse de Villars, chev. de St-Louis, † par. St-Maximin 24 oct. 1717. Il avait épousé M^{ie}-Anne *Couët du Vivier*, † ibid. 19 nov. 1754. De leur mariage étaient nés par. St-Maximin :

1. *Claude-Henry*, 28 janv. 1700 ; lequel suit.
2. Ch^{les}-David, † à 8 ans, 14 sept. 1709.
3. Anne-M^{ie}, 15 oct. 1705 ; † 27 avril 1707.

III. CLAUDE-HENRY, fils du préc., sgr d'Augny et de Vantoux, cap. au rég^t de Villars suisse, conseiller chev. d'honneur au parl^t, † par. St-Maximin 1er mars 1774. Il avait épousé, étant cap. au rég^t de Languedoc, par. St-Marcel 18 janv. 1724, L^{se}-Christine *Rouaut d'Assy*, † par. St-Maximin 18 sept. 1771. De leur mariage étaient nés en cette dernière par. :

1. Georges-Henry, 10 sept. 1725 ; † 17 oct. 1726.
2. Théodore-Henry, 21 août 1727 ; [conseiller au parl^t, † célibataire].
3. J^{ne}-Nicole, 7 août 1729 ; † par. St-Eucaire 30 août suiv.
4. Charlotte-L^{se}, 31 oct. 1730 ; † par. St-Étienne-le-Dépenné 27 août suiv.
5. Jacobée-Paule-David-Christine-F^{oise}, 14 déc. 1735 ; mariée à Jⁿ-B^{te}-Louis-Théodore de Tschudy ci-dessous VI.
6. *Georges-Robert*, 20 janv. 1737 ; lequel suit.

IV. GEORGES-ROBERT, fils du préc., colonel au rég^t royal Deux-Ponts, chev. de St-Louis, gouverneur du prince Ernest de Hesse-Rothenbourg et conseiller privé de légation en Hesse-Cassel, avait épousé Élisabeth-F^{oise} *Fourier*, petite-nièce de St P^{re} Fourier de Mattaincourt, laquelle mourut par. St-Maximin 11 août 1768. De leur mariage étaient nés ibid. :

1. Jⁿ-P^{re}-Louis, 10 nov. 1765. [Cap. au rég^t royal Deux-Ponts, il épousa Anne-Louise-Charlotte *de la Tournelle*, dont il eut Ch^{les}-Louis, b^{on}, marié à Sidonie *Parnajon*].
2. M^{ie}-Élisabeth-Henriette, 22 oct. 1767.
3. P^{re}-Louis, aumônier du Roi de Bavière.

V. THÉODORE, alias CLAUDE, g^d oncle du préc., sgr de Colombey, cap. au rég^t suisse de Villars, g^d bailly d'épée de la ville, épousa : 1° par. Ste-Croix 10 mai 1712, Catherine *Jacquemin*, † à 30 ans, ibid. 13 mars 1715 ; 2° ibid. 9 sept. 1733, Claire-Thérèse *de Navarre*, † ibid. 22 oct. 1735.

Du premier mariage naquirent ibid. :

1. Louis-Théodore, 5 févr. 1713 ; † 13 juin 1715.
2. Nicolas, 29 août 1714.

Du second mariage naquirent ibid. :

3. *Jⁿ-B^{te}-Louis-Théodore*, 25 août 1734 ; lequel suit.
4. Claude-Henry-J^{ph}, 18 oct. 1735. [Il émigra en 1791, fit toutes les campagnes du corps du prince de Condé et fut promu au grade de maréchal de camp par Louis XVIII en 1796].
5. F^{ois}-Louis-Luc, jumeau du préc.

VI. Jⁿ-B^{te}-LOUIS-THÉODORE, fils du préc., cap. au rég^t suisse de Planta, g^d bailly d'épée, littérateur et horticulteur distingué, épousa, par. St-Maximin 27 déc. 1757, sa cousine Jacobée-Pauline-David-Christine-F^{oise} *de Tschudy*, de laquelle il eut ibid. :

1. M^{ie}-F^{oise}-Théodore-Christine-Louise, 11 oct. 1760 ; † 6 avril 1763.
2. M^{ie}-L^{se}-Élisabeth-Théodorine, 19 avril 1763 ; † 26 avril 1771.
3. Jⁿ-J^{ph}-Ch^{les}-Richard, 3 avril 1764. [Il fut, comme son père, un horticulteur distingué, devint général au service de Naples et épousa M^{ie}-Éléonore *de Riancourt-Vauzelles*, dont il eut une fille unique, mariée au b^{on} Adrien de Tricornot, ancien officier de cuirassiers, à qui passa la terre de Colombey].
4. Anne-F^{ois}-Louis, 11 juin 1765.
5. Anne, 27 oct. 1768.
6. M^{ie}-Théodore, 11 avril 1773.

VII. Louis. V. Breton (note).

TUBIÈRES-GRIMARD DE PESTELS DE LÉVIS (DE) Ch^{les}-Henry. V. Fabert II, 2.

TUNNER NICOLAS. V. de Noaillan.

TÜRCK CHARLOTTE. V. de Balthasar (note).

TURFA (DE) F^{ois}-BARBE. V. Bournac V.

TURGIS. I. Lucas, qualifié de noble en 1663, conseiller du Roi, receveur des gages, amendes et consignations au parl^t, † par. St-Simplice 8 mai 1673. Il avait épousé Anne-M^{ie} *le Béhugnon*, fille de Didier le Béhugnon, de laquelle il eut :
1. Didier, [né à Toul par. St-Aman 3 sept. 1647].
2. Luc, [ibid. 15 août 1648].
3. Lucas-Fiacre, par. St-Simplice 1er avril 1663.
4. *F^{ois}-Fiacre*, ibid. 5 juin 1665; lequel suit.
5. Charlotte-Fiacre, ibid. 5 juin 1669.
6. Élisabeth, mariée à Ch^{les}-F^{ois} Gillot, puis à Benoît de Lixières.
7. M^{ie}-Marguerite, mariée à Louis-F^{ois} Jeoffroy.
8. Anne, mariée à Claude Gomé.
9. Antoinette, mariée à Jⁿ-Louis Foës.
10. Angélique, mariée à Bertrand Fleutot.

II. F^{ois}-Fiacre, fils du préc., conseiller du Roi et receveur des gages, amendes et consignations au parl^t, receveur des deniers patrimoniaux et d'octroi de la ville, † par. St-Gorgon 30 avril 1714. Il avait épousé M^{ie}-Apolline *Boutier*, † par. St-Martin 23 avril 1739, à 70 ans. De leur mariage était née Madeleine, mariée à Ch^{les} Willemin de Coin.

TURGOT J^{ques}-Étienne. V. le Roy III, I. [Il avait épousé M^{ie}-Claude *le Pelletier*, dont il eut Michel-Étienne, prévôt des marchands de Paris sous Louis XV, père du célèbre contrôleur gén^l des finances].

TURGY (DE) Jⁿ-B^{te}-Louis-Ch^{les}, Agathe, Henry, Paul, Hervé, Louis, Thérèse et Alphonse. V. Georgin de Mardigny (note).

TURLURE DE VELLECOURT. I. François. V. de l'Hoste de la Motte.

II. M^{ie}-Marguerite. V. Boudet de Puymaigre (note).

III. M^{ie}-Anne. V. de Mairesse.

TURMEL (DE). I. J^{ph}-Antoine, éc., chev. de St-Louis, maréchal des camps et armées du Roi, lieut. du g^d maître de l'artillerie de France et cap. command^t les cinq compagnies de mineurs, fils des † J^{ph} et Anne Mercès, en leur vivant de la par. de St-Barthélemy de Paris; † à 58 ans, par. Ste-Ségolène 6 janv. 1748. Il avait épousé, par. St-Gorgon 4 févr. 1738, Anne *Bertrand*, † à 83 ans, par. Ste-Croix 29 oct. 1789 : à son enterrement, son neveu par alliance Ch^{les}-Guillaume Chauvreux de Blacourt, ancien commissaire des guerres. De leur mariage était né *Claude-J^{ph}*, par. Ste-Ségolène 10 oct. 1740; lequel suit.

II. Claude-J^{ph}, fils du préc., éc., colonel au rég^t des grenadiers royaux de l'Ile de France, sgr d'Antilly, Argancy, Olgy, Stroff et autres lieux, avait épousé : 1° étant cap. aide-major au rég^t de marine, par. St-Martin 22 nov. 1769, Élisabeth *Goussaud*, dont il eut par. St-Simplice 27 juil. 1773, Louis : p. N^{as}-Louis-F^{ois} Bertrand, m^e-échevin de Metz ; m. M^{ie}-Josèphe de Chazelles, épouse de Jⁿ-B^{te}-Claude-Arnoult d'Argent; 2° M^{ie}-Anne-Marquise-Christine *le Bachelé*, v^{ve} de Jⁿ-B^{te}-Thérèse-P^{re} de Maud'huy.

III. Charlotte. V. Jobal (note).

TURPIN P^{re}-Philippe, R. P. R., sgr de Lomasin, épousa L^{se} *Alexandre*, † à 17 ans, 7 mai 1673, après avoir donné le jour, le prémier du même mois, à une fille Catherine-M^{ie}.

TURPIN DE LA CHATAIGNERAY Françoise. V. de Bock III.

U

UDEL Jean. V. du Lac de Montereau I, 2.

UDRY Françoise et Michel. V. de Lorme.

ULRICH Jean, avocat du Roi au présidial de Sarrelouis, eut de Charlotte *du Pont*, son épouse, Catherine-Claude, par. St-Gorgon 26 nov. 1705.

UMBESCHEIDEN Anne-M^{te}. V. de Montberry.

URBAIN. I. Marie. V. Maurice II.

II. Marie. V. Pattée IV.

URICH Georges-J^{ph}, cap. des chasses et prévôt gruyer, chef de police de la ville et du comté de Bitche, fils de † Sébastien, avocat à la cour souveraine de Lorraine, et de Thérèse Leuffer, de Bitche, épousa, par. St-Marcel 8 févr. 1746, Catherine *Pierre* : au mariage, Antoine-Frédéric Urich, avocat à la dite cour, frère du marié ; Louis Damien b^{on} de Jacquemin, avocat au parl^t de Metz.

URION Charlotte. V. Douzant de la Nouvelotte II.

URRE de TESSIÈRES (d') Renée. V. de Raigecourt II.

URVILLE (d') Charles. V. du Tairon.

URY Esther. V. le Goullon XXIV.

USSULE (d') Sébastienne. V. Tailleur.

V et W

VACHER de BEAULIEU (le) Anne. V. de Navarre.

VACHER de LONGVILLIERS (le) Pierre, conseiller au parl^t, sgr de Longvilliers, † à 42 ans, par. St-Martin 7 déc. 1716 : à son enterrement, N^{as} Noël, chan. de la cathédrale de Toul. Il avait épousé F^{oise}-Claude *Martin de Julvécourt*, dont il eut :

1. Philippe-P^{re}, par. St-Simplice 7 avril 1703.
2. Anne-Geneviève, ibid. 8 juin 1705.
3. M^{te}-Charlotte, par. St-Martin 19 oct. 1706.
4. Barbe, ibid. 6 août 1708.
5. Marie-F^{oise}, ibid. 8 nov. 1711 : m. M^{ie} le Vacher, épouse de Louis de Fourmont, conseiller au parl^t de Paris, représentée.
6. Pierre, ibid. 28 sept. 1712.
7. Anne-F^{oise}, ibid. 1er janv. 1715 ; † 11 févr. 1716.

VACHET (de) Sylvie. V. de Rison.

WACQUANT Anne et Alexandre. V. Foureau-Seignier.

WACQUET-FONTAINE J^{ques}-Joseph, ancien secrétaire de l'intendance à Grenoble, épousa Cécile *Artauld*, † à 27 ans, par. St-Marcel 28 févr. 1770. De leur mariage naquit, ibid. 7 sept. 1762, M^{ie}-Nicole-Reine : p. P^{re} Artauld, fermier des magasins de sel à Pont-à-Mousson, aïeul mat. ; m. Nicole de la Pierre, v^{ve} du s^r Jeander, conseiller au bailliage. — M^{ie}-Nicole-Reine fut mariée à J^{ques}-Antoine de Franchessin.

VAGEOT Jeanne. V. Dalançon.

WAÏDE (de) P^{re}-Joseph eut d'Anne-M^{ie} *Cabé*, son épouse, par. St-Maximin 4 juil.

1775, M{ie}-Thérèse, mariée à N{as}-Ch{les} de Verpy.

VAIGNACOURT (DE) M{ie}-CATHERINE, née c{esse}, chan{esse} du Petit-Clairvaux, † par. St-Martin 26 sept. 1779.

VAILLANT. I. FRANÇOIS, conseiller du Roi, échevin perpétuel de l'hôtel de ville de Verdun, [fils de Claude, échevin et procureur syndic de la même ville], eut de Catherine *Grosjean*, son épouse :
1. J{n}-*Nicolas*, [né à Verdun 25 juin 1686]; lequel suit.
2. *Claude-Barthélemy*, qui suivra IV.
3. Gabriel-F{ois}, chan. de la collégiale de Ste-M{ie}-Madeleine de Verdun, au mariage de son frère le préc.
4. Benoît, bénédictin de St-Vincent, qui bénit le mariage du suivant.

II. J{n}-NICOLAS, fils du préc., conseiller du Roi, très. gén{l} de France, intend{t} des finances et gabelles, g{d} voyer de la généralité de Metz, † par. St-Victor 18 août 1749, à 63 ans. Il avait épousé, ibid. 5 sept. 1712, Laurette-Thérèse *le Roux*, dite *Dubois*, † ibid. 24 mars 1767, à 73 ans. De leur mariage étaient nés ibid. :
1. M{ie}-Scholastique, 18 janv. 1714; † 5 août 1784, sans avoir été mariée.
2. Catherine-Thérèse, 27 avril 1716; † 6 août 1784.
3. Scholastique, 12 juin 1718.
4. M{ie}-Thérèse, 2 sept. 1719; † 1er sept. 1750.
5. *Benoît-Claude*, 17 sept. 1721; lequel suit.
6. J{ne}-Marguerite, 4 avril 1723; mariée à Michel Rulland.
7. Marguerite, 2 déc. 1724; † 10 déc. 1740.
8. Thérèse, 8 août 1728.

III. BENOIT-CLAUDE, fils du préc., éc., conseiller au parl{t}, † par. St-Victor 7 avril 1780, inhumé à l'abbaye de St-Arnould. Il avait épousé J{ne}-Christine *Parisot*, † à 33 ans, ibid. 24 mai 1771. De leur mariage étaient nés :
1. J{ne}-Laurette, † par. Ste-Croix 18 févr. 1759, à 3 mois.
2. Claude-Benoît, par. St-Victor 25 août 1760. [Il fut juge de paix du premier canton de Metz et mourut à Fèves].
3. M{te}-Christine, ibid. 19 déc. 1761; mariée à J{ques}-F{ois} de Hurdt.
4. M{ie}-Élisabeth, ibid. 15 févr. 1765; mariée à J{n}-Augustin du Bousquet de Caubeyres.
5. Laurette-Thérèse-M{te}, ibid. 7 oct. 1767.
6. Gabriel-N{as}-Victor, ibid. 3 mai 1771. [Juge de paix du canton de Pange, il avait épousé Anne-F{oise} *Marc*, dont il eut N*** Vaillant, secrétaire de la mairie de Metz, père de Mr Vaillant, rédacteur du *Vœu National*].

IV. CLAUDE-BARTHÉLEMY, oncle du préc., avocat du Roi au bailliage de Metz et conseiller au bailliage de Verdun, † par. St-Martin 26 déc. 1737, à 46 ans. Il avait épousé, par. St-Marcel 5 sept. 1722, F{oise} Thérèse *Lefebvre*, † ibid. 3 sept. 1759, à 67 ans. De leur mariage étaient nés :
1. Laurette-Thérèse, par. St-Martin 24 sept. 1727; mariée à J{n}-B{te} Mauger de Belle-Isle.
2. J{n}-Barthélemy, ibid. 11 oct. 1728.
3. Nicolas-F{ois}, conseiller au bailliage. [Il eut de Catherine-Joséphine *François*, à Paramaribo (Guyane Hollandaise) en 1753, le célèbre voyageur naturaliste François le Vaillant, † à Sezanne en Champagne 12 nov. 1824].
4. Catherine-Rose, mariée à Philippe-F{ois} Humbert.
5. F{oise}-Thérèse, mariée à N{as} Ledure, avocat au parl{t}.

V. M{ie}-CATHERINE. V. Duhoux.

VI. BARBE. V. d'Arancy.

VAILLANT (DE). V. le Forestier.

VAILLANT DE LA BAZARDERIE (LE) J{ph}-ALEXANDRE. V. des Parts de Cronenberg.

VAISSIÈRE (DE) MARIE. V. Fremyn.

VAITIER (DE) ANNE. V. Dauphin II.

VAL (DU), *alias* DUVAL. I. JACQUES, lieut. de Mr le Président, † par. St-Martin 16 janv. 1573.

II. LOUIS, premier chir. du Roi d'Angleterre, ancien lieut. au rég{t} de Clarck, chir. major au régt de Piémont, veuf de Jne *Lainée,* épousa, par. St-Gorgon 4 oct. 1740, Suzanne *Conset, alias Concé,* âgée de 24 ans, demt au couvent de Ste-Élisabeth, par. Ste-Croix, fille de † Jques Conset, md à Thionville, et de Catherine Louvain.

VALBRUN Louis, commandt la brigade des officiers détachée du régt d'Alsace à Sarrelouis, veuf d'Élisabeth *Léonard,* épousa, par. Ste-Croix 16 mai 1752, Foise-Élisabeth *le Grand,* vve d'Éric Bancelin, cap. au régt de Pisson, laquelle mourut ibid. 8 mai 1753.

VALCOURT Jne-Louise. V. Sainsère.

WALDT (DE) LOTHAIRE. V. Couët de Boigodan.

VALENTIN (DE). I. MAXIMILIEN, éc., sgr de Fristot et de la Roche-Valentin, conseiller secrétaire du Roi, fils de Claude, éc., conseiller secrétaire du Roi, épousa Anne *de Saint-Blaise,* dont il eut :

1. Marie, par. St-Gorgon 27 nov. 1657.
2. Charlotte, jumelle de la préc.
3. Jn-François, ibid. 10 juin 1663.
4. Agnès-Gabrielle, par. St-Maximin 2 sept. 1672 : p. Louis de Custines, sgr de Pontigny ; m. Agnès des Armoises, chanesse de Ste-Glossinde.
5. Anne-Rose, ibid. 7 juin 1674 : p. Antoine-Philippe de Custines, sgr des Étangs ; m. Anne-Rose de Herre, fille de Claude de Herre.
6. Mie-Anne, par. St-Gengoulph 4 août 1676 : p. Bertrand Balbo, sgr de St-Jean ; m. Suzanne Favonne de Layaus, épouse du sr Rustaing de Saint-Jorry de Saint-Jean, sgr de St-Marcel. — Elle mourut par. St-Marcel 23 suiv.

II. MARGUERITE. V. de Cabanes VI.

VALENTIN DE BAVIÈRE JEAN, cap. au régt de Sedorff suisse, eut de Nicole *de Vincierne,* son épouse, Barbe, † à 30 ans, par. St-Victor 22 oct. 1783.

VALES (DE). V. Baubé de Grammont.

VALETTE. I. Louis, conseiller du Roi, contrôleur des payeurs des gages au parlt, † par. St-Maximin 2 sept. 1774, à 68 ans. Il avait épousé Élisabeth *Jacquinot,* † ibid. 20 nov. 1752, à 38 ans. De leur mariage étaient nés ibid. :

1. Pauline, 27 juil. 1742 ; mariée à Fois Jacquinot.
2. Joseph, 4 août 1743.
3. Catherine, 16 nov. 1744.
4. Jeanne, 10 janv. 1746.
5. Nas-Bernard, 3 oct. 1747.
6. Mie-Catherine, 11 oct. 1748 ; mariée à Marc-Antoine Cochereau du Houssay.
7. Mie-Anne, 20 déc. 1749 ; † 11 janv. 1754.
8. Étienne, 7 sept. 1751.
9. Barbe, mariée à Nas Lajousse.

II. NICOLAS, me-chir. au bas de Fournirue, † à 67 ans, par. St-Simplice 10 sept. 1759 : à son enterrement, Jques Bennequin, son beau-frère. Il avait épousé : 1° Angélique-Foise *Marchal ;* 2° par. St-Livier 31 mai 1746, Madeleine *Bécœur :* au mariage, Fois Valette, assesseur et garde-marteau de la gruerie de la prévôté de Briey, et Pierre Valette, md. Madeleine Bécœur mourut à 40 ans, par. St-Simplice 20 mai 1752. — Du second mariage naquit Anne-Charlotte, par. St-Simplice 14 mars 1747.

III. NICOLAS, neveu du préc., chir., eut de Mte *Valette,* son épouse, par. St-Simplice :

1. Nas-François, 2 sept. 1753 : p. Jn-Nas Valette, avocat à la cour souveraine de Lorraine et Barrois, demt à Briey ; m. Jne Mouzy, vve de Georges de Mercy de Procheville, représentée par Foise Genot, fille des † Jn-Fois Genot, avocat à la cour souveraine de Lorraine, et Bastienne Bourgeois.
2. Philippe, 7 oct. 1754.
3. Jph-Éléonore, 30 août 1756.

IV. Divers.

1. ANNE. V. Mathieu V.
2. CATHERINE. V. du Hautbois.
3. JEANNE. V. Besser XI.
4. JEANNE. V. Volmerange.
5. MARGUERITE. V. Plaisant III.
6. Mie-ANNE et PIERRE. V. Pantaléon VI, 7.

VALETTE (de). I. Antoine, cy-devant cap., épousa, par. St-Martin 1er sept. 1666, M^{ie} *Tardif*, native de Paris, v^{ve} du s^r Baumont, de laquelle il eut, ibid. 12 juil. 1667, Georges-Antoine : p. Georges de Saint-Arnould, g^d-prévôt de la maréchaussée de Metz, Toul et Verdun ; m. M^{te} de Rouilly.

II. Divers.
1. Anne. V. de Weistroff.
2. Claude. V. d'Anssey.
3. Madeleine. V. Aumaistre.
4. Madeleine. V. Gillot VIII.

VALETTE (de la). I. Jⁿ-Louis, eut de Gabrielle *de Daymar*, son épouse, par. St-Gengoulph :
1. Olympe-L^{se}, 14 janv. 1644.
2. Éléonore-Anne-Gabrielle, jumelle de la préc.

II. Louise, [fille du duc d'Épernon, abbesse de Ste-Glossinde, rebâtit la maison abbatiale du monastère et mourut 23 déc. 1647. Msc. Epit.]

III. Bernard. V. de Saignes.

VALICOURT (de) Guillaume, conseiller au comté de Clisembourg, eut de M^{ie}-Anne *Pascal*, son épouse, par. St-Eucaire 23 sept. 1700, Pierre : p. P^{re} Vandeuil, cap. au rég^t de Chartres ; m. M^{ie} Dubois, épouse de Mr du Vivier.

VALIER Menjon. V. des Hazards IV.

VALIN (de) Timothée, cap. au rég^t d'infanterie de Condé, chev. de St-Louis, eut d'Anne *Drouin*, son épouse, Louis, par. St-Martin 20 oct. 1723.

VALLADIER. I. André, abbé de St-Arnould, † 13 août 1638 (Registres de la par. Ste-Ségolène).

II. Michel, prévôt des bandes, † par. Ste-Croix 30 nov. 1668. Il avait épousé, ibid. 2 mai 1665, Anne *le Barrois*, fille de Jⁿ le Barrois et de M^{ie} d'Oron, laquelle mourut ibid. 28 juil. 1702.

III. Anne-M^{ie}, Suzanne et Clotilde. V. de Blair (note).

VALLAMONT Marie, dame de l'abbaye de St-Pierre, y mourut 30 juil. 1668, et y fut inhumée (Reg. de la par. St-Victor).

VALLASCHEK de WALBERG Thiébaut. V. de Lichtenstein.

VALLE (de la), cfr ARGOULT de la VALLE. I. François, huissier au bailliage d'Etain, fils de Didier et de † Anne de Ficquelmont, épousa, étant âgé de 35 ans, par. Ste-Croix 9 févr. 1682, Louise *Brice*, fille de Jacob Brice et de † J^{ne} Planelier, âgée de 22 ans.

II. N***. V. Schreiner.

VALLÉE Marie. V. Hussenot.

VALLÉE (de la). I. Guillaume, R.P.R., fut père d'Emmanuel, 19 nov. 1563.

II. Claude, [procureur du palais, † 23 oct. 1591. Il avait épousé Annel *de Brin*, † 1er sept. 1595. Msc. Epit.].

III. Claudon. V. Maguin.

IV. Claude, alias Anne. V. Breyard II.

VALLÉE de PIMODAN (de la). I. Ch^{les}-Christophe, g^d bailly de Toul, eut de J^{ne}-Catherine *Midot*, son épouse, à Toul :
1. Chⁿ-Hervé, [14 févr. 1671] ; lequel suit,
2. N^{as}-François, [15 nov. 1672 ; b^{on} d'Echenay, il commanda d'abord le 2e bataillon du rég^t de Miromesnil, puis fut reçu conseiller chev. d'honneur au parl^t de Metz 4 févr. 1701. Il mourut 20 janv. 1705].
3. *Louis-Ignace*, qui suivra.

II. Ch^{les}-Hervé, fils du préc., sgr de Richemont et Uckange, [président à mortier au parl^t, puis g^d bailly de la ville de Toul en remplacement de son père 28 mai 1719, † en 1736]. Il avait épousé, par. St-Martin 14 juil. 1699, J^{ne} *Jeoffroy*, v^{ve} de Jⁿ Morel de Richemont, dont il eut :
1. Ch^{les}-Joseph⁽¹⁾, par. St-Martin 18 oct.

---

(1) L'arrière-petit-fils de Ch^{les}-Joseph, Camille-Louis-Charles de Rarécourt de la Vallée, m^{is} de Pimodan, cap. de cavalerie sous la Restauration, gentilhomme honoraire de la chambre du Roi Charles X, épousa Alexandrine-Claire-Simplicie de Fauveau de Frénilly, dont il eut Auguste-Mis-Elie-Georges, né 29 janv. 1822, général des troupes du St-Siège, † 18 sept. 1860 à la bataille de Castelfidardo. Le 31 oct. suiv., le pape Pie IX accorda à ses deux fils et à tous leurs descendants mâles le titre de duc.

Le général de Pimodan avait épousé Emma-Charlotte-

1702. Il signait : de Rarécourt de la Vallée de Pimodan. [Chev., cte d'Echenay, *alias* des Chenêts, lieut. command[t] pour le Roi au gouv[t] de Toul, il fut en 1736 nommé g[d] bailly de cette ville en remplacement de son père].

2. J[n]-Nicolas, par. S[t]-Victor 6 sept. 1705.

III. Louis-Ignace, frère du préc., chev., lieut. de Roi de la ville de Toul, lieut. des maréchaux de France, chev. de S[t]-Louis, conseiller chev. d'honneur au parl[t], épousa, par. S[t]-Gorgon 21 mai 1707, Christine *Bollioud*, dont il eut ibid. :

1. Barbe-Charlotte, 21 févr. 1708; † 24 mai 1719.

2. Barbe-F[oise]-D[que], 4 oct. 1709.

VALLERAN Jeanne. V. Malchar II.

WALLEROFF, *alias* **WALROFF**. I. Élisabeth. V. Goullet II.

II. Marie et Anne, sa sœur. V. Olry II et III.

WALLET Anne-Élisabeth. V. de Bry d'Arcy IV.

WALLET de MERVILLE François, éc., conseiller du Roi, lieut. de la maréchaussée au dép[t] des Trois-Évêchés, avait épousé M[te] *Alexandre*, dont il eut :

1. Madeleine-M[te], par. St-Marcel 13 août 1766.

2. Stanislas-Michel-F[ois], ibid. 1er nov. 1767. [Il fut préfet de la Meurthe après 1830, puis président de chambre à la cour royale de Nancy.]

3. N[as]-F[ois]-Henry, par. St-Martin 4 déc. 1768 : p. N[as]-F[ois] Léopold, éc., sgr de Corny, conseiller secrétaire du Roi maison et couronne de France, gouverneur des ville et château de Vic ;

Cécile de Couronnel, fille de Raoul m[is] de Couronnel, gentilhomme honoraire de la chambre du Roi Charles X, et de la princesse M[te] de Montmorency-Laval, dont il eut :
1. Gabriel, m[is] de Pimodan, duc de Rarécourt de la Vallée de Pimodan, maire d'Echenay (H[te]-Marne), représentant du canton de Poissons, qui n'a pas contracté d'alliance.
2. Claude, c[te] de Pimodan, duc de Rarécourt de la Vallée de Pimodan, cap. de cavalerie breveté d'Etat-Major, attaché militaire de la République Française au Japon depuis 1896, marié à d[elle] de Mercy-Argenteau, fille de Ch[les] c[te] de Mercy-Argenteau et de Laure de Choiseul. (Note du m[is] Gabriel de Pimodan. V. *Revue de Champagne et de Brie*, nov.-déc. 1894.)

m. Nicole Phulpin, v[ve] de Claude Wallet de Merville, éc., officier au service de France, dem[t] à Norroy-le-Veneur.

VALLORE, *alias* **VALON** Anne. V. de Linage.

VALOIS (de) Philippe. V. de Carence.

VALORY (de), *cfr* HULLIN, M[ie]-Simone-Célestine. V. Poirot de Valcourt.

VALS (de) Suzanne. V. de la Croix VI.

VALTAIRE Françoise. V. François VI.

WALTRIN Marguerite. V. du Haut-Bois.

VANDERHOT de BEAUSSARD, *alias* **VANDERHAEGHEN** J[n]-Charles, lieut.-colonel au rég[t] de Horne, eut de M[ie]-Anne *de Bray*, son épouse, par. Ste-Ségolène :

1. J[ne]-Marie, 18 oct. 1692 : p. Philippe-Maximilien c[te] de Horne, colonel d'un rég[t] de cavalerie étrangère, représenté par F[ois] Remy, cy-devant notaire royal ; m. J[ne] Beurtin, épouse du s[r] de Bray, cap. au susdit rég[t].

2. Philippe-Maximilien, 17 sept. 1693.

3. Jean, 3 déc. 1694; † 25 janv. suiv.

VANDERKERCHOVE (de) Charlotte-Jeanne. V. Leclerc IV.

VANDERLINDER Ch[les]-Hertwich. V. de Saint-Denis II.

VANDERNOOT. I. Catherine. V. Vandrepol.

II. M[ie]-Catherine. V. de Maidy II.

VANDERWERVE de VORSSELEUR Albertine-F[oise]. V. d'Alsace de Hennin.

VANDEUIL, *alias* **VENDEUIL**. I. Pierre. V. de Valicourt.

II. J[n]-Claude. V. de Mondran.

VANDIER (de) Charlotte, fille de Mr de Vandier, chev., conseiller d'Etat du Roi de Pologne, sgr d'Auzécourt et de Noyer, procureur gén[l] à la Chambre des comptes de Bar, † à 23 ans, par. St-Martin 5 avril 1741.

VANDREPOL Christophe-Albert, m^echir., † à 69 ans, par. St-Eucaire 26 août 1750 : à son enterrement, N^{as} Valette, son neveu. Il avait épousé Barbe *Bertrand*, dont il eut Jacques, lequel épousa, ibid. 7 févr. 1741, Catherine *Vandernoot*, âgée de 45 ans, v^{ve} d'Etienne Zecker, de Richemont.

VANEL (de) Paul-Irénée. V. de Baroille.

WANGEN (de). I. J^{ne}-Adélaïde-Wilhelmine-Caroline. V. de Couët de Boigodan.
II. Anne. V. Zouckmantle de Bromat.

WANHAL (de) M^{ie}-Thérèse. V. de Stotinger.

VANIER Jeanne. V. Gabriel V.

VANJOUAR (de) Hilaire. V. Déodeau.

VANNE (de la) Thérèse. V. de Saint-Victor.

VANNELLE Agnès. V. Chautant.

VANNIER Claude-N^{as}, doyen des avocats du parl^t, † par. St-Martin 16 févr. 1763, à 82 ans environ.

VANNIER (de) Antoine, natif de Grenoble, cavalier d'une compagnie au rég^t royal étranger, † à 50 ans, par. St-Eucaire 20 févr. 1671 : à son enterrement, Gabriel-Thiébaut de Pillement, bourgeois de Metz (lequel ne sait signer).

VANNOY Madeleine-Scholastique. V. Dupleissier de Fonchette.

VANREDE Catherine. V. du Hautbois.

VAPY (de) Anne-P^{re}-Étienne, chev., sgr de Pange, eut de M^{ie}-Anne-Catherine de *Gaullier*, son épouse, par. St-Jean de la Citadelle :
1. Ch^{les}-Martin, 23 juil. 1713 : p. Martin de Gaullier, sgr d'Aulnoy; m. Anne de Malherbe, v^{ve} d'Étienne de Vapy, sgr de Pange.
2. Philippe-M^{ie}, 7 mars 1715 : p. Philippe la Tranchée de Villeneuve, aide-major à la Citadelle ; m. M^{ie} des Noyers, épouse de Martin de Gaullier ci-dessus.

VAQUEREL de la BRICHE P^{re}-Charles, cap. au corps royal artillerie rég^t de Toul, fils de † Louis, éc., sgr de la Briche, chev. de St-Louis, ancien chevau-léger de la garde du Roi, et de M^{te}-Madeleine-F^{oise} le Vasseur, de la par. St-Agnan de Toul, épousa, étant âgé de 36 ans, par. St-Gengoulph 14 oct. 1766, M^{ie}-Madeleine-Angélique *de Hault*.

WARAY Louise. V. Pérolle II.

WAREL de BEAUVOIR Jⁿ-Marie. V. de Saint-Blaise XVIII, 4.

VARENNES de CHAMPFLEURY (de) F^{ois}-Étienne-J^{ph}, chev., officier de dragons au rég^t de Ségur, fils de † F^{ois}, chev., et de J^{ne} la Ville, épousa, étant âgé de 40 ans, par. St-Victor 26 févr. 1788, Sophie-M^{ie}-Joséphine *de Lardemelle*, âgée de 20 ans. Au mariage, Antoine de la Varennes, maréchal des camps et armées du Roi, lieut. pour le Roi à Metz ; Henry-Louis de Salvaing, v^{te} de Boissieu, brigadier des armées du Roi, lieut.-colonel au rég^t d'Austrasie infanterie; Jⁿ-Adolphe Vasseur de Vareilles, aide-major de la citadelle ; Ch^{les}-Innocent-Antoine-F^{ois} c^{te} de Foucquet, cap. de dragons au rég^t de Ségur.

VARÈS (de) Jeanne-F^{oise}. V. Paignon.

VARIN. I. Pierre, procureur au patl^t, † à 80 ans, par. Ste-Croix 31 janv. 1757. Il avait épousé M^{ie} *Faron*, † ibid. 26 janv. 1740. De leur mariage étaient nés ibid. :
1. Pierre-D^{que}, 23 août 1709 ; † 2 sept. suiv.
2. Pierre, 28 oct. 1710.
3. *Pierre*, 17 déc. 1711; lequel suit.
4. M^{ie}-Louise, 14 oct. 1713.
5. Anne, 22 mai 1715 ; † 15 avril 1733.
6. Anne-M^{ie}, 3 déc. 1716.
7. Jⁿ-Joseph, 12 oct. 1718.
8. M^{ie}-Madeleine, 29 mars 1720.

II. Pierre, fils du préc., procureur au parl^t, † par. St-Victor 2 avril 1770 : à son enterrement, Étienne Hillaire, conseiller au bailliage, son cousin sous-germain; F^{ois} Dupin, conseiller référendaire au parl^t, son neveu par alliance. Il avait

épousé, par. St-Victor 23 févr. 1745, M^{ie} *Plicard*, dont il eut :
1. Anne-Reinette, par. St-Gorgon 30 janv. 1746.
2. J^n-Pierre, par. Ste-Croix 29 nov. 1746.
3. M^{ie}-Anne, jumelle du préc.
4. J^{ques}-Étienne, ibid. 1er juin 1748.

III. Henry, conseiller du Roi, gruyer, garde-marteau de la maîtrise des eaux et forêts, épousa Madeleine *Geoffroy*, dont il eut Pierre, par. Ste-Ségolène 20 oct. 1683.

IV. M^{ie}-Anne. V. le Masson de Vandelaincourt.

VARLET. I. Anne. V. Bachelard III, 5.

II. Catherine. V. Bachelard IV.

WARNIER. I. Françoise. V. Rulland V.

II. Marguerite. V. Morel.

VARS de VAUSSEREUIL (de), cfr D'ESCARS de VAUSSERELLE. I. François, chev., sgr de Vaussereuil et de Bertrange, épousa, par. Ste-Croix 22 janv. 1661, Louise *de Brouls*, v^{ve} de Louis Maguin, conseiller au parl^t, laquelle mourut ibid. 29 janv. 1683. De leur mariage naquit Louise, ibid. 11 mars 1662.

II. J^n-Baptiste, cap. et premier maréchal-des-logis de Mgr le duc de Bourgogne, eut d'Anne *Séchepine*, son épouse, par. Ste-Ségolène 3 juin 1695, Anne-Françoise.

WARSBERG (de). I. Anne. V. de Roucel III et de Marsollier II.

II. Samson. V. de Roucel III.

III. Ursule. V. de Chérisey IV, 3.

IV. M^{ie}-Anne, b^{onne}, chan^{esse} de N.-D. de Bouxières, † à 70 ans, par. St-Victor 31 mars 1750, inhumée à l'abbaye de Ste-Marie.

WARTEREAU Marie. V. Fillotte.

WARY Claude. V. Piart de Metz.

VASOLLE (le) Jacques. V. de Bacalan.

VASSART. I. Jean, sgr du ban de la Rotte, conseiller d'honneur au bailliage, † à 86 ans, par. St-Victor 14 déc. 1713.

Il avait épousé : 1° M^{te} *Richard*; 2° par. St-Martin 29 juil. 1674, Nicole *Georges*, avec dispense du 3e degré de parenté; 3° par. St-Victor 23 juil. 1708, F^{oise} *Antoine*, fille de J^n Antoine et de † Angélique Chagrin.

Du premier mariage naquit Pierrette-Catherine, mariée à Jean Georges de Boucheporn.

Du second mariage naquit par. St-Simplice 1er oct. 1675, F^{oise}-Catherine : p. Bernard Pellard de Givry, m^e-échevin de Metz; m. F^{oise} d'Haraucourt, abbesse de St-Pierre, représentée par Anne-Catherine de la Léger, m^{ise} de Faulquemont.

II. Jeanne. V. Tiersant.

VASSART (de). V. le Bachelé (note).

VASSÉ (de). V. de Rose.

VASSEUR (le), cfr le VAYEUR. I. Marguerite et J^n-François. V. Poinsignon II.

II. M^{te}-Madeleine-F^{oise}. V. Vaquerel de la Briche.

VASSEUR de VAREILLES J^n-Adolphe, Henry et Jeanne. V. Lefebvre.

VASSIGNAC (de) César-Hector, [sgr de la Loge et d'Imecourt, colonel de cavalerie, épousa M^{ie} *Jenoteau*, † 25 déc. 1703, inhumée aux Prêcheresses. Msc. Epit.]

VASSINHAC (de) Madeleine et Jean. V. Maillard de Landreville.

VASSORT (de) Jeanne. V. Tiersant.

WATELET. I. Anne. V. Brousse.

II. Claudine. V. Ethis.

WATELOT Lucie. V. Maguin.

WATHE (le) Suzanne. V. de Cuvry III.

VATICOURT (de) F^{oise}-Eugénie et Maximilien-M^{ie}. V. Raillard de Granvelle.

WATRIN. I. Catherine. V. Jeandelize III.

II. Catherine. V. Esselin III.

III. Françoise. V. Breton V.

IV. Jeanne. V. Hollande (note).

V. Marie. V. Sergent III.

WATRONVILLE (de) Jacques. V. le Chartreux V.

VAUBERT (de) Anne-Daniel. V. le Myre de Villers.

VAUBOREL (de). I. Jacques, chev., sgr de la Chapelle, lieut. de Roi au gouv^t de St-Malo, eut de M^{ie} *Liais, alias Liars*, son épouse :
1. M^{ie}-Olive, † à 78 ans, par. St-Martin 10 mai 1740.
2. *Malo-Gabriel*, qui suit.

II. Malo-Gabriel, fils du préc., éc., sgr de la Chapelle et du Fougeray, dir. des ponts et chaussées, ancien cap. de cavalerie au rég^t Dauphin étranger, † par. Ste-Croix 25 mars 1754. Il avait épousé, par. St-Gorgon 23 avril 1703, J^{ne} *de Chérisey*, † par. Ste-Croix 22 août 1744. De leur mariage étaient nés :
1. M^{ie}-Louise, par. Ste-Croix 25 sept. 1705 ; † par. St-Marcel 28 mai 1707.
2. Ch^{les}-Malo, par. St-Victor 25 mai 1707 : p. Ch^{les} le Goullon, sgr de Champel ; m. Béatrix le Cardinal de Kerglas, chan^{esse} de St-Pierre. — Il mourut par. Ste-Croix 2 sept. 1736.
3. *Mathias-Louis*, par. St-Victor 4 avril 1708 : p. Mathias d'Orthe, sgr de Grimont ; m. Charlotte de Selve. — Lequel suit.

III. Mathias-Louis, fils du préc., chev., cap. de cavalerie au rég^t de Fienne, sgr de Berlize, épousa, par. St-Martin 12 févr. 1743, M^{ie} *Fériet*, † à 32 ans, le 1er déc. suiv., trois jours après avoir mis au monde Louis-Malo-Gabriel. V. d'Hunolstein II.

VAUCHIER (de) François, éc., fils de † Jⁿ-Nicolas, éc., cap. d'une compagnie pour le duc de Lorraine, épousa, à Tragny 2 juin 1699, Hélène-Madeleine *de Cerretany*.

VAUCHIÈRE D'ARLEY (de) Étienne, lieut. au rég^t de Champagne, † noyé dans la Moselle, par. St-Victor 4 juil. 1724.

VAUCRAY (de) Antoine, cap. au rég^t de Montmorency infanterie en garnison à Otterberg, fils de Louis-Samuel, président et conseiller du Roi à l'élection de Vitry, épousa, étant âgé de 28 ans, par. Ste-Ségolène 14 avril 1735, M^{ie} *Noyal*.

VAUCREMONT. I. Étienne, fils de Remy, épousa M^{ie} *Mangeot*, fille de Gengoult Mangeot, procureur au parl^t, laquelle mourut par. St-Eucaire 15 juin 1689, à 50 ans. De leur mariage étaient nés :
1. Antoine, par. St-Simplice 14 avril 1661.
2. *Jⁿ-Baptiste*, ibid. 7 mars 1664 ; lequel suit.
3. *Étienne*, qui suivra.
4. Louis, à l'enterrement de sa mère.
5. Philippe, ibid.

II. Jⁿ-Baptiste, fils du préc., substitut du procureur gén^l au parl^t, † par. St-Gorgon 25 mai 1692. Il avait épousé, par. Ste-Ségolène 19 févr. 1686, M^{ie} *le Payen*, dont il eut :
1. Marguerite, par. Ste-Ségolène 13 nov. 1686.
2. Étienne, ibid. 5 juil. 1688.
3. Anne, par. St-Gorgon 18 mai 1690 ; mariée à Brice Willotte.
4. Élisabeth, par. Ste-Ségolène 23 sept. 1691.
5. Barbe, † à 27 mois, ibid. 8 janv. 1695.

III. Étienne, frère du préc., d^r en médecine, médecin stipendié de la ville de Metz, [† 15 juil. 1727]. Il avait épousé, par. St-Gorgon 6 févr. 1682, J^{ne} (*alias* Catherine) *de Saint-Didier*, dont il eut :
1. Jean-F^{ois}, par. St-Eucaire 14 oct. 1684 : p. Jⁿ François, conseiller au bailliage ; m. Catherine Fontaine, épouse de Jⁿ-B^{te} de Saint-Didier.
2. Marie, ibid. 17 mars 1686 : p. Étienne le Labriet ; m. M^{ie} le Payen.
3. Nicolas, ibid. 6 avril 1687.
4. Anne, mariée à F^{ois} Bécœur.

IV. Jean, [fils de Jean, fut baptisé par. Ste-Ségolène en 1624].
V. Jean, [fils de Claude, né en 1636].
VI. Catherine. V. de Germiny.
VII. Louise. V. le Belhomme.

VAUDOIT, *alias* VAUDOIS. I. M^{ie}-Anne. V. Ladoucette II.
II. Marie. V. Mary V.

VAUDOMOIS de BELFLON Anne-L^{se}-Modeste. V. Deprat.

VAUDONVILLERS (de) François, chev., sgr de Dieudonné, lieut. des gardes du corps du Roi, gouverneur du château de Porcieu, fut parrain par. St-Victor 26 juil. 1682.

VAUDREZ Anne-F^{oise}. V. de Gilbert de Saint-Laurent III.

VAULSERRE (de) Berthe-Henriette-Hélène-M^{ie}. V. de Wendel (note).

VAULTRIN. I. Joseph, [avocat au parl^t, membre de l'ancienne société des Philathènes et de l'Académie royale de Metz, couronné par la dite académie en 1770, suppléant au tribunal du district de Metz en 1790, magistrat de sûreté, puis conseiller à la cour d'appel, fils de Joseph, avocat au parl^t et bailly des terres et seigneuries de l'abbaye de St-Epvre, receveur électif des deniers communaux et d'octroi de la ville de Toul; † 21 janv. 1831]. Il avait épousé Agathe *Pasquier d'Estrées*, dont il eut, par. St-Martin 20 août 1778, J^{ph}-François.

II. Anne-F^{oise}. V. Liabé II.

VAUSEL (de) Henry, neveu de Mr de Lambert, gouverneur de Metz, fut parrain par. St-Marcel 8 avril 1642.

VAUSSE (de) René, lieut. aux fusiliers, fut parrain par. St-Eucaire 3 févr. 1683.

VAUTRAIN Françoise. V. Royer III.

VAUX (de), c/r DEVAUX. I. Claude, R. P. R., natif de Posset en Perthois, épousa, 7 juin 1587, Claude *d'Haraucourt*, dont il eut Louise, 18 juil. 1589.

II. François, sgr de Bréville, cap., fut parrain par. Ste-Croix 3 févr. 1622.

III. Thiébaut épousa, par. Ste-Croix 8 mars 1638, Toussaint *du Châstelet*.

IV. Georges-F^{ois}, conseiller au parl^t, fils de François, avocat, ancien procureur du Roi de l'hôtel de ville de Verdun, et de M^{ie}-Anne Ligier, † par. St-Simplice 11 mars 1786, à 78 ans. Il avait épousé, par. Ste-Croix 28 avril 1739, Barbe-Ursule-Pélagie *Annibal*, dont il n'eut pas d'enfants.

VAUX (de la) Bertrand fut parrain par. Ste-Croix 1er août 1603.

VAUZELDER van BEVEREN M^{ie}-Gertrude. V. de Plunkett II.

VAYER (le). I. Charles, sgr de Fontaine, président à mortier au parl^t, † par. Ste-Croix en mai 1681, à 61 ans. Il avait eu de Catherine *Jobal*, son épouse, [15 mars 1663], Philippe-Ch^{les}, qui suit.

II. Philippe-Ch^{les}, fils du préc., conseiller au parl^t, sgr de Sailly, Achâtel, Solgne et Vartouil, † par. St-Maximin 8 juil. 1724, à 62 ans. Il avait épousé Pierrette-M^{ie}-Anne *Beaudesson*, dont il eut :
1. J^n-Charles, qui suit.
2. Michel, par. St-Simplice 8 juin 1701; conseiller au parl^t, † par. St-Maximin 22 nov. 1780.
3. Anne-L^{se}, ibid. 8 mai 1704 : p. Louis du Barrail, brigadier des armées du Roi, lieut.-colonel de son rég^t infanterie; m. Anne Jobal, v^{ve} de Pierre du Barrail. — Elle fut mariée à Armand-Louis de Balthasar.

III. J^n-Charles, fils du préc., chev., sgr de Sailly, Solgne et Moncheux, conseiller chev. d'honneur au parl^t, † par. St-Victor 11 mai 1783, à 83 ans et 5 mois. Il avait épousé, par. St-Martin 22 juin 1733, Anne *Jobal*, † ibid. 28 juil. 1740, à 30 ans. De leur mariage étaient nés ibid. :
1. Anne-M^{ie}-L^{se}, 30 juin 1734; † par. St-Eucaire 3 avril 1736.
2. J^{ne}-Madeleine, 13 août 1735.
3. Anne-L^{se}-Charlotte, 28 avril 1740; mariée à Georges-F^{ois} v^{te} de la Tournelle.

VAYEUR (le) ou le VASSEUR Joachim, sgr d'Onville, † par. St-Victor 10 janv. 1674, inhumé aux sœurs Colettes.

VEBER Jeanne. V. Rumpler.

VECHO (le) J^n-Nicolas, conseiller du Roi, greffier en chef des requêtes, secrétaire de la Cour, fils de Nicolas, et de † F^{oise} Charbonnier, de la par. St-Maxi-

min, épousa, par. St-Marcel 8 mars 1734, Anne-M^{ie}-M^{te} *Pierre*, dont il eut ibid. :
1. Jean-N^{as}, 27 avril 1737; † le même jour.
2. M^{ie}-Anne, 12 oct. 1738.
3. Nicolas, 27 nov. 1739.
4. Anne-M^{ie}-Suzanne, † à 6 semaines, 27 oct. 1740.
5. Anne-M^{ie}-Catherine-Madeleine, 12 avril 1742.
6. Charles, 2 juin 1743; † 11 suiv.
7. M^{ie}-Philippine, 19 juin 1744.
8. Catherine, † 18 déc. 1746.
9. Nicolas-F^{ois}, 23 déc. 1747; † au château de Ladonchamps 4 janv. suiv.

WEINUM Anne. V. Mathias II.

WEISS. V. Emmery IV, 11.

WEISTROFF (DE) Arnould-D^{que}, natif de Sarrebourg près Trèves, cap. aide-major chargé du détail du rég^t Dauphin infanterie, † à 44 ans, par. St-Livier 27 oct. 1770. Il avait épousé Anne *Valette*.

WEITZEL Jⁿ-Michel, secrétaire de M. le b^{on} de Bereldingen, g^d chan. des églises catholiques de Spire et de Hildesheim, fils de Jⁿ-Gaspard, conseiller actuel de la chambre des finances de Mgr l'Évêque et prince de Spire, dem^t à Bruchsaal, et d'Anne-M^{ie}-Alberte de Grantheim, † à 24 ans, par. St-Maximin 8 mai 1780.

VENANT, *cfr* **VINOCQ** DE **LAFFONT**.
I. Jacques, dit la Fond, commissaire de l'artillerie de France, † par. St-Martin 1er oct. 1704. Il avait épousé, étant dir. de l'hôpital de Fribourg et âgé de 30 ans, par. Ste-Croix 20 avril 1684, L^{se} *Mangetaire*, † ibid. 13 juin 1712. De leur mariage étaient nés :
1. F^{oise}-Louise, par. St-Gorgon 8 août 1691.
2. Louis-J^{ques}, par. St-Martin 23 déc. 1696.
3. M^{ie}-Anne, mariée à Louis-Philippe Martinet de Nibouville.
4. Antoine, à l'enterrement de sa mère.

II. Françoise. V. Michelet de Vatimont III.

VENAUBRÉ (DE) Jⁿ-Baptiste, éc., sgr de Fourneau, eut de M^{ie}-Anne *Faye*, son épouse, Yves, par. Ste-Ségolène 8 févr. 1787.

WENDEL (DE)⁽¹⁾. I. Jⁿ-Martin, sgr d'Hayange, Weymerange et autres lieux, conseiller secrétaire du Roi en la chancellerie du parl^t, [fils de Christian, sgr de Longlaville (Luxembourg), lieut. dans les troupes du duc Charles IV de Lorraine, et de Claire Saurfeld, mourut en 1737. Il avait épousé Anne-M^{te} *Meyer*, † à Thionville 12 sept. 1740]. De leur mariage étaient nés entre autres enfants :
1. Anne-J^{ne}, [à Hayange 19 juin 1704]; mariée à P^{re}-Thomas Brandebourg.
2. Reine-F^{oise}, [ibid. 28 mai 1706]; mariée à Gabriel-F^{ois} Palteau.
3. *Charles*, [ibid. 19 févr. 1708]; lequel suivra.
4. Marguerite, mariée à Ignace Laurent du Quarel.
5. Jeanne, mariée à F^{ois} des Robert.
6. *Jean-F^{ois}*, qui suit.
7. M^{te}-Agnès, [née à Metz en 1723]; mariée à Louis-Benoit des Robert.

II. Jean-F^{ois}, fils du préc., sgr de Longlaville et de Lavaux, cap. de cavalerie au rég^t de Saint-Jal, chev. de St-Louis, [† à Longlaville 16 mai 1806]. Il avait épousé, [à Hayange 19 mars 1748], Reine *de Wendel*, sa cousine germaine, [† à Longlaville 26 floréal an V]. De leur mariage naquirent par. St-Gengoulph :
1. Jⁿ-J^{ques}-Martin, 12 nov. 1750; [† sans postérité au château d'Hayange 12 févr. 1821].
2. Gabriel-F^{ois}, 27 juin 1752; † 21 déc. 1753.
3. Reine-F^{oise}, 29 oct. 1755; [† en bas âge.
4. Marguerite, 30 sept. 1758; [† à Longlaville 11 mai 1779].

III. Charles, frère du préc., [sgr d'Hayange, fondateur des forges de Hombourg-l'Évêque, chev. de St-Louis, † à Hayange 4 sept. 1784. Il avait épousé, à Sarreguemines en 1739, M^{te} *d'Hausen*, née

---

(1) Voir pour une généalogie complète de la famille de Wendel et pour les détails qui sont ici entre [ ] et en notes, la *Généalogie historique de la Maison de Gargan*.

à Sarreguemines en 1718, fille de Jⁿ-Alexandre d'Hausen, conseiller du Roi, receveur des finances à Sarreguemines, et d'Anne-Élisabeth Schrembgen, laquelle mourut à Metz 14 nivôse an X]. De leur mariage naquirent entre autres enfants :

1. *Ignace-F^{ois}*, [à Thionville 13 sept. 1741]; lequel suit.
2. *Anne-M^{te}-L^{se}*, [ibid. 25 août 1742]; mariée à Alexandre-Louis-Armand-Thérèse de Balthasar de Gachéo.
3. *Catherine*, [à Hayange 23 déc. 1746]; mariée à Jⁿ-Louis-Victor de Jacob de la Cottière.

IV. IGNACE-F^{ois}, fils du préc., cap. au corps royal artillerie, chev. de St-Louis, [fondateur des usines du Creuzot, d'Indret et autres, et de la manufacture d'armes de Charleville, † 2 mai 1795 en émigration à Ilmenau (Saxe), où il venait de fonder des usines. Il avait épousé, à Trouville près de Bar-sur-Ornain 12 mars 1772], F^{oise}-Cécile *Dutertre*, [† à Charleville (Ardennes) 25 sept. 1783]. De leur mariage naquirent :

1. *Ch^{les}-Antoine-M^{te}*, par. St-Victor 23 mars 1774 : p. Ch^{les} de Wendel, son aïeul; m. Thérèse de Viart, v^{ve} de Ch^{les} Dutertre, conseiller au parl^t, représentée par M^{te} d'Hausen, aïeule pat. — [Cap. de cavalerie au rég^t de Rohan, chev. de St-Louis, il mourut à Strasbourg 8 nov. 1832, sans laisser de postérité].
2. *Antoine-Louis*, ibid. 3 janv. 1776. [Lieut. au rég^t de Rohan, chev. de St-Louis, il épousa, à Amiens en 1821, Clémentine *de Cattey*, fille d'Alexandre-Hubert de Cattey, chev., ancien garde du corps du Roi, et de Félicité d'Auréville. Il mourut en 1822, sans postérité].
3. *F^{ois}-Charles*, [à Charleville 19 févr. 1778] (1).

---

(1) FRANÇOIS-CHARLES, après avoir suivi la carrière militaire dans l'émigration, fut maire d'Hayange, membre du Conseil gén^l du dép^t de la Moselle, chev. de St-Louis, officier de la Légion d'honneur, inspecteur des gardes nationales du susdit dép^t avec le grade de maréchal de camp, président pendant dix ans du Conseil gén^l de la Moselle, représentant de la Moselle à la Chambre des Députés de 1815 à 1825. Il mourut à Metz 11 mars 1825 et fut inhumé à la chapelle attenante à l'église d'Hayange. Il

V. J^x-PIERRE. V. Plassiard.

WENETZ (DE) F^{ois}-JOSEPH, chev. de St-Louis, cap. au rég^t suisse de Courten, cy-devant en garnison à Sarrelouis, fils des † F^{ois}-J^{ph}, major au dit rég^t, et Char- avait épousé, à Metz 6 févr. 1804, sa cousine M^{ie}-F^{oise}-Joséphine de *Fischer de Dicourt*, † à 88 ans, à Metz 13 mars 1872, inhumée à Hayange dans la nouvelle sépulture de famille érigée par elle au cimetière de la paroisse. De leur mariage sont nés à Metz :

1. *M^{ie}-Joséphine*, 20 déc. 1804; mariée, à Hayange 22 mai 1826, à Théodore-Ch^{les}-Joseph b^{on} de Gargan du Chastel; morte ibid. 10 mars 1851.
2. *Victor-François*, 24 févr. 1807; lequel suit.
3. *Alexis-Charles*, 13 déc. 1809; lequel suivra.
4. *Anne-Caroline*, 6 avril 1812; mariée, à Hayange 12 mai 1835, au b^{on} Jⁿ-B^{te}-Maurice du Coëtlosquet; morte à Metz 6 avril 1837.

VICTOR-FRANÇOIS, fils du préc., épousa, à Coin-sur-Seille 20 juin 1831, M^{ie}-Charlotte-Octavie-Pauline de *Rozières*, fille de Ch^{les}-Joseph-Emile c^{te} de Rozières et de M^{ie}-Charlotte-Béatrix-Octavie de Gondrecourt, dont il eut :

1. *M^{ie}-Joséphine-Charlotte-Pauline*, à Metz 21 avril 1832; mariée, ibid. 30 août 1853, à Albert v^{te} de Curel.
2. *M^{ie}-Charlotte-Joséphine-M^{ie}*, ibid. 16 oct. 1833; † à Coin-sur-Seille 1er sept. 1857.
3. *M^{ie}-Charlotte-F^{oise}*, ibid. 28 juin 1835; † à Paris 15 févr. 1847.
4. *M^{ie}-Vincent-Ch^{les}*, au château de Serre, commune de Florange, 11 juin 1838; † au château de Coin-sur-Seille 20 août 1857.

ALEXIS-CHARLES, frère du préc., m^e des forges d'Hayange et de Moyeuvre ainsi que de celles de Styring-Wendel, qu'il fonda en 1846 avec son beau-frère le b^{on} de Gargan; membre du Conseil gén^l de la Moselle en 1848, de l'Assemblée nationale en 1849, du Corps législatif où il siégea jusqu'en 1866, chev. de la Légion d'honneur, † à Paris dans son hôtel de la rue de Clichy 15 avril 1870. Il avait épousé, à Souhey (Côte-d'Or) 29 mai 1843, J^{ne}-Marthe de *Guitaut*, de laquelle il eut :

1. *Paul-François-Henry*, à Hayange 24 mars 1844; lequel suit.
2. *Adrien-Charles-Joseph-Robert*, à Souhey 9 mai 1847; lequel suivra.
3. *M^{ie}-L^{se}-Caroline*, à Hayange 19 oct. 1851; mariée, à Paris 30 janv. 1872, à P^{re}-Augustin-Joseph de Montaigu.

PAUL-FRANÇOIS-HENRY, fils du préc., ingénieur des arts et manufactures, m^e des forges d'Hayange, Moyeuvre et Styring-Wendel, épousa, à Paris 4 juil. 1872, Berthe-Henriette-Hélène-M^{ie} de *Corbeau de Vaulserre*, dont il eut :

1. *F^{ois}-Augustin-M^{ie}*, à Paris 5 mai 1874.
2. *Jⁿ-M^{ie}-Humbert*, ibid. 3 févr. 1876.
3. *Maurice-M^{ie}-Ignace*, ibid. 28 févr. 1879.

ADRIEN-CHARLES-JOSEPH-ROBERT, frère du préc., m^e des forges d'Hayange, Moyeuvre et Styring-Wendel, chev. de la Légion d'honneur, épousa, à Paris 18 mai 1869, M^{ie}-Antoinette-Élisabeth-Carmen-Consuelo *Manuel*, fille d'Iwan-Edouard Manuel, c^{te} de Gramedo, et de Tomasa-Antonia-Josepha-Cayetana-Carmen-Maria-del-Consuelo Acuna, de laquelle il a eu :

1. *Marthe-Consuelo-Carmen*, à Paris 27 mars 1870.
2. *Iwan-Edouard-Ch^{les}*, à l'Orfrasière (Indre-et-Loire), 8 oct. 1871.
3. *Manuela-L^{se}-Consuelo-Sabine*, ibid. 18 juil. 1875.
4. *P^{re}-Alvaro-René-Guy*, à Paris 21 avril 1878.

lotte-Madeleine de Rathsamhausen, de Sarrelouis, épousa, étant en garnison à Verdun et âgé de 52 ans, par. St-Eucaire 27 avril 1789, Anne *de Béhaigne*, âgée de 45 ans, fille des † Wiri de Béhaigne, négociant à Montmédy, et F^{oise} Renoir. Au mariage, Claude-F^{ois} Plassiart, receveur des émoluments du sceau de la chancellerie au parl^t; Jⁿ-B^{te} de Béhaigne, receveur des amendes et confiscations au siège des eaux et forêts de Metz; F^{ois} de Béhaigne, négociant à Sedan.

VENUSON (DE) ÉLISABETH. V. Leclerc de Frédiaut.

VERCHAMP (DE). V. Morel I, 5.

VERDAVOINE DU VIVIER (DE) CLAUDE fut parrain par. St-Simplice 31 mai 1682.

VERDIER (DU) ÉDOUARD, apothicaire major de Mgr le maréchal de Villars, eut de M^{ie}-F^{oise}-Éléonore *de Volguestein*, son épouse, par. St-Simplice 10 août 1705, Catherine-Éléonore.

VERDIÈRE (DE LA) FRANÇOISE. V. de Gondreville II.

VERDOT MARGUERITE. V. Levert.

VERDUN ANNE. V. Blouet III.

VERDUN DE MONTCHIROUX JEAN-F^{ois}. V. Pérain de Buy.

VÉRÉ MADELEINE. V. Rabuat III.

VERGE (DE LA) MADELEINE. V. Laurent II.

VERGER (DU), *cfr* DUVERGER, Jⁿ-BAPTISTE, officier au rég^t de Pas, épousa Anne *la Rue*, † v^{ve} de lui, à 66 ans, par. St-Martin 15 oct. 1728.

VERGER DE LA CHATRE PHILIPPE. V. Marquiolle d'Alcajou.

VERGEUR DE SAINT-SUPPLET (LE) ANGÉLIQUE-M^{TE}. V. de Gournay IV, 1.

VERGNE (DE LA). I. ANTOINE, [d^r de la faculté de Paris, chan. et princier de la cathédrale, † 9 déc. 1748, à 65 ans, inhumé à la cathédrale. Msc. Epit.]

II. FRANÇOIS. V. le Goullon XXVII, 3.

VERGNE DE GOUJON (LA) JEAN, né à l'Arche au bas Limousin, fils de Pierre, épousa, par. S^t- Eucaire 10 mai 1718, Juliennette *Favinil* (?).

VERGUES (DES). V. de Montagnac I, 5.

WERILLON, *alias* WOIRILLON ANNE. V. Bancelin III.

WERIOT JUDITH. V. le Gentilhomme.

VERNEDE (DE LA) F^{ois}-HENRY, éc., lieut. au rég^t du Dauphiné infanterie, fut parrain par. St-Jean de la Citadelle 17 juil. 1781.

VERNE (DE LA) MADELEINE. V. Bague II.

WERNER M^{ie}-CLAIRE. V. Couttaut du Bosquet.

WERNER DE JAUBERT. V. Creitte de Métric.

VERNET (DE LA) FRANÇOIS, chev. de la Vernet, dit Desris, fils de N*** Desris, cap. de dragons au rég^t d'Aubigny, et de N*** d'Estradin, né au château Desris, proche Issoint en Auvergne, lieut. au rég^t de la Roche-Aymon, en garnison à la caserne Coislin, † à 18 ans, par. St-Simplice 4 sept. 1756. A son enterrement, Denis de Leteny, cap. des grenadiers royaux, son oncle; Antoine-Louis-F^{ois} c^{te}. de la Roche-Aymon, brigadier colonel du rég^t de son nom; J^{ques} de Lislemaray, lieut.-colonel, et F^{ois} Dogier, cap. aide-major, du même rég^t.

VERNIER. I. JEAN, éc., sgr de Vatimont et Adaincourt, ancien lieut. du m^e-échevin, échevin de l'hôtel de ville, † par. S^{te}·Croix 18 oct. 1671. Il fut père de :
1. *Françoise*, par. Ste-Croix 9 mars 1627.
2. *Étienne*, qui suit.

II. ÉTIENNE, fils du préc., éc., sgr de Redigny, Vatimont et Adaincourt, épousa, dans l'église des Précheresses 10 janv. 1672, F^{oise} *de la Mouche*, † par. Ste-Croix 7 janv. 1688 : à son enterrement, Thomas de la Mouche, curé de Vittoncourt. De leur mariage naquirent ibid. :
1. Jⁿ-Thomas, 15 mars 1673.
2. M^{ie}-Louise, 12 mars 1674.
3. M^{ie}-Thérèse, 6 oct. 1675.

4. P^{re}-Thomas, 15 avril 1677.
5. J^{ques}-Gabriel, 15 oct. 1679.

III. Louis, substitut du procureur gén^l à la chambre des requêtes, puis président au bailliage, † par. St-Victor 9.juil. 1720, à 49 ans. Il avait épousé : 1° J^{ne}-L^{se} *Laurent*; 2° par. St-Marcel 26 déc. 1709, Anne-Thérèse *d'Herbelet*, † par. St-Victor 9 mai 1743. — Du premier mariage étaient nés :

1. Pierre, par. St-Victor 24 juin 1698.
2. Louise, ibid. 11 déc. 1699.
3. M^{ie}-Anne-Charlotte, ibid. 12 oct. 1701.
4. Françoise, par. St-Gorgon 2 avril 1707; † par. St-Livier 3 oct. 1708.

IV. Jean, avocat au parl^t, cy-devant cap. prévôt-gruyer de Fresnes, † par. St-Victor 13 mai 1700 : à son enterrement, Claude-F^{ois} Vernier, lieut. en la prévôté de Fresnes, son frère; J^n-B^{te} Vernier, conseiller au parl^t, son cousin. Il avait épousé Renée-F^{oise}-Scholastique *Hennequin*, † à 64 ans, par. St-Livier 25 avril 1732. De leur mariage étaient nés :

1. J^n-Christophe, par. St-Victor 31 août 1699.
2. Dieudonnée-Agnès, † par. Ste-Ségolène 13 oct. 1752, à 50 ans.

V. Christophe, frère du préc., éc., avocat à la cour de Lorraine, eut d'Anne *Derupt*, son épouse :

1. N^{as}-Gilles, notaire, conseiller du Roi, † 18 oct. 1780. Il avait épousé : 1° J^{ne} *Branchu*, † subitement par. Ste-Croix 14 janv. 1764; 2° par. Ste-Croix 24 juil. 1764, Madeleine *Esselin*. Il signait *Vernier de Cousgré*.
2. Louis-Christophe; éc., âgé de 27 ans, il épousa, par. Ste-Ségolène 15 avril 1749, Catherine *Antoine*, fille de † D^{que}-Antoine, m^d, et de M^{te} Kolle. Il signait *Vernier de Fresnes*.

VI. François, éc., conseiller du Roi, inspecteur des postes en Alsace, eut d'Anne *de Maimbourg*, son épouse :

1. M^{ie}-Charlotte, mariée à J^n-F^{ois} de Milly.
2. J^n-Baptiste, chan. de Toul au mariage de la préc.

VII. Antoine, huissier audiencier à la table de marbre au parl^t, fils de Louis et de † Barbe Chaude, de la par. de Semécourt, épousa, étant âgé de 36 ans, par. St-Victor 6 sept. 1763, Anne *Marchal*, âgée de 25 ans, fille de † Georges Marchal, m^d, et de Barbe-Antoinette Blaise.

VIII. N***, fille de D. Vernier, sgr de Vatimont, † par. St-Eucaire 5 févr. 1610.

IX. Marie, épouse du s^r de Vantoux, fut marraine par. St-Martin 17 janv. 1624.

X. Divers.

1. Anne-Barbe. V. de Brye III.
2. Françoise. V. Dutrin d'Alexandre et du Rocheret I, 5.
3. Françoise. V. Rulland VI.
4. Jeanne. V. Marchal II.
5. Madeleine. V. Bancelin IX.
6. M^{ie}-Jeanne-Agnès. V. Taverne de Morvilliers.

VERNIER (de). I. Jean fut père de Françoise, par. Ste-Croix 9 mars 1627 : p. Joachim de Montaigu de la Fromigière, gouverneur de Metz en l'absence de M^r d'Epernon; m. F^{oise} de Haraucourt, dame de St-Pierre.

II. Louis-F^{ois}. V. Fabert VI, 3.

III. Françoise. V. de Gondreville II.

IV. N***. V. Trouet de Coutalliou.

VERNIGHT (de) Frédéric-Barthélemy, R. P. R., fils de Barthélemy, conseiller d'État de Mme la Duchesse de Deux-Ponts, et de Catherine de Comung, épousa, étant âgé de 24 ans, 26 mai 1681, J^{ne} *de Couët du Vivier*.

VERNILLE Didier, sgr en partie de Vaux, † par. St-Marcel 11 févr. 1640, inhumé à Vaux.

VERNON (de) Guillaume, éc., sgr de Villerambert, gouverneur de Hombourg, eut de M^{ie}-Claude *Avis*, son épouse :

1. Anne-M^{ie}, par. St-Victor 8 sept. 1712.
2. M^{ie}-Sébastienne, par. St-Gengoulph 22 janv. 1717.
3. Ch^{les}-Louis-Guillaume, ibid. 21 mai 1718; † 26 juin suiv.

VERPY[1] (DE). I. CLAUDE, [officier de cavalerie au service de France, avait épousé M{ie} *Moineville*], dont il eut :
1. *Henry-Claude*, qui suit.
2. Anne-M{te}, [mariée à messire Grandeau d'Avaucourt, *alias* Abaucourt, lieut. au rég{t} d'Orléans cavalerie].
3. *Ch{les}-Joseph*, qui suivra.

II. HENRY-CLAUDE, fils du préc., [sgr de Blettange, Bousse, Landrevange et Rurange, entrepreneur des fortifications de Bitche, † à Thionville 29 mars 1781. Il avait épousé, vers 1740, Anne-M{te} *Stoffel*, † à Thionville 24 juil. 1646]. De leur mariage étaient nés :
1. Catherine, par. St-Martin 30 oct. 1741 ; † 24 juil. 1746.
2. Anne-M{te}, ibid. 31 oct. 1742 ; [mariée : 1° à Louis-Antoine de Reynal de Saint-Prins, commissaire des guerres ; 2° à Bousse 10 janv. 1769, à F{ois} Turlure de Vellecourt, commissaire des guerres ; morte à Metz 12 avril 1829].

III. CH{LES}-JOSEPH, frère du préc., sgr de Saulny, épousa, par. Ste-Ségolène 26 juin 1759, M{te}-Gilles-Nicole *Milliard*, v{ve} de Louis Willaume, bourgeois, fille d'Abraham Milliard, huissier à la Cour, laquelle mourut ibid. 18 août 1790, à 57 ans. De leur mariage naquirent ibid. :
1. M{ie}-M{te}-Gilles-Nicole, 24 mai 1760 : p. Henry-Claude de Verpy, son oncle ; m. M{ie} Lenel, sa g{d} mère mat. ; tous deux sont représentés. — Elle mourut 23 mai 1779.
2. N{as}-Charles, 24 janv. 1762 ; lequel suit.
3. Catherine-Thérèse-L{se}, 2 févr. 1763 ; mariée à F{ois} de l'Hoste de la Motte de Ramlingen.
4. Antoine, † à 5 ans, 9 juil. 1771.
5. F{ois}-Charles, 2 nov. 1772 : p. F{ois} Turlure de Vellecourt, son cousin par alliance, représenté par N{as}-Charles, frère de l'enfant ; m. M{ie}-Anne-Nicole de Baine, épouse de Paul Herville, représentée par Catherine-Thérèse-L{se}, sœur de l'enfant. — Il est officier au rég{t} de Saintonge, au mariage de N{as}-Charles, son frère.

(1) Voir pour les détails entre [ ] la *Généalogie de Gargan*, p. 164 à 170.

IV. N{as}-CHARLES, fils du préc., [cap. au rég{t} de Saintonge, périt dans le Rhin qu'il traversait pour émigrer, et fut inhumé à Laub, diocèse de Trèves, 28 avril 1792]. Il avait épousé, par. Ste-Croix 29 mars 1791, M{ie}-Thérèse *de Waïde*, âgée de 16 ans, [dont il n'eut qu'une fille M{ie}-Thérèse-Charlotte-Joséphine, née à Metz 21 déc. 1791, mariée : 1° à Anne-F{ois}-Nicolas de Lassus, lieut. d'artillerie légère ; 2° à M{ie}-Césaire du Teil, ancien administrateur gén{l} des eaux et forêts de la Moselle et député à la Chambre.]

VERRIÈRES (DE) NICOLAS. V. Manscourt.

VERROT LOUISE. V. Scourion.

VERT, *alias* LE VERT. I. PIERRE, R. P. R., avocat en parl{t}, eut d'Anne *Olry*, son épouse :
1. Marie, 19 nov. 1634.
2. David, 19 août 1636.

II. PAUL, R. P. R., fils de Jean, épousa 20 mai 1629, Judith *Cosle*, fille de † F{ois} Coste, chir.

III. JEANNE. V. Raclot.

IV. JUDITH. V. Lecoq IV, 3.

V. SARA. V. Michelet XVII.

WERTH (DE) CH{LES}-ALEXANDRE-ROBERT, né chev. de Brury, lieut. dans la colonelle du rég{t} impérial de Baden, eut de J{ne} *d'Arche*, son épouse, Anne-Philippe, par. St-Victor 26 déc. 1725.

VERTHAMON (DE). I. JEAN, chev., sgr de Verthamon et de Marillac, cap. au rég{t} de Navarre, fils des † Jean, chev., sgr de la Vauzelle et de Marillac-le-Serve, et M{te} Boulay de Tonnerac, du diocèse d'Angoulème, épousa, par. St-Gengoulph 4 sept. 1753, M{te}-F{oise} *Bachelard*, v{ve} de J{n}-B{te} Bonnard, laquelle mourut par. St-Simplice 11 févr. 1790, à 71 ans : à son enterrement, ses neveux par alliance J{ques}-Hubert de Gournay de Gallois, ancien lieut.-colonel d'infanterie, et J{ph} Vaultrin, avocat au parl{t}. — De leur mariage naquirent par. St-Martin :
1. Marie, 20 nov. 1754 : p. J{n}-Hyacinthe

de Verthamon, prêtre, archidiacre de Luçon, abbé commendataire de l'abbaye de Néaulphe-le-Vieux ; m. Marie de Verthamon, épouse de noble Martial de Verthamon ; tous deux sont représentés. — Elle fut mariée à J^{ph} Joulard d'Iversay.

2. Claude-Martial, 22 janv. 1756 : p. Martial de Verthamon, chev., sgr de Marillac et Dumas, cap. au rég^t de Navarre ; m. Marie de Verthamon de Telenac.
3. Étienne-F^{ois}, 29 août 1757.
4. Marie, 25 sept. 1760.
5. Marguerite. V. Dumoulin IV.

II. THÉRÈSE. V. de Balthasar II, 2.

VÉRY. I. ÉLISABETH. V. de Magny XI.
II. M^{ie}-ANNE. V. Charuel de Ste-Croix II.

VÉSIEN (DE) J^{N}-LOUIS, sgr de Laguet, lieut. des grenadiers au 3e bataillon du rég^t de Champagne, † à 36 ans, par. Ste-Croix 26 juil. 1724 : à son enterrement, Louis de Bellonière, cap. réformé au même rég^t.

VESNE (DE LA) BAPTISTE, R. P. R., éc., sgr de Montjolly, *alias* Montholly, fils de noble homme J^{n}-Baptiste, sgr de Norroy-sur-Marne, épousa, 21 juin 1599, M^{ie} *Chauveau*.

VESTIMANNE - VILLEZ J^{N}-SAMUEL, lieut. réformé à la suite de Metz, eut de Catherine *Falk*, son épouse, par. St-Maximin :
1. Théodore-F^{ois}, 8 mars 1728 : p. Théodore-F^{ois} de Monseu, cap. ; m. Suzanne de Saint-Blaise.
2. Anne, 25 sept. 1731.

VEVEUX (DE) M^{ie}-JEANNE. V. Dilleny.

VEYRAC (DE) J^{NE}-MARIE. V. Odde.

WIAL DE FLOTTE (DE) ÉLISABETH. V. de Rostaing de Bataille de Fonclair.

VIALLIER DE MONTLUZIN J^{N}-BAPTISTE, éc., sgr de Sauzey, en garnison à la citadelle, fils des † P^{re}, éc., sgr de Sauzey, décédé à Strasbourg 16 oct. 1727, enterré à la par. S^t·Louis, et F^{oise} Gérard, décédée 9 juil. 1745, enterrée à Illiac dans la souveraineté de Dombes, épousa, par. St-Jean de la Citadelle 10 janv. 1747, L^{se}-Gabrielle *le Bret de Courcelles*. Au mariage, Louis de Courcelles, major de la citadelle ; Jean de Gramont de Villemontès, aide-major ; Jean-F^{ois} le Merchien, éc., sgr de Renaucourt, chev. de St-Louis, command^t du bataillon d'Artois. Du dit mariage naquirent ibid. :

1. Gabriel-Louis-F^{ois}, 14 mai 1748 : m. Marie-F^{oise}-Germaine de Villemandy, épouse de Ch^{les} Viallier de Montluzin, cap. au bataillon de Châlons, milice de Bourgogne.
2. Louis-M^{ie}, 16 juil. 1749 : p. Louis-M^{ie} de Foucquet, c^{te} de Gisors, colonel au rég^t de Champagne ; m. Catherine-Lucie de la Jaille, épouse de Claude-J^{ph} de Mamiel, m^e-échevin.

VIAN (DE) JEAN, sgr en partie de Champel, lieut. de Mr de Lavogade, † par. St-Maximin 16 déc. 1662. Il avait épousé : 1° Catherine *Malhomme* ; 2° Élisabeth *le Bachelé*.

Du premier mariage naquirent :
1. Jean, par. St-Maximin 12 févr. 1634 : p. J^n de Roucel, sgr d'Aubigny ; m. d^{elle} des Jardins.
2. Denis, ibid. 24 sept. 1636.
3. Claude, ibid. 31 sept. 1639.
4. François, ibid. 17 nov. 1641. Il épousa J^{ne}-F^{oise} *Louis*, dont il eut Marie, par. St-Gorgon 17 avril 1683.
5. Dieudonnée, ibid. 17 oct. 1642 ; † 28 juin 1668.
6. Jean, par. Ste-Croix 12 mai 1644.
7. Françoise, ibid. 5 sept. 1645 : p. Louis de Corbiez ; m. F^{oise} Gournay.
8. Jean-F^{ois}, ibid. 17 mars 1647.
9. Louis-Philippe, ibid. 6 mai 1650.
10. Louise, ibid. 27 févr. 1652 ; mariée à Ch^{les} François.

Du second mariage naquit :
11. M^{ie}-Élisabeth, mariée à Charles Jeoffroy.

VIARDOT ÉLISABETH. V. de Magny V.

VIART (DE), *cfr* WYARD, THÉRÈSE. V. Dutertre.

WIBERT Mᴵᴱ-Josèphe. V. Saget V.

WIBRATTE Anne. V. Gardeur-Lebrun.

VIDAME (de) Louis-Thomas, éc., cap. d'infanterie au régᵗ de Meuse, sgr de Mainvillers, † à 70 ans, par. Sᵗᵉ-Croix 17 juin 1765. Il avait épousé, par. Sᵗᵉ-Ségolène 3 nov. 1728, Mᵗᵉ-Florentine *de Kleinholtz*, dont il eut par. Sᵗ-Georges :
1. Mⁱᵉ-Lˢᵉ-Florentine-Philippe, 30 oct. 1729 : p. Thomas-Roger Duprat, major ; m. Mⁱᵉ de Kleinholtz, épouse de Valentin Dessoffy, sa tante.
2. Mⁱᵉ-Madeleine, 8 déc. 1743.

VIDAMPIERRE (de) Louis. V. Cellier VI.

VIDRONHEC (de) Christian-Louis. V. de Bacalan.

VIE (de la) Mᴵᴱ-Charles. V. de Pernin.

VIELLECASTEL (de) Jean fut parrain par. Sᵗ-Eucaire 2 déc. 1633.

VIENNE (de) Louise. V. Tisserant de Montcharveaux.

VIÉRONFONTAINE Jeanne. V. de la Jarre.

VIEUVILLE (de la) Gabrielle-Anne. V. Bertrand VIII, 6.

VIEUX (le) André. V. Gaudet I, 18.

VIEUX (des) Louis, [fils de Mercure, milanais, valet de chambre des Rois de France Charles IX, Henry III et Henry IV ; † noyé dans la Moselle, par. Sᵗ-Victor 8 août 1606, à 19 ans et 6 mois. Msc. Epit.].

VIGNACOURT (de) Anne. V. de Roucel V.

VIGNAN (de) Antoine. V. Dupuy des Marceaux.

VIGNARD de l'ESPINE Claude eut de Mⁱᵉ *du Chesne*, son épouse, par. Sᵗ-Maximin 7 déc. 1648, Pierre : p. Mʳ de Bombelles ; m. Mⁱᵉ Geoffroy, épouse de Sébastien de l'Isle.

VIGNERON. I. François, aide-major de Verdun, épousa, étant âgé de 30 ans, par. Sᵗᵉ-Croix 1ᵉʳ oct. 1691, Mᵗᵉ *d'Auburtin*.

II. Jⁿᵉ-Agnès-Thérèse. V. Poutet II.

VIGNEULLES (de). I. Nicolas, R. P. R., fut père de :
1. Jérémie, 2 juil. 1564.
2. *Michel*, qui suit.

II. Michel, R. P. R., fils du préc., concierge du palais, receveur de MMʳˢ les trésoriers de la ville, épousa, 11 déc. 1583, Suzanne *Prignon*, vᵛᵉ de Jⁿ Bancelin, dont il eut :
1. Isaïe, 6 févr. 1585.
2. *David*, 2 août 1587 ; lequel suit.
3. Suzanne, 30 mai 1589.
4. Salomée, 17 mars 1591.
5. Jean, 23 juin 1593.
6. Marie, 22 nov. 1595 ; mariée à Jⁿ Ferry.

III. David, R. P. R., fils du préc., receveur de MMʳˢ les trésoriers de la ville, épousa, 11 nov. 1612, Suzanne *le Goullon*, † vᵛᵉ de lui, 20 sept. 1668, à 76 ans. De leur mariage naquirent :
1. David, 20 oct. 1613.
2. Suzanne, 16 janv. 1615.
3. Charles, 24 mars 1617.
4. *Jérémie*, 13 oct. 1619 ; lequel suit.
5. *David*, 13 juil. 1622 ; lequel suivra.
6. Marie, 23 févr. 1625.

IV. Jérémie, R. P. R., fils du préc., dʳ en médecine, † 9 mai 1673. Il avait épousé, 28 févr. 1649, Suzanne *Couët du Viviers de Lorry*, † 2 févr. 1684. De leur mariage étaient nés :
1. Suzanne, 4 janv. 1650.
2. Ève, 27 févr. 1651 ; mariée à Gédéon le Bachelé.
3. Judith, 4 janv. 1653.
4. Jeanne, 27 nov. 1654.
5. Élisabeth, 5 sept. 1657 ; mariée à Daniel Gauvain.
6. Jérémie, 11 juin 1659.
7. David, 9 mars 1661.
8. Léa, 24 janv. 1663.
9. Paul, 16 janv. 1664.
10. Jérémie, 21 juil. 1666.
11. Sara, 2 nov. 1667 ; † 22 févr. suiv.
12. Anne, 8 août 1669 ; † 29 août 1670.

V. David, R. P. R., bourgeois, frère du préc., † 20 sept. 1682. Il avait épousé : 1° 3 juin 1646, Madeleine *le Goullon*; 2° 12 oct. 1653, Suzanne *le Goullon*, † 25 mai 1672, à 37 ans; 3° 15 déc. 1675, Suzanne *Jacobé*. Du second mariage étaient nés R. P. R. :

1. Suzanne, 9 oct. 1654; † 24 sept. 1668.
2. David, 10 sept. 1656.
3. David, 5 oct. 1657.
4. Charles, 2 nov. 1659.
5. Élisabeth, 20 mai 1663.
6. David, 27 sept. 1665.
7. Judith, 12 août 1668; † 31 suiv.
8. Suzanne, 10 oct. 1669; mariée à Jⁿ-B^{te} de Laubrussel.
9. Louise, 4 août 1671; † 18 suiv.

VI. André, R. P. R., sergent des treize, fut père de :

1. Anne, 21 mars 1584.
2. Pierre, 23 déc. 1591.
3. Daniel, 5 juil. 1596.
4. André, 25 déc. 1598; m^d, il épousa, 22 août 1632, Esther *Richard*, dont il eut André, 19 mars 1637.
5. Marie, 12 mai 1602.

VII. Philippe, R. P. R., sgr de Mont, Arraincourt, Champs et Neufville en partie, [† 5 avril 1634. Msc. Emmery]. Il avait épousé : 1° Jacqueline *Bourgeois*; 2° Ancelle *Pion*, v^{ve} du s^r Étienne Pérignon; 3° [par contrat du 28 févr. 1629, Suzanne *de Flavigny*, v^{ve} de Gédéon le Goullon Ibid.]. Du premier mariage étaient nés :

1. Philippe, 4 déc. 1580.
2. Abraham, 3 mars 1582.
3. Thomas, 27 avril 1583.
4. Dorothée, 9 sept. 1584.
5. Anne, 16 nov. 1587; mariée à Raphaël le Braconnier.
6. Mathieu, 9 nov. 1588.
7. Philippe, 22 déc. 1589.
8. Esther, 27 nov. 1590; mariée à Paul Ferry le ministre.
9. *Philippe*, 17 nov. 1591; lequel suit.
10. Daniel, 27 sept. 1592.
11. *Jérémie*, 24 oct. 1593; lequel suivra X.
12. Élisabeth, 2 juil. 1595.
13. Jean, 24 juil. 1596.
14. Suzanne, 28 déc. 1597.
15. *David*, 20 févr. 1600; lequel suivra XI.
16. Jean, 6 avril 1601.
17. Judith, 27 juil. 1603.

VIII. Philippe, R. P. R., fils du préc., aman, treize, épousa, 18 janv. 1615, Anne *le Goullon*, dont il eut :

1. Suzanne, 20 févr. 1619 : p. Philippe de Vigneulles, licencié ès lois; m. M^{te} Lespingal, épouse de Paul le Bonhomme.
2. *Philippe*, 17 oct. 1621; lequel suit.
3. Anne, 30 mars 1626.
4. Anne, 30 mars 1628.
5. Jeanne, mariée à Gaspard de Lallouette.

IX. Philippe, R. P. R., fils du préc., avocat au parl^t, sgr de Domangeville, épousa : 1° 30 juin 1647, Olympe *Gallois*; 2° 26 févr. 1651, Madeleine *le Duchat*, dont il eut :

1. Anne, 3 avril 1652.
2. Philippe, 11 nov. 1653.
3. Madeleine, 14 mai 1655; mariée à Louis le Goullon.
4. Marie, 10 nov. 1656.
5. Suzanne, 31 janv. 1659.
6. Philippe, 10 août 1661.
7. Charles, 28 nov. 1663.
8. Catherine, mariée à P^{re} de Focart.

X. Jérémie, R. P. R., oncle du préc., conseiller du Roi, licencié et greffier de la justice, avocat au parl^t de Paris, épousa, 19 juin 1616, Pauline *Joly*, v^{ve} de Jⁿ de Villers, dont il eut :

1. Philippe, 6 déc. 1617.
2. Pauline, 25 août 1619.
3. Jeanne, 8 nov. 1620.
4. Jérémie, 22 janv. 1623.
5. Pauline, 2 oct. 1626.
6. Pierre, 15 mars 1628.

XI. David, R. P. R., frère du préc., éc., sgr de Mont et de Gondremange, épousa, 28 mai 1623, Élisabeth *de Goz*, dont il eut :

1. Philippe, 6 déc. 1624.
2. Paul, 16 janv. 1628.

XII. Samuel, chir., diacre de l'église réformée, eut de Simone *Bertier*, alias *Berthier*, son épouse :
1. Simone, 20 juil. 1608.
2. Marie, 6 nov. 1609; † v^{ve} d'Abraham Bernard, orfèvre, 27 avril 1681.
3. Jacques, 26 oct. 1611 ; il exerça la profession de son père et épousa, 17 mai 1637, Élisabeth *Daulphin*.
4. Jean, 21 avril 1613.
5. Anne, 6 sept. 1615.
6. Paul, 29 sept. 1617.
7. Suzanne, 14 févr. 1620.
8. André, 28 mars 1622.
9. Madeleine, 23 juil. 1625.
10. Élisabeth, baptisée le même jour que la préc.
11. Charles, 14 févr. 1627.
12. Louis, 17 juin 1629.
13. *Louis*, 17 févr. 1634; lequel suit.

XIII. Louis, R. P. R., fils du préc., épousa, 26 déc. 1655, Judith *Mangin*, dont il eut :
1. *Louis*, 25 déc. 1656; lequel suit.
2. Judith, 24 mai 1658; mariée à Thomas le Chavault, m^d; † 26 sept. 1678.

XIV. Louis, R. P. R., fils du préc., m^d, épousa, 8 févr. 1682, Madeleine *Séchehaye*, dont il eut :
1. Madeleine, 25 nov. 1682.
2. Marie-F^{oise}, par. Ste-Croix 7 mai 1686.
3. Louis, ibid. 7 janv. 1688.
4. Henriette, ibid. 13 janv. 1690.
5. Philippe, ibid. 29 janv. 1692.

XV. Philippe, R. P. R., cuisinier, épousa, 4 oct. 1598, M^{ie} *Guenot*, alias *Granot*, dont il eut :
1. Marie, 22 mars 1600; mariée à Mathieu de Herre.
2. Esther, 4 juin 1610.
3. Anne, 2 juin 1613.

XVI. Daniel, R. P. R., fondeur, fut père de Daniel, 2 févr. 1628.

XVII. Philippe, éc., sgr de Mont, cy-devant cap. au rég^t de Sceaux, veuf de F^{oise} *le Goullon*, de la par. de Pange, épousa, par. Ste-Croix 25 mai 1729, Anne *Toussaint*.

XVIII. Nicolas, fils de Henry, épousa, par. St-Martin 5 sept. 1617, M^{ie} *Barthélemy*.

XIX. Divers.
1. Anne-Suzanne. V. Poutet II, 5.
2. Marie. V. du Neufchasteau II.
3. Marie. V. Hésignon.
4. Marie. V. Antoine VIII, 9.
5. Marie. V. Pacquin.
6. Suzanne. V. le Schwaub.
7. Suzanne. V. Gallois III.

VIGNON. I. J^x-Baptiste, m^e-barbier-perruquier, puis huissier en la chancellerie du parl^t, fils de Noël, m^e-rôtisseur, et d'Anne Beaulieu, épousa, en l'église de St-Vincent 26 nov. 1691, Anne-M^{te} *Vincent*, † v^{ve} de lui, par. St-Marcel 11 mars 1756, à 85 ans.

II. Augustin, frère du préc., procureur au bailliage, † par. St-Simplice 27 sept. 1747. Il avait épousé, par. St-Martin 16 juin 1692, Anne *Demange*, fille de Claude Demange, laquelle mourut à 83 ans, ibid. 1er sept. 1759. De leur mariage étaient nés :
1. Anne, par. St-Martin 4 mai 1693 ; mariée à Ch^{les}-Étienne Lajeunesse.
2. *J^{ph}-Augustin*, ibid. 23 avril 1694 ; lequel suit.
3. Auguste, par. Ste-Croix 29 sept. 1695; avocat en parl^t en 1736.
4. Nicolas, ibid. 25 nov. 1697.
5. Marguerite, ibid. 18 déc. 1698.
6. Barbe-M^{te}, ibid. 24 févr. 1700 ; † 20 avril 1762.
7. Catherine, † à 80 ans, par. St-Victor 23 avril 1783.
8. *Jⁿ-Baptiste*, par. St-Simplice 24 sept. 1707 ; lequel suivra.
9. Jeanne, ibid. 14 janv. 1709.
10. Barbe, ibid. 16 mars 1711.
11. Claudine, ibid. 15 juil. 1712.
12. Joseph, ibid. 18 juil. 1713.
13. Charles, ibid. 24 sept. 1714.
14. Anne-F^{oise}, ibid. 7 janv. 1716; mariée à Jⁿ-F^{ois} Henry.
15. Marie, ibid. 9 avril 1717.
16. Madeleine, ibid. 19 mai 1719.
17. Marie, † à 62 ans, 21 juin 1782.
18. Jⁿ-F^{ois}, au mariage de Jⁿ-B^{te}, son frère ci-dessous IV.

19. François, peut-être le même que le préc.; il épousa, par. S⁺-Gorgon 8 janv. 1737, Mⁱᵉ *Pierlot*, fille de Jⁿ Pierlot, bourgeois, et d'Anne Bertrand, domiciliés à Genaville.

III. Jᵣₕ-Augustin, fils du préc., ancien bâtonnier des avocats du parlᵗ, ancien échevin de l'Hôtel-de-Ville, † par. S⁺-Simplice 20 avril 1745. Il avait épousé Élisabeth *Grandjean*, † par. S⁺-Victor 14 avril 1781. De leur mariage étaient nés par. S⁺-Simplice :

1. Pierre, 29 mars 1723; conseiller du Roi, lieut. particulier au bailliage, il épousa, par. S⁺-Simplice 2 mai 1758, Mⁱᵉ-Jⁿᵉ-Gabrielle *Forest*, vᵛᵉ de Jᵖʰ Mélard, laquelle mourut à 48 ans, ibid. 24 nov. 1771.
2. Augustin, 15 mars 1724.
3. Chˡᵉˢ-Augustin, 16 mars 1725; curé de S⁺-Gengoulph de 1759 à 1768, de S⁺-Eucaire de 1768 à 1779; chan. de S⁺-Sauveur, à l'enterrement de sa mère.
4. Jean, 5 août 1726.
5. Anne-Mⁱᵉ, 26 juil. 1732; † 21 mai 1736.
6. Nicolas, à l'enterrement de son père.

IV. Jₓ-Baptiste, frère du préc., épousa, par. Sᵗᵉ-Croix 22 févr. 1746, Mᵗᵉ *Gilmé*, fille de Nᵃˢ Gilmé, bourgeois, et de Mⁱᵉ Stourm, dont il eut par. Sᵗᵉ-Croix :

1. Jean-Fᵒⁱˢ, légitimé au mariage, né 25 nov. 1743; † 27 juil. 1748.
2. *Cyriaque-Augustin*, item, né 3 sept. 1745; lequel suit.
3. Nᵃˢ-Gilles, 24 oct. 1746 (*sic*).
4. Jⁿ-*Nicolas*, 31 oct. 1747; lequel suivra.
5. Marguerite, 5 août 1749.
6. Pʳᵉ-Louis, 25 avril 1752.
7. Mⁱᵉ-Anne, 31 mai 1754; † 21 août suiv.

V. Cyriaque-Augustin, fils du préc., † par. S⁺-Gengoulph 9 mars 1775. Il avait épousé Anne *Desⁱroges*, dont il eut *Claude-Augustin*, qui suit.

VI. Claude-Augustin, fils du préc., avocat au parlᵗ, assesseur de la maréchaussée, épousa, par. S⁺-Maximin 5 nov. 1771, Agathe-Lˢᵉ *d'Avrange*, dont il eut :

1. Barbe-Agathe, par. S⁺-Simplice 14 août 1772.

2. Pʳᵉ-Louis, par. S⁺-Victor 28 mai 1775.

VII. Jₓ-Nicolas, oncle du préc., conseiller du Roi, notaire royal et apostolique, eut d'Anne *Gaudrez*, son épouse, par. S⁺-Victor :

1. Mᵗᵉ-Luce, 21 août 1774.
2. Françoise, 4 nov. 1775.
3. Marie, 9 janv. 1778.

VIGNOY Théodora. V. de Selve.

VIGY. I. Pierre, sgr de Luzerailles, † à 55 ans, par. Sᵗᵉ-Ségolène 7 mars 1699 : à son enterrement, Michel, son frère, priseur juré, et Nᵃˢ d'Alamont, son frère utérin.

II. Edmée. V. Jassoy II.

III. Françoise. V. Bouchotte III.

IV. Marie. V. de Brolyodie du Breuil.

V. Marie. V. de Savigny III, 1.

VILAC (de) Bernard, R. P. R., eut d'Élisabeth *la Ronde*, son épouse, Catherine, 22 janv. 1617.

VILAIN Anne. V. de Goz VIII.

WILBERT Fᵒⁱˢ-Joseph, avocat au parlᵗ, † par. S⁺-Simplice 17 nov. 1746. Il avait épousé Mⁱᵉ-Christine *de la Porte*.

VILCHAISE (de) Armand-Mʳᵉ, officier au régᵗ de Noailles dragons, eut de Sophie *Dadesem*, son épouse, Mⁱᵉ-Catherine, † par. S⁺-Victor 24 nov. 1789.

VILDIS (des) Jennon. V. Clerginet I.

WILLAUCOURT (de). I. Jacques, fils de Paul, éc., épousa, par. S⁺-Simplice 8 oct. 1662, Anne-Mᵗᵉ *de Bonnaventure*.

II. Mⁿᵉ-Élisabeth. V. de Cailloux II, 2.

WILLAUME. I. Jacques, trés. génˡ de France au bureau des finances, [† 28 déc. 1741]. Il avait épousé Anne *Laurent*, dont il eut Anne-Catherine, par. S⁺-Victor 3 nov. 1718.

II. Maurice, frère du préc., procureur au parlᵗ, † à 34 ans, par. S⁺-Martin 15 févr. 1687. Il avait épousé Lˢᵉ *Courcol*, † vᵛᵉ de lui, par. Sᵗᵉ-Croix 30 juil. 1738, à 45 ans : à son enterrement, son frère Nᵃˢ Courcol, éc.

III. Divers.
1. Anne-M^ie. V. Ganot.
2. Barbe. V. Jeander II.
3. Esther. V. Ferry III.
4. Madeleine. V. Blaise V.
5. Madeleine. V. le Braconnier XXIII.
6. Marie. V. Bancelin II.
7. Thérèse. V. Mary II et Midart II, 6.

VILLAY (DE). I. Daniel, fils de Mr Villay de Friauville, naquit R. P. R. 7 mai 1578.

II. Claude-F^ois, officier chez la Reine de Hongrie, eut d'Anne-Rosalie-Victoire-Adolphe *de Mélani*, son épouse, Joseph, par St-Gengoulph 6 janv. 1775.

VILLE Marguerite. V. Gattebois des Forges II.

VILLE (LA) Jeanne. V. Varennes de Champfleury.

VILLE (DE), *cfr* DEWILLE. I. François, R. P. R., fut père de Samuel, 8 nov. 1589.

II. Catherine, fille de Benoît, fut marraine par. St-Simplice 20 oct. 1624.

III. Nicolas, † par. St-Gorgon 18 avril 1631. Il avait épousé Madeleine *N****, dont il eut Louise, ibid. 9 juin 1609.

IV. Antoine eut de Madeleine *N****, son épouse, Laurette, par. St-Gorgon 27 oct. 1633.

V. Pierre épousa, par. Ste-Croix 3 juil. 1645, Anne *Melquier*, dont il eut ibid. 29 sept. 1645, Jean : p. J^n Féticq, procureur au bailliage; m. Anne Houzel, épouse d'Élie de Freichefond.

VI. Benoît, m^d, † par. St-Martin 2 juin 1656. Il avait épousé Catherine *de Barre*, † ibid. 30 août 1667, à 65 ans. De leur mariage étaient nés ibid. :
1. Marguerite, 27 mai 1641 : p. P^re-Abraham de la Fourcade, gouverneur de l'hôpital St-Nicolas; m. M^te Machery, épouse du s^r N^as Geoffroy.
2. J^n-Benoît, 1er mars 1643 : p. J^n Royer, g^d archidiacre; m. F^oise de Linage de Noizet, fille du s^r de Noizet.
3. Claude, 20 oct. 1644.

VII. Arnould, b^on libre du St-Empire, des deux Maldaves, de Selles, Termoigne et Bennes, sgr de Brémeré, Frère et autres lieux, gouv. et dir. gén^l de la machine de Marly et des travaux de la Seine, fils de † noble et illustrissime sgr Wivant de Ville, b^on de Selles, etc. et b^on libre du St-Empire, sgr de Brémeré et de Frère, et de Catherine-Élisabeth née b^onne de l'Erneux, de la par. St-Sulpice de Paris, épousa, par. St-Livier 29 avril 1708, Anne-Barbe *de Courcelles*, dont il eut ibid. :
1. Barbe-Anne, † à 3 ans et demi, 11 oct. 1712.
2. Arnould-Ch^les, 14 oct. 1711 : p. Ch^les-J^ph de Courcelles, g^d père mat.; m. Anne de Ville, née b^onne du St-Empire, épouse de M^r le c^te de Leicheraine, colonel au rég^t des gardes de l'archiduc command^t les troupes de S. A. É. Palatine, représentée par Barbe Besser.
3. N***, 25 mai 1713.

VIII. Thierry, cornette de cavalerie au rég^t de Catulan, eut d'Anne *Noël*, son épouse, Anne-M^ie, par. St-Livier 20 mars 1693.

IX. Pierre, † par. St-Gorgon 3 oct. 1632.

X. Nicolas, † ibid. 28 avril 1631.

XI. Sébastien fut parrain par. St-Victor 4 janv. 1671.

XII. Marie. V. Trivulée.

XIII. Denise-Catherine. V. Duret de Chevry.

VILLE (DE LA). I. Antoine, inspecteur gén^l des manufactures des Trois-Évêchés, † à 60 ans, par. St-Victor 29 oct. 1720 : à son enterrement, Antoine, son fils, et J^ph Jobal de Pagny.

II. Antoine-Adrien, inspecteur des manufactures du dép^t des Trois-Évêchés, † à 75 ans, par. St-Victor 12 déc. 1776. Il avait épousé Catherine-L^se *Desruinaux de Monbion*, dont il eut ibid. :
1. Marie-Catherine-Philippe-Antoinette-Thérèse-M^te, 15 sept. 1755 : p. Philippe Boismoran, éc., ancien commissaire ordonnateur de marine du Cap et de Léogane en l'île de St-Domingue, oncle mat.; m. M^ie-F^oise de la Ville, tante pat. — Elle mourut 21 sept. 1756.
2. Antoine-M^ie-Joséphine-Thérèse-Victor,

27 juil. 1758 : p. Ch^les Desruinaux de Monbion, cap. de cavalerie au rég^t de Conty, aïeul mat. ; m. Thérèse-Ursule le Noir, v^ve de René Lhuillier : tous deux sont représentés par deux pauvres de la paroisse, J^n Jamais et M^te Tailleur.

3. M^ie-Louise-F^oise-Catherine-P^re-Antoinette, 1er févr. 1762 : p. P^re Desruinaux de Monbion, éc., gendarme de la garde du Roi à Paris, oncle ; m. M^ie-L^se Le Noir, v^ve de J^ques de la Creuzette, sgr de Gaut et de Mérillant, maire perpétuel de la ville de Gien, g^d tante : tous deux furent représentés.

VILLEDONNÉ (DE) N***, eut d'Élisabeth N***, son épouse, par. Ste-Croix 23 juin 1625, Charles : p. Charles d'Abt, sgr de Limbacq ; m. Anne Fabert, épouse du s^r du Jardin.

VILLEMANDY (DE) M^ie-F^oise-Germaine. V. Viallier de Montluzin.

WILLEMIN, cfr WILMIN. I. Nicolas, sgr de Coin en partie, conseiller assesseur de l'hôtel de ville, † à 85 ans, par. St-Gorgon 22 nov. 1730. Il avait épousé Esther des Meulles, † ibid. 21 avril 1712, à 64 ans. De leur mariage était né Charles, qui suit.

II. Charles, fils du préc., sgr de Coin et de Crépy en partie, conseiller au parl^t, épousa, par. St-Gorgon 19 déc. 1713, Madeleine de Turgis, dont il eut :

1. Nicolas-F^ois, par. St-Gorgon 25 déc. 1714.
2. Anne-M^ie, ibid. 7 déc. 1715.
3. Jean, ibid. 17 nov. 1716 ; † 16 janv. suiv.
4. Paul, ibid. 30 nov. 1717.
5. Marie-F^oise, ibid. 9 janv. 1719 ; mariée à Ch^les-F^ois-Augustin du Buat.
6. Louis, ibid. 14 févr. 1720.
7. Anne, par. St-Simplice 24 avril 1729.

III. Philippe, † à 66 ans, par. St-Livier 10 mai 1660.

VILLEMUR (DE). I. J^n-B^te-Élie-P^re, b^on de Bonnet, conseiller garde des sceaux de la chancellerie du parl^t, chev. de N.-D. du Mont-Carmel et de St-Lazare de Jérusalem, fils de Jacques, b^on de Bonnet, ancien major de cavalerie et gouverneur de place, † par. St-Victor 16 août 1715. Il avait épousé M^ie Dain, † par. St-Gengoulph 13 janv. 1729. De leur mariage étaient nés :

1. J^n-Henry, qui suit.
2. N***, par. St-Victor 28 sept. 1678.
3. Georges-Christian, ibid. 1er fév. 1681 : p. Mgr d'Aubusson de la Feuillade, archevêque d'Embrun, évêque de Metz ; m. Christine de Montargis, représentée par M^te de Raigecourt, sa nièce. — Il mourut par. St-Gengoulph 12 nov. 1696.
4. M^ie-Élisabeth, marraine par. St-Simplice 18 mars 1688.

II. J^n-Henry, fils du préc., commissaire provincial d'artillerie, [command^t de place à Thionville, y mourut 19 nov. 1742]. Il avait épousé, étant âgé de 51 ans, par. Ste-Croix 19 févr. 1715, F^oise-Pétronille de Brouck, âgée de 25 ans, fille de Ch^les de Brouck, cap. au rég^t de Manderscheidt, aide-major de la ville de Luxembourg, [de laquelle il eut Anne-Élisabeth, mariée à Mr de la Mayrie, cap. au rég^t de Mortier infanterie].

III. Ch^les-F^ois-Hyacinthe, prêtre, d^r en théologie, chan. doyen et recteur de l'église collégiale et paroissiale de Gorze, † à 58 ans, par. St-Gengoulph 15 déc. 1727, inhumé au cimetière de cette dernière paroisse.

IV. Élisabeth. V. de Mouhy.

VILLENEUVE (DE). I. Jean, R. P. R., éc., sgr de la Colette, cap. au rég^t de Grancey, fils de Hélion, éc., sgr de la Colette, et de Suzanne de Bonneau, épousa, étant âgé de 30 ans, 9 déc. 1674, M^ie de Curry, dont il eut :

1. Hélion, 27 nov. 1676.
2. Charles, 2 mars 1678.

II. Georges, éc., commissaire gén^l des troupes de Lorraine, eut de Barbe-M^te de Barette, son épouse :

1. Léopold, lieut. des gardes de S. A. de Lorraine, prévôt, chef de police et gruyer de Lignéville, il épousa (son père étant mort), par. St-Victor 29 oct. 1726, Élisabeth Thorel.

2. Dieudonnée-F^oise, mariée à P^re-Louis-Antoine Chevreau.
3. Louis-J^n, dit de Bellevue, au mariage de la préc.
4. J^n-Louis, chev. de Villeneuve, ibid.

III. Jeanne. V. Bonneval de la Place.

VILLENEUVE DE FLAMARENS (DE)
Alexandre, lieut. au rég^t de Navarre, natif de Lavaur en Languedoc, † à 26 ans, par. St-Simplice 25 mars 1736.

VILLEROY(1).
I. Claude, [licencié en droit, secrétaire de Mr Palteau commissaire des guerres], puis dir. gén^l des hôpitaux militaires des Évêchés, de Lorraine et de Champagne, [fils de Claude et de M^ie-Anne Hussenot], eut de Catherine *Drouet*, son épouse, entre autres enfants :
1. Françoise, mariée à J^n-F^ois Gérardin, lieut. de cavalerie.
2. Thérèse, mariée à Remy-Auguste Ibrelisle.
3. Pierre, inspecteur des fourrages, au mariage de la préc.
4. Nicolas(2), né par. Ste-Ségolène 16 mai 1759.

(1) Voir pour la généalogie complète de la famille et pour les détails entre [ ] et en note : *Les familles Noël du Lys et Villeroy, généalogies dressées par M. A. Ott et publiées par G. de Braux*, Nancy, Grosjean-Maupin, rue Héré, 1892.

(2) Nicolas épousa Thérèse **Becking**, dont il eut :
1. *Charles-Ambroise*, à St-Avold 15 sept. 1788; lequel suit.
2. Louis, marié : 1° à d^elle **Spol**; 2° à Mlle **Ebray**, dont un fils mort sans héritiers.
3. Sophie, née en 1794; mariée à Henry de Galhau.
4. Caroline.

Charles-Ambroise, fils du préc., épousa M^ie-Sophie-Elisabeth **Renauld**, dont il eut :
1. Jules, né en 1816.
2. *Gaspard-Alfred*, à Frémersdorff, commune de Rehlingen, arrondissement de Sarrelouis, 12 avril 1818; lequel suit.
3. Louis-Léon, 4 mars 1819; † 12 oct. 1820.
4. Léonie, 28 mai 1820; mariée, 22 avril 1840, à Adolphe de Galhau; † 15 juil. 1885.
5. Octavie, 18 mai 1821; mariée, 3 mai 1842, à Eugène **Bock**.

Gaspard-Alfred, fils du préc., épousa, 20 avril 1842, Amélie-Victorine le **Masson**, † 28 mars 1891. De leur mariage sont nés :
1. *Ernest*, 2 avril 1843; lequel suit.
2. Maurice, 29 déc. 1845; marié à M^ie **Goldschmidt**, dont Nicolas, né 27 août 1889.
3. Marie, 3 août 1851; mariée, 24 févr. 1878, à Ch^les Fabvier, d'où : Raoul, Gérard et Urbain.
4. *Marie-Eugène*, 1er août 1854; lequel suivra.

5. *Alexis*, qui suit.

II. Alexis, fils du préc., garde-magasin à l'armée de Jocourt, épousa, étant âgé de 25 ans, par. St-Maximin 23 sept. 1782, M^te-Catherine *Emmery*, dont il eut, ibid. le 9 oct. suiv. (sic), Denis-Louis-Claude-Catherine-Jeanne-Alexis.

VILLERS Marguerite. V. Gardeur-Lebrun.

VILLERS (DE).
I. Jean, R. P. R., avocat en parl^t, fils de Jean, m^d de Sedan, épousa, 27 janv. 1613, Pauline *Joly*.

II. Paul, R. P. R., frère du préc., sgr en partie de St-Epvre et Adaincourt, épousa, 10 mai 1599, Anne *Joly*, dont il eut :
1. Jean, 29 janv. 1603.
2. Anne, 16 janv. 1605.
3. Marie, mariée à Ch^les de Lallouette.
4. *Charles*, qui suit.

III. Charles, R. P. R., fils du préc., sgr d'Adaincourt, licencié ès droits, avocat au parl^t de Paris, puis conseiller au parl^t de Metz, [† en 1651]. Il avait épousé, 23 févr. 1631, Anne *Lespingal*, dont il eut :
1. Suzanne, 3 déc. 1631; mariée à Frédéric de Lallouette.
2. Anne, 27 mars 1633; mariée à J^ques d'Herbin.
3. Élisabeth, 20 oct. 1634; mariée à Benoît le Goullon.
4. Judith, 9 juil. 1637.
5. Marie, 31 mai 1641; mariée à J^n de Chièvres.
6. Charles, 27 avril 1646.
7. Charlotte, 7 févr. 1649; mariée à Ch^les le Goullon.

IV. Jean, sgr de Villers-sur-Génivaux, [m^e-échevin de Metz, fils de Didier (qui fut

Ernest, fils du préc., épousa, 31 août 1871, Gabrielle **Onofrio**, dont il eut :
1. Emmanuel, 29 juin 1878.
2. Léonie, 20 févr. 1881; † 26 mai 1884.
3. Georgette, 6 juin 1883.
4. Gabrielle, 28 mars 1885.
5. Marcelle, 16 mars 1887.

Marie-Eugène, frère du préc., épousa, 15 mai 1888, Aimée-Théodore-Victoire **Huot**, dont il eut :
1. Claude, 21 avril 1889.
2. Etiennette, 8 mai 1890.

revêtu huit fois de la dignité de m^e-échevin), † 3 nov. 1609]. Il avait épousé, par. St-Martin 30 sept. 1577, Philippe *de Mondelange*, † 27 oct. 1600. De leur mariage étaient nés :

1. Jⁿ-Baptiste, sgr de Villers-sur-Génivaux et de Saulny, chev. de l'ordre du Roi, gentilhomme ordinaire de la chambre de S. M., m^e-échevin, † 22 juil. 1632. Journ. de Séb. Floret].
2. François, [abbé de St-Clément, † subitement au village de Magny le jour de la fête du village 7 juil. 1613, en se lavant les mains pour souper. Ibid.]
3 et 4. [Antoine et Madeleine. Msc. Epit.].

V. N^{as}-D^{our}-CHARLES, conseiller du Roi, receveur particulier et alternatif des finances à Boulay, [fils de N***, et de M^{ie}-M^{te} Maurice, † juge au tribunal de première instance à Sarreguemines en 1809]. Il avait épousé Catherine *Hugonin de Launaguet*, fille de F^{ois} Hugonin de Launaguet, ancien cap. de cavalerie au rég^t de Berry, chev. de St-Louis, pensionné du Roi à Toul], de laquelle il eut :

1. Ch^{les}-F^{ois}-Dominique, [à Boulay 4 nov. 1765 ; d^r en philosophie, professeur à l'université de Gœttingue, membre de plusieurs sociétés savantes, chev. des ordres de St-Louis et de l'Étoile Polaire de Suède, écrivain métaphysique et politique, † sans alliance 26 févr. 1815].
2. Angélique-F^{oise}, par. St-Victor 19 août 1779 : p. F^{ois}-Henry-Ch^{les} b^{on} de Reinach, c^{te} de Foussemagne, chev. de l'ordre teutonique, officier au rég^t royal allemand cavalerie ; m. Judith-Angélique de Maillard de Landreville, épouse de Jacques c^{te} de Lignéville ; tous deux représentés.

VI. DIDIER, fils de N***, naquit par. St-Victor 15 juin 1605.

VII. AGNÈS-THÉRÈSE. V. Dufossé de Solis.

VIII. ESTHER. V. d'Herbin.

VILLETTE (LA) LOUISE. V. la Rive.

VILLICY (DE) ÉLISÉE. V. Ruzier.

VILLICY DE TOURVILLE (DE) Jⁿ-B^{te}-N^{as}-LOUIS, éc., sgr de Tourville, chev. de St-Louis, ancien major d'infanterie au rég^t royal Lorraine, † à 67 ans, par. St-Gengoulph 30 juin 1777. Il avait épousé Ursule-Catherine *de Saint-Aubin*, dont il eut :

1. Adrien-Louis-N^{as}, par. St-Martin 21 juil. 1739.
2. Françoise, mariée à P^{re}-Ch^{les} de Bock.

VILLIER GABRIELLE et ANTOINE. V. Duclos VII.

VILLIERS (DE). I. ANDRÉ, [sgr de Vaudoncourt, gouverneur de Thionville, puis de Mézières, premier gouverneur de la citadelle de Metz, † 21 avril 1569, à 53 ans, inhumé en l'église de St-Jean de la Citadelle. Msc. Epit.]

II. N***, b^{on}, épousa M^{ie}-Madeleine *Massias*, marraine par. St-Simplice 12 oct. 1709.

III. FRANÇOISE. V. d'Eschallard.

WILLMAL (DE) ERNEST, † par. St-Victor 23 nov. 1685 : à son enterrement, N^{as} Regnault Godefroy, son beau-frère.

WILLMARD MADELEINE. V. Pilâtre des Rosiers.

WILMIN. I. PHILIPPE. V. Auburtin II.

II. PHILIPPE. V. de Paulo VI.

III. ÉLISABETH. V. Juzan de la Tour.

VILLONGNE (DE). I. GUERLACH, gentilhomme de Champagne, † par. St-Martin 9 oct. 1635, inhumé au cimetière sous l'arcade de la chap. des Bastogne.

II. Jⁿ-B^{te}-GRATIEN. V. d'Aspremont II, 3.

WILLOTTE. I. BRICE, conseiller et procureur général à la table de marbre, fils de Toussaint, grainetier, clerc des murailles de la ville, et d'Antoinette Bernard, épousa, étant âgé de 25 ans, par. Ste-Ségolène 4 mars 1710, Anne *Vaucremont*, † à 66 ans, par. St-Simplice 8 sept. 1756. De leur mariage étaient nés par. Ste-Ségolène :

1. Henry, 19 nov. 1710 (*sic*) ; † 30 déc. suiv.
2. Catherine, 6 juin 1712 ; mariée à Jⁿ-Louis de Marionnelz.
3. Barbe, 21 sept. 1713.

4. Joseph, 16 sept. 1714.
5. Marguerite, 17 janv. 1716.
6. Louis, 21 janv. 1717.
7. Marguerite, 26 mars 1718.

II. BARBE-CATHERINE. V. Fort.

VILSE (DE) LAURETTE. V. Mathis VIII.

WILTZ (DE), *cfr* DE LA SERRE, NICOLAS, eut de Marguerite N***, son épouse, par. St-Livier :
1. Jean, 30 mai 1606 ; † 28 juin 1632.
2. Nicolas, 21 juil. 1608.
3. Anne, 11 juil. 1610.
4. Claude, 23 oct. 1612 : p. Claude de Châstenois, sgr d'Armanville ; m. Dieudonnée de Crusnes, épouse de Mr de Callitrope.
5. Marguerite, 23 févr. 1614 : p. J^n du Boys, chan. et aumônier de la cathédrale.

VIMURE (DE) FRANÇOIS, chev., sgr de Rochambault, cap. de grenadiers au rég^t de Vendôme, fils de † René, chev., sgr de Rochambault, et de Gabrielle Fleury de Culan, épousa, étant âgé de 36 ans, par. St-Gengoulph 28 nov. 1689, L^{se} *Braconnier*, de Mont, † par. St-Eucaire 16 oct. 1691, à 20 ans.

VINCENT. I. PIERRE-F^{ois}, éc., sgr de Montigny, *alias* Mouligny, cap. d'une compagnie du rég^t de Picardie, eut de M^{ie}-Madeleine *Ferré, alias Féret*, son épouse, par. St-Jean de la Citadelle :
1. Jacques, 3 août 1710 : p. Jacques chevalier le Roy, éc., sgr de Noirfontaine, cap. d'une compagnie détachée du rég^t d'Orléanais.
2. Marie, marraine du préc.
3. J^{ne}-Gabrielle, 13 avril 1713.
4. Pierre-F^{ois}, 16 oct. 1714 : p. Jacques Vincent, sous-lieut. au rég^t d'Orléans, éc., sgr de Montigny ; m. Catherine-F^{oise} Vincent : tous deux représentés.

II. ELISABETH. V. Lanty II.

VINCIERNE (DE) NICOLE. V. Valentin de Bavière.

VINOCQ DE LAFFONT, *cfr* VENANT, CHARLES, éc., cap. au rég^t de Thiange,

† à 52 ans, par. St-Simplice 25 nov. 1754. Il avait épousé : 1° Thérèse-Glossinde *Braconnier*, † à 28 ans, par. St-Livier 15 août 1732 : à son enterrement, Dieudonné le Braconnier, éc., son frère ; 2° par. St-Maximin 1er juil. 1738, Élisabeth *Raymond*.

VINOT. I. CLAUDE, m^d, épousa Marthe (*alias* M^{ie}) *Bertigny*, † par. Ste-Croix 10 déc. 1698. De leur mariage était né Guillaume-F^{ois}, qui suit.

II. GUILLAUME-F^{ois}, fils du préc., procureur au parl^t, † par. Ste-Croix 6 août 1714. Il avait épousé J^{ne} *Marion*, † par. St-Victor 7 févr. 1740. De leur mariage étaient nés :
1. Nicolas, par. St-Victor 16 août 1684.
2. Jacques, par. Ste-Croix 3 juil. 1686.
3. *Nicolas-F^{ois}*, ibid. 23 févr. 1688 ; lequel suit.
4. Catherine-L^{se}, ibid. 24 juil. 1689.
5. Marguerite, ibid. 21 sept. 1691.
6. Marie, ibid. 25 avril 1693.
7. Claude-Sébastien, ibid. 20 janv. 1698.

III. NICOLAS-F^{ois}, fils du préc., conseiller à la table de marbre au parl^t, épousa, par. Ste-Croix 6 août 1715, M^{te} *Dolzé*, dont il eut ibid. :
1. F^{ois}-Claude, 26 mai 1716 ; † 4 janv. 1729.
2. M^{ie}-Anne, 26 avril 1718 ; † 3 janv. 1720.
3. M^{ie}-Marguerite, 13 avril 1719.
4. Marie, 26 janv. 1721.
5. Catherine, 10 mars 1722.
6. Barbe, 18 juil. 1723.

IV. CATHERINE. V. Obellianne.

V. ISABELLE. V. Houdebrant IV.

VI. PERRETTE. V. Guillaume.

VINSBACK ANNE-CATHERINE. V. Gaillande.

VINTIMILLIO JÉROME, aide-major au rég^t royal italien de son Eminence, eut de M^{te} *Roussel*, son épouse, par. Ste-Ségolène 26 déc. 1658, Marthe : p. Mr de Lavogade ; m. M^{ie} de Moussy de la Contour.

VINTIN MARGUERITE. V. de Montberry.

VIOL Louis, dit Duval, 1ᵉʳ chir. du Roi Jacques d'Angleterre, chir.-juré de Paris, chir.-major au régᵗ de Piémont, épousa : 1° Jⁿᵉ *Laynée*, † à 57 ans, par. Sᵗ-Simplice 9 nov. 1739; 2° par. Sᵗ-Gorgon 4 oct. 1740, Suzanne *Concé*, âgée de 24 ans, demᵗ au couvent de Sᵗᵉ-Élisabeth, par. Sᵗᵉ-Croix, fille de † Jacques Concé, mᵈ à Thionville, et de Catherine Louvain.

VIOLET Jⁿ-Baptiste. V. le Seur VI, 2.

VIOLETTE (DE LA) Anne. V. Brenot.

VION Catherine. V. Georgin.

VION (DE) Philippe. V. de Mellin.

WIRIAT Suzanne. V. Michelet.

VIRIET DE REMICOUT Jᵠᵘᵉˢ-Pascal, conseiller à la cour souveraine de Lorraine, eut de Madeleine *Liégeault*, son épouse, par. Sᵗ-Victor 12 déc. 1732, Marguerite : p. Fᵒⁱˢ-César Liégeault, commissaire d'artillerie ; m. Mᵗᵉ Darmène, épouse de Claude-Philippe d'Auburtin.

WIRION. I. Sébastien, [bachelier en théologie, protonotaire apostolique, chan. de la cathédrale, né à Nancy 16 nov. 1634, † à Metz 12 juin 1706, inhumé à la cathédrale. Msc. Epit.].

II. Divers.
 1. Barbe. V. Gabriel.
 2. Jeanne. V. de Marsal IX.
 3. Judith. V. Gondreville.
 4. Marguerite. V. Rollin III.
 5. Marguerite. V. Michelet XIX.

VIROT. I. Georges, R. P. R., sgr de Bourgstratt, eut d'Anne *de Montigny*, son épouse, Jⁿᵉ-Marie, 21 mars 1627.

II. Élisabeth. V. le Bachelé III.

WIRTZ Jⁿ-Nicolas, sgr de Crépy-lès-Peltre, conseiller assesseur et ancien échevin de l'hôtel-de-ville, † par. Sᵗ-Maximin 22 sept. 1721, à 80 ans. [Il avait épousé Odile *Gironville*, † ibid. 6 janv. 1713, à 68 ans. Msc. Epit.]

VIRY. I. Michel, avocat au parlᵗ, † à 56 ans, par. Sᵗ-Martin 18 avril 1691.

II. Charles, avocat au parlᵗ, [né à Toul, fils de Didier, dʳ ès droit, substitut du procureur du Roi à Toul, et de Méline N***], † par. Sᵗ-Marcel 27 mai 1675 : à son convoi assistèrent tout le corps du bailliage et presque toute la ville. Il avait épousé Mⁱᵉ *Darboy*, dont il eut, par. Sᵗ-Victor 12 juin 1665, Mⁱᵉ-Marguerite : p. Chˡᵉˢ, son frère; m. Anne, sa sœur.

VISERNY (DE). I. Pierre épousa Antoinette *de Baillivy*, vᵛᵉ de Georges Foës, laquelle survécut à son mari et mourut par. Sᵗ-Victor 18 août 1668.

II. Henriette, sœur du préc. V. Dumay.

III. Élisabeth, sœur des deux préc. V. Guyet.

IV. Catherine. V. le Miller.

V. Marie. V. Rollet II.

VISMES (DE) Alexandre-Jᵉʳ, trés. des salines, puis trés. de l'extraordinaire des guerres à Montmédy, † par. Sᵗ-Gengoulph 4 oct. 1721, à 51 ans. Il avait épousé Jⁿᵉ *Lambin*, dont il eut Jⁿᵉ-Marguerite, † par. Sᵗ-Victor 16 oct. 1728.

WISNIEL (DE) Toussaint-Léon et Geoffroy. V. de Fonton.

VITAT Jean. V. Ferrand de Peltre II.

VITERNE Claude, procureur et greffier garde-minutes en la chancellerie du parlᵗ, natif de Domremy, diocèse de Toul, † par. Sᵗ-Victor 2 août 1706. Il avait épousé, par Sᵗ-Gorgon 31 mai 1686, Madeleine *Groux*, fille de Pʳᵉ Groux, concierge à l'hôtel-de-ville, de laquelle il eut :
 1. Louise, par. Sᵗ-Gorgon 28 sept. 1687.
 2. Françoise, par. Sᵗ-Victor 28 août 1688.
 3. Marie, ibid. 25 sept. 1689.
 4. Jeanne, ibid. 18 févr. 1691.
 5. Jⁿ-Baptiste, ibid. 27 févr. 1692.
 6. Marguerite, ibid. 30 août 1693.
 7. François-Jᵖʰ, ibid. 19 mars 1696.
 8. Mⁱᵉ-Madeleine, ibid. 5 mars 1697.
 9. Edmée, ibid. 2 déc. 1698.
 10. Marguerite, ibid. 23 avril 1700.
 11. Pierre, ibid. 27 janv. 1702.
 12. Anne, ibid. 14 oct. 1704.

VITRY (DE) N***, cap. au régᵗ de Normandie, † par. Sᵗ-Jean de la Citadelle 14 août 1673.

WITZ. V. de Kennedy.

VIVANT (DU) PIERRE, R. P. R., sgr de Noailles, cap. au régt de Picardie, fils de Jean, sgr du Doissac, Villefranche de Périgord et autres lieux, conseiller du Roi en ses conseils privé et d'État, cap. de cinquante hommes d'armes de ses ordonnances, épousa, 6 avril 1636, M^{ie} d'*Aussy*.

VIVAUX MICHEL, sgr de Vaux, dir. des affaires du Roi, eut d'Agnès *Sauvage*, son épouse, par. St-Victor 14 août 1736, J^{ne}-Agnès : p. Antoine Vivaux, procureur en la prévôté de Prény ; m. J^{ne} Sauvage, épouse de Louis Lambert, avocat au parl^t.

VIVEN Jⁿ-ARMAND. V. de Monredon.

VIVÈS (DU). V. de Serres.

VIVIER DE LANZAC (DU) HENRY-JOSEPH. V. la Faverie de Blauzac.

VIVIER DE TOURNEFORT (DU) NICOLAS, cap. au régt de Rochechouard, fils des † Albert, éc., cy-devant cap. de carabiniers, et M^{te} Ribervalle, épousa, par. St-Simplice 31 janv. 1741, Suzanne *Cachet*.

VIVILLE. I. EDME, m^d, contrôleur des épices au bureau des finances, fils de N^{as}, bourgeois, et d'Anne Debart, † par. Ste-Croix 27 avril 1721, à 68 ans. Il avait épousé, par. St-Gorgon 27 juin 1684, Anne-M^{ie} *Georges*, † par. Ste-Croix 23 janv. 1743, à 81 ans. De leur mariage étaient nés par. St-Gorgon :

1. Anne, 27 mars 1685 ; mariée à N^{as} Dubreuil.
2. Barbe, 18 mars 1686.
3. *Pierre*, 15 sept. 1687 ; lequel suit.
4. M^{te}-Nicole, 6 sept. 1688.
5. Antoinette, 27 sept. 1689 ; † 23 sept. 1699.
6. Catherine, 29 mai 1691.
7. Dieudonné, 21 nov. 1692.
8. P^{re}-Étienne, 16 mars 1694.
9. Barbe, 26 mars 1695.
10. Nicolas, 10 sept. 1696.
11. Edme, 4 oct. 1697.
12. Jacques-F^{ois}, 16 sept. 1702.

II. PIERRE, fils du préc., conseiller du Roi, receveur des émoluments du sceau de la chancellerie du parl^t, † par. Ste-Croix 12 mars 1742. Il avait épousé Anne *Parigault*, † ibid. 12 août 1748. De leur mariage étaient nés ibid. :

1. François, 17 juin 1719.
2. M^{ie}-Anne, 4 août 1720 ; † 4 août 1724.
3. Anne, 18 mai 1724.
4. Anne-Thérèse, 26 avril 1725 ; mariée à P^{re} Louis.
5. M^{ie}-Josèphe, 27 juil. 1726.
6. Anne, 19 sept. 1728.
7. F^{oise}-Thérèse, jumelle de la préc. ; mariée à Alexandre-Simon de la Louvraye, puis à Jⁿ-B^{te} Burq.
8. M^{ie}-Cécile, 18 févr. 1730.
9. Pierre, 21 juil. 1731.
10. Marguerite, 18 déc. 1732.
11. Marie, 29 juin 1734.
12. Dominique, 25 janv. 1736.
13. M^{ie}-Anne, 3 juin 1739.
14. Françoise, mariée à N^{as} Herbin.

III. FRANÇOIS, juge-consul des marchands, épousa Anne (*alias* Claire) *Tonnelier*, † à 61 ans, par. Ste-Croix 26 mars 1763 : à son enterrement, D^{que} Lecomte, intéressé dans les affaires du Roi, son gendre. De leur mariage naquirent ibid. :

1. M^{ie}-Anne, 25 avril 1724.
2. Claude, 12 juin 1727.
3. Sébastien-F^{ois}, 24 sept. 1728 ; † 30 août 1731.
4. Anne, 27 sept. 1729 ; † 16 août 1731.
5. Nicolas, 5 nov. 1730.
6. Madeleine-M^{te}, 5 févr. 1732.
7. Marguerite, 19 févr. 1733.
8. François, 17 févr. 1734.
9. Marguerite, 30 oct. 1736.
10. *Dominique*, 17 déc. 1738 ; lequel suit.

IV. DOMINIQUE, fils du préc., conseiller du Roi, greffier des dépôts civils et criminels au parl^t, épousa, par. St-Eucaire 15 avril 1766, Anne *le Payen*, âgée de 18 ans, dont il eut ibid. :

1. François, 25 févr. 1767.
2. Jⁿ-Antoine-Sigismond, 22 févr. 1768 ; clerc tonsuré à l'enterrement de sa sœur ci-dessous 6.

3. Claude-Philippe, 15 janv. 1770. [Avocat, puis secrétaire gén¹ de la préfecture de la Moselle, chev. de la Légion d'honneur, anobli en mars 1816, il mourut à Metz dans un âge avancé, laissant de son mariage avec N*** *de Brye* plusieurs enfants, entre autres Félix de Viville, ancien dir. de la Caisse d'épargne, et Auguste de Viville, ancien substitut à Briey].

4. Anne-Claire, † à 27 mois, 28 déc. 1776.
5. Joséphine-Anne, 23 nov. 1779.
6. Anne-Joséphine, 9 août 1782; † 11 nov. 1787.

VIVOT Anne. V. Perrin des Almons.

VODEVILLE (DE) Jean-F^{ois}, éc., cap. au rég^t de Languedoc, eut d'Anne *de Savigny*, son épouse, M^{ie}-Anne, par. Ste-Croix 25 janv. 1692.

VOGEL (DE) M^{te}-Thérèse. V. de Goy.

VOGRENAN (DE) Nicolas eut de M^{te} *Gremée*, son épouse, Jⁿ-Louis, par. St-Eucaire 28 janv. 1727.

WOHLLEBEN Judith. V. Bancelin V.

VOÏART. V. Voyart.

WOILLOT. I. Dominique, aman de St-Gengoulph et secrétaire de l'hôpital général, † 25 avril 1717, à 38 ans, inhumé en l'église St-Martin. Msc. Epit.]

II. Françoise. V. Camus.

III. Françoise. V. Blouet I, 5.

VOIRGIER Anne. V. Travault II.

WOIRHAYE. I. Charles, sgr en partie de Chevalin, conseiller référendaire en la chancellerie du parl^t, [† 28 février 1795]. Il avait épousé M^{te} *Dubreuil*.

II. Jⁿ-Baptiste, procureur du Roi dans les grueries des marquisats de Bouzonville, Busy et Spincourt, fils de † Étienne, m^d, et de M^{te}-Catherine de Lévy, épousa, étant âgé de 27 ans, par. St-Victor 17 nov. 1773, Thérèse *Paul*, âgée de 40 ans, v^{ve} de J^{ph}-Thomas Gueraut, entrepreneur des fortifications de Strasbourg : au mariage, N^{as}-Étienne Woirhaye, greffier de la maîtrise des eaux et forêts, frère du marié.

III. Lucie et Charles. V. Bournac II.

WOIRIN. I. Anne-M^{ie} et J^{ph}-François. V. Pyrot.

II. Madeleine. V. Georges.

VOISARD Marie et Jacques. V. d'Achard.

VOISIN (DE), cfr ROSE DE VOISIN, Étienne-F^{ois}. V. de Seillons.

VOISINS (DE) et d'AMBRES François, [cap. de 111 hommes de pied des vieilles bandes sous la charge de Mgr de Châtillon, amiral de France, † 20 mars 1553, inhumé à la cathédrale. Msc. Epit.]

WOLCKRINGER (DE). I. Catherine. V. de la Roche-Girault III.

II. Claude. V. Ferry I, 2.

III. Denis et Madeleine. V. Trouville.

VOLGUESTEIN (DE) M^{ie}-F^{oise}-Éléonore. V. du Verdier.

VOLLÉE (DE LA) Antoinette. V. Blouet III.

VOLMERANGE. I. Jⁿ-Charles et Marie. V. de Ribaupierre.

II. Barbe, sœur de Jⁿ-Ch^{les}. V. Cochereau d'Oignonval.

III. Barbe. V. Milet V.

IV. Anne. V. Lambert IV.

V. M^{te}-Madeleine. V. Mengin III.

WOLSCHLAGER. I. Anne-Gillette. V. de Limousin.

II. Françoise. V. de Cabanes II.

WOLTER. I. Anne-M^{te}. V. Maguin VI.

II. Jean, Marguerite et François. V. de Custines V, 1, 2 et 3.

VONESSEN Frédéric. V. Prévost III.

VOSGEIN Madeleine. V. Collin IV.

VOS DES MOULAINS (DE) M^{ie}-Josèphe, † à 45 ans, par. St-Gengoulph 17 sept. 1747.

VOURBY D'ALLÈGRE (DE) N***, c^{te}, † à Failly, inhumé par. St-Eucaire 25 août 1635.

VOYART, *alias* VOÏART. I. Dominique,

conseiller du Roi, greffier en chef de l'hôtel des monnaies et procureur au parl*t*, † par. S*te*-Croix 4 sept. 1747 : à son enterrement, F*ois* Voyart, chan. régulier, curé d'Avril, son frère. Il avait épousé Anne *Gimel*, † ibid. 22 août 1750. De leur mariage étaient nés :

1. Anne-M*te*, par. S*te*-Croix 14 juin 1712; mariée à Louis Ethis.
2. Jacques, ibid. 2 nov. 1713.
3. Christophe, ibid. 28 oct. 1714.
4. Jean, ibid. 13 oct. 1715.
5. *Mathurin-Antoine*, par. S*t*-Victor 5 nov. 1716; lequel suivra IV.
6. Jean-Claude, ibid. 9 déc. 1717.
7. M*ie*-Anne, ibid. 22 janv. 1719; mariée à Balthasar-Henri Doueux.
8. François, ibid. 22 avril 1720.
9. M*ie*-Barbe, par. S*te*-Croix 19 août 1722.
10. Louis-Claude, ibid. 10 nov. 1723.
11. *Philippe*, ibid. 2 mars 1725; lequel suit.
12. J*n*-Pierre, ibid. 16 sept. 1726; lequel suivra.
13. Isaac-Polycarpe, ibid. 13 avril 1728.
14. Étienne-Hyacinthe, ibid. 28 avril 1729.
15. M*ie*-Agathe, ibid. 5 févr. 1731.
16. J*n*-Baptiste, conseiller du Roi, greffier en chef à la table de marbre au parl*t*, à l'enterrement de son père; peut-être le même que Jean ci-dessus 4.
17. M*ie*-Agnès, mariée à Antoine-J*ph* Poinsot des Marnais.
18. J*ne*-Marie, mariée à Louis Périn.

II. PHILIPPE, fils du préc., contrôleur des vivres, épousa, par. S*t*-Marcel 6 févr. 1753, Suzanne-Nicole *Régnier*. Au mariage, Gabriel-F*ois* Palteau, sgr de Weymerange; F*ois* de Lasalle, dir. gén*l* des vivres des Trois-Évêchés et de la Lorraine; J*ques*-D*que* Voyard de Maison-Rouge, ancien gouverneur des pages de M*me* la Dauphine; Thomas-N*as* de Rozières, dir. des fortifications au dép*t* de Metz; Ch*les* le Bœuf, colonel d'infanterie, ingénieur en chef; J*n* Régnier, ancien fermier des domaines de l'hôtel commun et chambre de police à Moyenvic; Léopold Saget, chir.-major de l'hôpital militaire; F*ois* Voyard, chan. régulier et curé d'Avril. — Du dit mariage naquirent par. St-Marcel :

1. J*ne*-M*ie*-Suzanne, 24 déc. 1753.
2. Joseph, 27 janv. 1755.
3. J*ques*-Philippe, 10 juin 1756.
4. J*ne*-Élisabeth-F*oise*-Casimire, 27 janv. 1758 : p. F*ois* Voyart, procureur à la cour et procureur du Roi de la subdélégation de la commission souveraine du conseil établi à Rheims; m. J*ne*-Élisabeth Juzan de la Tour, v*ve* de J*ques* Masser de la Salmonde, conseiller-échevin de l'hôtel de ville. — Elle mourut par. S*te*-Croix 22 août 1763.
5. Louis-M*ie*-Constant, 21 juil. 1759 : p. Louis Voyart, officier de marine, son oncle; m. M*ie*-Constance Boire, épouse de M*r* Ridouet de Sancé.

III. J*n*-PIERRE, frère du préc., contrôleur gén*l* des fermes, épousa, par. S*t*-Simplice 13 févr. 1759, M*ie*-M*te* *Fournerie*, dont il eut :

1. F*ois*-Pierre, par. S*t*-Maximin 28 déc. 1759.
2. Adélaïde-Suzanne, par. S*te*-Croix 24 juil. 1761.
3. J*ques*-Philippe, [homme de lettres, fondateur de la Société linnéenne de Paris, né à Longwy. Il épousa en secondes noces Anne-Élisabeth *Petitpain*, de Nancy, qui se fit connaître avec gloire dans les lettres sous le nom d'Élisa Voyart et fut la mère de M*me* Amable Tastu, poète célèbre des temps modernes].

IV. MATHURIN-ANTOINE, frère des deux préc., greffier de la chambre des comptes, aides finances et monnaies, puis de la chambre des requêtes au parl*t*, épousa, par. S*t*-Eucaire 23 févr. 1741, J*ne* *Bouvy*, âgée de 16 ans, fille de J*n* Bouvy et de Barbe Bérard, de laquelle il eut ibid. :

1. D*que*-César-J*ph*, parrain de son frère ci-dessous 11.
2. J*ne*-M*ie*-Barbe, 29 juil. 1743.
3. M*te*-Barbe-L*se*, 19 juil. 1744; † 5 mars 1748.
4. J*n*-B*te*-Mathurin, 5 oct. 1745.
5. M*ie*-Anne-F*oise*-Adélaïde, 25 sept. 1746; † 24 juin 1760.

6. J^{ques}-Victor, 21 oct. 1747; éc., garde de la porte du Roi, lieut. d'infanterie, il signe *Voyart de Sainte-Croix*, au mariage de sa sœur ci-dessous 10.
7. Philippe, 30 sept. 1748.
8. J^{ne}-M^{ie}-Barbe, 12 oct. 1749; mariée à J^n-F^{ois} Marchal.
9. Ch^{les}-Mathurin-Antoine, 27 mars 1753; † 20 juil. 1770.
10. Anne-Victoire, 29 juin 1754; mariée à César-N^{as}-F^{ois} Evrard.
11. J^{ph}-Dominique, 4 août 1755.
12. Anne-Antoinette, 19 sept. 1756; mariée à Claude-Antoine Tournay.
13. M^{ie}-Antoinette, 2 août 1757; † le lendemain.
14. M^{ie}-Françoise, 27 août 1759; † 18 juil. 1766.
15. Marie, 22 déc. 1760.
16. Barbe-L^{se}, 18 nov. 1762; le père est sgr de Lorry, Ste-Croix, Saulny et autres lieux.
17. Anne-Joséphine, 25 mars 1766.

VOYER DE PAULMY D'ARGENSON (DE). I. MARC-P^{RE}. V. Ferrand de Peltre II, 4.
II. J^n-BAPTISTE. V. Bertrand VIII, 6.

VY (DE) JACQUES, R. P. R., fut père de :
1. Tobie, 2 nov. 1561.
2. Sara, 13 janv. 1564.

WYART ANNE. V. Guerrier.

WYRIOT ISAÏE, R. P. R., sgr de Vienne et Gommiance en partie, dem^t à Vitry-le-François, épousa, à Metz 16 févr. 1614, Pauline *Garretier*, fille de † Ch^{les} Garretier, prévôt provincial des Trois-Évêchés.

X

XELLANDRE, *alias* **CHELANDRE** JEAN, R. P. R., éc., sgr de Widebourse et du Tailly, épousa, 13 nov. 1611, M^{ie} *le Goullon*, dont il eut Madeleine, mariée à Richard de Chavenel.

XIVRY (DE) JEANNE. V. de Laubrussel (note).

XONVILLE (DE) MADELEINE. V. de Mouron.

Y

YAIGRE RODOLPHE, cap. lieut. en la compagnie du s^r Yaigre du rég^t de Hessy, eut de M^{ie}-Thérèse *de Harme*, son épouse, Nicolas, par. St-Livier 29 mai 1690.

YSE DE ROSAN (D') FRANÇOISE. V. Copin de Miribel.

YSSE (DE) BERNARD, [archer de la compagnie de Mgr le Maréchal de Vieilleville, † 13 févr. 1563, inhumé à la cathédrale. Msc. Epit.]

YERMOLOFF MICHEL. V. Lasalle IV, 3.

Z

ZACHARIA Blanche. V. de Saint-Simon.

ZALEAU de CHAMBISE (de) Antoinette. V. de Sparre.

ZECKER Étienne. V. Vandrepol.

ZÉGLERIN Élisabeth. V. Idlinger.

ZEILHOVER Lucie-Catherine-Albertine. V. Tobin.

ZELLER Marie-Anne. V. Louis IV.

ZOGAR (de). V. d'Esdelack.

ZOLLER (de). V. Schobel.

ZOUCHE de la LANDE (de) P^{re}-Alexandre, chev., gouverneur de la citadelle, sgr de la Lande, Beuvrière, Beugins, Samé, Belleville, etc.; eut d'Anne-Charlotte-M^{ie} *de Balestrie*, alias *de Balestrier*, son épouse, par. St-Jean de la Citadelle :

1. Anne-Claire-Lucrèce, † à 10 ans, 20 juil. 1689.
2. Charlotte-Anne-M^{ie}, 12 nov. 1688.
3. Anne, 22 mai 1691; † 29 août suiv.
4. Alexandre, parrain de la préc.
5. Françoise, marraine ibid.
6. Philippe, 6 janv. 1693.
7. Claude-M^{ie}, 13 août 1695 : p. Claude de Thiard, c^{te} de Bissy, command^t pour le Roi aux duchés de Lorraine et Bar et dans les Trois-Évêchés; m. M^{ie}-Thérèse de Hermay, épouse de Bernard Pellard de Givry. — Il mourut 26 mai suiv.
8. M^{ie}-Charlotte, 1er avril 1697 : p. J^{ph} de la Porte, premier président au parl^t; m. M^{ie}-Claude le Pelletier, épouse de Mr de Turgot, l'intendant.
9. Anne-F^{oise}, mariée à J^n Jeoffroy.

ZOUCKMANTLE de BROMAT Antoine épousa Anne b^{onne} *de Wangen*, † v^{ve} de lui, par. St-Martin 21 juil. 1741.

ZURE (la) Madeleine-Charlotte. V. Marion XI, 2.

ZWEFELT de SUÈVE. I. Gabriel, fils de François, b^{on} de Grosbin en Prusse, chev., b^{on} et sgr de Crèves, sgr d'Aincreville et de Milly, et de Madeleine Duplessis, épousa, à Luttange 19 févr. 1770, J^{ne}-Philippine *de Cabanes*; le mariage fut bénit par Brice-N^{as} Baltus, chan. régulier de Saint-Augustin de l'ordre de Saint-Antoine. Du dit mariage naquirent à Luttange :

1. M^{ie}-Madeleine-Philippine, 17 juin 1771; mariée à André-J^{ph} d'Origny.
2. Agnès, 8 nov. 1773; mariée à Alexandre-Louis-Martin d'Écriennes.

II. Anne-Thérèse et Françoise. V. de Salse III et V.

TABLE

des Appellations nobiliaires[1]

AVEC RENVOI

AUX NOMS PATRONYMIQUES

ABONCOURT. — Richard.
AIGUILLON. — Desbance.
ALBERTEAU. — Barrelle.
ALCAJOU. — Marquiolle.
ALEXANDRE. — Dutrin.
ALLÈGRE. — Vourby.
ALMONS. — Perrin.
ALNONCOURT. — Boisset, Georges.
ALTANCOURT. — Blanc.
ALTON. — Gautier.
AMILLY. — Guiar.
AMONDANS. — Pétremand.
ANCERVILLE. — Bailleul.
ANTHOIN. — Joanni.
ARASSE. — Sarrau.
ARBOUSSE. — Fléchière.
ARCY. — Bry.
ARGELLES. — Duprilhon.
ARGENSON. — Voyer.
ARGENTRÉ. — Plessis.
ARLEY. — Vauchière.
ARMENTIÈRES. — Conflans.
ARRAINCOURT (D'). — Hugon, Régnier.
ASNIÈRES. — Carrey.
AUBIGNY. — Clinchant.
AUBREVILLE. — Bigault.
AUGNY. — Estienne.
AURIO. — Arros.

BAIGNEUX. — Estienne.
BAISY. — Roose.

BALME. — Demignot.
BALMONDIÈRE. — Tonduty.
BALNOT. — Royer.
BAMONT. — Redoubté.
BARRY. — Imbert.
BARST. — Forget.
BASGUE. — Quateville.
BASTIDE. — Estène.
BATAILLE DE FONCLAIR. — Rostaing.
BATILLY. — Bey.
BATRAY. — Guignet.
BAZARDERIE. — Vaillant.
BEAUDEDUIT. — Bonnet.
BEAULIEU. — Gast, Vacher.
BEAUME. — Lamourouse.
BEAUPARC. — Paillies.
BEAUPUIS. — Santisse.
BEAUREGARD. — Bernard, Mothes.
BEAUREPAIRE. — Amelin.
BEAUSSARD. — Vanderhot.
BEAUVOIR. — Warel.
BÉGASSIÈRE. — Bouays.
BELCASTEL. — Bérault.
BELFLON. — Vaudomois.
BELFORT. — Delfau.
BELLEAU. — Elliée.
BELLE-FONTAINE. — Marin.
BELLEFORT. — Belli, Gigault.
BELLE-ISLE. — Mauger.
BELLE-ROCHE. — Diespach.
BELLE-ROSE. — Blache.

---

(1) Nous avons cru pouvoir nous dispenser de répéter à chaque nom la particule. Le lecteur la trouvera au nom auquel il est renvoyé.

— 650 —

BELLEVILLE. — Menvelle.
BELLOQUET. — Roger.
BÈNE. — Kauffmann.
BERGH. — Egmond.
BERMONT. — Fauvaux.
BERNEC. — Sprecher.
BESANDY. — Barthe.
BEUVEREN. — Vauzelder.
BIENASSISE. — Jacomel.
BLACOURT. — Chauvreux.
BLAIDFAIM. — Béranger.
BLANGE. — Moth.
BLANZY. — Cayot.
BLAUZAC. — Faverie,
BOIGODAN. — Couët.
BOISEMONT. — Gars.
BOISGIBAUT. — Maubert.
BOISLOGÉ. — Emmery.
BOIS-MARGOT. — Mangeot.
BOISNOIR. — Brun.
BOISRAGON. — Chevalleau.
BOISSABLON. — Haudry, Chevreau.
BOISSIEU. — Salvaing.
BOLLEMONT. — Chonet.
BONCOURT. — Barat, Huguenot.
BON-FOSSÉ. — Puisset.
BONNEVILLE. — Jaminet.
BONNIER. — Aprix.
BONSOL. — Roy.
BORDES. — Luzy.
BORNEUF. — Mombuy.
BORROMÉ. — Malabarbe.
BORTEL. — Logier.
BOSQUET. — Couttaux.
BOUCHEPORN. — Georges.
BOUILLIÈRES. — Marin.
BOULAN. — Lamorel.
BOULENNE. — Besnard.
BOULON. — Bazin.
BOURGNEUF. — Alliger.
BOURNEUF. — Dorin.
BOURNEVILLE. — Dalmas.
BRENSAC. — Moyne.
BRETONNIÈRE. — Gauthin.
BREUIL. — Brolyodie.
BRICHAMBEAU. — Perrin.
BRICHE. — Vaquerel.
BROCART. — Motte.
BROMAT. — Zouckmantle.
BRULERIE. — Piochard.
BRUNETIÈRE. — Chatenet.
BRUNEVAUT. — Marin.

CABARÈLE. — Dossilio.
CADIGNAN. — Dupleix.
CALAIS. — Ladvise.
CAMA. — Filhol.
CAMPETZ. — Sauterize.
CANDALE. — Foix.
CARMÈRE. — Fére.
CARMINEL. — Belair.
CASTRIES. — Croix.
CATTENOM. — Rode.
CAUBERT. — Bousquet.
CERNAY. — Danois.
CESSAC. — Laluée.
CHALMAZEL. — Talarie.
CHALOUETTE. — Lemoine.
CHAMBERLIN. — Arles.
CHAMBISE. — Zaleau.
CHAMOLLE. — Olivet.
CHAMPAGNY. — Nault.
CHAMPÉRIEUX. — Mercès.
CHAMPFLEURY. — Varennes.
CHAMPS. — Chirier.
CHAMPS DE VILLERS. — Audouin.
CHANAY. — Bousitat.
CHANTEMERLE. — Prévost.
CHANTILLY. — Grenon.
CHAPELLE. — Fournier, Passerat.
CHARMEL. — Ligny.
CHARNAU. — François.
CHARNY. — Lotin.
CHARRAN. — Ladwèze.
CHASSENAT. — Bessin.
CHASTEL. — Tanneguy.
CHATAIGNERAY. — Turpin.
CHATAIGNERIE. — Maréchal.
CHATELAINE. — Clair.
CHATENET. — Bourgeois.
CHATILLON. — Malet, Solceret.
CHATRE. — Verger.
CHAUSSEGROS. — Estienne.
CHELAINCOURT. — Georges.
CHENAY. — Desspich.
CHENERCIER. — Autrecourt.
CHENEST. — Beaufils.
CHENOY. — Gelée.
CHERRAY. — Bourgeois.
CHEVALERIE. — Chevalier.
CHERMONT. — Senneton.
CHEVERS. — Millet.
CHEVRY. — Duret.
CINQ-MARC. — Fière.
CLÉDIER. — Beljoyeuse.
CLEVANT. — Richard.

Closneuf. — Foucquet.
Cluseaux. — Rommefort.
Cluzy. — Charcot.
Coiffy. — Geoffroy.
Colency. — Oriolt.
Colroy. — Bazelaire.
Comeau. — Sylvestre.
Combles. — Collin.
Comps. — Dugelas.
Constance. — Renard.
Conty. — Cousteaux.
Corvisard. — Hillaire.
Coste. — Morand.
Cotte. — Flayelle.
Cottière. — Jacob.
Coucy. — Champs.
Coudray. — Serod, Tizar.
Coulon. — Roger.
Cour (de la). — Boyau.
Courcel. — Commannel.
Courcelles. — Baudinet, Bret.
Courcival. — Baigneux.
Courcy. — Bigeon, Serrière.
Cournon. — Remy.
Courrouge. — Bureau.
Coursan. — Bruillard.
Courtille. — Savary.
Coussey. — Labbé.
Coutalliou. — Trouet.
Coutures. — Aussy.
Couvrot. — Jacobé.
Cray. — Noier.
Crépy. — Secq.
Creusenet. — Farge.
Cronenberg. — Parts.
Crouste. — Gustal.
Crouy. — Coquebert.
Cserlseck. — Dessofy.
Cueurs de Cogollin. — Sauveur.

Damermon. — Dupré.
Daston. — Odet.
Desgroges. — Gratereau.
Deux-Fontaines. — Argent.
Dicourt. — Fischer.
Domgermain. — Fleutot.
Dommartin. — Pasquier.
Dorides. — Picault.
Dosmes. — Gruniau.
Dreslincourt. — Bertin.
Duval. — Alix.
Duxloup. — Chambrun.

Elber. — Héliére.
Elsène. — Bois.
Enneville. — Rottier.
Epinay. — Mercier.
Epinois. — Bonnescuelle.
Eslin. — Bourgoing.
Espéroux. — Gestas.
Espine. — Vignard.
Estaing. — Salians.
Estang. — Messery.
Estrée. — Escrot.
Estrées. — Pasquier.
Evry. — Croix.

Farancourt. — Bernay.
Farévolle. — Chambeuil.
Fayole. — Faure.
Fayolle. — Maulmont.
Fermont. — Noël.
Ferté. — Prés.
Feuillade. — Aubusson.
Feuquières. — Pas.
Fez. — Congerie.
Fied. — Patornay.
Fiesoles. — Frichat.
Flamarens. — Villeneuve.
Flavigny. — Clermon.
Fleury. — Moret.
Foleck. — Gouvy.
Fonchette. — Duplessier.
Fongatte. — Rua.
Fontallard. — Sohallat.
Fontanière. — Pichon.
Fontenay. — Nadot.
Fontenelle. — Guyet.
Fonts de Saint-Péray. — Galbert.
Forêt. — Causse.
Forges. — Gattebois.
Fors du vigean. — Poussart.
Fosse. — Moutier.
Fossés. — Redon.
Fouchy. — Grandjean.
Fougerolle. — Bolangier.
Framois. — Huot.
Frankenfeld. — Fushaverine.
Frémery. — Marien.
Frémont. — Jacobé.
Fresnay. — Tassinot.
Freval. — Guillemeau.
Fründeck. — Bruneck.
Füschemberg. — Renard.

Galbert. — Perrot.

Garde. — Dupuy, Josserand.
Garrigue. — Bouffard.
Gautier. — Boisset.
Géocourt. — Cierge.
Gerbéville. — Armur.
Gif. — Débonnaire.
Gironcourt. — Boucher.
Givry. — Escars, Pellard.
Glassac. — Boisset.
Gombart. — Roland.
Gontin. — Gentard.
Gonvaux. — Pottier.
Gouge. — Péronne.
Goujon. — Vergne.
Graincourt. — Blin.
Grainville. — Cour.
Grammont. — Baubé.
Grandbois. — Breuille.
Grandcour. — Huot, Pattot.
Grandmaison. — Cadelle, Dufort, Gault.
Grandmont. — Champaux.
Grandville. — Prinet.
Grange. — Hillerin.
Granvelle. — Raillard.
Grassenberg. — Scheneck.
Gravalle. — Monsure.
Gravelle. — Gueau.
Grenade. — Chardin.
Gustal. — Jeannot.
Gyrsperg. — Blareck.

Halle. — Herbin.
Hamardière. — Deschamps.
Hamel. — Bardou.
Hannoncelles. — Gerard.
Haranades. — Jalday.
Haudrecy. — Arras.
Hautecourt (d'). — Doms.
Hautefeuille. — Texier.
Hauterive. — Baguenault.
Hautot. — Baillard.
Hédival. — Rousselot.
Heidelberg. — Copia.
Hennin. — Alsace (?).
Herbain. — Cuchot.
Héruppe. — Clinchant.
Herval. — Roy.
Heugnéville ou Heuqueville. — Roucherolle ou Roncheval.
Hodicq. — Courteville.
Hoëville. — Henry.
Holstein. — Staël.
Houssay. — Cochereau.

Ichtersheim. — Alberdiny.
Imbleval. — Lippe.
Ingremard. — Paige.
Invillers. — Ballard.
Isle (l'). — Blanc.
Isle Sainte-Claire. — Sauvage.
Issoncourt. — Masson.
Iversay. — Joulard.

Jardelay. — Janneau.
Jaubert. — Vernet.
Joigny. — Chollet.
Josserie. — Dumaine.
Jouville. — Dampon.
Julvécourt. — Martin.

Kerbrizio. — Gobert.
Kerglas. — Cardinal.

Laffont. — Vinocq.
Lamambre. — Millet.
Lance (la). — Hesselin.
Lande. — Zouche.
Landreville. — Maillard.
Landskron. — Quadt.
Lanzac. — Vivier.
Larboulerie. — Neuville.
Lardet. — Due.
Laubespin. — Motte.
Launaguet. — Hugonin.
Laussedat. — Caubet.
Lauza. — Amat.
Lavant. — Arvisenet.
Lawenstein. — Streiff.
Layans. — Favonne.
Layé. — Chesnard.
Lemud. — Georges.
Lesseville. — Georges.
Lestortier. — Jamure.
Lestranges. — Hautefort.
Lettville. — Dubois.
Lhostulerie. — Pétry.
Liercourt. — Aigneville-Romenay.
Ligonier. — Saint-Icar.
Lindefels. — Mosbach.
Linsecq. — Caruyer.
Liocourt. — Lallemand.
Loge. — Maret.
Loges. — Brochers.
Longeville. — Macé.
Longvilliers. — Vacher.
Lorbignie. — Talbort.
Luzeret. — Menet.

Luzon. — Desjardins.
Lys. — Hordal.

Machéville. — Coulon.
Maconcourt. — Rollin.
Maintenon. — Aubigny.
Maislé. — Baudimont.
Maison-Neuve. — Hérigoën.
Maison-Noire. — Hébert.
Maisons. — Blanc.
Maisonville. — Paget.
Majainville. — Bègue.
Malartie. — Maurés.
Malmaison. — Jeannot.
Malmédy. — Gray.
Malœuvre. — Guillon.
Malseignes. — Guyot.
Maray de Lasalle. — Rothé.
Marceaux. — Dupuis.
Marcol. — Pascal.
Mardigny. — Georgin.
Marillac. — Pange.
Marnais. — Poinsot.
Marne. — Barisien.
Martainville. — Gaude.
Martange. — Bouet.
Martigny. — Barre.
Martinimes. — Maillard.
Martres. — Clerc.
Mazières. — Doré, Perroux.
Melleville. — Doux.
Melun. — Arbaleste.
Méniglos. — Droullin.
Menonville. — Testu, Thibault.
Méré. — Brossin.
Merville. — Vallet.
Mesly. — Bodineau.
Mesnil. — Régnier.
Messimy. — Rioux.
Métric. — Creitte.
Metz. — Piart.
Mignéville. — Bouchard.
Mion. — Bancenel.
Moidrey. — Tardif.
Mombail. — Rorthais.
Monbion. — Desruineaux.
Monbrun. — Micot.
Moncel. — Deu.
Monchanut. — Picquart.
Monchat. — Simiane.
Mondarnest. — Gibaudière.
Mondeville. — Boursier.
Monlarnard. — Soleil.

Montagne. — Paris.
Montaigne. — Burté.
Montaigu. — Teinturier.
Montalard. — Bréheret.
Montarmet. — Géliot.
Montbas. — Barton.
Montblainville. — Gehot.
Montbrison. — Tarvidon.
Montcabrié. — Peytes.
Montcharveaux. — Tisserant.
Montchiroux. — Verdun.
Montelou. — Rabignau.
Montereau. — Garnier, Lac.
Montfort. — Damoiseau.
Montignac. — Mériades.
Montimont. — Fourquet.
Montlar. — Bonhomme.
Montlebert. — Joffrenot.
Montlibert. — Goulet.
Montluisant. — Gobineau.
Montluzin. — Viallier.
Montmayeur. — Barandiéry.
Monton. — Collignon.
Montour. — Beau.
Montserrier. — Auclerc.
Monval. — Duchemin.
Monvaux. — Jacobé.
Morangis. — Barillon.
Moranville. — Cellier, Lance (la).
Morcourt. — Foy.
Morembert. — Tribout.
Morey. — Joly.
Morlais. — Fournier.
Mormont. — Fougère.
Mortagne. — Bénéfice.
Morvilliers. — Taverne.
Motte. — Dormy, Gautier, Hoste.
Moulains. — Vos.
Moulineuf. — Musnier.
Moustron. — Sauton.
Moydieu. — Berger.
Münchenstein. — Munck.

Nauvailles. — Montaut.
Nérenhausen. — Kilberger.
Nesle. — André.
Neuflize. — Couré.
Neuville. — Frey, Sauget.
Neuvilette. — Doublet.
Neuvry. — Goux.
Nevais. — Renouard.
Nexon. — Rogier.
Nibouville. — Martinet.

Noizielles. — Malet.
Nouvelotte. — Douzant.
Noye. — Bouchard.

Oignonval. — Cochereau.
Orchamps. — Chifflet.
Origny. — Mars.
Orival. — Debruat, Tregguy.
Orsonville. — Boisse.
Ortés. — Aspremont.
Orvaux. — Contestes.

Paindeville. — Fringan.
Pange. — Thomas.
Parade. — Estang.
Parc. — Gacé.
Pardaillant. — Portes.
Passe. — Noble.
Patissier. — Bussy.
Pautrie. — Mauger.
Pavant. — Poisieux.
Pelleporte. — Suitte.
Pernet. — Cordier.
Peron. — Roger.
Perrière. — Milot.
Perron. — Lefebvre.
Persuis. — Loiseau.
Pestels de Lévis. — Tubières-Grimard.
Petitville. — Tardif.
Peughé. — Barau.
Peyralongue. — Courand.
Peyrière. — Labat.
Pierre. — Bodin.
Pignault. — Cancer.
Pimodan. — Vallée (?).
Pinaux. — Tillemont.
Pinsul. — Juilliot.
Place. — Bonneval.
Plainval. — Croix.
Planchoury. — Girault.
Plessis. — Bréhan.
Plessy. — Bas, Hardy, Pitard.
Plichancourt. — Grostête.
Plombois. — Jacques.
Poilbois. — Abel.
Pointe. — Gevigny.
Pommeraye. — Picaud.
Pont. — Gréaulme.
Pontbillot. — Jourdin.
Pontbriant. — Foucault.
Popincourt. — Havard.
Portail. — Dutemps.
Pourru. — Barot.

Pradel. — Éléonor.
Pradines. — Eltouf.
Pramiral. — Inguimbert.
Prautois. — Raillardy.
Prax. — Formier.
Prehedno. — Garson.
Prin. — Bellivier.
Pripanne. — Fort.
Procheville. — Estienne.
Proy. — Leurye.
Puget. — Broussonnet.
Puisac. — Picquot.
Puymaigre. — Boudet.

Rampont. — Gallois.
Rancé. — Masson, Roux.
Rancy. — Berbis.
Réauville. — Rolland.
Redlach. — Poinsignon.
Remirecourt. — Viriet.
Rennepont. — Pont.
Requin. — Pillard.
Richardière. — Maihaignery.
Richebois. — Bayon.
Riocour. — Boys.
Rivière. — Chervin, Gervais.
Rivry. — Bastie.
Roche. — Girault, Sorin.
Rochebonne. — Bereau.
Rochecolombe. — Serre.
Rochefoucault. — Antilly, Roye.
Rochemorin. — Amélin.
Roches. — Jandelle.
Rochettes. — Goyon.
Rogéville. — Rouin.
Roissy. — Darlu.
Ronchot. — Galbert.
Rongeville. — Roux.
Ronville. — Plessis.
Rorbel. — Peloux.
Rosan. — Yse.
Rosière. — Bouvier.
Rosselange. — Psaulme.
Rougeron. — Perrault.
Rougy. — Michon.
Rouillardière. — Hautbois.
Rouville. — Fère.
Rugy. — Petitjean.
Ruissan. — la Tour.
Ryantz. — Odet.

Sablons. — Evrard.
Saint-Amand. — Bauquet.

Saint-Arnould. — Pierrard.
Saint-Aubin. — May.
Saint-Baussant. — Thierry.
Saint-Cent. — Limoge.
Saint-Contest. — Barberie.
Saint-Cyr. — Séguier.
Saint-Étienne. — Cannant.
Saint-Hilaire. — Blond.
Saint-Julien. — Audoul.
Sainte-Croix. — Charuel.
Saint-Jorry. — Rustaing.
Saint-Laurent. — Gilbert.
Saint-Léger. — Duchêne.
Saint-Martin. — Cocullat, Pémolié, Renatier.
Saint-Ouen. — Mertrus.
Saint-Ozo. — Spessoles.
Saint-Paul. — Fleutot, Pillon.
Saint-Pé. — Damon.
Saint-Poncy.. — Molein.
Saint-Prin. — Marteau.
Saint-Prins. — Reynal.
Saint-Privat. — Seiras.
Saint-Remy. — Hue.
Saint-Romain. — Hardouin.
Saint-Sulpice. — — Raymond.
Saint-Supplet. — Vergeur.
Sainte-Agathe. — Lhuillier.
Sainte-Claire. — Jobart.
Sainte-Marguerite. — Mercier.
Sainte-Marie. — Qureille.
Salamanca. — Gallo.
Saleton. — Orlandes.
Salle. — Tréponat.
Salmonde. — Masser.
Salverte. — Baconnière.
Sancé. — Ridouet.
Sandricourt. — Saint-Simon.
Sarrau. — Dubois.
Sarrigue. — Barrois.
Sauvigny. — Bertier.
Savignac. — Bon.
Schwerstaedt. — Jemig.
Sehenkenstein. — Rombius.
Sempigny. — Lejeune.
Sépaux. — Pierre.
Séricourt. — Beauvoir.
Serre. — Kaistein.
Sève. — Trouvé.
Sivry. — Lorrain.
Solis. — Dufossé.
Soudet. — Gaudet.
Sougé. — Siller.
Spitzemberg. — Lhuillier.

Stroben. — Froder.
Stromberg. — Faust.
Suève. — Zwefelt.
Surmont. — Bonnescuelle.
Suzémont. — Pinguet.
Sylve. — Portail.

Taboissy. — Castain.
Tailladit. — Burin.
Taillier. — Dufaye.
Tanchère. — Augeron.
Tessières. — Urre.
Thénodière. — Boisse.
Thors. — Châtelet.
Thuisy de Vergeur. — Goujon.
Tillet. — Régnier.
Tonnerac. — Boulay.
Touche. — Lescourel, Mangin.
Tour. — Bonnafos.
Tour d'Andry. — Maillé.
Tournefort. — Vivier.
Tourneville. — Tellier.
Tourville. — Villicy.
Treffort. — Sage.
Treische (la). — Symon.
Trémoulet. — Chesserie.
Tronçay. — Boursault.
Tronchet. — Ricaux.
Tullières. — Randerode.

Urgons. — Chambre.

Wahrenberg. — Kolb.
Valay. — Pétremand.
Walberg. — Vallaschek.
Valcharmont. — Froyer.
Valcourt. — Poirot, Trays.
Valette. — Chicoyneau.
Valle. — Argould.
Vallicourt. — Millet.
Vallombre. — Mey.
Vandelaincourt. — Masson.
Vareilles. — Vasseur.
Varennes. — Binet, Champinorin, Fournier, Nagu, Quinémont.
Wartz. — Huart.
Vassimont. — Cachedenier.
Vaucourt. — Gillet.
Vaudoré. — Macé.
Vaudouleur. — Chevreau.
Vaudreweile. — Poisson.
Vausserelle. — Escars.
Vaussereuil. — Vars.

Vaulx (la). — Petit.
Vecchi. — Mercure.
Vedrine. — Demalet.
Vellecourt. — Turlure.
Vergennes. — Gravier.
Vergne. — Bony.
Vernécourt. — Saint-Paul.
Vernette (la). — Bernard.
Vernovic. — Angelas.
Versel. — Beschefer.
Ville. — Cay.
Villembourg. — Pallant.
Villemont. — Chastel.
Villemontès. — Gramont.
Villemoyen. — Croc.
Villeneuve. — Ricaud, Tranchée.
Villepin. — Galouzeau.
Villers. — Perrard.
Villers-Cassard. — Motte.
Villerstaett. — Berwick.

Wiltz. — Gustine.
Vinay. — Bouvier.
Vincelles. — Coulore.
Vincers. — Mazancourt.
Vincque. — Caze.
Violette. — Chenal.
Viray. — Toustain.
Vismes. — Bloquel.
Vivier. — Verdavoine.
Voisin. — Rose.
Vorsseleur. — Vanderwerve.
Voselie. — Faugière.
Vraine. — Martin.
Vrémy. — Georges.
Vrigny. — Clocquet.

Yanville. — Constant.
Yrval. — Regnault.

Zincourt. — Abraham.

TABLE

des Terres et Seigneuries

ET

DES FAMILLES QUI LES ONT POSSÉDÉES [1]

Abbatu (l'). — Desarneaux.
Abbéville. — Jarny.
Abecourt. — Bruillard (Fabert).
Ablancourt. — Jacobé.
Ablet. — Razes (Joulard).
Ablunet. — Noue.
Aboncourt. — Claude (Cochois).
Achâtel. — Gennes, Vayer, Custines.
Adaincourt. — Mouron, Villers, Vernier, Puys, Herbelet, Duchat, Thirion.
Adelhouse. — Gabriel.
Adoncourt. — Adoncourt.
Affléville. — Gourcy (Reiffenberg), Chonet de Bollemont.
Agnéville. — Hurdt.
Aguilcourt. — Cosson.
Aigremont. — Renaud, Masson.
Aigueparse. — Geneste.
Aiguevives. — Calvière.
Ailliant. — Michon.
Aincreville. — Zwefelt, Salse.
Aix, cfr Eix. — Armoises.
Alaincourt. — Georges de Boucheporn, Catoire.
Albret. — Tour d'Auvergne (Grandeau).
Alémont. — Georges de Lemud.
Alexandre. — Dutrin.
Algrange. — Bock.

Allemans. — Lau.
Alluyn. — Schomberg (Moussy).
Almons (les). — Perrin des Almons.
Altwiller. — Motte.
Ambernard. — Ridouet.
Amblemont. — Charpentier.
Amboisseville. — Des Portes de Pardaillant.
Ambonville. — Vatronville (Chartreux), Broussel (Larreategny).
Amelange. — Goullon, Labriet.
Amelécourt. — Greiche.
Amilly. — Guiar.
Amnéville. — Raigecourt, Bettainvillers, Lasalle.
Amondans. — Pétremand.
Ancerville. — Raigecourt, Lasalle.
Ancy-sur-Moselle. — Asse, Mathieu.
Ancy-lès-Solgne. — Pantaléon (Moreau), Champion, Demange.
Anderny. — Armoises.
Andevanne. — Chamisso.
Andrezel. — Picon.
Angeville. — Bragelongne.
Angevillers. — Lecomte, Lombard.
Angiray. — Demignot.
Angle (l'). — Cherge (Antilly).
Anglemont. — Chartreux.

---

(1) La parenthèse indique, pour simplification des recherches, l'article de notre ouvrage où est citée la famille seigneuriale, quand l'article consacré à celle-ci se réduit à un ou plusieurs renvois.

Annel. — Cabiron.
Antilly. — Saint-Aubin, Pantaléon, Chazelles, Goussaud, d'Argent, Turmel.
Arbonne. — Bernage.
Arcicourt. — Hautoy (Orthe), Récicourt.
Arçon. — Füschemberg (Boileau).
Arcy. — Lotin, Bry.
Argancy. — Chazelles, d'Argent, Turmel.
Argelès. — Blanchard.
Argelos. — Arros.
Argenteau. — Mérode.
Argers. — Pelletier.
Argy. — Fourquet.
Armanville. — Châstenois (Wiltz).
Armigny. — Durau.
Armoises (les). — Armoises, Saint-Jure, Dattel.
Arnaville. — Evrard.
Arnet. — Rouault.
Arraincourt. — Vigneulles, Saint-Aubin, Durand, Auburtin, Braconnier, Gattebois, Régnier, Hugon, Gallonnier.
Arraye. — Cueullet.
Arriance. — Custines, Hugon.
Arry. — Maillet, Estienne de Procheville, Cogney, Régnier.
Aschebach. — Flescheim.
Asfeuille. — Chapelle (Thésière).
Aspremont. — Salse.
Assy. — Rouault.
Athy. — Réaux.
Attencourt. — Bérauville.
Atteviller. — Prouvé (Auger).
Aube. — Praillon, Marsal, Mamiel, Tabouillot.
Aubecourt. — Goz, Michelet de Vatimont.
Aubert. — Calonne (Foucquet), Blondel (Foucquet).
Aubiers (les). — Lanoue.
Aubigny. — Roucel, Jeoffroy, Baignault, Duchat.
Aubruche. — Beauvais.
Auchastel. V. Achâtel.
Auconville. — Molina.
Augecourt. — Guillons.
Augny. — Barisy, Goullon, Estienne d'Augny, Saint-Blaise, Besnard de Boulenne, Couët, Cannetel, Durand, Tschudy, Raigecourt.
Aujac. — Chièvres.
Aulnoy. — Armoises (Raigecourt).

Aulnoy-en-Brie. — Gaulthier.
Aunay. — Blair.
Aunoux. — Gaudet, Jobal.
Aunoux-la-Grange. — Bonnet, Pichon de Fontanière, Durand.
Aurendorf. — Trastelt.
Aurio. — Arros (Blair).
Auroz. — Gamache.
Autel. — Huart.
Authoville. — Mouy.
Autrecourt-le-Chenercier. — Autrecourt (Braconnier).
Autreville. — Daulnoy.
Auvers. — Boylesve (Selve).
Auviar. — Arros.
Auvillar. — Foucquet.
Auxette. — Ferrette.
Auzecourt. — Vandier.
Avancy. — Michelet, Boudat, Eschallard.
Avenay. — Thomas de Pange.
Avesnes (les). — Pont.
Aveu. — Ancillon.
Avillers. — Hautoy (Bettainvillers), la Croix.
Ay (France). — Thomas de Pange.
Ay-sur-Moselle. — Orthe, Engelgen, Chardin, Goullon, Persode.
Ayron. — Joulard.
Azerur (?). — Souillard.
Azincourt. — Maré.
Azur. — Mochet, Bossuet.

Baadeweilers. — De Baden (Elbecuto).
Bac (le). — Lallouette (de).
Bachellerie (la). — Loyac.
Bacourt. — Couët, Streuff, Rollet.
Badonnière (la). — Dupuy.
Badonvillers. — Duchat.
Baffenicourt. — Baudinet.
Bagneux. — Estienne de Bagneux, Bonhomme, la Croix, Buzelet.
Bagnolet. — Chevalier.
Bainville. — Boislignel, Daulnoy.
Baix. V. Beux.
Balagny. — Rossignol (Bernage).
Balai (la). — Chapuis.
Balère. — Raincourt (Simonet).
Balnot-le-Châtel. — Royer (Coëtlosquet).
Balon. — Maclot, Maret (Roy-Dugué).

Balthayoc. — Blair.
Bamont. — Chartreux.
Ban-Sainte-Croix. — Labriet.
Ban-Saint-Paul. — Eschallard.
Ban-Saint-Pierre. — Arros, Saint-Didier, Trouville, Courten.
Bandelion. — Souchay.
Bannay. — Stouts, Boudet, Gallonnier.
Baral (le ban). — Lemoine (Rœderer).
Barbignieux. — Rochette (Inguimbert).
Bardeville. — Saint-Périer.
Bardia. — Caubet.
Bargue. — Bordenave.
Barly. — Blain.
Baronville. — Foës.
Barre (la). — Lefebvre, Boulay, Seillons.
Bassing. — Dunesme, Blot (Dessofy).
Bathelémont. — Goullon, Lescure.
Bathelémont-lès-Bauzemont. — Bussenne.
Batilly. — Bey.
Battie (la). — Montrond.
Baudeville. — Bazin (Pernet), Roucel.
Baulat. — Médrano (Lefebvre de Ladonchamps).
Baulny. — Salse.
Baure. — De Pichon.
Baussigny. — Mérode.
Baymont. — Baudinet.
Bayonville. — Raigecourt, Salse.
Bazeille. — Reumont (Gourcy).
Bazoncourt. — Guillons, Monmerqué, Courten.
Beauchamps. — La Garde, Dormy.
Beaucharmois. — Maud'huy.
Beaucourt. — Cossette.
Beaudeduit. — Bonnet.
Beaudonnait. — Cerretany.
Beaufort. — Harcourt (Fabert).
Beaulieu. — Garretier (Grandjambe).
Beaumont. — Léautaud.
Beaune. — Thuret.
Beauny. — Augier (Dessofy).
Beauregard. — Bernard, Satelle. (Grassy), Faure-Provillar (Orlandes).
Beaurepaire. — Monet, Amelin.
Beausoleil. — Fraisse.
Beauvallon. — Berry.
Beauverger. — Longueil (Rostaing de Bataille).
Becourt-aux-Bois. — Tende.

Bedorède. — Pémolié.
Belay. — Sergent.
Belcastel. — Sauton.
Bellaiville. — Hautoy.
Bellange. — Changeur.
Belle-Arbre. — Pie (Bombelles).
Belleau. — Elliée.
Belle-Croix. — Schauembourg.
Belle-Fontaine. — Bonhomme, Chonet de Bollemont.
Bellegarde. — Passerat, Léautaud.
Bellespine. — Tardeur.
Belleville. — Zouche, Olivier (Bérauville).
Belloy. — Belloy.
Belmont. — Savigny (Gournay).
Belorient. — Goyon.
Béning. — Causse, Martin de Julvécourt.
Bennes. — De Ville.
Benque. — Barrau.
Berelding. — Hubing.
Bergerie (la). — Goullon, Poirot.
Berlize. — Barisy, le Grand, Bollioud, Fériet, Vauborel.
Bernécourt. — Rheims.
Berry-au-Bac. — Ozanne.
Bertang. — Bertang (Cossard).
Bertrange. — Vars, Faust, Gestas.
Bérus. — Godefroy.
Berville. — Boissard (Savonnières).
Bervillers. — Godefroy.
Besace (la). — Mellin.
Besaumont. — Symon de la Treische (Gerard d'Hannoncelles).
Bescot. — Bauffremont (Gaillande).
Besgh. — Leclerc de Vrainville.
Besin. — Béthisy.
Beson. — Bazin (Foucquet).
Besse (la). — Barthominat (Gueau).
Bettainvillers. — Bettainvillers.
Bettange. — Rivets, Clément.
Betting. — Georges de Chelaincourt, Redlach, Marien, Mangay, Guyots.
Beugins. — Zouche.
Beuvrière. — Zouche.
Beuvron. — Harcourt (Fabert).
Beux, *alias* Baix. — Brisson.
Béville. — Braconnier, Chautant, Marion.
Bévoie (Basse). — Inguenheim, Fériet, Duchat,

Bruillard, Hennessy, Molina, Martin de Julvécourt, Laubrussel.
Bévoie (Haute). — Michelet, Foës, Duret, Chautant, Thirion.
Bevry. — Roche-Aymon.
Bey. — Cueullet (Potier).
Bezanges. — Lamy.
Biaville. — Carralès-Oglou.
Biberen. — Koppenstein.
Biberkich. — Lützelbourg (Gournay).
Bicquelet. — Daulnoy.
Bienassise. — Jacomel.
Bifontaine. — Greiche.
Bigaroch-Périgordin. — Saint-Tour.
Bignicourt-sur-Saône. — Hautoy, Burteau (Belchamps).
Billy. — Renouard.
Bioncourt. — Catoire.
Bionville. — Joly, Gauvain, Blaise, Lallouette, Auburtin, Barrette, Boudier, Dulaux (Jacomel), Fauveau, Savonnières, Pillard.
Biour. — Piltier.
Bisping. — Saint-Félix.
Bissy. — Thiard.
Bitzberger. — Raigecourt.
Blagny. — Béchevel.
Blaincourt. — Alsace.
Blainvilliers. — Biot.
Blaize. — Rochereau.
Blanche-Église. — Maire.
Blansac. — Favorie, Musnier de Moulineuf.
Blanville. — Aligre.
Blassy. — Lefebvre.
Blauzac. V. Blansac.
Blenod. — Pillement, Arros, Daulnoy.
Blesle. — Kellermann (Grassmann).
Blettange. — Gallichon, Verpy.
Bléville. — Vaux.
Blignicourt. — Collignon de Pouilly.
Boade (la). — Calmiel.
Bocange. — Lespingal, Dompierre, Alix-Duval, Tarcis, Poutet.
Boigodan. — Couët de Boigodan.
Boinville. — Chastel.
Bois-de-Faux. — Lautier (Brunel).
Boisgibaut. — Maubert.
Boisrenant. — Janin (Dormy).
Boisseville. — Roullains.

Boissière (la). — Arbaleste.
Boissières. — Calvière.
Boissieux. — Salvaing.
Boissy. — Chevalier.
Boissy-le-Châtel. — Lefebvre de Caumartin.
Boncourt. — Huguenot, Ernecourt, Benneval, Fischer.
Bone. — Marillac (Arbaleste).
Bonette. — Remy de Cournon (Boucher de Gironcourt).
Bonnecourt. — Ludre.
Bonnerie (la). — Rouault.
Bonnet. — Villemur.
Bonneville. — Bigot.
Bonnevise. — Ruzier.
Bonvillers. — Gallois.
Bonvouloir. — Achard.
Borde (la). — Bruillard (Grandeau), Greiche.
Bordes (les). — Rousseau.
Borny. — Goullon, Goffin, Malchar, Barbé, Duchat, Lecomte d'Humbepaire.
Boucheaux (les). — Girault.
Bouchefolier (la). — Foucquet.
Boucheporn. — Georges, Bertrand.
Bouchet (le). — Odde.
Bouillarderie. — Poupet.
Bouillon. — Tour d'Auvergne (Grandeau).
Bouillonville. — Rozières.
Boulanjou. — Molerre.
Boulenne. — Besnard.
Bourade du Peyroux (la). — Féré.
Bourdonnay. — Gérard.
Bourgstal. — Charpentier.
Bourgstratt. — Virot.
Bourguignière (la). — Eschallard.
Bourlemont. — Anglure (Hue de Saint-Remy), Alsace.
Bourneuf. — Riau.
Bouruyer. — Charpentier.
Bourvaux. — Carrey d'Asnières, Fischer.
Bousbach. — Faust.
Bousquet. — Gentard, la Roche.
Boussange. — Bettainvillers, Luc.
Bousse. — Verpy.
Bouteville. — Malortye.
Bouverieux. — Chesnard.
Bouxières-Villeneuve. — Paris.
Bouzonville-sur-Orne. — Dubalay.

Brabant. — Serainchamps.
Brainville. — Saintignon, Hainzelin.
Brandecourt. — Bouteiller.
Bransonière (la). — Carnazet (Eschallard).
Brantigny. — Réaux.
Braunveiler. — Koppenstein.
Brauville. — Rœderer.
Braye. — Cherville.
Bréau. — Origny (Belchamps).
Brecklange. — Ozanne, Blair (Sauterize), Sauterize, Persode.
Brémeré. — De Ville.
Bresle (la). — Herbin.
Bressely. — Laizay.
Bressy. — Defant.
Bretonnière (la). — Méaussé (Léautaud).
Brettnach. — Montigny, Inguimbert, Pillard.
Breuil. — Selve.
Breuil (le). — Brolyodie, Bony, Boursault.
Brevant. — Goulet de Montlibert.
Bréville. — Vaux, Braconnier.
Brichambeau. — Perrin de Brichambeau.
Briche (la). — Vaquerel.
Brickenfeld. — Koppenstein.
Bricon. — Ébaudy (Barot).
Brieux. — Foës, Sauterize (Pasquier de Dommartin), le Grand, Loyauté.
Brillac. — Creil (Charpy).
Brinvilliers. — Chermon (Norroy).
Brioult. — Du Lanty.
Broc d'Hellaucourt (le). — Labriet, Bombelles.
Bronel. — Maret (Roy-Dugué).
Brouls. — Beau.
Brousiel (le). — Carnazet (Eschallard).
Brousse. — Chasot.
Broussay. — Nojon.
Broussey. — Cheppe.
Brueil. — Feron (Pelletier).
Brulange. — Vassart, Georges-Vassart, Georges de Lesseville, Foucquet.
Brury. — Werth.
Bruslé. — Brun (du).
Bruvery. — France (Chazelles).
Buchailles. — Vivès (Serres).
Buchy. — Addée, Goussaud, Carles.
Buding. — Arnauld (de Guérin), de Hesse (Lambertye).

Buis (le). — Barton.
Buisson. — Burteau (Belchamps).
Buisson Sainte-Marguerite. — Forestier.
Buriville. — Bouchard.
Bure. — Bussenne.
Burtoncourt. — Lespingal, Rollin, (Grandjambe), Tarcis, Alix-Duval, Hoffelize (Muzac), Poutet.
Buscamp. — Marie (Bernage).
Buserolle. — Joulard.
Bussemont-à-Seine. — Tournebulle (Saint-Jure).
Bussière. — Sauvage (le).
Bussy. — Goz.
Bussy-les-Pierrepont. — Arras d'Haudrecy.
Buy. — Duchat, Saint-Aubin, Maillet, Tiersant, Laubrussel, Sol, Ancillon, Pérain, Septsols, Fauveau, Bock.
Buzonville. — Hautoy.
Buzy (le ban de). — Raigecourt, Dubalay.

Cabanaire. — Bénévent.
Cabannes. — Rolland de Réauville.
Cabrillaire. — Bénévent.
Cadersat. — Mascaron.
Cahanes. — O'Brien.
Caimpour. — Salse.
Calmesviller. — Bousack.
Calos. — Duir.
Cama. — Filhol.
Camecourt. — Postelle.
Campagne. — Marsollier.
Campagnolle. — Poeydaré.
Campetz. — Sauterize.
Campvermontas. — Béthisy (Cellier).
Cantiran. — Laguier.
Cany. — Monsure.
Cardonnet. — Poeydaré.
Carlan. — Saint-Germain.
Carmesse. — Téranne (Bombelles).
Carnet (le). — Congerie.
Cassagne (la). — Calvière.
Castillon. — Badsale.
Castries. — Croix (de la).
Catharina. — Koppenstein.
Caubeyres. — Bousquet.
Caubous. — Hayer.
Caudille. — Rocheret.

Caumartin. — Trivulée, Lefebvre.
Cely. — Harley (Taverne de Morvilliers).
Cercueil. — Fremyn, Ourches (Goullon).
Cerleau (la). — Argent.
Cernay. — Blair.
Certamont. —Plessier.
Cesy. — Bauffremont (Gaillande).
Chabannes. — Lau (Amelin).
Chabanon. — Lautier (Brunel).
Chablat. — Dugono.
Chagny-la-Horgne. — Besnard de Boulenne.
Chaigné. — Tricornot.
Chailly. — Bertrand.
Chaise (la). — Thésière.
Chaises (les). — Lambertye.
Chalerange. — Goujon de Thuisy (Tinseau).
Chamarande. — Michon.
Chambaut. — Sucy.
Chambille. — Cueullet, Gabriel.
Chambley. — Haraucourt.
Chambord. — Lannel.
Chambrey. — Rollin, Hoffelize (Muzac).
Chammeson. — Bruillard (Grandeau).
Chamoy. — Largentier.
Champagnal. — Londeix.
Champel. — Roucel, Vian, Goullon.
Champel-sur-Moselle. — Gauvain.
Champenoux. — Dattel.
Champerieux. — Marsay.
Champfort. — Mercy (Creitte).
Champigny. — Beauchart (Olier).
Champlon. — Bouteiller.
Champneuville. — Brazy.
Champreux. — Marsay.
Champs. — Vigneulles, Mazerulle (Bérauville).
Chandion. — Largentière.
Chanlay. — Saint-Just.
Chanteloup. — Tournelle.
Chantemerle. — Eschallard.
Chantrenne. — Mangin, Guyet, Bousmard, Renaudin, Jobal, Huyn, Marion.
Chanville. — Pérignon (Laurent), Crasin, Dupin, Beaudesson, Sauterize, Gabriel (?), Gallonnier.
Chaoury. V. Chaüry.
Chapelle (la). — Vauborel, Desarnaux, Gallois.
Chapelles (les). — Bony.

Chappelaine. — Largentier, Bruillard (Laurenceau).
Charandon. — Cantat.
Chardogne. — Savigny (Roucel).
Chardonnière. — Gréaume (Pernet).
Charly. — Gerbillon (Foës), Barisy, Foës, Duchat, Auburtin, Bonhomme, Goullon, Sartorius, Laurent, Bertrand, Besser, Bachelé.
Charmes. — Bauffremont (Gaillande).
Charmoille. — Huot de Framois.
Charmoy. — Raigecourt, Burteau (Belchamps).
Charny. — Lotin.
Charon. — Rocheret.
Charonne. — Languet.
Chasseron. — Cottier.
Chassi. — Bernage.
Chastillon. — Nettancourt.
Château-Bréhain. — Foës.
Château-Fort-Ancœur. — Béthisy (Cellier).
Châteaulambert. — Bolangier.
Château-Magner. — O'Brien.
Château-Renault. — Château-Marais (Frenet).
Château-Thierry. — Tour-d'Auvergne (Grandeau).
Château-Vert. — Lorme.
Château-Vieux. — Demoniez.
Château-Voué. — Hunolstein.
Châtel. — Salse.
Châtel-Saint-Blaise. — Desch (Gournay), Engelgen, Cannetel, Pierre, Ancillon.
Châtel-Saint-Germain. — Lamy, Bournac.
Châtelet (le). — Arras d'Haudrecy.
Châtillon. — Inguimbert.
Châtillon, près Metz. — Orthe, Luc.
Châtillon-le-Roi. — Sève.
Chatry. — De Lambert.
Chaudronnière (la). — Gréaume (Pernet).
Chaumont. — Ficquelmont, Schelandre, Gallavaux.
Chaumont-la-Ville. — Thumery (Thomas de Pange).
Chaüry. — Lamy, Duchat.
Chaussée d'Eu (la). — Barandiéry.
Chauvaincourt. — Saint-Just.
Chavane. — Saint-Germain.
Chavannes. — Ridouet.
Chavoy. — Payen (la Cour).
Chazelles. — Laubrussel, Lingendes.

Chazelles-lès-Scy. — Herbelot, Solier.
Cheize (la). — Guérin (de).
Chelaincourt. — Foës, Georges de Chelaincourt.
Chely. — Carlier.
Cheminot. — Saint-Aubin.
Chêne. — Marconnay.
Chenery. — Maillard.
Chenêts (les). — Vallée de Pimodan.
Chenevière. — Bernard de Beauregard.
Chenicourt. — Bonniot.
Chenon. — Chapelle (Thésière).
Chepuy (le). — Jacob de la Cottière.
Chérisey. — Chérisey.
Cherray (le). — Bourgeois (le).
Cherville. — Chartres.
Chery. — Bigu (Saint-Vallier).
Chesnayes (les). — Monmerqué.
Chesny. — Chavenel, Auburtin, Hauteval, Roger du Coulon.
Cheuby. — Roucel, Custines, Ancillon.
Chevalin. — Michel, Moriville, Dalançon, Woirhaye.
Chevanne. — Lardemelle.
Chevigny. — Argent.
Chevillon, près Delme. — Tailfumyr, Fleutot, Bonniot.
Chevillon, près Pange. — Morel, Foës, Raigecourt.
Chevry. — Duret.
Chieulles. — Michelet, Brenot, Orthe (Saluces), Fort, Faultrier.
Chignolles. — Aumale.
Chigny. — Curty.
Chillon. — Rouot.
Chocourt. — Catoire.
Choudaille. — Chavenel, Cueullet.
Citerne. — Chièvres.
Clémentières. — Lingendes.
Clémery. — Hautoy.
Clerville. — Sousmain.
Clevant. — Richard (Fabert), Bas du Plessy.
Cliqueterie (la). — Calonne (Foucquet).
Clouange. — Courcol, Trouville.
Cloys. — Blanc de Maisons.
Coclois. — Réaux.
Codebron. — Monssollens.
Coiffy. — Geoffroy (Laurenceau).

Coin. — Lespingal, Goullon, Gournay, Saint-Aubin, Willemin, Buat.
Coincy. — Bey, Belchamps, Pidancet.
Cointerie (la). — Gohin.
Colandon. — Fombert (Goz).
Colette (la). — Villeneuve.
Colligny (Lorraine). — Balbo, Maclot.
Colligny (Champagne). — Guillaume (André).
Colmey. — Han, Martigny, Bauclain (Laisée).
Colmy. — Hollande.
Colombey. — Goullon, Bachelé, Michelet, Rissan, Tschudy.
Combre. — Bressoles.
Commanderie (la). — Lefebvre de Caumartin.
Commercy. — Raigecourt.
Comptes. — Pugeol.
Condé. — Charbenace (Roy-Dugué).
Condelles. — Bordes.
Conflans. — Eltouf, Bernard de Beauregard, Perceval.
Congis. — Montigny (Olier).
Congy. — Chasot.
Cons-Lagrandville. — Lambertye.
Conté (la). — Cour de Grainville.
Contour (la). — Moussy.
Coquereaumont. — Quiros.
Cordemange. — Ancillon.
Corlaige. — Lhuillier (Goize).
Corny. — Raigecourt, Lespingal, Guillermin, Gournay, Dattel, Héré, Léopold (Vallet de Merville), Vauborel (Hunolstein).
Corvol. — Ridouet, Faultrier, Lardemelle.
Cosme (la). — Bizouard.
Cosne. — Saintignon.
Cosne (la). — Bossuet.
Coulange. — Contaud (Castelnau).
Coularou. — Vitat (Ferrand de Peltre).
Coullemont. — Chinot.
Coume. — Beccary, Lambertye.
Coupville. — Mathieu.
Cour (la). — Saint-Remy.
Cour de Nel (la). — Savonnières.
Cour de Zandt (la). — Herbelot.
Courcelles. — Goize, Roger du Perron, Bret, Baudinet, Olivier (Bérauville), Duverger.
Courcelles-en-Champagne. — Guillaume (André).

Courcelles-Chaussy. — Champs de Coucy, Orthe, Duclos, Seillons, Blair.
Courchamps. — Gallichon.
Cour-Moretel (la). — Bonhomme.
Court. — Lamy, Bournac.
Courtahoux. — Laisée.
Courtavaux. — Morel (Foës).
Courtieux. — Séguier (Rostaing de Bataille).
Courtil. — Gillart (Courten).
Courval. — Mazancourt.
Cousance. — Le Moyne.
Cousgré. — Vernier.
Coussant. — Bétisy (Cellier).
Coussé. — Salles.
Coutures (les). — Aussy, Béronne.
Couvigny. — Chauvenel (Rocheret).
Couvrot. — Jacobé de Couvrot.
Craincourt. — Alexandre (Rocheret), Pastel (Parisot).
Crassier. — Prez.
Creil-Bourneseau. — Creil (Charpy).
Crenneville. — Folliot.
Crépy-lès-Peltre. — Bachelé, Orthe, Goullet, Willemin, Wirtz, Doré, Saint-Blaise, Durand.
Créquy. — Tour d'Auvergne (Grandeau).
Creutzwald. — Condé, Pottier.
Creux. — Duplessis.
Crèves. — Zwefelt.
Creyères. — Bertin (Jacob).
Croissy. — Orléans.
Croix-sur-Meuse (la). — Rozières (Rison).
Cronenberg. — Parts.
Cserlseck. — Dessofty.
Culay (la Tour de). — Saint-Germain.
Curel. — Curel.
Cursay. — Babaud.
Curty. — Carlier.
Cussigny. — Féticq, Tailfumyr.
Cuvre. — Huot de Framois.
Cuvry. — Blaise, Goullon, Georges de Cuvry.

Dain. — Muzac, Amelin.
Dampierre. — Lasalle (Emmery).
Dampvitoux. — Lamezan, Malherbe.
Dano. — Nollan.
Dargence. — Jobart.
Decourt. — Herbin.

Delme. — Le Moyne, Busselot (Ferrant), Catoire.
Denonville. — Brissé.
Desbillage. — Bony.
Désert. — Paris (Gueau).
Deux-Fontaines. — Argent.
Dian. — Allegrin.
Dicourt. — Carrey d'Asnières, Fischer.
Dieudonné. — Vaudouvillers.
Dietz. — De Hesse (Lambertye).
Digny. — Cambray.
Dilling. — Lasalle.
Dion-Leval. — Alsace.
Distroff. — La Serre ou Besser, Duclos, Filhol, Durand, Bachelé, Huart, Lasalle (Coëtlosquet).
Doissac. — Vivant.
Demangeville. — Beauvau, Duchat, Vigneulles, Ozanne, Goullon, Saint-Aubin, Beaudesson, Mars d'Origny.
Dombasle. — Haraucourt, Arancy.
Domgermain. — Fleutot, Jobal.
Domjulien. — Ravinel.
Dommartin. — Busselot (Marien de Frémery), Pasquier.
Dommartin-Lestrée. — Marolles.
Dommerville. — Hallot (Cosne).
Domnom. — Saint-Félix.
Dompierre. — Caubet.
Domprot. — Mertrus.
Doncourt. — Arros.
Donjeux. — Hugues, Martinet de Nibouville, Picard, des Rioux.
Donmaire. — Petit de la Vaulx.
Donqueur. — Marie (Bernage).
Dorade ou Dorat. — Dornezan.
Dorand. — Bizouard.
Dordal. — Dunesme.
Dorides. — Picault.
Dormelle. — Lefebvre de Caumartin.
Dorphin. — Mey.
Dorscheim. — Koppenstein.
Dorvillers ou Dorville. — Duchat, Joly, Marion.
Drouville. — Mahuet (Bachelé).
Ducherie (la). — Aubron.
Dugny. — Dessofy (Plunkett).
Dulen. — Trenelle.
Dumas. — Verthamon.

Dumonchaux. — Calonne (Huot de Framois).
Dune. — Desarnaux.
Duplessis. — Dessen.
Durand. — Saint-Périer.
Duretal. — Schomberg (Lallouette).
Durfort. — Bérauville.
Dynancourt. — Béthisy (Cellier).

Ebercourt. — Petit.
Ebersing. — Pillard.
Eberstein. — De Baden (Elbecuto).
Eblange. — Paviot.
Echenat. — Ebaudy (Barot).
Echenay. — Vallée de Pimodan.
Effilgertshausen. — Lœsch.
Eglun. — Bonnet.
Eincheville. — Landrian (la Cour).
Eix. — Gehot (Renouard).
Éloy. — Reumont (Gourcy).
Emicheren ou Emicouen. — Blockande.
Engleray. — Combles.
Ennery. — Bérault, Pottier, Michelet.
Entrasme. — Mérille (Savonnières).
Entre-Deux-Bois. — Savonnières.
Epiez. — Couët, Badsale.
Épinay. — Le Roux.
Eply. — Chenevix.
Erpeldange. — Prel.
Errouville. — Guerschin.
Erstroff. — Rollin (Saint-Aubin).
Eschweiler. — Marotte.
Escompolier. — Ridouet.
Escouloubre. — Sauton.
Escouvier. — Des Robert, Rœderer.
Essarts (les). — Carte, Montalembert.
Essay. — Tournelle.
Essay (le ban d'). — Boudier, Labriet, Marion.
Esseville. — Barandiéry.
Estalon. — Carlier.
Esternay. — Fabert.
Estramets. — Maillé (Bock).
Estreval. — Gournay.
Estroff. — Boutier.
Etang (l'). — Savonnières (Bock).
Etang-la-Ville (l'). — Fonton.
Etangs (les). — Raigecourt, Custines, Marsal, Guillermin, Blair.
Etiauville. — Méaussé (Léautaud).

Eu. — La Chaussée.
Eurchailles. — Maillard.
Eury. — Brisson.
Eville. — Bragelongne.
Evry. — Croix d'Evry.
Exermont. — Salse.

Failly. — Grasset, Hubing.
Falaize. — Orthe.
Falkenstein. — Gardelle.
Fassoncourt. — Rocheret.
Faulquemont. — Haraucourt.
Faulx (la grande). — Lamy.
Faurie (la). — Lambertye.
Favoli. — Bazas.
Fay (le). — Grateloup, Rougé (Foucquet).
Fayolle. — Mesmin, Blair.
Fénétrange. — Belloy.
Fenouillère (la). — Bernin.
Fercomoulin. — Foës, Sauterize, Robert (Hillerin).
Fercourt. — Lamy, Bournac.
Fermont. — Noël de Fermont (Dilange).
Ferrières. — Savigny (Gournay), Norroy, Cueullet.
Feucquière (la). — Pitart.
Feucquières. — Pas.
Feugueray (le). — Le Roux.
Fiene. — Rocheret.
Fierville. — Saint-Cloud (Hunolstein).
Filliolie. — Saunier.
Flacei. — Saint-Germain.
Flagy. — Lefebvre de Caumartin.
Flanville. — Henry, Monsure, Duchat, Tinseau.
Flassigny. — Reumont (Gourcy).
Flescheim. — Philippe (Mouron).
Fleury (le). — Rivière, Hillaire de Corvisart.
Fléville. — Lamorel (Gournay), Roucel.
Flévy. — Gauvain, Senocq, Gray de Malmédy, Geoffroy, Carles, Hainault (Dattel), Pottier, Goussaud.
Foires. — Boissard (Savonnières).
Folcalquier. — Brancart.
Folschviller. — Bock.
Fontaine. — Deschamps (Orthe), Orthe.
Fontaine (la). — Vayer, Bonestat (Orléans), Caillarde, Leleu.
Fontaine (notre). — Le Roy.

Fontaines (les). — Héliot (Joly), Frohard.
Fontanière. — Pichon.
Fontenelle. — Olier.
Fontenelle (la). — Guyet de la Fontenelle, Desarnaux.
Fontenoy. — Beauvais, Pasquier de Dommartin.
Fonter. — Saint-Remy.
Fontet. — Fourot (Mouhy).
Fontoy. — Jeannot, Lamy, Pinguet, Possélius.
Fonts (les). — Josserand.
Font-Vérine. — Duchilleau.
Forcade (la). — Conge (Goullon).
Forest (la). — Jacquemin, Maclot, Pasquier de Dommartin.
Forge. — Pont (Plankett).
Forge (la). — Blanchi.
Forges (les). — Gattebois.
Forges de Lintz (les). — Cloés (Mamiel).
Forgette (la). — Argent.
Fors. — Poussart.
Fort-Oiseaux. — Brisson.
Forts (les). — Pelletier (Gaudet).
Fossat (le). — Mascaron.
Fossés (les). — Redon.
Fosseux. — Blain, Alsace.
Fossieux. — Hellot, Laboureur, Cabouilly.
Fouchécourt. — Salivet.
Fouchet. — Carlier.
Fougeray (le). — Vauborel.
Fougerolles. — Raigecourt, Edrier (Greiche).
Fouquetière (la). — Babaud.
Fourcade (la). — Fourcade.
Fourcheux. — Malhomme, Bertrand, Souchay, Mathieu.
Fourmont. — Turgot (le Roy).
Fourneau. — Venaubré.
Foussemagne. — Reinach (Villers).
Fragnée (la). — Perdriac.
Fraise. — Cogney.
Framois. — Huot.
Franche-Rue de Trémery. — Geoffroy, Gray de Malmédy.
Francheville. — Bernard (de).
Franclieu. — Mellin.
Franclonchamps. — Guillermin, Saint-Blaise.
Franconville. — Pinaceau.
Francpré. — Bourgeois (Mathis).
Francquillon. — Labriet.

Francs (les). — Silly (Curel).
Franque. — Copperel.
Frécourt. — Orthe, Regnault, Ruzier.
Frémery. — Eltouf de Pradines, Marien de Frémery.
Frênes. — Ebaudy (Barot).
Frenet. — Frenet.
Frère. — Ville (de).
Frésin. — Tour d'Auvergne (Grandeau).
Fresnay (le). — Tassinot (Leurye).
Fresne. — Huart, Argenson (Bertrand).
Fresne (le). — Parchappe, Buguet (Beschefer).
Fresnes. — Rivière (Rocheret), Vernier.
Fresnel. — Tailfumyr.
Fresnoy (le). — Puys (Caradreux), Goullon, Pottier.
Friaucourt. — Scourion.
Friauville. — Gournay, Raigecourt.
Frières. — Constant.
Fristot[1]. — Valentin, Morel.
Froidfossés. — Constant, Hautoy.
Fromeny. — Bouchard.
Fromigière. — Montaigu.
Frouard. — Hoppen.
Fuissé. — Chesnard.
Fürst. — Bock.

Gagnard. — Fauveau.
Gaimont. — Thelin (Mercure).
Gammache. — Rouault.
Gamonstown. — Bryan.
Gandrange. — Bettainvillers, Gueisen.
Garane-Namonaegh. — O'Brien.
Garennes (les). — Saimbut.
Garges. — Garges.
Garrigue (la). — Bouffard.
Gâtelier (le). — Eschallard.
Gaut. — Creuzette (de la Ville).
Gemingotte. — Bouchard.
Genetouse (la). — Geneste.
Genêts. — Boissard (Savonnières).
Génicourt. — Gournay.
Genlis. — Brulard (Fabert).
Gennes. — Tinseau.
Gensingen. — Koppenstein.
Germinon. — Forges.

(1) Aujourd'hui Frescaty.

Germiny. — Haraucourt, Heffel.
Géromon. — Hermant (de).
Giat. — Roche.
Gibaudières (les). — Gibaudière (Bœuf).
Gilbert. — De Saint-Laurent (Laurent).
Gimart. — Scourion.
Giraumont. — Labriet, Melin.
Girauviller. — Ravinel.
Girondelle. — Argent.
Girouzière (la). — Mulot.
Givron. — Salse.
Givry. — Pellard.
Glatigny. — Blaise, Danoue, Harquel, Marion.
Glomel. — Rougé (Foucquet).
Godan. — Fourot (Mouhy).
Gœtzenbrück. — Bacalan.
Goiveaux. — Saintignon.
Gommeraye (la). — Château (du), Ruteau.
Gommiance. — Wyriot.
Gondrecourt. — Charpentier.
Gondremange. — Vigneulles.
Gondreville. — Travault, Aumale, Jobal, Gauthier, Lalance, Lallouette.
Gontard. — Daulnoy.
Gonvilly. — Cherville.
Gorge (la). — Barandiéry.
Gourcy. — Aubert.
Gourlanderie. — Mérille (Savonnières).
Gouts. — Laylhère.
Grainville. — Cour de Grainville.
Grandmaison. — Cadelle.
Grandval. — Groin.
Grandvant. — Poyrel.
Grandville. — Paris.
Grandville (la). — Prinet.
Grange (la). — Corrèze, Pencisque, Vauborel, Bauclin, Hillaire.
Grange (la), près Thionville. — Georges, Gomé, Foucquet.
Grange-d'Agnel (la). — Besser.
Grange-aux-Bois (la). — Joly, Lallouette (de), Ravaulx, Duchat, Flavigny, Tassinot (Leurye du Proy).
Grange-aux-Dames (la). — Inguenheim, Allion, Hollande.
Grange d'Envie (la). — Goullon, Olry, la Cour, Boudier.
Grange-Foucquet (la). — Chauveau.

Grange-aux-Isles (la). — Georges.
Grange-le-Mercier (la). — Streuff, Navarre, Abel, Auburtin.
Grange-aux-Ormes (la). — Louis, Hillaire.
Granges (les). — Desraud, Guillons.
Gras. — Hue de Saint-Remy, Bournon.
Grauenstein. — Laboureur.
Gravelotte. — Travault, Blaise, Aumale, Couët, Lespingal, Villier, Poutet, Jobal, Marion.
Gravier (le). — Pichon (de).
Greffian. — Hayer.
Grehon. — Grutus (Chastel de Villemont).
Grémecey. — Bardou (Picard).
Grignan. — Rulland.
Grillonnière (la). — Bérard.
Grimanvigne. — Bournac (Simonet).
Grimont. — Orthe, Luc.
Grimonville. — Bar (Orléans).
Grineusseville. — Ozanne.
Grinstein. — Schwengsfeldt.
Groix (la). — Hillerin.
Grosbin. — Zwefelt.
Grosbois. — Molinet (Senneton).
Grosterme. — Cheppe.
Grosyeux. — Goz, Marsal, Guillermin, Regnault, Besnard, Lecomte, Raigecourt, Chazelles, Emmery.
Grouville. — Gueroult.
Gruyers. — Maillard.
Guardière (la). — Guillato.
Guénange. — Morel.
Guenenports. — Kleinhof.
Guerinerye. — Lumier (Morin).
Guermange. — Custines.
Guinglange. — Gourdin.
Guinzeling. — Badrot (Saint-Germain).
Gumont. — Martinet (de).
Gussainville. — Hautoy.
Guyaumont. — Gallavaux.
Guye. — Bonnet.

Habillard. — Gonzalès (Ferrand de Peltre).
Hackenberg. — Arnauld (Guerschin), Guerschin.
Hagen. — Lasalle.
Hagnicourt. — Lescuyer (Chartongne).
Hagondange. — Belchamps.
Haillecourt. — Entré.

Halanzy. — Baillet.
Halling. — Bock.
Ham. — Gevigny, Collin, Bock.
Hamardière (la). — Ozanne, Deschamps.
Hamonville. — Blanchard (Fligny), Tardif, Hainzelin.
Han. — Housse, Drouet.
Han-Devant-Pierrepont. — Serainchamps.
Han-sur-Seille. — Geoffroy (Blair), Mercure, Goullon.
Hanau. — De Hesse (Lambertye).
Hancourt. — Aumale.
Hannoncelles. — Barot, Gerard d'Hannoncelles.
Hannonville-au-Passage. — Collignon.
Hannonville-sous-les-Côtes. — Calonne.
Haraigne. — Houillon (Maclot), Maclot.
Haraucourt. — Gillet, Busselot, Cognon.
Harboucy. — Hillaire.
Hardivillier. — Scourion.
Hargarten-Outre-Sarre. — Hurdt.
Harville. — Henry.
Harzé. — Rahier.
Hauconcourt. — Copperel, Labriet, Goullon, Guillermin, Dauphin (Postelle), Jeoffroy, Persode.
Haudiomont. — Gallavoux.
Haudonville. — Goux.
Haudrecy. — Arras.
Hautbois (le). — Perrin des Almons.
Hautchastel. V. Achâtel.
Hautecourt. — Gallois, Huart.
Hauterive. — Laurenceau.
Hauteville. — Rochereau.
Hauteville-lès-Montigny. — Scourion.
Hautonnerie (la). — Duchat, Bachelé, Ozanne, Persode, Orthe (Saluces), Seillons.
Hautoy (le). — Hautoy.
Hauts-Fretins (les). — Huart.
Haüy. — Serpet.
Havy. — Argent.
Haÿ. — Jacquin.
Hayange. — Wendel.
Haye (la). — Commannel, Breckfeldt (Muzac).
Haye-Dieu (la). — Herre.
Hayes. — Michelet, Lallouette, Servais, Blaise, Duchat, Pasquier de Dommartin.
Helfedange. — Gourdin.

Hellering. — Mangay.
Hellocourt. — Labriet, Jeoffroy, Hillaire, Cabouilly.
Helmerange. — Custines.
Helstroff. — Boudet, Gallonnier.
Hémestroff. — Roucy.
Henneté. — Foës, Thirion.
Henneville. — Scourion.
Herbécourt. — Dossu.
Herbéviller. — Lecomte, Bouchard.
Herculet. — Toret.
Héribeaux (les). — Lambertye.
Herlie. — Carlier.
Hermay. — Lamothe de Lorez, Conte (Duret).
Hersfeld. — De Hesse (Lambertye).
Heruppe (la). — Clinchant.
Hesser. — Ruzier, Bock.
Hétrange. — Hart, Lallouette (Godefroy).
Hettange (Grande). — Malateste.
Hilsprich. — Badrot (Saint-Germain).
Hinquesange. — Helmstatt (Custines).
Holacourt. — Labriet, Michelet de Vatimont, Huyn, Prugnon (Lallemant de Liocourt).
Holling. — Paviot.
Hombourg. — Brisacier, Malortye.
Horgne (la). — Flavigny, Poutet, Villongne (Aspremont).
Horgne-au-Sablon (la). — Barisy, Aumale.
Horgne-de-Peltre (la). — Ferrand de Peltre.
Horgnes (les). — Chamisso.
Hort (le). — Foix.
Houssaye (la). — Scourion.
Housselemont. — Lignéville (Gournay).
Houzilly. — Denis.
Huchelheim. — Blareck.
Huiles (les). — Barandiéry.
Hut. — Rissan.
Huvé. — Huart.

Iägerndorff. — Lichtenstein.
Icquancourt. — Fournier (le).
Igney. — Bussenne.
Imecourt. — Vassignac.
Imling. — Lützelbourg.
Ingremard. — Paige (le).
Inor. — Vassinhac.
Irfort. — Dornezan.
Isenburg. — De Hesse (Lambertye).

— 669 —

Isles (les). — Coëtlosquet.
Itzbach. — Quereille.
Itzing. — Soucelier.
Iverly. — Tiercelin.
Iversay. — Joulard.
Ivry. — Loynes.
Izy. — Sève.

Jallaucourt. — Greiche.
Jancourt. — Longat.
Jardelay. — Janneau.
Jaulny. — Armoises (Roucel), Raigecourt.
Jeandelaincourt. — Durand.
Jeandelainville. — Buat.
Jeandelize. — Herbelet, Tour (la), Saintignon.
Jeveloncourt. — Baude (Custines).
Jezainville. — Pillement.
Jonquières. — Dompierre.
Jonville. — Goux.
Joudreville. — Lahaulsse.
Jouy-aux-Arches. — Barisy, Montigny, Gournay, Courcol, Serrières, Lécluse, Blancbois-Dubois, Arros, Alexandre, Cannetel, Rulland, Pierre, Saluces, Payen, Ancillon.
Jouy-sous-les-Côtes. — Saint-Vincent (Gournay), Richard de Clévant (Fabert).
Jubécourt. — Sthème.
Julvécourt. — Martin de Julvécourt.
Jumeau. — Méaussé (Léautaud).
Jumillhac. — Chapelle (Thésière).
Jumont. — Calonne (Foucquet).
Jury. — Laynesse.
Jussy. — Poutet, Bruillard, Bertrand, Goz, Ferry, Belchamps, Bourgeois du Cherray.
Juvigny. — Housse, Joffrenot.
Juvisy. — Haudras (Bey).

Kanfen. — Gevigny.
Katzenellenbogen. — De Hesse (Lambertye).
Kéking. — Bock.
Kemplich. — Petit de la Vaulx.
Kersainthay. — Rison.
Kirberg. — Koppenstein.
Kœnigsmacker. — Collin.
Kœuric. — Hubing.
Koppenstein. — Koppenstein.

Laage. — Guillons.

Labarre. — Bournac (Simonet).
Labergément. — Romanet.
Labry. — Maujean.
Lacaux-les-Repaires. — Foucault.
Ladonchamps. — Gournay, Lefebvre de Ladonchamps.
Laguet. — Vésien.
Lahr. — De Baden (Elbecuto).
Laimont. — Bœuf.
Lairé. — Jusserant.
Lajallerie. — Lefebvre.
Lamberty. — Rigaudie.
Lambresle. — Aspremont (Fabert).
Lamezan. — Noaillan.
Lanau. — Saint-Solieu (Béronne).
Lande (la). — Zouche.
Landes (les). — Collet.
Landes du Perron (les). — Lefebvre du Perron (Saltzgaibre).
Landonvillers. — Duchat, Goullon, Saint-Blaise, Thibault de Menonville, Lenrye.
Landres. — Vassinhac (Maillard), Maillard.
Landrevange. — Verpy.
Landreville. — Maillard.
Landsthul. — Savigny.
Lanfrancourt. — Thelin (Mercure).
Langadière. — Aumaistre.
Langoiran. — Chapelle (Thésière).
Lanois. — Clervaux.
Lanon. — Lardemelle.
Lanoue. — Ridouet.
Lanouilly. — Chardon.
Lanty [1]. — Chastenay.
Laovillers. — Dunesme.
Lappian. — Mériades.
Larvinelle. — Saint-Archange.
Latrin. — Romanet.
Lau (le). — Foix.
Launary. — Lau (Amelin).
Launay. — Martel, Ravaulx, Morel (Foës), Landas, Boissard (Savonnières).
Launoy. — Maillard.
Lauvallières. — Brazy.
Lavande. — Bazas.
Lavanté. — Lescot.
Lavaux. — Wendel, Lavaux.

[1] Et non Lenty.

Lavernoze. — Paignon.
Layé. — Chesnard.
Lebellière. — Bernard (de).
Lehel. — Lonergan.
Lelling. — Bock.
Lemud. - Georges de Lemud.
Léoviller. — Lespingal, Bonhomme, Brandebourg, Bouffard, Peiffer, Gallonnier.
Lescure. — Bigot.
Lespéroux. — Gestas.
Lespinasse. — Lespinasse.
Lesquaut. — Feydeau.
Lesse. — Durand, Gattebois, Cailloux, Rollin, Grandjambe, Lamezan, Busselot.
Lesseux. — Bazelaire.
Lesseville. — Georges.
Lessy. — Couët, François, Lamy, Georges de Vrémy, Bournac.
Lestortier. — Jamure (Dufaye).
Lethem. — Douglas.
Levadeur. — Guimesty.
Leveste. — Lescure.
Ley. — Duchat.
Leymont. — Savigny (Roucel).
Leywiller-Hof. — Guyots.
Lhel. — De Baden (Elbecuto).
Lhermite. — Feron (Pelletier).
Liancourt. — Séguier (Hunolstein).
Lidresing. — Crespin.
Lignay. — Maret (Roy-Dugué).
Lignerotte (la). — Semellay.
Lille. — Briart, Saint-Supery, Rouin.
Limbacq. — Abt (Villedonné).
Limé. — Herville.
Liné. — Bordes.
Linsville. — Marien.
Linzmann. — Rahier.
Liocourt. — Pelletier, Lallemand.
Lioux. — Estienne de Chaussegros.
Lisle. — Janlis, Richer, Beaumont.
Listenois. — Bauffremont (Gaillande), Longueil (Rostaing de Bataille).
Lixières. — Armoises (Roucel), Roucel.
Lixing. — Pillard.
Loaville. V. Loyville.
Lobbe (la). — Canelle.
Loché. — Chesnard.
Lœwenstein. — Morbach (Rousseau).

Loge (la). — Vassignac.
Logne. — Chastelet, Bois (du), Guerschin.
Lomasin. — Turpin.
Lonchamps. — Goz (Milot).
Longeville. — Blancbois, Evrard.
Longeville-lès-Bar. — Symon de la Treische (Gerard d'Hannoncelles).
Longlaville. — Wendel.
Longvilliers. — Vacher.
Lorry-lès-Metz. — Busselot, Couët, Ferry (Belchamps), Voyart.
Lorry-devant-le-Pont. — Rheims, Chazelles.
Lostroff. — Badrot (Saint-Germain).
Loubens. — Foix.
Louber (la). — Castelnau (Gray de Malmédy).
Louny. — Salse.
Louvigny. — Surnin, Besanne (Norroy), Faure de Fayole.
Loyauté. — Achard.
Loyville. — Chenevix, Sartorius, Auburtin, Gournay, Monssollens, Salse, Gueau.
Lucante. — Morenvillé (Picault).
Lucy. — Milot, Michelet de Vatimont, Prugnon (Lallemand de Liocourt).
Lue. — Grandjambe, Michelet, Lalouette (de), Blair (Sauterize), Sauterize, Jobal.
Luet (le). — Masson.
Lugny. — Baraud.
Luneil. — Beauvais.
Lure. — Hallot (Saint-Jure), Saint-Jure, Morbach (Bourgo).
Luttange. — Maler (Dattel), Cabanes, Dattel, Petit de la Vaulx, Palland, Lefebvre de Ladonchamps, Bock.
Luzancourt. — Audouin.
Luzerailles. — Vigy, Martinet de Nibouville, Maclot.
Luzor. — Malet de Noizielles.

Mabonpré. — Mathelin.
Madelaine (la). — Bousquet de Caubeyres.
Magnier. — Bélestin.
Magnières. — Gomé.
Magny. — Labrousse.
Mahlberg. — De Baden (Elbecuto).
Maiche. — Guyot (Saudoncq).
Maidières. — Richard (Fabert), Millet (Gerard d'Hannoncelles).

Mail. — Douglas.
Maillé. — Gohin.
Mailly. — Goussaud.
Mainadie. — Durieux.
Mainville. — Gourcy.
Mainvillers. — Souchay, Vidame, Maré.
Mainvilliers. — Paris (Gueau).
Mairy. — Bourgeois du Cherray.
Maisoncelle. — Robert (des).
Maison-Neuve. — Lauzières.
Maison-en-Rolland. — Marie (Bernage).
Maisse. — Refuge.
Maizeroy. — Allion, Duchat, Puys, Joly, Pottier.
Maizery. — Persode, Saint-Just, Gallois de Rampont.
Maizey. — Armur.
Maizières. — Béthisy (Cellier).
Maizières-lès-Toul. — Boislignel, Daulnoy.
Maizières-lès-Vic. — Ditheau, Cabouilly, Perrin des Almons.
Malartie. — Maurés (Sainte-Aldegonde).
Malaucourt. — Marc.
Malaumont. — Raigecourt.
Malavillers. — Hubing, Hault, Hesbert (Boudet de Puymaigre).
Malberg. — Mérode.
Maldaves (les deux). — Ville.
Malmaison. — Estourmel.
Malmédy. — Gray.
Malroy. — Goffin, Poutet, Flavigny, Bachelé.
Malseigne. — Guyot (Saudoncq), Malseigne (Aumale).
Malval. — Saint-Julien.
Malvoisin. — Fligny.
Malvoisin (le ban de). — Michelet de Vatimont.
Mancourt. — Flavigny, Duchat, Pottier.
Mancy. — Bock.
Mandebourg. — Malortye.
Mandel. — Koppenstein.
Manderoux. — Pont (Plunkett).
Mandres. — Savigny (Gournay).
Manheulles. — Mageron.
Manhoué. — Cueullet.
Mannin. — Richoufftz (Mercier).
Manom. — Gomé, Georges, Foucquet.
Manoncourt. — Humbert, Marcol (Maud'huy).
Manonville. — Bouchard.

Manonviller. — Lecomte.
Manre. — Roucy (Son).
Mansonville. — Redon.
Mantelan. — Grateloup.
Maraimbois. — Lamezan, Malherbe.
Marange. — Maler (Dattel), Saint-Jure, Bourdelois, Salse, Lorette.
Maraulx. — Hugues.
Marchet. — Aumale.
Marchéville. — Gournay, Aspremont (Gournay), La Vergne (Goullon), Menuisier.
Marcille. — Fonton.
Marcilly. — Bordes.
Marconnay. — Marconnay.
Mardigny. — Marteau de Saint-Prin, Duchat, Jacquemin (Obellianne), Georgin.
Mareauchamps. — Vaillant (Forestier).
Mareigne. — Goullon.
Mareuil. — Thomas de Pange.
Maréville. — Raigecourt.
Marignan. — Selve.
Marigny. — Proissy, Eschallard.
Marillac-le-Serve. — Verthamon.
Marly. — Raigecourt, Bachelé, Pillement, Arros, Goullon.
Marnais. — Poinsot.
Marnésia. — Laisée.
Marolles. — Gueau.
Marquer (le). — Frenne.
Marquigny. — Hermant (de).
Marsilly. — Roucel, Deschamps (Mouron), Morel, Ozanne, Custines, Saint-Just, Couët.
Mars-la-Tour. — Ficquelmont, la Croix.
Martainville. — Gaude.
Marteau. — Marteau de Saint-Prin.
Marteaux (les). — Tabouret.
Martel. — Denis.
Martigny. — Han, Postelle.
Martilly. — Molard (Rostaing).
Martincourt. — Beau (Mercure), Maguin (Mercier).
Martinière (la). — Carnazet (Eschallard).
Martirovalle. — Ebaudy (Barot).
Mas (le). — Filhol.
Masure-Barbier (la). — Carnazet (Eschallard).
Matong. — Gargan.
Maufrecourt. — Marolles.
Mauléon. — Savonnières.

Maupertuy. — Pelletier.
Maxes (les). — Boudier, Marion.
Mazières. — Doré.
Mazières (les). — Perroux.
Mehon. — Doré.
Meilbourg. — Georges, Gevigny.
Meilleraye (la). — Harcourt (Fabert).
Meix (le). — Morel (Foës).
Melun. — Arbaleste.
Menerury. — Malortye.
Ménervat. — Rougé (Foucquet).
Menoux. — Raigecourt.
Meny. — Foy.
Meraumont. — Arros.
Merchingen. — Raigecourt.
Mercy-lès-Metz. — Saint-Jure, Damon, Bourdelois, Muzac, Boudet de Puymaigre.
Meréville. — Haraucourt.
Mérillant. — Creuzette (de la Ville).
Merlette (la). — Andrieux.
Mérode. — Gourcy (Affricq).
Merten. — Hart (d').
Merville. — Roche, Baillivy.
Méry. — Bourgeois du Cherray.
Mésangères (les). — Rostaing.
Mesnil (le). — Addée, la Tour, Beaudrap.
Mesnil (le), près Courcelles-Chaussy. — Boudaine, Régnier du Mesnil, Lœwenhaupt.
Mesnil-Rousset (le). — Dubois de Letville.
Mesnils (les). — Gaugué.
Mésy. — Le Noir (Milly).
Métrich. — Creitte.
Metzange. — Lançon.
Metzeresche. — Cabanes.
Metzerviese. — Serre.
Méy. — Montigny, Jeoffroy.
Mézery. V. Maizery.
Mezeray. — Gassand.
Mézières. V. Maizières.
Mignéville. — Bouchard.
Milfleur. — Godemar.
Milgrade. — Longprez.
Milletière (la). — Longprez.
Millière (la). — Marconnay.
Milly. — Zwefelt, Salse, Lau (Amelin).
Milon. — Touros.
Mirebeau. — Bauffremont (Gaillande).
Miry-la-Pin. — Rocheret.

Mœurs. — Chevalier.
Moichet. — Claude (Olry).
Moittiers (les). — Beaudrap.
Mombail. — Rorthais de Mombail.
Monanteville. — Flavigny.
Moncadie. — Calmiel.
Moncel. — Deu, Fériet, Dauphin (Postelle), Montagnac.
Monchat. — Simiane.
Moncheux. — Praillon, Pantaléon, Greiche, Pleiche (Autriche), Vayer.
Monclot. — Royer (Barandiéry).
Moncourt. — Ebaudy (Barot).
Mondelange. — Maler (Dattel), Belchamps, Cabanes, Pottier.
Monhairon. — Belchamps.
Monjean. — Dufort.
Monjeaux. — La Cour.
Mont. — Vigneulles, Ferry, Braconnier, Couët, Duclos, Bretagne, Médrano (Lefebvre de Ladonchamps).
Mont (Meurthe-et-Moselle). — Le Grand (Dattel).
Mont (le). — Mangin.
Mont-l'Étroit. — Daulnoy.
Montachis. — Baudouin.
Montaigu. — Morbach (Bourgo).
Montalant. — Cavalier.
Montauban. — Caradreux, Léautaud.
Montaubé. — Gallavaux.
Montauville. — Millet (Gerard d'Hannoncelles).
Montaux. — Beaumont.
Montblanc. — Pugeol.
Montbray. — Coquebert (Gobineau).
Montcabrié. — Peytes.
Montchat. — Simiane.
Montchetin. — Constant, Hautoy.
Mont-de-Pierre (le). — Salse.
Montégut. — Dauriol (Custines).
Montereau. — Lac.
Montesquillon. — Belloy.
Montfaurel. — Son.
Montfort. — Aupoix.
Montgeroult. — Chevalier.
Montgommerry. — Chastenoy (Laurent).
Monthelu. — Séguier (Rostaing de Bataille).
Montholly. — Vesne.
Monthureux-sur-Saône. — Bourcier.
Montifaut. — Coyghes.

Montigny. — Cavelars, Arnauld, Genon, Vincent.
Montigny-sur-Chiers. — Arras d'Haudrecy.
Montigny-la-Grange. — Gauvain, Busselot, Dompierre, Jacobé, Huyn, Goussaud.
Montigny-lès-Metz. — Barisy, Lallouette, Duchat, Besser, Courcelles.
Montille. — Bizouard.
Montjolly. — Vesne (Forges).
Montjouy. — Pelletier.
Montlebert. — Joffrenot.
Montlouet. — Gournay.
Montluisant. — Gobineau.
Montmartin. — Perceval.
Montmort. — Goullet.
Montois-la-Montagne. — Cappy (le Musnier de Moulineuf).
Montoy-Flanville. — Bouillon, Bey de Batilly, Després, Charuel, Brazy.
Montregnard. — Michon.
Montrequienne. — Belchamps, Delaume (Dattel), Geoffroy, Francin.
Montreuil. — Ernecourt.
Montreux. — Sohallat (Bock).
Montrichard. — Laubrussel.
Montriville. — Ernecourt.
Montsonnais. — Montaigu.
Monttau. — Léautaud.
Monvaux. — Jacobé.
Monzeville. — Chartreux.
Moranville. — Tailfumyr.
Moras. — Fremyn.
Morcourt — Foy.
Morenvillé. — Laurent, Morenvillé de Solemy (Picault des Dorides).
Moret. — Lefebvre de Caumartin.
Moreville. — Rougé (Foucquet).
Moriel. — Chaumont (le Grand).
Moriville. — Regnault, Ruzier.
Morlaincourt. — Boucher (Fligny).
Mortaigne. — Montmorillon (Lasalle).
Morville. — Custines, Floccard, Cheppe.
Morvilliers. — Taverne.
Motte (la), alias La Mothe. — Blair, Arros, La Motte du Brocart, Dormy, Gautier de la Motte, Paris (Gueau), Hesbert (Boudet de Puymaigre).
Motte de Blagny (la). — Béchevel, Congerie.

Motte-Bouhette (la). — Sauterize.
Motte-de-Récy (la). — Hoste.
Motte Saint-Lié (la). — Bombelles.
Motte-des-Prés (la). — Birach.
Moucheron-(le)-Petit. — Rozières.
Moulanville. — Douglas.
Moulard. — Theys (Pétremand).
Mouligny. — Vincent.
Moulineuf. — Musnier (le).
Moulins-lès-Metz. — Fabert.
Moulins (les). — Lévesy.
Mouron. — Rollin, Mouron.
Mousseaux. — Forestier.
Mouy. — Mathieu.
Moyenvic. — Mathieu.
Moyeuvre. — Bettainvillers.
Munjardin. — Gallo de Salamanca (Boileau).
Mur. — Paris (de).
Mussot. — Reiffenberg.
Mussy-l'Évêque. — Pasquier de Dommartin.

Nanteuil. — Schomberg (Lallouette).
Nantoy. — Demignot.
Nascy. — Sagey.
Naumont. — Sayvelles.
Nause (la). — Fabrié.
Nausey. — Linage.
Néffet. — Saint-Simon (des Robert).
Neuville (la). — Vigneulles, Fontaine, Sauget, Chartreux.
Neuville-aux-Bois (la). — Ernecourt.
Neuvron. — Charpentier.
Neuvry. — Goux.
Nevais. — Renouard.
Nicorbin. — Gueau.
Niderviller. — Beyerlé.
Noailles. — Vivant.
Noëlchamps. — Hault.
Noircarmes. — Sainte-Aldegonde.
Noirfontaine. — Roy (Vincent).
Noisets (les). — Linage.
Noisseville. — Goullon, Avrange, Duplessis, Lamy.
Noizielles. — Malet.
Norroy-sur-Marne. — Vesne.
Norvalle. — Girault.
Notre-Dame-de-Braye. — Cherville.
Nouilly. — Boudier, Bancelin, Marc, Duplessis,

Emmery, Jeoffroy, Saltzgaibre, Léonard, Modéré, Lamy.
Novéant. — Gauvain, Saluces.
Noye (la). — Bouchard.
Noyer. — Vandier.
Noyers (les). — Adam, Carnellot.
Nubécourt. — Hautoy.

Oberhilbersheim. — Koppenstein.
Oberviese. — Bertrand.
Obsécourt-Moncel. — Den.
Offémont. — Gobelin (Bombelles).
Ogéville. — Cueullet.
Ogévilliers. — Rouault.
Ogicourt. — Tinseau.
Ogy. — Orthe, Saint-Just.
Ohéville. — Mesnil (Maud'huy).
Oiry. — Cappy (Fischer).
Olgy. — Turmel.
Olizy-la-Ferté. — Fournier (le).
Ombreval. — Ravot.
Onis. — Custines.
Onpied. — Huart.
Onville. — Vayeur, Salse.
Ordalle. — Numand.
Oriocourt. — Jennet, Rocheret, Chastel de Villemont.
Orme-Grigny (l'). — Moulin.
Ormersviller. — Bexon.
Ornille. — Chinot.
Ortenau. — De Baden (Elbecuto).
Ossainville. — Arros.
Othe. — Richard.
Ottange. — Eltz, Hunolstein.
Oudern. — Duchat.
Outremécourt. — Landrian (la Cour).
Ouzanie. — Plunkett.
Ozerailles. — Barat, Leclerc.
Ozier. — Rocheret.
Ozon. — Fayonel (Cantat).

Pagny. — Richard (Fabert), Bonnefoy, Suitte.
Pagny-lès-Goin. — Jobal.
Palemquin. — Arnauld (Blair).
Panerot. — Daulnoy.
Pange. — Beauvau, Vapy, Thomas.
Panne. — Cellier, Serainchamps.
Paouilly. — Goz, Job, Aubertin.

Paradis. — Déodeau.
Parandiez. — Bernin.
Parcq (le). — Lehantier.
Pardeyrol. — Odde.
Paris (la). — Fargue.
Paroy. — Ficquelmont (Maclot).
Parville. — Cerretany.
Passavant. — Aussy.
Passy. — Petit.
Paule (la). — Soleil.
Pauligne. — Dupuy.
Paussoir. — Satelle (Grassy).
Pautrie (la). — Mauger (Defresne).
Pavant. — Poisieux (Anglure).
Pavillons (les). — Eschallard.
Paviot. — Paviot.
Peithieu. — Mercy (Creitte).
Peltre. — Roucel, Aumale, Persode, Goullet, Gourdin, Ferrand.
Pépinville. — Morel.
Perrière. — Milot, Guimesty.
Perthuis. — Perceval.
Péruche. — Héliot (Joly).
Pettoncourt. — Huyn.
Peughé. — Barau.
Phlin. — Gennes, Hellot, Duchat, Marion, Fleutot.
Piémont. — Baillet.
Pierre. — Thiard.
Pierrevillers. — Maclot.
Pillette (la). — Dornille.
Pilliers. — Condom.
Pimodan. — Vallée de Pimodan, Chartongne.
Pinqueringrange. — Noël.
Pintheville. — Bouteiller, Braconnier, la Cour.
Pis. — Callestropade.
Pisserécourt. — Mercier (Marsal), Regnault.
Plaivat. — Lanchère (Charuel de Sainte-Croix).
Planche. — Lamotte.
Plappecourt. — Lallouette, Braconnier, Néret, Lefebvre.
Plessis (le). — Bréhan, Saint-Denys, Buguet (Beschefer).
Plessy (le). — Morel (Foës).
Plichancourt. — Le Grand, Grostête.
Plignier. — Goullon.
Plombois. — Jacques de Plombois.
Plume (la). — Fischer.

Poidfon. — Paris (Gueau).
Poinçon. — Boitousset.
Poinsin. — Pernet.
Poiré. — Girault.
Poise. — Guillons.
Poix. — Travault, Bachelé, Orthe, Courtin, Cosnes.
Pommerade (la). — Guillon (Salle de Rochefort).
Pommereuil. — Pantaléon.
Pommerot-de-Jacques. — Rieux.
Pommiers. — Fraisse.
Pont-Blagny (le). — Béchevel.
Pont-à-Vendin. — Blondel d'Aubert (Foucquet), Calonne (Foucquet).
Pontcrousé. — Bérauville.
Pontigny. — Custines.
Pontpierre. — Frémyn.
Pont-sur-Madon. — Maillot.
Porquericourt. — Richoufftz (Mercier de l'Epinay).
Portail (le). — Dutemps.
Port-sur-Saône. — Huot de Framois.
Port-sur-Seille. — Ernecourt, Gournay-Duc.
Portot. — Malortye.
Pothée-de-Mouy (la). — Mathieu.
Pouilly. — Bertang (Cossard), Rostaing, Arras d'Haudrecy, Michon.
Pouilly près Fleury. — Roucel, Goullon, Béchevel, Collignon (la Condamine), Baltus.
Poupardière (la). — Joulard.
Pournoy-la-Chétive. — Raigecourt, Gournay.
Pournoy-la-Grasse. — Barisy.
Pourru-aux-Bois. — Barot.
Pouyol. — Lespinasse.
Pramiral. — Inguimbert.
Prangin. — Balthasar.
Prayel. — Jacobé, Poutet.
Préau. — Conte (Duret de Chevry).
Prée (?). — Orthe.
Préhémery. — Eschallard.
Preing. — Forges.
Preisch. — Rahier, Lassalle.
Preny. — Maud'huy (Redon).
Presles. — Folliot.
Pripanne (la). — Fort de la Pripanne.
Procheville. — Estienne de Procheville, Lescot, Laubrussel.

Provenchaire. — Moulin-Neuf.
Proy (le). — Leurye.
Puchy. — Carlier.
Puget. — Broussonnet.
Puis-de-Louard. — Pont (Plunkett).
Punuxgoux. — Chapelle (Thésière).
Purgerot. — Salivet.
Puttelange. — Haën, Rouaut.
Puviau. — Bereau de Rochebonne.
Puville. — Baudinet.
Puxe. — Chardon, Saintignon.
Puy (le). — Planchard.
Puymaigre. — Boudet de Puymaigre.
Puzieux-lès-Delme. — Catoire, le Moyne.
Puzieux (France). — Beveau (Thomas), Tabouillot.

Quarel (le). — Laurent.
Quelvain. — Garson.
Quinte (la). — Pidolle.

Raffetot. — Canouville (Saint-Simon).
Rainville. — Pasquier de Dommartin.
Raix. — Musnier de Moulineuf.
Rambercourt. — Gournay, Tour d'Auvergne (Grandeau).
Ramecourt. — Fourcroy.
Rancé. — Masson de Rancé.
Ranchecourt. — Goize.
Rancourt. — Pérignon.
Ranzières. — Estienne de Procheville.
Rarécourt. — Vallée de Pimodan.
Raucourt. — Moyne, Gillet (Beccary).
Raudière (la). — Joulard.
Raulcourt. — Cheppe.
Raville. — Richard, Bonnecasse, Barrette, Blair (Sauterize), Ozanne, Gallonnier.
Raynes. — Boitousset.
Réal. — Guillons.
Réauté (la). — Dumont (Hugo).
Réchicourt. — Ganot.
Reculant. — Calvière.
Redigny. — Vernier, Rivière.
Regnicourt. — Hautoy.
Régy. — Demauny (Orlandes).
Reignier. — Goullon, Duplessis, Lamy.
Reling. — Hausen (Belvaux).
Rembecq. — Kause (Huart).

Rémelange. — Kilberger, Gueisen.
Rémelfang. — Paviot, Lignéville (Fineck).
Rémeling. — Desquiez (Cailloux).
Rémelsheim. — Koppenstein.
Rémerange. — Serainchamps (Gray de Malmédy).
Remicourt. — Viriet (Liégeault).
Rémilly. — Gallonnier.
Remirecourt. — Goulet de Montlibert (Foix).
Remoncourt. — Laugier.
Renaucourt. — Merchien (Viailler).
René de Bourgchemin. — Dulau (Engelgen).
Rennel. — Catoire.
Rennepont. — Pont.
Repaire (le). — Geneste.
Requin. — Pillard.
Requing. — Hubing.
Retonféy. — Goullon, Saint-Aubin, Ponsart, Monsure, Guilbert, Blaise, Harquel, Malchar, Bournon, Pelletier, Corail, Dupré de Geneste, Tinseau.
Reugny. — Tournelle.
Reverseaux. — Gueau.
Rhoden. — Pillard.
Riaix. — Aumale.
Riauville. — Cour (la).
Ribochère (la). — Ricaux (Boulay).
Ricarville. — Roux (le).
Richambeau. — Girault.
Riche. — Crespin.
Richemont. — Morel, Vallée de Pimodan, Larreategny.
Rieulay. — Sainte-Aldegonde.
Rieux. — Gouberts (Loyauté).
Rignéville. — Humbert.
Riocaye-des-Mesnils. — Saint-Tour.
Riotée (la). — Dumont (Ditheau).
Riouville. — Marion, Bourgeois du Cherray.
Ripont. — Saint-Remy (le Seur).
Rittberg. — Lichtenstein.
Rivière (la). — Gervais (Bry d'Arcy).
Rivierre. — Bamchelt.
Rochambault. — Vimure.
Rochandrie (la). — Musnier de Moulineuf.
Roche (la). — Faisant, Herlenval, Duchilleau.
Rochefort. — Salle, Laguier, Morbach (Rousseau).
Rochelaure. — Salvaing.

Rochemorin. — Amelin.
Roche-Serrière (la). — Theissier.
Rochettes (les). — Goyon.
Roche-Valentin (la). — Valentin.
Rochonvillers. — Possélius.
Rocoule. — Barjaq.
Rogéville. — Tailfumyr.
Rogues. — Guercir (Péricard).
Roisy. — Clément.
Rolbing. — Marotte.
Rombas. — Gautier.
Romemort. — Sechamps.
Ronveau. — Chardon.
Roque (la). — Duhaye.
Rorthais. — Dessalles (Gournay).
Rosay. — Romanet.
Rosselange. — Psaulme.
Rosset. — Lévesy.
Rosten. — De Baden (Elbecuto).
Rostrevin. — Rougé (Foucquet).
Rotte (la). — Vassart.
Roucy. — Orthe.
Rouffignac. — Musnier de Moulineuf.
Rougeron. — Perrault.
Rouguerolle. — Son.
Rougy. — Michon.
Rouillac. — Chièvres.
Rouillardière (la). — Hautbois.
Roussier. — Bonnet de Beaudeduit.
Roussy. — Limousin, Maguin, Roye.
Rouvray. — Gueau.
Rouvre. — Jarny.
Rouvrois. — Mathieu.
Rouzet (le). — Roche.
Rouziers (les). — Ménard.
Roy. — Estang (Frenet).
Royaumeix. — Curel.
Rozérieulles. — Chavenel, Saint-Blaise, Roger du Coulon.
Rozières. — Mazerulle.
Ruchelois. — Ancillon.
Ruchepure. — Guyet (Dattel).
Rugy. — Petitjean, Goullet, Pottier.
Rupigny. — Auburtin, Brandebourg, Chèze, Pacquin.
Rupt (le). — Tabouillot.
Rurange. — Duchat, Verpy.
Russange. — Pillement.

Ryaville. — Bouteiller.

Sablonnières. — Ravenel (Gournay).
Sabré. — Fagnier, Bouteiller, Laubrussel, Jacob, Marchand.
Saffais. — Cueullet.
Sailly. — Vayer.
Saint-Agnan. — Sarrazin (Gomé).
Saint-André-la-Chapelle. — Bérauville.
Saint-Ange. — Lefebvre de Caumartin.
Saint-Arnould. — Pierrard.
Saint-Balmont. — Raigecourt.
Saint-Baussant. — Thierry.
Saint-Brice. — Bordes.
Saint-Camille. — Mascaron.
Saint-Challiez. — Robin.
Saint-Contest. — Barberie (Robin).
Saint-Cosme. — Languet.
Saint-Dizier. — Léautaud.
Saint-Epvre. — Villers, Herbin, Brunel, Buat (Prez).
Saint-Equier. — Tournebulle (Saint-Jure).
Saint-Étienne. — Mertrus.
Saint-Florentin. — Gueau.
Saint-Georges. — Noble.
Saint-Germain. — Baral.
Saint-Gervasin. — Cour (de).
Saint-Goin de la Toison d'or. — Balthasar.
Saint-Hilaire. — Mathieu, Chevalier, Teil (Jacques de Plombois).
Saint-Humbert. — Martin.
Saint-Jean. — Balbo, Proissy, Drouet, Dubalay.
Saint-Julien. — Laizée, Saint-Julien.
Saint-Just. — Saint-Just.
Saint-Laurent. — Gilbert.
Saint-Léger. — Mertrus, Chesnard.
Saint-Loup. — Demignot.
Saint-Marc. — Colbert, Langlois.
Saint-Marceaux. — Herville.
Saint-Marcel. — Bonnefoy, Rustaing, Racle, Perrin des Almons.
Saint-Mars. — Piedefer.
Saint-Mars-Loenay. — Cosnes.
Saint-Martin. — Jouy, Minet, Cocullat, Saint-Martin, Pémolié.
Saint-Martin-des-Vaux. — Ridouet.
Saint-Mathelin. — Lardemelle.
Saint-Maurice. — Goux, Bernage.

Saint-Médard. — Lescure.
Saint-Memmin. — Fourot (Mouhy).
Saint-Mesmin. — Lhuillier (Goize).
Saint-Ouen. — Mertrus.
Saint-Paloris. — Desarnaux.
Saint-Pancré. — Longuevalle (Dilange).
Saint-Paul. — Téranne, Béthune, Fleutôt, Cardaillac (Creitte).
Saint-Pé. — Damon.
Saint-Pernassy. — Lotin.
Saint-Pierre. — Damon, Lombard, Burteau, (Belchamps).
Saint-Pierre-Aigle. — Charbenace (Roy-Dugué).
Saint-Pierre-à-Arne. — Goujon (Tinseau).
Saint-Pierre-de-Cailloit. — Forestier.
Saint-Pierremont. — Beauvais.
Saint-Pierresse. — Hautoy.
Saint-Priest-Ligour. — Bony.
Saint-Prin. — Marteau.
Saint-Quentin. — Beaumont, France (Chazelles).
Saint-Remy-aux-Bois. — Routte (Rollet).
Saint-Sauveur. — Grégoire (Goullet).
Saint-Sernin. — Lambertye.
Saint-Simon. — Saint-Simon.
Saint-Vrain. — Beau (Mercure).
Sainte-Agathe. — Seur, Poinsignon, Lhuillier, Chaillion, Brye, Lefebvre de Ladonchamps.
Sainte-Catherine. — Lançon.
Sainte-Collière. — Origny (Belchamps).
Sainte-Colombe. — Calvière.
Sainte-Croix. — Labriet, Pagel, Voyart.
Sainte-Marie. — Bourdon.
Sainte-Marie-aux-Chênes. — Michel, Duchat.
Sainte-Marie-Landin. — Gautier.
Sainte-Ruffine. — Poutet, Bertrand, Goz, Ferry, Beausire, Belchamps, Bourgeois du Cherray.
Sainte-Seine. — Mellin.
Sainville (la). — Saint-Archange.
Saleton. — Orlandes.
Salière (la). — Mercy (Creitte).
Salle. — Alsace.
Salle (la). — Bonnecasse (Sauterize).
Sallemagne. — Dutertre.
Salsiny. — Dispence.
Samé. — Zouche.
Samply. — Poinsignon.

Sancé. — Cosson, Ridouet.
Sancourt. — Longuat.
Sancy. — La Croix, Lahaulsse (Raigecourt), Roederer.
Sandaucourt. — Artois (Légier).
Saptes. — Pugeol.
Sarct (le). — Serainchamps.
Sarreck [1]. — Custines.
Sarreinsming. — Maurice, Plunkett.
Sart (le). — Recourt.
Saucourt. — Faÿ.
Saudoncq. — Saudoncq.
Saulcy (le). — Ozanne, Lallouette, Gravelotte, Rabuat, Hainzelin.
Saulcy (le ban de). — Mahuet (Bachelé).
Saulny. — Christophle, Ville, Villers, Lallouette (de), Gournay, Renaudin, Estella ou mieux Stella de Rascache, Lefebvre de Ladonchamps, Verpy, Voyart, Cheppe.
Saulx. — Bouteiller.
Saulx (le). — Artigue.
Saulxures. — Lignéville (Gournay).
Saulzez. — Longueil (Rostaing de Bataille).
Saussay (le). — Hethout (Rouvroye).
Saussenberg. — De Baden (Elbecuto).
Saussure. — Lamy.
Sautel. — Milly.
Sauvigny. — Demignot.
Sauzey. — Viallier.
Savanne. — Champion.
Savignac — Bon.
Savigny. — Heu, Savigny (Gournay).
Savoyers. — Senne (Beauvoir).
Schaumbourg. — De Hesse (Lambertye).
Schneckenbusch. — Beyerlé.
Schwerdorff. — Haën.
Scy. — Couët, Saint-Jure, Lamy, Fériet, Dattel, Bournac.
Sechamps. — Sechamps.
Secourt. — Remiat, Gournay, Besser, Goulet de Montlibert.
Segaux. — Bony.
Ségnelay. — Colbert (Folliot).
Selles. — Ville (de).
Semécourt. — Grandjambe, Beugeot (Guiar), Eschallard.

[1] Et non Saruk.

Senevière. — Grateloup.
Sentzich. — Gevigny.
Séran. — Rioux.
Sérange. — Darboy.
Serilly. — Petit.
Serre. — Macé.
Serrée (la). — Drée.
Serrière. — Gestas.
Serrières. — Norroy.
Servigny. — Rasoris, Anne ou Hauys (Rostaing), Chartreux, Bourdelois.
Servigny-lès-Sainte-Barbe. — Pellard, Emmery de Boislogé.
Servigny-lès-Raville. — Bachelé, Danoue, Bourques, Jeoffroy, Ruzier, Regnault, Brussaux.
Sesanne. — Fabert.
Seyrac. — Seisserer (Sauveur).
Sigismond. — Baillivy.
Signière. — Signière.
Signy-le-Petit. — Ravaux.
Silly. — Lallouette, Auburtin (Bélestin), Bey, Georges de Vrémy, Amelin.
Singlin. — Boutier.
Singly. — Raincourt, Simonet.
Sioudray. — Boudet de Puymaigre.
Sivry-sur-Ante. — Chamisso.
Sivry-Toulon. — Pierre.
Soetrich. — Malateste.
Solard. — Fontaine.
Solgne. — Vayer, Pantaléon, Tournelle.
Sombermond. — Bruillard (Grandeau).
Sommancourt. — Marne, Gallois de Rampont.
Sommerance. — Maillard.
Sommerécourt. — Fremyn.
Son. — Salse, Berry.
Sooren. — Koppenstein.
Sorbey. — Praillon, Bérard, Salse, Durand.
Sornéville. — Racle.
Sotteville. — Beaudrap.
Soubsmons. — Turgot.
Soulteville. — Binot (Baltus).
Soumelly. — Salse.
Spanheim. — De Baden (Elbecuto).
Spitzemberg. — Lhuillier (Liégeault), Hugo (Liégeault).
Stainville. — Rochereau.
Steinbach. — Koppenstein.
Stenvorde. — Huart.

Stotzem. — Laboureur.
Stroff. — Turmel.
Stückange. — Duclos, Durand.
Sueille (la haute). — Douglas.
Sulcenu. — Honnestet.
Suzémont. — Pinguet, Ambly.
Suzoy. — Richoufftz (Mercier).

Taboissy. — Castain.
Tailladit. — Burin.
Taillancourt. — Gillot, Frichat (Salle).
Taillon. — Longat.
Tailly (le). — Xellandre, Streuff.
Taintrux. — Cogney, Régnier.
Talange. — Gournay, Belchamps, Delaume (Dattel), Georges de Vrémy, Geoffroy, Francin, Ferry.
Talency. — Corail.
Talmet. — Corail.
Tamissac. — Laubanie.
Tanchère (la). — Augeron.
Tancy. — Bauffremont (Gaillande).
Tantonville. — Lignéville, Ourches (Goullon).
Tappes (les). — Labriet, Lefebvre de Ladonchamps.
Tarade (la). — Pugeol.
Tardif. — Roy-Dugué.
Tarillière (la). — Malherbe.
Teil (le). — Gaulthier.
Tenelier. — Noble.
Termoigne. — Ville.
Terranaux. — Cossard.
Terte (le). — Boisadan (Lanau).
Teting. — Ruzier.
Teule (le). — Guérin.
Thénodière (la). — Boisse.
Thésey. — Hellot (Praillon), Raigecourt.
Thimonville. — Hurdt.
Thorel. — Page.
Thorigny. — Cour de Grainville.
Thuissaux (le). — Béthisy (Cellier).
Thury. — Copperel, Labriet, Bonet, Marion, Poutet.
Tichémont. — Dosquet, Hautoy.
Tignonville. — Portes de Pardaillant.
Tillancourt. — Frichat (Salle de Rochefort.)
Tilleul (le). — Gaultier (Perdriac).
Tilloy. — Robin.

Toillon. — Longuat.
Tolaincourt. — Thumery (Thomas de Pange).
Tonne-les-Prés. — Raux.
Tonnoy. — Humbert.
Torry. — Brisson (Blair).
Touches (les). — Guillons, Rorthais.
Toupet (le). — Bussenne.
Touppet. — Touppet.
Tour (la). — Braconnier, Bruillard, Serres, Bonnafos, Symon de la Treische (Gerard d'Hannoncelles).
Tour d'Andry (la). — Braconnier.
Tour-Landry (la). — Maillé.
Tour-de-Culay (la). — Saint-Germain.
Tour-Mons-Vaux de Vienne (la). — Scourion.
Tour-de-Romanèche (la). — Chesnard.
Tour-en-Woëwre (la). — La Tour.
Tournage. — Rieux (des).
Tournelle (la). — Marchant.
Tourville. — Villicy.
Trachesse. — Roche.
Tragny. — Praillon, Cerretany, Foës, Brunel, Muzac, Boudet de Puymaigre.
Treil. — Bruillard (Fabert).
Trélon. — Mérode.
Tremaignon. — Rosnin-Vinen.
Tremblecourt. — Raigecourt.
Trémery. V. Franche-Rue de Trémery. — Orthe, Engelgen, Senocq, Goullon, Geoffroy, Persode.
Tréput. — Tinseau.
Tresté. — Bos.
Tréveaux (les). — Agard.
Trévoux. — Bellefeuillac.
Tricon. — Denis.
Trieux. — Serainchamps.
Troly. — Feron (Pelletier).
Tronçay. — Boursault.
Tronchet (le). — Ruaux (Anglebert).
Tronville. — Gravelotte, Rabuat, la Croix, Hainzelin, Tabouillot, Rœderer.
Troppau. — Lichtenstein.
Trouville. — Dutertre.
Turenne. — Tour d'Auvergne (Grandeau).

Uckange. — Vallée de Pimodan, Bock (Boudet de Puymaigre), Morel.

Ugny. — Blot (Dessofy).
Urville. — Houillon (Drouet), Boudaine, Gentard, Lœwenhaupt, Durand.
Uttveiler. — Marotte.

Val (le). — Alix-Duval, Savonnières.
Val (le petit). — Addée.
Valcourt. — Poirot.
Valdahon. — Lebœuf.
Waldeck. — Durand.
Valette (la). — Roy-Dugué.
Vallade. — Mirandolles.
Vallé. — Pasquier de Dommartin.
Vallée (la). — Pullenoy, Thomas de Pange, Le Roux.
Valleroy. — Arros.
Valles. — Retorfort.
Vallières. — Duchesne, Lescure, Marly.
Vallombre. — Meÿ.
Valmestroff. — Bock.
Valmont. — Cailloux, O'More.
Valte. — Fremyn.
Valtrion (le). — Guernoval.
Vandal. — Auburtin.
Vandeléville. — Roucel.
Vandières. — Remiat, Barisy, Richard (Fabert), Laumosnier.
Vandy. — Aspremont.
Vannecourt. — Hordal, Duchat, Vasseur (Poinsignon.
Vannes. — Lignéville.
Vannes-le-Château. — Rougé (Foucquet).
Vantoux. — Jennet, Goz, Rivière, Pistorius, Douzant, Tschudy, Pagel, Lanchère (Charuel de Sainte-Croix.
Vany. — Roucel, Orthe, Seillons.
Varanne (la). — Caradreux.
Varennes. — Laumosnier, le Fournier (Montholon).
Varize. — Mars d'Origny, Gallonnier, Lorio (Gallonnier).
Varnimont. — Saintignon.
Varraincourt. — Mesnil (Maud'huy).
Vartouil. — Vayer.
Vassaux. — Morel.
Vassimont. — Cachedenier (Gerard d'Hannoncelles).
Vassincourt. — Rouin.

Vatimont. — Beauveau (Gennes), Haraucourt, Vernier, Michelet, Rivière, Prugnon (Lallemand de Liocourt).
Watronville. — Chardon.
Vauchelles. — Richoufftz (Mercier).
Vaucouleurs. — Dessalles (Gournay).
Vaucourt. — Maguin (Mercier), Gillet, Busselot.
Vaucourtois. — Champion.
Vaucremont. — Courten.
Vaudoncourt. — Villiers, Stouts, Boudet, du Mars, Gallonnier.
Vaudouleur. — Chevreau.
Vaudreville. — Saint-Aubin, Arnould.
Vaugency. — France (Chazelles).
Vaulden. — Roucy (Son).
Vauroux. — Mangin.
Vausserelle. — Escars.
Vaussereuil. — Vars.
Vauvry. — Thiard.
Vaux. — Deschamps (Mouron), Vernille, Lotin, Estienne de Procheville, Aydes, Montigny, Bernage, Lanchère (Charuel de Sainte-Croix).
Vaux, près Metz. — Bonhomme, Goz, Morel, Ferry, Bertrand, Bourgeois du Cherray, Ourié, Belchamps.
Vaux-lès-Charency. — Vivaux.
Vaux-lès-Cosne. — Saintignon.
Vaux-Varennes. — Laumosnier.
Vauzelle (la). — Verthamon.
Wauzlemont. — Pacquin.
Waveaux. — Alsace.
Wawille. — La Cour.
Wawre. — Pillement.
Vayres. — Lotin.
Vehy. — Gourcy (Affricq).
Weinsberg. — Cabanes, Dattel.
Veintzkeim. — Koppenstein.
Weiskirch. — Müller.
Velampierre. — Ernecourt.
Velle. — Humbert.
Vellé. — Goulet de Montlibert (Foix).
Wemersbach. — Koppenstein.
Vendin. — Calonne (Foucquet), Blondel (Foucquet).
Vercly. — Michelet, Duret, Chautant, Thirion.
Vergeur. — Goujon (Tinseau).
Vergne (la). — La Vergne (Goullon), Bony.
Vernassal. — Thomas de Pange.

Verneuil. — Thuret.
Vernéville. — Roucel, Jobal, Huyn, Thuret (?).
Vernicourt. — Lallouette.
Verny. — Barisy, Flavigny, Collin, Fériet.
Versel. — Beschefer.
Vertepierre. — Laboureur.
Wertheim. — Morbach (Rousseau).
Vervins. — Comminges.
Weymerange. — Wendel, Palteau.
Vezancy. — Balthasar.
Vezin. — Rozières, Drouet.
Vialla. — Sauton.
Viange. — Cussigny.
Vic-de-Sos. — Mascaron.
Vidembourg. — Honnestet.
Wide-Bourse. — Xellandre.
Vidronhec. — Vidronhec.
Vieil-Dampierre. — Chamisso (Chérisey).
Vieille-Vigne (la). — Sauton.
Vieille-Ville (la). — Richoufftz (Mercier).
Vien. — Boileau.
Vienne. — Wyriot.
Vigerie (la). — Cerretany, Mirandolles.
Vignaubois. — Füschemberg (Boileau).
Vignaux (les). — Morel (Foës).
Vignerie. — Espinay (Anssey).
Vigneulles. — Humbert, Demange.
Vigneulles (haute). — Marion.
Vignot. — Raigecourt.
Vigny. — Goz, Gesnel, Serrières, Malchar, Flavigny, Bachelé, Bonneau, Gauthier, Jobal.
Vilda. — De Hesse (Lambertye).
Wildestein. — Flescheim (Blareck).
Willaire-sur-Port. — Huot de Framois.
Villandré. — Bérauville.
Villarme. — Malortye.
Villars. — Brancart.
Ville. — Cay.
Villé. — Maillet, Morenvillé, Durand, Rocheret.
Villé-devant-Rombas. — Gournay.
Ville-au-Bois. — Noue.
Ville-au-Val-Sainte-Marie. — Lasalle.
Ville-Cerf. — Lefebvre de Caumartin.
Ville-Geury (la). — Rochefort.
Ville-Saint-Jacques. — Lefebvre de Caumartin.
Ville-en-Woëvre. — Bouteiller.
Villefranche. — Vivant, Maillard.

Villemont. — Chastel.
Villeneuve. — Ricaud, Brancart, Tranchée.
Villeneuve-de-Lamezan. — Noaillan.
Villenon. — Joulard.
Viller. — Saint-Just.
Villerambert. — Vernon.
Villeray. — Morin.
Villermont-les-Salles. — Lanoue des Aubiers.
Villeroy. — Odet de Ryantz.
Villers. — Saintignon, Bachelé, Estella ou mieux Stella de Rascache, Goulet de Montlibert, Burteau (Belchamps), Bourdelois (Boudet de Puymaigre), le Myre.
Villers-en Argonne. — Chamisso (Chérisey).
Villers-aux-Bois. — Huby, Durand, Duplessier.
Villers-sous-Bonchamps. — Gallavaux.
Villers-Cassard. — Motte.
Villers-Cerisemont. — Toustain (Bourdelois).
Villers-sur-Génivaux. — Villers, Jobal.
Villers-aux-Oies. — Bonnefoy, Hugon, Rocheret.
Villers-Laquenexy. — Gournay, Goussaud.
Villers-lès-Mangiennes. — Choné.
Villers-l'Orme. — Duchat, Bachelé, Morel, Fort.
Villers-devant-Orval. — Sardé.
Villers-le-Prudhomme. — Saintignon, Hautoy, Lasalle.
Villers-le-Rond. — Manteville (Roucel).
Villez. — Reumont (Gourcy).
Villiers. — Marconnay.
Villiers-Louys. — Malroy.
Villosne. — Dupré de Geneste.
Villy. — Guyot.
Vilmin. — Juzan.
Vilmont. — Boyaux (Orléans).
Vilpreaux. — Dérieu.
Winschwiller. — Beyerlé.
Winzel. — Dormy.
Vinzelles. — Chesnard.
Vion. — Vion.
Virens. — Arros.
Vitrange. — Poutet, Couët, Jobal, Blair (Chastel de Villemont).
Vitray. — Fremyn.
Vitry-la-Ville. — Morel (Pasquier de Dommartin).

Wittermont. — Duboscq (Danger).
Wittonville. — Bœuf.
Viviers (le). — Couët.
Woël. — Rœderer.
Wœlfling. — Montigny, Inguimbert, Pillard.
Woïenne. — Daguerre.
Woilemont. — Pelletier.
Voimehaut. — Blair (Sauterize), Ozanne.
Voisage. — Barisy.
Voisy. — Clément (Riverts).
Woivre (la). — Crespin.
Wolckrange. — Hue de Saint-Remy, Lançon.
Volmerange. — Lanois.
Volmunster. — Bexon.
Wolxheim. — Koppenstein.
Vomecourt. — Maillot.
Voguilir. — Coygnes.
Voulon. — Joulard.
Vousy. — Douglas.
Vovelle. — Aligre.

Voyenne. — Blottefier (Aupoix).
Vrainville. — Leclerc de Vrainville.
Vrémy. — Ferry, Beau, Foës, Huart, Georges de Vrémy, Couët, Orthe.
Vreny. — Maguin.
Vrigny. — Richer.
Vulmont. — Cerretany, Lefebvre de Ladonchamps, Goulet de Montlibert.

Xanrey. — Le Roux.
Xeuilly. — Daulnoy.
Xivray. — Fligny.
Xonville. — Rollin (Mouron), Fabert, Baillivy, Curel.
Xoudaille. — Chavenel, Cueullet.
Xures. — Poinsignon, Creitte.

Yvis. — Pémolié.

Ziegenhayn. — De Hesse (Lambertye).

LISTE des SOUSCRIPTEURS

ANCILLON (Mme v^{ve}), Bourges.
ASTAGNIÈRES (C^{esse} d'), Paris.
AUTUME (le b^{on} d'), Beaune (Côte-d'Or).
BACK, receveur de l'enregistrement, Metz.
BAETKE (Jules), Hambourg.
BARBA (Mlle), Rettel.
BARTHÉLEMY (l'abbé), curé de Hayes.
BARTHÉLEMY (l'abbé), économe du G^{d} Séminaire.
BARTHÉLEMY (Auguste), négociant, Toul.
BARTHÉLEMY (Victor), capitaine d'artillerie, Verdun.
BAUDINET de COURCELLES, Paris.
BAUFFREMONT (Prince duc de), Paris.
BEAUCHAMPS de MONTHÉARD (le b^{on} de), Paris.
BEAUDESSON, Châtillon-sur-Seine (3 ex.).
BÉGASSIÈRE (Cte du BOUAYS de la), Crépy (2 ex.).
BERGA (René), Versailles. (2 ex.)
BÉRINGUIER (D^{r}), Berlin.
BERNARD de JANDIN, Nancy.
BERTIER de SAUVIGNY (Cte de), Lagrange, près Thionville.
BIBLIOTHÈQUE des ARCHIVES DÉPARTEMENTALES, Metz.
BIBLIOTHÈQUE de l'ÉCOLE SUPÉRIEURE de PHARMACIE, Paris.
BIBLIOTHÈQUE de la PRÉSIDENCE, Metz.
BIBLIOTHÈQUE du GRAND SÉMINAIRE, Metz.
BIBLIOTHÈQUE du PETIT SÉMINAIRE, Montigny-lès-Metz.
BIBLIOTHÈQUE de la SOCIÉTÉ D'HISTOIRE et D'ARCHÉOLOGIE, Metz.
BIBLIOTHÈQUE de l'UNIVERSITÉ de STRASBOURG.
BIBLIOTHÈQUE de la VILLE de BAR-LE-DUC.
BIBLIOTHÈQUE de la VILLE d'ÉPINAL.
BIBLIOTHÈQUE de la VILLE de LUNÉVILLE.
BIBLIOTHÈQUE de la VILLE de METZ.
BIZEMONT (Vte de), le Tremblois.
BOMBARDIER (l'abbé), curé de Saulnes.
BONVALOT, ancien magistrat, Paris.
BOSSU (Louis), Boulogne-sur-Mer.
BOUCHEZ (Maurice), Cattenom.
BOURGEAT (l'abbé), curé de Ste-Ruffine.
BOUTTER (l'abbé), prêtre-trésorier de St-Augustin, Paris (2 ex.).
BOX, homme de lettres, Thionville.
BRAUX (le b^{on} de), Boucq (Meurthe-et-Moselle).
BRUN (Léon le), Lunéville.
BRYE (Général de), Limoges.
CARAMAN (Duc de), Fontainebleau.
CAZIN (l'abbé), curé-archiprêtre, Vigy.
CHALUMEAU de VERNEUIL, Fleury.
CHARTON, ancien député au Reichstag, maire de Sierck.
CHATELAIN (l'abbé), curé de Vatimont.
CHATILLON, Terville.
CHATTON (l'abbé), curé de Velaines.
CHAUSSIER (l'abbé), curé-archiprêtre, Gorze.
CLOSSE Frères, négociants, Metz.
COËTLOSQUET (dom Édouard du), abbé de St-Maur.
COËTLOSQUET (Gaston du), Pont-à-Mousson.
COËTLOSQUET (dom Jean du), prieur de St-Maur.
COËTLOSQUET (Vte Maurice du), Mercy-lès-Metz (11 ex.).
CORDEL (l'abbé), curé-archiprêtre de Metzervisse.
CORRIGEUX (l'abbé), curé de Magny.
COURTEN (Cte de), Rome.
DAUBRÉE, Paris.

DÉGOUTIN (Maurice), Onville.
DENNERY (Colonel), Commercy.
DEVISE (de), Salency.
DILSCHNEIDER (Mlle), Metz.
DORVAUX (Dr), bibliothécaire de l'École supérieure de pharmacie, Paris.
DORVAUX (l'abbé), chanoine titulaire, Metz.
DORVAUX (l'abbé), directeur du Gd Séminaire, Metz.
DUCHAT d'AUBIGNY (le), Nancy.
DURAND de DISTROFF, Metz.
ESTOURBEILLON de la GARNACHE (Mis de l'), Vannes.
ETTINGER (l'abbé), curé de Puzieux.
FABING (l'abbé), aumônier du couvent de Peltre.
FAVIER, bibliothécaire de la ville de Nancy (2 ex.).
FOURIER de BACOURT (Cte Étienne), Paris.
FRIDERICI, archiviste de l'hôtel de ville, Metz.
GARGAN (Bon de), Luxembourg (3 ex.).
GEORGIN (l'abbé), curé de Louvigny.
GERMAIN (Léon), homme de lettres, Nancy.
GODFRIN (l'abbé), curé de Florange.
GONCOURT (Mme de), Thiéblemont.
GOUJON de GRONDEL (Cte), Nantes.
GOUY de BELLOCQ, Nancy.
GRATELOUP (bon de), Bordeaux.
GUERMONT, négociant, Metz.
GUERRIER de DUMAST (René), Nancy.
HAFFNER, négociant, Sarreguemines.
HALDAT du LYS (de), Nancy.
HAMAN (l'abbé), professeur au Petit Séminaire de Montigny-lès-Metz.
HAMMERSTEIN (le bon de), président de la Lorraine.
HANNONCELLES (le président d'), Crépy (4 ex.).
HANNONCELLES (François d'), Luxembourg.
HARNONCOURT (Cte Hubert d'), Sokolnitz (Autriche).
HUNOLSTEIN (Cte Léopold d'), Paris.
HUVELIN (l'abbé), chanoine honoraire de N.-D. de Paris, vicaire de St-Augustin, Paris.
JACOB (V.), ancien bibliothécaire de la ville, Metz.
JEAN (l'abbé), curé de Château-Voué.
JEANDELIZE, rentier, Metz.
JEUNHOMME (l'abbé), supérieur du Gd Séminaire, Metz.
JOINDRE (le), Orléans.

JOLIVALD (l'abbé), Mandren.
JUIGNÉ de LASSIGNY (de), Lyon.
KIRCH (l'abbé), curé d'Escherange.
LACOMBLE (Mme de), Metz.
LADONCHAMPS (René de), Ladonchamps, près Metz.
LADONCHAMPS (de), Tiercelet.
LADOUCETTE (Bon de), Paris (4 ex.).
LALLEMAND (l'abbé), curé de Vitry-sur-Orne.
LAMBERTYE (Cte de), Compiègne.
LAMBERTYE (Mis de), Cons-la-Grandville.
LANDFRIED (l'abbé), curé d'Inglange.
LANDRIAN (Cte de), bon de Fisson du Montet, Nancy.
LANGLARD (Eugène-Denis), Nancy.
LANTY (le Général), Paris.
LARCHEY (Lorédan), homme de lettres, Paris.
LEGENDRE (Mme), Longwy.
LESPRAND (l'abbé), professeur au Petit Séminaire, Montigny-lès-Metz.
LIBRAIRIE ASHER, Berlin (2 ex.).
LIBRAIRIE BARBA, Nancy.
LIBRAIRIE BROCKHAUS, Leipzig.
LIBRAIRIE ERPELDING, Luxembourg.
LIBRAIRIE FLORANGE, Paris (2 ex.).
LIBRAIRIE FLOURY, Paris.
LIBRAIRIE GROSJEAN-MAUPIN, Nancy (2 ex.).
LIBRAIRIE HEINTZE, Luxembourg.
LIBRAIRIE HOUPPERT, Metz.
LIBRAIRIE SIDOT, Nancy (2 ex.).
LIBRAIRIE TRÜBNER, Strasbourg.
LIBRAIRIE VANIÈRE, Metz (2 ex.).
MACCHIAVELLI, curé de St-Ouen (Seine) (6 ex.).
MAILLÉ (la duchesse de), Paris.
MARDIGNY (de), Lorry-devant-le-Pont.
MARIN (de), Blettange.
MARISY (de), Chevillon.
MELCHIOR (l'abbé), professeur au Petit Séminaire, Montigny-lès-Metz.
MEYER (l'abbé), professeur au Gd Séminaire, Metz.
MITRY (Cte Henry de), Paris.
MOIDREY (Léon de), Hannoncelles (Meuse).
MOISSON, capitaine, Nancy.
MÜLLER (l'abbé), curé de St-Maximin.
MÜLLER (l'abbé), professeur au Collège Stanislas, Paris.

NETTANCOURT-VAUBECOURT (Cte DE), Thillombois.
NOUAILLAN (V^{tesse} DE), à Paris.
OLRY DE LABRY (Cte), Paris.
PANGE (Cte DE), St-Germain-en-Laye (2 ex.).
PANGE (Mis DE), Paris (10 ex.).
PAQUET D'HAUTEROCHE (RENÉ), Woippy (2 ex.).
PASQUIER (DU), Reyrieux.
PAULUS (l'abbé), bibliothécaire de la ville de Metz.
PELTIER, négociant, Metz.
PETIT (l'abbé), curé d'Augny.
PIDANCET, Novéant.
PINIEUX (C^{esse} DE), Metz.
PINS (C^{esse} DE), Aulagnères.
PUYMAIGRE (Cte DE), Paris (4 ex.).
RAYNAUD, rentier, Luxembourg.
REDON (Mme DE), Paris.
REINSTADLER (l'abbé), professeur au G^d Séminaire, Metz.
RICHARD, ancien archiviste, maire de Rozérieulles.
RINCKENBACH, pharmacien, Metz.
RIOCOUR (Cte DE), Aulnoy-sur-Seille.
RIOCOUR (Cte DAVID DE), Vitry-la-Ville (2 ex.).
ROCHEFOUCAULD (Cte JULES DE LA), Paris.
ROTON (DE), Lyon.
ROZIÈRES (PAUL DE), Lunéville.
SAINT-HILLIER (DE), Verdun.
SAINTIGNON (Cte DE), Longwy (4 ex.).
SAINT-MAURICE EN VALAIS (Mgr l'abbé de).
SAINT-SIMON (Cte DE), Paris.
SANCY (l'abbé), curé de Rozérieulles.
SAUER, ancien archiviste, Metz.
SCHAERFF (Mlle), Peltre (2 ex.).
SÉCHEHAYE, Nancy.
SICARD (l'abbé), curé de St-Médard, Paris.
SIEBERT (l'abbé), curé d'Oron.
SIMONY (Vte DE), St-Remy près Châlons-sur-Saône.
STENGER (l'abbé), curé de Creutzwald.
STRATEN-PONTOZ (Cte van der), Bruxelles.
SOCIÉTÉ D'HISTOIRE ET D'ARCHÉOLOGIE LORRAINE, Metz (20 ex.).
SOCIÉTÉ PHILOMATIQUE DE VERDUN.
SOUHESMES (DES GODINS DE), Nancy.
SUBY, rentier, Jussy.
TEIL (Bon JOSEPH DU), Paris.
TEITIENNE (l'abbé), curé de Bibiche.
TERVER (l'abbé), à la Sainte-Famille, Montigny.
THIEL (l'abbé), professeur au G^d Séminaire.
THOMY (Georges), Buding.
THUILLIER (l'abbé), curé de Béchy.
TINSEAU (EDGARD DE), Toul.
TINSEAU (VALÉRY DE), maire de Peltre.
TRACY (Mis DE), Paris.
TURGY (Bon PAUL DE), Nancy.
TUTEUR (l'abbé), curé de Lessy.
VALLÉE DE PIMODAN (Mis DE LA), duc de Rarécourt, Paris (2 ex.).
VAULGRENANT (le général DE), Paris.
WÉBANCK (l'abbé), curé-archiprêtre de Château-Salins.
WEISLINGER (l'abbé), vicaire capitulaire, Metz.
WELSCH, négociant, Sierck.
WENDER (l'abbé), curé de Rodemack.
VERNETTE (MAXIME DE LA), Metz (2 ex.).
VIANSSON-PONTÉ (PAUL), Petit-Failly.
VILLEROY, Vaudrevange.
VILLIER (l'abbé), chanoine, missionnaire apostolique, Metz.
WINSBACH, ancien pharmacien Thionville.

Achevé d'imprimer

le vingt-cinq janvier mil neuf cent

Par Francis SIMON

Successeur de Alph. LE ROY

imprimeur breveté

A RENNES

www.ingramcontent.com/pod-product-compliance
Lightning Source LLC
Chambersburg PA
CBHW061955300426
44117CB00010B/1349